제 2 판

관세율표 · 상품학

정용화 홍영선 편저

傳 英 社

차 례

관세율표

총 론

제 1 장 국제상품분류제도

1. 국제상품분류제도의 발전 ··· 5
2. 국제상품분류표의 유형 ··· 7

제 2 장 HS 품목분류표

1. 세계관세기구(WCO) ··· 11
2. HS 협약 ··· 13
3. HS 품목분류표 ··· 17
4. HS의 품목분류에 관한 자료 ··· 24

제 3 장 관세·통계통합품목분류표(HSK)와 SKTC

1. 관세·통계통합품목분류표(HSK) ··· 27
2. HSK와 SKTC ··· 30

제 4 장 HS 관세율표

1. 관세율표 법적 지위 ··· 32
2. 우리나라 관세율표 발전 ··· 32
3. HS·HSK·관세율표 간의 관계 ··· 33
4. 관세율표의 구성 ··· 34

5. 품목분류의 담당기관 ······ 40
6. 품목분류 사전심사제도(Preentry Classification Information System) ······ 40
7. 관세율표의 개정 ······ 41

각 론

제 1 편 관세율표 해석에 관한 통칙 / 49

제 2 편 관세율표 해설 / 61

제 1 부 산 동물 및 동물성 생산품

제 1 류 산 동물 ······ 64
제 2 류 육과 식용 설육 ······ 67
제 3 류 어류, 갑각류, 연체동물 및 기타 수생무척추동물 ······ 73
제 4 류 낙농품·조란·천연꿀 및 다른 류에 분류되지 아니한 식용의 동물성 생산품 ······ 79
제 5 류 다른 류에 분류되지 아니한 동물성 생산품 ······ 89

제 2 부 식물성 생산품

제 6 류 산수목과 기타의 식물 및 인경, 뿌리 및 이와 유사한 물품과 절화 및 장식용의 잎 ······ 100
제 7 류 식용의 채소·뿌리 및 괴경 ······ 103
제 8 류 식용의 과실 및 견과류와 감귤류 또는 멜론의 껍질 ······ 111
제 9 류 커피, 차, 마태 및 향신료 ······ 116
제10류 곡 물 ······ 122
제11류 제분공업의 생산품과 맥아, 전분, 이눌린 및 밀의 글루텐 ······ 126
제12류 채유용에 적합한 종자와 과실, 각종의 종자와 과실, 공업용 또는 의약용의 식물, 짚과 사료용 식물 ······ 133
제13류 락·검·수지 및 기타의 식물성 수액과 엑스 ······ 142
제14류 식물성 편조물용 재료와 다른 류에 분류되지 아니한 식물성 생산품 ······ 146

제 3 부 동·식물성의 유지 및 이들의 분해생산물, 조제식용지와 동·식물성의 납

제15류 동·식물성의 유지 및 이들의 분해생산물, 조제식용지와 동·식물성의 납 154

제 4 부 조제식료품과 음료·알코올·식초 및 담배와 제조한 담배대용물

제16류 육류·어류·갑각류·연체동물 또는 기타 수생무척추동물의 조제품 166
제17류 당류와 설탕과자 171
제18류 코코아와 그 조제품 175
제19류 곡물·분·전분 또는 밀크의 조제품과 베이커리제품 179
제20류 채소·과실·견과류 또는 식물의 기타 부분의 조제품 184
제21류 각종의 조제식료품 189
제22류 음료·알코올 및 식초 196
제23류 식품공업에서 생기는 잔재물 및 웨이스트와 조제사료 202
제24류 담배와 제조한 담배대용물 207

제 5 부 광물성 생산품

제25류 소금, 황, 토석류 및 석고, 석회와 시멘트 218
제26류 광, 슬랙 및 회 234
제27류 광물성 연료, 광물유와 이들의 증류물, 역청물질 및 광물성 왁스 ... 239

제 6 부 화학공업 또는 연관공업의 생산품

제28류 무기화학품 및 귀금속, 희토류금속, 방사성원소 또는 동위원소의 유기 또는 무기화합물 262
제29류 유기화학품 277
제30류 의료용품 302
제31류 비 료 311
제32류 유연 또는 염색엑스, 탄닌과 그들의 유도체, 염료, 안료와 기타 착색제, 페인트와 바니시, 퍼티와 기타 매스틱 및 잉크 316
제33류 정유와 레지노이드 및 조제향료와 화장품류 또는 화장용품류 325

제34류 비누, 유기계면활성제·조제세제·조제윤활제, 인조왁스, 조제왁스, 광택 또는 연마 조제품, 양초와 이와 유사한 물품, 조형용 페이스트, 치과용 왁스와 플라스터를 기제로 한 치과용 조제품 …… 330
제35류 단백질계 물질, 변성전분, 글루 및 효소 …… 338
제36류 화약류, 화공품, 성냥, 발화성 합금 및 특정 가연성 조제품 …… 342
제37류 사진용 또는 영화용의 재료 …… 346
제38류 각종 화학공업 생산품 …… 349

제 7 부 플라스틱과 그 제품 및 고무와 그 제품

제39류 플라스틱과 그 제품 …… 380
제40류 고무와 그 제품 …… 398

제 8 부 원피·가죽·모피 및 이들의 제품, 마구·여행용구·핸드백 및 이와 유사한 용기와 동물거트(누에의 거트를 제외한다)의 제품

제41류 원피(모피를 제외한다)와 가죽 …… 415
제42류 가죽제품·마구·여행용구·핸드백 및 이와 유사한 용기와 동물의 거트(누에의 거트를 제외한다)의 제품 …… 421
제43류 모피·인조모피 및 이들의 제품 …… 427

제 9 부 목재와 그 제품, 목탄, 코르크와 그 제품, 짚, 에스파르토 또는 기타의 조물재료의 제품, 농세공물 및 지조세공물

제44류 목재와 그 제품 및 목탄 …… 435
제45류 코르크와 그 제품 …… 444
제46류 짚, 에스파르토 또는 기타 조물재료의 제품과 농세공물 및 지조세공물 …… 446

제10부 목재펄프 또는 기타 섬유질 셀룰로오스 재료의 펄프 및 회수한 지 또는 판지(웨이스트와 스크랩, 지와 판지 및 이들의 제품)

제47류 목재 또는 기타 섬유질 셀룰로오스 재료의 펄프, 회수한 지 또는 판지(웨이스트와 스크랩) …… 455
제48류 지와 판지, 제지용 펄프, 지 또는 판지의 제품 …… 459

제49류 인쇄서적·신문·회화 및 기타의 인쇄물, 수제문서·타이프 문서 및 도면 …… 476

제11부 방직용 섬유와 방직용 섬유제품

제50류 견 …… 507
제51류 양모·섬수모 또는 조수모·마모사 및 이들의 직물 …… 510
제52류 면 …… 514
제53류 기타 식물성 방직용 섬유와 지사 및 지사의 직물 …… 516
제54류 인조필라멘트 …… 519
제55류 인조스테이플섬유 …… 523
제56류 워딩·펠트 및 부직포·특수사·끈·코디지·로프 및 케이블과 이들의 제품 …… 527
제57류 양탄자와 기타 방직용 섬유제의 바닥깔개 …… 533
제58류 특수직물, 터후트한 섬유직물, 레이스, 태피스트리, 트리밍과 자수포 …… 535
제59류 침투·도포·피복 또는 적층한 방직용 섬유의 직물, 공업용의 방직용 섬유제품 …… 544
제60류 메리야스편물과 뜨개질편물 …… 554
제61류 의류와 그 부속품(메리야스편물 또는 뜨개질 편물의 것에 한한다) …… 557
제62류 의류와 그 부속품(메리야스편물 또는 뜨개질편물의 것 제외) …… 566
제63류 제품으로 된 방직용 섬유의 기타 물품, 세트, 사용하던 의류·사용하던 방직용 섬유제품 및 넝마 …… 576

제12부 신발류·모자류·산류·지팡이·시트스틱·채찍 및 이들의 부분품, 조제우모와 그 제품, 조화, 인모제품

제64류 신발류, 각반 및 이와 유사한 것과 이들의 부분품 …… 590
제65류 모자류와 그 부분품 …… 593
제66류 산류·지팡이·시트스틱·채찍 및 이들의 부분품 …… 596
제67류 조제우모와 솜털 및 그 제품, 조화, 인모제품 …… 598

제13부 석·플라스터·시멘트·석면·운모 또는 이와 유사한 재료의 제품, 도자제품, 유리와 유리제품

제68류 석·플라스터·시멘트·석면·운모 또는 이와 유사한 재료의 제품 ·· 607
제69류 도자제품 ······ 617
제70류 유리와 유리제품 ······ 622

제14부 천연 또는 양식진주·귀석 또는 반귀석·귀금속·귀금속을 입힌 금속 및 이들의 제품 모조 신변장식용품과 주화

제71류 천연 또는 양식진주·귀석 또는 반귀석·귀금속·귀금속을 입힌 금속 및 이들의 제품 모조 신변장식용품과 주화 ······ 636

제15부 비금속과 그 제품

제72류 철 강 ······ 665
제73류 철강 제품 ······ 680
제74류 동과 그 제품 ······ 685
제75류 니켈과 그 제품 ······ 690
제76류 알루미늄과 그 제품 ······ 694
제77류(유보) ······ 697
제78류 연 ······ 698
제79류 아연과 그 제품 ······ 700
제80류 주석과 그 제품 ······ 702
제81류 기타 비금속, 서메트 이들의 제품 ······ 704
제82류 비금속제의 공구·도구·칼붙이·스푼과 포크 및 이들의 부분품 ···· 709
제83류 비금속제의 각종 제품 ······ 717

제16부 기계류와 전기기기 및 이들의 부분품, 녹음기와 음성 재생기·텔레비전의 영상 및 음향의 기록기와 재생기 및 이들의 부분품과 부속품

제84류 원자로, 보일러와 기계류 및 이들의 부분품 ······ 738
제85류 전기기기와 그 부분품, 녹음기와 음성 재생기·텔레비전의 영상 및 음성의 기록기와 재생기 및 이들의 부분품과 부속품 ······ 799

第17部 차량, 항공기, 선박과 수송기기 관련품

第86類 철도 또는 궤도용의 기관차·차량과 이들의 부분품, 철도 또는 궤도용의 장비품과 그 부분품 및 기계식(전기기계식을 포함한다)의 각종 교통신호용 기기 ······ 855
第87類 철도 또는 궤도용 외의 차량 및 그 부분품과 부속품 ······ 860
第88類 항공기와 우주선 및 이들의 부분품 ······ 869
第89類 선박과 수상구조물 ······ 873

第18部 광학기기, 사진용 기기, 영화용 기기, 측정기기, 검사기기, 정밀기기와 의료용 기기, 시계와 악기 및 이들의 부분품과 부속품

第90類 광학기기, 사진용 기기, 영화용 기기, 측정기기, 검사기기, 정밀기기와 의료용 기기, 시계와 악기 및 이들의 부분품과 부속품 ······ 881
第91類 시계와 그 부분품 ······ 904
第92類 악기 및 그 부분품과 부속품 ······ 909

第19部 무기, 총포탄 및 이들의 부속품과 부분품

第93類 무기, 총포탄 및 이들의 부분품과 부속품 ······ 918

第20部 잡 품

第94類 가구와 침구·매트리스·매트리스서포트·쿠션과 이와 유사한 물품, 다른 류에 분류되지 아니한 램프와 조명기구, 조명용 사인·조명용 네임플레이트와 이와 유사한 물품 및 조립식 건축물 ······ 924
第95類 완구·유희용구·운동용구 및 이들의 부분품과 부속품 ······ 929
第96類 잡 품 ······ 936

第21部 예술품·수집품과 골동품

第97類 예술품·수집품과 골동품 ······ 946
第98類(유보) ······ 951
第99類(유보) ······ 951

일반상품학

제 1 장 상품학의 개요

제 1 절 상품학의 범주 957
제 2 절 상품학의 개념과 대상에 따른 분류 959
제 3 절 상품학사 963

제 2 장 상품의 개념과 특성

제 1 절 상품의 개념 965
제 2 절 상품성의 개념과 상품의 특성 969

제 3 장 상품의 분류

제 1 절 상품분류의 의의와 필요성 977
제 2 절 상품분류체계 978

제 4 장 상품화계획과 상품정책

제 1 절 상품화와 상품화계획 989
제 2 절 상품화계획의 전제조건 993
제 3 절 기본적 상품화계획과 부차적 상품화계획 1001
제 4 절 상품의 수명주기(라이프 사이클) 1009
제 5 절 상품의 차별화와 시장세분화 1012

제 5 장 품질형성과 상품의 속성

제 1 절 상품품질과 품질구성요소 1018
제 2 절 2차적 품질로서의 중요 속성 1021

제 6 장 상품감정과 품질평가

제 1 절 유통 측면에서의 상품감정 1042
제 2 절 소비 측면에서의 품질평가 1046

제 7 장 품질표시와 품질보증

제 1 절 품질표시와 품질마크 ····· 1052
제 2 절 품질보증과 제조물책임 ····· 1062

제 8 장 상품광고와 RFID · POS System

제 1 절 상품광고 ····· 1069
제 2 절 무선식별 시스템(RFID)와 판매시점 정보관리제도(POS) ····· 1072

제 9 장 소비자주권과 상품

제 1 절 결합상품과 소비자보호 ····· 1078
제 2 절 소비자주권하에서의 상품 ····· 1082

부 록 / 1087

Ⅰ. 관세율표와 일반상품학의 기출제 분석 ····· 1088
Ⅱ. 관세사 시험 기출문제 ····· 1090
Ⅲ. 일반상품학 기출문제 ····· 1103

참고문헌 / 1105

관 세 율 표

PART I

총 론

제 1 장 국제상품분류제도

1. 국제상품분류제도의 발전

18세기 후반 영국을 비롯한 유럽국가에서 면방직 공업을 중심으로 일어난 산업혁명으로 무역거래가 활발해지기 시작하였다.

이에 따라 국제무역을 활발하게 촉진시키기 위하여 국제상품의 공통적인 품목분류를 제정하고자 하는 노력이 시작되었으며 1831년에는 벨기에에서 자국의 무역통계를 목적으로 원자재·농산물·공산품에 대하여 상품분류를 사용하게 되었다.

1853년부터 1908년 사이에는 국제적인 통일상품분류표를 만들기 위해 국제회의가 번번히 개최되었으며 1889년 파리에서 개최된 국제상업회의에서 국제통일관세율표와 통계표의 필요성에 관심을 갖게 되었다.

1906년 밀라노에서 개최된 제 2 차 국제상업회의에서 국제통일관세율표와 통계표의 필요성이 채택되었다. 국제회의에서 협약으로 채택된 최초의 통계분류표는 1913년 브뤼셀에서 개최된 제 2 차 『상업통계에 관한 국제회의』에서 채택된 분류표라 할 수 있다.

1927년 국제연맹의 주관하에 개최된 『세계경제협의회』에서 국제관세율표에 대한 기본 골격을 제시하였으며, 이후 1931년에는 관세목적을 위한 『제네바 상품분류표』가 제정되었다. 이 『제네바 상품분류표』는 여러 나라에서 관세율표의 기초 자료로 이용되기도 하였으나 그 영향력이 크지는 못하였으며 국제연맹의 붕괴로 국제적으로 사용될 수 있는 기회를 상실하였으나 제 2 차 세계대전 이후에는 SITC, CCCN 등의 모체가 되었다.

1938년 국제연맹은 관세협력 이사회를 설립시키고 BTN 협약으로 성립시켰으며, 한편 제네바 상품분류표를 기초로 하여 국제무역통계를 위한 『상품최소목록』[1]을 발간하였으며, 이 목록이 UN통계위원회에 의해 SITC로 개칭되어 1950년 7월에 UN 경제사회이사회(ECOSOC)에서 모든 국가가 대외무역 통계분류에는 SITC를 사용할 것을 권고

---

1) 상품최소목록(minimium list of commodities for international trade statistics).

하는 결의안을 채택하였다.

1959년 관세를 위한 BTN 협약이 발효됨과 동시에 BTN 품목표가 시행되었다. 이에 우리나라는 1962년부터 관세율표에서 BTN 체계를 채택하여 사용하였으며, 1968년에 BTN 협약에 정식으로 가입하였다.

1973년 CCC에 HS 위원회를 설치할 것을 결정하고 국제적으로 통일된 다목적용 상품분류표를 작성하기 시작하였다. 1976년 BTN은 CCCN으로 명칭이 변경되었으며, 1988년 1월 1일부터 관세, 무역통계, 보험, 운송, 운임 등 무역에 관련된 모든 분야에 사용될 수 있는 다목적 품목분류제도인 HS 협약이 발효 및 시행에 이르게 되었다.

[국제상품분류제도의 발전과정]

연도	상품분류제도	목적	주관
1831	상품의 응용분류(3개 포괄 분류: 원자재·농산물·공산품)	통계	벨기에
1853	국제통일관세율표 및 통계표의 필요성 인식	관세·통계	국제통상회의
1854	알파벳식 상품분류체계 채택	〃	벨기에
1889	알파벳식 3개 국어 공통분류(영어·포르투갈어·스페인어)	〃	미주국 제 1 차 국제회의
1889	국제통일관세율표 및 통계표의 관심표명		국제상업회의소
1892	관세율표 제정(오스트리아·헝가리 시행)	관세	
1906	국제통일관세율표 및 통계표의 필요성 채택	관세·통계	국제상업회의 소위원회
1913	–국제공통분류표 채택(최초국제협약): 5그룹, 186항목(산 동물, 식량과 음료, 원재료, 공산품, 금과 은) –관세 품목표로 사용(30여국)	〃	제 2 차 상업통계에 관한 국제회의
1922	산업통계발간(1913년 공통분류 기초)	통계	국제산업통계국
1923	세관절차의 간소화에 관한 협약		국제협력이사회
1927	–통일관세율표 제정에 관한 안 채택 –국제관세율표의 골격 제시(권고)	관세	세계경제회의 (국제연맹)
1931	잠정관세율표(제네바품목표) 제정: 21부, 86류, 991호	〃	전문가위원회 (국제연맹)
1937	제네바품목표(1차 개정): 21부, 86류, 4,360호 (991개호 채택의무호)	〃	〃

1938	『국제무역통계를 위한 상품최소목록』 －제네바 분류표를 기초 －SITC의 기초	통계	국제연맹
1948	Brussel 품목분류표 제정 －상품최소목록을 기초	관세	유럽관세동맹연구단
1950	BTN 협약 성립, CCC 설립 SITC 제정 SITC 채택권고	관세 통계	관세협력이사회 UN통계위원회 UN경제사회이사회
1955	BTN 수정을 위한 협약채택	관세	관세협력이사회
1959	잠정상관표(수정 SITC, SITC-BTN Ⅱ) BTN 협약발효	통계 관세	UN경제사회이사회 관세협력이사회
1960	SITC 개정(Rev.1): 1,312개 품목	통계	UN통계위원회
1965	BTN 개정(1차)	관세	관세협력이사회
1972	BTN 개정(2차)	관세	〃
1973	HS 개발 결정	관세·무역 등	〃 (교토총회)
1974	SITC 개정(Rev.2): 1,826개 품목	통계	UN 통계위원회
1976	BTN을 CCCN으로 개칭	관세	관세협력이사회
1978	CCCN 개정(3차)	관세	〃
1983	HS 협약채택	관세·무역 등	
1985	SITC 개정(Rev.3)	통계	
1988	HS 협약 발효 및 HS 시행(1988. 1. 1)	관세·무역 등	관세협력이사회
1988	SITC Rev.3 시행	통계	UN 통계위원회
1992	HS 제 1 차 개정(1992. 1. 1 발효)	관세·무역 등	WCO(세계관세기구)
1996	HS 제 2 차 개정(1996. 1. 1 발효)	〃	〃
2002	HS 제 3 차 개정(2002. 1. 1 발효)	〃	〃
2007	HS 제 4 차 개정(2007. 1. 1 발효)	〃	〃

2. 국제상품분류표의 유형

1) 관세용 품목분류표

BTN 품목분류표　BTN은 1931년에 제네바 관세분류품목표가 기초로 하여 관세목적으로 작성된 품목분류표로서, BTN 협약의 부속서이다. 정식명칭은 브뤼셀 관세품목표(Brussels Tariff Nomenclature)이며 BTN으로 약칭하였다. BTN 협약[2])은 유럽관세동맹 연구단에 의해 1950년 12월 15일 벨기에의 브뤼셀에서 제정되었고 1959년 9월 11일에 발효되었으며 전문과 본문이 16개조 및 부속서로 되어 있다. BTN은 21부와 99류이며 4단위는 1,011개의 호로 되어 있다.

우리나라는 1962년부터 관세율표에 BTN을 채택하여 사용하였으며 1968년에는 BTN 협약에 정식으로 가입하였다. BTN은 1976년에 CCCN으로 개칭되었다.

CCCN 품목분류표 1976년 6월 CCC 총회에서 특정 지역의 명칭에 의한 BTN을 CCC 기구의 명칭인 CCCN(Customs Co-operation Council Nomenclature: 관세협력이사회 품목분류표)으로 개칭하기로 의결하여 CCCN(CCC Nomenclature)으로 호칭되었다. CCCN은 1988. 1. 1. HS 시행 전 1987년 당시에 우리나라, 일본, EC 등을 포함하여 52개국이 HS 협약에 가입하였으며 153개국이 사용하였다.

기타 관세율표 1988. 1. 1. HS 시행 이전에는 우리나라, 일본, EU 등을 비롯한 대다수의 국가가 CCCN 체계를 사용하였으나, 미국, 캐나다, 중공(현 중국) 등은 다른 분류체계를 사용하였다.

[주요 관세율표]

- TSK(Tariff Schedules of Korea): 한국관세율표, CCCN 체계
- TSUSA(Tariff Schedules of the United States): 미국관세율표*
- CTC(Customs Tariff of Canada): 캐나다관세율표*
- CTJ(Customs Tariff of Japan): 일본실행관세율표, CCCN 체계*
- NABALAL(Tariff Nomenclature for the Latin American Free Trade Association): 라틴아메리카 자유무역연합관세율표

* HS 개발작업시 참고자료.

2) 통계 품목분류표

SITC(Stantard of International Trad Classification: 국제표준무역분류표) SITC는 국제무역통계를 목적으로 하는 품목분류표이다. 1938년에 국제연맹이 제네바 품목분류표를 기초로 하여 작성한 상품최소목록을 발간하였으며, 이를 UN 통계위원회는 SITC로 개칭하여, 1950년 UN 경제사회이사회에서 모든 국가는 대외무역통계분류에는 SITC를

2) BTN 협약의 정식명칭은 『The convention on nomenclature for the classification of goods in customs tariffs(관세율표의 품목분류를 위한 품목표에 관한 협약)』이다.

사용할 것을 권고하는 결의안을 채택하였다.

이후 SITC는 3차에 걸쳐 개정되었으며, SITC 제 3 차 개정은 HS를 기초로 개정 작성되어 1988년부터 각국이 무역통계에 사용할 것을 UN이 권고하였다.

[통계용 품목분류표]

- SITC(Standard International Trade Classification: 국제표준무역분류표)
- SKTC(Standard Korea Trade Classification: 한국표준무역분류표), SITC를 기초로 한 것.
- CCCNK(Customs Cooperation Council Nomenclature Korea: 한국관세행정통계분류표), CCCN을 기초로 한 것
- ICC[Import Commodity Classification(Canada): 캐나다수입통계표]*
- ECC[Export Commodity Classification(Canada): 캐나다수출통계표]*
- NIMEX(Nomenclature of Goods for the External Trade Statistics of the Community and Satistics of Trade between Member States: 구주공동체무역통계표)*
- NIPRO(Common Nomenclature of Industrial Products: 공산품품목표)
- CCIO(Classification of Commodities by Industrial Origin: 산업원천에 의한 품목분류)
- CPC(Central Product Classification: 주요 상품분류표)

* HS 개발작업시 참고자료.

3) HS 품목분류표

관세협력이사회(CCCN)에서 제정하여 1976년부터 1987년까지 사용한 CCCN이 관세부과를 위해 사용한 품목분류표인 반면, HS는 관세부과뿐만 아니라 통계·운송·보험 등 다목적으로 사용하도록 CCCN과 SITC를 기초로 하여 관세협력이사회에서 1983년 6월 14일에 제정하여 1988년 1월 1일부터 사용하고 있는 품목분류표이다.

정식명칭은 『통일상품명 및 부호체계(Hamornized Commodity Description and Coding System: HCDCS)』이고, 『조화제도(Hamornized System)』 또는 『HS』로 호칭되고 있다. 통칙 6개, 21개의 부, 96개의 류(제77류 공란), 호(4단위) 1,241개 및 소호(6단위) 5,019개로 되어 있다.

HS 협약의 체약국은 102개국이 넘고, 세계에서 약 180개국에서 HS가 사용(2006. 12)되고 있어, 명실공히 국제적으로 통일된 분류품목표라 할 수 있다.

4) 무역관련 품목분류표

1988년 1월 HS 시행 이전에는 관세분야에는 주로 CCCN, 무역통계분야에는 SITC를 사용하였으나, 주요 무역국가인 미국, 캐나다 등은 관세와 무역 통계를 별도로 사용하고 있었다. 또한 각 국가나 국제공동체에서는 관세와 통계 분야 이외의 보험과 운송 분야 등의 무역분야에서는 각각 다른 품목분류표가 사용되었다.

[무역관련 품목분류표]

목적	품목분류표명
운송용	－WACCC(World wide Air Cargo Commodity Classification: 세계항공화물분류표)* －WIFT(Freight Tariff of the Association of West India Trans-Atrantic Steamship Lines: 서인도 대서양횡단항로협회운임률표)* －STCC(Standard Transportation Commodity Code: 표준수송상품부호)* －CSTE(Commodity code for European Transport Statistics: 구주수송용 품목부호표) －NST(Standard Commodity Nomenclature for Transport Statistics: 수송통계용 표준품목표) －FEFCFT(Far Eastern Freight Conference Freight Tariff: 극동해운동맹운임요율표)
기타	－SFTC(Standard Forign Trade Classification of the Council for Mutural Economic Assistance: 경제상호원조이사회의 무역표준분류표)* －ISIC(International Standard Industrial Classification: 국제표준산업분류) －ICGS(International standard Classification of all Goods and Services: 국제표준상품 용역분류) －NACE(General Industrial Classification of Economic Activities within the European Communties: 구주공동체 경제활동용 일반산업분류) －SINAP(System of Intergrated Nomenclature for Activities and Products: 경제활동상품통합분류체계) －BEC(Classification by Broad Economic Categories: 광경제범주분류)

* HS 개발작업시 참고자료.

제 2 장 HS 품목분류표

1. 세계관세기구(WCO)

1) 관세협력이사회(CCC)

관세협력이사회(CCC: Customs Co-operation Council)는 관세행정을 논의하는 대표적 국제기구로서 1950.12.15 CCC 협약에 의해 설립되었으며 이 협약과 품목분류협약, 평가협약 등 3개 기본협약으로 브뤼셀에서 설립하여 1952년 11월 4일에 발효되었다.

이후 1994. 6월 CCC 총회에서 CCC의 기능과 국제적인 지위를 보다 명확하게 나타내기 위하여 WCO(World Customs Organization: 세계관세기구)로 비공식 통칭(working name)을 채택하기로 결정하였으며 이에 CCC 사무국은 1994. 10월부터 법률적인 성격을 나타내는 경우에는 CCC 명칭을 사용하고 모든 서신과 문서에는 WCO명칭을 사용하도록 체약국에 권고하였다. WCO 회원국은 171개국(2007. 6월 현재), HS 협약 가입국은 118개국에 이른다.[1)]

2) WCO의 설립목적

- 관세기술 및 관세법규의 국제적 수준에서의 단순화 노력
- 품목분류 및 평가에 관한 적용과 해석의 통일
- 통관절차에 관한 정보의 국제적 교환 및 기술적 지원의 제공
- 관세분야에 관한 연구와 정부간 협조지원

3) WCO의 조직

이사회(총회)와 7개 위원회 및 이를 지원하는 사무국으로 구성되어 있다.

---

1) WCO 소관협약은 19개가 있으며, 우리나라는 HS 협약, 관세평가협약, 개정교토협약 등 12개 협약에 가입되어 있다.

[WCO의 조직]

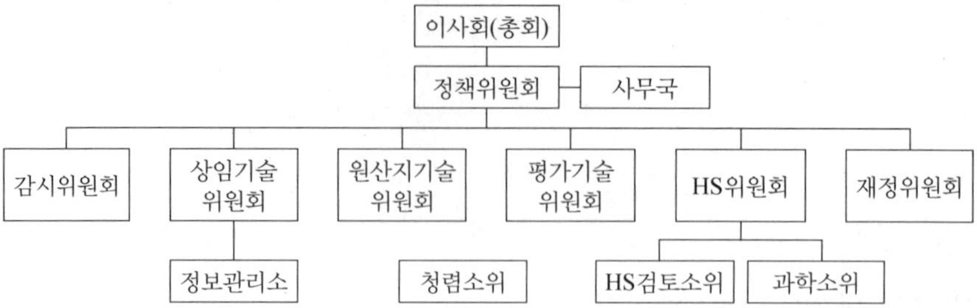

[사무국 조직]

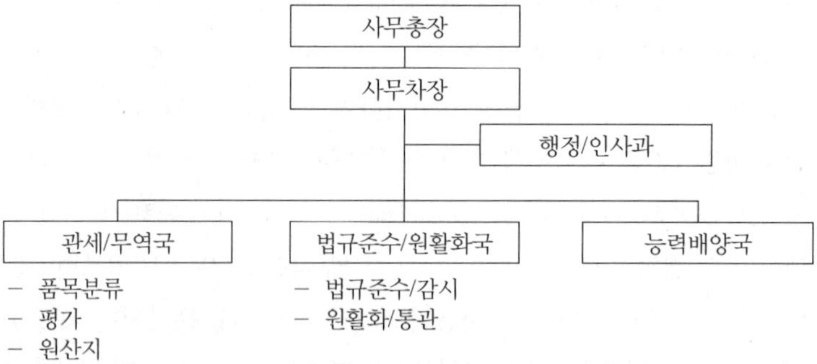

4) WCO 위원회

정책위원회, 재정위원회 및 5개 기술위원회로 되어 있으며, 각 기술위원회에는 산하에 소위원회와 특별 작업반으로 구성되어 있다.

정책위원회(Policy Commission: PC)　WCO 운영, 활동 및 정책문제 대한 실질적인 최고의사 결정기관으로 결의된 시항을 총회에 상정함.

재정위원회(Finance Commission: FC)　WCO 활동을 위한 예산조달, 지출, 결산, 회계감사에 관한 의사를 결정함.

상임기술위원회(Permanent Technical Commission: PTC)　통관제도 및 절차의 국제적 조화, 통관절차 간소화 등에 관한 기술적 검토를 수행함.

평가기술위원회(Technical Committee on Valuation: TCV)　WTO 평가협약의 이행과 관련하여 발생하는 실무분쟁에 관한 기술적 검토를 WTO로부터 위임받아 수행함.

HS위원회(Harmonized System Committee: HSC)　통일적 품목분류에 관한 국제협약(HS 협약)에 의한 과세대상 물품의 분류 및 동 협약해석에 관한 기술적 문제를 검토함. 산하에 과학소위원회(Scintific Sub-Comittee: SSC)와 검토소위원회(Review Sub-Committee: RSC)를 두고 있다.[2)]

감시위원회(Enforcement Committee: EC)　무역공급망 안전, 세관당국간 정보교류, 마약, 총기류, 위험물, 멸종위기 동식물 등의 밀수 방지, 부정무역 단속 등 각종 세관통제기법을 논의함.

원산지기술위원회(Technical Committee on Rules of Origin: TCRO)　WTO로부터 위임받은 통일 원산지규정 재정작업을 수행하는 조직이며, 동규정의 통일을 위한 기술적 문제를 검토함.

2. HS 협약

(1) HS 협약 개요

HS 협약의 정식명칭은 『통일상품명 및 부호체계에 관한 국제협약(International convention on the hamornized commodity description and coding system)』으로 『HS 협약』이라 약칭하고 있다.

본 협약은 1983. 12월 관세협력이사회(CCC)에서 1988. 1. 1. HS협약이 발효할 것을 채택한 것으로 협약의 내용은 전문과 본문 20개조 및 부속서로 되어 있으며, 정본은 영어와 프랑스어로 각 1부씩 작성하여 벨기에 정부의 문서보관소에 기탁되어 있다. 최근 HS 협약 가입국은 125개국(2006. 12. 현재)에 이르며 HS 사용국가는 180여 개국에 이른다.

(2) HS 협약의 의의와 목적

HS 협약의 전문에서 다음과 같이 강조하고 있다.

① 국제무역을 촉진시키고,

② 국제무역상의 특정 자료의 수집, 비교 및 분석 등을 용이하게 하며,

③ 국제무역의 과정에서 상품 이동에 따른 비용의 경감과 무역관련된 문서의 표준

---

2) HS 협약 제 6 조와 제 7 조.

화와 자료전달을 촉진시키고,

④ 제조기술 및 국제무역의 변화에 따른 CCCN 수정이 필요하게 되었고,

⑤ 관세와 통계 목적으로는 CCCN 품목분류표는 감당할 수 없으며,

⑥ 국제무역 교섭을 위한 정확하고 비교가능한 자료의 중요성이 제기되었다.

이에 따라 새로운 품목분류표인 HS는 다음 방향으로 작성되어야 한다.

① HS는 운송에 관한 여러 형태의 운임률과 운송통계에 사용되고,

② 가능한 한 가장 광범위하게 상품명과 코드번호를 연계되고,

③ 수출입통계와 생산통계 간의 상호관계를 증진시키고,

④ HS와 SITC 간에도 밀접한 상호관계를 증진시키도록,

⑤ 관세·통계 통합품목분류표를 작성한다.

이러한 새로운 HS는 관세협력이사회의 HS 위원회에서 개발 작성하도록 한다.

(3) HS 협약의 본문

HS 협약의 내용은 전문, 본문 및 부속서인 HS 품목분류표로 되어 있으며 본문은 20개의 조로 구성되어 있다.

[HS 협약의 표제]

조별 표제	조별 표제
전문	
제1조 용어의 정의	제11조 체약당사국의 자격
제2조 부속서(HS 품목표)	제12조 체약당사국이 되기 위한 절차
제3조 체약당사국의 의무	제13조 발효
제4조 개발도상국에 대한 부분적 적용	제14조 속령에 대한 적용
제5조 개발도상국에 대한 기술 지원	제15조 폐기
제6조 HS 위원회	제16조 개정절차
제7조 위원회의 직무	제17조 HS에 관한 체약국의 권리
제8조 이사회의 역할	제18조 유보
제9조 관세율	제19조 사무총장에 의한 통지
제10조 분쟁의 해결	제20조 국제연합에의 등록

1) 용어정의(HS 협약 제 1 조)

HS(Hamornized System)의 정의 새로운 국제상품분류제도인 『통일상품명 및 부호체계(Hamornized Commodity Description and Coding System: HCDCS)』를 말하며 『Hamornized System(조화제도)』 또는 『HS』라고 말한다. HS는 HS 협약의 부속서에 규정한 호와 소호 및 이들에 관련 코드번호, 부, 류 및 소호의 주, 그리고 HS 해석에 관한 통칙으로 구성된 품목분류표를 말한다.

관세품목분류표(customs tariff nomenclature) 수입물품에 대한 관세의 부과를 목적으로 체약국의 법규에 의거 제정된 품목분류표를 말한다. 우리나라는 관세법 별표로 『관세율표』를 제정하여 운용하고 있으며, HS 6단위의 품목번호를 기본으로 하여 관세율에 따라 세목을 구분하고 있다.

통계품목분류표(statistical nomenclature) 수출입통계자료의 수집을 목적으로 체약국이 제정한 품목분류표를 말한다.

관세·통계통합품목분류표(combined customs tariffs/statistical nomenclature) 수출입품목의 통관을 위하여 체약국이 법적으로 요구하는 관세품목분류표와 통계품목분류표를 통합한 품목분류표를 말한다. 우리나라는 수출입 물품의 신속통관, 통계파악 등을 위하여 HS 6단위를 10단위로 세분류한 것으로서, 협약에서 정하는 바와 같이 『관세·통계통합품목분류표』라 하고, 영문으로는 Harmonized System of Korea(HSK)라 한다. HSK는 기획재정부장관의 고시로 제정하여 운용하고 있다.

이사회 설립협약(the convention establishing the council) 1950년 12월 15일 브뤼셀에서 작성한 관세협력이사회 설립에 관한 협약을 말하며. 이 이사회는 관세협력이사회(CCC)를 말한다.

2) 체약국의 의무(HS 협약 제 3 조)

① 체약국은 자국의 관세 및 통계품목분류표를 HS와 일치시켜야 한다.

② 체약국은 관세 및 통계품목분류표에 관하여 다음을 준수하여야 한다.

- HS의 모든 호와 소호 및 이들 관련 코드번호(numerical codes)를 추가 또는 수정없이 사용한다.
- HS의 해석에 관한 통칙과 모든 부, 류 및 소호의 주를 적용하며, HS의 부·류·호 또는 소호 등의 범위를 수정하지 않는다.
- HS의 번호순서(numerical sequence)를 준수한다.

③ 체약국은 HS의 6단위 이상으로 수출입무역통계를 공개적으로 사용한다. 다만, 상업적 비밀 또는 국가안보와 같은 특별한 이유가 있는 경우에는 예외로 한다.

④ 관세/통계품목분류표에 있어서 위의 ①을 일치하면 HS의 소호의 사용을 아니할 수 있다.

3) 분쟁의 해결(HS 협약 제10조)

① 당사국 간에 교섭에 의한 해결: 체약국 간의 HS 협약의 해석 또는 적용에 관한 분쟁은 당사국 간의 교섭에 의하여 해결한다.

② HS 위원회의 권고: 당사국 간의 교섭에 의하여 해결되지 못한 분쟁은 분쟁 당사국은 HS 위원회에 회부하고, 동 위원회는 이 분쟁을 심의하여 그 해결을 권고한다.

③ WCO 이사회의 권고: HS 위원회가 분쟁을 해결할 수 없는 경우에는 HS 위원회는 이사회에 회부하며, 동 이사회는 이사회설립협약 제3조에 따라 분쟁 당사국에 권고한다.

④ 권고의 당사국의 사전수락 동의: 분쟁 당사국은 사전에 위원회 또는 이사회의 권고를 구속력이 있는 것으로 수락하는 데에 사전에 동의할 수 있다.

4) 개정안의 발효일(HS 협약 제16조)

체약국은 이사회의 권고사항에 대하여 다음 발효일로 하고, 통계와 관세의 품목분류표 및 관세·통계통합품목분류표를 HS와 일치시켜야 한다.

① 권고 개정안이 4월 1일 전에 통지된 경우에는 통지일 이후의 제2차년도의 1월 1일로 한다.

② 권고 개정안이 4월 1일 이후에 통지된 경우에는 통지일로부터 제3차년도의 1월 1일로 한다.

5) 체약국의 권리(HS 협약 제17조)

① HS 위원회에서 체약국은 하나의 투표권을 가지며, 하나 이상으로 구성된 관세·경제동맹은 하나의 투표권을 갖는다.

② 이사회의 회원국으로 HS 위원회가 작성한 협약에 대한 수정안을 심의한다.

③ 사무총장에게 협약의 수정권고안에 대한 반대 통보하거나 이 반대를 철회할 수도 있다.

3. HS 품목분류표

(1) HS의 개요

HS는 관세목적인 CCCN 분류체계와 무역통계목적인 SITC(표준국제무역분류표) 분류체계를 기초로 하여 관세·국제무역통계·운송·운임 등 모든 무역분야에서 사용할 수 있도록 관세협력 이사회(현 WCO) 주관하에 작성한 다목적 국제상품분류체계이고, HS 협약의 부속서인 품목분류표이다.

HS의 정식명칭은 『통일상품명 및 부호체계(Hamornized Commodity Description and Coding System: HCDCS)』이며, 『Hamornized System(조화제도)』, 『HS 품목분류표』 또는 『HS』라 약칭하고 있다.

HS는 1988. 1. 1.부터 시행하여 4차례(1992년, 1996년, 2002년 및 2007년)에 걸쳐 개정되었으며, 우리나라를 비롯하여 미국·일본·EU 등 180여 개국(2006년 12월 현재)이 사용하고 있다.

[HS의 작성과정]

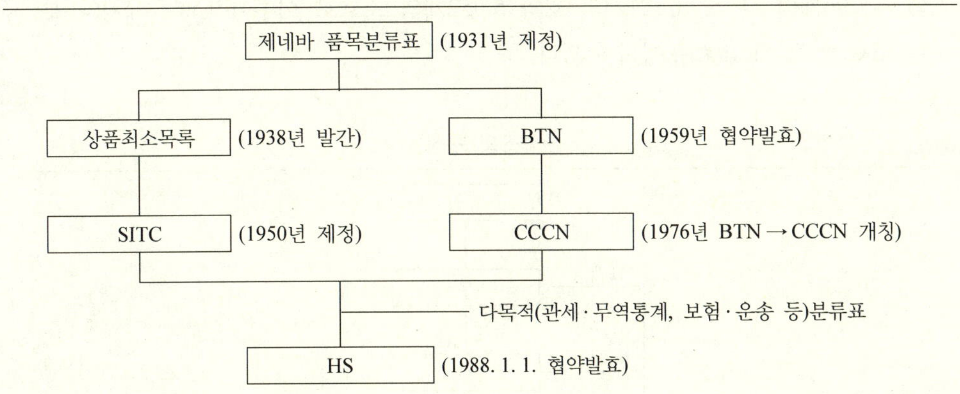

[제네바 품목분류표·CCCN·HS의 비교]

구분	용도	시행년도	구성(개수)					
			부	류	호	소호	주	통칙
제네바 품목분류표	관세	1931	21	86	4,360	–	–	–
BTN(CCCN)	관세	1959	21	99	1,011	–	부주와 류주	4
HS	다용도(관세, 통계, 운송 등)	1988	21	97	1,241	5,019	부주, 류주 및 소호주	6

(2) HS의 구성과 분류체계

1) HS의 구성

HS 협약의 부속서인 HS 품목분류표는 호와 소호 및 이들의 관련된 코드번호(numerical codes), 부, 류 및 소호의 주와 HS 해석에 관한 통칙(GRI)으로 구성되어 있다.

통칙, 부·류·소호의 주 및 호와 소호의 용어를 HS의 주요 구성요소라고 하며, 법적인 효력을 가졌으며 모든 체약국들에게 구속력을 갖고 있다.

HS는 국제적인 상품을 통일적이고 체계적으로 분류하기 위한 5개의 분류통칙, 21개의 부, 96개의 류 및 1,221개의 호와 5,052개의 소호로 이루어진 분류체계와 부·류 또는 소호의 주(notes)로 구성되어 있다.

[HS의 구성]

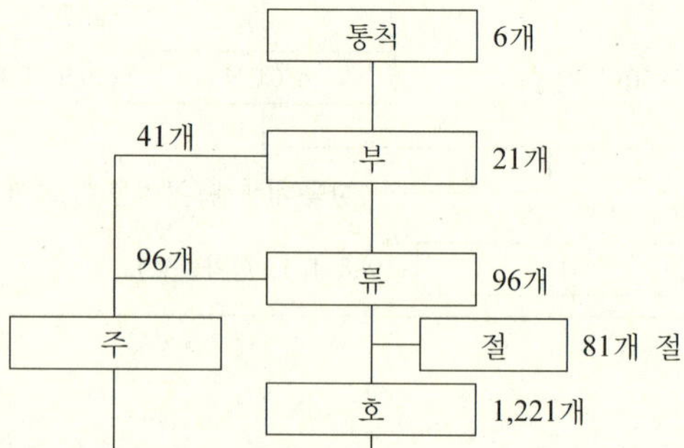

* 2007. 1. 1 현재.

2) HS의 분류체계

HS의 품목분류 체계는 국제적으로 거래되는 모든 상품을 분류할 수 있도록 상위차원에서 하위차원의 체계로 수직배열과 수평배열되어 있다.

부 → 류(2단위) → 호(4단위) → 소호(6단위) 순으로 수직분류 체계로 배열하고, 이들을 각 부별로, 각 류와 각 절별로, 및 각 호와 각 소호별로 수평분류체계로 배열되어 있다.

대분류(최상위차원) 수준으로 21개의 부로 수평분류하고, 각 부는 중위차원으로 97개의 류(제77류는 유보)로 중분류하며, 각 류는 하위차원으로 1,241개의 호로 소분류되어 있다. 이어서 호는 최하위차원으로 5,019개의 소호로 세분류되어 있다.

HS의 국제적으로 공통되는 코드단위는 6단위이며, 7단위 이상의 세분류는 각국이 국내 실정에 맞게 사용할 수 있다.[3)]

3) HS 통칙

HS 통칙의 정식명칭은『HS 해석에 관한 일반통칙(General Rules for the Interpretation of the harmonized system)이며,『GRI』또는『통칙』로 약칭하고 있다.

HS 해석에 관한 통칙은 통칙 제 1 호 내지 통칙 제 6 호의 6개가 있으며, 국제적으

[HS 해석에 관한 통칙(GRI)]

통칙 1: 호의 내용 및 부, 류의 주에 의한 분류원칙
통칙 2: 호 내용의 확대 분류원칙
(a) 불완전 또는 미완성 물품의 분류원칙,
미조립 또는 분해 물품의 분류원칙
(b) 재료 또는 물질, 구성물품의 확대 분류원칙
통칙 3: 둘 이상 호의 우선 분류원칙
(a) 협의 표현 분류원칙
(b) 본질적 특성 분류원칙
(c) 최종 호 분류원칙
통칙 4: 유사 물품 분류원칙
통칙 5: 용기류 및 포장재료의 분류원칙
(a) 케이스, 상자 및 유사용기의 분류원칙
(b) 포장재료, 포장용기의 분류원칙
통칙 6: 소호 분류원칙

3) 우리나라는 HS 6단위 소호를 10단위로 세분류하여 사용하고 있으며, EU는 8단위, 미국은 8단위(수입)와 10단위(통계용), 일본은 9단위를 사용하고 있다.

로 통용되는 품목분류체계의 통일적인 해석을 위한 일반 원칙이 되는 규정이며 모든 체약국들에게 법적인 구속력을 갖고 있다.

통칙 제 1 호 내지 제 4 호는 4단위 호를 결정하는 규정으로서 순서대로 적용하여야 하고, 통칙 제 5 호는 추가 통칙으로서 용기와 포장물품에 대한 분류원칙이며, 통칙 제 6 호는 소호에 대한 분류원칙이다.

4) 주

주(註: note)는 통칙 및 호와 소호와 함께 HS를 구성하고 있으며, 법적인 구속력이 있어 『법주(legal notes)』라고도 한다. 주에는 부주, 류주 및 소호주가 있으며, 일반적으로 각 부, 류, 호 또는 소호의 분류범위와 한계, 다른 부, 류 또는 호와의 분류방법, 용어의 정의 등 품목분류의 주요한 지침이 된다.

[주(note)의 내용]

구분	주요 내용
부주 (section notes)	· 법적 구속력이 있다. · 부표제 다음에 있다(41개 부주). · 부주가 없는 부도 있다(12개 부).
류주 (chapter notes)	· 법적 구속력이 있다. · 류의 표제 다음에 있다(342개 류주). · 류주가 없는 류도 있다(5개 류).
소호주 (subheading notes)	· 법적 구속력이 있다. · 부주 또는 류주 다음에 있다(56개 소호주). · 소호주가 없는 경우가 많다.

5) 부·류·절·호 및 소호

HS를 구성하고 있는 부, 류, 절, 호 또는 소호에 대한 내용은 다음과 같다.

[부, 류, 절, 호 및 소호]

구분	주요 내용
부(部: section)	· 제 1 부～제21부(21개 부) · 각부의 표제는 편의상 표현한 것으로 품목분류에 법적 구속력이 없다. · 부에 류가 하나인 부가 있다(4개부).
류(類: chapter)	· 제 1 류～제97류(96개 류: 제77류 유보) · 호(4단위)의 2단위를 말한다. · 류의 표제는 부와 동일하게 품목분류에 법적 구속력이 없다. · 부에 류가 하나이고 표제가 동일한 4개 류가 있다(제 3 부, 제14부, 제19부 및 제21부).
절(節: sub-chapter)	· 절은 류의 다수의 물품을 구분하기 위해 편의상 세분한 것이다. · 절의 표제는 품목분류에 법적 구속력이 없다. －81개의 절 －절이 있는 류: 7개 류(제28류, 제29류, 제39류, 제63류, 제69류, 제71류 및 제72류)
호(号: heading)	· 호는 류(2단위)를 순번대로 4단위로 세분류한 것으로 4단위 코드번호이다(1,221개 호). · 앞의 2단위는 류를 나타내고, 뒤의 2단위는 호를 말하며 류 내의 호의 배열위치를 나타낸다. · 호의 용어는 HS 협약 내용이고, 통칙 및 주와 동일하게 법적 구속력을 갖는 HS의 주요 구성요소이다. · 체약국이 임의로 선택할 수 있는 임의 호(optional heading)가 있다. 예: 제2716호 전기에너지[4]
소호 (小号: sub-heading)	· 소호는 호를 5단위 또는 6단위로 세분류한 것이다(5,052개 소호). · HS는 6단위 소호를 분류체계이다. · 소호의 내용은 HS 협약으로서 소호주와 더불어 품목분류에 있어 법적 구속력을 갖고 있다.

(3) HS 품목분류표의 개정

HS의 개정은 HS 협약을 개정하는 것이므로 관세협력이사회(WCO)는 모든 체약국들에게 HS의 개정내용을 권고하게 되며, 채약국들은 권고사항의 발효일에 관세품목분류표, 통계품목분류표 또는 관세·통계통합품목분류표와 일치시켜야 한다.

1988년 1월 HS가 실시된 이후에 1992년 1차 개정에 이어 2007년 현재까지 4차에

4) 우리나라는 임의 호를 채택하고 있다.

걸쳐 개정되었다.

1) 제 1 차 개정(1992. 1. 1 발효)

제 1 차 HS 개정은 1973년에서 1983년 간의 HS 작업과정에서 도출된 미비점을 보완하는데 중점을 두었으며 주요 내용은 다음과 같다.

· HS 6단위(소호)는 1개 감소한 5,018개 품목

· HS 소호의 통합: 애시드유 통합.

· 용어정의 및 호 내용 개정: 건조과실 정의, 34개호의 내용 보완

· 23개의 부, 류, 주의 부분을 신설 또는 개정

2) 제 2 차 개정(1992. 1. 1 발효)

90년도부터 HS 위원회의 HS Review Sub-Committee(RSC)에서 각 회원국의 HS 전문가들이 심의한 것으로서 HS 협약 개정안을 1992. 1. 1.부터 시행할 것을 체약국에 권고하였다.

주요 내용은 다음과 같다.

· HS 6단위(소호) 5,018개 품목을 신설 또는 삭제 등으로 5,113개 품목으로 증가

· UN에서 요청한 마약원료물질, 환경관련 물질의 특게

 - 마약원료물질 특게: 슈도에페드린 등 24품목

 - 오존층 파괴물질(몬트리올 협약 지정물품) 특게: 프레온 가스류

· 신개발상품 특게

 - 레이저판독용 디스크, 영상전화기, 팩시밀리, 휴대용 컴퓨터 등(제84류와 제85류) 특게

3) 제 3 차 개정(2002. 1. 1 발효)

1999년 6월 WCO는 제 3 차 HS협약 개정안을 마련하여 이를 회원국이 2002. 1. 1.부터 시행할 것을 권고하여 개정한 것으로 주요 내용은 다음과 같다.

· 호, 소호의 신설과 삭제로 호는 3개 증가한 1,244개, 소호는 112개 증가한 5,225개

· 환경 및 사회적 관심품목의 반영

 - 살아있는 동식물의 통제 및 감시: 고래(제0106호) 등 신설

 - 바젤협약에 따른 특정 쓰레기 특게: 웨이스트유(제27류), 폐의료용품(제30류),

생활폐기물, 하수오니(제3825호) 신설

– 마약 및 향정신성 물질의 통제 및 감시: 암페타민(제2921호), 아편 농축물(제2939호) 신설

· 기술진보 및 무역형태 변화의 반영 등

– 스마트카드(제8542.10호), 디지털카메라(제8525호)

– 석유(제27류), 원피(제41류), 지와 판지(제48류), 편물(제60류) 등에 대한 품목분류체계 변경

4) 제 4 차 개정(2007. 1. 1 발효)

2004년 7월 WCO는 제 4 차 HS협약 개정안을 마련하여 이를 회원국이 2007. 1. 1.부터 시행할 것을 권고하여 개정한 것으로 주요 내용은 다음과 같다.

· 호(4단위)는 23개 감소한 1,221개, 소호(6단위)는 172개 증가한 5,052개

· 환경 및 사회적 관심품목의 반영

– 국제연합식량농업기구(FAO) 요청한 특정어류의 특게: 참다랑어, 황새치, 이빨고기 등

– 유해화학물질의 교역시 사전통보승인절차에 관한 협약(로테르담 협약) 품목 특게: 수은화합물(제2852호), 석면함유 제품(제6811호) 등

– 대나무 제품 특게: 대나무 목탄(제4402호), 대나무 합판(제4412호)

· 기술진보 및 무역형태 변화의 반영 등

– 국제무역량 증감 고려한 신설 및 삭제: 마카다미아(제0802.60호) 등 2개 신설, 개구리 다리 등 203개 삭제[5)]

– 품목분류 체계변경: 섬유판(제4414호), 합판(제4412호)

· 첨단기술분야의 기술진보 반영

– 반도체 및 평판디스플레이 제조용 설비 특게(제8486호)

– 분류기준 신설(제84류 류주 제 9 호)

5) 국제거래량 5천만 달러 초과 물품은 코드신설하고, 5천 달러 미만 물품은 삭제.

[HS 개정 연혁]

개정차수	연도	개정개요	주요 개정품목	6단위코드수
제 1 차 개정	1992. 1. 1	HS 제정 작업과정에서 도출된 미비점 보완과 개정	-소호의 통합과 신설 -호의 용어 등	5,019 → 5,018
제 2 차 개정	1996. 1. 1	신상품의 개발과 국제기구에서 요청한 마약원료물질 및 오존층파괴물질 등을 특정호(소호)에 신설	-영상전화기, 팩시밀리, 휴대용 컴퓨터 등 -마약원료물질 및 오존층 파괴물질 등	5,018 → 5,113
제 3 차 개정	2002. 1. 1	폐기물 및 CITES 협약 대상 품목을 특정호(소호)에 신설하였으며 HS의 통일적 적용을 위한 용어정의 등을 마련	-보증된 참조물질 및 산업폐기물 등 -멸종위기에 처한 동식물 -소매포장 정의 등	5,113 → 5,224
제 4 차 개정	2007. 1. 1	국제기구에서 요청한 어류와 통제물질, 및 IT산업의 급속한 발전으로 특정산품에 대한 호(소호)를 신설하였으며 다양한 신상품개발로 인한 용어정의 및 분류기준을 보완	-참다랑어, 황새치, 이빨고기 등 -수은화합물, 농약원료, 청석면 등 유해물질 -반도체제조용 기기 -유·무선 통신기기 등 -신문용지, 합성섬유, 재생섬유 등에 대한 용어	5,224 → 5,052

4. HS의 품목분류에 관한 자료

HS 위원회의 직무에서『HS 해석에 대한 지침으로서 해설서, 분류의견서 또는 기타 조언을 작성하는 것』이라 하고 있어 품목분류에 관한 지침서 있음을 알 수 있다.[6)]

실질적으로 WCO에서는 채약국에게 제공되는 품목분류에 관한 자료는 해설서, 분류의견서 및 기타 자료가 있다.

1) HS 해설서

HS 해설서(The Explanatory Notes to the Harmonized System)는 통일 상품명 및 부호체계(Explanatory Notes to the Harmonized Commodity Description and Coding System: HS)에 관한 공식적인 해설서로서『HS 해설서』또는『해설서』라 호칭한다.

6) HS 협약 제 7 조.

HS 해설서는 HS 협약의 일부는 아니나 WCO에서 승인하는 HS 품목분류표에 대한 공식적인 해설서로서 품목분류에 대한 지침서이다. 법적인 구속력은 없으나 WCO의 공식적인 품목분류에 관한 해석이므로 채약국은 자국의 품목분류의 통일을 기하기 위하여 대부분의 국가가 이를 수용하고 있다.

HS 해설서 내용은 HS 품목분류표와 같이 품목번호 순으로 설명하고, 관련물품이나 품목에 관한 성상, 특성, 제조방법, 용도, 실질적인 구별방법, 분석기준 등의 기술적 내용도 수록되어 있다.

일반적으로 WCO의 HS 위원회에서 품목분류 결정시에는 해설서 개정 또는 분류의견서 형태로 공표가 되며 각국에서는 이를 채택하여 사용하고 있으며, 우리나라는 관세청 고시로 운용하고 있다.[7)]

HS 해설서는 CCC의 공식어인 영어와 불어로 출판되며 국내에서는 국문판이다. 이 해설서에서 국문과 영문의 해석상 차이가 있는 경우에는 법률사항을 제외하고는 영문의 HS 해설서를 번역한 것이므로 영문이 우선되어야 할 것이다.

2) HS 품목분류 의견서

HS 품목분류 의견서(Compendium of Classification Opinion)는 각 체약국에서 품목분류에 관하여 질의한 물품을 HS 위원회에서 결정한 내용이다. 따라서 이는 어떤 물품에 대한 WCO의 품목분류에 관한 유권해석이라 할 수 있다.

품목분류의견서는 해설서와 동일하게 협약상 법적인 구속력은 WCO의 공식적인 품목분류 의견서이므로 대부분의 채약국은 이를 수용하고 있다.

우리나라는 관세율표 해설서와 같이 관세청 고시로 운영하고 있다.[8)]

3) HS 알파벳 색인서

HS 알파벳 색인서(HS Alphabetical Index)는 HS 품목번호를 신속하게 찾을 수 있도록 HS와 해설서의 품명을 알파벳순으로 작성한 색인서로서 품명뿐만 아니라 서로 다른 물품이 동일한 품명으로 호칭되는 경우에도 관련 물품을 대비할 수 있고 또한 상호 연관된 품명에 대한 HS 4단위호 또는 6단위 소호가 게기되어 있다.

이 인덱스의 내용은 품명, HS 번호별, 및 참조 해설서의 3개 난으로 구성되어 있으며, HS와 HS 해설서의 색인서에 불과하다 할 수 있다.

---

7) 관세법 제85조 제1항 및 동법 시행령 제99조에 의거 관세청장 고시로 수용 운용하고 있다.
8) 관세법 제85조 제1항 및 동법 시행령 제99조에 의거 관세청장 고시로 수용 운용하고 있다.

4) HS 데이터 베이스온 CD롬

CD롬(ROM)에는 HS 품목표, HS 해설서 및 각국에서 수출입되고 있는 20여 만개의 품명 또는 상품명이 수록되어 있다.

이들 상품명은 일반명뿐만 아니라 실제 상거래에 사용되고 있는 거래상품명, 상표명 등을 포함하고 있어 특정 상품명을 알고 있으면 HS 6단위를 신속하게 조회가 가능하다. D/B에 수록된 내용은 WCO의 공식적인 HS 품목분류가 아니고, 다만 실무상 HS 번호를 용이하게 찾을 수 있도록 한 것이다.

검색방법은 상품명별(품명, 상표명) 또는 HS 번호별로 조회할 수 있다.

제 3 장 관세·통계통합품목분류표(HSK)와 SKTC

1. 관세·통계통합품목분류표(HSK)

(1) HSK 개요

HS 협약에서 『관세/통계 통합품목분류표(Combined Tariff/Statistical Nomenclature)』는 수입품목의 신고를 위하여 체약국이 법적으로 요구하는 관세품목분류표와 통계분류표를 통합한 품목분류표로 정의하고 있다.

이에 우리나라는 HS 품목분류표의 소호(6단위 코드)를 관세율, 통계 등의 국내적 필요에 의하여 10단위 코드로 세분화한 것이 관세·통계통합품목분류표이며 기획재정부 고시로 운용하고 있다.[1)]

관세·통계통합품목분류표는 『HSK(The Harmonized System of Korea)』라고 호칭하고 있다.

HSK는 1987년 7월 『한국통일상품분류』로 명명되었으나. 1991년 12월 16일 한국통일상품분류를 『관세·통계품목분류표』로 개칭하였다.

(2) HSK의 운용

HSK는 관세·통계통합품목분류표로서 다음 무역 및 관세행정에 사용된다.

① 관세 등의 각종 세율표: 실행 관세율표, WTO 양허세율표, FTA협정 관세율표, 협정세율

② 수출입통계: 품목별 무역통계(월보, 연보)

③ 수출입요령공고: 수출입공고, 수출입통합공고 등

④ 수출환급: 간이환급, 소요량고시 등

⑤ 기타 원산지 판정·표시대상, 세관장 확인 물품, FTA 품목 등

1) HS 협약 제 1 조 라항.

(3) HSK 개정

HS 개정안은 관세협력이사회에서 각 체약국에 권고하여 체약국이 6월 이내 반대가 없는 경우에는 개정안이 수락된 것이다. 따라서 체약국은 이 수락된 개정안을 개정안 발효일 이내에 통계품목분류표, 관세품목분류표 또는 관세·통계품목분류표를 일치(개정)시켜야 한다.[2)]

이에 따라 국내의 관세·통계품목분류표 개정은 HS 협약의 개정을 수용하고, 국내외 무역여건 변화, 세목조정, 관세율의 조정 등을 하기 위하여 HSK 코드번호와 이들의 품명을 개정하고 있다. HS 협약의 개정은 5년 내지 8년에 1회씩 개정하며, 우리나라의 HSK 개정은 매년마다 이루어지고 있다.

HSK 고시는 1987년 7월 제정 이후 현재까지(2008년) 모두 15차례의 개정이 있었으며 HSK 제정 당시 10단위가 10,183개이었던 품목수가 1,646개 늘어난 11,729개이다.

[관세법 시행령과 기획재정부 고시의 내용]

품목분류표 등 [관세법 시행령 제98조 제 1 항]

① 재정경제부 장관은 HS 협약 제 3 조의 제 3 항의 규정에 의하여 수출입물품의 신속한 통관 및 통계파악 등을 위하여 협약 및 별표 관세율표를 기초로 하여 품목을 세분한 관세·통계통합품목분류표를 고시할 수 있다.

관세·통계통합품목분류표 고시 [재경원 고시 제91－1991. 12. 30][3)]

제 1 조(목적) 이 고시는 통일상품명 및 부호체계에 관한 국제협약을 기초로 하여 우리나라에 수출입되는 물품에 대한 품목분류를 정함을 목적으로 한다.

제 2 조(품목번호 및 품명 등) ① 관세·통계통합품목분류표의 품목번호 및 품명은 별표와 같다. ② 품명 중 국문은 영문에 우선하여 적용한다. 다만, HS 협약에서 정한 사항에 대하여는 그러하지 아니한다.

제 3 조(품목분류) 별표의 품목분류는 HS 체계에 의한 관세법 별표 관세율표의 품목분류에 관한 제 규정에 의한다.

제 4 조(기타) 재경부장관은 별도의 운영에 필요한 사항을 별도를 정하여 시행할 수 있다.

[별표] 별첨(생략)

---

* 재무부, 재경원: 현 기획재정부, 재정부.

---

2) HS 협약 제16조 개정절차.

3) 재무부 고시 제87-12호(87. 7. 1)로 제정시 『한국통일상품분류』로 명명.
재무부 고시 제91-22호(91. 12. 16) 제 4 차 개정시 『관세·통계통합품목분류표(HSK)』로 명칭 변경.

[HSK 개정 연혁]

개정차수	연도	주요 내용	4단위 (호)	6단위 (소호)	10단위	
					개수	증감
제정	1987. 1. 1	HS 협약에 의한 『한국통일상품분류표』 고시(재무부)	1,241	5,019	10,183	
제 1 차개정	1988. 1. 1	GATT 양허세율표 조정			10,205	+22
제 2 차개정	1989. 1. 1	기본관세율 개편에 따른 분류정리			10,241	+36
제 3 차개정	1990. 1. 1	관세와 통계의 효율적 분석, 무역과 산업구조에 맞게 개정			10,274	+33
제 4 차개정	1992. 1. 1	『관세·통계통합품목분류표』로 개칭, 제 1 차 HS 협약 개정		5,018	10,322	+48
제 5 차개정	1993. 1. 1	통계, 수출입관리 효율성 제고, 수입물품 관리			10,417	+95
제 6 차개정	1994. 1. 1	수산물 수입자유화 대비, 화학무기금지협약 및 마약류 원료물질 관리			10,502	+85
제 7 차개정	1996. 1. 1	제 2 차 HS 협약개정		5,113	10,859	+357
제 8 차개정	1997. 1. 1	화학무기금지협약(CWC) 수용			10,904	+45
제 9 차개정	1997. 7. 1	ITA 협정이행			11,012	+108
제10차개정	1999. 1. 1	청석면 등 수출입 규제물질 신설			11,096	+84
제11차개정	2000. 1. 1	기계와 전자물품 신설			11,170	+74
제12차개정	2001. 4. 9	폐기물 신설			11,176	+6
제13차개정	2002. 1. 1	제 3 차 HS 협약개정	1,244	5,224	11,237	+67
제14차개정	2003. 1. 1					
제15차개정	2007. 1. 1	제 4 차 HS 협약개정, 주 434개 →439(신설 15, 삭제 10, 변경 62)	1,221	5,052	11,703	+442
제16차개정	2008. 1. 1				11,729	+21
제17차개정	2009. 1. 1				11,881	+152

2. HSK와 SKTC

1) 국제표준무역분류표(SITC)

국제표준무역분류표(Standard International Trade Classification: SITC)는 국제적인 경제분석과 무역상품의 비교를 용이하게 하는 통계분류표이다.

이 분류표는 1913년에 작성된 『국제공통분류표』를 효시로 하고 있으며, 1938년 국제연맹은 『제네바 상품분류표』를 모체로 하여 『국제무역을 위한 최소목록』을 작성하였으며 이 최소목록이 SITC의 기초가 되었다.

1950년 UN 경제사회이사회에서 SITC를 승인하였으며 이후 3차에 걸쳐 개정하였으며 1985년도 SITC Rev. 3은 1988년 이후부터 모든 국가가 무역통계용으로 사용할 것을 UN으로부터 권고되었고, UN은 각국으로부터 이 분류표에 의거 작성한 무역통계를 제출받아 이용하여 무역현황 및 국가경제를 비교 분석할 수 있도록 편성 공개하고 있다.

2) 한국표준무역분류표(SKTC)

한국표준무역분류표(Standard Korea Trade Classification: SKTC)는 경제분석 및 무역자료의 국제비교를 용이하게 하기 위하여 UN에서 제정한 국제표준무역분류표(SITC)의 분류체계에 HSK 내용을 보완한 품목분류표로서 통계청고시로 운용하고 있다.

SKTC는 투입된 재료의 특성, 생산단계, 상거래 관계 및 제품의 용도 등에 대한 일정한 기준과 원칙에 따라 무역상품의 종류별, 조립단계별, 산업원천별로 분류하여 경제 분석과 무역실적의 국제적 비교를 용이하게 할 수 있는 분류표이다.

이 분류표는 HSK 기준으로 작성된 자료를 HSK－SKTC 연계표를 사용하여 SKTC의 자료로 변환시켜, 무역동향 및 국제간 경제비교 분석 등을 위해 매년 UN에 제출하거나 국내 경제분석 자료로 활용하고 있다.

SKTC는 1964년 제정 이후 10차례 개정되었으며, 대분류 10, 중분류 67, 소분류 261 및 최종단위 10,596항목이고, 4단계로 수직분류되어 있고 각 분류는 수평분류체계로 되어 있다. 대분류는 식품과 산 동물, 재료별 제품, 기계와 운송장비, 기타 조제품 및 기타 순으로 되어 있다.

[SITC-SITC-HSK의 비교]

구분(HSK)	SITC Rev.3	SKTC	HSK
(통칙)	–	–	통칙6(1~6)
Foot Note(주)	HS와 상이	HS와 상이	부주·류주·소호주
대분류(부)	10(0~9)	10개	21개 부(1~21)
중분류(류)	67 Division(2단위)	67개	96개 류(1~97: 제77류 유보)
소분류	261 Group(4단위)	261개	
4단위(호)	1,034 Sub-Group(4단위)		1,241
5단위	3,118		
(소호: 6단위)			5,052개
최종분류 (10단위)	–	10,596개	11,881개
시행시기	1988. 1. 1.	1988. 1. 1.	1988. 1. 1.
국제관계	SITC Rev.3(UN)	–	HS 협약
분류목적	통계	통계	관세·통계
주관부처– 관계법령	UN 통계위원회	통계청–통계법	기획재정부–관세법
개정·재정	–	UN 권고	HS 권고·HSK

제 4 장 HS 관세율표

1. 관세율표 법적 지위

· 조세의 종목(관세)과 세율(관세율)은 법률(관세법)로 정한다. [헌법 제59조]

· 수입물품은 관세를 부과한다. [관세법 제14조 과세물건]

· 기본세율 및 잠정세율은 별표 관세율표에 의한다. [관세법 제50조 세율의 우선순위]

2. 우리나라 관세율표 발전

최초 관세율표(1950년~1961년)

1949. 11. 23 『관세율 및 통계품목표』 관세법 및 관세법 별표 제정공포 [법률 제67호]

* 우리나라 최초 관세율표이다(구일본 『수출입통계품목표』의 분류체계를 참조한 15개류, 760개 세표번호로 분류).

* 이 관세통계표는 1964년 제정한 SKTC(한국표준상품분류)보다 먼저 사용하였음.

BTN(1962년~1976년) · **CCCN 관세율표**(1977년~1987년)

1962. 01. 01 『관세율표』 관세법 별표 관세율표에 BTN 분류체계를 도입하여 관세행정의 국제적인 조화와 표준화에 진입함

1968. 10. 02 BTN 협약가입

1976. 06. BTN을 CCCN으로 개칭

1987. 11. 27 HS 협약가입과 동시에 BTN 협약 탈퇴

HS 관세율표(1988년~현재)

1985. 06. 11 HS 협약가입 서명(국회비준 조건부)

1987. 07. 01 HSK 고시 [재무부 고시 제87-12호]

1987. 11. 27 HS 협약 비준동의안, HS 관세율표(안) 국회통과 [137회 정기국회]
1987. 11. 28 HS 협약 비준서 CCC 기탁 및 가입
1988. 01. 01 HS 관세율표 시행
1992. 01. 01 HS 개정에 따른 제 1 차 개정
1996. 01. 01 HS 개정에 따른 제 2 차 개정
2002. 01. 01 HS 개정에 따른 제 3 차 개정
2007. 01. 01 HS 개정에 따른 제 4 차 개정, 관세율표 4단위에서 6단위체계로 변경, 통칙 변경 및 세목 6단위 이상으로 변경

3. HS · HSK · 관세율표 간의 관계

HS 협약은 관세협력이사회(CCC) 주관으로 제정한 국제협약으로서 체약국은 그 국가의 관세와 통계품목분류표, 관세통계품목분류표 또는 관세 · 통계품목분류표를 HS 협약의 부속서인 HS 분류체계와 일치시켜 관세 또는 통계 목적으로 사용하여야 한다.

국제적 HS 품목분류의 공통 분류단위는 6단위이며, HSK(관세 · 통계통합품목분류표)는 관세 · 무역뿐만아니라 국내산업정책 및 수출입 관리의 효율성을 높이기 위하여 HS 6단위 분류체계를 10단위로 세분류한 것이다.

관세법 별표인 관세율표는 HS 협약에 의거 HS 품목분류표와 일치시킨 것으로서 품목번호(HSK 코드)와 품명으로 이루어진 품목분류표와 세율(세목)로 구성되어 있으며, 기본 관세율을 책정하기 위한 품목분류표로서 할당관세, 조정관세, 국제 협력관세 등 모든 관세의 기준이 되고 있다.

[HS · HSK · 관세율표의 비교]

구분	HS 품목분류표	관세 · 통계통합품목분류표(HSK)	관세율표
통칙	HS 해석에 관한 일반통칙	관세 · 통계통합품목분류표의 해석에 관한 통칙	관세 · 통계통합품목분류표의 해석에 관한 통칙
	1～6	1～7 (국내통칙 1개: 제 7 호)	1～7 (국내통칙 1개: 제 7 호)

주	부주	41개	41개	41개
	류주	342	345(국내주 3개 포함)	345(국내주 3개 포함)
	소호주	56	59개 90 (국내 추가주 3개 포함)	59개 90 (국내 추가주 3개 포함)
분류 체계	부	제 1 부~제21부	제 1 부~제21부	제 1 부~제21부
	류	제 1 류~제97류 (제77류 유보)	제 1 류~제97류 (제77류 유보)	제 1 류~제97류 (제77류 유보)
	절	31개절	31개절	31개절
	호	1,221	1,221	1,221
	소호	5,052	5,052	5,052
	품목번호 (HSK No)	–	11,881	11,881
비고		HS 협약	관세법 제84조 및 동법시행령 제98조에 의거 재정경제부 고시로 운용	· 관세법 별표 · 2006년까지 4단위(CCCN) 체계로 운용 · 2007. 1. 1.부터 6단위(HS 품목분류표)로 변경, 세목도 6단위 이상 체계로 변경됨

* 2008. 1. 1. 현재.

4. 관세율표의 구성

관세율표는 HS와 HS 협약 이외의 사항으로 국내에서 추가한 주, 임의 주 및 추가 통칙으로 되어 있다. 즉, HS의 호와 소호 및 이들의 관련된 코드번호, 부, 류 및 소호의 주와 통칙들과 국내용의 10단위 품목번호, 추가 주 및 추가 통칙으로 구성되어 있다.

통칙, 부·류·소호의 주 및 호와 소호의 용어는 모든 체약국들에게 법적인 구속력을 갖고 있으며, 10단위 품목번호, 추가주 및 추가 통칙은 국내에서만 법적인 구속력을 갖고 있다.

관세율표는 국제적인 상품을 통일적이고 체계적으로 분류하기 위한 7개의 관세율표 해석에 관한통칙, 21개의 부, 96개의 류 및 1,221개의 호와 5,052개의 소호, 11,881개의 10단위 품목번호로 이루어진 분류체계와 부, 류 또는 소호의 주로 구성되어 있다.

(1) 관세율표 통칙

관세율표 통칙의 정식명칭은 『관세율표해석에 관한 통칙(General Rules for the Interpretation of the Tariff Schadule)』으로 『GRI』 또는 『통칙』으로 약칭하고 있다.

통칙은 어떤 물품이 하나의 호에 분류하기 위한 원칙으로서(일물일호원칙), 언제나 동일하고 일관성있게 하나의 호에 분류되도록 하기 위한 기본이 되는 규정이다.

관세율표의 통칙은 7개의 통칙으로 되어 있으며, 통칙 제 1 호 내지 통칙 제 6 호는 HS와 동일한 통칙이고 통칙 제 7 호는 국내에서 추가한 통칙이다.

따라서 HS 통칙인 통칙 제 1 호 내지 통칙 제 6 호는 모든 체약국들에게 법적인 구속력을 갖고 있는 반면, 통칙 제 7 호는 국내에서만 법적인 효력을 갖고 있다.

통칙 제 1 호 내지 제 4 호는 4단위 호를 결정하는 규정으로서 순서대로 적용하여야 하고, 통칙 제 5 호는 추가 통칙으로서 용기와 포장물품에 대한 분류원칙이며, 통칙 제 6 호는 소호에 대한 분류원칙이다. 마지막 추가 통칙 제 7 호는 『관세율표상 규정이 없는 품목분류는 HS협약』에 의하도록 국내에서 규정한 분류원칙이다.

[관세율표 해석에 관한 통칙]

<table>
<tr><th colspan="2">통칙번호</th><th>통칙내용</th><th>순서</th><th colspan="2">비고</th></tr>
<tr><td colspan="2">통칙 1</td><td>호의 용어 및 부와 류의 주에 의한 분류원칙</td><td>1</td><td>기본분류
원칙</td><td rowspan="7">호결정</td></tr>
<tr><td rowspan="2">통칙 2</td><td>가</td><td>불완전 또는 미완성 물품의 분류원칙</td><td rowspan="2">2</td><td rowspan="6">종속적
분류원칙</td></tr>
<tr><td>나</td><td>미조립 또는 분해 물품의 분류원칙</td></tr>
<tr><td rowspan="3">통칙 3</td><td>가</td><td>협의표현 호에 분류원칙</td><td>3</td></tr>
<tr><td>나</td><td>본질적 특성을 갖는 호에 분류원칙</td><td>4</td></tr>
<tr><td>다</td><td>최종 호에 분류원칙</td><td>5</td></tr>
<tr><td colspan="2">통칙 4</td><td>유사 물품에 분류원칙</td><td>6</td></tr>
<tr><td rowspan="2">통칙 5</td><td>가</td><td>용기류의 분류원칙</td><td>–</td><td rowspan="2">추가분류
원칙</td><td rowspan="2">용기·
포장분류</td></tr>
<tr><td>나</td><td>포장 재료와 용기의 분류원칙</td><td>–</td></tr>
<tr><td colspan="2">통칙 6</td><td>소호 분류원칙</td><td>–</td><td>–</td><td>소호결정</td></tr>
<tr><td colspan="2">통칙 7</td><td>HS협약에 의한 분류원칙</td><td>–</td><td>국내추가
통칙</td><td>위 결정불가시</td></tr>
</table>

* 통칙은 HS 품목분류표의 『HS 해석에 관한 통칙(General Rules for the Interpretation of the Harmonized System)』, HSK와 관세율표의 『관세·통계통합품목분류표의 해석에 관한 통칙(General Rules for the Interpretation of the Combined Tariff/Statistical Nomenclature)』을 말한다.

(2) 주(註: notes)

주는 관세율표의 주요한 구성요소이며, 통칙과 동일하게 법적인 구속력을 갖고 있어 『법주(legal notes)』라고도 한다.

주는 부, 류, 호 및 소호의 분류의 범위와 한계를 규정하여, 하나의 물품을 하나의 호에 분류하기 위한 것으로 다음과 같이 품목분류에 대하여 규정하고 있다.

- 호나 소호의 범위와 한계를 규정하고,
- 특정 부, 류, 호, 소호 또는 호의 집합체에 포함되는 품목의 목록을 제공하거나,
- 각 부, 류, 호 및 소호에서 제외되는 품목의 목록을 제공하며,
- 특별한 주는 HS 전체에 적용하거나, 부, 류 호 또는 소호에만 적용하는 주가 있다.
- 어떤 주는 HS 전체에 적용되거나, 또는 한정된 범위에만 적용되는 용어정의도 있다.
- 올바른 부, 류, 호, 소호를 안내하여 준다.

1) 주의 종류

주는 부주, 류주 및 소호주의 3종류가 있으며, 이들 주를 HS 협약주, 국내주 및 임의주로 구분한다.

① HS 협약주: 대부분의 주로서 관세율표의 주 가운데 HS와 동일한 주를 말하며 모든 체약국들에게 HS의 일부로서 국제적인 법적 지위를 갖는다.

② 국내 추가주: HS 체약국은 HS 협약의 주 범위 내에서 추가주를 사용하는 것을 금하고 있지 않아 이들 체약국은 자국 내의 국내 추가주를 신설하여 관세율표의 품목분류의 지침으로 규정하고 있다. 우리나라는 국내주로 류주 3개와 소호주 3개를 제정하고 있다(제37류 류주 제 3 호, 제 4 호, 제 5 호, 제90류 소호주1, 제91류 소호주1, 2).

③ 임의주(optional text)는 HS 품목표에서 체약국이 임의로 선택할 수 있는 주를 말하며 관세율표에는 다음을 채택하고 있다.

- 제71류 류주2, 가목 『제7113호, 제7114호 및 제7115호에서는 귀금속 또는 귀금속을 입힌 금속이 미미한 구성물로 상용된 부착구나 장식(예: 두문자, 테 및 외륜) 등과 같은 물품을 제외한다. 다만, 주1의 나목은 이러한 물품에는 적용하지 아니한다』에서 밑줄친 부분이 임의의 주이다.

[주(note)의 내용]

구분	주요 내용
부주 (section notes)	–법적 구속력이 있다. –부표제 다음에 있다(41개 부주). –부주가 없는 부도 있다(12개 부).
류주 (chepter notes)	–법적 구속력이 있다. –류의 표제 다음에 있다(342개 류주). –국내 추가 류주(3개)가 있다. –류주가 없는 류도 있다(5개류).
소호주 (subheading notes)	–법적 구속력이 있다. –부주 또는 류주 다음에 있다(56개 소호주). –국내 추가 소호주(3개)가 있다. –소호주가 없는 경우가 많다.

[국내 추가주의 내용]

류별	규정 내용
제37류 사진용·영화용 재료	–류주3. 영화필름에 있어서 네가티브에는 마스터포지티브류를 포함한다. –류주4. 영화필름의 단수계산에 있어서는 50cm 이상의 것은 1m로 하고 50cm 미만의 것은 계산하지 아니한다. –류주5. 『합작영화』라 함은 우리나라의 국민과 외국인이 공동으로 제작한 영화를 말한다.
제90류 광학용 기기, 정밀기기와 의료기기	–소호주1. 소호 제9006.51호, 제9006.52호, 제9006.53호 제9006.54호 및 제9006.59호에서 『특수용도 사진기』라 함은 현미경용·반도체소자촬영용 및 기타 특수용도에 사용되는 사진기를 말한다.
제91류 시계와 그 부속품	–소호주1. 소호 제9102.11호, 제9102.21호. 제9102.29호, 제9102.90호 및 제9113.10호에서 『귀금속제의 것 또는 귀금속을 입힌 금속제의 것』이라 함은 이 류의 주 2호 본문의 귀금속제의 것 또는 귀금속을 입힌 것과, 제7101호 내지 제7104호의 『천연 또는 양식진주·귀석 또는 반귀석(천연·합성 또는 재생의 것) 등을 상기의 재료에 결합한 것』을 말한다. –소호주2. 이 류의 주 제 2 호 단서의 『케이스가 귀금속을 박은 비(卑)금속제로 된 휴대용 시계』는 소호 제9102.11호, 제9102.21호 및 제9102.29호 중 『문자판·밴드 등이 귀금속제의 것 또는 귀금속을 입힌 금속제의 것』에 포함되는 것으로 본다.

2) 주의 위치

부주는 부표제 다음에 있고, 류주는 류표제 다음에 있으며 소호주는 부주 또는 류주의 다음에 있다. 그러나 주는 각 부, 각 류에 모두 있는 것이 아니다.

① 주가 없는 부: 제 3 부, 제 5 부, 제 8 부, 제 9 부, 제10부, 제12부, 제13부, 제14부, 제18부, 제19부, 제20부 및 제21부의 12개 부에는 주가 없다.

② 주가 없는 류: 제50류, 제52류, 제53류, 제81류 및 제88류의 5개류는 주가 없다.

③ 소호주는 부·류에 없는 경우가 많다. 부주에 2개(제11부 소호주)와 26개의 류에 소호주가 있다.

(3) 부·류 및 절

HS를 구성하고 있는 부, 류 및 절에 대한 내용은 다음과 같다.

부(部: section) 관세율표의 부는 제 1 부~제21부의 21개의 부가 있으며, 각 부의 표제는 편의상 표현한 것으로 품목분류에 법적 구속력이 없다. 부에 류가 하나인 부가 있다(4개 부).

류(類: chapter) 관세율표의 류는 제 1 류~제97류의 96개의 류(제77류 유보)가 있으며 호(4단위)의 2단위를 말한다. 류의 표제는 부의 표제와 동일하게 품목분류에 법적 구속력이 없다. 부에 류가 하나이고 표제가 동일한 4개류가 있다(제 3 부, 제14부, 제19부 및 제21부).

절(節: sub-chapter) 관세율표의 절은 류에서 다수의 물품을 구분하기 위해 편의상 세분류한 것으로 81개의 절이 있다. 절의 표제는 부와 류의 표제처럼 품목분류에 법적 구속력이 없다.

절이 있는 류는 7개의 류가 있다(제28류, 제29류, 제39류, 제63류, 제69류, 제71류 및 제72류).

(4) 호와 소호

1) 호(号: heading)

호는 통칙 및 주와 함께 법적인 구속력을 가지며 관세율표의 주요 구성요소이다.

호는 HS 협약의 호와 임의 호로 구분되며 1,221개호가 있다.

호는 2단위의 류(chapter)를 4단위로 순서대로 세분류한 것으로 4단위 코드번호를 말한다. 코드번호의 용어, 즉 호의 용어는 HS와 일치하며 HS 협약호라고도 한다.

임의의 호(optional heading)는 HS 품목분류표에서 체약국이 임의로 선택할 수 있는 호로서 『제2716호 전기에너지(electriccal energy)』를 말한다. 우리나라 관세율표에는 임의의 호를 채택하고 있다.

2) 소호(小号: sub-heading)

HS는 6단위 소호의 분류체계이다. 소호는 4단위 호(heading)를 5단위 또는 6단위로 세분류한 것으로 5,052개가 있다. HS 협약에서 채약국의 품목분류표에 소호와 소호의 용어를 사용하는 것을 의무화하고 있다. 소호의 용어는 소호주와 더불어 품목분류에 있어 법적 구속력을 갖고 있다.

3) 10단위 소호

관세율표의 10단위는 HS 6단위의 소호(6단위 코드번호)를 7, 8단위로 세분류하고, 이들 각각의 7, 8단위를 9, 10단위로 세분류한 것으로서 11,881개가 있다. 이러한 10단위(코드번호)가 관세율표(HSK)의 품목번호 또는 통계부호이며. 6단위 이상이 세목이기도 하다.[1)]

[관세율표의 품목번호]

품목번호			품명
heading · subheading	code		
8 4 8 1 2 0	1 0	0 0	유압 전송용 밸브

- ·2단위
- ·류(chapter)
- ·4단위
- ·호(heading)
- ·5단위 소호(sub-heading)
- ·6단위 소호(sub-heading)
- ·HS 품목번호(HS 코드)
- ·6단위 이상: 세목(품명, 기본세율 및 협약세율 등)
- ·7, 8단위
- ·9, 10단위
- ·품목번호·통계부호·HSK 품목번호(재경부고시)

* HSK 품목번호라 함은 관세·통계통합품목분류표의 10단위 번호와 내용을 말한다.

1) 세목: 세율이 책정되는 부분.

5. 품목분류의 담당기관

WCO(세계관세기구)의 품목분류 담당기관

- 이사회: HS 협약 및 HS 품목표 개정 권고
- 품목분류국: HS 관련문서 및 자료 발간 보급
- HS 위원회: HS 품목분류표 개정, HS 해설서 및 품목분류의견서 개정
- 과학소위원회: HS 품목분류를 위한 과학기술 지원
- HS Review Committee: HS 개정 작업

기획재정부

- WCO 업무총괄: WCO 총회, HS 관련 위원회
- WCO 품목분류 질의 및 체약국간 품목분류 분쟁 해결
- 관세율표(관세법) 및 관세율표의 품목분류 개정
- 관세·통계통합분류표(HSK)의 고시(개정시 고시)

관세청

- 관세율표 품목분류 및 품목분류에 관한 지침시달
- HS 관세율표 해설서 및 HS 품목분류 의견서 고시(개정시 고시)
- 관세품목분류 위원회 운영
- 품목분류 실무위원회 운영(평가분류원 및 중앙관세분석소)
- 품목분류 사전심사 및 사전심사 고시(평가분류원 및 중앙관세분석소)

세 관

- 수출입 신고서상의 세번(품목번호)의 정확성 여부 심사
- 품목분류 실무위원회 운영(본부세관)
- 수출입 실적이 있는 물품의 세관장의 HS 품목번호 확인서 발급

6. 품목분류 사전심사제도(Preentry Classification Information System)

1991년 HS 위원회에서는 품목분류 사전심사제도를 안건으로 상정하여 이 제도의 현황을 파악한 결과 우리나라를 포함한 40여 국가가 시행하고 있었으며, HS 위원회에

서는 이 제도를 전 회원국이 운영하도록 공식적으로 권고문을 채택하여 각국에 권고하고 있다.

우리나라는 1982년도부터 관세법에 채택하여 본 제도를 운영하고 있으며 1988년 HS 시행 이후 현재까지 많은 품목을 사전심사하여 활성화되고 있다.[2)]

품목분류 사전심사제도 품목분류 사전심사제도는 수출입하고자 하는 물품에 대하여 관세율표의 어느 품목번호에 해당되는지 분명하지 않아 수출입신고 전에 세율과 수출입제한사항을 미리 알고자 할 경우에 관세청장에게 당해 물품에 적용될 관세율표상의 품목분류를 미리 심사하여 줄 것을 신청하는 민원회신제도를 말한다.

수출입자 또는 이와 관련하여 수출입물품의 품목분류를 알고자 수출입 전후에 분류를 질의하는 경우에 품목분류를 회시하는 제도를 말한다. 주로 수출입하고자 하는 물품을 사전에 품목분류를 알려고 담당 기관에 품목분류의 심사를 요청(질의)하는 것이다.

· 담당기관: 중앙관세분석소(제 1 류～제81류) 및 평가분류원(제82～제97류)

· 신청인: 관세사, 관세사 법인 또는 통관취급법인

· 효력: 비고시 물품은 1년

· 변경: 법령의 개정에 의한 변경, HS 협약에 의한 변경, 신청인의 허위자료 제출 등에 분류의 중대한 착오시, 상품의 주기능의 변화로 분류 변경

7. 관세율표의 개정

관세협력이사회로부터 협약의 품목분류에 관한 권고 또는 결정이 있어 품목분류를 변경할 경우에는 이 개정안을 HS 협약의 발효일 이내에 관세율표상의 품목분류 및 품목분류표에 이를 반영하여야 하며, 아울러 관세협력이사회의 권고 또는 결정이나 새로운 상품의 개발 등으로 관세율표 품목분류를 변경할 필요가 있는 경우 그 세율이 변경되지 아니한 때에는 기획재정부 장관은 관세율표를 변경(고시)할 수 있다.

이에 따라 관세율표의 품목분류에 관한 개정은 법령에 의하여 개정하며 세율변경이 없는 품목분류만을 변경하는 경우에는 재정경제부장관의 고시에 의하여 개정할 수 있으며 세율변경이 없는 한 품목분류상의 『품명』란 내용을 개정할 수 있다.[3)]

최근 관세율표의 개정은 1988년 이후 종전 관세율표상 품목분류 체계의 4단위로

2) 관세법 제86조, 관세법 시행령 제106조 4항, 관세법 시행령 제107조.

3) 관세법 제84조 및 동법 시행령 제98조 제 1 항, 제 2 항 및 제 3 항.

운영하여 왔으나, 2007년에 국제적인 통일된 품목분류체계 HS 협약과 동일하게 HS 6 단위로 변경하였으며, 이에 따라 통칙 규정(제6호: 소호 품목분류원칙) 및 호와 소호주의 추가 변경이 이루어졌으며, 세목(세율이 책정되는 부분)도 4단위에서 6단위 이상으로 변경됨에 따라 3,163개에서 6,455개로 대폭 증가하였다.[4)]

[관세법 제84조 및 동법 시행령 제98조 제2항 및 제3항]

품목분류체계의 수정 [관세법 제84조]
재정경제부 장관은 통일상품명 및 부호체계에 관한 협약에 의한 관세협력이사회의 권고 또는 결정이나 새로운 상품의 개발 등을 별표 관세율표 또는 제73조 및 제76조의 규정에 의하여 대통령령에서 정한 품목분류를 변경할 필요가 있는 경우 그 세율이 변경되지 아니한 때에는 대통령령이 정하는 바에 의하여 새로 품목분류를 하거나 다시 품목분류를 할 수 있다.

품목분류표 등 [관세법 시행령 제98조 제2항 및 제3항]
② 재정경제부 장관은 관세협력이사회로부터 협약의 품목분류에 관한 권고 또는 결정이 있거나 새로운 상품이 개발되는 등 법 별표 관세율표와 양허관세규정 및 국제협력관세의 적용에 관한 규정에 의한 품목분류 및 품목분류표를 변경할 필요가 있을 때에는 그 세율을 변경함이 없이 법 별표 관세율표와 양허관세규정 및 국제협력관세의 적용에 관한 규정에 의한 품목분류 및 품목분류표를 변경고시할 수 있다.
③ 재정경제부 장관은 관세협력이사회로부터 협약의 품목분류에 관한 권고 또는 결정이 있어 품목분류를 변경할 경우에는 협약 제16조 제4항의 규정에 의한 기한 내에 법 별표 관세율표상의 품목분류 및 품목분류표에 이를 반영하여야 한다.

---

* 재정경재부, 재경원: 현 기획재정부, 재정부.

4) '07 기본관세율 개정방향. 재경원 산업관세과(2006. 11. 6).

출제문제 및 연습문제

출제문제

[50점 문항]

1. CCCN(현 HS)의 일반 구조를 논술하라. [1981년]
2. CCCN(현 HS)과 관세율표의 관계 [1983년]
3. 관세율표의 품목분류체계와 그 해석에 관한 통칙을 설명하라. [1984년]
4. HS 분류의 기본구조와 내용을 요약 설명하라. [1989년]
5. HS의 구조와 해석에 관한 통칙을 설명하시오. [1991년]
6. 관세율표상 품목분류구조(품목번호 6단위까지)와 기본 분류원칙을 요약 설명하시오. [1993년]

[10점 문항]

1. 품목분류 위원회의 기능 [1982년]
2. HS 용어해설 [1983]
3. CCCN(현 HS) 해설서/관세율의 종류와 우선순위 [1984년]
4. 우리나라를 비롯한 세계 주요 교역국들은 1988년부터 HS를 도입하려고 하는데, 이 제도의 필요성은 무엇이며 이 제도와 CCCN제도의 차이점은 [1987년]
5. 관세율표와 관련된 HS에 관한 협약 중 의무조항은 [1995년]
6. HS의 full name [1998년]
7. 관세율표 전체에 동일하게 통용되는 주규정의 용어의 종류(예: 범용성 부분품) [2000년]
8. 관세율표상에 우리나라가 자체적으로 추가한 국내 주(notes) 규정의 주요 내용을 설명하시오. [2001년]
9. 『통일상품명 및 부호체계에 관한 국제협약』의 제 1 조는 각종 용어에 관한 정의를 하고 있다. 협약에서 정의한 아래 각 용어에 대하여 설명하시오. [2005년]
   1) 가항: 『the harmonized comodity description and coding system』

2) 나항:『customs tariff nomenclature』

3) 다항:『statistical nomenclature』

4) 라항:『combined tariff/statistical nomenclature』

연습문제

[50점 문항]

1. HS 관세율표의 3대 구성요소란?
2. HS 관세율표의 3대 요소와 특징을 논하라.
3. HS 관세율표의 기본구조와 통칙에 대해 논하라.
4. HS와 관세율표와의 관계를 논하라.

[10점 문항]

1. HS 위원회의 기능
2. HS 체약국의 의무
3. 품목분류에 대하여 국가 간에 쟁점이 발생시 분쟁해결 절차는, 권리사항을 설명하라.
4. 사무국이 수락된 개정안을 통지시에 체약국이 발효하는 일자는?
5. HS 관세율표의 주에 대하여 설명하라.
6. 국내 추가주에 대하여 설명하고 예를 들라.
7. HS 해설서
8. 제98류와 제99류에 대하여 설명하시오.

문제풀이

1. HS 개정시에 채약국의 발효일은 언제이냐?

HS 체약국은 이사회의 권고사항에 대하여 통계와 관세의 품목분류표 및 관세·통계 통합품목분류표를 HS와 일치시켜야 하며, 이들 권고사항에 대한 발효일은 다음 일자와 같이 시행하여야 한다.

① 권고 개정안이 4월 1일 전에 통지된 경우에는 통지일 이후의 제 2 차년도의 1월

1일로 한다.

② 권고 개정안이 4월 1일 이후에 통지된 경우에는 통지일로부터 제3차년도의 1월 1일로 한다.

2. 관세율표상의 주(notes)에 대한 종류와 그 기능을 서술하라.

주의 종류: 주는 부주, 류주 및 소호주의 3종류가 있으며, 이들 주를 HS 협약주, 국내주 및 임의주로 구분한다.

① HS 협약주: 대부분의 주로서 관세율표의 주가운데 HS와 동일한 주를 말하며 모든 체약국들에게 HS의 일부로서 국제적인 법적 지위를 갖는다. 『법주(legal note)』라고도 한다.

② 국내 추가주: 체약국은 자국 내의 국내 추가주를 신설하여 관세율표의 품목분류의 지침으로 규정하고 있다. 우리나라는 국내주로 류주 3개와 소호주 3개를 제정하고 있다.

③ 임의주(optional text)는 HS 품목표에서 체약국이 임의로 선택할 수 있는 주를 말하며 우리나라는 채택하고 있다(제71류 류주2, 가목의 일부내용).

[주(note)의 내용]

구분	주요 내용
부주 (section notes)	－법적 구속력이 있다. －부표제 다음에 있다(41개 부주). －부주가 없는 부도 있다(12개 부).
류주 (chepter notes)	－법적 구속력이 있다. －류의 표제 다음에 있다(342개 류주). －국내 추가 류주(3개)가 있다. －류주가 없는 류도 있다(5개류).
소호주 (subheading notes)	－법적 구속력이 있다. －부주 또는 류주 다음에 있다(56개 소호주). －국내 추가 소후주(3개)가 있다. －소호주가 없는 경우가 많다.

주는 관세율표의 주요한 구성요소이며, 통칙과 동일하게 법적인 구속력을 갖고 있어 『법주(legal notes)』라고도 한다. 주는 부, 류, 호 및 소호의 분류의 범위와 한계를 규정하여, 하나의 물품을 하나의 호에 분류하기 위한 것으로 다음과 같이 품목분류에 대하여 규정하고 있다.

–호나 소호의 범위와 한계를 규정하고
–특정 부, 류, 호, 소호 또는 호의 집합체에 포함되는 품목의 목록을 제공하거나
–각 부, 류, 호 및 소호에서 제외되는 품목의 목록을 제공하며
–특별한 주는 HS 전체에 적용하거나, 부, 류 호 또는 소호에만 적용하는 주가 있다.
–어떤 주는 HS 전체에 적용되거나, 또는 한정된 범위에만 적용되는 용어정의도 있다.
–올바른 부, 류, 호, 소호를 안내하여 준다.

PART Ⅱ

각　　론

제 1 편

관세율표 해석에 관한 통칙

관세율표의 품목분류는 다음의 원칙에 의한다.

통칙 1

관세율표의 부·류 및 절의 표제는 참조를 위하여 규정한 것이며, 법적인 목적상의 품목분류는 각 호의 용어 및 관련 부 또는 류의 주에 따라 결정하되, 이러한 각 호 또는 주에서 따로 정하지 아니한 경우에는 이 통칙 제 2 호 내지 제 7 호에서 정하는 바에 따른다.

[해설]

통칙 제 1 호: 각 호의 내용 및 부·류의 주에 의한 최우선 분류원칙

1) 법적인 목적의 품목분류는 각 호의 용어(the term)와 부 또는 류의 주(註: notes)에 의하여 결정하도록 규정하고 있어 이 규정은 품목분류에 있어 가장 최우선 적용하는 원칙이라 할 수 있다. 이 규정은 명확하여 대부분의 물품은 다른 통칙을 검토하지 아니하고도 품목분류가 결정된다.
2) 통칙 제 1 호에서 부, 류 및 절의 표제(titles)는 참조하기 위해 편의상 설정된 것이므로 품목분류에 있어서 법적으로 구속력이 없다.

   [사례 1] 제15부의 표제는 『비금속 및 비금속의 제품』이다. 그러나 이 부에는 일부 비금속의 제품은 기계(제16부)로 분류된다.

   [사례 2] 제62류의 표제는 『의류와 그 부속품(메리야스편물 또는 뜨개질편물의 것을 제외한다)』이다. 그러나 제6212호에는 메리야스편물 또는 뜨개질편물로 만든 브래지어, 거들 등이 분류된다
3) 『각 호 또는 주에서 따로 규정하지 아니한 경우』라 함은 호의 규정 및 이와 관련된 부 또는 류의 주에 의해 품목분류를 결정하는 것이 최우선 적용하여야 함을 더욱 명확히 하고 있는 것이다.

   [사례 1] 순회 서커스용 코끼리는 제 1 류의 주에 의해 제9508호에 분류한다.

통칙 2

이 통칙 제1호에 따라 품목분류를 결정할 수 없는 것에 대하여는 다음 각목에 따른다.

가. 각 호에 열거된 물품에는 불완전 또는 미완성의 물품이 제시된 상태에서 완전 또는 완성된 물품의 본질적인 특성을 지니고 있으면 해당 불완전 또는 미완성의 물품이 포함되는 것으로 보며, 미조립 또는 분해된 상태로 제시된 물품도 완전 또는 완성된 물품(이 통칙에 따라 완전 또는 완성된 것으로 분류되는 물품을 포함한다)에 포함되는 것으로 본다.

나. 각 호의 해당 재료 또는 물질과 다른 재료 또는 물질과의 혼합물 또는 복합물이 포함되는 것으로 보고, 특정한 재료 또는 물질로 구성된 물품이 포함되는 것으로 보며, 2종 이상의 재료 또는 물질로 구성된 물품의 분류는 이 통칙 제3호에서 규정하는 바에 따른다.

[해설]

통칙 제2호: 각 호 물품의 확대 분류원칙

1) 통칙 제2호 가목: 각 호 물품에 불완전 또는 미완성 물품(또는 미조립·분해 물품)의 포함분류원칙

(1) 제시된 물품이 불완전(incomplete)하거나 또는 미완성(unfinished) 상태인 물품인 경우에 이들 물품이 제시될 시에 완전 또는 완성된 물품의 본질적인 특성(the essential character)을 갖추고 있으면 완전 또는 완성된 물품이 분류되는 호에 분류한다.

(2) 반가공품(blank)이란 직접 사용할 수 없으나, 완성물품의 특정한 형상이나 윤곽을 갖추고 있으며 완성품으로 완성시키기 위한 물품을 말한다. 반가공품의 분류는 특정 호에 게기되지 아니한 경우에 한하여 이 통칙이 적용된다. 그러나 완성품의 본질적인 특성을 갖추지 아니한 바(bar), 디스크(disk), 튜브(tube) 등의 반제품(semi-manufactures)은 반가공품(blank)으로 취급하지 아니한다.

[사례 1] 날이 서지 않고, 손잡이가 없는 식칼형상의 철강 제품은 제8211호에 분류된다.

[사례 2] 블랭크가 특게된 호

① 면도날 블랭크(면도날의 반제품으로서 대상을 포함)는 제8212호의 내용에 의해 분류된다.

② 단추 블랭크는 제9606호의 내용에 의해 분류된다

(3) 통칙 제2호의 가목의 후반부에서는 미조립(unassembled) 또는 분해(disassembled)된 상태의 물품은 조립된 완성품으로 간주하여 완성품이 분류되는 호에 분류하는 규정이다.

이들 물품은 일반적으로 부피가 크거나(예: 대형 기계류, 조립식 건축물 등) 파손우려가 있는 물품(예: 램프, 조명기구, 부속품 등) 등을 포장, 취급 도는 수송 등의 편의를 위해 조립되지 않거나 또는 분해시킨 물품이다.

(4) 미조립상태의 물품이라 함은 어린이용 조립장난감과 같은 조립된 적이 없는 물품을 말하며, 분해된 상태의 물품이라 함은 조립된 완성품을 안전이나 수송의 편의를 위하여 분해(knock-down)시킨 물품을 말한다.

따라서 미조립 또는 분해된 물품이란 다음을 말한다.

① 단순한 조립만으로 완성품이 되는 것

② 스크류(screw), 볼트(bolt), 너트(nut) 등의 간단한 고정장치로 조립되는 것

③ 리벳팅이나 용접에 의하여 조립되는 것

[사례 3] 분해되어 수입되는 승용자동차(제8703호)

(5) 일반적으로 제 1 부 내지 제 6 부의 각 호의 물품(동식물성 생산품, 광물성 생산품, 화학공업 제품 등)에는 적용되지 아니한다.

2) 통칙 제 2 호 나목: 각 호의 재료 또는 물질의 확대 분류원칙

(1) 각 호 용어의 재료(materials) 또는 물질(substances)에는 이들 재료나 물질뿐만 아니라 이들 재료 또는 물질에 다른 재료 또는 물질을 혼합하거나(mixtures) 또는 결합한 물품(combinations)도 포함된다고 규정하고 있다.

[사례 1] 소량의 비타민 또는 미네랄을 첨가한 밀크＝제0401호

[사례 2] 안티노킹제를 첨가한 휘발유＝제2710호

(2) 이 통칙규정은 다음 물품에 한하여 적용한다.

① 각 호의 내용의 재료 또는 물질로 된 혼합하거나 결합한 물품은 이들 물품의 본질적인 특성을 유지하고 있어야 한다.

② 호의 용어 및 주에서 다른 재료 또는 물질과의 혼합하거나 결합을 금지하지 않아야 한다.

[사례 1] 호 내용, 부·류의 주에 단서 규정이 있는 다음 물품으로 통칙 제 1 호에 의해 분류된다.

- 제1503호 라드유, 올레오유로서 혼합 기타의 조제를 하지 아니한 것
- 제11부 부주2: 둘 이상의 장직용 섬유의 재료로 구성된 물품의 분류규정
- 제15부 부주5: 제72류 내지 제83류의 합금의 분류규정
- 제32류 류주2: 제3204호에는 아조염료를 생성시키기 위해 안정화한 디아조늄과 카플러의 혼합물을 포함한다.

(3) 각 호 용어의 특정 재료 또는 물질로 구성된 물품에는 당해 호의 재료나 물질로 전체를 구성된 것뿐만 아니라 일부가 다른 재료나 물질로 구성된 물품도 포함된다.

[사례 1] 금속제 또는 플라스틱제의 캡이 부착된 천연 코르크 마개＝제4503호

(4) 서로 다른 2종 이상의 재료 또는 물질로 구성된 물품, 즉 혼합물, 결합물 및 복합물은 2 이상의 호에 분류되는 물품은 다음 통칙 제 3 호에 의하여 분류한다.

통칙 3

이 통칙 제2호 나목 또는 그 밖의 다른 이유로 동일한 물품이 둘 이상의 호에 분류되는 것으로 볼 수 있는 물품인 경우의 품목분류는 다음에 규정하는 바에 따른다.

가. 가장 협의로 표현된 호가 일반적으로 표현된 호에 우선한다. 다만, 둘 이상의 호가 혼합물 또는 복합물에 포함된 재료나 물질의 일부 또는 소매용으로 하기 위하여 세트로 된 물품에 대하여 더 완전하거나 명확하게 표현하는 때에도 이들 호는 그 물품에 대하여 동등하게 협의로 표현된 것으로 본다.

나. 혼합물, 서로 다른 재료로 구성되거나 서로 다른 구성요소로 제조된 복합물과 소매용으로 하기 위하여 세트로 된 물품으로서 가목에 따라 분류할 수 없는 것은 가능한 한 이들 물품에 본질적인 특성을 부여하는 재료 또는 구성요소로 구성된 것으로 취급하여 분류한다.

다. 가목 또는 나목에 따라 분류할 수 없는 물품은 동일하게 분류가 가능한 호 중에서 그 순서상 최종 호에 분류한다.

[해설]

통칙 제3호 2 이상 호에 분류되는 물품의 우선 분류원칙

1) 통칙 제3호 가목: 협의로 표현한 호에 우선 분류원칙

(1) 물품이 분류가능한 2개 이상의 호 가운데 가장 협의로 표현하는 호가 일반적으로 표현한 호보다 우선하여 분류한다.

여기에서 협의의 표현이란 어떤 물품에 대하여 완전하고 명확하게 표현한 것을 의미하나, 하나의 호가 다른 호보다 협의의 표현한 것을 결정하는 원칙이나 기준을 설정하기는 어려우나 일반적으로 다음 예를 들 수 있다.

① 품명(name)은 종류(class)별로 표현한 것보다 협의로 표현한 것이다.

[사례 1] 철제 스푼 또는 포크는 제7323호(식탁용 제품)보다 제8215호(스푼·포크)가 협의로 표현된 호이다.

② 물품을 명확하게 구분하는 표현이 불완전한 표현보다 협의로 표현한 것이다

[사례 1] 자동차용 터프터한 양탄자는 제8707호의 자동차의 부속품보다 제5703호의 터프터한 양탄자가 구체적으로 규정하고 있다.

[사례 2] 항공기용 틀에 끼지 않은 안전유리는 제8801호·제8802호의 부분품에 분류하지 않고 구체적인 안전유리인 제7007호에 분류한다.

(2) 그러나, 둘 이상의 호가 각 혼합(또는 결합)물품에 단지 일부 재료(또는 물질)로 함유하거나, 또는 하나의 소매용 세트로 포장한 물품의 단지 일부를 규정하고 있는 경우에는 비록 이들 호 중 하나의 호가 다른 호에 비해 보다 더 철저하고 상세히 규정하고 있더라도 이들 호는 이러한 물품에 관하여 동등하게 협의로 규정하고 있는 것으로 보아야 한다. 이러

한 물품의 분류은 다음 통칙에 의하여 결정한다.

2) 통칙 제 3 호 나목: 본질적인 특성을 갖는 호에 분류원칙

(1) 2개 이상의 호에 분류되고, 가장 협의로 표현한 호가 2개 이상이거나, 혼합물 또는 복합물의 구성하는 물품을 표현한 호가 2개 이상인 물품은, 즉 상기 통칙 제 3 호의 가목에 적용할 수 없는 물품은 이 물품이 갖는 본질적인 특성에 의하여 분류한다.

(2) 이 통칙은 다음 물품에 한하여 적용한다.

① 혼합물(mixture). 예: 밀(제1001호) 70%와 보리(제1003호) 30%로 구성된 양조용 혼합물

② 서로 다른 재료로 구성된 복합물(composite). 예: 플라스틱과 고무로 된 컨베이어벨트, 금속링이 달린 양복걸이

③ 서로 다른 구성요소로 구성된 복합물(component). 예: 재떨이(착탈가능한 재통과 이를 지지하는 스탠드), 소형의 양념선반(특수 제작된 목재 틀과 적당한 크기와 모양의 여러 개의 양념통으로 구성된 것)

④ 소매용 세트(set)로 포장한 물품. 예: 샌드위치 세트

(3) 이들 물품의 본질적인 특성을 부여하는 재료 또는 구성요소에 따라 분류한다. 본질적인 특성을 결정하는 요인(factor)은 물품에 따라 다르며, 다음이 있다.

① 재료(material) 또는 구성요소(component)의 성질, 용적, 수량, 중량 또는 가격에 의해 결정한다.

② 이 물품이 사용시의 구성물질의 역할에 의해 결정한다.

(4) 소매용 세트(set)로 포장한 물품은 다음 요건을 모두 충족하여야 한다.

① 서로 다른 호에 분류될 수 있는 2 이상의 서로 다른 물품으로 구성되어야 한다.

② 독립적 또는 보완적인 용도를 갖는 물품이나 제품을 어떤 요구를 충족시키기 위하거나 특정 활동을 하기 위해 함께 조합한 물품으로 구성되어야 한다.

③ 재포장 없이 직접 소비자에게 판매하도록 소매용에 적합한 방법으로 포장되어야 한다.

[사례 1] 소매용 세트(set)로 포장한 물품은 다음과 같이 분류한다.

① 샌드위치 세트: 빵 사이에 쇠고기(제1602호)+포테이토 칩(제2004호)+플라스틱 케이스(제3923호)=제1602호에 분류한다.

② 스파게티 세트: 면(스파게티)(제1902호)+치즈 분말(제0406호)+소형통의 토마토소스(제2103호)의 세트=제1902호에 분류한다.

③ 이발용 기구 세트: 전기이발기(제8510호)+빗(제9615호)+가위(제8213호)+면타월(제6302호)의 세트=제8510호에 분류에 분류한다.

(5) 위의 세트의 분류원칙을 적용할 수 없는 물품은 다음이 있다.

① 소매용 세트요건에 부적합한 세트포장 물품

[사례 1] 새우 통조림(제1605호)+치즈 통조림(제0406호)+베이컨 통조림(제1602호)+소시

지 통조림(제1601호)의 세트=각각 분리하여 분류한다.

[사례 2] 포도주+브랜디의 세트=각각 분리하여 분류한다.

② 부, 류의 주 또는 호에서 규정한 세트

- 제6부 부주 3, 제7부 부주 1, 제82류 류주3
- 제6308호(러그, 태피스트리, 자수테이블보 또는 서비에트용 직물 및 실로 된 세트), 제8214호(매니큐어와 페디큐어 세트), 제9605호(개인용의 여행세트)

3) 통칙 제3호 다목: 최종 호에 분류원칙

(1) 통칙 제3호의 가목 및 나목에 의해 호를 결정할 수 없는 물품은 관련 해당 호 중 최종 호에 분류한다.

(2) 이 통칙은 어떤 호가 협의로 표현된 것이 어렵거나 관련물품에 주요 특성을 부여하는 재료 또는 요소가 명확하지 않을 경우에 적용하는 규정이다.

[사례 1] 밀가루(제1101호) 50%+호밀가루(제1102호) 50%의 혼합곡물=제1102호에 분류한다.

(3) 부·류의 주에서 최종 호에 분류하도록 규정하고 있는 다음 물품은 통칙 제1호에 의해 분류한다.

[사례 1] 제29류 류주3, 제29류 류주5다(2), 제39류 류주4, 제48류 류주6, 제11부 부주2가

통칙 4

이 통칙 제1호 내지 제3호에 따라 분류할 수 없는 물품은 그 물품과 가장 유사한 물품이 해당되는 호에 분류한다.

[해설]

통칙 제4호 유사 물품이 해당 호에 분류원칙

1) 통칙 제1호 내지 통칙 제3호에 의하여 호를 결정할 수 없는 물품은 제시물품과 가장 유사한 물품의 호에 분류한다. 유사 물품에 관하여는 품명, 특성 및 용도의 여러 요인으로 결정한다.
2) 이 통칙은 원칙적으로 어느 특정 호에도 분류되지 않는 새로운 상품을 분류하기 위한 것이다.
3) 각 류에는 잔여 호(residual heading)를 두고 있어 명백히 분류되지 않는 물품을 분류하도록 하고 있어 이 통칙은 거의 적용되는 경우가 드물다.

통칙 5

다음의 물품에 대하여는 이 통칙 제 1 호 내지 제 4 호를 적용하는 외에 다음 사항을 적용한다.

가. 사진기 케이스·악기 케이스·총 케이스·제도기 케이스 목걸이 케이스 및 이와 유사한 용기는 특정한 물품 또는 물품의 세트를 수용할 수 있도록 특별한 모양으로 되어 있거나 알맞게 제조되고 있고, 장기간 사용하기에 적합하며, 그 내용물과 함께 제시되어 그 내용물과 함께 정상적으로 판매되는 종류의 물품인 때에는 그 내용물과 함께 분류한다. 다만, 용기가 전체 물품에 본질적인 특성을 부여하는 경우에는 그러하지 아니하다.

나. 가목에 해당하는 것은 그에 따르고 내용물과 함께 제시되는 포장재료와 포장용기는 이들이 그러한 물품의 포장으로 정상적으로 사용되는 종류의 것에 한하여 그 물품과 함께 분류한다. 다만, 그러한 포장재료 또는 포장용기가 명백히 반복적으로 사용하기 적합한 것인 경우에는 그러하지 아니한다.

[해설]

통칙 제 5 호 용기류 또는 포장재료의 내용물 분류원칙

1) 통칙 제 5 호 가목: 케이스와 용기는 내용물에 분류원칙

(1) 이 통칙은 다음 용기에 한하여 적용한다.

① 특정 형상을 갖거나 특정 물품 또는 세트로 된 물품을 담기에 적합한 것

② 장기간 사용하기에 적합한 것

③ 내용물과 함께 제시된 것

④ 내용물과 함께 정상적으로 판매되는 것

⑤ 용기가 본질적인 특성을 부여하지 않는 것

[사례 1] 플라스틱 케이스에 담기 비누＝제3401호
신변장식용품이 담긴 상자＝제7113호
케이스에 넣은 전기면도기＝제8510호
케이스에 넣은 악기＝제9202호
권총-케이스＝제9303호

(2) 그러나 분리되어 제시되는 용기는 당해 해당 호에 분류한다.

예: 플라스틱제는 제3924호, 케이스와 용기는 제4202호

(3) 이 통칙은 고가의 용기와 같이 내용물과 함께 판매할 수 없는 용기는 적용되지 않으며, 또한 내용물과 함께 정상 판매될지라도 용기로서의 본질적인 특성을 갖는 포장용기는 적용되지 않는다.

[사례 1] 차가 담긴 은제 케이스: 차 제0902호에 은제 케이스는 제71류에 분류한다.

[사례 2] 차가 담긴 장식용 도자기: 차 제0902호에, 도자기는 제69류에 분류한다.

2) 통칙 제 5 호 나목: 포장재료와 포장용기는 내용물에 분류원칙.

(1) 이 통칙은 포장재료와 포장용기에 관한 분류규정이다. 상품의 포장에 사용되는 정상적으로 포장재료와 포장용기로서 내용물과 함께 제시되는 것은 내용물과 함께 분류한다.

(2) 이 통칙은 명백히 반복하여 사용되는 포장재료 또는 포장용기는 적용하지 않는다.

[사례 1] 철제실린더에 충전된 압축공기: 압축공기는 제2851호, 철강제 용기는 제7311호에 분류한다.

[사례 2] 철강드럼에 충전된 천연액화가스: 천연액화가스는 제2711호에, 철강드럼은 제 7311호 분류한다.

통칙 6

법적인 목적상 어느 호 중 소호의 품목분류는 동일한 수준의 소호들만으로 서로 비교할 수 있다는 점을 조건으로 그 소호의 용어와 관련 소호의 주에 따라 결정되며, 상기 제 통칙을 준용한다. 또한 이 통칙에서 문맥상 달리 규정한 경우를 제외하고 관련 부 및 류의 주도 적용한다.

[해설]

제 6 호 소호 분류원칙[① 소호의 용어와 소호주에 의한 분류원칙, ② 통칙 1~5의 준용원칙, ③ 관련 부와 류의 주에 적용원칙]

1) 이 통칙은 호(4단위 호))를 결정한 후에 소호를 결정하는 규정이다. 소호의 분류는 동일수준의 소호(5단위 소호 또는 6단위 소호)들만으로 비교하여 적용한다.

2) 소호의 분류는 다음에 의하여 결정한다.

① 소호의 용어(term) 및 소호주(sub-heading notes)에 의한다.

② 통칙 제 1 호 내지 통칙 제 5 호를 준용(mutatis mutandis)한다.

③ 관련 부 및 류의 주를 적용(apply)한다. 다만, 달리 규정한 것을 제외한다.

3) 이 통칙의 『동일한 수준의 소호들만의 비교』라 함은 호의 범위 내에는 5단위[1dash: (－)]와 6단위[2dash: (－－)]에 있어, 소호의 분류결정은 5단위 각 소호들만의 용어를 비교하여 5단위 소호 분류를 결정한다. 이어 소호가 6단위로 세분류된 경우에는 6단위 각 소호들만의 용어를 비교하여 6단위 소호의 분류를 결정하는 것을 말한다.

4) 『문맥상 달리 규정한 경우를 제외하고는』라 함은 소호주 및 소호의 용어가 특정 부 또는 류의 주와 일치하지 않는 경우에는 부 또는 류의 주를 적용하지 아니하고, 소호의 주 또는 용어를 우선 적용하고, 소호의 주가 없는 경우에는 부 또는 류의 주를 적용하는 것이다.

통칙 7

이 표에 규정되지 아니한 품목분류에 관한 사항은 『통일상품명 및 부호체계에 관한 국제협약』에 따른다.

[해설]

통칙 제 7 호 HS 협약의 준용에 의한 분류원칙

1) 통칙 제 7 호는 HS 품목분류표에는 없는 것으로서 우리나라에서 추가한 국내 통칙이다.
2) 관세율표의 품목분류를 운용함에 있어 관세율표에 규정되지 아니한 품목분류에 관한 사항은 HS 협약에 의한다는 규정이다.

[용어]

용어	주요 내용
잔여호 (residual heading)	잔여호란 바스켓호라고도 하며 달리 분류되지 않는 물품이 분류되는 호를 말한다. 특정 부문에 분류되어야 할 물품이 앞의 어느 호에도 해당되지 않을 경우에 이들의 분류를 위하여 주로 마지막에 설정한 일종의 포괄적인 호이다. 예: 따로 분류되지 않는 식용의 동물성 생산품(제0401호), 따로 분류되지 않는 동물성 생산품(제0511호), 이 류의 달리 열거하거나 포함되지 않는 기계류의 부분품(제8487호), 기타의 전기기기(제8543호)

제1편 출제문제 및 연습문제

출제문제

[50점 문항]

1. CCCN(현 HS)의 일반 구조를 논술하라. [1981년]
2. 관세율표 해석에 관한 분류 통칙을 논하라. [1982년]
3. 관세율표의 품목분류 체계와 그 해석에 관한 통칙을 설명하라. [1984년]
4. 관세율표 해석에 관한 통칙을 차례로 기술하고 간략하게 설명하라. [1985년]
5. HS의 구조와 해석에 관한 통칙을 설명하시오. [1991년]
6. 관세율표상 품목분류구조(품목번호 6단위까지)와 기본 분류원칙을 요약설명하시오. [1993년]

[10점 문항]

1. 동시에 수입된 미조립기계의 품목분류 관계 [1981년]
2. 관세율표상 동일한 2 이상 호에 분류될 수 있는 경우에 적용할 분류원칙에 대하여 간단히 설명하시오. [1987년]
3. 『소매를 위하여 세트로 한 물품』이라 함은 어떤 요건을 갖춘 물품을 의미하는가. [1995년]
4. 2개 이상 호에 적용되는 경우 [1997년]
5. 관세율표 전체에 동일하게 통용되는 주 규정의 용어의 종류(예: 범용성 부분품) [2000년]
6. 관세율표상에 우리나라가 자체적으로 추가한 국내 주(notes) 규정의 주요 내용을 설명하시오. [2001년]
7. 소매를 위하여 세트로 포장한 물품(예: 제도용 키트)이 수입되었을 때 HS 품목분류는 관세율의 해석에 관한 통칙 제3호(나)의 규정에 의거 결정한다. 여기서 『소매용 세트로 한 물품』의 요건에 대하여 설명하시오. [2002년]

연습문제

[50점 문항]

1. 관세율표 해석에 관한 통칙을 그 의의와 적용 방법 및 적용순서 위주로 논하시오.
2. HS 해석에 관한 통칙을 논하고 각 통칙에 대한 분류사례를 들어 설명하라.

[10점 문항]

1. 관세율표에서 부, 류 및 절의 표제에 대하여 품목분류와의 관계를 설명하라.
2. 관세율표상 최우선으로 적용하는 품목분류 통칙을 논하시오.
3. 호의 내용과 주의 특성을 설명하시오.
4. 불완전 물품 및 미완성 물품에 대한 품목분류원칙을 논하시오.
5. 미조립 물품과 분해물품에 대한 분류의 원칙을 설명하라.
6. 재료 또는 물질의 혼합물과 결합물에 대한 분류원칙
7. 둘 이상 호에 분류되는 물품에 대한 품목분류원칙을 적용 순서대로 설명하시오.
8. 관세율표 통칙 3에서 혼합물, 복합물 및 소매용 세트물품에 대하여 설명하라.
9. 통칙에서 소매를 위한 세트로 한 물품의 분류원칙
10. 본질적인 특성(주요 특성)을 결정하는 기준을 설명하라.
11. 2개 이상 호에 분류되는 경우 마지막 호에 분류되는 원칙에 관해 설명하라.
12. 유사 물품에 대한 분류원칙을 설명하라.
13. 케이스, 상자 및 포장재료와 포장용기에 대한 분류원칙
14. 통칙에서 소매를 위한 세트로 한 물품의 분류원칙
15. 소호(6단위)분류에 대한 통칙
16. 국내추가 통칙에 대하여 설명하고 예를 드시오.

문제풀이

1. 통칙 제 3 호 나목(본질적 특성을 갖는 호에 분류원칙)을 적용하는 물품의 범위를 서술하시오.

   품목분류해석에 관한 통칙 제 3 호 나목은 통칙 제 3 호 가목을 (협의 표현호의 분류원칙)에 적용할 수 없는 물품은 이 물품이 갖는 본질적인 특성에 의하여 분류하며, 이

통칙은 다음 물품에 한하여 적용하여야 한다.

① 혼합물(mixture), 예: 밀(제1001호) 70%와 보리(제1003호) 30%로 구성된 양조용 혼합물

② 서로 다른 재료로 구성된 복합물(composite) 예: 플라스틱과 고무로 된 컨베이어 벨트, 금속링이 달린 양복걸이

③ 서로 다른 구성요소로 구성된 복합물(component) 예: 재떨이(착탈가능한 재통과 이를 지지하는 스탠드), 소형의 양념선반(특수 제작된 목재틀과 적당한 크기와 모양의 여러 개의 양념통으로 구성된 것)

④ 소매용 세트(set)로 포장한 물품. 예: 샌드위치 세트

2. 관세율표의 6단위 소호에 관한 분류 규정을 설명하시오.

통칙 제6호는 소호의 분류에 관한 분류원칙이다. 소호의 품목분류는 다음과 같이 결정한다.

· 통칙 제6호는 호(4단위 호)를 결정한 후에 소호를 결정하는 것으로, 소호의 분류는 동일수준의 소호(5단위 소호 또는 6단위 소호)들만으로 비교하여 적용한다.

· 소호의 분류는 다음에 의하여 결정한다

① 소호의 용어(term) 및 소호주(sub-heading notes)에 의한다

② 통칙 제1호 내지 통칙 제5호를 준용한다.

③ 관련 부 및 류의 주를 적용한다. 다만, 달리 규정한 것을 제외한다.

· 위에서 동일 수준의 소호들만의 비교라 함은 호의 범위 내에는 5단위[1 dash: (−)]와 6단위[2dash: (−−)]에 있어, 소호의 분류결정은 5단위 각 소호들만의 용어를 비교하여 5단위 소호 분류를 결정한다. 이어 소호가 6단위로 세분류된 경우에는 6단위 각 소호들만의 용어를 비교하여 6단위 소호의 분류를 결정하는 것을 말한다.

제 2 편

관세율표 해설

[관세율표 류별 분류표]

단위	0	1	2	3	4	5	6	7	8	9
00	–	산 동물	육·식용설육	어패류	낙농품·조란·천연꿀	기타 동물성 생산품	수목·화훼류	채소	견과류·과실	커피·차·향신료
10	곡물	제분산품·전분	채유·약용·종자특용작물	검·식물엑스	기타 식물성 생산품	동·식물성 유지	조제축산·어패류	설탕·설탕과자	코코아·초콜릿	제면·조제곡물·제빵류
20	조제 채소·과실	기타 조제식품	음료·주류·식초	조제사료	담배	소금·토석류	광물·회·잔재물	광물성연료	무기화학품	유기화학품
30	의약품·의료용품	비료	염료·안료·페인트·잉크	향료·화장품·위생용품	비누·계면활성제·조제왁스	단백질·변성전분·효소	화약류·성냥	필름·사진재료	기타 화학공업 생산품	플라스틱·이들 제품
40	고무·이들 제품	원피·가죽	마구류·가방류·가죽제품	생모피·모피제품	목재·목제품	코르크·이들 제품	조물재료 제품	펄프	지와 판지	서적·인쇄물
50	견·견직물	양모·수모·이들 직물	면·면직물	식물섬유·이들 직물	필라멘트·이들 직물	스테플·이들 직물	위딩·부직포·사제품	양탄자	특수직물	도포직물·공업용 섬유제품
60	편물	편물제 의류	기타 의류	섬유제품·넝마	신발류	모자류	우산·지팡이	가공우모·인모제품	석·시멘트·토석류 제품	도자제품
70	유리	진주·보석·귀금속	철강	철강제품	동제품	니켈제품	알루미늄 제품	[유보]	연제품	아연제품
80	주석·제품	기타 비금속제품	비금속제 공구·도구	각종 비금속 제품	원자로·기계류	전기기기	철도차량	자동차	항공기	선박
90	광학기기·의료기기·정밀기기	시계	악기	무기	가구·침구 조명기구	완구·유희용구 운동용구	잡품	예술품·골동품	–	–

* 가로는 류의 첫째 단위(숫자)이고, 세로는 류의 둘째 단위(숫자)임.
10 + 4 = 14. 제14류는 기타 식물성 생산품이다. 80 + 4 = 84. 제84류는 원자로와 기계류이다.

제 1 부　산 동물 및 동물성 생산품

1. 개　　설

제 1 부에는 일부 순회 관람용 동물 등과 같은 특정 동물을 제외한 모든 살아 있는 동물과 이들 동물에서 직접 생산되거나, 이들 동물이 생산하는 동물성 생산품이 분류된다. 이 부에 분류되는 동물성 생산품은 천연상태의 것이거나 각 류에서 규정하고 있는 저장 또는 가공한 것에 한하여 분류된다. 그러나 각 류의 각 호에서 규정하지 아니한 저장이나 또는 가공한 동물성 생산품은 다른 류(주로 제16류)에 분류된다.

2. 류별 구성

이 부는 산 동물과 이들 동물의 생산품, 동물성 생산품을 체계적으로 품목분류하기 위하여 2개의 부주와 제 1 류 내지 제 5 류의 5개류의 본문들로 구성되어 있다. 류별 표제는 다음과 같다.

[류별 표제]

제 1 류	산 동물
제 2 류	육과 식용 설육
제 3 류	어류, 갑각류, 연체동물 및 수생무척추동물
제 4 류	낙농품, 조란, 천연꿀 및 기타 식용 동물성 생산품
제 5 류	기타 동물성 생산품

3. 분류원칙

제목	규정내용	비고
어린 동물의 분류	1. 제 1 부에 게기된 동물의 특정의 속이나 종은 문맥상 따로 규정한 경우를 제외하고는 그 속이나 종의 어린 것도 포함한다.	제 1 부 부주1
건조한 것 (dried)	2. 관세율표에서 문맥상 따로 규정한 경우를 제외하고는 건조한 것이라 함은 탈수·증발 또는 동결건조한 것을 포함한다.	제 1 부 부주2

4. 총　　설

(1) 일반 동물 분류

<table>
<tr><th>대분류</th><th colspan="2">소분류</th><th>동물명</th></tr>
<tr><td rowspan="5">척추(脊椎)동물</td><td colspan="2">포유(哺乳)동물</td><td>말, 소, 돼지, 개, 기린, 캥거루, 고래(해서포유동물)</td></tr>
<tr><td colspan="2">조(鳥)류</td><td>닭, 오리, 거위, 기니아새, 독수리</td></tr>
<tr><td colspan="2">파충류(爬蟲)류</td><td>뱀, 도마뱀, 악어, 거북이</td></tr>
<tr><td colspan="2">양서(兩棲)류</td><td>개구리, 도롱뇽, 두꺼비</td></tr>
<tr><td colspan="2">어(魚)류</td><td>다랑어, 연어, 붕어, 뱀장어, 잉어, 미꾸라지</td></tr>
<tr><td rowspan="12">무척추(無脊椎)동물</td><td colspan="2">극피(棘皮)동물</td><td>성게, 해삼, 바다나리</td></tr>
<tr><td rowspan="4">절지(折枝)동물</td><td>갑각류</td><td>새우, 게, 가재, 따개비</td></tr>
<tr><td>곤충류</td><td>벌, 파리, 나비, 하늘소</td></tr>
<tr><td>거미류</td><td>거미, 전갈, 구게, 진드기</td></tr>
<tr><td>다지류</td><td>지네, 노래기, 그리마</td></tr>
<tr><td rowspan="3">연체(軟體)동물</td><td>조개류</td><td>굴, 대합</td></tr>
<tr><td>소라류</td><td>다슬기, 달팽이</td></tr>
<tr><td>오징어류</td><td>오징어, 문어, 낙지</td></tr>
<tr><td colspan="2">환형(環形)동물</td><td>지렁이, 거머리</td></tr>
<tr><td colspan="2">강장(腔腸)동물</td><td>산호, 말미잘, 해파리</td></tr>
<tr><td colspan="2">원색(原索)동물</td><td>원색동물 해초강의 해산동물 총칭: 멍게류, 창고기류</td></tr>
<tr><td colspan="2">편형(片形)동물</td><td>플라나리아, 촌충, 디스토마</td></tr>
</table>

(2) 동물성 생산품의 가공별 분류체계

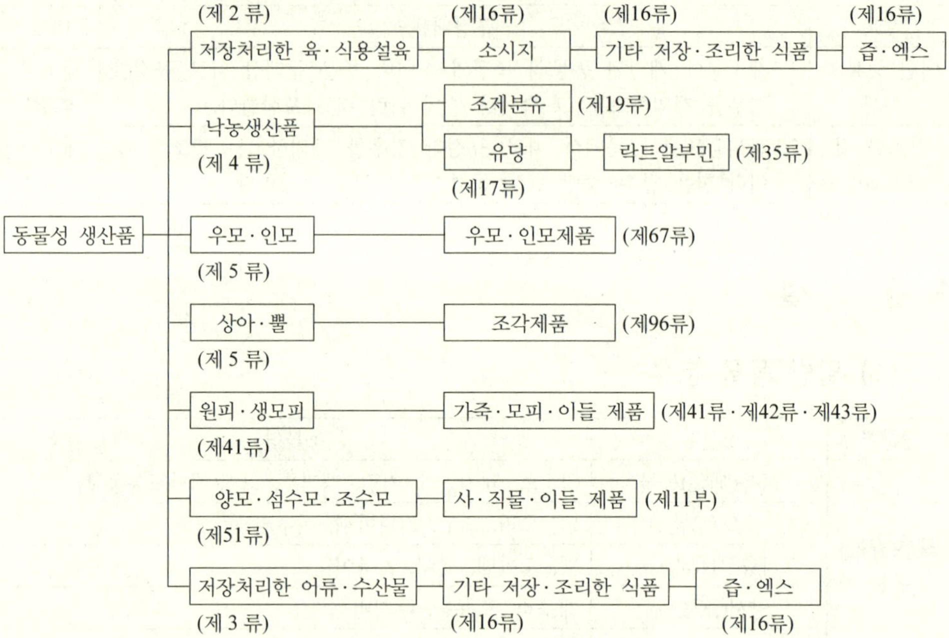

(3) 용어정의

어린 동물　제 1 부에 게기된 동물의 특정의 속이나 종은 문맥상 따로 규정한 경우를 제외하고는 그 속이나 종의 어린 것도 포함한다.

건조한 것(dried)　관세율표에서 문맥상 따로 규정한 경우를 제외하고는 건조한 것이라 함은 탈수(dehydrated)·증발(evaporated) 또는 동결건조(freeze-dried)한 것을 포함한다.

제1류 산 동물

1. 개　　요

제 1 류에는 모든 산 동물이 분류되나, 어류·갑각류·연체동물 및 수생의 무척추동물(제 3 류), 미생물배양체 등(제30류) 및 서커스, 관람용 동물원 또는 순회 동물쇼단에 구성된 동물(제95류)은 다른 류에 분류된다.

2. 분류구조

산 동물들은 동물별로 6개의 호(제0101호 내지 제0106호)에 구분 분류한다.

1) 말·당나귀·노새와 버새(제0101호)
2) 소의 아과(亞科)동물(제0102호)
3) 돼지(제0103호)
4) 면양과 산양(제0104호)
5) 가금류(제0105호): 닭, 오리, 거위, 칠면조 및 기니아새
6) 기타 산 동물(제0106호): 해서포유동물, 조류, 곤충류, 파충류, 영양 등

3. 분류원칙

제목	분류규정	비고
산 동물의 분류	1. 제 1 류의 산 동물에는 다음 동물을 제외하고 모든 산 동물이 분류된다. 가. 어류와 갑각류 및 연체동물과 기타 수생무척추동물 제0301호·제0306호 또는 제0307호의 나. 미생물배양체와 기타의 물품(제3002호) 다. 서커스, 관람용 동물원, 순회 동물쇼단의 동물(제9508호)	제 1 류 류주1

4. 제외 동물

① 어류와 갑각류 및 연체동물과 기타 수생무척추동물(제0301호·제0306호 또는 제0307호)

② 미생물배양체와 기타의 물품(제3002호)

③ 순회동물용 동물, 순회극장용 동물(제9508호)

5. 해 설

(1) 산 동물의 분류범위

· 제 1 류의 산 동물: 다음 동물을 제외한 모든 산 동물이 분류된다.

① 어류와 갑각류 및 연체동물과 기타 수생무척추동물(제0301호 · 제0306호 또는 제0307호), ② 미생물배양체와 기타 물품(제3002호), ③ 서커스, 관람용 동물원, 순회 동물쇼단의 동물(제9508호)

[산 동물의 분류]

구분		동 물	호
동물	말(馬)류	－말, 당나귀, 노새(당나귀와 암말의 잡종), 버새(말과 당나귀의 잡종)	제0101호
	소(牛)아과동물	－일반소, 물소, 티베트야크, 버팔로 등	제0102호
	돼지	－육종돼지, 산돼지	제0103호
	양	－면양과 산양	제0104호
	가금류	－닭, 오리, 거위, 칠면조 및 기니아새	제0105호
	기타 동물	－영장류(원숭이), 해서포유동물(고래, 돌고래, 물개 등), 조류(메추리, 독수리, 부엉이, 참새 등), 파충류(뱀, 도마뱀, 악어, 거북 등), 양서류(개구리, 도롱뇽, 두꺼비 등), 사슴, 영양, 토끼, 개 등	제0106호
어류		－관상어, 송어, 뱀장어, 잉어, 연어, 넙치류, 다랑어, 청어, 정어리	제0301호
갑각류		－닭새우, 바다가재, 게,	제0306호
연체동물		－굴, 홍합, 오징어, 문어, 달팽이	제0307호
기타 수생무척추동물		－성게, 해삼, 해파리, 우렁쉥이	제0307호
미생물 등		－미생물배양체	제3002호
관람용 동물원 동물		－서커스, 관람용 동물원, 순회 동물쇼단의 동물	제9508호

(2) 죽은 동물의 분류

운송 도중에 죽은 동물은 식용에 적합한 것은 육과 식용 설육(제 2 류)으로 분류하고, 기타는 제0511호에 분류한다.

(3) 가금류(제0105호)

일반적으로 가금(家禽: poultry)이란 집에서 기르는 조류를 말하며 야생의 조류에서 인간생활에 유용하게 길들이고 품종개량을 하여 육성된 조류를 말한다. 관세율표에서 가금류라 함은 닭(fowl), 오리, 거위, 칠면조 및 기니아새(guinea fowl: 뿔닭)만을 말하고, 닭(gallus domesticus)에는 병아리와 거세한 닭(capon)을 포함한다. 따라서 가금류에는 반시(partridges), 꿩, 비둘기, 들오리, 들거위, 메추리 등은 제외된다.

[용어]

용어	주요 내용	비고
기니아새 (guinea fowl)	· 학명: *Numida meleagris.* 별명: 호로새·뿔닭, helmeted guinea fowl(영) · 닭목의 꿩과로서 아프리카 기니아지방 원산, 털 색깔은 회청색에 무수히 많은 흰 반점이 온 몸에 흩어져 있다. 암·수 구별은 힘드나 수컷은 뿔같은 벼슬과 부리 밑의 혹이 크다.	사전

제 2 류 육과 식용 설육

1. 개 요

제 2 류에는 어류·연체동물·갑각류 및 기타 수생 무척추동물(제 3 류) 이외의 모든 동물의 식용에 적합한 육과 설육 및 육과 설육의 분과 조분이 분류된다. 설육은 식용에 적합한 부위이거나 식용에 적합한 것만이 이 류에 포함되고, 식용인지의 여부를 불문하고 돼지와 가금류의 비계가 분류되는 반면, 식용일지라도 위, 장, 방광(제0504호) 및 피(제 5 류·제30류)는 다른 류에 분류된다. 또한 이 류에서 규정하지 아니한 다른 방법으로 조제하거나 저장한 육과 설육은 다른 류(주로 제16류)에 분류된다.

2. 분류구조

육과 식용 설육을 저장별로 3개 범주로 구분하고 10개의 호(제0201호 내지 제0210

호)에 분류한다.

1) 신선·냉장 또는 냉동한 육과 설육(제0201호 내지 0208호)

① 쇠고기(제0201호·제0202호), 돼지고기(제0203호), 면양과 산양고기(제0204호) 및 말·당나귀 노새와 버새의 고기(제0205호)

② 식용 설육(제0206호): 소·돼지·면양·산양, 말·당나귀·노새와 버새의 것

③ 가금류의 육과 설육(제0207호)

④ 기타 육과 식용 설육(제0208호): 토끼, 개구리, 순록, 고래, 수상거북 등

2) 신선·냉장·냉동·염장·염수장·건조 또는 훈제한 돼지와 가금류의 비계(제0209호)

3) 염장·염수장·건조 또는 훈제한 것(제0210호)

① 육과 식용 설육, ② 육·식용 설육의 분과 조분

3. 제외 물품

① 제0201호 내지 제0208호 또는 제0210호에 게기한 물품 중 식용에 적합하지 아니한 것.

② 동물의 장(腸), 방광(膀胱), 위(胃)(제0504호) 또는 동물의 피(제0511호·제3002호)

③ 제0209호의 물품 이외의 동물성 지방(제15류)

4. 해　　설

(1) 육과 식용 설육(제 2 류)의 분류범위

· 식용에 적합한 다음 육과 설육이 분류된다.
  - 육: 동물의 몸통(머리 붙은 여부 불문), 이분도체, 지육, 조각 등
  - 설육: 식용에 적합한 머리, 발, 꼬리, 간, 콩팥, 허파 등(다만, 위, 장, 방광 및 동물 피는 제 5 류)
  - 육과 설육의 분과 조분

· 식용 여부를 불문한 돼지와 가금류의 비계

· 육과 식용 설육을 다음으로 저장, 조제 또는 가공한 것
  - 저장: ① 신선한 것(fresh), ② 냉장한 것(chilled), ③ 냉동한 것(frozen), ④ 염

장한 것(salted), ⑤ 염수장한 것(brine), ⑥ 건조한 것(dried) 또는 ⑦ 훈제한 것(smoked)

- 조제: 위 저장 상태에서 약간의 설탕이나 설탕물을 뿌린 것, 효소로 유연처리한 것
- 가공: 절단하거나 또는 다진 것(minced), 분(flour)과 조분(meal)(조리 여부 불문)
- 포장: 밀폐용기에 넣은 것, 공기조절포장(MAP: modified atmospheric packaging) 한 것

· 제 2 류의 각 호의 육과 식용 설육의 혼합물과 복합물

[육과 식용 설육의 저장별 분류]

<table>
<tr><th rowspan="2">동물별</th><th rowspan="2">저장·가공 / 육·설육</th><th colspan="3">저 장 별</th><th colspan="2">육·설육의 분과 조분</th></tr>
<tr><th>신선·냉장</th><th>냉동</th><th>염장·염수장·건조·훈제</th><th>식용</th><th>비식용</th></tr>
<tr><td rowspan="2">소</td><td>육</td><td>제0201호</td><td>제0202호</td><td rowspan="4">제0210호</td><td rowspan="13">제0210호</td><td rowspan="13">제2301호</td></tr>
<tr><td>식용 설육</td><td colspan="2">제0206호</td></tr>
<tr><td rowspan="3">돼지</td><td>육</td><td colspan="2">제0203호</td></tr>
<tr><td>식용 설육</td><td colspan="2">제0206호</td></tr>
<tr><td>비계</td><td colspan="3">제0209호</td></tr>
<tr><td rowspan="2">면양과 산양</td><td>육</td><td colspan="2">제0204호</td><td rowspan="6">제0210호</td></tr>
<tr><td>식용 설육</td><td colspan="2">제0206호</td></tr>
<tr><td rowspan="2">말·당나귀·노새와 버새</td><td>육</td><td colspan="2">제0205호</td></tr>
<tr><td>식용 설육</td><td colspan="2">제0206호</td></tr>
<tr><td rowspan="3">가금류</td><td>육</td><td colspan="2">제0207호</td></tr>
<tr><td>식용 설육</td><td colspan="2">제0206호</td></tr>
<tr><td>비계</td><td colspan="3">제0209호</td></tr>
<tr><td>기타 동물</td><td>식용 육, 설육</td><td colspan="2">제0208호</td><td>제0210호</td></tr>
</table>

(2) 설육의 분류

설육(屑肉: meat offal)은 주로 식용의 것, 식용을 불문한 것, 의료용 및 기타 용도로 구분 분류된다. 그러나 담즙은 건조 여부를 불문하고 제0510호에 분류하고 담즙엑스는 제3001호에 분류된다.

[설육의 종류와 분류]

용도별	부 위 명	분 류
주로 식용	머리와 이들 절단물(귀 포함), 발(feet), 꼬리(tail), 염통(heart), 혀(tongue), 두꺼운 횡경막(thick skirt), 얇은 횡경막(thin skirt), 대망막(caul: 태아모래집 일부), 인후(throat), 흉선(thymus gland)	-신선·냉장·냉동·염장·염수장·건조 또는 훈제한 것: 제2류 -비식용: 제0511호
식용 불문	장(gut), 위(stomach) 및 방광(bladder)	-제0504호
의료용	담낭(gall bag), 부신(adrenal gland), 태반(placenta)	-신선·냉장·냉동 또는 일시 저장한 것: 제0510호 -건조한 것: 제3001호
식용·의료용	간(liver), 콩팥(kidney), 허파(lung), 뇌(brain), 췌장(pancrea), 비장(spleen), 척수(spinel cord), 난소(ovare), 자궁(uteri), 고환(tetes), 유방(udder), 갑상선(thyroid gland), 뇌하수체(pituitary gland)	-의료용으로 일시 저장: 제0510호 -건조한 것: 제3001호 -식용: 제2류 -비식용: 제0511호
	혈액	-제0511호·제3002호
유지	비계(fat)	-돼지, 가금류의 비계: 제0209호, 분리한 것: 제15류
비식용·기타	껍질(skin)	-식용: 제2류, 식용: 제0511호·제41류

(3) 육과 식용 설육(제2류)의 저장처리 방법

제2류에는 사전 열처리(previously scalded)되거나 또는 유사처리된 여부를 불문하고 다음 저장처리한 육과 식용 설육이 분류된다.

① 신선한 것(fresh): 일상 대기 상태의 것을 말한다. 수송을 위한 일시적인 저장목적으로 소금을 사용하여 포장된 것도 포함한다.

② 냉장한 것(chilled): 동결되지 아니한 일반적으로 약 0℃ 상태의 것을 말한다.

③ 냉동한 것(frozen): 물품의 전체가 동결시까지 빙점 이하로 강하시킨 것을 말한다.

④ 염장한 것(Salted): 소금으로 저장처리한 것을 말한다.

⑤ 염수장한 것(in brine): 소금물로 저장처리한 것을 말한다.

⑥ 건조한 것(dried): 자연건조, 태양, 열풍 등으로 건조한 것을 말하며 인위적으로

탈수·증발 또는 냉동건조한 것도 포함된다.

⑦ 훈제한 것(smoked): 목재를 태워 훈연시킨 것을 말한다.

위의 저장 이외의 방법으로 저장처리한 육과 설육은 주로 제16류에 분류된다.

- 소시지와 이와 유사한 것(조리 여부 불문)(제1601호)
- 조리한(cooked) 것: ① 끓인 것(boiled), ② 증기로 찐 것(steamed), ③ 구운 것(griled), ④ 후라이 한 것(fried) 또는 ⑤ 볶은 것(roasted)
- 기타 방법으로 조제 또는 저장 처리한 육과 설육: 배터나 빵가루를 입힌 것, 송로(truff)를 첨가하거나 조미한 것

(4) 지방간(제0207호)

지방간(fatty livers)은 거위 또는 오리의 간을 말하며 푸아그라라고 한다. 다른 동물의 간에 비해 지방이 많아 크고 무거우며 단단하다. 흰다갈색에서 밤색으로 다양하다. 지방간은 송로(제 7 류)와 캐비아(제16류)와 더불어 세계 3대 희귀식품으로 알려져 있다.

(5) 육 명칭

1) 소고기

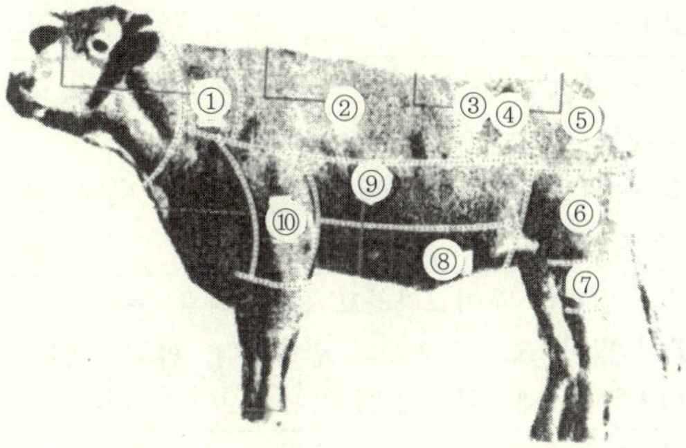

2) 돼지고기

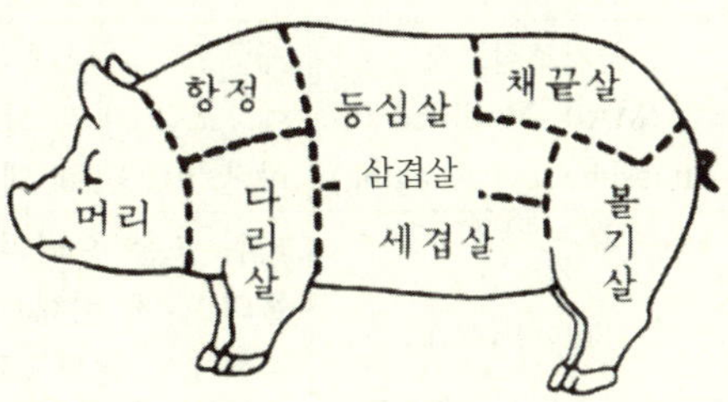

[우육의 부위별 특징]

NO	부위명	주요 특징
①	목심	근육결이 굵고 지방이 적다. 등심보다 질긴 편. (샤브샤브·불고기·국거리)
②	등심	속에 대리석상의 지방이 박혀 있다. 풍미가 좋으며 고기결이 가늘고 부드러워 소고기의 최고급부위로 꼽힌다. (고급스테이크·로스구이)
③	안심	등심 안쪽부위로 쇠고기 가운데 가장 연하다. (고급스테이크·로스구이)
④	채끝	허리 부분의 채끝뼈를 감싸고 있는 부위. 등심보다 지방이 적고 살코기가 많다. 등심·안심보다 가격이 약간 낮다. (스테이크·로스구이)
⑤	우둔	둥근 모양. 결이 약간 거친 편이나 근육막이 적어 육질은 연한 편이다. 상등품은 로스구이로 주물럭으로 이용하기도 한다. (산적·육포·불고기)
⑥	설도	고기질은 우둔과 비슷해 같은 용도로 많이 사용한다. (산적·장조림·육포·불고기)
⑦	사태	다리에 붙은 고기로 근막이 발달해 질기지만 결이 고우며 풍미가 좋다. 가장 큰 근육인 아롱사태는 육회용으로 최고다. (육회·탕·찜)
⑧	양지	목에서 가슴에 이르는 부위. 결합조직이 많아 질긴 편이나 오래 끓이면 국물 맛이 좋다. 차돌박이도 양지부위다. (국거리·분쇄육)
⑨	갈비	옆구리 늑골을 감싸고 있는 부위로 늑골은 양쪽으로 13대씩 있다. 안창살·토시살·제비추리 등 특수부위도 갈비살에 속한다. (구이·찜·탕)
⑩	앞다리	힘줄이나 막이 많아 부분적으로 질긴 곳이 있다. (육회·탕·장조림)

* 위는 우리나라의 육류의 부위별 명칭이다. 쇠고기의 부위별 명칭은 국가마다 다르게 규정하고 있다.

[용어]

용어	주요 내용	비고
공기조절포장 (MAP: Modified Atmospheric Packaging)	제품포장 내의 공기를 불활성 가스로 바꾸거나 조절한 것이다. 예: 포장 내의 산소를 제거하거나 감소시켜 질소 또는 이산화탄소(CO_2)로 대체한 것이다.	해설
지방간 (fatty livers)	거위 또는 오리의 간을 말하며 푸아그라라고 한다. 다른 동물의 간에 비해 지방이 많아 크고 무거우며 단단하다. 흰다 갈색에서 밤색으로 다양하다. 제 2 류에 분류된다.	해설
소해면상뇌증 (BSE: Bovin Spongiform Encephalopathy)	전염성해면상뇌증(TSE: Transmissible Spongiform Encephalopathy)의 일종으로 소에서 발생하는 만성 신경성질병으로 광우병 또는 프리온질병(prion diseases)으로 불린다. 이 질병은 변형프리온단백질 감염에 의한 신경세포의 공포변성과 중추신경조직의 해면상 변화가 특징으로 2년~10년의 긴 잠복기와 불안, 보행장애, 기립불능, 전신마비 등 임상증상을	자료

	보이고, 결국 폐사하는 치명적인 만성진행성 질병이다. 전염성 해면상뇌증(TSE)에는 소의 해면상뇌증(BSE), 양과 산양의 스크래피(scrapie), 사슴류의 만성소모성질병(VWD: Chronic Wasting Disease) 등이 있다.	
광우병 특정 위험물질(SRM)	SRM은 광우병의 원인물질인 변형프리온단백질이 많은 부위를 뜻하며, 소의 편도(tonsils) 및 회장원위부(distal ileum), 뇌(brin), 척수(spinal cord), 눈(eyes), 머리뼈(skull), 등배신경절 및 척주를 말한다.	고시 참조
광우병 · 인간광우병	광우병은 1986년 영국에서 처음 발견, 광우병(공식명: 우형해면상뇌병증)에 걸린 소는 몸을 가누지 못하고 자주 주저앉고 심한 경련 후 숨진다. 역학조사결과 광우병은 양과 소의 사체를 사료로 만들어 소에게 먹였기 때문인 것으로 밝혀졌다. 여러 나라들은 소 등 반추동물을 원료로 하는 동물성 사료를 금지하고 있다. 인간광우병은 광우병에 걸린 쇠고기를 먹었을 때 발병하는 것으로 알려져 있다. 잠복기가 10년 정도로 길며 우울증과 하반신마비 등의 증세를 보이고 사망한다.	자료
조류독감(鳥類毒感, Avian influenza: AI)	조류인플루엔자 · 가금인플루엔자를 말한다. 병원체 혈청형이 매우 많은 특징이 있는 가금류에서 보기 쉬운 질병이다. 병원성이 전혀 없는 경우에서 치사율이 100%에 이르는 고병원성까지 종류가 다양한데, 바이러스 재조합에 의한 신종 바이러스가 자주 출현한다.	자료

제 3 류 어류, 갑각류, 연체동물 및 기타 수생무척추동물

1. 개 요

제 3 류에는 척추동물 가운데 어류와 무척추동물 가운데 갑각류, 연체동물 및 기타 수생무척추동물로서 살아 있는 것과, 이들 동물에서 생산된 식용에 적합한 생산품이 분류된다. 이들 생산품은 이 류에서 규정하는 저장 또는 조제한 것이 분류되는 것으로 어류는 식용에 적합한 어피, 간장, 어란이 포함된다. 또한 어류의 웨이스트, 식용에 적합하지 아니한 모든 동물의 사체 등(제 5 류), 이들 동물 생산품으로서 분, 조분, 또는 펠리트(제23류)와 다음에 규정하는 범위 이상으로 저장하거나 가공한 것(주로 16류)은 다른 류에 분류된다.

2. 분류구조

어류, 갑각류, 연채동물 및 기타 수생무척추동물을 3범주로 구분하고 7개의 호(제0301호 내지 제0307호)에 분류한다.

1) 어류(제0301호 내지 제0305호)

① 활어(제0301호)

② 신선·냉장 또는 냉동한 어류(제0302호·제0303호)

③ 어류의 피레트와 기타 어육(제0304호)

2) 산 것, 신선·냉장·냉동·건조·염장 또는 염수장한 갑각류 및 이들의 식용의 분, 조분과 펠리트(제0306호)

3) 산 것, 신선·냉장·냉동·건조·염장 또는 염수장한 연체동물과 기타 수생무척추동물, 및 이들의 식용의 분, 조분과 펠리트(제0307호)

3. 분류원칙

제목	규정내용	비고
펠리트 (pellet)	2. 펠리트는 직접 압착하거나 또는 소량의 점결제를 첨가하여 응결시킨 물품을 말한다.	제 3 류 류주2

4. 제외 물품

① 포유동물(제0106호)과 이들 포유동물의 육(제0208호 또는 제0210호)

② 죽은 것으로서 그 종류와 상태로 보아 식용에 적합하지 아니한 어류(간장과 어란을 포함)·갑각류·연체동물 또는 기타 수생무척추동물(제 5 류)

③ 식용에 적합하지 아니한 어류·갑각류·연체동물 또는 기타 수생무척추동물의 분·조분 또는 펠리트(제2301호)

④ 캐비아 또는 어란으로 조제한 캐비아 대용물(제1604호)

⑤ 제 3 류에서 규정하는 범위 이상으로 조제하거나 저장한 것(주로 16류)

5. 해 설

(1) 수생동물

관세율표에서 수생동물은 어류, 갑각류, 연체동물 및 기타 수생무척추동물이 있으며 일반적으로 동물계는 척추동물과 무척추동물로 나눈다. 다음 표는 수생동물을 척추동물과 무척추동물로 구분한 것이다.

[수생동물의 구분]

<table>
<tr><th>구분</th><th colspan="2">동물별</th><th>동물명</th></tr>
<tr><td>척추(脊椎) 동물</td><td colspan="2">어(魚)류</td><td>다랑어, 연어, 붕어, 뱀장어 등</td></tr>
<tr><td rowspan="7">무척추(無脊椎) 동물</td><td colspan="2">극피(棘皮)동물</td><td>성게, 해삼, 불가사리, 바다나리 등</td></tr>
<tr><td>절지(折枝)동물</td><td>갑각류</td><td>새우, 게, 가재, 따개비</td></tr>
<tr><td rowspan="3">연체(軟體)동물</td><td>조개류</td><td>굴, 대합</td></tr>
<tr><td>소라류</td><td>다슬기, 달팽이</td></tr>
<tr><td>오징어류</td><td>오징어, 문어, 낙지</td></tr>
<tr><td colspan="2">강장(腔腸)동물</td><td>산호, 말미잘, 해파리</td></tr>
<tr><td colspan="2">원색(原索)동물</td><td>멍게류, 창고기류</td></tr>
</table>

(2) 분류범위

제 3 류의 어류, 갑각류, 연체동물 또는 기타 수생무척추동물에는 다음 저장, 조제 또는 가공한 것이 분류된다.

· 산 것: 직접 식용, 식품공업용, 부화용, 관상용 등으로 살아 있는 것

· 식용 어류의 어피, 간장 및 어란

· 저장처리: ① 신선(fresh), ② 냉장(chilled), ③ 냉동(frozen), ④ 염장(salted), ⑤ 염수장(brine), ⑥ 건조(dried)한 것 또는 ⑦ 훈제한(smoked) 어류. 다만, 어류 이외를 훈제한 것 제외

– 신선, 냉장 또는 냉동에는 운송시 저장목적으로 소금 또는 얼음을 넣어 포장하거나 소금물을 뿌린 것이 포함된다.

- 염장·염수장한 어류에 사용하는 식염은 아질산소다 또는 질산소다를 함유할 수 있다.
- 껍질을 벗기지 않고 단순 건조한 상어 지느러미, 건조 전에 뜨거운 물에 담구거나, 껍질을 벗긴 것, 조각낸 상어 지느러미 부분도 포함된다.
- 훈제 어류는 훈제 이전 또는, 훈제시 조리하거나 열처리한 것이 포함된다.
- 갑각류는 껍데기가 붙은 여부를 불문하고, 물에 찌거나 삶아 냉장, 냉동, 건조, 염장 또는 염수장한 것이 포함된다.

· 원상태, 절단, 세단 및 분쇄한 것, 식용에 적합한 조리된 분, 조분 및 펠리트
· 밀폐용기에 든 것, 공기조절포장(MAP: modified atmospheric packaging)한 것
· 제 3 류의 각 호에 분류되는 물품의 혼합물(mixture)과 복합물(combination)

[저장별 분류]

<table>
<tr><th colspan="2" rowspan="2">저장별
동물별</th><th rowspan="2">산 것</th><th colspan="7">저 장 처 리 별</th></tr>
<tr><th>신선</th><th>냉장</th><th>냉동</th><th>염장</th><th>염수장</th><th>건조</th><th>훈제</th></tr>
<tr><td rowspan="3">어류</td><td>어류</td><td>제0301호</td><td colspan="2">제0302호</td><td>제0303호</td><td colspan="3">제0305호</td><td>제0305호</td></tr>
<tr><td>피레트와 기타 어육</td><td>–</td><td colspan="3">제0304호</td><td colspan="3">제0305호</td><td>제0305호</td></tr>
<tr><td>분·조분·펠리트</td><td>–</td><td colspan="6">제0305호</td><td>제0305호</td></tr>
<tr><td colspan="2">갑각류</td><td>제0306호</td><td colspan="6">제0306호</td><td>제1605호</td></tr>
<tr><td colspan="2">연체동물·수생무척추동물</td><td>제0307호</td><td colspan="6">제0307호</td><td>제1605호</td></tr>
</table>

(3) 다랑어와 가다랭이, 민어와 조기의 분류

다랑어와 가다랭이 다랑어는 고등어아목의 고등어과에 속하고, 가다랭이는 가다랭이아과 삼치아과 및 물치다래아과의 한 종류이다.

[다랑어와 가다랭이]

아과명	속명	어명(학명)
다랑어과	참다랑어속(Thunnus)	날개다랑어(*T. alalunga*) 황다랑어(*T. alabcares*) 눈다랑어(*T. obesus*) 참다랑어(*T. thynnus*) 남방참다랑어(*T. maccoyii*)

	줄삼치속(Sarda)	줄삼치(*S. orientalis*)
가다랭이아과	가다랭이속(Katsuwonus)	가다랭이(*K. pelamis, E. pelamis*)
	점다랑어속(Euthynnus)	점다랑어(*E. offinis*)

민어와 조기 민어와 조기는 농어목 민어과의 어류이다.

[민어와 조기]

속명	어명	학명	별명(영명)
민어	수조기	*Nibea albiflora*	yellow drum, spotted maigre
	흑조기	*Nibea nibe* *Atrobucca nibe*	blackmouth croacker, black chinese croacker
	보구치	*Nibea argentatus* *Argyrosomus argentatus*	whiter croaker, whiter corvenia
	민어	*Nibea imbricatus* *Miichthy miliuy*	brown croaker
	꼬마민어	*Nibea goma, Nibea diacanthus*	
민태	민태	*Johnius belengerii*	belenger' jewfish
조기	참조기	*Pseudosciaena polyactis* *Pseudosciaena manchurica* *Larimichy polyactis*	redilp
	부세	*Pseudosciaena crocea* *Larimichy crocea*	yellow croaker

(4) 어류의 피레트(제0304호 · 제0305호)

어류의 피레트(fillet)라 함은 고기의 등뼈와 나란하게 자른 길고 가느다란 고기 조각(육편)을 말하고, 이것은 좌·우측 살은 등 또는 배에 의해서 서로 분리되어 있다. 피레트는 피레트의 결합을 유지 또는 연속적인 슬라이싱(slicing)을 용이하게 하기 위하여 피레트에 붙어 있거나, 작은 뼈가 있거나, 조각으로 자른 피레트도 있다. 피레트의 분류는 신선, 냉장 또는 냉동한 것은 제0304호에 건조, 염장, 염수장 또는 훈제한 것은 제0305호에 분류된다.

(5) 수산물의 부위별·저장별 분류

동물별	품명·물품내용		분류
어류	식용의 어피. 간장, 어란		제3류
	비식용 간장과 어란	의약품 제조용 비식용 간장	제0510호
		부화용 알, 낚시밥용 염장한 간장	제0511호
	식용에 적합한 어류의 방광(미가공, 건조, 염장한 것)		제0511호
	어류의 비늘, 글루제조용 어장, 어피 웨이스트		제0511호
갑각류	가재의 꼬리, 게의 집게발		제0306호
연체동물	굴 치패(양식용 새끼굴)		제0307호
	오징어 뼈		제0508호
극피동물	성게의 생식선		제0307호
연체동물·갑각류, 극피동물	연체동물, 갑각류, 또는 극피동물의 껍데기		제0508호

(6) 연육(surimi)

연육은 어류의 살을 취해 으깨기에서 작은 뼈·근육·껍질 등의 조각을 제거한 것을 갈은 살이라 하며, 날갈은 살과 냉동갈은 살로 구분한다. 날갈은 살이란 산지에서 흰살 생선을 이용한 것을 말하며 어묵 등의 제조에 이용된다. 최근에는 냉동갈은 살을 카르키는 경우가 많다. 특히 명태 등을 주 원료로 갈은 살은 국제적인 용어로 surimi로 통용되고 있다.

[어류 가공용어]

① round(whole): 어떠한 처리를 하지 아니한 원형인 어체, 즉, 통마리 어류
② semi-dressed: 내장과 아가미를 제거한 것
③ dressed: semi-dressed한 것을 머리(두부)를 제거한 것
④ pan dressed: dressed한 것을 다시 지느러미와 꼬리부분을 제거한 것
⑤ fillet: dressed한 것을 어체의 등뼈를 따라 좌우로 두 장의 육편으로 발라낸 것을 말하며, 작은 어체는 2매 뜨기하고, 소, 중 또는 대어는 한 장의 뼈판을 남게 처리하는 삼매뜨기(세겹편뜨기)한다. 피레트는 껍질이 붙은 것(skin on), 꼬리가 있는 것(tail on)으로 구분한다.

[용어]

용어	주요 내용	비고
관상용 어류 (ornamental fish)	색상이나 모양으로 인하여 보통 관상용으로 사용되는 살아 있는 물고기를 말한다.	해설서
이빨고기 (tooth fish)	학명: *Dissostichus eleginoides*. 별명: 메로, 비막치어, patagonian toofish, 농어목 남극암치과, 수심 70~1,500m에서 서식하는 심해성 어종으로 최대 몸길이 2m까지 성장, 칠레·아르헨티나 등 남태평양에서 서식, 몸은 옆으로 납작하고, 머리꼭대기부분에 비늘이 없는 부분이 있다. 전체 회갈색이다.	어류 사전
수생무척추동물 (aquatic invertebrates)	동물계는 편의상 척추동물(등뼈가 있는 동물)과 무척추동물(등뼈가 없는 동물)로 나뉜다. 무척추동물(invertebrate)은 연체동물, 환형동물, 절지동물, 편형동물, 극피동물, 강장동물이 있으며, 수생동물(수서동물: aquatic animal)이란 물속에서 생활하는 동물을 말한다. 기타 수생무척추동물(제 3 류)이란 물에 사는 무척추동물로서 갑각류와 연체동물을 이외의 무척추동물을 말한다.	동물 분류
brining처리	동결전에 염류용액에 담그는 것을 말한다. 지방이 낮은 어육을 소금물에 담구어 해동시 drip을 방지하고 도미, 고등어, 넙치 등의 표피변색을 방지하기 위해 소금물침지가 유효하다. 닭고기는 소금물처리시 drip이 감소된다.	식품 가공학
batter	케이크 또는 판케이크 등을 만들기 위하여 밀가루, 우유, 계란 등의 혼합물	
염장	수산물을 소금 또는 소금물에 절인 것이고 염수장은 소금물이 침적되어 있는 것을 말한다.	청예규
염수장품	어체 내에 골고루 침적되어 있는 염의 함량이 10% 이상의 것을 말한다. 다만, 성게젓과 명란젓은 8% 이상이다.	청예규

제 4 류 낙농품·조란·천연꿀 및 다른 류에 분류되지 아니한 식용의 동물성 생산품

1. 개 요

제 4 류에는 낙농품, 조란, 천연꿀 및 식용의 기타 동물성 생산품이 분류된다. 낙농품에는 전지유와 탈지유, 크림, 치즈와 커드, 버터, 유장과 버터밀크, 응고유, 요구르트 등이 포함되고 조란(鳥卵)에는 난황과 가공한 난이 포함되며 기타 식용의 동물성 생산품에는 제비집, 거북이 알 등이 있다. 그러나 밀크를 기제로 한 조제품은 분유조제품(제19류), 조미료·양념 또는 기타 첨가제를 가한 난 조제품(제21류), 난을 분리한 난백(제35류), 인조꿀 및 인조꿀과 천연꿀을 조제한 것은 당류(제17류), 우유로 만든 아이스크림(제21류)은 다른 류에 분류된다.

2. 분류구조

낙농품, 조란, 천연꿀 및 기타 식용의 동물성 생산품을 4개 범주로 구분하고 10개의 호(제0401호 내지 제0406호)에 분류한다.

1) 낙농생산품(제0401호 내지 제0406호)

① 밀크와 크림(제0401호)

② 농축 또는 설탕 또는 감미료 첨가한 밀크와 크림(제0402호)

③ 버터밀크, 응고유와 응고크림, 요구르트, 캐피어와 기타 발효·산성화 밀크와 크림(제0403호)

④ 유장(훼이) 및 기타 천연 밀크성분으로 구성된 제품(제0404호)

⑤ 버터와 우유에서 얻은 유지(제0405호)

⑥ 치즈와 커드(제0406호)

2) 조란과 이들 가공품(제0407호·제0408호)

① 껍질있는 조란: 부화중인 것, 저장처리 및 조리한 것

② 껍질없는 조란과 난황: 신선·건조한 것, 삶거나 찐 것, 성형·냉동 또는 기타 저장처리한 것

3) 천연꿀(제0409호)

4) 기타 식용의 동물성 생산품(제0410호): 거북알, 살랑갠(salanganes)새 둥우리 등

3. 분류원칙

품명	규정 내용	비고
밀크	1. 제 4 류에서 『밀크』라 함은 전유 또는 탈지유(일부 또는 완전 탈지한 것)를 말한다.	제 4 류 류주1
버터	2. 가. 제0405호에서 『버터』라 함은 오로지 밀크로부터 얻어진 천연 버터. 유장버터 또는 재결합한 버터(신선·소금을 첨가한 것 또는 고약한 냄새가 나는 것으로서 버터통조림을 포함한다)를 말한다(유지방의 함량이 전 중량의 80% 이상 95% 이하이고 무지유고형분의 최대함량이 전 중량의 2% 이하이며 최대수분함량이 전 중량의 16% 이하인 것에 한한다). 버터에는 유화제(첨가된 것)를 함유하고 있지 아니하며 염화나트륨·식용색소·중화염 및 인체에 무해한 유산균을 함유하기도 한다.	제 4 류 류주2가
데어리 스프레드	2. 나. 제0405호에서 데어리 스프레드라 함은 유중수적 형의 스프레더블 에멀션을 말한다. 지방은 유지방만 함유해야 되고 유지방 함량은 전 중량의 39% 이상 80% 미만인 것에 한한다.	제 4 류 류주2나
유장치즈	3. 유장의 농축물에 밀크 또는 유지방을 첨가하여 얻어지는 물품으로서 다음의 세 가지 특성이 있으면 제0406호의 치즈로 분류한다. ① 유지방의 함량이 건조중량으로 5%이고, ② 건조물의 함유중량이 70% 이상 85% 이하이며, ③ 그들이 성형되어 있거나 성형될 수 있는 것	제 4 류 류주3
유당	4. 가. 유장으로부터 얻은 물품으로서 무수유당의 함유중량이 95% 초과하는 것은 제1702호에 분류한다.	제 4 류 류주4가
알부민과 글로불린	4. 나. 둘 이상의 유장 단백질의 농축물로서 유장단백질의 함유중량이 80%을 초과하는 알부민은 제3502호에 또는 글로불린은 제3504호에 분류한다.	제 4 류 류주4나
변성유장	1. 소호 제0404.10호에서 『변성유장』이라 함은 유장의 조성분에서 구성된 물품(유장으로부터 유당 단백질 또는 무기질의 전부 또는 일부를 제거한 것, 유장에 천연 조성분을 가한 것 및 유장의 천연의 조성분을 혼합하여 얻은 것)을 말한다.	제 4 류 소호주1
버터	2. 소호 제0405.10호의 『버터』에는 탈수한 버터 또는 버터기름은 포함하지 아니한다(소호 제0405.90호).	제 4 류 소호주2

4. 제외 물품

① 난황유(제1506호)
② 인조꿀 및 인조꿀과 천연꿀의 혼합물(제17류)
③ 우유에서 분리하여 제조되는 유당(milk sugar: lactose)(제1702호)
④ 제0402호 내지 제0404호에 해당하는 물품(밀크와 요구르트, 케피어, 유장 등)의 조제식료품(코코아의 함유중량이 5% 미만인 것)(제1901호)
⑤ 하나 이상의 밀크 성분(예: Butyric Fats)을 기타물질(예: 오레인산 지방)로 치환함에 따라 밀크로부터 얻어지는 제품(제1901호 혹은 제2106호)
⑥ 아이스크림과 빙과류(제2105호)
⑦ 조미료, 양념 또는 기타 첨가물을 함유하고 있는 조란 제품(제21류)
⑧ 레시틴(제2923호)
⑨ 제30류의 의약품
⑩ 카세인(제3501호), 밀크알부민(제3502호), 경화카제인(제3913호)
⑪ 분리된 난백(조란 알부민)(제3502호)

5. 해　　설

(1) 분류범위

・낙농품: 버터와 치즈를 제외한 낙농품에는 천연 밀크성분 이외에 다음 물질을 첨가할 수 있다.
- 비타민, 무기염으로 보강하여 영양가를 높인 것
- 수송중 농도유지를 위한 안정제 첨가(제 2 인산소다, 제 3 구연산소다, 염화칼슘)
- 산화방지제, 극소량의 비타민(밀크에 없는 성분)
- 가공용 첨가물(중탄산소다 등)
- 분상, 입상의 점결 방지제(포스포리드, 비정질 실리카)

・조　란
- 껍질있는 난: 부화중인 것, 신선한 것, 저장하거나 조리(cooked)한 것
- 껍질없는 난: 신선한 것, 물에 삶거나 찐 것, 성형한 것, 냉동, 기타 저장처리

한 것, 식용, 공업용으로 사용시 설탕이나 감미료를 첨가한 것

- 천연꿀: 벌이나 기타 곤충이 만든 것, 꿀을 원심분리하거나 벌집에 들거나 벌집 덩어리의 것

(2) 낙농생산품

낙농생산품(酪農生産品: dairy products)이라 함은 가축의 젖을 가공하여 제품화한 것을 말한다. 대부분 유제품은 우유(牛乳)를 원료로 하여 가공되고, 양유(羊乳)는 생산량이 적어 그 이용이 제한되고 있다. 유제품으로는 밀크, 크림, 치즈, 버터, 발효유, 유장, 버터밀크 등이 있으며 제0401호 내지 제0406호에 분류된다.

[밀크 제품]

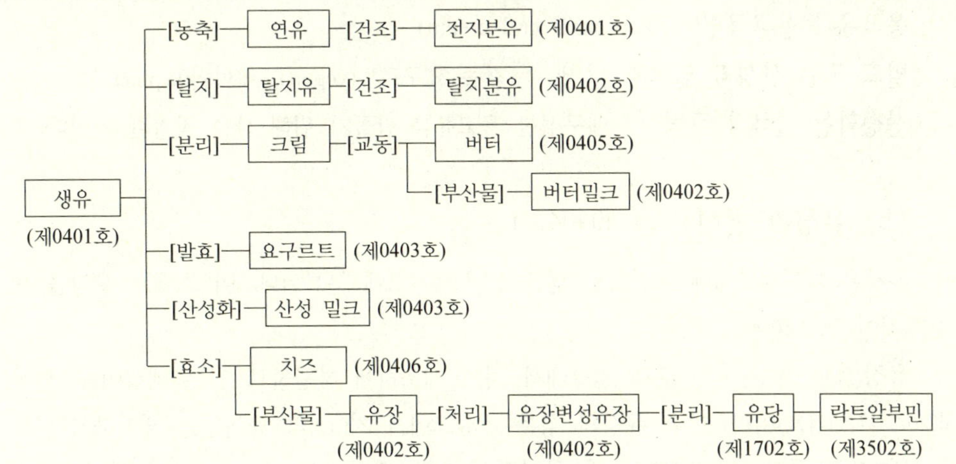

(3) 밀크와 크림(제0401호 · 제0402호)

밀크(milk)라 함은 크림을 제거하지 아니한 전지유(全脂乳: full cream milk)와 일부분 또는 완전 탈지한 탈지유(脫脂乳: skimmed milk)를 말한다. 크림(cream)은 전유나 부분 탈지유에서 얻고, 전지유 또는 크림을 탈수 등으로 농축시켜 액상이나 페이스트상 연유와 농축 크림을 만들며, 이어 더욱 농축하여 파우더 또는 고형 입상도 전지분유 또는 탈지분유가 된다.

밀크와 크림(제0401호) 생유, 시유, 전지유, 재구성한 밀크와 크림(reconstituted milk and cream)

가당 또는 농축 밀크와 크림(제0402호) 가당 밀크, 가당크림, 무당연유, 가당연유, 분유, 재구성한 밀크와 크림

(4) 버터밀크 및 발효 또는 산성화한 밀크와 크림(제0403호)

여기에는 버터밀크, 발효하거나 산성화한 밀크와 크림이 분류된다. 이들 낙농생산품은 제4류에서 규정한 첨가물 이외에, 설탕 기타 감미료, 조미료, 과실(과육 및 잼 포함), 견과류 또는 코코아를 첨가한 것도 포함된다

버터밀크 크림으로 버터 제조 시에 부산물로 얻는 액체이다. 버터밀크에는 젖산발효시켜 산성을 띠는 것과 단맛이 나는 것이 있다.

응고유와 응고크림(curdled milk and cream)

발효 또는 산성화 밀크와 크림 각종 요구르트(yogurt), 케피어(kephir)

산성화한 밀크와 크림 재구성한 응고유를 만들기 위해 산을 첨가한 것이다.

(5) 유장과 변성유장(제0404호)

유장은 치즈제조시에 부산물로 얻으며 제0404호에 분류된다. 이 호에는 유장을 변성한 것이 포함된다

유장(乳漿: Whey) 주로 밀크에서 치즈 제조시에 부산물로 얻는 액상이다. 일반적으로 유청(乳淸)이라 한다. 유장의 성분은 밀크에서 지(fat)와 카세인을 제거하고 남은 구성성분으로 유당, 밀크단백질 및 무기질 등으로 되어 있으며, 건조하여 페이스트상, 고상 또는 분말이 있다.

변성유장(modified whey) 변성유장이라 함은 유장으로부터 유당, 단백질 또는 무기질의 전부 또는 일부를 제거한 것이다. 유장에 천연 조성분을 가한 것 및 유장의 천연의 조성분을 혼합하여 얻은 것을 말한다.

[분류규정]

① 유장에서 얻은 유당: 무수유당 함유중량 95% 초과하는 것은 제1702호에 분류

한다.

② 알부민과 글로불린: 둘 이상의 유장단백질의 농축물로서 유장단백질의 함유중량이 80%초과하는 알부민은 제3502호, 또는 글로불린은 제3504호에 분류한다.

(6) 버터와 데어리 스프레드의 정의(제0405호)

관세율표에서 제 4 류의 버터와 데어리 스프레드(제0405호)는 다음을 말한다.

버터(butter) 버터라 함은 밀크에서만 얻은 천연버터, 유장버터 및 재결합한 버터(환원버터: recombined butter)를 말한다. 버터에는 산양 또는 면양의 버터도 포함되며 신선·소금을 첨가하거나 고약한 냄새가 나는 것, 버터통조림도 포함한다.

관세율표에서 제0405호의 버터라 함은 다음을 말한다.

① 밀크지의 함유중량: 80% 이상~95% 이하이고, ② 밀크 무지고형분의 중량 2% 이하 및 ③ 수분 16% 이하, ④ 첨가물: 염화나트륨, 식용색소, 중화염 또는 무해락트산 배양균을 함유하기도 한다. 다만, 유화제는 첨가 할 수 없다.

데어리 스프레드(dairy spread) 데어리스프레드라 함은 다음 water-in-oil형의 스프레더블 에멀션(spreadable emulsion)을 말한다.

① 유(밀크)지방만을 함유하여야 하고 유지방 함유중량 39% 이상~80% 미만인 것
② 무해한 락트산 배양균, 비타민, 염화나트륨, 설탕, 젤라틴, 전분 등을 함유하거나, 식용색소, 향미제, 유화제, 농화제 및 보조제를 함유하기도 한다.

(7) 치즈와 커드(제0406호)

치즈(cheese)는 유(乳)에 젖산균 또는 응유효소(rennet 효소)를 가하여 제조한 커드(curd)를 유장을 제거하여 만들며 모든 종류의 치즈는 제0406호에 분류한다. 특히 유장치즈는 유장에 밀크 또는 유지방을 첨가하여 제조한 것으로 ① 유지방 함량 5% 이상이고, ② 건조물: 70%~85% 이하이며, ③ 성형되거나 성형된 것을 말한다.

[치즈의 종류]

- 신선 치즈와 커드: 리코타, 브로씨오, 코티지 치즈, 크름치즈, 모짜렐라
- 가공치즈(process cheese): 치즈·유제품에 소금, 양념, 향미료, 색소, 물, 유화제 또는 산성화제를 가해 유화시킨 것이다.

-블루바인 치즈와 페니실리움로코포르에 의해 생산된 바인을 함유한 기타 치즈: 블루 도베른뉴 (Bleu d」Auvergne), 블루데코스(Blue de Causses), 블루 데 케르시(Blue de Quercy). 블루체셔(Blue Cheshire), 블루돌셋(Blue Dorset), 블루웬슬리데일(Blue Wensleydale), 카브랄레즈(Cabrales), 데니쉬블루(다나블루)[Danish Blue(Danablu)], 고르곤촐라(Gorgonzola), 미셀라(Mycella), 로크포르(Roquefort), 상고롱(Saingorlon), 스틸턴(Stilton) 등
-연성치즈: 카멤베르와 브리
-발효된 신선한 (크림)치즈
-반경성 치즈와 경성치즈: 체다, 고다, 그루에르, 파르메잔

(8) 조란(birds' eggs)의 분류

물품내용		분류
껍질이 있는 것: 신선한 것, 부화중인 것, 저장처리한 것, 조리한 것		제0407호
껍질이 없는 것: 신선한 것, 물에 삶은 것, 냉동기타 저장처리한 것, 설탕, 기타 감미료 첨가한 것		제0408호
분리한 난	난황(egg yolk)	제0408호
	난백(egg white: egg albumin)	제3502호
난황 추출물	난황유	제1506호
난 추출물	레시틴	제2923호
조미료, 향신료, 기타 첨가물을 함유한 난조제품		제2106호

[조란의 구조]

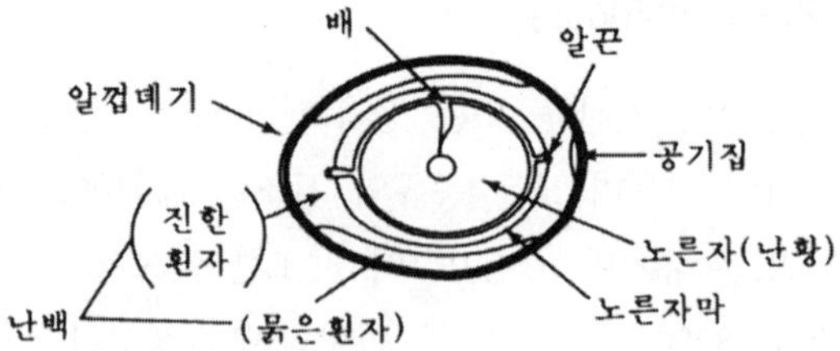

[각종 알(난)의 분류]

품명·물품내용		분류
어류의 알 (어란)	식용	제 3 류
	비식용(부화용)	제0511호
	캐비아	제1604호
	캐비아 대용물	제1604호
	조제 어란	제1604호
연체동물의 알(식용)		제 3 류
조란	껍질 있는 것	제0407호
	껍질 없는 것	제0408호
식용의 거북이 알(난)과 파충류 알(난)		제0410호
잠종(silkworm egg)		제0511호

[벌과 벌집의 분류]

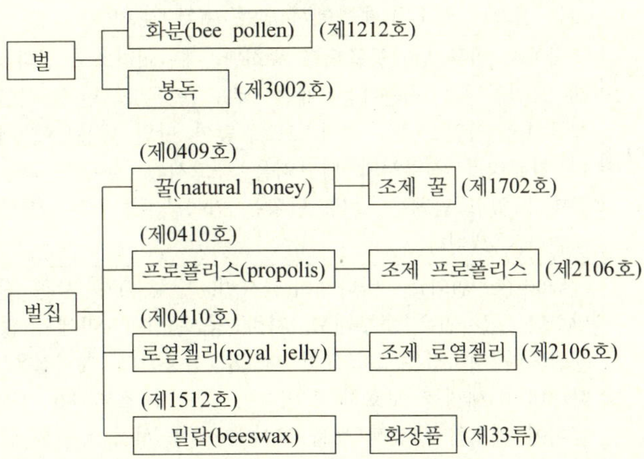

(9) 따로 분류되지 않는 식용의 동물성 생산품(제0410호)

관세율표에서 다른 호에 분류되지 않는 식용의 동물성 생산품이 분류되는 것으로 다음이 있다.

예: 수상거북알(turtles」 eggs), 살랑겐둥우리(salanganes」 nest), 로열젤리(royal jelly) 등

[용어]

용어	규정 내용	비고
재구성 밀크와 크림 (reconstituted milk and cream)	천연의 밀크와 크림과 동일한 양과 질의 함량을 갖도록 재구성한 것이다.	제0401호, 제0403호
환원유(還元乳) (recombined milk)	환원유란 탈지분유를 용해, 유지방을 가해 균질화시켜 그 조성이 우유와 동일하게 조제하여 살균처리한 우유를 말한다. 전지분유를 용해시켜 우유와 동일한 조성으로 한 것을 recontitued milk라 한다.	제0401호 제0402호
케피어(kephir)	알코올 발효유로는 케피어와 커미스가 있다. 케피어는 코카시안(caucasian) 산악지대에서 음용하는 발포성 발효유를 말한다. 효모와 유산균을 함유하는 케피어 씨를 염소젖, 양젖, 우유 등을 가해 만들며 특유한 향미를 낸다. 기타 알코올 발효유로는 kumiss(중앙아시아, 시베리아, 몽고), leben(아랍, 이집트), matzum(코카서스, 이란, 터키), chal(중앙아시아), urda(카르파티아), scutar(칠레) 등이 있다.	제0403호
기(ghee)	기는 물소나 암소의 우유에서 만든 버터 일종이다,	제0405호
피단(皮蛋: pidan)	중국에서 만든 난가공품으로 송화단, 채단이라고도 한다. 본래 오리알이나 최근에는 계란으로도 만든다. 난을 식염을 함유하는 강알칼리성 페이스트로 덮어 난의 내용물에 서서히 알칼리를 침투시켜 난단백을 응고시킨 것이다. 독특한 풍미가 있고 난백은 갈색, 난황는 암록색, 중심부는 오렌지색이나 흑색이다.	제0407호 등
바다제비집	옌워(燕窩: 연와)는 바다제비(금사연: 金絲燕)가 지은 집을 말한다. 금사연은 보루네오, 자바 등 동남아시아에서 많이 생산되며 제비집은 고급요리 재료로 사용된다. 제비집은 바다제비가 새끼를 보호하기 위하여 바닷가 절벽 80~100m 높이에 해초와 생선뼈 등을 모아 타액을 섞어 둥지를 만든 것이다.	자료

제 5 류 다른 류에 분류되지 아니한 동물성 생산품

1. 개 요

제 5 류에는 원칙적으로 식용으로 사용되지 않는 동물성 생산품이 분류되는 것으로서 다만 식용일지라도 위, 장, 방광 및 피(血)가 분류된다. 이들 동물성 생산품에는 가공하지 않거나 단순히 정리한 동물성 재료가 포함된다. 그러나 장기요법용의 선(腺)이나 장기(臟器)를 건조한 것(제30류), 원피와 생모피(제41류·제43류), 방직용 섬유(제11부) 및 천연·양식한 진주(제71류)는 다른 류에 분류된다.

2. 분류구조

이 류의 동물성 생산품은 8개 범주로 구분하고 9개의 호(제03501호 내지 제0511호)에 분류한다.

1) 인모(人毛), 브러쉬제조용 수모 이들의 웨이스트(제03501호·제0503호)
2) 동물(어류 제외)의 위, 장 및 방광(제0504호)
3) 조류(鳥類)의 우모피와 우모(羽毛) 및 깃털과 솜털, 이들의 분과 웨이스트(제0505호) 세척, 소독, 또는 보존 처리한 것
4) 뼈와 혼코어, 이들의 분과 웨이스트(제0506호)
5) 아이보리, 귀갑, 고래수염, 뿔, 발톱 및 부리와 이들의 분과 웨이스트(제0507호)
6) 산호, 연체동물·갑각류 또는 극피동물의 껍질 및 오징어뼈, 이들의 분과 웨이스트(제0508호)
7) 용연향, 해리향, 시빗과 사향, 캔디리디즈, 담즙 및 의약품 제조용의 선(腺)과 기관(제0510호): 의료용은 신선, 냉장, 냉동, 또는 일시저장한 것(담즙은 건조 불문)
8) 기타 비식용의 것(제0511호): 동물정액, 부화용 알, 건과 근, 누에번데기, 수정난, 비식용 사체, 마모, 해면 등

* 제0503호와 제0509호 공란

3. 분류원칙

제목	규정내용	비고
미가공인모	2. 인모를 길이에 따라 선별한 것(양끝을 정돈하지 아니한 것에 한한다)은 제0501호에서의 가공하지 아니한 것으로 본다.	제 5 류 류주2
아이보리	3. 관세율표에서 코끼리·하마·해마·일각(一角)고래 또는 산돼지의 엄니·서각 및 모든 동물의 이(齒)는 아이보리로 본다.	제 5 류 류주3
마모	4. 관세율표에서 마모라 함은 마속동물 또는 소의 갈기털과 꼬리털을 말한다.	제 5 류 류주4

4. 제외 물품

① 동물성 지방(제 2 류·제15류)

② 식용의 미조리한 동물 껍질(제 2 류)과 어류껍질(제 3 류), 이들을 조리한 것(제16류)

③ 장기요법용의 선과 장기를 건조한 것(제30류)

④ 동물성 비료(제31류)

⑤ 원피와 가공한 조피(제41류), 모피(제43류)

⑥ 동물성 방직용 섬유(견, 양모 등)(제11부)

⑦ 천연 양식진주(제71류)

5. 해 설

(1) 기타 동물성 생산품(제 5 류)의 분류범위

물품명	주요 물품내용	호
인모	인모와 이들 웨이스트: 가공하지 아니한 것, 세척 또는 세정불문, 길이로 선별한 것	제0501호
수모	–돼지털·멧돼지털·오소리털 및 기타 브러시 제조용 수모와 이들 웨이스트 –브러시제조용 기타 수모	제0502호
특정설육 (어류 제외)	–장, 방광 및 위의 전체 또는 단편: 신선·냉장·냉동·염장·염수장·건조 또는 훈제	제0504호

우모피, 우모	-우모피와 우모가 붙은 부분 -새의 깃털과 이들 부분(가장자리 정리된 여부 불문) -솜털: 청정 소독, 보존을 위한 처리 이상 가공 아니한 것 -새의 깃틀, 이들의 분과 웨이스트	제0505호
뼈	-뼈와 혼코어(뿔속뼈): 미가공, 탈지·단순 정리한 것(특정 형상가공 제외), 산처리, 탈교. -이들의 분과 웨이스트	제0506호
상아·귀갑·발톱과 부리	-아이보리·귀갑·고래수염·뿔·사슴뿔·발굽·발톱과 부리: 미가공, 단순 정리 -이들의 분과 웨이스트	제0507호
산호	산호 및 이와 유사 물품(단순 정리한 것 이상 가공한 것 제외)	
연체동물·갑각류·극피동물의 껍질	-껍질와 오징어 뼈(단순 정리한 것 이상 가공한 것 제외) -이들 분과 웨이스트	제0508호
동물성 방향성 물질	-용연향·해리향·사빗과 녹향·캔디리디즈	
의료용 동물성 생산품	-담즙: 건조불문 -의료품 제조용의 선·동물성 생산품: 신선·냉장·냉동 또는 일시저장한 것	제0510호
사체와 기타 동물성 생산품	-비식용 동물의 사체(제 1 류·제 3 류의 동물의 것) -마모와 이들 웨이스트(층상으로 한 것, 지지물 사용 여부 불문) -동물성 해면, 동물 정액, 동물의 혈액, 코치닐과 커미즈, 부화용어란, 수생무척추동물의 웨이스트: 비늘, 공업용 어피와 어장 또는 방광, 어두 등, 잠종, 개미알, 건과 근 등	제0511호

* 제0503호와 제0509호: 공란유보.

(2) 동물의 장·방광 또는 위(제0504호)

어류의 것을 제외한 동물의 모든 장, 방광 및 위가 분류된다. 이 호에는 원형 또는 단편인 것 또는 식용 또는 비식용을 불문하고 분류되며, 신선·냉장·냉동·염장·염수장·건조 또는 훈제한 것이 분류된다. 그러나 다른 방법으로 조제되었거나 저장 처리된 물품(보통 제16류)은 제외된다.

예: 송아지나 새끼산양 등의 제 4 위(rennet bags), 반추동물의 위벽과 제 1 위, 미가공 골드비터 스킨(goldbeter's skin)(황소나 양의 맹장의 외피), 장(腸)과 골드비터 스킨(goldbeater's skin)

[장과 장가공품의 분류]

물품내용	분류
장: 미가공, 길이로 쪼개거나 길고 가늘은 조각상으로 절단한 것	제0504호
살균외과수술용 캣거트	제3006호
피(皮)의 페이스트(paste)를 추출하여 포름알데히드로 경화시킨 인조커드(guts)	제3917호
천연 장을 쪼개어 아교로 만든 인조거트(guts)	제4206호
테니스채의 줄	제4206호
악기의 현(弦)	제9209호

(3) 아이보리, 서각, 녹용과 녹각(제0507호)

아이보리(ivory: 象牙) 상아는 엄니 모양으로 길게 자란 코끼리 윗턱의 송곳니로 좁은 의미의 아이보리이다.

관세율표에서 아이보리는 코끼리, 하마, 해마, 일각 고래 또는 산돼지의 엄니, 서각(犀角) 및 모든 동물의 이(齒)를 말한다.

서각(犀角) 무소(코뿔소)의 뿔. 인도 무소의 뿔이 품질이 좋으며 검은 색의 것을 오서각(烏犀角)이라고 한다. 무소(코뿔소)의 뿔 끝 부분을 분말로 만들거나 얇게 썰어 해열제나 해독제 등으로 쓰인다.

녹용(鹿茸)**과 녹각**(鹿角) 녹용은 숫사슴의 뿔로서, 뼈성분이 형성되지 않아 내부에 혈관이 있고, 조직이 유연한 것을 채취하여 건조시킨 것이다. 사슴의 뿔을 보통 녹

[녹용]

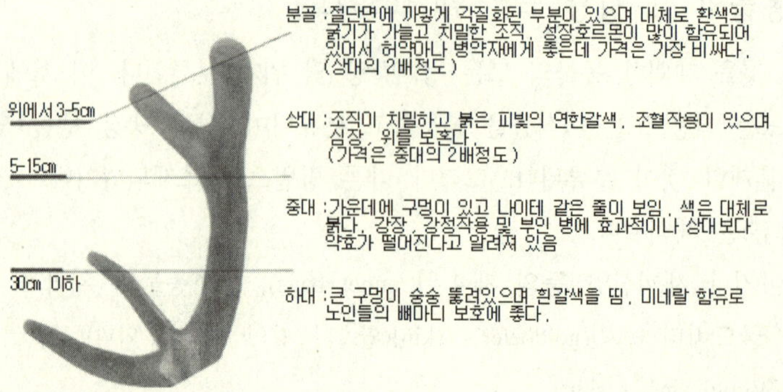

용이라고 부르나 뿔이 자라 2개월 이내로서 조직이 연하고 털이 고루 덮힌 수컷의 뿔을 말한다. 알래스카 순록은 암컷도 뿔이 나나, 외형만 수컷의 뿔과 같아 녹용이라 하지 않는다. 녹각은 사슴의 뿔이 나와 60일~70일이 지나 각질화되어 신체에서 떨어진 것으로 녹용보다 딱딱하고 견고하다. 성장과정에서 채취한 녹용은 각모가 있으나 녹각은 각모가 없다.

(4) 달리 분류되지 아니한 동물성 생산품(제0511호)

다른 류(또는 호)에 분류되지 않는 식용에 적합하지 아니한 동물성 생산품을 말하며, 제0511호에 분류되며 이 호에는 비식용인 동물 사체(제 1 류 또는 제 3 류의 동물) 사체가 포함된다.

예: 동물의 정액, 수정란, 동물의 피, 염료용 곤충류인 코치닐(cochineal)과 커미즈(kermes), 비식용 간장과 어란, 화이트 베이트(white bait) 또는 어류의 비늘, 어류의 부레, 어장과 어피의 웨이스트, 어두와 어웨이스트, 잠종(蠶種), 개미알, 동물의 건과 근, 원피의 페어링(parings), 생모피의 웨이스트, 마모와 이들 웨이스트, 동물성 해면

(5) 마모(horsehair)(제0511호)

마모라 함은 마속(馬屬)동물 또는 소의 갈기털과 꼬리털을 말한다.

[용어]

용어	규정내용	비고
깃털과 솜털 (feather & down)	가금류(거위, 오리)·비둘기·자고새 등 새들의 깃털(feather)을 말한다(단, 길다란 날개 또는 꼬리털 및 등외품 깃털은 제외한다). 솜털(down)은 특히 거위 또는 오리의 깃털 중에서 부드럽고 고운 것으로서 깃축을 가지고 있지 않다는 점에서 깃털과 구분된다. 이와 같은 깃털과 솜털은 침구류 또는 쿠숀과 방한복 등에 이용된다.	제0505호 해설
귀갑 (tortoise-shell)	귀갑은 통상 수상거북의 껍데기이며, 귀갑에는 수상거북의 껍데기(별갑)가 포함되며 또한 귀갑에는 전체 또는 부분 외피, 비늘상의 귀갑을 포함한다.	제0507호 해설

제1부 출제문제 및 연습문제

출제문제

[50점 문항]

[10점 문항]

1. 관세율표에서 설육의 종류 및 해당 설육의 품목분류 원칙에 관하여 설명하시오. [2007년]

연습문제

[50점 문항]

1. 살아있는 동물을 류별로 분류 설명하시오.
2. 제2류에서 규정하는 식용 설육의 종류와 품목분류를 설명하시오.
3. 유제품의 종류와 분류를 설명하시오.

[10점 문항]

1. 산 동물 가운데 제1류에 분류할 수 없는 산 동물을 류별로 설명하시오.
2. 동물의 비계에 대한 분류를 설명하시오.
3. 식용에 적합한 육과 식용 설육이 제2류 또는 제16류에 분류하는 기준에 대하여 논하시오.
4. 제2류의 육과 설육의 가공 범위
5. 육과 식용 설육의 저장 범위
6. 식용 설육의 종류와 분류를 설명하시오.

7. 관세율표상 아이보리라 함은?
8. 관세율표상 가금류를 설명하라.
9. 제 3 류에 분류되는 어류와 수생동물 등의 저장범위를 설명하라.
10. 어체의 가공용어를 설명하라.
11. 따로 분류되지 아니한 식용의 동물성 생산품 3품명 이상을 써라.
12. 수모의 가공에 의한 분류를 설명하라.
13. 관세율표상 마모라 함은?

문제풀이

1. 제 2 류에서 규정하는 식용 설육에 대해 서술하고 품목분류에 대해 논하라.
   - 식용 설육: 식용에 공하여지는 설육(Meat offal)을 말하며 설육은 머리, 발, 꼬리, 염통, 혀, 목, 간, 콩팥, 허파, 뇌, 척추, 생식기, 껍데기 등을 말하며 동물의 피, 뼈, 창자, 방광, 위(제 5 류)를 말한다.
   - 품목분류
     - 상기 설육을 식용에 적합한 상태로 저장처리된 것은 제 2 류에 분류하고
     - 식용에 적합하지 아니한 것과 오로지 의약용에만 사용되는 담낭, 부신, 태반과 의약용품을 조제할 목적으로 알코올, 아세톤 등에 저장된 것은 제 5 류에 분류하며
     - 식용 이외의 용도로 사용되는 껍질은 제 5 류 또는 제41류에 분류한다.

2. 식용에 적합한 육과 설육이 제 2 류와 제16류에 분류되는 가공기준에 대하여 논하라.
   - 제 2 류: 신선, 냉장, 냉동, 염장, 염수장, 건조, 훈제 등의 저장목적으로 처리한 것, 또한 절단했거나, 다졌거나, 분말로 한 것
   - 제16류: 끓이거나 증기로 찌거나 굽거나 후라이 한 것, 조미한 것, 또한 곡분, 과실류, 야채류 등을 넣어 조제 또는 조리한 것으로 육과 식용 설육이 전체 함량의 20% 초과시 포함된다.

3. 관세율표상 가금류란?

   닭, 오리, 거위, 칠면조 및 기니아새만을 말한다.

제 2 부　식물성 생산품

1. 개　　설

제 2 부에는 식물성 생산품은 각종의 식물과 이들 식물에서 얻어지는 생산품이 분류된다. 식물성 생산품에는 산수목, 채소와 과실, 기호성 식물과 향신료, 곡물과 제분생산품 및 특정 용도에 사용되는 특용작물이 분류된다. 이 부에는 이들 생산품을 가공하지 아니한 채취한 상태이거나 각 류에서 규정하는 저장(貯藏) 또는 가공(加工)한 것에 한하여 분류된다. 제 2 부의 각 류에서 규정한 범위 이외로 저장하거나 가공한 식물성 생산품은 다른 부(주로 제 4 부)에 분류되며 또한 목재와 코르크(제 9 부)도 제외된다.

2. 류별 구성

이부에는 각종 식물과 이들 식물성 생산품을 체계적으로 품목분류를 하기 위하여 2개의 부주와 제 6 류 내지 제14류의 9개 류의 본문으로 구성되어 있다. 류별 표제는 다음과 같다.

[류별 표제]

제 6 류	산수목과 기타의 식물·인경·뿌리와 이와 유사한 물품 및 절화와 작식용의 잎
제 7 류	식용의 채소·뿌리 및 괴경
제 8 류	식용의 과실 및 견과류와 감귤류 또는 멜혼의 껍질
제 9 류	커피·차·마태 및 향신료
제10류	곡물
제11류	제분공업의 생산품과 맥아·전분·이눌린 및 밀의 글루텐
제12류	채유용에 적합한 종자와 과실, 각종의 종자와 과실, 공업용 또는 의약용의 식물, 짚과 사료용 식물
제13류	락·검·수지 및 기타의 식물성 수액과 엑스
제14류	식물성 편조물용 재료와 다른 류에 분류되지 아니한 식물성 생산품

3. 총 설

(1) 식물과 식물성 생산품의 류별 분류

구분	품명	류별
재배·관상용 식물	산식물, 인경과 뿌리, 절화와 장식용 잎	제 6 류
원예·농작물	채소와 괴경류	제 7 류
	과실과 견과류	제 8 류
	기호식물 및 향신료	제 9 류
	곡물	제10류
제분공업생산품	곡물의 분과 조분, 전분, 감자분말 등	제11류
특용작물	－채유용·파종용 종자와 과실 －기타 식용작물: 사탕수수와 사탕무우, 김, 해조류 등 －공업용·약용 작물 －짚과 사료용 식물	제12류
식물성 처리물	검, 수액과 엑스	제13류
식물성 공산품	편조물용, 착색용 등의 식물성 생산품	제14류
코코아	코코아와 그 제품(초콜릿)	제18류
목재와 크르크	목재와 코르크 및 이들 제품	제 9 부
식물성 섬유	면, 마, 황마, 인피섬유, 기타 식물성 섬유	제52류 제53류

(2) 특정 채소류와 과실류의 가공에 따른 분류

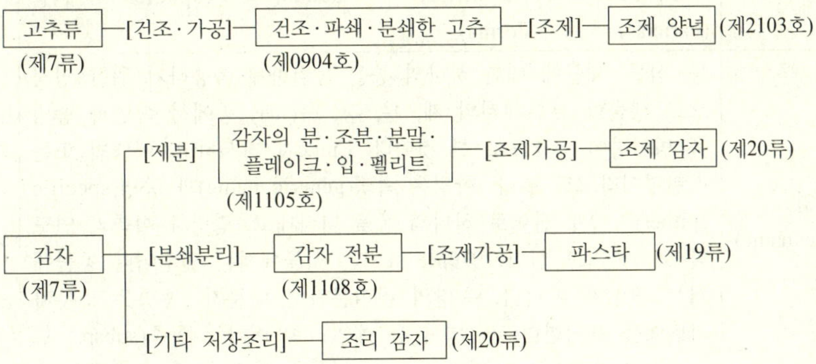

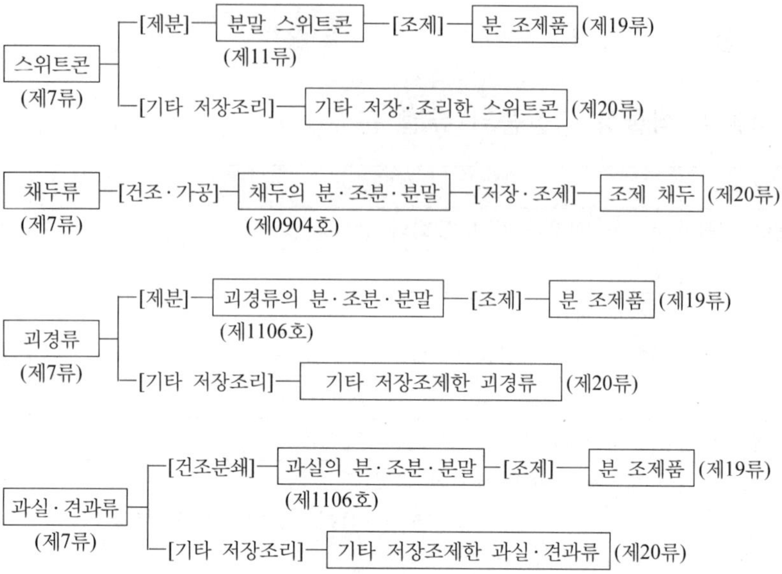

(3) 펠리트(pellet)

펠리트라 함은 직접 압착을 하거나 또는 3% 이하의 점결제를 첨가하여 응결한 물품을 말한다.

[용어]

용어	주요 내용	비고
생물학분류체계	문(Phyllum) ⇒ 아문(subphyllum) ⇒ 강(Classis) ⇒ 아강(subclassis) ⇒ 목(Ordo) ⇒ 과(Familia) ⇒ 속(Genus) ⇒ 종(species) ⇒ 변종(varietas) ⇒ 품종(Forma)	식품 재료학
학명 (scientific name)	동·식물, 세균에 대한 하나의 종을 동일하게 통용하기 위한 명칭으로 생물학 분류체계의 계, 문, 강, 목, 과, 종에서 속명과 종명을 병기하여 학명으로 한 것이다. Linne가 창시하고, 이명법 또는 라틴명이라고도 한다. 학명은 속명(generic name)과 종명(specific epithet)의 2개 단어로 하나의 종을 나타내고, 명명자 이름과 연도를 표기하기도 한다. 명명자 표기는 식물에서는 필수이나 동물에서는 필수가 아니다. 속명의 머리문자는 대문자, 종명은 소문자 라틴어를 표기한다(고유명사 등 예외). 종 이하는 아종(subsp.) 또는 (ssp.(subspecies), 변종 (var.(varietus), 품종 … forma()=form.	식품 재료학

	=f.)로 표시한다. 속명 종명 명명자명 인삼 Panas ginseng C. A. MEYER 율무 Coix lachryma L. var. ma-yune.STAPF 변종 변종명	
데치기 (blanching)	채소와 과실을 단시간에 증기 또는 2～5분간 열탕(82～93℃)으로 처리하는 것을 말한다. 데치기의 목적은 효소를 불활성시키고 가공중 갈변·이취·변미의 방지, 원래의 박피를 용이하게 하고, 조직 내의 가스팽창을 제거하고, 성분의 손실, 관재의 부식 방지, 조직연화·수축시키고 충전을 용이하게 하며, 불량성분(떫은 맛) 및 왁스성분의 제거, 미생물의 제거와 사멸시키는 데 있다.	가공학
공기조절포장 (MAP: Modified Atmospheric Pakaging)	공기조절포장이란 공기조절 포장공장에서 제품을 둘러싸고 있는 공기를 바꾸거나 조절한 것을 말하며, 즉, 산소를 제거하고 질소 또는 탄산가스로 대체하거나 산소량을 감소시킨 후 질소 또는 이산화탄소를 증가시킨 것이다.	해설
종자용	소관 국가기관에서 파종용으로 간주하는 것에 한한다.	해설
식물 명칭	· 배(胚) embryo: 배낭 안에 있는 난과 정핵이 합쳐서 됨 · 배유(胚乳) endosperm: 씨 속의 배를 싸고 있고, 배가 성장하는데 필요한 양분을 공급하는 조직 · 삭과(蒴果) capsule: 다심피로 구성되어 있으며, 2개 이상의 봉선을 따라 터지는 열매 · 초본(草本) herb: 가을철에 지상부가 완전히 말라 버리는 것 · 덩굴성 꽃나무: 만경형이다. 예: 등나무, 능소	사전
콜라주 (collage)	콜라주는 본래 『풀로 붙인다』는 뜻이다. 현대 회화기법의 한 종류로서 화면에 종이·철사·머리털·나뭇잎 등을 붙여 만든 작품으로 제9701호에 분류된다. 콜라주는 20세기 미술 기법상 큰 발명의 하나로서 현실의 물체를 도입함으로써 종전의 미술작품 개념을 변화시킨 점에 큰 의의가 있다.	사전
유전자변형작물 (GMO)	· GMO(Genetically Modified Organisms)는 유전자 재조합(변형) 생물체, 세균에서 해충을 죽이는 단백질 유전자를 분리해 옥수수에 삽입함으로써 해충에 저항성을 갖는 옥수수를 만드는 것처럼 유전자를 재조합해 새로운 특성의 생물체를 만든 것. GMO나 이를 원료로 만든 식품을 『유전자재조합식품』으로 표시하도록 하고 있다. · GMO표시대상품목: 콩, 옥수수, 콩나물, 감자.	자료

제 6 류 산수목과 기타의 식물 및 인경, 뿌리 및 이와 유사한 물품과 절화 및 장식용의 잎

1. 개 요

제 6 류에는 원예전문가 또는 화훼전문가가 취급하는 조림용이나 관상용에 적합한 모든 산 식물(living plants)이 분류되며 또한 원예·화훼 전문가가 취급하지 않는 치커리와 치커리 뿌리가 분류된다. 이들 식물에는 수목과 관목에서부터 특히 약용식물을 포함하는 묘목에 이르기까지 포함된다. 또한 장식용의 절화, 꽃봉오리, 잎, 가지 등과 이들을 건조, 염색, 표백한 것, 화훼(花卉) 제품으로 꽃다발, 화한, 꽃바구니 등이 포함된다. 그러나 식용인지 재배용인지 구별할 수 없는 종자, 열매, 괴경과 구근(예: 감자, 양파, 마늘, 쪽파 등)은 다른 류에 분류된다.

2. 분류구조

이 류의 산수목과 식물 부분들을 2개 범주로 구분하고 4개의 호(제0601호 내지 제0604호)에 분류한다.

1) 재배용·장식용 식물(제0601호·제0602호)

① 인경, 괴경, 괴근, 구경 및 근경(제0601호): 휴면상태·경엽성 장중·꽃이 붙은 것

② 산수목(제0602호)

③ 삽수, 접수 및 버섯종균(제0602호)

2) 꽃다발용·장식용 식물의 부분

① 꽃과 꽃봉오리(제0603호)

② 잎·가지 및 기타 부분(제0604호)

③ 풀, 이끼, 지의 등(제0604호)

3. 분류원칙

제목	규정내용	비고
제 6 류의 분류범위	1. 제 6 류에서는 제0601호의 치커리 및 그 뿌리를 제외하고, 일반적으로 묘목 또는 화훼의 육묘(또는 육종)업자, 판매업자가 공급하는 물품(산 것에 한하며, 채소의 모종을 포함한다)으로서 재배용 또는 장식용에 적합한 것에 한한다(제0601호). 다만, 제 7 류의 감자·양파·쪽파·마늘·기타의 물품을 제외한다.	제 6 류 류주1
분류규정	2. 제0603호 또는 제0604호에 게기한 물품에는 당해 물품의 전부 또는 일부로 제조한 꽃다발·꽃바구니·화한 및 기타 이와 유사한 물품을 포함한다(다른 재료로 된 부속품을 사용하였는지의 여부를 불문한다). 그러나 이들 호에서는 제9701호의 콜라주와 이와 유사한 장식판을 제외한다.	제 6 류 류주2

4. 제외 물품

① 치커리(*Cichorium intybus* sativum) 뿌리(제1212호)

② 콜라주와 유사 장식판(제9701호)

5. 해 설

(1) 산수목과 기타 식물, 절화와 장식용의 잎(제 6 류)의 분류범위

산식물

- 휴면상의 인경·괴경·괴근·구경 및 근경: 경엽이 성장하고 있는 것, 꽃이 붙은 것, 화분이나 상자 등에 넣어 제시되는 것, 치커리와 치커리 뿌리(제0601호)
- 기타 산 식물: 모든 종류의 수목과 관목, 산식물의 뿌리, 삽수, 접수, 덩쿨, 버섯 종균(제0602호)

꽃다발용·장식용의 식물 부분, 이들 제품

- 절화와 꽃봉오리: 신선한 것과 건조·염색·표백 기타 가공한 것(제0603호)
- 잎·가지 및 기타 부분(꽃과 꽃봉오리가 없는 것), 풀·이끼 및 지의(제0604호): 신선한 것 건조, 염색, 표백, 기타 가공한 것. 꽃다발, 화환, 꽃바구니 및 이와 유

사제품

(2) 버섯종균(제0602호)

버섯종균(mushroom spawn)은 버섯균사체(菌絲體: mycelium)로 구성된 것을 말한다. 버섯류는 영양기관인 균사체와 번식기관인 포자(胞子: spore)를 지닌 자실체(균류가 포자를 형성하기 위해 만드는 기관)로 되어 있다. 균사체는 고등식물의 뿌리·줄기·잎에 해당되며, 자실체는 꽃에 해당되는 것이다. 버섯종균은 제0601호에 분류되나 버섯 포자(spore)는 파종용 종자(제1209호)에 분류된다.

(3) 꽃다발용 또는 장식용 식물의 부분과 이들 제품(제0603호·제0604호)

여기에는 꽃다발용 또는 장식용 식물의 부분으로서 신선한 것, 건조·염색·표백 기타 가공을 한 것이 분류된다. 또한 이들로 만든 꽃다발·화환·꽃바구니 및 이와 유사 제품도 포함된다.

절화와 꽃봉오리(제0603호)　　수목과 관목의 절지에 꽃이나 꽃봉오리가 달려있는 것을 포함한다.

식물의 잎·가지 및 기타의 부분(제0604호)

풀(grasss), **이끼**(mosses) **및 지의**(lichens)(제0604호)

꽃다발, 화환, 꽃바구니 및 이와 유사제품(제0604호)

(4) 치커리와 치커리 뿌리

학명: *Cichorium intybus*, 치커리(chicory)는 국화과 여러해살이풀. 유럽 원산, 높이 1～1.5m. 갈라지는 잎은 톱니가 있고 줄기 아래에 있으며 민들레 잎과 비슷하며. 다육질의 긴 뿌리를 갖는다. 흰색 또는 담홍색 꽃이 핀다. 열매는 수과(瘦果)로 끝이 뭉툭하다. 식용하며 뿌리는 볶아 커피대용으로 사용한다. 치커리와 치커리 뿌리는 제0601호에 분류되나 *Cichorium intybus sativum* 변종(variety)의 치커리 뿌리는 제1212호에 분류된다.

[구근(球根: bulb)의 종류]

- 인경(鱗莖: scaly bulb): 비늘줄기라 하고, 땅속줄기의 하나이며 짧은 줄기둘래에 양분을 지닌 다육의 잎이 밀생하여 구형·난형 등으로 된 것
  예: 백합, 파, 튤립, 수선화
- 구경(球莖: corm): 잎줄기라 하고, 녹발 등의 양분을 많이 저장하며 살이 찐 둥근 지하경
  예: 토란, 구약, 소귀나물, 글라디오라스
- 괴경(塊莖: tuber): 덩이줄기라 하고, 지하경이 가지를 치고 끝에 양분을 저장하여 비대해진 것
  예: 감자(녹말), 돼지감자(이눌린)
- 근경(根莖: rhizome): 뿌리줄기라 하고, 줄기가 변태된 지하경의 일종
  예: 연, 매꽃, 죽순대, 고사리, 둥굴래
- 괴근(塊根: tuberous root): 덩이뿌리라 하고, 뿌리가 양분을 저장해서 비대해진 것
  예: 고구마, 달리아, 쥐참외 등의 뿌리

[용어]

용어	주요 내용
수목(樹木)	-교목(喬木: arbor): 보통 사람의 키보다 큰 나무. 큰키나무라고도 한다. 땅에서 올라오는 줄기가 한 가닥이고, 줄기와 가지구분이 명확하며 3m 이상 자란다 -관목(灌木: shrub): 줄기가 여러개이고 곧은 뿌리가 없으며 높이 자라지 않는다. 예: 진달래·사철나무·앵두나무 등
접목용 줄기	-삽수(挿樹): 꺾꽂이를 위해 가지를 일정길이로 자른 것 -접수(椄穗): 나무를 접붙이 시 접본에 붙이는 가지 또는 눈

제 7 류 식용의 채소·뿌리 및 괴경

1. 개 요

제 7 류에는 식용의 채소와 채두류 및 다량의 전분이나 아눌린을 함유하는 뿌리와 괴경이 분류되는 것으로 이 류에서 규정한 범위 이내로 저장(貯藏)하거나 또는 가공(加工)한 것에 한하여 분류된다. 그러나 치커리(제 6 류, 제12류), 곡물(제10류), 사탕수수와 사탕무우 등 식품공업의 원료식물, 대두(大豆), 낙화생 등 채유용과 약용식물(제12류) 등은 다른 류에 분류된다.

2. 분류구조

채소 및 뿌리와 괴경은 저장별, 채소별로 5개 범주로 구분하고 14개의 호(제0701호 내지 제0714호)에 분류한다.

1) 신선·냉장한 채소(제0701호 내지 제0709호)

① 감자, ② 토마토, ③ 파속류, ④ 배추속류, ⑤ 상추·치커리, ⑥ 식용 뿌리, ⑦ 오이류, ⑧ 채두류, ⑨ 기타 채소

2) 냉동채소류(제0710호)

3) 저장용액에 일시 저장한 채소류(제0711호): 이산화황가스, 염수, 유황수 등으로 일시 저장한 것으로 직접 식용에 부적합한 것

4) 건조한 채소류(제0712호)와 채두류(제0713호)

5) 전분·아눌린을 다량 함유한 뿌리·괴경(제0714호): 신선·냉장·냉동 또는 건조한 것, 사고야자의 수를 포함한다.

3. 분류원칙

제목	규정내용	비고
제외 식물	1. 이 류에서는 제1214호의 사료용 식물을 제외한다.	제 7 류 류주1
기타 채소류	2. 제0709호, 제0710호, 제0711호 및 제0712호의 채소에는 식용의 버섯, 송로, 올리브, 케이퍼, 호박류, 가지, 스위트콘(Zea may var. saccharata), 고추류(캐프시컴속 또는 피멘타속의 과실), 회향, 파슬리, 취어빌, 태러건, 크레스 및 단마저럼(Mayorana hortensis 또는 Origanum majorana)을 포함한다.	제 7 류 류주2
제외되는 가공채소류	3. 제0712호에는 제0701호 내지 제0711호에 해당하는 채소의 건조한 것을 모두 포함하며, 다음의 것을 제외한다. ① 건조한 채두류(꼬투리가 없는 것)(제0713호) ② 제1102호 내지 제1104호에 게기된 형상의 스위트콘 ③ 감자의 분, 조분(粗粉), 분말, 플레이크, 입 및 펠리트(제1105호) ④ 제0713호의 건조한 채두류의 분, 조분과 분말(제1106호)	제 7 류 류주3
제외 물품	4. 건조, 파쇄 또는 분쇄한 고추류(캐프시컴속 또는 파멘타속의 것)는 제 7 류에서 제외한다(제0904호).	제 7 류 류주4

4. 제외 물품

① 치커리(Chicory plant) 및 치커리 뿌리(제0601호)

② 제1102호 내지 제1104호에 게기된 형상의 스위트콘

③ 제0714호의 뿌리 또는 괴경의 분과 조분(제1106호)

④ 감자의 분·조분·분말·플레이크·입 및 펠리트(제1105호)

⑤ 제0713호의 건조한 채두류의 분·조분과 분말(제1106호)

⑥ 제1214호의 사료용 식물. 예: 스위드, 맹골드, 사료용 근채류, 건초, 루산, 클로버, 샌포인, 사료용 케일, 루핀, 베치, 기타 이와 유사 사료용 식물

⑦ 건조·파쇄 또는 분쇄한 고추류(캐프시컴속·파멘타속)(제0904호)

5. 해 설

(1) 채소와 괴경류(제 7 류)의 종류

[식용채소]

구분	품명·학명
감자 (potatoes)	가지과(Solanaceae) 가지속(*Solanum*) 식물. 원산지 안데스 산맥, 덩이줄기를 먹는다.
토마토 (tomatoes)	토마토 학명: *Lycopersicon esculentum*, 가지과(Solanaceae). 원산지 남미, 많은 재배변종의 열매이다.
파속채소	양파, 쪽파, 마늘, Leek, Chive 등
식용배추속	–Cauliflower와 Headed broccoli[*Barassica oleracea L. convar. botrytis*(*L.*) *Alef var.botrytis L.*), Brussels sprouts, –기타 결구성(White cabbage, savoy cabbage, Red cabbage, Chinese cabbage), Collards, Kale, –기타 Leafe brassica, sprouting brocooli(*B. pleracea* L. convar (L.)) Alef var. italica Plenck와 기타 sprouting brocooli, Kohlrabi
상치·치커리	–cabbage, Head lettuce, Witloof chicory; *Cichorium intybus* var.foiiosum), Escarole chicory(*C. endivia var.latifolia,*), Curly chicory(*Endive; C. endiviavar.crispa*).

식용 뿌리	–당근, 순무(Turnip), 샐러드용 사탕무우뿌리(Salad beetroot), 선모(Salsify), Celeriac, 무, –Scorzonera, Horseradish, Chineseartichokes(*Stachys affinis*), Parsnip (*Pastinaca sativa*),
오이류	Cucumber, Gherkin
채두류	–완두(Pea)(*Pisum sativum*) –비그나종 또는 파세루스종의 콩(Vigna spp., phaseolus spp): 녹두[*Vigan mungo*(*L.*) *Hepper or Vigna radiata*(*L.*)], 팥(아주끼: *Phaseolus* or *Vigna angularis*) Lima bean, Butter bean, Mung bean, 꼬투리 식용 콩: Kidney bean(*Phaseolus vulgaris*), French bean, Runner bean, String bean, Wax bean, Snap bean, Cowpea(Black eye 포함), –Broad bean(*Viccia faba var.major*), Horse bean(*V. faba var.equina* 또는 *var.minor*), Hyacinth bean(*Dolichos lablab L.*), Chickpea (Garbanzos), lentil, Guar seed
고추류	–Capsicum: sweet · bell pepper(*Capsicum annuum var.annuum*), *C. frutescens, C. annuum* –Chillies, Cayenne pepper, Paprikas 등 –Pimenta: Jamaica pepper(Clove pepper; english pepper; allspice)
버섯류	아가리쿠스속(양송이버섯 등), 목이버섯(Auricularia spp.), 젤리균류(Tremella Spp.), 송로(Truffles)
기타 채소	–구상양엉겅퀴(Globe artichokes), 아스파라거스(asparagus), 가지(Aubergines; Egg-plants), 셀러리(Celery) –Sweetcorn(*Zeamays var.saccarata*), 호박류(Pumpkin과 quash), Olives, Rhubarb, Edible cardon, Fennel, Caper, Sorrel, 근대(Chard; whitebeet), Okra(Gumbo) –Parsley, Chervil, Tarragon, Cress(예: Watercress), savory(*Sa tureia hortensis*), Coriander Dill, Sweet majoram(*Marjoram hortensis. Origanum majorna*), 야생마저럼(*Origanum vulgare*), 죽순(Bamboo)과 콩나물(Soya bean sprout)

[전분과 이눌린을 함유하는 뿌리와 괴경(제0714호)]

뿌리와 괴경	Manioc, Arrowroot, Salep, Jerusalem artichokes, Sweet potato, Dasheen(Taros), Yam, 남방개(Chinese water chesnut; *Eleocharis dulcis or E. tuberosa*), Lotus root
수	사고야자의 수(sago pith)

(2) 채소와 괴경류(제 7 류)의 분류범위

채 소

- 저장: ① 신선, ② 냉장, ③ 냉동, ④ 용액에 일시 저장처리한 것 또는, ⑤ 건조한 것
- 가공: 원상(whole), 얇게 썬 것(sliced), 잘게 썬 것(chopped), 조각으로 된 것(shreded), 펄프상 (pulped), 부스러진 것(grated), 탈피(peeled) 또는 탈각한 것(shelled)
- 신선·건조한 채소는 식용, 파종용 또는 생식용 여부를 불문한다.
- 건조 채소에는 원상, 절단한 것, 얇게 썬 것, 파쇄한 것, 분상의 것, 건조 채소의 혼합물 포함
- 건조 채두류는 식용·사료용·파종용 여부 불문, 꼬투리가 없고 껍질제거하거나 쪼갠 여부 불문
- 밀폐용기에 넣은 것, 공기조절포장(MAP: Modified Atmospheric Pakaging)한 것

뿌리와 괴경 ① 신선, 냉장, 냉동 또는 건조한 것, ② 절단한 것, 펠리트 상의 것

[채소와 괴경류(제 7 류)의 저장별 분류]

<table>
<tr><th colspan="2" rowspan="2">채소</th><th colspan="4">저장·처리(호)</th></tr>
<tr><th>신선·냉장</th><th>냉동</th><th>일시저장</th><th>건조</th></tr>
<tr><td colspan="2">감자</td><td>제0701호</td><td rowspan="9">제0710호</td><td rowspan="9">제0711호</td><td rowspan="7">제0712호</td></tr>
<tr><td colspan="2">토마토</td><td>제0702호</td></tr>
<tr><td>파속채소</td><td>양파·쪽파·마늘·부추 등</td><td>제0703호</td></tr>
<tr><td>배추속</td><td>양배추·꽃양배추·규경양배추·케일 등</td><td>제0704호</td></tr>
<tr><td>상치·치커리</td><td>상치, 치커리</td><td>제0705호</td></tr>
<tr><td>식용 뿌리</td><td>당근·순무·샐러드사탕무뿌리·선모·세러리아크·무</td><td>제0706호</td></tr>
<tr><td>오이류</td><td></td><td>제0707호</td></tr>
<tr><td>채두류</td><td>완두, 팥, 녹두, 잠두, 구아종자 등</td><td>제0708호</td><td>제0713호</td></tr>
</table>

기타 채소	구상양엉겅퀴, 가지, 셀러리, 버섯과 송로, 아스파라거스, 고추류, 시금치류, 죽순과 콩나물, 스위트콘 등	제0709호			제0712호

(3) 채소류(제 7 류)의 저장방법

제 7 류의 채소와 채두류에는 다음 저장처리한 것에 한하여 분류한다.

① 신선한 것(fresh)

② 냉장한 것(chilled): 동결되지 않은 상태에서 보통 0℃ 정도로 강하시킨 것을 말한다. 그러나 어떤 채소는 10℃ 정도로 유지되어도 냉장으로 간주할 수 있다.

③ 냉동한 것(frozen): 물품이 전체가 동결될 때까지 빙점 이하로 냉각시킨 것을 말한다. 일반적으로 급속냉동법으로 냉동시킨 것을 말하며 최대결정화 온도범위(tempereature of maximum carystalization)로 급속 통과시켜 세포조직의 파열을 피하고 해동시 신선한 상태를 유지시킨다. 미리 물에 삶거나 찐 것을 냉동한 채소도 포함한다. 물로서 삶거나 쪄서 조리하여 냉동한 것이 포함된다.

④ 건조한 것(dried): 탈수, 증발 또는 냉동건조한 것을 말한다.

⑤ 저장용액으로 일시 저장한 것: 이산화유황, 염수, 유황수 등의 저장용액으로 처리한 것으로 직접 식용에 적합하지 아니한 것을 말한다.

(4) 고 추 류

관세율표 제 7 류의 고추류에는 Capsicum속의 과실과 Pimenta속의 과실(fruit of the genus Capsicum or ofthe genus Pimenta)이 분류되는 것으로 특히 피멘사속의 고추인 올스파이스가 포함됨을 유의하여야 한다. 또한 고추류를 건조, 파쇄 또는 분쇄한 고추류(제0904호)는 달리 분류된다. 고추류에는 다음이 있다.

Capsicum속 고추　캐프시컴속의 과실을 보통 『고추』라 한다. 캐프시컴속 과실에는 단고추 또는 종모양 고추(*Capsicum annuum* Var.annuum)가 있으며, 풋고추나 익은 고추는 주로 샐러드용 채소로 사용되는 것과, 변종인 *Capsicum frutescens*과 *Capsicum annuum*은 칠리·Cayenne고추·파프리카 등이 있다.

Pimenta속 고추　Pimenta속 과실, 자마이카고추, clove고추, english고추, all spice로 알려진다.

(5) 송로(truffles)

학명: *Tuber melanosporum* 별명: truffe(프), tartufo(이),

서양송로과, 자실체는 땅속 10~30cm에서 공모양의 덩어리, 크기 2~6cm, 포자는 장위원형이고 무색이다. 호두 크기에서 주먹만한 감자 모양의 덩이, 표면은 흑갈색, 내부는 백색이나 적갈색으로 변한다. 담자균류의 송로(알버섯)와는 다른 버섯으로 한국에서는 발견되지 않고 있다. 주로 프랑스·이탈리아·독일 등지의 떡갈나무숲 땅속에 자실체를 형성, 지상에서는 발견하기 힘들다. 돼지나 개를 훈련시켜 땅속의 버섯을 채취한다. 중국산은 유사품종(Tuber indicum)으로 운남성에서 난다. 송로는 캐비아, 거위간(푸아그라)와 함께 세계 3대 희귀음식이다.

[버섯류]

버섯명	주요 내용
느타리버섯 Oyster mushroom	학명: 주로 *Pleurotus ostreatus*(Fr.) Kummer. 균계담자균문 단실담자균아강 주름버섯목 송이과. 느타리버섯은 주로 이 학명의 것을 말하나 느타리속 전체를 느타리로 사용하고 있다. 전체가 우산형으로 갓의 표면은 농회색이고 대는 흰색이다. 최근 육성한 원형느타리(*P. ostreatus)*, 여름느타리(*P. sajor-caju*), 사철느타리(*P. florida*) 등이 있다.
양송이	학명: *Agaricus bisporus*(J. Lang) Sing. 주름버섯목의 식용버섯, 주름버섯속 버섯은 전세계에 분포, 담황색주름버섯(*A. silvicola*)과 *A. xanthodermus* 등 2종만이 독버섯이고, 대부분의 버섯은 식용이다. 양송이, *A. bitorquis* 및 *A. brunescens* 등은 대량생산, *A. xanthodermus,* 주름버섯아재비(*A. placomyces*), *A. endoxanthus* 등은 항생물질 생산균이다.
신령버섯	학명: *Agaricus bla zei* Murill. 들버섯속 송이과의 식용버섯, 미국 플로리다와 중남미에 자생하는 버섯, 우리나라에는 자생되지 않는다
표고버섯	학명: *Lentinus edo des*(Berk.) Sing. 송이과의 식용버섯, 세계적으로 분포. *L. glabratus*도 인공재배된다.
팽나무버섯	학명: *Flammulina velutipes.* 팽나무버섯속, 세계적 분포, 재배종은 5종, 조직이 연하고 사각사각한 맛이 있다. 갓크기에 비해 대가 길다. 여러 개체가 발생되어 만가닥이라 부른다

목이버섯 Ear mushroom	목이목 목이과 목이속의 목이(*Auricularia auricula*)와 털목이(*A. polyricha*)가 있고. 흰목이속의 흰목이(*Tremella fuciformis*)가 있다. 중국에서 약용으로 황금귀버섯(Golden ear; *Tremella aurantia*)이 있다.
영지버섯	학명: *Ganoderma lucidum.* 영지는 활엽수의 고사목,그루터기에 자생하는 목재 부후균, 150~200여종이 알려져 있다. 재배종은 *G. licidum, G. tsugae, G. neo-japonicum, G. atkinonii* 등
뽕나무버섯균	주름버섯목, 송이과, Armilaria spp.에 속하는 세계적으로 분포된 침엽수, 활엽수에 기생하는 목재 부후균이다. *A. gallica, A. ostoyae, A. mellea, A. tabescens*가 있다.
동충하초	자낭균류의 동충하초속에 속하는 균, 세계 800여종이 보고, 한국에는 78종이 분류되고, 번데기, 유충흙색다발, 큰매미, 노린재, 풍뎅이, 유충긴목구형, 녹강균 등이 있다.
진흙버섯	학명: *Phellinus linteus* 소나무비늘버섯과 진흙버섯속의 흰색부후균. 주로 뽕나무와 활엽수의 줄기에 자생, 학술명은 목질진흙버섯, 상품명은 상황버섯, 유사종으로 마른진흙버섯, 말똥진흙버섯, 검은진흙버섯, 낙엽소충버섯 등. 항암제로서 관심은 목질진흙버섯이다.

(6) 채두류의 분류(제0708호 · 제0713호)

신선 또는 냉장한 채두류는 제0708호에, 건조한 채두류는 제0713호에 분류된다. 그러나 대두와 낙화생(제12류)은 다른 류에 분류된다. 채두류에는 다음이 있다.

[채두류의 종류]

채두류	학명	별명	비고
완두(peas)	*Pisum sativum*	green pea	
이집트콩(chickpeas)	*Cicer arietinum*		
녹두	*Phaseolus aureus. Phaseolus radiatus L.*	mung bean	
팥(small red bean: azuki)	*Phaseolus angularis. Vigna angularis*	소두, 홍두(중), 아즈끼(일)	
예팥	*Phaseolus calcaratus*	rice bean	
리마콩	*Phaseolus lunatus*	lima bean, butter bean	
강남콩(kidney beans)	*Phaseolus vulgaris*	navy bean	
동부	*Vigna sinensis*	blackeyed pea, black bean	

렌즈콩(lentils)	*Lens esculenta*		
잠두(broad bean)	*Vicia faba var.major*		
편두(hyacinth beabs)	*Dolichos lablab.L.*	lablab bean, 제비콩	
작두콩(sword bean)	*Canavalia gladiata*		

(7) 전분·이눌린을 다량 함유한 뿌리·괴경(제0714호)

식품제조용·공업용의 전분이나 이눌린을 다량 함유하는 괴경과 뿌리를 말하는 것으로 제0714호에 분류한다. 이 호에는 사고야자의 수가 포함된다. 또한 이 호에는 이들 뿌리와 괴경의 조각이나, 펠리트상이 분류되며, 신선, 냉장, 냉동 또는 건조한 것만이 분류된다.

예: 매니옥(manioc), 칡뿌리(arrowroot), 살렙(salep), 국아(jerusalem artichokes), 고구마(sweet potato), 타로감자(taros), 얌(yam), 올방개(chinese water chesnut: *Eleocharis dulcis* or *E.tuberosa*), 사고야자의 수(sago pith)

[용어]

용어	주요 내용	비고
단옥수수 (sweet corn)	단옥수수(甘味種; Zea mays saccarata)는 일반 단옥수수와 당도가 훨씬 높은 초당옥수수가 있으며 옥수수알이 있다.	사전
송로(松露)	학명: *Rhizopogon rubescens.* 담자균강 알버섯과 알버섯속의 먹는 버섯. 봄, 가을에 한국의 동해안 소나무밭 모래땅 위에 돋는다. 고구마처럼 길거나 감자처럼 둥굴다, 크기 2～4cm, 겉면은 회색이나 밤색으로 변한다. 이와 비슷한 색상의 독버섯인 나두알버섯(위송로: *Scleroderma vulgare* Fr.)을 주의하여야 한다.	

제 8 류 식용의 과실 및 견과류와 감귤류 또는 멜론의 껍질

1. 개 요

제 8 류에는 일반적으로 제시되는 상태에서나 가공 후에 식용에 공하는 과실, 견과류 및 감귤류와 멜론의 껍질이 분류된다. 이 류에는 일반적으로 식용에 공하여지는 과실, 견과류 및 감귤류와 멜론의 껍질로서 규정된 범위 이내로 저장하거나 가공한 것에 한하여 분류된다. 그러나 과실과 견과류의 분, 조분과 분말(제1106호), 기타의 방법으로 저장처리하거나 조제한 것(주로 제20류)은 다른 류에 분류된다.

2. 분류구조

과실과 견과류는 주로 저장별, 과실별로 5개 범주로 구분하고 14개의 호(제0801호 내지 제0814호)에 분류한다.

1) 신선·건조한 견과류와 과실(제0801호 내지 제0810호, 제0813호)
- 견과류(제0801호~제0806호): ① 코코넛·브라질넛·캐슈넛, ② 기타 견과류
- 신선·건조한 과실(제0803호~제0806호): ① 바나나, ② 대추야자·무화과·파일애플·애버카도우·망고·망고스틴, ③ 감귤류 및 ④ 포도
- 신선한 과실(제0807호 내지 제0810호): ① 멜론·파파야, ② 사과·배·마르멜로, ③ 살구·버찌·복숭아·자두·슬로우, ④ 기타 과실
- 건조한 과실(제0813호): 제0807호~제0810호의 것

2) 냉동한 과실과 견과류(제0811호)

3) 일시 저장한 과실과 견과류(제0812호)

4) 견과류와 건조과실의 혼합물(제0813호)

5) 감귤류와 멜론의 껍질(제0814호): 신선·냉장·냉동·건조 또는 저장용액에 일시 저장한 것

3. 분류원칙

제목	규정내용	비고
제외 물품	1. 제 8 류에서는 식용에 적합하지 아니한 견과류와 과실을 제외한다.	제 8 류 류주1
냉장과실	2. 냉장한 과실과 견과류는 당해 과실과 견과류의 신선한 것이 해당하는 호에 분류한다.	제 8 류 류주2

건조한 과실과 견과류	3. 제 8 류의 건조한 과실이나 건조한 견과류는 다음과 같은 목적을 위해 부분적으로 재탈수 또는 처리될 수도 있다. 다만, 건조한 과실이나 건조한 견과류의 특성을 유지하는 한도에 한한다. ① 추가적인 보존 또는 안정을 위해: 적정한 열처리, 황처리, 소르빈산이나 소르빈산 칼륨의 첨가 ② 외관의 개선이나 유지를 위해: 식물성유나 소량의 글루코스시럽의 첨가	제 8 류 류주3

4. 제외 물품

① 선인장 무화과(pickly pears)(제0810호), 주니퍼베리(제0909호). 칠엽수열매(*Aesculus hippocastanum*)(제2308호)

② 과실(감귤류 껍질 포함)의 분과 조분(제1106호)

③ 착유용으로 식용에 부적합한 코코넛의 건조 과육(코프라: copra)(제1203호)

④ 정유용으로 채집된 감귤류의 건과, 꽃이 핀 직후에 떨어진 비식용의 익지 않은 오렌지, 즉 오렌지 피 또는 오렌지티즈(petitgrain)(제1211호)

⑤ 가래 또는 아몬드의 외과피(제1404호)

⑥ 단독으로 균질화한 과실(제20류)

⑦ 삼투탈수방식으로 저장처리한 과실(제2008호)

5. 해 설

(1) 견과류와 과실(제 8 류)의 종류

구분	과 실 명
견과류	−Coconut, Brazil nut, cashew nut −Almond, Hazelnut(*Corylus spp.*), Walnut, Chestnut(*Castanea spp.*), Filbert, Pistachios, Pecan, Pignolia nut(*Pinus pinea*의 종자), Areca(betel) nut, Cola(Kola)nut, 마름(Water chestnut; *Trapa natans*)

	–바나나, 대추야자, 무화과(*Ficus carica*), 파인애플, Avocados, Guavas, Mangaes, Mangosteens
	–감귤류: Orange, Mandarins(Tangerines와 Satsumas 포함), Clementines, Walkins, 유사 감귤류, Lemons(*Citrus limon, C. limonu*), Limes(*C. aurantifolia, C. latifolia*), Grapefruit
식용과실	–포도, 멜론과 수박, 포포우(papayas), 사과, 배, 마르멜로(Quince), –살구(Apricots), 버찌(Cherries), 복숭아(Nectarines 포함), 자두(Plums) 및 Sloes –딸기류: 딸기(Strawberries), Raseberries, Blackberries, Mulberries, Loganberries, Cranberries, Billberries, Blueberries, Myrtle berries, Vaccinium 속의 과실 –키위(Kiwifruit:), 두리언(urians) –Boysenberries, Rowanberries, elderberries, Sapodilla(Naseberries), pomegranates, Cactusfig(Pricklypears), Rose hips, Persimmons(Kakis), Jujube, Medlars, Longans, Litchi, Kiwifruitt(*Actinidia chinensis Planch. or A. deliciosa*), Soursops, Sweetsops, Pawpaws(*Asimina trioloba*의 과실)
과실껍질	감귤류와 멜론(Melons: 수박 포함)의 껍질(peel)

(2) 과실과 견과류(제 8 류) 분류범위

일반적으로 제시된 상태 또는 가공 후에 식용에 공하여지는 과실·견과류 및 감귤류 또는 멜론(수박 포함)의 껍질이 분류된다. 그러나 식용에 부적합한 견과류와 과실은 제외된다.

- 저장: 신선(냉장한 것 포함), 냉동, 건조한 것 또는 일시적으로 저장용액에 처리한 것
- 건조한 과실 또는 견과류: 다음 목적으로 이들의 특성을 유지하고 부분 재탈수 또는 처리한 것이 있다.
  ① 추가적 보존 또는 안정을 위하여 열처리, 황처리, 소르빈산이나 소르빈산 칼륨의 첨가한 것
  ② 외관의 개선이나 유지를 위하여 식물성유나 소량의 글루코스시럽의 첨가한 것
- 가공: 원상, 얇게 썰은 것, 잘게 썬 것, 채를 친 것, 씨 제거한 것, 펄프상, 으깨거나 탈피, 탈각한 것
- 밀폐용기에 넣은 것, 공기조절포장(MAP)한 것
- 조제: 소량 설탕을 첨가한 것, 건조과실로서 과실자체의 천연당이 삼출건조된 것
- 혼합: 견과류 또는 건조한 과실의 혼합물

[견과류와 과실류(제 8 류)의 저장별 분류]

<table>
<tr><th rowspan="2">구 분</th><th rowspan="2">품 명</th><th colspan="4">저장·처리 방법(호)</th></tr>
<tr><th>신선·냉장</th><th>건조</th><th>냉동</th><th>일시저장</th></tr>
<tr><td rowspan="2">식용 견과류</td><td>코코넛·브라질넛 및 캐슈넛</td><td colspan="2">제0801호</td><td rowspan="7">제0811호</td><td rowspan="7">제0812호</td></tr>
<tr><td>기타: 아몬드, 해즐너트, 필버트, 호도, 밤, 피스타치오, 콜라너트, 마름 등</td><td colspan="2">제0802호</td></tr>
<tr><td rowspan="5">식용 과실</td><td>바나나</td><td colspan="2">제0803호</td></tr>
<tr><td>대추야자, 무화과(Ficus carica), 파인애플, 애버카도, 과버, 망고와 망고스틴</td><td colspan="2">제0804호</td></tr>
<tr><td>감귤류: 오랜지, 맨더린, 클레멘타인, 월킹, 레몬과 라임, 자몽, 기타 감귤류</td><td colspan="2">제0805호</td></tr>
<tr><td>포도</td><td>제0806호</td><td rowspan="2">제0813호</td></tr>
<tr><td>－멜론(수박 포함), 파파야, 사과, 배 및 마르멜로(quince), 살구, 버찌, 복숭아, 자두 및 슬로우(sloe)
－기타: 초본류 딸기, 오디, 로간베리, 키위 등</td><td>제0807호
～
제0810호</td></tr>
<tr><td>과실껍질</td><td>감귤류와 메론의 껍질</td><td colspan="4">제0814호</td></tr>
</table>

(3) 제 8 류에 분류되지 않는 식물학상 과실

다음 과실은 식물학상으로 과실이나 제 8 류에 분류되지 않고, 다른 류에 분류된다.

① 올리브·토마토·오이류·호박류·가지(egg-plant)·고추류[개프시컴 또는 피멘타속의 과실(제 7 류)]

② 커피·바닐라두·주니퍼 및 기타의 물품(제 9 류)

③ 낙화생과 기타의 채유용 열매·주로 의료용 열매·로커스트두·살구와 이와 유사 과실핵(제12류)

④ 코코아두(제1801호)

(4) 과실류의 저장

과실과 감귤류 껍질은 다음 저장처리한 것에 한하여 제 8 류에 분류한다.

① 신선한 것(fresh): 냉장한 것을 포함한다. 냉장(chilled)이란 물품이 동결되지 않은

상태에서 그 온도를 보통 0℃ 정도로 강하시킨 것을 의미한다. 그러나 멜론과 어떤 감귤류, 과실과 같은 일부 물품은 그들의 온도가+10℃ 정도로 내려가서 유지된 경우에도 냉장된 것으로 간주할 수 있다.

② 냉동한 것(frozen): 냉동이란 물품이 전체적으로 동결될 때까지 그 빙점보다 아래로 냉각시킨 것을 말한다. 물에 삶거나 쪄서 사전에 조리한 것인지, 설탕 또는 기타 감미료를 첨가한 것인지 여부를 불문한다.

③ 건조한 것(dried): 탈수, 증발 또는 냉동건조한 것을 말한다.

④ 일시적으로 저장용액에 저장처리한 것: 이산화유황, 염수, 유황수 등의 저장용액으로 처리한 것으로 직접 식용에 적합하지 아니한 것을 말한다.

(5) 감귤류와 멜론의 껍질(제0814호)

감귤류와 멜론의 껍질은 오렌지, 레몬 및 시트론(citron), 멜론과 수박의 껍질이 있으며 이들을 신선, 냉동, 건조, 저장용액에 일시 저장처리한 것이 제0814호에 분류된다. 감귤류 껍질은 주로 사탕절임 과피의 제조용, 정유의 추출용에 사용된다. 그러나 과피의 분말(제1106호)과 사탕절임한 과피(제2006호)는 다른 류에 분류된다.

[용어]

용어	주요 내용	비고
공기조절포장 (MAP: Modified Atmospheric Pakaging)	공기조절포장이란 공기조절 포장공장에서 제품을 둘러싸고 있는 공기를 바꾸거나 조절한 것을 말하며, 즉, 산소를 제거하고 질소 또는 탄산가스로 대체하거나 산소량을 감소시킨 후 질소 또는 이산화탄소를 증가시킨 것이다.	제 8 류 해설

제 9 류 커피, 차, 마태 및 향신료

1. 개 요

제 9 류에는 기호성 식물과 향신료가 분류되는 것으로 이 류의 기호성 식물은 커피(coffee), 차(茶: tea) 및 마태(mate)를 말한다. 향신료(香辛料: spice)에는 후추, 건조 고추류,

계피, 정향, 생강, 카레(curry), 육두구 등이 있다. 또한 향신료에는 제 9 류의 각종 향신료와 서로 혼합하거나 다른 물질을 첨가한 것으로서 이 류의 향신료의 주요 특성을 유지하는 것은 포함된다. 이들 물품은 원상의 것, 분쇄한 것, 분말상의 것도 있다.

2. 분류구조

기호성 식물과 향신료는 2개 범주로 구분하고 품목별로 10개의 호(제0901호 내지 제0910호)에 분류한다.

1) 기호성 식물성 생산품(제0901호 내지 제0903호)

① 커피(제0901호), ② 차(제0902호), ③ 마태(제0903호)

2) 향신료(제0904호 내지 제0910호)

① 후추와 고추류(제0904호)

② 바닐라두(제0905호), 정향의 과실, 꽃 및 화경(花梗)(제0907호)

③ 계피와 계피나무 꽃(제0906호), 육두구, 메이스 및 소두구(제0908호)

④ 야니스·대회향·소회향·커민 또는 캐러웨이씨, 쥬니퍼 열매(제0909호)

⑤ 생강·샤프란·심황(강황)·타임·월계수의 잎, 카레 및 기타 향신료(제0910호)

3. 제외 물품

① 채소(제 7 류): 파슬리·취어빌·태러건·크래스·단마저럼·코린앤더와 딜

② 겨자종자(제1207호), 겨자분(조제 여부 불문)(제2103호)

③ 호프(제1210호)

④ 향신료로 사용되나 주로 향료용·의료용으로 사용되는 과실, 씨, 식물 부분(제1211호): 카시카꼬투리, 로즈매리, 야생마저럼, 박하, 보리지, 히솝, 민트류, 루우, 세이지, 쿠베브페퍼(*Piper cubeba*)

⑤ 혼합조미료와 혼합양념(제2103호)

4. 분류원칙

제목	규정 내용	비고
혼합물의 분류규정	1. 제0904호 내지 제0910호의 물품의 혼합물에 대하여는 다음에 정하는 바에 의한다. 가. 같은 호에 해당하는 물품이 이종 이상의 혼합물은 해당 호에 분류한다. 나. 다른 호에 해당하는 물품이 이종 이상의 혼합물은 제0910호에 분류한다. 제0904호 내지 제0910호의 물품(가 또는 나에 규정한 혼합물)에 다른 물질을 첨가한 것은 그 결과로서 생긴 혼합물이 당해 호에 해당하는 물품의 주요한 특성을 유지하는 한 그 분류에 영향을 미치지 아니하고, 그러하지 아니한 기타의 혼합물은 이 류에 분류하지 아니하며, 혼합 조미료로서 사용되는 것은 제2103호에 분류한다.	제9류 류주1
제외 물품	2. 제9류에서는 제1211호의 쿠베브페퍼(파이퍼쿠베바) 및 기타의 물품을 제외한다.	제9류 류주2

5. 해　　설

(1) 커피, 차 및 마태(제9001호 내지 제9003호)

커피(coffee)(제0901호)　　커피는 제0901호에 분류하며 이 호에는 다음 물품이 분류된다.

① 모든 생커피: 열매, 껍질을 벗긴 커피나 종자

② 카페인을 제거한 커피원두, 볶은 커피(분쇄 불문), 커피두의 각과 피(皮)

③ 커피를 함유한 커피대용물

차(tea)(제0902호)　　차는 제0902호에 분류하며 다음 물품이 분류된다.

① 식물학상 차속(genus Thea) 관목의 각종 차(茶)

② 녹차, 홍차 및 반발효 차, 가향한 차(에센샬오일, 인조향, 방향성 식물이나 과실 첨가)

③ 차나무의 꽃·꽃봉오리 및 잔유물, 분말엽(잎·꽃·봉오리)을 구상이나 정상으로 응집한 것

마태(maté)(제0903호)　　마태는 남미에서 재배되는 서양 감탕나무과(holly family)의

마태나무의 건조하여 제조한다. 잎으로 제조한 것이다. 마태차는 잎과 어린 줄기를 직열 건조하여 1년간 숙성시킨 녹색(그린마태차)와 이를 덖은 검은 색(블랙마태차)가 있다. 마태차는 파라과이차 또는 예수차로 알려져 있으며 미량의 카페인을 함유하고 있다.

[커피, 차 및 마태]

품명	주요 내용
커피 (coffee plant) 제0901호	학명: *Coffea eucoffea* Hook. 원산지: 이디오피아, 꼭두서니과(Rubiaceae)의 상록교목, 키 4~8m, 잎 직경 10cm로 자란다. 줄기는 회백색, 잎은 농록색의 타원형, 흰꽃 3~7개가 모여 핀다. 열매는 호자색의 긴 타원형. Coffea속에는 25여종이 알려져 있고, 아라비안커피(C. arabica), 라이베리커피(C. liberica), 로브스타커피(C. canephora) 등이 있다.
차(tea) 제0902호	학명: *Thea sinensis* L.Camellia sinensis(L.) 원산지 중국남부, 티벳, 차나무과(theaceae)의 다년생 상록교목 또는 관목, 키 2~15m.잎 착생위치나 품종에 따라 다르다. 길이 6~20cm, 폭 3~4cm 장타원형, 엽병이 짧고 가장자리에 톱니가 있다. 봄에 엽액에서 새잎과 새가지를 따서 차의 원료로 사용한다.
마태(maté) 제0903호	학명: *Ilex paraguarensis* 원산지 파라과이－아르헨티나－브라질 접경지역 감탕나무과(aquifoliaceae)의 상록수. 키 3~4m, 타원형잎 길이 8~12cm, 3~4cm. 잎과 어린가지를 마태차로 사용한다.

(2) 향신료(제 9 류)

향신료 명칭	주요 내용
후추(파이퍼속) (제0904호)	파이퍼니그럼종의 흑후추와 백후추이다. 흑후추는 설익은 열매를 건조, 훈증하고, 백후추는 외피를 발효, 마찰로 제거한 열매로 조제된다. 다른 종류로 긴 후추(Piper longum)가 있다. 후추속 모든 종자와 열매, 후추의 분진과 쓰레기
고추류(캐프시컴속과 피멘타속) (제0904호)	*Capsicum frutescens* 또는 *Capsium annuum* 종이며, chillies와 paprika 2개의 주군(main group)을 분류한다. 피멘타(pimentas)속은 자마이카 후추(clove pepper, English pepper 및 allspice로 알려짐)를 포함한다. 고추류를 건조, 파쇄 또는 분쇄한 것
바닐라두(제0905호)	난초과, 담장이 식물열매(또는 두), 검고, 길고 짧은 2종
계피와 계피나무의 꽃 (제0906호)	Laurus과 나무의 어린 가지 내피. 스리랑카 타입, 세이셀 타입과 마다가스카르 타입은 수피조각을 여러 개 말아 다발로 제시, 중국타입, 인도네시아 타입과 베트남 타입 계피는 두꺼

계피와 계피나무의 꽃 (제0906호)	운 수피 층으로 한 층씩 둥글게 말은 형태로 제시된다. 계피, 계피웨이스트, 계피나무 꽃을 말려 체로 친 것, 계피나무 열매
정향(과실, 꽃 및 화경) (제0907호)	정향나무의 모든 열매, 정향은 성숙 전에 정향나무의 꽃봉오리를 햇볕에 말린 것
육두구(제0908호)	원형, 탈곡 여부를 불문
메이스(mace) (제0908호)	육두구의 막질의 포피, 세편상으로 절단한 것은 육두구와 동일 성질이나 더욱 뚜렷하다. 밝은 적색, 황색으로 변함
소도구(cardamoms)(제0908호)	포도상 소두구, 소형과 중형 소두구 및 대형 소두구가 있다.
아니스(anise)의 씨 (제0909호)	계란형, 길이로 줄무늬가 있고, 회녹색, 녹색 아니스(green anise). 바디안(badian)은 스타아니스(star anise)이다.
코리앤더(coriander)· 커민(cumin) 및 캐러웨이(caraway)의 씨 (제0909호)	코리앤더·커민 및 캐러웨이의 씨는 미나리과 식물의 씨, 주로 리큐르 조제에 사용
회향의 씨(Fennel seeds) (제0909호)	강한 상쾌한 냄새를 발산하는 연회색과 감미향을 지닌 연녹색
쥬니퍼의 씨(제0909호)	자청색, 엷게 물든 농암갈색, 쓰고 약감미의 연분홍색 과육, 3개 핵으로 싸여 있다.
생강(ginger)(제0910호)	학명: *Zingiber officinale*. 원산지: 동남아시아, 새앙·새양이라고도 한다. 생강목 생강과의 여러해살이풀, 크기 높이 30~50cm, 뿌리줄기는 옆으로 자라고 다육질이며 덩어리 모양이고 황색이며 매운 맛과 향긋한 냄새가 있다.
샤프란(제0910호)	학명: *Crocus sativus* 화의 건조, 주두와 화주로 되어 있다.
심황 또는 강황(제0910호)	심황 또는 강황(*Curcuma longa*)은 선황색
월계수의 잎, 타임(제0910호)	wild thime을 포함
카레 분말(제0910호)	강황, 각종 향신료(예: 코리앤더·흑후추·커민·생강·정향) 및 기타 조미물질(예: 마늘가루)을 혼합한 것
딜(dill)씨·호로파씨(제0910호)	딜(dill)의 씨, 호로파[fenugreek(trigonella foenum graecum)]의 씨

(3) 향신료 혼합물의 품목분류 원칙

향신료 혼합물(제0904호~제0910호)의 분류규정

① 동일 호에 분류되는 향신료가 2종 이상의 혼합물은 해당 호에 분류한다.

② 다른 호에 분류되는 물품이 2종 이상의 혼합물은 제0910호에 분류한다.

[사례 1] 육두구와 메이스의 혼합물, 또는 소도구와의 혼합물은 제0908호에는 육두구, 메이스 및 소도구는 모두 분류되므로 제0908호에 분류된다.

[사례 2] 육두구와 아니스의 혼합물은 육두구(제0908호)와 아니스(제0909호)의 혼합물이므로 기타의 향신료(제0910호)에 분류한다.

제0904호~제0910호의 물품[또는 위(1)의 혼합물]**에 다른 물질을 첨가한 물품의 분류**

① 혼합물이 당해 호에 해당하는 물품의 주요 특성을 유지하는 한, 분류에 영향이 없다.

② 그렇지 아니한 기타 혼합물은 제 9 류에 분류하지 않고 혼합조미료는 제2103호에 분류한다.

특히 위 규정은 다음 물질이 첨가된 향신료와 혼합향신료에 적용된다.

- 희석제(분산기제): 식품조제시 향신료의 나눔과 분산이 용이하도록 첨가되는 것 예: 곡분, 분쇄러스크(rusk), 포도당 등
- 식용색소: 크산토필 등
- 향신료(synergetics)의 가향제: 글루타민산 나트륨 등
- 소금 또는 산화방지제: 일반적으로 향신료의 보존과 향기의 지속용으로 소량첨가

③ 다른 류의 물질(향미료·조미료의 성격을 갖는 것)이 첨가된 향신료(혼합향신료 포함)는 향신료로서의 혼합물의 특성에 영향을 미치지 않는 정도의 양이 첨가된 경우에 한하여 제 9 류에 분류된다.

각기 다른 류에 분류되는 종의 식물, 식물의 부분, 종자와 과실로 구성된 혼합물의 분류규정 직접 음료용, 향신료 또는 음료제조용 엑스조제에 사용되는 것으로서 각각 다른 류(예: 제 7 류, 제 9 류, 제11류 또는 제12류)에 분류되는 식물, 식물의 부분, 종자와 과실(원상·절단·분쇄 또는 분말)로 구성된 혼합물은 다음 조건을 충족하면 제 9 류의 당해 호에 분류된다. 그러나 이들의 본질적인 특성이 주어지지 않는 혼합물은 제2106호에 분류한다.

① 본질적인 특성이 제0904호~제0910호(해당될 수 있는 제0904호~제0910호) 중의 어느 하나의 호에 해당하는 하나 이상의 종에 있는 것

② 본질적인 특성이 제0904호~제0910호 중 둘 이상의 호에 해당하는 종의 혼합

물에 있는 것

[용어]

용어	주요 내용	비고
향신료 (香辛料: spices)	방향·착색·풍미를 내기 위해 음식물에 사용하는 조미료의 총칭. 스파이스(spice)라고도 호칭하며, 정유성분·신미성분·색소 등을 포함한 식물질로서 종자·과실·꽃·잎·줄기·나무껍질·뿌리를 사용한다. 육류 등의 악취를 제거하며 식욕증진·소화흡수를 돕고 방부효과 등이 있다.	사전

제10류 곡 물

1. 개 요

곡물은 밀, 호밀, 보리, 귀리, 쌀, 수수, 메밀, 조 등을 말하며 이들 곡물은 제10류에 분류된다. 이 류에는 다발 또는 이삭인지를 불문하고, 곡물성 곡립을 분류한다. 이 류에는 성숙되기 전에 벤 곡물에서 얻는 곡립, 완전한 외피가 붙어있는 곡립 및 미숙한 곡물(스위트콘 제외, 채소용에 적합 여부 불문)을 분류한다. 이 류에는 쌀의 현미, 정미, 광택미, 연마미, 반숙미 또는 쇄미는 분류되나, 기타 곡물은 껍질을 벗기거나 기타 가공을 한 곡물(주로 제11류)은 이 류에 분류할 수 없다.

2. 분류구조

이 류의 곡물은 곡물명 별로 8개의 호(제1001호 내지 제1008호)에 구분 분류한다.

1) 밀과 메슬린(제1001호)

2) 호밀(제1002호)

3) 대맥과 나맥(제1003호)

4) 귀리(제1004호)

5) 옥수수(제1005호)

6) 쌀(제1006호): 도정한 현미·정미·연마미·광택미·반숙미, 변성미 또는 쇄미

7) 수수(제1007호)

8) 기타곡물(제1008호): 메밀, 조, 카나리시드, 율무 등

3. 분류원칙

제목	규정내용	비고
곡물의 분류	1. 가. 이 류의 각 호에 게기된 곡물은 이삭 또는 줄기에 붙어있는지의 여부를 불문하고 낟알이 형성되어 있는 것이면 해당 호에 분류된다. 나. 이 류에서는 껍질을 벗긴 곡물 또는 기타 가공을 한 곡물을 제외한다. 그러나 쌀은 현미·정미·연마미·광택미·반숙미 또는 쇄미도 제1006호에 분류한다.	제10류 류주1
스위트콘	2. 제1005호에서는 스위트콘을 제외한다(제 7 류).	제10류 류주2
듀럼종 밀	1. 『듀럼종의 밀』이라 함은 *Triticum durum*종의 소맥 및 당해 종간교잡(種間交雜)에 의하여 생긴 잡종 중에서 염색체수가 트리티컴 듀럼종과 동수(28)의 것을 말한다.	제10류 소호주1

4. 제외 물품

① 스위트콘(sweet corn)(제 7 류)

② 싹이 돋은 보리(麥芽), 또는 볶은 맥아(제1107호)

③ 커피대용 볶은 보리(제2101호)

5. 해　　설

(1) 곡물(제10류)의 분류범위

곡물명		호
· 밀	밀: 연질 반연질 또는 경질의 밀, 듀럼종 밀	제1001호
	메슬린(meslin): 소맥과 호밀(2: 1)의 혼합물	
· 호밀(rye)		제1002호

품목	호
· 보리(abrley)	제1003호
· 귀리(oat)	제1004호
· 옥수수(corn)	제1005호
· 쌀(rice): 벼, 현미, 정미, 가양미, 반숙미	제1006호
· 수수(grain sorghum)	제1007호
· 메밀(buckwheat), 조(millet), 카날리시드(canary seed)	제1008호
· 기타: triticale(밀과 호밀의 잡종), 의이인(薏苡仁: 율무) 등	

(2) 곡물(제10류)의 종류

곡물명	주요 내용
밀(wheat) (제1001호)	학명: *Triticum aestivum.* 小麥. 보통 밀(빵소맥; *Triticum* vulgare Host 및 *T. aestivum* l.)과 듀럼밀(마카로니소맥; *T. durum* Desf.)이 있다. 스펠트(Spelt)는 탈곡 후에도 껍질이 남은 작은 곡립을 갖는 소맥의 일종, 메슬린(meslin)은 일반적으로 소맥과 호밀을 2: 1로 혼합한 것이다.
호밀(rye) (제1002호)	학명: *Secale Cerale.* 胡, 黑麥화본과의 1년생초본, 가늘고 긴 곡물로서 연회색·녹회색 분말은 회색
보리(barley) (제1003호)	학명: *Hordeum vulagre* L. emend·Lama, *Hordeum stichum* L. emend·Lama. 보리는 성숙 후에도 껍질이 종실에 밀착되어 분리되지 않는 겉보리(껍질보리: 皮麥: 大麥; covered bareley; hulled barley)와 껍질이 종실과 분리되는 쌀보리(裸麥; 稞麥; naked barely; unhulled barley)가 있다. 천연에서 외피가 없는 보리는 탈곡, 풍취 이상의 공정을 거치지 않은 것
귀리(oat) (제1004호)	주요 종류는 회색(또는 흑색)귀리와 백색(또는 황색)귀리의 2가지가 있다. 껍질있는 곡립, 천연에서 외피가 없는 것, 정상적인 처리 또는 취급(탈곡, 수송, 재적재 등)의 과정에서 영포 끝(glume tips)이 제거된 귀리도 분류된다.
옥수수(maize; corn) (제1005호)	옥수수는 황금색·백색, 적갈색 또는 잡색과 모양 다른 여러 종이 있다. 품종: 마치종, 경립종, 폭열종, 감미종, 연감종 등
쌀(rice) (제1006호)	학명: *Oryza sativa* L. 벼속식물, Oryza sativa종은 일본형, 인도형 및 자바형이 있으나 주로 일본형과 인도형으로 구분한다.
수수(grainsorghum) (제1007호)	솔검종만이 분류되며, caffrorum(kafir)·cernuum(흰 durra)·durra(갈색durra) 및 nervosum(kaoliang)과 같은 솔검이 포함된다.

메밀(buck wheat) (제1008호)	*Fagopyrum esculentum* oenhch 蕎麥. 木麥, 삼과(polygonaceae family), 원산지 북부바이칼호
조(millet) (제1008호)	학명: *Fagopyrum esculentum* oenhch 蕎麥. 木麥로 호칭, 연한 황색의 원형 곡물, 곡물 중 종실이 가장 작다. 차조와 모조가 있다. Setaria종, pennisetum종, Echinochloa종, Eleusine종(*Eleusine coracana* (coracan)), Panicum종, *Digitaria sanguinalis* 및 *Eragrostis tef* 포함
카나리시드(canary seed) (제1008호)	광택나는 밀짚 색깔의 씨로서, 길죽하고 양쪽 끝이 뾰족하다.
기장(common millet) (제1008호)	brown-cornmill*Panicum miliaceum* Let. キビ. 화본과 기장속 1년초. 인도원산. 키 50～120cm
율무(Job's tear) (제1008호)	학명: *C. oix lacryma-jobi* L. var 薏苡. 苡仁, 화본과(벼과) 율무속의 1년생 초본. 율무는 키 1.5m 정도
트리티칼(triticale) (제1008호)	밀과 호밀의 잡종
피(제1008호)	학명: *Enchinochloa cruagalli* (L.). 화본과 피속. 키 2m. 잎몸은 길이 30cm. 엽초는 길고 엽설은 없다.

(3) 곡물의 분류원칙

제10류의 곡물에는 이삭 또는 줄기에 붙어 있는지의 여부를 불문하고 낟알이 형성되어 있는 것이 분류되나 껍질을 벗긴 곡물 또는 기타 가공한 곡물(제11류)은 제외된다. 다만, 쌀은 현미·정미·연마미·광택미·반숙미 또는 쇄미는 이 류(제1006호)에 분류한다.

(4) 쌀(rice)(제1006호)

벼속식물이며 *Oryza sativa*종과 *Oryza glaberrima*종이 있다. Oryza sativa종은 일본형, 인도형 및 자바형이 있다. 이 호의 쌀에는 벼(rice in the husk: paddy: rough rice), 현미(cargo rice), 반정미, 정미와 표백미, 카몰리노쌀, 쇄미, 가양미(enriched rice), 반숙미가 포함된다.

(5) 반숙미와 완숙미(제1006호·제1904호)

반숙미(parboild rice)란 탈곡, 정미, 연마 등의 가공을 하기 전에 껍질이 있는 상태에서 뜨거운 물에 적시거나 증기로 쪄서 건조시킨 것을 말하며, 이러한 반숙공정에서는 쌀을 압력하에서 처리하거나 완전 또는 부분적으로 진공처리하기도 한다. 반숙미는 제1006호에 분류된다.

완숙미란 완전 또는 부분적으로 조리하여 탈수시켜 가공한 조리된 쌀(precooked rice)을 말하며 제1904호에 분류된다. 반숙미는 곡물구조가 미소하게 변성되어 조리하는 데 약 5～12분이 소요되나, 반면에 완숙미는 곡물구조가 상당히 변성되어 물에 담궈서 잠시 끓여도 먹도록 조리된다.

[용어]

용어	주요 내용	비고
현미 (cargo rice)	－외피를 제거하나 외과피로 싸여 있고, 대부분은 소량의 겨를 함유한다.	해설서
가공 쌀	－반정미: 부분으로 외과피를 제거한 쌀이다. －정미(표백미): 도정기로 외과피를 제거한 쌀로서 외관이 좋도록 연마, 광택나게 한 것도 있다. －카몰리노쌀: 엷은 기름을 도포한 정미이다. －쇄미: 도정공정중 파쇄된 싸래기 －가양미(enriched rice): 소량(약 1%)의 비타민류를 첨가한 정미의 혼합미	해설서

제11류 제분공업의 생산품과 맥아, 전분, 이눌린 및 밀의 글루텐

1. 개 요

제11류에는 주로 제분 생산품이 분류되는 것으로, 곡물(제10류)과 스위트콘(제 7 류)의 제분 생산품. 이들 곡물에서 얻는 맥아제조, 전분 및 밀 글루텐이 분류된다. 또한 감자, 건조 채두류와 괴경류(제 7 류) 및 과실과 견과류(제 8 류)의 제분 생산품과 전분 등이 분류된다. 그러나 곡물의 외피(제12류), 분이나 조분 또는 전분의 혼합조제품(제19류), 팽창시키거나 볶은 곡물(제19류) 및 제분공업의 잔유물(제23류)은 다른 류에 분류된다.

2. 분류구조

제분공업생산품 등은 들은 4개의 범주로 구분하고 9개의 호(제1101호 내지 제1106호)에 분류된다.

1) **제분생산품**(제1101호 내지 제1106호)
- 곡물의 분, 조분, 분쇄물 및 펠리트(제1101호~제1103호): ① 밀과 메슬린의 분, ② 기타 곡물의 분, ③ 곡물의 조분과 펠리트
- 기타 가공한 곡물(제1104호)
- 감자의 분, 조분, 분말, 펠리트 및 플레이크(제1105호)
- 건조 채두류, 괴경 및 과실과 견과류의 분, 조분, 분말(제1106호)

2) **맥아**(제1107호)

3) **전분과 이눌린**(제1108호)

4) **글루텐**(제1109호)

3. 분류원칙

제목	규정내용	비고
제분생산품의 분류규정	2. 가. 아래 표에 게기한 곡물의 제분상품은 건조한 상태의 중량에 의하여 다음의 두 가지 조건에 모두 해당하는 경우에는 이 류에 분류하며, 그 이외의 것은 제2302호에 분류한다. 다만, 곡물의 배아로서 원상의 것·압착한 것·플레이크상의 것 또는 분쇄한 것은 항상 제1104호에 분류한다. (1) 전분의 함유량(개량 『유어』식 편광계 방법에 의하여 결정된다)이 아래표의 (2)란의 양을 초과하는 것 (2) 회분의 함유량(첨가된 무기물을 공제한 후)이 아래표의 (3)란의 양 이하의 것 나. 전 『가』의 규정에 의하여 이 류에 해당하는 물품은 아래표의 (4)란 또는 (5)란에 표시한 금속망의 체를 통과하는 중량비율이 당해 곡물에 관하여 표시된 비율 이상의 경우에 한하여 제1101호 또는 제1102호에 분류하며, 그 이외의 것은 제1103호 또는 제1104호에 분류한다.	제11류 류주2

분쇄물 또는 조분	3. 제1103호에 있어서 곡물의 『분쇄물 또는 조분』이라 함은 곡물을 분쇄할 때 얻어지는 것으로서 다음에 부합되는 것을 말한다. 가. 옥수수: 2mm 금속망의 체를 통과하는 중량비율 95% 이상인 것. 나. 기타 곡물: 1.25mm 금속망의 체를 통과하는 중량비율이 95% 이상인 것	제11류 류주3

[곡물별 전분, 회분 및 체 통과비]

곡물명(1)	전분함유량(2)	회분함유량(3)	체 통과비	
			315㎛(4)	500㎛(5)
밀과 호밀	45%	2.5%	80%	–
보리	45%	3%	80%	–
귀리	45%	5%	80%	–
옥수수와 수수	45%	2%	–	90%
쌀	45%	1.6%	80%	–
메밀	45%	4%	80%	–

4. 제외 물품

① 볶은 맥아로서 커피대용물로 조제한 것(제0901호 또는 제2101호)

② 제1901호의 조제한 분·분쇄물, 조분 및 전분

③ 제1904호의 콘플레이크와 기타의 물품

④ 제2001호·제2004호 또는 제2005호의 조제 또는 저장처리한 채소

⑤ 의료용품(제30류)

⑥ 조제향료·화장품류 또는 화장용품류의 특성을 갖는 전분(제33류)

5. 해　　설

(1) 제11류의 분류범위

곡물이나 기타 식물을 제분한 제분생산품과 기타 가공한 생산품이 분류된다.

· 곡물(제10류)의 제분생산품: 곡분(flour), 곡물의 분쇄물·조분 및 펠리트(제1101호~

제1103호)

- 곡분에 미량의 무기인산염·산화방지제·유화제·비타민 또는 베이킹파우더를 첨가하여 품질개선한 것
- 밀가루에 글루텐을 10% 이하를 첨가하여 영양가를 높인 것
- 전분을 사전 젤라틴화하기 위하여 열처리된 팽창(사전 젤라틴화)분
- 껍질유무를 불문하고 속대채로 분쇄한 옥수수

· 기타 가공한 곡물: 껍질을 벗긴 것, 압착, 플레이크상, 진주상, 얇은 조각으로 한 것 또는 거칠게 빻은 것(제1006호의 쌀 제외)

· 타류 식물의 제분 생산품: 감자의 분, 조분, 분말, 플레이크, 입 및 펠리트(제1105호), 건조 채두류사고, 뿌리 또는 괴경 및 과실의 분, 조분과 분말(제1106호)

· 곡물의 배아: 원상, 압착, 플레이크상 또는 분쇄한 것, 보존성 증진을 위해 부분 탈지하거나 열처리한 것, 플레이크상, 분쇄(거칠게, 가루)한 것, 열처리과정의 영양 손실을 보충을 위한 비타민류 첨가한 것

[곡물의 가공별 분류]

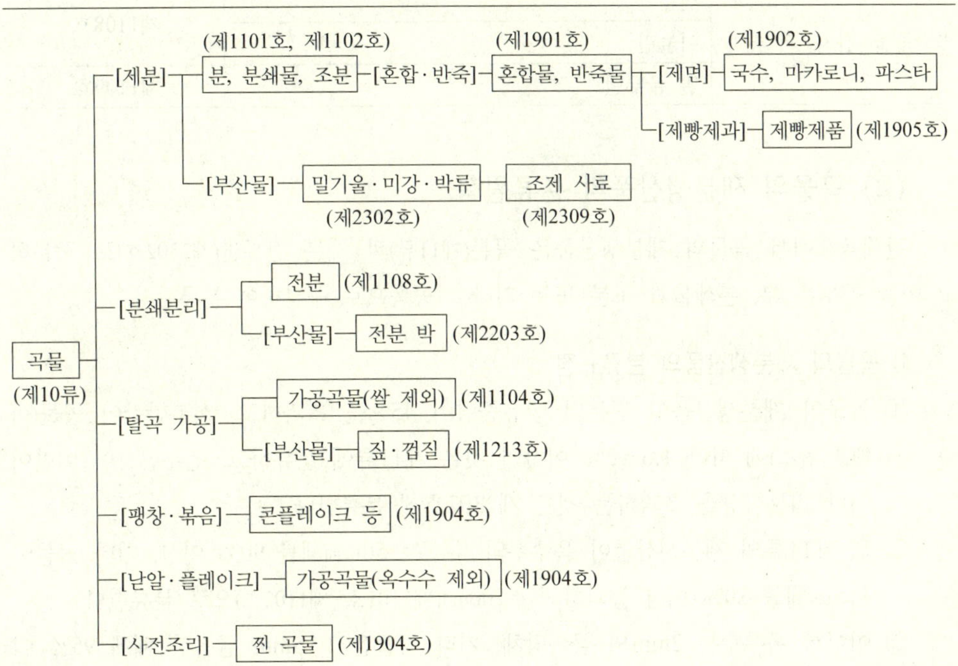

・감자의 분말: 극소량의 산화방지제・유화제 또는 비타민을 첨가하여 개량한 것
・괴경: 독성을 제거하기 위해 제조과정시에 가끔 열처리한 것
・맥아: 원상, 분쇄한 것과 분, 볶은 맥아(예: 맥주 착색용)

[제분생산품의 분류(제1101호 내지 제1109호)]

<table>
<tr><th>식물재료별</th><th>제분가공・분리・추 출</th><th>호</th></tr>
<tr><td rowspan="3">곡물(제10류)</td><td>분</td><td>제1101호・제1102호</td></tr>
<tr><td>분쇄물・조분・펠리트</td><td>제1103호</td></tr>
<tr><td>껍질제거・압착・플레이크, 진주상・얇은 조각상 또는 거칠게 빻은 것</td><td rowspan="2">제1104호</td></tr>
<tr><td>곡물배아(제1104호)</td><td>원상・압착・플레이크상・분쇄한 것</td></tr>
<tr><td>감자(제 7 류)</td><td>분, 조분, 분말, 플레이크, 입 및 펠리트</td><td>제1105호</td></tr>
<tr><td>건조채두류(제0713호)</td><td rowspan="3">분, 조분 및 분말</td><td rowspan="3">제1106호</td></tr>
<tr><td>뿌리・괴경(제0714호)</td></tr>
<tr><td>과실과 견과류(제 8 류)</td></tr>
<tr><td>맥아(제1107호)</td><td>원상, 분쇄 및 분</td><td>제1107호</td></tr>
<tr><td rowspan="3">곡물・감자・괴경</td><td>전분</td><td rowspan="2">제1108호</td></tr>
<tr><td>이눌린</td></tr>
<tr><td>밀 글루텐</td><td>제1109호</td></tr>
</table>

(2) 곡물의 제분생산품의 분류원칙

관세율표에서 곡물의 제분생산품은 곡분(제11류)과 제분 잔류물(제2302호)로 구분하고 이들 곡분은 분, 분쇄물과 조분 또는 기타 가공품으로 구분하여 분류한다.

1) 곡물의 제분생산품의 분류규정

① 곡물의 제분생산품이 전분의 함유중량이 45%을 초과하고, 회분함량이 곡물(아래표 참조)에 따라 1.6~5% 이하인 것은 제11류에 분류하고, 전분함량이 미만이거나 회분함량을 초과하는 것은 제2302호에 분류한다.

② 위 제11류의 제분생산품이 옥수수와 수수는 500㎛체를 90% 이상, 기타 곡물이 315㎛체를 80% 이상 통과하면 분(flour)(제1101호・제1102호)으로 분류한다.

③ 이어서 옥수수는 2mm의 금속망체, 기타 곡물은 1.25mm 금속망 체에 95% 이

상 통과하면 분쇄물(grout) 또는 조분(meal)(제1103호)에 분류하고, 이들 체에 95% 미만으로 통과하는 것은 기타 가공물로 제1104호에 분류한다.

[곡물별 전분, 회분 및 체 통과비]

곡물명	전분함유량	회분함유량	체 통과비	
			315㎛	500㎛
밀과 호밀	45%	2.5%	80%	−
보리	45%	3%	80%	−
귀리	45%	5%	80%	−
옥수수와 수수	45%	2%	−	90%
쌀	45%	1.6%	80%	−
메밀	45%	4%	80%	−

2) 분, 조분 또는 분쇄물의 분류규정

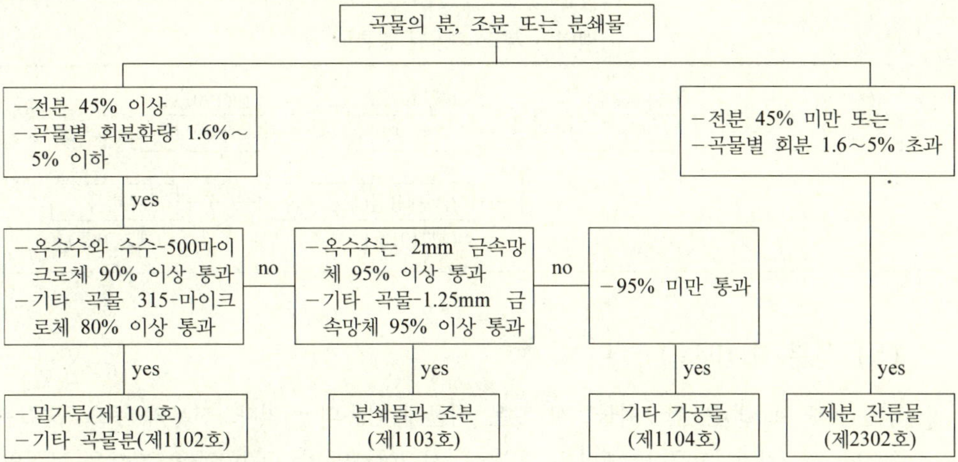

(3) 가공한 곡물(제1104호)

여기에는 쌀(제1006호)을 제외한 가공한 곡물이 분류된다. 다음 가공한 곡물이 있다.

− 압착 또는 플레이크상으로 한 곡물: 원상 곡물이나 거칠게 빻은 곡물을 압착하거나 박편상으로 눌린 것이다. 이들 곡물은 증기로 가열하거나 가열된 롤러를

통과시켜 압착한다.

- 과피(껍질안의 내피)를 완전 또는 부분으로 제거하기 위해 껍질을 벗기거나 기타 가공한 곡물
- 진주상 곡물: 과피가 완전히 제거된 것으로서 곡립의 끝이 보다 원형으로 된 것
- 거칠게 빻은 곡물: 단편으로 파쇄 또는 절단한 곡물로서, 파편이 보다 거칠고 불규칙하여 분쇄한 곡물(groats)과는 다르다.

(4) 맥아(제1107호)

맥아(麥芽; malt)는 겉보리에 수분, 온도 및 산소를 적절히 작용시켜 발아시킨 보리 낟알을 말한다. 맥아에는 당류, 비타민 등을 함유하고, 독특한 냄새와 향기가 나며 주로 맥주 양조의 원료로 사용된다. 제1107호의 맥아에는 원상의 맥아, 분쇄한 맥아 및 맥아의 분이 분류되며 또한 볶은 맥아도 분류된다. 그러나 그 이상의 가공을 한 것은 제외한다[예: 맥아엑스와 맥아엑스의 조제식품(제1901호), 커피대용물로서 볶은 맥아(제2101호)].

[맥아의 제조 가공별 분류]

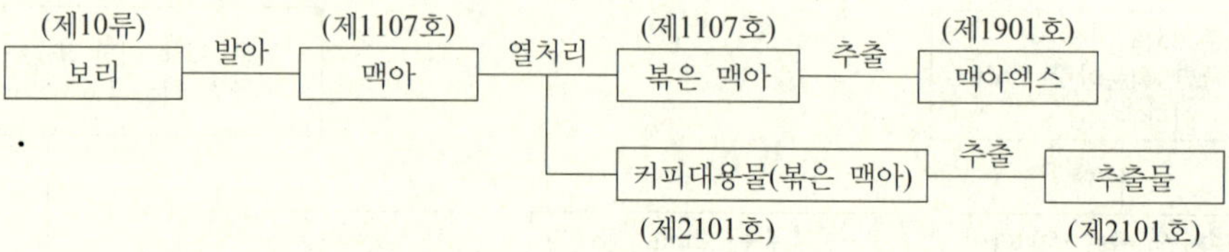

(5) 전분(제1108호)

전분(澱粉: starch)은 탄수화물로서 많은 식물에 함유되어 있다. 전분의 주요 원료는 옥수수, 밀, 쌀, 감자, 고구마, 매니옥, 칡뿌리, 사고야자의 수 등이 있다. 전분은 무취의 백색 분말로서 손가락으로 비비면 빠딱 소리가 나는 미세입자이다. 전분은 요드용액을 가하면 진한 암청색을 나타내고, 냉수에는 용해되지 않으나, 열수에는 용해하여 전분페이스트를 형성한다.

예: 옥수수전분, 감자전분, 칡전분, 사고전분, 매니옥전분(카사바전분), 밀전분 등

(6) 이눌린(제1108호)

이눌린(inulin)은 주로 프락토즈(D-fructose)가 결합된 다당류의 일종으로 전분과 유사하다. 다리아, 돼지감자, 괴경이나 구근에 저장된 탄수화물로서 이들을 뜨거운 물로 추출하여 얻으며 온수에 잘 용해하고 알코올을 가하면 결정이 생성한다. 효소 또는 묽은 산으로 가수분해시키면 과당이 생성된다.

(7) 밀 글루텐(제1109호)

글루텐(gluten)은 곡류에 함유하는 단백질로서 곡분을 물로 세척하여 얻으며, 물이나 알코올에는 용해하지 않고 묽은 산 또는 알칼리에 녹는다. 밀글루텐(wheat gluten)은 밀에 함유하는 단백질로서 글루테닌, 글리아딘 등의 단백질 혼합물이다. 주로 밀전분 제조시에 부산물로서 얻으며 밀가루를 반죽시에 점착성을 부여한다.

[용어]

용어	주요 내용
곡물의 분쇄물	곡물을 분쇄할 때 생기는 작은 조각이나 분질의 곡립이다.
조분(meal)	조분(meal)은 분보다 거친 것으로서 최초의 제분작업 후에 제 1 차로 체로 쳐서 얻어지거나, 또는 최초 제분에서 생긴 분쇄물을 다시 갈고 재차 체로 쳐서 얻어지는 것이다.
펠리트(pellets)	펠리트(pellets)는 곡물의 제분시에 얻은 물품을 직접 압축 또는 점결제(3% 이하)를 첨가하여 응집시킨 것이다.

제12류 채유용에 적합한 종자와 과실, 각종의 종자와 과실, 공업용 또는 의약용의 식물, 짚과 사료용 식물

1. 개 요

제12류에는 식물성 특용 작물이 분류된다. 즉, 유지채취에 사용되는 종자와 과실, 파조용 종자와 과실, 양조용 식물, 약용, 향료용, 살균 또는 살충용 등의 식물과 식물의 부분 및 사료용 작물이 분류된다. 이 류에는 또한 다른 류에 분류되지 아니하는 기타 식용 식물과 식물성 생산품이 포함된다.

2. 분류구조

특용 작물들은 주로 용도별로 7개 범주로 구분하고 14개의 호(제1201호 내지 제1214호)에 분류한다.

1) 채유용 종자와 과실(제1201호 내지 제1208호): 대두, 참깨, 땅콩, 해바라기씨

2) 파종용 종자와 과실(제1209호): 비트종자, 루핀종자, 채소종자, 화초종자, 포자 등

3) 양조용 식물(제1210호): 호프와 루풀린

4) 향료용, 의약용, 살충용, 살균용의 식물과 부분(제1211호): 감초, 인삼, 두충, 제충국, 박하와 민트류, 세이지, 쓴숙 등

5) 주로 식용의 과실핵과 식물성 생산품(제1212호): 로우커스트두, 해초류와 조류, 사탕무와 사탕수수 등

6) 곡물의 짚과 껍질(제1213호): 조제하지 아니한 것

7) 사료용 식물(제1214호): 스위드, 사료용 근채류, 건초, 루우산, 클로버, 샌포인, 케일, 루핀, 베치 등

3. 분류원칙

제목	규정내용	비고
기타 채유용 종자	1. 제1207호에는 특히 팜넛과 핵·면실·피마자·참깨·겨자씨·잇꽃씨·양귀비씨와 시어넛(캐리트넛)을 포함한다. 다만, 제0801호 또는 제0802호의 물품(견과류)과 올리브(제7류 또는 제20류)를 제외한다.	제12류 류주1
제1208호의 분류범위	2. 제1208호에는 탈지하지 아니한 분과 조분뿐만 아니라, 일부 탈지한 것 또는 탈지한 것에 전체 또는 부분적으로 본래의 기름을 다시 첨가한 것도 포함한다. 다만 제2304호 내지 제2306호의 잔유물에는 적용하지 아니한다.	제12류 류주2
	3. 제1209호에 해당하는 사탕무의 씨, 풀 기타의 목초 종자, 관상용 화초의 종자, 채소종자, 삼림수의 종자, 과수목의 종	

파종용 종자	자, 베치의 씨(비시아 파바종의 제외) 또는 루핀의 씨는 파종용의 종자로 본다. 다만, 다음의 것은 파종용의 것인 경우에도 제1209호에는 해당하지 아니한다. 가. 채두류와 스위트콘(제 7 류) 나. 제 9 류의 향신료와 기타의 물품 다. 곡물(제10류) 라. 제1201호 내지 제1207호 또는 제1211호의 물품	제12류 류주3
의료용, 향료용의 식물과 제외 물품	4. 제1211호에는 박하·보리지·인삼·히솝·감초·민트류·로즈매리·루우·세이지·웜우드(쓴쑥)와 그들의 부분을 포함한다. 다만, 제1211호에서는 다음의 것을 제외된다. 가. 제30류의 의약품 나. 제33류의 조제향료·화장품류 또는 화장용품류 다. 제3808호의 살충제·살균제·제초제·소독제 또는 기타 유사한 물품	제12류 류주4
조류의 제외 물품	5. 제1212호의 해초 및 기타 조류에서는 다음의 것을 제외한다. 가. 죽은 단세포 미생물(제2102호), 나. 미생물 배양체(제3002호), 다. 비료(제3101호·제3105호)	제12류 류주5
저에루크산 유채(레이프 또는 콜자)씨	제1205.10호에서 『저에루크산 유채(레이프 또는 콜자)씨』라 함은 에루크산 함유량이 전 중량의 2% 미만의 비휘발성유와 구루코지노레이트 함유량이 g당 30마이크로몰 미만인 고형성분을 만들어 내는 유채(레이프 또는 콜자)씨를 말한다.	제12류 소호주1

4. 제외 물품

① 버섯의 종균(제0602호)

② 탈지분과 조분(겨자의 것은 제외)(제2304호 내지 제2306호)

③ 피넛 버터(제2008호)

④ 생겨자의 분과 조분, 탈지 또는 조제의 여부를 불문한다(제2103호).

5. 해 설

(1) 채유용 과실과 씨(제1201호 내지 제1207호)

주로 채유용의 식물의 과실과 씨를 말하며 제1201호~제1206호에 분류한다. 견과류(제0801호 · 제0802호 · 제20류)와 올리브(제 7 류 · 제20류)를 제외한다.

예: 대두, 낙화생, 코프라, 아마인, 유채(레이프 · 콜자)씨, 해바라기 씨, 잇꽃씨, 바바슈 핵, 너도밤나무 열매, 대목풍자, 파두씨, 포도씨, 삼씨, Illipe씨, kapok씨, mowra씨, niger씨, 들깨, karite nut, stillingia씨, 차씨, tung nut 등, 팜넛과 핵(palm nuts and kernels), 면실(cotton seeds), 피마자(castor oil seeds), 참깨(sesamum seeds), 겨자씨(mustard seeds), 잇꽃씨(safflower seeda), 양귀비씨(poppyseeds)와 시어넛(shea nuts: 캐리트넛)

(2) 채유용 종자와 과실의 분과 조분(제1208호)

이 호에는 위의 채유용에 적합한 종자와 과실을 분쇄하여 얻어진, 기름을 짜지 않거나 부분적으로 기름을 짠 분(粉)과 조분(粗粉)이 분류된다. 또한 탈지한 분과 조분에 다시 이들 본래의 기름을 전부 또는 부분적으로 첨가한 것도 분류된다.

(3) 파종용 종자와 과실 및 포자(제1209호)

파종용에 사용되는 모든 종자와 열매를 말하며 발아할 수 없는 물품도 포함하며 제1209호에 분류한다. 또한 이 호에는 버섯 포자가 포함된다.

예: ① 사탕무 종자, ② 풀 기타 목초 종자(루산 종자, 클로버 종자, 라이그래스 종자 등), ③ 관상용 화초의 종자, ④ 채소종자, ⑤ 삼림수의 종자, ⑥ 과수목의 종자, ⑦ 베치의 씨 또는 루핀의 씨, ⑧ 버섯 포자

[제외 물품] ① 채두류와 스위트콘(제 7 류), ② 향신료와 기타의 물품(제 9 류), ③ 곡물(제10류), ④ 채유용, 의료용, 살균 · 살충 등(제1201호~제1207호, 제1211호의 물품)의 식물

(4) 호프와 루플린(제1210호)

호프(hop cones)는 호프식물(학명: *Humulus lupulus*)의 솔방울 모양으로 비늘이 있는 자화이다. 루플린(luplin)은 호프를 덮고 있는 황색의 수지상 분말로서 호프의 특성을 부여하는 방향성 고미소를 함유하고 있어 호프 대용품으로 양조용이나 의약용에 사용되고 제1210호에 분류된다. 이 호에는 신선한 것, 건조한 것, 분쇄, 분말, 펠리트상인지의 여부를 불문하고 분류된다. 그러나 호프의 엑스(제1302호), 호프의 박(제2303호) 및 호프 정

유(제3301호)는 제외된다.

(5) 향료용·의료용·살충용·살균용 기타 이와 유사 용도의 식물 및 그 부분(제1211호)

주로 향료용·의료용 또는 의약용·살충용·살균용·구충용 또는 이와 유사 목적에 사용되는 다음 식물과 식물의 부분이 분류된다.

- 원형의 식물, 이끼·지의 또는 그 부분: 목질, 수피, 뿌리, 줄기, 잎, 꽃, 꽃잎, 과실 및 종자
- 주로 기계적 처리에 의해 발생하는 웨이스트
- 신선, 건조, 원상, 절단, 파쇄, 분쇄, 분말상의 것, 비벼서 뭉개거나 껍질을 제거한 것
- 알코올을 포화시킨 것
- 위 용도에 적합한 목재의 칩상, 대패밥, 분쇄한 것 또는 분상

예: 부자(뿌리와 잎), 안젤리카(뿌리와 종자), 벨라도나(초, 뿌리, 장과, 잎과 꽃), 우엉(종자와 건조 뿌리), 대마초, 계피(꼬투리와 미정제 펄프), 민들레(뿌리), 카모마일 꽃, 캄프리 뿌리, 마황의 줄기와 가지, 호밀의 맥각, 유칼립투스 잎, 양귀비(두상화 미숙, 건조), 제충국의 잎, 줄기 및 꽃, Pyrethrum 뿌리, 코카나무 잎, 라벤더 꽃과 초, 아욱 잎과 꽃, 쑥뿌리 등

특히 바실(basil), 보리지(borage), 인삼(ginseng), 히솝(hyssop), 감초(liquorice), 민트류(all species of mint), 로즈매리(rosemary), 루우(rue), 세이지(sage), wormwood(쓴쑥)와 이들의 부분

(6) 인삼(제1211호)

학명: *Panax ginseng* 인삼(人蔘: ginseng)은 세계적으로 인삼속의 종은 6~7종이 알려지고 있으나 세계시장에서 상품으로 유통되는 인삼종(ginseng species)은 크게 3가지 종류가 있다.

한국을 비롯한 중국 등 아시아 극동지역에 분포, 재배되는 고려인삼종(학명: *Panax ginseng* C. A. Meyer), 미국 및 캐나다 지역에서 재배되는 화기삼(花旗蔘)(학명: *Panax quinquefolium* L.) 및 중국남부의 운남성, 광서성에서 생산되는 전칠삼(田七蔘·三七)(학명:

Panax notoginseng(Burk) F. H. Chen)이 있다.

(7) 천연 마약(제1211호)

[대마와 천연 마약(제1211호)]

- 대마(true hemp): 학명: *Cannabis Sativa* L. 별명: 마(麻), 삼, 섬유를 얻기 위하여 재배, 줄기껍질은 삼베, Rope, 그물을 제조한다. 잎과 꽃에는 tetrahydrocanabinol(THC)의 환각물질이 있다. 대마라 함은 대마초와 그 수지 및 대마초 또는 그 수지를 원료로 하여 제조된 일체의 제품을 말한다. 다만, 대마초의 종자, 뿌리 및 성숙한 대마초의 줄기와 그 제품을 제외한다.
- 코카엽: 코카나무속에는 약 100종의 식물이 있지만 몇몇 종만이 코카인을 얻을 수 있으며, 코카인은 코카나무의 코카잎에서 추출한 알칼로이드로서 마약이다.
- 양귀비(楊貴妃: poppy): 학명: *Papaver somniferum. Papaver Setigerum DC.* 쌍떡잎식물로 양귀비목, 양귀비과의 두해살이풀

[천연마약의 가공별 분류]

대마(rue hemp) (제1211호)	[건조]	대마초(마리화나: marihuana) (제1211호)	[추출]	대마수지(hashish) (제1302호)				
코카잎 (제1211호)	[추출]	코카인(cocain) (제2939호)						
양귀비 미숙과 (제1211호)	[수액]	아편(opium) (제1302호)	[추출]	아편알칼로이드 (제2939호)	[추출 · 합성]	몰핀(morphine) (제2939호)		

(8) 해초류와 기타 조류(제1212호)

모든 해초류의 기타 조류는 식용가능 여부를 불문하고 제1212호에 분류한다. 또한 이 호에는 이들을 신선, 냉장, 냉동, 건조 또는 분쇄한 것, 조분, 여러 종류의 해초류와 기타 조류의 혼합물이 분류된다.

예: 김(laver), 미역(sea mustard), 톳(fusiforme), 파래(green laver), 다시마(sea tangle), 우뭇가사리(agar-agar) 등

[해초류(seaweed)와 기타 조류(algae)의 종류(제1212호)]

- 김(laver): 학명: *Porphyra tenera.* 별명: 감태(甘苔), 청태(靑苔), 해의(海衣), 해태(海苔). 홍조류. 해초길이 10～15cm. 흑자주·적자주, 자웅동주·자성생식부는 농색, 웅성생식부는 담색, 말린 김을 건태
- 미역(sea mustard): 학명: *Undria pinnatifida.* 별명: 감곽(甘藿), 해채(海菜). 갈조류. 미역과 해조. 뿌리는 섬유상. 줄기는 한 개가 편원형이며 다시 상부에 10cm 뻗어 잎의 중맥을 형성. 잎은 폭이 넓고 길이 1～2m 난형 깃형으로 찢어진 흑갈-황갈색, 표면에 점상 점액세포를 이룸
- 톳(fusiforme): 학명: *Hizikia Fusiforme.* 별명: 녹미채(鹿味菜). 갈조류, 모자반과의 바닷말의 일종으로, 갈색말 무리에 속한다.
- 파래(green laver): 학명: *Monostroma nitidum.* 별명: 석순(石蓴), 靑苔. 파렛과 해초. 김과 유사. 길이 약 18cm. 엽상으로 원형. 긴 것, 가늘고 긴 것이 있다. 가장자리는 물결형을 이루며 황록색. 세포는 한 층. 두께 24～30μ 부드럽고 세포배열이 불규칙
- 다시마(sea tangle): 학명: *Laminaria japonica.* 별명: 곤포(昆布), 해대(海帶). 갈조식물 2～3년생 해조. 길이 2～4m, 폭 20～30cm. 황갈색-흑갈색 해중초. 두껍고 거죽 미끄러우며 쭈굴쭈굴한 무늬가 있음.
- 우뭇가사리(agar-agar): 학명: *Gelidium amansil.* 별명: 석화채(石花菜). 우뭇가사리과 홍조류. 키 7～9cm. 많은 줄기와 잔가지가 수지상. 단면은 방추형
- 도박(typicus): 학명: *Grateloupia elliptica.* 별명: 은향초(銀香草). 백바리풀과 홍조류. 키 15～40cm. 초본모양의 엽상으로 여러 갈래로 갈라진 적자·황·녹색의 혁질. 건조시 자주색. 풀가사리와 같이 호료나 점착제로 사용
- 말(kelp meal): 학명: *Potamogeton oxyphyllus.* 가랫과 다년생 수초. 전체 녹갈색. 줄기 길이 30cm 이상. 잎은 호생 무병이고 선형으로 길이 5～10cm, 폭 3mm. 개울도랑에 서식. 줄기와 잎은 식용
- 매생이(seaweed fulvescens): 학명: *Capsosiphon fulvescens.* 별명: 재기. 갈파래목 매생이과. 크기 15cm 정도. 굵기 2～5mm 녹색. 주로 남도지방에서 식용하는 가늘고 부드러운 갈매패목의 녹조류이다. 파래와 유사하게 생겼으며 겨울철에 주로 채취한다.

(9) 달리 분류되지 않는 식용의 기타 식물성 생산품(제1212호)

관세율표의 다른 호에 분류되지 않는 식용에 기타 식물성 생산품은 제1212호에 분류된다. 이 호에는 다음 물품이 분류된다.

사탕무와 사탕수수 사탕무와 사탕수수로서 신선·냉장·냉동 또는 건조한 것이 분류되며 분쇄 여부를 불문한다.

로우커스트두(또는 carob) 지중해 지방의 상록수(*Cerationia siliqua*)의 열매. 배유, 배아, 원형 씨 및 분말상 배아가 분류된다.

식용에 공하는 과실의 핵과 기타 식물성 생산품 복숭아·살구·자두의 핵, 볶지 않은 치커리 뿌리, 설탕절임용 안젤리카(angelica)와 안젤리카의 줄기, 단 수수(sweet sorghums)

[식용의 기타 식물성 생산품의 종류(제1212호)]

- 사탕무(sugar beet): 학명: *Beta vulgaris var. saccharifera.* 쌍떡잎식물 중심자목 명아주과의 한해살이 또는 두해살이풀. 감채(甘菜)라고도 한다. 잎은 타원형이고 뿌리 모양은 중국 무와 비슷하며 뿌리의 당분 함량은 15~20%이다. 1년째에는 뿌리가 굵어져 수크로오스를 축적하고 열매를 맺는다. 꽃은 작고 꽃잎은 없으며, 연한 녹색을 띤다.
- 사탕수수(sugar cane): 학명: Saccharum officinarum. 외떡잎식물. 벼목 화본과의 여러해살이풀. 감자(甘蔗)라고도 한다. 높이 2~6m이다. 줄기는 무리지어 나오며 자라는데, 곧게 서며 가지를 치지 않는다. 줄기에는 20~30개의 마디가 있고 잎은 어긋나며 길이 70cm 정도, 나비 1.5~5cm이다. 잎집은 줄기를 감싼다. 줄기에는 설탕의 원료인 수크로오스가 10~20% 들어 있다.
- 구약구 뿌리: 학명: *Amorphophalus konjac* K. Koch. 천남성과. 곤약은 수분 92%, 탄수화물 6.5%, 단백질 1%, 지방 0.1%와 기타 물질을 함유하며, 탄수화물은 비소화성의 헤테로다당류(Heteropolysaccharide)의 곤약만난을 다량함유한다.
- 화분(pollen): 화분(花粉), 종자식물의 수술의 꽃밥 속에 만들어지는 웅성(雄性)의 생식세포. 꽃가루라고도 한다.
- 치커리 뿌리(chicory root): 학명: *Cichorium intybus.* 쌍떡잎식물. 초롱꽃목 국화과의 여러해살이풀. 원산지 북유럽, 뿌리는 다육질이고 길며, 잎은 샐러드용, 뿌리에서 자라는 어린잎을 봄에 채취한다. 식물체는 사료나 목초로 쓴다. 꽃은 중추신경계통의 흥분제 및 심장 활동을 증강약으로, 뿌리는 커피 대용의 음료로 이용한다.

[치커리와 치커리 뿌리의 분류]

<table>
<tr><th colspan="2">품명·물품내용</th><th>분류</th></tr>
<tr><td colspan="2">치커리(chicory)와 치커리 뿌리(chicory roots)</td><td>제0601호</td></tr>
<tr><td rowspan="2">시코리엄인티버스(Cichorium intybus sativum)변종의 치커리 뿌리</td><td>볶지 아니한 것</td><td>제1212호</td></tr>
<tr><td>커피대용으로 볶은 것</td><td>제2101호</td></tr>
</table>

(10) 곡물의 짚과 껍질, 사료용 식물(제1213호·제1214호)

곡물의 짚과 껍질(제1213호) 곡물의 타작 시에 생기는 가공하지 아니한 짚과 껍질로서 절단·분쇄·압착 또는 펠리트 상이 분류되며 이들 이상으로 가공한 것은 제외된다(예: 세척, 표백 또는 염색한 것은 제1401호에 분류된다).

사료용 식물(제1214호):

- 맹골드(ruatbagas), 스위드(*Brassica napobrassica*), 사료용 순무, 당근 및 기타 사료용 근채류: 일부 식용에 적합할지라도 여기에 분류된다.
- 건초(hay), 루우산(lucerne: alfafa), 클로버, 샌포인(sainfoin), 사료용 양배추(kale)·루핀(lupines), 베치(vetches) 및 이와 유사 사료용 작물: 생것, 건조, 원형, 절단 또는 압축한 것, 염장되거나 또는 사일로(silo) 내에서 발효 또는 변질 방지를 위해 기타 처리한 여부를 불문하고 분류된다.

[용어]

용어	주요 내용	비고
대두(soybean) 제1201호	별명: 大豆, 技豆(중), daizu(일). 학명: *Glycine max L.* 원산지는 동부아시아 중국 북부, 미국이 생산량이 가장 많다. 산지별로 색상, 크기, 모양이 다양하다. 종류는 일반적으로 색에 따라 백황(흰콩·White bean), 황, 녹황·갈황(누런콩·황대두·Soybean), 담록색(푸른콩·청태·청대두·Green soybean), 갈색(밤콩), 흑색(검정콩·흑대두·Black eye bean, Black bean), 우렁콩, 선비재비콩, 매알콩, 아주까리콩 등이 있다.	식물자원
유사 사료용 작물 (similar forage products)	제1212호의 유사 사료용 작물이란 특별하게 동물의 사료용으로 재배된 식물을 말한다.	제1212호 해설
의약품(medicament)과 의료용(pharmacy)	제3003호, 제3004호의 의약품이란 사람이나 동물의 질병을 치료용 또는 예방용의 물품만을 말하는 반면, 넓은 의미의 『의료용』이란 치료 또는 예방용의 의약품은 물론이고 강장음료, 강화식품, 혈액형 시약 등을 포함하는 광의의 의미를 가지고 있다.	제1211호 해설
인삼의 종류	인삼사업법에서 인삼을 다음과 같이 정의하고 있다. ① 인삼(人蔘)이란 오가피科 人蔘屬植物을 말한다. ② 수삼(水蔘)이란 말리지 아니한 人蔘을 말한다. ③ 홍삼(紅蔘)이란 수삼을 증기 또는 기타 방법으로 쪄서 익혀 말린 것을 말한다. ④ 태극삼(太極蔘)이란 수삼을 물로 익혀서 말린 것을 말한다. ⑤ 백삼(白蔘)이란 수삼을 햇볕 열풍 또는 기타 방법으로 익히지 아니하고 말린 것을 말한다.	인삼 사업법

제13류 락·검·수지 및 기타의 식물성 수액과 엑스

1. 개 요

제13류에는 열대 수목에 곤충이 분비한 락, 수목의 분비물로서 검, 수지, 레진 등 및 식물의 수액과 엑스가 분류되며, 또한 식물성의 점질물과 디크너(thickeners)가 포함된다.

2. 분류구조

락과 수지 및 식물성 수액과 엑스는 3범주로 구분하고, 2개의 호(제1301호와 제1302호)에 분류한다.

1) 락과 천연수지(제1301호): 시드락, 쉘락, 리프쥬락, 검, 수지, 검레진, 올레오레진, 발삼

2) 식물의 수액과 엑스(제1302호): 아편, 감초엑스, 호프엑스, 제충국엑스, 알로에엑스, 천연락카, 콜라엑스, 케슈너트엑스, 바닐라올레오레진

3) 점질물과 디크너(제1302호): 펙틴질과 이들 염, 한천, 로우커스트두 또는 구아씨 등

3. 제외 물품

① 감초엑스로서 자당의 함유중량이 10%을 초과하는 것 또는 과자로 만든 것(제1704호)

② 맥아엑스(제1901호)

③ 커피·차 또는 마태의 엑스(제2101호)

④ 식물성의 수액 또는 엑스로서 알코올음료로 사용되는 것(제22류)

⑤ 제2914호·제2938호의 장뇌·글리시리진 또는 기타의 물품

⑥ 전 중량의 50% 이상의 알칼로이드를 함유하는 양귀비줄기의 농축물(아편)(제2939호)

⑦ 의약품(제3003호·제3004호)과 혈액형 분류용 시약(제3006호)

⑧ 유연엑스 및 염색엑스(제3201호·제3203호)

⑨ 정유, 콘크리트, 앱설루트, 레지노이드, 추출된 올레오레진, 정유의 에큐어스디스틸레이트 및 에큐어스 솔로션 또는 음료제조용에 사용되는 방향성 물질을 기제로 한 조제품(제33류)

⑩ 천연고무·발라타·구타페르카·구아율·치클 또는 기타 이와 유사한 천연 검(제4001호)

4. 해　　설

(1) 락과 천연수지, 수액과 엑스 및 점질물과 디크너(제13류)의 분류 범위

구분	물품명	호
락	곤충락: 시드락, 쉘락, 리프쥬락 등	제1301호
천연수지	천연검 수지(Resin), 검수지(Gum-resin), 올레오레진(Oleoresin) 등	
식물의 수액·엑스	아편, 감초엑스, 호프엑스, 제충국엑스, 알로에엑스, 천연락카, 콜라엑스, 케슈너트엑스, 바닐라올레오레진 등	제1302호
점질물과 디크너	펙틴질, 한천, 디크너 등	

(2) 락(제1301호)

락(lac)은 코치닐(cochineal)과 커미즈(kermes)의 곤충류가 열대수목에 분비한 수지성 물질이다. 대표적으로 쉘락이 있으며 바니시의 제조, 전기공업, 봉납의 제조에 사용된다. 락은 다음이 있다.

[락의 가공]

스틱 락(stick lac)	시드 락(Seed lac)	쉘락(shellac)
－락이 나뭇가지에 부착된 것 －암적색	－나뭇가지에서 락을 떼어 분쇄한 것	－용융, 여과, 정제한 것 －박편·플레이크상, 호박색

(3) 천연 검·수지·검수지 및 올레오레진(제1301호)

식물성 분비물이 공기와 접촉하여 고형화된 것이 천연 검(natural gum), 수지(resin), 검수지(gum resins) 및 올레오레진(oleoresin)으로서 이들 명칭은 보통 구별없이 사용되며 제1301호에 분류한다. 다음이 있다.

- 아라비아검, gum tragacanth, 바스라검(basra gum), 아나카디움검(anacadium gum)
- 침엽수의 액상 올레오레진
- 코팔(copal), 담마(dammar), 마스틱(mastic), 산다랙(sandarac), 기린혈(dragon's blood)
- 갬부즈(gamboge), 암모니아검(ammoniac gum), 몰약(myrrh), 아이어쿰(guaiacum)
- 안식향(gum benzoin), 소합향(styrax 또는 storax), 톨루발삼(tolubalsam), 캐나다발삼
- 인도삼(대마) 수지(cannabis resin; 대마수지)

(4) 식물성의 수액과 엑스(제1302호)

식물성의 수액(saps)과 엑스(extracts)는 일반적으로 자연적으로 분비되거나 수목에 새긴 홈에서 삼출시켜 얻어지거나, 용제에 의해 추출된 식물성 생산품이다. 이들 수액과 엑스는 제1302호에 분류된다. 이 호에는 엑스를 표준화하거나, 분말화하거나, 일정 농도 유지를 위하여 불활성 물질을 첨가한 것, 단일 엑스 또는 혼합 엑스도 분류된다.

예: 아편(opium), 감초엑스, 호프엑스, 제충국엑스, 인도삼속(대마)의 엑스 및 팅크츄어, 인삼엑스, 알로에수액, 벨라돈나엑스, 마늘엑스, 겐티안(gentian), 싱코우나엑스, 타마린드엑스, 코카엑스, 윗치하즐(witch hazel)엑스, 맥각엑스, 라엑스, 케슈너트 껍질엑스, 바닐라 올레오레진

(5) 펙틴질, 펙티닝산염과 펙틴산염(제1302호)

펙틴질(pectic substances)이란 일반 펙틴으로 알려져 있고, 다당류로서 기본구조는 폴리갈락튜론산(polygalacturonic acid)이며, 과실과 채소에 있으며 주로 사과, 배, 마르멜로, 감귤류, 사탕무 등의 잔유물에서 추출된다. 펙틴질은 주로 잼 등에 setting agents로 사용된다. 이들은 제1302호에 분류하며 이 호에는 펙티닝산염(부분 메톡시화 폴리갈락튜론산)과 펙틴산염(탈 메톡시화한 펙티닌산)이 포함된다.

(6) 식물성 원료에서 얻은 점질물 및 디크너(제1302호)

식물성의 점질물과 디크너는 찬물에 팽창되고 열수에는 용해되고, 균질상을 이루는 교질로서 냉각하면 괴상이다. 이들은 에스테르화, 에테르화, 붕사·산·알칼리로 처리하여 변성하기도 한다.

예: 한천(agra-agra), 구아씨의 배유분, 캐러지닌(carrageenin), 타마린드 열매의 자엽분

[용어]

용어	주요 내용	비고
진정 검 (true gums)	무취·무미의 다소 수용성이 있는 점성의 물질로서, 태우면 용융되지 않고 무취이다.	해설서
수지 (resins)	물에 불용성, 약간 냄새가 나고 전도성이 낮다. 음전하(−)를 가지며, 가열하면 부드러워지고 완전하게 용융되고 불을 붙이면 특이한 냄새와 연기가 섞인 불꽃을 내면서 탄다.	해설서
검수지 (gum-resins)	명칭와 같이 검(gum)과 수지가 여러 비율로 혼합된 천연혼합물로서, 일부 물에 용해하며, 일반적으로 삼투성이 있으며 독특한 냄새와 맛을 가지고 있다.	해설서
수액(saps)	일반적으로 자연적으로 분비되거나 수목에 새긴 홈에서 삼출시켜 얻어지는 것이다.	해설서
엑스 (extracts)	엑스는 용제에 의해 추출된 식물성 생산품이다. 유동엑스(fluid extracts)는 엑스가 알코올·글리세롤 또는 광유 등에 용해된 용액이고. 고상엑스(solid extracts)는 용제를 증발시킨 것이다. 또한 엑스는 분말로 하기 위해 불활성물질을 첨가하거나 또는 표준농도로 만들기 위해 불활성물질이 첨가된다. 이러한 물질의 첨가는 고상엑스의 분류에 영향을 미치지 아니한다.	해설서
올레오레진	올레오레진은 휘발성 물질과 수지(resinous)의 합성으로 이루어진 분비물이다. 발삼은 고함량의 안식향 또는 계피향 혼합물의 특성을 갖는 올레오레진이다.	해설서
팅크츄어 (tinctures)	추출된 그대로 알코올에 용해되어 있는 상태의 엑스(Extract)를 말한다.	해설서
레지노이드 (resinoid)	레지노이드는 건조된 천연의 넌−셀룰라 동식물의 수지성 물질을 유기용제 또는 초임계액상 추출에 의해 얻어진다는 점에서 이 호의 추출물과 구별된다.	해설서

추출올레오레진 (extracted oreoresins)	추출올레오레진은 ① 천연의 셀룰라 식물성 원재료(거의 항상 향신료 또는 방향성식물)를 유기용제 추출 또는 초임계용제 추출에 의해 얻어지고, ② 향신료 또는 방향성 식물의 향 또는 향미의 특성을 나타내는 비휘발성의 향미소와 휘발성의 향미소를 함유하고 있다.	해설서

제14류 식물성 편조물용 재료와 다른 류에 분류되지 아니한 식물성 생산품

1. 개 요

제14류에는 편조물용, 브러시 또는 비의 제조용, 충전에 사용하는 원료 또는 단순 가공한 식물성 재료, 조각용·단추와 장신구류의 제조용의 종자·각과 핵이 분류된다. 특히 다른 류에 분류되지 아니한 기타의 식물성 생산품이 분류된다. 그러나 주로 직물 제조에 사용되는 종류의 식물성 재료와 직물용 재료로 사용하기 위하여 가공처리한 기타의 식물성 재료(제11부)는 다른 류에 분류된다.

2. 분류구조

달리 분류되지 않는 식용 이외의 식물성 생산품은 용도별로 2개 범주로 구분하여 2개의 호(제1401호와 제1402호; 2개호 유보공란)에 분류한다.

1) 식물성 조물재료(제1401호): 케이폭, 식물성 헤어, 대, 등, 갈대, 수수 등

2) 기타 식물성 생산품(제1404호): 유연용, 염색용, 펄프용, 조각용 등(예: 오배자, 지의류, 면린터, 수세미, 종자껍질, 지의 등)

* 제1402호와 제1403호: 공란 유보

3. 분류원칙

제목	규정내용	비고
식물성 섬유 (제외 물품)	1. 제14류에서는 제11부에 분류되는 물품으로서 주로 직물의 제조에 사용되는 식물성 재료 및 식물성 섬유(조제한 것을 포함한다)와 직물성 섬유의 제조에만 적합하도록 가공한 기타의 식물성 재료를 제외한다.	제14류 류주1
편조물 성상	2. 제1401호에는 대(세로로 쪼개거나 톱으로 썬 것, 길이로 절단한 것, 끝을 둥글게 한 것, 표백한 것, 불가연성으로 한 것, 연마 또는 염색한 것을 포함한다)와 양버드나무·갈대 기타 이와 유사한 식물을 쪼갠 것 및 등의 심과 등을 인발 또는 쪼갠 것을 포함하며, 칩우드를 제외한다(제4404호).	제14류 류주2
정돈물품 (제외 물품)	3. 제1404호에는 목모(제4405호) 및 비 또는 브러시 제조용으로 묶거나 술의 모양으로 정돈된 물품을 제외한다(제9603호).	제14류 류주3

4. 제외 물품

① 주로 직물의 제조에 사용되는 식물성 재료 및 식물성 섬유(조제한 것을 포함)와 직물성 섬유의 제조에만 적합하도록 가공한 기타의 식물성 재료(제11부)

② 칩우드(제4404호)

③ 목모(제4405호)

④ 비 또는 브러시 제조용으로 묶었거나 술의 모양으로 정돈된 물품(제9603호)

5. 해　　설

(1) 기타 식물성 생산품(제14류)의 분류범위

구분	품명	호
편조물 제조용	대. 등, 갈대, 골풀, 양버드나무, 라피아, 염색한 곡물의 짚과 라임수피 등	제1401호

기타 용도	충전용	케이폭, 식물성 헤어, 거머리말	제1404호
	비·브러시 제조용	수수류, 피아사바, 카우치그라스, 이스틸리	
	염색용·유연용	umach, Fustic, Logwood, quebracho, Brazilwood, chestnut, Redsandalwood, 참나무류, 밤나무, Silverbirch, Sumach, Wattle, Mimosa, Mangrove, Willow, Madder, Canaigre, 오배자	
	펄프용	면린터	
	조각용	Corozo, 팜 종자, 코코넛 종자	
	기타	수세미, 지의류	

(2) 편조물용 식물성 재료(제1401호)

주로 매트, 매트지, 쟁반, 각종의 바구니, 뚜껑있는 광주리(hampers), 여행용 가방, 가구, 모자 등을 결합 또는 편조하여 제조하는 데 사용하는 식물성 원재료를 말한다.

예: 대(竹), 등(rattans), 갈대와 골풀(reed and rushes), 양버드나무(osier), 라피아(raffia), 청정·표백 또는 염색한 곡물의 짚, 라임수피, 칡 줄기·껍질 등

(3) 달리 분류되지 않는 식물성 생산품(제1404호)

여기에는 관세율표상 다른 호에 분류되지 않는 식물성 생산품을 분류하는 것으로 주로 충전용, 비 또는 브러시용, 염색과 유연용 등에 사용하는 식물성 원재료들이다.

① 충전용: 케이폭, 식물성 헤어, 거머리말

② 비·브러시 제조용: 수수류, 피아사바, 이스틸리

③ 염색용·유연용: Logwood, quebracho, Brazilwood, chestnut, 밤나무, Mimosa, 오배자

④ 펄프용: 면린터

⑤ 조각용: Corozo, 팜 종자, 코코넛 종자

⑥ 기타: 수세미, 지의류, 떡갈잎과 망개잎 등

(4) 면린터(제1404호)

면화나무의 면실에 달린 면화송이에 있는 면섬유를 조면하여 분리 채취한 후에도

가늘고 짧은 면섬유(보통 5mm 미만)로 덮혀 있다. 이 섬유가 면린터(cotton linter)이며 주로 셀룰로오스로 되어 있어 무연화약, 인조섬유, 셀룰로오스 플라스틱의 원료가 된다. 면린터는 제1404호에 분류되며 용도에 불문하며 또한 원료상태이거나, 세정, 표백·염색 또는 탈지한 여부를 불문하고 포함된다.

제 2 부 출제문제 및 연습문제

출제문제

[50점 문항]

1. 관세율표상 채소류 및 그 조제품의 분류와 관련하여 제 7 류와 제20류의 일반적인 분류범위를 비교하여 논하시오. [2002년]
2. 다음과 같은 대두 및 그 관련 제품 각각에 해당하는 관세율표상의 류를 쓰시오. [2006년]
   ① 대두, ② 대두유 유출 시에 얻어지는 오일케이크 및 기타 고형의 유박, ③ 대두유, ④ 탈지 대두분의 특정 성분을 제거하여 얻은 단백질 농축물로서 단백질 함량이 일반적으로 90% 이상의 것, ⑤ 두부
3. 고춧가루 39%와 마늘 분말 11%, 참깨분말 10%, 소금 등으로 균질하게 혼합된 물품을 제0904호에 분류할 것인지 또는 제2103호에 분류할 것인지 여부에 관하여 제 9 류의 주의 내용을 근거하여 다음 사항을 설명하시오. [2007년]
   ① 분류근거, ② 쟁점사항, ③ 분류견해

[10점 문항]

1. 고추류(케프시컴속 또는 피멘타속의 열매)의 성상에 따라 달라지는 품목분류에 대하여 설명하시오. [2002년]
2. 다음 물품이 해당하는 관세율표상의 류(chapter)를 쓰시오. [2002년]
   ① 건조한 인삼, ② 천연 다이아몬드, ③ 가정형 세탁기, ④ 보청기, ⑤ 플라스틱제 마네킹
3. 관세율표 제 7 류 및 제 8 류에 분류되는 물품은 저장처리방법에 따라 제20류의 채소 또는 과일의 조제품으로 분류된다. (1) 제 7 류 및 제 8 류와 (2) 제20류에서 허용되는 저장처리방법에 대하여 관세율표 호의 용어를 중심으로 비교설명하시오. [2008년]

연습문제

[50점 문항]

1. 식물성 생산품(제 6 류 내지 제14류)에 대하여 분류구성과 주요 내용을 설명하시오.
2. 채소류(제 7 류)와 과실류에 대한 다음 주제로 설명하라.
   - 채소류의 분류구성
   - 견과류와 과실의 분류구성
   - 저장 및 기타 조제별 분류내용
3. 향신료와 조제 향신료 및 혼합조미료에 대한 분류를 논하시오.

[10점 문항]

1. 제 7 류의 채소의 저장범위에 대하여 설명하시오.
2. 제 8 류의 견과류와 과실의 저장범위를 설명하라.
3. 곡물의 『분쇄물과 조분』에 대하여 설명하라.
4. 제 7 류의 채소를 가공한 물품으로서 제외되는 것은? (주로 제 9 류와 제11류에 분류되는 물품임)
5. 식물성 생산품을 류별로 간략하게 설명하라.
6. 식물성 편조물의 재료를 열거하라(5종 이상).
7. 옥수수의 품종과 가공별 분류를 설명하라.
8. 제 9 류의 조제 향신료의 분류원칙을 설명하라.
9. 곡물의 가공별 분류를 설명하라.
10. 채두와 대두의 분류에 관하여 설명하시오.

문제풀이

1. 채소와 채소 조제품(제 7 류)의 품목분류에 관하여 논하라.
   - 제 7 류의 채소에는 감자, 토마토, 당근, 오이, 양배추, 채두류(완두, 잠두, 렌스콩) 버섯, 가지, 시금치 등이 분류됨
   - 제 7 류의 채소류로 분류되기 위한 허용된 일반적인 규정

     ① 신선, 냉장, 냉동한 것(물에 삶거나 쪄서 조리된 후 냉동한 것 포함)

② 건조한 것(원상의 것, 얇게 썬 것, 파쇄·분상한 것, 단 건조한 고추류(9류), 감자의 분말(11류), 채두류 분말(11류)은 제외)

③ 일시 저장처리된 것으로 그 상태로는 식용에 적합하지 않은 것

· 제 7 류에서 규정한 이외의 방법으로 조제 또는 저장처리된 채소는 주로 제20류에 분류된다.

2. 과실과 과실조제품(제 8 류)의 품목분류에 관하여 논하라.

· 제 8 류에는 식용의 과실과 견과류(코코넛, 브라질넛, 캐슈넛, 밤, 호도, 잣 등)가 분류된다.

· 제 8 류의 과실류로 분류되기 위해서는 제 7 류와 같이 허용된 일반적인 규정을 포함한다.

① 신선, 냉장, 냉동, 건조한 것

② 일시 저장처리된 것으로 그 상태로는 식용에 적합하지 아니한 것

· 식물학상 과실류에 속하는 올리브, 토마토, 호박, 고추류는 이 류에서 제외되어 제 7 류에 분류. 과실의 분말은 제11류, 과실의 분말로 만든 조제품 및 베이커리 제품은 제19류에 분류된다.

· 이 류에서 규정한 이외의 방법으로 조제 또는 저장처리한 과실류(잼, 과실주스 등)은 제20류에 분류된다.

· 감미료와 물을 첨가한 후 희석시켜 알코올용량이 0.5% 이하인 과실음료와 과실로 제조된 식초는 제22류, 또한 알코올용량이 0.5% 초과하는 기타 발효주(예: 사과주, 배술)와 과실주를 증류하여 얻어진 브랜디는 제22류

· 포도주 찌꺼기인 생주석은 제23류에 분류한다.

제 3 부 동·식물성의 유지 및 이들의 분해생산물, 조제식용지와 동·식물성의 납

1. 개 설

제 3 부에는 동·식물의 유지류와 이들 유지류를 전부 또는 부분적으로 변성한 유지, 조제한 식용유지, 동·식물성 왁스 및 지방성 물질이나 동·식물성 왁스 처리 시에 생긴 잔류물이 분류된다.

2. 류별 구성

이부는 다른 부와는 달리 부주가 없고, 단지 제15류의 하나의 류로 구성되어 있으며 류와 부의 표제는 동일하다.

[류별 표제]

제15류 동·식물성의 유지 및 이들의 분해생산물, 조제식용지와 동·식물성의 납

3. 총 설

1) 동식물성 유지의 제조

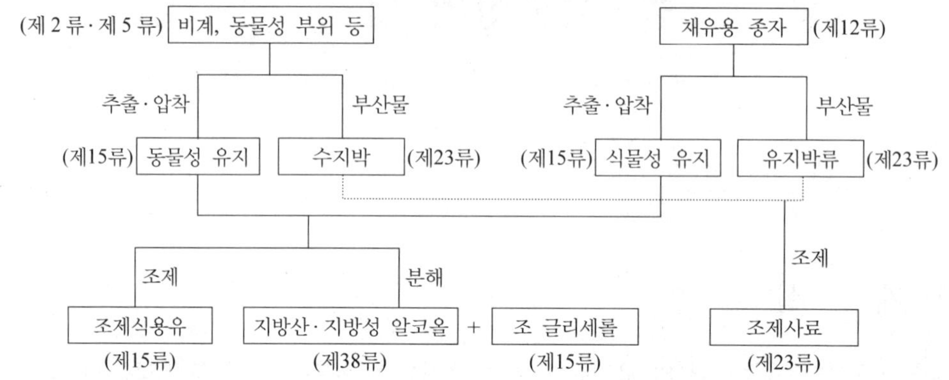

제15류 동 · 식물성의 유지 및 이들의 분해생산물, 조제식용지와 동 · 식물성의 납

1. 개 요

제15류에는 용출, 압착 또는 용제로 추출한 동 · 식물의 각종 유지류와 이들 유지류의 분해생산물과 특정 방법으로 처리한 것, 조제한 식용의 유지 및 동 · 식물성의 왁스가 분류된다. 또한 이들 물품을 처리시에 생기는 잔류물(예: 데그라스, 소프스톡, 글리세롤 폐액 등)이 포함된다.

그러나 돼지와 가금류의 비계(제 2 류), 밀크의 버터와 유지(제 4 류), 코코아의 버터와 유지(제18류), 순순한 글리세롤(제29류), 수지박(제23류), 유지 정제시에 생긴 에시드유, 지방성의 산과 알코올(제38류) 및 펙티스(제40류)는 다른 류에 분류된다.

2. 분류구조

유지류는 동·식물성 유지, 특수 가공처리한 유, 조제식용유와 혼합유, 분해생성물과 왁스, 잔류물의 5개 범주로 구분하고, 21개의 호(제1501호 내지 제1522호; 제1519호 유보 공란)에 분류한다.

1) 동·식물성 유지와 이들 분획물

① 동물성 유지와 이들 분획물(제1501호 내지 제1506호): 라아드, 가금지, 소·면양·산양의 지, 라아드유, 어유, 경유, 울그리스 등

② 식물성 유지와 이들 분획물(제1507호 내지 제1515호): 대두유, 낙화생유, 올리브유, 팜유, 해바라기씨유, 잇꽃유, 면실유, 야자유, 유채유, 참기름, 들기름 등

2) 동·식물성 유지의 변성·화학변성 및 조제 식용유지

① 수소첨가 또는 인터에스테르한 유지(제1516호)

② 조제식용유지(제1517호): 마가린, 쇼트닝 등

③ 끓인 것, 황화, 탈수, 가열 중합 또는 화학변성한 유지(제1518호)

3) 동·식물성 유지의 분해생성물(제1520호 내지 제1522호), 왁스 및 잔류물

조상의 글리세롤, 밀랍, 경납, 카나버왁스, 데그라스, 소프스톡 등

* 제1519호: 공란 유보

3. 분류원칙

제목	주요 내용	비고
올리브유 분류규정	2. 제1509호에서는 용제로 올리브에서 추출하여 얻은 유를 제외한다(제1510호).	제15류 류주2
변성유지와 이들 분획물의 분류	3. 제1518호에서는 단순히 변성만을 한 유지 또는 그 분획물을 제외하며, 그것들을 변성하지 아니한 유지 또는 그 분획물이 해당하는 호에 분류한다.	제15류 류주3
유 잔재물과 잔류물의 분류	4. 소프스톡·유의 잔재·스테아린피치·글리세롤피치 및 울그리스 잔류물은 제1522호에 분류한다.	제15류 류주4

4. 제외 물품

① 돼지 또는 가금의 비계(제0209호)
② 코코아 버터(지 또는 유)(제1804호)
③ 제0405호(버터, 유의 지와 유)의 물품이 함유중량 15% 초과하는 조제식료품(보통 제21류)
④ 수지박(제2301호), 오일 케이크, 올리브유박, 식물성 유지추출후유지박(제2304호 내지 제2306호)
⑤ 지방산 · 조제납 · 의약품 · 페인트 · 바니시 · 비누 · 조제향료 · 화장품류 또는 화장용품류 · 황산화유 또는 기타 물품(제 6 부)
⑥ 기름에서 제조한 팩티스(제4002호)

5. 해 설

(1) 동 · 식물성 유지(제15류)

관세율표에서 제15류에는 동식물성 유지가 분류된다. 동물성 유지는 제1501호 내지 제1506호에 분류되고, 식물성 유지는 제1507호 내지 제1515호에 분류된다.

동식물성 유지는 경유와 호호버 오일을 제외하고는 지방산(팔미틴산, 스테아린산 및 오레인산 등)과 글리세롤이 결합한 글리세린 에스텔화합물이다. 유지는 상온에서 액상인 유(油: oil), 고상인 지(脂: fat)와 합쳐서 유지(油脂: oil and fat)라 호칭한다. 유지는 물보다 가볍고 공기중에 장기간 방치하면 가수분해와 산화가 일어나 부패한다. 가열시는 분해하여 불쾌한 자극취를 내며, 물에 불용이나 디에칠에텔, 이황화탄소, 사염화탄소, 벤젠 등에는 용해한다. 피마자유는 알코올에 용해하나 기타 동식물성 유지는 약간 용해한다. 지방은 분해(검화)하여 지방산과 글리세롤이 생기며, 알칼리로 처리하면 지방산의 알칼리염(비누)과 글리세롤이 생긴다.

유지의 정제시에 발생되는 부산물인 유재와 소우프스톡은 제1522호에 분류하며, 조유를 정제하는 과정에서 얻은 소우프스톡을 무기산으로 분해하여 만든 애시드유는 제3823호에 분류한다.

[동식물유지의 분류(제1501호~제1506호)]

동물성 유지(분획물 포함)	
돈지와 가금지	제1501호
우지, 면양 또는 산양의 지	제1502호
라드 압착유	제1503호
어유와 해서포유동물의 유지	제1504호
울그리이스과 이들의 지방성 물질	제1505호
기타 동물성 유지	제1506호

[식물성 유지의 분류(제1507호~제1515호)]

식물성 유지류(분획물 포함)	
대두유	제1507호
낙화생유	제1507호
올리브유	제1509호·제1510호
팜유	제1511호
해바라기씨유, 잇꽃유 및 면실유	제1512호
야쟈유, 팜핵유 및 바바수유	제1513호
유채유(레이프유·콜자유), 겨자유	제1514호
기타 비휘발성 식물성 유지	제1515호

(2) 동·식물성의 유지와 분해생산물, 조제식용지, 왁스 등(제15류)의 분류범위

· 동식물성 유지:

- 조상, 정제, 처리한 것(예: 끓인 것, 황화한 것, 수소첨가한 것).
- 제1504호 및 제1506호 내지 제1515호: 유지의 분획물도 포함한다.
- 식품공업용, 산업용으로 사용 여부 불문한다.
- 제1507호~제1515호: 단일 불휘발성 식물성 유지와 이들 분획물, 조상의 것, 정화, 세척, 여과, 탈색, 탈산, 또는 발취 등으로 정제한 것,

· 조제 식용유지: 마가린 등

· 제1518호의 단순 변성한 유지와 이들 분획물에는 단순히 변성만을 한 유지 또는 분획물을 제외하며, 이들을 변성하지 아니한 유지 또는 분획물이 해당하는 호에 분류한다.

· 유지에서 제조한 특정의 물품, 특히 이들의 분해생산물: 조 글리세롤
· 동식물성 왁스(蠟: 납)
· 지방성 물질 또는 동식물성 왁스를 처리시에 생긴 잔류물(제1522호): 소프스톡(soap-stock), 유의 잔재, 스테아린피치, 글리세롤피치 및 울그리스 잔류물이 분류된다.

[동식물성 유지의 가공·처리별 분류]

가공·조제 등 / 유지류		유지	변성·식용·화학처리			분해생성물		
			수소첨가, 에스텔화, 엘라이딘화	조제 식용지	끓임, 산화, 탈수, 가열중합, 비식용유지 혼합물	글리세롤	왁스	처리시 잔류물
동물성 유지	라아드, 가금지, 소·면양·산양의 지, 라아드유, 어유, 경유, 울그리스 등	제1501호 ～ 제1506호	제1516호	제1517호	제1518호	제1520호	제1521호	제1522호
식물성 유지	대두유, 낙화생유, 올리브유, 팜유, 해바라기씨유, 잇꽃유, 면실유, 야자유, 유채유, 참기름, 들기름 등	제1507호 ～ 제1515호						

(3) 동식물 유지의 분획물

유지의 분획물은 유지의 화학적 구조에 어떠한 변화가 일어나지 않고 ① 압착, 침전, 동결처리 및 여과를 포함하는 건조 분획화, ② 용제 분획화, ③ 계면활성제에 의한 분획화하는 방법이 있다. 제15류의 동식물성 유지에는 이들 유지의 분획물(fractions of the fats and oils)도 포함된다. 동식물 유지의 분획물은 각각의 유지가 분류되는 호(제1504호. 제1505호 내지 제1515호)에 분류한다.

(4) 올리브유의 종류(제1509호·제1510호)

올리브유는 올리브나무(*Olea europaea* L.)의 열매에서 얻는 유로서 다음과 같이 구분 분류된다.

구분	주요 내용	유리지방산/벨리어반응
버진 올리브유 (제1509호)	올리브나무 열매을 기계적 또는 물리적으로 얻는 유로서 세척·기울여 따르기(decantation)·원심분리 또는 여과 등 이외의 처리를 하지 않은 미정제유를 말한다.	3.3 이상/음성
정제 올리브유 (제1509호)	버진 올리브유를 구조의 변화 또는 지방산 구성요소의 변성없이 정제한 것으로 침전물이 없고 투명하다. 람판트 올리브유	0.3 이하/음성
기타 올리브유 (제1510호)	위의 버진과 정제 올리브유 이외의 올리브유가 분류되며, 올리브를 용제로 추출한 유을 말한다. 원상·정제 또는 기타의 처리를 한 것도 분류되며, 또한 올리브-레시듀유가 포함된다.	-/양성

* 밸리어(Bellier)반응.

(5) 특정 화학적 변형처리한 동식물성 유지(제1516호)

여기에는 특정 화학적 변형(chemical transformation)을 한 동식물성 유지가 분류되는 것으로, 즉 수소첨가, 인터에스텔화, 리에스텔화 또는 엘라이딘화 동·식물성 유지를 말하며 제1516호에 분류한다.

수소첨가유지(hydrogenated fats and oils) 주로 식물성 유지의 불포화 지방산(예: 올레인산, 리놀레산 등주로 식물성 유지)을 적정한 압력과 온도에서 니켈 촉매로 수소를 첨가시켜 고융점의 포화 지방산(예: 팔미트산, 스테아르산 등)으로 변형시킨 것이다. 이는 유지를 수소첨가함으로써 지방의 융점을 높이고, 유의 경고도를 증가시키는 것으로 수소첨가는 완전 또는 부분적으로 수소첨가한 것이 있다. 그러나 수소첨가과정에서 해로운 트랜스지방이 생성되기도 한다.

인터-에스텔화(inter-esterified)**한 유지** 유지의 트리- 글리세라이드의 지방산기를 적절히 재배열하는 것으로 유지의 경고도를 높인다.

리-에스텔화(re-esterified)**한 유지** 에스텔화한 유지라고도 한다. 지방산과 글리세롤을 합성하여 얻은 트리글리세라이다. 트리글리세라이드 내의 지방산 라디칼의 배열은 정상인 천연유의 배열과는 다르다.

엘라이딘화(elaidinised)**유지** 불포화지방산라디칼을 시스형에서 트랜스형으로 변환시켜 가공한 유지이다.

(6) 마가린과 쇼트닝(제1517호)

마가린(margarine) 천연버터와 유사한 인조버터이다. 마가린은 여러 유지를 혼합하여 천연버터와 유사하게 배합하여 유화제, 착색제, 향료, 보존료 등과 함께 이겨 굳게 한 가소성있는 액상의 W/O형의 유화구조이다. 마가린은 실온에서 고상이나 식용시 녹아야 하므로 원료유지를 약 25~35℃의 융점이 되도록 배합하여야 한다. 여름과 겨울철에는 융점을 달리하므로 고체지방(우지, 돈지)과 액상유지(식물성 유)를 사용하여 적절한 융점을 조절하여 제조한다.

쇼트닝(shortening) 동·식물성 유지나 정제유 또는 이들 혼합유를 급냉·연합하여 크림상, 고상, 또는 유동상으로 가소성을 좋게 한 것으로 제과, 제빵에 주로 사용한다. 쇼트닝은 수분이 없는 청정유지를 사용하며 마가린과 달리 유화공정이 없다.

(7) 가열중합·화학적 변성시킨 동식물성 유지(제1518호)

끓이거나, 산화, 탈수, 황화, 취입, 진공 또는 불활성 가스하에서 가열 중합하거나 기타의 화학적으로 변성(chemical modified)시킨 동식물성 유지와 이들의 분획물을 말하는 것으로 제1518호에 분류한다. 이들은 동식물성 유지 또는 이들 분획물의 화학구조를 변화시켜 점도, 건성 또는 기타 특성을 변화시키기 위한 것이다. 이들 물품은 기본 구조를 가지며 타 호에 특게되지 않아야 한다.

예: 보일유(boiled oi), 산화유(oxidised oil), 브라운유(blown oil), 탈수한 피마자유(dehydrated castor oil), 황화유(sulphuriseed oil), 진공·불활성 가스상에서 가열한 중합유, 건성유(drying oils), 에폭시화 유(epoxidised oils), 브롬화한 유(brominated oils)

[글리세롤의 분류]

품명		분류
조상 글리세롤, 글리세롤수 및 글리세롤폐액		제1520호
글리세롤(glycerol)	순도 95% 미만	제1520호
	순도 95% 이상	제2905호

(8) 동·식물성 왁스(제1521호)

동식물성 왁스는 주로 팔미트산, 세로틴산, 미리스트산 등의 고급지방산과 일가 알코올(예: 세틸알코올 등)의 에스텔이다. 따라서 동식물성 왁스는 가수분해하여도 글리세롤을 생성치 않고, 가열하여도 자극취를 발생하지 않으며, 부패하지 아니하며, 일반적으로 지방보다 견고하다.

- 식물성 왁스: 카나버 왁스(carnauba wax), 오우리큐리납(ouricury wax), 팜왁스(palm wox), 칸데리라납(candelilla wax)
- 동물성 왁스: 밀납(bees wax), 락납(lac wax), 차이니즈 납(chinese wax). 경납(spermaceti)

[동식물성 왁스의 특성]

왁스	원재료	주성분·구조식	용도
밀납(beeswax)	벌꿀집	Myricylpalmitate: $C_{15}H_{31}COOC_{31}H_{63}$	초, 광택제, 화장품, 연고 등
경납(spermaceti)	향유고래뇌	Cetyl palmitate: $C_{15}H_{31}COOC_{16}H_{33}$	연고, 화장품 등
양모지(lanoline)	양털	Ceryl Olate	화장품, 의약품 등
카나버왁스 (carnauba wax)	카나버잎	Myricyl ceroate: $C_{25}H_{51}COOC_{30}H_{61}$	초, 광택제, 화장품 등

(9) 유지(油脂)의 규격

산가(AV: Acid Value) 산가란 유지 1g에 존재하는 유리지방산을 중화에 필요한 KOH의 mg수를 표시한 것이다. 유지의 품위를 결정하는 기준이며 산가가 낮을수록 품질이 좋으며 식용유는 낮아야 한다(예: 대두유: 0.2 이하, 참기름: 4 이하).

검화가(SV: Saponification Value) 유지 1g를 비누화하는 데 필요한 KOH mg수를 말한다. 검화가가 클수록 유지의 평균분자량이 적으며, 따라서 저급지방산의 함유량이 많을수록 크다

요드가(IV: Iodone Value) 유지 10g당 흡수하는 염화요드의 양을 요드의 g수로 표시한 것이다. 요드가가 크면 불포화지방산이 많이 함유하고 있다. 불포화지방산은 이중결합을 중심으로 산화 촉진하여 산페된다. 특정 유지의 요드가는 일정 기준치를 갖기도 한다.

[용어]

품명	주요 내용	비고
조유 (crude oil)	압착법에 의해 채취된 비휘발성 식물유 가운데 조상(crude)이란 기울여 따르기(decantation)·원심분리법 또는 여과법 외의 공정을 거치지 아니한 것과, 고상에서 오일을 분리하기 위해 흡착식 여과처리법·분획화 또는 기타 물리적·화학적 처리를 제외한 비중·압력 또는 원심분리와 같은 기계적으로만 처리한 것을 말한다. 추출법으로 채취된 오일도 조상의 것(crude)에 해당되나 압착법의 유지와 비교하여 색·향기 또는 맛의 변화가 없어야 한다.	해설
단순변성 유지란 (merely denatured)	–분류규정(제15류 류주3)에서 『단순히 변성만을 한 유지 또는 그 분획물』이란 유지 및 이들의 분획물을 식용에 공할 수 없도록 1% 이하의 변성제를 첨가한 것을 말한다. –변성제: 어유, 페놀, 석유, 터펜틴유, 톨루엔, 메틸살리실레이트, 로즈메리유 등	해설
에스테르 교환 (Interesteripication)	지방질의 에스테르 결합에 알코올, 산 그리고 다른 에스테르와 반응하여 본래의 에스테르 결합체 물질을 다른 에스테르 물질이나 에스테르 혼합체를 형성시키는 화학적 변화를 에스테르 교환이라 한다. 이 교환은 촉매하에서 알코올과 반응하면 알코올리시스(alcoholisis), 산과 반응하면 애시들리시스(acidillisis)라 한다.	유지학
트랜스지방	자연계에는 불포화지방산은 시스형으로 결합되어 있으며, 액상의 식물성유에 존재한다. 마가린, 쇼트닝 등의 고상이나 반고상의 경화유를 제조하기 위해 수소첨가하는 과정에서 시스(cis) 불포화지방산이 일부 트랜스(trans)지방산이 생성된다. 이것을 트랜스지방산, 트랜스지방이라 한다. 트랜스지방은 혈관 건강에 나쁜 것으로 밝혀지거나, 당뇨, 암, 알레르기 등을 유발할 수 있다는 가능성이 제시되고 있다. 세계각국은 트랜스지방산 함량 표시를 의무화를 추진하고 있다. H H / – C – C – / H H : 포화지방산 H H / – C = C – : 시스-불포화지방산 H / – C = C – / H : 트랜스-불포화지방산	식품 안전청 자료

제 3 부 출제문제 및 연습문제

출제문제

[50점 문항]

[10점 문항]

1. 조상의 글리세롤 제법(만드는 방법)을 서술하고 정제한 것과 정제하지 않은 것의 품목분류 번호를 쓰시오. [2003년]
2. 휘발유에 식물유와 메틸알코올을 혼합하여 만든 하이브리드 연료를 수입하고자 한다. 이 물품의 품목분류를 위해 고려해야 할 내용을 설명하시오. [2006년]

연습문제

[50점 문항]

1. 제15류(동식물성 유지와 분해생산물 등)에 분류되는 물품과 분류체계를 논하시오.

[10점 문항]

1. 동식물성 왁스와 이들 왁스의 조제품의 분류는?
2. 유지류의 규격에 대하여 설명하시오.
3. 올리브유는 종류와 규격을 설명하라.
4. 밀크에서 얻은 유지류의 분류와 이들 조제품의 분류는?
5. 동·식물성 유지는 제15류에 분류된다. 이 류에서 분류되지 않는 동·식물성 유지를 열거하라.

문제풀이

1. 최근 식용유지에서 문제되는 트랜스지방에 대해 설명하라.

자연계에는 불포화지방산은 시스형으로 결합되어 있으며, 액상의 식물성유에 존재한다. 트랜스지방이란 마가린, 쇼트닝 등의 고상이나 반고상의 경화유를 제조하기 위해 수소첨가하는 과정에서 시스(cis) 불포화지방산이 일부 트랜스(trans)지방산이 생성되는 것을 말하며, 트랜스지방산이라고도 한다. 트랜스지방은 혈관 건강에 나쁜 것으로 밝혀지거나, 당뇨, 암, 알레르기 등을 유발할 수 있다는 가능성이 제시되고 있다. 세계각국은 트랜스지방산 함량표시를 의무화를 추진하고 있다. 다음은 지방산의 구조식이다

```
  H   H          H   H              H
– C – C –    – C = C –      – C = C –
  H   H                       H
포화지방산     시스-불포화지방산   트랜스-불포화지방산
```

2. 유지의 규격을 말하라.

- 산가(AV: Acid Value): 산가란 유지 1g에 존재하는 유리지방산을 중화에 필요한 KOH의 mg수를 표시한 것이다. 유지의 품위를 결정하는 기준이며 산가가 낮을수록 품질이 좋으며 식용유는 낮아야 한다(예: 대두유: 0.2 이하, 참기름: 4 이하).
- 검화가(SV: Saponification Value): 유지 1g를 비누화하는 데 필요한 KOH mg수를 말한다. 검화가가 클수록 유지의 평균분자량이 적으며, 따라서 저급지방산의 함유량이 많을수록 크다
- 요드가(IV: Iodone Value): 유지 10g당 흡수하는 염화요드의 량을 요드의 g수로 표시한 것이다. 요드가가 크면 불포화지방산이 많이 함유하고 있다. 불포화지방산은 이중결합을 중심으로 산화 촉진하여 산폐된다. 특정 유지의 요드가는 일정 기준치를 갖기도 한다.

3. 동식물성 유지 가운데 제15류에 분류할 수 없는 것은?

① 돼지와 가금의 비계(제2류), ② 밀크의 버터, 유, ③ 코코아의 버터, 지방(제18류), ④ 팩티스(제40류)

제 4 부 조제식료품과 음료·알코올·식초 및 담배와 제조한 담배대용물

1. 개 설

제 4 부에는 앞에서 분류되는 동물과 식물, 동·식물의 생산품(제 1 부 내지 제 3 부: 제 2 류 내지 제15류)에서 규정하고 있는 범위 이상으로 저장하거나, 가공 또는 기타의 조제한 것과, 주로 식용의 동·식물생산품의 조제품이 분류된다.

또한 코코아(Cocoa)의 각종 생산품과 제품, 동·식물성의 사료와 조제사료, 음료와 주류 및 담배와 담배대용물이 포함된다.

2. 류별 구성

이 부의 조제식료품, 음료와 주류 및 담배를 체계적으로 품목분류를 하기 위하여 1 개의 부주와 제16류 내지 제24류의 9개 류의 본문으로 구성되어 있다. 류 표제는 다음과 같다.

[류별 표제]

제16류	육류·어류·갑각류·연체동물 또는 기타 수생무척추동물의 조제품
제17류	당류와 설탕과자
제18류	코코아와 그 조제품
제19류	곡물·분·전분 또는 밀크의 조제품과 베이커리 제품
제20류	채소·과실 견과류 또는 식물의 기타 부분의 조제품
제21류	각종의 조제식료품
제22류	음료 알코올 및 식초
제23류	식품공업에서 생기는 잔재물 및 웨이스트와 조제사료
제24류	담배와 제조한 담배대용물

3. 분류원칙

제목	규정내용	비고
펠리트 (pellet)	1. 제 4 부에서 펠리트라 함은 직접 압착을 하거나 또는 전중량의 100분의 3 이하의 점결제를 첨가하여 응결한 것을 말한다.	제 4 부 부주 1

제16류　육류·어류·갑각류·연체동물 또는 기타 수생무척추동물의 조제품

1. 개　　요

제16류에는 육과 설육, 피 및 어류, 갑각류, 연체동물 또는 기타 수생무척추동물의 조제식료품이 분류된다. 즉, 제 2 류(육과 식용 설육)와 제 3 류(수산물)에서 규정하고 있는 이외의 방법으로 저장처리하거나 조제처리한 것이 분류된다. 또한 소시지, 육, 어류 등과 채소, 스파게티, 소스 등으로 조성된 혼합조제식품인 경우에는 소시지, 육, 피, 어류 등의 함유중량이 20%를 초과하는 경우에는 포함된다. 그러나 이들 물품으로 속을 채운 식품류(제1902호), 소스와 소스의 조제품, 스프 또는 부로드의 제조용 조제품 및 균질화한 혼합 조제식료품(제21류)은 다른 류에 분류된다.

2. 분류구조

이 류의 소시지와 동물성 조제식품은 2범주로 구분하고 5개의 호(제1601호 내지 제1605호)에 분류한다.

1) 조제 또는 저장처리한 육·설육 또는 피(제1601호·제1602호)

① 소시지와 이와 유사한 조제식품, ② 기타 조제, 저장처리한 육·설육 또는 피

2) 조제·저장처리한 육·어류·갑각류·연체동물 또는 기타 수생무척추동물(제1603호~제1605호)

① 엑스와 액즙, ② 조제·저장한 어류, 캐비아와 어란의 캐비아 대용물, ③ 갑각류·

연체동물 또는 기타 수생무척추동물의 것

3. 분류원칙

제목	규정내용	비고
제외 물품	1. 제16류에는 제2류·제3류 또는 제0504호에 규정한 방법에 의하여 조제 또는 저장처리한 육·설육·어류·갑각류·연체동물 또는 기타 수생무척추동물을 제외한다.	제16류 류주1
조제식료품의 분류	2. 제16류의 조제식료품은 소시지, 육, 설육, 피, 어류 또는 갑각류, 연체동물 또는 수생무척추동물, 또는 이들의 배합물이 전중량의 20%를 초과하여야 한다. 이 규정한 물품을 둘 이상 함유하는 조제식료품은 최대 중량에 의해 제16류의 해당 호에 분류한다. 그러나, 이 규정은 속을 채운 파스타(제1902호), 소스와 소스제조용 조제품, 혼합조미료(제2103호), 수프와 부로드, 수프·부로드 제조용 조제품(제2104호)은 적용되지 않고 해당 호에 분류된다.	제16류 류주2
균질화 조제식료품	1. 제1602.10호에서 육 또는 설육의 균질화한 조제품이라 함은 유아용 또는 식이요법용으로 육이나 설육 또는 피를 곱게 균질화한 조제품으로서 다음의 것 －순중량 250g 이하의 것 －용기에 넣어 소매용으로 만든 것 이 정의에서 조미·저장 또는 기타 목적으로 어떤 성분을 소량 첨가한 것은 무방하며, 이들 조제품에는 육이나 설육이 눈에 보일 정도의 조각이 소량 함유될 수도 있다.	제16류 소호주1

4. 제외 물품

① 식용에 적합한 분과 조분으로서 육 또는 설육의 것(해서포유동물의 것, 제0210호) 또는 어류의 것(제0305호)

② 식용에 적합하지 않은 분, 조분 및 펠리트(육·해서포유동물·어류·갑각류·연체동물·수생무척추동물의 것)(제2301호)

③ 육·설육·어류 등을 기재로 한 사료용 조제품(제2309호)

④ 의약품(제30류)

5. 해　　설

(1) 분류범위

제16류: 육·어류·갑각류·연체동물 또는 수생무척추동물을 제 2 류(육과 식용 설육)·제 3 류(어류, 갑각류, 연체동물, 기타 수생무척추동물) 또는 제0504호에서 규정한 이외의 방법으로 조제 또는 저장처리한 것으로 다음 물품이 분류된다.

① 소시지
② 조리한 것: 끓인 것, 찐 것, 구운 것, 튀긴 것, 볶은 것, 기타 방법으로 조리한 것
③ 엑스와 액즙(주스), 또는 마리네이드형으로 조제·저장처리한 것
④ 캐비아 또는 캐비아 대용물
⑤ 균질화한 것. 단순 배터(batter) 또는 빵가루를 입힌 것, 송로를 첨가하거나 조미된 것 등
⑥ 소시지, 육, 설육, 피, 어류, 갑각류, 연체동물 또는 수생무척추동물, 또는 이들의 배합물이 20% 초과하는 조제식료품

[동물성 조제·저장별 식품(제16류)의 분류]

동물성 원재료	기타 조제·저장	호
육·설육 또는 피	소시지	제1601호
	기타 조제·저장처리한 것	제1602호
기타 조제·저장처리한 육, 어류, 갑각류, 연체동물 또는 수생무척추동물	엑스와 육즙	제1603호
	어류의 것	제1604호
	캐비아와 어란의 조제캐비아 대용물	
	갑각류, 연체동물 또는 수생무척추동물의 것	제1605호

(2) 기타 조제 또는 저장처리한 동물성 식료품(제16류)의 분류원칙

제16류의 조제식료품은 소시지, 육, 설육, 피, 어류 또는 갑각류, 연체동물 또는 수생무척추동물, 또는 이들 배합물의 함유중량이 20%를 초과하여야 한다. 이 규정한 물품을 둘 이상 함유하는 조제식료품은 최대 중량에 의해 제16류의 해당 호에 분류한다. 그러나 속을 채운 파스타(제1902호), 소스와 소스제조용 조제품, 혼합조미료(제2103호), 수

프와 부로드, 수프·부로드 제조용 조제품(제2104호)은 적용되지 않는다.

(3) 균질화 조제식료품(제1602호)이란

육 또는 설육의 균질화한 조제품(제1602호)이라 함은 유아용 또는 식이요법용으로 육이나 설육 또는 피를 곱게 균질화한 조제품으로서 다음의 것을 말한다.

① 순중량 250g 이하이고, ② 용기에 넣어 소매용으로 만든 것, ③ 조미·저장 또는 기타 목적으로 어떤 성분을 소량 첨가하거나, 눈에 보일 정도의 육·설육의 조각이 소량 함유할 수도 있다.

(4) 소시지(제1601호)

소시지는 잘게 썰거나 다진 육과 설육 또는 혈 등을 장이나 위, 방광, 피 또는 이와 유사한 천연 또는 인조의 싸개에 넣은 조제품이다. 소시지와 이와 유사한 것은 제1601호에 분류되며 다음이 있다.

예: ① 육기제의 소시지와 이와 유사 소시지(frankfurter, 사라미 등), ② 간장 소시지, ③ 브랙푸딩 또는 화이트 푸딩(puddings), ④ 앤도우이렛터(andouillettes), 세이브로이, 볼로냐 소시지 등, ⑤ 파테, 육페이스트, 갤런틴 또는 리레트를 싸개에 넣거나 소시지 형상으로 압착한 것

(5) 조제 또는 저장처리한 육·설육 또는 피, 어류, 갑각류·연체동물 및 기타 수생무척추동물(제1602호, 제1604호·제1605호)의 분류

소시지는 제1601호에 분류되고, 육엑스와 육즙은 제1603호에 분류된다. 이들을 제외한 기타 조제 또는 저장처리한 것으로서 육, 설육 또는 피는 제1602호에, 어류는 제1604호에 갑각류, 연체동물 및 기타 수생무척추동물은 제1605호에 분류된다. 여기에서 제16류에 분류되는 기타 조제 또는 저장처리한 것이라 함은 다음 조리 또는 조제한 것을 말한다.

① 조리한 것: 끓인 것, 증기로 찐 것, 굽거나 후라이한 것, 볶은 것, 기타 조리한 것

② 파테(pates), 육페이스트, 갤런틴(galantines), 리레트(rillettes)

③ 제 2 류, 제 3 류 또는 제0504호에서 규정한 이외의 방법으로 조제·저장처리한 것: 배터·빵가루를 입힌 것, 송로를 첨가하거나 조미한 것, 균질화한 것, 조제

한 이리와 간장

③ 피의 조제품

④ 소시지, 육, 설육 또는 피, 어류, 갑각류, 연체동물 또는 수생무척추동물, 또는 이들 배합물을 20% 이상 함유하는 조제식품

(6) 육·어류·갑각류·연체동물 또는 기타 수생무척추동물의 엑스와 액즙(제1603호)

여기에는 다음 물품이 있으며 제1603호에 분류된다.

육의 엑스와 액즙 일반적으로 육을 가압하에서 끓이거나 증기로 쪄서 여과하여 지방을 제거한 후 남는 액체를 농축하여 얻는 농축물이다. 액즙은 생육을 압착하여 얻은 육즙

어류 또는 갑각류, 연체동물 또는 수생무척추동물의 엑스와 액즙 어류의 엑스는 예로서 청어 기타 어류의 살부분에서 추출한 액체를 농축하거나 어분(flesh meal)에서 제조한다. 액즙은 날것의 수산물(어류, 갑각류, 연체동물 또는 수생무척추동물)을 압착하여 얻은 주스이다.

(7) 캐비아와 캐비아 대용물(제1604호)

어란의 조제품인 캐비아와 캐비아 대용물은 제1604호에 분류된다.

캐비아(caviar) 철갑상어의 어란을 조제한 것이다. 철갑상어는 이탈리아, 알라스카, 터키, 이란과 소련의 강에서 서식하고, 어종은 큰 철갑상어, 쉬어프, 오시오트 및 소리그 등이 있다. 캐비아는 보통 연한 과립상, 직경 2mm～4mm으로 은회색, 강한 취기와 약간의 식염미가 있으며, 압축되거나 적고 얇은 실린더 또는 적은 용기로 포장한다.

캐비아 대용물 철갑상어 이외의 어란으로 조제한 캐비아의 대용인 것을 말하며, 세척한 것, 기관을 깨끗이 한 것, 염장 및 때로는 압축 또는 건조한 것이다. 이들 어란은 조미 또는 착색하기도 하며, 램프피시의 알을 착색한 모조 캐비어가 있으며, 무착색인 것을 골든캐비어라 한다.

[용어]

제목	주요 내용
철갑상어	별명: 심어(鱘魚), 심황(鱘鰉). 철갑상어과에는 철갑상어, 칼상어, 용상어 등이 있으며 주둥이 아래에 4개 촉수가 있고 양턱에 이가 없는 것이 특징이다. 특히 카스피해의 베르가, 우시에트라. 세부르가의 어란이 캐비아로 잘 알려져 있다. 그러나 캐비아로 유명한 귀상어는 상어류가 아니다. 상어란 부드러운 뼈를 갖는 연골어류 말하나, 귀상어는 뼈가 단단한 경골어류이고 외형이 상어로서 상어란 이름이 붙여진 것이다

제17류 당류와 설탕과자

1. 개 요

제17류에는 각종 당류가 분류될 뿐 아니라 당시럽, 인조꿀, 캐러멜, 설탕을 정제하거나 추출시에 얻어지는 당밀, 설탕과자가 분류된다. 또한 고체상태의 자당, 유당, 맥아당, 포도당 및 과당은 화학적으로 순수한 것이라도 포함되며, 특히 고상의 설탕과 당밀에 향미제나 착색제를 첨가한 것이 포함된다. 그러나 당시럽에 향미제나 착색제를 첨가한 것(제2106호)은 제외된다.

2. 분류구조

각종 당류와 당시럽, 천연꿀, 설탕과자는 4개 범주로 구분하고 4개의 호(제1701호 내지 제1702호)에 분류한다.

1) 고상의 당류(제1701호·제1702호)

① 사탕수수당, 사탕무당 및 순수자당(제1701호)

② 순수한 유당, 맥아당, 포도당 및 과당(제1702호)

2) 기타 당류, 당시럽, 인조꿀 및 캐러멜당(제1702호)

3) 당밀(제1703호)

4) 설탕과자(제1704호): 추잉껌, 캐러멜, 캔디, 누가, 퐁당, 마지판 등

3. 분류원칙

제목	규정내용	비고
조당 raw sugar	1. 제1701.11호 및 제1701.12호의 소호에서 『조당』이라 함은 건조상태에서 중량기준으로 자당의 함량이 편광도수 99.5° 미만에 해당하는 당을 말한다.	제17류 소호주1

4. 제외 물품

① 코코아를 함유한 설탕과자(제1806호)

② 화학적 순수 당류(자당·유당·맥아당·포도당 및 과당을 제외)와 이들 수용액(제2940호)

③ 의약품과 기타의 의료용품(제30류)

5. 해　　설

(1) 당류와 설탕과자의 분류범위

<table>
<tr><th colspan="3">구분</th><th>당류와 당제품</th><th>호</th></tr>
<tr><td rowspan="6">당류</td><td rowspan="3">고상</td><td>사탕수수·무당</td><td>조당, 원당, 향미·착색제 첨가 포함</td><td rowspan="2">제1701호</td></tr>
<tr><td rowspan="2">화학적 순수한 특정 당류</td><td>자당</td></tr>
<tr><td>유당, 맥아당, 포도당 및 과당</td><td rowspan="5">제1702호</td></tr>
<tr><td colspan="2">기타 당류</td><td>유당, 전화당, 포도당, 과당, 단풍당, 맥아당</td></tr>
<tr><td colspan="2">당시럽</td><td>당류의 수용액, 황색시럽(향료·착색제 미첨가)</td></tr>
<tr><td colspan="3">인조꿀: 당류 기제의 모조천연꿀. 천연꿀과 인조꿀의 혼합물</td></tr>
<tr><td>열처리한 당</td><td colspan="3">캐러멜당: 당류·당밀을 120～180℃로 열처리한 것</td></tr>
<tr><td>당 정제시 부산물</td><td colspan="3">당밀</td><td>제1703호</td></tr>
<tr><td>설탕과자</td><td colspan="2">설탕기제 페이스트</td><td>퐁당(Fondant) 페이스트, 누가 페이스트, 아몬드 페이스트</td><td>제1704호</td></tr>
</table>

설탕과자	추잉껌, 코프드롭프스, 캐러멜, 구중향정, 캔디, 누가, 퐁당, 가당아몬드, 마지판, 과실제리와 페이스트

(2) 당류의 종류와 분류

각종의 당류 가운데 자당, 유당·맥아당·포도당 및 과당으로서 고상의 화학적으로 순수한 것은 제17류(제1701호와 제1702호)에 분류되며, 이들 이외의 화학적으로 순수한 당류는 제29류(제2940호)에 분류된다. 제17에 분류되는 당류는 다음과 같다.

[당류(제17류)의 종류]

- 유당(Lactose: milk sugar): 밀크의 성분으로 주로 유장에서 제조된다. 유당은 백색으로 약감미있는 결정 분말이다.
- 전화당(invert sugar): 천연꿀의 주요 성분으로 보통 자당용액을 가수분해하여 얻으며 동량의 포도당과 과당으로 구성되어 있다. 고체 또는 점착성 시럽의 형상이다.
- 과당(fructose): 과실과 벌꿀에 포도당과 함께 존재한다. 포도당이나 유당에서 제조하거나, 괴경에 함유된 이눌린을 가수분해하여 얻으며, 백색 결정성 분말 또는 점착성 시럽이다.
- 자당(sucrose sugar): 사탕무 또는 사탕수수를 추출하여 얻는다. 단풍나무의 수액에서 얻는 단풍당이 있으며, 기타 감미수수 등에서도 얻는다.
- 포도당(glucose): 천연 과실과 벌꿀에 함유되어 있으며, 동일량의 과당과 전화당으로 구성되어 있다. 화학적으로 순수한 포도당, 즉 덱스트로오스를 포함한다. 포도당은 전분을 산이나 또는 효소로 가수분해하여 얻으며, 덱스트로오스 이외에 이당류·삼당류 및 다당류를 함유한다. 덱스트로오스(환원당)의 함유향이 20% 이상으로 점조액상, 괴상, 케이크상, 분말이다.
- 말토덱스트린(maltodextrins): 포도당과 동일한 방법으로 얻으며, 맥아당과 다당류를 여러 비율로 함유하고 있다. 이들은 가수분해의 정도가 낮으며, 상거래 포도당의 순도보다 환원당의 함량이 낮다. 여기에는 덱스트로오스(환원당)가 10%를 초과하는(20% 이하) 물품을 포함한다. 백색 분말, 시럽상이다.
- 맥아당(maltose): 전분을 맥아효소로서 가수분해하여 제조하며, 백색 결정성 분말이다.

[순수 당류의 분류]

성상·조성	품명	분류
·고상의 화학적 순수한 당류	자당·유당·맥아당·포도당 및 과당	제1701호·제1702호
	기타 당류	제2940호

[자당과 유당의 분류]

품명	원재료별	품명·특성	분류
자당 (sucrose: sugar)	생산재료 불문	고상의 화학적 순수자당	제1701호
	사탕수수당 또는 사탕무당의 자당	고상(향미제 착색제 첨가불문)	제1701호
		당시럽	제1702호
		당시럽에 향미제 착색제 첨가한 것	제2106호
	기타 자당: 단풍당, 수수당, 팜수의 당 등	고상(향미제 착색제 첨가불문)	제1702호
		당시럽에 향미제 착색제 첨가한 것	제2106호
유당 (Lactose)	밀크의 함유 성분으로 주로 유장에서 제조된다.	화학적 순수 유당(유당 95% 초과)	제1702호
		유당 95% 이하	제0404호

(3) 당시럽과 당밀(제1702호·제1703호)

당시럽(제1702호) 각종 당류의 수용액, 사탕수수나 사탕무당 등에서 당류 추출에 얻는 즙과 시럽, 당정제 공정에서 정제당을 결정화 분리 후의 잔류시럽 또는 자당을 부분 전화하거나 전화당을 가한 황색 시럽(golden syrup)이 있다.

당밀(제1703호) 주로 사탕수수당 또는 사탕무당을 추출하거나 또는 정제시에 생기거나 옥수수에서 과당을 생산시에 부산물로 얻는다. 당밀에는 결정화되지 않은 상당량의 당을 함유하는 갈색 또는 흑색의 점조 액상이며, 분말상도 있다. 사탕무당의 당밀은 식용에 부적합하나 사탕수수당과 옥수수의 당밀을 정제한 것은 식용에 적합하여 당밀(treacle) 또는 식초용 시럽(tably syrups)으로 거래된다. 여기에는 탈색당밀, 착색 또는 향미 물질을 함유한 당밀이 분류된다.

(4) 캐러멜(제1703호)

캐러멜은 방향을 지닌 갈색의 비결정성 물질이며, 액상, 고상 또는 분말상으로 제1703호에 분류된다. 캐러멜은 일반적으로 포도당, 자당 또는 당밀을 120℃ 내지 180℃에서 장시간 가열하여 얻으며, 당이 고함량의 캐러멜화당에서 저함량의 착색용 캐러멜이 얻어진다. 캐러멜화당은 디저트, 아이스크림 및 과자류의 향미료로 사용되며, 주류나 음료의 착색물질로 사용된다.

(5) 설탕과자(제1704호)

대부분의 설탕제품의 분류되는데 고체 또는 반고체 물품으로 시판되고 보통 직접 식용에 적합한 것이며 사탕과자, 과자류 또는 캔디라 부르며 제1704호에 분류된다. 다음이 있다.

설탕을 기제로 한 페이스트 설탕과자에 적합하나 기타 식품의 충진제로 사용되는 것

예: 퐁당 페이스트(fondant pastes), 누가 페이스트(nougat pastes), 아몬드 페이스트

설탕과자 설탕함유 껌, 끓인 단과자(boiled sweets), 캐러멜, 구중향정(cachous), 캔디, 누가(nougat), 퐁당(fondants), 가당 아몬드, 마지판(marzipan), 인후용 코프드롭프스(cough drops), 백색 초콜릿(white chocolate), 설탕과자 형상의 과실제리와 과실페이스트.

감초엑스 과자 및 자당의 함유중량 10% 초과하는 감초엑스

제18류 코코아와 그 조제품

1. 개 요

제18류에는 카카오(*Theobroma cacao*) 수목의 종실의 코코아두를 원료상태에서부터 초콜릿에 이르는 일련의 생산품들이 분류된다. 또한 코코아를 함유하는 설탕과자와 코코아를 함유하는 대부분의 조제식료품이 분류된다.

2. 분류구조

코코아두에서 초콜릿에 이르는 가공별로 6개의 호(제1801호 내지 제1801호)에 구분하여 분류한다.

1) 코코아두(제1801호)

2) 코코아의 각과 피, 웨이스트(제1802호)

3) 코코아 페이스트(제1803호)

4) 코코아 버터(제1804호)

5) 코코아 분말(제1805호): 설탕이나 감미료를 첨가 아니한 것

6) 초콜릿 및 코코아 함유 조제식료품(제1806호)

3. 분류원칙

제목	규정내용	비고
제외되는 코코아 조제품	1. 제18류에서는 제0403호·제1901호·제1904호·제1905호·제2105호·제2202호·제2208호·제3003호 또는 제3004호의 조제품을 제외한다.	제18류 류주1
코코아 설탕과자의 분류	2. 제1806호에는 코코아를 함유한 설탕과자와 코코아를 함유한 기타의 조제식료품(이 류주1에 게기한 물품을 제외한다)을 포함한다.	제18류 류주2

4. 제외 물품

① 발효유(乳)(제 4 류)

② 제분산품, 전분, 맥아의 조제품으로 코코아의 함유량이 40% 미만의 것(제1901호)

③ 밀크와 크림 등의 조제품으로 코코아의 함유량이 5% 미만의 것(제1901호)

④ 곡물을 팽창 또는 볶은 조제식료품(코코아 함량 6% 이하)(제1904호)

⑤ 제빵제품(제1905호)

⑥ 아이스크림과 빙과류(제2105호)

⑦ 음료와 주류(제22류)

⑧ 의료용품(제30류)

5. 해 설

(1) 코코아와 초콜릿의 제조공정

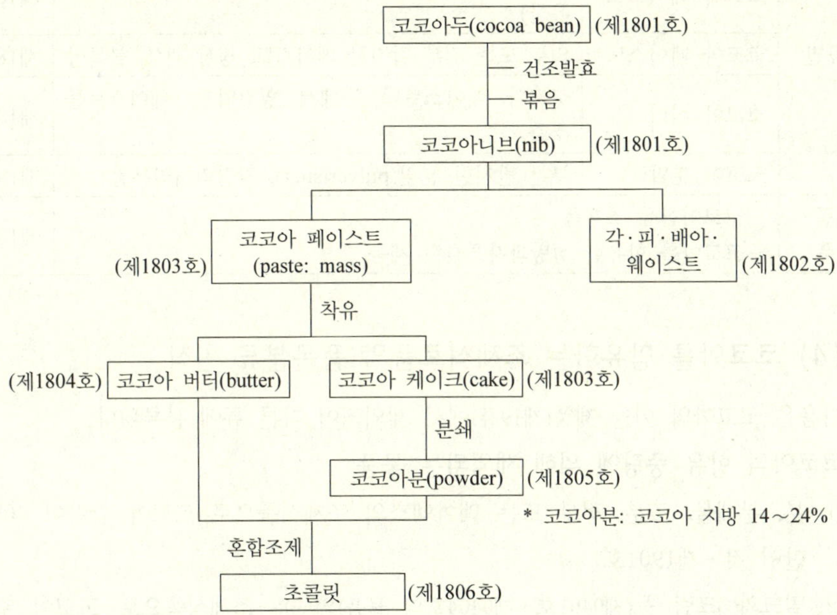

(2) 코코아(cocoa)

코코아(cocoa)는 쌍떡잎식물 아욱목 벽오동나무과의 교목인 카카오나무(cacao tree. 학명: *Theobroma cacao*)의 열매로 아메리카 열대가 원산이다. 높이 약 12m, 열매(cocoa pod)에는 납작한 난형의 자색 또는 적색의 5개로 갈라지고 40～60개의 종자(cocoa bean)가 들어 있다. 종자에는 약 약 2%의 테오브로민(theobromin)과 소량의 카페인(caffeine), 약 50%의 지방이 들어 있으며, 수일간 발효시키면, 종자가 적색띤 갈색으로 변하고 독특한 향기가 난다.

(3) 코코아와 이들 제품(제18류)의 분류범위

· 코코아제품(제1806호): 코코아를 함유한 설탕과자, 코코아를 함유한 기타 조제식료품도 분류된다. 다만 제18류 류주1의 제외 물품은 제외한다.

[코코아와 이들 제품(제18류)의 분류]

구분	품명	물 품 내 용	호
가공별	코코아두	생것, 원상, 볶은 것, 분쇄한 것 포함	제1801호
	코코아 웨이스트	각과 피, 배아, 더스트, 코코아 케이크(버터추출 잔유물)	제1802호
	코코아 페이스트	일부 또는 전부 탈지한 페이스트, 정상 괴상, 블록상	제1803호
	코코아 버터	코코아 페이스트나 두에서 열간압착, 웨이스트를 추출	제1804호
	코코아 분말	부분 탈지한 분말(pulverising), 알칼리처리분말	제1805호
조제품·제품	-코코아함유 조제품 -코코아를 함유한 설탕과자초콜릿 제품,		제1806호

(4) 코코아를 함유하는 조제식료품의 품목분류 원칙

다음은 코코아와 이들 제품(제19류)에서 제외되어 다른 류에 분류된다.

코코아의 함유 중량에 의해 제외되는 물품

① 분, 분쇄물, 조분, 전분 또는 맥아엑스의 조제식품으로 코코아 함량이 40% 미만인 것-제1901호

② 밀크와 크림 등(제0401호~제0404호의 물품)의 유·조제식품으로 코코아 함량이 5% 미만인 것-제1901호

③ 팽창 또는 볶은 곡물의 조제식품으로서 코코아 함량 6% 이하인 것-제1904호

코코아의 함유량을 불문하고 제18류에서 제외되는 물품이나 제품

① 요구르트와 기타 물품(제0403호)

② 백색 초콜릿(제1704호)

③ 페스트리, 케이크, 비스킷, 기타 제빵제품(제1905호)

④ 아이스크림과 빙과류(제2105호)

⑤ 음료와 주류(제22류)

⑥ 의약품(제3003호·제3004호)

[용어]

용어	주요 내용	비고
다른 것으로 속을 채운 초콜릿	『다른 것으로 속을 채운 것』이란 속에 크림, 크러스티드 슈가, 말린 코코넛, 과실·과실 페이스트, 리큐르, 마지판, 견과류, 누가, 캐러멜 또는 이들의 혼합물에 초콜릿을 입힌 블록·슬랩 또는 바가 포함된다. 그러나 초콜릿 전체에 곡물·과실 또는 견과류 등이 박혀있는 고형 초콜릿의 블록·슬랩 또는 바는 이를 간주하지 않는다	제17류 소호 해설

제19류 곡물·분·전분 또는 밀크의 조제품과 베이커리제품

1. 개 요

제19류에는 곡물, 가공곡물 또는 기타 식물성의 분, 조분, 또는 분말, 즉 곡분, 분쇄물, 조분, 전분, 과실 또는 채소의 분·조분 및 분말, 특히 밀크와 크림, 밀크버터 등(제0401호~제4004호)을 조제한 조제식료품이 분류된다. 또한 이 류에는 분·전분 또는 기타 곡분의 제품을 함유치 않는 베이커리 제품과 비스킷이 포함된다.

2. 분류구조

제분조제품, 제면산품, 곡물제품 및 베이커리 제품은 제품별로 5개 범주와 호(제1901호 내지 제1905호)에 구분 분류한다.

1) 제분상품 또는 밀크제품의 조제품(제1901호): 맥아엑스, 곡물의 분, 조분, 맥아엑스 또는 전분 등의 혼합조제품, 유아용 조제분유 등

2) 파스타와 제면산품(제1902호): 국수, 당면, 마카로니, 라비올리, 만두 등

3) 타피오카와 그 대용물(제1903호)

4) 특정 곡물제품(제1904호): 콘플레이크, 팽창 또는 볶은 곡물, 사전조리한 곡물

5) 베이커리제품(제1905호): 빵, 비스킷 등

3. 분류원칙

제목	규정내용	비고
분쇄물(groats)	2. 가. 제1901호에서 분쇄물이란 제11류의 곡물 분쇄물을 말한다.	제19류 류주2가
분과 조분 (flour and meal)	2. 나. 제1901호에서 분과 조분이라 함은 ① 제11류의 곡분과 조분 및 ② 여타 류의 식물성 분·조분과 분말(제0712호의 건조한 채소, 제1105호의 감자, 제1106호의 건조한 채두류의 분·조분이나 분말을 제외)을 말한다.	제19류 류주2나
코코아 조제품	3. 제1904호(가공고물 등)에는 코코아의 함량이 6%을 초과하거나 초콜릿을 입힌 조제품 또는 제1806호의 코코아를 함유한 조제식료품을 제외한다.(제1806호).	제19류 류주3
기타 방법 조제품	4. 제1904호(가공곡물 등)에서 기타의 방법으로 조제한 것이라 함은 제10류 및 제11류의 주 또는 각 호에 규정한 것 이상으로 조제 또는 가공한 것을 말한다.	제19류 류주4

4. 제외 물품

① 제1902호의 속을 채운 물품을 제외한 조제식료품으로서 소시지·육·설육·피·어류나 갑각류·연체동물이나 기타 수생무척추동물 또는 이들 배합물의 함유중량이 20%을 초과하여 함유된 것(제16류)

② 사료용 비스킷과 기타 곡물의 분 또는 전분으로 만든 조제사료(제2309호)

③ 의약품과 기타 의료용품(제30류)

5. 해 설

(1) 곡물, 분, 전분 또는 밀크의 조제품과 베이커리제품(제19류)의 분류범위

구분	분류내용	분류
맥아엑스	블록상, 분말상, 점조상(레시틴, 비타민, 염류 등의 조제품 포함)	제1901호

제분산품 조제품	분·조분·전분 또는 맥아엑스를 기재로 한 것(코코아 40% 미만의 것)	제1901호
밀크 등의 조제품	유(乳) 조제품(버터와 치즈 제외)(코코아 5% 미만의 것)	
제면산품	파스타와 쿠우스쿠우스(Couscous): 세몰리나 분의 반죽물에 다른 성분을 첨가한 것, 각종 튜브, 스트립, 필라멘트, 조가비, 별, 문자형 등의 각종 형상, 신선, 냉동, 건조한 것, 속을 채운 것, 끝을 봉하거나 봉하지 아니한 것,	제1902호
타피오카·타피오카 대용물	전분 조제품으로 플레이크, 낟알상, 진주상, 무거리상 기타 이와 유사형상	제1903호
조리한 곡물	-팽창·볶은 곡물, 콘플레이크 -곡물 플레이크, 곡물플레이크와 볶거나 팽창한 곡물의 조제품 -사전조리·기타 조제한 기타 곡물(옥수수 제외)	제1904호
베이커리제품	빵, 진저브레이드, 비스킷, 와플과 웨이퍼, 러스크, 토스트, 파이, 케이크 등	제1905호
웨이퍼와 페이퍼, 캡슐 이와 유사 물품	성찬용 웨이퍼와 실링웨이퍼, 제액용 캡슐, 라이스페이퍼	

(2) 맥아엑스(제1901호)

맥아엑스(麥芽抽出物; malt extract)는 맥아(제11류)의 분(엿기름가루)을 물에 넣고 50~60℃에서 수시간 침적시킨 용액을 여과, 농축하여 제조한 액상이나 분말상이다. 맥아엑스에는 당분 외에 펩톤이나 여러 세균·효모균·사상균에 대한 발육인자로서의 중요한 물질을 함유하고 있다. 주로 유아용·식이요법용·요리용의 조제품과 의료용품, 섬유공업, 배양지로 사용된다.

맥아엑스의 분류는 식물성 엑스(제13류)에 분류되지 않고 제1901호에 분류되며 또한 이 호에는 레시틴, 비타민, 염류 등을 첨가한 것도 포함된다.

(3) 맥아엑스와 분·분쇄물·조분·전분 또는 맥아엑스의 조제식료품 (제1901호)

맥아엑스와 분·분쇄물·조분·전분 또는 맥아엑스의 조제식료품을 말하는 것으로서 이들 주성분 이외에 밀크·설탕·계란·카세인·알부민·지·유·향미제·글루텐·착색제·비타민류·과일 기타 물품을 첨가하거나, 또는 코코아를 40% 미만을 함유할 수 있다. 그러나 소시지, 육, 설육, 어류, 갑각류, 연체동물 또는 수생무척추동물 또는 이들 혼합물을 20% 이상 함유하는 조제식료품은 제외된다(제16류).

예: ① 가당 밀크와 분을 혼합한 건조분, ② 계란분·밀크분·맥아엑스와 코코아분의 혼합 조제품, ③ 래커호우트, ④ 곡분에 과실분과 코코아분을 가한 조제품, ⑤ 맥아, 밀크와 이와 유사 조제식품, ⑥ 크뇌델·크뢰세·녹키른, ⑦ 곡분에 설탕·지·계란 또는 과실을 혼합한 반죽 덩어리, ⑧ 다양한 원료를 덮은 피자반죽으로 미조리 피자

(4) 밀크와 크림의 조제품(제1901호)

밀크와 크림 등(제0401호~제0404호의 물품)의 조제식료품을 말하는 것으로 코코아 5% 미만인 것이 포함된다. 제0401호 내지 제0404호의 천연 밀크구성 성분 외에도 이들 호에서 허용되지 않는 기타 성분을 함유하고 있다.

예: ① 유아용 식품(분유), ② 식이요법용의 분상·액상의 조제품과 곡물 분쇄물·이스트를 첨가한 밀크로 구성된 조제품, ③ 밀크의 하나 이상의 구성성분을 다른 물질로 대체한 밀크 조제품

(5) 파스타와 쿠우스쿠우스(제1902호)

파스타(pasta)는 세몰리나(semolinas)를 물과 혼합하고 차질게 반죽하여 형판에 통과시켜 원하는 형상으로 만들며, 튜브, 스트립, 필라멘트, 조개, 구슬, 별, 팔꿈치형, 문자형 등이 있다. 국수형 파스타에는 스파게티 중 가장 가는 국수 베르미첼리, 관 모양의 마카로니, L자형 디타리스키와 세로혼이 L자형의 피가도니 같은 마카로니 변형이 있으며, 리본 모양 라사냐와 폭이 좁은 링구이니가 있다. 파펠은 과립형으로 부순 것이다. 특수 형의 파스타는 파르팔로니(나비), 란체테(창), 푸실리(축), 리촐리네(작은 꼬임) 등 여러 가지가 있다. 또한 속을 채운 파스타는 완전히 끝부분을 봉한 레비오리, 봉합하지 않은 카넬로니, 층상인 라사그네, 세몰리나를 열처리한 쿠우스쿠우스(couscous)가 포함된다.

(6) 곡물 가공품과 조제품(제1904호)

제1904호에는 곡물을 가공하거나 조제하거나 열처리한 다음 물품이 분류된다.

① 곡물 또는 곡물산품을 팽창 또는 볶은 조제식료품: 옥수수·소맥·쌀·대맥 등의 곡립을 팽창 또는 볶아서 바삭바삭하게 만든 것이다. 분·기울을 팽창 또는 볶은 유사한 식품도 포함된다.

예: 콘플레이크, 퍼프드(puffed)라이스, 퍼프드소맥

② 볶지 아니한 곡물 플레이크의 조제식료품: 볶지 아니한 곡물 플레이크와 볶은 곡물 플레이크 또는 팽창 곡물의 혼합물로 만든 조제식료품을 말한다.

③ 볶지 아니한 곡물 플레이크의 조제식료품: 무슬리

④ 불거소맥: 불거소맥을 조리하여 건조한 낟알상이나 거친 분말상을 채로 친 것

⑤ 사전조리·기타 방법으로 조제한 기타 곡물(옥수수 제외): 낟알의 곡물을 조리하거나 조제한 것

예: 사전조리한(곡물구조 변형) 쌀, 사전조리한 쌀에 채소 또는 양념 등을 첨가 조제한 것

(7) 베이커리 제품(제1905호)

베이커리 제품(제1905호)에는 다음 물품이 분류된다. 또한 이 호에는 성찬용 웨이퍼가 포함된다.

베이커리제품 주로 곡분에 효모와 소금, 기타 글루텐, 전분, 채두분, 맥아엑스, 밀크, 아니스 등의 종자, 설탕, 꿀, 계란, 유지, 치즈, 코코아, 육과 어류, 개량제 등을 함유하기도 한다.

예: 보통 빵, 식이요법용 글루텐 빵, 비효모 빵, 귀리빵, 러스크, 토우스트, 진저브레드, 프레젤, 비스킷, 와플과 웨이퍼, 페스트리와 케이크, 머링그, 크레이프와 팬케이크, 케쉐, 피자 등

성찬용 웨이퍼·의료용 빈 캡슐, 실링 웨이퍼, 라이스 페이퍼 기타 이와 유사 물품

[용어]

용어	주요 내용	비고
코코아 함유량의 계산법	-제1901호 및 제1904호의 코코아제품 중 코코아의 함유중량은 데오브로민과 카페인(탈지상태)을 합한 값에 31를 곱한 값으로 계산한다. 코코아함량=(데오브로민+카페인)×31 -코코아에는 페이스트 또는 고상을 포함한 모든 형상의 코코아를 분류한다.	해설서

전분(starch) 범위	제19류에서 전분이란 변성되지 않은(untransformed) 전분과 프리젤라틴화(pregelatinised), 가용화(solubilised)한 전분을 포함하나, 더 이상처리된 것(예: 덱스트리 말토스)은 제외한다.	해설서

제20류 채소·과실·견과류 또는 식물의 기타 부분의 조제품

1. 개 요

제20류는 채소, 과실과 견과류 또는 기타 식용의 식물부분을 식초(또는 초산)로 조제 또는 저장처리하거나, 설탕으로 저장처리한 것 또는 관세율표에서 달리 규정하지 않은 가공방법으로 조제·저장처리한 것이 분류된다. 또한 잼·과실 제리·마멀레이드·과실 또는 견과류의 퓨레와 페이스트, 채소와 과실를 균질화한 것과 주스가 분류된다.

2. 분류구조

식물성 조제식료품은 조제 또는 저장방법별로 4범주로 구분하고 9개(제2001호 내지 제2009호)의 호에 분류한다.

1) **채소조제품**(제2001호 내지 제2005호): 식초(초산) 또는 기타 방법으로 조제하거나 저장처리한 것(예: 토마토퓨레, 튀김감자, 사우어크라우트, 스위트콘 등)

2) **과실과 견과류의 조제품**(제2001호, 제2006호 내지 제2008호): 식초, 초산, 설탕 또는 기타 방법으로 조제하거나 저장처리한 것(예: 잼, 마롱그라세, 퓨레와 페이스트 등)

3) **식물의 기타 부분 조제품**(제2001호, 제2006호, 제2008호): 식초(초산), 설탕 또는 기타 방법으로 조제하거나 저장처리한 것

예: 설탕을 입힌 생강(편강), 피넛 버터, 참깨 조제품 등

4) **과실 또는 채소의 주스**(제2009호)

3. 분류원칙

제목	규정내용	비고
제외 물품	2. 제2007호 및 제2008호에서는 설탕과자(제1704호) 또는 초콜릿과자(제1806호) 형상의 과실제리·과실 페이스트·설탕을 입힌 아몬드 또는 이와 유사한 것을 제외한다.	제20류 류주2
	3. 제2001호·제2004호 및 제2005호에는 경우에 따라 제 7 류 또는 제1105호·제1106호(제 8 류 물품의 분·조분 및 분말을 제외한다)의 물품으로서 제20류 주1가에 규정한 것 이외의 방법으로 조제 또는 저장처리한 것만을 포함한다.	제20류 류주3
토마토 주스	4. 토마토 주스로서 내용물의 건조 중량이 전중량의 7% 이상의 것은 제2002호에 분류한다.	제20류 류주4
조리한 것이란	5. 제2007호에서 『조리해서 얻어진』이라 함은 탈수 또는 다른 수단을 통해 제품의 점성을 증가시키기 위해 상압 또는 감압하에서 열처리하여 얻어진 것을 말한다.	제20류 류주5
미발효·주정 미첨가한 주스	6. 제2009호에서 『발효하지 아니하였거나 주정을 첨가하지 아니한 주스』라 함은 알코올의 용량이 0.5% 이하인 주스를 말한다(제22류의 주2 참조).	제20류 류주6
균질화 채소	1. 제2005.10호에서 『균질화한 채소』라 함은 유아용 또는 식이요법용으로 채소를 곱게 균질화한 조제품으로서 순중량 250g 이하의 것을 용기에 넣어 소매용으로 만든 것을 말한다. 이 정의의 적용에 있어서 조미·저장 또는 기타 목적을 위하여 어떠한 성분을 소량 첨가한 것은 무방하며, 이들 조제품에는 눈에 보일 정도의 채소 조각이 소량 함유될 수도 있다. 이 소호는 제2005호의 모든 다른 소호에 우선한다.	제20류 소호주1
균질화 조제품	2. 제2007.10호에서 『균질화한 조제품』이라 함은 유아용 또는 식이요법용으로 과실을 곱게 균질화한 조제품으로서, 순중량 250g 이하의 것을 용기에 넣어 소매용으로 만든 것을 말한다. 이 정의의 적용에 있어서 조미·저장 또는 기타 목적을 위하여 어떠한 성분을 소량첨가한 것은 무방하며, 이들 조제품에는 눈에 보일 정도의 과실 조각이 소량 함유될 수도 있다. 이 소호는 제2007호의 모든 다른 소호에 우선한다.	제20류 소호주2
브릭스 값	3. 제2009.12호, 제2009.21호, 제2009.31호, 제2009.41호, 제2009.61호 및 제2009.71호에서 『브릭스 값』이라 함은 브릭스 판독용 액체 비중계에서 직접 판독한 브릭스를 의미하거나 20℃ 또는 20℃로 보정한 온도에서 굴절계에 나타난 당함량 백분율로 표시된 굴절률을 판독한 값을 말한다.	제20류 소호주3

4. 제외 물품

① 제 7 류·제 8 류 또는 제11류에 규정한 방법에 따라 조제 또는 저장처리한 채소·과실 및 견과류
② 소시지·육·설육·피·어류나 갑각류·연체동물·기타 수생무척추동물 또는 이들 배합물의 함량이 전 중량의 20%을 초과하는 조제식료품(제16류)
③ 제2104호의 균질화한 혼합 조제식료품

5. 해　　설

(1) 채소·과실·견과류 또는 기타 식물부분의 가공·저장별 분류(제20류)

가공·저장별 / 식물별	식초·초산	설탕절임	잼	조리 (마멀레이드, 퓨레, 페이스트)	주스	기타 조제·저장처리
채소	제2001호	제2006호	제2006호	–	제2009호	제2005호
감자·채두류·괴경의 분말	제2001호	제2006호	–	–	–	
과실·견과류	제2001호	제2006호	제2006호	제2007호	제2009호	제2008호
기타 식물성 식용부분	제2001호	제2006호	–	–	–	제2008호

(2) 식초·초산으로 조제 또는 저장처리한 식용 식물성 물품(제2001호)

채소·과실·견과류 또는 기타 식용의 식물부분을 식초처리한 것을 말하며 제2001호에 분류된다.

이들 물품에는 식염·향신료·겨자·설탕 또는 기타 감미료를 함유 여부를 불문하며, 또한 유(油)나 기타 첨가제를 함유한 것도 있다.

예: 피클(pickles), 머스타드 피클(mustard pickles) 등

(3) 설탕으로 저장처리한 채소·과실·견과류·과피 및 기타 식물 부분(제2006호)

채소·과실·견과류·과피 또는 기타 식용의 식물부분을 당액에 넣어 가열하여 당을 침투시켜 보존성이 있게 한 것이다. 당으로 처리한 과실을 당과 또는 설탕절인 과실이라 하며 다음이 있다.

① 드레인한 것(dreined): 공기중에서 시럽으로 포화시켜 건조한 것으로 끈적끈적함이 남는다.

② 당입힌 물품(glace products): 탈수한 과실 등을 당시럽에 침지 건조하면 얇고 광택있는 피막이 있다.

③ 당절임(crystallised): 과실 등에 당시럽을 침투 건조하면 전체 또는 표면에 당결정이 생긴다.

(4) 잼·과실제리·마멀레이드, 과실·견과류의 퓨레 및 과실·견과류의 페이스트(제2007호)

제2007호에는 다음 물품이 분류된다.

잼(jam)　원형의 과실·과실의 과육, 호박·가지 등의 채소 또는 생강·장미화병(rose petals)에다 동량의 설탕을 넣고 끓여서 만들며 적당한 굳기를 가지며 과실조각이 함유하고 있다.

마멀레이드(marmalade)　주로 감귤류의 즙이나 껍질을 당으로 제조한다.

과실제리(fruit jelly)　과즙에 설탕를 넣고 끓여 만들며 굳고 투명하며, 과실조각이 없다.

과실·견과류 퓨레(purees)　과실의 과육이나 견과류의 분말을 체로 걸르고 끓여 진한 농도로 만든 것이다. 잼보다 과실의 함유성분이 더 많고 농도가 연하다.

과실·견과류 페이스트(paste)　과실 퓨레(purees)의 수분을 증발 제거하여 고상 농도가 되도록 한 것이다.

(5) 기타 방법으로 조제·저장처리한 과실·견과류 및 기타 식용 식물 부분(제2008호)

여기에는 제20류의 앞의 호 또는 다른 류에 규정하는 가공방법 외의 기타 방법으로 조제·저장처리한 과실·견과류, 식용의 기타 식물부분 및 이들의 혼합물이 분류된다.

예: 견과류를 건조 볶은 것, 땅콩버터, 화학물질·알코올로 조제된 과실, 살균한 과육, 복숭아·살구·오렌지를 분쇄 및 살균한 것, 조리한 과실, 마롱 글라세, 삼투탈수법으로 저장처리한 과실

(6) 주스(제2009호)

주스(juice)는 보통 완숙한 과실 또는 채소를 압착하여 얻는다. 이것은 일반 가정용 레몬 압착기로 추출하거나, 직접 압착하거나, 미리 분쇄, 그라인딩하고 압착하여(사과), 냉수·온수 또는 수증기로 처리한 후 압착하여 추출한다.

[조제 또는 저장처리한 토마토의 분류]

채소	조제 또는 저장 내용	분류
토마토	신성, 냉장, 냉동, 건조한 것	제7류
	식초(또는 초산)처리한 것	제2001호
	균질화한 것, 퓨레, 페이스트 또는 농축물	제2002호
	주스 건조중량 7% 이상인 것	제2002호
	주스 건조중량 7% 미만	제2009호
	케첩과 소스	제2103호
	토마토 수프와 수프제조용 조제품	제2104호

[식물의 혼합물 분류]

혼합내용	분류
서로 다른 종의 식물 또는 식물의 부분(종자나 과실 포함)의 혼합물로 구성된 것	-과실의 혼합물=제0813호 -향신료의 혼합물=제0909호 -기타 혼합물=제2106호
주로 식물성 침출액 또는 식물성 차 제조용으로 단일 또는 상이한 종의 식물 또는 식물의 부분(종자나 과실 포함)에 한 종류 이상의 식물성 엑스 등의 기타 물질을 혼합한 물품	

음료용 향미료용 또는 음료제조용 엑스조제용으로 다른 류(제7류, 제9류, 제11류, 제12류)에 분류되는 식물, 식물의 부분, 종자나 과실(원상, 절단, 분쇄 또는 분말화한 것)의 혼합물	−향신료 혼합물＝제9류 −기타 혼합물＝제2106호

[용어]

용어	주요 내용	비고
냉동 오렌지주스	냉동오렌지주스란 완전히 전체가 고체상으로 냉동되지 않은 농축오렌지주스도 포함한다. 비록 −18℃ 전후의 온도로 냉동해서 그 온도를 유지하는 것이라도 무관하다.	해설서
삼투탈수방식	삼투탈수란 과실조각을 장시간 농축설탕시럽에 담가 과실의 수분과 대부분의 자연당을 시럽의 설탕으로 대체하는 방법을 말한다. 삼투탈수 후 수분함량을 줄이기 위해 열풍건조하기도 한다.	해설서

제21류 각종의 조제식료품

1. 개 요

제21류에는 다른 류에 분류되지 아니하는 각종의 조제식료품이 분류된다. 따라서 앞에서 분류되는 규정하거나 허용하는 이외의 저장, 가공, 조제 또는 혼합물 등이 분류된다. 이들 식료품에는 효모, 혼합조미료, 수프와 브로드, 아이스크림, 음료베이스용의 합성조제품, 건강보조식품, 인삼조제품, 로열젤리로 강화한 천연꿀, 단백질 농축물 등이 있다.

2. 분류구조

각종 조제식료품들은 6개의 범주와 호(제2101호 내지 제2101호)에 구분하여 분류한다.

1) 커피, 차 또는 마태의 조제품과 커피대용물(제2101호): 커피, 차 또는 마태의 엑스와 이들 엑스의 조제품과 커피대용물 등

2) 효모와 조제 베이킹파우더(제2102호)

3) 소스, 혼합조미료, 겨자의 분, 조분과 이들 조제품(제2103호)

4) 수프, 브로드 및 균질화한 혼합조제식료품(제2104호)

5) 아이스크림과 빙과류(제2105호)

6) 달리 분류되지 아니하는 조제식료품(제2106호)

3. 분류원칙

제목	규정내용	비고
커피대용물의 엑스	2. 류주1－나에 게기한 볶은 커피대용물의 엑스는 제2101호에 분류한다.	제21류 류주2
균질화 혼합조제품	3. 제2104호에서 균질화한 혼합조제품이란 유아용 또는 식이용법용으로 육, 어류, 채소 또는 과실 등의 기본 성분을 2종 이상을 혼합하여 균질화한 조제품으로서 순중량 250g 이하이고, 용기에 넣어 소매용으로 만든 것이다.	제21류 류주3

4. 제외 물품

① 제0712호의 채소의 혼합물

② 커피를 함유한 볶은 커피대용물(제0901호)

③ 가향한 차(제0902호)

④ 제0904호 내지 제0910호의 향신료 또는 기타의 물품

⑤ 제2103호 또는 제2104호에 게기한 물품을 제외한 조제식료품으로서, 소시지, 육, 설육(屑肉), 피, 어류나 갑각류, 연체동물 기타 수생무척추동물 또는 이들 배합물의 함유중량이 20%를 초과하는 것(제16류)

⑥ 의약품 등으로 조제한 효모(제3003호 · 제3004호)

⑦ 조제한 효소(제3507호)

5. 해 설

(1) 기타 조제식료품(제21류)의 분류범위

<table>
<tr><th>구분</th><th colspan="2">품명·주요 내용</th><th>호</th></tr>
<tr><td>조제
기호식품</td><td>커피·커피
대용물·차·마태</td><td>–엑스, 에센스와 농축액 및 이들 기재 조제품
–볶은치커리, 기타 커피대용물</td><td>제2101호</td></tr>
<tr><td>단세포미생물</td><td colspan="2">–효모: 활성효모(양조효모, 제빵효모, 배양효모), 불활성효모
–기타 효모: 사멸한 단세포미생물(박테리아, 단세포조류, 클로렐라)</td><td rowspan="2">제2102호</td></tr>
<tr><td colspan="3">제빵용 조제베이킹 분: 혼합조제한 중탄산소다, 주석산, 탄산암모늄, 인산암모늄 등</td></tr>
<tr><td>소스·
혼합조미료</td><td colspan="2">–소스: 간장, 버섯소스, 우스터소스
–혼합 양념: 마요네즈, 샐러드드레싱, 베어나이스, 볼로그나이스, 토마토케첩
–혼합 조미료: 셀러리염, 미림</td><td rowspan="2">제2103호</td></tr>
<tr><td>겨자(芥子)</td><td colspan="2">겨자 조제품: 겨자의 분, 조분 및 이들 조제품</td></tr>
<tr><td colspan="3">스프와 브로드, 이들 제조용 조제품</td><td rowspan="2">제2104호</td></tr>
<tr><td colspan="3">균질화 혼합조제식품: 육, 어류, 채소 또는 과실을 2종 이상 혼합 균질화 조제품</td></tr>
<tr><td>빙과류</td><td colspan="2">–아이스크림: 밀크·크림으로 제조한 아이스크림
–기타 빙과: 샤베트, 아이스캔디</td><td>제2105호</td></tr>
<tr><td>기타 조제
식료품</td><td colspan="2">–단백질 농축물·텍스쳐한 것
–기타</td><td>제2106호</td></tr>
</table>

(2) 커피, 차 및 마태 조제품(제2101호)

여기에는 다음 조제품이 분류된다.

① 커피·차 또는 마태를 기제로 한 조제품

② 커피, 차 또는 마태의 엑스·에센스와 농축물

③ 커피, 차 또는 마태의 엑스·에센스와 농축물의 조제품

④ 볶은 커피대용물과 커피대용물의 엑스, 에센스와 농축물

[커피, 차, 마태 또는 커피대용물의 분류 체계]

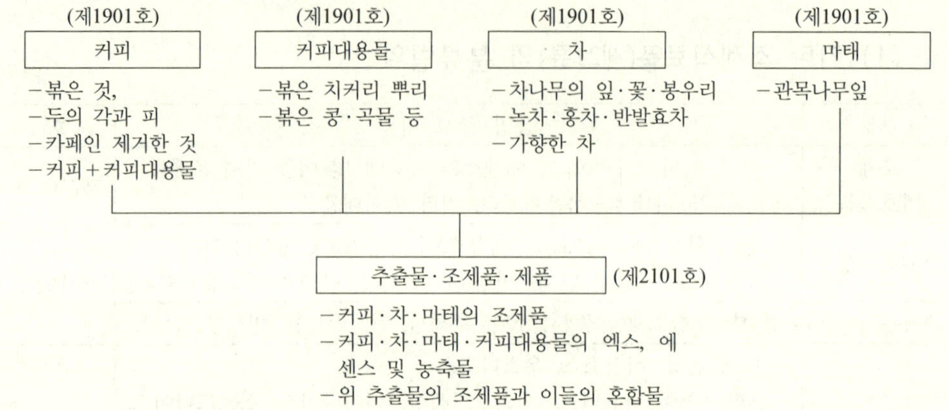

(3) 효모와 죽은 단세포미생물(제2102호)

다음 효모와 죽은 단세포미생물은 제2102호에 분류된다.

효모(酵母: yeast)　효모는 단세포 균류로서 수백 종이 있다. 주로 자낭균강에 속하고 일부는 담자균강에 속한다. 자낭균강의 효모는 주로 빵, 맥주, 포도주를 생산하는 빵효모의 변종이다. 효모는 활성효모, 불활성 효모 및 기타 효모로서 탄수화물 기질에서 배양한 건조 효모가 있다.

죽은 단세포미생물　박테리아 및 단세포 조류와 같은 단세포미생물로서 죽은 것을 말한다. 예: 클로레라(chlorella), 스피루리나(spirulina) 등

(4) 소스와 소스용 조제품, 혼합조미료(제2103호)

다음 소스와 소스용 조제품 및 혼합조미료는 제2103호에 분류된다.

소스와 소스용 조제품　특정요리에 향미료로 사용되는 계란, 채소, 육, 과실, 분, 전분, 유, 식초, 설탕, 향신료, 겨자, 향미료 등으로 만든 높은 향신성을 갖는 조제품을 말한다.

향신료를 함유한 혼합조미료(mixed condiments and mixed seasoning containing) 향신료(제9류)의 특성이 없는 혼합 향신료와 향신료(제9류) 이외의 향신료와 조미료를 함유하는 혼합양념과 혼합조미료를 말한다.

예: 마요네즈(mayonnaise), 샐러드드레싱, 베어나이스, 간장(soya sauces), 버섯소스, 우스터소스, 토마토 케첩 또는 소스, 샐러리염, 소시지제조용 혼합조미료, 요리용 비음료포도주와 꼬냑,

(5) 균질화한 조제식료품

균질화한 조제식료품이라 함은 ① 유아용 또는 식이요법용으로 곱게 균질화한 조제품, ② 용기에 넣어 소매용 포장한 순중량 250g 이하의 것, ③ 조미·저장 또는 기타 목적의 성분을 소량 첨가하거나 눈에 보일 정도의 성분조각을 소량 함유할 수도 있는 것을 말한다.

[균질화한 식료품의 분류]

물품내용		분류
균질화한 육·설육		제1602호
균질화한 채소		제2005호
균질화한 과실		제2007호
균질화한 혼합조제품: 육 등과 채소·과실 등이 2종 이상 함유한 것	－육, 어류, 연체동물갑각류, 피 등이 20% 이상인 것	제16류
	－기타	제2104호

(6) 달리 분류되지 아니한 조제식료품(제2106호)

여기에는 관세율표의 어느 호에도 분류되지 않는 조제식료품이 분류되는 잔여 호(residual heading)이다.

다음 조제식료품이 분류된다.

① 직접 식용에 공하는 조제품

② 조리, 용해 또는 물, 밀크 등에 끓이는 등의 가공 후에 식용에 공하는 조제품

③ 전부·일부가 식료품으로 구성된 조제품으로서, 식료 또는 조제식료품의 제조에 사용되는 것

④ 유기산·칼슘염 등의 화학품과 식료품(분·설탕·분유 등)과의 혼합조제품으로서, 조제식료품에 구성성분이 되거나 또는 특성(외관, 품질보존 등)을 개량하기 위해

사용되는 것

예: 식탁용 크림·젤리·아이스크림 제조용 분말, 음료제조용 향미용 분말, 레모네이드 또는 기타 음료의 제조용 조제품, 인삼차·인삼음료조제용 인삼엑스, 로열젤리로 강화한 천연꿀, 단백질 가수분해물, 탈지대두분의 단백질 농출물과 텍스처화(textured)된 것. 비알코올성·알코올성 음료제조용 조제품, 밀크 버터 또는 기타 유지를 기제로 한 조제품, 사카린과 식품의 감미조제품, 자기소화효모 및 기타 효모엑스, 조제 식이보조제 등

(7) 식물 또는 식물 부분의 혼합물 분류(제2106호)

제2106호에는 다음 식물이나 식물 부분의 혼합물이 분류된다. 그러나, 본질적 특성이 제 9 류에 해당하는 종의 함량에 의해 주어지는 물품은 제외된다(제 9 류).

상이한 종의 식물 또는 부분(종자나 과실 포함)**의 혼합물로 구성되어 있거나, 단일 또는 상이한 종의 식물 또는 식물의 부분**(종자나 과실 포함)**에 한 종류 이상의 식물성 엑스와 같은 기타 물질을 혼합한 물품**(제2106호) 이 혼합물은 그대로 소비되지 않고, 식물성 침출액 또는 식물성 차(예: 완하, 통편, 이뇨, 구풍 기능을 하는 것), 병 회복 또는 건강과 안녕에 기여 물품 등의 제조용이다.

상이한 류(예: 제 7 류, 제 9 류, 제11류, 제12류)**에 해당하는 종 또는 제1211호에 해당하는 상이한 종의 식물, 식물의 부분, 종자나 과실**(원상, 절단, 분쇄 또는 분말화한 것)**의 혼합물**(제2106호) 이 혼합물은 그대로 소비되지 않고, 직접 음료용의 향미료로 사용되거나 음료제조용 엑스조제에 사용된다.

[대두의 가공별 분류]

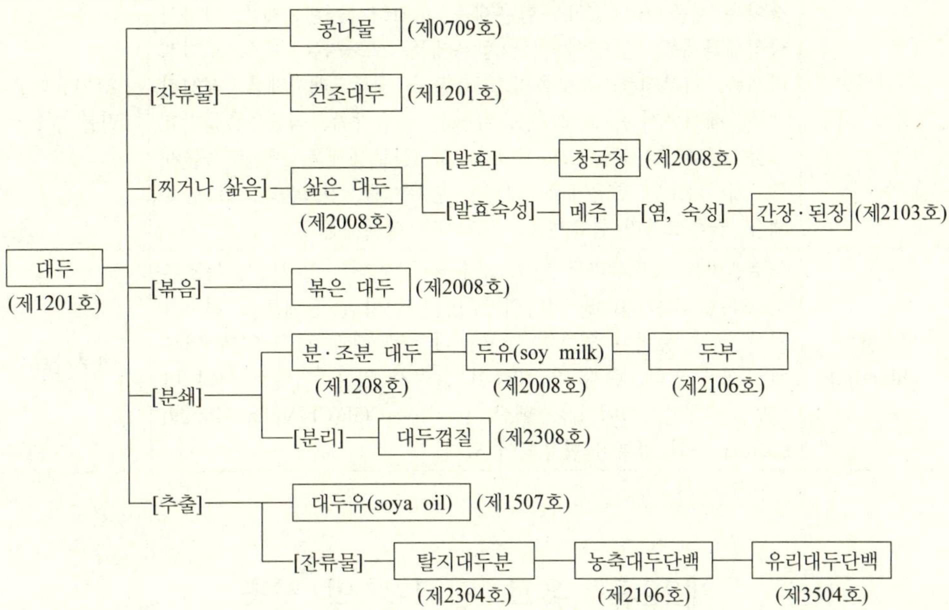

[용어]

용어	주요 내용	비고
겨자 (mustard)	학명: *Brassica alba Boiss* 별명: mustard(미), moutarde(프), 芥子·蜀芥·胡芥(중), 芥子·カラシ·ガイシ·カラシナ(일). 원산지는 남유럽, 지중해연안(백겨자), 중앙아시아, 중국(흑겨자), Cruciferae 일년생 초	사전
HACCP (위해요소 중점관리)	식품의 원재료 생산에서 제조, 가공, 보존, 조리 및 유통단계를 거쳐 최종소비자가 섭취하기 전까지 발생할 수 있는 위험요소를 관리하는 시스템. 각 단계에서 위해물질이 해당 식품에 혼입되거나 오염되는 것을 사전에 방지하는 것이 목적이다.	식품안전청
건강식품· 건강기능식품	· 건강식품이란 전통적으로 건강에 좋다고 여겨져 널리 섭취되어온 식품을 말한다. · 건강기능식품이라 함은 인체에 유용한 기능성을 가진 원료나 성분을 사용하여 정제·캡슐·분말·과립·액상·환 등의 형태로 제조·가공한 식품을 말한다. 기능성이라 함은 인체의 구조 및 기능에 대하여 영양소를 조절하거나 생리학적 작용 등과 같은 보건용도에 유용한 효과를 얻는 것을 말한다.	건강기능식품 법률 참조

건강기능 식품의 종류	영양보충용 제품, 자라제품, 버섯제품, 인삼제품과 홍삼제품, 뱀장어유 제품, EPA/DHA 함유제품, 옥타코사놀렌산제품, 알콕시글리세롤제품, 감마리놀렌산 함유제품, 포도씨유 제품, 로열젤리제품, 화분제품, 프로폴리스 추출물 제품, 배아제품, 레시틴제품, 배어유제품, 효모제품, 유산균 함유제품, 식물추출물발효제품, 클로렐라제품, 스피루리나제품, 알로에제품, 매실추출물제품, 베타카로틴 함유제품, 키토산 함유제품, 키토올리고당 함유제품, 글루코사민 함유제품, 뮤코다당·단백제품	건강기능식품 법률 참조
클로렐라 (chlorella)	클로렐라는 클로렐라는 담조 호수에서 자라는 알칼리성 녹조류의 일종, 지름 10㎛ 이하의 구형·타원형의 단세포로 편모가 없어 운동 능력이 없으며 세포는 1개의 핵과 컵 모양의 엽록체 1개가 있다. 현재 약 10종이 알려져 있다. 엽록소 이외 비타민, 미네랄, 식이섬유, 핵산, 아미노산CGF(Chlorella Growth Factor) 등의 성분이 함유되어 있다.	전문자료

제22류 음료·알코올 및 식초

1. 개 요

제22류에는 분류되는 물품은 관세율표의 앞에서 분류되는 식품과는 달리하는 식품들로 되어 있다. 즉, 비알코올성 음료와 얼음, 발효주와 증류주, 주정과 알코올 및 식초가 분류된다.

2. 분류구조

음료와 주류 및 식초 등은 5개의 구룹으로 구분하고 9개의 호(제2203호 내지 제2206호)에 분류한다.

1) 물, 비알코올성 음료 및 얼음(제2201호와 제2202호): 광천수, 사이다, 희석 과즙음료 등

2) 발효주(제2203호 내지 제2206호): 맥주, 포도주, 청주, 약주, 탁주 등

3) 에틸알코올(제2207호): 변성한 에틸알코올과 변성주정을 포함한다.

4) 리큐르와 증류주(제2208호): 리큐르, 위스키, 브랜디, 데키라, 주정 등

5) 식초와 식초대용품(제2209호)

3. 분류원칙

제목	규정내용	비고
알코올의 용량	2. 제20류, 제21류 및 제22류에서 『알코올의 용량』은 20℃에서 알코올의 용량을 말한다.	제22류 류주2
비알코올성 음료	3. 제2201호에 있어서 『알코올 함유하지 아니한 음료』라 함은 알코올의 용량이 전 용량의 0.5% 이하인 음료를 말하고 알코올을 함유한 음료는 제2203호 내지 제2206호 또는 제2208호 등의 해당 호에 분류한다.	제22류 류주3
발포성 포도주	1. 제2204.10호에서 『발포성 포도주』라 함은 밀폐용기에서 20℃가 유지되었을 때 압력이 3bar 이상의 것을 말한다.	제22류 소호주1

4. 제외 물품

① 조리용 조제품으로서 음료용에는 부적합한 제22류(제2209호 제외)의 물품(주로 제2103호)

② 해수(제2501호)

③ 증류수, 전도수 기타 이와 유사한 순도의 물(제2851호).

④ 10% 초과하는 초산 수용액(제2915호)

⑤ 의약품(제3003호 또는 제3004호)

⑥ 조제향료 또는 화장용품류(제33류)

5. 해　　설

(1) 음료, 주류 및 식초(제22류)의 분류범위

· 알코올의 용량: 제20류, 제21류 및 제22류에서 『알코올의 용량』은 20℃에서 알코올의 용량을 말한다.

· 비알코올성 음료(제2201호): 『알코올 함유하지 아니한 음료』라 함은 알코올의 용량비 0.5% 이하인 음료

· 알코올을 함유한 음료는 제2203호～제2206호, 제2208호 등의 해당 호에 분류한다.

· 발포성 포도주(제2204.10호): 『발포성 포도주』라 함은 밀폐용기에서 20℃가 유지되었을 때 압력이 3bar 이상의 것을 말한다.

[음료, 주류 및 식초의 물품별 분류(제22류)]

<table>
<tr><th>구분</th><th colspan="3">물품명·물품내용</th><th>호</th></tr>
<tr><td rowspan="2">음료수</td><td colspan="3">－천연수, 광천수, 탄산수
－얼음과 눈: 천연 눈과 얼음, 인공 얼음</td><td>제2201호</td></tr>
<tr><td colspan="3">－감미·향미첨가한 물과 음료: 레모네이드, 오렌지음료, 콜라, 과즙음료, 무알코올맥주</td><td>제2202호</td></tr>
<tr><td rowspan="9">주류·주정
(酒精)
(알코올용량
0.5% 초과)</td><td rowspan="5">발효주</td><td>맥주</td><td>맥주, 농축 맥주,</td><td>제2203호</td></tr>
<tr><td rowspan="3">포도주</td><td>－생포도의 것(알코올 강화 포함): 카나리아, 사이프러스 등
－포도즙(알코올 0.5% 초과)</td><td>제2204호</td></tr>
<tr><td>－생포도의 것으로 향미첨가한 것: 베르뭇 등</td><td>제2205호</td></tr>
<tr><td>－건포도의 것: 레이신와인 등</td><td rowspan="2">제2206호</td></tr>
<tr><td>기타발효주</td><td>－발효주: 과실주, 막걸리, 청주, 팜주
－발효주 혼합물: 비알코올 음료와의 혼합주(알코올 0.5% 초과) 등</td></tr>
<tr><td rowspan="3">알코올·
주정</td><td rowspan="2">80% 이상</td><td>미변성 에틸알코올</td><td rowspan="2">제2207호</td></tr>
<tr><td>변성한 에틸알코올과 기타 변성주정</td></tr>
<tr><td>80% 미만</td><td>미변성 에틸알코올</td><td rowspan="2">제2208호</td></tr>
<tr><td colspan="3">－증류주: 꼬냑, 알마냑, 부랜디, Grappa, 위스키, 보드카, 럼과 Tapia, 칼바도스, 아락
－리큐르: Anisette, Curacao, Kummel, Cremes, Ratafias
－기타 주류: 알코올성 레모네이드, 알코올 함유 과실·채소주스, 건강주정음료 등</td></tr>
<tr><td>식초</td><td colspan="3">－발효식초: 포도주 식초, 현미식초, 감식초 등
－초산수: 초산 수용액(초산 10% 이하)</td><td>제2209호</td></tr>
</table>

(2) 물과 비알코올성 음료(제2201호·제2202호)

물, 얼음 및 눈(제2201호)　　모든 종류의 천연수, 천연 또는 인조의 광천수, 탄산수, 천연의 눈과 얼음, 인조 냉동수(얼음)가 분류된다.

비알코올성 음료(제2202호)　　알코올 함유용량이 5% 이하인 음료가 분류된다.

- 감미제 또는 향미제를 함유한 광수 및 탄산수: 감미, 향미 가한 광수, 레모네이드, 오렌지수·콜라 등의 음료, 과즙음료, 과실에센스 또는 합성엑스를 가한 음료
- 기타 음료: 타마린드 넥타, 우유 또는 코코아 등을 기제로 한 음료

[각종 물의 분류]

품명·물품내용	분류
천연수, 여과·살균·정제 또는 연수 처리한 천연수, 광천수	제2201호
얼음과 눈, 인조냉동수(얼음)	제2201호
감미, 향미를 첨가 광수	제2202호
레모네이드·오렌지수·콜라의 음료.	제2202호
음료수에 과실주스·과실에센스 또는 합성엑스를 가하거나 유기산을 첨가한 음료	제2202호
해수	제2501호
중수(重水)	제2845호
증류수, 전도수 증류수, 재증류수 또는 전기침투수, 전도도수	제2853호
의약용으로 일정 투여량이거나 소매용 포장한 증류수	제3004호

(3) 알코올성 음료(제2203호 내지 제2208호)

관세율표에서 알코올성 음료(주류)는 발효주, 증류주, 리큐르주 및 기타 주정음료로 구분하고, 제2203호 내지 제2206호, 제2208호에 분류된다.

[주류(알코올성 음료)의 종류와 분류]

<table>
<tr><th>구분</th><th colspan="2">알코올성 음료명·주요 내용(알코올 용량 0.5% 초과)</th><th>분류</th></tr>
<tr><td rowspan="3">발효주</td><td colspan="2">맥주: 홉조제한 리커를 발효한 알코올 음료, 농축맥주 포함(알코올 0.5% 초과)</td><td>제2203호</td></tr>
<tr><td colspan="2">포도즙(알코올 0.5% 초과): 신선한 포도를 압착한 포도 주스</td><td rowspan="2">제2204호</td></tr>
<tr><td>포도주</td><td>생포도로 제조한 포도주(알코올 강화 포도주 포함): 적색·백색 또는 장미색 포도주, 알코올강화 포도주, 발포성 포도주(sparkling wine), 디저트 포도주(예: canary, cyprus, lacryma christi 등)</td></tr>
</table>

		위 생포도주에 향미(방향성 물질, 식물성 추출액)를 가한 것: 베르뭇(vermouth) 등	제2205호
	기타 발효주	사과술, 배술(perry), 미이드(꿀발효주), 건포도주(raisin wine), 말톤(malton), 스푸루스(spruce), 청주·쌀술(sake or rice wine), 팜주(palm wine), 진저엘맥주와 약초맥주	제2206호
	발효주 혼합물	−비알코올음료와 발효주의 혼합물 −위발효주·혼합물: 레모네이드와 맥주·포도주의 혼합물, 맥주와 포도주의 혼합물	
증류주		발효주·발효곡류를 증류한 증류주(향미 미첨가, 알코올 용량 무관): 꼬냑, 아르마냑, 브랜디, 그라파, 피스코, 싱가니, 위스키류와 보드카, 럼·태피아·카차카, 진(gin)과 제네바(geneva), 아큐비트(aquavit), 칼바도스·푸럼(mirabeller·quetsch)·딸기(kirsch), 아락주(arrack) 등	제2208호
리큐르 (liqueurs)· 코디알 (cordials)		설탕, 꿀 또는 기타 천연 감미제, 추출물·에센스를 첨가한 것: 증류하거나 에틸알코올 또는 증류주에 하나 이상(예: 과일, 꽃, 식물 기타부분, 추출물, 에센스, 정유, 주스)을 혼합한 것(농축 여부 불문) 예: 설탕함유한 리큐르와 코디알, 과일주스리큐르, 계란리큐르, 허브리큐르, 베리리큐르, 스파이스리큐르, 차리큐르, 초콜릿리큐르, 우유리큐르, 꿀리큐르 등	
기타 주정음료		−기타 주정음료(spirituous beverages): 아니스테주(anisette), 쿠라카오주(curacao), 큼멜주(kummel). absinth, bitters, 알코올성 레모네이드, 식이보조제로 호칭되는 주정음료 등, −과실주스 또는 채소주스 등(알코올 0.5% 초과)	

[주류와 주정의 분류]

구분	품명	분류
주류(酒類)·주정(酒精)	발효주: 맥주, 포도주, 막걸리, 청주 등	제2203호~제2206호
	알코올·주정: 에틸알코올, 변성한 에틸알코올과 주정	제2207호
	증류주: 꼬냑, 알마냑, 브랜디, Grappa, 위스키, 보드카, 럼	제2208호
	리큐르: Anisette, Curacao, Kummel, Cremes, Ratafias	
	기타 주류: 알코올함유 주스, 건강주정음료 등	

(4) 에틸알코올 및 변성 에틸알코올과 변성 주정의 구분(제2207호·제2208호)

구분	주요 내용	분류
변성 에틸알코올 (변성 주정)	– 알코올 용량을 불문한다. – 에틸알코올과 주정을 음료용에는 부적합하게 변성제를 첨가한 것이다. 변성제: 목납사·메탄올·아세톤·피리딘 방향족 탄화수소(벤젠 등)·착색제 등	제2208호
에틸알코올	– 알코올 용량 80% 이상인 에틸알코올(주정)	제2207호
	– 알코올 용량 80% 미만인 주정(에틸알코올 및 중성 주정), 공업용·음료용 여부 불문	제2208호

(5) 식초 및 식초대용물(제2209호)

식초(venegar)　식초는 여러 당류, 전분용액 등에서 얻은 발효 알코올 용액을 초산 발효하여 얻은 산 용액이다. 식초는 원료에 따라 구별한다.

예: 포도주식초(wine vinegar), 맥주·맥아 식초, 주정식초, 현미식초, 감식초 등

식초대용물(substitutes vinegar)　초산을 물로 희석한 것(초산 10% 이하), 착색한 것도 있다.

[용어]

용어	주요 내용	비고
주류(酒類)	주류란 주정과 알코올 분 1도 이상의 음료(용해하여 음료용의 분말상 포함)를 말한다. 다만, 약사법에 의한 의약품으로서 6도 미만의 것은 제외한다.	주세법
중성 주정 (neutral spirits)	고급 알코올, 지방산 등의 2차성분을 분별증류하여 제거한 물을 함유하는 에틸알코올	주정
뮤타지(mutage)공정	포도즙의 발효를 지연 또는 중지하는 방법을 말한다. 뮤타지 공정은 다음 방법이 있다. 예: 살리실산 기타 방부제 첨가방법, 이산화황을 압입하는 방법, 알코올첨가 방법·냉동방법	발효 중지
말톤(malton)	맥아엑스와 포도주 찌꺼기로 제조한 발효음료	주류

스푸루스(spruce)	전나무의 잎, 작은 가지(지) 또는 에센스로 제조한 주류	주류
럼, 태피아, 카차카	오직 발효한 사탕수수(사탕수수즙, 사탕수수 시럽, 사탕수수 당밀)을 증류에 의하여 얻은 증류주	주류

제23류 식품공업에서 생기는 잔재물 및 웨이스트와 조제사료

1. 개 요

제23류에는 주로 동물의 사료에 사용되는 물품으로 식품공업에서 발생되는 식물성의 각종 잔재물과 웨이스트, 동물성 특정 생산품이 분류된다. 어떤 물품은 식용으로 적합하더라도 이 류에 분류된다. 또한, 포도주 찌꺼기, 조주석, 오일케이크 등은 공업용으로 사용된다.

2. 분류구조

식품공업의 잔재물과 웨이스트, 조제사료는 3개 범주로 구분하고 9개의 호(제2302호 내지 제2308호)에 분류한다.

1) 식용이 아닌 동물성의 분, 조분, 펠리트, 수지박(제2301호)

2) 식품가공공정의 각종 부산물, 웨이스트와 박(泊)(제2302호 내지 제2308호): 제분, 채유, 제당공업, 포도주제조, 전분제조 등의 부산물인 밀기울과 미강, 전분박, 포도주·생주석 등의 양조박, 버거스, 채유시 오일 케이크와 유박 등

3) 사료용 조제품(제2309호): 완전사료, 보조(보완)사료 및 사료첨가제 등

3. 분류원칙

제목	규정내용	비고
분류범위 (제2309호)	1. 제2309호에는 따로 분류되지 아니한 것으로서 동식물성 원료를 그 본래의 특성을 잃을 정도로 가공 처리하여 만들어지는 사료용 물품을 포함한다(식물성 웨이스트·식물성 박류 및 이러한 처리과정에서 생기는 부산물을 제외한다).	제23류 류주1

용어정의 (저에루크산 유채)	1. 소호 제2306.41에서 『저에루크산 유채(레이프 또는 콜자)씨』라 함은 에루크산 함유중량이 2% 미만의 비휘발성유와 구루코지노레이트(glucosinolatees) 함유량이 g당 30마이크로몰 미만인 고형성분을 만들어 내는 유채(레이프 또는 콜자)씨를 말한다.	제23류 소호주1 제12류 소호주

4. 제외 물품

① 탈곡곡물껍질(제1213호)

② 버개스펄프(제4706호)

③ 탈지대두 분말의 특정 성분을 제거하여 얻은 농축단백질로서 식품조제 첨가제로 사용하는 것과 텍스처화(textured)한 대두분(제2106호)

5. 해 설

(1) 식품공업 잔재물과 웨이스트 및 사료용 조제품(제23류)의 분류범위

사료용 조제품(제2309호) 따로 분류되지 않는 동식물성 원료를 본래의 특성을 잃을 정도로 가공 처리하여 만든 사료용 물품을 포함한다. 다만, 식물성 웨이스트·식물성 박류 및 이러한 처리과정에서 생기는 부산물을 제외한다.

[식품공업생산품의 부산물(제23류)]

<table>
<tr><th>구분</th><th colspan="2">물품명·물품내용</th><th>호</th></tr>
<tr><td>동물성 산품</td><td colspan="2">－비식용 분, 조분 및 펠리트
－수지박</td><td>제2301호</td></tr>
<tr><td rowspan="4">식물성 산품</td><td colspan="2">곡물·채두류의 선별, 제분, 기타 처리공정시 발생 잔재물: 밀기울, 미강</td><td>제2302호</td></tr>
<tr><td colspan="2">전분제조, 설탕제조 및 양조·증류시 발생 웨이스트</td><td>제2303호</td></tr>
<tr><td>채유공정시 오일케이크와 유박</td><td>－대두유: 대두박, 탈지대두분
－낙화생: 낙화생의 오일케이크와 유박
－기타: 면실, 아마씨, 해바라기씨, 유채, 야자, 팜 등의 오일케이크와 유박</td><td>제2304호～제2306호</td></tr>
<tr><td colspan="2">포도주박과 생주석: 포도주의 발효와 숙성시의 각종 침전물</td><td>제2307호</td></tr>
</table>

사료용	–식물성 물질: 도토리 –식물성 웨이스트: 옥수수의, 줄기, 잎, 당근 꼭지 –식물성 박과 부산물: 겨자분쇄 부산물	제2308호
사료용 조제품	완전사료 · 보조사료 · 사료첨가제 등	제2309호

(2) 비식용 동물성 생산품의 분 · 조분 및 수지박(제2301호)

육 · 설육 · 어류 · 갑각류 · 연체동물 또는 기타 수생무척추동물의 분 · 조분 및 펠리트 동물성 생산품을 가공하여 얻는 비식용으로, 주로 도살장, 수산물 가공선, 통조림공업 등에서 유지 제거시에 얻는 생산품으로 건조, 살균처리하여 분쇄한 것이다. 펠리트상도 포함된다.

수지박(greaves) 동물성 지방을 용출 제거 후에 잔류하는 세포막질조직을 말하며, 식용에 적합한 것도 분류된다.

(3) 식물성 재료 가공시 발생한 잔류물과 웨이스트(제2302호 내지 제2307호)

식물성 재료를 가공공정(제분, 전분제조, 설탕제조, 채유공정 또는 포도주 발효 공정)시에 발생되는 부산물을 말한다. 이들은 제2302호 내지 제2307호에 분류된다.

곡물 또는 채두류의 선별, 제분 기타 처리과정시 발생 박류(제2302호) 다음 물품이 있다.

- 곡물 도정시 생긴 밀기울 · 미강과 기타 잔류물
- 곡물을 체로 치거나 또는 기타 공정시 발생 잔류물: 기초 곡물, 소립(smaller), 이형편상, 파쇄된 것(broken) · 분쇄된 것(crumbled)의 립, 사이로 · 선창 등의 청소 잔류물,
- 채두류의 분쇄 또는 기타 처리공정에서 생기는 잔유물과 웨이스트: 옥수수 분쇄한 것(껍질 여부 불문), 옥수수의 전분과 회분의 기준에 충족하지 않는 것을 포함한다.

전분제조시의 박, 설탕제조시 웨이스트 및 양조 또는 증류시에 생기는 웨이스트(제2303호)

- 전분제조시 생긴 잔유물: 옥수수 · 쌀 · 감자 등에서 전분 제조시에 얻는 부산물이다.

– 설탕 제조시에 생기는 웨이스트: 비트펄프(beet pulp), 버개스(bagasse)
– 양조, 증류시에 생기는 웨이스트: 맥아즙을 여과 후의 곡류찌꺼기, 발아 맥아, 사용한 홉

채유시에 얻는 오일케이크와 고형 유박(제2304호~제2306호)

– 대두유 추출시의 오일케이크와 고형 유박(제2304호): 오일케이크 및 기타 고형 잔류물, 비텍스쳐화(non-textured) 탈지 대두분
– 낙화생유의 추출시의 오일케이크 및 고형 유박(제2305호)
– 기타 식물성유지 추출시의 오일케이크 및 기타 고형 유박(제2306호)

포도주박과 생주석(제2307호) 포도주박은 포도주의 발효와 숙성시에 이상의 침전물로 생긴 것이며, 생주석은 포도즙 발효시의 포도주통이나 포도주의 저장통에서 생성되는 결석물이다. 이들은 다량의 주석산 칼륨을 함유하는 조주석산 수산화칼륨이다.

[사탕수수와 사탕무의 가공별 물품과 부산물]

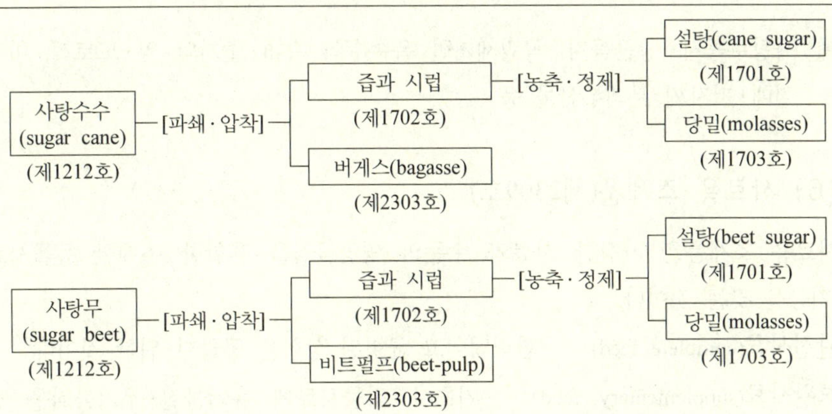

(4) 옥수수의 글루텐피드와 글루텐(제2302호·제2303호)

옥수수로부터 옥수수 전분이나 시럽제조시에 생기는 부산물로는 다음 글구텐피드와 글루텐이 있다.

옥수수글루텐피드(corn gluten feed)(제2302호) 옥수수를 도정하여 옥수수분을 제조시에 발생되는 부산물로는 종피, 배아, 약간의 전분층 등으로 구성된 옥수수겨(corn bran)가 있으며 이 옥수수겨를 함유하는 옥수수 부산물을 corn gluten feed라 한다. 즉,

옥수수로부터 옥수수물엿(fructose corn syrup) 제조시에 wet milling공정에서 발생되는 부산물을 말한다.

옥수수글루텐(corn gluten meal: cluten meal)(제2303호) 옥수수 전분과 옥수수 시럽제조(wet-milling product)시에 원심분리과정에서 발생되는 부산물을 말한다. 옥수수글루텐은 옥수수알갱이의 외피 안쪽층에 있는 글루텐이 주 성분이고, 소량 corn soluble, 옥수수배아, 전분, 껍질 등으로 되어 있으며 황색이다. 단백질 함량은 약 40%~65%, 주로 사료용으로 사용된다.

(5) 사료용 식물성 물질·식물성 웨이스트·식물성 박류 및 부산물(제2308호)

관세율표에서 어느 호에도 분류되지 않는 동물의 사료용으로 사용하는 식물성 생산품, 식물성 웨이스트와 잔유물, 식물성 재료의 성분 추출공정에서 얻는 부산물이 분류된다.

예: 사탕무꼭지, 당근꼭지, 곡립제거한 옥수수의 속대·줄기와 잎·도토리, 마로니에열매·겨자씨 분쇄부산물 등

(6) 사료용 조제품(제2309호)

사료용 조제품은 가당한 사료와 수종의 영양물질을 혼합한 조제한 동물사료로서 다음 기능을 갖는 것이다.

완전사료(complete feed) 합리적이고 균형된 상식을 공급키 위한 것이다.

보완사료(supplementary feed) 기초사료작물사료에 유기물질·무기물질을 첨가하여 보완하여 상식에 적합하게 한 것이다.

완전사료 또는 보완사료 제조에 사용하는 것

예: 고양이·개 등의 사료용 조제품, 개·기타 동물용의 비스킷이나 감미 조제품(코코아 함유 불문), 조류용 사료, 어류용의 사료.

[용어]

용어	주요 내용	비고
펠리트 (pellets)	제23류에서 펠리트란 직접 압착하거나 또는 전 중량의 3%를 초과하지 않는(미만) 당밀, 전분 등의 결합제(binder)를 첨가하여 고형화한 것을 말한다.	제23류 총설
사료 (飼料)	사료라 함은 축산법에 의한 가축, 그 밖에 농림부 장관이 정하여 고시하는 동물·어류 등에 영양이 되거나 그 건강유지 또는 성장을 위하여 필요한 것으로서 단미사료·배합사료 및 보조사료를 말한다. 다만, 동물용 의약으로서 섭취하는 것을 제외한다.	사료관리법 참조

제24류 담배와 제조한 담배대용물

1. 개 요

가지과(科)에 속하는 담배속의 잎으로부터 담배에 이르는 일련의 모든 원료와 제품이 제24류에 분류된다. 또한 이 류에는 담배를 함유하지 아니하는 흡연용 담배대용물이 포함된다.

2. 분류구조

담배와 담배 대용물, 이들 제품은 4개 범주로 구분하고 3개(제2401호 내지 제2403호)호에 분류한다.

1) 잎담배와 담배부산물(제2401호)

2) 담배 또는 담배대용물의 제품

- 여송연(cigar)·셔루트 및 시가릴로(제2402호)
- 권련(제2402호)
- 기타 제품(제2403호): 흡연담배(담배대용물 포함), 씹는 담배, 코담배

3) 균질화·재구성한 담배(제2403호)

4) 담배의 엑스와 에센스(제2403호)

3. 분류원칙

제목	규정내용	비고
제외 물품	1. 제24류에서는 의약용의 궐련을 제외한다(제30류).	제24류 류주1

4. 제외 물품

① 의약용의 궐련(제30류)

5. 해　　설

(1) 담배(tobacco)

학명 *Nicotiana tabacum*, 별명: 남초(南草)·연초(煙草)

담배(tobacco)는 가지과(Solanaceae family), 담배속(genus nicotiana)의 여러해 살이풀로서 종에 따라 잎의 크기와 형상이 다르다. 담배속에는 재배종 외에 야생종도 있다. 재배종은 주로 당초(*N. rustica*), *N. tomentosa,* 꽃담배(*N. sanderae*), *N. glauca* 등이 있다. 품종은 크게 황색종, 벌리종, 재래종, 잎말음종, 오리엔트종으로 나눈다.

(2) 담배의 가공별 분류(제24류)

<table>
<tr><th>구분</th><th>물품명·물품내용</th><th>호</th></tr>
<tr><td rowspan="2">엽연초와
부산물</td><td>잎담배: 원형, 엽, 건조 또는 발효한 엽, 줄기 제거한 것. 파손, 절단된 것. 향미보존을 위한 혼합 액체와 함께 케이스에 넣은 것도 포함된다.</td><td rowspan="2">제2401호</td></tr>
<tr><td>웨이스트: 줄기, 주맥, 절단 브스러가, 진개 등</td></tr>
<tr><td rowspan="2">담배와
담배대용품</td><td>시가, 셔루트(Cheroot), 시가릴로 및 권련(담배, 담배 혼합물 또는 담배와 댐배 대용물의 혼합물로 제조한 것)</td><td>제2402호</td></tr>
<tr><td>기타: 파이프용, 권련제조용 제조담배, 씹는 담배(chewing tobacco), 코담배(snuff)</td><td rowspan="2">제2403호</td></tr>
<tr><td>균질화·
재구성 담배</td><td>엽, 담배웨이스트나 진개를 응집 제조한 담배로서 보통 시트상, 스트립상이다.</td></tr>
</table>

담배 엑스와 에센스	담배의 엽이나 웨이스트를 압착하거나 물로 추출하며 주로 살충제에 사용한다.

(3) 담배대용물(제2402호)

담배를 대체하기 위하여 가지과 담배속(Nicotina)의 식물잎이 아닌 렉투스(lettuce)변종의 식물 잎 등을 흡연용으로 제조 가공한 것을 말한다. 담배대용물로 제조한 시가, 셔루트, 시가릴로 및 궐련은 제2402호에 분류되며, 기타 담배대용물의 제품은 제2403호에 분류된다.

[용어]

용어	주요 내용	비고
시가(Cigar)	엽권련, 여송연, 엽궐련(cigar)으로 고대 마야 인디언의 시카르에서 유래된 것이다	제24류
셔루트(cheroot)	양쪽 끝을 짜른 엽궐련을 말한다.	제24류
시가릴로(cigarillo)	가늘고 짧은 엽궐련을 말한다.	제24류
궐련(cigarette)	궐련, 종이에 말아 놓은 담배를 말하며 권연(卷煙)이 변한 말이다. 궐련 가운데 유명한 것은 시가로서 담배잎을 통채로 돌돌말아 만든 것을 말한다.	제24류

제 4 부 출제문제 및 연습문제

출제문제

[50점 문항]

1. 관세율표상 농산물(수산물, 축산물 포함)과 그들의 가공품에 대한 HS 분류체계를 설명하시오. [1997년]

[10점 문항]

1. 제2176호, 제2817호, 제2903호, 제8459호, 제8528호의 공통점 [1982년]
2. 제 1 류, 제30류, 제41류, 제69류, 제85류에 해당하는 물품 [1984년]
3. 균질화한 혼합조제식료품 [1993년]
4. 제 4 부에 분류되는 『균질화한 조제품』의 공통점과 해당 류 [2000년]
5. 다음 물품들이 분류되는 해당 류 번호를 쓰시오. [2001년]
   ① 인조꿀, ② 인조섬유제의 가발, ③ 페로얼로이, ④ 건조 고추류, ⑤ 목재와 흑연으로 만든 연필
6. 관세율표에서 일정중량 또는 용량의 포장단위를 기준으로 품목을 분류하는 경우가 있다. 이 중 5개의 품명을 예시하고, 그 중량 또는 용량과 HS 품목번호를 설명하시오. [2005년]
7. 다음과 같은 대두 및 그 관련 제품 각각에 해당하는 관세율표상의 류를 쓰시오. [2006년]
   ① 대두, ② 대두유 유출시에 얻어지는 오일케이크 및 기타 고형의 유박, ③ 대두유, ④ 탈지 대두분의 특정 성분을 제거하여 얻은 단백질 농축물로서 단백질 함량이 일반적으로 90% 이상의 것, ⑤ 두부
8. 고춧가루 39%와 마늘분말 11%, 참깨분말 10%, 소금 등으로 균질하게 혼합된 물품을 제0904호에 분류할 것인지 또는 제2103호에 분류할 것인지 여부에 관하여 제 9 류의 주의 내용을 근거하여 다음 사항을 설명하시오. [2007년]
   ① 분류근거, ② 쟁점사항, ③ 분류견해

9. 다음은 물(水)과 관련된 물품을 나열한 것이다. 관세율표상 해당 류를 쓰시오. [2008년]
   (1) 천연수, 광수, 탄산수
   (2) 해수
   (3) 증류수
   (4) 화장수(toilet water)
   (5) 얼음

연습문제

[50점 문항]

1. 육, 어류. 갑각류 연체동물 또는 기타 수생무척추의 조제품(제 2 류, 제 3 류 및 제16류)의 분류구조와 분류범위를 논술하시오.
2. 균질화한 혼합 조제식료품을 설명하고, 제16류, 제20류 또는 제21류 간의 분류방법은?
3. 식물성 생산품의 조제품(제 7 류, 제 8 류, 제 9 류, 제10류, 제18류, 제19류 및 제20류)의 분류구조를 류별로 설명하라.
4. 코코아를 함유한 물품일지라도 제18류에 분류할 수 없는 물품은 열거하시오.
5. 제18류의 코코아와 이들 제품에 분류되는 조제품 가운데 어떤 조제품이, 몇 %초과하여 코코아를 함유하여야 되는가?

[10점 문항]

1. 대두의 가공별 분류를 류별로 설명하시오.
2. 당류 가운데 화학적으로 순수하더라도 제17류의 당류에 분류되는 것은 열거하라.
3. 사탕수수와 사탕무의 가공별 물품과 부산물에 대한 분류를 설명하시오.
4. 곡물의 가공품에 대하여 류별로 설명하라.
5. 균질화한 조제품이란?
6. 제19류에서 분쇄물과, 분또는 조분이란 어떤 식물성 생산품입니까?
7. 관세율표에서 제19류의 파스타와 마카로니를 구분 설명하시오.
8. 관세율표상 음료와 알코올성 음료의 구분점을 설명하시오.
9. 다음 각종 물의 분류는?

① 약수, ② 얼음, ③ 눈, ④ 증류수, ⑤ 바닷물, ⑥ 식초

10. 식품공업에서 생기는 잔재물을 3종류 이상 설명하시오.
11. 변성주정이란?
12. 관세율표에서 주류(알코올 음료)의 분류구조를 설명하라.
13. 커피와 커피대용물의 가공·조제별(제 9 류와 제2101호)로 구분 분류하라.

문제풀이

1. 제16류에 분류되는 육류 조제품의 조건에 대하여 서술하라.
   - 제16류에서는 제 2 류 또는 제 3 류에 규정한 방법에 의하여 조제 또는 저장처리한 육·설육·어류·갑각류·연체동물 또는 수생무척추동물은 제외한다.
   - 제16류에 해당하는 조제 식료품은 소시지, 육, 설육, 피, 어류나 갑각류, 연체동물, 기타 수생무척추동물 또는 이들 배합물의 함량이 전 중량의 100분의 20을 초과하여 함유하는 것에 한하며, 위에 게기한 물품을 2종 이상 함유하는 조제식료품인 경우에는 중량이 큰 성분에 따라 제16류의 해당호에 분류한다. 다만, 제1902호의 속을 채운 물품(파스타), 제2103호(조미료), 제2104호(수프)의 조제품에 대하여는 이 규정을 적용하지 아니한다.

2. 균질화한 혼합조제식료품(제2104호)과 제1602.10호, 제2005.10호 및 제2007.10호에서 규정하는 균질화된 조제품들과의 공통점 및 차이점은 무엇인가?
   1) 공통점: 유아용 또는 식이요법용으로 곱게 균질화한 조제품, 순중량 250g 이하의 것을 용기에 넣어 소매용으로 만든 것. 조미·저장 또는 기타 목적으로 어떤 성분을 소량 첨가한 것도 무방하며, 눈에 보일 정도의 조각이 소량 함유될 수도 있다.
   2) 차이점: 기본 성분이 다르다
      ① 균질화한 조제품(제1602.10호): 기본 성분인 육이나 설육 또는 피를 곱게 균질화
      ② 균질화한 채소(제2005.10호): 기본 성분인 채소를 곱게 균질화
      ③ 균질화한 조제품(제2007.10호): 기본 성분인 과실을 곱게 균질화
      ④ 균질화한 혼합조제식료품(제2104호): 기본 성분인 육, 어류, 채소, 과실 중에서 2종 이상을 혼합하여 곱게 균질화

3. 코코아의 함유량을 불문하고 제18류에서 제외되는 물품?

① 요구르트와 기타 물품(제0403호)

② 백색 초콜릿(제1704호)

③ 페이스트리, 케이크, 비스킷, 기타 제빵제품(제1905호)

④ 아이스크림과 빙과류(제2105호)

⑤ 음료와 주류(제22류)

⑥ 의약품(제3003호·제3004호)

4. 코코아의 가공별 제품의 분류구조를 논하라.

제18류에는 카카오(Theobroma cacao) 수목의 종실의 코코아두를 원료상태로 하여 초콜릿에 이르는 일련의 생산품이 분류된다. 또한 코코아를 함유하는 설탕과자와 코코아를 함유하는 대부분의 조제식료품이 분류된다.

코코아두에서 초콜릿에 이르는 가공별로 다음 분류구조로 되어 있다.

- 코코아두(제1801호)
- 코코아의 각과 피, 웨이스트(제1802호)
- 코코아 페이스트(제1803호)
- 코코아 버터(제1804호)
- 코코아 분말(제1805호) 설탕이나 감미료를 첨가 아니한 것
- 초콜릿 및 코코아 함유 조제식료품(제1806호)

5. 커피의 제품별로 구분하여 논하시오.

· 커피(coffee)는 제0901호에 분류되며 이 호에는 다음 물품이 분류된다.

① 모든 생커피(열매, 껍질을 벗긴 커피나 종자)

② 카페인을 제거한 커피원두, 볶은 커피, 커피두의 각과 피(皮)

③ 커피를 함유한 커피대용물

· 커피 추출물과 조제품(제2101호)

① 커피의 조제품

② 커피, 커피대용물의 엑스, 에센스 및 농축물

③ 커피추출물의 조제품과 이들의 혼합물

6. 기타 조제 또는 저장처리한 채소·과실·견과류 또는 기타 식물부분(제20류)을 가공·저장별로 논하시오.

제20류의 분류에 대하여는 다음 표를 참조하여 서술한다.

가공·저장별 / 식물별	식초·초산	설탕절임	잼	조리 (마멀레이드, 퓨레, 페이스트)	주스	기타 조제·저장 처리
채소	제2001호	제2006호	제2006호	–	제2009호	제2005호
감자·채두류·괴경의 분말	제2001호	제2006호	–	–	–	
과실과 견과류	제2001호	제2006호	제2006호	제2007	제2009호	제2008호
기타 식물성 식용부분	제2001호	제2006호	–	–	–	제2008호

7. 관세율표상 비알코올성 음료와 알코올성 음료의 구분은?

관세율표에서 알코올성 음료는 알코올 용량 0.5% 초과하는 음료를 말하며, 비알코올성 음료는 알코올 용량 0.5% 이하인 음료를 말한다.

8. 관세율표에서 주류을 종류별로 서술하라.

관세율표에서 주류는 일반 주류와 약간 다르다. 제22류의 주류의 종류는 발효주, 증류주, 리큐르 및 기타 주정음료로 크게 구분하여 분류된다.

· 주류의 종류

– 발효주(제2203호~제2206호)
  ① 맥주
  ② 포도주: 적색·백색 또는 장미색 포도주, 알코올강화 포도주, 발포성 포도주, 베르뭇
  ③ 기타 발효주: 사과술, 배술, 꿀발효주, 청주·쌀술, 진저엘맥주와 약초 맥주, 발효주혼합물

– 증류주(제2208호): 꼬냑, 아르마냑, 브랜디, 위스키류와 보드카, 럼, 진과 제네바, 칼바도스·푸럼·딸기, 아락주 등

– 리큐르(liqueurs)·코디(cordials)(제2208호): 설탕함유 리큐르와 코디알, 과일주스리큐르, 계란리큐르, 허브리큐르, 스파이스리큐르, 茶리큐르, 초콜릿리큐르, 우유리큐르, 꿀리큐르 등

– 기타 주정음료(제2208호): 아니스테주(anisette), 쿠라카오주(curacao), 쿰멜주, 알코올성 레모네이드, 과실주스나 채소주스(알코올 0.5% 초과)

9. 식물성 재료의 가공시에 발생하는 잔류물(제23류)을 제분공정, 전분공정, 설탕공정, 채유공정별로 발생되는 부산물을 설명하시오.

식물성 재료를 제분공정, 전분공정, 설탕공정, 채유공정별로 발생되는 부산물은 다음과 같다.

① 곡물 또는 채두류의 선별, 제분 기타 처리과정시 발생 박류(제2302호): 곡물 도정시 생긴 밀기울·미강과 잔류물, 곡물을 체로 치거나 기타 공정시 잔류물(소립, 이형편상, 파쇄물·분쇄물의 립), 사이로·선창 등의 청소 잔류물, 채두류의 분쇄, 기타 처리공정에서 생기는 잔유물과 웨이스트

② 전분 제조시의 박, 옥수수·쌀·감자 등에서 전분 제조시에 얻는 부산물(제2303호)

③ 설탕 제조시 웨이스트-설탕 제조시에 생기는 웨이스트(제2303호): 비트펄프(beet pulp), 버개스(bagasse)

④ 양조, 증류시에 생기는 웨이스트: 여과 후의 곡류찌꺼기, 발아 맥아, 사용한 홉

⑤ 채유시에 얻는 오일케이크와 고형 유박(제2304호~제2306호): 대두유 추출시의 오일케이크와 오일케이크 및 기타 고형 잔류물, 비텍스쳐화 탈지 대두분, 낙화생유의 오일케이크 및 고형 유박(제2305호), 기타 식물성유지 추출시의 오일케이크 및 기타 고형 유박(제2306호)

제5부 광물성 생산품

1. 개 설

제5부에는 지하나 바다에서 채굴되는 기초 광물이 분류되며, 또한 이들 광물로부터 간단한 공정을 거쳐 제조되는 생산품이 제한적으로 분류된다. 또한 이들 생산품을 가공하거나 기타 재료의 가공시에 얻어지는 기초광물이라 할 수 있는 특정 잔류물이 포함된다.

2. 류별 구성

이 부는 다른 부와는 다르게 부주가 없고, 광물성 생산품을 체계적으로 분류하기 위하여 제25류 내지 제27류의 3개 류의 본문으로 구성되어 있다. 류별 표제는 다음과 같다.

[류별 표제]

제25류	소금, 황, 토석류 및 석고, 석회와 시멘트
제26류	광석, 슬랙과 회
제27류	광물성 연료 석탄, 토탄, 갈탄, 석유와 이들의 건류물과 증류물

3. 총 설

(1) 광물과 광석

관세율표의 제26류에서는 광(鑛: ores)이란 수은, 방사성원소, 귀금속 또는 비금속을 채취하기 위하여 야금공업에서 실제로 사용되는 광물학상의 광물을 말하며 금속채취용에 실제로 공하는지의 여부를 불문하고 있다. 한편 일반적으로 광물(鑛物; mineral)은 자연계에서 산출되는 균일한 물질(대부분은 무기질)로서 거의 일정한 화학조성과 결정구조를 갖는 고체를 말하고, 광석(鑛石: ore)은 가치가 있는 광물을 함유하고, 그 채굴이나 처리가 경제적으로 유용한 암석을 말한다.

광석 중에는 채굴할 가치가 있는 광물 이외에 채굴할 가치가 없는 광물도 있어 이를 맥석(脈石)이라 한다. 이들 광물을 선별하는 작업이 선광이며, 광석은 금속원료가 되는 금속광물과 금속 이외의 공업용 원료에 이용되는 비금속광석으로 크게 구분하고 있다.

(2) 광물성 생산품과 이들 제품

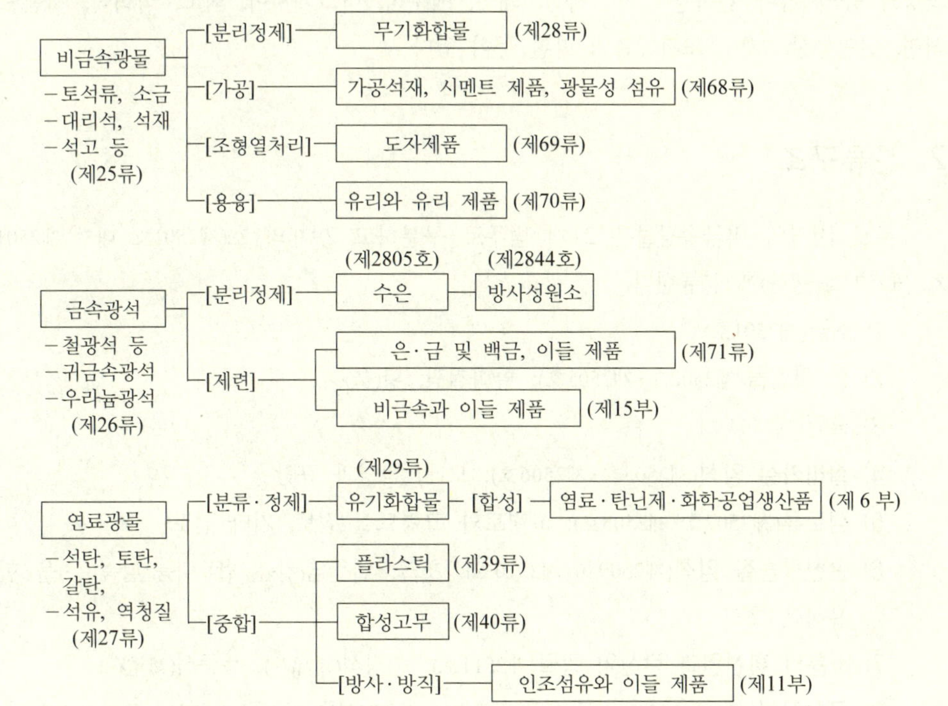

제25류 소금, 황, 토석류 및 석고, 석회와 시멘트

1. 개 요

제25류에는 광물성 생산품 가운데 주로 비(非)금속의 광물류와 토석류가 분류되며, 이들 광물을 일반적으로 가공한 범위의 것과 일반적인 가공범위 이외의 방법으로 가공하거나 처리한 것이 분류된다. 이 류의 광물에는 소금, 황화철광, 황, 천연흑연, 석영과 규암, 점토류, 홍주석, 초크, 천연인산염, 규조토, 금강사 등의 천연 연마재료, 대리석·화강암 등의 석비·건축용 암석, 자갈, 쇄석, 백운석, 마그네시아, 석고, 석회석, 시멘트, 석면, 천연붕산, 호박, 도자제품의 파편 등이 있다.

2. 분류구조

주로 천연의 비금속광물은 21개 범주로 구분하고 29개의 호(제2501호 내지 제2501호; 제2527호 공란)에 분류한다.

1) 소금(제2501호)
2) 황 화합물(제2502호·제2503호): 황화철광, 황(黃)
3) 흑연(제2504호)
4) 실리카질 암석(제2505호·제2506호): 모래, 석영과 규암
5) 점토류(제2507호·제2508호): 고령토와 고령토질 점토, 기타 점토
6) 탄산칼슘질 암석(제2509호·제2510호): 초크, 인산염(칼슘, 알루미늄 칼슘 등)을 함유하는 초크
7) 바륨의 황산염과 탄산염 광물(제2511호): 중정석(重晶石), 독중석(毒重石)
8) 규산질의 흙(제2512호): 규조토(키젤거·트리폴라이트·다이아토마이트·뮬러어드)
9) 연마재료(제2513호): 부석·금강사·커런덤·석류석 등
10) 슬레이트(제2514호)
11) 건축용·석비용 암석(제2515호 내지 제2516호): 슬레이트, 대리석트래버틴·에코신의 석회질암석과 앨러바스터, 화강암·반암·현무암 및 사암

12) 밸러스터용 암석과 산업폐기물의 매카담(제2517호): 자갈·왕자갈·쇄석, 매카담
13) 복합탄산염(칼슘과 마그네슘)과 산화마그네슘질 암석(제2518호·제2519호): 백운석, 마그네사이트, 용융·소결 마그네시아, 기타 산화마그네슘
14) 석고(제2520호): 천연석고·무수석고, 플라스터
15) 석회·시멘트 제조용 원료광물(제2521호): 석회석 융제·기타 석회질 암석
16) 생석회·소석회와 수경성 석회(제2522호)
17) 포트랜드 시멘트(제2523호): 알루미나 시멘트·슬랙 시멘트·슈퍼설페이트 시멘트·수경성 시멘트
18) 석면, 운모 및 동석과 활석(제2524호 내지 제2526호): 섬유상의 각종 석면, 규산알루미늄의 착염계의 운모, 주로 함수규산마그네슘질의 암석인 동석(凍石)과 활석
19) 붕산염과 붕산(제2527호·제2528호): 붕사·커어나이트·프리사이트·보라사이트, 붕산
20) 알루미늄과 알칼리·알칼리토류의 규산착염광물·플루오르칼슘 광물(제2529호): 장석, 백류석, 하석, 하석섬장석, 형석
21) 기타 광물(제2530호): 어드컬러와 운모상 산화철, 해포석과 호박, 스트론티나이트, 도자기 파편, 융제용의 빙정석과 치올라이트 등

* 제2527호 공란 유보

3. 분류원칙

제목	규정내용	비고
제25류의 일반 원칙	1. 제25류의 주4와 문맥상 따로 규정한 경우를 제외하고는 조상의 것·세척한 것(물품의 구조변화 없이 불순물을 제거하기 위해 화학물질로 세척하는 것 포함)·파쇄한 것·분쇄한 것·분상의 것·체(사)로 친 것, 부유선광·자기선광·기타 기계적 또는 물리적 방법에 의하여 선광한 것(결정법에 의한 선광한 것 제외)에 한하여 분류하며, 배소한 것·하소한 것. 혼합한 것과 각 호에서 규정한 처리방법 이외의 방법으로 가공한 것을 제외한다. 이 류의 생산품에는 항분제를 첨가한 것도 포함하나, 그러한 첨가로 인하여 당해 물품이 일반적 용도보다는 특별히 특정한 용도에 더 적합하게 되지 아니하는 것에 한한다.	제25류 류주1

우선분류 규정	3. 제2517호에도 해당되고 이 류의 다른 호에도 해당되는 특정 물품은 제2517호에 분류한다.	제25류 류주3
기타 광물	4. 제2530호에는 팽창되지 아니한 질석·진주암, 녹니석·어드 컬러(하소 또는 서로 혼합한 것인지의 여부를 불문한다), 천연의 운모상산화철, 해포석(연마한 것인지의 여부를 불문한다), 호박, 판상·봉상 또는 이와 유사한 형상으로 응결한 해포석과 응결한 호박(성형한 후 가공한 것은 제외한다), 흑옥, 스트론티나이트(하소한 것인지의 여부를 불문하며, 산화스트론튬을 제외한다) 및 도자, 벽돌 또는 콘크리트 제품의 파편이 분류된다.	제25류 류주4

4. 제외 물품

① 승화 황·침강 황 또는 콜로이드 황(제2802호)

② 산화제이철로서 계산한 화합철분의 함유중량이 70% 이상의 어드 컬러(제2821호)

③ 제30류의 의약품 또는 기타 의료용품

④ 조제향료, 화장품류 또는 화장용품류(제33류)

⑤ 포석·녹석 또는 부석(제6801호), 모자이크 큐브 또는 이와 유사품(제6802호) 및 지붕용·단장용 또는 방습층용의 슬레이트(제6803호)

⑥ 귀석과 반귀석(제7102호 또는 제7103호)

⑦ 염화나트륨 또는 산화마그네슘으로 제조한 제3824호의 배양단결정(1개 중량이 2.5g 이상의 것에 한하며, 광학용품은 제외)과 염화나트륨 또는 산화마그네슘으로 제조한 광학용품(제9001호)

⑧ 당구용 초크(제9504호)

⑨ 필기용·도서용의 초크 또는 재단사용 초크(제9609호)

5. 해 설

(1) 광물성 생산품(제25류)의 종류

품명	물품내용	호
소금과 해수	－소금(식탁염과 변성염 포함): 천일염, 암염, 증발염, 변성염 －염화나트륨(수용액, 고결방지제 또는 유동제 첨가 여부 불문), 해수, 염수	제2501호
황철광	황화철광(하소하지 아니한 것)	제2502호
황	유리상 조황, 후래쉬공법 황, 황화철광, 부산물 미정제황	제2503호
천연흑연	토상흑연, 인상흑연	제2504호
천연모래	규사와 석영사, 점토질 사, 도자공업용 장석성 사(착색 여부 불문)	제2505호
석영과 규암	석영과 규암(거칠게 다듬거나 단순절단한 정·직사각형의 블록상·슬랩상 여부 불문)	제2506호
점토	－고령토와 기타 고령토(하소 여부 불문): 카오리나이트, 딕카이트 및 나크라이트, 아녹자이트 및 핼로이사이트－엔델라이트 －기타(팽창점토 제외): 홍주석, 남정석, 규선석(하소 여부 불문), 뮬라이트, 샤모트, 다이나스어드	제2507호 제2508호
초크	초크	제2509호
인산칼슘	천연인산칼슘, 인산알루미늄칼슘 및 인산염 함유 초크(비료용 분쇄하거나, 불순물 제거 위해 열처리한 것 포함)	제2510호
바륨염	천연황산바륨(중정석)과 천연탄산바륨(독중석)(하소 여부 불문)	제2511호
규산질 흙	하소 여부 불문, 겉보기비중 1 이하: 키젤거어, 트리폴라이트, 다이아토마이트, 유사 규조토	제2512호
천연연마재	열처리 여부 불문: 부석, 금강사 및 천연커런덤,·천연석류석 등	제2513호
슬레이트	거칠게 다듬거나 단순히 절단하여 정·직사각형의 블록상·슬랩상 여부 불문	제2514호
석비용· 건축용의 암석	－석회질 암석(겉보기비중 2.5 이상, 거칠게 다듬거나 단순절단하여 정·직사각형의 블록상·슬랩상 여부 불문): 대리석, 트래버틴, 에코신 등, 앨러바스터 －암석(거칠게 다듬거나 단순절단하여 정·직사각형의 블록상·슬랩상 여부 불문): 화강암, 반암, 현무암, 사암	제2515호 제2516호
콘크리트용· 도로포장용· 철도용 또는	－자갈·왕자갈 또는 쇄석, 싱글과 프린트(열처리 여부 불문), 슬랙·드로스 또는 유사 산업폐기물의 매카담(이 호 위 물품과 혼합 여부 불문), 타르매카담	제2517호

밸러스터용	-제2515호·제2516호의 암석의 입·파편·분(열처리 여부 불문)	
백운석	-백운석(하소 여부 불문, 거칠게 다듬거나 단순절단한 정·직사각형의 블록상·슬랩상 포함) -응결 백운석(타르백운석 포함)	제2518호
마그네시아	-천연탄산마그네슘(마그네사이트) -용융마그네시아, 소결 마그네시아(소결전 소량첨가한 산화물함유 여부 불문) -기타 산화마그네슘(분쇄 여부 불문)	제2519호
플라스터	석고, 무수석고, 플라스터(착색 여부, 촉진제·지연제 소량첨가 여부 불문)	제2520호
석회·시멘트제조용	석회석 융제 및 석회석과 기타 석회질 암석	제2521호
석회	생석회, 소석회와 수경성 석회(산화칼슘과 수산화칼슘 제외)	제2522호
수경성 시멘트	포트랜드 시멘트, 알루미나 시멘트, 슬랙 시멘트, 슈퍼설페이트 시멘트 등(착색, 클링커 여부 불문)	제2523호
석면	조석면, 원료 또는 피거나 세조한 섬유상, 플레이크상, 분상, 석면설	제2524호
운모	백운모, 금운모, 흑운모 등(쪼갠 것, 운모웨이스트 포함)	제2525호
동석과 활석	-천연동석(거칠게 다듬거나 단순절단한 정·직사각형의 블록상·슬랩상 여부 불문) -활석(talc)	제2526호
불화나트륨광물	천연 빙정석과 천연 치올라이트	제2527호
붕산염과 붕산	-천연 붕산염과 그 정광(하소 여부 불문, 천연염수에서 분리한 붕산염 제외) -천연붕산(붕산 85% 이하)	제2528호
요업융제용	장석(felspar), 백류석(leucite), 하석(nepheline), 하석섬장암 및 형석(fluorspar)	제2529호
따로 분류되지 않는 기타 광물	-어드칼라와 천연운모상 산화철 -해포석과 호박(amber), 응결한 해포석과 호박, 흑옥(jet) -기타; 명반석, 질석(vermiculite), 리다이트, 방해석(calcite)과 산석, 정원토양·부엽토, 화산회, 산토린, 화산토, 깨진도기, 벽돌과 콘크리트의 조각. 희토류 금속의 광, 몰리브덴의 정광, nsutite, 법랑용 유백제 등	제2530호

(2) 광물성 생산품(제25류)의 분류범위

· 제25류 분류물품: 제2530호의 물품(제25류 류주4)과 문맥상 따로 규정한 경우를 제외하고는, 원칙적으로 다음 가공처리한 물품을 분류한다.
 ① 조상의 것, 세척한 것, 파쇄한 것, 분쇄한 것, 분상의 것, 체로 친 것
 ② 부유선광, 자기선광·기타 기계적 또는 물리적 방법에 의하여 선광한 것
 ③ 제25류 생산품에 항분제를 첨가한 것
· 제2517호: 제25류에는 제2517호와 다른 호에도 해당되는 물품은 우선하여 제2517호에 분류한다.
· 제2530호의 특정 물품: 해설 제2530호 참조

(3) 광물성 생산품(제25류)의 일반 분류원칙

제25류에는 원칙적으로 다음 가공처리한 물품을 분류한다. 다만, 제2530호의 물품(제25류 류주4)과 문맥상 따로 규정한 경우를 제외한다.

① 조상의 것, 세척한 것(물품의 구조변화없이 화학물질로 불순물을 제거하기 위해 세척하는 것 포함), 파쇄한 것, 분쇄한 것, 분상의 것, 체로 친 것
② 부유선광, 자기선광·기타 기계적 또는 물리적 방법에 의하여 선광한 것
③ 제25류 생산품에 항분제를 첨가한 것

[제외 물품] 위의 일반적 처리방법 이외의 처리방법은 다른 류(호)에 분류된다.

① 배소한 것, 하소한 것, 혼합한 것과 각 호에서 규정한 처리방법 이외의 방법으로 가공한 것
② 결정법에 의하여 선광한 것
③ 첨가로 인하여 당해 물품이 일반적 용도보다는 특별히 특정한 용도에 더 적합한 것
④ 기타 처리방법에 의해 얻은 광물성 생산품
 예: 재결정법에 의해 순수화한 것, 제25류의 동호 또는 타호의 광물을 혼합한 것, 형 또는 조각한 물품은 다른 류에 분류한다(제28류·제68류).

(4) 일반 분류원칙에서 예외되는 물품

제25류에는 일반 원칙(위 해설; 제25류 류주1)에서 규정하는 방법으로 처리한 물품이

분류된다. 그러나 다음 예외적인 물품이 있다.

① 물품의 성질상 일반원칙에서 규정하지 아니한 가공처리하는 물품

예: 순수 염화나트륨(제2501호), 정제 특정형의 황(제2503호), 샤모트토(chamott earth)(제2508호), 플라스터(제2520호), 생석회(제2522호)와 수경성 시멘트(제2523호).

② 일반원칙에서 규정한 처리방법 이외의 특정 방법으로 가공한 물품

예: 독중석(제2511호), 규조토와 이와 유사 규산질 흙(제2512호), 하소 백운석(제2518호), 용융·하소한 마그네사이트와 마그네시아(제2519호), 제2506호, 제2514호, 제2515호, 제2516호, 제2518호, 제2526호의 물품을 톱질 또는 기타의 방법으로 거칠게 다듬거나 단순 절단하여 정·직사각형의 블록상 또는 슬랩상의 것

(5) 소금(제2501호)

소금의 화학명은 염화나트륨(sodium chloride), 화학식 NaCl이다. 짠맛 있는 정육면체 백색결정체, 불순물을 함유하면 흰색, 회색, 황색, 적색을 띤다. 융점 800.4℃, 끓는점 1,440℃, 소금은 바닷물에 약 2,8% 함유하고 있다. 일반 염은 염화나트륨에 수분, 칼슘, 마그네슘, 칼륨 등이 함유되어 있으며, 함유비는 염종에 따라 다르다.

소금은 제2501호에 분류되며, 또한 이 호에는 다음이 포함된다.

- 지하에서 채굴한 염(암명, 물을 주입하여 포화염수를 올린 것)
- 증발염(천일염, 정제염), 해수, 염수 및 기타 소금물(saline solution)
- 기타: 미량의 요오드·인산염 등으로 처리하거나, 건조 처리한 식탁염, 고결방지제·자유흐름제를 첨가한 염, 변성 염, 화학공정시 잔유물, 광석처리 부산물인 염화나트륨

[일반 소금의 종류]

염별	주요 내용
천일염(天日鹽)	·해수를 저류지에 유입하여 자연의 태양열, 바람 등을 이용하여 농축시켜 만든 소금이다. 천일염의 염도는 일반적으로 90% 내외이고, 한국산은 80%이다. 주요 산지는 지중해, 홍해 연안, 미국, 중국
암염(岩鹽)	·땅속에 층으로 있는 것을 것이다. 암염은 분쇄, 선별, 가공하여 공업용, 식용으로 사용한다. 염도는 보통 96% 이상이며, 지질에 따라 회색, 갈색, 적색, 청색이 있다.

기계염 (機械鹽)	· 정제염(精製鹽)이라고도 하며, 바닷물을 이온교환막에 전기투석시켜 농축 함수를 기계에 넣어 생산한 기계염을 말한다. 보통 99% 이상이다.
재제염 (再製鹽)	· 원료 소금을 용해, 탈수, 건조 등을 거쳐 다시 재결정시켜 제조한 소금을 말한다. 꽃소금이라고도 하며, 보통 국내산 천일염 20%와 수입염 80%를 섞어 가공한 소금을 말하며 90% 이상이다.

[각종 소금의 분류]

품명·물품내용	분류
소금, 천일염과 암염, 순수 염화소다(NaCl), 해수	제2501호
소금이 첨가된 조미료, 즉 맛소금	제2103호
앰플에 넣은 염화소다수 및 의약품으로 조제된 염화소다	제30류
염화소다 배양단결정(1개 중량이 2.5g 이상의 것)	제3824호
염화소다의 광학용품	제9001호

[황화철의 분류]

광물	분류
배소 아니한 황화철광	제2502호
배소한 모든 황철광은 제외된다.	제2601호
황철광(동과 철의 황화물의 혼합물)	제2603호
반귀석 백철광(marcasite)	제7103호

[황의 분류]

황	분류
황(sulphur): 조황, 미정제황, 분말황	제2503호
승화황·침강황·콜로이드황	제2802호
살균제 등으로 소매용포장의 황	제3808호

[흑연의 분류]

흑연과 흑연제품	분류
천연흑연: 인상흑연(鱗狀黑鉛: crystalline graphite), 토상흑연(土狀黑鉛: amorphus graphite)	제2504호

레토르트 카본	제2704호
인조흑연 및 콜로이드 또는 반콜로이드흑연(제3801호),	제3801호
흑연을 기제로 한 조제품으로 페이스트상·블록상·판상 및 기타 반제품상태	제3801호
함침인조흑연	제3801호
전기용이 아닌 가공 또는 제품화한 흑연	제6815호
전기용의 가공 또는 제품화한 흑연	제8545호
흑연을 기재로 한 도자제품으로 소성한 내화제품	제6902호· 제6903호

[규소와 석영의 분류]

물품내용	분류
규소(Si): 원자번호 14번, 영어로 실리콘(silicon)으로 혼자 존재하지 않고 주로 산소와 결합한다.	제2804호
규산(SiO_2): 규소와 산소가 결합한 화합물이다.	제2811호
천연석영(quartz): 규산으로 이루어진 천연광물을 말한다.	제2505호

[석영과 이들 제품의 분류]

물품내용	분류
천연규사(silica sand: quartz sand), 해사, 강사	제2505호
천연석영(quartz)	제2506호
보석(예: 수정·연수정·자수정·홍수정) 제조에 적합한 품종이나 특성을 갖는 석영	제71류
압전기용 석영, 공구부분품의 제조용 석영	제7103호
석영제의 광학용품	제9001호

(6) 점토(제2507호·제2508호)

점토는 고령토질 점토(제2507호)와 기타 점토(제2508호)로 구분하여 분류한다.

고령토(kaolin)**와 고령토질의 점토**(제2507호) 주성분이 카올리나이트(kaolinite)·디카이트(dickite) 및 나크라이트(nacrite)와 같은 고령토 광물(kaolin minerals), 아녹자이트(anauxite) 및 핼로이사이트(halloysite)가 있다. 이들 점토를 하소한 것도 분류된다. 차이나클레이(chine clay)로 알려진 고령토는 백색점토로서 자기와 제지용에 사용된다.

기타 점토(clay)(제2508호) 규산알루미늄을 기제로 한 토 또는 암석으로 모든 천연의 점토물질이 분류된다. 이들의 수분을 제거하기 위해 열처리하거나, 완전 하소한 것도 포함된다. 특징은 가소성, 가열시에 경화성 및 내열성이 있어 요업공업, 토양개량에 사용된다. 여기에는 일반 점토 이외에 다음 물품이 분류된다.

예: 벤토나이트(bentonite), 표포토(fuller's earth), 홍주석(andalusite) · 남정석(kyanite)과 규선석(sillimanite), 뮬라이트(mullite), 샤모트(chamotte earth), 다이나스 어드(dinas earth).

[초크(chalk)의 분류]

물품내용	분류
천연초크(chalk)	제2509호
인산염을 함유하는 초크	제2510호
치약용 분으로서 조제된 분말 초크	제3306호
당구용 초크	제9504호
필기용 또는 제도용 초크와 재단용 초크	제9609호

(7) 천연연마재료(제2513호)

천연연마재료에는 다음 있으며 제2513호에 분류된다. 이 호에는 열처리한 천연연마제도 포함된다.

부석(pumice stone) 때로 다공성의 화산암의 일종으로 거칠고 가벼우며 보통 백색 또는 회색이나 때로는 갈색 또는 적색이다.

금강사(金剛砂: emery) 운모의 입자와 산화철이 혼합된 작고 경고한 산화알루미늄의 결정으로 형성된 조밀한 암석이다. 분쇄한 금강사는 갈색분말로서 광택있는 입자가 있으며 자력이 있다.

천연커런덤(natural corundum) 대부분 산화알루미늄으로 주로 백색입자이며 소량의 흑색 또는 황색의 입자가 있다.

기타 천연연마제 트리폴리(tripoli: rotten-stone), 석류석(石榴石: garnet)

[각종 연마제의 분류]

물품내용	분류
부석, 금강사 및 천연커런덤, 천연석류석	제2513호
인조커런덤	제2818호
탄화규소	제2849호
천연 또는 합성의 귀석 또는 반귀석의 더스트와 분	제7105호

[슬레이트와 이들 제품의 분류]

품명·물품내용	분류
천연 슬레이트의 괴상, 톱질·기타 방법으로 거칠게 다듬거나 단순 절단한 정·직사각형의 블록상 또는 슬랩상, 분과 설	제2514호
착색한 천연 슬레이트의 입과 쇄석, 착색	제6802호
슬레이트의 모자이크 큐브	제6802호
가공 슬레이트과 이들 제품: 정·직사각형 이외 형상으로 절단, 분쇄, 광택을 낸 것, 둥글 게 깎은 것. 기타 가공한 것. 지붕, 벽과 방습층용 슬레이트	제6803호
응결 슬레이트와 이들의 제품	제6808호
필기용 또는 도안용으로 제조한 슬레이트와 슬레이트흑판	제9610호
슬레이트 연필	제9609호

(8) 석비용 또는 건축용 암석의 분류

물품내용	분류
겉보기 비중이 2.5 이상 경질 석회질 암석(괴상, 거칠게 다듬거나, 단순 절단한 정·직사각형의 블록상·슬랩상): 대리석, 트레버틴, 에코신, 앨러버스터(alabaster), 석회질 암석 및 앨러바스터	제2515호
석비용 또는 건축용의 겉보기 비중 2.5 미만의 석회질 암석류(괴상, 거칠게 다듬거나, 단순 절단한 정·직사각형의 블록상·슬랩상).	제2516호
석비용 또는 건축용 암석(괴상, 거칠게 다듬거나, 단순 절단한 정·직사각형의 블록상·슬랩상): 화강암, 반암, 현무암, 사암, 섬장암, 편마암, 조면암, 용암 기타 암석	제2516호
석비용 또는 건축용 암석의 입상·파편상 또는 분상	제2517호
암석으로 도포장용의 석·부석 또는 연석	제6801호
가공한 암석(부각한 것, 곡괭이, 햄마 또는 끌 등으로 다듬은 것, 연마한 것, 광택을 낸 것, 둥글게 한 것 등으로 더 가공한 것)	제6802호

[자갈, 왕자갈, 쇄석 등의 분류]

물품내용	분류
자갈, 왕자갈, 쇄석	제2517호
제2515호 또는 제2516호(석비용 건축용 암석)에 해당하는 암석의 입상, 파편상, 분말	제2517호
특별히 조제된 물품 예: 광물질의 혼합물을 용융, 경고도·미끄럼방지 성질·가시성 등의 증가를 위한 도로 표면처리제의 첨가제	보통 제3824호
블록상태로 절단된 플린트 또는 볼밀용 인공적으로 원형으로 제조한 자갈	제6802호
인공적으로 착색한 암석의 미립과 소편	제6802호

(9) 백운석(제2518호)

제2518호의 백운석(dolomite)은 칼슘과 마그네슘의 천연탄산염이다. 이 호에는 하소(700℃~1,000℃) 또는 소결(1,700℃~1,900℃)한 백운석이 분류되며, 톱질이나 기타 방법으로 거칠게 다듬거나 단순 절단한 정·직각형의 블록이나 슬랩상이 분류된다. 또한 이 호에는 내화재료(예: 용광로의 라이닝)용의 응결백운석(dolomite ramming mixes)이 포함된다. 이 물품은 주로 소결 백운석 분말이나 과립상이고, 용도나 사용온도에 따라 비수경성 결착제(예: 타르, 피치, 레진)를 사용한다.

(10) 천연탄산마그네슘와 마그네시아(제2519호)

이 호에는 천연탄산마그네슘(마그네사이트: magnesite), 마그네시아 및 기타 산화마그네슘이 분류된다. 또한 다음이 포함된다.

마그네사이트(또는 지오버타이트) 천연탄산마그네슘이다.

수산화마그네슘에서 얻은 마그네시아(산화마그네슘) 주로 다음이 있다.

용융마그네시아(fused magnesia) 용융한 것으로 보통 무색이나 황색이나 녹색을 띤다.

소결마그네시아(dead-burned or sintered magnesia) 고온(약 1400℃~1800℃)에서 하소하여 얻으며, 산화철 또는 산화크롬 등의 소결제 첨가하기도 한다. 내화물 제조에 사용된다.

코스틱번드 마그네시아(caustic-burned magnesia) 보통 마그네사이트를 900℃ 이하에서 하소하여 얻으며 소결마그네시아나 용융마그네시아보다 화학적 반응성이 강하다.

경질 산화마그네슘과 중질 산화마그네슘 침강 수산화마그네슘이나 염기성 탄산마그네슘을 600℃~900℃에서 하소하여 얻는다. 물에 불용, 묽은 산에는 잘 녹고, 다른 마그네시아보다 화학적 반응성이 강하다.

(11) 석고와 플라스터(제2520호)

석고(石膏; gypsum)는 황산칼슘($CaSO_4$)의 화학적인 조성을 갖는 백색광물이며 결정수(H_2O)에 따라 이수석고(二水石膏: 結晶石膏: $CaSO_4 \cdot 2H_2O$), 반수석고(半水石膏: 燒石膏: $CaSO_4 \cdot 1/2H_2O$ 및 무수석고(無水石膏: 硬石膏: $CaSO_4$)로 구분한다. 이수석고를 100℃ 이상에서 가열하면 소석고를 얻으며, 하소하여 일부 또는 전부를 탈수한 석고가 플라스터(plaster)이다. 하소석고에 응결지연제를 첨가하거나, 석고를 하소하여 수분을 완전제거하고 응고촉진제로 명반(alum)을 첨가한 것도 있다. 이와 유사 플라스터는 천연무수석고에 명반을 가한 것, 직물 또는 제지의 완성가공용 플라스터, 착색한 플라스터 및 치과용으로 미분말 플라스터(소량 촉진제나 지연제 함유)가 있다. 치과용으로 조제한 것은 제외된다.

(12) 석회석의 분류

암석	분류
주로 석회 또는 시멘트 제조용 석회석 융제(limestone flux)	제2521호
주로 석회 또는 시멘트 제조용 석회석(石灰石; Lime)과 기타 석회질의 암석	제2521호
건축용 또는 석비용 석회질 암석	제2515호· 제2516호
백운석(dolomite)	제2518호
초크	제2509호
콘크리트용·도로포장용 또는 철도밸러스트용의 쇄석	제2517호

(13) 생석회, 소석회와 수경성 석회(제2522호)

생석회(生石灰: quiklime)는 산화칼슘(CaO)으로 백색 결정이다. 공기중에 방치하면 수분과 이산화탄소를 흡수하여 수산화칼슘(소석회)과 탄산칼슘으로 분해한다. 생석회는 석회석이나 탄산칼슘을 하소하여 제조하며, 물을 작용시키면 발열하여 수산화칼슘(소석회:

消石灰; slaked lime)이 된다.

소석회는 주로 토지개량 및 제당공업에 사용된다. 수경성 석회는 주로 점토를 20% 이하로 함유하는 석회석을 물에 경화하도록 저온에서 하소한 것으로 다량의 미결합 생석회를 함유하고 있는 것이 천연시멘트와 다르다. 불순한 생석회와 소석회, 수경성 석회는 제2522호에 분류되며, 순수한 산화칼슘과 수산화칼슘은 제2825호에 분류된다.

[석회의 분류]

물품내용	분류
생석회(生石灰: quicklime): 석회석을 하소하여 얻는다	제2522호
소석회(slaked lime): 수산화칼슘으로 생석회는 물과 발열하며 생성된다.	제2522호
수경성 석회(hydraulic lime): 점토와 석회석의 혼합물을 하소하여 얻는다.	제2522호
순수한 산화칼슘과 수산화칼슘	제2825호

(14) 포트랜드 시멘트(제2523호)

포트랜드 시멘트(portland cement)는 적당비율의 석회석과 점토를 적정량의 알루미나와 산화철을 균일하게 혼합하고 소성하여 포트랜드 클링커를 제조하고, 이 포트랜드 클링커에 황산칼슘을 소량 첨가하여 분쇄하여 제조한 시멘트를 말한다. 이 시멘트는 제2523호에 분류되며 이 호에는 다음 시멘트가 포함된다.

예: 알루미나 시멘트, 슬랙 시멘트, 슈퍼설페이트 시멘트, 포조라나 시멘트, 로만 시멘트 등

(15) 석면(제2524호)

석면(asbestos)은 특정 암석류가 분해된 천연광물성 물질로서 섬유상이고 외관이 비단처럼 여러 색조가 있다. 보통 백색이나 회색·녹색·청색 또는 암갈색이기도 한다. 주로 내열 및 내산성이다. 제2524호에는 암석 형태인 조석면, 원료 상태나 두들겨 피거나 세척한 섬유상(길이 등급으로 선별한 여부 불문), 플레이크상 또는 분상의 것과 석면설이 분류된다. 이 호에는 보다 더 가공(카아드·염색 등)한 섬유상의 것과 석면제품(제6812호)은 제외된다.

(16) 운모(mica)의 분류

물품내용	분류
운모: 조운모, 판상, 쪼갠 것, 운모의 웨이스트와 분	제2525호
운모판 또는 쪼갠 운모를 절단 또는 압형하여 얻은 물품	제6814호 · 제85류
응결 운모 · 펄프운모(재구성된 운모)로서 만든 제품	제6814호

(17) 따로 분류되지 아니한 광물(제2530호)

제25류에 달리 분류되지 않는 광물이 분류되는 것으로 특히 다음 물품이 분류된다.

① 팽창하지 않은 질석 · 진주암, 녹이석 · 어어드 컬러(하소, 서로 혼합 여부 불문), 천연운모상 산화철

② 해포석(meerschaum)(연마 여부 불문), 호박(amber), 판상 · 봉상 또는 이와 유사 응결한 해포석과 호박(성형 후 가공한 것 제외), 흑옥(jet), 스트론티나이트(하소 여부 불문, 산화스트론튬 제외)

③ 도자, 벽돌 또는 콘크리트 제품의 파편.

[용어]

용어	주요 내용	비고
광물 명칭	광물의 명칭에는 다소 혼란이 있다. 암석은 우리나라의 돌에 해당되나, …석은 광물명에 붙이고 있어 조화롭지 못하다. 규정에 의하면 광물명은 …석으로, 암석명은 …암으로 표기하여야 한다. 따라서 금속광물을 …광으로, 비금속광물은 …석으로 호칭하는 것은 잘못이다. 예로서 철광, 동광으로 광석을 의미하나 …광으로 표기하는 것은 잘못이다.	광물학
배소(焙燒) (roasted)	광석처리의 한 방법으로서 광석을 용융점 이하에서 가열하여 그 화학적 조성을 변화시키는 야금상의 준비조작을 배소라 한다.	해설서
하소(煆燒) (calcined)	어떤 물질을 고온으로 가열하여 그 물질 속에 들어있는 수분이나 황, 비소 등의 휘발성 성분을 일부 또는 전부 제거하는 것을 하소라 한다.	해설서
소결(燒結) (sintering)	고체입자(분말 또는 압분)가 가열로 인하여 서로 고착하는 과정을 말한다. 소결단조법은 분말 야금으로 만든 소결 소재의 분말을 밀폐된 형틀 속에서 열간 정밀단조를 하는 가공법으로서 제품의 밀고가 높고 기계적 성질이 향상된다.	해설서

용융 (melting)	일반 고체를 가열시켜 액체로 되는 변화를 말한다. 학술적으로 융해라 하나, 공업분야에서 용융 또는 용해라고 부르기도 한다.	사전
소성 (burning, firing, baking)	요업 등 광물가공공업에서 널리 사용되는 고온처리 방법으로 간단하게는 광물류를 가열하는 것이나, 소성목적은 열분해, 합성치환 등의 화학반응, 소결 등으로, 가열로 인해 피처리물이 완전히 용융하는 경우는 소성이라 하지 않는다.	사전
소성과 배소	위의 하소, 배소 및 소결은 모두 소성에 속하나, 하소와 소성은 공업상 엄밀히 구분하지 않고 광물의 열분해를 하소라 하고, 합성, 치환 등의 반응이나 열분해에 의해 발생하는 가스를 얻는 경우에는 배소라 하나, 보통 소성이라 하는 경우가 많다. 소성의 처리온도는 한계가 없으나 300~400℃ 이하는 소성이라 하지 않는다.	사전
조상의 것 (crude)	『조상의 것』이란 암석이 자연히 쪼개지는 면을 따라 단순히 쪼갠 블록·슬랩상을 말한다. 표면은 평편하지 않거나 기복이 있고, 쪼개는 도구(쇠지레, 쐐기, 곡괭이 등)의 자국이 남기도 한다. 채석장에서 암석을 파쇄한(곡괭이, 화약 등으로) 비정형의 암석도 포함하며. 이들은 평편하지 않고, 표면과 가장자리는 불규칙하고, 흔히 채석자국(blast holes, wedge marks 등)이 있다. 또한 실제 채석·추가가공시에 생긴 불규칙한 형태의 웨이스트도 포함하나, 절단용·건축공사용에 사용할 수 있는 크기를 가져야 한다. 그러하지 못하면 제2517호에 분류된다.	제25류의 소호규정
거칠게 다듬은 것 (roughly trimmed)	『거칠게 다듬은 암석』이란 채석 후에 블록·슬랩상으로 하기 위해 거칠게 가공한 것으로서, 거칠고 평편하지 않은 표면이다. 이러한 가공에는 해머나 끌 등의 도구로 불필요한 혹을 제거한 것도 포함한다. 여기에는 정·직사각형으로 절단한 블록 또는 슬랩은 제외한다.	제25류 소호규정
톱질로 단순절단한 블록·슬랩 (blocks and slabs)	『톱질에 의해 단순절단된 블록·슬랩(제2515.12호)』이란 표면에 식별이 가능한 톱질(wire strand 또는 기타 톱)자국이 남아야 한다. 톱질자국을 고려시에 매우 경미한 것도 있다. 이 경우, 종이를 돌에다 대고 연필로 부드럽고 평편하게 문지르면 톱질자국을 확인할 수 있다. 또한 톱질 이외의 방법(예: 해머, 끌 가공)으로 얻은 정·직사각형의 블록 또는 슬랩도 포함한다.	제25류 소호규정

제26류 광, 슬랙 및 회

1. 개　　요

제26류에는 광물성 생산품 가운데 수은, 귀금속, 비(卑)금속 및 방사성원소(방사성동위원소를 포함)를 채취하기 위한 야금공업용의 금속광(광석)과 정광이 분류된다. 또한 철강 제조시 생기는 슬랙, 드로스, 스케일링 및 웨이스트, 기타 광이나 광의 중간제품의 처리공정(예: 야금공정과 기타 처리공정 등. 단 금속의 기계작업공정 제외)에서 생기는 금속 또는 금속화합물을 함유하는 회(灰)와 각종의 잔재물이 포함된다.

2. 분류구조

이 류는 금속광과 정광 및 슬랙과 회의 2개 범주로 구분하고 21개의 호(제2601호 내지 제2621호)에 분류한다.

1) **금속광과 정광**(제2601호 내지 제2617호): 적철광, 망간광, 동광, 보크사이트, 니켈광, 지르콘사 등

2) **슬랙, 드로스, 스케일링과 기타 웨이스트 및 회와 잔재물**(제2618호 내지 제2621호)

① 철강 제조시 잔재물(제2618호 · 제2619호): 슬랙, 드로스, 스케일링, 웨이스트 등

② 회와 잔재물(금속 · 금속화합물 함유)(제2620호): 매트, 침적물, 사용한 촉매, 유연슬러지 등

③ 기타 슬랙과 회, 잔재물(제2621호): 해초회, 석탄회, 골회, 조칼륨염, 생활폐기물, 소각시 잔재물 등

3. 분류원칙

제목	규정내용	비고
광(ores)	2. 제2601호~제2617호에서 『광』이라 함은 수은 제2844호의 금속·제14부 또는 제15부의 금속을 채취하기 위하여 야금공업에 있어서 실제로 사용되는 종류의 광물학상 광물을 말하며 금속채취용에 실제로 공하는지의 여부를 불문한다. 다만, 제2601호 내지 제2617호에는 야금공업에 있어서 일반적으로 행하지 아니하는 공정을 거친 광물은 포함하지 아니한다.	제26류 류주2
슬랙, 회 및 잔재물의 범위	3. 제2620호는 다음의 경우에만 적용한다. 가. 공업적으로 금속의 채취용 또는 금속 화합물의 제조원료로 사용되는 슬랙, 회 및 잔재물, 다만, 생활폐기물 소각에서 발생하는 회와 잔재물(제2621호)은 제외한다. 나. 비소를 함유한 슬랙, 회 및 잔재물로서 다른 금속을 함유하고 있는지를 불문하며, 비소나 다른 금속 채취용 또는 이들 화합물 제조용인 것	제26류 류주3
슬러지 (sludges)	1. 제2620.21호에서 『유연 가솔린 슬러지 및 유연 안티녹제 화합물 슬러지』는 유연 가솔린 및 유연안티녹제 화합물(예: 테트라 에틸연)의 저장탱크에서 얻어지는 슬러지를 말한다. 기본적으로 연·연화합물 및 산화철로 구성되어 있다.	제26류 소호주1
분류규정	2. 비소, 수은, 탈륨 또는 이들 혼합물을 함유하는 것으로 비소나 이들 금속의 채취용 또는 그 화합물의 제조에 사용되는 슬색, 회와 잔재물은 소호 제2620.60호에 분류된다.	제26류 소호주2

4. 제외 물품

① 슬랙 또는 이와 유사한 산업폐기물의 매카담(제2517호)

② 천연탄산마그네슘(마그네사이트)(하소한 것인지의 여부를 불문한다)(제2519호)

③ 주로 제2710호의 석유를 주성분으로 하는 석유저장탱크로부터 나온 슬러지

④ 제31류의 염기성 슬랙

⑤ 슬랙울·록울 또는 이와 유사한 광물성울(제6806호)

⑥ 귀금속 또는 귀금속을 입힌 금속의 웨이스트 또는 스크랩, 주로 귀금속의 회수에 사용되는 귀금속 또는 귀금속 화합물을 함유하는 기타 웨이스트와 스크랩(제

7112호)

⑦ 제련공업에서 생산되는 동·니켈 또는 코발트의 매트(제15부)

5. 해 설

(1) 광과 정광

관세율표의 제26류에서 광(鑛: ores)이라 함은 수은(제2844호), 방사성원소와 방사성동위원소(제2844호) 및 귀금속(제71류)과 비(卑)금속(제14부)을 채취하기 위하여 야금공업에 있어서 실제로 사용되는 광물학상 광물을 말하며 금속채취용에 실제로 공하는지의 여부를 불문하나, 야금공업에 있어서의 일반적으로 행하지 아니하는 공정을 거친 광물은 포함하지 아니한다.

광(ore)에는 광물에서 채취 또는 정광한 물질과 관련된 금속광에 적용되며, 맥석에 있어서 금속사 등의 천연금속도 적용된다. 광은 야금조작 이전에 처리(preparation)하지 않은 상태로는 거의 시판되지 않고, 대부분의 주요 처리공정은 광을 정광하는 데 목적이 있다.

정광(concentrates)이라 함은 경제적 수송면에서나, 야금공정에서 방해되는 이물질을 특수 처리하여 이물질을 전부 또는 일부를 제거한 광석을 말한다.

(2) 광의 종류(제2601호 내지 제2617호)

광석명	호
철광석: 적철광(Hematite), 갈철광(Limonite), 자철광(Magnetite), 능철광(Siderite)	제2601호
망간광: 갈망간광, 능망간광(Rhodochrosite), 경망간광(Psilomelane), 연망간광(Pyrolusite)	제2602호
동광: 황동광Calcopyrite), 휘동광(Chalcocite), 황비동광, 남동광(Azurite)	제2603호
니켈광: 규니켈광(Garnierite), 홍비니켈광(Nicolite), 황철니켈광(pentlandite)	제2604호
코발트광: 휘코발트광(Cobaltiet), 비코발트광(Smaltite)	제2605호
알루미늄광: 보기사이트(Bauxite)	제2606호
연광: 방연광(Galena), 백연광(Cerussite)	제2607호
아연광: 섬아연광(Zincblende, Sphalerte), 능아연광(Smithonite), 규아연광(Willenite)	제2608호
주석광: 주석광(Cassiterite), Stannite	제2609호

크롬광: 크롬철광(Chromite), Picotite계	제2610호
텅스텐광: 철망간중석(Wolframite), 회중석(Scheelite), 철중석(Ferbrite), 망간중석(Hubnerite)	제2611호
우라늄광·토륨광: 섬우란광(Uraninite), 브라넬석(Brannerite), 칼노석(Carnotite), 코핀석(Coffinite), 다비토석(Davidite), 우라노폰석(Uranophane), 모나자이트(Monazite), 토륨광(Thorite)	제2612호
몰리브덴광: 휘수연광(Molybdenite), 수연연광(Wulfenite)	제2613호
티타늄광: 티탄철광(Illmenite), 금홍석(Rutile), 예추석(Anatase), 브루카이트(Brookite)	제2614호
니오븀광·탄타륨광·바나듐광·지르코늄광: 니오바이트(columbite), 탄탈라이트, 갈연광(Vanadinite), 바델라이트광(Baddeleyite) 지르콘(zircon)과 지르콘사(zircon sand)	제2615호
귀금속광: 휘은광(Aragentite), 카라버라이트광(Calaverite), 금과 백금사	제2616호
안티모니광, 벨릴륨광, 비스무스광, 게르마늄광, 수은광, 기타 광: 백안광(Cervantite), 방안광(Senamontite), 휘안광(Stibnite), 모광(Jamesonite), 사면동광(Tetrahedorite), 녹주석(Beryl), 휘창연광(Bismuthinite), 황비게르만동광(Germanite), 진사(Cinnaber)	제2617호

(3) 금속광과 정광(제26류)의 분류원칙

금속광(metallic ores)**과 이들 정광**(concentrates)**의 분류규정** 제2601호 내지 제2617호에는 다음 금속광과 이들 정광에 한하여 분류한다.

① 제14부(귀금속) 또는 제15부(비금속)에 게기한 금속·수은이나 방사성원소와 방사성 동위원소(제2844호)를 채취하기 위하여 야금공업에 있어서 실제로 사용되는 종류의 것(실제 금속채취용에 공하는지의 여부 불문)

② 야금공업상의 특수 공정을 거치지 아니한 것.

금속광과 이들 정광(제2601호 내지 제2617호)**에 허용하는 처리공정** 야금용에 일반적으로 사용하고 있는 물리적·물리-화학적 또는 화학적 처리이다. 열처리(calcination, roasting or firing)(응결 여부 불문)에서 오는 변화를 제외하고 이러한 조작은 필요로 하는 금속을 공급하는 기초적 화합물의 화학성분을 변화시키지 않아야 한다.

① 물리 또는 물리 화학적 조작: 분쇄·빻기·자기선광·비중선광·부유선광·체로서 분리 등급별로 분리·분말을 입자로 응집·볼 또는 조개탄형(소량 접착제 가한 여부 불문)·염색·광을 산화·환원 또는 자성화하기 위한 열처리(calcination, roasting) 등을 포함한다. 다만, 황산화·염화 등을 이루는 열처리는 제외한다.

② 화학적 처리: 용해 등 불필요한 물품을 제거하는 목적이다.

[제외 공정] 다음은 일반 처리공정이 아니므로 제26류에서 제외한다.

① 정광의 화학성분이나 결정구조를 변화시키는 하소·배소를 제외한 처리하여 얻은 물품(제28류)

② 원광의 화학적 구조는 불변이나, 분별결정·승화 등의 반복적 물리적 변화로 얻는 순수 물품

하나 이상의 광물족으로 구성된 광과 정광의 분류 다음에 의해 적합한 호(제2601호~제2617호)에 분류한다.

① 주요 특성에 의한 분류원칙(통칙3 나)에 적용하거나

② 이를 적용할 수 없는 경우에는 해당 호 중 최종호 분류원칙(통칙3 다)에 의한다.

[제외 물품] 제2601호 내지 제2617호(광과 정광)에는 다음 물품을 제외한다.

· 상기 금속을 함유하는 광물

① 타호의 광물: 비배소한 황화철광(제2502호). 천연 크리오라이트와 치오라이트(제2530호).

② 상관례상 금속을 채취하지 않는 광물: 어드컬러, 명반석(제2530호), 귀석과 반귀석(제71류)

· 마그네슘 채취용 광물: 백운석(제2518호), 고토광(magnesite)(제2519호), 카아널라이트(제3104호)

· 제2805호의 알칼리 광물·알칼리 토류금속 광물: 소금(제2501호), 중정석(barytes)와 독중석(witherite)(제2511호). 스트론티아나이트·천청석(celestite)·방해석과 산석(aragonite)(제2530호)

· 귀금속(제14부)·비금속(제15부)의 천연금속과 천연합금과 같이, 맥석 또는 모암에서 분리된 천연금속과 천연합금

· 제2530호의 희토류 금속광

(4) 슬랙, 회와 잔류물(제2618호 내지 제2621호)

철강 제조시의 잔류물과 기타 슬랙, 회와 잔류물은 다음과 같이 구분하여 분류된다.

철강 제조시 생기는 잔류물 철강의 제조시에 생기는 웨이스트로서 다음이 있다.

① 슬랙샌드(slag sand)(제2618호): 용광로의 액상철분을 물에 부어 얻는 입상슬랙

② 슬랙(slag), 드로스(dross), 스케일링(scalling) 및 웨이스트(waste)(제2619호): 고로 슬랙과 전로슬랙, 철강 가공시에 생긴 스케일링, 용광로에서 생기는 더스터와 웨이스트가 있다.

슬랙·회와 잔류물

① 비소·금속 또는 금속성 화합물을 함유하고 있는 회와 잔유물(제2620호): 비소 또는 금속의 추출 또는 금속화합물의 제조용에 사용되는 것이다.

예: 매트, 슬랙 또는 드로스, 경 아연의 스펠타(spelter), 축전지침적물(sludge), 전해제련시 잔유물

② 기타 슬랙과 회(제2621호): 생활폐기물의 소각 회와 잔재물, 금속광의 처리공정, 야금공정에서 생긴 슬랙과 회 또는 기타 물질이나 공정에서 생긴 슬랙과 회가 있다.

예: 석탄회, 아탄회, 니탄회, 해초회와 식물의 회, 골회, 당밀의 찌꺼기를 소각·세척한 조칼륨염

[슬랙, 회와 잔재물의 분류]

구분	해당 물품	분류
철강 제조시 잔류물	입상 슬랙(slagsand)	제2618호
	슬랙, 드로스, 스케일링, 웨이스트 등	제2619호
슬랙·회·잔류물	비소, 금속 또는 금속화합물을 함유한 것	제2620호
	기타 슬랙과 회, 생활폐기물 소각시의 회와 잔류물	제2621호

제27류 광물성 연료, 광물유와 이들의 증류물, 역청물질 및 광물성 왁스

1. 개 요

제27류에는 석탄과 기타 천연광물성 연료, 석유·역청유, 이들의 증류물과 기타 제조방법으로 얻은 이와 유사한 물품이 분류되며, 또한 광물성 왁스와 천연역청물질이 포

함된다. 이 류의 물품은 조상이거나 또는 정제한 것도 있으나 화학적으로 단일한 유기화합물이거나 상관례상 순수한 것은 제29류에 분류된다. 그러나 메탄과 프로판은 화학적으로 순수하더라도 제27류에 분류되며 에탄, 벤젠, 페놀, 피리딘 등은 순도에 따라 이 류 또는 유기화학품(제29류)으로 분류된다.

2. 분류구조

광물성 연료와 이들 생산품은 석탄, 석유와 역청유, 이들 가공제품별 및 전기 등의 8개 범주로 구분하고 16개의 호(제2701호 내지 제2716호)에 분류한다.

1) 고상 광물성 연료(제2701호 내지 제2703호)

① 석탄, 연탄 마젝탄과 이와 유사 고형연료, ② 갈탄, ③ 토탄

2) 고상 광물성 연료의 건류물과 증류물(제2704호 내지 제2708호)

① 코크스, 반성코크스 및 레토르트카본, ② 석탄가스, 수성가스, 발생로가스 및 이와 유사가스, ③ 타르와 기타 광물성 타르, ④ 고온 타르 증류물, ⑤ 피치와 피치코크스

3) 석유·역청유와 이들의 증류물 및 웨이스트 오일(제2709호·제2710호)

① 원유(석유와 역청유), ② 석유·역청유 증류물, ③ 웨이스트오일

4) 석유가스와 가스상 탄화수소(제2711호): 석유가스, 천연가스, 화학합성 가스(메탄, 프로판, 부탄 등)

5) 석유젤리, 광물성 왁스와 합성왁스(제2712호): 석유젤리(바셀린), 파라핀왁스, 마이크로크리스탈린왁스, 슬랙왁스, 오조커라이트, 갈탄왁스, 토탄왁스

6) 석유·역청유의 잔류물(제2713호): 석유코크스, 석유아스팔트, 기타 잔류물

7) 천연역청질과 아스팔트(제2714호): 역청질 혈암, 유모혈암, 타르샌드, 아스팔트질 암석

8) 역청질의 혼합물(제2715호): 천연 또는 석유아스팔트, 광물성 타르 또는 타르피치를 기재로 한 것, 역청질 매스틱, 컷백

9) 전기에너지(제2716호)

3. 분류원칙

제목	규정내용	비고
석유와 역청유 (제2710호)	2. 석유와 역청유에는 석유 및 역청유뿐만 아니라 이와 유사한 오일 및 혼합 불포화 탄화수소를 주성분으로 하는 오일로서 이들의 제조방법에 관계없이 비방향족 성분이 방향족 성분(중량비)을 초과하는 것도 분류한다.	제27류 류주2
웨이스트오일 (제2710호)	3. 『웨이스트오일』이라 함은 석유 및 역청유(제27류 류주2)를 함유하는 폐유를 말한다(물과 혼합되었는지의 여부 불문). 여기에는 다음이 포함된다. 가. 본래의 제품으로 사용하기에 부적합한 오일: 사용한 윤활유, 사용한 유압유와 절연유 나. 석유저장탱크의 슬러지오일로서 본래의 제품제조에 사용된 오일과 고농도 첨가제를 주로 함유하는 것 다. 유출 오일, 저장탱크 청소 또는 기계작동을 위해 물에 유화되거나(절삭유) 물과 혼합된 오일	제27류 류주3
무연탄 (제2701호)	1. 무연탄이라 함은 건조하고 광물질이 없는 상태에서 휘발성 물질의 함유량이 14% 이하의 석탄을 말한다.	제27류 소호주1
유연탄 (제2701호)	2. 유연탄이라 함은 건조하고 광물질이 없는 상태에서 휘발성 물질의 함유량이 14%를 초과하고, 물을 함유하고 광물질이 없는 상태에서 발열량이 5,833㎉/kg 이상의 석탄을 말한다.	제27류 소호주2
벤젠·톨루엔·크실렌 및 나프탈렌	3. 제2707호에서 벤조올(벤젠)·톨루올(톨루엔)·크실올(크실렌) 및 나프탈렌은 각각 벤젠·톨루엔·크실렌 및 나프탈렌의 함유중량이 50%을 초과하는 물품에 대하여 적용한다.	제27류 소호주3
경질석유와 조제품	4. 제2710호에서 경질석유 및 조제품이라 함은 ASTM D86 방법에 의해 210℃에서 90% 이상(결손분 포함)이 증류되는 것을 말한다.	제27류 소호주4

4. 제외 물품

① 화학적으로 단일인 유기화합물(제2711호에 분류되는 순수한 메탄과 프로판을 제외한다)

② 제3003호 또는 제3004호의 의약품

③ 제3301호·제3302호 또는 제3805호의 혼합 불포화 탄화수소

5. 해 설

(1) 광물성 연료와 광물유(제27류)의 분류범위

- 벤조올(벤젠)·톨루올(톨루엔)·크실올(크실렌) 및 나프탈렌(제2707호)은 각각의 함유 중량이 50%을 초과하는 물품에 대하여 적용한다.
- 석유와 역청유(제2710호): 석유 및 역청유뿐만 아니라 이와 유사한 오일 및 혼합 불포화 탄화수소를 주성분으로 하는 오일로서 이들의 제조방법에 관계없이 비방향족 성분이 방향족 성분(중량비)을 초과하는 것도 분류한다.
- 웨이스트오일(제2710호): 석유 및 역청유(제27류 류주2)를 함유하는 폐유를 말한다 (물과 혼합되었는지의 여부 불문). 여기에는 다음이 포함된다.
  ① 본래의 제품으로 사용하기에 부적합한 오일: 사용한 윤활유, 사용한 유압유와 절연유
  ② 석유저장탱크의 슬러지오일로서 본래의 제품제조에 사용된 오일과 고농도 첨가제를 주로 함유하는 것
  ③ 유출 오일, 저장탱크 청소 또는 기계작동을 위해 물에 유화되거나(절삭유) 물과 혼합된 오일
- 윤활유(제2710호): 석유 또는 역청유를 70% 이상 함유하는 각종 윤활유

(2) 광물성 연료

광물성 연료는 크게 석탄계 연료와 석유계 연료로 구분할 수 있으며, 제27류에 분류한다. 이에는 광물성 연료가 아닌 전기에너지가 포함된다. 석탄계 연료에는 석탄, 갈탄 및 토탄이 있으며, 이들로부터 건류하거나 증류하여 코크스, 가스, 벤젠, 톨루엔, 자이렌 등을 얻으며, 석유계 연료에는 원유와 역청유 및 이들을 상압증류하여 가스·나프타·휘발유·등유·경유·잔사유 등을 얻는다. 또한 잔사유를 감압증류 방식에 의해 벙커C유, 윤활유, 왁스, 아스팔트 등을 얻는다.

[석탄과 석유류 및 이들 제품(제27류)의 제품별 분류]

구분	물품명		호
석탄·이들 건류물과 증류물	석탄, 갈탄 및 토탄		제2701호~제2703호
	코크스	코크스와 반성코크스, 레토트카본	제2704호
	석탄가스	석탄가스, 수성가스, 발생로가스 이와 유사가스	제2705호
	타르	–타르: 석탄·갈탄 또는 토탄을 증류한 것 –기타: 수성가스발생로의 타르, 탈수·부분 증류한 타르 및 재구성한 타르 등	제2706호
	타르증류물	–방향족 탄화수소 혼합물: 벤조올, 톨루올, 크실올, 나프탈렌 등 –방향족 화합물의 혼합물: 페놀류, 피리딘, 퀴놀린, 아크리딘염기 등	제2707호
	피치·피치코크스	–피치(광물성 타르의 고온 증류물) –피치코크스: 광물성 타르 또는 이들 피치를 고·저온 증류시의 최종 잔류물	제2708호
석유·역청유·이들 증유물과 잔유물	원유	석유 원유와 역청유	제2709호
	석유·역청유	–분별 증류물, 휘발유, 백정, 등유, 경유 및 중유 –잔사유	제2710호
	윤활유제품	석유·역청유를 70% 이상 함유하는 윤활유, 절삭유, 유압유 및 기타 윤활유	
	가스상 탄화수소가스	–천연가스·석유가스: 메탄과 프로판, 에탄, 에틸렌, 프로필렌, 부탄 등 –합성가스	제2711호
	와세린·왁스	–석유젤리(바셀린), 석유왁스, 갈탄왁스와 토탄왁스 –합성왁스, 인조왁스, 혼합왁스	제2712호
	석유·역청유의 잔유물	–석유코크스와 석유아스팔트 –기타: 석유에서 얻은 수지성물질	제2713호
천연역청질·천연아스팔트		–천연역청질과 아스팔트, 유모혈암과 타르샌드 –아스팔타이트와 아스팔트 암석	제2714호
역청질 혼합물		천연·석유아스팔트, 광물성 타르 또는 광물성 타르 피치: 역청질매스틱, 컷백 등	제2715호
전기에너지			제2716호

(3) 석탄과 이들 제품(제2701호 내지 제2708호)

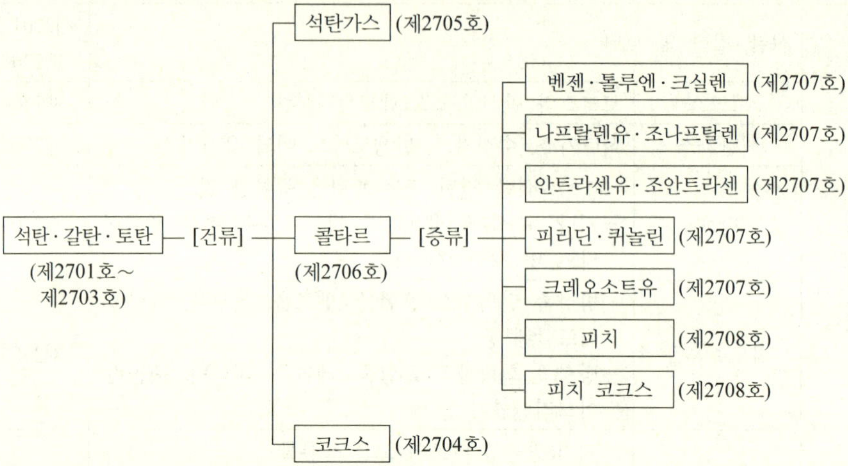

[무연탄과 유연탄의 구분(제2701호)]

품명	휘발성물질 함유량 (건조 및 무광물질)	발열량 (수분함유 무광물질)
무연탄(anthracite)	14% 이하	–
유연탄(bituminous coal)	14% 초과	5,833㎉/1Kg

(4) 광유와 역청물질, 이들 제품 및 전기에너지(제2709호 내지 제2716호)

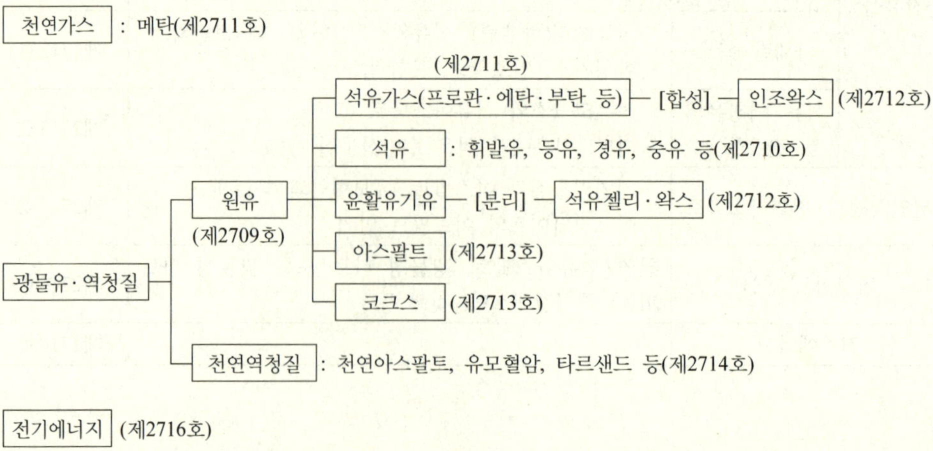

(5) 원유(제2709호)

원유(crude oil)는 일반적으로 흑갈색의 고점도를 갖는 액상이다. 원유는 산출과정에 따라 유전에서 채취하는 석유원유와 역청질 광물에서 얻는 역청유가 있으며, 주성분은 파라핀, 나프텐·방향족 탄화수소 등이며 기타 황·질소·산소 및 유기금속 화합물들이 혼합되어 있다. 이들 원유는 제2709호에 분류한다.

원유는 일반적으로 주된 성분별로 ① 파라핀(paraffine)계 원유, ② 나프텐(naphthene)계 원유, ③ 아스팔트계 원유, ④ 방향족계 원유 등으로 구분한다.

(6) 원유의 종류

원유는 생산지와 산출되는 유층에 따라 성분과 품질이 달라 주로 다음 기준에 의해 분류한다.

API에 의한 분류 미국석유협회가 제정한 API(비중표시방법)도에 따른 분류로서, API가 높으면 경질석유제품의 생산량이 많고, 낮을수록 중질석유의 생산량이 많다.

API도 중질(重質)석유 30, 중질(中質)석유 34, 경질(輕質)석유

황함량에 따른 분류 최근 환경문제의 대두로 황함유 비율로 분류한 것으로, 15 이하는 저황원유, 2% 초과하는 것을 고황원유라 한다. 중간은 잘 사용하지 않는다.

세계 3 대 대표적 유종인 두바이, 브렌트, WTI는 다음과 같다.

국제원유가격 기준 국제원유가격은 브렌트원유, 두바이원유, 서부텍사스중질원유 등이 세계적으로 주요 기준유종으로 거래되고 있다.

① 두바이유(dubai): 중동의 아랍에미리트연방국에서 생산되는 원유를 말한다. 아시아 지역의 대표적인 유종으로 아시아 지역의 석유가격은 모두 두바이유 가격을 기준으로 하고 있다.

② 서부텍사스 중질원유(west texas Intermediate: WTI): 세계유가변동의 기준이 되는 미국의 대표적 원유로서, 품질은 미국 석유협회(API)의 비중측정단위인 API로 결정하며, 비중이 가벼울수록 고품질이다.

③ 브렌트유(brent): 영국 북해에서 생산되는 원유로서 유럽과 아프리카 지역에서 거래 원유가격의 기준이 되고 있다.

(7) 상압증류와 감압증류

원유를 처리해서 각종의 제품을 제조하는 것을 제유(製油)라고 한다. 제유는 원유의 성분을 분리하는 것을 증류와 분리된 것을 물리 화학적으로 처리하여 제품이 되는 정제공정이 있다.

증류는 여러 비점을 가지는 탄화수소의 혼합물을 증발시켜 일정 비점범위를 가지는 유분으로 나누는 것을 분류(分留)라 한다.

상압증류 증류의 제 1 단계는 상압증류로 시작된다. 상압증류장치는 원유증류장치 또는 Topping unit(Topper)라고도 하며 원유는 300~350℃로 가열되어 생기는 유증기는 증류탑을 상승하면서 온도가 낮아져 비점이 낮은 것부터 탑의 윗부분에서 순서대로 각 트레이(tray)에 응축되어 휘발유 유분, 등유 유분, 경유 유분으로 모여 나오게 된다. 탑의 아랫부분에 남은 성분은 잔사유로서 회수된다.

[원유의 상압증류]

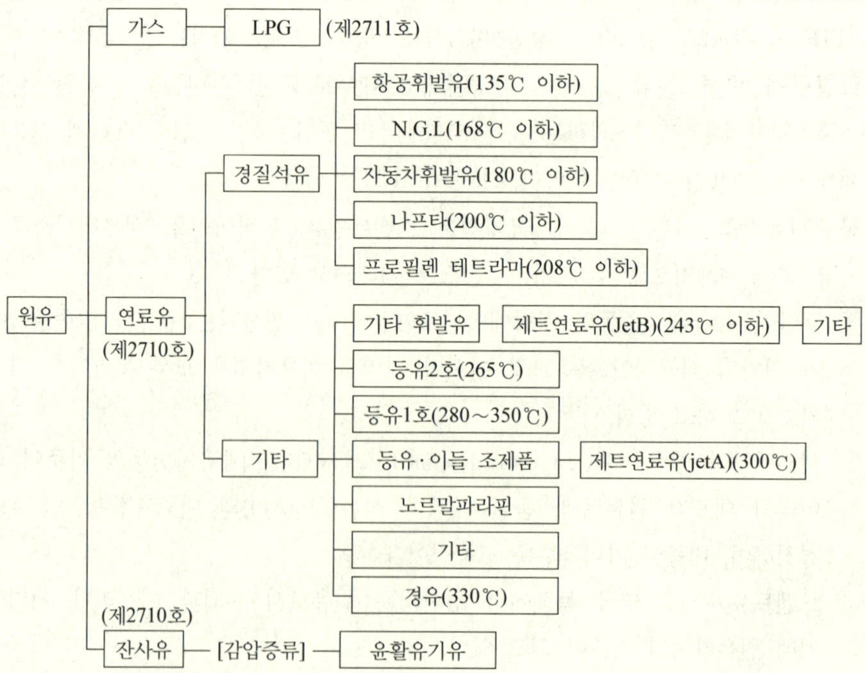

감압증류 윤활유와 같이 고비점의 유분을 얻기 위해 낮은 온도에서 증발하도록 감압하여 증류(감압증류)한다. 상압증류의 잔사유(residual oil)를 감압하여 증류탑에서 증발, 각 유분으로 분리된다. 이들 유분은 정제공정을 거쳐 윤활유제품의 기유(基油)가 되고, 일부는 분해장치에 의해 가스나 분해 휘발유가 된다.

(8) 탑크루드 오일과 윤활유(제2710호)

탑크루드 오일(topped crude oil) 석유나 역청유의 원유를 상압증류하여 휘발유, 등유 등의 저비점 부분을 얻으며, 이 분류공정을 topping이라 하며, topping공정 후 남은 중질부분의 유를 topped crude oil이라 한다. 이 유를 감압하에서 다시 증류하면 경질, 중(中)질, 중(重)질의 윤활유 제조용 원료유를 얻을 수 있다.

윤활유((潤滑油; lubricating oil) 감압증류에 의해 얻어진 윤활유 유분과 증류 잔사유를 asphalt 제거하여 얻은 유를 원료로 하여, 유에 함유한 윤활유에 적합하지 않은 방향족 성분과 왁스 등을 용제로 추출 분리제거한 후, 백토처리하거나 또는 수소화 정제한 윤활유 기유(lubricating base oil)를 얻는다. 여러 점도의 기유를 적절히 배합하여 점도를 조정하고 용도에 따라 첨가제를 배합하여 윤활유를 제조한다.

제2710호의 윤활유에는 광유·역청유를 70% 이상 함유하여야 한다.

윤활유 종류 윤활유는 계의 마찰면에 생기는 마찰력을 줄이거나 마찰열을 분산시킬 목적으로 사용하는 유상물질을 말한다. 윤활유는 주로 광물유가 사용되며 동식물성유 또는 합성유 그리고 이들을 광물유와 배합한 배합유 등도 쓰인다. 윤활유의 종류는 매우 다양하고 품질도 각양각색이다. 윤활유는 용도별로 다음이 있다.

예: ① 정밀기계유(시계, 계측기용), ② 스핀들유, ③ 다이너모유(모터·발전기용), ④ 기계유(일반 기계의 베어링), ⑤ 터빈유, ⑥ 컴프레서유(기체 압축기의 실린더용), ⑦ 차량용 윤활유, ⑧ 항공윤활유, ⑨ 디젤엔진유와 머린엔진유, ⑩ 차축유(전차 등의 내충격고점도 윤활유), 실린더유, 강 담금유, 금속절삭유, 금속방청유, 변압기유 등

(9) 석유젤리(petroleum jelly)(제2712호)

별명: 와세린, 바세린, 백색바세린, petroaltum, petroaltum jelly, paraffin jelly, vaseline

석유젤리는 반고상의 탄화수소의 혼합물이다. 파라핀기 원유를 증류하여 남은 잔류물에 석유를 혼합하거나 또는 파라핀 왁스와 세레신왁스에다 광유를 혼합하여 얻는다. 조상의 것을 petrolactum이라 하고, 정제품은 snow white 등이 있으며 vaseline이란 상표명으로 널리 알려져 있으며 제2712호에 분류된다.

(10) 광물성 왁스(제2712호)

광물성 왁스는 제2712호에 분류된다. 또한 이 호에는 인조왁스가 분류된다. 다음이 있다.

① 파라핀왁스(paraffin wax): 석유 또는 역청질 유의 증류물로부터 추출한 탄화수소 왁스이다. 이 왁스는 반투명하며 백색 또는 황색으로 결정구조가 뚜렷하다.

② 슬랙왁스(sclack wax)와 스케일왁스(scale wax): 윤활유의 탈왁스하여 얻는다. 이 왁스는 파라핀왁스보다 유분의 함유량이 많고 미정제된 것이다.

③ 마이크로 크리스탈린왁스(microcrystalline wax): 일종의 탄화수소 왁스로서 석유 잔류분이나 감압증류하여 얻은 윤활유 유분으로부터 추출하여 얻는다. 파라핀왁스보다 불투명하고 융점이 높으며 불명확한 미결정 구조를 가진다.

④ 오우조커라이트왁스(ozokerite wax): 천연광물성 왁스이며 정제하면 세레신으로 알려져 있다.

⑤ 갈탄왁스(lignite wax): 갈탄에서 추출한 에스테르왁스로서 조상태에서는 경고하고 갈색이다.

⑥ 합성왁스(synthetic wax): 합성한 것으로 위의 광물성 왁스와 유사하다.

예: 합성파라핀왁스, 합성마이크로크리스털린왁스

[광물성 왁스의 특성]

① 상온 20℃에서 부드럽게 문지르면 광택이 난다.
② 40℃ 이상의 온도에서 분해되지 않고 용해한다.
③ 융점보다 약간 높은 온도에서 실같이 가느다랗게 뽑아지지 않아야 한다.
④ 40℃ 온도에서 dropping point를 가져야 한다.
⑤ 20℃에서 때로는 반죽이 가능하거나 부서지는 것도 있다.
⑥ 주로 반투명, 불투명, 물이나 열에 전도성이 낮다.

(11) 탄화수소화합물, 석유와 역청유의 제품의 분류

[특정 탄화수소화합물의 순도와 분류]

구분	품명	규격		규격 미만
비환식 탄화수소화합물	메탄	순도 불문	–	제2711호
	프로판	순도 불문	–	
	에탄	용량 95% 이상	제2901호	
	에틸렌	용량 95% 이상		
	프로펜(프로필렌)	용량 90% 이상		
	n-부탄, *iso*-부탄	순도 불문		
	부텐(부틸렌)	용량 90% 이상		
	부타디엔	용량 90% 이상		
방향족 탄화수소화합물	벤젠	중량비 95% 이상	제2902호	제2707호
	톨루엔	중량비 95% 이상		
	크실렌	중량비 95% 이상		
	나프탈렌	결정점 79.4℃		
	페난트렌	화학적 단일화합물 (순수·상관례상)		
	안트라센	중량비 90% 이상		
페놀	페놀	중량비 90% 이상	제2907호	제2707호
	크레졸	중량비 95% 이상		
	크실레놀	이성체 중량비 95% 이상		
피리딘	피리딘	중량비 95% 이상	제2933호	제2707호
	유도체: 메틸피리딘 등	중량비 90% 이상		

[석유와 역청유의 조제품 분류]

석유·역청유 함유비	품명·주요 내용	분류
함유량에 무관	소독제, 살균제, 살충제	제3808호
	광유용 조제첨가제	제3811호
	바니시용 혼합용제와 희석제	제3814호
	–라놀린 기제 방청제 –광물유(70% 이상)에 안정화한 몰리브덴디설파이드 현탁액	제3403호
	가솔린엔진용 시동액	제3824호

70% 이상	윤활제, 변압기와 회로차단유, 절삭유, 주형이형유, 유압브레키유, 웨이스트오일 등	제2710호
70% 미만	윤활, 급유, 가지처리제, 조제 절삭유, 볼트너트방출제	제3403호
	유압브레이크액과 조제 유압전동액	제3819호

(12) 석유화학공업

석유화학공업은 석유 또는 천연가스를 원료로 하여 에틸렌, 프로필렌, 부텐－부틸렌유분, 벤젠－톨루엔－크실렌(BTX) 등의 중간원료를 제조하여, 이것을 가공 처리하여 합성수지, 합성섬유, 합성고무, 합성세제 등의 석유화학제품을 만드는 공업을 말한다.

[석유화학제품]

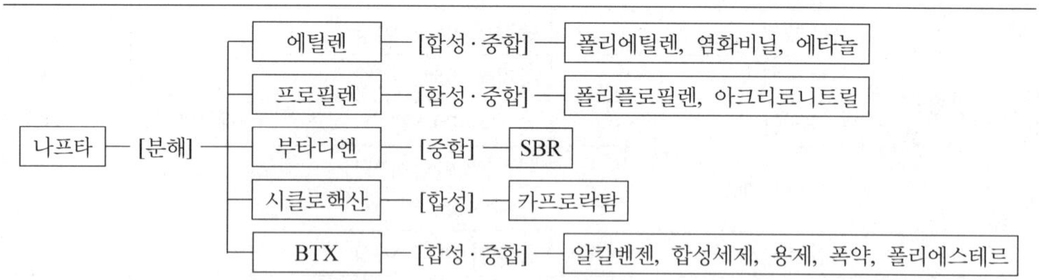

석유의 전화(conversion): 석유유분을 화학적으로 변화시켜 보다 가치있고 이용도가 높은 제품으로 변화시키는 것을 전화라고 하며 분해법과 개질법 등이 있다.

[나프타화학처리공정]

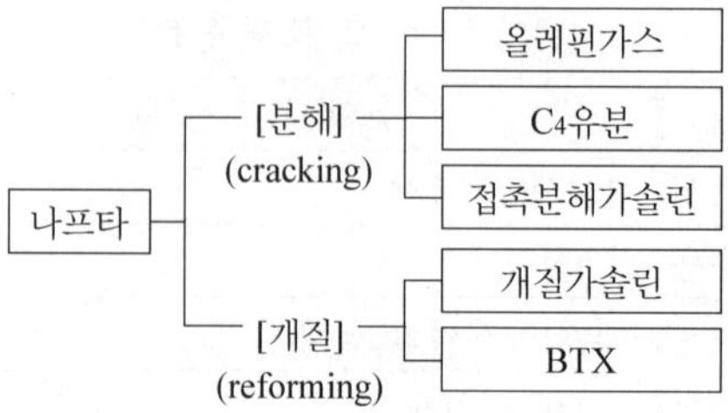

[용어]

용어	주요 내용	비고
방향족성분 (제2707호)	제27류 류주2와 제2707호에 사용된 『방향족성분』이라는 표현은 측쇄의 수와 길이에 관계없이 방향족부분을 가지고 있는 전 분자를 의미하는 것이며 그러한 분자의 방향족부분만을 의미하는 것은 아니다.	총설
조유 (raw oil)	제2710호에서 『조유』란 증류에서 유출된 원료유를 총칭하며 재증류하거나 또는 정제공정을 거쳐야 하는 물품이다.	해설서
천연가스	지하에서 산출되는 메탄(CH_4)이 주성분인 가연성 가스를 말한다. 천연가스는 −162℃로 냉각하여 부피를 1/600 정도로 줄인 무색투명한 액체를 액화천연가스(LNG)라 한다.	자료

제 5 부 출제문제 및 연습문제

출제문제

[50점 문항]

[10점 문항]

1. 광석과 귀석의 분류기준 [1982년]
2. 원유의 정제공정상 생산품 [1983년]
3. LPG와 LNG를 비교 설명하시오. [2002년]
4. 관세율표에서 일정 중량 또는 용량의 포장단위를 기준으로 품목을 분류하는 경우가 있다. 이 중 5개의 품명을 예시하고, 그 중량 또는 용량과 HS 품목번호를 설명하시오. [2005년]

연습문제

[50점 문항]

1. 제25류(토석류 등)에 분류되는 일반적 가공의 범위를 설명하라.
2. 광물성 생산품(제25류 내지 제27류)에 대한 분류내용을 논술하시오.

[10점 문항]

1. 석비용, 건축용의 암석에 대한 가공별 분류기준은?
2. 광이란?
3. 정광이란?
4. 제26류에 분류되는 광석의 가공 범위는?

5. 암이나 광석(제25류 또는 제26류)과 귀석이나 반귀석(제71류)의 분류기준은?
6. 슬랙, 회와 잔류물의 분류에 대하여 설명하시오.
7. 석탄의 건류물과 증류물에 대한 제품별로 품목분류를 설명하라.
8. 탄화수소화합물의 제27류 또는 제29류의 분류 기준은?
9. 원유의 가공공정별 제품을 설명하시오.
10. 윤활유의 종류와 품목분류 원칙을 설명하시오.
11. 석유와 역청유라 함은?
12. 웨이스트 오일이란?
13. 광물성 왁스와 이들 조제품의 분류는?

문제풀이

1. 광물성 생산품(제25류)의 일반 분류원칙을 서술하시오.

제25류에는 원칙적으로 다음 가공처리한 물품을 분류한다.

① 조상의 것, 세척한 것(물품의 구조변화 없이 화학물질로 불순물을 제거하기 위해 세척하는 것 포함), 파쇄한 것, 분쇄한 것, 분상의 것, 체로 친 것

② 부유선광, 자기선광·기타 기계적 또는 물리적 방법에 의하여 선광한 것

③ 제25류 생산품에 항분제를 첨가한 것

위의 일반적 처리방법 이외의 처리방법은 다른 류(호)에 분류된다.

① 배소한 것, 하소한 것, 혼합한 것과 각 호에서 규정한 처리방법 이외의 방법으로 가공한 것

② 결정법에 의하여 선광한 것

③ 첨가로 인하여 당해 물품이 일반적 용도보다는 특별히 특정한 용도에 더 적합한 것.

④ 기타 처리방법에 의해 얻은 광물성 생산품예: 재결정법에 의해 순수화한 것, 제25류의 동호 또는 타호의 광물을 혼합한 것, 형 또는 조각한 물품은 다른 류에 분류한다(제28류·제68류).

2. 제26류에서 허용되는 가공공정과 제외되는 공정은?

① 허용되는 가공공정

· 이 류에서 허용되는 규정한 가공방법으로는 부유선광, 자기선광, 기타의 기계

적 또는 물리적 방법에 의한 선광을 한 것으로서 정광의 열처리에서 오는 화학적 성분 또는 결정구조 변화를 제외하고는 물품에 구성하고 있는 화학적 성분을 변화시키지 않는 방법이어야 한다.

② 제외되는 공정

- 열처리 이외의 다른 공정으로 인한 정광의 화학성분 또는 결정구조를 변화시키는 공정
- 분별결정이나 승화 등의 반복되는 처리로 순수한 금속을 얻을 수 있는 공정

3. 광석과 귀석의 분류기준?

- 광석은 제27류의 연료광을 제외하면 제25류에 분류되는 토석류(土石類)와 제26류에 분류되는 금속채취용의 금속광 및 제71류의 귀석(貴石) 또는 반귀석(反貴石)의 광으로 구분된다. 야금공업에서 금속채취를 위하여 실제로 사용되는 종류의 광물학상 광이면 제26류에 분류되며 그렇지 아니한 광석은 일반적으로 제25류에 분류된다.
- 귀석·반귀석은 주로 신변장식용품으로 사용되는 보석으로서 다이아몬드, 루비, 사파이어, 에메랄드, 수정, 옥과 같은 종류의 것으로 이러한 귀석은 가공하지 아니한 원석상태의 광이라도 제71류에 분류된다. 귀석의 품질이 좋지 않아 신변장식용품 등에 사용할 수 없는 귀석으로서의 경제적 가치가 없는 것이라면 귀석광은 일반 광석과 같이 취급되며 주로 제25류에 분류된다.

4. 제26류의 슬랙, 회와 잔류물(제26류)에 대한 분류를 서술하시오.

철강 제조시의 잔류물과 기타 슬랙, 회와 잔류물은 다음과 같이 구분하여 분류된다.

1) 철강 제조시 생기는 잔류물: 철강의 제조시에 생기는 웨이스트로서 다음이 있다.

① 슬랙샌드(slag sand)(제2618호): 용광로의 액상철분을 물에 부어 얻는 입상슬랙

② 슬랙(slag), 드로스(dross), 스케일링(scalling) 및 웨이스트(waste)(제2619호): 고로슬랙과 전로슬랙, 철강 가공시에 생긴 스케일링, 용광로에서 생기는 더스터와 웨이스트가 있다.

2) 슬랙·회와 잔류물

① 비소·금속 또는 금속성 화합물을 함유하고 있는 회와 잔유물(제2620호): 비소 또는 금속의 추출 또는 금속화합물의 제조용에 사용되는 것이다.

예: 매트, 슬랙 또는 드로스, 경 아연의 스펠터(spelter), 축전지침적물(sludge), 전해제련시 잔유물

② 기타 슬랙과 회(제2621호): 생활폐기물의 소각 회와 잔재물, 금속광의 처리공정, 야금공정에서 생긴 슬랙과 회 또는 기타 물질이나 공정에서 생긴 슬랙과 회가 있다.

예: 석탄회, 아탄회, 니탄회, 해초회와 식물의 회, 골회, 당밀의 찌꺼기를 소각·세척한 조칼륨염

5. 석탄 건류물과 이들 물품의 분류를 논하라

석탄을 건류하거나 증류하여 방향족 탄화수소와 방향족 화합물을 얻는다.

① 건류물(공기를 차단하여 증류): 석탄가스, 코크스, 타르 등

② 콜타르(coal tar) 증류물(제2707호): 벤젠, 톨루엔, 크실렌, 나프탈렌, 안트라센, 피리딘 등

③ 증류 잔유물: 피치, 피치코크스 등

석탄을 건류하거나 타르를 처리하거나 분류한 화학적 순수한 화합물이나 상관례상 순수한 것은 유기화학품(제29류)으로 분류하며, 메탄과 프로판은 제27류에 분류하고, 기타 화합물은 화학적으로 순수한 단일한 유기화합물은 유기화학품(제29류)에 분류하며, 특정화합물은 순도를 규정하고 있다.

6. 원유의 상압증류와 감압증류에 따른 물품을 설명하라

원유를 처리해서 각종의 제품을 제조하는 것을 제유(製油)라고 한다. 제유는 원유의 성분을 분리하는 것을 증류와 분리된 것을 물리 화학적으로 처리하여 제품이 되는 정제공정이 있다.

증류는 여러 비점을 가지는 탄화수소의 혼합물을 증발시켜 일정 비점범위를 가지는 유분으로 나누는 것을 분류(分留)라 한다.

① 상압증류: 증류의 제 1 단계는 상압증류부터 시작된다. 상압증류장치는 원유증류장치 또는 Topping unit(Topper)라고도 하며 원유는 300~350℃로 가열되어 생기는 유증기는 증류탑을 상승하면서 온도가 낮아져 비점이 낮은 것부터 탑의 윗부분에서 순서대로 각 트레이(tray)에 응축되어 휘발유 유분, 등유 유분, 경유 유분으로 모여 나오게 된다. 탑의 아랫부분에 남은 성분은 잔사유로서 회수된다.

② 감압증류: 윤활유와 같이 고비점의 유분을 얻기 위해 낮은 온도에서 증발하도록 감압하여 증류(감압증류)한다. 상압증류의 잔사유(residual oil)를 감압하여 증류탑에서 증발, 각 유분으로 분리된다. 이들 유분은 정제공정을 거쳐 윤활유제품의 기유(基油)가 되고, 일부는 분해장치에 의해 가스나 분해 휘발유가 된다.

7. 석유 또는 역청유의 함유량에 따른 분류에 대해 논하라.

   ① 석유 또는 역청유의 함유중량에 관계없이 분류되는 물품: 소독제, 살균제, 살충제(제3808호), 광유용 조제첨가제, 바니시용 혼합용제와 희석제(제3814호), 가솔린 엔진용 시동액(제3824호)

   ② 석유 또는 역청유의 함유중량에 따라 분류를 달리하는 물품: 조제윤활제, 섬유, 가죽 등의 조제가지처리제 또는 급유제 등의 조제품은 석유나 역청유의 함유중량이 70% 이상의 것은 제27류에 분류되나 70% 미만의 것은 제34류에 분류된다. 70% 미만으로서 유압브레이크액이나 유압전동액은 제3819호에 분류된다.

제 6 부 화학공업 또는 연관공업의 생산품

1. 개 설

일반적으로 화학공업은 화학적인 반응을 생산수단으로 하는 산업으로 그 분야가 대단히 넓다. 아울러 화학공업 생산품에도 황산, 가성소다 등의 기초화학제품으로부터 염료, 향료, 의약품 화장품 등에 이르는 정밀화학제품뿐만 아니라, 인조피혁까지도 다루고 있어 매우 다양하고 종류가 많다. 관세율표에서는 화학공업 또는 연관공업의 생산품에 무기화합물과 유기화합물, 의약품, 비료, 향료와 화장품, 염료, 계면활성제, 접착제, 화(火)공품, 사진재료 등 정밀 화학제품과 기타 화학제품을 제 6 부에서 취급하여 분류하고 있으나, 플라스틱(제39류)과 고무(제40류), 피혁(제41류)과 모피(제43류) 등은 다른 부에 분류된다.

2. 류별 구성

제 6 부의 화학공업 또는 화학공업 생산품에 대한 체계적으로 품목분류하기 위해 3개의 부주와 제28류 내지 제38류의 11개 류의 본문으로 구성되어 있다. 류별 표제는 다음과 같다

[류별 표제]

제28류	무기화학품 및 귀금속·희토류금속·방사성원소 또는 동위원소의 유기 또는 무기화합물
제29류	유기화학품
제30류	의료용품
제31류	비료
제32류	유연 또는 염색엑스, 탄닌과 그들의 유도체, 염료·안료와 기타 착색제, 페인트와 바니시, 퍼티와 기타 매스틱 및 잉크
제33류	정유와 레지노이드 및 조제향료와 화장품류 또는 화장용품류

제34류	비누·유기계면활성제·조제세제·조제윤활제·인조왁스·조제왁스·광택 또는 연마조제품·양초와 이와 유사한 물품·조형용 페이스트·치과용 왁스와 플라스터를 기제로 한 치과용 조제품
제35류	단백질계 물질, 변성전분, 글루 및 효소
제36류	화약류·화공품·성냥·발화성 합금 및 특정 가연성 조제품
제37류	사진용 또는 영화용의 재료
제38류	각종 화학공업 생산품

3. 분류원칙

제목	규정내용	비고
방사성 물품의 우선분류	1. 가. 제2844호 또는 제2845호에 게기한 것에 부합하는 물품(방사성 광물을 제외한다)은 당해 각 호에 분류하며, 관세율표의 다른 호에는 분류하지 아니한다. 나. 가목에 규정한 물품을 제외하고는 제2843호 또는 제2846호에 게기한 것에 해당하는 물품은 당해 각 호에 분류하며, 제 6 부의 다른 호에는 분류하지 아니한다.	제 6 부 부주1
일정 투여량·소매용 물품의 우선분류	2. 부주1에 규정한 물품을 제외하고는 일정한 투여량으로 한 것 또는 소매용으로 한 것을 이유로 제3004호·제3005호·제3006호·제3212호·제3303호·제3304호·제3305호·제3306호·제3307호·제3506호·제3707호 또는 제3808호에 분류할 수 있는 물품은 당해 각 호에 분류하며, 관세율표의 다른 호에는 분류하지 아니한다.	제 6 부 부주2
세트포장물품의 분류	3. 2종 이상의 별개 구성요소로 구성된 세트로 포장한 물품으로서 그 구성요소의 일부 또는 전부가 제 6 부에 해당하고 제 6 부 또는 제 7 부의 물품을 만들 목적으로 혼합한 것은 제 6 부 또는 제 7 부의 해당하는 호에 분류한다. 다만, 구성요소가 다음에 해당하는 경우에 한한다. 가. 포장된 형태로 보아서 재포장 없이 사용될 것이 분명하고, 나. 동시에 제시되며, 다. 그 성상 또는 상대적 구성비로 보아 상호 보완적임이 인정되는 것	제 6 부 부주3

* 호의 용어

– 제2843호 콜로이드 귀금속, 귀금속의 무기 또는 유기화합물(화학적으로 단일한 화합물인지의 여부를 불문한다) 및 귀금속의 아말감

- 제2844호 방사성원소·방사성동위원소(핵분열성 또는 연료핵친원소와 동위원소를 포함한다)와 그들의 화합물과 이들의 물품을 함유하는 혼합물 및 잔재물
- 제2845호 동위원소(제2844호의 것을 제외한다) 및 그 동위원소의 무기 또는 유기 화합물(화학적으로 단일한 것인지의 여부를 불문한다)
- 제2846호 희토류금속·이트륨·스칸듐 또는 이들 금속혼합물의 무기 또는 유기 화합물

4. 총 설

(1) 화학공업 또는 연관공업 생산품의 분류원칙

화학공업 또는 연관공업생산품(제 6 부)의 분류규정 다음 순서에 의해 분류한다.

첫째 관세율표에서 다음 물품은 최우선으로 분류한다.

① 방사성원소와 방사성 동위원소, 이들의 화합물, 혼합물 및 잔재물(제2844호)

② 동위원소와 이들의 유기 또는 무기화합물(제2845호)

둘째 제 6 부에서 다음 물품은 우선으로 분류한다.

① 귀금속의 유기 또는 무기화합물 및 귀금속의 콜로이드와 아말감(제2843호)

② 희토류금속, 이트륨, 스칸듐 또는 이들 혼합물의 유기 또는 무기화합물(제2846호)

셋째 일정 투여량 또는 소매용의 것으로 다음에 분류되는 물품은 해당 각 호에 분류한다.

① 의약품(치료용이나 예방용)과 의료용품(제3004호)

② 염료와 기타 착색제(제3212호)

③ 향수·화장품·위생용품 등(제3303호 내지 제3307호)

④ 접착제(제3506호)

⑤ 사진용 약제(제3707호)

⑥ 살균제, 살충제 등(제3707호)

세트포장물품의 분류규정 전부 또는 일부가 제 6 부(화학공업생산품)에 해당되는 2종 이상의 별개 구성요소로 구성된 세트포장한 물품으로서 이들 구성요소를 상호 혼합하여 제 6 부 또는 제 7 부(플라스틱과 고무, 이들의 제품)의 물품을 만들기 위한 것

[분류규정] 구성요소가 다음에 해당하는 세트물품은 제 6 부 또는 제 7 부의 해당 호

에 분류한다.

① 포장형태로 보아 재포장 없이 함께 사용되고, ② 동시에 제시되며, ③ 성상 또는 상대적 구성비로 보아 상호 보완적인 것

[사례 1] 방사성 염화나트륨은 제2501호에 분류되지 않고 제2844호에 분류된다.

[사례 2] 방사성 글리세롤은 제2905호에 분류되지 않고 제2844호에 분류된다.

[사례 3] 비(非)방사성 동위원소와 이들의 화합물은 제2845호에 분류된다.
예: 탄소13, 중수소, 중수, 중아세틸렌 등

[사례 4] 카세인은(silver caseinate)은 제3501호에 분류되지 않고 제2843호에 분류된다.

[사례 5] 사진용으로 소매포장한 질산은은 제3707호에 분류되지 않고 제2843호에 분류된다.

[사례 6] 치료목적으로 소매포장된 황은 제2503호·제2802호의 황에 분류되지 않고 제3004호의 의약품으로 분류된다.

[사례 7] 치과용 시멘트의 치과용 충전제, 조제용의 소매용 세트(제3006호)

[사례 8] 특정한 바니시와 페인트 조제용의 소매용 세트(제3210호)

[사례 9] 에폭시수지, 경화제, 충전제로 된 매스틱 조제용의 소매용 세트포장(제3214호)

(2) 원소(elements)

관세율표에서는 각종 원소를 비금속, 알칼리금속과 알칼리토류금속, 희토류금속 또는 금속으로 구분한다.

[원소(elements)의 종류와 분류]

구분		수량	원소(원소기호)	호
비(非)금속 non-metals	할로겐원소	4	플루오르(F), 염소(Cl), 브롬(Br), 요드(I)	제2801호
	희가스	5	헬륨(He), 네온(Ne), 아르곤(Ar), 크세논(Xe)	제2804호
	기타	11	황(S), 탄소(C), 수소(H), 질소(N), 산소(O), 붕소(B), 텔루르(Te), 규소(Si), 인(P), 비소(As), 세렌(Se)	제2802호~ 제2804호

<table>
<tr><td colspan="2">알칼리금속</td><td>5</td><td>리튬(Li), 나트륨(Na), 칼륨(K), 루비듐(Ru), 세슘(Cs)</td><td rowspan="6">제2805호</td></tr>
<tr><td colspan="2">알칼리토류금속</td><td>3</td><td>칼슘(Ca), 스트론튬(Sr), 바륨(Ba)</td></tr>
<tr><td rowspan="4">희토류
금속</td><td>세륨족</td><td>5</td><td>란탄(La), 세륨(Ce), 프라세오디뮴(Pr), 네오디뮴(Nd), 사마륨(Sm)</td></tr>
<tr><td>테르븀</td><td>3</td><td>유로퓸(Eu), 가돌리늄(Gd), 테르븀(Tb)</td></tr>
<tr><td>에르븀족</td><td>6</td><td>디스프로슘(Dy), 홀륨(Ho), 에르븀(Er), 툴륨(Tm), 이테르븀(Yb), 루테튬(Lu)</td></tr>
<tr><td>희토류금속</td><td>2</td><td>이트륨(Y), 스칸듐(Sc)</td></tr>
<tr><td>방사성
원소</td><td>방사성원소</td><td>22</td><td>악티늄(Ac), 아메리슘(Am), 아스타틴(At), 버클륨(Bk), 칼리포르늄(Cf), 퀴륨(Cm), 아인시타이늄(Es), 페로뮴(Fm), 프란슘(Fr), 로렌슘(Lw), 멘델레븀(Md), 노벨륨(No), 플루토늄(Pu), 폴로늄(Po), 프로메튬(Pm), 프로트악티늄(Pa), 라듐(Ra), 라돈(Rn), 테크네튬(Tc), 토륨(Th), 우라늄(U)</td><td>제2844호</td></tr>
<tr><td rowspan="3">금속
metals</td><td>수은</td><td>1</td><td>수은(Hg)</td><td>제2805호</td></tr>
<tr><td>귀(貴)금속</td><td>8</td><td>은(Ag), 금(Au), 플래티넘(Pt), 이리듐(Ir), 오스뮴(Os), 팔라듐(Pd), 로듐(Rh), 루테늄(Ru)</td><td>제7106호~
제7110호</td></tr>
<tr><td>비(卑)금속</td><td>28</td><td>철(Fe), 동(Cu), 니켈(Ni), 알루미늄(Al), 납(Pb), 아연(Zn), 주석(Sn), 텅스텐(W), 몰리브데늄(Mo), 탄탈륨(Ta), 마그네슘(Mg), 코발트(Co), 비스머드(Bi), 카드뮴(Cd), 티타늄(Ti), 지르코늄(Zr), 안티모니(Sb), 망간(Mn), 베릴륨(Be), 크롬(Cr), 게르마늄(Ge), 바나듐(V), 갈륨(Ga), 하프늄(Hf), 인듐(In), 니오븀(Nb), 레늄(Re) 및 탈륨(Tl)</td><td>제72류~
제81류</td></tr>
</table>

제28류 무기화학품 및 귀금속, 희토류금속, 방사성원소 또는 동위원소의 유기 또는 무기화합물

1. 개 요

제28류에는 원칙적으로 화학적으로 단일한 원소와 화합물이 분류된다. 그러나 화학적으로 단일하지 아니한 귀금속, 희토류금속, 방사성원소 또는 방사성 동위원소의 유기·무기화합물이 포함된다. 따라서 제28류에는 단일하지 아니한 원소와 화학적으로 단일하지 아니한 무기화합물이 분류되는 반면, 단일하더라도 다른 류에 분류되는 원소와 무기화합물이 있다.

2. 분류구조

원소와 무기화학품, 유·무기 화합물은 6개 범주(절)로 구분하고 51개의 호(제2801호 내지 제2853호; 2개의 호 유보공란)에 분류한다.

1) 원소(제2801호 내지 제2805호: 제 1 절): 할로겐원소, 유황, 비(非)금속, 희가스, 알칼리금속, 알칼리토류금속, 희토류금속

2) 무기산과 무기비(非)금속산화물(제2806호 내지 제2811호: 제 2 절)

① 무기산: 염산, 클로르황산, 황산, 질산, 인산, 붕산

② 무기비금속산화물: 이산화탄소, 이황화규소

3) 비금속의 할로겐화합물과 황화합물(제2812호·제2813호: 제 3 절): 삼염화요드, 이황화탄소, 황화비소 등

4) 무기염기(암모니아 등)와 금속의 산화물, 수산화물 및 과산화물(제2814호 내지 제2825호: 제 4 절)

① 무기염기: 암모니아, 히드라진

② 금속의 산화물, 수산화물 및 과산화물: 가성소다, 가성칼륨, 인조커런덤, 산화바륨 등

5) 무기산과 금속염 및 과산화염(제2826호 내지 제2842호: 제 5 절): 플루오르화알미늄,

요오드화칼륨 등

6) 기타의 원소와 화합물(제2843호 내지 제2853호: 제 6 절): 귀금속화합물과 아말감, 방사성원소와 방사성 동위원소, 희토류금속, 과산화수소, 인화물, 탄화물, 액체공기, 증류수와 전도도수 등

* 제2838호 및 제2851호: 공란 유보

3. 분류원칙

제목	규정내용	비고
제28류의 분류물품	1. 제28류의 각 호는 문맥상 따로 규정한 경우를 제외하고는 다음의 물품에 한하여 적용한다. 가. 화학적으로 단일인 원소 및 화합물 불순물을 함유한 것인지의 여부를 불문한다. 나. 가목에 규정한 물품이 물에 용해된 것 다. 가목에 규정한 물품의 안전 또는 수송을 위하여 물 이외의 용매에 용해한 것. 다만, 그러한 용제로 인하여 당해 물품이 일반적 용도보다도 특별히 특정한 용도에 더 적합하게 되지 아니하는 것에 한한다. 라. 가목, 나목 또는 다목에 규정한 물품으로서 보존 또는 수송을 위하여 안정제(고결 방지제를 포함한다)를 첨가한 것 마. 가목, 나목, 다목 또는 라목에 규정한 물품에 동 물품의 식별 또는 안전을 위하여 항분제 또는 착색제를 첨가한 것. 다만, 그러한 첨가로 인하여 당해 물품이 일반적 용도보다도 특별히 특정한 용도에 더 적합하게 되지 아니하는 것에 한한다.	제28류 류주1
제28류에 분류되는 탄소화합물	2. 제28류에는 아이티온산염과 술폭실산염으로서 유기안정제를 가한 것(제2831호), 무기염기의 탄산염과 과산화탄산염(제2836호), 무기염기의 시안화물·산화시안화물과 시안착염(제2837호), 무기염기의 뇌산염·시안산염과 티오시안산염(제2838호), 제2843호 내지 제2846호에 해당되는 유기물과 탄화물(제2849호)을 분류하며 탄소화합물에 있어서는 다음의 것만을 분류한다. 가. 탄소의 산화물·시안화수소·뇌산·이소시안산·티오시안산 및 기타 단일의 시아노겐산·시아노겐착산(제2811호) 나. 탄소의 산화할로겐화물(제2812호) 다. 이황화탄소(제2813호) 라. 무기염기의 티오탄산염·셀레노탄산염·텔루로탄산염·셀레노시	제28류 류주2

	안산염·텔루로시안산염·테트라티오시아나토디아미노크롬산염(라이네크산염) 및 기타 시안산착염(제2842호) 마. 요소로 고체화한 과산화수소(제2847호)와 산화황화탄소·티오카보닐할로겐화물·시아노겐·시아노겐할로겐화물과 시안아미드 및 그 금속 유도체(제2851호)(순수한 것인지의 여부를 불문하며, 칼슘시안아미드를 제외한다)(제31류)	
착산의 분류	4. 제 2 절의 비금속산과 제 4 절의 금속산으로 된 화학적으로 단일인 착산은 제2811호에 분류한다.	제28류 류주4
금속의 염, 겹염과 착염의 분류	5. 제2826호 내지 제2842호는 금속의 염 또는 암모늄염 또는 페록시염에 한하여 적용한다. 겹염과 착염은 별도의 규정이 있는 경우를 제외하고는 제2842호에 분류한다.	제28류 류주5
제2844호의 분류물품	6. 제2844호는 다음 물품에 한하여 적용한다. 가. 테크네튬(원자번호 43)·프로메튬(원자번호 61)·폴로늄(원자번호 84) 및 원자번호가 84보다 큰 모든 원소 나. 천연 또는 인조의 방사성 동위원소[제14부와 제15부의 귀금속 또는 비금속의 것을 포함하며, 함께 혼합한 것인지의 여부를 불문한다] 다. ①와 ②의 원소 또는 동위원소의 무기 또는 유기화합물(화학적으로 단일인지 또는 함께 혼합한 것인지의 여부를 불문한다) 라. 합금·분산물(서메트를 포함한다)·도자제품 및 이들의 혼합물[이들 원소·동위원소 또는 그들의 무기-유기화합물로서 비방사능이 74 Bq/g(0.002μCi/g)을 초과하는 것에 한한다] 마. 원자로에서 사용(조사)된 연료요소(카트리지) 바. 방사성 잔재물(사용할 수 있는 것인지의 여부를 불문한다) · 류주6과 제2844호 및 제2845호에 있어서의 『동위원소』라 함은 다음의 것을 말한다. －단일의 핵종(천연에서 단일동위원소 상태로 존재하는 것을 제외한다) －동일한 원소의 동위원소의 혼합물로서 당해 동위원소의 하나 또는 몇 개를 농축한 것(천연의 동위원소의 조성을 인위적으로 변성한 것을 말한다)	제28류 류주6
인동의 분류	7. 제2848호에는 인의 함유중중이 15%를 초과하는 인화동(인동)을 포함한다.	제28류 류주7
도프처리한 화학원소의 분류	8. 전자공업에 사용하기 위하여 도프처리한 화학원소(예: 규소 및 셀렌)로서 인상가공하지 아니한 형상의 것 실린더상 또는 봉상의 것은 이 류에 분류한다. 다만, 디스크·웨이퍼 또는 이와 유사한 형상으로 절단한 것은 제3818호에 분류한다.	제28류 류주8

4. 제외 물품

① 염화나트륨·산화마그네슘(순수한 것인지의 여부를 불문한다) 또는 제 5 부의 기타 생산품

② 유기-무기화합물(제28류 제외 물품: 주2에 규정한 물품)

③ 제31류의 주2 내지 5에 규정한 물품

④ 제3206호의 루미노퍼로 사용되는 무기물 및 제3207호의 유리프리트와 기타 유리(분상, 입상, 플레이크상의 것)

⑤ 인조흑연(제3801호), 제3813호의 소화기용의 장전물과 소화탄에 넣은 소화제, 제3824호의 소매용으로 포장한 잉크 제거제 및 알칼리 금속 또는 알칼리토류금속의 할로겐화물로서 1개의 중량이 2.5g 이상의 제3824호의 배양단결정(광학용품은 제외)

⑥ 귀석·반귀석(천연의 것, 합성의 것 또는 재생의 것) 및 이들 물품의 더스트와 분(제7102호 내지 제7105호)과 제71류의 귀금속 또는 귀금속의 합금

⑦ 제15부의 금속(순수한 것인지의 여부를 불문한다)과 금속합금 또는 금속 서메트(소결한 금속카바이드를 포함하는데 금속을 혼합하여 소결한 금속 카바이드에 한한다)

⑧ 광학용품[예: 알칼리금속 또는 알칼리토류금속의 할로겐화물(제9001호)]

5. 해 설

(1) 원소와 무기화합물

- 원소·무기화합물
  - 원소 — 제2801호 – 제2805호: 제 1 절
  - 무기산과 무기비(非)금속산화물 — 제2806호 – 제2811호: 제 2 절
  - 비금속의 할로겐화합물과 황화합물 — 제2812호·제2813호: 제 3 절
  - 무기염기와 금속의 산화물, 수산화물 및 과산화물 — 제2814호 – 제2825호: 제 4 절
  - 무기산과 금속염 및 과산화염 — 제2826호 – 제2842호: 제 5 절
  - 기타의 원소와 화합물 — 제2843호 – 제2853호: 제 6 절

(2) 원소와 무기화합물(제28류)의 분류원칙

제28류에는 다음 물품에 한하여 분류한다. 다만, 제28류의 각 호에 문맥상 따로 규정한 것을 제외한다.

① 화학적으로 단일인 원소 및 화합물 불순물을 함유한 것인지의 여부를 불문한다.

② 위 ①의 물품을 물에 용해하거나, 안전 또는 수송을 위해 물 이외의 용매에 용해한 것

③ 위 ① 또는 ②의 물품에 보존·수송을 위해 안정제 또는 고결 방지제를 첨가한 것

④ 위 ①, ② 또는 ③의 물품에 식별·안전을 위해 항분제 또는 착색제를 첨가한 것

(3) 제28류에 분류되거나 또는 제외되는 원소와 무기화합물

제28류에는 원칙적으로 화학적으로 단일한 원소와 무기화합물이 분류한다. 그러나 이 원칙을 적용되지 않는 원소와 화합물이 있다.

[제28류에 분류되거나 또는 제외되는 화학적으로 단일한 원소와 무기화합물]

제28류에 분류되는 화학적 단일한 원소 또는 화합물	제28류에서 제외되는 화학적 단일한 원소 또는 무기화합물
다음 화학적으로 단일하지 않는 원소 또는 화합물은 제28류에 분류된다. ① 원소: 콜로이드황, 카본블랙, 귀금속의 콜로이드, 방사성원소, 방사성 동위원소, 기타 동위원소, 희토류 금속, 스칸듐 또는 이들 금속혼합물 ② 무기·유기화합물: 귀금속의 콜로이드, 아말감 및 유·무기화합물, 방사성원소와 방사성 동위원소 또는 이들의 화합물과 혼합물, 동위원소와 이들의 화합물, 희토류금속·이트륨, 스칸듐 또는 이들 금속혼합물의 유·무기화합물, 유기·무기 수은화합물 ③ 상관례상 물품: 상관례상 산화코발트, 탄산암모늄(카르밤산암모늄 함유), 알칼리금	다음 화학적으로 단일할지라도 원소와 무기화합물은 제28류에서 제외된다. ① 염화나트륨, 산화마그네슘 등(제25류) ② 일정 투여량으로 한 것 또는 소매용 형상 또는 포장된 것으로 치료용 또는 예방용에 적합한 물품(제3004호) ③ 특정 비료(제31류): 질산나트륨, 질산암모늄, 황산암모늄, 염화칼륨 등 ④ 발광성 물질로 처리되어 루미노퍼로 사용되는 물품(제3206호) ⑤ 조제향료, 화장품 또는 화장실물품으로 소매용 포장물품(제3506호) ⑥ 접착제(순중량 1kg 이하 소매포장물품)(제3506호)

속 규산염

④ 기타 단일하지 않는 화합물: 콜로이드황, 카본블랙, 발연황산, 황질산, 폴리인산, 삼황화인, 인조커런덤, 어드칼라, 연단과 오렌지납, 폴리황화물, 유기물질로 안정화한 아이안티몬산염과 술폭시산염, 폴리인산염, 알루미노실리케이크, 인화물, 탄화물, 수소화물, 질화물, 아지화물, 규화물과 붕화물, 액체공기와 압축공기

⑦ 사진용의 물품: 일정량의 것, 사진용 소매포장물품(제3707호)

⑧ 인조흑연(제3801호)

⑨ 제3808호의 살충제, 살서제, 제초제 등(소매 형상 또는 포장, 제제, 제품의 것)

⑩ 귀석과 반귀석 이들 더스트와 분(제71류)

⑪ 귀금속과 비(卑)금속(제14부·제15부)

(4) 2 이상의 호에 동시에 분류되는 물품의 분류원칙

제2844호 또는 제2845호와 제28류의 다른 호에 분류되는 물품의 분류규정

제2844호(방사성원소와 동위원소와 이들의 화합물, 혼합물 및 잔재물) 또는 제2845호(동위원소)에 분류한다.

제2843호·제2846호 또는 제2852호와 제28류의 다른 호에 분류되는 물품의 분류규정

① 제2844호·제2845호의 물품은 이들 호에 분류한다.

② 제2843호(귀금속의 콜로이드·무기 또는 유기화합물)·제2846호(희토류금속·이트륨·스칸듐 또는 이들의 금속혼합물과 무기 또는 유기화합물) 또는 제2852호(무기, 유기 수은화합물)에 분류한다.

비금속산(제 2 절)**과 금속산**(제 4 절)**으로 구성된 화학적으로 단일인 착산의 분류규정** 화학적으로 단일인 착산은 제2811호에 분류한다.

겹염 및 착염의 분류규정 문맥에 별도로 정하고 있는 경우를 제외하고는 제2842호에 분류한다.

* 호 및 호의 용어

- 제2842호 겹염과 착염
- 제2843호 콜로이드 귀금속, 귀금속의 무기 또는 유기화합물(화학적으로 단일한 화합물인지의 여부를 불문한다) 및 귀금속의 아말감
- 제2844호 방사성원소·방사성 동위원소(핵분열성 또는 연료핵친원소와 동위원소를 포함한다)와 그들의 화합물과 이들의 물품을 함유하는 혼합물 및 잔재물

- 제2845호 동위원소(제2844호의 것을 제외한다) 및 그 동위원소의 무기 또는 유기 화합물(화학적으로 단일한 것인지의 여부를 불문한다)
- 제2846호 희토류금속·이트륨·스칸듐 또는 이들 금속혼합물의 무기 또는 유기 화합물
- 제2852호 무기, 유기 수은화합물

(5) 제28류와 제29류의 무·유기화합물의 구분

관세율표에서 유기화합물이란 탄소를 함유하는 화합물 및 유기·무기화합물은 제29류의 유기화학물에 분류하는 것을 원칙으로 하고, 이와 다르게 탄소를 함유하는 화합물로서 무기화합물(제28류)에 분류되도록 특게하여 규정함으로써 무기화합물과 유기화합물을 구분하고 있다. 다음은 제28에 분류되는 탄소를 함유하는 화합물과 제29류에 분류되는 화합물이다.

[탄소를 함유하는 화합물의 분류]

구분	분류물품
제28류의 무기화학품	탄소를 함유하는 다음 화합물 ① 탄소의 산화물, 시안화수소·육시아노철(Ⅱ)산과 육시아노철(Ⅲ)산 및 이소시안산·뇌산·티오시안산·시아노 몰리브덴산과 기타 단일 또는 착시아노겐산(제2811호) ② 탄소의 산화할로겐화물(제2812호) ③ 이황화탄소(제2813호) ④ 유기안정제를 가한 아디티온산염과 술폭실산염(제2831호) ⑤ 무기염기의 탄산염과 과산화탄산염(제2836호) ⑥ 무기염기의 시안화물·산화시안화물과 시안착염(제2837호) ⑦ 무기염기의 티오탄산염·셀레노탄산염·텔루로탄산염·셀레노시안산염·텔루로시안산염·테트라티오시아나토 디아미노 크롬산 염(라이네크산염)과 기타의 시안산 착염과 또는 시안산복염(제2842호) ⑧ 귀금속, 방사성원소와 동위원소 및 희토류금속·이트륨 또는 스칸듐의 무기와 유기화합물(제2843호~제2846호) ⑨ 고체 과산화수소(요소로 고체화한 것)(제2847호) ⑩ 탄화물(이성분 탄화물; 붕화탄화물·탄화질화물 등)(탄화수소 제외)(제2849호) ⑪ 무기 또는 유기의 수은화합물(제2852호) ⑫ 산화황화탄소, 티오카르보닐 할로겐화물·시아노겐과 시아노겐의 할로겐화물·시안아미드와 시안아미드의 금속유도체(칼슘시안아미드 제외: 제31류)(제2853호)

제29류의 유기화학품	위에 게기한 탄소를 함유하는 화합물(제28류) 이외의 유기·무기화합물이 분류된다.

(6) 원소(chemical elements)의 분류(제2801호 내지 제2805호: 제 1 절)

여기에는 비금속원소·알칼리금속·알칼리토류금속 및 수은이 분류된다.

[비금속원소·알칼리금속·알칼리토류금속 및 수은(제2801호~제2805호)]

구분		원소명(원소기호)	호
비금속 non-metal	할로겐원소 Halogens	플루오르(Fluorine: F), 염소(Chlorine: Cl), 브롬(Bromine: Br), 요드(iodine: I)	제2801호
	황·탄소·수소	황(Sulphur: S), 탄소(Carbon: C), 수소(Hydrogen: H),	제2802호 제2803호
	희가스 Rare gases	헬륨(Helium: He), 네온(Neon: Ne), 알곤(Argon: Ar), 크립톤(Kryton: Kr), 크세논(Xenon: Xe)	제2804호
	기타	산소(Oxygen: O), 질소(Nitrogen: N), 붕소(Boron: B), 텔루르(Tellurium: Te), 규소(Silicon: Si), 인(Phosphrous: P), 비소(Arsenic: As), 셀렌(Selenium: Se)	
알칼리금속 Alkali metal		리튬(Litium: Li), 나트륨(Sodium: Na), 칼륨(Potassium: K), 루비듐(Rubidium: Rb), 세슘(Caesium: Cs)	제2805호
알칼리토류금속 Alkaline-earth metal		세륨족: 란탄(Lanthanum: La), 세륨(Cerium: Ce), 프라세오디뮴(Praseodymium: Pr), 네오디뮴(Neodymium: Nd), 사마륨(Samarium: Sm)	
		테르븀족: 유로퓸(Europium: Eu), 가돌리늄(Gadolinium: Gd), 테르븀(Terbium: Tb)	
		에르븀족: 디스프로슘(Dysprosium: Dy), 홀뮴(Holmium: Ho), 에르븀(Erbium: Er), 툴륨(thulium: Tm), 이테르븀(Ytterbium: Yb), 루테튬(Lutetium: Lu)	
		스칸듐(Scandium: Sc)과 이트륨(Yttrium: Y)	
금속		수은(Mercury: Hg)	

(7) 무기산과 무기비금속 산화물(제2806호 내지 제2811호: 제 2 절)

금속으로 치환할 수 있는 수소를 함유하는 황산, 질산, 염산, 인산 등의 무기산, 이들 무기산에서 물이 탈수된 산무수물 및 비금속원소가 산소원자와 결합한 비금속산화물이 분류된다.

[무기산과 무기비금속산화물(제2806호~제2811호)]

무기산·비금속산화물(화학식)	호
염산(Hydrogen chloride: HCl), 크로르황산(Chlorosulphuric acid)	제2806호
황산(Sulphur acid), 발연황산(Oleum)	제2807호
질산(nitric acid), 황질산(Sulphonitri acid)	제2808호
인산(Phosphoric acid), 오산화인(Diphosphoricpentaoxide), 폴리인산(Polyphosphoric acid)	제2809호
붕소산화물(Oxide of boron), 붕산(Boric acid)	제2810호
–플루오르화수소(Hydrogen fluoride: HF), 불화수소산(Fluro acide), 염소산(Chloricacid), 과염소산(PerChric acid: $HClO_4$), 하이포아염소산(Hypochlorous acid), 브롬화수소(Hydrogen bromide), 브롬산(Bromic acid), 요드화수소(Hydrogen iodide), 요드산 등 –이산화탄소(Carbon dioxide), 이산화규소(Silicon dioxde), 이산화황(Sulphur dioxde), 오산화비소(Diarsenic pentaoxide) 등 –착산: 텅스토규산 등	제2811호

(8) 비금속 할로겐화합물과 황화합물(제2812호 내지 제2813호: 제 3 절)

비금속원소와 할로겐원소 또는 황원소가 결합된 상태인 비금속의 할로겐화물 또는 황화물이 분류되는 것으로 다음 물품이 분류된다.

① 수소 또는 산소를 제외한 비금속과 할로겐원소가 결합한 것(할로겐화물)

② 상기 ①의 화합물에 산소가 결합된 것(할로겐산화물)

③ 수소·산소를 제외한 비금속원소가 황과 결합한 것(황화합물)

[비금속 할로겐화합물과 황화합물(제2812호~제2813호)]

구분		화합물	호
비(非)금속 (수소·산소 제외)	할로겐화물	염화요드, 염화황, 오염화인, 사염화규소, 플루오르화규소, 브롬화요드,	제2812호
	산화할로겐화물 (산소–염화물)	이산화이염화황, 산화삼염하인, 산화염화탄소, 브롬화치오닐, 산화삼브롬화인 등	
	황화물 (황–화합물)	이황화탄소, 황화규소, 황화비소, 삼황화비소, 삼황화사인, 상관례상 삼황화인	제2813호

(9) 무기염기와 금속의 산화물, 수산화물 및 과산화물(제2814호 내지 제2825호: 제 4 절)

수산기(−OH)를 갖는 화합물인 염기, 금속원소에 산소가 결합한 금속산화물 및 산화물에 산소가 부가적으로 더 결합한 과산화물이 분류된다.

① 금속의 산화물, 수산화물 및 과산화물: 염기성 산화물·산성산화물·양성산화물·염산화물

② 기타 산소가 없는 무기염기와 금속원소가 없는 무기염기: 암모니아, 히드라진, 히드록실아민 등

[특정 무기염기(제2814호~제2825호)]

구분		화합물	호
무기염기	무(無)산소 무기염기	무수암모니아: NH_3, 암모니아수: $(NH)_4OH$	제2814호
		히드라진: NH_2NH_2과 이들 염	제2825호
	무(無)무기원소 무기염기	−히드록실아민: NH_2OH −염: 염화히드록시아민, 황산히드록시아민, 질산히드록시아민	

[금속의 산화물, 수산화물 및 과산화물(제2815호~제2825호)]

금속별	금속의 산화물, 수산화물 및 과산화물			호
	금속의 산화물	금속의 수산화물	금속의 과산화물	
나트륨	−	가성소다(NaOH)	과산화소다	제2815호
칼륨	−	가성칼륨(KOH)	과산화칼륨	
마그네슘	[제2519호]	수산화마그네슘	과산화마그네슘	제2816호
스트론튬	산화스트론튬	수산화스트론튬	과산화스트론튬	
바륨	산화바륨	수산화바륨	과산화바륨	
아연	산화아연	[제2825호]	과산화아연	제2817호
알루미늄	인조커런덤·산화알루미늄	수산화알루미늄	−	제2818호
크로뮴	산화크로뮴(무수크롬산)	수산화크로뮴	−	제2819호
망간	이산화망간, 삼산화망간	[제2825호]	[제2825호]	제2820호
철	산화철, 어드컬러랄	수산화제일철, 수산화제이철	−	제2821호

코발트	산화코발트, 상관례상 산화코발트	수산화코발트	–	제2822호
티타늄	이산화티타늄	–	–	제2823호
연	일산화연(리타지), 사산화삼연(연단)	–	–	제2824호
기타 금속: 리튬, 바나듐, 니켈, 구리, 게르마늄, 지르코늄, 몰리브덴, 안티몬, 칼슘 등	산화리튬	수산화리튬		제2825호
	오산화바나듐	수산화바나듐		
	산화제일니켈	수산화니켈	과산화니켈	
	일산화동, 이산화동	수산화동		
	산화게르마늄			
	이산화지르코늄			
	산화몰리브덴	수산화몰리브덴		
	산화안티몬			
	산화칼슘	수산화칼슘	과산화칼슘	
	산화텅스텐	수산화텅스텐		
	산화석	수산화석		

(10) 무기산 및 금속의 염과 과산화염(제2826호 내지 제2842호: 제 5 절)

금속염은 무기산의 수소원소를 금속 또는 암모늄이온으로 치환한 것으로, 과산화염도 있다. 여기에는 비금속산(제 2 절)의 금속염이나, 금속의 수산화물(제 4 절)의 기능을 갖는 산의 금속염이 분류된다. 또한 특정한 겹염과 착염이 분류된다.

[무기산 및 금속의 염과 과산화염(제2826호~제2842호)]

무기산별	무기산–금속의 염·과산화염	호
불화물·불화규산염·불화알루미늄산염·기타 불화착염	불화알루미늄, 불화규산나트륨·불화규산아연, 육불화알루미늄산나트륨(인조빙정석)·불화붕산나트륨·불화황산암모늄안티몬	제2826호
염화물·산화염화물·수산화염화물	염화암모늄·염화칼슘·염화마그네슘·염화알루미늄·염화제일철·염화코발트·염화아연·염화제일석·염화바륨·염화제일동, 산화염화안티몬, 수산화염화동	제2827호
브롬화물·수산화브롬화물	브롬화나트륨·브롬화칼륨	
요드화물·산화요드화물	요드화칼륨, 산화요드화동·산화요드화납	

하이포아염소산염 · 하이포아염소산칼슘(상관례상) · 아염소산염 · 하이포아브롬산염	하이포아염소산소다 · 하이포아염소산암모늄, 하이포염소산칼슘(표백분), 아염소산소다 · 아염소산알루미늄, 하이포아브롬산칼륨	제2828호
염소산염 · 과염소산염 · 브롬산염 · 과브롬산염 · 요드산염 · 과요드산염	염소산소다 · 염소산바륨, 과염소산암모늄 · 과염소산칼륨, 브롬산칼륨, 과브롬산소다, 요드산소다, 과요드산소다	제2829호
황화물 · 폴리황화물(화학적 단일 불문)	황화소다 · 폴리황화소다	제2830호
아이치온산염 · 술폭실산염	아이티온산소다 · 술폭실산나트륨	제2831호
아황산염 · 티오황산염	아황산소다 · 아황산수소소다 · 아황산칼슘, 티오황산소다	제2832호
황산염 · 명반 · 과산화황산염	황산이소다 · 황산알루미늄 · 황산제일동 · 황산제일철, 과산화황산이소다	제2833호
아질산염 · 질산염	아질산소다 · 아질산칼륨, 질산칼륨 · 중성질산비스무스 · 질산칼슘	제2834호
하이포아인산염 · 아인산염 · 인산염 · 폴리인산염	하이포아인산소다, 아인산소다, 2수소오르소인산소다 · 일수소오르토인산소다 · 인산소다 · 오르토인산수소이나트륨 · 피로인산사소다, 헥사메타인산소다	제2835호
탄산염 · 과산화탄산염 · 탄산암모늄(상관례상)	탄산이소다 · 탄산수소소다 · 침강 탄산칼슘, 과산화탄산소다, 탄산수소암모늄과 카르밤산암모늄	제2836호
시안화물 · 산화시안화물 · 시안착염	시안화소다 · 시안화칼륨 · 시안화칼슘, 산화시안화소다, 육시아노철(Ⅱ)산사칼륨 · 육시아노철(Ⅲ)산삼칼륨 · 오시아노철(Ⅲ)산니트로실소다	제2837호
규산염 · 알칼리금속규산염(상관례상)	규산소다 · 침강 규산칼슘, 알칼리금속의 규산염	제2839호
붕산염 · 과산화붕산염	사붕산소다 · 사붕산망간, 과산화붕산소다 · 과산화붕산마그네슘	제2840호
산화금속산염 · 과산화금속산염	알루미늄산칼륨 · 크롬산소다 · 망간산칼륨, 과망간산소다 · 과망간산칼륨	제2841호
기타 무기산염 · 과산화염	아비산소다 · 비산제이동 · 셀렌화카드뮴 · 아셀렌산소다 · 텔루르화비스무스	제2842호
겹염과 착염	염화마그네슘암모늄 · 염화제일철암모늄 · 염화크롬산칼륨 · 황산제일철암모늄 · 티오시안산칼륨제일철 · 오르소인산나트륨암모늄	

* 제2838호 공란

(11) 기타 무기화합물(제2843호 내지 제2851호: 제 6 절)

여기에는 앞에서 분류한 화합물(제2801호~제2842호) 이외의 기타 화합물이 분류되는 것으로, 귀금속화합물, 방사성물질과 동위원소 및 희토류금속화합물 및 기타 무기화합물이 분류된다. 특히 이들 화합물은 화학적으로 단일한 여부를 불문하며, 특정 유기화합물이 분류된다.

[귀금속화합물(제2843호)]

원소별	구분	화합물	호
귀금속	콜로이드	콜로이드 은, 콜로이드 백금	제2843호
	아말감	귀금속과 수은의 합금	
	무기화합물	산화은 · 염화은 · 질산은 · 염화제일금 · 시안화금 · 금사시안산칼륨 · 염화제이백금 · 헥사히드록시백금산 · 삼염화로듐 · 사염화오스뮴 · 사염화루테늄	
	유기화합물	옥살산은 · 은알부미네이트	

[방사성물질과 동위원소 및 희토류금속화합물(제2844호~제2846호)]

원소별	구분	원소 · 화합물	호
방사성원소 · 방사성 동위원소	방사성원소	-테크네늄(Tc) · 프로메튬(Pm) -원자번호 84 이상 원소: 폴로늄(Po) · 아스탄틴(At) · 라돈(Rn) · 프란시움(Fr) · 라듐(Ra) · 악티늄(Ac) · 토륨(Th) · 프로탁티늄(Pa) · 우라늄(U) · 네프튜늄(Np) · 프루토늄(Pu) · 아메이시움(Am) · 쿠리움(Cm) · 벨케륨(Bk) · 칼리포늄(Cf) · 아인스테늄(Es) · 페르뮴(Fm) · 멘델레븀(Md) · 노벨륨(No) · 로렌시움(Lw)	제2844호
	방사성 동위원소	-천연: 칼륨40, 루비튬87, 사마륨147, 루테륨176, 우라늄235와 238(U235, U238) 및 탈륨, 납, 비스무스 등 -인조: 수소3, 탄소14, 나트륨24, 인32, 황35, 칼륨42, 칼슘45, 크롬51, 철59, 코발60, 크리프톤85, 스트론튬90, 이트륨90, 팔라듐109, 요드131과 132, 크세논133, 세슘137, 툴륨170, 이리듐192, 금198, 폴로늄210 등(500여종)	

	화합물·혼합물·잔재물 (74Bq 초과의 것)	라듐 염화물, 라듐브롬화물, 라듐황산염	제2844호
		방사성물질 함유합금, 분산물, 요업제품 및 혼합물(서메트 포함), 조사한 것 또는 3중수소로 된 중수, 사용한 카트리지	
핵분열성·연료친핵 원소	원소	천연우라늄(U238, U235, U234의 혼합물), 토륨, 플루토늄,	제2844호
	동위원소	우라늄233, 우라늄235, 플루토늄239,	
	유기·무기화합물	–무기화합물: 산화우라늄, 우라늄산소다, 질산우라닐, 사불화플루토늄, 질산플루토늄, 산화토륨, 수산화토륨, 염화토륨 등 –유기화합물: 포름산토륨, 초산토륨, 벤조산토륨	
	합금·분산물·요업제품·혼합물 및 잔재물	우라늄-플루토늄 합금, 페로-우라늄 합금, 이산화우라늄·탄화우라늄을 흑연·폴리에틸렌에 분산한 것, 이산화우라늄·이산화토륨·탄화우라늄 또는 탄화플루토늄과 금속으로 구성된 서메트, 사용·조사한 카트리지	
동위원소와 이들 화합물	동위원소	중수소(듀테륨), 중수, 리튬의 동위원소(리튬6, 7), 탄소13 등	제2845호
	유·무기화합물	중아세틸렌, 중메탄, 중초산, 중파라핀왁스 등	
희토류금속·이토륨과 스칸듐의 화합물, 이들 혼합물	유·무기화합물, 화합물의혼합물, 겹염·착염	산화제일세륨, 산화제이세륨, 질산제일세륨, 염화세륨, 산화이트륨, 산화테르븀, 산화이테르븀 등	제2846호

[기타 무기화합물(제2847호~제2851호)]

구분		무기화합물	호
과산화수소		과산화수소	제2847호
2 이상의 원소화합물	인화물	인화동, 인화칼슘, 인화아연, 인화석 등	제2848호
	탄화물	탄화칼슘, 탄화규소, 탄화붕소, 탄화지르코늄, 탄화텅스텐, 알루미늄붕탄화물, 지르코늄탄질화물 등	제2849호
	수소화물, 질화물, 아지화물,	–수소화칼슘, 수소화규소, 수소화붕소나트륨 등 –질화붕소, 질화규소, 질화알루미늄, 질화티타늄, 질화바나듐 등	제2850호

	규화물 또는 붕화물	-아지화나트륨, 아지화납 -규화칼슘, 규화크롬, 규화동 -붕화칼슘, 붕화알루미늄, 붕화지르코늄 등	
수은 화합물	무기수은화합물	산화제이수은, 염화제일수은, 염화제이수은, 요드화제일수은, 시안화제이수은, 염화수은암모늄	제2852호
	유기수은화합물	디에틸수은, 초산페닐수은	
기타 무기화합물	증류수·전도도수	증류수, 재증류수, 전기침투수, 전도도수, 이온교환처리수	제2853호
	액체공기·압축공기	희가스, 질소, 산소, 액체공기 및 압축공기	
	아말감	알칼리금속아말감, 알루미늄아말감, 동아말감	
	기타	염화시아노겐, 시안아미드와 이의 금속유도체, 치오포스겐, 소다아미드, 나트륨아미드, 요드화포스포늄	

* 제2851호 공란 유보

[용어]

용어	주요 내용	비고
무기화합물과 유기화합물	일반적으로 무기화합물은 탄소를 제외한 2개 이상의 화학원소가 거의 일정한 비율로 결합한 화합물을 총칭하며 탄화물, 탄산염, 시안화물 등의 수 개 화합물을 제외한 탄소화합물을 분류한다. 유기화합물은 하나 이상의 탄소원자가 주로 수소, 산소, 질소 등의 다른 원소의 원자와 공유결합을 이루는 화합물을 말하며 탄화물, 탄산염, 시안화물 등의 탄소화합물은 무기화합물로 분류한다.	사전
화학적으로 단일인 화합물 chemically defined compound	화학적으로 단일인 화합물이란 그 조성이 원소들의 상수비로 규정되며 일정한 구조식으로 표현될 수 있는 하나의 분자종류(예: 공유, 이온)로 구성된 물질을 말한다. 결정격자에 있어서, 분자종류는 반복되는 단위격자에 해당한다. 화학적으로 단일인 화합물의 원소는 원자 각각의 결합가와 결합요구에 의해 결정되는 특유의 비율로 결합하고 있다. 원소 각각의 비율은 화합물마다 일정하고 고유하므로 이를 스토이치오메트릭이라고 한다. 결정 격자속의 갭 또는 삽입물로 인하여 화학량론비(stoichiometricratio)에 미소한 편차가 발생할 수 있는 화합물은 준-스토이치오메트릭(quasi-stoichiometric)이라 호칭하며 편차가 의도적으로 만들지 않는 한 화학적으로 단일인 화합물로 볼 수 있다.	해설서

불순물 impurity	–단일 화합물의 제조공정이나 정제공정에서 직접 또는 단독으로 생성한 물질만을 말한다. 이들 물질은 다음이 있다. ① 변환되지 않은 초기의 원료, ② 초기의 원료에 이미 포함되어 있는 불순물, ③ 부산물 –그러나 생성물질이 특정 용도에 적합하도록 의도적으로 잔존시킨 경우에는 불순물로 간주하지 아니하고 혼합물이나 조제품으로 본다.	제28류, 제29류

제29류 유기화학품

1. 개 요

제29류에는 원칙적으로 화학적으로 단일한 유기화합물이 분류된다. 그러나 화학적으로 단일하지 아니하여도 포함되는 특정 유기화합물이 있는 반면에 화학적으로 단일한 유기화합물일지라도 다른 류에 분류되는 화합물도 있다.

2. 분류구조

유기화합물은 탄수화물, 관능기별 또는 특수 기능성 유기화합물로 6개의 범주(13개 절)로 구분하고 42개의 호(제2901호 내지 제2942호)에 분류한다.

1) 탄화수소와 이들 유도체(제2901호 내지 제2904호: 제 1 절)

2) 유기관능화합물, 무기산의 에스테르와 이들 염과 유도체

・산소관능화합물(제2905호～제2918호)

① 알코올(제2905호・제2906호: 제 2 절): 메탄올, 솔비톨, 알릴알코올, 글리세롤, 멘톨, 벤질알코올 등

② 페놀과 페놀알코올(제2007호・제2908호: 제 3 절): 페놀, 나프톨, 비스페놀A, 니트로페놀 등

③ 에테르, 과산화에테르, 과산화케톤, 3원고리에폭시드, 아세탈 및 헤미아세탈(제2909호～제2911: 제 4 절): 디에틸에테르, 아니솔, 에틸렌옥사이드, 디메틸아세탈, 클로랄알코올레이트 등

④ 알데히드관능화합물(제2912호·제2913호: 제 5 절): 포름알데히드, 벤조알데히드, 바닐린 등

⑤ 케톤·퀴논 관능화합물(제2914호: 제 6 절): 아세톤, 메틸에틸케톤, 장뇌, 시클로헥사논 등

⑥ 카르복실산·카르복실산의 에스테르·무수물·과산화물 및 과산화산(제2915호~제2918호: 제 7 절)

· 무기산의 에스테르·이들 염과 유도체(제2919호·제2920호: 제 8 절): 인산트리부틸, 질산에틸 등

· 질소관능화합물(제2921호 내지 제2929호: 제 9 절)

① 아민와 산소관능아미노화합물(제2921호·제2922호): 메틸아민, 페닐렌디아민, 글리신, 그루탐산

② 제 4 급 암모늄화합물(제2923호): 콜린, 레시틴, 베타인 등

③ 아미드, 이미드 및 이민 관능화합물(제2926호·제2927호): 아세트아미드, 아세트아닐리드, 사카린, 프탈이미드, 숙신이미드, 구아디닌, 디클로로페놀린도페놀 등

④ 니트릴, 디아조, 아조 및 아족시화합물(제2926호·제2927호): 아크릴로니트릴, 염화벤젠다아조늄

⑤ 히드라진·히드록시아민의 유도체(제2929호): 페닐히드라진, 페닐히드록실아민, 페닐글리옥심

⑥ 기타 질소관능화합물(제2929호): TDI, 페닐디이소시아네이트, 시클람칼슘 등

3) 유기-무기화합물, 헤테르고리화합물, 핵산 및 이들의 염과 슬폰아미드(제2930호 내지 제2935호: 제10절)

① 유기-무기화합물(제2931호): 티오우레아, 테트라에틸납 등

② 산소·질소 헤테르고리화합물(제2932호~제2933호): 테트라히드로푸란, 쿠마린, 안티피린

③ 핵산과 기타 헤테로고리화합물(제2934호): 5-이노신산나트륨, 티오펜, 티아졸 등

④ 술폰아미드(제2936호): 톨루엔술폰아미드, 술파디아진, 술파티오우레아 등

4) 프로비타민, 비타민 및 호르몬(제2936호·제2937호: 제11절)

5) 글리코시드과 식물알칼로이드 및 이들의 염, 에테르, 에스테르와 기타 유도체(제2938호·제2939호: 제12절)

6) 기타 유기화합물(제2940호~제2942호: 제13절)

① 당류(제2940호)

② 항생물질(제2941호)

③ 기타(제2942호): 케텐, 아세트아비산동 등

* 위 화합물에서 이들의 유도체란 할로겐화, 니트로화 또는 니트로소화 유도체를 말한다.

3. 분류원칙

제목	규정내용	비고
제29류의 분류원칙	1. 제29류는 따로 규정한 경우를 제외하고 다음의 물품에 한하여 적용한다. 가. 화학적으로 단일한 유기화합물(불순물을 함유한 것인지의 여부를 불문한다) 나. 같은 유기화합물의 2 이상의 이성체의 혼합물[불순물을 함유한 것인지의 여부를 불문한다. 다만, 포화 또는 불포화의 비환식 탄화수소에 있어서는 입체이성체 이상의 이성체의 혼합물(제27류)을 제외한다] 다. 제2936호 내지 제2939호의 물품 또는 제2940호의 당에테르·당아세탈·당에스테르 및 이들의 염 또는 제2941호의 물품(화학적으로 단일한 것인지의 여부를 불문한다) 라. 가·나 또는 다에 규정한 물품이 물에 용해된 것 마. 가·나 또는 다에 규정한 물품의 안전 또는 수송을 위하여 물 이외에 용매에 용해한 것(단, 그러한 용제로 인하여 당해물품이 일반적 용도보다는 특별히 특정용도에 더 적합하게 되지 아니하는 것에 한한다) 바. 가·나·다·라 또는 마에 규정한 물품으로서 보존 또는 전송을 하기 위하여 안정제(고결방지제를 포함한다)를 첨가한 것 사. 가·나·다·라·마 또는 바에 규정한 물품에 그 물품의 식별 또는 안전을 위하여 항분제, 착색제 또는 방향성 물질을 첨가한 것(그러한 첨가로 인하여 당해물품이 일반적 용도보다는 특별히 특정용도에 더 적합하게 되지 아니하는 것에 한한다) 아. 아조염료의 제조를 위하여 표준농도로 희석한 물품(디아조늄염 및 그 염에 사용하는 커플러 및 디아조화할 수 있는 아민과 그 염에 한한다)	제29류 류주1

최종호 분류원칙	3. 제29류에서 2 이상의 호에 해당하는 물품은 그 해당 호 중 최종호에 분류한다.	제29류 류주3
유도체 분류규정	4. 제2904호 내지 제2906호·제2908호 내지 제2911호와 제2913호 내지 제2920호의 할로겐화 유도체·술폰화유도체·니트로화유도체 또는 니트로소화 유도체에는 술포할로겐화유도체·니트로할로겐화유도체·니트로술폰화유도체 및 니트로술포할로겐화유도체를 포함한다. 니트로 또는 니트로소기는 제2929호에 있어서의 질소관능기가 아닌 것으로 본다. 제2911호·제2912호·제2914호·제2918호 및 제2922호에 있어서 『산소 관능』이라 함은 제2905호 내지 제2920호에 게기한 관능(특성 유기산소를 함유하는 것)을 말한다.	제29류 류주4
관능화합물과 염의 분류규정	5. 가. 제 1 절 내지 제 7 절의 산관능유기화합물과 이들 절의 유기화합물과의 에스테르는 이를 구성하는 산관능유기화합물 또는 유기화합물의 해당 호 중 최종호에 분류한다. 나. 에틸알코올과 제 1 절 내지 제 7 절의 산관능유기화합물과의 에스테르는 이를 구성하는 산관능유기화합물의 해당 호에 분류한다. 다. 다음에 게기한 염은 제 6 부의 부주1 및 제28류 류주2에 규정한 물품을 제외하고는 각각 다음의 규정에 따른다. 1) 제 1 절 내지 제10절 또는 제2942호의 산관능·페놀관능·에놀관능의 화합물 또는 유기 염기와 같은 유기화합물의 무기염은 이를 구성하는 산관능·페놀관능·에놀관능화합물 또는 유기염기의 해당 호에 분류한다. 2) 제 1 절 내지 제10절 또는 제2942호의 유기화합물 상호간에 형성된 염은 이 류의 최종호에 분류하지 아니하며, 그 염이 형성된 염기 또는 산(페놀관능화합물 또는 에놀관능화합물을 포함한다)이 해당하는 호 중 최종호에 분류한다. 라. 금속알코올레이트는 이를 구성하는 알코올의 해당 호에 분류한다. 다만, 에탄올의 경우는 그러하지 아니한다.(제2905호) 마. 카르복실산의 할로겐화물은 이를 구성하는 카르복실산의 해당 호에 분류한다.	제29류 류주5
무기· 유기화합물의 분류규정	6. 제2930호 및 제2931호의 화합물은 그 분자 중에 있어서의 수소, 산소 또는 질소의 원자뿐만 아니라 황·비소·수은·연·기타의 비금속 또는 금속의 원자가 탄소원자와 직접 결합하고 있는 유기화합물에 한한다. 제2930호(유기황화합물) 및 제2931호(기타 유기·무기화합물)에는	제29류 류주6

	탄소원자와 직접 결합하고 있는 원자가 수소·산소·또는 질소 이외의 술폰화유도체·할로겐화유도체(이들의 복합유도체를 포함한다)의 특성을 주는 황 또는 할로겐만의 것은 포함하지 아니한다.	
에스테르와 아미드의 분류규정	7. 제2932호·제2933호 및 제2934호에서는 3원 고리의 에폭시드·과산화케톤·알데히드 또는 티오알데히드의 환식중합체·다염기카르복실산의 무수물·다가알코올 또는 다가페놀과 다염기산과의 환식에스테르 또는 다염기산의 아미드를 제외한다. 이 규정은 고리를 이루는 헤테로원자가 주7에서 규정된 환관능기 또는 관능기에서 생긴 것에 한하여 적용한다.	제29류 류주7
호르몬제와 주로 호르몬제	8. 제2937호에서 가. 『호르몬제』라는 용어는 호르몬 분비제 또는 호르몬 촉진제 및 호르몬 억제제와 호르몬 방지제(항 호르몬)를 포함한다. 나. 『주로 호르몬제로 사용된』이라 함은 호르몬 효과를 얻기 위해 주로 사용된 호르몬 유도체와 이와 유사한 구조를 가진 것뿐만 아니라 이 호의 제품을 합성 중간체로서 주로 사용되는 호르몬 유도체와 이와 유사한 구조를 가진 것에도 적용한다.	제29류 류주8
소호분류 규정	1. 제29류의 각 호에 있어서 화합물의 유도체(또는 화합물의 원자단)는 그 유도체가 어떠한 다른 소호에 명백하게 분류되지 않거나 관련 소호의 계열에서 『기타』의 소호가 없는 한 그 화합물(또는 화합물 원자단)과 동일한 소호에 분류한다.	제29류 소호주1
최종 소호 분류 배제	2. 제29류 주3은 제29류의 소호분류에 적용되지 아니한다.	제29류 소호주2

4. 제외 물품

① 제1504호의 물품 또는 제1520호의 조글리세롤

② 에틸알코올(제2207호·제2208호)

③ 메탄 또는 프로판(제2711호)

④ 제28류의 탄소화합물(제28류 류주2)

⑤ 요소(제3102호·제3105호)

⑥ 식물성 또는 동물성의 착색제(제3203호)·합성유기착색제·합성유기 형광증백제 및 합성유기 루미노퍼(제3204호)와 소매용의 형상 또는 포장으로 한 염료와 기타 착색제(제3212호)

⑦ 효소(제3507호)

⑧ 메타알데히드·헥사메틸렌테트라민 및 이와 유사 물질을 정상·봉상 또는 이와 유사한 형상으로 한 연료, 끽연용 라이터 또는 이와 유사 라이터 충전용의 용기(용량 300㎤ 이하의 것)에 넣은 액체연료와 액화가스연료(제3606호)

⑨ 제3813호의 소화기용의 장전물과 소화탄에 넣은 소화제 및 제3824호의 소매용으로 포장한 잉크제거제

⑩ 광학용품(제9001호)

5. 해 설

(1) 유기화학품의 분류범위

유기화학품의 분류범위 제29류의 유기화학품에는 다음 물품에 한하여 분류한다. 다만, 제29류 각 호에 문맥상 따로 규정한 것은 제외한다.

① 화학적으로 단일한 유기화합물(불순물의 함유 여부 불문)

② 같은 유기화합물의 2 이상 이성체의 혼합물(불순물 함유 여부 불문), 다만, 포화·불포화의 비환식탄화수소는 입체이성체 이외의 이성체의 혼합물(제27류)은 제외한다.

③ 제2936호~제2939호의 물품 또는 제2940호의 당에테르·당아세탈·당에스테르 및 이들 염 또는 제2941호의 물품(화학적 단일한 여부 불문)

④ 위 ①, ② 또는 ③의 물품을 물에 용해된 것

⑤ 위 ①, ② 또는 ③의 물품에 안전 또는 수송을 위하여 물 이외에 용매에 용해한 것

⑥ 위 ①, ②, ③, ④ 또는 ⑤의 물품에 보존·수송을 위해 안정제 또는 고결방지제를 첨가한 것

⑦ ①, ②, ③, ④, ⑤ 또는 ⑥의 물품에 식별·안전을 위하여 항분제, 착색제 또는 방향성 물질을 첨가한 것. 다만, 이러한 첨가로 인하여 당해 물품이 일반적 용도보다 특정 용도에 더 적합하지 않은 것에 한한다.

⑧ 아조염료의 제조를 위하여 표준농도로 희석한 디아조늄염과 이들 염에 사용하는 커플러 및 디아조화할 수 있는 아민과 이들 염

[화학적으로 단일하거나 단일하지 않은 유기화합물의 분류]

제29류에 분류되는 화학적으로 단일하지 않은 유기화합물	제29류에서 제외되는 화학적으로 단일인 유기화합물
−제29류에 분류되는 화학적으로 단일하지 않은 유기화합물 ① 과산화케톤(제2909호) ② 알데히드의 환식중합체와 파라포름알데히드(제2912호) ③ 락토포스페이트(제2919호) ④ 레시틴과 기타 포스포아미노리피드(제2923호) ⑤ 핵산 및 그들의 염(제2934호) ⑥ 프로비타민과 비타민(농축물과 혼합물 포함, 용매에 용해 여부 불문)(제2936호) ⑦ 호르몬(제2937호) ⑧ 글리코시드와 동 유도체(제2938호) ⑨ 식물알칼로이드와 그 유도체(제2939호) ⑩ 당에테르, 당아세탈, 당에스테르 및 이들 염(제2940호) ⑪ 항생물질(제2941호)	−화학적으로 단일하고, 순수하더라도 제29류에서 제외되는 물품 ① 자당(제1701호)·유당, 맥아당, 포도당과 과당(제1702호) ② 에틸알코올(제2207호·제2208호) ③ 메탄과 프로판(제2711호) ④ 요소(제3102호·제3105호) ⑤ 동·식물성 착색제(제3203호) ⑥ 유기합성착색제와 유기합성형광증백제(제3204호) −화학적으로 단일하고, 화학구조가 변화없이 특정 처리 또는 특정 형상의 것 ① 치료·예방용으로 일정 투여량의 것, 소매용 형상이나 포장한 것(제3004호) ② 형광을 발하도록 처리한 루미노퍼(제3204호) ③ 소매용 형상이나 포장한 염료·기타 착색제(제3212호) ④ 소매포장된 조제향료, 화장품류 또는 화장용품류(제3303호·제3307호) ⑤ 접착제. 소매용 순중량 1kg 이하의 것(제3506호) ⑥ 연료용의 형상인 고체연료 및 라이터 충전용 용기(용량이 300㎤ 이하)에 넣은 액체연료와 액화가스연료(제3606호) ⑦ 사진용의 히드로퀴논과 기타 혼합 않은 물품으로 일정 비율이나 소매포장한 것(제3707호) ⑧ 포장된 소독제와 살충제 등(제3808호) ⑨ 소화기용 장전물과 소화탄에 넣은 소화제(제3813호) ⑩ 소매용 포장 잉크제거제(제3824호): 제2935호의 클로라민 수용액 ⑪ 광학용품(제9001호)

(2) 유기화학품(제29류)의 품목분류 원칙

제29류의 2개 이상의 호에 동시에 해당되는 물품의 분류규정 해당되는 호 중 최종호에 분류한다.

[사례 1] 아스코르브산(제2936호): 아스코르브산은 락톤(제2932호)이나 비타민(제2936호)으로 분류할 수 있으나 최종호인 제2936호에 분류된다.

[사례 2] 알릴에스트레놀(제2937호): 알릴에스트레놀은 환식알코올(제2906호)이고, 고난구조를 갖는 스테로이드로서 호르몬(제2937호)으로 사용한다. 최종호인 제2937호에 분류된다.

할로겐화 유도체·술폰화 유도체·니트로화 유도체 또는 니트로소화 유도체 및 이들 복합유도체의 분류규정 제29류의 특정 호에는 할로겐화 유도체·술폰화 유도체·니트로화 유도체 및 니트로소화 유도체가 포함되며, 또한 이들의 복합유도체가 포함된다.

[사례 1] 술폰할로겐화 유도체·니트로할로겐화 유도체·니트로술폰화 유도체·니트로술폰할로겐화 유도체 등 니트로기와 니트로소기는 제2929호의 질소관능기가 아닌 것으로 본다.

[사례 2] 할로겐화 유도체·술폰화 유도체·니트로화 유도체 및 니트로소화 유도체는 어미(母)화합물의 수소원자 1개 이상이 1개 이상의 할로겐·술폰($-SO_3H$)·니트로($-NO_2$)·니트로소($-NO$)기 또는 이들 화합물로 치환된 것으로서, 품목분류에 관여하는 알데히드, 카르복실산, 아민관능기 등의 관능기는 이들 유도체에 본래대로 남아 있다.

에스테르, 염, 배위화합물 및 특정 할로겐화합물의 분류규정 다음과 같이 분류한다.

① 에스테르화합물: 제29류의 제 1 절 내지 제 7 절의 산관능 유기화합물과 이 절의 유기화합물과의 에스테르는 이를 구성하는 산관능유기화합물 또는 유기화합물의 해당 호 중 최종호에 분류한다.

[사례 1] 초산디에틸렌글리콜(제2915호): 디에틸렌글리콜(제2909호)과 초산(제2915호)과 반응하여 생성된 에스테르이므로 제2915호에 분류된다.

[사례 2] 술폰산메틸벤젠(제2905호): 술폰산벤젠(제2904호)과 메틸알코올(제2905호)과의

반응하여 생성된 에스테르이므로 제2905호에 분류된다.

[사례 3] 글리콜산부틸프탈틸(제2918호): 부틸알코올(제2905호) · 프탈산(제2917호)과 글리콜산과(제2918호)의 반응 생성된 에스테르이므로 제2918호에 분류된다.

② 염: 다음 규정에 의하여 분류한다. 다만, 제 6 부 부주1 및 제28류 류주2의 물품은 제외한다.

- 제 1 절 내지 제10절 또는 제2942호의 산관능·페놀관능·에놀관능화합물 또는 유기 염기와 같은 유기화합물의 무기염은 그 유기화합물의 해당 호에 분류한다.
- 제 1 절~제10절 또는 제2942호의 유기화합물 상호간에 형성된 염은 그 염이 형성된 염기 또는 산(페놀관능 또는 에놀관능화합물 포함)이 해당하는 호 중 최종호에 분류한다.

[사례 1] 초산아닐린(제2921호): 아닐린(제2921호)과 초산(제2915호)과의 반응생성된 염

③ 배위화합물: 배위화합물은 금속－탄소결합을 제외한 모든 금속결합의 분리된 조각으로 보며(품목분류상 화합물로 간주함), 조각에 따라 제29류의 해당하는 최종호에 분류한다. 다만, 제11절 또는 제2941호의 물품은 제외한다.

[사례 1] 트리옥살라토철(3)산 칼륨은 금속결합의 분리 후 얻어지는 조각이 해당하는 옥살산(제2917호)에 분류한다.

[사례 2] 콜린산철: 콜린이 분류되는 제2923호에 분류한다. 이는 다른 조각인 구연산이 분류되는 호에 분류하지 않고 분류가능한 호 중 최종호에 분류한다.

[사례 3] 뷰도티테인: 금속결합의 분리 후에 두 개의 조각이 얻어지며, 하나는 제22류의 에탄올에 해당하고, 다른 하나는 제2914호의 벤조일아세톤(및 이들 에놀기)에 해당하므로 제2914호에 분류한다.

④ 카르복실산의 할로겐화합물: 이러한 할로겐화합물은 이를 구성하는 산의 해당호에 분류된다.

[사례 1] 염화이소부티릴: 이소부틸산과 같이 제2915호에 분류한다.

유도체의 분류규정(소호 분류)　제29류의 각 호는 화합물의 유도체(또는 화합물의 원자단)는 이들 유도체가 다른 소호에 명백히 분류되지 않거나 관련 소호에서 기타 소호가 없으면, 이들 화합물(또는 화합물 원자단)과 동일한 소호에 분류한다.

따라서 최종호 분류원칙(제29류 류주3)은 이 류의 소호 분류에 적용되지 아니한다.

[탄화수소화합물의 분류]

<table>
<tr><th rowspan="2">구분</th><th rowspan="2">화합물명</th><th rowspan="2">함량규정</th><th colspan="2">분류</th></tr>
<tr><th>규정 이상</th><th>규정 미만</th></tr>
<tr><td rowspan="8">비환식
탄화수소화합물</td><td>메탄</td><td>순도 불문</td><td>–</td><td rowspan="8">제2711호</td></tr>
<tr><td>프로판</td><td>순도 불문</td><td>–</td></tr>
<tr><td>에탄</td><td>용량비 95%</td><td rowspan="6">제2901호</td></tr>
<tr><td>n-부탄, iso-부탄</td><td>용량비 95%</td></tr>
<tr><td>에틸렌</td><td>용량비 95%</td></tr>
<tr><td>프로펜(프로필렌)</td><td>용량비 90%</td></tr>
<tr><td>부텐(부틸렌)</td><td>용량비 90%</td></tr>
<tr><td>부타디엔</td><td>용량비 90%</td></tr>
<tr><td rowspan="6">방향족
탄화수소화합물</td><td>벤젠</td><td>중량비 95%</td><td rowspan="6">제2902호</td><td rowspan="6">제2707호</td></tr>
<tr><td>톨루엔</td><td>중량비 95%</td></tr>
<tr><td>크실렌</td><td>중량비 95%</td></tr>
<tr><td>나프탈렌</td><td>결정점 79, 4℃</td></tr>
<tr><td>페난트렌</td><td>화학적 단일화합물
(순수·상관례상)</td></tr>
<tr><td>안트라센</td><td>중량비 90%</td></tr>
</table>

[페놀계 화합물의 분류]

<table>
<tr><th rowspan="2">화합물</th><th rowspan="2">함량규정</th><th colspan="2">분류</th></tr>
<tr><th>규정 이상</th><th>규정 미만</th></tr>
<tr><td>페놀</td><td>중량비 90%</td><td rowspan="3">제2907호</td><td rowspan="3">제2707호</td></tr>
<tr><td>크레졸</td><td>중량비 95%</td></tr>
<tr><td>크실레놀</td><td>이성체 중량비 95%</td></tr>
</table>

[피리딘과 피리딘 유도체의 분류]

<table>
<tr><th>품명</th><th>순도(중량비)</th><th>분류</th></tr>
<tr><td rowspan="2">피리딘</td><td>95% 이상(중량비)</td><td>제2938호</td></tr>
<tr><td>95% 미만(중량비)</td><td>제2707호</td></tr>
<tr><td rowspan="2">피리딘 유도체
(예: 멜틸피리미딘)</td><td>90% 이상</td><td>제2938호</td></tr>
<tr><td>90% 미만</td><td>제2707호</td></tr>
</table>

[각종 당류의 분류]

<table>
<tr><th colspan="4">품명·규격·규격</th><th>분류</th></tr>
<tr><td rowspan="6">당
(sugar)</td><td rowspan="4">사탕수수·사탕무당</td><td rowspan="2">고상</td><td>-정제당(또는 99.5도 이상 자당)</td><td>제1701호</td></tr>
<tr><td>-조당 또는 원당</td><td>제1701호</td></tr>
<tr><td rowspan="2">액상</td><td>-액상(당시럽)</td><td>제1702호</td></tr>
<tr><td>-향미나 착색제 첨가한 당시럽</td><td>제2106호</td></tr>
<tr><td rowspan="2">사탕수수와 사탕무 이외의 재료에서 채취한 것</td><td>고상</td><td>-고상 화학적 순수자당</td><td>제1701호</td></tr>
<tr><td>기타 성상</td><td>-기타</td><td>제1702호</td></tr>
<tr><td colspan="3" rowspan="2">유당(lactose)</td><td>-95% 초과</td><td>제1702호</td></tr>
<tr><td>-95% 이하</td><td>제0404호</td></tr>
<tr><td colspan="4">포도당(glucose)</td><td>제17류</td></tr>
<tr><td colspan="4">과당(fructose)</td><td>제17류</td></tr>
<tr><td colspan="3" rowspan="2">덱스트린(maltodextrin)</td><td>-환원당 10% 초과</td><td>제1702호</td></tr>
<tr><td>-환원당 10% 이하</td><td>제3505호</td></tr>
<tr><td colspan="4">기타 화학적으로 순수한 당류</td><td>제2940호</td></tr>
</table>

[헤테로고리 화합물의 분류]

<table>
<tr><th colspan="2" rowspan="2">원환
헤테로원자</th><th colspan="3">헤테로고리 화합물</th><th rowspan="2">호</th></tr>
<tr><th>5원환</th><th>6원환</th><th>복수헤테르</th></tr>
<tr><td rowspan="3">1개</td><td>산소1</td><td>푸란(Furan)</td><td>피란(Pyran)</td><td>쿠마론, 벤조피란, 키산텐</td><td>제2932호</td></tr>
<tr><td>황1</td><td>(Thiophen)</td><td>티인(Thiin: Thiapran)</td><td>벤조티오펜(티오나프텐)</td><td>제2934호</td></tr>
<tr><td>질소1</td><td>피롤(Pyrrole)</td><td>피리딘(Pyridine)</td><td>아크리딘, 퀴놀린, 이소퀴놀린, 인돌, 카르바졸</td><td>제2933호</td></tr>
<tr><td rowspan="3">2개</td><td>산소1-질소1</td><td>옥사졸(Oxazole),
이소옥사졸(Isoxazole)</td><td>옥사진(Oxazine)</td><td>페녹사진</td><td>제2934호</td></tr>
<tr><td>황1-질소1</td><td>티아졸(Thiazole)</td><td>티아진(Thiazne)</td><td>벤조티아졸</td><td>제2934호</td></tr>
<tr><td>질소2</td><td>이미다졸(Imidazole)
피라졸(Pyrazole)</td><td>피리다진(Pyridazine)
피리미딘(Pyrimidine)
피라진(Pyrazine)
피페라진(Pyperazine)</td><td>인다졸
벤즈이미다졸
페나진
퀴나조린</td><td>제2933호</td></tr>
</table>

<table>
<tr><td rowspan="3">3개 이상</td><td>산소1-질소2</td><td>푸라잔(Furazane)</td><td></td><td></td><td>제2934호</td></tr>
<tr><td>질소3</td><td>트리아졸(Triazine)</td><td></td><td></td><td>제2933호</td></tr>
<tr><td>질소4</td><td>테트라졸(Tetrazole)</td><td></td><td></td><td>제2934호</td></tr>
</table>

(3) 탄화수소와 이들 유도체(제2901호 내지 제2904호: 제 1 절)

[탄화수소화합물과 이들 유도체]

<table>
<tr><th colspan="2" rowspan="2">탄화수소별</th><th rowspan="2">일반식</th><th colspan="2" rowspan="2">탄화수소화합물</th><th colspan="4">유도체</th></tr>
<tr><th colspan="2">할로겐화</th><th colspan="2">술폰화·니트로화·니트로소화</th></tr>
<tr><td rowspan="4">비환식 탄화수소 Acyclic hydrocabon</td><td>포화 saturated</td><td>C_nH_{2n+2}</td><td>메탄, 부탄, 옥탄</td><td rowspan="4">제2901호</td><td rowspan="4">염화메탄, 클로로포름, 사염화탄소, 브롬메탄, FC-11, CFC-12, CFC-13, CFC-114, CFC-115, 염화비닐, 삼염화에틸렌, 염화비닐리덴</td><td rowspan="4">제2903호</td><td rowspan="4">니트로메탄 에틸렌술폰산</td><td rowspan="4">제2904호</td></tr>
<tr><td rowspan="3">불포화 unsaturated</td><td>에틸렌계 C_nH_{2n}</td><td>에틸렌, 프로필렌,</td></tr>
<tr><td>폴리 에텔렌계</td><td>부타디엔, 이소프렌</td></tr>
<tr><td>아세틸렌계 C_nH_{2n-2}</td><td>아세틸렌</td></tr>
<tr><td rowspan="6">환식 탄화수소 Cyclic hydrocarbon</td><td>포화지환식 cyclanic</td><td>C_nH_{2n}</td><td>시클로프로판, 시클로헥산</td><td rowspan="6">제2902호</td><td rowspan="3">1.2.3.4.5.6.-헥사클로르시클로헥산</td><td rowspan="6">제2903호</td><td rowspan="3"></td><td rowspan="6">제2904호</td></tr>
<tr><td>불포화 지환식 cyclenic</td><td>C_nH_{2n-x} (x: 2, 4, 6)</td><td>시클로부텐, 시클로헥센</td></tr>
<tr><td>시클로테르펜 cycloterpen</td><td>$(C_5H_8)_n$ ($n \geq 2$)</td><td>피넨, 캄펜, 리모넨,</td></tr>
<tr><td rowspan="3">방향족 aromatic</td><td>벤젠고리 1개</td><td>벤젠, 톨루엔, 크실렌, 스틸렌, 에틸벤젠, 큐멘</td><td rowspan="3">헥사클로르벤젠, 오르토-디클로로벤젠, 모노크로로나프탈렌</td><td rowspan="3">벤젠술폰산, 니트로벤젠, 나프탈렌술폰산, 니트로나프탈렌술폰산</td></tr>
<tr><td>붙지 않은 벤젠고리 2개</td><td>비페닐</td></tr>
<tr><td>붙은 벤젠 고리 2 이상</td><td>나프탈렌, 안트라센</td></tr>
</table>

(4) 알코올, 페놀 및 페놀알코올, 이들의 할로겐화 유도체·술폰화 유도체·니트로화 유도체 또는 니트로소화 유도체(제2905호 내지 제2908호: 제 2 절 및 제 3 절)

[알코올, 페놀 및 페놀알코올과 이들 유도체(제2905호~제2908호)]

<table>
<tr><th colspan="3">화합물·분류 / 알코올별</th><th colspan="2">알코올 및 페놀 화합물</th><th colspan="2">유도체*</th></tr>
<tr><td rowspan="8">알코올</td><td rowspan="4">비환식 알코올</td><td>포화1가 알코올</td><td>메틸알코올, 프로필알코올, 옥틸알코올, 라우릴알코올</td><td rowspan="4">제2905호</td><td rowspan="4">트리클로로터셔리부틸알코올, 함수클로랄</td><td rowspan="4">제2905호</td></tr>
<tr><td>불포화1가알코올</td><td>알릴알코올, 올레일알코올, 게라니올, 시트로넬롤</td></tr>
<tr><td>2가알코올</td><td>에틸렌글리콜, 프로필렌글리콜</td></tr>
<tr><td>다가알코올</td><td>글리세롤, 펜타에리스리톨, 만니톨, 솔비톨</td></tr>
<tr><td rowspan="4">환식 알코올</td><td>포화 지환식</td><td>멘톨, 시클로헥사놀</td><td rowspan="4">제2906호</td><td rowspan="4"></td><td rowspan="4">제2906호</td></tr>
<tr><td>불포화 지환식</td><td>스테롤, 이노시톨,</td></tr>
<tr><td>시클로로테르펜</td><td>테르페네올, 테르핀, 보르네올, 장뇌, 이소보르네올,</td></tr>
<tr><td>방향족</td><td>벤질알코올, 신나밀알코올</td></tr>
<tr><td rowspan="4">페놀</td><td colspan="2">단핵1가페놀</td><td>페놀, 크레졸, 옥틸페놀, 노닐페놀, 크실레놀</td><td rowspan="4">제2907호</td><td rowspan="4">클로로벤젠, 파라클로로메타클레졸, 니트로페놀, 나프톨술폰산,</td><td rowspan="4">제2908호</td></tr>
<tr><td colspan="2">다핵1가페놀</td><td>나프톨</td></tr>
<tr><td colspan="2">다가페놀</td><td>레졸시놀, 히드로퀴논, 비스페놀A, 피로갈롤</td></tr>
<tr><td colspan="2">페놀알코올</td><td>살리실알코올</td></tr>
</table>

* 유도체: 할로겐·술폰화·니트로·니트로소화 유도체

(5) 에테르, 과산화알코올, 과산화에테르, 과산화케톤, 3원환의 에폭시드, 아세탈 및 헤미아세탈과 이들의 할로겐화·술폰화·니트로화·니트로소화 유도체(제2909호 내지 제2911호: 제 4 절)

[에테르, 과산화알코올, 과산화에테르, 과산화케톤, 3원환 에폭시드, 아세탈 및 헤미아세탈과 이들 유도체(제2909호～제2911호)]

관능기별 ＼ 화합물·분류		에테르화합물	유도체*	호
에테르 R－O－R′	비환식 에테르	디에틸에테르, 에틸메틸에테르	슬포구어이 알코올	제2909호
	지환식 시클로테르펜에테르			
	방향족에테르	아니솔, 디페닐에테르		
	에테르알코올	디에틸렌글리콜, EGMME, 아니실알코올		
	에테르페놀· 에테르알코올페놀	구아이야콜, 오이게놀		
	과산화알코올	과산화히드로에틸		
	과산화에테르	과산화디에틸		
	과산화케톤	과산화시클로헥사논		
에폭시드 RC－CR ＼／ O	3원고리 에폭시드	에틸렌옥사이드, 프로핀렌옥사이드, 스티렌옥사이드	에피크로르 히드린	제2910호
	에폭시알코올			
	에폭시페놀			
	에폭시에테르			
아세탈 RC－O－O－CR		메틸알, 디메틸아세탈, 디에틸아세탈	클로랄알코올레이트	제2911호
헤미아세탈		메톡시에타놀		

* 유도체: 할로겐·술폰화·니트로·니트로소화 유도체

(6) 알데히드 관능화합물(제2912호 내지 제2913호: 제 5 절)

[알데히드 관능화합물(제2912호~제2913호)]

<table>
<tr><th colspan="3">화합물
관능기</th><th colspan="2">알데히드계 화합물</th><th colspan="2">유도체*</th></tr>
<tr><td rowspan="11">알데히드
−COH</td><td rowspan="2">비환식
알데히드</td><td>포화탄화수소</td><td>포름알데히드, 아세트알데히드, 부틸알데히드</td><td rowspan="11">제2912호</td><td rowspan="11">트리클로르아세트알데히드</td><td rowspan="11">제2913호</td></tr>
<tr><td>불포화탄화수소</td><td>아크로레인, 시트랄</td></tr>
<tr><td rowspan="3">환식
알데히드</td><td>포화지환식</td><td>펠란드랄</td></tr>
<tr><td>불포화지환식·시클로테르펜</td><td>시클로시틀랄, 사프란알</td></tr>
<tr><td>방향족</td><td>벤즈알데히드, 신남알데히드</td></tr>
<tr><td rowspan="4">산소관능
알데히드</td><td>알데히드알코올</td><td>알돌, 글리콜알데히드</td></tr>
<tr><td>알데히드에테르</td><td>에틸바닐린, 아니스알데히드</td></tr>
<tr><td>알데히드페놀</td><td>바닐린</td></tr>
<tr><td>기타산소관능</td><td>아니스알데히드</td></tr>
<tr><td colspan="2">알데히드환식중합체</td><td>트리옥산, 파라알데히드, 메타알데히드</td></tr>
<tr><td colspan="2">파라포름알데히드</td><td>파라포름알데히드</td></tr>
</table>

* 유도체: 할로겐·술폰화·니트로·니트로소화 유도체

(7) 케톤 및 퀴논과 이들의 할로겐화·술폰화·니트로화·니트로소화 유도체(제2914호: 제 6 절)

[케톤관능화합물과 퀴논관능화합물(제2914호)]

<table>
<tr><th colspan="3">화합물 / 관능기</th><th>케톤·퀴논톤화합물</th><th>유도체*</th><th>호</th></tr>
<tr><td rowspan="9">케톤
－CO－</td><td colspan="2">비환식 케톤</td><td>아세톤, 메텔에틸케톤, 메틸이소부틸케톤, 슈도이오논</td><td rowspan="9">브롬장뇌,
케톤머스크,
장뇌술폰산</td><td rowspan="9">제2914호</td></tr>
<tr><td rowspan="4">환식</td><td>포화지환식</td><td>시클로헥사논, 메틸시클로헥사논</td></tr>
<tr><td>불포화지환식</td><td>자스몬, 카르본</td></tr>
<tr><td>시크로테르펜</td><td>장뇌, 이오논, 메틸이노논, 펜톤</td></tr>
<tr><td>방향족</td><td>페닐아세톤, 아세토페논, 벤조페논</td></tr>
<tr><td rowspan="4">산소관능
결합</td><td>케톤알코올</td><td>디아세톤알코올, 아세톨</td></tr>
<tr><td>케톤알데히드</td><td></td></tr>
<tr><td>케톤페놀</td><td>벤조페논, 벤조레졸시놀</td></tr>
<tr><td>기타 산소관능</td><td>벤조이소부틸에테르</td></tr>
<tr><td rowspan="5">퀴논
＝C＝O</td><td colspan="2">퀴논관능</td><td>퀴논, 안트라퀴논</td><td rowspan="5"></td><td rowspan="5"></td></tr>
<tr><td rowspan="4">산소관능</td><td>퀴논알코올</td><td>알파히드록시안트라퀴논, 쿠니자린</td></tr>
<tr><td>퀴논알데히드</td><td></td></tr>
<tr><td>퀴논페놀</td><td>퀴니자린</td></tr>
<tr><td>기타 산소관능</td><td></td></tr>
</table>

* 유도체: 할로겐·술폰화·니트로·니트로소화 유도체

(8) 카르복실산 및 이들 무수물·할로겐화물·과산화물·과산화산 및 이들의 할로겐화·술폰화·니트로화·니트로소화 유도체(제 7 절: 제2915호 내지 제2918호)

[카르복실산과 이들 무수물, 활로겐화물, 과산화물, 과산화산 및 이들 유도체(제2915호～제2918호)]

<table>
<tr><th colspan="3" rowspan="2">화합물·분류
관능별</th><th colspan="4">카르복실관능화합물·이들의 염과 유도체</th><th rowspan="2">호</th></tr>
<tr><th>카르복실 관능화합물</th><th>염·에스테르</th><th>무수물·할로겐화물·과산화물·과산화산</th><th>유도체*</th></tr>
<tr><td rowspan="5">모노카르복실산 -COOH</td><td rowspan="2">비환식</td><td>포화</td><td>포름산, 초산, 프로피온산H, 부티르산, 발레르산, 팔미트산, 스테아산</td><td>포름산소다, 포름산메틸, 초산나트륨, 초산메틸, 초산비닐, 팔미트산칼슘, 스테아르산아연</td><td>무수초산, 모노클로르아세트산</td><td>클로로포름아세트산에틸, 염화아세틸, 브롬화아세틸</td><td>제2915호</td></tr>
<tr><td>불포화</td><td>아크릴산, 메타아크릴산, 올레산, 리놀레산, 리놀렌산</td><td></td><td></td><td rowspan="4">염화니트로벤조일, 클로로벤조산</td><td rowspan="4">제2916호</td></tr>
<tr><td>지환식</td><td>포화·불포화·시크로테르펜</td><td>시클로헥산카르복실산</td><td></td><td></td></tr>
<tr><td rowspan="2">방향족</td><td>포화</td><td>벤조산, 페닐아세트산, 페닐프로피온산</td><td></td><td>과산화벤조일, 염화벤조일</td></tr>
<tr><td>불포화</td><td>계피산</td><td>계피산나트륨</td><td></td></tr>
<tr><td rowspan="4">폴리카르복실산</td><td>비환식</td><td></td><td>옥살산, 아디프산, 세바스산, 말레산, 말론산, 숙신산</td><td>옥살산칼슘, 옥살산디메틸</td><td>무수말레산</td><td rowspan="4">디클로로프탈산</td><td rowspan="4">제2917호</td></tr>
<tr><td colspan="2">지환식</td><td></td><td></td><td></td></tr>
<tr><td colspan="2">시클로테르펜</td><td></td><td></td><td></td></tr>
<tr><td colspan="2">방향족</td><td>프탈산, 테레프탈산</td><td>o-프탈산디부틸, 테레프탈산디메틸</td><td>무수프탈산</td></tr>
<tr><td rowspan="4">산소관능카르복실산</td><td colspan="2">알코올관능</td><td>유산, 타르타르산, 시트르산, 글루콘산, 말산</td><td>타르타르산나트륨, 시트르산칼슘</td><td></td><td rowspan="4"></td><td rowspan="4">제2918호</td></tr>
<tr><td colspan="2">페놀관능</td><td>살리실산, o-아세틸살리실산, p-히드록시벤조산, 갈산</td><td>벤조산파라히드록시메틸</td><td></td></tr>
<tr><td colspan="2">알데히드·케톤</td><td></td><td>에틸아세토아세테이트</td><td></td></tr>
<tr><td colspan="2">기타 산소관능</td><td>아니스산</td><td></td><td></td></tr>
</table>

* 유도체: 할로겐·술폰화·니트로·니트로소화 유도체

(9) 무기산의 에스테르 및 그 염과 이들의 할로겐화·술폰화·니트로화·니트로소화 유도체(제2919호 내지 제2920호: 제 8 절)

[비금속무기산에스테르화합물(제2919호·제2920호)]

<table>
<tr><th colspan="2">화합물
무기산</th><th>무기산에스테르화합물</th><th>염·유도체*</th><th>호</th></tr>
<tr><td rowspan="5">무기산
에스테르
R·O·X</td><td>인산기[≡PO]</td><td>글리세롤인산, 락토포스페이트, 인산트리부틸</td><td rowspan="5">글리세로인산칼슘, 락토인산칼슘</td><td>제2919호</td></tr>
<tr><td>황산기[=SO2]</td><td>황산디메틸, 황산수소메틸</td><td rowspan="4">제2920호</td></tr>
<tr><td>아질산[−NO]·질산기[−NO2]</td><td>니트로글리세롤, 테트라니트로펜타에리스리톨</td></tr>
<tr><td>탄산기[=CO]</td><td>탄산디에틸, 비스(4-터셔리-부틸시클로헥실)페록시카보네이트</td></tr>
<tr><td>기타 무기산</td><td>O,O디부틸O,O디토릴디티오포스페이트, 규산테트라에틸</td></tr>
</table>

* 유도체: 할로겐·술폰화·니트로·니트로소화 유도체

(10) 질소관능화합물(제 9 절: 제2921호 내지 제2929호)

[질소관능화합물(제2921호~제2929호)]

<table>
<tr><th colspan="3">화합물
질소관능별</th><th>질소관능화합물</th><th>염·유도체</th><th>호</th></tr>
<tr><td rowspan="5">아민관능
화합물
RNH_2:
R−NH−R</td><td rowspan="2">비환식</td><td>모노아민</td><td>메틸아민, 디메틸아민, 디에틸아민, 디메틸니트로소아민</td><td rowspan="5">클로로아닐린, 파라아미노벤젠술폰산</td><td rowspan="5">제2921호</td></tr>
<tr><td>폴리아민</td><td>에틸렌디아민, 헥사메틸렌디아민</td></tr>
<tr><td>지환식</td><td>포화, 불포화, 시클로테르펜</td><td>시클로헥실아민, 디메틸아미노시클로헥산</td></tr>
<tr><td rowspan="2">방향족</td><td>모노아민</td><td>아닐린, 톨루이딘, 디페닐아민, 1,2-나프틸아민, 암페타민</td></tr>
<tr><td>폴리아민</td><td>페닐렌디아민, 디아미노톨루엔, 벤지딘, 디아미노스틸벤</td></tr>
</table>

<table>
<tr><td rowspan="6"></td><td rowspan="6">산소
관능
아미노</td><td>알코올</td><td>모노에타놀아민, 디에타놀아민, 트리에타놀아민</td><td rowspan="6">아미노히드록시나트탈렌술폰산(γ-산, H-산),</td><td rowspan="6">第2922호</td></tr>
<tr><td>나프톨·페놀</td><td>아니시딘, 디아니시딘, 페네티딘</td></tr>
<tr><td>알데히드·
케톤·퀴논</td><td>아미노벤즈알데히드, 디아미노안트라퀴논</td></tr>
<tr><td>아미노산</td><td>리신, 글루탐산, 안트라닐산, 글리신, 2-아미노프로피온산, 로이신, 아스파르토산, p-아미노벤조산</td></tr>
<tr><td>알코올페놀·
아미노산페놀</td><td>티로신, 세린, 아미노살리실산</td></tr>
<tr><td>기타</td><td>메디폭사민, 프로록시케인</td></tr>
<tr><td colspan="3">제 4 급 암모늄염</td><td>콜린, 레시틴, 포스포아미노리피드, 베타인</td><td></td><td>第2923호</td></tr>
<tr><td rowspan="2">아미드
$-CONH-$</td><td colspan="2">비환식</td><td>아세트아미드, 아스파라긴카바민에틸(우레탄), 글루타민</td><td rowspan="2"></td><td rowspan="2">第2924호</td></tr>
<tr><td colspan="2">환식</td><td>우레인, 아세트아미드, 아세트아닐리드 페닐아세트아미드</td></tr>
<tr><td colspan="3">이미드 $R=NH$</td><td>사카린, 숙신이미드, 프탈이미드</td><td rowspan="2">니트로구아니딘</td><td rowspan="2">第2925호</td></tr>
<tr><td colspan="3">이민 $R_2C=NH$</td><td>구아니딘, 알드이민, 아미딘</td></tr>
<tr><td colspan="3">니트릴 $R-C\equiv N$</td><td>아크릴로니트릴, 디시안아미드, 페닐시안아미드</td><td></td><td>第2926호</td></tr>
<tr><td colspan="3">디아조 RN_2X</td><td>염화벤젠다아조늄, 디아조메탄, 디아조아미노벤젠</td><td rowspan="3"></td><td rowspan="3">第2927호</td></tr>
<tr><td colspan="3">아조 $RN=NR'$</td><td>아조벤젠, 아미노아조벤젠술폰산, 아미노아조벤젠</td></tr>
<tr><td colspan="3">아족시 $R-NO_2-R'$</td><td>아조시벤젠, 아족시벤조산, 아족시톨루이딘</td></tr>
<tr><td colspan="3">히드라진 $R \cdot HN \cdot NH \cdot R'$</td><td>페닐히드라진, 메틸페닐히드라진, 브로모페닐히드라진</td><td rowspan="2"></td><td rowspan="2">第2928호</td></tr>
<tr><td colspan="3">히드록시 아민 $RN_2 \cdot OR'$</td><td>페닐히드록실아민, 디메틸글리옥심, 히드라지딘</td></tr>
<tr><td colspan="3">기타 질소관능</td><td>이소시아네이트, 이소시아나이드</td><td></td><td>第2929호</td></tr>
</table>

* 유도체: 할로겐·술폰화·니트로·니트로소화 유도체

(11) 유기·무기화합물, 헤테로고리화합물, 핵산 및 이들의 염과 술폰아미드(제2930호 내지 제2935호: 제10절)

[유기-무기화합물(제2930호~제2931호)]

<table>
<tr><th>구분</th><th>화학명</th><th>일반명</th><th>구조식</th><th>화합물</th><th>호</th></tr>
<tr><td rowspan="14">유기무기
화합물</td><td rowspan="13">유기－황
화합물</td><td>디티오카르본산</td><td>CS(OR)SR′</td><td>메틸디티오카르본산소다</td><td rowspan="13">제2930호</td></tr>
<tr><td>티오카르바메이트</td><td>$NH_2 \cdot CO \cdot SH$,
$NH_2 \cdot CS \cdot OH$</td><td>티오카르바메이트</td></tr>
<tr><td>디티오가르바메이트,
티우람술파이드</td><td></td><td>디티오카르바메이트,
티우람모노술파이드</td></tr>
<tr><td>황화물(티오에테르)</td><td>R·S·R′</td><td>메티오닌, 티오콜</td></tr>
<tr><td>티오아미드</td><td>$-CSNH_2$</td><td>티오우레아</td></tr>
<tr><td>티올(머캅탄)</td><td>R·SH</td><td>메틸머르캅탄, 티오페놀</td></tr>
<tr><td>티오알데히드</td><td>R·CSH</td><td></td></tr>
<tr><td>티오케톤</td><td>R·CS·R′</td><td></td></tr>
<tr><td>티오산</td><td>R·CO·SH</td><td>디티오살리실산</td></tr>
<tr><td>술핀산</td><td>$R \cdot SO_2 \cdot H$</td><td></td></tr>
<tr><td>술폭시</td><td>R·SO·R′</td><td></td></tr>
<tr><td>술폰</td><td>$R \cdot SO_2 \cdot R'$</td><td></td></tr>
<tr><td>이소티오시아네이트</td><td>RN＝CS</td><td>이소티오산알릴</td></tr>
<tr><td>기타</td><td>유기－연·규소·철·비소 등</td><td></td><td>테트라에틸납, 에틸클로로실란, 아르세노벤젠</td><td>제2931호</td></tr>
</table>

[헤테르고리화합물 및 술폰화합물(제2932호~제2935호)]

<table>
<tr><th>구분</th><th>화학명</th><th>일반명</th><th>화합물</th><th>호</th></tr>
<tr><td rowspan="3">헤테로
고리
화합물</td><td rowspan="3">산소
헤테로
고리</td><td>붙지 않은 푸란고리</td><td>테트라히드로푸란, 2-푸르알데히드, 테트라히드로푸르푸릴알코올</td><td rowspan="3">제2932호</td></tr>
<tr><td>락톤</td><td>쿠마린, 메틸쿠마린, 에틸쿠마린노나락톤, 부티로락톤</td></tr>
<tr><td>기타 산소헤테로</td><td>이소사프롤, 1(1,3-벤조디옥실-5-일)프로판-2-온, 피퍼오날, 샤프롤</td></tr>
</table>

질소 헤테로 고리	붙지 않은 피라졸고리	안티피린, 1-페닐-3-피라조라돈	제2933호
	붙지 않은 이미다졸고리	히단토인, 리시딘	
	붙지 않은 피리딘고리	피리딘, 피페리딘, 메틸피리딘, 피리딘카르복실산	
	퀴노린고리·이소퀴노린고리	메틸퀴노린, 히드록시-N-메틸모르피난	
	피리미딘고리	바르비탈산, 페노발비탈, 피페라진	
	붙지 않은 트리아진고리	멜라민트리메틸렌트리니트라민, 시아눌산	
	락탐	6-헥산락탐	
	기타	카르바졸, 아크리딘, 인돌, 머캅토벤즈이미다졸, 포르포린	
핵산	핵산과 이들 염	아데노신, 이노신산나트륨	제2934호
기타	붙지 않은 티아졸고리	아미노티아졸	
	벤조티아졸고리	머캅토벤조티아졸	
	페노치아진고리	페노티아진	
	기타 헤테로고리	설톤, 페놀레드, 티몰블루, 설탐, 티오펜	
술폰아미드[R·SO2NH2]		톨루엔술폰아미드, 아미노벤젠술폰아세트아미드, 술파티오우레아	제2935호

(12) 프로비타민·비타민·호르몬, 글리코시드와 식물성 알칼로이드, 당류와 항생물질(제2936호 내지 제2941호: 제11절~제13절)

[비타민·호르몬글루코시드·알칼로이드·당류·항생물질(제2936호~제2941호)]

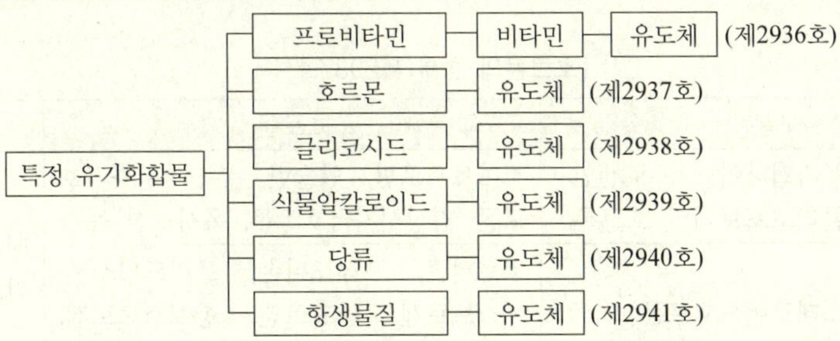

1) 비타민(vitamim)(제2936호)

인간 및 동물의 조직을 적당한 기능을 수행하게 하는 활성체로서 몸에서 만들어지지 않거나 충분히 만들어지지 않아 음식으로부터 섭취해야 한다. 현재까지 알려진 비타민은 13종류가 있다. 이 호에는 비타민으로 합성되기 전단계 물질인 프로비타민이 분류된다.

[비타민의 종류(제2936호)]

구분		비타민	비타민 유도체
비타민 (vitamines)	프로 비타민	엘고스테롤 · 비타민D_2, 7-데히드로콜레스테롤 · 프로비타민D_3, 22,23-디히드로엘고스테롤 · 프로비타민D_4	엘고스테릴아세테이트, 7-데히드로엘고스테릴아세데이트, 22,23-디히드로엘고스테릴아세테이트
	비타민	비타민A, 비타민B_1, 비타민B_2, D 또는 dl-판토텐산(비타민B_3 · 비타민B_5), 비타민B_6과 염산피리독신, 비타민B_9, 비타민B_{12}와 기타 코발아민, 비타민C, 비타민D, 비타민E, 비타민H, 비타민K와 파라나퀴논, 비타민PP	비타민A 지방산에스테르, 염산티아민, 메틸폴리보플라빈, 판토텐산 칼슘염, 염산피리독신, 비타민B_{12} 코발아민, 비타민C염, 초산알파토코펠롤, 니코틴산아미드

2) 호르몬(hormones)(제2937호)

사람이나 동물의 살아있는 조직에서 생성되는 활성물질로서 극히 소량으로 특정기관(器管)의 기능을 억제 또는 자극한다. 기관에 직접 작용하거나 합성을 조절하고 2차 혹은 3차 호르몬계의 분비에 관여한다. 이 물질의 분비는 보통 내분비선에 의하여 교감계 및 부교감계에 의해 지배된다. 호르몬은 내분비선과 개구선 또는 여러 세포조직 중에서 생성된다.

[호르몬의 종류(제2937호)]

구분		호르몬	유도체
호르몬, 호르몬용 유도체 · 유사구조 (hormons)	폴리펩타이드 · 프로텐인 · 글리코프로테인 호르몬	소마토트로핀, 인슐린, 부신피질자극호르몬, 갑상선자극호르몬, 옥시토신 등	레보타이록신, 리오타이로닌
	스테로이드호르몬	코르티손, 프레드니손, 프리드니소론, 에스트로겐, 안드로겐, 항에스트로겐, 항안드로겐 등	

카테콜라민호르몬	에피네프린, 노르에피네프린
프로스타글란딘·트롬복세인·류코트리엔	프로스타글란딘·알프로스타티딜, 트롬복세인과 트롬복신B_2·류코트리엔과 류코트리엔C_4
기타	멜라토닌(melatonin)

3) 글리코시드(glycosides: 配糖體)(제2938호)

당(糖)의 헤미아세탈성(性) 히드록실기(基)와 여러 가지 당·알코올·페놀·카르복실산·알데히드 등의 작용기(作用基)의 에테르형 탈수(脫水)결합에 의해 이루어진 유기화합물이며, 배당체라고도 한다. 주로 식물에 존재하며 식물의 조직을 보존물을 형성시키거나 자극제로 작용한다.

예: 루틴, 글리시리진, 샤포닌, 알로인, 아미그라딘, 시나그린, 글리시리진염

4) 식물 알칼로이드(alkaloid)(제2939호)

식물체에 존재하는 질소를 함유하는 염기성(鹽基性) 물질로서 인체에 중요한 생리작용이나 약리작용을 나타내는 것이다. 특정 과의 식물에서 볼 수 있고 주로 동종의 식물에서 수종의 알칼로이드를 혼재한다.

이 호에는 혼합하지 아니한 알칼로이드와 알칼로이드의 천연혼합물(예: 베라트린 또는 아편의 총 알칼로이드)를 포함하나 고의적인 혼합물과 조제품은 제외된다. 또한 아편의 건조즙액과 같은 즙액과 식물성 엑스는 제외된다(제1302호).

[식물알칼로이드의 종류(제2939호)]

구분	알칼로이드	유도체
아편알칼로이드	모르핀, 코데인, 나르세인, 노스카핀, 파파베린, 데바인	로인
기나계	키닌, 키니딘	탄닌산키닌
에페드린계	에페드린, 에타페드린, 노 또는 슈도에페드린	메틸에페드린
테오피린·아미노피린	페네틸린, 아니노피린(테오피린-에틸렌디아민)	
맥각계	엘고메트린, 엘고타민, 리세르그산, LSD 등	
기타	카페인, 코카인, 에크고닌, 레보메탐페타민, 메탐페타민, 니코틴, 아코니틴, 아트로핀, 호마트로핀 등	

5) 당류(sugars)(제2940호)

여기에는 화학적으로 순수한 당류만이 분류된다. 『당류』에는 단당류, 이당류 및 올리고당류가 포함된다. 당류 단위 각각은 적어도 4개 이상 8개 이하의 탄소 원자로 구성되어야 하며, 최소한 1개의 잠재적인 환원 카르보닐기(알데히드기 또는 케톤기) 및 수산기 및 수소원자를 함유하는 비대칭 탄소원자를 1개 이상 함유하여야 한다.

이 호에는 또한 당에테르, 당아세탈, 당에스테르 및 이들의 염을 포함한다.

예: 갈락토오스, 소르보오스, 크실로오스, 슈크로오스아세테이트 등

6) 항생물질(antibiotics)(제2941호)

항생물질은 살아있는 미생물조직에 의해서 분비되며 다른 미생물조직을 죽이거나 성장을 억제하는 효과가 있다. 주로 병원성의 미생물조직, 특히 박테리아 또는 세균이나 종양에 대한 억제효과에도 사용된다.

이 호에는 항생물질의 유도체(derivatives)와 화학적으로 변성한 동일용도에 사용되는 항생물질도 분류된다.

위의 『유도체』라 함은 이 호의 화합물로부터 얻어질 수 있으며 그 기본적 화학구조를 포함하여 모 화합물(parent compound)의 본질적인 특성을 유지하고 있는 활성 항생물질화합물을 말한다.

- 항생물질: 페니실린, 스트렙토마이신, 테트라사이클린, 클로람페니콜, 에리즈로마이신
- 항생물질 유도체: 프로카인페니실린, 클로로테트라사이클린

[항생물질의 종류(제2941호)]

구분	항생물질·이들 유도체
헤테로고리화합물	노보비오신, 세팔로스포린, 스트렙토트리신, 페니실린, 프로카인 페니실린
슈가릴레이트드	스트렙토마이신
테트라사이클린	클로르테트라사이클린, 옥시테트라사이클린
마크로라이드	에리트로마이신, 암포테리신비, 틸로신
폴리펩티드	액티노마이신, 배시트라신, 그라미시딘, 티로시딘
기타 항생물질	클로람페니콜, 르코마이신, 반코마이신

(13) 기타 유기화합물(제2942호: 13절)

제29류의 다른 호에 분류되지 아니한 화학적으로 단일한 유기화합물이 분류된다.

예: 케텐, 아세토아비산동, 삼불화붕산과 초산, 디에틸에테르 또는 페놀의 착화합물, 안티모닐글루콘산소다, 스티보글루콘산소다, 염화크롬메타크릴레이트 등

[용어]

용어	주요 내용	비고
배위화합물	금속배위화합물은 금속이 한 개 또는 그 이상의 리간드로부터 제공되는 몇 개의 원자들(일반적으로 2~9개의 원자들)과 결합하는 모든 유형을 포함하는 것으로 대전 여부를 불문한다. 금속결합의 수 및 금속과 이와 결합하는 원자들에 의해 결정되는 구조는 주어진 금속의 일반적인 특성이다.	해설
이성체 (異性體: isomer)	동일한 분자식을 가지면서 상이한 구조식을 가지고 있는 서로 다른 성질을 나타내는 화합물을 말한다.	사전
기능원자단 (funtional group: 작용기, 관능기)	탄화수소 유도체의 성질은 탄화수소의 수소원자가 치환한 원자나 원자단의 수와 종류에 따라 달라지게 된다. 치환한 원자단을 『기』『근』 또는 『작용기』라고 한다. 예: 에테르기(−O−), 에스테르기(−COO), 카르복실기(−COOH), 히드록실기(알코올기)(−OH), 아미노기(−NH_2), 카르보닐기(−CO), 니트로기(−NO_2). 산무수물: −CO·O·OC, 산할로겐화물: R·CO·X, 과산화물: R·CO·O·O·CO·R′, 과산화산: R·CO·O·OH	화학사전
붙은 고리구조 (fused ring system)	붙은 고리구조는 적어도 2개의 고리가 있는 구조로서 이 고리들은 하나(단 하나)로 결합되어 있으면서 두 개(단 두 개) 원자를 공유하고 있다. 붙은 고리구조는 다환식 화합물(예: 다환식 탄화수소·헤테로고리화합물)의 분자에서 나타나는데 여기에는 두 개의 환식고리가 두 개의 인접원자를 갖고 있는 공유변을 가지고 결합되어 있다. 복합고리구조에서는 특정 고리의 두 개 이상의 변에 붙음이 일어날 수 있다.	해설
핵산 (nucleic acid) 제2934호	핵산이란 선형 사슬모양 거대분자로서 세포핵에서 분리, 뉴클레오티드는 인산과 뉴클레오시드되어 있고, 뉴클레오시드는 당과 염기로 구성, 즉 핵산은 각 당 단위에 염기가 붙어 있고 당분자는 인산염으로 연결된 거대분자. 염기는 피리미딘=cytosine(C)+thymine(T)과 퓨린=adenine(A)+guanine(G)이다	제2934호 해설서

제30류 의료용품

1. 개 요

제30류에는 주로 사람이나 동물의 치료 또는 예방효과가 있는 의약품, 내과용, 치과용 또는 수의과용으로 사용되는 의료용품이 분류된다. 그러나 방향성 물질과 향장품(제33류), 비누(제34류)는 다른 류에 분류된다.

2. 분류구조

의료용품은 3개의 범주로 구분하고 6개의 호(제3001호 내지 제3006호)에 분류한다.

1) 치료 또는 예방의 효능이 있는 물품(제3001호, 제3003 및 제3004호)

① 사람 또는 동물의 특정 재료(예: 선과 기관)나 물질

② 둘 이상의 성분으로 혼합조제한 것

③ 일정 투여량으로 되었거나 소매용 포장의 것

2) 치료·예방 효능이 있거나 내과 진단용의 재료나 물질(제3002호): 인혈·면역혈청·백신·미생물배양체 등

3) 치료 또는 예방을 불문하고 내과, 외과, 치과 또는 수의과용의 물품(제3005호·제3006호)

- 치료 또는 예방의 효능을 불문한 것(제3005호): 탈지면, 거즈, 붕대 등의 소매형상이나 소매포장의 것 또는 혼합재료인 물품
- 치료 또는 예방의 효능은 없더라도 다음 특정 물품(제3006호)

  ① 살균한 외과용 봉합재와 봉합용 접착제

  ② 살균한 라미나리와 라미나리아 텐트

  ③ 살균한 외과용, 치과용, 지혈재

  ④ 엑스선 검사용 조형제와 투여하는 진단용 시약

  ⑤ 혈액형 분류시약

  ⑥ 치과용 시멘트, 치과용 충전제, 뼈형성 시멘트

⑦ 구급상자와 구급대

⑧ 호르몬 또는 살정자제의 피임제

⑨ 의료, 수의용의 접촉겔 조제품

⑩ 유효기간 경과 등 폐의료용품

3. 분류원칙

제목	규정내용	비고
변성면역 물품	2. 제3002호에서 변성된 면역물품이라 함은 항체로 만들어진(MABs), 항체조각(antibody fragments), 항체콘쥬게이트 및 항체조각 콘쥬게이트만을 말한다.	제30류 류주2
완제 의약품	3. 제3003호, 제3004호 및 이 류의 주4-라에 있어서는 다음에 정하는 바에 의한다. 가. 혼합하지 아니한 것에는 다음의 물품을 포함한다. (1) 혼합하지 아니한 물품이 물에 용해된 것 (2) 제28류 또는 제29류의 모든 물품 (3) 제13012호의 단일인 식물성 엑스로서, 단순히 표준화한 것 또는 용매에 용해한 것 나. 혼합한 것에는 다음의 물품을 포함한다. (1) 콜로이드 용액과 현탁액(懸濁液)(콜로이드황을 제외한다) (2) 식물성 재료의 혼합물을 처리하여 얻은 식물성엑스 (3) 천연의 광수를 증발하여 얻은 염과 농축물	제30류 류주3
의료용품	4. 다음 물품은 제3006호에 분류하며 관세율표상의 다른 호에는 분류하지 아니한다. 가. 살균한 외과용의 캣거트와 이와 유사한 봉합재 및 살균한 수술상처의 봉합용 접착제 나. 살균한 라미나리아와 라미나리아의 텐트 다. 살균한 흡수성 외과용 지혈제와 치과용 지혈제 라. 엑스선검사용 조영제 및 환자에 투여할 진단용 시약(혼합하지 아니한 것 중 일정한 투여량으로 한 것 또는 2 이상의 성분으로 된 것 중 검사용 또는 진단용으로 혼합한 것에 한한다) 마. 혈액형 분류용 시약 바. 치과용 시멘트와 기타 치과용 충전제 및 뼈형성용 시멘트 사. 구급상자와 구급대 아. 호르몬, 제2937호의 기타 제품 또는 살정자제를 기제로 하는 피임	제30류 류주4

성의 화학 조제품 자. 외과수술이나 체력검사시 신체의 각 부분의 윤활제로 사용되거나 또는 신체와 의료기구 사이의 접착약품으로서 사람 또는 수의약에 사용되는 겔 조제품 및 차·폐의료용품(예: 유효기간이 지났기 때문에 본래의 용도에 사용하기에 부적합한 의료용품)

4. 제외 물품

① 식이요법용 식품, 당뇨병용 식품 또는 강화식품, 식이보조제, 강장음료 및 광수(단, 정맥투여용 영양제 제외)(제 4 부)

② 치과용으로 특별히 하소하거나 미세하게 분쇄한 플라스터(제2520호)

③ 정유의 애큐어스 디스틸레이트와 애큐어스 솔루션으로서 의약용에 적합한 것(제3301호)

④ 치약, 샴푸 등 신체위생용품(치료용 또는 예방용 포함)(제3303호 내지 제3307호)

⑤ 약용비누 또는 제3401호의 기타 물품

⑥ 플라스터를 기제로 한 치과용 조제품(제3407호)

⑦ 치료 또는 예방용으로 조제되지 아니한 혈액알부민(제3502호)

5. 해　　설

(1) 의료용품(제30류)의 분류범위

제30류의 의료용품(pharmaceutical productors)에는 다음 물품이 분류된다.

구분	품명·물품내용	호
장기요법용·치료용·의료용 동물성 물질	–건조 선과 기관 및 이들 추출물 –헤파린과 이들 염: 무코다당류 –조제한 인간·동물성 물질: 봉독액, 살균포장한 이식용 뼈와 기관, 사람·동물의 조직 등	제3001호
	–사람의 피: 밀봉한 혈액 –조제 동물 피	

의료용·진단용 조제한 동물 피, 면역혈청과 혈액분획물, 백신, 독소 및 미생물배양체	-항혈청과 혈액분획물: 노말혈청, 인노멀면역글로불린, 혈장, 혈액글로불린, 인혈액알부민 등 -변성한 면역물품: MABs, Antibody fragment, 항체 및 항체조각 Conjugates -백신, 독소, 미생물배양체 및 이와 유사 물품: 바이러스·박테리아조제품, 항독소, 유산발효균, 바이러스와 항바이러스	제3002호
의약품 (medicaments)	원료의약품: 2종 이상의 의약품혼합물	제3003호
	완제의약품: 정제, 앰플, 캡슐, cachet, drop, pastille 및 소매포장 의약품	제3004호
의약물질 도포·소매용 포장: 탈지면, 거즈, 붕대, 피복제, 반창고, 습포제		제3005호
의료용품 (pharmaceutical goods)	살균한 외과용의 캣거트 및 이와 유사 봉합재와 살균한 수술상처 봉합용 접착제 등(11개 품목의 의약용 제품)	제3006호

(2) 치료용·예방용 또는 장기요법용 동물성 물질(제3001호)

주로 치료 또는 예방용에 사용되는 동물성 물질들을 말한다. 여기에는 다음 물품이 있다.

장기요법용(organo-therapeutic use)**의 동물성 선 또는 기관** 뇌, 척수, 간, 신장, 비장, 췌장, 유선, 고환, 난소 등을 건조한 것 및 이들의 추출물(담즙엑스)

헤파린과 이들 염 포유동물조직에서 얻은 무코다당류 혼합물이며 혈액응고저지제에 사용된다.

치료용·예방용 인체 또는 동물성 물질 글리세롤에 보존된 적골수, 사독액, 봉독액 건조플레이크와 이들의 비세균성 크립토독소, 살균포장된 접합 또는 이식용 뼈·기관과 사람 또는 동물의 조직

(3) 인혈, 치료용·예방용 또는 진단용 조제 동물 피, 면역혈청과 혈액분획물 및 변성 면역물품 및 백신·독소·미생물 배양체와 이와 유사 물품(제3002호)

치료용·예방용 또는 진단용으로 조제한 동물 피, 면역혈청과 혈액분획물 및 변성 면역물품과, 치료용 또는 예방용을 불문한 인혈, 백신, 독소, 미생물배양체 등이 분류된

다. 또한 이들 물품으로 제조한 진단용 키트가 포함된다.

인혈(human blood), **치료용·예방용 또는 진단용으로 조제한 동물의 피**(animal blood).

항혈청과 기타 혈액분획물 및 변성한 면역제품

① 항혈청(抗血淸: antisera) 및 기타 혈액 분획물: 노멀혈청, 인노멀면역글로불린·혈장·트롬빈·피브리노겐·피브린 및 기타 혈액의 응고인자·혈액글로불린·혈청글로불린 및 헤모글로불린, 치료용·예방용 조제 혈액알부민

② 변성 면역물품: 단선항체(MABs), 항체플라그멘트(antibody fragments), 항체콘쥬게이트 및 항체플라그먼트 콘쥬게이트만을 말함.

백신·독소·미생물 배양체 및 이와 유사 물품 매체에 현탁한 미생물 조제품, 독소, 유산발효균과 초산발효균, 항생물질 제조용 곰팡이, 식물성장조절제 등

인간, 동물, 식물성 바이러스 및 항바이러스, 박테리어파지(bacteriophage: 세균성 바이러스)

진단용 키트 위의 물품으로 제조한 것, 미생물계의 진단용 시약

(4) 의약품(제3003호·제3004호)

의약품(medicaments)이란 인체 또는 동물의 질병을 내부 또는 외부에서 치료 또는 예방하기 위한 조제의약품을 말한다. 관세율표에서는 2 이상의 성분을 혼합한 조제의약품(제3003호)과 일정한 투여량으로 하거나 소매형상이나 포장한 의약품(제3004호)으로 구분하여 분류하고 있다.

의약 조제품(medicinal preparation)(제3003호) ① 공식약전(official pharmacopoeia)에 수록된 혼합의약제제 및 전매특효약품(proprietary medicines), ② 단일 의약물질에 부형제·감미제·응결제 및 지지물질 등의 혼합 조제품, ③ 정맥 투여약, ④ 의약용 콜로이드 용액과 콜로이드 현탁액, ⑤ 의약용 복합식물성 엑스, ⑥ 식물 또는 식물부분(한약제)의 의약용 혼합물, ⑦ 천연광천수를 증발한 의약용 염과 이와 유사 조제품, ⑧ 치료용 농축 염천수, ⑨ 건강용 염과 이와 유사의약용 발포염, ⑩ 장뇌첨가유·페놀첨가유 등, ⑪ 항천식물품, ⑫ 약효지연제(의약성분을 이온교환수지에 고정시킨 것), ⑬ 인체·동물의 의료용 마취제

일정투여량의 것과 소매용 포장 의약품(medicaments consisting)(제3004호)

① 치료·예방용으로 사용되게 일정한 투여량인 것, 정제·앰플·캡슐·캐세이·피부 투여 형식의 드롭프스 또는 파스틸·약물 또는 소량 분말로 된 것

② 치료 또는 예방용으로 소매용 포장한 것

(5) 탈지면·거즈·붕대 및 이와 유사제품(제3005호)

방적용 섬유제·종이제·플라스틱제 등으로 된 탈지면·거즈·붕대 등과 이와 유사 물품이 분류되는 것으로 다음 물품이 분류된다.

- 의료용·외과용·치과용 또는 수의과용으로 의약물질을 도포 또는 침투시킨 탈지면·조제피복재·조제습포제·약용 반창고 등
- 의료용·외과용·치과용 또는 수의과용 의료물질을 도포 또는 침투하지 아니한 것으로 재포장없이 직접 사용자(개인·병원 등)에게 판매되는 것
- 기타 피복재: 동물피부조직을 냉동, 진공건조한 스트립 등의 피부피복재, 상처 액상피복재

(6) 의료용품(제3006호)이란

제3006호의 의료용품(pharmaceutical goods)에는 다음 물품만을 말한다.

① 살균한 외과용의 캣거트와 이와 유사한 봉합재[살균한 흡수성 외과용 또는 치과용 사(糸)를 포함한다] 및 살균한 수술상처의 봉합용 접착제

② 살균한 라미나리아와 라미나리아의 텐트

③ 살균한 흡수성 외과용 지혈제와 치과용 지혈제 및 살균한 외과용 또는 치과용 유착방지제(흡수성이 있는지의 여부를 불문한다)

④ 엑스선 검사용 조영제 및 환자에 투여할 진단용 시약(혼합하지 아니한 것 중 일정한 투여량으로 한 것 또는 2 이상의 성분으로 된 것 중 검사용 또는 진단용으로 혼합한 것에 한한다)

⑤ 혈액형 분류용 시약

⑥ 치과용 시멘트와 기타 치과용 충전제 및 뼈 형성용 시멘트

⑦ 구급상자와 구급대

⑧ 호르몬, 제2937호의 기타 제품 또는 살정자제를 기제로 한 피임성의 화학 조

제품

⑨ 외과수술이나 체력검사시 신체의 각 부분의 윤활제로 사용되거나 또는 신체와 의료기구 사이의 접착약품으로서 사람 또는 수의약에 사용되는 겔 조제품

⑩ 폐의료용품(예: 유효기간이 지나 본래의 용도에 사용하기에 부적합한 의료용품)

⑪ 장루용 기구(일정한 형상으로 절단한 결장루, 회장루, 요루 주머니 및 그들의 접착 웨이퍼 또는 페이스 플레이트)

(7) 건강식품과 의약품

의약품에는 식이요법용품 중 당 식이요법용품(dietetic)·당뇨병용품(diabetic) 또는 강화식품(fortif ied foods)·강장음료(tonic beverages)·천연 또는 인공의 광수(mineral waters)와 같은 식료품(food stuffs) 또는 음료는 적용되지 아니하며, 이러한 물품은 본래 영양물질만을 함유하는 조제식료품이라 할 수 있다.

식품의 주 영양물질은 단백질, 탄수화물, 지방 등이며 비타민류와 무기염도 영양물질로서 일부 기능을 갖는 것이다.

따라서 다음 물품은 제30류(의약품)에 분류할 수 없으며 조제식료품이나 음료와 주류(제2106호·제22류)에 분류한다.

① 의약물질(medicinal substances)을 함유하는 유사 식료품과 음료는 식이요법상 균형의 확보, 에너지나 영양가를 높이거나 풍미를 개선하기 위해 첨가한 것으로, 본래 식료품과 음료의 성격을 갖는 물품

② 식물 또는 식물부분의 혼합물이거나, 이들에 기타 물질을 혼합한 것으로 식물성(herbal) 침출액 또는 식물성(herbal) 차로서 완하, 통편, 이뇨, 구풍 기능에 사용되며, 병 회복 또는 일반 건강과 안녕에 기여되는 물품

③ 건강유지를 목적으로 비타민류나 무기염을 함유하는 식이보조제로서 질병의 예방이나 치료에 사용된다는 표시가 없는 물품

(8) 혈 액

[인혈(human blood)의 구성]

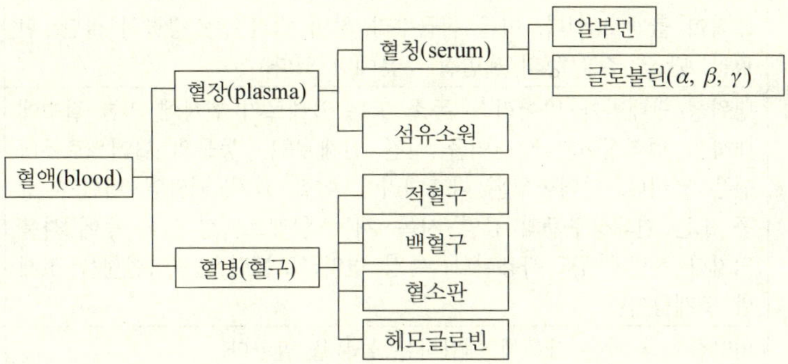

[혈액의 조성]

- 혈소판: 혈수의 일종으로 혈액의 응고나 지혈작용
- 혈청: 혈장 중 섬유원을 제거한 것, 혈장 중의 알부민·글로불린을 구별하기 위해 혈청알부민·글로불린이라 하는 경우가 있다.
- 알부민은 전 혈장단백의 55%를 차지하며 글로불린은 전 혈장의 38%를 차지한다.
- 감마 글로불린은 항체를 갖고 있다.

[혈액과 혈액제품의 분류]

혈액과 이들 분획물	분류
동물 피의 액상·건조한 것(식용 여부 불문)	제0511호
인혈	제3002호
치료용·예방용 또는 진단용 조제한 동물의 피	
치료용·예방용으로 조제한 혈액알부민(예: 사람의 혈장을 분획한 인알부민)	
혈액분획물: 면역혈청, 노멀혈청(normal sera), 인노멀면역글로불린(human normalimmunoglobulin), 혈장(plasma), 트롬빈(thrombin), 피브리노겐(fibrinogen), 파이브린(fibrin) 및 기타 혈액응고인자. 혈액글로불린(blood globulin), 혈청글로불린(serum globulin) 및 헤모글로빈(haemoglobulin)	
치료·예방용으로 조제하지 아니한 혈액알부민(혈청알부민)	제3502호
치료·예방용으로 조제하지 아니한 글로불린	제3504호
귀금속·방사성 또는 동위원소의 혈액 염	제28류
치료·예방용 조제 혈액알부민과 인간혈장	제30류

[용어]

용어	주요 내용	비고
골수 (red bone marrow)	골수에서 조혈이 이루어지고 있는 경우에는 적혈구가 많으므로 골수 조직이 붉게 보인다. 이를 적골수라 하며 적골수는 장골의 골단, 편평골, 단골, 추골 등의 해면질 부분에만 있다.	제 5 류 제3001호
면역혈청 (anticera)	병원성 박테리아·바이러스·독소 또는 알레르기 현상에 의한 질병에 대하여 면역성이거나 면역을 시킨 인체 또는 동물의 혈액으로부터 얻은 것이다. 면역혈청은 디프테리아·이질·괴저·뇌막염·폐렴·파상풍 또는 연쇄상구균의 감염·사독·채독·알레르기성 질환 등에 사용되거나 진단용에도 사용된다. 특정 면역글로불린은 면역혈청을 정제한 조제품이다.	제3002호
의약품	의약품이라 함은 다음에 해당하는 물품을 말한다. ① 대한약전에 수록된 물품으로서 의약외품이 아닌 것, ② 사람 또는 동물의 질병의 진단, 치료, 경감, 처치 또는 예방을 목적으로 사용되는 물품으로서 기구, 기계 또는 장치가 아닌 것, ③ 사람 또는 동물의 구조기능에 약리학적 영향을 주기 위한 목적으로 사용되는 물품으로서 기구, 기계 또는 장치가 아닌 것(화장품은 제외)	약사법 참조
의약외품	의약외품이라 함은 다음 물품으로서 보건사회부 장관이 지정하는 것을 말한다. ① 사람 또는 동물의 질병의 치료, 경감, 처치 또는 예방의 목적으로 사용되는 섬유, 고무제품 또는 이와 유사한 것, ② 인체에 대한 작용이 경미하거나 인체에 직접 작용하지 아니하며 기구 또는 기계가 아닌 것과 이와 유사한 것, ③ 전염병의 예방을 목적으로 살균·살충 및 이와 유사용도로 사용하는 제제	약사법 참조
보톡스 (botox)	근육질환이나 주름제거에 사용하는 주사제의 상표명, 보툴리눔 톡신(botulinium toxin)으로부터 정제된 것으로 이것은 상한 통조림 등에서 생기는 박테리아(*Clostridium Botulinum*)가 만든 독소이다. 근육을 움직이게 하는 신경전달물질을 막아 근육움직임을 일정기간 완화시킨다. 처음에는 뇌성마비, 안면경련 등에 쓰였으나 눈가 주름을 없애는 미용목적의 주사제로 더 알려져 있다.	문헌
발기부전 치료제	발기는 뇌에서 성적흥분 후 스펀지 모양의 음경 해면체에 피가 몰려생긴다. 피가 몰리기 위해 해면체를 구성하는 평활근이 느슨해야 하고, 이 느슨하게 하는 물질이 cGMP다. 효소 PDE-5는 cGMP를 분해시켜 원상태로 줄게 한다. 발기부전치료제는 PDE-5의 작용을 억제해 cGMP의 양을 늘리는 효과가 있다. 주요 발기부전치료제는 비아그라(화이자) 실데나필(발기 1시간 후, 유지 4~5시간), 시알리스(릴리) 타다라필(16분 후, 24~36시간), 야일라(바이엘), 발데나필(15분 후, 8시간)	자료

DNA	인체의 유전정보를 간직한 디옥시리보핵산(deoxyribonucleic acid)을 말한다. 세포핵과 세포질의 미토콘드리아에 존재한다. DNA는 두 가닥이 서로 결합돼 있는데 그 사이를 연결시키는 것이 아데닌(A), 구아닌(G), 시토신(C), 티민(T)이라는 네 종류의 염기다. 유전정보란 이염기들이 배열된 순서를 의미하며, DNA 중에서도 단백질을 합성하는 부분의 염기서열을 유전자(gene)라 부른다.	사전

제31류 비 료

1. 개 요

일반적으로 비료(肥料: fertilizer)는 토양을 기름지게 하여 식물의 생육을 촉진시키는 천연 또는 인공물질을 말하며 식물의 영양보급뿐만 아니라 토양개량과 엽면살포제도 비료에 포함하고 있다. 관세율표에서 비료(제31류)는 토양을 비옥하게 하는 천연비료 또는 인조비료로 사용하는 대부분의 물품이 분류되고. 토양을 개량하기 위한 물품이나, 종자의 발아 및 식물 성장을 도와주는 미량 영양소의 조제품은 포함하지 않는다.

2. 분류구조

비료는 성분별로 3개 범주로 구분하고 5개의 호(제3001호 내지 제3005호)에 분류한다.

1) 동·식물성 비료(제3001호): 동·식물성 물품을 혼합 또는 화학처리한 것 포함

2) 광물성 또는 화학비료(제3102 내지 제3104호): 비료 3요소인 질소, 인 및 칼륨비료

① 질소(N)비료(제3102호): 요소, 황산암모늄, 질산암모늄, 질산나트륨 등

② 인산(P)비료(제3103호): 과린산석회, 염기성 슬랙, 소성인산석회 등

③ 칼륨(K)비료(제3104호): 카아널라이트, 실바이트, 염화칼륨, 황산칼륨, 황산마그네슘칼륨 등

3) 복합비료와 배합비료 및 특정형상의 비료(제3105호): 3요소 비료를 2 이상 함유하는 비료, 정(錠)상 등의 형상, 10kg 이하 포장한 비료

3. 분류원칙

제목	규정내용	비고
질소비료	2. 제3102호는 다음의 물품에 한하여 적용한다(제3105호에 게기한 형상 또는 포장한 것 제외한다). 가. 다음에 해당하는 물품 (1) 질산나트륨(순수한 것인지의 여부를 불문한다) (2) 질산암모늄(순수한 것인지의 여부를 불문한다) (3) 황산암모늄과 질산암모늄의 겹염(순수한 것인지의 여부를 불문한다) (4) 황산암모늄(순수한 것인지의 여부를 불문한다) (5) 질산칼슘과 질산암모늄의 겹염(순수한 것인지의 여부를 불문한다) 또는 혼합물 (6) 질산칼슘과 질산마그네슘의 겹염(순수한 것인지의 여부를 불문한다) 또는 혼합물 (7) 칼슘시아나미드(순수한 것이거나 기름으로 처리한 것인지의 여부를 불문한다) (8) 요소(순수한 것인지의 여부를 불문한다) 나. 가에 게기한 물품이 서로 혼합된 비료 다. 염화암모늄 또는 가 또는 나에 게기한 물품에 초크·석고 또는 기타 비료가 아닌 무기물이 혼합된 비료 라. 가의 (2) 또는 (8)의 물품이나 이들의 혼합물을 수용액 또는 암모니아용액으로 한 액상 비료	제30류 류주2
인비료	3. 제3103호는 다음의 물품에 한하여 적용한다(제3105호에 게기한 형상 또는 포장한 것 제외한다). 가. 다음에 해당하는 물품 (1) 염기성 슬랙, (2) 제2510호의 천연인산염으로서 하소한 것 또는 불순물을 제거하기 위한 것 이상으로 열처리한 것, (3) 과인산석회 또는 중과인산석회, (4) 오르토인산수소칼슘(플루오르의 함유량 이 건조 무수물의 상태에서 전 중량의 0.2% 이상인 것에 한한다) 나. 가에 게기한 물품이 서로 혼합된 비료(플루오르의 함유량은 이를 고려하지 아니한다) 다. 가 또는 나에 게기한 물품(플루오르의 함유량은 이를 고려하지 아니한다)에 초크·석고 또는 기타 비료가 아닌 무기물이 혼합된 비료	제30류 류주3

칼륨비료	4. 제3104호에는 다음의 물품에 한하여 적용한다(제3105호에 게기한 형상 또는 포장한 것 제외한다). 가. 다음에 해당하는 물품 (1) 조상의 천연칼륨의 염류(예: 카아널라이트, 카이나이트 및 실바이트) (2) 염화칼륨(순수한 것인지의 여부를 불문하며 주1의 다에 게기한 물품을 제외한다) (3) 황산칼륨 (4) 황산마그네슘칼륨(순수한 것인지의 여부를 불문한다) 나. 가에 게기한 물품이 서로 혼합된 비과	제30류 류주4
혼합비료	5. 오르토 인산이수소암모늄(인산일암모늄)·오르토 인산수소이암모늄(인산이암모늄)(순수한 여부를 불문한다) 및 이들의 상호 혼합물은 제3105호에 분류한다.	제30류 류주5
기타 비료	6. 제3105호에서 『기타 비료』라 함은 비료로 사용되는 종류의 물품으로서 비료의 필수요소인 질소, 인, 칼륨 중 1종 이상을 함유하는 것을 말한다.	제30류 류주6

4. 제외 물품

① 제0511호의 동물의 피

② 화학적으로 단일한 화합물(제31류의 류주2 가, 류주3 가, 류주4 가 또는 류주5의 규정에 해당되는 것을 제외한다)

③ 배양 염화칼륨단결정(개당 2.5g 이상)(제3824호) 및 염화칼륨의 광학용품(제9001호)

5. 해 설

(1) 동식물성 비료(제3101호)

동물성 비료, 식물성 비료 및 동·식물성을 서로 혼합하거나 화학적 처리한 비료가 분류된다.

예: 구아노(guano: 해조배설물)와 분해 구아노, 배설물, 오손된 양모설 및 구비(manure), 식물성 퇴비, 건조피와 골분 혼합물, 안정화한 하수 찌꺼기

(2) 광물성 또는 화학비료

일반적 3요소 비료를 말하는 것으로, 관세율표의 제31류의 광물성 또는 화학비료에는 질소·인 또는 칼륨을 함유하는 천연광물이나 화학공업으로 제조한 화학비료가 분류된다.

[광물성 또는 화학비료 종류]

비료별	화합물명(화학식)	호
질소비료	−질산나트륨($NaNO_3$), 질산암모늄(NH_4NO_3), 황산암모늄($(NH_4)_2SO_4$), 칼슘시아나미드($CaCN_2$) 및 요소(尿素: $CO(NH_2)_2$) −황산암모늄과 질산암모늄의 겹염, 질산칼슘과 질산암모늄의 겹염 및 질산칼슘과 질산마그네슘의 겹염	제3102호
인산비료	−하소한 천연인산염, 염기성 슬랙 −o-인산수소칼슘, 과인산석회·중과인산석회	제3103호
칼륨(카리) 비료	−염화칼륨(KCl) 및 황산마그네슘칼륨 −천연칼륨염	제3104호

(3) 복합비료와 배합비료(제3105호)

복합비료는 비료의 요소로서 질소, 인, 칼륨 중 2종 또는 3종을 함유하는 광물성 또는 화학비료를 말하며 배합비료는 2종 이상의 비료를 상호 혼합한 것을 말한다. 복합비료와 배합비료는 제3105호에 분류되며 이 호에는 인산일암모늄과 인산2암모늄과 천연칼륨비료의 혼합물, 비료와 비료질과 혼합물, 화학·광물성 비료와 천연비료의 혼합물 등의 기타 비료 및 정상이나 비료를 10kg 이하로 포장한 물품이 분류된다.

(4) 비료에 분류되는 화학적 단일 화합물

다음은 화학적으로 단일한 화합물일지라도 다른 류(주로 제28류, 제29류)에 분류하지 아니하고 비료(제31류)에 분류된다.

[비료(제31류)에 분류되는 화학적 단일 화합물]

구분	품명(일반명)
질소비료 제3102호	-질산나트륨(Sodium nitrate: Soda niter: Chile saltpeter; 硝曹) -질산암모늄(Ammonium nitrate: Nitrate of ammonia; 窒安) -황산암모늄(Ammonium sulfate; 硫安) -석회질소(Calcium cyanamide: Lime nitrogen; 石灰窒素) -요소(Urea: Carbonyldiamide: Carbamide; 尿素) -황산암모늄과 질산암모늄(double salt ammonium sulphate nitrate and ammonium natrate) -질산칼슘과 질산암모늄(double salt or mixturecalciumnitrateand ammonium nitrate) -질산칼슘과 질산마그네슘(double salt or mixture calcium nitrate and magnesium nitrate)
인산비료 제3103호	-염기성 슬랙(토마스슬랙: 토마스인산염) -열처리 천연인산염(natural phosphate) -과인산석회(Single superphosphate: Calciumsuperphosphate; 過石) -중과인산석회(Concentrated superphosphate: Triple superpphate: Doblesuperphosphate) -o-인산수소칼슘(F: 0.2% 이상 calcium hydrogenorthophosphate)
칼륨비료 제3104호	-천연칼륨염(carnallite, kainite, sylvite) -염화칼륨(Potassium chloride: Muriate of potash) -황산칼륨(Potassium sulphate) -황산마그네슘칼륨(Magnesium potassium sulphate)

[용어]

용어	주요 내용	비고
비료 (肥料)	비료라 함은 식물에 영양을 주거나 식물의 재배를 돕기 위하여 흙에서 화학적 변화를 가져오게 하는 물질과 식물에 영양을 주는 물질을 말한다.	비료관리법 참조

제32류 유연 또는 염색엑스, 탄닌과 그들의 유도체, 염료, 안료와 기타 착색제, 페인트와 바니시, 퍼티와 기타 매스틱 및 잉크

1. 개 요

제32류에 분류되는 물품들은 성분 조성은 다르나 서로 연관이 있는 물품이다. 이 류에는 가죽가공용의 유연제와 인조탈회제, 각종 착색제, 요업이나 유리공업용의 조제품, 페인트와 바니시, 회구류, 퍼티와 매스틱류, 잉크 등 광범위한 물품이 분류된다. 또한 유기용제가 50%를 초과하는 플라스틱 용액, 페인트와 바니시의 건조제, 피혁의 완성가공용 수성안료, 스탬프용 박(箔)과 특정 물품으로 소매용으로 포장한 세트가 포함된다. 그러나 제32류에는 화학적으로 단일한 원소 또는 화합물(주로 제28류, 제29류)과 아스팔트제의 매스틱 또는 기타 역청질의 매스틱(제2715호) 등은 다른 류에 분류된다.

2. 분류구조

유연제, 착색제, 페인트와 바니시 등은 용도별로 9개 범주로 구분하고 15개의 호(제3201호 내지 제3215호)에 분류한다.

1) 유연제(제3201호, 제3202호)

① 식물성 유연엑스, 탄닌과 이들의 유도체(제3201호)

② 합성유연제(제3202호): 합성유기유연제(신탄스), 무기유연제(크롬염), 조제유연제, 인조탈회제

2) 착색제(제3203호 내지 제3206호)

① 식물성·동물성 착색제와 이들 기제 조제품(제3203호)

② 합성유기착색제·형광증백제 및 루미노퍼(제3204호)

③ 레이크안료(제3205호)

④ 기타 착색제(제3206호): 조제무기안료(2산화티탄, 어드칼라 등), 무기루미노퍼(활성황

화아연 등)

3) 조제안료 · 유백제 · 착색제, 범랑, 유약, 액상라스터, 유리프리트(제3207호)

4) 페인트와 바니시, 에나멜과 래커(제3208호 내지 제3210호)

① 비수매질의 것(제3208호): 중합체를 유기용제에 분산 또는 용해한 것

② 수성매질의 것(제3209호): 중합체를 수성매질에 분산 또는 용해한 것

③ 기타 페인트와 바니시(제3210호)

5) 조제드라이어(제3211호)

6) 페인트 · 에나멜 제조용의 안료, 스탬프용 박, 소매용 포장의 염료와 착색제(제3212호)

7) 각종 소매용 회구류(제3213호)

8) 퍼티 · 매스틱 등의 실링제와 비내화성 표면처리제(제3214호)

9) 각종 잉크(제3215호): 인쇄용 · 필기용 · 제도용 · 볼펜용 등의 잉크, 금속잉크

3. 분류원칙

제목	규정내용	비고
디아조늄염과 커플러혼합물	2. 제3204호에는 아조염료를 생성시키기 위해 안정화한 디아조늄염과 커플러의 혼합물을 포함한다.	제32류 류주2
착색제의 분류	3. 제3203호 · 제3204호 · 제3205호 및 제3206호: 착색제(제3206호의 경우에는 제2530호 또는 제28류에 해당하는 착색안료 · 금속플레이크 및 금속분을 포함한다)를 기제로 한 조제품으로서 다른 물질의 착색용으로 사용하거나 조제착색제의 조제시 착색 성분으로 사용하는 것을 포함한다. 다만, 페인트 · 에나멜의 제조에 사용되는 액상 또는 페이스트상의 것으로서 안료를 비수용성매질에 분산시킨 것(제3212호)과 제3207호 · 제3208호 · 제3209호 · 제3210호 · 제3212호 · 제3213호 및 제3215호에 해당하는 기타의 조제품을 제외한다.	제32류 류주3
플라스틱용액	4. 제3208호: 제3901호 내지 제3913호에 게기한 물품을 휘발성 유기용제에 용해한 용액(콜로디온을 제외하며, 용제의 함유량이 전용액중량의 50%을 초과하는 것에 한한다)을 포함한다.	제32류 류주4
제외 물품	5. 제32류의 착색제에는 유성페인트의 익스펜더로 사용하는 물품(디스템퍼 착색에 적합한 것인지의 여부를 불문한다)을 제외한다.	제32류 류주5

스탬프용의 박 (stamping foil)	6. 제3212호에서 『스탬프용의 박』이라 함은 인쇄에 사용하는 얇은 시트의 것(예: 서적표시 또는 모자띠)으로서, 다음의 물품으로 된 것을 말한다. 가. 금속의 분(귀금속의 분을 포함한다) 또는 안료를 글루·젤라틴 또는 기타 결합제와 응결하여 만든 것 나. 금속(귀금속을 포함한다) 또는 안료를 시트상의 지지물(재료를 불문한다)에 부착시킨 것	제32류 류주6

4. 제외 물품

① 화학적으로 단일한 원소 또는 화합물[제3203호 또는 제3204호의 물품, 루미노퍼로 사용되는 무기물(제3206호), 제3207호에 게기한 형상의 용융석영유리와 기타 용융실리카유리 및 제3212호에 해당하는 소매용의 형상 또는 포장으로 한 염료와 기타의 착색제를 제외한다]

② 제2936호 내지 제2939호, 제2941호 또는 제3501호 내지 제3504호에 해당하는 물품의 탄닌산염 또는 기타의 탄닌 유도체

③ 아스팔트제의 매스틱 또는 기타 역청질의 매스틱(제2715호)

5. 해　　설

(1) 제32류의 분류범위

제32류에는 다음 물품이 분류된다

- 다음 물품은 화학적으로 단일한 원소·화합물이라도 분류된다.
  ① 동·식물 착색제와 유기합성 염료(제3203호·제3204호), ② 루미노퍼용 무기물(제3206호), ③ 분·입 또는 플레이크상의 용융석영유리·기타 실리카유리, ④ 소매용의 형상·포장의 염료나 기타 착색제(제3212호)
- 피혁류의 유연제와 탈회제: 식물성 유연엑스, 합성유연제, 천연유연재료와의 혼합물, 인조탈회제
- 식물성, 동물성 또는 광물성의 착색제, 합성유기착색제 및 각종 조제품: 페인트, 요업용 착색제, 잉크 등

· 특정 페인트와 바니시, 매스틱: 여러 성분의 혼합 또는 경화제 등을 사용할 때 이들 성분이 다음은 이들 호에 분류한다.
① 재포장 없이 함께 사용하여야 하고, ② 함께 제시되고, ③ 성질상, 관계비율상 상호보완적인 것

(2) 유연제와 탄닌산(제3201호 · 제3202호)

동물의 가죽을 탄닌산(tannic acid)으로 처리하면 단백질섬유 간의 공간에서 수분을 제거시키고 섬유들을 밀착시켜 건조시에도 딱딱하지 않고 부드러운 피혁이 되므로 tanning을 유연처리라 한다. 유연처리에 사용되는 유연제(tanning material)는 식물성 유연엑스, 합성유기유연제 및 무기유연제 또는 광물성 탄닌이 있다.

[유연제의 종류]

구분	유연제	분류
· 식물성 유연엑스	참나무, 밤나무, quebracho, pines, wattle(미모사) 등의 엑스	제3201호
· 탄닌, 탄닌염	탄닌, 탄닌염과 유도체: 오배자 탄닌, 탄닌산염	
· 유기합성유연제	방향족 신탄스(포름알데히드와 페놀 등), 염화알킬술폰, 수지성유연제	제3202호
· 무기유연제	크롬염, 알루미늄염, 철염 또는 지르코늄염	
· 조제유연제	식물성, 유기 또는 무기유연제의 조제품	
· 유연전처리용 효소 조제품	인조탈회제(bate)	

(3) 착색제(제3203호 내지 제3206호)

이들 호에는 동·식물성 착색제, 무기·유기착색제 및 이들 조제품이 분류된다.

또한 착색제를 기제로 한 조제품으로서 다른 물질의 착색용으로 사용하거나 조제착색제의 조제시 착색성분으로 사용하는 것을 포함하고, 기타 착색제(제3206호)에는 제2530호 또는 제28류에 해당하는 착색안료, 금속플레이크 및 금속분을 포함한다.

유기합성염료에는 안정화 디아조늄염과 커플러(아조염료 제조)의 혼합물 포함한다.

무기루미노퍼는 미량의 방사성염을 함유하는 것도 있다. 이들은 방사성 물질의 혼합물로서 방사능이 g당 74베크렐(g당 0.002 마이크로 큐리)을 초과하면 제2844호에 분류

한다.

[착색제의 종류]

<table>
<tr><th>구분</th><th>착색제</th><th>호</th></tr>
<tr><td>식물성 착색제</td><td>로그우드, 리트머스, 오에닌, 엽록소, 크산토필, 천연인디고 등</td><td rowspan="2">제3203호</td></tr>
<tr><td>동물성 착색제</td><td>코치닐엑스, 커미즈, 세피아(오징어의 묵낭), 락다이, 어류비늘</td></tr>
<tr><td rowspan="5">무기·
유기착색제와
이들 조제품</td><td>합성유기착색제: 산성염료·염기성염료·직접염료·건염염료·분산성염료 등</td><td rowspan="3">제3204호</td></tr>
<tr><td>합성 유기영광증백제: 자외선 흡수하고 청색광을 내며 백색도를 높인다.</td></tr>
<tr><td>합성유기루미노퍼(화학적 단일불문): 로다민B</td></tr>
<tr><td>레이크안료: 착색제를 광물성 기제로 고정화한 수불용성 조제품</td><td>제3205호</td></tr>
<tr><td>－무기루미노퍼(luminophores): 활성 황산아연, 활성 황산아연과 아연베릴륨규산염 등
－기타 착색제와 조제품: 이산화타탄늄 조제품, 군청(ultramarine), 황화아연기제 리도폰(lithopone), 용성반다이크브라운,</td><td>제3206호</td></tr>
</table>

(4) 합성유기착색제(제3204호)

합성유기착색제(synthetic organic colouring matter)는 염색적 성질과 용도에 의해 분류하고 있다.

① 분산성 염료(disperser dye): 대부분 수불용이고 비이온성 염료로서 폴리에스터, 나일론, 아세테이트 셀룰로오스 또는 아크릴 섬유에 사용된다.

② 산성 염료(acid dye): 수용성 음이온성 염료로서 양모, 나일론, 견, 모다아크릴섬유 또는 가죽에 사용된다.

③ 매염염료(mordant dye): 수용성 염료로서 염료를 직물섬유에 고착시키는 매염제가 필요하다.

④ 염기성 염료(basic dye): 수용성의 양이온성 염료로서 모다아크릴, 나일론, 폴리에스테르섬유 또는 미표백지의 염색에 사용된다.

⑤ 직접염료(direct dye): 수용성 음이온염료로서, 셀룰로오스섬유, 가죽염색, 나일론 등에 사용된다.

⑥ 건염염료(vat dye): 수불용성 염로로서 알칼리성배드(bath)에서 수용성 루코형으

로 환원된다. 주로 셀룰로오스성 섬유에 사용된다.

⑦ 반응성 염료(reactive dye): 공유결합형태로 섬유분자에 염착되며 양모 또는 나일론에 사용된다.

⑧ 안료(pigment): 합성유기착색제로서 사용하는 과정에서 결정형 또는 미립형을 유지한다.

⑨ 유용성 염료(soluble dye): 유기용제에 용해된 것으로, 나일론·폴리에스테르 또는 아크릴섬유 등의 합성섬유에 사용된다.

⑩ 황화염료(sulpher dye): 황화나트륨으로 환원시켜 수용성으로 만들어 염색한 후 공기산화하여 섬유상에서 불용성 염료로 재생시킨다.

⑪ 유기형광증백제(organic fluoresent brightner dye): 자외선을 흡수하여 가시청색광을 내고 섬유에 염착하는 물질(주로 스틸벤유도체)로서 섬유는 형광에 의해 백색도를 높여준다.

⑫ 기타: 래피드염료, 황화건염염료

(5) 요업·유리·금속제품의 착색 또는 완성 조제품(제3207호)

여기에는 요업공업, 유리공업 또는 금속제품의 착색이나 완성용의 조제품이 분류된다.

예: 조제 안료(pigment), 조제 유백제(opacifier), 조제 그림물감, 법랑과 유약(vitriable enamel and glazes), 유약용의 슬립(slip), 액상 라스터(lustres), 유리프리트(glass frit)와 분상·입상 또는 플레이크상의 유리

(6) 페인트와 바니시(제3208호 내지 제3210호)

관세율표에서 페인트(paints)와 바니시(varnishes)는 유용성의 것, 수용성의 것 또는 기타의 것으로 구분하고 있으며, 페인트와 바니시에는 에나멜(enamel)과 래커(lacquer)를 포함한다.

다음과 같이 구분분류한다.

유용성 페인트와 바니시(제3208호) 페인트(에나멜 포함)는 불용성 착색제(colouring matter)[1]를 결합제(binder)[2]가 비수매질[3]에 분산·용해된 전색제(vihicle)[4]에 분산시킨 것이

1) 불용성 착색제: 광물성·유기 안료, 레이크안료, 금속플레이크, 금속분 등.

다. 전색제가 바니시로 된 페인트가 에나멜이다. 바니시와 래커는 합성중합체 또는 화학적 변성천연중합체를 기제로 하여 용제와 희석제를 첨가한 것으로, 가용성 착색제를 첨가하여 착색하기도 한다.

수성 페인트와 바니시(제3209호) 수성페인트는 합성중합체 또는 화학적 변성천연중합체를 기제로 한 결합제를 불용성 착색제 및 충전제의 분산물과 혼합하여 수성매질에 용해 또는 분산한 용액이다. 바니시는 페인트와 유사하나 안료를 함유하지 않는다. 에나멜과 래커를 포함한다.

기타 페인트와 바니시(제3210호) 에나멜과 래커를 포함하며, 다음이 있다.

- 페인트와 에나멜: 건성유 또는 천연수지, 안료 및 수성 또는 비수성 매질에 용해 또는 분산된 것. 특정 액상결합제(경화제와 안료는 함유하나 용제·기타 매질이 없다), 고무(합성고무 제외)를 기제로 한 페인트
- 바니시와 래커: 유성바니시, 락·천연 검·천연수지 또는 고무를 기제로 한 바니시와 래커, 역청질·피치 등을 기제로 한 바니시, 무용제 액상바니시

(7) 플라스틱 용액의 분류

물품내용	구분규정	분류
유기용제에 용해한 합성중합체·천연변성중합체	휘발성 용제 50% 초과의 것	제3208호
	휘발성 용제 50% 이하의 것	제3901호~제3913호
	조제 접착제	제3506호
	1kg 이하의 소매용 포장한 접착제	제3506호

(8) 디스템퍼와 피혁완성가공용 조제수성안료(제3210호)

디스템퍼(distemper) 주로 가죽글루나 카세인 등의 결합제와 미량 첨가한 착색제 또는 광물성 물질로 조성된 것

2) 결합제: 피막생성제로서 합성중합체(열경화성 수지, 아크릴 중합체, 폴리에스테르, 비닐중합체, 실리콘, 에폭시 수지, 합성고무 등) 또는 셀룰로오스·천연고무의 화학적 변성천연중합체.

3) 비수매질: 백정·톨루엔·검·우드 또는 황산 테레빈유·합성용제의 혼합물 등.

4) 전색제: 결합제를 비수매질에 분산·용해한 것으로 건조제, 농화제, 계면활성제, 충전제와 피막방지제가 첨가되기도 한다.

신발류크리닝용 백악(whitening) 응집 백악의 페이스트 또는 분산물인 것도 있다. 디스템퍼의 일종이다.

피혁완성가공용 조제수성안료 광물성 안료 또는 유기안료와 결합제의 혼합물이다.

(9) 조제드라이어, 비수매질에 분산한 안료, 스탬프용 박, 소매용 형상·포장의 착색제와 회구류, 퍼티와 기타 매스틱, 도장용 충전제와 비내화성 표면처리제 및 잉크(제3211호 내지 제3215호)

조제드라이어(prepared driers)(제3211호) 건성유의 산화를 용이하게 하여 페인트나 바니시의 건조를 촉진시키는 혼합물을 말한다. 일반적으로 건조제인 붕산연, 나프텐산아연, 오레인산아연, 이산화망간, 수지산코발트 등에 충전제를 혼합하거나 또는 검·우드 또는 황산테레빈유, 백정 등에 용해한 것이다.

스탬프용 박(stamping foil)(제3212호) blocking foils이라고도 하며 금속분(귀금속분 포함) 또는 안료를 결합제와 응결하여 만들거나, 금속(귀금속 포함) 또는 안료를 시트상 지지물(지, 플라스틱 등)에 부착시킨 것이다. 스탬핑 박은 압력을 가해 서적, 모자챙 등의 인쇄에 사용한다.

소매용의 형상 또는 포장한 염료와 기타의 착색제(제3212호) 보통 착색제와 불활성 희석제 또는 계면활성제 등의 혼합물로 된 비피막형성제품이며 때로는 매염제를 첨가할 때도 있다. 보통 가정용 염료로서 거래되거나 실험실용의 특수 염료이다. 다음 경우에 한하여 분류한다.

① 염료로 사용하는 소매용 포장의 것이거나, ② 구, 정제의 소매용 형상의 것

회구류(제3213호) 화가용·학생용·간판도장용·정색용 또는 유희용 및 이와 유사 회구류로서 정상, 튜브, 병, 접시들이와 이와 유사형상과 포장의 것이 분류된다. 또한 브러시, 조석판, 조색도, 접시 등을 갖춘 세트로 판매되는 것도 포함된다.

매스틱, 도장용 충전제 및 비내화성 표면처리제(제3214호) 이 호에는 용도에 따라 주요 특성을 갖도록 다양하게 만든 조제품으로 주로 페이스트상이며 사용 후에 굳어진다.

- 매스틱(mastic): 주로 마개용·시일용 또는 충전용으로 두껍게 칠하므로 접착제와 구별된다.

예: 초자용 퍼티, 접목용 퍼티, 수지시멘트, 콕킹화합물, 치료·예방효과없는 피부용매스틱, 시일링왁스

· 도장용 충전제와 비내화성 표면처리제: 보통 넓은 면적에 사용되며, 매스틱과 다르고, 충전제와 안료의 함량이 많아 페인트·바니시 등과 구별된다.

잉크(제3215호) 인쇄용 잉크, 필기·제도용 잉크, 복사용 잉크, 볼펜잉크, 등사용 잉크, 조제은폐용 잉크, 만년필용 잉크카트리지

[용어]

용어	주요 내용	비고
염료의 명칭	염료의 명칭은 다양하며, 같은 염료라도 제조회사에 따라 다른 명칭이 쓰이고 있다. 이러한 상품명에 근거한 관용명(慣用名)도 쓰고 있다. 일반적으로 명칭은 관칭(冠稱)－색명－염색의 기호로 이루어져 있다. 공통의 염료명은 1971년 영국의 SDC(The Society Dyers and Colourists)와 미국의 AATCC(American Associations of Textile Chemists and Colorists)가 공동편집한 컬러인덱스에서 채용된 컬러인덱스명(Colour Index Name; C.I. 명)을 사용하고 있다.	사전
구아슈컬러	구아슈(gouache)컬러는 아라비아 고무 등으로 만든 불투명한 수채화재료	해설
에나멜	페인트의 전색제가 바니시로 되어 있는 것이 에나멜(enamel)로 알려져 있다.	제3208호 해설
바니시와 래커	바니시(vanishes)와 래커(lacquers)는 중합체를 기제로 하여 용제와 희석제를 첨가하여 불투명한 도막을 형성한다. 가용성 착색제를 첨가하여 착색하며, 반면 착색제가 매체에 불용성인 안료인 것은 페인트와 에나멜이다.	제3208호 해설

제33류 정유와 레지노이드 및 조제향료와 화장품류 또는 화장용품류

1. 개 요

제33류에는 천연방향성 물질이나 합성한 방향성 물질과 이들의 조제품, 화장품과 화장용품류, 구강 또는 치과 위생용품류가 분류된다. 또한 인체용 이외의 동물용 향장품과 실내용, 조제방취제가 포함된다.

2. 분류구조

향장품과 화장품류, 위생용품은 5개 범주로 구분하고 7개의 호(제3301호 내지 제3307호)에 분류한다.

1) 방향성 물질과 방향성 물질의 혼합물(제3301호, 제3302호)

2) 향수와 화장품(제3303호, 제3304호): 향수, 화장수, 미용·메이크업, 썬탠류, 매니큐어용 제품 등

3) 두발용 제품(제3305호): 샴푸와 두발에 사용하는 각종 제품류

4) 구강 또는 치과 위생용 제품류(제3306호): 치약, 치간 청소용사, 치열교정용 제품 등

5) 기타 위생용품과 실내방취제 등(제3307호): 면도용 제품, 인체탈취제, 목욕용염, 분향 등의 실내가향제, 탈모제, 콘택트렌즈 용액, 실내 조제방취제 등

3. 분류원칙

제목	규정내용	비고
방향성 물질	2. 제3302호에서 방향성 물질이라 함은 제3301호의 물질로부터 이성화된 향기로운 성분 또는 합성방향물질만을 적용한다.	제33류 류주2

향장품· 위생용품 또는 실내용품	3. 제3303호 내지 제3307호는 이 호의 물품으로 사용하는 데 적합한 생산품(혼합한 것인지의 여부를 불문하며, 정유의 애큐어스 디스틸레이트와 애큐어스 솔루션을 제외)과 동 용도에 적합하도록 소매용 포장으로 한 것에 대하여 적용한다.	제33류 류주3
조제향료· 화장품류 또는 화장용품류	4. 제3307호에서 『조제향료·화장품류 또는 화장용품류』라 함은 특히 향낭, 분향(焚香), 향지와 화장품을 침투 또는 도포한 지, 콘택트렌즈 또는 의안의 액, 향류나 화장품을 침투 또는 도포한 워딩·펠트·부직포 및 동물용 화장품을 말한다.	제33류 류주4

4. 제외 물품

① 천연 올레오레진 또는 식물성 추출물(제1301호·제1302호)

② 제3401호의 비누 또는 기타물품.

③ 검테레빈유, 우드테레빈유, 황산테레빈유 또는 기타 물품(제3805호)

5. 해　　설

(1) 분류범위

- 정유 및 추출한 올레오수지(제3301호): 모두 식물재료에서 추출되며, 추출 방법에 따라 얻은 물품의 형태가 결정된다.
- 향장품·위생용품 또는 실내용품(제3303호~제3307호)
  - 보조적으로 의약이나 소독 성분을 함유한 것, 보조적인 치료 또는 예방의 효과를 갖는 것
  - 상기 용도와 함께 타용도에도 적합한 조제품과 혼합되지 않은 물품은 다음에 한하여 분류한다.
    ① 소매포장되고, 향료·화장품류·화장용품류 또는 실내용 방취제로 사용되는 레이블·인쇄물·기타 표시의 부착되거나 또는
    ② 상기 용도에 사용하게 특정 형상인 것: 소형 병에 넣은 손톱용 바니시와 브러시를 갖춘 것

[향장품·위생용품 또는 실내용품의 종류(제3303호~제3307호)]

구분	물품명·물품내용	분류
천연향	–정유(essential oil): 테르펜계 부산물 및 정유 추출시의 애큐어스 디스틸레이트와 애큐어스 솔루션을 포함 –레지노이드, 추출 올레오레진, 정유 콘센트레이트	제3301호
방향성 물질의 혼합물	–알코올 용액 포함, 공업용 원료용의 것 –하나 이상의 방향성 물질을 기제로 한 혼합물 –정유, 레지노이드 또는 추출 올레오레진 조성 중 하나 이상의 성분을 제거한 물품 –음료제조용 방향성 물질을 기제로 한 조제품	제3302호
향장품·위생용품 또는 실내용품	–향수와 화장수 –미용·메이크업용 및 기초화장품, 매니큐어·페디큐어용 제품, 두발용 제품 –구강·치과위생용 제품 –면도용 제품, 인체탈취제, 목욕용 조제품, 탈모제, 실내가향·방취조제품 –향낭, 가향·화장품 침투 또는 도포한 종이, 부직포, 콘텍트렌즈 세척·보관용액. –동물용 화장품	제3303호 ~ 제3307호

(2) 천연향료(제3301호)

정유(essential oil) 식물부분을 착유법, 수증기 증류법, 용제추출법, 냉온침법으로 얻는다.

예: 오렌지유, 레몬유, 라임유, 자스민유, 라벤다유, 박하유 등

레지노이드(resinoid) 레지노이드는 건조한 넌셀룰라 식물성 수지질재료(예: 천연 올레오수지, 올레오검수지 등) 또는 건조 천연동물성 수지질재료(예: 해리향, 사향 등)를 용제 추출 또는 초임계추출하여 얻는다.

추출한 올레오레진(extracted oleoresin) 추출 올레오레진은 천연다포성 식물 원재료(예: 향신료, 방향성 식물)를 용제추출하거나 초임계추출하여 얻는다.

테르펜계 부산물 지, 불휘발성유, 왁스 등을 매질로 한 정유 콘센트레이트(concentratrs)와 정유에서 분리한 것이다.

애큐어스 디스틸레이트(aqueous distillates)**와 애큐어스 솔루션**(aqueous solutions)

오렌지꽃, 장미, 휀널, witch hazel 등을 수증기 증류하여 증류물의 수용성 부분에서 얻으며, 정유의 수용액도 있다.

(3) 혼합향료 및 조제향료(제3302호)

방향성 물질을 혼합하거나 향료에 기타 물질을 첨가한 조제향료를 말한다. 이들 방향성 물질의 혼합물과 조제품은 제3302호에 분류된다. 다음 종류가 있다.

예: 정유 혼합물, 레지노이드 혼합물, 추출 올레오수지 혼합물, 합성 방향성 물질의 혼합물, 이들로 구성된 혼합물과 이들 구성물질에 희석제, 증량제(carriers)를 첨가한 혼합물 등

(4) 음료 제조용 방향성 물질의 조제품(제3302호)

음료제조용 조제품은 알코올 또는 비알코올성으로서, 알코올 또는 비알코올성 음료 제조에 사용되고, 하나 이상의 천연향료(제3301호)를 기제로 하고, 우선 음료에 방향(fragrance)을 부여하고 부차적으로 향미(flavour)을 내기 위해 사용된다. 이 조제품은 보통 특정 음료의 특성을 갖는 소량의 방향성 물질을 함유하며, 제3302호에 분류된다. 제시 상태로는 직접 음료로 할 수 없어 음료(제22류)와는 구별된다.

(5) 향수와 화장수(제3303호)

향수(perfume andscents) 보통 정유, 플로랄 콘크리트·앱설루트 또는 합성방향성 물질의 혼합물을 고농도 알코올에 용해한 것이다.

화장수(toilet) 라벤다수(lavender water), 오데콜론(eau cologne) 등으로 향수에 비해 소량의 정유 등을 저농도의 알코올에 용해시킨 것이다.

(6) 향장품·위생용품 또는 실내용품(제3304호 내지 제3307호)

이들 호에는 혼합한 여부를 불문하고 향장품·위생용품 또는 실내용품으로 사용하는데 적합한 생산품(정유의 애큐어스 디스틸레이트와 애큐어스 솔루션은 제외)과 이들 용도에 적합하도록 소매용 포장으로 한 것에 대하여 분류한다.

미용·메이크업용 제품과 기초 화장용 제품(제3304호) 립스틱, 눈화장품(아이섀

도, 마스카라, 눈썹펜슬 등), 얼굴용 파우더, 베이비파우더, 미용크림, 콜드크림, 메이크업크림, 크린싱크림, 스킨푸드와 스킨토닉, 보디로션, 배리어크림, 주름제거 및 피내주사용 젤, 여드름방지용 제품, 토일리트 비니거, 썬스크린 등

매니큐어 또는 페디큐어용 제품(제3304호) 매니큐어·페디큐어용 광택제, 손톱 바니시와 제거제, 각피 제거제 등

두발용 제품(제3305호) 샴푸(치료·예방용 샴푸 포함), 퍼머넌트 웨이빙용·스트레이트닝용 제품, 헤어래커(헤어스프레이), 두발용 오일, 포마드와 드레싱, 크림린스

머리용 염색약과 표백제, 구강·치과 위생용 제품(제3306호) 치약, 의치세척제, 구강세척제와 향수, 의치고정용 페이스트, 분 및 정제, 소매포장 치간사(덴탈플로스)

면도용 제품(제3307호) 면도용 크림과 거품, 면도후용 로숀, 알럼블록과 지혈막대(styptic pencils)

인체용 탈취제·목욕용 조제품 및 탈모제(제3307호) 인체탈취제, 땀억제제, 가향목욕용 염, 거품목욕용 제품(보디샴프), 탈모제

실내용 조제방취제(제3307호) 실내용 가향제, 종교의식용 방향제, 냉장고·차량 등의 실내방취제품

기타 조제향료·화장품류 또는 화장용품류(제3307호) ① 향낭, ② 분향(焚香), ③ 향수 또는 화장품을 침투·도포한 종이·워딩·펠트 및 부직포, ④ 콘텍트렌즈액과 의안용 액, ⑤ 동물용 화장품(예: 견용의 샴푸, 새의 깃털 세척제), 동물의 손톱 또는 발톱 처치용 조제품

[용어]

용어	주요 내용	비고
화장품	화장품이라 함은 인체를 청결·미화하여 매력을 더하고 용모를 밝게 변화시키거나 피부·모발의 건강을 유지 또는 증진하기 위하여 인체에 사용하는 물품으로서 인체에 대한 작용이 경미한 것을 말한다. 다만, 의약품은 제외한다.	화장품법
기능성 화장품	기능성 화장품이라 함은 화장품 중에서 ① 피부의 미백에 도움을 주는 제품, ② 피부의 주름개선에 도움을 주는 제품 및 ③ 피부를 곱게 태워주거나 자외선으로부터 피부를 보호하는 데 도움을 주는 제품으로서 복지부령이 정하는 화장품을 말한다.	화장품법

의약외품 중 인체에 경미하거나 직접 작용하지 않는 것	의약외품으로 제33류에 해당 물품은 - 구취·체취방지제(구중청량제, 체취방지제, 땀띠짓무름용제, 치약제, 욕용제, 피부연화제, 모발의 양모, 염색, 제모 등을 위한 제제) - 콘택트렌즈의 관리용품: 세척·보존·소독·헹굼 기타 이와 유사 방지법용 물품 - 금연용으로 궐련형·분무형·껌형·치약형 제품 - 외용으로만 사용하는 스프레이 파스 - 구강위생용 제제(치아의 세척·소독용 외용액제, 유·소아의 손빨기버릇개선용 외용약제, 산제등, 골이방지제(보조제), 치아미백제제(과산화수소 3% 이하)	복지부 고시

제34류 비누, 유기계면활성제·조제세제·조제윤활제, 인조왁스, 조제왁스, 광택 또는 연마 조제품, 양초와 이와 유사한 물품, 조형용 페이스트, 치과용 왁스와 플라스터를 기제로 한 치과용 조제품

1. 개 요

제34류에는 주로 유지류와 왁스를 화학공업적으로 처리하여 얻어지는 비누, 계면활성제, 조제윤활제, 조제왁스, 광택제와 연마제 등과 이들의 각종 제품이 분류된다. 또한 특정 인조제품이 포함된다. 그러나 샴푸, 치약, 면도용 크림, 목욕용 조제품(제33류)은 다른 류에 분류된다.

2. 분류구조

비누, 계면활성제, 조제윤활제, 조제왁스, 광택제와 연마제, 양초 등은 7개의 범주로 구분하여 7개의 호(제3401호 내지 제3407호)에 분류한다.

1) 비누·유기계면활성제의 비누(봉·케이크·주형상)와 소매용 피부세척제(액상·크림

상)(제3401호)

2) 계면활성제와 이들 조제품(제3402호): 각종 계면활성제, 조제세제, 세정제 등

3) 조제윤활제와 가지처리제 등(제3403호): 광유 70% 미만의 조제윤활제, 피혁·섬유 가지처리제

4) 인조왁스와 조제왁스(제3404호): 인조왁스, 광물성 왁스 또는 동·식물성 왁스의 조제왁스

5) 광택제와 연마제(제3405호): 신발, 가구, 차량, 유리 또는 금속 등의 광택제와 연마제

6) 양초 등(제3406호): 왁스로 만든 양초, 세초 등

7) 조형용 페이스트 등(제3407호)

3. 분류원칙

제목	규정내용	비고
비누(soap)	2. 제3401호에서 『비누』: 수용성의 비누만을 말하며 비누와 제3401호의 기타 물품에는 소독제·연마분·충전제 또는 의약품 등의 물품을 첨가한 것을 포함한다. 이 경우 연마분을 함유한 물 품은 봉상·케이크상 또는 주형상으로 된 것에 한하여 제3401호에 분류하며, 기타 형상으로 된 것은 제3405호의 연마분과 이와 유사한 조제품으로 분류한다.	제34류 류주2
유기계면활성제	3. 제3402호에서 유기계면활성제라 함은 유기계면활성제를 물로 0.5%의 농도로 휘석하여 20℃에서 1시간 방치하였을 때 다음 조건을 충족하는 것을 말한다. ① 투명하거나 반투명한 용액 또는 불용물이 분리되지 않는 안정된 에멀젼을 생성하고, ② 물의 표면장력은 0.045N/m(45dyne/cm) 이하로 저하되어야 한다.	제34류 류주3
석유 및 역청유	4. 제3403호에서 『석유 및 역청유』라 함은 제27류의 주2에 규정한 물품을 말한다.	제34류 류주4
인조왁스와 조제왁스	5. 제3404호에서 인조왁스 및 조제왁스라 함은 다음의 물품을 말한다. 1) 왁스의 특성을 가지는 화학적으로 제조된 유기제품(수용성인지의 여부를 불문한다)	제34류 류주5

	2) 상이한 왁스의 혼합물 3) 1 이상의 왁스를 기제로 하여 지방, 수지, 광물질 또는 기타 재료를 함유한 물품으로서 왁스의 특성을 가지는 것을 말한다. 다음의 것을 제외한다. 가) 왁스의 특성이 있는 것일지라도 제1516호·제3402호 또는 제3823호의 물품 나) 제1521호의 혼합하지 아니한 동물성 왁스 또는 식물성 왁스(정제 또는 착색한 것인지의 여부를 불문한다) 다) 광물성 왁스 또는 제2712호의 이와 유사한 물품(이들을 서로 혼합하거나 단순히 착색한 것인지의 여부를 불문한다) 라) 왁스를 액체매질에 분산하거나 용해한 것(제3405호 또는 제3809호 등)	

4. 제외 물품

① 이형 조제품으로 사용되는 동물성 유지, 식물성 유지의 식용혼합물과 조제품(제1517호)

② 화학적으로 단일인 화합물

③ 비누 또는 기타 유기계면활성제를 함유하는 샴푸, 치약, 면도용 크림 및 거품 또는 목욕용 조제품(제3305호·제3306호 또는 제3307호)

5. 해　　설

(1) 분류범위

구분	물품명·물품내용	호
비누와 유기 계면활성제	–비누: 액상비누, 화장용 비누, 면도용 비누, 약용 비누, 연마비누, 공업용 비누 등 –비누용 유기계면활성제: 봉상·케이크상 또는 주형상의 것(비누 함유 불문) –피부세척용 유기계면활성제: 액체 또는 크림상의 소매용의 것(비누 함유 불문) –비누·세제: 침투, 도포한지·워딩·펠트 또는 부직포	제3401호

	-유기계면활성제: 음이온·양이온·비이온 또는 양성 이온계면활성제 -조제계면활성제: 2종 이상 계면활성제 혼합물과 이들 기제 조제품·용제에 용해한 것. -조제세제: 계면활성제 기제 -조제청정제(비계면활성제): 산·알칼리세 조제양조장용 탈지·청소용 제제	제3402호
윤활제 및 급유제와 가지처리제	-조제윤활제(광물유 70% 미만): 신선유, 조제절삭유, 볼트·너트 방출제, 방청·방식제, 이형제 -기타 윤활 조제품: 몰리브덴설파이드와 광물유(70% 이상)의 현탁액, 방청 조제품, 비경화 페이스트 -윤활·급유·가지처리제(섬유·피혁·모피 등)	제3403호
왁스	-인조왁스: 폴리알킬렌왁스, 폴리에틸렌글리콜왁스, 지방산에스테르 왁스 -화학변성왁스: 변성갈탄왁스 -조제왁스: 둘 이상의 상이한 혼합왁스. 하나 이상 왁스에 타물질을 첨가한 왁스	제3404호
왁스 조제품	-신발·가구·마루·차량차체·유리·금속광택제와 크림: 왁스광택제, 금속·유리광택제 -연마제와 연마분: 조제연마페이스트, 조제연마분	제3405호
	양초, 세촉 이와 유사 물품	제3406호
	-조형용 페이스트: -치과용 왁스·인상재료: 세트·소매포장, 판상·말굽상·봉상 및 유사형상	제3407호
치과용 플라스터 조제품		

(2) 비 누

비누(soap)는 고급 지방산(탄소 8개 이상)의 알칼리염으로 수용성의 알칼리성으로 일종의 음이온계면활성제이다. 비누는 제3401호에 분류된다. 비누에는 소독을 함유하는 비누, 연마제를 함유하는 비누, 의약품 등을 함유하는 약용비누 등이 있다. 연마비누는 봉상·케이크상 또는 주형상에 한하여 분류하며, 기타 형상은 연마분과 이와 유사 조제품(제3405호)으로 분류한다.

(3) 계면활성제(제3402호)

유기계면활성제(organic surface active agent: SAA)는 분자중에 한 개 이상의 친수기와 소수기를 갖는 화학적으로 단일하지 아니한 화합물을 말하며, 계면흡착력이 있어 표면장력의 저하, 기포성, 유화성, 습윤성 등의 물리 화학적 성질을 나타내는 것으로, 계면활성제(surface active agent: SAA)라고 한다. 계면활성제의 종류는 주로 수용액에서 대전하는 이온에 따른 음이온, 양이온, 비이온 및 양성 계면활성제로 구분한다. 계면활성제는 제3402호에 분류한다.

[계면활성제 종류]

구분	특성·예
음이온 활성제 (anion surfactants)	·수용액에서 음으로 대전하는 계면활성제이다. 예: 지방산·수지산 술폰화물, 지방성 알코올의 황산화물과 술폰화물, 석유의 술폰화물, 알칼리 금속, 암모늄·에탄올 아민, 알킬폴리에테르 황산화물, 알킬술폰화물, 도데실벤젠술폰화물
양이온 활성제 (cationic surfactants)	·수용액 중에서 양으로 대전하는 계면활성제이다. 예: 지방아민 염, 제 4 암모늄염기의 염
비이온 활성제 (non-ionic surfactants)	·수용액 중에서 이온을 발생하지 않는 계면활성제이다. 예: 에틸렌옥사이드기를 갖는 지방성 알코올, 지방산 또는 알킬페놀 축합물, 지방산 아미드의 에톡시레이트.
양성 활성제 (ampholytic surfactants)	·수용액에서 음이온 또는 양이온 활성제의 성질을 나타내는 계면활성제이다. 예: 알킬베타인·술포베타인 단백질, 아미노카르복실산계, 아미노술폰산계, 아미노황산계.

[분류규정]

유기계면활성제란 0.5%의 수용액을 20℃에서 1시간 방치하여 다음 조건을 충족하여야 한다.

① 투명하거나 반투명 용액이거나 또는 불용물이 분리되지 않는 안정된 에멀젼을 생성하고,

② 물의 표면장력은 0.045N/m(45dyne/cm) 이하이어야 한다.

위 규정에서 육안으로 고형입자가 보이거나, 상이 구별되게 분리되거나, 투명과 반투명 부분이 분리를 볼 수 있으면 안정된 에멀젼이 아니며, 위 표면장력 이하로 저하시

킬 수 없으면 계면활성제라 할 수 없다. 즉 제3402호에 분류할 수없으므로 다른 류(또는 호)에 분류된다.

(4) 계면활성제의 조제품과 제품(제3401호·제3402호)

계면활성제의 조제품과 제품(제3401호) 다음이 있다.

- 화장용·세정용 계면활성제 조제품: 봉상·케이크상·주형상에 한함(비누함유 여부 불문).
- 피부세척용 유기계면활성제 조제품: 액체·크림상 소매용의 것(비누함유 여부 불문)
- 비누·세제를 침투하거나 도포한 지·워딩·펠트와 부직포: 가향 또는 소매용 불문

계면활성제 조제품(제3402호) 다음이 있다.

- 조제계면활성제: 계면활성제 상호 혼합물, 유기용제로 용해하거나 또는 분산한 것, 비누를 유기용제에 용해 또는 분산한 것
- 비누·유기계면활성제를 기제로 한 조제세제와 조제청정제: 유기계면활성제, 비누 또는 이들의 혼합물 이외의 보조성분을 함유하여 위 조제계면활성제와 구별된다.
- 계면활성제기제 조제세제: 세척제라고 하며 의류·접시류·부엌용구의 세척에 사용된다.
- 비누와 계면활성제를 기제가 아닌 청소용 또는 탈지용 조제품: ① 위생용품, 프라이팬 등의 청소용 산·알칼리세척제, ② 낙농업·맥주 양조장 등에서 사용되는 탈지제 또는 청소용제로서 알칼리성 물질, 용제 및 유화제를 기재로 한 것

(5) 조제윤활유와 가지처리제(제3403호)

제3403호에는 동·식물성유, 광물유 또는 지방이나 그리스를 기제로 하며 여러 용도에 사용되는 각종 조제품이 분류되는 것으로 이 호에는 광물유가 70% 이하인 것만이 분류된다. 이 호에는 다음 물품이 분류된다.

- 윤활유: 조제윤활제와 합성 조제윤활제, 신전유, 조제절삭유, 볼트·너트의 방출제, 윤활제가 주성분인 방청제 또는 방식제, 윤활제가 기제인 이형 조제품
- 방적용 섬유, 피혁, 모피 등의 가지처리제(광물유 70% 이하인 것)
- 기타: ① 윤활유에 소량 첨가한 광물유(70% 이상)와 몰리브덴디설파이드, ② 방

청 조제품(라놀린이 기제인 백정 용액)(70% 이상), ③ 석유젤리와 칼슘비누의 비경화 페이스트

(6) 인조왁스와 조제왁스(제3404호)

제3404호의 인조 또는 조제왁스 다음 물품을 말한다.

① 왁스의 특성을 갖는 화학적으로 제조된 유기제품(수용성 여부를 불문)

② 상이한 왁스의 혼합물

③ 하나 이상의 왁스를 기제로 하고 지방, 수지, 광물질 또는 기타 재료를 함유한 왁스 특성을 갖는 것

합성왁스와 상이한 왁스의 혼합물 위 ①과 ②는 다음 요건에 합당하여야 한다.

① 40℃ 이상의 온도에서 드롭핑포인트를 가지고

② 회전점도계 점도가 드롭핑포인트에 10℃를 더한 온도에서 10Pa·s(또는 10,000cP) 미만인 것

기타 화학적 조성이 서로 다른 왁스 다음이 있다.

예: ① 폴리알킬렌 왁스, ② 탄화수소 왁스의 부분산화 왁스, ③ 클로로파라핀·폴리클로로비페닐 또는 폴리클로로나프탈렌의 혼합왁스, ④ 폴리(옥시에틸렌)(폴리에틸렌 글리콜)왁스, ⑤ 지방성 케톤·지방성 에스테르, ⑥ 갈탄왁스 등 천연왁스의 화학적 변성왁스, ⑦ 둘 이상의 서로 다른 왁스(광물성 왁스 혼합물은 제외)로 구성된 왁스 또는 하나 이상의 왁스에 기타 재료를 첨가한 것의 특성을 갖는 화학적으로 생산된 유기물(수용성 여부 불문)

[각종 왁스(wax)의 분류]

구분	품명·물품내용	분류
식물성 왁스	·사탕수수왁스, 팜왁스, 아마왁스, 카나바왁스 등	제1512호
동물성 왁스	·경납, 밀납, 곤충납 등	제1512호
광물성 왁스	·석유계 왁스: 파라핀왁스, 마이크로 크리스탈린 왁스, slack wax, 세레신 왁스 ·기타 광물성 왁스: 갈탄왁스(몬탄왁스), 토탄왁스, 오우조커라이트왁스	제2712호

인조왁스 (artificial wax)	· 왁스의 특성을 가지는 유기합성에 의해 제조한 왁스, 합성왁스라고도 한다. 예: 폴리에틸렌 왁스, Polyethylene glycol wax, 클로로－파라핀－왁스 등	제3404호
조제왁스	· 서로 다른 식물성 왁스의 혼합물, 서로 다른 동물성 왁스의 혼합물, 서로 다른 종류의 왁스의 혼합물	제3404호
	· 다른 광물성 왁스만의 혼합물, 광물성 왁스에 착색제를 가한 것	제27류

(7) 광택제 및 연마제(제3405호)

광택제, 연마용 크림, 연마페이스트, 연마분 및 이와 유사 조제품은 제3405호에 분류된다. 이 호에는 침투·도포 또는 피복한 지·워딩·펠트·부직포·셀룰러플라스틱 또는 셀룰러고무상도 포함된다.

예: 왁스 및 광택제, 금속광택제 및 유리광택제, 금속 등의 광택제, 미세 분쇄사에 탄산나트륨과 비누를 혼합한 연마분

[각종 플라스터의 분류]

품명	주요 성분	분류
플라스터	· 하소하여 부분 또는 완전 탈수한 석고	제2520호
조제플라스터	· 플라스터에 명반을 첨가한 것 · 직물 완성가공 및 지표면완성 가공에 사용하기 위해 조제한 분상 · 착색물질을 함유한 것 · 치과용으로 특별히 하소하거나 미세분말화한 것(촉진제·지연제 소량함유 여부 불문).	
치과용 시멘트와 치과용 충전제	· 일반적으로 금속염(염화아연·인산아연 등)·금속산화물·갓타퍼차 또는 플라스틱재가 기제로 되어 있다.	제3006호
플라스터를 기제로 한 치과용 조제품	· 일반적으로 알파 황산칼슘 반수화물(25% 이상), 첨가제(2% 초과: 이산화티타늄, 안료, 규조토, 덱스트린, 멜라민수지) 및 응결촉진제 또는 지연제를 함유한다.	제3407호

제35류 단백질계 물질, 변성전분, 글루 및 효소

1. 개 요

제35류에는 주로 생물의 몸체를 구성하는 단백질과 이들 단백질의 유도체, 이들 전분을 처리하여 얻는 덱스트린과 변성전분 및 각종의 효소가 분류된다. 또한 접착제로 주로 사용되는 동물의 뼈에서 얻는 글루와 조제한 접착제가 포함된다.

2. 분류구조

이 류의 단백질, 변성전분, 접착제 및 효소는 4범주로 구분하고 7개의 호(제3501호 내지 제3504호)에 분류한다.

1) 단백질계 물질(제3501호 내지 제3504호): 카제인, 알부민, 젤라틴, 펩톤 등과 이들의 유도체

2) 변성전분(제3505호): 전분을 가수분해하거나 배소, 에테르 또는 에스테르화한 것

3) 접착제(제3506호): 조제 접착제, 소매포장한 접착제(1kg 이하)

4) 효소(제3507호): 각종 효소와 이들 효소의 조제품

3. 분류원칙

제목	규정내용	비고
덱스트린	2. 제3505에서 『덱스트린』이라 함은 환원당을 함유한 전분분해물품(덱스트로오스로 표시된 환원당의 함유량이 건조한 상태에서 전 중량의 10% 이하의 것에 한한다)을 말한다. 다만, 환원당의 함유량이 전 중량의 10%를 초과하는 물품은 제1702호에 분류한다.	제35류 류주2

4. 제외 물품

① 효모(제2102호)

② 제30류의 혈액분획물(치료·예방용으로 조제되지 않은 혈액알부민은 제외), 의약품 또는 기타 의료용품

③ 유연전처리용의 효소 조제품(제3202호)

④ 효소계의 조제침지제·조제세제 또는 제34류의 기타 물품

⑤ 경화단백질(제3913호)

⑥ 인쇄공업용의 젤라틴제품(제49류)

5. 해 설

(1) 단백질, 변성전분, 접착제 및 효소(제35류)의 분류범위

구분	물품명·물품내용	분류
단백질	· 카제인계: 카제인, 카제인산염 카제인 유도체, 카제인글루	제3501호
	· 알부민계: 알부민, 알부민산염 및 알부민 유도체	제3502호
	· 젤라틴: 젤라틴(시트상, 표면가공 또는 착색 불문), 아이징글라스, 동물성 글루	제3503호
	· 펩톤계: 펩톤과 펩톤 유도체 · 기타 단백질과 이들 유도체: 피혁분·글루테린과 프로라민, 글로불린, 글리시닌, 케라틴, 핵단백질	제3504호
변성전분	· 덱스트린, 가용성 전분, 젤라틴화전분 · 화학변성전분: 에테르화전분·에스테르화전분·알데히드전분 등 · 전분·변성전분 기제글루	제3505호
접착제	· 조제접착제 및 소매포장 접착제(1kg 이하의 것)	제3506호
효소	· 효소·효소 조제품	제3507호

(2) 단 백 질

단백질(蛋白質: protein)은 질소를 가지고 있다는 점에서 당질이나 지방과 다르다. 단백질은 질소를 함유한 아미노산을 기본단위로 하며 식품을 구성하는 아미노산 종류는

22종으로 한 단백질은 8～18종의 아미노산으로 구성되어 있다. 아미노산은 펩티드결합으로 연결되어 있다. 주로 단백질은 제35류에 분류되며 이 류에는 다음 단백질이 분류된다.

카제인(제3501호)　　카제인(casein)유(乳)에 함유된 단백질로서 탈지유를 산이나 레네트로 침전 또는 응고시켜 얻는다. 알칼리용액이나 물에 불용이다. 이 호에는 카제인의 염과 유도체, 카제인글루가 포함된다

알부민(제3502호)　　알부민(albumine)은 동물성 또는 식물성 단백질이다. 알칼리와 물에 용해하며 용액을 가열하면 응고된다. 동물성 알부민은 난백(卵白), 혈청알부민, 락트알부민 및 어(魚)알부민 등이 있으며 알부민의 염과 유도체가 포함된다

- 락트알부민(lacto albumine): 치즈제조시의 부산물인 유장에서 얻은 유장단백질을 말한다. 둘 이상의 유장단백질을 함유한 것 및 유장단백질을 건조중량 80% 이상을 함유하는 유장단백질 농축물이 분류되고 80% 미만은 제0404호에 분류한다.

젤라틴(gelatine)(제3503호)　　젤라틴은 글루를 더욱 정제한 것으로 물에 응교체를 형성한다. 이 호에는 젤라틴 시트의 정·직사각형만이 분류되고, 정·직사각형 이외의 형상은 제9602호에 분류되며, 비경화 젤라틴 성형품과 조각품도 제9602호에 분류된다.

펩톤(제3504호)　　단백질을 가수분해하거나 효소처리한 가용성 물질로서 흡습성이 높다. 펩톤의 종류에는 미트펩톤, 이스트펩톤, 혈액펩톤 및 카세인펩톤이 있으며 펩톤산염이 포함된다.

기타 단백질(제3504호)　　글루테린 및 프로라민, 글로불린, 케라틴, 핵단백질, 유리대두단백질

(3) 변성전분(제3505호)

변성전분은 전분을 열처리하거나, 산, 알칼리 또는 디아스타제로 처리하여 얻는다. 또한 변성전분에는 산화, 에스테르화, 에테르화한 변성전분이나 가교결합전분도 있다. 변성전분은 제3505호에 분류된다.

덱스트린(dextrin)　　전분을 산 또는 효소로 가수분해한 말토덱스트린(maltodextrin)을 말하며 물에 용해하나 알코올에 불용이다. 전분을 배소하여 얻은 배소전분(roasted starch)이다.

[분류규정] 덱스트린은 환원당을 함유한 전분 분해물품을 말하며 다음과 같이 분류

한다.

① 덱스트로스로 환원당의 함유중량이 10% 이하는 제3505호에 분류하고

② 환원당의 함유중량이 10% 초과하는 물품은 제1702호에 분류한다.

가용성 전분(soluble starch: amilogen) 전분을 물에 끓이거나 냉 희산으로 처리하여 제조하며 덱스트린으로 변성시에 얻는 중간체이다.

호화전분(pregelatinised starch) **및 팽윤전분**(swelling starch) 전분을 가습하여 열처리하여 건조분쇄한다. 제지·섬유공업·주물용 코어점결제·식품공업 및 동물사료용 등에 사용된다.

에테르화 또는 에스테르화 전분(etherrified or esterified starch) 전분을 에테르화 또는 에스테르화시킨 것이다. 에테르화 전분은 히드록시에틸기, 히드록시프로필기 또는 카르복실메틸기를 갖즌 전분이다. 에스테르화전분에는 초산전분과 질산전분을 포함한다.

기타 변성전분 디알데히드(dialdehyde)전분, 포름알데히드 또는 에피클로로히드린으로 처리한 전분

[덱스트린의 분류]

품명·규격	분류
덱스트린(환원당: 덱스트로스로 10% 이하)	제3505호
말토덱스트린(환원당: 덱스트로스로 10% 초과~20% 이하)	제1702호
포도당(환원당: 덱스트로스로 20% 초과)	제1702호
화학적으로 순수한 포도당(배색 결정 분말)=덱스트로스	제1702호

(4) 접착제와 조제글루(제3506호)

제3506호에는 1kg 이하 소매포장한 접착제와 조제한 글루 또는 접착제가 분류된다.

- 소매용 접착제: 순중량 1kg 이하의 소매용 접착제이다.
- 관세율표의 다른 호에 분류되지 않는 조제글루 및 기타 조제접착제: 글루텐글루, 천연검을 화학처리한 글루 또는 접착제, 규산염 등이 기제인 접착제, 접착제용 조제품(플라스틱의 혼합물과 첨가물로 조성된 것), 고무·유기용제·충전제·황화제 및 수지 혼합물의 접착제

(5) 효소(제3507호)

효소(enzyme)는 생체세포에서 생산되는 유기물질로서 효소자체의 화학구조는 변화하지 않고 생체세포의 내·외부에서 특정 화학반응을 일으키고 조절하는 특성을 가지고 있다. 효소는 특정한 물질의 일정한 화학반응에 대해서만 촉매작용을 한다. 제3507호에는 효소와 효소 조제품이 분류된다.

예: 레네트, 췌장계 효소(트립신 및 키모트립신), 알파아밀라제(전분분해 효소), 리파제(지방분해 효소), 펩신, 맥아효소, 파파인, 브로멜라인, 아밀라제와 프로티아제, 베타 아밀라제 등

[용어]

용어	주요 내용	비고
단백질구조	단백질은 여러 종류의 아미노산 간의 축합중합으로 이루어진 고분자 화합물이다. 한 아미노산의 $-COOH$와 다른 아미노산 $-NH_2$가 축합 반응으로 펩티드결합($-CONH-$)을 만들고 이것이 반복된 것을 폴리펩티드라 한다.	화학자료

제36류 화약류, 화공품, 성냥, 발화성 합금 및 특정 가연성 조제품

1. 개 요

제36류에는 연소에 필요한 산소를 함유하며 연소시에는 고온과 다량의 가스를 발생시키는 특징을 갖는 화약류와 폭약류를 분류한다. 또한 화약 및 폭약의 점화에 필요한 보조 조제품(예: 도화선, 뇌관 등)이 분류되며, 폭발성, 발화성, 가연성의 재료로서 빛, 소리, 연기, 불꽃, 스파크를 내기 위한 물품(예: 성냥, 발화성 합금, 조제연료 등)이 포함된다.

2. 분류구조

화약류, 화공품, 성냥 등은 4범주로 구분하고 6개의 호(제3601호 내지 제3606호)에

분류한다.

1) 화약과 폭약(제3601호, 제3602호): 흑색화약, 무연화약, 니트로글리세린 등

2) 화약·폭약의 보조제(제3603호): 화약 또는 폭약을 점화시키는 도화선, 뇌관 등

3) 화(火)공품(제3604호와 제3605호): 명탄 등의 신호용품, 불꽃놀이용 폭약, 성냥

4) 발화성 합금과 조제연료(제3606호): 페로세륨의 라이터용 돌, 붕상, 정상 등의 조제연료. 라이타용 액체와 가스

3. 분류원칙

제목	규정내용	비고
제36류의 분류물품	1. 제36류에서는 화학적으로 단일한 화합물을 포함하지 아니한다. 다만, 제36류 류주 제 2 가목 또는 나목의 물품을 제외한다.	제36류 류주1
가연성 재료의 제품	2. 제3606호에서 『가연성 재료의 제품』이라 함은 다음의 물품을 말한다. 가. 메타알데히드·헥사메틸렌테트라민 및 이와 유사한 물질[연료로 사용하기 위한 형상으로 포장한 것(예: 정상, 봉상 또는 이와 유사한 형상)]과 알코올을 기제로 한 연료 및 이와 유사한 조제연료(고체상태 또는 반고체상태의 것에 한한다) 나. 끽연용 라이터 또는 이와 유사한 라이터를 충전 또는 재충전하기 위하여 사용되는 용기(용량이 300㎤ 이하인 것에 한한다)에 넣어진 액체연료와 액화가스연료 다. 수지토치·불쏘시개 및 이와 유사한 물품	제36류 류주2

4. 제외 물품

① 화학적으로 단일인 화합물(보통 제28류 또는 제29류). 예: 무기질산염(제2834호)·뇌산수은(제2852호)·트리니트로 톨루엔(제2904호), 트리니트로페놀(제2908호) 등

② 니트로셀룰로오스(질산셀룰로오스). 예: 면화약(제3912호)

5. 해　설

(1) 제37류의 분류범위

- 제37류에는 화학적으로 단일한 화합물(제28류·제29류)과 총포탄(제93류)은 제외한다. 다만, 소매용 고체연료와 라이터 충전용 액체연료와 액화가스(용량 300㎤ 이하)는 이 류에 분류한다.
- 화약류 및 폭약류를 분류한다.
- 화약 및 폭약의 점화에 필요한 보조 조제품: 전관, 디토네이터 등
- 폭발성, 발화성 또는 가연성 조제품으로서 빛, 소리, 연기, 불꽃 또는 스파크를 내는 것을 목적으로 한 것: 불꽃제품, 성냥, 페로세륨 및 특정 조제연료

[화약류, 화공품, 발화성 합금 및 조제연료 등의 분류(제37류)]

구분		분류
화약·폭약류	화약	제3601호
	폭약	제3602호
화공품	도화선, 도폭선, 뇌관·점화기 및 전기뇌관	제3603호
	불꽃놀이 제품, 신호용(음 또는 광), 농업용·공업용, 기타 화공장치	제3604호
각종 성냥		제3605호
발화성 합금(라이타 돌), 조제연료: 300㎤ 이하 용기의 액체·액화가스연료. 고체연료. 불쏘시개		제3607호

(2) 화약과 폭약(제3601호·제3602호)

화약(발사약)(propellants)(제3601호)　　다음이 있다.

- 흑색화약: 질산칼륨·질산나트륨, 황과 목탄 혼합한 것
- 무연화약: 니트로셀룰로오스을 기제로 한 것
- 복합화약: 니트로구아니딘, 헥소겐 또는 옥토겐을 기본물질로 한 것

폭약(exprosive)(제3602호)　　다음이 있다.

- 니트로글리세린과 니트로글리콜 기제의 폭약(다이나마이트)
- 유기질산염 또는 니트로화합물 기제의 폭약
- 기타 질산암모늄 기제의 폭약

– 염소산염 또는 과염소산염 기제의 폭약

기폭제(제3602호) 폭약보다 충격과 마찰에 건조상태에서 더욱 민감하다. 보통 격발용 조제품, 발사화약, 장약용 마찰 또는 불꽃뇌관, 폭약용 뇌관으로 사용된다. 주로 아지화연·트리니트로 레소시네이트연과 테트라젠을 기제로 한 혼합물이다.

(3) 도화선, 도폭선, 뇌관, 점화기 및 전기뇌관(제3603호)

이들 물품은 보통 폭파용 부속물로 불리며, 화약과 폭약에 점화에 필요한 것으로 다음이 있다.

도화선 완연도화선, 속연도화선

도폭선 플랙시블퓨즈

납 또는 석퓨즈 뇌관(percussion or detonation cap) 뇌관((percussion cap), 마찰격발뇌관(friction percussion cap), 화관(fireing tubes), 뇌관(detonation cap)

점화기(igniter) 전기식 점화기, 화학식 점화기

전기뇌관(electric detonator) 튜브에 있는 전기 퓨즈헤드 또는 폭약으로 구성된 것이다.

(4) 화공품과 성냥(제3604호·제3605호)

제3604호에는 빛, 소리, 가스, 연기발생 또는 방화효과를 일으킬 수 있는 불꽃제품이 분류되며, 각종 성냥은 제3605호에 분류된다.

[화공품과 성냥의 분류(제3604호·제3605호)]

구분		품명·물품내용	분류
화공품(火工品)	불꽃제품	–오락용 불꽃제품: 폭탄, 횃불, 양초, 벤갈성냥, 등불 등 –완구용 화공품: 장난감 권총알, 마법양초 등	제3604호
	기술장치	–음·광의 신호장치: 신호용 조명탄, 바다용 조난로켓트, 무중신호용품과 철도용 횃불, 영화·TV의 발광효과제 등 –농업용·공업용 장치: 우박방지로켓, 조류퇴치기 등	

	기타 화공품장치	구명밧줄 로켓, 절단용 납도포된 폭발코드	
성냥(matches)	각종 성냥		제3605호

(5) 발화성 합금과 가연성 재료의 제품(제3606호)

발화성 합금과 가연성 재료의 제품은 제3606호에 분류한다.

발화성 합금 라이타 돌(세륨과 금속의 결합물)의 벌크상, 소봉상, 판, 강 또는 소매용 포장한 것

가연성 재료의 제품 다음의 물품을 말한다.

① 메타알데히드·헥사메틸렌테트라민 및 이와 유사 물질을 연료로 사용하기 위한 형상으로 포장한 것(예: 정상, 봉상 또는 이와 유사 형상)과 알코올을 기제로 한 연료 및 이와 유사한 조제연료로서 고체 또는 반고체상태의 것

② 끽연용 라이터 또는 이와 유사 라이터를 충전·재충전하기 위하여 사용되는 용기(용량 300㎤ 이하인 것)에 넣어진 액체연료와 액화가스연료

③ 수지토치·불쏘시개 및 이와 유사 물품

제37류 사진용 또는 영화용의 재료

1. 개 요

제37류에 분류되는 사진용 플레이트, 필름, 지, 판지, 및 직물은 단색 또는 천연색으로 재생하기 위하여 감광성 물질을 반응시키기에 충분한 에너지를 가진 광선 또는 방사선(파장 1,300㎚ 이하의 방사선, 감마선, X-선, 자외선, 및 근적외선 포함)에 감광하는 한층 이상의 유제층으로 되어 있다. 특정한 플레이트는 전체 또는 대부분이 감광성의 플라스틱 물질로 되어 있다.

유제는 할로겐화은이나 기타 귀금속염이 기제이며, 청사진용은 페리시안화 칼륨 또는 기타 철화합물을, 사진제판용은 중크롬산칼륨 또는 중크롬산암모늄을, 디아조에멀젼에는 디아조늄을 사용하기도 한다.

2. 분류구조

사진용 또는 영화용의 재료는 2개 범주로 구분하고 7개의 호(제3701호 내지 제3707호)에 분류한다.

1) 사진용의 필름, 지, 판지와 직물(제3701호 내지 제3706호)

① 노광하지 아니한 것, ② 노광하여 현상하지 아니한 것, ③ 노광하여 현상한 것

2) 사진용 조제화공약품(제3707호): 사진용 현상제, 정착제, 유제, 감도제, 섬광재료 등

3. 분류원칙

제목	규정내용	비고
사진	2. 제37류에서 『사진』이라 함은 광선 또는 복사선에 의하여 감광성면에 직접 또는 간접으로 가시상을 형성하는 것을 말한다.	제37류 류주2
네가티브 필름	3. 영화 필름에 있어서 네가티브에는 마스터 포지티브류를 포함한다.	제37류 국내추가 류주3
필름 단수계산	4. 영화 필름의 단수계산에 있어서는 50cm 이상의 것은 1m로 하고 50cm 미만은 계산하지 아니한다.	제37류 국내추가 류주4
합작영화	5. 『합작영화』라 함은 우리나라의 국민과 외국인이 공동으로 제작한 영화를 말한다.	제37류 국내추가 류주5

4. 제외 물품

① 귀금속 회수용으로 사용되는 귀금속 또는 귀금속 화합물이 함유된 사진용 또는 영화용 필름 웨이스트와 스크랩은(제7112호) 기타 사진용 또는 영화용 웨이스트와 스크랩은 구성재질에 따라 분류된다. (예: 플라스틱은 제3915호, 종이는 제4707호)

② 사진상, 청사진 등을 작성하는 데 직접 사용되지 않는 보조재료(예: 사진첩부용 접착제, 네가티브 또는 포지티브를 보호하고 윤택하게 하는 바니시, 수정용 페인트, 연필 등)

③ 사진용으로 일정량씩 포장되거나 바로 사용할 수 있도록 소매용으로 제시된다 할지라도 제2843호 내지 제2846호의 귀금속의 염 및 기타 물품, 제2852호의

수은염화물

5. 해 설

(1) 사진의 정의

제37류에서 사진이라 함은 광선 또는 복사선에 의하여 감광성면에 직접 또는 간접으로 가시광을 형성하는 것을 말한다.

위에서 감광성면은 감광재료를 뜻하며, 가시광선을 형성하는 것이란 광화학적 반응을 정착시키는 것을 말한다.

(2) 사진용·영화용 재료의 현상별 분류(제37류)

구분	형상	품명	감광성－미노광	노광－미현상	노광－현상
사진용	평면상	플레이트와 필름, 인스턴트 프린트 필름	제3701호	제3704호	제3705호
	롤상	필름, 인스턴트 프린트 필름	제3702호	제3704호	제3705호
		영화용 필름	제3702호	제3704호	제3706호
인화지	평면·롤상	지와 판지	제3703호	제3704호	제49류
		직물			제11부

(3) 사진용 화학 조제품(제3707호)

사진용 약제는 다음 물품이 제3707호에 분류된다.

단일물질 ① 정상, 분상을 일회 소분한 것, ② 소매용 포장 및 레이블, 사용설명서(사진용 표시)

조 제 품 두 종류 이상의 사진용 약품을 혼합·복합시킨 조제품(성상, 소매포장 불문)

예: 유제, 현상제, 정착제(티오황산나트륨, 메타중아황산나트륨·티오황산 암모늄·암모늄의 티오시아네이트염), 증도제와 감도제(중크롬산칼륨, 염화제이수은, 과황산암모늄 등), 조색제(황산나트륨 등), 세정제

(4) 필름의 웨이스트와 스크랩의 분류

<table>
<tr><th>품명</th><th colspan="2">물품내용</th><th>분류</th></tr>
<tr><td rowspan="3">사진용·영화용 필름의 웨이스트와 스크랩</td><td colspan="2">귀금속·귀금속 화합물을 함유하고, 귀금속 회수용의 것</td><td>제7112호</td></tr>
<tr><td rowspan="2">기타</td><td>플라스틱</td><td>제3915호</td></tr>
<tr><td>종이</td><td>제4707호</td></tr>
</table>

제38류 각종 화학공업 생산품

1. 개 요

제38류에는 광범위한 화학공업 또는 관련공업의 생산품 가운데 달리 분류되지 아니하는 화학공업생산품 및 이와 관련된 공업의 생산품이 분류된다. 또한 화학공업이나 관련공업에서 발생하는 잔재물이 포함된다.

2. 분류구조

각종 화학공업생산품은 22개로 구분하고 25개의 호(제38013호 내지 제3825호)에 분류한다.

1) 인조흑연, 콜로이드흑연, 흑연 또는 기타 탄소를 기제로 한 조제품(제3801호): 페이스프상·블록상·판상 또는 기타 반제품의 것에 한한다.

2) 활성탄, 활성화한 천연의 광물성 생산품 수탄(페수탄을 포함한다): 제3802호

3) 목재펄프 제조시 부산물(제3803호·제3803호): 톨오일, 목재펄프 제조시 생기는 폐액

4) 목재 건류물과 증류물(제3805호 내지 제3807호): 각종 테레빈유(침엽수에서 얻은 것), 조상 디펜틴, 아황산테레빈과 기타 조상 파라시멘과 파인유(주성분이 알파테르피네올인 것), 로진과 수지산 및 이들 유도체, 로진스프릿과 로진유 및 런검, 목의 타르·유·크레오소트·나프타, 식물성 피치·브루우어피치 및 이와 유사 조제품(로진·수지산 또는 식물성피치를 기제로 한 것)

5) 농약, 소독제(제3808호): 살충제·살서제·살균제·제초제·발아억제제·식물성장조절제·소독제 및 이와 유사 물품(소매용 형상·포장한 것, 제제 또는 제품의 것)

6) 섬유공업·제지공업·피혁공업용의 완성가공제·염색촉진용 또는 염료고착용의 염색캐리어·드레싱 및 매염제(제3809호)

7) 금속표면처리용 침지 조제품, 납붙임·땜질 또는 용접용의 융제와 기타 보조 조제품, 분말과 페이스트(제3810호)

8) 광물유 조제첨가제(제3811호): 안티녹제, 산화방지제, 검화억제제, 점도향상제, 부식방지제 등

9) 고무가황촉진제, 고무·플라스틱용 복합가소제, 산화방지제 및 복합안정제(제3812호)

10) 소화기용의 조제품과 장전물 및 장전된 소화탄(제3813호)

11) 혼합용제와 시너 및 조제한 페인트 제거제 또는 바니시 제거제(제3814호)

12) 촉매(제3815호): 반응개시제·반응촉진제 및 촉매 조제품

13) 내화 시멘트와 콘크리트(제3816호): 내화 시멘트·내화 콘크리트 및 이와 유사 혼합물

14) 혼합알킬벤젠과 혼합알킬나프탈렌(제3817호)

15) 전자공업용 도프처리된 화학원소(디스크상·웨이퍼상 또는 이와 유사 형상의 것) 및 전자공업용 도프처리된 화학화합물(제3818호)

16) 유압제동액과 기타 조제유압전동액(석유 또는 역청유의 함유중량이 70% 미만의 것)(제3819호)

17) 부동 조제품 및 조제제빙액(제3820호)

18) 미생물·인간 또는 동물세포의 성장 또는 보존을 위한 조제배양제(제3821호)

19) 뒷면보강한 진단용·실험실용 시약과 조제진단용·실험실용시약 및 보증 참조물질(제3822호)

20) 모노카르복시 지방산, 유지정제시 생긴 애시드유 및 지방성 알코올(제3823호)

21) 조제점결제(주물의 주형용·코어용), 따로 분류되지 않는 화학품과 화학공업 또는 연관공업에 의한 조제품(천연물만의 혼합물 포함)(제3824호)

22) 따로 분류되지 않는 화학공업 또는 연관공업에 의한 잔재물, 생활폐기물, 하수찌꺼기 및 이 류의 주6에서 게기한 기타 폐기물(제3825호)

3. 분류원칙

<table>
<tr><th>제목</th><th>규정내용</th><th>비고</th></tr>
<tr><td>제외 물품</td><td>1. 이 류에서는 다음의 것을 제외한다.
가. 화학적으로 단일인 원소 또는 화합물. 다만, 다음의 물품은 제외한다.
(1) 인조흑연(제3801호)
(2) 제3808호에 게기한 형상 또는 포장으로 한 살충제·살서제(쥐약)·살균제·제초제·발악억제제·식무성장조절제·소독제 및 이와 유사한 물품.
(3) 소화기용의 장전물 또는 소화탄에 넣은 소화제(제3813호)
(4) 주2에 게기한 보증된 참조물질
(5) 주3의 가 또는 다에 게기한 물품
나. 조제식료품에 사용하는 식료품 또는 기타 영양가가 있는 물질과 화학품의 혼합물(일반적으로 제2106호)
다. 슬랙, 회와 잔재물. 금속, 비소 또는 그들의 혼합물을 함유하고, 제26류(제2620호)의 주3 가 또는 나의 조건을 충족하는 것으로서 찌꺼기를 포함하되 하수찌꺼기를 제외한다.
라. 의약품(제3003호 또는 제3004호)
마. 비금속의 추출용 또는 귀금속화학혼합물의 제조용으로 사용하는 것으로서 이미 사용한 촉매(제2620호), 주로 귀금속 회수용으로 사용하는 것으로서 이미 사용한 촉매(제7112호) 또는 금속 또는 금속합금으로 구성된 촉매(예: 미세하게 분리된 분말 또는 직조거즈의 형상)(제14부 또는 제15부)</td><td>제38류
류주1</td></tr>
<tr><td>보증된
참조물질</td><td>2. 가. 제3822호에서 『보증된 참조물질』이라 함은 보증된 특성치, 이런 값을 정하는 데 사용된 방법 및 각각의 값과 관련한 정확도가 나타나 있는 보증서가 첨부된 참조물질로서 분석용, 측정용 및 참조용 목적 등으로 사용하는 데 적합하다.
나. 제28류 또는 제29류의 물품을 제외하면 보증된 참조물질을 분류하는 데는 제3822호가 관세율표상 다른 어떤 호보다 우선한다.</td><td>제38류
류주2</td></tr>
<tr><td>제3824호의
분류물품</td><td>3. 제3824호는 관세율표의 다른 호에 분류되지 아니하는 다음 물품을 분류한다.
가. 산화마그네슘·알칼리금속 또는 알칼리토류금속의 할로겐화물의 배양단결정으로서 1개의 중량이 2.5g 이상의 것, 광학용품을 제외한다.
나. 퓨젤유와 디펠유
다. 소매용으로 포장한 잉크제거제</td><td>제38류
류주3</td></tr>
</table>

	라. 소매용으로 포장한 등사판원지 수정제와 기타 수정액 마. 용융성 요업내화도 측정물: 세겔콘	
생활폐기물 이란	4. 관세율표에서 『생활폐기물』이란 가정, 호텔, 식당, 병원, 가게, 사무실 등에서 수집된 쓰레기 및 도로와 포장도로에서 수거한 폐기물을 말한다. 생활폐기물은 물론 건설 및 해체 쓰레기를 말한다. 생활폐기물은 일반적으로 플라스틱, 고무, 나무, 종이, 직물, 유리, 금속, 음식물, 부서진 가구 및 기타 손상되거나 유기된 물품 등과 같은 다양한 물질을 포함한다. 다만, 『생활폐기물』은 다음의 것을 포함하지 않는다. 가. 관세율표의 적당한 호에 해당되는 플라스틱, 고무, 나무, 종이, 직물, 유리, 금속 및 폐전지와 같이 폐기물로부터 분리 수거된 개개의 물질 또는 물품 나. 산업용 폐기물 다. 제30류 주4 차에서 정의된 폐의료용품 또는 라. 주6 가에서 정의된 클리닉 웨이스트	제38류 류주4
하수찌꺼기	5. 제3825호에서 『하수찌꺼기』라 함은 하수처리시설에서 발생한 찌꺼기를 말하며, 전처리된 폐기물, 오물 및 안정화되지 않은 찌꺼기를 포함한다. 다만 제31류의 비료로 사용되는 안정화된 찌꺼기를 제외한다.	제38류 류주5
기타 폐기물	6. 제3825호의 『기타 폐기물』은 다음의 것이 해당된다. ① 클리닉 웨이스트는 의학연구, 검진, 치료 또는 기타 신체검사, 외과, 치과, 가축진료 과정에서 발생하는 오염된 폐기물을 말하며, 병원균과 의약물질을 함유하므로 특수처리과정이 필요하다. (예: 오염된 의류, 사용한 장갑 및 주사기) ② 폐유기용제 ③ 금속세정액, 유압액, 브레이크액 및 부동액 폐기물 ④ 화학공업 또는 연관공업에서 발생한 기타 폐기물 다만, 제2710호의 석유 또는 역청유를 주로 함유하는 웨이스트는 기타 폐기물에서 제외된다	제38류 류주6
조제농약	1. 제3808.50호는 다음의 물질을 하나 또는 그 이상 함유한 것에 한하여 포함한다. 앨드린(ISO), 비나파크릴(ISO), 캄페클로(ISO)(톡사핀), 캡타폴(ISO), 클로단(ISO), 클로디메폼(ISO), 클로로벤질레이트(ISO), 디·디·티(ISO)[클로페노탄(INN), 1,1,1－트리클로로－2,2－비스(파라－클로로페닐)에탄], 디엘드린(ISO, INN), 디노셉(ISO)과 그 염 또는 그 에스테르, 에틸렌디브로마이드(ISO)(1,2－디브로모에탄), 이염화에틸렌(ISO)(1,2－디클로로에탄), 플루오로아세트아미드(ISO), 헵타클로르(ISO), 헥사클로로벤젠(ISO), 1,2,3,4,5,6－헥사	제38류 소호주1

	클로로시클로헥산[HCH(ISO)], 린덴을 포함하는 것(ISO, INN), 수은화합물, 메타미도포스(ISO), 모노크로토포스(ISO), 옥시란(산화에틸렌), 파라티온(ISO), 파라티온－메틸(ISO)(메틸－파라티온), 펜타클로로페놀(ISO), 포스파미돈(ISO), 2,4,5－티(ISO)(2,4,5－트리클로로페녹시아세트산)와 이들 염과 에스테르	
폐유기용제	2. 제3825.41호와 제3825.49호에서 『폐유기용제』는 주로 유기성 용제를 함유하지만 더 이상 본래의 용도에 사용에 부적합한 폐기물이다(본래의 용도로 사용되는지의 여부는 불문한다)	제38류 소호주2

4. 제외 물품

① 다음 물품을 제외한 화학적으로 단일인 원소 또는 화합물(주로 제28류·제29류): ㉮ 인조흑연(제3801호), ㉯ 제3808호에 게기한 형상 또는 포장한 살충제·살서제(쥐약)·살균제·제초제·발아억제제·식무성장조절제·소독제 및 이와 유사 물품, ㉰ 소화기용의 장전물 또는 소화탄에 넣은 소화제(제3813호), ㉱ 주2에 게기한 보증된 참조물질, ㉲ 주3의 가 또는 다에 게기한 물품

② 조제식료품에 사용하는 식료품 또는 기타 영양가 물질과 화학품의 혼합물(보통 제2106호)

③ 슬랙, 회와 잔재물: 금속, 비소 또는 그들의 혼합물을 함유하고, 제26류(제2620호)의 주3 가 또는 나의 조건을 충족하는 것으로서 찌꺼기를 포함하되 하수찌꺼기를 제외한다.

④ 의약품(제3003호 또는 제3004호)

⑤ 비금속의 추출용 또는 귀금속 화학혼합물의 제조용으로 사용하는 사용한 촉매(제2620호), 주로 귀금속 회수용으로 사용하는 사용한 촉매(제7112호) 또는 금속 또는 금속합금으로 구성된 촉매(예: 미세하게 분리된 분말 또는 직조거즈의 형상)(제14부 또는 제15부)

5. 해 설

(1) 화학공업생산품(제38류)의 분류 특성

제38류에는 원칙적으로 혼합 또는 조제한 화학공업생산품이 분류된다. 그러나 다음 물품은 제외한다.

① 화학적으로 단일인 원소 또는 화합물. 다만, 다음 (2)항의 물품은 제외한다.

② 조제식료품에 사용하는 식료품 또는 기타 영양물질과 화학품의 혼합물(일반 제2106호)

③ 슬랙, 회와 잔재물: 금속, 비소 또는 이들 혼합물로서 금속채취용 또는 이들 금속화합물의 제조원료용의 찌꺼기를 포함한다. 다만, 하수찌꺼기를 제외한다.

④ 의약품(제3003호 또는 제3004호)

⑤ 비금속의 추출용 또는 비금속화학혼합물의 제조용으로 사용하는 사용한 촉매(제2620호), 주로 귀금속 회수용으로 사용하는 사용한 촉매(제7112호) 또는 금속 또는 금속합금으로 구성된 촉매(예: 미세하게 분리된 분말 또는 직조거즈의 형상)(제14부 또는 제15부)

[각종 화학공업생산품(제38류)의 분류구성]

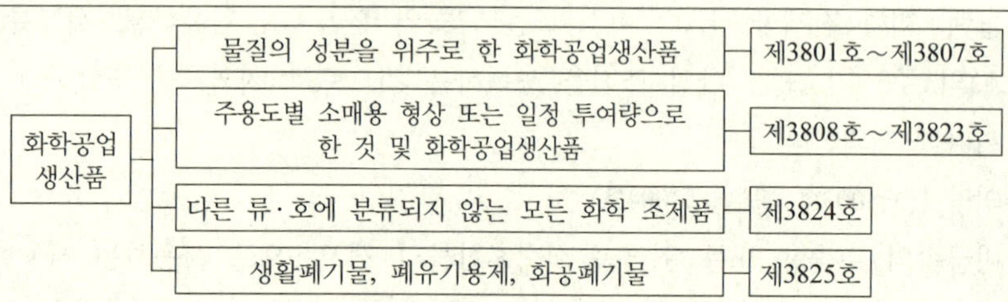

(2) 화학적으로 단일한 원소와 화합물의 분류

제38류에는 화학적 단일한 원소 또는 화합물은 원칙적으로 분류되지 아니한다. 그러나 다음 물품은 화학적으로 단일하더라도 이 류에 분류된다.

① 인조흑연(제3801호)

② 살충제·살서제(쥐약)·살균제·제초제·발아억제제·식물성장조절제·소독제 및 이와 유사 물품(제3808호에 규정한 형상의 것)

③ 소화기용의 장전물 또는 소화탄에 넣은 소화제(제3813호)

④ 개당 2.5g 이상인 산화마그네슘·알칼리금속 또는 알칼리토류금속의 할로겐화물의 배양단결정(제3824호)

⑤ 소매용 포장한 잉크제거제(제3824호)

(3) 식료품과 영양물질의 분류

조제식료품에 사용하는 식료품 또는 기타 영양가가 있는 물질과 화학품의 혼합물은 일반적으로 제2106호에 분류한다.

식료품 또는 기타 영양물질은 주로 식용으로 사용하는 동물성 또는 식물성 생산품(제 1 부~제 4 부의 식료품)이다. 또한 식료품 또는 기타 영양가 있는 물질은 다음 물품이 있다.

- 식료품 또는 기타 특정 영양물질: 식품조제에 미네랄 공급용의 제28류(무기화학품) 물품과 제29류(유기화학품)[예: 슈가 알코올(제2905호), 필수아미노산(제2922호), 레시틴(제2923호), 프로비타민과 비타민(제2936호), 당류(제2940호)], 단백질[예: 동물혈액분획물(제3502호), 식용 젤라틴(제3503호), 식용 단백질(제3504호), 덱스트린]과 기타 식용 변성전분(제3505호), 솔비틀(제3824호), 제39류의 식용 물질(예: 아밀로펙틴, 아밀로스)
- 어떤 혼합물에 식료품 또는 기타 영양물질을 단순히 함유하는 혼합물은 제38류에서 제외시킬 수는 없으며, 제38류에서 제외되는 혼합물은 사람이 먹는 식료품을 조제하는 데 사용되는 혼합물이다.

(4) 물질의 성분을 위주로 한 분류(제3801호 내지 제3807호)

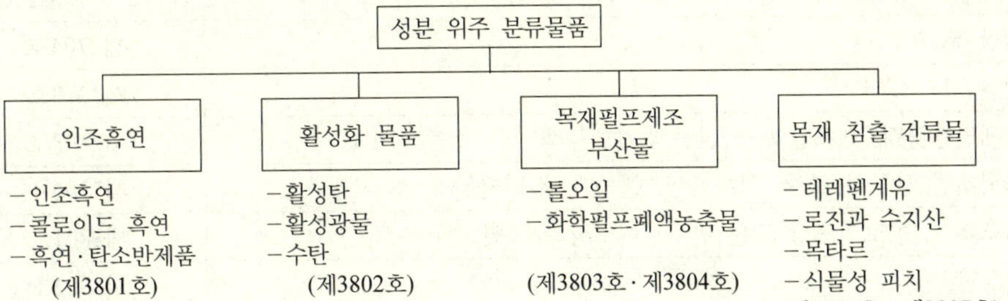

1) 인조흑연(제3801호)

인조흑연(artificial graphite: electro-graphite)은 미분쇄한 코크스와 탄소질 응결제 및 촉매(예: 실리카, 산화철)의 혼합물을 전기로에서 2,500℃~3,200℃의 고온에서 흑연화하여 제조한다. 겉보기 비중 1.5~1.6, 흑연의 균질한 미세결정구조(X-선 검사)이다. 인조흑연은 제3801호에 분류된다. 이 호의 인조흑연에는 핵반응용 인조흑연과 함침 또는 함침성 인조흑연이 포함된다.

[흑연과 이들 제품의 분류]

<table>
<tr><th colspan="2">품명·물품내용</th><th>분류</th></tr>
<tr><td colspan="2">천연흑연</td><td>제2504호</td></tr>
<tr><td colspan="2">인조흑연, 핵반응용 인조흑연, 함침·함침성 인조흑연</td><td>제3801호</td></tr>
<tr><td colspan="2">콜로이드흑연·반콜로이드 흑연</td><td>제3801호</td></tr>
<tr><td colspan="2">흑연·기타 탄소를 기제로 한 조제품(페이스트, 블록, 판상, 기타 반제품의 것)</td><td>제3801호</td></tr>
<tr><td colspan="2">무정형 탄소 또는 천연흑연을 기제로 한 도자제품과 같이 소성한 내화제품</td><td>제6902호·제6903호</td></tr>
<tr><td colspan="2">인조흑연을 기제로 한 도자제품과 같이 소성한 내화제품</td><td>제6902호·제6903호</td></tr>
<tr><td colspan="2">은분을 함유한 인조흑연의 반제품(블록, 판, 봉 및 이와 유사한 것)</td><td>제7106호</td></tr>
<tr><td rowspan="2">블록과 판상의 인조흑연을 표면가공·표면처리·특정형상으로 절단·선반가공·드릴·밀 등의 가공 또는 제품화한 것</td><td>비전기용</td><td>제6815호</td></tr>
<tr><td>전기용</td><td>제8545호</td></tr>
</table>

[탄소화합물의 분류]

물품명·주요 내용	분류
천연흑연	제2504호
고체연료 형상의 천연탄소(무연탄·석탄·갈탄)	제2701호~제2703호
석탄 코크스	제2704호
석유 코크스	제2713호
아세틸렌블랙, 램프블랙, 카본블랙(챤넬블랙·퍼니스블랙)	제2803호
착색제인 광물성 블랙: 알루블랙, 쉘블랙, 실리카블랙 등	제3206호
인조흑연, 콜로이드상 또는 반콜로이드상의 흑연	제3801호
활성탄	제3802호

수탄: 골탄, 혈탄, 아이보리블랙, 가죽블랙, 뿔블랙, 발굽블랙, 귀갑블랙	제3892호
목탄	제4402호
다이아몬드(결정형 탄소)	제7102호 · 제7104호

2) 활성탄과 활성화한 천연광물성 생산품(제3802호)

활성화한 탄소물질과 활성화한 천연광물은 다음이 있다.

활성탄(活性炭: activated carbon) 보통 식물성 · 광물성 또는 기타의 탄소(예: 목탄, 야자각탄, 이탄 · 아탄 · 석탄 · 무연탄 등)을 고온에서 가스 활성화처리하거나, 또는 섬유소재료를 화학품의 용액을 침투시키고 건조, 하소하여 제조한다.

활성규조토 규조토 또는 규산질 화석토를 염화나트륨, 탄산나트륨 등의 소결제를 첨가하여 하소하고 분쇄 및 유별한 것이다.

활성진주암 진주암을 분쇄하여 고온 불꽃(1,000℃ 이상)으로 열충격을 가하고 분쇄하여 류별한다. 활성화한 진주암은 극히 가볍고 광택 분상이다.

활성점토 및 토류 정선된 점토 또는 점토질 토류를 산이나 알칼리로 활성화시켜 건조하여 분쇄한 것이다.

활성보크사이트 보통 알칼리 또는 적당한 열처리하여 활성화된다.

[활성화 물질의 분류]

활성물질	분류
활성탄, 활성규조토, 활성진주암, 활성점토와 활성토류	제3802호
활성알루미나	제2818호
활성실리카겔	제2811호 · 제3824호
인조제오라이트, 이온교환체 및 술폰화 이온교환제	제3824호
냉장고, 차 등의 방취제로서 소매 포장한 활성탄	제3307호
팽창 펄라이트(팽창진주암)	제6806호

3) 목재의 펄프제조 부산물, 침출물 및 건류물(제3803호~제3807호)

목재펄프 제조시에 부산물로 얻는 펄프폐액과 톨오일, 또한 침엽수의 삼출물을 건류, 증류 또는 추출하여 얻는 각종 물품이 제3804 내지 제3807호에 분류된다.

[목재화학의 제품과 분류(제38류)]

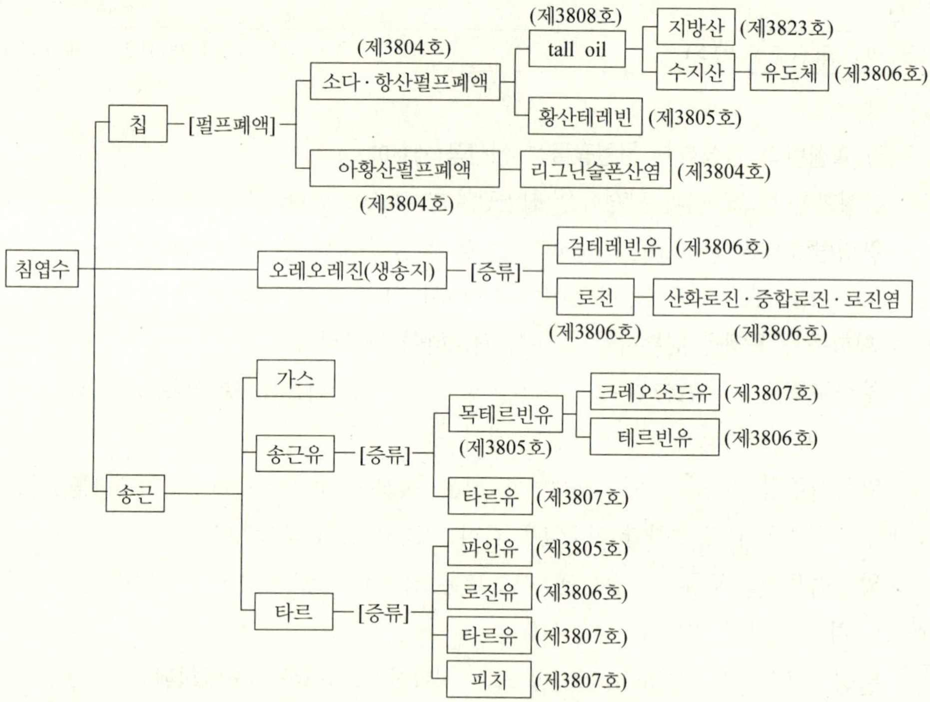

구분	분류물품	호
목재펄프 제조공정 부산물	톨오일(tall oil): 화학펄프 제조시에 생긴 폐액을 황산처리한 조톨오일을 정제한 것, 지방산·수지산 및 불검화물의 혼합물, 암갈색액상	제3803호
	아황산펄프 폐액 농축물. 소다·황산펄프폐액: 리그닌슬폰산염·설탕 및 기타 물의 갈색점조상, 톨오일 원료(소다·황산펄프폐액)	제3804호
목재 침출물질·건류물	테레펜계유: 검터레펜틴·우드터레펜틴 또는 황산터레펜틴 및 기타 테레펜계유(침엽수 증류 등으로 얻은 것)	제3805호
	테펜틴: 조테펜틴과 아황산테펜틴	
	파라시멘과 파인유: 기타 조파라시멘과 파인유(주성분 알파테레피놀)	
	로진과 수지산, 이들 유도체, 로진스프릿 및 런검: 로진과 수지산, 이들 유도체, 로진스프릿과 로진유 및 런검	제3806호

목타르와, 크레오소트: 목타르, 목타르유 및 목크레오소트	제3807호
식물성 피치: 식물성 피치와 브루어피치 목크레오소트	
조제품: 로진·수지산 또는 식물성 피치기제의 조제품	

4) 톨오일(제3803호)

소다법 또는 황산법 화학펄프 제조시에 생긴 폐액침전통의 거품덩어리를 희황산으로 처리하여 조톨오일(crude tall oil)이 얻어진다. 조톨오일은 지방산, 수지산(주로 아비에트산) 및 불검화물의 혼합물이다. 조톨오일을 증류하거나 또는 기타 처리하여 지방산과 수지산의 정제 톨오일(tall oil)을 얻는다. 지방산에서 제거한 수지산의 혼합물로 조성된 톨오일수지산은 제3806호에 분류되며, 지방산을 90% 이상 함유하는 톨오일지방산은 제3823호에 분류된다.

(5) 주용도별 조제화학품과 소매용의 형상·포장물품(제3808호 내지 제3823호)

- 주용도별 조제화학품과 소매용 포장물품
  - 농약: 살충제, 살서제, 살균제, 제초제, 발아억제제, 식물성장조절제(제3808호)
  - 섬유공업·제지·피혁공업용 조제품: 완성가공제, 염색촉진제, 케리어, 드레싱제 등(제3809호)
  - 용접용 조제품: 금속표면처리침지제, 납땜·용접용 조제품, 용접봉피복용 조제품(제3810호)
  - 광물유 조제첨가제: 안티녹크제, 산화억제제, 검화억제제, 점도향상제, 부식방지제(제3811호)
  - 고무·플라스틱용 조제첨가제: 고무가황촉진제, 복합가소제, 산화방지제, 기타 복합안정제(제3812호)
  - 소화기용 조제품과 소화탄: 소화기용 조제품과 장전물, 장전된 소화탄(제3813호)
  - 혼합용제: 유기혼합용제와 시너, 페인트·바니시 제거제(제3814호)
  - 촉매: 반응개시제와 반응촉진제, 기타 촉매(제3815호)
  - 내화용 조제품: 내화시멘트와 내화몰타르, 내화콘크리트(제3816호)
  - 방향족알킬혼합물: 혼합알킬벤젠, 혼합알킬나프탈렌(제3817호)
  - 전자공업용 도프처리한 것: 도프처리한 화학원소·화학화합물(제3818호)
  - 유압유(광물유 70% 미만): 유압제동액, 조제유압전동액(제3819호)
  - 부동액과 제빙액: 조제부동액과 조제제빙액(제3820호)
  - 조제배양제: 미생물·식물·동물세포의 성장·보존용 조제배양제(제3821호)
  - 시약: 진당용 시약, 실험실용 시약(제3822호)
  - 혼합 지방성 산과 지방성 알코올: 혼합 지방산, 지방성 알코올, 애시드유(제3823호)

1) 소매포장한 농약(제3808호)

여기에는 병원균, 해충, 이끼, 곰팡이, 잡초, 설치류, 야생조류 등을 박멸 제거하는 일련의 물품을 분류하고, 또한 해충의 구제, 종자 소독용제, 발아억제제나 식물성장조절제를 분류한다. 특히 이 호에는 이러한 물품을 소매용 포장한 것과 일정 투여량으로 한 것만이 분류된다.

살충제(insecticide) 해충의 섬멸시키는 물품뿐만 아니라 구충 또는 유인하는 물품도 포함한다.

예: 해충성장억제제, 훈증제, 화학불임제, 기피제, 유인제

살균제(fungcide) 살균제는 균류의 성장을 막거나 또는 균류를 제거하는 물품

제초제(herbicide) 잡초를 제거하는 물품

발아억제제(anti-sprouting product) 곡물 등의 발아를 억제하는 물품

식물성장조절제(plant-growth regulator) 식물의 생장을 촉진 또는 지연, 수확의 증대, 질개선 또는 수확의 용이성 등으로 변화시키는 데 사용된다.

소독제(disinfectant), **위생제, 세균발육저지제 및 멸균제**

기타 응애와 진드기 박멸제, 연체동물 박멸제, 선충박멸제, 쥐약, 조류박멸제, 해충억제물품

2) 완성가공제·염색촉진용, 염색캐리어·드레싱 및 매염제(제3809호)

보통 사·직물·지·판지·피혁 또는 이와 유사 재료의 가공이나 완성용에 사용되는 각종 물품과 조제품이 분류된다

- 방직·이와 유사 공업용: 유연제, 슬립방지, 주름방지 및 수축방지조제품, 난연제, 광택제, 매염제, 염색캐리어, 사이징제, 발유제, 발수제
- 지·판지 또는 이와 유사 공업용: 결합제, 사이징제, 습윤강도증진제
- 피혁 또는 이와 유사 공업용: 결합제, 씨이즌, 방수제

3) 용접용 조제품(제3810호)

금속표면처리제, 용접용의 각종 조제품이 분류되는 것으로 이들 조제품은 금속과 금속 이외의 다른 성분을 함유하고, 분상 또는 페이스트상의 것이 분류된다. 용접봉(제8311호)은 다른 류에 분류된다

- 금속표면처리침지 조제품: 금속표면의 산화물, 쇠비듬, 녹, 오점을 제거하기 위

하여 또는 특정 공정을 쉽게 하기 위하여 표면을 거칠게 하는 데 사용된다.

– 납땜·용접용 융제와 기타 보조 조제품, 납땜·용접용 금속조성의 분말과 페이스트 조제품, 금속표면처리제 및 용접용 전극·용접봉의 코어 또는 피복용 조제품

4) 광물유 액상 첨가제(제3811호)

광물유 또는 이와 동일한 목적에 사용되는 액체용 첨가제로서, 어떤 특성을 제거 또는 감소시키거나, 부가시키거나 증진시키기 위한 것으로 광물유 조제첨가제와 이와 같은 목적의 기타 액체 첨가제가 있다.

· 광물유 조제첨가제
  – 원유첨가제: 금속구조물을 보호용 부식방지제
  – 가솔린첨가제: 안티녹제, 산화억제제, 부동조제품, 검화억제제
  – 윤활유첨가제: 점도향상제, 유동점 강하제, 산화억제제, 극압첨가제, 세정제 및 분산제, 방청제
  – 기타 광물유첨가제: 유동점 강하제, 산화억제제, 가스오일용 세탄가 향상제, 비축유의 침강방지제, 부동 조제품
· 기타 액체 첨가제: 알코올을 기제로 한 연료, 합성윤활유

5) 고무 또는 플라스틱의 첨가제(제3812호)

고무의 가황 처리를 위한 조제한 가황촉진제, 고무 또는 플라스틱용 복합가소제와 조제한 산화방지제 및 복합안정제가 분류된다. 제3812호에 분류한다.

· 고무가황촉진제: 디티오카바에이트, 티우람설파이드 등을 기제로 한 조제품, 산화아연, 산화마그네슘, 산화연 등의 혼합조제품.
· 복합가소제, 산화방지제 및 기타 복합안정제

[소화기와 소화기용 조제품의 분류]

물품명·주요 내용	분류
소화기(휴대용 또는 소화제 장진 여부를 불문하고, 핀조작, 위쪽으로 돌리는 방법, 방아쇠 등으로 조작하는 것)	제8424호
장전된 소화탄	제3813호
소화기용의 조제품과 장전물	제3813호

[혼합용제류의 분류]

물품명·물품내용	분류
솔벤트 나프타	제2707호
백정	제2710호
검·우드 또는 황산 테레빈유	제3805호
목타르유	제3807호
혼합용제: 아세톤·초산메틸과 메탄올의 혼합용제 등	제3814호
기계부분품용 탈지 조제품: 트리클로로 에틸렌을 함유하는 백정 등	제3814호
혼합페인트 또는 바니시 제거제	제3814호
소매용 손톱바니시 제거용 용제	제3304호

6) 반응개시제, 반응촉진제 및 촉매 조제품(제3815호)

이 호에는 특정 화학공정을 개시하거나 촉진시키는 조제품이 분류되는 것으로, 공정을 지연시키는 물품은 제외된다. 촉매는 다음 두 종류로 나눌 수 있다.

서포트 촉매(supoported catalyst)　서포트 안에 하나 이상의 활성물질로 조성되거나, 활성물질기제의 혼합물로 조성되어 있다.

촉매의 화학반응에 따른 화합물을 기제로 한 혼합물　유리기촉매(예: 유기과산화물 또는 아조화합물의 유기용액, 레독스 혼합물), 이온성 촉매(예: 알킬리튬), 중축합반응용 촉매(예: 초산칼슘과 삼산화안티모니의 혼합물)가 있다.

[촉매의 분류]

축매·물품내용	분류
화학적으로 단일인 화합물인 화합물	제28류·제29류
비금속의 추출이나 비금속화합물의 제조용으로 사용하는 수명이 끝난 촉매	제2620호
조제 고무가황촉진제	제3812호
촉매	제3815호
주로 귀금속회수용으로 사용하는 수명이 끝난 촉매	제7112호
금속 또는 금속합금만으로 구성된 미세분말, 직조한 거즈 등의 형상의 촉매	제14부·제15부

7) 진단용·실험실용 시약 및 보증된 참조물질(제3822호)

여기에는 진단용 또는 실험실용 조제한 시약과 뒷편을 보강한 진단용·실험실용 시약 및 보증된 참조물질을 분류한다. 그러나 제30류의 진단용 시약 또는 환자투여 진단용 시약 및 혈액분류용 약품을 제외한다.

진단용 시약 및 실험실용 시약 이들 시약은 종이, 플라스틱 또는 기타 물질의 이면 지지물에 리트머스, pH, 폴-파인딩 종이, 도포한 면역측정판 등이 하나 이상의 진단용·이화학용 시약을 주입하거나 도포되어 있다. 시약은 여러 요소로 구성된 키트형태로 포장한 것도 있다.

- 진단용 시약(diagnostic reagent): 동물과 사람 내에서의 물리적, 생물물리적, 생화학적 과정 및 상태를 평가하는 데 사용되며, 기능은 시약을 구성하는 생화학 또는 화학물질 내에서의 측정 또는 관찰할 수 있는 변화에 근거하고 있다.
- 실험실용 조제시약(prepared reagent): 이화학실험에 사용되는 시약을 말하며, 진단용 시약뿐 아니라 검출 또는 진단 이외의 용도에 사용되는 기타 분석시약을 포함한다.

보증된 참조물질(certified reference materials) 기기의 보정, 측정방법에 대한 평가 또는 물성치의 조정을 위해 조제된 참조물질(reference materials)을 말하며 참조물질은 보증된 물성치와 물성치의 측정방법 및 물성치의 정확도에 대한 보증서와 보증기관이 함께 제시되어야 한다. 참조물질은 다음으로 구성된 것도 있다.

① 정확한 농도가 확인된 분석물질을 첨가한 기질물질

② 미혼합물질로서 특정 성분의 농도가 정확히 확인된 것

③ 특정 장력, 비중 등 물성이 정확히 확인된 물질(천연·합성 여부를 불문)

[분류규정] 보증된 참조물질은 제28류(무기화학품)·제29류(유기화학품)의 물품을 제외하고, 관세율표상의 어느 호보다 우선하여 분류한다.

[진단용 시약의 분류]

물품명·주요 내용	분류
귀금속의 유·무기화합물, 방사성원소와 동위원소, 동위원소의 것, 희토류금속의 유·무기화합물. 기타 무기화합물	제2843호～제2846호, 제2852호
화학적으로 단일한 유·무기화합물	제28류·제29류
합성 유기착색제	제3204호
진단용으로 조제한 동물의 피	제3002호
진단용 면역혈청	제3002호

환자에 투여하는 진단용 시약(일정 투여량의 것 또는 2 이상의 성분의 것)	제3006호
혈액형 분류용 시약	제3006호

8) 혼합지방성 지방산과 지방성 알코올의 분류

구분	지방성 산과 알코올	순도중량	분류
지방성 지방산 (fatty acid)	· 올레인산(oleic acid),	85% 이상	제2916호
		85% 미만	제3823호
	· 톨유지방산(tall oil fatty acid: TOFA),	90% 이상	제3823호
		90% 미만	제3803호
	· 스테아르산(stearic acid), · 기타: 증류 지방산. 합성지방산	90% 이상	제2915호 · 제2916호 · 제2918호
		90% 미만	제3823호
지방성 알코올 (fatty alcohol)	· 라우릴 알코올(Lauryl alcohol), 세틸알코올(Cetyl alcohol), 스테아릴 알코올(Stearyl alcohol), 올레일 알코올(Oleyl alcohol), · 지방족 알코올의 혼합물	90% 이상	보통 제2905호
		90% 미만	제3823호

(6) 기타 화학품, 화학공업 또는 연관공업의 조제품(제3824호)

제3824호에는 달리 분류되지 아니하는 화학품 및 화학공업이나 연관공업에 의한 광범위한 조제품은 제3824호에 분류된다. 따라서 이 호에는 다음의 배양단결정, 소매용 잉크제거제 및 압전기 캇 엘레멘트를 제외하고는 화학적으로 단일한 원소 또는 화합물은 분류되지 아니한다.

배양단결정(cultured crystal)　여기에는 1개의 중량이 2.5g 이상인 산화마그네슘, 알칼리 또는 알칼리토류금속의 할로겐화물이 분류된다.

예: 칼슘 또는 플루오르화리튬, 염화칼륨 또는 염화나트륨, 브롬화칼륨, 브롬요오드화칼륨 등

소매용 포장 잉크제거제　보통 화학적으로 단일 화합물의 수용액(예: 클로라민 수용액)이다. 상호 보완적 기능을 가진 2종의 화합물(예: 아황산수소나트륨 수용액과 과망간산칼륨 수용액)인 것도 있다.

압전기재료제(piezo-electric material)**의 컷 엘레멘트** 엘레멘트는 고품질의 배양 결정을 전기축 비례로 정확히 절단한 것이다. 성분은 화학적으로 단일 화합물로서 컷(cut)처리하고 장착하지 아니한 것은 제3824호에 분류된다.

예: 로쉘염, 타르타르산에틸렌디아민, 암모늄·루비듐 또는 세슘의 오르토인산염 및 이들 혼합결정. 티탄산바륨, 지르콘산티탄연, 메타니오브산연, 지르콘산스트론튬 티탄연, 티탄산칼슘 등

바이오 디젤(biodiesel) 식물유(油) 또는 동물지방(脂肪)으로부터 유도된 긴 사슬 지방산 모노알킬에스테르(소위 바이오디젤)을 말하고, 압축 점화식의 피스톤 엔진(디젤엔진) 연료로 사용된다. 석유 또는 역청유를 70% 이상 혼합된 물품(제2710호)은 달리 분류된다.

[기타 화학공업 생산품(제3824호)]

- 주물의 주형용 · 코어용 조제점결제: 주물의 주형 또는 코어용으로 수지·아마인유·식물성 점액질·덱스트린·당밀·플라스틱 등을 기제로 한 주물코어 점결제를 말한다.
  예: 주물용 모래와 혼합한 조제품
- 소매용 포장수정액: 안료, 바인더 및 용제로 불투명용액, 문서, 필서, 복사 등의 오류나 수정에 사용되는 작은 병의 소매포장
- 소매용 포장 등사판 원지 수정제: 바니시는 등사판원지 수정제로서 소매용 포장이 아닌 혼합희석제(제3814호)는 제외된다.
  예: 보통 핑크색 바니시의 소형 병뚜껑에는 작은 브러시 구비
- 퓨젤유(fusel oil)와 디펠유(dipel's oil): 퓨젤유는 조상 에틸알코올을 증류시에 불순물로 얻는다. 디펠유는 반추동물의 뼈나 뿔을 건류하여 만들며 점조하고 악취나는 흑색의 액체이다. 주로 살충제, 피리딘염기의 조제에 사용된다.
- 이온교환체(ion exchangers): 불용성 화합물로서 전해질의 용액과 접촉시에 이온교환하는 특성이 있으며, 경수를 연수화, 염료 공업용수 등에 사용한다.
  예: 인조 제오라이트(zeolites)
- 요업내화도측정물: 내화도를 측정하는 물품으로 세겔추(seger cones)가 있다. 피라미드형이며 세라믹 페이스트와 유약 조제품과 유사한 물질의 혼합물로 되어 있다.

[배양 단결정의 분류]

규격·용도	성분·형상	분류
1개당 2.5g 미만 배양 단결정 (cultured crystral)	- 염화나트륨 결정	제2501호
	- 산화마그네슘 결정	제2519호
	- 염화칼륨 결정	제3104호
	- 기타 무기화학물의 결정	제28류
	- 광학용품	제9001호
1개당 2.5g 이상 배양 단결정 (cultured crystral)	- 염화나트륨 결정, 산화마그네슘 결정, 염화칼륨 결정, 기타 무기화학물의 결정	제3824호
	- 광학용품	제9001호

[압전기용 재료의 분류]

용도	성분·형상	분류
압전기용 컷 엘레멘트 (미부착) (unmounted cut element of piezo-electric materials)	- 티탄산바륨, 지르콘산티탄연, 메타니오브산연, 지르콘산 스트론튬티탄연, 티탄산칼슘 등	제28류
	- 로쉘염(rochelle salt): 타르타르산 칼륨나트륨, 타르타르산 에틸렌디아민	제29류
	- 석영(quartz)·전기석(turmaline): 얇은 시트·봉상	제7104호

[도프처리한 화학원소와 화합물의 분류]

구분	도프처리 여부	형상	분류
화학원소: 실리콘(Si) 또는 셀륨(Ce)	붕소, 인 등으로 도프처리	실린더, 봉상	제2804호
	붕소, 인 등으로 도프처리	디스크상, 웨이퍼상	제3818호
화합물: 셀렌화카드뮴, 아황산카드뮴	게르마늄, 요드 등으로 도프처리	형상불문: 디스크, 웨이프, 로드 등	제3818호
석영	-	보통 얇은 시트상, 봉 등	제7104호

(7) 폐기물의 분류(제3825호)

생활폐기물, 하수찌꺼기 및 기타 폐기물은 제3825호에 분류된다.

생활폐기물(municipal waste) 가정, 호텔, 식당, 병원, 가게, 사무실 등에서 수집된 쓰레기 및 도로와 포장도로에서 수거한 쓰레기는 물론, 건설 및 해체 쓰레기를 말한다. 일반적으로 플라스틱, 고무, 나무, 종이, 직물, 유리, 금속, 음식물, 부서진 가구 및 기타 손상되거나 유기된 물품 등과 같은 다양한 물질을 포함한다. 다만, 생활폐기물에는 다음을 포함하지 않는다.

① 관세율표의 적당한 호에 해당되는 플라스틱, 고무, 나무, 종이, 직물, 유리, 금속 및 폐전지와 같이 폐기물로부터 분리 수거된 개개의 물질 또는 물품, ② 산업용 폐기물, ③ 폐의료용품 또는 ④ 클리닉 웨이스트

하수찌꺼기(sewage sludge) 하수처리시설에서 발생한 찌꺼기를 말하며, 전처리한 폐기물, 오물 또한 안정화 하지 않은 찌꺼기를 포함한다. 다만 비료용으로 안정화된 찌꺼기(제31류)를 제외한다.

기타 폐기물 기타 폐기물은 다음의 것이 해당된다. 다만, 석유 또는 역청유를 주로 함유하는 웨이스트(제2710호)는 제외된다

① 클리닉 웨이스트(clinic waste): 의료연구, 진단, 치료 또는 기타 신체검사, 외과, 치과, 가축진료과정에서 발생하는 오염된 폐기물을 말하며, 병원균과 의약물질을 함유하므로 특수 처리과정이 필요하다. 예: 오염된 의류, 사용한 장갑 및 주사기

② 폐유기용제(waste organic solvent): 통상 세탁 및 세척과정에서 발생하며 주로 유기용제를 함유한다. 본래 제품으로서 제시된 것과 같이 추가 사용에 적합하지 아니한 것이다(용제 재생이 의도된 여부 불문).

③ 금속 세정액, 유압액, 브레이크액 및 부동액 폐기물(wastes): 본래의 제품으로 제시된 것과 같은 추가 사용에 적합하지 아니한 것을 말한다. 이들 물품은 일반적으로 본래의 제품의 재생을 위해 사용된다.

④ 화학공업 및 연관공업에서 발생한 기타 웨이스트(waste): 알칼리산화철, 항생물 제조시 잔류물

[폐기물, 잔재물 또는 부산물의 분류]

폐기물, 잔재물 또는 부산물	분류
· 금속 또는 금속화합물의 재생에 사용되는 폐기금속세정액의 회와 잔재물	제2620호
· 생활폐기물의 소각으로부터 발생한 회와 잔재물	제2621호
· 주로 석유 또는 역청유를 함유하는 폐기물	제2710호
· 주로 석유 또는 역청유를 함유하는 유압액과 브레이크액	제2710호

·폐의료용품		제3006호
·생활폐기물, 하수찌꺼기		제3825호
·비료로 사용되는 안정화된 하수찌꺼기		제31류
·병원 웨이스트, 금속세정액, 방수액, 브레이크액 및 부동액 폐기물 및 화학공업 및 연관공업에서 발생한 기타 웨이스트		제3825호
·웨이스트에서 분리수거한 것으로서	-플라스틱	제39류
	-고무	제40류
	-나무	제44류
	-종이류	제48류
	-직물류	제11부
	-유리	제70류
	-비금속	제15부
	-폐전지	제85류
·정유에서 테르펜을 제거할 때 생기는 테르펜계 부산물		제3301호
·우드펄프제조시 생기는 폐액		제3804호

[용어]

용어	주요 내용	비고
아황산목재 펄프의 폐액	아황산펄프 폐액의 농축물은 주로 리그노술폰산의 염, 설탕, 기타 물질의 혼합물로서 점조 갈색 페이스트, 흑색의 괴나 분상이다. 또한 리그닌 술폰산염이 포함되며 보통 아황산펄프 폐액을 침전법으로 얻는다.	해설서
식물성장조절제	식물성장의 촉진 또는 지연, 수확의 증대, 질의 개선 또는 수확의 용이성 등을 위해서 식물의 생장과정을 변화시키는 데 사용된다. 식물호르몬(피토호르몬)은 식물성장조절제의 한 형태이다(예: 지베렐릭산) 합성유기화학약품도 식물성장조절제로 사용된다.	해설서
염색캐리어	합성섬유를 팽창시켜 염색과 나염공정을 촉진하는 데 사용된다. 비페닐, 벤젠, 페놀, 히드록시톨루인산의 유도체를 기제로 한 조제품으로 보통 계면활성제를 함유하고 있다.	해설서
안티녹제	불꽃점화엔진의 너무 이른 점화에 대한 연료의 저항력을 증가시켜서 노킹을 방지하는 것이다. 보통 테트라에틸연과 테트라메틸연을 기제로 한 것이다.	해설서
요업내화도측정물(세겔추)	보통 피라미드(삼각추)의 형상이며 세라믹, 유약 조제품과 유사한 물질의 혼합물로 되어 있다.	해설서

	이들 성분의 배합에 따라 적정온도에서 연화되고 용융하며 도자기 제품의 소성을 조절하는 데 사용된다.	
압전기 (piezo-electric)	결정(結晶)에 외부 변형력(stress)을 가하면 결정의 전기편극(electric polarization)이 변화하는 성질을 말하며 피에조전기라고도 하며, 압전기를 발생시키는 현상을 피에조효과 또는 압전효과라고 한다. 압전기는 기계적 변화를 전기적 변화로 바꾸고, 반대로 전기적 변화를 기계적 변화로 바꾸는 성질이 있다. 수정시계·픽업·마이크로폰 등 압전성을 이용한 기기에 쓰인다.	전기 사전
바이오디젤 (biodiesel)	동식물성 유지와 알코올을 촉매하에서 반응시키면 글리세롤과 재에스테르화합물을 얻으며, 이러한 재에스텔화합물이 바이오디젤이다. $CH_2OCOR' \qquad\qquad\qquad CH_2OH \qquad RCOOR'$ $CH_2OCOR'' + 3ROH \rightarrow CHOH + RCOOR''$ $CH_2OCOR''' \qquad\qquad\qquad CH_2OH \qquad RCOOR'''$	해설서

제 6 부 출제문제 및 연습문제

출제문제

[50점 문항]

[10점 문항]

1. 관세율표 제29류에서 규정하는 유기화합물 [1981년]
2. 염료색소의 용도별 종류 [1981년]
3. 계면활성제 [1983년]
4. 제 5 류, 제10류, 제30류, 제40류, 제70류, 제90류에 분류되는 상품 하나 이상을 써라. [1985년]
5. 관세율표에서 지방산의 분류방법은? [1987년]
6. 발화성 합금 [1987년]
7. HS에서 무기 및 유기 단일화합물에 타물질을 혼합되어도 단일화합물로 분류할 수 있는 공통적인 물품은? [1989년]
8. 동위원소를 설명하시오. [1999년]
9. 관세율표 제28류 및 제29류에 분류되는 『불순물』에 대하여 구체적으로 설명하시오. [2001년]
10. 관세율표 제29류 유기화학품 주2에서 제외되는 물품 10개항 중 5개항을 관세율표 4단위 번호와 함께 설명하시오. [2004년]
11. 왁스의 종류와 품목분류에 관하여 설명하시오. [2005년]
12. 관세율표에서 일정중량 또는 용량의 포장단위를 기준으로 품목을 분류하는 경우가 있다. 이 중 5개의 품명을 예시하고, 그 중량 또는 용량과 HS 품목번호를 설명하시오. [2005년]

13. 휘발유에 식물유와 메틸알코올을 혼합하여 만든 하이브리드 연료를 수입하고자 한다. 이 물품의 품목분류를 위해 고려해야 할 내용을 설명하시오. [2006년]
14. 관세율표 제38류 주4에서 규정하고 있는 생활폐기물과 이러한 생활폐기물에 포함되지 아니하는 것에 대하여 설명하시오. [2008년]

연습문제

[50점 문항]

1. 무기화학품과 원소(제28류)에 대한 분류내용을 설명하시오.
2. 유기화학품(제29류)에 대한 분류내용을 설명하시오.
3. 의료용품(제30류)에 대한 분류구성(구조)을 논하시오.
4. 생활폐기물, 하수찌꺼기, 기타 폐기물에 대하여 품목분류별로 설명하라.

[10점 문항]

1. 관세율표상 무기화합품(제28류)과 유기화합품(제29류)의 구분하는 방법은?
2. 제28류(무기화학품 등) 및 제29류(유기화학품)의 품목분류 원칙에 대하여 설명하시오.
3. 화학적으로 단일한 유기화합물이란?
4. 화학적으로 단일한 원소와 화합물에 대하여 설명하시오.
5. 불순물의 정의와 범위를 설명하시오.
6. 화학공업생산품(제28류 내지 제38류)에 대한 품목분류의 우선순위를 설명하시오.
7. 무기·유기화합물로서 제28류에 분류되는 화합물은(5품명 이상)?
8. 관세율표 제28류에서 동위원소란?
9. 제28류에는 화학적으로 단일한 원소와 화합물이 분류된다, 그러나 단일하지 않더라도 제28류에 분류되는 원소와 화합물을 열거하라(5품명 이상).
10. 금속원소를 열거하고 분류하라.
11. 화학적으로 단일하더라도 유기화합품(제29류)에 분류할 수 없는 유기화합품은(5품목 이상)?
12. 의약품은 제3003호와 제3004호에 분류한다. 이들 호에 분류하는 원칙을 설명하시오.
13. 제3006호의 의료용품을 열거하라(11개 물품).

14. 혈액 알부민에 분류를 설명하시오.
15. 의약품과 건강보조식품을 구분 설명하시오.
16. 비료(제31류)의 분류구조를 설명하시오.
17. 화학적으로 순수하더라도 비료(제31류)에 분류되는 무기·유기화합물을 열거하시오(5 품명 이상).
18. 제3302호에서 방향성 물질이란?
19. 제3307호에서 조제향료, 화장품류 또는 화장용품류란?
20. 비누와 계면활성제의 분류구조?
21. 유기계면활성제란?
22. 비누 또는 계면활성제를 함유하더라도 제34류에서 제외되는 물품은?
23. 유기합성착색제를 열거 설명하시오.
24. 페인트와 바니시의 분류구성을 설명하시오.
25. 관세율표에서 페인트와 바니시의 구분은?
26. 천연왁스의 종류와 분류?
27. 인조왁스와 조제왁스란?
28. 변성전분의 종류와 분류?
29. 관세율표에서 사진의 분류구조를 설명하라.
30. 화학적으로 단일한 원소와 화합물로서 제38류(화학공업생산품)에 분류되는 물품은?
31. 도프처리한 화학원소와 분류는?
32. 지방성 알코올과 지방산의 분류기준은 각각 2종 이상 열거하고 기준을 쓰라.
33. 보증된 참조물질이란?
34. 관세율표에서 진단용 시약의 분류방법은?

문제풀이

1. 무·유기화합물(제28류와 제29류)을 구분하여 논하라.

관세율표에서 유기화합물이란 탄소를 함유하는 화합물 및 유기·무기화합물은 제29류의 유기화학물에 분류하는 것을 원칙으로 하고, 이와 다르게 탄소를 함유하는 화합물로서 무기화합물(제28류)에 분류되도록 특게하여 규정함으로써 무기화합물과 유기화합물을 구분하고 있다. 다음은 제28에 분류되는 탄소를 함유하는 화합물과 제

29류에 분류되는 화합물이다.

탄소를 함유하는 화합물은 다음과 같이 분류한다.

1) 제28류의 무기화학품: 탄소를 함유하는 다음 화합물

① 탄소의 산화물, 시안화수소·육시아노철(Ⅱ)산과 육시아노철(Ⅲ)산 및 이소시안산·뇌산·티오시안산·시아노몰리브덴산과 기타 단일 또는 착시아노겐산(제2811호), ② 탄소의 산화할로겐화물(제2812호), ③ 이황화탄소(제2813호), ④ 유기안정제를 가한 아디티온산염과 술폭실산염(제2831호), ⑤ 무기염기의 탄산염과 과산화 탄산염(제2836호), ⑥ 무기염기의 시안화물·산화시안화물과 시안착염(제2837호), ⑦ 무기염기의 티오탄산염·셀레노탄산염·텔루로탄산염·셀레노시안산염·텔루로시안산염·테트라티오시아나토디아미노 크롬산 염(라이네크산염)과 기타의 시안산 착염과 또는 시안산복염(제2842호), ⑧ 귀금속, 방사성원소와 동위원소 및 희토류금속·이트륨 또는 스칸듐의 무기와 유기화합물(제2843호～제2846호), ⑨ 고체 과산화수소(요소로 고체화한 것)(제2847호), ⑩ 탄화물(이성분 탄화물; 붕화탄화물·탄화질화물 등)(탄화수소 제외)(제2849호), ⑪ 무기 또는 유기의 수은화합물(제2852호), ⑫ 산화황화탄소, 티오카르보닐 할로겐화물·시아노겐과 시아노겐의 할로겐화물·시안아미드와 시안아미드의 금속유도체(칼슘시안아미드 제외: 제31류)(제2853호)

2) 제29류의 유기화합품: 위에 게기한 탄소를 함유하는 화합물(제28류) 이외의 유기·무기화합물이 분류된다.

2. 관세율표에서 무기 및 유기 단일화합물에 타 물질이 혼합되어 있어도 단일화합물로 분류할 수 있는 공통적 물품은?

- 원소 및 무기화합물(제28류)과 유기화합물(제29류)의 분류 요건은?
- 제28류 및 제29류의 화학적으로 단일인 원소와 화합물로 분류하는 데 영향을 미치지 않는 것은?

  무기화합물과 유기화합물에는 해당 각 호에서 규정한 특정 화합물을 제외하고는 다음에 규정한 원소와 화합물이 분류된다.

  ① 화학적으로 단일한 원소, 무기화합물 또는 유기화합물(불순물 함유 여부 불문)

  ② ①의 물품을 물에 용해한 것

- 안전, 수송, 보존 또는 식별을 위해 ①의 물품을

  ③ 용매에 용해하거나, ④ 안정제(고결방지제 포함) 첨가한 것.

  ⑤ 항분제 또는 ⑥ 착색제(유기화합물은 방향성 물질 포함)를 첨가한 것이 분류된다.

· 유기화합물에 있어서는

⑦ 같은 유기화합물의 2 이상의 이성체 혼합물

⑧ 아조염료의 제조를 위하여 표준농도로 희석한 물품

3. 관세율표 제6부 또는 제7부의『주』규정에서 2종 이상의 별개의 구성요소로 구성된 세트로 포장한 물품이 제6부 또는 제7부에 분류되기 위한 요건을 설명하라.

2종 이상의 별개 구성요소로 구성된 세트로 포장한 물품의 구성요소 일부 또는 전부가 제6부 또는 제7부에 해당하고 제6부 또는 제7부의 물품을 만들 목적으로 서로 혼합할 것으로서 구성요소가 다음에 해당하는 경우에 한한다.

① 포장된 형태로 보아서 재포장 없이 함께 사용되는 것이 분명한 것

② 동시에 제시된 것

③ 그 성상 또는 상대적 구성비로 보아 상호보완적임이 인정되는 것

4. 비료(제31류)의 품목구조 및 비료의 종류

① 천연비료(3101): 동물성이나 식물성 물품을 혼합하거나 화학처리한 비료. 즉 퇴비를 말함(예: 구아노).

② 광물성·화학비료: ⓐ 질소(N) 비료(제3102호): 황산암모늄, 요소

ⓑ 인산(P) 비료(제3103호): 과인산석회, 중인산석회

ⓒ 칼륨(K) 비료(제3104호): 염화칼륨, 황산칼륨

③ 복합비료 또는 배합비료(제3105호)(비료의 필수요소인 N, P, K 중 2 이상 함유하는 비료) 및 특정 형상의 것(정(錠)상 등의 형상이나 용기를 포함한 1개의 총중량이 10kg 이하로 포장한 것)

5. 동위원소란?

원자번호는 같으나 질량수가 다른 원자 핵종을 원소의 동위원소라 한다. 예로 원자번호가 92인 우라늄은 질량수가 227에서 240까지 여러 핵종이 있는데, 이들 우라늄 동위원소를 우라늄 233, 우라늄 238 등으로 부른다.

또한 관세율표에서 규정한 동위원소는 다음의 것을 말한다.

① 천연에서 단일 동위원소 상태로 존재하는 것을 제외한 단일의 핵종

② 천연의 동위원소의 조성을 인위적으로 변성한 것이 동일한 원소의 혼합물로서 당해 동위원소의 하나 또는 몇 개를 농축한 것을 말한다.

6. 지방성 알코올과 지방산의 종류와 품목분류 기준은?

(1) 지방성 알코올

① 지방성 알코올의 종류: 라우릴알코올, 세틸알코올, 스테아릴알코올, 올레일알코올 등

② 지방성 알코올의 분류기준: 건조중량으로 순도가 90% 이상인 화학적으로 단일한 것은 제29류에 분류되며 기타의 것은 제38류에 분류

※ 제38류에 분류되는 지방성 알코올은 혼합물상태의 것임

(2) 지방산

① 지방산의 종류: 스테아린산, 올레인산, 리놀렌산, 토올오일 지방산 등

② 지방산의 분류기준

· 올레인산: 건조중량으로 순도 85% 이상의 것은 제2916호이며, 미만의 것은 제38류(제3823호)

· 기타의 지방산: 건조중량으로 순도 90% 이상의 것은 제29류이며, 미만의 것은 제38류

· 톨오일 지방산: 지방산이 건조중량으로 90% 이상의 것은 혼합지방산(제3823호)으로 분류되고 미만의 것은 톨오일(제3803호)로 분류

7. 관세율표에서 제38류에 분류되는 폐기물에 대하여 서술하시오.

폐기물 가운데 생활폐기물, 하수찌꺼기 및 기타 폐기물은 다음을 말하며 제3825호에 분류된다.

1) 생활폐기물(municipal waste): 가정, 호텔, 식당, 병원, 가게, 사무실 등에서 수집된 쓰레기 및 도로와 포장도로에서 수거한 쓰레기는 물론, 건설 및 해체 쓰레기를 말한다. 일반적으로 플라스틱, 고무, 나무, 종이, 직물, 유리, 금속, 음식물, 부서진 가구 및 기타 손상되거나 유기된 물품 등과 같은 다양한 물질을 포함한다. 다만, 생활폐기물에는 다음을 포함하지 않는다.

① 관세율표의 적당한 호에 해당되는 플라스틱, 고무, 나무, 종이, 직물, 유리, 금속 및 폐전지와 같이 폐기물로부터 분리 수거된 개개의 물질 또는 물품, ② 산업용 폐기물, ③ 폐의료용품 또는 ④ 클리닉 웨이스트

2) 하수찌꺼기(sewage sludge): 하수처리시설에서 발생한 찌꺼기를 말하며, 전처리한 폐기물, 오물 또한 안정화하지 않은 찌꺼기를 포함한다. 다만 비료용으로 안정화된 찌꺼기(제31류)를 제외한다.

3) 기타 폐기물: 기타 폐기물에는 다음의 것이 해당된다. 다만, 석유 또는 역청유를

주로 함유하는 웨이스트(제2710호)는 제외된다.

① 클리닉 웨이스트(clinic waste): 의료연구, 진단, 치료 또는 기타 신체검사, 외과, 치과, 가축진료과정에서 발생하는 오염된 폐기물을 말하며, 병원균과 의약물질을 함유하므로 특수 처리과정이 필요하다. 예: 오염된 의류, 사용한 장갑 및 주사기

② 폐유기용제(waste organic solvent): 통상 세탁 및 세척과정에서 발생하며 주로 유기용제를 함유한다. 본래 제품으로서 제시된 것과 같이 추가 사용에 적합하지 아니한 것이다(용제 재생이 의도된 여부 불문).

③ 금속 세정액, 유압액, 브레이크액 및 부동액 폐기물(wastes): 본래의 제품으로 제시된 것과 같은 추가 사용에 적합하지 아니한 것을 말한다. 이들 물품은 일반적으로 본래의 제품의 재생을 위해 사용된다.

④ 화학공업 및 연관공업에서 발생한 기타 웨이스트(waste): 알칼리산화철, 항생물제조시 잔류물

8. 유기합성염료를 염색 성질와 용도별로 설명하시오.

합성유기착색제(synthetic organic colouring matter)(제3204호)는 염색적 성질과 용도에 의해 다음과 같이 분류한다.

① 분산성 염료(disperser dye): 대부분 수불용이고 비이온성 염료로서 폴리에스터, 나일론, 아세테이트셀룰로오스 또는 아크릴 섬유에 사용된다.

② 산성 염료(acid dye): 수용성 음이온성 염료로서 양모, 나일론, 견, 모다아크릴섬유 또는 가죽에 사용된다.

③ 매염염료(mordant dye): 수용성 염료로서 염료를 직물섬유에 고착시키는 매염제가 필요하다.

④ 염기성 염료(basic dye): 수용성의 양이온성 염료로서 모다아크릴, 나일론, 폴리에스테르섬유 또는 미표백지의 염색에 사용된다.

⑤ 직접염료(direct dye): 수용성 음이온염료로서, 셀룰로오스섬유, 가죽염색, 나일론 등에 사용된다.

⑥ 건염염료(vat dye): 수불용성 염로로서 알칼리성 배드(bath)에서 수용성 루코형으로 환원된다. 주로 셀룰로오스성 섬유에 사용된다.

⑦ 반응성 염료(reactive dye): 공유결합형태로 섬유분자에 염착되며 양모 또는 나일론에 사용된다.

⑧ 안료(pigment): 합성유기착색제로서 사용하는 과정에서 결정형 또는 미립형을 유

지한다.

⑨ 유용성 염료(soluble dye): 유기용제에 용해된 것으로, 나일론·폴리에스테르 또는 아크릴섬유 등의 합성섬유에 사용된다.

⑩ 황화염료(sulpher dye): 황화나트륨으로 환원시켜 수용성으로 만들어 염색한 후 공기산화하여 섬유상에서 불용성 염료로 재생시킨다.

⑪ 유기형광증백제(organic fluoresent brightner dye): 자외선을 흡수하여 가시청색광을 내고 섬유에 염착하는 물질(주로 스틸벤유도체)로서 섬유는 형광에 의해 백색도를 높여준다.

⑫ 기타: 래피드염료, 황화건염염료

9. 페인트와 바니시를 구분하여 분류하라.

관세율표에서 페인트(paints)와 바니시(varnishes)는 유용성의 것, 수용성의 것 또는 기타의 것으로 구분하고 있으며, 페인트와 바니시에는 에나멜(enamel)과 래커(lacquer)를 포함한다.

다음과 같이 구분분류한다.

① 유용성 페인트와 바니시(제3208호): 페인트(에나멜 포함)는 불용성 착색제(colouring matter)(예: 광물성·유기안료, 레이크안료, 금속플레이크, 금속분 등)를 결합제(binder)(예: 피막생성제로서 열경화성 수지, 아크릴 중합체, 폴리에스테르, 비닐중합체 등의 합성중합체 또는 셀룰로오스·천연고무의 화학적 변성천연중합체)가 비수매질에 분산·용해된 전색제(vihicle)(예: 결합제를 비수매질에 분산·용해한 것으로 건조제, 농화제, 계면활성제, 충전제와 피막방지제가 첨가되기도 한다)에 분산시킨 것이다. 전색제가 바니시로 된 페인트가 에나멜이다. 바니시와 래커는 합성중합체 또는 화학적 변성천연중합체를 기제로 하여 용제와 희석제를 첨가한 것으로, 가용성 착색제를 첨가하여 착색하기도 한다.

② 수성 페인트와 바니시(제3209호): 수성 페인트는 합성중합체 또는 화학적 변성천연중합체를 기제로 한 결합제를 불용성 착색제 및 충전제의 분산물과 혼합하여 수성매질에 용해 또는 분산한 용액이다. 바니시는 페인트와 유사하나 안료를 함유하지 않는다. 에나멜과 래커를 포함한다.

③ 기타 페인트와 바니시(제3210호): 에나멜과 래커를 포함하며, 다음이 있다.

10. 진단용 시약과 실험실용 시약(제3822호)을 구분하여 서술하라.

진단용 시약 및 실험실용 시약은 종이, 플라스틱 또는 기타 물질의 이면 지지물에리트머스, pH, 폴-파인딩 종이, 도포한 면역측정판 등이 하나 이상의 진단용·이화학용 시약을 주입하거나 도포되어 있다. 시약은 여러 요소로 구성된 키트형태로 포장한 것도 있다. 이들은 제38류(제3822호)에 분류된다. 그러나 인체 투여용 진단용 시약, 혈액분류용 시약, X-선 조형제는 제30류에 분류한다.

제38류의 진단용 시약 및 실험실용 시약은 다음을 말한다.

① 진단용 시약(diagnostic reagent): 동물과 사람 내에서의 물리적, 생물물리적, 생화학적 과정 및 상태를 평가하는 데 사용되며, 기능은 시약을 구성하는 생화학 또는 화학물질 내에서의 측정 또는 관찰할 수 있는 변화에 근거하고 있다.

② 실험실용 조제시약(prepared reagent): 이화학실험에 사용되는 시약을 말하며, 진단용 시약뿐 아니라 검출 또는 진단 이외의 용도에 사용되는 기타 분석시약을 포함한다.

제 7 부 플라스틱과 그 제품 및 고무와 그 제품

1. 개 설

간단한 작은 화학적 단위가 반복하여 결합되어 큰 분자를 이룬 것을 고분자화합물이라 한다. 유기고분자화합물에는 천연고무, 섬유소, 리그닌, 젤라틴 등과 같은 천연에서 생성되는 천연고분자와 화학적 반응에 의해 생성되는 중합체인 합성고분자가 있다. 관세율표의 제 7 부에는 천연이나 화학적 합성에 의한 플라스틱과 고무 및 이들의 각종 제품이 분류된다. 또한 일부 천연중합체와 변성 천연중합체가 포함된다.

2. 류별 구성

제 7 부는 플라스틱과 고무, 이들의 제품을 체계적으로 품목분류하기 위하여 2개의 부주와 제39류와 제40류의 2개류의 본문으로 구성되어 있다.

[류별 표제]

제39류	플라스틱과 그 제품
제40류	고무와 그 제품

3. 총 설

(1) 플라스틱 또는 고무 및 이들 제품의 분류원칙

1) 세트포장물품의 분류

전부 또는 일부가 제 6 부(화학공업생산품)에 해당되는 2종 이상의 별개 구성요소로 구성된 세트포장한 물품으로서 이들 구성요소를 상호 혼합하여 제 6 부 또는 제 7 부(플라스틱과 고무, 이들 제품)의 물품을 만들기 위한 것

[분류규정] 구성요소가 다음에 해당하는 세트물품은 제 6 부 또는 제 7 부의 해당 호에 분류한다.

① 포장형태로 보아 재포장 없이 함께 사용되고

② 동시에 제시되며

③ 성상 또는 상대적 구성비로 보아 상호 보완적인 것

2) 인쇄물품의 분류

제3918호(플라스틱제 바닥깔개와 벽 피복재 또는 천장 피복재) 및 제3919호(플라스틱제 접착성 판 등)의 물품은 당해 물품의 본래 용도에 부수적이 아닌 모티프·문자 또는 그림을 인쇄한 것

[분류규정] 제49류(인쇄물)에 분류하지 않고, 제39류의 당해 호에 분류한다. 다만, 제 7 부의 플라스틱 또는 고무제의 기타 다른 모든 물품은 동 물품에 되어 있는 인쇄가 당해 물품의 본래의 용도에 부수적인 것이 아닌 것은 제49류에 분류된다.

제39류 플라스틱과 그 제품

1. 개 요

플라스틱은 작은 분자에서 유도된 단위체가 반복되어 있는 긴 사슬로 이루어진 거대분자(중합체)로 이루어진 합성물질을 말한다. 이들 중합체 물질과 반제품 및 이들 제품이 제39류에 분류된다. 그러나 방직용 섬유재료(제11부)는 다른 류에 분류한다.

2. 분류구조

이 류는 플라스틱의 일차제품에서 완제품에 이르는 일련의 생산품을 2개 범주(절)로 구분하고 26개의 호(제3901호 내지 제3926호)에 분류한다.

1) 일차제품 형상(제 1 절)(제3901호 내지 제3914호: 1절)

- 유기합성중합체(제3901호~제3911호): ① 폴리올레핀과 기타 올레핀(제3901호·제3902호), ② 폴리스틸렌(제3903호), ③ 할로겐화 올레핀(제3904호), ④ 비닐중합체와 비닐에스테르 중합체(제3905호), ⑤ 아크릴중합체(제3906호), ⑥ 폴리에테르·에폭시수지·폴리에스테르(제3907호), ⑦ 폴리아미드(나일론)(제3908호), ⑧ 아미노수지·페놀수지·우레탄수지(제3909호), ⑨ 실리콘수지(제3910호), ⑩ 기타 유기합성중합체(제3911호)
- 셀룰로오스와 이들 화학유도체 및 천연중합체와 이들 변성중합체(제3912호·제3912호)
- 이온교환수지(제3914호)

2) 웨이스트와 스크랩 및 반제품과 완제품(제3915호 내지 제3926호: 2절)

- 웨이스트와 스크랩(제3915호)
- 반제품(제3916호~제3921호)

  ① 모노필라멘트, 봉, 스틱, 형재(제3616호), ② 관, 파이프 및 호스 및 이들의 연결구류(제3917호), ③ 바닥깔개, 벽 피복제 또는 천정피복제(제3918호), ④ 판, 시트, 필름, 박 또는 스트립(제3919호~제3921호)
- 완제품(제3922호~제3926호)

  ① 화장실 또는 위생용품(제3922호): 목욕통, 샤워통, 비데, 변기용 시트와 커버

  ② 운반, 포장용, 마개류(제3923호): 상자, 바구니, 색과 백, 스플, 콥, 보빈, 뚜껑, 캡

  ③ 식탁용, 주방용, 가정용, 위생용품 및 화장용품류(제3924호): 그릇, 사발, 주전자, 국자, 재털이, 커튼

  ④ 건축용품(제3925호): 저장기, 탱크, 문, 창문, 창틀

  ⑤ 기타 완제품(제3926호): 사무용품이나 학용품, 의류와 의류 부속품

3. 분류원칙

제목	규정내용	비고
플라스틱	1. 관세율표에서 『플라스틱』이라 함은 성형·주조·압출·압연 또는 기타 외부작용(보통 가열 또는 가압을 말하며, 필요한 때에는 용제 또는 가소제를 가할 수 있다)에 의하여 중합시나 그 다음 단계에서 변형하고, 외부작용을 배제하여도 본래의 형태로 돌아가지 않는 성질을 가진 제3901호 내지 제3914호에 해당하는 물질을 말한다. 또한 플라스틱에는 벌커나이즈도 파이버를 포함한다. 다만, 제11부의 방직용 섬유재료는 제외한다.	제39류 류주1
합성중합체	3. 제3901호 내지 제3911호에는 화학적 합성하여 제조된 물품으로서 다음에 한하여 적용한다. ① 300℃(감압증류법은 1,013milibars로 환산한 온도)에서 유출된 용량이 60% 미만의 액상의 합성폴리올레핀(제3901호 및 제3902호), ② 고중합체가 아닌 쿠마론－인덴계 수지(제3911호), ③ 평균 5량체 이상의 기타 합성중합체, ④ 실리콘수지(제3910호), ⑤ 레졸(제3909호)과 기타 프리폴리머	제39류 류주3
공중합체의 분류	4. 관세율표에서 『공중합체』라 함은 단일 단량체 단위를 중량비 95% 이상을 함유하지 않는 모든 중합체를 말한다. 제39류의 공중합체(공중합축합체·공중합부가체·블록공중합체 및 그라프트 공중합체를 포함한다)와 혼합중합체는 문맥상 따로 규정한 경우를 제외하고는 최대 중량의 단일공중합체 단위가 해당하는 호에 분류한다. 이 경우 동일 호로 분류되는 중합체의 구성공중합체 단위는 단일 공중합체를 구성하는 것으로 본다. 만약, 최대 중량단위의 단일 공단량체가 없을 때에는 동일하게 분류가능한 해당 호 중에서 최종호에 분류한다.	제39류 류주4
화학적 변성중합체	5. 화학적으로 변성한 중합체(주중합체 사슬에 단지 부속되어 있는 부분이 화학반응에 의하여 변화된 것)는 변성되지 아니한 중합체의 해당 호에 분류한다. 다만, 이 규정은 그라프트공중합체에는 적용하지 아니한다.	제39류 류주5
일차제품	6. 제3901호 내지 제3914호에서 『일차제품』이라 함은 다음의 형상으로 된 물품을 말한다. ① 액상과 페이스트상[분산물(에멀젼 및 서스펜션)과 용액을 포함한다] ② 불규칙한 형상의 블록·럼프·분(몰딩 분을 포함)·입·플레이크 및 이와 유사 벌크상의 것	제39류 류주6

웨이스트와 스크랩	7. 제3915호에서는 일차제품으로 변형된 단일열가소성 물질의 웨이스트·페어링 또는 스크랩을 제외한다(제3901호 내지 제3914호).	제39류 류주7
관·파이프 및 호스	8. 제3917호의 『관·파이프 및 호스』라 함은 보통 가스 또는 액체를 운반하는 데 사용되는 중공의 제품(반제품 또는 완제품 여부를 불문한다)을 말하며(예: 리브드한 정원용호스 천공된 관) 소세지케이싱과 기타 레이프레트 튜빙도 포함한다. 다만, 내부횡단면의 모양이 원형·타원형·직사각형(길이가 폭의 1.5배를 초과하지 아니한 것) 또는 정다각형의 모양이 아닌 것은 관·파이프 및 호스로 볼 수 없고 형재로 본다(소세지케이싱과 기타 레이프레트 튜빙은 그러하지 아니하다).	제39류 류주8
플라스틱제 벽 피복재·천정 피복재	9. 제3918호에서 『플라스틱제의 벽 피복재 또는 천정 피복재』라 함은 벽 또는 천정장식용에 적합한 폭 45cm 이상의 롤상의 제품으로서, 종이 이외의 재료에 영구적으로 부착시킨 플라스틱으로 구성되고, 정면부분의 플라스틱층이 그레인장식·엠보싱장식·착색·디자인인쇄 또는 기타의 장식으로 된 것을 말한다.	제39류 류주9
판·시트·필름·박 및 스트립	10. 제3920호와 제3921호에서 『판·시트·필름·박 및 스트립』이라 함은 판·시트·필름·박·스트립(제54류의 것을 제외한다)과 규칙적인 기하학적 형상의 블록(프린트 기타 표면가공을 한 것인지의 여부를 불문한다)으로서, 절단하지 아니하였거나 정사각형 또는 직사각형으로 절단하되 그 이상의 가공을 하지 아니한 것을 말한다(그대로 사용할 수 있는지의 여부를 불문하다).	제39류 류주10
플라스틱 제품 분류	11. 제3925호는 제 2 절에서 당해 호보다 선행하는 각 호에 해당하는 물품을 제외한 다음의 물품에 한하여 적용한다. ① 저장기·탱크(오수정화조를 포함한다)·배트 및 이와 유사한 용기로서 300ℓ를 초과하는 것 ② 마루·벽·칸막이·천정 또는 지붕용 등의 건축용 재료 ③ 홈통과 이들의 연결구류 ④ 문·창문과 그들의 문틀 및 문지방 ⑤ 발코니·난간·울타리·대문 및 이와 유사한 장벽 ⑦ 셔터·덧문(베네치안 블라인드를 포함) 및 이와 유사 물품과 이들의 부분품 및 연결구류 ⑧ 조립용과 영구시설용의 대형선반(예: 상점·작업장·창고용) ⑨ 장식용 건축물(예: 후루팅·둥근지붕·비둘기장) ⑩ 건물의 문·창문·계단·벽 또는 기타 부분의 영구시설용 연결구류 및 설비품예: 노브·손잡이·걸대·받침걸이·수건걸이·스위치플레이트 및 기타의 보호용 널판)	제39류 류주11

<table>
<tr><td>소호
분류규정</td><td>1. 제39류의 각 호의 중합체(공중합체 포함) 및 변성중합체는 다음에 따라서 분류된다.
가. 동일계열에서 『기타』로 표기된 소호가 있는 경우.
(1) 중합체의 소호에서 접두사 『폴리』(예: 폴리에틸렌 및 폴리아미드6,6)라는 명칭은 당해 표기된 중합체의 구성 단위체 단위의 합계가 중량비로 모든 중합체 함량의 95% 이상을 차지하고 있는 것을 의미한다.
(2) 소호 제3901.30호 · 제3903.20호 · 제3903.30호 및 제3904.30호의 공중합체는 당해 공중합체의 공단량체 단위가 중합체 전 중량의 95% 이상을 차지하는 경우에 한하여 이들 소호에 분류한다.
(3) 화학적으로 변성한 중합체는 당해 화학적으로 변성한 중합체가 다른 소호에 특게되어 있지 아니한 경우에 한하여 『기타』라고 표기된 소호에 분류한다.
(4) 상기 (1)(2)(3)에 합당하지 아니하는 중합체는 기타 다른 단일공단량체 단위의 중량보다 우세한 중량을 차지하는 단량체단위의 중합체를 분류하는 소호(동일계열의 소호 중에서)에 분류한다. 이 경우 동일소호에 분류되는 중합체의 구성 단량체 단위는 합계한다. 고려대상 소호 계열의 중합체의 구성 공단량체 단위만을 비교한다.
나. 동일계열에 기타로 표기된 소호가 없는 경우
(1) 중합체는 기타 다른 단일의 공단량체 단위 중량보다 우세한 중량을 차지하는 단량체단위의 중합체가 해당하는 소호에 분류한다. 이 경우 동일소호에 분류되는 중합체의 구성 단량체 단위는 합계한다. 고려대상 계열의 중합체 구성 공단량체 단위만을 비교한다.
(2) 화학적으로 변성한 중합체는 변성하지 않은 중합체의 적절한 소호에 분류한다.
혼합중합체는 동일비율의 동일한 단량체로 만들어진 중합체가 속하는 소호에 분류한다.</td><td>제39류
소호주1</td></tr>
<tr><td>가소제</td><td>2. 제3920.43호에서 『가소제』에는 이차 가소제를 포함한다.</td><td>제39류
소호주2</td></tr>
</table>

4. 제외 물품

① 조제윤활유(제2710호 · 제3403호)

② 화학적으로 단일한 유기화합물(제29류)
③ 헤파린과 그 염(제3001호)
④ 휘발성 유기용제의 중량이 50% 초과하는 제3901호 내지 제3913호의 물품의 용액(콜로디온 제외)(제3208호) 및 제3212호의 스탬프용 박
⑤ 유기계면활성제 또는 이들 제품(제3402호)
⑥ 런검 또는 에스테르검(제3806호)
⑦ 조제첨가제(광물유 또는 광물유와 동일한 목적에 사용하는 기타 액체용의 것)(제3811호)
⑧ 폴리글리콜, 실리콘 또는 기타 제39류 중합체를 기제로 한 조제 유압액(제3819호)
⑨ 플라스틱의 이면에 진단용 또는 실험실용 조제시약을 붙힌 것(제3822호)
⑩ 합성고무 또는 이들의 제품(제40류)
⑪ 안장과 굴레(제4201호) 및 트렁크·슈트케이스·핸드백 또는 기타 용기(제4202호)
⑫ 제46류의 지조·세공물 또는 기타 물품
⑬ 제4814호의 벽 피복재
⑭ 방직용 섬유와 그 제품(제11부) 및 신발류·모자류·우산·양산·지팡이·채찍·말채찍 및 이들의 부분품(제12부)
⑮ 모조 신변장식용품(제7117호)
⑯ 제16부의 기계류 또는 전기기기류 및 제17부의 항공기 또는 차량의 부분품
⑰ 안경테 등(제90류), 시계류(제91류), 가구와 조명기구(제94류), 완구·유희용구·운동용구(제95류)

5. 해　설

(1) 플라스틱

관세율표에서 『플라스틱(plastic)』이라 함은 성형·주조·압출·압연 또는 기타의 외부작용(보통 가열, 가압, 용제 또는 가소제 첨가)에 의해 중합시에 또는 그 다음 단계에서 변형하고 외부작용을 배재하여도 본래의 형태로 돌아가지 않는 성질을 가진 제3901호 내지 제3914호에 해당하는 물질을 말한다. 또한 관세율표의 플라스틱에는 벌커나이즈 파이버(vulcanised fibre)도 포함한다.

다만, 방직용 섬유재료는 포함하지 않고 11부에 분류한다.

(2) 플라스틱과 이들 제품(제39류)의 분류범위

제3901호 내지 제3911호에는 화학적으로 합성한 다음 물품에 한하여 분류한다.

① 액상 합성폴리올레핀(제3901호·제3902호): 에틸렌(ethylene), 프로펜(propene), 부텐(butene) 또는 기타 올레핀(olefin)의 중합체는 300℃(감압증류법은 1,013milibars로 환산 온도)에서 유출용량 60% 미만인 것

② 쿠마론-인덴계의 수지(제3911호): 콜타르에서 유도된 혼합단량체(쿠마론, 인덴 포함)가 공중합으로 제조한 고중합체가 아닌 수지이다.

③ 최소 5량체 이상의 기타 합성중합체

④ 실리콘수지(제3910호)

⑤ 레솔(제3909호)과 기타 프리폴리머

[플라스틱과 이들 제품별 분류내용]

구분	플라스틱		호
1차 제품	폴리올레핀	Polyethylene(PE), Polypropylene(PP), 기타 Olefin	제3901호·제3902호
	폴리스틸렌	Polystyrene	제3903호
	할로겐화올레핀	Polyvinylchloride(PVC), 기타 할로겐화 올레핀	제3904호
	비닐중합체와 비닐에스테르 중합체		제3905호
	아크릴중합체		제3906호
	폴리에테르·에폭시수지·폴리에스테르		제3907호
	폴리아미드(나일론)		제3908호
	아미노수지·페놀수지·우레탄수지		제3909호
	실리콘수지		제3910호
	석유수지·크마론-인덴수지·폴리테르펜·폴리술파이드·폴리슬폰 기타 유기합성 중합체		제3911호
	천연중합체	-셀룰로오스와 이들 화학유도체, 천연중합체와 이들 변성중합체	제3912호·제3913호
	이온교환수지		제3914호
웨이스트·스크랩 또는 페어링			제3915호

<table>
<tr><td rowspan="6">반제품과
특게제품</td><td colspan="2">모노필라멘트, 봉, 스틱 및 형재</td><td>제3916호</td></tr>
<tr><td colspan="2">관, 파이프 및 호스, 이들의 연결구류</td><td>제3917호</td></tr>
<tr><td>롤상·타일상</td><td>-바닥깔개·천장피복재</td><td>제3918호</td></tr>
<tr><td rowspan="3">판·시트·필름
또는 스트립</td><td>-접착성의 것</td><td>제3919호</td></tr>
<tr><td>-넌셀룰라와 비결합의 것</td><td>제3920호</td></tr>
<tr><td>-셀룰라, 기타의 것</td><td>제3921호</td></tr>
<tr><td rowspan="2">제품</td><td colspan="2">-목욕통, 샤워통, 세면기, 비데, 변기시트와 카바, 유사 위생용품
-물품운반용·포장용기의 뚜껑, 마개 캡 및 이와 유사 물품
-식탁용품·주방용품·가정용품 및 화장용품
-건축용품</td><td>제3922호~
제3925호</td></tr>
<tr><td colspan="2">-기타 제품</td><td>제3926호</td></tr>
</table>

(3) 중 합 체

중합체(polymer)는 한 종류 이상의 단량체 단위(monomer units)가 반복되어 조성된 것이다. 중합체는 화학적 성질이 같거나 다른 분자의 반응에 의하여 형성되며 중합체가 형성되는 과정을 중합이라 하며, 광의의 중합은 다음 반응을 포함한다.

① 부가중합(附加重合: addition polymerisation): 불포화 에틸렌을 갖는 단일분자가 부가반응하여 탄소-탄소결합만으로 중합체를 형성하는 것을 말한다. 이러한 중합을 단순중합 또는 단순공중합, 즉 명확히 중합 또는 공중합이라 부른다.

예: 폴리에틸렌, 에틸렌비닐아세테이트공중합체 등

② 재배열중합(再配列重合: rearrangement polymerisation): 산소. 질소. 황 등의 원자를 함유하는 관능기를 갖는 분자가 전위와 부가반응하여, 단량체가 에테르결합·아미드결합·우레탄결합 또는 기타 결합으로 중합체를 형성하는 것을 말한다. 이들 중합을 중부가(polyaddition)라고도 한다.

예: 폴리메틸렌 옥사이드, 폴리아미드-6, 폴리우레탄 등

③ 축합중합(縮合重合: condensation polymerisation): 산소·질소 또는 황 등의 원자를 함유한 관능기를 갖는 분자가 축합반응하여 물 또는 기타 부산물을 생성하면서 단량체가 에테르결합·에스테르결합·아미드결합·우레탄결합 또는 기타 결합으로 중합체를 형성하는 것을 말한다. 이러한 중합을 축합(condensation) 또는 중축합(polycondention)이라고도 한다.

예: 폴리에틸렌 테레프탈레이트, 폴리아미드6,6 등

(4) 공중합체와 혼합중합체 및 화학적 변성중합체

공중합체(copolymer) 관세율표에서 공중합체(copolymer)라 함은 단일 단량체 단위를 중량비 95% 이상을 함유하지 않는 중합체를 말한다. 공중합체에는 공중합축합체, 공중합부가체, 블록공중합체 및 그래프트 공중합체를 포함한다.

블록공중합체(block copolymer) 상이한 단량체 단위의 구성을 갖고, 최소 2개의 연결된 중합체 배열로 구성된 공중합체를 말한다.

예: 폴리에틸렌 및 폴리프로필렌의 교류부분을 포함하는 에틸렌 및 프로필렌의 공중합체

그래프트 공중합체(graft copolymer) 상이한 단량체 단위의 구성을 가진 측면 중합체 고리를 포함하는 주중합체로 구성된 공중합체를 말한다.

예: 스티렌－부타디엔공중합체－그래프트－폴리스티렌, 폴리부타디엔－그래프트－스티렌－아크릴로니트릴 공중합체.

화학적으로 변성한 중합체(chemical modified polymer) 주중합체 사슬에 단지 부속되어 있는 부분이 화학반응에 의하여 변화된 것을 말한다. 구성성분 중 한 성분이 화학적으로 변성된 혼합중합체는 전체가 화학적으로 변성된 것으로 간주한다.

예: 클로로화 폴리에틸렌 및 클로로 술폰화 폴리에틸렌(제3901호)

(5) 셀룰로오스와 화학적 유도체(제3912호)

셀룰로오스(cellulose; 섬유소: 纖維素)는 식물의 구조를 형성하는 고분자의 탄수화물이며 목면에 거의 순수상태로 함유되어 있다. 재생 셀룰로오스는 셀룰로오스 키산테이트의 알칼리용액을 산의 통속에 밀어 낼 때 보통 침전 및 응고하여 얻어지는 광택있는 투명한 물질이며 보통 얇고 투명한 시트상(제3920호, 제3921호)이거나 섬유필라멘트(제54류, 제55류)이다. 벌커나이즈 파이버는 지 또는 셀룰로오스펄프의 시트를 염화아연으로 처리하여 제조되며 보통 봉, 관, 시트, 판 및 스트립상이다(주로 제3916호·제3917호·제3920호 또는 제3921호).

- 셀룰로오스의 화학적 유도체: 초산셀룰로오스, 질산셀룰로오스, 코로디온, 셀룰로이드, 초산낙산셀룰로오스, 프로피온셀룰로오스, 카르복시메틸셀룰로오스, 메틸셀룰로오스 및 하이드록시에틸셀룰로오스

(6) 천연중합체와 변성 천연중합체(제3913호)

주요한 천연 또는 변성 천연중합체에는 다음이 있다. 이들의 일차제품은 제3913호에 분류된다.

알긴산, 알긴산의 염과 에스테르 알긴산은 갈조류(phaeophyta)을 알칼리용액 중에서 침지하여 추출하여 무기산으로 처리하여 얻는다. 알긴산은 수불용성이나, 암모니아염 또는 알칼리금속염은 냉수에 용해되어 점성액이 된다. 에스테르에는 프로필렌 글리콜 알긴산이 있다.

경화단백질 식물성·동물성 고분자의 질소화합물인 단백질을 화학적 처리하여 경화된 것이다.

천연고무의 화학적 유도체 천연고무는 화학처리에 의해 가소성을 갖는 특정 물질이 된다.

예: 염화고무, 염산고무, 산화고무(촉매존재하에 가열산화한 것), 환화고무(고무를 황산, 클로로술폰산 또는 염화석수소산 등으로 처리)

기타 덱스트란, 글리코겐(동물성 전분), 키틴(chitin), 리그닌으로 제조한 플라스틱, 전분을 분별(fractionation)한 유리 아밀로펙틴(amylopectin)과 아밀로스(amylose)

[변성 천연중합체의 분류]

품명·물품내용		분류
변성하지 아니한 천연수지		제1301호
에테르화 또는 에스테르화한 로우커스트 빈 또는 구아시드의 배유		제1302호
헤파린		제3001호
전분에테르 및 에스테르		제3505호
로진, 수지산 및 이들 유도체, 에스테르검, 런검		제3806호
셀룰로오스와 그 화학적 유도체		제3912호
재생 셀룰로오스	시트상	제3920호·제3921호
	섬유필라멘트	제54류·제55류
질산셀룰로오스, 코로디온, 셀룰로이드		제3912호
알긴산, 알긴산의 염과 에스테르		제3913호
염화고무, 염산고무, 산화고무 환화고무		제3913호

(7) 폴리이소시안화합물의 분류

품명	주요 내용	분류
폴리메틸렌페닐 이소시아네이트 (polymethylene phenyl isocyanate)	crude MDI·중합 MDI라 호칭. 불투명 암갈색 내지 투명 연갈색 액상. 아닐린과 포름알데히드가 반응하여 폴리(메틸렌페닐아민)이 포스겐과 반응, 가열되어 펜던트 이소시아네이트 관능기가 만들어진다. 아닐린과 포름알데히드(화학적 변성된 아미노수지)의 화학적 변성된 중합체이다.	제3909호 (아미노수지)
폴리우레탄 (polyurethane)	다가관능기의 이소시안산과 다가알코올기 화합물이 반응하여 생성되는 모든 중합체를 포함한다. 폴리우레탄은 공중합체로 간주하지 아니한다.	제3909호 (폴리우레탄)
폴리우레탄과 TDI의 혼합물	폴리우레탄 및 미반응 다가관능기인 디이소시아네이트의 혼합물(예: 톨루엔디이소시아네이트)	제3909호 (폴리우레탄)
폴리우레아(polyurea)	헥사메틸렌디이소시아네이트(HDI)를 기제로 프리폴리머를 생산하기 위하여 물과의 반응으로 합성되며, 평균 3～4의 단량체를 갖는 프리폴리머이다.	제3911호
폴리이소시아누레이트 (polyisocyanulate)	헥사메틸렌디이소시아네이트(HDI)를 기제로 하여 프리폴리머를 제조하기 위하여 단량체 사이의 이소시아누레이트결합과의 반응으로 합성된다. 이 프리폴리머는 평균 3～5의 단량체를 갖는다.	제3911호

(8) 이온교환수지(제3914호)

이온교환수지(이온交換樹脂: Ion exchange resine)는 일반적으로 입상의 가교 결합된 중합체로서 술폰·카르복실·페놀 또는 아미노 등의 이온기를 함유하고 있다. 이러한 활성 이온기는 전해용액과 접촉하면 중합체 이온과 전해용액의 이온의 교환하게 된다. 이들은 물의 연화, 크로마토그래피, 산용액에서 우라늄의 회수, 발효액의 스트렙토마이신의 회수 등에 사용된다. 이온교환수지로 채워진 이온교환수지컬럼은 제외한다(제3926호).

(9) 다포성 플라스틱(cellular plastic)

다포성 플라스틱은 전체에 많은 기공이 분산되어 있는 플라스틱이다. 이런 플라스틱에는 포옴플라스틱, 익스펜디드플라스틱, 마이크로포러스 또는 마이크로셀룰라 플라스틱을 포함한다. 이들에는 연질과 경질이 있다. 다포성 플라스틱을 제조방법으로는 가스를 혼합하는 방법, 마이크로스페어를 혼합하는 방법, 플라스틱의 미립자를 소결하는 방법, 물 또는 용제가용물을 혼합하고 제거하여 공간을 만드는 방법 등이 있다.

(10) 플라스틱(제39류)의 용어정의

일차제품(제3901호 내지 제3914호)　일차제품이란 다음 형상으로 된 물품을 말한다.

① 액상과 페이스트상 분산물(에멀젼 및 서스펜션)과 용액을 포함한다.

② 불규칙한 형상의 블록·럼프·분(몰딩 분 포함)·입·플레이크 및 이와 유사 벌크상의 것

플라스틱의 웨이스트·페어링과 스크랩(제3915호)　플라스틱제품이 파괴 또는 마멸되어 본래의 용도에 사용할 수 없는 것이거나 또는 제조과정중에 발생한 웨이스트(부스러기·더스트·트리밍 등)를 말한다. 웨이스트 가운데는 성형재료, 바니시기재, 충전제 등으로서 재사용이 가능하게 일차제품으로 변형한 단일 종류의 열가소성 재료의 웨이스트·페어링 및 스크랩은 제외(제3901호~제3914호)되나, 단일종류의 열경화성 재료 또는 2 이상의 열가소성재료가 혼합된 웨이스트·페어링 및 스크랩은 일차제품으로 변형된 것이라 하더라도 포함된다.

관·파이프 및 호스(제3917호)　관·파이프 및 호스는 보통 가스 또는 액체를 운반하는 데 사용되는 중공의 제품(반제품, 완제품 여부 불문)을 말하며(예: 리브드한 정원용 호스, 천공된 관), 소시지케이싱과 기타 레이프레트 튜빙도 포함한다. 다만, 내부 횡단면의 모양이 원형·타원형·직사각형(길이가 폭의 1.5배를 초과하지 아니한 것) 또는 정다각형의 모양이 아닌 것은 관·파이프 및 호스로 볼 수 없고 형재로 본다(소시지케이싱과 기타 레이프레트 튜빙은 그러하지 아니한다).

플라스틱제 벽 피복재·천장 피복재(제3918호)　벽 또는 천장 장식용에 적합한 다음을 말한다.

① 폭 45cm 이상의 롤상 제품

② 종이 이외의 재료에 영구적으로 부착시킨 플라스틱으로 구성되고, 정면부분의 플라스틱층이 그레인장식·엠보싱장식·착색·디자인인쇄 또는 기타 장식된 것

판·시트·필름·박 및 스트립(제3920호·제3921호)　판·시트·필름·박·스트립(제54류의 것 제외)과 규칙적인 기하학적 형상의 블록(프린트 기타 표면가공을 한 것인지의 여

부를 불문한다)으로서, 절단하지 아니하였거나 정사각형 또는 직사각형으로 절단하되 그 이상의 가공을 하지 아니한 것을 말한다. 그대로 사용할 수 있는지의 여부를 불문한다.

플라스틱제 건축용품(제3925호) 제3925호의 플라스틱제의 건축용품은 다음 물품만이 분류된다. 다만, 이 류의 각 호에 분류되는 물품은 제외한다.

① 저장기·탱크(오수정화조 포함)·배트 및 이와 유사 용기로서 300ℓ를 초과하는 것

② 마루·벽·칸막이·천정 또는 지붕용 등의 건축용 재료

③ 홈통과 이들의 연결구류

④ 문·창문과 그들의 문틀 및 문지방

⑤ 발코니·난간·울타리·대문 및 이와 유사한 장벽

⑥ 셔터·덧문(베네치안 블라인드를 포함한다) 및 이와 유사 물품과 이들의 부분품 및 연결구류

⑦ 조립용과 영구시설용의 대형선반(예: 상점·작업장·창고용)

⑧ 장식용 건축물(예: 후루팅·둥근지붕·비둘기장)

⑨ 건물의 문·창문·계단·벽 또는 기타 부분의 영구시설용 연결구류 및 설비품

예: 노브·손잡이·걸대·받침걸이·수건걸이·스위치플레이트 및 기타 보호용 널판

(11) 플라스틱과 이들 제품의 품목분류원칙

1) 공중합체와 혼합중합체의 분류규정

공중합체(copolymer)와 혼합중합체(polymer blend)의 분류는 분맥상 별도 규정한 경우를 제외하고 다음과 같이 분류한다.

① 최대중량을 차지하는 단일공중합체 단위가 해당하는 호에 분류한다. 이때 동일 호의 중합체를 구성하는 코모너머 단위들을 합하여 단일 코모노머 단위로 간주한다.

② 최대 중량의 코모노머 단위가 없으면, 동일하게 분류 가능한 호 중 최종호에 분류한다.

[사례 1] 염화비닐단량체 단위를 55%의 염화비닐=초산비닐공중합체는 제3904호에 분류한다.

[사례 2] 초산비닐단량체 단위를 55%의 염화비닐=초산비닐공중합체는 제3905호에 분류한다.

[사례 3] 45% 에틸렌, 35% 프로필렌 및 20% 이소부틸렌 단량체 단위의 공중합체=제3902호에 분류한다.

[사례 4] 톨루엔 디이소시아네이트와 폴리에테르폴리올을 기제로 한 55% 폴리우레탄과 45% 폴리크시렌옥사이드로 조성된 혼합중합체=제3909호에 분류한다.

2) 화학적 변성중합체의 분류규정

화학적 변성한 중합체의 품목분류는 변성되지 않은 중합체의 호에 분류한다. 다만 이 규정은 그래프트공중합체에는 적용하지 아니한다.

[사례 1] 클로로화 폴리에틸렌 및 클로로술폰화 폴리에틸렌=제3901호에 분류한다.

[사례 2] 중합체가 에폭시수지가 되는 것과 같이 화학적으로 변성하여 반응성 에폭시그룹을 형성하는 중합체=제3907호에 분류된다.

[사례 3] 에피클로로히드린이 화학적 변성된 페놀수지는 에폭시수지로 분류되나 화학적 변성하지 아니한 페놀수지=제3909호에 분류된다.

3) 플라스틱과 타물질과의 결합물품의 분류규정

플라스틱과 방직용 섬유와의 결합물품 다음 물품은 제39류에 분류한다.

① 플라스틱을 침투·도포·피복 또는 적층한 것으로서 방직용 섬유재료의 함유량이 50% 이하의 펠트 또는 플라스틱 내에 완전히 삽입된 펠트

② 플라스틱 내에 완전히 투입되었거나 또는 양면에 플라스틱을 완전히 도포 또는 피복한 방직용 직유 및 직물유 및 부직포로서 육안으로 도포 또는 피복된 사실을 확인할 수 있는 것(색채의 변화는 고려하지 아니한다)

③ 플라스틱을 침투·도포·피복 또는 적층한 것으로서 15℃ 내지 30℃에서 직경 7mm의 원통둘레에 꺾지 않고는 손으로 감을 수 없는 방직용 섬유 직물류

④ 방직용 섬유 직물류·펠트 또는 부직포와 결합한 셀룰라 플라스틱제의 플레이트·시트 및 스트립으로서 직물이 단순히 보강의 목적으로 사용되는 것

양면을 방직용 섬유의 직물류와 결합한 다포성 플라스틱의 플레이트, 시트와 스트립 직물의 어떠한 특성을 갖고 있드라도 제39류에서 제외되며 일반적으로 펠트, 부직포 또는 적층, 도포한 직물(제5602호, 제5603호 또는 제5903호)에 분류한다.

직물류 이외의 재료와 플라스틱과의 결합물품 다음 물품은 플라스틱 제품의 본질적인 특성이 있는 것은 제39류에 분류된다.

① 플라스틱 본체에 금속선, 유리섬유 등의 다른 물질을 보강재나 지지망으로 삽입

된 판·시트 등

② 금속박·판지 등 다른 재료의 층에 의하여 분리되는 플라스틱의 판·시트 등

③ 지로 보강한 적층 플라스틱 쉬팅 및 지 또는 판지의 층에 플라스틱층을 도포 또는 피복한 물품(플라스틱층이 전 두께의 1/2을 초과하는 것에 한하며 제4814호의 벽 피복재를 제외한다)

④ 플라스틱을 침투시켜 함께 압착하여 만든 유리섬유 또는 종이시트의 제품으로서 단단한 특성을 가지고 있는 것

모노필라멘트·봉·스틱·형재·관·호스 및 제품 위 전항의 규정을 준용하여 적용한다.

비금속의 거즈 및 망을 단순히 플라스틱용액에 살짝 잠긴 것 침적공정으로 망목이 충전된 것이라도 제외된다(제15부).

목재 및 플라스틱을 겹쳐서 만든 판 또는 시트 목재가 단지 플라스틱의 지지나 보강용으로 사용된 것은 제39류에 분류되고, 플라스틱이 단지 보조적 역할(예: 고급합판용 기재를 형성할 때)을 하는 것은 제39류에서 제외되며(제44류), 이와 관련하여 목재와 플라스틱 층으로 만든 건축용 패널은 제외된다(주로 제44류).

[플라스틱(제39류)의 소호 분류규정]

구분	분류규정	비고
동일계열에 『기타』로 표기된 소호가 있는 경우	① 중합체의 소호에서 접두사 『폴리』(예: 폴리에틸렌, 폴리아미드6,6)로 표기된 중합체의 구성 단위체 단위의 합계중량은 95%이다.	제39류 소호주1
	② 제3901.30호·제3903.20호·제3903.30호 및 제3904.30호의 공중합체는 당해 공중합체의 공단량체 단위가 전 중량의 95% 이상에 한하여 이들 소호에 분류한다.	
	③ 화학적 변성중합체는 당해 화학적으로 변성한 중합체는 다른 소호에 특게되지 아니한 경우에 한하여 『기타』로 표기된 소호에 분류한다.	
	④ 위의 ①②③에 합당하지 않은 중합체는 기타 다른 단일 공단량체 단위의 중량보다 높은 중량의 단량체단위 중합체가 분류되는 소호(동일계열의 소호 중)에 분류한다. 이때 동일소호에 분류되는 중합체의 구성 단량체 단위는 합계한다. 분류될 수있는 소호계열의 중합체의 구성 공단량체 단위만을 비교한다.	

동일계열에 『기타』로 표기된 소호가 없는 경우	① 중합체는 기타 다른 단일의 공단량체 단위 중량보다 높은 중량을 차지하는 단량체 단위의 중합체가 해당하는 소호에 분류한다. 이때 동일 소호에 분류되는 중합체의 구성단량체 단위는 합계한다. 고려 대상 계열의 중합체 구성공단량체 단위만을 비교한다.	
	② 화학적으로 변성한 중합체는 변성하지 않은 중합체의 적절한 소호에 분류한다. 혼합중합체는 동일비율의 동일한 단량체로 만들어진 중합체가 속하는 소호에 분류한다.	
가소제	제3920.43호에서 『가소제』에는 이차 가소제를 포함한다.	제39류 소호주2

[플라스틱의 종류(일차제품)]

구분	품 명	분류
폴리올레핀	Polyethylene(PE), High-density polyethylene(HDPE), Low-density polyethylene(LDPE), Liner low-density polyethylene(LLDP), Ethylene-vinyl acetate copolymer	제3901호
	Polypropylene(PP). Polyisobutylene	제3902호
폴리스틸렌	Polystyrene(PS), Styrene-acrylonitrile(SAN), acry-onitrile-butadiene-styrene(ABS)	제3903호
할로겐화올레핀	Polyvinylchloride(PVC), chloride-vinyl acetate copolymer, Polyvinylidenechloride, Vinylidene chloride copolymer, Polytetrafluoroethylene(PTFE), Chlorotrifluoreethylene, Poly-vinylidene fluride, Chlorinated polyethylene	제3904호
비닐중합체와 비닐에스테르 중합체	Polyvinyl alcohol(PVAL), Polyvinyl acetate(PVAC), Polyvinyl ether, Polyvinyl carbazole, polyvinyl pyrrolidone	제3905호
아크릴중합체	Polymethyl methacrylate(PMMA), Stylene-acrylontrile copolymer (SAN)	제3906호
폴리에테르	Polyacetal, Polyethylene oxid(polyoxyethelene: polyethylene glycol)(PEOX), Polyphenylene oxide(PPO), Polypropyleneoxide (polyoxypropylene: Polypropylene glycol)(PPOX)	제3907호
에폭시수지	Epoxide resin	
폴리카보네이트	Polycarbonate	
알키드수지	Alkyd resins	
폴리에스테르	Polyethylene terephthalate(PET), Polybutylene terephthalate (PET), Polyallyl ester	

폴리락트산	Poly(lactic acid)	
폴리아미드	nylon: polyamide6, polyamide11, polyamide 12, polyamide66, polyamide69, polyamide6,10, polyamide66,12, Aramids	제3908호
아미노수지	Urea resin, Thiourea resin, Melamine resin, Polymethylene phenyl isocyanate	제3909호
페놀수지	Phenol resin: Novolak, Thermosetting phenolic resin, Oil-soluble phenolic resin	
우레탄수지	Polyurethanes	
실리콘수지	Silicones resin: Silicone oil and greases, Silicone resin, Silicone elastomers	제3910호
석유수지	Petroleum resin	제3911호
크마론－인덴수지	Cumarone-indene resin	
폴리테르펜	Polyterpenes	
폴리술파이드	Polysulphides	
폴리술폰	Polysulphones	
기타 유기합성 중합체	Polyxylene resin, Poly(1,4-diisopropylbenzene), Polyvinyl ketones, Polyethyleneimines, Polyimides, polyurea, polyisocyanulate	
셀룰로오스와 화학유도체	Cellulose	제3912호
	Cellulose acetate(CA), Cellulose acetate butyrate(CAB), Cellulose propionate(CP), Carboxymethyl cellulose(CMC)	제3913호
천연중합체와 변성중합체	Alginic acid, Hardened protein, 천연고무 화학유도체: Chlorinated rubber, Rubber hydrochloride, Oxidised rubber, cyclised rubber, Dextran, Glycogen, Chitin	

[용어]

용어	주요 내용	비고
열가소성과 열경화성 플라스틱	· 플라스틱을 가열 연화하여 제품으로 형성한 후 냉각시켜 경화하는 것을 열가소성(熱可塑性: thermoplastic)이라 하고, 화학적 또는 물리적인 방법에 의하여 불용융성 제품으로 변형하는 것을 열경화성(熱硬化性: thermosetting)이라 한다. －열가소성 플라스틱: 폴리에틸렌, 폴리프로필렌 등의 폴리올레핀, 폴리스티렌, 염화비닐중합체, 폴리비닐아세테이트, 아크릴수지, 폴리비닐알코올 등	사전

	-열경화성플라스틱: 아세탈 수지, 폴리에테르, 에폭시수지, 페놀수지, 폴리우레탄 등	
벌커나이즈 파이버 (vulcanised fibre)	지 또는 셀룰로오스펄프를 염화아연으로 처리하여 제조한다. 보통 봉, 관, 시트나 스트립상으로 제3916호·제3917호·제3920호·제3921호에 분류된다.	제39류
단량체(monomer)와 중합체(polymer)	고분자화합물은 분자량이 작은 분자를 기본단위로 중합반응에 의해 생성된 거대 분자이다. 이때 고분자 화합물을 구성하는 기본단위가 되는 물질을 단량체라 하고 단량체가 중합하여 이루어진 고분자 물질을 중합체라 한다. 한편 이 단량체가 중합도에 따라 2량체(dimer), 3량체(trimer), 4량체(tetramer), 5량체(pentamer), 6량체…라 하며, 관세율표에서는 평균 5량체 이상을 합성중합체라 한다. 일반적으로는 6량체까지를 올리고머(oligomer)라 하고 그 이상을 고분자화합물(polymer)라 한다.	제40류 류주 및 자료
공중합체(copolymer)	어느 중합체가 한 개의 단량체로 된 것은 단중합체(homopolymer)라 하고 두 종류 이상의 서로 다른 단량체가 중합을 이룬 것을 공중합체라 한다.	해설
평균단량체 단위수 계산 (average number of monomer units)	평균단량체 단위수 계산은 중축합체 및 특정 재배열 중합체는 서로 다른 화학적 조성을 가지는 2 이상의 단량체 단위를 갖는 것도 있다. 예: ① 폴리비닐클로라이드(염화비닐수지)-3중체 체인, ② 폴리아미드6.6(나일론6.6)-4량체 체인, ③ 에틸렌-비닐아세테이트 공중합체-6량체 체인, ④ 분자중에 규소-산소-규소의 원자결합을 둘 이상에 함유하고 직접 규소-카본으로 결합된 유기그룹을 갖는 화학적으로 단일하지 않은 실리콘(제3910호), ⑤ 레솔(제3909호)과 기타 프리폴리머	제39류 류주 3다 참조
저밀도 폴리에틸렌·고밀도 폴리에틸렌	저밀도 폴리에틸렌(LDPE)은 20℃에서 비중 0.94 미만의 폴리에틸렌이다. 고밀도 폴리에틸렌(HDPE)은 20℃에서 비중 0.94 이상의 폴리에틸렌이다.	해설
프리폴리머 (prepolymer)	프리폴리머는 미반응 단량체가 있드라도 단량체 결합이 몇 개가 반복된 것이다. 보통 프리폴리머는 제품이 되지 않고 더욱 중합하여 고분자량의 중합체가 되는 물품이다. 따라서 프리폴리머에는 디-이소부틸렌(제2710호), 저분자량 혼합 폴리에틸렌글리콜(제3824호)을 포함되지 않는다.	해설

	예: 비스페놀A 또는 페놀-프롬알데히드기제에 에피클로로히드린과 폴리머릭 이소시아네이트의 에폭시화한 것	
재생 셀룰로오스	셀룰로오스 키산테이트의 알칼리용액을 산 통속에 밀어 내어 침전하고 응고하여 얻는 광택성 투명한 물질이다. 보통 엷고 투명한 시트상(제3920호 · 제3921호)이거나 섬유필라멘트(제54류 · 제55류)이다.	해설
질산셀룰로오스	셀룰로오스를 질산과 황산의 혼산으로 처리하여 만든다. 인화성이 높고, 고질화된 것은(면화약) 폭약용으로 사용된다. 안전상 알코올(에틸 · 이소푸로필 · 부틸알코올)로 축축히하여 수송하거나 프탈산 에스테르로 가소화하여 수송한다.	해설
벌커나이즈 파이버	지 또는 셀룰로오스펄프의 시트를 염화아연으로 처리하여 제조된다. 일반적으로 봉, 관, 시트, 판 및 스트립상이다(제3916호 · 제3917호 · 제3920호 · 제3921호)	해설
코로디온	코로디온은 에테르(디에틸에틸)와 에타놀의 혼합액에 질산셀룰로오스를 용해하며, 이 용액을 부분적으로 증발하면 고형의 코로이딘이 얻어진다.	해설
셀룰로이드	질산셀룰로오스를 알코올 존재하에 장뇌로 가소화시킨 것이다. 셀룰로이드는 사출성형에는 적합하지 않아 성형용 분말로는 사용하지 않는다. 보통 시트 · 필름 · 봉 · 관 또는 기타 성형이다(제3916호 · 제3917호 · 제3920호 · 제3921호).	해설

제40류 고무와 그 제품

1. 개 요

고무는 불포화결합을 갖는 합성 또는 천연의 고분자화합물(중합체)로서 황으로 가황처리하면 탄성을 갖는 특성이 있다. 제40류에는 천연 고무, 합성고무 및 이들 제품이 분류된다.

2. 분류구조

고무 원료에서 제품에 이르는 일련의 물품은 미가황고무와 가황고무로 2개 범주로 구분하고, 17개의 호(제4001호 내지 제4017호)에 분류한다.

1) 미가황고무(제4001호 내지 제4006호)

- 미배합 고무(일차제품·판·시트·스트립상의 것)(제4001호~제4003호): ① 천연고무와 천연검, ② 합성고무, 팩티스 및 천연고무와 합성고무, ③ 재생고무
- 고무의 웨이스트·스크랩·페어링, 및 이들의 분과 입(제4004호)
- 미가황-배합고무(일차제품·판·시트·스트립상)(제4005호)
- 미가황 기타 형상과 제품(배합 불문)(제4006호): 관·봉·형재 등, 디스크·링 등

2) 가황고무(제4007호 내지 제4016호)

- 반제품(제4007호~제4010호): ① 고무사, ② 판·시트·봉·형재, ③ 관·파이프·호스, ④ 벨트와 벨팅
- 기타 제품(제4011호~제4016호): ① 타이어: 공기타이어, 중고·재생·쿠션타이어, ② 이너튜우브, ③ 위생용·의료용의 것, ④ 의류와 의류 부속품, ⑤ 기타 제품

3) 경질 고무와 이들 제품(제4017호)

3. 분류원칙

제목	규정내용	비고
고무란?	1. 관세율표에서 『고무』라 함은 문맥상 따로 규정한 경우를 제외하고는 천연고무, 발라타, 구타페르카, 구아율, 치클 및 기타 이와 유사한 천연검, 합성고무, 기름으로부터 제조한 팩티스 및 이들의 재생품(가황한 것인지 또는 경질의 것인지의 여부를 불문한다)을 말한다.	제40류 류주1
일차제품	3. 제4001호 내지 제4003호 및 제4005호에서 『일차제품』이라 함은 다음 형상의 물품을 말한다. 가. 액상과 페이스트상의 것[라텍스(프리벌커나이즈된 것인지의 여부를 불문한다)와 기타 분산액 및 용액을 포함한다] 나. 불규칙한 형상의 블록·럼프·베일·분·입·부스러기 및 이와 유사한 벌크상의 것	제40류 류주3
	4. 제40류의 주1 및 제4002호에서 『합성고무』라 함은 다음의 물품을 말한다. 가. 황으로서 가황하여 비열가소성 물질로 변형되어 원상태로의 회복이 불가능하게 되고, 18℃와 29℃ 사이의 온도에서 원래의 길	

합성고무	이의 3배로 연신하여도 끊어지지 아니하며 원래의 길이의 2배로 연신한 후 5분 이내에 원래의 길이의 1.5배 이하로 되돌아가는 불포화 합성물질(이 시험에서 가황활성제 또는 가황촉진제와 같은 가교에 필요한 물질이 첨가되어질 수 있다. 제40류 류주5나의 (2) 및 (3)에 규정된 물질은 첨가될 수 있으나 증량제, 가소제 및 충진제와 같은 가교에 불필요한 물질은 첨가될 수 없다. 나. 티오플라스트(티엠) 다. 플라스틱과 그라프팅 또는 혼합에 의하여 변성된 천연고무, 해중합된 천연고무 및 포화합성 고중합체와 불포화 합성물질의 혼합물(가에서 규정한 가황·연신 및 복원성에 관한 요건에 해당하는 것에 한한다)	제40류 류주4
배합한 고무 또는 고무 혼합물	5. 가. 제4001호 및 제4002호는 응고 전후에 다음과 같은 물질을 배합한 고무 또는 고무 혼합물에 대하여는 적용하지 아니한다. (1) 가황제·가황촉진제·지연제 및 활성제(프리벌커나이즈드고무라텍스 조제용으로 첨가한 것을 제외한다) (2) 안료 또는 기타 착색제(식별을 하기 위하여 단순히 첨가한 것을 제외한다) (3) 가소제 또는 증량제(유전고무의 경우에는 광유를 제외한다)·충전제·보강제·유기용제 또는 기타 물질(다음 나에서 규정한 물질을 제외한다) 나. 제4001호 및 제4002호에는 다음에 게기할 물질을 함유하고 있는 고무 또는 고무혼합물을 포함한다(고무 또는 고무혼합물이 원재료로서의 주요한 특성을 보유하고 있는 경우에 한한다). (1) 유화제 또는 점착방지제 (2) 소량의 유화분해 잔유물 (3) 감열제(일반적으로 감열고무라텍스 제조용)·양이온성 계면활성제(일반적으로 양이온고무라 텍스 제조용)·산화방지제·응고제·붕해제·내동제·해교제·방부제·안정제·점도조절제 또는 이와 유사한 첨가제(극소량을 함유하고 있는 경우에 한한다)	제40류 류주5
고무의 웨이스트·페어링·스크랩	6. 제4004호에서 『고무의 웨이스트·페어링·스크랩』이라 함은 고무의 제조 또는 가공 공정에서 발생하는 것과 절단·마모 또는 기타의 이유로 명백히 고무제품으로서 사용할 수 없는 것을 말한다.	제40류 류주6
고무사	7. 가황한 고무만으로 된 사로서 횡단면의 최대치수가 5mm를 초과하는 것은 제4008호의 스트립·봉 또는 형재로 분류한다.	제40류 류주7
벨트와 벨팅	8. 제4010호의 컨베이어용 또는 전동용 벨트와 벨팅에는 고무를 침투·도포·피복 또는 적층한 방직용 섬유의 직물류로 제조한 것과 고무	제40류 류주8

	를 침투·도포·피복 또는 시드한 방직용 섬유의 실이나 코드로 제조한 것을 포함한다.	
판·시트 및 스트립	9. 제4001호·제4002호·제4003호·제4005호 및 제4008호에서 판·시트 및 스트립은 절단하지 않거나 단순히 직사각형(정사각형을 포함한다)으로 절단만 하고 그 이상의 가공을 하지 아니한 판·시트·스트립과 규칙적인 기하학상의 블록에 한한다(제품으로서의 특성을 가지고 있는 것 및 프린트 기타의 표면가공 한 것인지의 여부를 불문한다). 제4008호에서 봉 및 형재는 일정한 길이로 절단하였거나 표면가공한 것을 불문하나 기타 가공을 하지 아니한 것에 한한다.	제40류 류주9

4. 제외 물품

① 제11부의 물품(방직용 섬유와 그 제품)

② 제64류의 신발류와 그 부분품 제65류의 모자류(수영모를 포함한다)와 그 부분품

③ 제16부의 기계류, 전기기기 또는 이들의 부분품(모든 전기용품을 포함)으로서 경질 고무의 것

④ 제90류, 제92류, 제94류 또는 제96류의 물품

⑤ 제95류의 물품(운동용 장갑, 벙어리장갑과 제4011호 내지 4013호의 물품을 제외한다)

5. 해 설

(1) 고 무

관세율표에서 고무(rubber)라 함은 다음 물품을 말한다.

① 천연고무와 발라타·구타베르카·구아율·치클 및 이와 유사 천연검

② 합성고무

③ 기름으로부터 제조한 팩티스

④ 위 물품의 재생고무

다만, 이들 물품이 가황한 것이거나 또는 경질의 것인지의 여부를 불문하고, 문맥상 따로 규정한 경우를 제외한다.

(2) 고무와 고무제품(제40류)의 분류범위

고무의 범위　① 천연고무·고무 같은 천연검, ② 합성고무, ③ 팩티스, ④ 재생고무의 제품으로서 가황하지 아니한 것, 가황한 것 또는 경질의 것이 분류된다.

제40류의 분류범위　원료 또는 반제품 상태의 고무(가황, 경질 여부 불문) 및 전부가 고무로 되어 있거나 또는 주요 특성이 고무로부터 유도된 제품(류주2의 제외 품목은 제외)이 분류된다.

[고무(제40류)의 형상별·가공별 분류구성]

<table>
<tr><th rowspan="3">고무별</th><th colspan="3">미가황고무</th><th colspan="3">가황고무</th></tr>
<tr><th colspan="2">일차제품·판·시트·스트립</th><th rowspan="2">기타 형상과 제품(배합 여부 불문)</th><th rowspan="2">반제품</th><th rowspan="2">제품</th><th rowspan="2">경질고무</th></tr>
<tr><th>미배합</th><th>배합한 것</th></tr>
<tr><td>천연고무</td><td>제4001호</td><td rowspan="3">제4005호</td><td rowspan="3">제4006호</td><td rowspan="3">제4007호~제4010호</td><td rowspan="3">제4011호~제4016호</td><td rowspan="4">제4017호</td></tr>
<tr><td>합성고무</td><td>제4002호</td></tr>
<tr><td>재생고무</td><td>제4003호</td></tr>
<tr><td>고무의 웨이스트·스크랩 및 페어링 이들 분과 입</td><td colspan="5">제4004호</td></tr>
</table>

[고무의 반제품과 제품(제4007호~제4017호)의 분류범위]

<table>
<tr><th rowspan="2">가황여부</th><th rowspan="2">제품별</th><th rowspan="2" colspan="2">품명</th><th colspan="4">고무별(호)</th></tr>
<tr><th>천연고무</th><th>합성고무</th><th>재생고무</th><th>경질고무</th></tr>
<tr><td rowspan="9">가황고무</td><td rowspan="4">반제품</td><td colspan="2">고무사</td><td colspan="3">제4007호</td><td rowspan="9">제4017호</td></tr>
<tr><td colspan="2">판·시트·봉·형재</td><td colspan="3">제4008호</td></tr>
<tr><td colspan="2">관·파이프·호스</td><td colspan="3">제4009호</td></tr>
<tr><td colspan="2">벨트와 벨팅</td><td colspan="3">제4010호</td></tr>
<tr><td rowspan="5">제품</td><td rowspan="2">타이어</td><td>공기타이어(신품)</td><td colspan="3">제4011호</td></tr>
<tr><td>중고·재생타이어, 솔리드·쿠션타이어, 교환성 타이어 트래드 및 타이어플랩</td><td colspan="3">제4012호</td></tr>
<tr><td colspan="2">이너튜브</td><td colspan="3">제4013호</td></tr>
<tr><td colspan="2">위생용·의료용</td><td colspan="3">제4014호</td></tr>
</table>

	의류와 의류 부속품	제4015호
	기타 제품	제4016호

(3) 천연고무

천연고무의 라텍스는 고무나무(*Hevea brasiliensis*)에서 분비되는 우유 같은 현탁액으로서 유기물질과 광물성 물질을 함유하는 수용액이다. 이 라텍스는 고무(고분자 이소프렌)를 30%~40% 함유하는 현탁액이다. 상업용 천연 고무라텍스는 60%~62%로 농축하거나, 높게는 70%를 초과하는 것도 있다. 천연고무 라텍스는 산처리하여 응고시키고 응고물을 슬라브나 스트립상으로 분리시 건조시켜 시트로 만들며 이를 속칭 생고무(raw rubber)이다. 천연고무 라텍스에 가황제를 첨가하여 100℃ 이하에서 열처리하여 얻는 pre-vulcanized latex도 포함된다. 이들은 일차제품, 판, 시트 또는 스트립상은 제4001호에 분류된다. 천연고무와 천연고무라텍스는 제4001호에 분류된다. 이 호에는 다음 물품이 분류된다.

- 천연라텍스: 안정·농축 고무라텍스, 감열·양성 고무 라텍스, 프리벌커나이즈드 라텍스
- 기타 형상 천연고무: 고무시트와 코레이프, 규격 천연고무(TSNR), 재응결 고무입자, 천연고무의 유동성분말, CV 고무와 LV고무, 해교고무, S·P.고무, 순화고무, 스킴고무, 항결정화 고무 등

[천연검(natural gum)의 종류(제4001호)]

- 발라타(balata): Sapotaceae과에 속하는 수목의 라텍스, 발라타 검 또는 바라타로 호칭, 주로 Bullet−tree(*Manilkara bidintata*)에서 압출한다. 붉으스레한 물질이다
- 구타페르타(gutta−percha): Sapotaceae과 Palaquium속, Payena속 수목의 라텍스에서 추출한다. 황색 또는 황적색이다.
- 구아율 검(guayule gum): 멕시코원산의 관목 *Parthenium argentatum*의 라텍스에서 추출된다.
- 치클 검(chicle gum): Sapotaceae과 나무의 껍질에 함유한 라텍스에서 추출된다. 붉으스레하다.
- 제루통(jelutong): 동남아 거목 *Dyrea costulata* H.K.F의 라텍스에서 추출된다.

(4) 합성고무

관세율표에서 합성고무(synthetic rubber)라 함은 다음 물품을 말한다.

① 합성고무 규정에 적합한 불포화 합성물질(가황 후 연신성과 복원성의 요건의 것): 부타디엔고무, 이소부텐이소프렌고무, 클로로프렌고무, 이소프렌고무 등

② 티오플라스트(thioplasts: TM)

③ 플라스틱과 그라프팅 또는 혼합에 의하여 변성된 천연고무, 해중합된 천연고무 및 포화합성고중합체와 불포화 합성물질의 혼합물(위의 규정요건에 합당한 것)

예: acrylonitrile－butadiene 고무와 polyvinyl chloride와의 혼합물

[합성고무의 종류]

- 아크릴로니트릴부타디엔고무[Acrylonitrile Butadiene Rubber(NBR)]
- 에틸렌프로필렌비공액고무[Ethylene Propylene Dimer Rubber(EPDM)]
- 클로로프렌(클로로부타디엔)고무[Chloro Butadiene(Chloroprene)Rubber(CR)]
- 이소부텐이소프렌(부틸)고무[Isobutene Isoprene(Butyl) Rubber(IIR)]
- 이소프렌고무[Isoprene Rubber(IR)]
- 스티렌부타디엔고무[Strene butadiene Rubber(SBR)]

(5) 기름에서 유도된 팩티스(제4002호)

기름(oil)에서 유도된 팩티스(factioce)는 식물성유 및 어유(산화 또는 일부를 수소로 처리한 여부 불문)에 황 또는 염화황을 반응시켜서 제조하는 물품이다. 주로 천연고무·합성고무의 배합용이나 지우개의 제조에 사용된다. 제4002호에는 일차제품 형상 또는 판·시트·스크랩상의 기름에서 유도된 팩티스가 분류된다.

(6) 재생고무(제4003호)

재생고무(reclaimed rubber)는 사용한 고무제품(특히 타이어) 또는 가황된 고무의 웨이스트와 스크랩을 각종의 화학적 기계적 처리로 연화(황제거 공정)시키고 불필요한 물질을 제거하여 얻는다. 재생고무는 결합 황잔유물 또는 가황제를 함유하고 있어 생고무보다 성질이 열등하나 가소성과 점착성이 크다.

제4003호에는 일차제품 형상 또는 판·시트·스크랩상의 재생고무로서 재생고무의

주요 특성을 갖는 것이 분류된다.

(7) 재생타이어(제4012호)

타이어의 카카스(carcass)로부터 분리된 닳아 해진 트레드로부터 다음 하나의 방법에 의해 생산된 새로운 타이어까지를 포함한다.

① 어떤 트레드는 가황되지 않은 고무로 타이어 카카스 위에 주조되며

② 가황된 트레드는 가황될 수 있는 고무스트립에 의해 타이어 카카스에 부착된다.

[타이어(tire: tyre)의 규격 읽기]

235/45R 17 92 W

* 215: 단면폭(mm), 45: 편평비(45시리즈), R: 레디얼 구조, 17: 휘의 인치수, 92: 하중, W: 속도의 등급

· 편평비(율): 타이어 단면폭에 대한 높이의 비를 말한다. 편평비+타이어단면높이/타이어단면폭×100 45란 편평률 45% 의미하며 보통 45시리즈라 호칭. 단면폭 215mm, 96, 75cm을 말한다.

· 타이어 최고속도 표기

표기	Q	R	S	T	U	H	V	W	Y
최대하중(kg)	160	170	180	190	200	210	240	270	300

· 타이어하중표기

표기	88	90	91	92	93	94	95	96
최고속도(km/h)	580	600	615	630	650	670	690	710

(8) 경질고무(제4017호)

경질고무(hard rubber)는 고무를 다량(고무 100부당 15부 초과)의 황으로 가황하여 얻는다. 경질고무는 경고하고 흑갈색(또는 적색)이며 비교적 구부러지지 않고 비탄력적이다. 경질고무는 제4017호에 분류된다. 이 호에는 웨이스트와 스크랩을 포함한 각종 형상의 경질고무(셀룰라 포함)를 분류한다. 또한 기타 류에 분류되지 않는 모든 경질고무도 분류하며 배트·통·관제품·칼자루·손잡이·그립핸들, 위생용품을 포함한다.

(9) 고무의 용어정의

일차제품(제4001호～제4003호, 제4005호) 고무와 이들 제품(제40류)에서 일차제품

(primary form)이란 다음 형상을 말한다.

① 액상과 페이스트상의 것: 라텍스(프리벌커나이즈 여부 불문)와 기타 분산액 및 용액 포함한다.

② 불규칙형상의 블록(blocks), 럼프(lumps), 베일(bals), 분(powders), 입(granules), 부스러기(crumbs) 및 이와 유사한 벌크상의 것

* 프리벌커나이즈드 라텍스(가황제 첨가하여 열처리)는 일차제품에서 규정하고 있어 가황하지 아니한 것으로 간주한다.

판·시트·및 스트립(제4001호~제4003호·제4005호 및 제4008호) 판(plate), 시트(sheet) 및 스트립(strip)이란 절단하지 않거나 단순히 정·직사각형으로 절단만 하고 그 이상의 가공을 하지 아니한 판·시트·스트립과 규칙적인 기하학상의 블록에 한한다(제품의 특성을 갖인 것 및 프린트 기타의 표면가공 한 여부를 불문).

봉과 형재(제4008호) 봉(road) 및 형재(profile)는 일정한 길이로 절단하였거나 표면가공한 것을 불문하나 기타 가공을 하지 아니한 것을 말한다. 따라서, 규칙적인 기하학적 형상의 블록을 포함하고, 판, 시트 및 스트립은 프린트한 것, 부조모양을 한 것, 홈을 판 것, 리브한 것 등의 표면가공하거나 또는 단순히 정·직사각형으로 절단한 것도 있으나 별도의 형상으로 절단하거나 더 이상의 가공을 한 것은 제외한다.

고무의 웨이스트, 페어링 및 스크랩(제4004호) 경화고무를 제외한 고무의 제조 또는 가공 공정에서 발생하는 웨이스트, 페어링 및 스크랩과 절단·마모 또는 기타의 이유로 명백히 고무제품으로서 사용할 수 없는 것을 말한다.

여기에는 재생할 수 없는 낡은 고무타이어 및 이들을 다음 공정에서 얻은 스크랩을 포함한다.

① 타이어를 특수기계로 비드와이야나 힐의 근접부분을 절단한 것

② 트레드를 파열 제거한 것

③ 소편으로 절단한 것

(10) 고무와 고무제품의 분류원칙

합성고무의 결정 규정 합성고무인지의 여부를 결정하기 위한 규정이다. 합성고무는 불포화 합성물질로서 다음 가황 후 연신성과 복원성의 것을 말한다.

① 가황: 황으로 가황하여 비열가소성 물질로 변형되어 원상태로의 회복이 불가능

하고,

② 연신과 복원성: 18℃~29℃에서 원길이의 3배로 연신하여도 끊어지지 않고, 원길이의 2배로 연신한 후 5분 이내에 원길이의 1.5배 이하로 되돌아가는 것

다만, 위 시험에서 가교제(가황활성제, 가황촉진제 등), 유화제 또는 점착방지제, 소량의 유화분해 잔유물이 첨가될 수 있으나, 증량제, 가소제 및 충진제와 같은 가교에 불필요한 물질은 첨가될 수 없다.

합성고무로 호칭되는 플라스틱 상관례상 합성고무로 불리나 플라스틱으로 분류되는 고분자화합물이 있다. 즉, 합성고무(제40류)의 적합규정에 합당하지 아니한 것으로 포화 고분자화합물이거나, 불포화 고분자화합물일지라도 연신 또는 복원성 규정에 적합하지 아니한 것이다.

- 포화 고분자화합물: 우레탄고무(urethane rubber), 아크릴고무(acryl rubber), 실리콘고무(silicone rubber). 불소고무(polytetra fluoroethylene rubber), 에틸렌프로필렌고무(ethylene propylene rubber)
- 저급의 불포화 고분자화합물: 하이스티렌 SBR(high styrene butadiene rubber)(스틸렌 50% 초과), 저급 EPDM(ethylene propylene dimer)(dien이 적다)

고무혼합물의 분류 규정 천연고무와 합성고무(제4001호·제4002호)에는 다음 물질을 함유하는 고무(또는 고무혼합물)는 배합고무로 보지 아니한다. 다만, 고무·고무혼합물이 원재료의 주요 특성을 갖는 것에 한한다.

① 유화제 또는 점착방지제

② 소량의 유화분해 잔유물

③ 감열제·양이온성 계면활성제·산화방지제·응고제·붕해제·내동제·해교제·방부제·안정제·점도조절제 또는 이와 유사 첨가제(미량 함유)

배합고무(compounded rubber)**의 분류규정** 배합고무는 천연고무와 합성고무(제4001호와 제4002호)에 응고 전후에 다음 물질을 배합한 고무(또는 고무혼합물)이다.

배합고무는 형상에 따라 일차제품, 판, 시트 및 스트립은 제4005호에, 기타 형상과 제품은 제4006호에 분류한다.

① 가황제, 가황촉진제, 지연제 및 활성제(프리벌커나이즈드 고무 라텍스 조제용으로 첨가한 것 제외)

② 안료 또는 기타 착색제(식별을 위한 단순첨가 제외)

③ 가소제 또는 증량제(유전고무의 광유 제외)·충전제·보강제·유기용제 또는 기타 물질(다음에서 규정한 물질 제외)

고무와 방직용 섬유와의 결합물품의 분류규정

· 컨베이어용·전동용 벨트와 벨팅: 다음 물품은 고무(제40류)로 분류한다.

① 방직용 섬유 직물류에 고무를 침투·도포·피복 또는 적층한 것

② 고무를 침투·도포·피복 또는 시드한 방직용 섬유의 실·코드로 제조한 것

· 고무와 방직용 섬유와의 결합물품: 다음 물품은 고무(제40류)에 분류한다.

① 고무를 침투·도포·피복 또는 적층한 펠트로서 방직용 섬유의 함유중량이 50% 이하이고 펠트를 고무 중간에 완전히 삽입한 것

② 부직포를 고무중간에 완전히 삽입한 물품 또는 부직포의 양면 모두에 고무를 도포 또는 피복한 물품으로서 육안으로서 도포 또는 피복된 사실을 색채의 변화를 고려하지 아니하고 확인할 수 있는 것

③ 고무를 침투·도포·피복 또는 적층한 방직용 섬유의 직물류(제59류 류주1)로서 1㎡당 1.500g을 초과하고 방직용 섬유의 함유중량이 50% 이하의 것

④ 방직용 섬유의 직물류·펠트 또는 부직포와 결합한 셀룰라고무의 판·시트 및 스트립으로서 직물이 단순히 보강의 목적인 것

[고무사의 분류]

품명·규격		분류
미가황 고무사		제4006호
가황 고무사	–횡단면 5mm 이하	제4007호
	–횡단면 5mm 초과	제4008호
직물을 피복한 고무사		제5604호

[용어]

용어	주요 내용	비고
가황고무 (vulcanised rubber)	일반적으로 황 또는 가황제를 가하고 열 또는 압력 등을 가하여 가교처리한 고무와 합성고무를 말하며, 가황하면 탄력성을 가지게 되며 가황 기준에 의해 합성고무 여부를 결정한다. 가황제: 염화황, 셀렌, 텔루륨, 2황산티우람과 4황화하티우람, 유기과산화물 등	해설

셀룰라고무 (cellular rubber)	많은 셀(cells)이 전체에 걸쳐 흩어져 있는 고무이다. 셀룰라고무에는 스폰지 또는 발포 고무, 팽창고무 및 미공성고무 또는 미세포고무가 있고, 연질성과 경질성이 있다.	해설
재생타이어 (retreaded tyres)	재생타이어란 타이어의 카카스 또는 비드에 상처가 없고 트레드만이 마모된 것을 새로운 트래드고무를 가황하여 밀착시켜 재사용하는 타이어를 말한다. 재생타이어는 낡은 트래드 부위의 고무를 제거하고 새로운 가황고무를 덮어 씌워 열처리한다. 다음 가공법이 있다. ① cold-cap(발칸재생): 도로접지 부분만 가공처리한 것, 도로상태가 양호한 조건에 사용한다. ② hot-cap(전면재생): 보통 숄더부－숄더부까지 가공처리한 것, 도로조건이 나쁜 곳에 사용한다.	해설
타이어의 용어	카카스(carcass)란 타이어 내부의 코드층으로 하중을 지지하고 충격에 견디며, 주행중 굴신운동에 대한 내피로성이 강해야 한다. 비드(bead)란 타어어에서 코드지 끝부분을 감아주며 타이어를 림(rim)에 장착시키는 역할을 한다. 트레드(tread)는 타이어에서 노면과 접촉하는 고무층으로 외부의 충격에 충분히 견딜 수 있고, 발영이 적어야 한다.	해설
중고타이어 (제4012호)	재절삭 또는 그루빙이 되는데 이것으로 마모된(그러나 육안으로 식별할 수 있는) 트레드의 홈은 절삭에 의해 깊어진다. 일반적으로 그러한 그루빙은 대형자동차(예: 버스, 화물차)에 사용되는 타이어에 행해진다.	해설

제 7 부 출제문제 및 연습문제

출제문제

[50점 문항]

1. 관세율표상 『고무와 고무제품』의 HS 품목분류에 대하여 기술하시오(특히 관세율표 해석에 관한 통칙 1에 의한 분류기준을 중심으로). [1998년]
2. 플라스틱과 그 제품에 대하여 다음에 유의하여 논하시오. [2000년]
   ① 플라스틱의 정의와 종류, ② 품목분류(류의 구성), ③ 품목분류 기준(주: note)

[10점 문항]

1. 플라스틱 종류 [1984년]
2. 제40류에 해당하는 물품 [1985년]
3. HS에서 플라스틱을 구분하여 합성고무라 함은 어떤 조건의 물품을 말하며 물품명 5개 [1989년]
4. HS에서 플라스틱의 정의와 물품명 5개 [1989년]
5. 열가소성 플라스틱과 열경화성 플라스틱 [1996년]
6. 관세율표 제4012호, 제6309호 및 제9704호의 공통점을 설명하시오. [2001년]

연습문제

[50점 문항]

1. 플라스틱과 고무를 다음 위주로 설명하라
   - 분류범위
   - 분류구조
   - 주요 물품 분류원칙

[10점 문항]

1. 관세율표에서 규정하고 있는 플라스틱이란?
2. 플라스틱의 일차제품이란?
3. 열가소성 플라스틱과 열경화성 수지를 설명하시오.
4. 이온교환수지란?
5. 단량체, 단중합체 및 공중합체란?
6. 천연고분자 물질의 종류를 들라.
7. 관세율표에서는 플라스틱과 합성고무를 구분하여 분류하고 있다. 구분규정은 설명하시오.
8. 관세율표상 합성고무에 대하여 설명하시오.
9. 상관례상 고무라 호칭하나 플라스틱(제39류)으로 분류되는 물품을 들라(5개 이상).
10. 플라스틱과 직물의 결합물에 대한 분류원칙은?
11. 팩티스란?
12. 치오플라스터(thioplast)란?
13. 셀룰라고무란?
13. 재생고무란?
14. 경질고무란?
15. 고무를 침투, 도포 피복 또는 적층한 방직용 직물로서 제11부(방직용 섬유와 이들의 직물 등)에 분류되는 규정은?
16. 플라스틱제의 벽 피복제 또는 천장 피복제라 함은?

문제풀이

1. 관세율표에서 규정하고 있는 플라스틱이란?

플라스틱(plastic)이라 함은 성형·주조·압출·압연 또는 기타의 외부작용(보통 가열, 가압, 용제 또는 가소제 첨가)에 의해 중합시에 또는 그 다음 단계에서 변형하고 외부작용을 배제하여도 본래의 형태로 돌아가지 않는 성질을 가진 제3901호 내지 제3914호에 해당하는 물질을 말한다. 또한 관세율표의 플라스틱에는 벌커나이즈 파이버(vulcanised fibre)도 포함한다.

2. 플라스틱의 일차제품이란 어떤 화학적 합성물품이 분류되는가를 열거하라.

· 플라스틱의 일차제품이란 다음 형상의 물품을 말하며, 제3901호 내지 제3911호에는 유기합성중합체가 분류된다.
  ① 액상과 페이스트상[분산물(에멀젼 및 서스펜션)과 용액을 포함한다.
  ② 불규칙한 형상의 블록·럼프·분(몰딩분 포함)·입·플레이크 및 이와 유사 벌크상의 것
· 유기합성 중합체의 일차제품(제3901호 내지 제3911호)은 다음과 같이 분류된다.
  ① 폴리올레핀과 기타 올레핀(제3901호·제3902호)
  ② 폴리스틸렌(제3903호)
  ③ 할로겐화 올레핀(제3904호)
  ④ 비닐중합체와 비닐에스테르 중합체(제3905호)
  ⑤ 아크릴중합체(제3906호)
  ⑥ 폴리에테르·에폭시수지·폴리에스테르(제3907호)
  ⑦ 폴리아미드(나일론)(제3908호)
  ⑧ 아미노수지·페놀수지·우레탄수지(제3909호)
  ⑨ 실리콘수지(제3910호)
  ⑩ 기타 유기합성중합체(제3911호)

3. 단량체, 단중합체 및 공중합체란?

중합체를 이루는 기본단위가 되는 작은 분자를 단량체(Monomer)라 부르는데 단중합체란 어떤 종류의 단량체가 전 중합체 중량의 95% 이상을 차지하고 있는 중합체를 말하며 공중합체란 두 종류 이상의 서로 다른 단량체가 중합을 이룬 것인데 전 중합체 중량의 95% 이상을 차지하는 단량체가 없는 중합체이다.

4. 관세율표에서 고무란?

관세율표에서 고무(rubber)라 함은 다음 물품을 말한다.
① 천연고무와 발라타·구타베르카·구아율·치클 및 이와 유사 천연검
② 합성고무
③ 기름으로부터 제조한 팩티스
④ 위 물품의 재생고무

5. 라텍스란?

고무나무에서 채취한 고무액을 암모니아 등의 안정제를 가하여 유백색(乳白色)의 액상 물질로 천연고무 라텍스(고무장갑, 콘돔)와 중합에 의해 제조된 합성라텍스(합성고

무 라텍스, 합성수지 라텍스; 스폰지)가 있다.

상업용 천연고무의 것은 고무함량이 70%의 고농축 제품도 있다(cf. 비상업용 30~40%). 천연고무 라텍스에 가황제를 첨가하여 100℃ 이하에서 열처리하여 얻어지는 Pre-vulcanized latex는 제4001호에 함께 분류된다.

합성고무 라텍스는 제40류의 규정에 적합한 것에 한에 제40류에 분류되며 합성수지 라텍스인 염화비닐 라텍스(PVC Latex)는 제3904호에 분류된다.

6. 합성고무의 결정 규정은? 즉, 플라스틱과 합성고무 간을 결정하는 규정을 서술하라.

합성고무라 함은 불포화합성물질로서 다음 가황 후 연신성과 복원성의 것을 말한다.

① 가황: 황으로 가황하여 비열가소성 물질로 변형되어 원상태로의 회복이 불가능하고,

② 연신과 복원성: 18℃~29℃에서 원길이의 3배로 연신하여도 끊어지지 않고, 원길이의 2배로 연신한 후 5분 이내에 원길이의 1.5배 이하로 되돌아가는 것

다만, 위 시험에서 가교제(가황활성제, 가황촉진제 등), 유화제 또는 점착방지제, 소량의 유화분해 잔유물이 첨가될 수 있으나, 증량제, 가소제 및 충진제와 같은 가교에 불필요한 물질은 첨가될 수 없다.

7. 합성고무로 호칭되는 플라스틱(합성고분자 화합물)을 열거하시오.

상관례상 합성고무로 불리나 플라스틱으로 분류되는 고분자화합물이 있다. 즉, 합성고무(제40류)의 적합규정에 합당하지 아니한 것으로 포화 고분자화합물이거나, 불포화 고분자화합물일지라도 연신 또는 복원성 규정에 적합하지 아니한 것이다

① 포화고분자화합물: 우레탄고무(urethane rubber), 아크릴고무(acryl rubber), 실리콘고무(silicone rubber). 불소고무(polytetrafluoroethylene rubber), 에틸렌프로필렌고무(ethylene propylene rubber)

② 저급의 불포화 고분자화합물: 하이스티렌 SBR(high styrene butadiene rubber)(스티렌 50% 초과), 저급 EPDM(ethylene propylene dimer)(dien이 적다)

8. 티오플라스트(TM)이란?

티오플라스트는 지방족 디할로겐화물과 다황화소다를 반응시켜 얻어진 포화합성물질로서 일반적으로 가황제로 가황된다. 티오플라스트의 기계적 성질은 타합성고무에 비하여 열등하지만 용제에 대한 저항성은 크다. 제4002호에 분류된다.

제 8 부　원피·가죽·모피 및 이들의 제품, 마구·여행용구·핸드백 및 이와 유사한 용기와 동물거트(누에의 거트를 제외한다)의 제품

1. 개　　설

제 8 부에는 원피와 생모피, 원피와 생모피를 가공한 가죽과 모피, 이들의 각종 제품이 분류된다. 또한 이부에는 물품의 재질을 불문하고 동물용의 장착구류와 트렁크, 슈트케이스와 각종 케이스, 여행가방, 핸드백, 쇼핑백, 공구백이 분류되며, 또한 동물의 특정 부분으로 만든 캣거트, 라켓, 벨팅 등의 제품과 인조모피와 이들 제품이 포함된다. 그러나 인조가죽(또는 합성가죽)은 다른 류(주로 구성 재료별)에 분류된다.

2. 류별 구성

이 부는 다른 부와는 다르게 부주가 없고 수피의 가죽과 모피 및 이들 제품을 체계적으로 분류하기 위하여 3개류(제41류 내지 제43류)의 본문으로 구성되어 있다.

[류별 표제]

제41류	원피와 가죽
제42류	가죽제품, 마구류, 여행용구, 핸드백 기차 이와 유사한 용기와 거트(누에의 거트는 제외)의 제품
제43류	모피와 인조모피, 이들의 제품

3. 총 설

(1) 가죽과 모피의 가공공정

[피혁과 모피의 제조공정]

원 피 (제41류) — 보존처리 — 준비공정(탈모·탈육) — 유연공정 — 완성가공 — 가죽 (제41류) — 가죽제품 (제42류)

생모피 (제43류) — 보존처리 — 준비공정(탈육) — 유연공정 — 완성가공 — 모피 (제43류) — 모피제품 (제43류)

[가공공정]

- 보존처리: 생것·염장·건조·석회가공·산처리 또는 기타 일시보존처리
- 준비공정: 원피 → 알칼리용액 → 탈모·탈육 → 석회 제거 → 세척
- 유연공정: 유연처리(식물성·광물성 또는 화학적 유연처리) → 건조(크러스터)
- 추가가공: currying, 표면의 유연·신장·박연·타연·경화 및 기름 침지(stuffing)
- 완성가공: 표면 물감·도료의 도포, 은면가공·각인, 내측면·은면을 사이징·윤택·연마처리, 왁스처리·흑염·윤골화·광택처리·날염 등의 공정

제41류 원피(모피를 제외한다)와 가죽

1. 개 요

이 류에는 동물의 수피와 수피를 가공한 일련의 제품으로 원피와 가죽이 분류된다. 그러나 인조가죽, 가죽제품(제42류)과 모피(제43류)는 다른 류에 분류되며, 즉 모피와 그 제품(제43류)과 가죽의 제품(제42류) 및 천연가죽이 아닌 재료로 제조한 인조가죽(또는 합성가죽, 모조가죽)은 다른 류에 분류된다.

2. 분류구조

원피에서 가죽에 이르는 일련의 물품을 2개 범주로 구분하고, 가공순으로 11개의

호(제4101호 내지 제4107호와 제4112호 내지 제4115호)에 분류한다.

1) 원 피

- 보존처리한 것(제4101호 내지 제4103호)

  ① 소와 마속동물의 것, ② 면양과 어린 양의 것, ③ 기타 동물의 것: 조피, 어피, 악어피, 탈모산양 등

- 유연처리·크러스트 처리한 것(제4104호 내지 제4106호)

  ① 소와 마속동물의 것, ② 면양과 어린 양의 것, ③ 기타 동물의 것(제4106호): 산양, 돼지,·파충류, 사슴, 낙타, 개, 어류와 해서포유동물 등

2) 가죽(피혁)(제4107호 내지 제4115호)

- 유연처리·크러스트 처리 후 더 이상 가공한 것(제4107호~제4113호)

  ① 소, ② 면양과 어린 양, ③ 기타 동물: 털이 없거나 탈모한 기타 모든 동물

- 세무가죽(제4114호)
- 페이턴트 레더, 적층페이턴트 레더 및 메탈라이즈드 레더(제4114호)
- 콤퍼지션 레더(제4115호)
- 가죽·콤퍼지션 레더의 페어링과 웨이스트, 기타 가죽의 더스트와 분(제4115호)

* 제4108호 내지 제4111호(4개호): 공란 유보

3. 분류원칙

제목	규정내용	비고
유연처리와 크러스터	2. 가. 제4104호 내지 제4106호는 원상태로 복귀될 수 있도록 유연처리된(유연 전처리 포함) 원피를 제외한다(경우에 따라 제4101호 내지 제4103호에 분류될 수 있다). 나. 제4104호 내지 제4106호에서 『크러스트』는 유연재처리된 원피와 건조하기 전에 색을 입히거나 기름을 바른 원피를 포함한다.	제41류 류주2
콤퍼지션 레더	3. 관세율표에서 『콤퍼지션 레더』라 함은 제4111호에 규정한 물품만을 말한다.	제41류 류주3

4. 제외 물품

① 원피의 페어링 또는 이와 유사한 웨이스트(제0511호)

② 제0505호 또는 제6701호의 우모(羽毛)나 솜털이 붙은 새의 우모피와 그 부분

③ 탈모하지 아니한 수피로서 생 것, 유연처리 또는 드레스가공한 것(제43류). 다만, 소(물소 포함), 마속동물, 면양 또는 새끼양(아스트라칸, 브로드테일, 카라쿨, 페르시아 및 이와 유사 새끼양, 인도, 중국, 몽고 및 티베트 새끼양을 제외), 산양(예멘, 몽고 및 티베트 산양을 제외), 돼지(페카리 포함), 세무, 거젤, 낙타(단봉낙타 포함), 순록, 엘크, 사슴, 로벅 또는 개의 탈모하지 아니한 원피는 제41류에 분류한다.

5. 해 설

(1) 원피와 가죽(제41류)의 분류범위

· 원 피

– 털이 없거나 탈모한 모든 동물의 원피: 우모와 솜털을 제거한 조피, 어피, 파충류, 탈모 산양의 피

– 탈모하지 아니한 원피: 소와 말, 면양·새끼양, 산양, 돼지, 세무, 거젤, 낙타, 순록, 엘크, 사슴, 로벅, 개

– 전신의 것(머리와 다리부분이 제거된 것 포함), 일부분(예: 측면, 어깨, 배, 무릎, 허리, 안면부분)의 것, 스트립상, 시트상 포함. 다만, 특별 모양으로 절단 가죽(제42류·제64류의 제품)은 제외

– 일시 보존처리한 원피, 유연처리 또는 크러스트 처리한 원피

· 가죽: 유연·크러스트 처리한 후 그 이상 가공을 한 동물의 가죽, 세무가죽, 도포·적층한 페이턴트 가죽, 메탈라이즈드 레더

· 콤퍼지션 레더: 롤상, 슬립·시트·스트립상의 것

· 가죽·콤퍼지션 레더의 페어링 및 웨이스트, 더스트·분

[원피의 가공별 분류]

<table>
<tr><th rowspan="2">가공별
동물별</th><th colspan="2">원 피</th><th colspan="6">가 죽</th><th rowspan="2">가죽제품</th></tr>
<tr><th>보존처리</th><th>연처리·크러스트 처리</th><th>유연·크러스트 처리 후 이상가공</th><th>세무</th><th>도포·적층(페이턴트)</th><th>메탈라이즈드 레더</th><th>콤퍼지션 가죽(슬립·시트·스트립상)</th><th>페어링·웨이스트, 더스트·분</th></tr>
<tr><td>소·마속동물</td><td>제4101호</td><td>제4104호</td><td>제4107호</td><td colspan="3" rowspan="4">제4114호</td><td colspan="2" rowspan="4">제4115호</td><td rowspan="4">제42류</td></tr>
<tr><td>면양</td><td>제4102호</td><td>제4105호</td><td>제4112호</td></tr>
<tr><td>산양</td><td rowspan="2">제4103호</td><td rowspan="2">제4106호</td><td rowspan="2">제4113호</td></tr>
<tr><td>기타 동물</td></tr>
</table>

* 제4108호 내지 제4111호(4개 호): 공란 유보.

(2) 동물의 원피(제4101호 내지 제4103호)

여기에는 이들 동물의 원피(Hide and Skin)로서 생것(녹색 띰)이거나, 염장, 건조, 석회가공, 산처리 또는 기타 단기간 일시 보존처리한 것이 분류된다. 이들 동물의 원피에는 미탈모 원피와 털이 없거나 탈모한 모든 동물의 원피가 있다.

탈모하지 아니한 원피 소와 마속동물, 면양과 새끼양, 산양(예멘·몽고 또는 티베트의 산양 제외), 돼지, 세무 및 거젤, 엘크, 순록, 로벅, 사슴류, 개의 원피

털이 없거나 탈모한 모든 동물의 원피 우모와 솜털이 제거된 조피, 어피, 파충류의 피(예: 악어피), 탈모한 산양의 피

(3) 유연처리 또는 크러스트 처리한 원피(제4104호 내지 제4106호)

유연처리 전에 준비공정으로 염을 제거하기 위해 알칼리 용액으로 처리하고, 탈모, 탈육가공을 거쳐 석회와 기타 물질을 제거하여 물로서 세척한다. 다음 단계로 식물성, 광물성 또는 화학적 유연처리를 거친다. 유연처리공정은 원피의 부패방지, 물리적 강도와 방수성을 증대시킨다. 유연처리 이후 건조된 가죽은 크러스트(crust) 또는 크러스트 레더로 알려져 있다.

(4) 가죽 및 도포 또는 적층한 가죽(제4107호, 제4112호 내지 제4114호)

여기에는 털이 없거나, 탈모한 모든 동물의 가죽과 이들 가죽을 도포 또는 적층한 가죽을 말한다.

유연처리·크러스트처리 후에 그 이상 가공한 동물의 가죽(제4107호, 제4112호 및 제4113호) 원피를 파치먼트 가공 및 유연처리 또는 크러스트처리 후 그 이상 가공처리한 가죽이 분류된다. 유연처리 또는 크러스트처리 후, 원피표면의 불균질을 없애고 유연하고 방수성을 갖기 위하여 종종 부가가공(currying)을 거친다. 이 추가공정은 표면을 유연·신장·박연·타연·경화과정 및 기름으로 침지(stuffing)시킨다. 이런 공정을 거친 가죽은 드레스 가공이나 완성가공 공정을 거치는 것도 있다.

세무가죽(chamois leather)(제4114호) 세무가죽은 원피를 건조시켜 어유나 동물유로 반복하여 유연처리 또는 드레스가공을 한 후 알칼리 용액으로 세척한 것이다. 가죽표면은 경석이나 다른 연마제로 기모시켜 세척 및 드레스 처리한다. 세무가죽은 유연한 황색으로 세척이 가능한 특성이 있다.

페이턴트 레더(patent leather)(제4414호) 가죽에 바니시·락카 또는 성형 플라스틱의 시트를 도포 또는 피복한 가죽이다. 이들 제품의 표면을 악어, 도마뱀 등의 원피형으로 나타내기 위해 요철(凸凹)모양, 압착·주름 또는 그레인 장식하나, 외관은 광택을 유지하여야 한다. 특히 피복한 것 또는 시트의 두께는 0.15mm 이하이어야 한다.

적층페이턴트 레더(patent laminated leaher)(제4414호) 페이턴트 도포가죽으로도 알려져 있으며, 두께가 0.15mm를 초과하나 전체 두께의 1/2 미만인 성형한 플라스틱 시트를 피복한 가죽으로서 페이턴트레더의 표면이 거울처럼 광택난다. 그러나 시트의 두께가 0.15mm를 초과하나, 전체 두께의 1/2 이상의 것은 제39류에 분류된다

메탈라이즈드 레더(metallised leather)(제4414호) 금속가루나 금속박으로 도포한 가죽을 말한다.

(5) 콤퍼지션 레더(composition leather)(제4115호)

천연가죽이나 가죽섬유를 기재로 한 콤퍼지션 레더만이 분류되며, 접착가죽이라고도 불린다. 콤퍼지션 레더의 제조는 가죽의 페어링이나 웨이스트의 조각을 ① 결합제로 응집시키거나, ② 가압하여 응집시키거나 또는 ③ 열수로 섬유상으로 분해한 펄프상을 판상으로 성형하고, 이 판상을 염색, 부조, 광택, 제모 또는 각인하여 연마제로 스웨드

처리하고 바니시 도장 또는 메탈라이즈드 가공하여 완성한다.

이런 공정으로 제조한 콤퍼지션 레더는 슬랩상, 시트상, 스트립상으로 된 것은 롤상의 여부를 불문하고 이 호에 분류되며 정사각형 또는 직사각형 이외의 형상으로 절단된 것(제42류)은 다른 류에 분류된다.

(6) 페어링 및 기타 웨이스트(4115호)

가죽이나 콤퍼지션 레더의 페어링(paring) 및 웨이스트(waste)로 가죽제품을 만들 수 없는 것을 말한다. 다음 물품이 해당된다.

① 가죽제품의 제조과정에서 생긴 가죽의 페어링과 기타 웨이스트로서 콤퍼지션 레더나 아교 등의 제조용, 비료용의 것

② 본래 목적한 용도에 사용할 수 없고, 다른 제품을 제조에 사용할 수 없는 낡은 가죽제품

③ 비료용, 인조스웨이드, 콤퍼지션플로오링 등의 제조에 사용되는 가죽의 더스트와 분

④ 스웨이드포를 만드는 데 사용되거나 플라스틱 공업의 충전재로 사용되는 가죽의 가루

[인조가죽(artificial leather, 인조피혁, 모조가죽)의 분류]

물품내용	분류
플라스틱을 기재로 만든 모조가죽	제39류
고무를 기재로 한 인조가죽	제40류
지 또는 판지를 기재로 한 인조가죽	제48류
부직포를 기재로 한 인조가죽	제5603호
도포된 직물을 기재로 한 인조가죽	제5903호

(7) 원피와 가죽에 관련된 용어

· 하이드(Hide): 소와 마속동물의 원피, 대형, 두껍고 중량이 큰 것으로 우피는 30파운드(13.6kg) 이상

· 스킨(Skin): 양과 염소 등의 작은 동물의 원피, 우피에서 하이드 이하

· 소의 종류: Cow(암소), Heifer(새끼를 낳지 않은 암소), Dairy cow(젖소), Ox(숫소), Steer

(거세숫소), Bull(황소)

· Native: 화인이 없는 것, Braded: 목장표시 또는 검역표시의 화인이 있는 것, Convention: 원피를 벗겨낸 상태, Butt brand: 옆구리에서 엉덩이까지 화인이 있는 것, Colorado brand: 옆구리에서 양쪽에 화인이 없는 원피

[용어]

제목	주요 내용	비고
원피 (hide & Skin)	동물의 최외층의 조직을 말한다. 표피, 진피 및 피하조직으로 되어 있다. 제혁에서 모, 표피 피하조직은 준비공정에서 제거되고 교원섬유가 직물상태와 같이 교차하여 있는 진피부분이 혁으로 된다.	사전
도우스킨 (doeskin)	상거래상 도우스킨이란 스프릿된 면양피를 포름알데히드나 기름으로 유연가공하여 만들어진 세척가능한 가죽으로서 제외된다.	해설
스카이버(skiver)와 벨름(vellum)	스카이버는 면양원피의 그레인 스프릿을 유연처리한 것을 말하며 배질(basils)이란 면양원피를 식물성 유연처리한 것이다. 벨름은 어린 소의 원피로 제조한 고급피혁으로 중요 서류나 책의 표지 및 드럼피 등으로 사용한다.	해설
은면(grain)	제혁공정에 있어서 털, 표피를 제거한 진피를 말한다. 은면은 모공의 크기, 형성, 배열의 방식, 모공 간의 형성에 따라 가축이나 동물에 따라 특징을 나타낸다.	사전
풀그레인 (full grain)	원래 털을 제거한 피의 은면(grain)를 말한다. 표면을 버핑(buffing)에 의하여 제거한 가죽과 구별하기 위해 은면을 버핑하지 아니한 가죽에 대해서 사용하는 경우가 많다.	사전

제42류 가죽제품·마구·여행용구·핸드백 및 이와 유사한 용기와 동물의 거트(누에의 거트를 제외한다)의 제품

1. 개 요

제42류에는 물품의 재질을 불문하고 동물용 장착구(마구류), 트렁크와 각종 케이스, 특성한 재질의 재료로 제조한 여행용 가방과 핸드백 등의 유사용기 및 특히 가죽의 제품이 분류된다.

또한 동물의 거트, 골드비터스킨, 방광 또는 건으로 마든 제품이 포함된다. 그러나 인조가죽은 다른 류(주로 재질별로 분류)에 분류된다.

2. 분류구조

동물장착구, 가방류 및 가죽은 3개 범주로 구분하고 6개의 호(제4201호 내지 제4206호; 제4204호 공란)에 분류한다.

1) 동물의 장착구(제4201호): 고삐줄, 끈, 제갈, 안장용 방석, 말용 담요 등(재질 불문)

2) 트렁크, 케이스 가방 등(제4202호)

① 재질을 불문한 물품: 트렁크, 서류가방과 학생가방, 화장품케이스, 안경케이스 등

② 가죽, 플라스틱, 방직용 섬유, 벌커나이즈드 파이버, 판지제의 물품: 여행가방, 화장갑, 핸드백, 배낭, 쇼핑백, 담배케이스, 신변장식용 상자 등과 이와 유사한 용기

3) 가죽제품(제4203호 내지 제4205호): 콤퍼지션 레더 포함

① 의류와 의류 부속품(제4203호)

② 기타 가죽제품과 콤퍼지션 레더제품(제4205호)

4) 동물 거트, 골드비터스킨, 방광 또는 건의 제품(제4206호): 낚시용구, 라켓줄, 담배쌈지, 벨트 등

* 제4204호: 공란 유보

3. 분류원칙

제목	규정내용	비고
제외 물품	2. 가. 제4202호에서는 주1에 규정한 것뿐만 아니라 다음의 것도 제외한다. (1) 오래 사용하기 위하여 디자인한 것이 아닌 것으로서 플라스틱의 시트로 만든 가방(손잡이가 달린 것에 한하며 프린트된 것인지의 여부를 불문한다)(제3923호) (2) 조물재료로 만든 물품(제4602호) 나. 제4202호 및 제4203호의 물품으로서 당해 물품의 일부분이 귀금속, 귀금속을 입힌 금속, 천연 또는 양식진주, 귀석 또는 반귀석(천연·합성 또는 재생의 것)으로 된 것은 비록 이들 물품의 일부분이 부	제42류 류주2

	착구 또는 장식 이상의 것으로 되어 있다고 하더라도 당해 호에 분류한다. 다만, 동일부분이 당해 물품에 본질적인 특성을 부여하지 아니한 경우에 한하며 본질적인 특성을 부여하는 경우에는 제71류에 분류한다.	
의류 부속품	3. 제4203호의 의류와 의류 부속품에는 장갑 및 벙어리 장갑(운동용 또는 보호용의 것을 포함한다)·앞치마 및 기타의 보호용 의류·바지멜빵·의류용 벨트·띠 및 팔목거리[시계줄(제9113호)을 제외한다]를 포함한다.	제 4 류 류주3

4. 제외 물품

① 살균한 외과용 캣거트 또는 이와 유사한 살균한 봉합재(제3006호)

② 모피 또는 인조모피를 안에 대거나 외면에 붙인 의류 및 의류 부속품(외면에 모피 또는 인조모피를 단순히 트리밍으로 사용한 것과 장갑, 벙어리 장갑을 제외한다)(제4303호·제4304호)

③ 제품으로 된 망(제5608호)

④ 제64류의 물품

⑤ 모자 또는 그 부분품(제65류)

⑥ 채찍 또는 기타의 물품(제6602호)

⑦ 커프스 단추·팔지 또는 기타 모조 신변장식용품(제7117호)

⑧ 별도제시되는 등자·비트·동제장식품 및 버클과 같은 마구용의 용구와 장식용품(주로 제15부)

⑨ 현과 드럼 또는 이와 유사한 악기의 가죽 및 기타의 악기 부분품(제9209호)

⑩ 제94류의 물품(예: 가구·램프 및 조명용구)

⑪ 제95류의 물품(예: 완구·유희용구 및 운동용구)

⑫ 제9606호의 단추·프레스파스너·스냅파스너·프레스스터드·단추몰드와 이들 부분품과 단추 브랭크

5. 해　설

(1) 마구류, 용기 및 가죽제품(제42류)의 분류범위

· 마구류: 주로 동물에 사용되는 각종 장착물을 말하는 것으로 가죽, 콤퍼지션 레더, 모피, 방직용 섬유 또는 기타 재료로 만든다.

· 용기류

– 재료를 불문한 트렁크·슈트케이스·화장품케이스·서류가방, 사진기케이스, 이와 유사용기

– 특정재료로 제조한 여행가방·배낭·핸드백·지갑·공구케이스·운동용 백, 이와 유사용기

· 가죽제품: 의류와 의류 부속품, 공업용 가죽제품 등

[제품별 – 재료별에 의한 분류범위]

<table>
<tr><th colspan="2">제품별</th><th>재료별</th><th>분류</th></tr>
<tr><td colspan="2">· 마구류: 고삐·무릎받이·재갈·안장·개끈 등</td><td>가죽, 콤퍼지션 레더, 모피, 방직용 섬유 또는 기타 재료</td><td>제4201호</td></tr>
<tr><td rowspan="2">· 용기류</td><td>트렁크·슈트케이스·화장품케이스·서류가방, 사진기케이스, 이와 유사용기</td><td>재질을 불문한다.</td><td>제4202호</td></tr>
<tr><td>여행가방·배낭·핸드백·지갑·공구케이스·운동용 백, 이와 유사용기</td><td>가죽·콤퍼지션 레더, 플라스틱 시트, 벌크나이즈드 파이버, 지·판지</td><td>제4202호</td></tr>
<tr><td colspan="2">· 의류·의류 부속품: 코트·오버코트, 멜빵·벨트·시계줄 등</td><td>가죽·콤퍼지션 레더</td><td>제4203호</td></tr>
<tr><td colspan="2">· 기계용·공업용: 전동용 벨팅, 개스킷, 워샤 등</td><td>가죽·콤퍼지션 레더</td><td>제4204호</td></tr>
<tr><td colspan="2" rowspan="2">· 기타 제품</td><td>가죽·콤퍼지션 레더</td><td>제4205호</td></tr>
<tr><td>거트·골드비터스킨·방광 또는 건</td><td>제4206호</td></tr>
</table>

* 제4204호: 공란 유보

(2) 동물용 마구류(제4201호)

이 호에는 동물에 사용되는 각종 장착물을 말하는 것으로 가죽, 콤퍼지션 레더, 모피, 방직용 섬유 또는 기타 재료로 만든다. 동물용 마구류에는 동물에게 짐을 지우거나

이끌거나 잡아매어두기 위한 안장과 마구, 고삐, 굴레 및 끌밧줄, 말에 사용하는 무릎받이, 눈가리게 그리고 부츠, 서커스용 동물의 장식용 마구, 동물용 재갈, 개나 고양이용 칼라, 이끄는 줄과 장식, 안장용 깔개담요와 쿠션, 안장에다는 주머니, 특수형의 말용 담요, 개용 코트 등이 있다.

(3) 트렁크, 각종 케이스, 여행가방, 핸드백 및 이와 유사 용기류(제4202호)

제4202호에는 용기의 성격을 갖는 특게된 제품과 이와 유사 제품만이 분류된다. 이들 용기는 재료의 재질을 불문하고 제조된 것 또는 특정 재료로 제조된 것으로 2범주로 구분된다.

[용기류의 구분]

구분(재료별)	품명
·재질을 불문한 용기	–트렁크, 슈트케이스, 화장품케이스, 이그잭큐티브케이스, 서류가방, 학생가방, 안경케이스, 쌍안경케이스, 사진기케이스, 악기케이스, 총케이스·총케이스 및 이와 유사한 용기 –이와 유사한 용기: 모자용 상자, 카메라 부속케이스, 탄약통·사냥 또는 캠핑용 칼집, 휴대용 공구상자 또는 케이스(개개의 공구를 넣도록 성형·내부에 장치를 한 것) 등
·특정 재료·지로 전체 또는 주로 피복한 용기(가죽·콤퍼지션 레더·플라스틱·방직용 섬유제·벌커나이즈드 파이버·판지)	–여행가방, 식품 또는 음료용 단열가방, 화장갑, 룩삭, 핸드백, 쇼핑백, 돈주머니, 지갑, 지도용 케이스, 담배케이스, 담배쌈지, 공구백, 운동용구백, 병케이스, 신변장식용품용 상자·분갑·칼붙이집 및 이와 유사한 용기 –이와 유사한 용기: 노트케이스, 필기용 케이스, 펜케이스, 티켓케이스, 바늘케이스, 열쇠케이스, 시가케이스, 파이프케이스, 공구 및 보석상자, 신발상자, 브러시케이스 등을 포함

[제외 물품] 제4202호에는 다음 물품을 제외한다.

① 장기간 사용하기 위하여 디자인한 것이 아닌 플라스틱의 시트로 만든 가방(손잡이가 있는 것, 프린트된 여부 불문)(제3923호)

② 조물재료로 만든 물품(제4602호)

(4) 일부분이 귀금속, 진주, 귀석 또는 반귀석으로 된 용기류, 의류와 의류 부속품의 분류원칙

제4202호와 제4203호의 물품의 일부분이 귀금속, 귀금속입힌 금속, 천연 또는 양식진주, 귀석 또는 반귀석(천연·합성 또는 재생)으로 된 것은 이들 물품의 일부분이 부착구 또는 장식 이상으로 된 것이라도 당해 호에 분류한다. 다만, 동일부분이 당해 물품에 본질적 특성을 부여하지 않는 경우에 한하며 본질적 특성을 부여하는 경우에는 제71류에 분류한다.

(5) 가죽제 의류와 의류 부속품(제4203호)의 분류규정

① 의류와 의류 부속품에는 장갑과 벙어리 장갑(운동용·보호용의 것 포함), 앞치마와 기타 보호용 의류, 바지멜빵, 의류용 벨트, 띠와 팔목거리를 포함한다. 다만, 시계줄(제9113호)은 제외한다.

② 가죽 또는 콤퍼지션 레더제의 의류와 의류 부속품에 모피나 인조모피를 안에 붙이거나 외측에 단순히 장식 이상으로 사용된 것은 모피제품(제4303호·제4304호)으로 분류된다.

(6) 거트·골드비터스킨·방광 또는 건의 제품(제4206호)

다음 장이나 건을 가공한 물품은 제4206호에 분류된다.

거트(gut)　세척하여 건조시킨 것이다. 특히 면양의 거트를 스트립상으로 비틀어서 만든 캣거트가 있다.

골드비터스킨(goldbeaster's skin)　양이나 기타 반추동물의 맹장을 가공한 것으로, 정·직사각형의 피스, 기타 형으로 절단한 것이다.

담배쌈지와 같은 방광 등의 제품　기계벨팅용 건제품, 천연거트를 접착제로 부착한 인조거트

[각종 거트(gut)의 분류]

품명·물품내용	분류
외과용의 살균한 캣거트 또는 이와 유사한 외과용 살균봉합제	제3006호
거트·골드비터스킨·방광 또는 건의 제품	제4206호

누에의 거트	제5006호
악기현용으로 포장하였거나 가공한 거트	제9209호

[용어]

용어	주요 내용	비고
스포츠용 백	스포츠용 백에는 골프백, 체조용 백, 테니스라켓백, 스키백 및 낚시용 백을 포함한다.	제4202호
보석상자	보석상자라 함은 보석을 보관하기 위하여 특별히 설계된 상자뿐만 아니라 특별한 형상 또는 한 개 또는 그 이상의 보석을 보관하는 데 적합한 여러 가지 크기의 덮개가 있는 유사한 용기가 포함되며, 일반적으로 직물로 안을 대고 있다. 보석상자는 보석제품의 모양으로 제시되고 판매되며, 장기간 사용하는 데 적합하다.	제4202호
식품·음료용 단열가방	식품 또는 음료용 단열가방이란 표현은 운송 또는 일시적인 보관 중에 식품 및 음료의 온도를 유지하기 위해 사용되는 재사용이 가능한 단열가방을 포함한다.	제4202호
스포츠용 장갑	스포츠용 특수디자인한 장갑류에는 특히 스포츠용으로 사용하는 데 적합하도록 기능적인 특징을 갖추도록 만든 장갑류를 포함한다(한 켤레 또는 한 짝으로 판매 여부를 불문). 예: 손을 보호하고 스틱을 잡는 데 도움을 주는 아이스하키 장갑 및 권투장갑	제4203호

제43류 모피·인조모피 및 이들의 제품

1. 개 요

제43류에는 토끼·앙고라·밍크 또는 바다표범 등의 생모피와 모피, 탈모하지 아니한 원피를 유연처리하거나 드레스가공한 수피 및 인조모피가 분류되고, 또한 모피와 인조모피의 제품이 분류된다.

2. 분류구조

모피와 이들 제품을 가공순으로 구분하고 4개의 호(제4301호~제4304호)에 분류한다.

1) 생모피(제4301호): 앙고라, 밍크, 바다표범 등의 생모피

2) 모피(제4302호): 탈모하지 아니한 원피를 유연 또는 드레스가공처리한 모피가 포함된다.

3) 모피제품(제4303호): 의류와 의류 부속품, 각종 모피제품

4) 인조모피와 이들 제품(제4304호): 모조모피, 인조모피의 각종 제품

3. 분류원칙

제목	규정내용	비고
모피	1. 관세율표에서 『모피』(제4301호의 생모피를 제외한다)라 함은 탈모하지 아니한 수피를 유연처리 또는 드레스가공한 것을 말한다.	제43류 류주1
모피제품	3. 제4303호는 다른 재료를 가하여 조합한 모피 및 그 부분과 의류, 의류의 부분품·부속품 또는 기타 제품의 형상으로 서로 봉합하여 조합한 모피와 그 부분을 포함한다.	제43류 류주3
의류와 이들 부속품	4. 모피 또는 인조모피를 안에 대거나 외부에 붙인 의류 및 의류 부속품(제43류 류주 제 2 호의 것과 모피 또는 인조모피를 오직 트리밍으로 사용한 것을 제외한다)은 제4303호 또는 제4304호에 분류한다.	제43류 류주4
인조모피	5. 관세율표에서 『인조모피』라 함은 양모, 수모 또는 기타의 섬유를 가죽, 직물 또는 기타의 재료에 접착 또는 봉합하여 붙인 모조모피를 말하며, 직조 또는 편직하여 만든 모조모피를 제외한다(주로 제5801호·제6001호).	제43류 류주5

4. 제외 물품

① 우모나 솜털이 붙은 새의 우모피와 그 부분(제0505호·제6701호)

② 제41류의 탈모하지 아니한 원피

③ 가죽과 모피 또는 가죽과 인조모피로 만든 장갑, 벙어리 장갑(제4203호)

④ 제64류의 물품

⑤ 제65류의 모자류와 그 부분품

⑥ 제95류의 물품(예: 완구, 유희용구 및 운동용구)

5. 해 설

(1) 생모피, 모피와 인조모피 및 이들 제품(제43류)의 분류범위

- 생모피(제4301호): 원피상태의 모피의 조각과, 머리·꼬리 또는 다리 등의 부분
- 모피(제4302호): 유연처리나 드레스가공한 것, 유연처리 또는 완성가공한 머리부분·꼬리부분·발부분 및 기타의 조각 또는 절단품, 조합한 것
- 모피제품(제4302호): 의류와 의류의 부분품과 부속품, 기타 제품으로 된 조잡한 형상의 모피 및 모피의 조합품(머리부분·다리부분·꼬리부분 및 기타 조각, 절단품 포함), 완성단계의 장식용, 적당 길이로 절단하면 장식용으로 사용할 수 있는 모피와 이들 조합품
- 인조모피와 이들 제품(제4302호): 의류와 의류 부속품, 분편, 위 모피제품 참조

[생모피와 모피(제43류)의 가공별 분류]

<table>
<tr><th colspan="2">가공별
동물별</th><th>생모피
(원상·건조·염장)</th><th>모피(유연처리·완성 가공한 것)·인조모피</th><th>제품</th></tr>
<tr><td rowspan="3">수모원피</td><td>밍크·토끼·여우·해리·사향뒤쥐·바다표범 등</td><td rowspan="2">제4301호</td><td rowspan="3">제4302호</td><td rowspan="3">제4303호</td></tr>
<tr><td>위의 머리·꼬리·발 및 기타 조각
(모피제품용)</td></tr>
<tr><td>소·마속동물·면양, 산양 등
(미탈모 원피)</td><td>제41류</td></tr>
<tr><td colspan="2">섬유·사류·직물</td><td>–</td><td>제4304호
(인조모피)</td><td>제4304호</td></tr>
</table>

(2) 생모피(제4301호)

아래의 제외 동물을 제외한 모든 동물의 탈모하지 아니한 원피가 분류된다. 모피는 천연상태의 것, 변질 방지를 위하여 건조하거나 염장처리한 것이 분류되며, 모피 사용에

적합한 머리부분·꼬리부분·발부분 및 기타 조각 또는 절단품도 포함된다.

[제외 동물] 다음 동물의 생모피는 제43류에 분류하지 않는다.

① 소, ② 마속동물, ③ 면양 및 어린 양, ④ 산양(예멘, 몽고 및 티벳 산양을 제외), ⑤ 돼지(페카리 포함), ⑥ 세무, 거젤 및 낙타(단봉낙타 포함), ⑦ 엘크·순록·로벅 및 기타의 사슴류, ⑧ 개

(3) 원피와 생모피의 구분

원피(제41류) 털이 없거나 탈모한 수피와 털이 있는 다음 동물의 수피를 말한다.

① 소, ② 마속동물, ③ 면양과 어린 면양(아스트라칸, 브로드테알, 카라쿨, 페르시아 등의 어린 양과 인도, 몽고 및 티베트의 어린 양은 제외: 제43류), ④ 산양(예멘, 몽고, 티베트의 산양은 제외: 제43류), ⑤ 돼지, ⑥ 세무와 거젤, ⑦ 사슴류: 엘크, 순록, 로벅 등, ⑧ 개 등의 것

생모피(제43류) 여우, 밍크, 토끼, 사양뒤쥐, 바다표범, 친칠라, 오파성, 라쿤, 코요테 등의 것

(4) 모피(제4302호)

관세율표에서 『모피(furskin)』(제4301호의 생모피 제외)라 함은 탈모하지 아니한 수피를 유연처리 또는 드레스가공한 것을 말한다.

모피는 제4302호에 분류되며 이 호에는 다음 물품을 분류한다.

① 탈모하지 않고 유연처리 또는 드레스가공한 미조합된 원피(머리부분, 다리부분, 꼬리부분 및 조각 또는 절단품 포함)로서 특정용도에 적합한 형상으로 절단하지 않은 것

② 유연처리나 드레스가공한 전신 모피(full furskin)로서 미조합하고 특정형상으로 절단하지 아니한 것

③ 유연처리나 드레스가공한 모피(furskin) 또는 이들 부분을 기타 다른 재료를 첨부함이 없이 정직사각형, 사다리꼴형 또는 십자형으로 봉합한 조합물품

④ 새끼말피, 송아지피, 면양피 등(생모피에서 제외되는 피)을 탈모하지 않고 유연처리하거나 드레스가공한 것

(5) 모피의 의류 및 의류의 부분품과 부속품(제4303호)

제4303호에는 의류, 의류의 부분품과 부속품에 다음 재료를 사용하여 것이 분류된다. 부속품은 머프라, 모피목도리, 타이, 칼라 등이 있다.

· 재료 예: ① 모피, ② 모피로 안을 대거나 외측에 붙인 기타 재료(단순 장식용은 제외)

또한 다른 재료를 가하여 조합한 모피 및 그 부분과 의류, 의류의 부분품·부속품 또는 기타 제품의 형상으로 서로 봉합하여 조합한 모피와 그 부분을 포함한다.

(6) 인조모피(제4304호)

관세율표에서 인조모피(artificial fur)라 함은 양모, 수모 또는 기타의 섬유를 가죽, 직물 또는 기타의 재료에 접착 또는 봉합하여 붙인 모조모피를 말한다. 그러나 모피직물로 알려진 파일직물이나 편직하여 만든 롱파일 직물인 모조모피(주로 제5801호·제6001호)는 달리 분류된다.

[용어]

용어	주요 내용	비고
드롭프 모피 (dropped furskin)	모피를 V형 또는 W형의 스트립상으로 짤라 길고 좁은 모피가 되도록 원순서대로 재봉합한 것	제43류 해설

제 8 부 출제문제 및 연습문제

출제문제

[50점 문항]

[10점 문항]

연습문제

[50점 문항]

1. 관세율표상 원피에서부터 가죽제품에 이르는 물품의 분류내용을 설명하시오.

[10점 문항]

1. 관세율표상 원피와 생모피의 구분분류를 설명하라.
2. 관세율표에서 원피와 가죽의 구분분류를 설명하라.
3. 여행용구, 핸드백 등 이와 유사용기의 재질별 분류를 설명하라.
4. 관세율표의 제43류에 분류되는 인조모피를 설명하라.
5. 인조피혁에 대한 분류를 설명하라.
6. 크러스트라 함은?
7. 콤퍼지션 레더라 함은?
8. 인조모피를 설명하시오.

문제풀이

1. 세무가죽이란?

관세율표 제41류의 세무가죽(chamois leather)이라 함은 원피를 건조시켜 어유나 동물유로 반복하여 유연처리 또는 드레스가공을 한 후 알칼리 용액으로 세척한 것을 말한다. 가죽표면은 경석이나 다른 연마제로 기모시켜 세척하고 드레스 처리한다. 세무가죽은 유연한 황색으로 세척이 가능한 특성이 있다. 기름만으로 처리 제조한 세무가죽을 전오일세무가죽(full oil chamois)으로 호칭되기도 한다. 세무가죽은 제4114호에 분류된다.

2. 페이턴트 레더란?

페이턴트 레더(patent leather)라 함은 가죽에 바니시·락카 또는 성형 플라스틱의 시트를 도포 또는 피복한 가죽이다. 이들 제품의 표면을 악어, 도마뱀 등의 원피형으로 나타내기 위해 요철(凸凹)모양, 압착·주름 또는 그레인 장식하나, 외관은 광택을 유지하여야 한다. 특히 피복한 것 또는 시트의 두께는 0.15mm 이하이다. 페이턴트 도포가죽으로도 알려져 있는 적층페이턴트 레더(patent laminated leather)는 두께가 0.15mm를 초과하나 전체 두께의 1/2 미만인 성형한 플라스틱 시트를 피복한 가죽을 말한다. 페이턴트 레더와 적층 페이턴트 레더는 제4414호에 분류된다.

3. 관세율표에서 인조모피라 함은?

관세율표에서 제43류의 인조모피(artificial fur)라 함은 양모, 수모 또는 기타의 섬유를 가죽, 직물 또는 기타의 재료에 접착 또는 봉합하여 붙인 모조모피를 말한다. 그러나 모피직물로 알려진 파일직물이나 편직하여 만든 롱파일 직물인 모조모피(주로 제5801호·제6001호)는 달리 분류된다.

제9부 목재와 그 제품, 목탄, 코르크와 그 제품, 짚, 에스파르토 또는 기타의 조물재료의 제품, 농세공물 및 지조세공물

1. 개 설

제9부에는 식물성 생산품으로서 목재와 코르크의 원재료 상태에서부터 반제품, 이어 제품에 이르는 각종 물품이 분류된다. 또한 조물재료로 만든 각종 제품과 세공물이 분류된다.

2. 류별 구성

이 부는 다른 부와는 다르게 부주가 없고, 목재, 코르크, 조물재료의 제품을 체계적인 분류를 위하여 제44류 내지 제46류의 3개의 류의 본문으로 구성되어 있다.

[류별 표제]

류	표제
제44류	목재와 그 제품
제45류	코르크와 그 제품
제46류	조물재료의 제품

제44류 목재와 그 제품 및 목탄

1. 개 요

제44류에는 원목, 반가공목재 및 목재로 된 제품이 분류된다. 또한 목재를 공기를 차단시키고 탄화시킨 목탄이 포함된다. 그러나 칩상, 대패밥, 입상, 분말상의 목재로서 주로 향료용, 의약용, 살충용, 살균용 등의 것(제12류), 염색용이나 유연용의 것(제14류) 및 활성탄(제38류), 가구(제94류) 등은 다른 류에 분류된다.

2. 분류구조

원목, 반가공 목제 및 목제품은 4개의 범주로 구분하고 21개의 호(제4401호~제4421호)에 분류한다.

1) 원목과 땔나무, 목재의 웨이스트와 스크랩, 톱밥, 칩상·입상의 목재(제4401호 내지 제4403호)

2) 반가공목재 및 거친 목재(제4404호 내지 제4406호): 말뚝, 목탄, 목모와 목분, 괘도용 철도침목

3) 가공목재(제4407호 내지 제4413호)

① 제재목과 성형 가공목재(제4407호~제4409호): 두께 6mm 초과 또는 이하의 단판, 성형목재류

② 개량목재(제4410호~제4413호): 파티클보드, 섬유판, 합판 및 고밀도화목재

4) 목제품(제4414호 내지 제4421호): 그림틀, 상자, 통, 공구, 목공품, 상감세공품 등

3. 분류원칙

제목	규정내용	비고
고밀도목재	2. 제44류에서 『고밀도화 목재』라 함은 화학적 또는 물리적인 처리(목재층을 함께 접합시킨 것에 있어서는 접합에 필요한 처리 이상의 가공을 한 것에 한한다)에 의하여 밀도 또는 경도를 증대함과 동시에 기계적 강도나 화학적 또는 전기적 저항성을 개량한 목재를 말한다.	제44류 류주2
목재제품	3. 제4414호 내지 제4421호에는 파티클보드 또는 이와 유사한 보드, 섬유판, 적층목재품 또는 고밀도화 목재의 제품을 적용한다.	제44류 류주3
가공목재의 범위	4. 제4410호·제4411호 또는 제4412호의 물품에는 제4409호에서 규정한 형상으로 가공한 것·만곡·파형·천공한 것·정사각형 또는 직사각형 이외의 형상으로 절단 또는 성형한 것·기타의 가공을 한 것으로서 따로 게기한 물품의 특성을 갖고 있지 아니한 것에 한한다.	제44류 류주4
공구작용 부분	5. 제4417호에는 날·작용단·작용면 또는 기타의 작용하는 부분이 제82류의 주1에 규정한 재료로 만든 공구에는 적용하지 아니한다.	제44류 류주5
목재범위	6. 상기 류주1 및 관세율표의 문맥에서 따로 규정한 것을 제외하고 이 류 특정 호의 목재에는 대나무와 목질성의 기타 재료를 포함한다.	제44류 류주6
열대산목재	1. 제4403.41호 내지 제4403.49호, 제4407.21호 내지 제4407.29호, 제4408.31호 내지 제4408.39호 및 제4412.31호 호에서 열대산목재라 함은 다음 목재 중의 하나를 말한다. 아부라·아까쥬다푸리케·아프로모지아·아코·아란·안디로바·아닌그레·아보디레·아조베·발라우·발사·보세크레어·보세폰세·카티보·세드로·다베마·다크레드메란티·디베토우·도우시에·프라미레·프레이조·프로마거·푸마·게롱강·이롬바·임부아·이페·이르코·자보티·제루통·제퀴티바·종콩·카풀·켐파스·케루잉·코시포·코티베·코토·라이트레드메란티·림바·로우로·마카란두바·마호가니·마코레·만디오퀘이라·만소니아·멩쿠랑·메란티바카우·메라완·멜바우·멜포·멜사와·모아비·니안곤·니아토·오베체·오꾸메·온자빌리·오레이·오방콜·오지고·파다우크·팔다오·파리산드레드과테말라·파리산드레드파라·파리산드레드레오·파리산드레드로세·파우아말레로·파우말핌·풀라이·푸나·콰루바·라민·사뻴리·사퀴－사퀴·세퍼티르·시포·수쿠피라·수렌·티크·타우아리·티아마·토라·비롤라·화이트라왕·화이트메란티·화이트세라야·옐로메란티	제44류 소호주

4. 제외 물품

① 칩상, 대패밥, 파쇄한 것, 분쇄한 것 또는 분말화한 것으로서 주로 향료용, 의약용, 살충용, 살균용 또는 이와 유사 용도에 사용하는 목재(제1211호)

② 주로 편조용에 사용되는 대나무 또는 목질성의 기타 재료(미가공상태의 것에 한하며 쪼개거나, 세로방향으로 톱질한 것 또는 길이 방향으로 절단한 여부 불문)(제1401호)

③ 칩상, 대패밥, 분쇄 또는 분말화한 것으로서 주로 염색용·유연용에 사용하는 목재(제1404호)

④ 활성탄(제3802호)

⑤ 제4202호의 물품

⑥ 제46류의 물품

⑦ 신발류와 그 부분품(제64류)

⑧ 산류, 지팡이 및 이들의 부분품(제66류).

⑨ 제6808호의 물품(예: 판넬·보드·타일·블록 및 이와 유사 물품)

⑩ 모조 신변장식용품(제7117호)

⑪ 제16부 또는 제17부의 물품(예: 기계부분품, 케이스, 커버, 기기용 케비넷, 차량물품)

⑫ 제18부의 물품(예: 시계케이스 및 악기와 이들의 부분품)

⑬ 화기의 부분품(제9305호).

⑭ 제94류 내지 제96류의 물품. 예: 가구·램프·조명기구 및 조립식 건축물, 완구, 유희용구 및 운동용구, 끽연용 파이프류 및 이들의 부분품, 단추, 연필, 예술품

5. 해　　설

(1) 목재와 목제품(제44류)의 분류범위

목재의 범위　제44류(목재와 이들 제품)의 목재에는 대나무와 목질성의 기타 재료를 포함한다. 다만, 제44류의 제외 물품(제44류 류주1) 및 관세율표의 문맥에서 따로 규정한 것을 제외한다.

가공목재의 범위　제4410호·제4411호 또는 제4412호의 물품에는 제4409호에서 규정한 형상으로 가공한 것·만곡·파형·천공한 것·정사각형 또는 직사각형 이외의

형상으로 절단 또는 성형한 것·기타의 가공을 한 것으로서 따로 게기한 물품의 특성을 갖고 있지 아니한 것에 한한다.

목제품의 범위 완제 목제품(제4414호~제4421호)에는 목재, 파티클보드 또는 이와 유사한 보드, 섬유판, 적층목재 또는 고밀도화 목재의 제품이 분류된다.

목재공구의 범위 제4417호에는 날·작용단·작용면 또는 기타의 작용하는 부분이 비금속 금속탄화물과 서메트 등의 재료(제82류 류주1의 규정한 재료)로 만든 공구에는 적용하지 아니한다.

[목재의 가공별 분류(제44류)]

구분	품명	호
원목, 화목, 목탄 및 침목 등	· 화목, 칩상·삭편, 톱밥, 웨이스트와 스크랩	제4401호
	· 목탄	제4402호
	· 전주, 괭목(坑木), 제재용·펄프용 단편용 통나무	제4403호
	· 말뚝류, 봉류, 칩우드, 목모와 목분	제4404호·제4405호
	· 괘도용 침목	제4406호
제재목	· 두께 6mm 초과 제재목 · 두께 6mm 이하 판재: 베니어용·합판용·적층목재용 단판 · 가장자리·면을 연속 성형한 목재	제4407호~제4409호
개량목재	· 파티클보드(Particleboard)와 유사 보드 · 섬유판(Fiberboard) · 합판과 베니어패널, 적층목재품(집성재) · 고밀도화 목재	제4410호~제4413호
목제품	· 사진틀, 그림틀, · 포장용기와 용기: 케이스, 상자, 드럼	제4414호~제4416호
	· 공구·비·브러시용과 신발제조용 목재골 · 건축용 목재건구와 목공품, 식탁용품과 주방용품 · 세공목제품, 신변장식용품용 상자와 케이스, 조상과 장식품, 가구 · 기타 목제품	제4417호~제4421호

(2) 목재와 이들 제품(제40류)의 분류원칙

보존처리한 목재의 분류 관세율표에서는 목재는 보존에 필요한 처리를 한 것은 분류에 영향이 없으며, 또한 페인트, 착색 또는 바니시 처리에 의해서도 영향을 받지 아니한다. 목재의 보존 처리에는 건조, 표면탄화, 프라이밍과 스톱핑 또는 크레오소트, 콜타르, 펜타클로로 페놀, 크롬성 비산동, 암모니아성 비산동 등의 보존처리제를 침투시킨 것 등이 있다.

목재와 플라스틱 층으로 구성된 건축용 패널의 분류규정 주로 제44류에 분류된다. 이들 패널(panel)의 분류는 용도상 본질적인 특성을 부여하는 외부표면에 의해 결정한다.

[사례] 지붕·벽·마루의 건축용 패널이 외부층의 파티클보드가 외부층이고 플라스틱이 절연층으로 구성된 것은 두께 여하를 불문하고 제4410호에 분류된다. 이는 목재의 견고성에 있고, 플라스틱은 보조적 절연기능만을 갖는 때문이다. 이와 반면, 목재가 단순히 외부 플라스틱 표면의 지지물인 패널은 주로 제39류에 분류된다.

미조립 또는 분해된 목제품의 분류규정 모든 부분품이 동시에 제시될 시에는 조립되는 것으로 간주하여 분류된다. 이와 같이 목제품과 함께 제시되는 유리, 대리석, 금속 또는 기타 재료로 만든 부분품 및 부속품은 제시시의 부착 여부를 불문하고 목재품과 함께 분류된다.

(3) 원목, 칩상, 목탄 및 침목(제4401호 내지 제4406호)의 분류

품명	분류내용	분류
·화목, 칩상·삭편, 톱밥, 웨이스트와 스크랩	통나무·브리케트·펠리트 또는 이와 유사 형상으로 응결된 여부를 불문한다.	제4401호
·목탄	쉘·너트의 탄을 포함하고, 응결 여부 불문한다. 괴상·봉상·입상·분상, 타르 또는 기타 물질로 응결시킨 브리케트·정제·구상형의 목탄이 분류된다.	제4402호
·원목	벌채한 자연 목재[목재의 외피, 외피와 내피를 벗겨 내거나 거친 마디를 제거한 것, 필요없는 외층(변재)을 제거한 목재도 포함된다. 예: 전주, 괭목(坑木), 제재용·펄프용 단편용 통나무	제4403호
·말뚝류, 봉류, 칩우드	후프우드·쪼갠 말뚝, 뾰족한 말뚝류, 목재 봉, 칩우드 및 이와 유사한 것	제4404호

·목모(wood wool)와 목분(wood flour)	목모는 일정 크기와 두께를 가지며 길다란 미세한 스라이버가 엉킨 괴상으로 염색한 것, 고무첨가한 것, 거칠게 꼬은 것 또는 시트상도 분류된다. 목분은 톱밥, 대패밥 또는 목설을 갈거나 톱밥을 체질하여 만든다.	제4405호
·괘도용 침목	철도·전차선로의 궤도용으로 직사각형이고 대패질하지 않은 목재 스립퍼보다 길이가 긴 스위치 타이와 스립퍼보다 폭이 넓고 두껍고 길이가 긴브릿지 타이를 포함한다.	제4406호

(4) 단판과 재제목 및 연속 성형목제(제4407 내지 제4409호)

제44류에서 단판, 기타 제재목 및 한쪽의 가장자리, 마구리 또는 면을 따라 연속 성형한 목재는 대패질·연마 또는 엔드－조인트한 것인지 여부를 불문하고 다음과 같이 구분하여 분류한다.

두께 6mm 초과하는 제재목(제4407호)　나무결을 따라 톱질·쪼개거나·슬라이스 또는 나무껍질을 벗기고 절단한 것으로서 두께 6mm를 초과하는 각종 목재가 분류된다. 또한 마루판용 목재블록, 스트립 및 프리즈도 포함한다. 여기에는 단면이 정·직사각형이거나 길이에 따른 단면이 균일할 필요는 없다,

두께가 6mm 이하의 베니어용·합판용 또는 적층목재품용 단판 및 기타 목재(제4408호)　길이 방향으로 톱질, 평삭 또는 회전식 절단한 것으로서 베니어판용, 합판제조용 또는 기타 용도에 사용되는 두께가 6mm 이하의 목재가 분류된다. 적층목제품블록의 평삭한 것도 포함된다.

한쪽의 가장자리·마구리 또는 면을 따라 연속성형한 목재(제4409호)　어느 한쪽의 가장자리, 마구리 또는 면을 따라 연속으로 블록가공·홈가공·은촉이음가공·경사이음가공·V형 이음가공·구술형 이음가공·주형가공·원형가공 또는 이와 유사 가공한 것이 분류된다. 또한 미조립의 쪽마루판용 스트립과 프리즈(요철가공 등의 연속가공한 것)를 포함한다.

(5) 파티클보드, 섬유판, 합판과 적층목재품 및 고밀도화 목재(제4410호 내지 제4413호)

관세율표에서 제44류의 개량목재에는 파티클보드와 유사 보드, 섬유판, 합판과 베

니어패널, 적층목재품(집성재) 및 고밀도화 목재가 있다. 이들은 다음과 같이 구분 분류한다.

파티클보드(particle board)(제4410호) 파티클보드는 길이, 폭 및 두께가 가지각색으로 제조된 평판상의 제품이다. 주로 통나무 또는 목재 웨이스트를 기계적으로 세편화한 나무칩이나 파티클을 압축 또는 압출하여 제조한 평판상 제품이다. 또한 사탕수수깍지, 죽, 곡물 짚의 조각 등 목질재료나 아마 및 대마의 목질부 단편으로도 제조하며, 주로 15% 이하로 결합제를 첨가하여 응결한다. 다음을 포함한다.

· 배향성 스트랜드보드(oriented strend board): 길이가 폭보다 최소한 2배 이상되는 얇은 나무 스트랜드의 층으로 구성되어 있다. 이 스트랜드는 접착제에 의해 결합되며, 층 사이에 함께 끼워져 두꺼운 매트를 형성한다. 일반적으로 외면층은 길이방향으로 배향성을 가지고, 내면층은 교차 방향으로 배향성을 가지거나, 임의방향으로 놓여진다.

· 웨이퍼보드(waferboard): 길이가 폭의 2배 미만인 얇은 나무웨이퍼로 만든다. 이 웨이퍼들은 접착제에 의해 결합되어 있다.

섬유판(fibreboard)(제4411호) 여기에는 목재 또는 기타의 목질재료의 파이버로 만든 것에 한하여 분류되는 것으로 수지 또는 기타의 유기물질로서 접합한 것인지의 여부를 불문하고 분류된다. 섬유판은 다음이 있다.

· 건식공정 섬유판: 열경화성수지를 건조목재에 첨가하고 프레스하여 제조한다.

① 중밀도 섬유판(Medium Density Fibreboard: MDF): 일반적 밀도 0.45g/cm³∼1g/cm³이다.

② 고밀도 섬유판(Hight Density Fibreboard: HDF): 밀도 0.8g/cm³ 넘는 것

· 습식공정 섬유판

① 하드보드(hardboard): 물속의 목재 파이버를 고온, 고압의 철제 메시로 압축하여 매트형태로 제조. 통상 밀도 0.8g/cm³ 이상

② 미디엄보드(mediumboard): 하드보드 제조공정과 유사하나, 저압에서 제조. 밀도 0.35g/cm³∼0.8g/cm³

③ 소프트보드(softboard): 습식 제조공정으로 제조하는 파이버보드와 달리 압축과정을 거치지 않는다. 밀도 보통 0.35g/cm³ 이하

합판·베니어패널 및 적층목재품(제4412호) 이 호에는 합판·베니어패널 및 적

층목재품이 분류된다.

① 합판(plywood): 3매 이상의 목재시트를 접착제로 접착하고 압축시킨 것이며 보통 연속 나무결이 직각이 되도록 배열되어 있다. 이러한 개개의 구성시트는 『플라이(ply)』이며, 합판은 보통 기수의 플라이로 이루어졌고 중간 플라이를 심(core)이라 한다.

② 베니어패널(veneered panel): 주로 질낮은 목재의 기부에 압력을 가하면서 얇은 베니어판을 접착제로 붙인 패널이다. 목재 이외의 재료로 된 기부에 부착된 베니어판은 주요 특성이 베니어인 경우에 한하여 여기에 분류된다.

③ 유사적층목재(similar laminated wood): 블록보드, 래민보드 및 배튼보드, 패널

고밀도화 목재(densified wood)(제4413호)　제44류의 『고밀도화 목재』라 함은 화학적 또는 물리적인 처리(목재층을 함께 접합시킨 것은 접합에 필요한 처리 이상의 가공을 한 것에 한한다)에 의하여 밀도 또는 경도를 증대함과 동시에 기계적 강도나 화학적 또는 전기적 저항성을 개량한 목재를 말한다. 목재 층을 함께 접합시킨 것은 접합에 필요한 처리이상의 가공을 한 것에 한하여 분류한다.

고밀도화 목재는 주입법과 압축법으로 제조한다. 주입법은 목재에 열경화성 수지 또는 용융금속을 침투시킨 것이고. 압축법은 목재를 강력한 수압기 또는 롤라사이에다 횡으로 압축시키거나 고압솥 내에서 고온으로 여러 방향으로 압축시켜 만든다. 고밀도화목재의 밀도가 1㎤당 1.4g 정도이다. 이 호에는 블록상·플레이트상·스트립상 또는 프로파일의 고밀도화 목재가 분류된다.

(6) 파아켓트패널(제4418호)

파아켓트패널(parquet panels)이라 함은 가장자리와 가장자리를 연결한 또는 마구리와 마구리 및 가장자리와 가장자리를 연결한 목제로 된 판자(스트립)의 둘 이상의 좁고 일반적으로 짧은 조각들의 열(rows)로 만들어진 사전에 조립된 마루판(flooring panels)을 포함한다. 이러한 형태의 패널 표면은 줄무늬 형태를 나타낼 수도 있는데, 그 줄무늬는 각각의 스트립의 나뭇결과 색상에 따라 다를 수 있다.

(7) 모자이크 조립 마루판(제4418호)

모자이크 조립 마루판은 미리 제작된 패널로 정방형 또는 사각형 요소로 구성되며,

『캐버션』(원하는 패턴을 얻기 위해 충전재로서 사용하는 작은 정방형, 사각형, 삼각형, 다이아몬드형 또는 형태를 갖춘 나무 조각)을 포함할 수도 있다.

[모자이크 조립 마루판]

Chequered pattern

『Basket-weave』 pattern

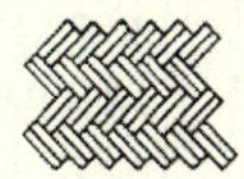

Herringbone pattern

[용어]

용어	주요 내용	비고
엔드-조인트 (end-jointed)	핑거 조인트(finger-jointed)처럼 길이가 긴 목재를 만들기 위하여 깍지낀 손가락 모습의 이음매로 길이가 짧은 목재조각의 끝과 끝을 잇고 접착제로 접착시킨 것	제44류 총설
볼록·홈가공목재 (tongued & grooved wood)	요철목재는 일반적으로 한쪽 가장자리 또는 마구리에 홈을 파고 타 가장자리에는 중심선을 따라 凸상을 만들어서 결합할 때 凸상의 것이 홈에 고정되도록 만들어진 판이다.	해설
은촉이음가공 (rebated board)	사개물림으로 한 판은 한쪽 또는 양쪽가장자리 또는 마구리를 잘라내어 꿰방으로 만든 것이다.	해설
경사이음가공목재 (chamfered board)	모를 깎아 사면으로 한 판은 면과 가장자리 또는 마구리에 대하여 각도있게 하나 이상의 모서리를 종으로 깎은 것이다.	해설
V-형 이음가공목재 (V-jointed wood)	V-형의 접합부분이 있는 것. 즉, 철상 또는 홈이 있는 것으로서 가장자리 또는 마구리를 깎아 사면으로 한 것이다.	해설
구슬형 가공목재 (beaded wood)	구슬선 모양으로 된 것으로, 즉, 凸상 또는 홈상의 것으로서 가장자리와 철상 사이에 단순한 구슬선이 있는 것.	해설
주형 가공목재 (moulded wood)	성형목재(몰딩 또는 비딩으로 알려지기도 함). 즉 그림틀, 벽장식, 가구, 문 기타 건축물과 건구 등의 제조용으로 여러 모양으로 성형 가공한 목재의 스트립	해설
원형 가공목재 (round woods)	일반적으로 횡단면이 둥근 얇은 목봉으로서 성냥축목, 신발용 목정, 특정의 차양, 이쑤시게, 치즈제조용의 스크린 등의 제조에 사용된다.	해설
건구(joinery)	건구에는 문, 창문, 셔터, 계단, 문틀, 창틀 등의 건축용 부속품이 분류된다.	해설

건축용 목공품 (carpentry)	건축용 목공품은 구조물용 또는 발판, 아치상의 지지물 등에 사용되는 목제의 가공품(대들 보, 서까래, 지붕버팀목 등)을 말한다.	해설
건축용 목제건구 (builders』 carpentry)	건축용 목제건구에는 접착제로 접착하여 만든 적층목재(glulam)도 포함하는데, 이는 본래 평행한 결을 가지고 있는 수많은 목재를 적층, 접착하여 만든 구조용 목재이다. 만곡의 적재품은 각 적재품의 평면이 덧된 로우드의 평면과 90도가 되도록 배열한다. 이렇게 하여 수직의 glulam beam의 적층은 평판상으로 된다.	해설
셀룰라우드패널 (cellular wood panel)	블록보드 및 배튼보드(제4412호)와 외모가 다소 비슷하나 심을 이루고 있는 배튼 또는 외가 서로 간격을 두고 평행 또는 격자창모양으로 된 셀룰라우드패널을 포함한다.	해설
조립한 마루판 또는 타일	솔리드 블록, 스트립, 프리즈 등으로 조립한 마루판(파아켓트 패널 포함) 또는 타일도 분류한다. 또한 다층형 파아켓트 마루판이라는 한층 이상의 목재의 지지물 위에 블록, 스트립, 프리즈 등으로 구성된 마루판 또는 타일을 포함한다. 맨 위층 (마모층)에는 일반적으로 패널을 이루는 스트립을 두줄 이상 덧댄다	해설
싱글(shingle)	싱글은 일반적으로 한쪽끝은 5mm보다 두꺼우나 다른쪽 끝(tip)은 5mm보다 얇은 길이방향으로 제조한 목재이다.	해설
쉐이크(shake)	쉐이크는 수공이나 기계로서 볼트 또는 블록을 쪼개어 만든 목재이며 분할함으로써 생기는 목재의 천연의 결이 쉐이크면에 나타난다. 때로는 쉐이크를 길이 방향으로 톱질하여 2개의 쉐이크를 만들기도 하는데 각각 쪼개진 앞면과 톱질된 뒷면을 가지게 된다.	해설

제45류 코르크와 그 제품

1. 개 요

코르크는 남유럽과 북아프리카의 지중해 연안에서 자라는 코르크나무(Quercus suber)의 외피를 박피한 것이다. 제45류에는 천연코르크와 응집코르크, 이들 코르크의 제품이 분류된다.

2. 분류구조

코르크와 이들 제품은 3범주로 구분하고 가공에 의해 4개의 호(제4501호 내지 제4504호)에 분류한다.

1) 천연코르크(제4501호 및 제4502호)

2) 코르크의 제품(제4503호)

3) 응집코르크와 그 제품(제4504호)

3. 제외 물품

① 신발류와 그 부분품(제64류)

② 모자류와 그 부분품(제65류)

③ 완구, 유희용구 및 운동용구 등(제95류의 물품)

4. 해　　설

(1) 코르크와 이들 제품(제4501호 내지 제4504호)의 분류범위

구분	물품내용	호
천연코르크	· 조상·단순가공한 것, 웨이스트와 스크랩, 파상·입상 또는 분상	제4501호
	· 외피제거·거친각의 것: 직·정사각형의 블록상·판상·시트상 또는 스트립상, 마개용 블랭크	제4502호
	· 제품: 각종 마개. 매트, 각종 손잡이	제4503호
응집코르크	· 블록상·판상·시트상·타일 또는 실린더 · 기타 제품	제4504호

(2) 응집코르크(제4504호)

응집코르크는 파상, 입상 또는 분상의 코르크를 일반적으로 결합제가 없거나 첨가하여 약 300℃에서 가열 및 가압하여 응집하여 제조한다. 이 호에는 응집코르크를 침투시킨 것, 지 또는 직물로서 보강시킨 것은 리놀륨이나 기타 이와 유사 물품(제5904호)의 특성을 가지고 있지 않는 한 분류된다.

제46류 짚, 에스파르토 또는 기타 조물재료의 제품과 농세공물 및 지조세공물

1. 개 요

제46류에는 짚, 에스파르토 또는 기타 조물재료의 제품과 농세공물(籠細工物) 및 지조세공물(枝條細工物)이 분류된다. 또한 이 류에는 방적되지 아니한 재료를 조합하거나 또는 제직하여 제조한 반제품과 특정 제품과 수세미의 제품이 포함된다.

2. 분류구조

조물재료의 물품과 제품을 2개의 호(제4601호 및 제4602호)에 구분 분류한다.

1) 플레이트와 이와 유사한 조물재료의 물품, 시트상의 제품(제4601호)
2) 농세공품과 지조세공품, 기타 제품(제4602호)

3. 분류원칙

제목	규정내용	비고
조물재료	1. 제46류에서 『조물재료』라 함은 플레이팅·인터레이싱 또는 이와 유사한 공정에 적합한 상태 또는 형상의 재료를 말하며, 짚·오오지아·버드나무·대나무·등나무·골풀·갈대·목재의 스트립·기타 식물성 재료의 스트립(예: 수피의 스트립·좁은 잎 및 라피아 또는 넓은 잎으로부터 얻어진 기타 스트립) 또는 방적하지 아니한 천연의 방직용 섬유·플라스틱의 모노필라멘트와 스트립 및 이와 유사한 것과 종이의 스트립을 말한다. 다만, 가죽·콤퍼지션 레더·펠트 또는 부직포의 스트립·인모·마모·방직용 섬유의 로우빙 및 실과 제54류의 모노필라멘트와 스트립 및 이와 유사한 것은 그러하지 아니하다.	제46류 류주1

평행연결 물품	3. 제4601호에서 『조물재료·플레이트 및 이와 유사한 조물재료의 물품을 평행으로 연결한 물품』이라 함은 조물재료·플레이트 및 이와 유사한 조물재료의 물품을 나란히 시트상으로 연결한 것을 말하며, 연결하기 위하여 사용한 재료가 방적한 방직용 섬유재료인지의 여부를 불문한다.	제46류 류주3

4. 제외 물품

① 벽 피복재(제4814호)

② 끈, 코디지, 로프 또는 케이블(엮은 것인지의 여부를 불문한다)(제5607호)

③ 신발류, 모자류 및 이들의 부분품(제64류·제65류)

④ 농세공제의 차량과 차체(제87류)

⑤ 가구, 램프와 조명기구 등(제94류의 물품)

5. 해　　설

(1) 조물재료

관세율표에서 제46류의 『조물재료(plaiting materials)』라 함은 플레이팅(plaiting), 인터레이싱(interlacing) 또는 이와 유사한 공정에 적합한 상태 또는 형상의 다음 재료를 말한다.

① 짚·오오지아·버드나무·대나무·골풀·갈대·목재의 스트립

② 식물성재료의 스트립: 수피의 스트립, 좁은 잎 및 라피아, 바나나나무·넓은 잎에서 얻은 스트립

③ 방적하지 아니한 천연방직용 섬유

④ 플라스틱제(제39류)의 모노필라멘트와 스트립 및 이와 유사한 것

⑤ 종이의 스트립(플라스틱으로 피복한 것 포함)

⑥ 방직용 섬유의 심에 플라스틱 스트립을 감거나 씌운 것 및 플라스틱을 두껍게 도포시킨 재료

[조물재료로서 다른 류에 분류되는 물품]

품명·물품내용	분류
·마모	제0503호·제11부
·횡단면이 1mm 이하의 모노필라멘트 ·시폭 5mm 이하의 인조섬유제의 스트립과 평판상 튜브	제11부
·방직용 섬유의 로빙	제11부
·플라스틱을 침투·도포·피복 또는 시드한 방직용 섬유사	제11부
·가죽과 콤퍼지션 레더제(제41류·제42류)	제41류·제42류
·펠트·부직포(제56류)의 스트립 및 인모(humen hair)	제 5 류·제59류·제65류·제67류

(2) 조물재료의 물품과 제품(제46류)의 분류범위

<table>
<tr><th>구분</th><th>품명·물품내용</th><th>호</th></tr>
<tr><td rowspan="3">·플레이트와 직조품</td><td>플레이트(plait): 종방향 조합한 것(무 경위사)</td><td rowspan="3">제4601호</td></tr>
<tr><td>플레이트 유사 물품: 상호 꼬거나 결합·기타 조합한 것, 단순꼬아 조립한 코드로 만든 제품</td></tr>
<tr><td>직조물품: 조물재료·플레이트 및 이와 유사 조물재료로 평행연결 또는 직조한 물품(시트상)</td></tr>
<tr><td rowspan="3">·농세공품·지조세공품 또는 기타 제품</td><td>조형물품</td><td rowspan="4">제4602호</td></tr>
<tr><td>제4601호 물품의 제품</td></tr>
<tr><td>농세공품: 용기류·바구니·상자·가방류·장식품</td></tr>
<tr><td colspan="2">·수세미제품</td></tr>
</table>

(3) 조물재료·플레이트 및 이와 유사 조물재료를 평행으로 연결한 물품(제4601호)

조물재료·플레이트 및 이와 유사한 조물재료의 물품을 나란히 시트상으로 연결한 것을 말하며, 연결하기 위하여 사용한 재료가 방적한 방직용 섬유재료인지의 여부를 불문한다.

예: 발, 매트류, 원예용 조잡한 짚매트, 버드나무 또는 고리버들제의 스크린 또는 패널

(4) 농세공품(basket ware), 지조세공품(wicker work) 및 기타 제품(제4602호)

조물재료로부터 조형한 물품과 플레이트 또는 이와 유사 제품으로부터 만들거나 가닥을 평행하게 놓고 조합한 제품 또는 시트상으로 직조한 제품으로부터 만든 물품이다.

예: 바구니, 망태기, 광주리, 바구니와 상자, 여행용 가방과 케이스, 핸드백, 쇼핑백, 새우잡이 바구니, 새장과 벌집, 식탁. 부엌용품과 가정용품, 부인모자의 장식품, 병넣는 짚제상자

[용어]

용어	주요 내용	비고
플레이팅(plaiting)	대바구니를 짜는 것을 말한다.	사전
인터레이싱(interlacing)	실로 연결하는 것을 말한다.	사전

제 9 부 출제문제 및 연습문제

출제문제

[50점 문항]

[10점 문항]

연습문제

[50점 문항]

[10점 문항]

1. 파티클보드(Particle board)
2. 섬유판(Fiber board)
3. 합판과 기타 적층목제품
4. 고밀도화 목재
5. 모자이크 마루용 조립 마루판
6. 파아켓트패널(parquet panels)
7. 조물재료에 해당하는 물품을 열거 설명하시오.
8. 조물재료로 분류할 수 없는 물품을 열거하시오. (5품명 이상)

문제풀이

1. 파티클보드(particle board)란?

파티클보드(particle board)(제4410호)라 함은 파티클보드는 길이, 폭 및 두께가 가지각색으로 제조된 평판상의 제품이다. 주로 통나무 또는 목재 웨이스트를 기계적으로 세편화한 나무칩이나 파티클을 압축 또는 압출하여 제조한 평판상 제품이다. 또한 사탕수수깍지, 죽, 곡물 짚의 조각 등 목질재료나 아마 및 대마의 목질부 단편으로도 제조하며, 주로 15% 이하로 결합제를 첨가하여 응결한다. 다음을 포함한다.

- 배향성 스트랜드보드(oriented strend board): 길이가 폭보다 최소한 2배 이상되는 얇은 나무 스트랜드의 층으로 구성되어 있다. 이 스트랜드는 접착제에 의해 결합되며, 층 사이에 함께 끼워져 두꺼운 매트를 형성한다. 일반적으로 외면층은 길이방향으로 배향성을 가지고, 내면층은 교차 방향으로 배향성을 가지거나, 임의방향으로 놓여진다.
- 웨이퍼보드(waferboard): 길이가 폭의 2배 미만인 얇은 나무웨이퍼로 만든다. 이 웨이퍼들은 접착제에 의해 결합되어 있다.

2. 섬유판(fibreboard)이란?

섬유판(fibreboard)은 목재 또는 기타의 목질재료의 파이버로 만든 것을 말한다. 수지 또는 기타의 유기물질로서 접합한 것도 있으며 제4411호에 분류된다. 섬유판은 다음이 있다.

1) 건식공정 섬유판: 열경화성수지를 건조목재에 첨가하고 프레스하여 제조한다.

① 중밀도 섬유판(Medium Density Fibreboard: MDF): 일반적 밀도 0.45g/cm³～1g/cm³이다.

② 고밀도 섬유판(Hight density Fibreboard: HDF): 밀도 0.8g/cm³ 넘는 것

2) 습식공정 섬유판

① 하드보드(hardboard): 물속의 목재 파이버를 고온, 고압의 철제 메시로 압축하여 매트형태로 제조
통상 밀도 0.8g/cm³ 이상

② 미디엄보드(mediumboard): 하드보드 제조공정과 유사하나, 저압에서 제조. 밀도 0.35g/cm³～0.8g/cm³임

③ 소프트보드(softboard): 습식 제조공정으로 제조하는 파이버보드와 달리 압축과정을 거치지 않는다. 밀도 보통 0.35g/cm³ 이하

3. 합판에 대하여 설명하시오.

합판(plywood)은 3매 이상의 목재시트를 접착제로 접착하고 압축시킨 것이며 보통 연속 나무결이 직각이 되도록 배열되어 있다. 이러한 개개의 구성시트는 『플라이(ply)』이며, 합판은 보통 기수의 플라이로 이루어졌고 중간 플라이를 심(core)이라 한다. 합판은 제4412호에 분류한다.

① 베니어패널(veneered panel): 주로 질낮은 목재의 기부에 압력을 가하면서 얇은 베니어판을 접착제로 붙인 패널이다. 목재 이외의 재료로 된 기부에 부착된 베니어판은 주요 특성이 베니어인 경우에 한하여 여기에 분류된다.

② 유사적층목재(similar laminated wood): 블록보드, 래민보드 및 배튼보드, 패널

4. 고밀도화 목재란?

고밀도화 목재라 함은 화학적 또는 물리적인 처리에 의하여 밀도 또는 경도를 증대함과 동시에 기계적 강도나 화학적 또는 전기적 저항성을 개량한 목재를 말한다. 목재층을 함께 접합시킨 것은 접합에 필요한 처리 이상의 가공을 한 것에 한한다. 고밀도화 목재는 제4413호에 분류되며, 목재층을 함께 접합시킨 것은 접합에 필요한 처리 이상의 가공을 한 것에 한하여 분류한다.

5. 파아켓트패널이란?

파아켓트패널(parquet panels)이라 함은 가장자리와 가장자리를 연결한 또는 마구리와 마구리 및 가장자리와 가장자리를 연결한 목제로 된 판자(스트립)의 둘 이상의 좁고 일반적으로 짧은 조각들의 열(rows)로 만들어진 사전에 조립된 마루판(flooring panels)을 포함한다. 이러한 형태의 패널 표면은 줄무늬 형태를 나타낼 수도 있는데, 그 줄무늬는 각각의 스트립의 나뭇결과 색상에 따라 다를 수 있다. 제4418호에 분류한다.

6. 조물재료란?

관세율표의 제46류에서 조물재료(plaiting materials)라 함은 플레이팅, 인터레이싱(interlacing) 또는 이와 유사한 공정에 적합한 상태 또는 형상의 다음 재료를 말한다.

① 짚·오오지아·버드나무·대나무·골풀·갈대·목재의 스트립

② 식물성 재료의 스트립: 수피의 스트립, 좁은 잎 및 라피아, 바나나나무·넓은 잎에서 얻은 스트립

③ 방적하지 아니한 천연방직용 섬유

④ 플라스틱제(제39류)의 모노필라멘트와 스트립 및 이와 유사한 것

⑤ 종이의 스트립(플라스틱으로 피복한 것 포함)

⑥ 방직용 섬유의 심에 플라스틱 스트립을 감거나 씌운 것 및 플라스틱을 두껍게 도포시킨 재료

다만, 가죽·콤퍼지션 레더·펠트 또는 부직포의 스트립·인모·마모·방직용 섬유의 로우빙 및 실과 제54류의 모노필라멘트와 스트립 및 이와 유사한 것은 그러하지 아니하다.

제10부 목재펄프 또는 기타 섬유질 셀룰로오스 재료의 펄프 및 회수한 지 또는 판지(웨이스트와 스크랩, 지와 판지 및 이들의 제품)

1. 개 설

제10부에는 펄프에서부터 종이와 인쇄물에 이르는 일련의 물품과 제품들이 분류된다. 식물의 섬유소로 제조한 각종 펄프, 이들 펄프를 원료로 하여 제조한 지와 판지 및 지와 판지를 사용하여 인쇄한 인쇄물이 분류되는 것이다.

2. 류별 구성

이 부는 어느 부와는 다르게 주(註)가 없고, 제지원료인 펄프에서 가공단계별로 지와 판지 및 인쇄물이 분류되어 있으며 제47류, 제48류 및 제47류의 3개류로 구성되어 있다.

[류별 표제]

제47류	목재 또는 기타 섬유질 셀룰로오스 재료의 펄프, 회수한 지 또는 판지(웨이스트와 스크랩)
제48류	지와 판지, 제지용 펄프, 지 또는 판지의 제품
제49류	인쇄서적·신문·회화 및 기타의 인쇄물, 수제문서·타이프 문서 및 도면

제47류 목재 또는 기타 섬유질 셀룰로오스 재료의 펄프, 회수한 지 또는 판지(웨이스트와 스크랩)

1. 개 요

제47류에는 셀룰로오스가 풍부한 여러 식물성 재료 또는 원재료가 식물성인 직물의 웨이스트로부터 얻은 셀룰로오스 섬유펄프를 분류한다. 특히 목재는 섬유소 섬유의 원료이므로 목재펄프는 가장 중요한 펄프라 할 수 있다. 이 목재펄프는 제조방법에 따라 기계펄프, 화학펄프, 반화학펄프 또는 화학－기계펄프로 구분된다. 펄프제조용의 기타 재료는 면린터, 회수한 지와 판지, 섬유의 넝마와 중고 로프 등, 기타 방직용 섬유 웨이스트, 짚, 사탕수수, 대나무, 기타 잡초와 갈대 등이 있다.

2. 분류구조

각종 펄프는 펄프를 얻는 과정과 회수한 지와 판지 등 3개 범주로 구분하고 제4701호 내지 제4707호의 7개 호에 분류한다.

1) 목재펄프(제4701호 내지 제4705호)

① 기계펄프(제4701호)

② 화학펄프(제4702호～제4704호): 용해용 화학목재펄프, 소다펄프, 황산펄프 및 아황산펄프

③ 반화학펄프(제4705호)

2) 기타 섬유질 셀룰로오스 재료 펄프(제4706호): 면, 넝마, 회수지와 판지에서 얻은 펄프

3) 회수한 지 또는 판지(웨이스트와 스크랩)(제4707호)

3. 분류원칙

제목	규정내용	비고
용해용 화학목재펄프 (chemical wood pulp, dissolving grades)	1. 제4702호에서 『용해용 화학목재펄프』라 함은 수산화나트륨의 함유량이 18%인 가성소다 용액에 20℃에서 1시간 동안 침투시킨 후의 불용해성 부분의 중량이 소다펄프 및 황산펄프에 있어서는 전 중량의 92% 이상인 화학목재펄프를, 아황산펄프에 있어서는 전 중량의 88% 이상인 화학목재펄프를 말한다. 다만, 아황산펄프에 있어서는 회분의 함유량이 전 중량의 0.15% 이하의 것에 한한다.	제47류 류주1

4. 제외 물품

① 면린터(제1404호)

② 비간섭성 폴리에틸렌 또는 폴리프로필렌 섬유의 시트로 된 합성제지용 펄프(제3920호)

③ 섬유판(제4411호)

④ 제지용 펄프의 필터블록, 슬래브 및 판(제4812호)

⑤ 기타 제지용 펄프의 제품(제48류)

5. 해 설

(1) 목재펄프

식물세포의 세포막을 구성하는 셀룰로오스(cellulose)를 분리해 낸 집합체를 펄프(pulp)라 하며, 셀룰로오스 펄프의 원료는 셀룰로오스를 함유하는 각종 목재, 면넝마, 폐지류 등이 있다. 제41류의 펄프에는 식물성 섬유소(셀룰로오스)로서 목재펄프와 셀룰로오스 섬유펄프가 분류된다. 목재펄프는 목재에서 제조되며, 셀룰로오스펄프는 섬유소를 다량으로 함유하고 있는 식물성재료나 직물의 웨이스트로부터 제조된다. 또한 재생용으로 회수한 지와 판지의 웨이스트와 스크랩이 포함된다.

(2) 목재펄프 종류

목재를 원료로 하여 제조한 펄프는 기계목재펄프, 화학목재펄프 및 반화학펄프로 구분한다.

기계목재펄프(MP: Mechanical Pulp)(제4701호)　통나무나 목재칩을 기계적으로 처리한 펄프이다.

① 쇄목숫돌펄프(SGWP: Stone Ground Wood Pulp): 통나무나 블록을 쇄목숫돌로서 생산한다.

② 가압식 숫돌쇄목펄프(PGWP: Pressurised Ground Wood Pulp): 통나무 또는 블록을 가압식 쇄목숫돌로서 생산한다.

③ 리파이너 기계펄프(RMP: Refiner Mechanical Pulp): 쇄목숫돌 대신 리파이너기에 목재칩 또는 웨이퍼를 넣어 생산한다.

④ 열기계펄프(TMP: Thermo-Mechanical Pulp): 목재를 고압수증기처리한 후 리파이너기에 목재칩 또는 웨이퍼를 넣어 생산한다.

화학목재펄프(CP: Chemical Pulp)(제4702호～제4704호)　목재를 가온·가압하에서 화학약품을 처리하여 섬유소를 추출한 펄프를 말하며 처리약품에 따라 다음이 있다.

① 용해용 화학목재펄프(DP: Dissolving Pulp)(제4702호): 비스코스레이온, 셀로판 등의 특정 목적의 제조용으로 화학펄프 가운데 셀룰로오스의 순도를 높인 펄프

② 소다펄프(SOP: Soda Pulp)와 황산펄프(KP: Kraft Pulp)(제4703호): 가성소다 또는 황산으로 처리한 펄프

③ 아황산펄프(SP: Sulfite Pulp)(제4705호)

반화학펄프(SCP: Semi-Chemical Pulp)(제4705호)　기계펄프와 화학펄프의 제조공정을 결합하여 제조되는 펄프를 말한다. 제조공정의 결합과 순서에 따라 다음과 같이 구분하기도 한다.

① 화학 열기계펄프(CTMP: Chemi-Mechanical Pulp)

② 화학 리파이너 기계펄프(CRMP: Chemi-Refiner Mechanical Pulp)

③ 열화학 기계펄프(TCMP: Thermo Chemi-Mechanical Pulp)

(3) 용해용 화학목재펄프(제4702호)

용해용 화학목재펄프(chemical wood pulp, dissolving grades)는 정선된 목재를 칩 또

는 파티클상태로 분쇄한 후 화학처리하여 리그닌과 기타 비셀룰로오스 부분을 제거하여 유용한 알파－셀룰로오스의 함유량을 높인 것이다. 용도는 레이온, 전기절연지, 여과지, 사진용 인화지 등의 제조에 사용된다.

관세율표에서 제4702호의 『용해용 화학목재펄프(chemical wood pulp, dissolving grades)』라 함은 18% 가성소다 용액에 20℃에서 1시간 동안 침투시킨 후에 다음 규격을 말한다.

① 불용해성 부분의 중량: 소다펄프 및 황산펄프가 90% 이상이거나, 아황산펄프는 88% 이상이고, ② 회분이 0.15% 이하인 것

(4) 반표백 크라프트펄프

펄프에 있어 표백과 반표백의 구분은 백색도에 의해 구분한다. 대부분의 미표백 크라프트펄프의 백색도는 35% 이하이고, 반표백 크라프트펄프의 백색도는 35%～80% 미만이다.

시험방법은 KS 규격에 표시된 헌터법에 의해 측정하며, 산화마그네슘(MgO)의 백색도를 100으로 하여 이것과 비교하여 계산한다.

백색도가 80% 전후의 것은 주로 흡수력이 있는 물품의 제조에 사용되며 그 이하의 것은 제지공업에서 다른 펄프와 혼합하여 사용된다.

(5) 섬유질 셀룰로오스 재료 펄프(제4706호)

제4706호는 목재에서 얻는 펄프를 제외한 기타 섬유질 셀룰로오스 재료에서 얻는 펄프를 말한다. 이들 펄프재료는 면린터, 회수한(recovered) 지 또는 판지, 면·아마·대마 등의 넝마와 중고 로프 등의 방직용 섬유의 웨이스트, 짚·에스파르토·라미·황마·사이잘·사탕수수·대나무, 기타 잡초와 갈대 등이 있다. 주로 지와 판지의 웨이스트와 스크랩에서 얻는 펄프는 기계적이나 화학적인 세정, 선별과 탈잉크 공정을 거쳐 제조하며, 때로는 소량의 잉크, 점토, 전분, 코팅제, 글루 등을 함유하기도 한다.

(6) 회수한 지 또는 판지(제4707호)

주로 지와 판지를 재생하기 위해 회수한 지와 판지의 웨이스트와 스크랩을 말한다. 지와 판지의 웨이스트에는 shaving, 절편, 소편, 파편, 고신문, 고잡지, 교정지, 인쇄폐지

및 이와 유사한 물품도 포함되고, 주로 펄프 재생용으로 사용되나 타용도에 사용이 가능하더라도 포함된다.

제48류 지와 판지, 제지용 펄프, 지 또는 판지의 제품

1. 개 요

지와 판지는 목재펄프나 셀룰로오스 섬유펄프를 물에 분산시켜 얇게 떠서 탈수시켜 건조하여 제조한다. 제48류에는 주로 판지, 제지용 펄프나 지와 판지 셀룰로오스워딩 및 셀룰로오스섬유의 크기, 특정 용도 등의 것과 각종 제품이 분류된다.

그러나 화장품을 침투하거나 도포한 화장지(제33류), 비누나 세정제를 침투하거나 도포한 지와 판지(제34류), 지와 판지에 인쇄한 인쇄물(제49류)은 다른 류에 분류된다.

2. 분류구조

지와 판지는 특정형상, 특정용도 또는 제품별로 3개 범주로 구분하고, 22개의 호(제4801호 내지 제4823호: 제4815호 공란)에 분류한다.

1) 롤상·시트상의 지·판지 또는 셀룰로오스의 워딩 또는 섬유웨브(제4801호 내지 제4811호)

· 롤상·스트립상(폭 36cm 초과) 또는 시트상(정·직사각형: 36cm 초과×15cm 초과)

① 미도포한 지와 판지, 또는 셀룰로오스의 워딩과 섬유웨브(제4801호~제4805호): 신문용지, 가정용·위생용의 화장지·안면용 티슈스톡·타월 또는 냅킨스톡, 이와 유사한 것, 크라프트지와 판지 및 기타 지와 판지

② 특수지와 판지(제4806호·제4807호): 투명 또는 반투명 광택지 및 겹붙인 지와 판지

③ 파형·축유·압형 또는 돌공한 지와 판지(제4808호)

④ 복사지와 전사지(제4809호)

· 크기불문한 롤상 또는 시트상의 지와 판지

① 미도포한 지와 판지(제4802호): 필기용·인쇄용 또는 기타 그래픽용 지와 판지, 미천공 펀치카드와 펀치테이프지 및 수제지와 판지

② 도포, 침투, 표면착색장식, 인쇄한 지와 판지(제4810호·제4811호): 무기물질을 도포한 것, 기타 물질을 도포·침투·피복·표면을 착색·장식 또는 인쇄한 것

2) 특정 용도의 지와 판지(제4812호 내지 제4814호)

① 제지용 펄프제 필터블록, 필터슬랩 및 필터플레이트, ② 권련지, ③ 벽지와 벽피복지, 창문용 투명지

3) 기타 지·판지·셀룰로오스의 워딩 또는 섬유웨브의 물품과 이들의 제품(제4816호 내지 제4823호)

① 카본지, 셀프복사지와 기타 복사지, 전사지, 지제의 복사원지 및 오프세트플레이트(제4816호), ② 지·판지제의 봉투·봉함엽서·우편엽서·통신용 카드, 상자, 낭대 및 필기첩, ③ 가정용·위생용의 화장지와 이와 유사지, 셀룰로오스 워딩과 섬유웨브(폭 36cm 이하 롤과 특정 형상의 것), 가정용품·위생용품·병원용품의 손수건, 티슈, 책상보, 냅킨, 탐폰, 베드시트와 유사 물품 및 의류와 의류 부속품, ④ 사무실·상점 또는 이와 유사 장소용 상자, 포장대 및 기타 포장용기, 서류상자, 서류받침 및 이와 유사 물품, ⑤ 장부, 회계부노트북, 주문장, 영수증, 편지지철, 메모철, 일기장 및 이와 유사 물품, 연습장, 흡수지장, 바인드, 홀더, 서철표지, 각종 사무용 양식, 삽입식 카본세트와 기타 문구류 및 견본용·수집용 앨범과 책커버, ⑥ 레이블(인쇄 불문), ⑦ 보빈, 스풀, 콥 및 이와 유사 권취용품, ⑧ 기타 특정크기·형상의 지·판지·셀룰로오스의 워딩과 섬유웨브 및 기타 제지용 펄프, 지·판지·셀룰로오스의 워딩 또는 섬유웨브 제품(제4823호)

* 제4815호: 공란 유보

3. 분류원칙

제목	규정내용	비고
지	1. 제48류에서 『지』라 함은 문맥상 따로 규정한 경우를 제외하고는 『판지』(1㎡당 두께나 중량을 불문한다)를 포함한다.	제48류 류주1

가공의 범위	3. 류주7의 규정에 의한 경우를 제외하고 제4801호 내지 제4805호에는 캘린더가공·수퍼캘린더가공·광택가공 또는 이와 유사한 가공·의사 워터마킹·표면사이징을 한 지와 판지 및 전체를 어떤 방법으로든 착색 또는 대리석모양을 넣은 지·판지·셀룰로오스 워딩 또는 셀룰로오스섬유의 웨이브를 포함한다. 다만, 제4803호에서 따로 규정한 것을 제외하고, 이들 호에는 기타 가공을 한 지, 판지, 셀룰로오스 워딩 또는 셀룰로오스섬유의 웨브는 포함하지 아니한다.	제48류 류주3
신문용지	4. 제48류에서 『신문용지』라 함은 신문인쇄에 사용되는 것으로서 기계공정 또는 화학－기계공정에 의한 목재섬유의 함유량이 전 섬유중량의 50% 이상, 사이징을 아니하거나 극소량의 사이징을 한 것, 양면의 조활도파커프린트 세프(1MPa)가 2.5㎛(마이크론) 초과, 1㎡당 중량이 40g 이상, 65g 이하인 지를 말한다.	제48류 류주4
필기용·인쇄용 또는 기타 그래픽용의 지와 판지	5. 제4802호에서 『필기용·인쇄용 또는 기타 그래픽용의 지와 판지』, 그리고 『천공되지 않은 펀치카드와 펀치테이프 지』라 함은 주로 표백펄프 또는 기계공정이나 화학기계공정을 통해 얻어진 펄프로 제조된 것으로서 다음 기준에 합당한 지와 판지를 말한다. 가. 1㎡당 중량이 150g 이하인 지 또는 판지에 있어서는 (1) 기계공정 또는 화학기계공정에 의한 섬유의 함유량이 10% 이하의 것으로서 (가) 1㎡당 중량이 80g 이하이거나, (나) 전체를 착색한 것 (2) 회분의 함유량이 8%을 초과하는 것으로서 (가) 1㎡ 중량이 80g 이하이거나, (나) 전체를 착색한 것 (3) 회분의 함유량이 3%을 초과하고 백색도가 60% 이상인 것 (4) 회분의 함유량이 3% 초과·8% 이하로서 백색도가 60% 미만이며 파열강도지수가 1㎡당 2.5kPa/g 이하인 것 (5) 회분 함유량이 3% 이하로서 백색도가 60% 이상이며 파열강도지수가 1㎡당 2.5kPa/g 이하인 것 나. 1㎡당 중량이 150 g을 초과하는 지 또는 판지에 있어서는 (1) 전체를 착색한 것 (2) 백색도가 60% 이상으로서 (가) 두께가 225㎛(미크론) 이하이거나 (나) 두께가 225㎛(미크론) 초과·508㎛(미크론) 이하이며 회분의 함유량이 3%을 초과하는 것 (3) 백색도가 60% 미만이고 두께가 254㎛(미크론) 이하이며 灰分의 함유량이 8%을 초과하는 것 다만, 제4802호에서는 여과지·여과판지(티백용지를 포함한다)·펠트지 또는 펠트판지는 제외한다.	제48류 류주5

크라프트지와 판지	6. 제48류에서 『크라프트지와 판지』라 함은 황산 또는 소다공정에 의한 펄프의 함유량이 전 섬유중량의 80% 이상인 지와 판지의 것을 말한다.	제48류 류주6
분류규정	7. 기타 다른 호에서 규정한 것을 제외하고 제4801호 내지 제4811호에서 2 이상의 호에 해당하는 지·판지·셀룰로오스 워딩 및 셀룰로오스섬유의 웨브는 해당하는 호 중 최종호에 분류한다.	제48류 류주7
스트립, 롤상 및 시트의 규정	8. 제4801호 및 제4803호 내지 제4809호는 다음에 해당하는 지, 판지, 셀룰로오스 워딩 및 셀룰로오스섬유의 웨브에 한하여 적용한다. (1) 폭이 36cm를 초과하는 스트립상 또는 롤상의 것 (2) 접지 아니한 상태에서 한변이 36cm를 초과하며, 다른 한 변은 15cm를 초과하는 직사각형(정사각형을 포함한다)의 시트상의 것	제48류 류주8
벽지 및 이와 유사한 벽 피복재	9. 제4814호에서 『벽지 및 이와 유사한 벽 피복재』라 함은 다음의 것에 한하여 적용한다. 가. 벽 또는 천정 장식에 적합한 폭이 45cm 이상～160cm 이하인 롤상의 지로서 다음에 게기한 것 (1) 그레인한 것·압형한 것·표면착색한 것·디자인 인쇄한 것 또는 섬유플록으로 기타의 표면장식을 한 것(투명한 보호용 플라스틱으로서 도포 또는 피복한 것인지의 여부를 불문한다) (2) 목재·짚 등의 파티클을 결합한 결과로 인하여 평탄하지 아니한 표면을 가지고 있는 것 (3) 플라스틱으로 한 면을 도포 또는 피복하거나 플라스틱층을 그레인한 것·압형한 것·착색한 것·디자인인쇄 또는 기타의 장식을 한 것 (4) 조물재료(이들을 서로 평행으로 연결하거나 직조한 것인지의 여부를 불문한다)로서 한 면을 피복한 것 나. 지제의 테 및 프리즈로 상기와 같은 처리를 하고 벽 또는 천정의 장식에 적합한 것(롤상의 것인지의 여부를 불문한다) 다. 수매의 패널로 구성되는 지제의 벽 피복재로서(롤상 또는 시트상의 것에 한한다) 벽에 부착시 풍경·디자인 또는 모티프를 가지도록 인쇄한 것 지 또는 판지를 기재로 한 물품으로서 바닥깔개 및 벽 피복재로 사용하는 데 모두 적합한 것은 제4815호에 분류한다.	제48류 류주9
루즈시트와 카드의 분류	10. 제4820호는 특정의 형상으로 절단한 루즈시트와 카드를 포함하지 아니한다(프린트·압형 또는 천공한 것인지의 여부를 불문한다).	제48류 류주10

천공한 지와 판지의 분류	11. 제4823호는 자카드직기 또는 이와 유사한 기계에 사용되는 천공한 지와 판지제의 카드 및 지제의 레이스에 적용한다.	제48류 류주11
인쇄물의 분류	12. 제4814호 및 제4821호에 해당하는 물품을 제외하고는 지·판지·셀룰로오스 워딩 및 이들의 제품으로서 당해 물품의 본래의 용도에 대하여 단지 부수적이 아닌 모티프·문자 또는 회화를 인쇄한 것은 제49류에 해당한다.	제48류 류주12
크라프트 라이너	1. 제4804.11호 및 제4804.19호에 있어서 『크라프트 라이너』라 함은 황산 또는 소다공정에 의한 목재섬유의 함유중량이 80% 이상으로서 1㎡당 중량이 115g을 초과하며 아래 표에 표시된 뮤렌(Mullen) 파열강도의 최저치를 가지고 있거나, 표에 표시되지 않은 평량에 대하여는 일직선상의 내삽 또는 외삽의 환산치를 가지고 있는 것으로서 기계적으로 완성가공하였거나 기계적으로 광택가공한 롤상의 지 또는 판지를 말한다.	제48류 소호주1
지대용 크라프트지	2. 제4804.21호 및 제4804.29호에 있어서 『지대용 크라프트지』라 함은 황산 또는 소다 공정에 의한 목재섬유의 함유중량이 80% 이상, 1㎡의 중량이 60g 이상 115g 이하로서 다음 조건 중 어느 하나를 충족시키는 롤상의 기계적 완성가공처리를 한 지를 말한다. 가. 뮤렌 파열강도지수가 3.7kPa/g 이상으로서 가로 방향의 신장률이 4.5%fm 초과하고, 세로방향의 신장률이 2%를 초과하는 것 나. 인열강도의 최저치 및 인장강도의 최저치가 아래표에 표시된 수치를 가지고 있거나, 또는 표에 표시되지 않은 평량에 대하여는 일직선상의 내삽 또는 외삽의 환산치를 가지고 있는 것	제48류 소호주2
반화학 후로팅지	3. 제4805.11호에서 『반화학 후로팅지』는 반화학 펄프공정에서 생산된 표백되지 않은 활엽수 섬유의 함유량이 전 섬유중량의 65% 이상으로서 CMT 30(시험조건설정 30분 후 코러게이트미디엄 시험)의 압축강도가 상대습도 50%, 23℃에서 1.8뉴톤을 초과하는 롤상의 지를 말한다.	제48류 소호주3
스트로 후로팅지	4. 제4805.12호는 반화학공정에서 생산된 스트로펄프를 주로 하여 만들어진 롤상의 지를 포함한다. [1㎡당 중량이 130g 이상이고 CMT 30(시험조건설정 30분 후 코러게이트미디엄 시험)의 압축강도가 상대습도 50%, 23℃에서 1.4뉴톤을 초과하는 것에 한한다.]	제48류 소호주4
테스트라이너	5. 제4805.24호 및 제4805.25호는 전부 또는 주로 회수한 지 또는 판지(웨이스트와 스크랩)의 펄프로 만들어진 지와 판지를 포함한다. 테스트라이너는 착색된 표층이나 표백 또는 미표백의 비재생 펄프로 만든 표층을 가질 수도 있다. 이들의 제품은 뮤렌 파열강도지수가 12g당 2kPa·㎡ 이상이다.	제48류 소호주5

아황산 포장지	6. 제4805.30호에 있어서 『아황산 포장지』라 함은 아황산 공정에 의한 목재섬유의 함유량이 전 섬유중량의 40%를 초과하고 회분의 함유량이 8% 이하로 뮤렌 파열강도지수가 1㎡당 1.47kPa/g 이상으로 기계에 의한 광택가공한 지를 말한다.	제48류 소호주6
경량 도포지	7. 제4810.22호에 있어서 『경량의 도포한 지』라 함은 기계공정에 의한 목재섬유의 함유량이 전 섬유중량의 50% 이상의 지를 기재로 하여 양면을 포한 1㎡의 총중량이 72g 이하인 지로서 1면당 도포량이 1㎡당 15g 이하의 지를 말한다.	제48류 소호주7

4. 제외 물품

① 제30류의 물품

② 스탬프용의 박(제3212호)

③ 향료지 또는 화장품을 침투 또는 도포한 지(제33류)

④ 종이 및 셀룰로오스 워딩에 비누 또는 세척제를 침투, 도포 또는 피복한 것(제3401호)과 연마제, 크림 또는 기타 이와 유사한 조제품을 침투, 도포 또는 피복한 것(제3405호)

⑤ 감광성의 지와 판지(제37류)

⑥ 진단용 시약 또는 실험용 시약을 침투시킨 지(제3822호)

⑦ 지로 보강한 적층 플라스틱 시트, 한장의 지 또는 판지에 플라스틱 물질을 도포하거나 피복한 것으로서 플라스틱층이 전 두께의 1/2을 초과하는 것 또는 이들을 재료로 만든 물품(제4814호의 벽 피복재를 제외)(제39류)

⑧ 제4202호의 물품(예: 여행용구)

⑨ 지사 또는 이들의 직물제품(제11부)

⑩ 연마지 또는 판지(제6805호) 및 운모를 붙인 지 또는 판지(제6814호). 다만, 운모분을 도포한 지 또는 판지는 이 류(제48류)에 분류된다.

⑪ 제46류의 물품(예: 조물재료의 제품)

⑫ 제64류 또는 제65류의 물품

⑬ 지 또는 판지로 뒷면을 붙인 금속의 박(제15부)

⑭ 제9209호의 물품

⑮ 제95류의 물품(예: 완구, 유희용구, 및 운동용구) 또는 제96류의 물품(예: 단추)

5. 해　　설

(1) 지(紙: paper)

관세율표에서 제48류의 『지(paper)』라 함은 문맥상 따로 규정한 경우를 제외하고는 1㎡당 두께 또는 중량을 불문하고 『판지(board)』를 포함한다.

(2) 제지공정

펄프의 준비공정, 시트와 웨브의 형성공정 및 완성공정의 3단계로 제조된다.

준비공정	시트와 웨브의 형성공정	완성공정
고해시킴 · +충전제: 점토, 이산화티탄, 탄산칼슘 · +사이징제(명반 함유 송진) · +착색제	· 기계제의 것 · 수제의 것	· 캘린더가공 · 슈퍼캘린더가공 · +워터마크

(3) 지와 판지(제48류) 분류범위

· 제4801호~제4805호의 가공범위: 제48류 류주7의 규정(제4801호~제4811호에서 2 이상의 호에 해당시 최종호에 분류)을 제외하고, 캘린더가공·슈퍼캘린더가공·광택가공 또는 이와 유사한 가공·의사 워터마킹·표면사이징을 한 지와 판지 및 전체를 착색하거나 대리석모양을 넣은 지·판지·셀룰로오스 워딩 또는 셀룰로오스섬유의 웨이브를 포함하고, 기타 가공을 한 지와 판지, 셀룰로오스 워딩 또는 셀룰로오스섬유의 웨브는 포함하지 아니한다. 다만, 제4803호에서 따로 규정한 것은 제외한다.

· 형상 및 크기에 의한 분류: 제4801호, 제4803호~제4809호에는 다음 지와 판지, 셀룰로오스 워딩 및 셀룰로오스섬유의 웨브에 한하여 적용한다. ① 폭 36cm를 초과하는 스트립상 또는 롤상, ② 접지 아니한 상태에서 36cm초과×15cm 초과하는 정·직사각형의 시트상

· 용도에 의한 분류; 신문용지, 필기와 인쇄용지, 궐련지, 벽지, 창문투명지

· 제조방법에 의한 분류: 수제지

· 제4820호(기타 문구류 등)에는 프린트·압형 또는 천공한 여부를 불문하고, 특정의

형상으로 절단한 루즈시트와 카드를 포함하지 아니한다.

- 제4823호: 자카드직기 또는 이와 유사 기계에 사용되는 천공한 지와 판지제의 카드 및 지제의 레이스에 적용한다.

[롤상 또는 시트상(36cm 초과×15cm 초과)의 각종 지와 판지의 분류구성(제4801호~제4811호)]

<table>
<tr><th rowspan="2">구분</th><th rowspan="2" colspan="2">규격
품명</th><th colspan="2">롤·스트립 또는 시트</th><th rowspan="2">기타 형상</th></tr>
<tr><th>롤·스트립: 폭 36cm 초과, 시트: 36cm×15cm 초과</th><th>크기 불문 (롤상·시트)</th></tr>
<tr><td rowspan="7">미도포</td><td colspan="2">신문용지</td><td>제4801호</td><td>–</td><td>–</td></tr>
<tr><td colspan="2">필기·인쇄·그래프·펀치카드스톡 또는 펀치 테이프용</td><td rowspan="2">–</td><td rowspan="2">제4802호</td><td rowspan="2">–</td></tr>
<tr><td colspan="2">수제 지와 판지</td></tr>
<tr><td rowspan="2">가정용·위생용 화장지·안면용 티슈스톡·타월·나프킨스톡, 워딩과 웨브: 축유·압형·돌공·착색·표면장식·인쇄 불문</td><td>지</td><td>제4803호</td><td>–</td><td>제4818호</td></tr>
<tr><td>셀룰로오스의 워딩과 섬유웨브</td><td>제4803호</td><td>–</td><td>제4818호
제4819호
제4823호</td></tr>
<tr><td colspan="2">크라프트 지와 판지</td><td>제4804호</td><td>–</td><td>제4823호</td></tr>
<tr><td colspan="2">기타 지와 판지</td><td>제4805호</td><td>–</td><td></td></tr>
<tr><td rowspan="2">특수지와 판지</td><td colspan="2">–황산지·내지지·트래싱지·그라신지
–투명광택지·반투명광택지</td><td>제4806호</td><td>–</td><td>–</td></tr>
<tr><td colspan="2">겹붙인 지와 판지: 접착제로 붙인 것, 표면도포·침투한 것 제외, 내면보강 불문</td><td>제4807호</td><td>–</td><td>–</td></tr>
<tr><td rowspan="4">표면도포 등, 가공한 것</td><td colspan="2">파형·축유·압형·돌공한 지와 판지</td><td>제4808호</td><td>–</td><td>–</td></tr>
<tr><td colspan="2">복사지·전사지(인쇄 불문): 카본지, 셀프복사지, 등사원지, 오프세트플레이트용 도포지와 침투지 포함</td><td>제4809호</td><td>–</td><td>제4816호</td></tr>
<tr><td colspan="2">한면·양면에 무기물질 도포한 지·판지: 표면착색·표면장식·인쇄 불문</td><td>–</td><td>제4810호</td><td>제4817호
제4821호
제4823호</td></tr>
<tr><td colspan="2">기타 물질을 도포·침투·피복·표면착색·표면장식·인쇄한 지와 판지, 셀룰로오스의 워딩과 섬유웨브</td><td>–</td><td>제4811호</td><td>제4823호</td></tr>
</table>

[특정 용도의 지와 판지의 분류구성(제4812호~제4814호)]

구분	품명·규격	호
특정용도	제지용 펄프제의 필터블록, 필터슬랩 및 필터플레이트	제4812호
	궐련지: 적합크기 절단, 소책자 또는 튜브상 불문	제4813호
	벽지와 유사 벽 피복재: 폭 45cm 이상~160cm 이하	제4814호
	창문투명지	

[롤상(폭: 36cm 이하) 또는 시트상(36cm 이하×15cm 이하)의 지·판지의 분류(제4816호~제4823호)]

구분	품명·물품내용	호
기타 형상, 특정형상 및 제품	-카본지·셀프복사지 및 기타 복사지·전사지(제4909호 제외) -지제의 등사원지와 오프세트플레이트	제4816호
	-지와 판지제의 봉투·봉함엽서·우편엽서·통신용 카드 -지와 판지제의 상자·낭대 및 필기첩: 안에 지제 문구류가 있는 것	제4817호
	가정용·위생용 화장지, 셀룰로오스 워딩과 섬유웨브: 폭 36cm 이하의 롤·특정크기와 형상의 것	제4818호
	제지펄프, 지제, 셀룰로오스 워딩과 섬유웨브의 가정용품·위생용품·병원용품 및 의류와 의류 부속품: 손수건, 티슈, 타올, 책상보, 서비에트, 유아냅킨, 탐폰, 베드시트 및 이와 유사제품,	
	-지와 판지, 셀룰로오스 워딩과 섬유웨브제의 사무실, 상점 및 유사장소용: 상자·포장대. 유사 용기 -지와 판지제의 서류상자·서류받침 유사 물품	제4819호
	-지와 판지제의 문구류: 장부·회계부·노트북·주문장·영수증·편지지철·메모철·일기장과 유사 물품, 연습 장·흡수지장·홀더·서류철표지·각종 사무용 양식·삽입식 카본세트 등 -지와 판지제의 견본용·수집용 앨범과 책커버	제4820호
	지와 판지제의 레이블	제4821호
	제지펄프, 지와 판지제의 보빈, 스풀, 콥 및 이와 유사 권취용품	제4822호
	-기타 특정크기·형상의 것: 지와 판지, 셀룰로오스 워딩과 섬유웨브의 것 -기타 제품: 제지용 펄프, 지와 판지, 셀룰로오스 워딩과 섬유웨브의 것	제4823호

* 제4815호: 공란 유보

(4) 제지용 펄프

제4812호, 제4818호, 제4822호, 제4823호 및 이와 관련된 해설에서 『제지용 펄프』

라 함은 제4701호 내지 제4706호의 모든 제품, 즉 목재 펄프 또는 기타 섬유질 셀룰로오스 재료의 펄프를 말한다. 다만, 제48류에는 제48류에서 제외되는 물품(류주2 제외 물품 및 류주12 제외 물품)은 포함하지 아니한다.

(5) 지와 판지(제48류)의 품목분류원칙

제4801호 내지 제4811호의 물품의 분류규정 여기에 2 이상의 호에 해당하는 지·판지·셀룰로오스 워딩 및 셀룰로오스섬유의 웨브는 해당하는 호 중 최종호에 분류한다. 다만, 기타 다른 호에서 규정한 것을 제외한다.

제4801호 및 제4803호 내지 제4809호의 물품의 분류규정 다음의 지와 판지, 셀룰로오스 워딩 및 셀룰로오스섬유의 웨브에 한하여 분류한다.

① 폭 36cm를 초과하는 스트립상 또는 롤상

② 접지 아니한 상태에서 36cm 초과×15cm 초과하는 정·직사각형의 시트상

천공한 지와 판지의 분류규정(제4823호) 제4823호에는 자카드직기 또는 이와 유사 기계에 사용되는 천공한 지와 판지제의 카드 및 지제의 레이스에 적용한다.

인쇄물의 분류규정 제4814호와 제4821호의 물품을 제외하고는 지·판지·셀룰로오스 워딩 및 이들의 제품으로서 당해 물품의 본래의 용도에 대하여 단지 부수적이 아닌 모티프·문자 또는 회화를 인쇄한 것은 제49류에 분류한다.

필기용, 인쇄용 또는 기타 그래픽용의 지와 판지의 규격과 분류규정(제4802호) 필기용, 인쇄용 또는 기타 그래픽용의 지와 판지 및 『천공되지 않은 펀치카드와 펀치테이프 지』라 함은 주로 표백펄프 또는 기계공정이나 화학기계공정을 통해 얻어진 펄프로 제조된 것으로서 다음 기준에 합당한 지와 판지를 말한다.

[필기용, 인쇄용 또는 기타 그래픽용의 지와 판지 규격(제4802호)]

중량	규정내용	
1㎡당 중량 150g 이하의 지 또는 판지	① 기계·화학기계공정 함유중량 10% 이하의 것은	1㎡당 중량이 80g 이하 또는 전체 착색한 것.
	② 회분 함유중량 8%을 초과하는 것은	1㎡의 중량이 80g 이하 또는 전체 착색한 것
	③ 회분 함유중량 3% 초과하고 백색도 60% 이상인 것	–

<table>
<tr><td></td><td>④ 회분 함유중량 3% 초과～8% 이하로서 백색도가 60% 미만이며 파열강도지수가 1㎡당 2.5KPa/g 이하인 것.</td><td>–</td></tr>
<tr><td></td><td>⑤ 회분의 함유중량 3% 이하로서 백색도 60% 이상이며 파열강도지수 1㎡당 2.5KPa/g 이하인 것</td><td>–</td></tr>
<tr><td rowspan="3">1㎡당 중량 150g 초과의 지 또는 판지</td><td>① 전체 착색한 것</td><td>–</td></tr>
<tr><td>② 백색도가 60% 이상으로서</td><td>두께 225㎛(미크론) 이하 또는 225㎛(미크론)초과～508㎛(미크론)이하, 회분 함유중량이 3% 초과하는 것</td></tr>
<tr><td>③ 백색도 60% 미만－두께 254㎛(미크론) 이하－회분 함유중량이 8%을 초과하는 것
다만, 제4802호에서는 여과지, 여과판지(티백용지 포함), 펠트지 또는 펠트판지는 제외한다.</td><td>–</td></tr>
</table>

[분류규정]

- 위 용도와 기계의 지와 판지를 불문하고 롤상 또는 정·직사각형의 시트상은 제4802호에 분류
- 다른 형상으로 절단된 것은 제4817호(봉투, 엽서 등)·제4821호(레이블) 또는 제4823호(기타 제품)에 분류
- 제4802호의 지와 판지는 이 류의 주3에 규정된 전체적으로 착색 또는 대리석 모양의 가공, 캘린더 가공, 슈퍼캘린더 가공, 광택가공, 유사워터마킹 또는 표면 사이징 가공을 한 것도 있다. 이 이외의 기타 가공을 한 지와 판지는 제외된다(일반적으로 제4806호～제4811호).

(6) 지와 판지(제48류)의 용어정의

신문용지(제4801호)　관세율표의 제48류에서 『신문용지』라 함은 신문인쇄에 사용되는 다음 규격의 지를 말한다.

① 기계공정 또는 화학－기계공정에 의한 목재섬유의 함유중량이 50% 이상이고, 사이징을 아니하거나 극소량의 사이징을 한 것

② 양면의 조활도파커프린트 세프(1MPa)가 2.5㎛(마이크론) 초과하고

③ 1㎡당 중량이 40g 이상~65g 이하의 것

크라프트 지와 판지(제4804호) 크라프트 지와 판지(kraft paper paperboard)라 함은 황산펄프 또는 소다펄프의 함유중량이 80% 이상인 지와 판지를 말한다.

[기타 용어정의]

용어	규정내용	비고
크라프트라이너 [제4804.11호와 제4804.19호]	-황산 또는 소다펄프의 함유중량이 80% 이상-1㎡당 중량 115g을 초과하며 아래 표의 뮤렌(Mullen) 파열강도의 최저치를 갖거나 -아래 표 1에 표시되지 않은 평량에 대하여는 일직선상의 내삽 또는 외삽의 환산치를 갖는 것으로서 기계적 완성가공하거나 기계적으로 광택가공한 롤상의 지 또는 판지이다.	제48류 소호주1
지대용 크라프트지 [제4804.21호와 제4804.29호]	황산 또는 소다 펄프의 함유중량이 80% 이상-1㎡의 중량이 60g 이상~115g 이하로서 다음 조건 중 어느 하나를 충족시키는 롤상의 기계적 완성가공처리를 한 지를 말한다. ① 뮤렌 파열강도지수가 3.7kPa/g 이상-가로방향의 신장률 4.5%fm 초과하고-세로방향의 신장률 2% 초과하는 것 ② 인열강도의 최저치 및 인장강도의 최저치가 아래 표 2의 수치를 갖거나, 또는 표에 표시되지 않은 평량에 대하여는 일직선상의 내삽 또는 외삽의 환산치를 갖는 것	제48류 소호주2
반화학후로팅지 [제4805.11호]	반화학 펄프공정에서 생산된 표백되지 않은 활엽수 섬유의 함유중량이 65% 이상으로서-CMT 30(시험조건설정 30분 후 코러게이트미디엄 시험)의 압축강도가 상대습도 50%, 23℃에서 1.8뉴톤을 초과하는 롤상의 지를 말한다.	제48류 소호주3
스트로후로팅지 [제4805.12호]	-주로 반화학 공정에서 생산된 스트로 펄프로 만든 롤상의 지를 포함한다. -1㎡당 중량 130g 이상-CMT 30(시험조건설정 30분 후 코러게이트미디엄 시험)의 압축강도가 상대습도 50%, 23℃에서 1.4뉴톤을 초과하는 것	제48류 소호주4
테스트라이너 [제4805.24호 및 제4805.25호]	-전부 또는 주로 회수한 지 또는 판지(웨이스트와 스크랩)의 펄프로 만든 지와 판지를 포함한다. 테스트라이너는 착색된 표층이나 표백 또는 미표백의 비재생펄프로 만든 표층을 가질 수도 있다. -이들 제품은 뮤렌 파열강도지수가 12g당 2kPa·㎡ 이상이다.	제48류 소호주5

아황산 포장지 [제4805.30호]	−아황산펄프의 함유중량 40% 초과−회분 함유중량 8% 이하로서 −뮤렌파열강도지수가 1㎡당 1.47kPa/g 이상으로 기계광택 가공한 지	제48류 소호주6
경량도포지 [제4810.22호]	−기계공정 목재섬유의 함유중량 50% 이상의 지를 기재로 한 −양면을 도포한 1㎡의 총중량이 72g 이하인 지로서 −1면당 도포량이 1㎡당 15g 이하의 지를 말한다.	제48류 소호주7

[표 1]

평량(g/㎡)	뮤렌파열강도의 최저치(KPa)
115	393
125	417
200	637
300	824
400	961

[표 2]

평량(g/㎡)	인열강도 최저치(mN)		인장강도 최저치(KN/m)	
	세로방향	세로방향+가로방향	가로방향	세로방향+가로방향
60	700	1,510	1.89	6
70	830	1,790	2.3	7.2
80	965	2,070	2.8	8.3
100	1,230	2,635	3.7	10.6
115	1,425	3,060	4.4	12.3

(7) 수제지와 판지(제4802호)

수제의 지와 판지는 기타 공정은 기계로 이루어지더라도 시트상으로 주형하는 공정이 손으로 이루어지는 것을 말한다. 펄프를 체형상 주형에서 흔들어 수분을 제거하여 섬유질을 펠트화하여 시트상을 떼어내어 펠트 사이에 끼워 압축·건조시킨다. 제4802호의 수제지와 판지에는 크기 또는 형상 여부 불문하고 만든 상태대로서 가장자리를 절단하지 아니한 것(다만, 주7의 경우 제외)과 가장자리를 재단 또는 절단하여 스트립 또는 롤상 및 정·직사각형의 시트상이 분류된다. 기타 다른 형상으로 절단된 것은 제4817호·

제4821호 또는 제4823호에 분류된다.

(8) 투명 또는 반투명 광택지의 구분(제4806호)

구분		주요 내용
투명 광택지	황산지 (vegetable parchment)	황산지는 사이즈가공 또는 로오드(load)가공을 아니한 지를 황산액에 담구어 만든다. 산처리하여 일부 셀룰로오스가 불삼투성 전분질로 변화하여 투명하고, 기름에 저항성이 있고 물, 가스가 스며들지 않는 성질을 갖게 된 것이다.
	트레이싱지 (tracing papers)	내지지와 유사하며, 투명성을 갖도록 펄프를 장시간 휘저어 제조한다.
	그라신지 (glassine papers)	그라신지는 내지지와 동일한 방법으로 만드나 마지막 제조단계에서 슈퍼캘린더의 가열된 롤러에 압력을 가하면서 물로 축이고 광택가공하여 투명하고 고밀도의 제품을 얻는다.
반투명 광택지	내지지 (greaseproof papers)	내지지는 모조황산지라고도 하며, 보통 아황산펄프를 수중에서 장시간 휘저어 분편상으로 만든 후 가수분해하여 제조한다. 반투명하고 유와 그리스에 비삼투성을 가지며 황산지와 동일하게 사용되며 외양이 비슷하나 물에 저항성이 약하여 구별된다.
	모조내지지 (imitation greaseproof papers)	모조내지지는 펄프를 장시간 휘젓지 않고 섬유를 완전 가수분해를 하지 않고 제조한다. 투명성과 산뜻한 외관을 나타내기 위하여 파라핀 왁스 또는 스테아린을 펄프에 첨가하기도 한다.

(9) 겹붙인 지와 판지(제4807호)

2매 이상의 지와 판지의 층을 접착제로 겹붙인 지와 판지가 분류된다. 접착제는 텍스트린, 아교, 타르, 검, 아스팔트 또는 라텍스 등이 사용된다.

(10) 도포한 지와 판지의 분류

특별히 광택있는 완성 가공품을 생산하거나 또는 특수 표면의 요건을 위하여 한 면이나 양면을 도포한 지와 판지를 말한다. 도포한 지와 판지는 다음과 같이 구분분류한다.

품명·주요 내용	분류
특정 크기의 롤상 롤·스트립(폭 36cm 초과) 또는 시트상(길이 36cm 초과×15cm 초과)의 카본지·셀프 복사지 및 기타 복사지 또는 전사지	제4809호
카오린(china clay) 또는 기타 무기물질을 도포한 롤상 또는 시트상의 지와 판지	제4810호
무기물질 이외의 기타 물질을 도포한 지와 판지 예: 방수포장, 이형지와 판지 등의 접착지, 라사지, 코르크입자지, 흑연지, 타르 포장지, 가세지	제4811호

(11) 카본지·셀프복사지·기타의 복사지 또는 전사지(제4809호)

압력, 습기, 잉크 등을 가하여 원본의 복사가 일매 이상 만들어지도록 도포 또는 침투된 지가 분류된다.

(12) 벽지와 이와 유사한 벽 피복재(제4814호)

제4814호의『벽지 및 이와 유사 벽 피복재』라 함은 다음에 한하여 적용한다.

1) 벽 또는 천장의 장식에 적합한 폭이 45cm 이상~160cm 이하인 롤상의 지로서 다음의 것

① 그레인한 것, 압형한 것, 표면착색한 것, 디자인 인쇄한 것 또는 섬유플록 등으로 기타의 표면장식을 한 것(투명한 보호용 플라스틱을 도포·피복한 여부를 불문한다)

② 목재, 짚 등의 파티클이 결합되어 표면이 평탄하지 아니한 것

③ 한면을 플라스틱으로 도포 또는 피복하거나, 플라스틱 층을 그레인한 것, 압형한 것, 착색한 것, 디자인인쇄 또는 기타의 장식을 한 것

④ 조물재료(이들을 서로 평행으로 연결하거나 직조한 것 여부 불문)로서 한면을 피복한 것

2) 지제의 테와 프리즈로 상기와 같은 처리를 하고 벽 또는 천장장식에 적합한 것(롤상 여부 불문)

3) 롤상 또는 시트상의 수매의 패널로 구성된 지제의 벽 피복제로서 벽에 부착시 풍경·디자인 또는 모티프를 갖도록 인쇄한 것.

[분류규정] 지 또는 판지를 기재로 한 물품으로서 바닥깔개 및 벽 피복제로 사용하는 데 모두 적합한 것은 제4815호에 분류한다.

[각종 지와 판지의 분류]

물품 내용	분류
보호용 종이층에 플라스틱 시트만이 부착된 접착성 벽 피복재로서 사용시 종이층이 제거되는 것	제39류
베니어 또는 코르크로된 벽 피복재로서 이면재가 종이인 것	제4408호·제4502호·제4504호
넓은 롤상의 판지를 기재로 한 플라스틱층으로 된 물품으로서 벽 피복재와 유사하나 벽 피복재보다 더 무겁고 단단하며 바닥깔개와 벽 피복재 양면으로 사용되는 것	제4811호
벽지: 폭 45cm 이상~160cm 이하	제4814호
창문용 투명지	제4814호
외양이 창용 투명지와 다소 유사한 전사지(디칼커메니어)	제4908호
방직용 섬유의 벽 피복재로서 종이를 기재로 한 것	제5905호
알루미늄박으로 된 벽 피복재로서 종이를 이면재로 한 것	제7607호

(13) 셀룰로오스 워딩 또는 셀룰로오스섬유의 웨브의 분류

구분	주요 특성	분류
셀룰로오스 워딩 또는 셀룰로오스섬유의 웨브	–축유한 것·압형한 것·천공한 것·착색한 것·표면장식 또는 인쇄한 것 여부 불문 –폭 36cm 초과하는 스트립·롤상, 변 36cm 초과×15cm 초과인 정·직사각형의 시트상	제4803호
	–도포·침투·피복·표면착색·표면장식 또는 인쇄한 것 –크기 불문, 롤상 또는 정·직사각형의 시트상의 것 –제4803호·제4809호 또는 제4810호의 것 제외	제4811호
	–사무실·상점 또는 이와 유사 장소에서 사용하는 것: 상자·포장대 및 기타 포장용기	제4819호
	–기타 특정한 크기 또는 형상으로 절단한 것	제4823호
	–기타 제품	
셀룰로오스섬유의 웨브	–가정용·위생용의 것 –폭이 36cm 이하의 롤상 또는 특정의 크기나 형상의 것 –손수건·크렌싱티슈·타올·책상보·서비에트·유아용 냅킨·탐폰·베드시트 및 이와 유사한 가정용품·위생용품 또는 병원용품·의류 및 의류 부속품	제4818호

(14) 지와 판지의 분석측정방법

관세율표에서 지와 판지의 분석 및 물리적 기준은 다음 ISO규격을 사용하여야 한다.

제목	ISO규격
회분 함유량	ISO 2144 지와 판지: 회분 결정
백색도	ISO 2470 지와 판지: 청색반사율 확산측정(ISO 백색도)
파열강도 및 파열강도지수	ISO 2758 지: 파열강도 결정 ISO 2759 판지: 파열강도 결정
OMT 60(압축강도)	ISO 7263 중심 원지: 실험후루팅후 프랫 압축강도 결정
섬유 구성	ISO 9184/1－3 지·판지 및 펄프: 유완성 지료분석
그램(중량)	ISO 536 지와 판지: 그램 결정
파커 프린트－서프 표면조활도	ISO 8791/4 지와 판지: 조활도/평활도 결정(공기 누출 측정 방법)
지(1매)두께(캘리퍼)	ISO 534 지와 판지: 두께 및 벌크상 밀도(외견상) 또는 시트 밀도(외견상) 결정
인장강도	ISO 1974 지: 인열강도의 결정(엘멘도르프 방법)
인장강도 및 신장 측정	ISO 1924/2 지와 판지: 인장성질의 결정－Par 2: 신장방법의 상수율

* ISO: International Standard Organization

[용어]

용어	주요 내용	비고
사진감광성지·판지의 기재용지·판지	래그펄프로 만든 지·판지 또는 래그펄프를 함유한 상급 지·판지로서 이물질이 전혀 없는 것을 말한다.	제4802호 참조
카본지용 원지	얇고 인열강도가 있는 지이며 의도된 용도에 따라 중량이 1㎡당 9g～70g까지의 가변성을 가지고 있다.	해설
셀룰로오스 워딩 (cellulose wadding)	셀룰로오스 워딩은 구조가 개방된 축유한 셀룰로오스섬유의 웨브로 만든 것으로서 축유의 비율이 35%를 초과하고, 하나 이상의 겹을 가지며 축유하기 전의 각 겹의 중량이 1㎡당 20g(기본중량)인 것을 말한다.	제4803호 참조
셀룰로오스섬유 웨브 (webs of cellulose fibres)	셀룰로오스섬유의 웨브(티슈)는 구조가 밀폐된 축유한 셀룰로오스섬유의 웨브로 만든 것으로서 축유의 비율이 35% 이하이고 하나 이상의 겹을 가지며 축유하기 전의 각 겹의 중량이 1㎡당 20g(기본중량)인 것을 말한다.	제4803호 참조

인그레인지 (ingrain paper)	목재, 짚 등의 파티클을 결합한 결과로 인하여 평탄하지 아니한 표면을 가지고 있는 지	류주9 참조
착색 또는 인쇄한 지와 판지	각종 공정에서 여러 색, 줄무늬, 모티프, 디자인 등을 인쇄한 지와 표면에 대리석 모양을 넣은 지 및 자스페지가 포함된다. 이러한 지는 상자포장용지, 제본용 등의 각종 용도에 사용된다. 지의 표면에 선을 인쇄한 것은 회계부 및 부기장, 연습장, 제도장, 수서용 음악장, 필기용지, 도표용지, 노트 등에 사용된다. 상호, 상표, 무늬, 상품의 용법을 인쇄한 상업용 포장용지 등의 인쇄한 지는 그 인쇄가 포장용, 필기용 등의 용도에 부수적이고 제49류의 인쇄물이 아닌 경우에 한하여 제48류에 분류된다.	제48류 총설
침투한 지와 판지	-주로 유, 왁스, 플라스틱 등을 침투시켜 제조한다. 방수성, 내지성, 반투명성 또는 투명성의 특성을 갖는다. 침투한 지와 판지에는 포장용 유지·유 또는 왁스를 침투한 복사지, 등사용 원지, 플라스틱 등을 침투시킨 절연용 지와 판지, 고무 가공 지, 단순히 타르 또는 역청물을 침투한 지를 포함하며, 특정 벽지는 살충제 또는 화학약품을 침투시키기도 한다. -제48류에는 습한 상태에서 얇고 성근상태의 셀룰로오스섬유로 여러 층으로 펠트화시켜 롤상으로 감은 셀룰로오스 워딩 및 셀룰로오스섬유의 웨브도 포함된다.	제48류 총설
표면사이즈 가공	제지공정에서 종이의 표면강도를 높이고, 잉크 등의 침투나 확산에 대한 저항력을 높이기 위해 사이징제(sizing agent)를 첨가하여 사이즈 가공을 하는 것을 말한다. 사이징제는 송진조제품, 전분조제품, 젤라틴 등이 있다.	제48류 총설

제49류 인쇄서적·신문·회화 및 기타의 인쇄물, 수제문서·타이프 문서 및 도면

1. 개　　요

제49류에는 일부 예외적인 물품을 제외하고는 인쇄된 모티브, 문자 또는 그림이 물품이 주요 특성이나 용도를 결정하는 각종 인쇄물로서 서적, 신문, 회화 등이 분류되고,

또한 인쇄물에는 수동이나 기계적인 인쇄뿐만 아니라 복사기나 컴퓨터에 의한 복사, 부조인쇄, 사진인쇄와 사진복사, 수기한 것과 타이프한 것이 포함된다.

2. 분류구조

인쇄물들은 2개 범주로 구분하고 11개의 호(제4901호 내지 제4911호)에 분류한다.

1) 인 쇄 물

① 인쇄서적, 소책자 등 유사 인쇄물(제4901호)

② 정기간행물(제4902호) 신문, 잡지 등

③ 아동용 그림책과 습화책(제4903호)

④ 악보(인쇄 또는 수제의 것)(제4904호)

⑤ 지도·해도(인쇄한 것)(제4905호)

⑥ 설계도·도안(수제원도), 육필 책과 복사물(제4906호)

⑦ 우표, 수입인지, 수표, 지폐 등 유가증권(제4907호)

⑧ 전사지(제4908호)

⑨ 엽서·그림엽서(제4909호)

⑩ 캘린더(제4910호)

2) 기타 인쇄물(제4911호): 광고선전물, 상업용 카탈로그 등

3. 분류원칙

제목	규정내용	비고
인쇄된 것	2. 제49류에서 『인쇄된 것』이라 함은 복사기로 재생한 것, 자동자료 처리기계에 의한 것, 압형인쇄·사진촬영·사진복사·열전도복사·타이프에 의한 것도 말한다.	제49류 류주2
재4901호	3. 신문·잡지 및 정기간행물을 지 이외의 물품으로 제본한 것과 신문·잡지 또는 정기간행물의 2부 이상을 한 장의 표지 안에 세트로 만든 것은 제4901호에 분류한다(광고선전물이 포함되어 있는 것인지의 여부를 불문한다).	제49류 류주3

第4901호	4. 제4901호에는 다음의 것을 분류한다. 가. 회화 또는 도면 등을 복사한 인쇄물(내용에 관한 설명문이 있는 것으로서 한 권 이상의 서적의 제본에 적합하게 페이지를 넣은 것에 한한다) 나. 제본된 책자에 부수하는 그림이 있는 부록 다. 인쇄된 서적의 부분으로서 조립된 형상으로 한 것 또는 분리된 시트 또는 전지번호를 붙인 형상으로 한 것(완전한 작품의 전부 또는 일부를 구성하고 제본용에 적합한 것에 한한다) 다만, 설명문이 없는 인쇄된 회화 또는 삽화(전지번호를 붙인 것이거나 별개의 시트형으로 된 것인지의 여부를 불문한다)는 제4911호에 분류한다.	第49류 류주4
광고선전용 인쇄물의 분류	第49류의 류주3에 해당하는 물품을 제외하고는 제4901호에서는 본질적으로 광고선전용으로된 인쇄물(예: 소책자·팸플릿·리플릿·상업용 카탈로그·상업단체 및 관광회사의 연감)을 제외하며 이러한 인쇄물은 제4911호에 분류한다.	第49류 류주5
아동용 그림책	第4903호에서 『아동용의 그림책』이라 함은 그림이 주체이고 그 설명문이 부수적인 아동용의 책을 말한다.	第49류 류주6

4. 제외 물품

① 투명한 기재로 된 사진용의 네가티브 또는 포지티브(제37류)

② 부조된 지도, 설계도 및 지구의(인쇄한 것인지의 여부를 불문한다)(제9023호)

③ 제95류의 트럼프 또는 기타의 물품

④ 오리지널 동판화, 목판화, 석판화(제9702호), 제9704호의 우표, 수입인지, 요금별납증지, 초일봉투, 우편엽서류 또는 이와 유사한 것, 제97류의 제작 후 100년을 초과한 골동품 또는 기타 물품

5. 해 설

(1) 인 쇄 물

관세율표에서 제49류의 『인쇄된 것(printed)』이란 수동 또는 기계식의 인쇄뿐만 아니라 복사기로 재생한 것, 컴퓨터에 의한 것, 압형인쇄, 사진촬영, 사진복사, 열전도복사

또는 타이프에 의한 것도 말한다. 또한 손으로 쓴 것 또는 타이프로 친 text의 카본복사와 수서(수제 지도와 설계도 포함)로 쓴 유사 물품도 포함되나 채색, 장식적 인쇄 또는 반복적인 도안인쇄는 포함되지 아니한다. 그러나 채색, 장식적 인쇄 또는 반복적인 도안인쇄는 포함되지 아니한다.

(2) 인쇄물(제49류)의 분류범위

[인쇄물(제49류)의 분류]

인쇄물
- 인쇄서적 ─ 소책자 ─ 리플릿과 유사한 인쇄물 (제4901호)
- 신문 ─ 잡지 ─ 정기간행물 (제4902호)
- 아동용 그림책과 습화책 (제4903호)
- 악보 (제4904호)
- 인쇄한 지도·해도 또는 이와 유사 차트 (제4905호)
- 설계도 ─ 도안 ─ 육필 책자 ─ 이들의 사진복사물(감광지)과 카본복사물 (제4906호)
- 우표 ─ 수입인지와 이와 유사 물품 ─ 스탬프압인지 ─ 유가증권 (제4907호)
- 전사지 (제4908호)
- 인쇄된 엽서 ─ 그림엽서 ─ 인쇄카드 (제4909호)
- 캘린더 (제4910호)
- 기타 인쇄물 : 승차권, 신분증명서, 광고선전물, 상업용 카탈로그, 서화, 디자인, 사진 등(제4911호)

- 인쇄서적, 소책자, 리플릿 및 유사 인쇄물(제4901호): 단매 여부 불문
- 신문, 잡지 및 정기간행물(제4902호): 그림이나 광고선전물이 있는 여부 불문
- 아동용 그림책과 습화책(제4903호): 그림이 주체이고 설명문이 부수적인 것
- 악보(제4904호): 인쇄·수제의 것으로서 제본되거나 그림이 있는 여부 불문
- 인쇄한 지도·해도 또는 이와 유사 차트(제4905호): 지구의를 포함, 인쇄한 것
- 설계도와 도안(제4906호): 건축용·공학용·공업용·상업용·지형학용 또는 이와 유사용도의 수제원도에 한함
- 우표·수입인지 또는 이와 유사 물품(제4907호): 해당국에서 통용·발행되고, 액면가를 갖거나 가질 예정인 것

・전사지(제4908호): 유리화할 수 있는 조제품을 인쇄한 것 포함

・캘린더(제4910호): 지・판지・직물 또는 기타 재료 위에 인쇄된 것

(3) 인쇄서적・소책자・리플릿 및 이와 유사 인쇄물(제4901호)

인쇄서적・소책자・리플릿 및 이와 유사한 인쇄물은 제4901호에 분류한다. 이 호에는 다음 물품이 분류된다.

① 신문・잡지 및 정기간행물을 지 이외의 물품으로 제본한 것과 신문・잡지 또는 정기간행물의 2부 이상을 한 장의 표지 안에 세트로 만든 것

② 회화 또는 도면 등을 복사한 인쇄물(내용에 관한 설명문이 있는 것으로서 한 권 이상의 서적의 제본에 적합하게 페이지를 넣은 것)

③ 제본된 책자에 부수하는 그림이 있는 부록

④ 인쇄서적의 부분으로서 조립 형상의 것, 분리된 시트 또는 전지번호를 붙인 형상의 것(완전한 작품의 전부 또는 일부를 구성하고 제본용에 적합한 것에 한함)

다만, 설명문이 없는 인쇄된 회화 또는 삽화는 제4911호에 분류한다.

(4) 우표(제4907호)

우표는 일반적으로 우편물 배달료에 대한 선불로 사용되나 어떤 국가에서는 수입인지로 되기도 한다. 우표의 특성은 특정한 당국에 의해 발행되는 것으로서 물품 고유의 물리적 가치보다 큰 신용상의 가치를 가지고 있는 것이다.

우표는 해당국에서 통용 또는 신규로 발행된 것으로서 액면가를 갖거나 가질 예정인 우표는 인쇄물 등(제4907호)에 분류되고, 그러나 이미 사용한 우표 및 사용되지 않은 것으로서 당해국에서 적용되지 아니하거나 발행되지 아니한 우표는 달리(제9704호) 분류된다.

(5) 지폐 또는 은행권(제4907호)

지폐와 은행권(banknotes)은 발행국 또는 기타의 지역에서 통화 또는 법화로서 사용하기 위하여 정부 또는 승인된 발권은행에 의하여 발행되는 각종 액면가액의 지폐 또는 은행권을 말한다. 여기에는 제시시 그 나라에서 아직 법화로서 적용되지 아니하는 것도 포함된다. 그러나 특수 보안용지에 인쇄되어 있고 일련번호가 기입되어 있는 복권은 통

상 제4911호에 분류된다.

(6) 전사지(제4908호)

전사지(transfer; decalcomanias)는 전분, 고무질 등의 조제품이 도포되어 있는 흡수성의 경량지(또는 플라스틱 시팅)에 평판인쇄 또는 기타 방법에 의해 그림, 디자인 또는 문자가 인쇄된 것이다. 이 인쇄된 지에 습기를 가하고 유리, 도자기, 목재, 금속, 석 또는 지에 대고 압력을 가하면 그림 등이 인쇄된 도포물질이 그 물품의 표면에 전사된다.

[각종 전사지의 분류]

품명·주요 내용	분류
· 스탬프용 박(stamping foil): 금속분, 귀금속분 또는 안료를 글루, 젤라틴 또는 기타 결합제로 응집하거나 지, 플라스틱물질 등에 증발, 전착하여 부착시킨 것	제3212호
· 감광지와 판지	제3701호～제3704호
· 등사판 원지: 엷은 플라스틱층으로 만든 등사판 원지로서 이면지가 붙어 있으며, 일정의 크기로 절단되고 한쪽 끝에 구멍이 뚫려 있다.	제39류
· 열감광성 물질을 도포한 지(열복사처리): 직접 도포물질을 흑화하여 서류원본의 복사에 사용되는 열감광성 물질을 도포한 지	제4811호·제4823호
· 카본지(carbon papers), 셀프복사지(self-copy papers) 및 열감응전사지(heat transfer papers)	제4809호·제4816호
· 창문용 투명지(window transparencies): 반투명·투명한 지이다. 디자인이 인쇄되며 색유리를 모방하여 착색한 것이 많다. 장식용, 창유리의 투명성을 낮추기 위해 사용된다.	제4814호·제4911호
· 삽입식 카본세트(interleaved carbon sets): 각종 사무용 양식 및 삽입식 카본세트	제4820호
· 전사지(decalcomanias): 경량지 또는 얇고 투명한 플라스틱시트에 그림, 디자인 또는 문자를 인쇄한 것으로서, 습기를 가하고 전사물에 대고 압력을 가하여 표면에 전사한다.	제4908호

(7) 기타 인쇄물(제4911호)

제48류에 해당되는 물품으로서 앞의 호에 분류되지 않는 모든 인쇄물, 인쇄된 서화와 사진이 분류된다.

예: 잡지구독 양식, 비행기·철도·버스의 승차권, 회람장, 신분증명 서류 및 카드, 전언·통지사항 등이 인쇄된 기타 물품, 광고선전물, 상업용 카탈로그, 서화, 디자인 및 사진, 서커스·스포츠행사·오페라·연극 또는 이와 유사 행사의 프로그램을 담고 있는 팸플릿, 인쇄한 캘린더백, 도해식지도, 해부학·식물학 등의 교육용 차트와 도표, 오락장·연극·음악회 입장티켓, 승차권, 절단하여 사용하는 문자·기호를 인쇄한 플라스틱 필름, 인쇄된 자기접착 스티커(선전, 광고, 단순 장식등에 사용하는 것), 복권·래플 티켓 및 톰볼라 티켓

[분류규정]

① 틀에 든 서화 또는 사진: 제품 전체의 본질적인 특성이 서화 또는 사진에 의해 부여되는 경우 이 호에 분류된다. 기타 다른 경우에는 이들 제품은 목제품, 금속제품 등으로서 틀이 분류되는 적정 호에 분류된다.

② 사용시점에서 수서 또는 타이핑에 의해 완성되도록 의도된 특정의 인쇄물: 본질적으로 인쇄물인 한 이 호에 그대로 분류된다.

제10부 출제문제 및 연습문제

출제문제

[50점 문항]

[10점 문항]

연습문제

[50점 문항]

1. 펄프에서부터 인쇄물(제47류 내지 제49류)에 이르는 물품들의 분류내용과 그 분류구조를 설명하시오.

[10점 문항]

1. 펄프의 종류와 품목분류
2. 화학목재 펄프의 종류
3. 용해용 화학펄프란?
4. 벽지와 이와 유사한 벽피복재의 분류규정
5. 신문용지란?
6. 크라프트 지와 판지란?
7. 지대용 크라프트지란?
8. 관세율표의 제49류에서 『인쇄된 것』이라 함은?
9. 제48류 및 제49류의 전사지를 구분 설명하라.
10. 사용 여부에 따른 우표의 분류에 대하여 논하라.
11. 제49류의 지폐라 함은?

문제풀이

1. 펄프의 종류와 품목분류에 대하여 설명하시오.

펄프(제47류)는 원료에 따라 목제펄프, 기타 셀룰로오스제의 펄프 및 폐지류로 구분하고 있으며, 목재펄프는 제조방법에 따라 구분하여 분류하고 있다.

(1) 목제 펄프목재를 원료로 하여 제조한 펄프로서 다음으로 구분한다.

1) 기계펄프(제4701호): 쇄목 숫돌펄프, 가압식 숫돌쇄목펄프, 리파이너 기계펄프, 열기계펄프

2) 화학펄프: 화학적으로 처리하여 섬유소만을 추출한 펄프이다

① 용해용 화학목재펄프(제4702호)

② 소다펄프와 황산펄프(제4703호)

③ 아황산 펄프(제4704호)

④ 반화학펄프(제4705호)

(2) 기타 섬유질(셀룰로오스)재료 펄프(제4706호): 면넝마, 아마, 대마, 버개스, 잡초, 갈대 등

(3) 회수한 지와 판지(웨이스트와 스크랩)(제4707호)

2. 용해용 화학목재펄프를 서술하시오.

용해용 화학목재펄프(chemical wood pulp, dissolving grades)는 정선된 목재를 칩 또는 파티클상태로 분쇄한 후 화학처리하여 리그닌 등을 제거하여 셀룰로오스의 함유량을 높인 것이다.

관세율표에서 제4702호의 용해용 화학목재펄프는 18% 가성소다 용액에 20℃에서 1시간 동안 침투시킨 후에 다음 규격을 말한다.

① 불용해성 부분의 중량: 소다펄프 및 황산펄프가 90% 이상이거나, 아황산펄프는 88% 이상이고

② 회분이 0.15% 이하인 것

3. 벽지와 이와 유사한 벽 피복재에 대한 규정은?

벽지 및 이와 유사 벽피복재라 함은 다음에 한하여 적용하며, 제4814호에 분류한다.

1) 벽 또는 천장의 장식에 적합한 폭이 45cm 이상～160cm 이하인 롤상의 지로서 다음의 것

① 그레인한 것, 압형한 것, 표면착색한 것, 디자인 인쇄한 것 또는 섬유플록 등

으로 기타의 표면장식을 한 것

② 목재, 짚 등의 파티클이 결합되어 표면이 평탄하지 아니한 것

③ 한 면을 플라스틱으로 도포 또는 피복하거나, 플라스틱 층을 그레인한 것, 압형한 것, 착색한 것, 디자인인쇄 또는 기타의 장식을 한 것

④ 조물재료로서 한 면을 피복한 것

2) 지제의 테와 프리즈로 상기와 같은 처리를 하고 벽 또는 천장장식에 적합한 것 (롤상 여부 불문)

3) 롤상 또는 시트상의 수매의 패널로 구성된 지제의 벽 피복제로서 벽에 부착시 풍경·디자인 또는 모티프를 갖도록 인쇄한 것

4. 제49류에는 주로 인쇄물이 분류된다. 제49류에서『인쇄된 것이라 함』은?

인쇄된 것(printed)이란 수동 또는 기계식의 인쇄뿐만 아니라 복사기로 재생한 것, 컴퓨터에 의한 것, 압형인쇄, 사진촬영, 사진복사, 열전도복사 또는 타이프에 의한 것도 말한다. 또한 손으로 쓴 것 또는 타이프로 친 text의 카본복사와 수서(수제 지도와 설계도 포함)로 쓴 유사 물품도 포함되나 채색, 장식적 인쇄 또는 반복적인 도안인쇄는 포함되지 아니한다.

제11부 방직용 섬유와 방직용 섬유제품

1. 개 설

제11부에는 방직용 섬유공업의 각종 원료에서 제품에 이르는 일련의 각종 물품이 분류되는 것으로, 즉 동·식물성 섬유와 인조섬유 이들의 사 및 직물 및 이들의 제품이 분류된다. 그러나 인모와 이들의 제품, 주로 무기질 섬유인 석면(제25류)이나 기타 광물성 섬유와 이들 제품(제68류) 및 유리섬유와 이들의 제품(제70류)은 다른 류에 분류된다.

2. 류별 구성

이 부는 방직용 섬유와 이들 제품을 체계적으로 품목분류하기 위하여 14개의 부주와 2개의 소호주 및 제50류 내지 제63류의 14개류의 본문으로 구성되어 있다. 특히 제50류와 제53류에는 류주가 없으나 다른 류에는 모두 류주가 있다. 류별 표제는 다음과 같다

[류별 표제]

제50류	견
제51류	양모·섬수모 또는 조수모마모사 및 이들의 직물
제52류	면
제53류	기타 식물성 방직용 섬유와 지사 및 지사직물
제54류	인조필라멘트
제55류	인조스테이플 섬유
	··
제56류	워딩, 펠트 및 부직포, 특수사·끈 코디지·로프 및 케이블과 이들의 제품
제57류	양탄자와 기타 방직용 섬유제의 바닥깔개
제58류	특수직물, 터후트한 섬유직물, 레이스, 태피스트리, 트리밍과 자수포
제59류	침투·도포·피복 또는 적층한 방직용 섬유의 직물, 공업용의 방직용 섬유제품

제60류 메리야스편물과 뜨개질편물

……………………………………………………………………………………………

제61류 의류와 그 부속품(메리야스편물과 뜨개질편물의 것에 한한다)
제62류 의류와 그 부속품(메리야스편물과 뜨개질편물의 것을 제외한다)
제63류 제품으로된 방직용 섬유의 기타 물품, 세트, 사용하던 의류, 사용하던 방직용 섬유제품 및 넝마

3. 분류원칙

제목	규정내용	비고
분류규정	2. 가. 제50류 내지 제55류. 제5809호 또는 제5902호에 분류되는 물품으로서 2 이상의 방직용 섬유재료로 구성된 물품은 구성하는 방직용 섬유 중 최대의 중량을 차지하는 것으로 된 물품으로 분류한다. 구성하는 방직용 섬유 중 최대중량을 차지하는 섬유가 없을 경우에는 동일하게 분류가 가능한 호 중에서 최종호에 해당하는 물품으로 분류한다. 나. 가의 적용에 있어서는 다음에 정하는 바에 의한다. (1) 짐프한 마모사(제5110호)와 금속드리사(제5605호)는 하나의 방직용 섬유로 보며, 그 중량은 이를 구성하는 중량의 합계에 의한다. 또한 직물의 분류에 있어서 직물의 일부를 구성하는 금속사도 방직용 섬유재료로 본다. (2) 해당 호의 결정은 우선 류를 결정한 후, 그 류에 속하는 적절한 호를 결정하여야 하며, 당해 류에 분류되지 아니하는 재료는 고려하지 아니한다. (3) 제54류 및 제55류는 기타 다른 류와의 관계에 있어서는 하나의 류로 본다. (4) 동일한 류 또는 호에 해당하는 상이한 방직용 섬유재료는 기타 다른 류 또는 호와의 관계에 있어서는 하나의 방직용 섬유재료로 본다. 다. 가 및 나의 규정은 주3 내지 주6에 규정한 실에도 적용한다.	제11부 부주2
단사·복합사 또는 케이블사	3. 가. 제11부에서 다음에 게기한 실[단사·복합사(연합사) 또는 케이블사]은 끈, 코디지, 로프 및 케이블로 보되 나에서 규정한 물품을 제외한다. (1) 견 또는 견웨이스트의 것으로서 20,000데시텍스를 초과하는 것 (2) 인조섬유의 실(제54류의 두 가닥 이상의 모노필라멘트로 제조한 실을 포함한다)로서 10,000데시텍스를 초과하는 것	제11부 부주3

단사·복 합사 또 는 케이 블사	(3) 대마사와 아마사로서 다음에 게기한 것 (가) 연마한 것 또는 광택을 낸 것으로서 1,429데시텍스 이상의 것 (나) 연마하지 아니한 것 또는 광택을 내지 아니한 것으로서 20,000데시텍스를 초과하는 것 (4) 코이어실로서 세 가닥 이상의 실로 된 것 (5) 기타의 식물성 섬유사로서 20,000데시텍스를 초과하는 것 (6) 금속사로 보강한 실 나. 가의 규정은 다음의 물품에는 적용하지 아니한다. (1) 양모사 또는 기타의 수모사와 지사(금속사로 보강한 실을 제외한다) (2) 제55류의 인조필라멘트토우와 제54류의 꼬임이 없거나 미터당 5회 미만으로 꼬여 있는 멀티필라멘트사 (3) 제5006호의 누에의 거트와 제54류의 모노필라멘트 (4) 제5605호의 금속드리사[가의 (6)에 해당하는 금속사로 보강한 실을 제외한다] (5) 제5606호의 셔닐사·짐프사와 루프웨일사	제11부 부주3
소매용사	4. 가. 제50류·제51류·제52류·제54류 및 제55류에서 『소매용의 실』이라 함은 주4의 나에 게기한 것을 제외하며, 다음의 요건에 해당하는 실[단사, 복합사 (연합사)또는 케이블사]을 말한다. (1) 카드·릴·튜브 또는 이와 유사한 실패에 감은 실로서 1개의 중량(실패의 중량을 포함한다)이 다음의 중량 이하의 것 (가) 견사, 견웨이스트사 및 인조필라멘트사에 있어서는 85g (나) 기타 사의 경우에는 125g (2) 볼상으로 감은 실 또는 타래실에 있어서는 다음의 중량 이하의 것 (가) 3,000데시텍스 미만의 인조필라멘트사, 견사 또는 견웨이스트에 있어서는 85g (나) 2,000데시텍스 미만의 기타 실에 있어서는 125g (다) 기타 사의 경우에는 500g (3) 간사로 분리되어 각각 독립된 몇개의 작은 타래로 구성되어 있는 타래에 감은 실에 있어서는 1개의 작은 타래의 중량이 다음의 중량 이하의 것 (가) 견사·연웨이스트사 및 인조필라멘트에 있어서는 85g (나) 기타 사의 경우에는 125g 나. 가의 규정은 다음의 물품에는 적용하지 아니한다. (1) 방직용 섬유재료의 단사 다만, 다음의 것을 제외한다. (가) 양모 또는 섬수모의 단사로서 표백하지 아니한 것	제11부 부주4

<table>
<tr><td>소매용사</td><td>(나) 양모 또는 섬수모의 단사 중 표백, 염색 또는 날염한 것으로서 5,000데시텍스를 초과하는 것
(2) 표백하지 아니한 복합사(연합사) 또는 케이블사로서 다음에 게기한 것
(가) 견사·견웨이스트(포장의 형상을 불문한다)
(나) 기타 방직용 섬유재료의 실로서 타래상으로 감은 것(양모 또는 섬수모제의 실을 제외한다)
(3) 견·견웨이스트의 복합사(연합사) 또는 케이블사 중 표백, 염색 또는 날염한 것으로서 133데시텍스 이하의 것
(4) 방직용 섬유재료의 단사·복합사(연합사) 또는 케이블사로서 다음에 게기한 것
(가) 크로스릴상의 타래로 감은 것.
(나) 섬유공업에 사용하도록 실패에 감거나 기타 방법으로 감은 것(예: 콥, 연사용 튜브, 펀, 원추형 보빈, 스핀들 및 누에고치 형상으로 감은 자수 직기용의 것)</td><td>제11부 부주4</td></tr>
<tr><td>재봉사</td><td>5. 제5204호, 제5401호 및 제5508호에서 『재봉사』라 함은 다음의 요건에 해당하는 복합사(연합사) 또는 케이블사를 말한다.
가. 실패(예: 릴, 튜브)에 감은 실로서 1개의 중량(실패의 중량을 포함한다)이 1,000g이하의 것
나. 재봉사로 사용되는 드레스한 실
다. 최종꼬임이 『제트』 꼬임인 실</td><td>제11부 부주5</td></tr>
<tr><td>강력사</td><td>6. 제11부에서 『강력사』라 함은 강도를 가지고 있는 실을 말하며, cN/tex(centinewton per tex)로 표시되는 강도가 다음에 게기한 것보다 커야 한다.
－나일론, 폴리아미드 또는 폴리에스테르의 단사 60cN/tex
－나일론, 폴리아미드 또는 폴리에스테르의 복합사(연합사)또는 케이블사 53cN/tex
－비스코스레이온의 단사, 복합사(연합사) 또는 케이블사 27cN/tex</td><td>제11부 부주6</td></tr>
<tr><td>제품으로 된 것</td><td>7. 제11부에서 『제품으로 된 것』이라 함은 다음의 것을 말한다.
가. 정사각형 또는 직사각형 이외의 형상으로 재단한 물품
나. 봉재 또는 기타 가공함이 없이 완제품으로 사용할 수 있는 것 또는 간사를 절단함으로써 단지 분리만 하여 사용할 수 있는 것(예: 더스터, 타올, 탁상보, 정사각형 스카프, 모포)
다. 가장자리를 접어 감치거나 단을 댄 물품 또는 가장자리에 결절술을 댄 물품(직물의 절단된 가장자리를 감치거나 기타 단순한 방법에 의하여 풀리지 않도록 한 것은 제외한다)
라. 일정한 형상으로 재단한 물품으로서 드로온 드레드 워크를 한 것</td><td>제11부 부주7</td></tr>
</table>

	마. 봉재, 풀칠, 기타의 방법에 의하여 이어붙인 물품[동종의 직물류를 둘 이상 끝과 끝을 이어붙인 천과 2 이상의 직물류를 적층하여 만든 천(속을 채운 것인지의 여부를 불문한다)을 제외한다] 바. 길이가 여러 가지인 특정형상의 메리야스편물 또는 뜨개질편물	
제50류 내지 제60류의 물품	제50류 내지 제60류에 대해서는 다음에 정하는 바에 의한다. 가. 제50류 내지 제55류와 제60류 및 문맥상 따로 규정한 것을 제외한 제56류 내지 제59류에는 주7에서 규정한 물품은 적용하지 아니한다. 나. 또한 제50류 내지 제55류 및 제60류에는 제56류 내지 제59류의 물품은 적용하지 아니한다.	제11부 부주8
	9. 제50류 내지 제55류의 직물에는 방직용 섬유의 실을 평행하게 병렬시킨 층을 상호 예각 또는 직각으로 겹쳐 만든 직물(이들 층은 접착제 또는 열용융으로 실의 교차점에서 결합되어 있다)을 포함한다.	제11부 부주9
탄성제품	10. 고무사와 결합한 방직용 섬유사로 만든 탄성제품은 이 부에 분류한다.	제11부 부주10
침투	11. 제11부에서 침투에는 침지를 포함한다.	제11부 부주11
아라미드	12. 제11부에서 폴리아미드에는 아라미드를 포함한다.	제11부 부주12
탄성사	13. 제11부와 관세율표에서 『탄성사』라 함은 합성섬유제의 필라멘트사(모노필라멘트를 포함하여 텍스처드사는 제외한다)로서 원길이의 3배로 연신하여도 끊어지지 아니하거나, 원길이의 2배로 연신한 후 5분 이내에 원길이의 1.5배 이하로 되돌아가는 사를 말한다.	제11부 부주13
방직용 섬유의 의류	14. 문맥상 따로 규정한 것을 제외하고 각각 상이한 호에 분류되는 방직용 의류는 소매용 세트의 경우에도 각각 해당하는 호에 분류한다. 이 주에서 『방직용 섬유의 의류』라 함은 제6101호 내지 제6114호와 제6201호 내지 제6211호의 의류를 말한다.	제11부 부주14

4. 제외 물품

① 브러시 제조용의 수모(제0502호)와 마모 및 마모의 웨이스트(제0503호)

② 인모와 인모제품(제0501호, 제6703호 및 제6704호). 다만, 일반적으로 착유기 또는 이와 유사 기계용 여과포(제5911호) 제외

③ 면린터 또는 기타 식물성 재료(제14류)

④ 석면(제2524호)과 석면제품 또는 기타의 제품(제6812호·제6813호)

⑤ 탈지면, 거즈, 붕대 및 이와 유사 의료용, 외과용, 치과용, 수의용의 물품과 살균한 외과용 봉합제(제3005호·제3006호), 덴탈 플로스(치간용 견사)(제3306호)

⑥ 감광성 방직용 섬유의 직물류(제3701호~제3704)

⑦ 플라스틱제의 모노필라멘트로서 횡단면 1mm를 초과하는 것과 시폭 5mm 초과하는 플라스틱제의 스트립 또는 이와 유사한 것(예: 인조스트로)(제39류) 또는 이들 모노필라멘트나 스트립의 편조물, 직물 기타 농세공물 및 지조세공물(제46류)

⑧ 플라스틱을 침투·도포·피복 또는 적층한 직물, 메리야스편물 또는 뜨개질편물, 펠트, 부직포와 이들의 제품으로 제39류의 것

⑨ 고무를 침투·도포·피복 또는 적층한 직물, 메리야스편물 또는 뜨개질편물, 펠트, 부직포와 이들의 제품으로 제40류의 것

⑩ 탈모하지 아니한 수피 및 모피(제41류·제43류)와 이에 해당하는 모피제품, 인조모피와 그 제품(제4303호·제4304호)

⑪ 방직용 섬유재료의 제품(제4201호·제4202호)

⑫ 제48류의 물품이나 물품(예: 셀룰로오스워딩)

⑬ 신발류(제64류), 헤어네트·모자류(제65류) 및 제67류의 물품

⑭ 연마재료를 도포한 방직용 섬유재료(제6805호) 및 카본 섬유와 카본 섬유제품(제6815호)

⑮ 유리섬유와 이들 제품(육안 식별이 가능한 기포 위에 유리섬유사로 자수한 것 제외)(제70류).

⑯ 제94류의 물품(예: 가구, 침구, 램프와 조명기구), 제95류의 물품(예: 완구, 유희용 구, 동용구와 네트), 제96류의 물품(예: 브러시, 바느질용 여행세트, 슬라이드 파스너 및 타자기용 리본), 제97류의 물품

5. 총　　설

(1) 섬유의 종류와 분류

일반적으로 섬유는 천연에서 얻어지는 천연섬유와 인위적으로 제조한 인조섬유로 대별된다. 다음 표는 일반적인 섬유구분을 분류한 것이다.

[섬유의 종류와 분류]

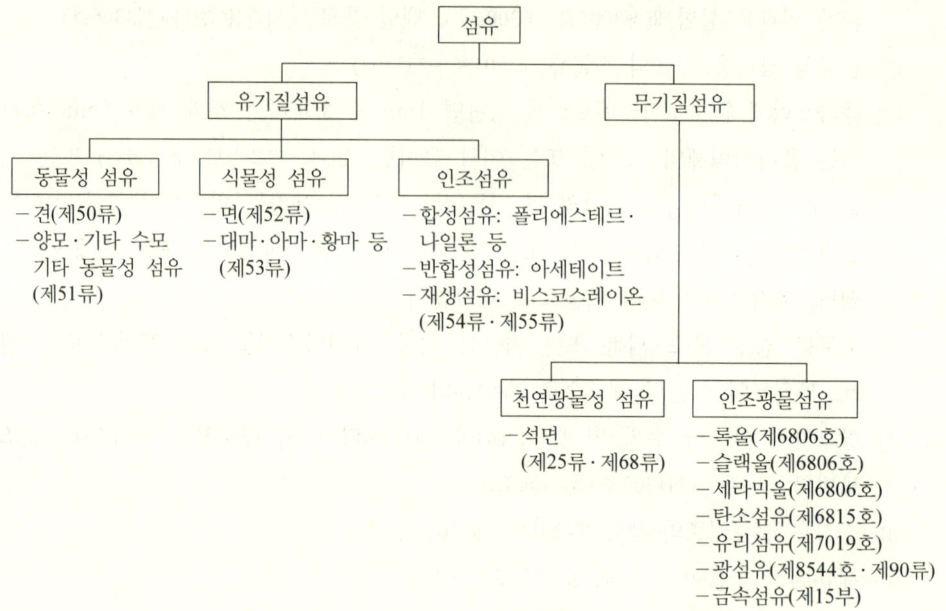

(2) 방직용 섬유와 이들 제품

관세율표에서 제11부에 분류되는 방직용 섬유와 이들 제품은 제50류 내지 제55류(전반부) 및 제56류 내지 제63류(후반부)로 크게 구분할 수 있다. 전반부는 동식물성 및 인조섬유, 일반사 및 일반 직물을 분류되고, 후반부는 섬유, 일반사 및 일반 직물을 제외한 방직용 섬유제품이 분류되는 것으로, 특수사, 특수 직물, 제품으로된 물품 및 메리야스 또는 뜨개질편물이 분류된다. 품목분류기준은 전반부는 방직용 섬유가 호의 분류기준이 되는 반면, 이와 반면에 후반부는 제품을 구성하는 방직용 섬유가 호의 분류기준이 되지 않는다.

1) 섬유, 사 및 일반 직물(제50류 내지 제55류)

제50류 내지 제55류에는 하나 또는 하나 이상의 방직용 섬유가 단독 또는 혼합 일반 직물로 된 것과 일반 직물이 이르는 각 단계의 물품이 분류된다. 주로 원료, 웨이스트의 재생 섬유, 슬라이버, 조사형상의 카드 또는 코움한 섬유, 사 및 일반직물이 분류된다.

[섬유, 사류, 직물 및 제품(제11부)의 분류체계]

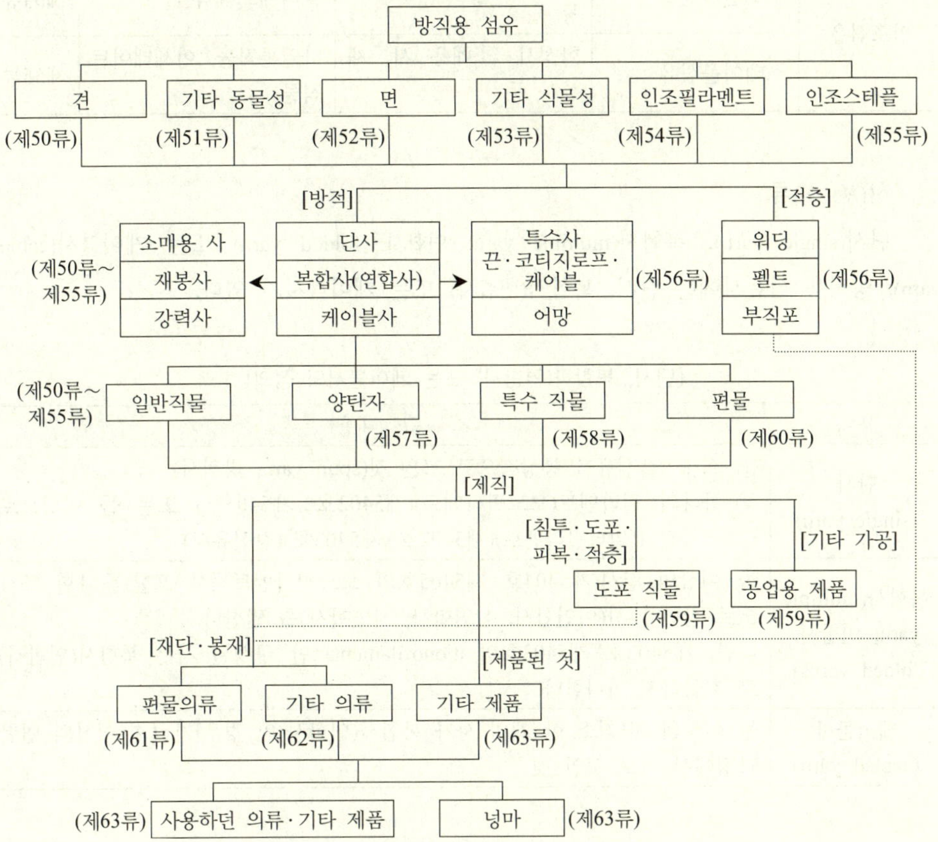

[섬유·사 및 직물(제50류~제55류)의 제조별 분류]

가공별 / 섬유별	방직용 섬유	사류(단사·복합사·케이블사)	직물	분류
동물성 섬유	견	견사, 소매용 사 등	견직물	제50류
	양모·수모·조수모	양모사, 수모사 등,	양모직물, 캐시미어직물	제51류
식물성 섬유	면	면사, 소매용 사, 재봉사 등	면직물	제52류
	아마·대마 등	아마사, 대마사 등	아마직물, 린넨	제53류

인조섬유	모노필라멘트	합성사, 강력사, 재봉사 등	폴리에스타직물	제54류
	스테이플섬유	합성사, 소매용 사, 재봉사 등	나일론직물, 아세테이트직물	제55류

사(絲: 실)류

단사(single yarn), 복합사(multiple yarn; 연합사: folded yarn) 또는 케이블사(cabled yarn): 방직용 섬유사에는 단사, 복합사(연합사) 또는 케이블사가 있다.

[단사, 복합사(연합사) 또는 케이블사의 정의]

용어	규정내용
단사 (single yarn)	① 스테이플섬유를 통상적으로 꼬은 것(spun yarn: 방적사) ② 하나의 필라멘트(모노필라멘트)(제5402호~제5405호) 또는 둘 이상으로 구성된사(멀티필라멘트)(제5402호 · 제5403호)(장섬유사)
복합사(multiple yarn; 연합사: folded yarns)	둘 이상의 단사(제5404호 · 제5405호의 모노필라멘트제사 포함)를 1회 조작으로 합연한 사(이연합사, 삼연합사, 사연합사)를 말한다. 다만, 제5402호 · 제5403호의 monofilament로만 구성된 사는 복합사(연합사)로 취급하지 아니한다.
케이블사 (cabled yarn)	둘 이상의 사[최소 한 개의 사가 복합사(연합사)인 경우]가 1회 이상의 연합과정에서 서로 꼬인 것

단사 · 복합사(연합사) 또는 케이블사와 끈, 코디지, 로프, 케이블(제5607호)과의 구분 사(絲)의 분류는 그 특성에 따라 제50류 내지 제55류의 각 호에 분류하고 끈, 코디지, 로프, 케이블은 제5607호에 분류하며 브레이드는 제5808호에 분류한다.

다음 실[단사·복합사(연합사) 또는 케이블사]은 끈, 코디지, 로프 및 케이블로 보는 반면 제외 물품은 그러하지 않다.

[끈, 코디지, 로프 및 케이블]

<table>
<tr><th>끈, 코디지, 로프 및 케이블의 것[A]</th><th>제외 물품</th></tr>
<tr><td>① 견·견웨이스트로서 20,000decitex를 초과하는 것</td><td rowspan="6">① 양모사·기타 수모사와 지사(금속사로 보강한 실 제외)
② 인조필라멘트토우(제55류)와 꼬임이 없거나 m당 5회 미만으로 꼬인 멀티필라멘트사(제54류)
③ 누에거트(제5006호)와 모노필라멘트(제54류)
④ 금속드리사(제5605호)(좌기 ⑥의 금속사로 보강한 실 제외]
⑤ 셔닐사·짐프사와 루프웨일사(제5606호)</td></tr>
<tr><td>② 인조섬유 실(제54류 멀티필라멘트실 포함)로서 10,000decitex 초과하는 것</td></tr>
<tr><td>③ 대마사와 아마사로서 다음의 것
－연마 또는 광택을 낸 것으로 1,429decitex 이상의 것
－미연마 또는 미광택으로 20,000decitex를 초과하는 것</td></tr>
<tr><td>④ 코이어실로서 3가닥 이상의 실로 된 것</td></tr>
<tr><td>⑤ 기타 식물성 섬유사로서 20,000decitex를 초과하는 것</td></tr>
<tr><td>⑥ 금속사로 보강한 실</td></tr>
</table>

소매용 사(실)(yarns put up for retail sale) 제50류～제52류, 제54류 및 제55류에서 『소매용의 실』이라 함은 다음 기준에 해당하여야 한다. 다만, 다음 별표 물품은 소매용 사라 할 수 없다.

[소매용 사(제50류·제51류·제52류·제54류 및 제55류)]

<table>
<tr><th>포장상태</th><th>사 종류</th><th>소매용 포장 요건</th></tr>
<tr><td rowspan="2">카드·릴·튜브 또는 이와 유사실패에 감은 것</td><td>견사, 견웨이스트사 및 인조필라멘트사</td><td>85g 이하(실패 포함)</td></tr>
<tr><td>양모사·섬수모사·면사·인조스테이플사</td><td>125g 이하(실패 포함)</td></tr>
<tr><td rowspan="3">볼상으로 감은 실·타래 실</td><td>인조필라멘트사(3,000decitex 미만)</td><td>85g 이하</td></tr>
<tr><td>기타 사(2,000decitex 미만)</td><td>125g 이하</td></tr>
<tr><td>기타 사</td><td>500g 이하</td></tr>
<tr><td rowspan="2">간사에 의해 분리되는 여러 개의 독립된 작은 타래로 구성</td><td>견사, 견웨이스트사 및 인조필라멘트사</td><td>개개 작은 타래의 중량이 균일하게 85g 이하</td></tr>
<tr><td>양모사·섬수모사·면사·인조스테이플사</td><td>개개 작은 타래의 중량이 균일하게 125g 이하</td></tr>
</table>

[소매용 사로 보지 않는 물품]

① 방직용 섬유재료의 단사 다만, 양모·섬수모의 미표백 단사와 표백, 염색 또는 날염한 5,000decitex 초과의 것
② 미표백 복합사(연합사)·케이블사로서 견사·견웨이스트(포장형상 불문) 및 기타 사를 타래상(양모·섬수모제사 제외)
③ 견, 견웨이스트의 복합사(연합사)·케이블사 중 표백, 염색 또는 날염한 133decitex 이하의 것
④ 방직용 섬유재료의 단사·복합사(연합사)·케이블사로서 크로스릴상의 타래 및 섬유공업용의 실패 등에 감은 것
예: 콥·연사용 튜브, 펀·원추형 보빈, 스핀들 및 자수직기용 누에고치형상 감은 것

재봉사(sewing thread)(제5204호, 제5401호 및 제5508호) 여기에서 『재봉사』라 함은 다음 요건에 해당하는 복합사 또는 케이블사를 말한다.

① 릴, 튜브 등의 실패에 감은 실로서 1개 중량(실패중량 포함) 1,000g 이하인 것

② 재봉사로 사용되는 드레스한 실

③ 최종 꼬임이 『Z』꼬임인 것

강력사(high tenacity yarn)(제54류) 제11부에서 『강력사』라 함은 높은 강도를 갖는 실을 말하며, 다음 cN/tex(centinewton per tex)로 표시되는 강도보다 커야 한다. 그러나 강력사직물은 제59류에 분류한다.

[강력사 규정]

섬유별	사별	cN/Tex
폴리아미드 또는 폴리에스테르	단사	60
	복합사·케이블사	53
비스코스레이온	단사·복합사·케이블사	27

탄성사(elastomeric yarn) 관세율표와 제11부에서 『탄성사』라 함은 합성섬유제의 필라멘트사(모노필라멘트는 포함되나 텍스처드사는 제외)가 다음 요건에 합당한 것을 말한다.

① 원길이의 3배로 연신하여도 끊어지지 아니하거나,

② 원길이의 2배로 연산한 후 5분 이내에 원길이의 1.5배 이하로 되돌아 가는 것

직물(woven fabric)

제50류~제55류에 분류되는 직물은 방직용 섬유사(제50류~제55류의 사와 제5607호의

끈, 코디지 등), 조사(roving), 제54류의 모노필라멘트, 스트립 및 이와 유사한 것, 루푸웨일사, 세폭리본, 브레이드 또는 세폭직물(제5806호)을 경사와 위사 직기로 제직한 것이다. 또한 방직용 병렬한 경사의 한 층, 두 층 사이에 위사층을 예각 또는 직각으로 겹붙이거나 삽입시킨 것(일반 직물처럼 짜거나 교차점을 접착 또는 열용융 고착시킨다)도 포함한다.

제직(weaves)

- 평직물(plain weaves): 평직물은 직물조직 중에서 가장 간단하고 가장 많이 사용하는 직물이다. 표면상에 경사와 위사의 비율이 같고, 양표면은 동일하다.
- 능직물(twill weaves): 첫번째 위사(pick)가 첫번째 경사(end)를 묶고 두 번째 위사가 두 번째 경사를 묶으며, 세 번째 위사가 세 번째 경사를 묶는 등 계속 이러한 방법으로 직조된다. 반복적인 직조, 즉 무늬를 반복하는 데 필요한 경사의 수와 위사의 수는 항상 3 이상이다.
- 양면능직(double-faced twillnweaves) 또는 경사문직(cross twill weaves): 같은 모양의 제직방법이 반복된 직물이다. 경플로트(float) 또는 위플로트는 양면이 같으며 다만, 두둑의 방향이 반대가 되어 있을 뿐이다. 가장 간단한 무늬는 4올의 파사문직의 것으로서 각 경사는 2개의 위사의 위와 밑을 연속하여 통과한다.
- 데님 직물(denim fabrics): 3올 또는 4올의 능직물(파사문직 포함)로서 경사에 동일한 하나의 색사를 사용하며 위사에 미표백, 표백, 회색 또는 경사의 색상보다 엷은 색사를 사용하는 직물로서 경사를 표면으로 한 상이한 색사의 직물을 말한다.

[평직물과 능직물]

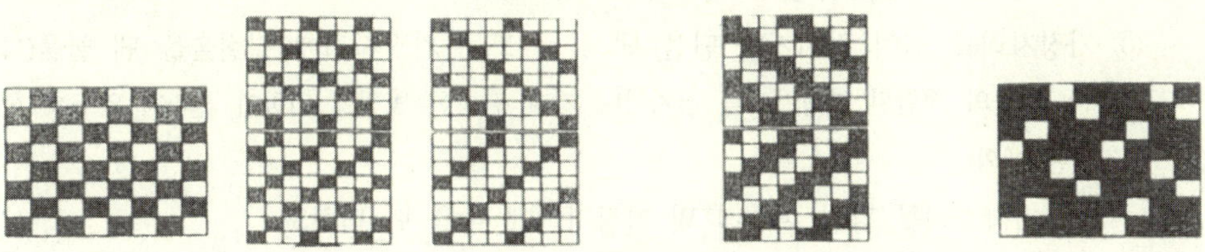

평직물　3올 능직　4올 능직　4올 양면 능직 또는 파사문직　4올 경파사문직

2) 특정 방직용 섬유의 직물과 기타의 섬유제품(제56류 내지 제63류)

제56류 내지 제63류에는 제50류 내지 제55류에서 분류되지 않는 특정의 방직용

섬유의 직물과 기타의 섬유제품을 분류한다. 또한 섬유제품으로 된 것을 포함한다.

[방직용 섬유직물과 기타 섬유제품(제56류~제63류)]

구분	제56류~제63류 물품
방직용 섬유·사의 제품	제56류: 워딩, 펠트 및 부직포, 셔닐사·짐프사, 끈, 코디지, 로프 및 케이블, 망
특정 방직용 섬유 직물	제57류: 카페트와 바닥깔개
	제58류: 파일직물, 테리직물, 거즈, 망직물, 태피스트리, 세폭직물, 브레이드·레이스, 자수포
	제59류: 도포, 침투, 적층한 직물, 공업용·방직용 섬유제품
	제60류: 메리야스편물과 뜨개질편물
방직용 섬유 제품	제61류와 제62류: 의류와 의류 부속품의류
	제63류: 기타 방직용 섬유제품

(3) 방직용 섬유와 이들 제품(제11부)의 품목분류 원칙

제품으로 된 것(made up articlees)　방직용 섬유와 이들 제품(제11부)에서 『제품으로 된 것』이라 함은 다음과 같은 물품을 말한다.

① 정사각형 또는 직사각형 이외의 형상으로 재단한 물품
예: 방직용 섬유제의 dress pattern

② 봉제 또는 기타 가공처리 없이 완제품으로 사용할 수 있는 것. 또는 간사를 절단하여 단지분리만하여 사용할 수 있는 것
예: 더스터, 타올, 탁상보, 정사각형 스카프, 모포

③ 가장자리를 접어 감치거나 단을 댄 물품 또는 가장자리에 결절술을 댄 물품(다만, 직물의 절단된 가장자리를 감치거나 기타 단순한 방법에 의하여 풀리지 않도록 한 것은 제외)
예: 가장자리를 감친 손수건 및 가장자리에 술을 단 탁상포

④ 일정한 형상으로 재단한 물품으로서 드로온 드레드워크(drawn-thread work)를 한 것

⑤ 봉제, 풀칠, 기타의 방법에 의해 이어붙인 물품[다만, 동종의 직물류를 둘 이상 끝과 끝을 이어 붙인 천과 둘 이상의 직물류를 적층하여 만든 천(속을 채운 여부 불문)을

제외]

⑥ 길이가 여러 가지인 특정 형상의 메리야스편물 또는 뜨개질편물

[제외 물품] 다음은 상기의 『제품으로 된 것』에 적용하지 않는 물품이다.

① 워딩제품(제5601호)

② 단순 정·직사각형으로 절단한 부직포(예: 1회용 침대 시트)(제5603호)

③ 망제품(제5608호)

④ 레이스·자수포 모티브(제5804호·제5710호)

⑤ 의류와 의류 부속품(제61류·제62류)

제50류 내지 제60류 물품의 분류규정 다음에 정하는 바에 의한다.

① 제50류 내지 제55류와 제60류 및 문맥상 따로 규정한 것을 제외한 제56류 내지 제59류에는 『제품으로 된 것』은 적용하지 아니한다.

② 제50류 내지 제55류 및 제60류에는 제56류 내지 제59류의 물품은 적용하지 아니한다.

제50류 내지 제55류 직물의 분류규정 제50류 내지 제55류의 직물에는 방직용 섬유의 실을 평행하게 병렬시킨 층을 상호 예각 또는 직각으로 겹쳐 만든 직물(이들 층은 접착제 또는 열용융으로 실의 교차점에서 결합되어 있다)을 포함한다.

[각종 사의 분류]

사류	분류
단사, 복합사(연합사) 및 케이블사	제50류~제55류
고무사, 피복된 방직용 섬유 및 고무 또는 플라스틱을 침투, 도포. 피복 또는 시드한 방직용사	제5604호
금속드리사	제5605호
짐프사, 셔닐 및 루프웨일사	제5606호
방직용 브레이드사	제5607호·제5808호
금속사로 보강한 방직용 사	제5607호
볼덕(bolduc)	제5806호
방직용 사를 나란히 놓고 고무로 응결시킨 사	제5906호

[사, 끈, 코디지, 로프 및 케이블의 분류]

<table>
<tr><th colspan="2">사류</th><th colspan="2">규격·특성</th><th>분류</th></tr>
<tr><td colspan="2">· 금속드릴사</td><td colspan="2">모든 경우</td><td>제5605호</td></tr>
<tr><td colspan="2">· 짐프사, 셔닐사 및 루프웨일사</td><td colspan="2">모든 경우</td><td>제5606호</td></tr>
<tr><td colspan="2">· 금속사를 보강한 것</td><td colspan="2">모든 경우</td><td>제5607호</td></tr>
<tr><td colspan="2" rowspan="2">· 브레이드된 방직용 사</td><td colspan="2">단단히 엮거나 조밀한 구조의 것</td><td>제5607호</td></tr>
<tr><td colspan="2">기타</td><td>제5808호</td></tr>
<tr><td rowspan="14">· 기타 사</td><td rowspan="2">견 및 견웨이스트</td><td colspan="2">20,000데시텍스 이하</td><td>제50류</td></tr>
<tr><td colspan="2">20,000데시텍스 초과</td><td>제5607호</td></tr>
<tr><td>양모·기타 수모</td><td colspan="2"></td><td>제51류</td></tr>
<tr><td rowspan="4">아마 및 대마</td><td rowspan="2">광택·윤택가공한 것</td><td>1,429데시텍스 이상</td><td>제5607호</td></tr>
<tr><td>1,429데시텍스 미만</td><td>제53류</td></tr>
<tr><td rowspan="2">미연마·미광택인 것</td><td>20,000데시텍스 이하</td><td>제53류</td></tr>
<tr><td>20,000데시텍스 초과</td><td>제5607호</td></tr>
<tr><td rowspan="2">코이어</td><td colspan="2">한 가닥 또는 두 가닥</td><td>제5308호</td></tr>
<tr><td colspan="2">세 겹 이상</td><td>제5607호</td></tr>
<tr><td>지사</td><td colspan="2"></td><td>제5308호</td></tr>
<tr><td rowspan="2">면·기타 식물성 섬유</td><td colspan="2">20,000데시텍스 이하</td><td>제52류·제53류</td></tr>
<tr><td colspan="2">20,000데시텍스 초과</td><td>제5607호</td></tr>
<tr><td rowspan="2">인조섬유(제54류의 둘 이상 모노필라멘트사 포함)</td><td colspan="2">10.000데시텍스 이하</td><td>제54류·제55류</td></tr>
<tr><td colspan="2">10,000데시텍스 초과</td><td>제5607호</td></tr>
</table>

2 이상의 방직용 섬유재료 또는 직물로 구성된 물품의 분류규정 상이한 방직용 섬유재료로 혼합물품(제50류~제55류, 제5809호 또는 제5902호)에 대한 분류규정이다

[적용범위]

① 섬유의 웨이스트, 사와 일반 직물(제50류 내지 제55류),

② 금속사와 금속드리사의 직물(제5809호)

③ 타이어코드 직물(제5902호)

- 위 물품의 전체를 고려하여 분류시에 직물 내에서 최대중량을 차지하는 방직용 섬유재료를 결정하는 데 필요한 경우에 적용한다.
- 본 규정은 통칙에 의해 방직용 섬유제품으로 분류되는 직물(textile)과 비직물

(non-textile)로 조성된 혼합물품도 적용한다.

[분류규정]

① 구성하는 방직용 섬유 가운데 최대중량을 차지하는 섬유의 물품으로 분류

② 최대중량의 섬유가 없는 경우에는 동일 분류가 가능한 호 중 최종호에 분류

[적용요령]

· 품목분류는 최대중량을 차지하는 방직용 섬유에 의하여 류를 결정한 후, 그 류에 해당하는 호를 결정하며, 이때 해당 류에 분류되지 않는 재료(즉 섬유)는 고려하지 않는다.

· 위의 분류규정 적용시에 재료의 최대중량을 계산시는 다음 규정에 의한다.

① 인조필라멘트와 스테이플은 다른 류와 경합시에는 하나의 류로 본다. 즉, 다른 섬유재료와 중량 비교시에는 동일섬유로 계산한다.

② 짐프한 마모사와 금속드리사는 단일의 방직용 섬유로 본다.

③ 직물의 분류에 있어 금속사는 방직용 섬유재료로 본다.

④ 동일한 류 또는 호에 해당하는 상이한 방직용 섬유재료는 기타 다른 류(또는 호)와의 관계에 있어서는 하나의 방직용 섬유로 본다.

상이한 직물의 조직제품이 층으로 조합된 제품의 분류규정 2 이상의 상이한 직물의 조직으로 조성된 제품(제5811호의 누비제품 제외)이 봉재, 검밍 등에 의해 층으로 조합된 물품이다(제50류~제55류의 물품으로 본다).

[분류규정] 통칙 3에 의해 분류한다.

① 협의 표현 호에 분류원칙, ② 주요 특성을 갖는 호에 분류원칙, ③ 해당 호 중 최종호에 분류원칙

상이한 방직용 섬유재료로 혼합된 물품(제56류 내지 제63류)**의 분류규정**

[적용대상] 특정 방직용 섬유제품 및 방직용 섬유제품(제56류~제63류의 물품)

[분류규정] 최대중량을 차지하는 방직용 섬유제품으로 분류

[적용요령]

① 통칙 3에 의한 해당 세번의 분류를 결정하는 부분만 고려한다.

② 기포와 파일 또는 루프로 된 섬유제품은 기포를 감안하지 않는다.

③ 자수포와 자수포 제품은 기포만 고려한다. 단, 육안으로 기포의 구분 불가시는 자수사만을 고려한다.

[사례 1] 면(제5211호)－40%, 재생 스테이플섬유(제5516호)－30% 및 합성 스테이플 섬유(제5514호)－30%인 혼방직물(219g/㎡)의 분류는?

: 최대중량섬유는 인조섬유(60%)이다. 따라서 동일중량의 인조섬유 중 재생 스테이플섬유가 최종호이므로 제5516호로 분류

[사례 2] 아마(제5309호)－35%, 황마(제5310호)－25% 및 면(제5212호)－40%인 직물의 분류?

: 아마와 황마를 합산하여 제53류를 결정 후 제5309호로 분류

[사례 3] 합성 필라멘트(제54류)－35%, 합성 스테이플섬유(제55류)－25% 및 코움한 양모(제51류)－40%로 조성된 직물의 분류?

: 제54류에 분류. 제54류와 제55류를 하나로 보고(55%)와 51류의 40%을 비교한후 제45류와 제55류를 결정하고, 다시 필라멘트(제54류) 35%와 스테이플섬유(제55류) 25%를 구분하여 제54류로 결정한다.

[사례 4] 양모 10%, 합성 필라멘트 30%, 짐프한 마모(馬毛)사 15% 및 금속드리사 20%로 구성된 직물의 분류?

: 짐프한 마모사와 금속드리사의 합계중량이 최대중량이므로 금속드리사직물(제5809호)에 분류

[사례 5] 폴리에스테르의 단섬유사 30%, 면 섬유사 30% 및 금속사 40%로 구성된 직물의 분류?

: 금속사직물(제5809호)에 분류. 직물의 금속사는 섬유재료이므로 방직용 섬유 중 최대중량을 갖는 금속사직물(제5809호)에 분류

[사례 6] 합성 스테이플섬유(제5515호)－40%, 코움한 양모(제5112호)－35% 및 코움한 섬수모(제5112호)－25%로 조성된 직물?

: 제5112호에 분류

소매용 세트 의류의 분류규정 문맥상 따로 규정한 것을 제외하고 각각 상이한 호에 분류되는 방직용 섬유의 의류는 소매용 세트의 경우에도 각각 해당하는 호에 분류한다. 이 주에서 『방직용 섬유의 의류』라 함은 제6101호 내지 제6114호와 제6201호 내지 제6211호의 의류를 말한다.

(4) 섬도(纖度)

섬도는 방직용 섬유나 실의 굵기를 나타내는 것으로, 실의 굵기는 단위 길이당 실의 무게로 표시하는 항장식과 단위무게당 실의 길이로 표시하는 항중식이 있다. 일반적으로 방적사에는 번수법, 필라멘트사에는 데니아법, 기타 국제 표준방식으로 텍스법(tex)이 있다.

항장식(恒長式) 데니아법이라고도 하며, 표준길이와 단위중량을 정하고, 길이에 대한 중량의 비로 나타내는 방식으로 텍스(Tex)와 데니어(Denier)가 있다. 수치가 클수록 실이 굵으며 합성섬유, 생사, 인견사 등에 사용된다.

- 텍스(Tex): 국제표준화기구(ISO)에서 섬도를 통일시킨 규격이며 관세율표에서 사용하고 있다. 모든 섬유 또는 사의 1km 길이를 g수로 나타낸 것이다. 즉, 사의 길이 1,000m가 중량 1g이면 1텍스(Tex) 표시하며, 0.1Tex는 1decitex로 표시한다.

$$1\text{Tex} = 10\text{decitex},\ 1\text{decitex} = 0.1\text{Tex}$$

- 데니어(Denia): 사의 길이 9,000m의 무게가 1g일 때 1데니어(D)이다.

항중식(恒重式) 번수법이라고도 하며, 일정한 중량에 대한 길이를 표시하는 방식이다. 단위로는 번수(番手)를 많이 사용하고, 수치가 클수록 실이 가늘며 면, 마, 모 등에 사용된다.

- 면번수(영국식): 사 1파운드(453.6gr)일 때 길이 840야드(768.1m)이면 1면번수로서 1's로 표시
- 마번수(영국식): 사 1파운드(453.6gr)일 때 길이 300야드(274.3m)이면 1마번수로서 1'S로 표시, 사 1파운드(453.6gr)일 때 길이 840야드(768.1m)이면 2마번수이고 2'S로 표시한다.
- 모번수: 사 1kg일 때 길이 1km이면 1모 번수로서 1'S로 표시하고, 사 1kg일 때 길이 840야드(768, 1m)이면 2모번수로서 2'S로 표시한다.

(5) 방직용 섬유와 이들 제품의 용어정의

[특정 물품의 용어 정의]

제목	규정내용
탄성제품 (elastic product)	고무사와 결합한 방직용 섬유사로 만든 탄성제품은 제11부에 분류한다.
침투(impregnated)	제11부에서 침투에는 침지(dipped)를 포함한다.
아라미드(aramid)	제11부에서 풀리아미드(polyamide)에는 아라미드를 포함한다.

※ 제11부 부주10～12

[사류의 용어 정의]

제목	규정내용
미표백사 (unbleached yarn)	① 구성하는 섬유가 고유의 색상이며 표백·염색(전체적으로 염색된 여부 불문) 또는 날염하지 않은 것 ② 가넷스톡으로 만들어진 불특정의 색상을 가진 것(생지사) －이러한 사는 무색 가공제 또는 순간염료(비누세탁으로 간단히 색상이 없어지는 것)로 처리된 것도 있으며, 인조섬유는 전체적으로 염소제(예: 이산화티타늄)로 처리된 것도 있다.
표백사 (bleached yarn)	① 표백공정을 거친 것. 표백 섬유로 제조된 것, 문맥에서 따로 규정한 것이 없는 경우에는 백색으로 염색한 것(전체적으로 염색된 여부 불문) 또는 백색 가공처리된 것 ② 표백되지 아니한 섬유와 표백된 섬유로 혼합된 것 ③ 복합사(연합사) 또는 케이블사로서 표백되지 아니한 사 및 표백사로 조성된 것
색사 (염색·날염한 것)	① 염색한 것(전체적으로 염색한 것 여부 불문, 백색으로 염색한 것 및 일시적 염색한 것 제외), 날염한 것, 염색되거나 날염한 섬유로 제조된 것 ② 상이한 색으로 염색된 섬유의 혼합물, 표백하지 않은 것 또는 표백한 섬유와 착색한 섬유의 혼합물로 조성된 것(마알사 또는 혼방사) 또는 하나 이상의 색으로 군데군데 점의 모양으로 날염한 것을 말한다. ③ 날염된 스라이버 또는 로빙으로 만들어진 것 ④ 복합사(연합사) 또는 케이블사로서 미표백사, 표백사와 염색사로 조성된 것 위 규정은 제54류의 모노필라멘트, 스트립 또는 이와 유사한 것에도 적용된다.

[직물의 용어 정의]

제목	규정내용
미표백직물 (unbleached woven fabric)	-표백되지 아니한 사로 만든 직물로서 표백·염색 또는 날염되지 아니한 것 -표백되지 아니한 직물에는 무색가공 또는 순간염색으로 처리된 것을 포함한다.
표백한 직물 (bleached woven fabric)	① 표백되었거나, 문맥에서 따로 규정한 것이 없는 경우, 백색으로 염색한 것 또는 백색가공한 것으로서 원단상에서 처리된 것 ② 백색사로 조성된 것 ③ 표백되지 아니한 사와 표백사로 조성된 것을 말한다.
염색한 직물	① 원단상에서 처리된 것으로서 표백 이외의 단일색상으로 균일하게 염색하거나 백색 이외의 착색가공한 것(문맥에서 따로 규정한 것이 없는 경우) ② 단일 색상으로 한 균일하게 착색된 실로 조성된 것을 말한다.
상이색사 직물 (날염직물 제외)	① 상이한 색사 또는 동일한 색상의 색조가 다른 실로 조성된 것(구성하는 섬유의 고유 색상은 제외한다) ② 표백되지 아니한 사 또는 표백사와 색사로 조성된 것 ③ 마알사 또는 혼방사로 조성된 것을 말한다. (모든 경우에 있어서 가장자리와 끝부분에 사용된 실은 고려하지 않는다)
날염직물	-염직물이라 함은 원단상에서 날염한 직물을 말하며, 상이한 색사로 만든 것인지의 여부를 불문한다. (다음은 날염한 직물로 간주한다: 부라시, 스프레이건, 전사지, 플록 또는 방염공정 등에 의하여 도안을 만든 직물) -머서가공은 상기 범주 내의 실 또는 직물의 분류에는 영향을 미치지 아니한다. * 위의 표백, 염색 및 상이색사 직물의 정의는 메리야스편물 또는 뜨개질편물에 준용하여 적용한다.
평직물	직물의 조직은 각각의 위사가 연속된 경사의 상하를 교차하여 지나가며 각각의 경사가 연속된 위사의 상하를 교차하며 지나가는 직물을 말한다.

* 제11부 소호주1가~자

[용어]

용어	주요 내용	비고
카드공정 (carding)	카드공정(방모) 카드기계에 의해 섬유를 개모하고 평행하게 병열시키며 불순물을 제거하는 공정으로 이 공정을 거친 섬유의 상태는 웹(Webs) 상태이다.	해설
코움공정 (combing)	코움공정(소모공정)은 주로 노일상의 단섬유를 제거하고 잔류섬유를 병열된 평행의 슬라이버상으로 하는 공정으로 카드한 것을 코움하거나 카드하지 않고 코움 전에 준비공정인 길링기기로 섬유를 개모하고 길이방향으로 정모하여 코움하는 2가지 방법이 있다. 코움한 슬라이버는 드래프트하고 빗질하여 둥글게 감은 것을 톱(top)이라 한다. 즉, 이 공정은 방적공정 중의 공정으로서 카드(carding)는 섬유를 평행하게 빗질함으로써 섬유장에 관계없이 섬유를 나란히 빗질하는 공정이며 이렇게 함으로써 불순물을 제거한다. 코움(combing)은 카드한 섬유를 이 공정에서 단섬유를 제거하고 일정한 길이의 것만을 평행하게 하는 공정이다.	해설
드레스가공 (dressed)	완성가공처리를 한 것을 말한다. 주로 방직용 공업에서 내마모성, 열저항성, 정전기 방지, 외관 등을 개선하기 위하여 가공하는 것으로 여기에는 재봉사에 적합하게 완성가공한 것을 말하며 실리콘, 왁스, 파라핀 등을 기제로 한 것으로 처리한다.	해설
Z꼬임사와 S꼬임사	 Z꼬임사  S꼬임사	해설
drawn-thread work	제직 후에 더 이상의 가공을 하지 않고 경사 또는 위사를 발췌하는 간단한 가공을 말한다.	해설
선염직물	염색한 실로 제직한 직물을 말한다.	해설
후염직물	제직한 후에 염색한 직물을 말한다.	해설
순간염료	비누세탁으로 간단히 색상이 없어지는 염료	해설
직물(織物: woven fabric)	직포(織布)라고도 하며, 경사(날실)와 위사(씨실)가 서로 교차하여 짜여진 평면체의 천을 말한다.	사전
방직(紡織: spinning and weaving)	방직이라는 용어와 직조 또는 제직이라는 용어가 합성된 복합어이다.	사전
방적(紡績)	솜상태의 섬유를 나란히 배열하고 늘리면서 꼬임을 주어 실을 뽑는 것을 말한다.	사전
제직(製織)	직조(織造: weaving)라고도 하며, 실을 가지고 직물을 짜는 것을 말한다. 직기를 이용하여 실을 직각으로 서로 교차하게 엮어서 직물을 생산하는 공정을 말한다.	사전

제50류 견

1. 개 요

견(絹; silk)이라 함은 뽕잎을 먹은 누에(*Bombyx mori*)가 분비하는 섬유질을 말한다. 관세율표의 제51류에는 이들 견뿐만 아니라, 유사 곤충(*Bombyx textor*)이 분비하는 섬유질도 함께 취급하며, 야생종인 tussah silk(오크잎을 먹는 누에), spider silk, marine silk 및 byssus silk도 포함된다. 제50류에는 동물성 섬유인 누에고치로부터 일반 견직물에 이르는 각 제조 공정의 물품이 분류되며, 견으로 분류되는 혼방물품과 생사를 뽑기에 적합한 누에고치와 누에의 거트(gut)가 포함된다.

2. 분류구조

누에고치에서부터 견직물에 이르는 물품들을 가공단계별로 3개 범주로 구분하고 7개의 호(제5001호 내지 제5007호)에 분류한다.

1) 누에고치(제5001호): 조발가능한 것

2) 생사 · 견웨이스트 · 견사(제5002호 내지 제5006호)

① 생사, ② 견 웨이스트, ③ 견사, 견주방사, 소매용 견사와 누에거트

3) 일반 견직물(제5007호): 견직물, 견노일직물 등

3. 제외 물품

① 살균한 누에거트(제3006호)

② 견제 모조 켓거트(제5604호)

4. 해　　설

(1) 생사(제5002호)

생사(raw silk)는 잠과에 속하는 누에고치(cocoon)로부터 필라멘트를 조발(操拔: reeling; 실을 뽑아 감는 공정)하여 얻는다. 실제 고치를 형성하는 필라멘트(baves)는 대단히 가늘어 조발공정에서 여러 가닥의 필라멘트(보통 4가닥~20가닥)를 합쳐서 생사를 얻는다. 여러 가닥의 필라멘트는 조발공정중에 서로 접착된다. 이것은 생사에 교질물밀인 sericin이 덮혀 있기 때문으로 이 교질물질은 과잉의 수분배출을 돕고 필라멘트를 보강하며 균일한 구조와 단면을 이루게 한다. 생사를 조발(reeled)할 수 있는 누에고치만을 제5001호에 분류하고, 생사는 제5502호에 분류한다.

(2) 견사의 가공별 분류(제50류)

가공별 / 섬유	원재료	사					직물
		생사	견사	견방사	소매용	거트	
견	제5001호	제5002호	제5004호	–	제5006호	제5006호	제5007호
견웨이스트	제5003호	–	–	제5005호	제5006호	–	제5007호

[견웨이스트의 종류(제5003호)]

브레즈(blazes)	누에가 고치를 나무가지에 고정하기 위한 고치둘레에 엉성한 견망을 말한다.
생피저(frison; floss silk)	누에고치의 외부를 이루는 조잡한 사를 말한다. 이것은 조발에 적합하도록 먼저 적은 솔로 고치의 표면을 베껴낸 것이다.
견노일(silk noil)	견웨이스트의 코움공정에서 떨어진 잔류물을 말하며, 견웨이스트보다 저질품으로 섬유장이 매우 짧아 코움할 수 없으나 카드할 수 있다. 견노일로 만든 견방주사와 견노일 직물이 있다.
비수(bisu)	『pelettes』 또는 『telette』, 즉, 고치의 내부를 구성하는 더 이상 조발할 수 없는 고치의 부분으로 번데기를 덮어 싸고 있다. 또한 『pelettes』를 담근 후 번데기를 제거하여 건조시켜 얻는다.
페니	견웨이스트를 탈색하고 코옴하여 얻은 물품
가넷스톡 (garnetted stock)	견직물이나 견제품의 넝마, 기타 웨이스트와 스크랩을 가넷한 것이다.

(3) 견사와 견방사(제5004호 · 제5005호)

견사(繭絲: bave)는 장섬유로 되어 있어 견웨이스트로 방적한 사와는 다르다, 견사에는 한 가닥 생사를 가연한 단사, 두 가닥 이상의 미가연 생사를 적게 가연하고 위사로 사용하는 트램사(tram yarns), 가연을 많이한 한 가닥 이상의 생사를 역연하여 한 가닥 사로 만들어 주로 경사로 사용하는 오간진사(organzine yarns) 등이 있다.

견방사는 누에고치에서 생사를 제조시에 나오는 부잠사를 원료로 방적한 실을 말하며 방적견사라고도 한다. 견주방사는 견방사를 만들 때 발생한 웨이스트로 방적한 사를 말하며 견노일로 만든 견주방사가 있다.

(4) 누에의 거트(제5006호)

누에의 거트(gut)는 성숙한 누에를 산용액으로 죽인 후 견선으로 얻은 것으로 길이는 보통 50cm 미만이다. 다만, 살균처리하거나(제30류), 모조의 거트(cat gut)(제56호)는 달리 분류된다.

(5) 견직물(제5007호)

견직물에는 견사, 견방사, 견주방사 또는 기타 견웨이스트로 제직한 직물이다.

[용어]

용어	주요 내용	비고
그레그견 (grege silk)	누에고치에서 4～12가닥의 필라멘트가 함께 해사될 데 해사중 공기를 통과하는 동안 4～12가닥의 필라멘트는 반쯤 용해된 세리신에 의해 접착되어 하나의 raw silk thread를 만드는데 이를 그레그견이라 한다. 주로 경사나 위사로 사용한다.	견자료
편연견사 (tram silk)	대부분 견직물의 위사로 사용하는 편연사를 말하며, 보통 2～6올의 단사를 꼬지 않거나, 또는 약간만 꼬아서 사용한다.	견자료
오간진 (organzine)	견직물의 경사로 사용하는 연사로서 2～6올의 고치실로 된 14～24 De인 실에 약연을 가한 후 다시 2～6올을 합쳐 하연과 반대방향으로 단사의 경우 600～700T/M, 합사는 500～600T/M을 갖는 생사	견자료
크레이프견사 (crepe silk)	2～40올을 합쳐 많은 S/Z꼬임을 2,500～3,000T/M 갖는 견사로 주로 위사로 사용한다.	견자료

하부타에 (habutae)	일반적으로 경사, 위사 모두 꼬임이 없는 생사를 사용한 평조직이다	사전
산퉁(shantung)	경사에 생사를 위사에 tussa grege를 사용하여 제직한 직물	자료
사틴(satins)	경사, 위사가 나타내는 직물 조직점을 일정간격으로 배치한 것으로 경주자, 위주자, 변칙주자가 있다.	자료

제51류 양모·섬수모 또는 조수모·마모사 및 이들의 직물

1. 개 요

제51류에는 견 이외의 동물성 섬유에서부터 일반 직물에 이르는 일련의 양모와 수모의 제품들을 분류한다. 마모와 마모직물이 포함된다. 이 류의 동물성 섬유는 양모, 섬수모 및 조수모가 있다. 한편, 마모와 마모웨이스트(제0503호)는 다른 류에 분류되는 것으로, 마모는 소나 마속동물의 머리털과 꼬리털을 말한다.

2. 분류구조

기타 동물성 섬유에서부터 일반 직물에 이르는 가공단계별로 3범주로 나누고, 13개의 호(제5101호 내지 제5113호)에 분류한다.

1) 동물성 섬유(제5101호 내지 제5105호)

① 원모(제5101호·제5102호), ② 섬유의 웨이스트(제5103호), ③ 섬유의 가넷스톡, ④ 카드·코움한 것

2) 기타 동물성 섬유의 사(제5106호 내지 제5110호)

① 카드한 양모사, ② 코움한 양모사, ③ 카드·코움한 섬수모사, ④ 소매용의 것, ⑤ 조수모사·마모사

3) 기타 동물성 섬유의 직물(제5111호 내지 제5113호)

① 카드한 양모·섬수모 직물, ② 코움한 양모·섬수모 직물, ③ 조수모·마모 직물

3. 해　　설

(1) 양모와 수모의 가공별 분류(제51류)

<table>
<tr><th rowspan="2">가공별
섬유별</th><th colspan="3">섬유</th><th colspan="3">사류</th><th colspan="2">직물</th></tr>
<tr><th>원모</th><th>가넷스톡</th><th>카드·코옴</th><th>카드</th><th>코옴</th><th>소매용</th><th>카드한 것</th><th>코옴한 것</th></tr>
<tr><td>양모</td><td>제5101호</td><td>–</td><td rowspan="3">제5105호</td><td>제5106호</td><td>제5107호</td><td rowspan="2">제5109호</td><td rowspan="2">제5111호</td><td rowspan="2">제5112호</td></tr>
<tr><td>섬수모</td><td>제5102호</td><td>–</td><td colspan="2">제5108호</td></tr>
<tr><td>조수모</td><td>제5102호</td><td>–</td><td>–</td><td>–</td><td rowspan="2">제5110호</td><td colspan="2" rowspan="2">제5113호</td></tr>
<tr><td>마모</td><td>제0503호</td><td>–</td><td>–</td><td>–</td><td>–</td></tr>
<tr><td>웨이스트</td><td>제5103호</td><td>제5104호</td><td>–</td><td>–</td><td>–</td><td>–</td><td colspan="2">–</td></tr>
</table>

(2) 양모(제5101호)

양모는 살아 있거나 죽은 양 또는 어린 양에서 탈모하여 얻은 모이다. 양모는 keratin이란 단백질로 구성되어 있으며, 흡수성이 크고, 절연성, 탄성회복과 염색성도 좋으나 면섬유에 비해 강도, 내후성, 내열성이 떨어지고 열수에 줄어들며 광택과 강도를 잃는 성질이 있다. 양모는 양의 품종에 따라 다르며 주로 호주 또는 뉴질랜드에서 기르는 메리노(merino)종이 유명하다. 양체에서 깎아낸 상태의 양모를 원모(greasy wool)라고 하며 다량의 그리스와 땀·먼지 등이 부착해 있고 악취가 난다.

[양모 종류]

품명	주요 내용
· merino combing fleece	메리노종의 양에서 채취한 양모군 중 정소모할 수 있는 섬유장을 갖는 양질의 원모를 말한다.
· greasy wool	세척하지 아니한 양모로서 불순물을 함유하고 있다.
· degreased wool	온수, 세정제 등으로 세척하거나(scoured wool) 탈지한 양모
· carbonised wool	세척 후 잔존하는 불순물을 산용액으로 탄화처리한 양모

(3) 양모의 품질

양모의 품질은 섬도와 섬유장, Greasy wool의 거래시는 수율 등을 기준으로 하여 결정한다. 양모의 섬도를 측정하는 방법에는 ASTM식, AWC식, STM식, Brandford 표준식, 일본식 등 여러 방법이 있다. 섬도란 양모의 평균 굵기를 나타내는 것으로 단면의 평균직경이 23.50μ～24.94μ이면 60'S로 표시하고 60수라 한다.

양모는 최고 품질인 80'S(17.77μ)부터 최하위 36'S(38.10μ～40.20μ)까지 있다. 길이가 2인치 이상되는 섬도 60'S 이상되는 것을 상급품으로서 양복감에 사용되고, 그 이하인 것은 대부분 방모용과 카페트용 등으로 쓰인다. 섬도와 섬유장은 특히 양의 종류에 따라 차이가 나며, 섬유장이 긴 것은 45cm 이상인 것이 있으나 보통 메리노종은 5～10cm, 잡종양종은 7～20cm이다.

(4) 양모와 수모의 정의

관세율표에서 양모, 섬수모와 조수모라 함은 다음을 말한다.

양모(羊毛: wool)라 함은 양(sheep) 또는 어린 양(lambs)의 천연섬유를 말한다.

섬수모(纖獸毛: fine animal hair) 알파카(alpaca), 라마(llama), 비쿠나(vicuna), 낙타(단봉낙타 포함), 야크(yak), 앙고라염소(angora goat; mohair), 티베탄(tivetan), 캐시미르(kashmir) 또는 이와 유사 산양(보통 산양 제외), 토끼(앙고라토끼 포함), 산토끼(hare), 비버(beaver), 뉴트리아(nutria), 사향뒤쥐(musk-rat)의 모(毛)을 말한다. 일반적으로 섬수모는 양모보다 부드럽고 양모가 적다.

조수모(粗獸毛: coarse animal hair) 양모와 섬수모를 제외한 모든 수모를 말하며 소와 말의 옆구리 털, 염소의 털, 개 털, 원숭이 털, 수달피의 털 등이 있다. 다만, 부러시 제조용의 수모(제0502호)와 마모(제0511호)를 제외한다.

(5) 양모의 방적공정

양모방적은 소모방적과 방모방적으로 나눈다. 소모방적법에 의해 만든 실을 소모사(梳毛絲)라 하고, 방모방적법에 의해 만든 실을 방모사(紡毛絲)라 한다. 소모사는 비교적 섬유장이 길고 품질이 우수한 양모를 원료를 빗질하여 섬유가 직선상으로 펴져 평행하게 배열시킨 것이다. 한편 방모사는 비교적 짧은 양모나 반모 또는 소모방적공정에서 생긴 comb waste(noil) 등 저급원료로 만든 실로서, 소모방적과의 차이점은 draft(연신)공정이 거의 없고, combing 공정이 없다. 따라서 섬유의 평행성이 적고 모사도 많다. 방모공정에서는 carding 이외의 공정에서 협잡물을 제거하지 않고 탄화처리하여 식물성 불순물을 제거한다.

[소모방적공정(양모방적)]

greasy wool	scoured wool	carding	combing	전방(前紡)공정	정방공정

(6) 마모사(제5110호)

마모사는 일반적으로 단섬유의 마모, 즉 마속동물의 머리나 우속동물의 꼬리에서 얻은 마모(제0511호)를 방적하여 얻은 것으로 제5110호에 분류된다. 마속동물의 꼬리에서 얻는 마모의 장섬유는 방적할 수 없으나, 이들을 끝과 끝을 매듭을 지어 특정 마모 직물을 제조시에 날실(경사)로 사용되는 연속 필라멘트를 만든다. 이러한 필라멘트는 이 호에 분류되나, 단일의 마모(끝과 끝이 묶여 있지 않은)는 제0503호에 분류한다.

(7) 양모·섬수모 또는 조수모의 가넷스톡(제5104호)

편물 또는 직물의 넝마 등을 가넷하거나 또는 방적·제직·편직 등의 공정중에서 발생한 사의 웨이스트를 가넷하여 얻어진 양모·섬수모 또는 조수모는 제5104호에 분류한다. 가넷한 양모(재생하거나 재가공한 양모)에는 쇼디와 뭉고, 추출모를 포함한다.

[용어]

용어	주요 내용	비고
쇼디와 뭉고	소모사나 방모사 또는 넝마를 가넷한 것	제5104호
추출모	혼방된 넝마를 보통 산처리하여 면 등의 식물성 섬유 또는 재생·반합성섬유의 단섬유를 제외하고 회수한 양모를 가넷한 것을 말한다.	제5104호

제52류 면

1. 개 요

제52류에는 일반적으로 식물성 섬유인 원면에서 면직물에 이르는 각 단계의 면제품이 분류된다. 그러나 섬유장이 짧은(5mm 미만) 면린터, 면섬유로 제조한 워딩(제3005호·제5601호), 의료용 또는 소매포장의 붕대(제3005호), 거즈(제5703호)는 다른 류에 분류된다.

2. 분류구조

원면에서부터 일반 면직물에 이르는 일련의 물품들을 3범주로 나누고 12개의 호(제5201호 내지 제5212호)에 분류한다.

1) 면섬유(제5201호 내지 제5203호)

① 원면, ② 면웨이스트(가넷스톡 포함), ③ 카드·코움한 면

2) 면사(제5204호 내지 제5207호)

① 재봉사, ② 면사(면 85% 이상의 것), ③ 면사(면 85% 미만의 것), ④ 소매용 면사

3) 일반 면직물(제5208호 내지 제5212호)

① 면 85% 이상 — 200g/㎡ 이하의 것, ② 면 85% 이상 — 200g/㎡ 초과의 것, ③ 면 85% 미만 — 인조섬유의 혼방 — 200g/㎡ 이하의 것, ④ 면 85% 미만 — 인조섬유의 혼방 — 200g/㎡ 초과의 것, ⑤ 기타 면직물(제5212호)

3. 분류원칙

제목	규정내용	비고
데님 (denim)	1. 소호 제5209.42호 및 제5211.42호에서 『데님』이라 함은 3올 또는 4올의 능직물(파사문직의 것을 포함한다)로서 경사에 동일한 하나의 색사	제52류 소호주1

를 사용하며 위사에 미표백, 표백, 회색 또는 경사의 색상보다 엷은 색사를 사용하는 직물로서 경사를 표면으로 한 상이한 색사의 직물을 말한다.

4. 해 설

(1) 면의 가공별 분류(제52류)

<table>
<tr><th rowspan="3">가공별 / 면</th><th colspan="2">섬유</th><th colspan="4">사류</th><th colspan="5">직물</th></tr>
<tr><th rowspan="2">원면</th><th rowspan="2">카드/코옴</th><th rowspan="2">재봉사</th><th colspan="2">사</th><th rowspan="2">소매포장</th><th colspan="2">면 85% 이상</th><th colspan="2">면 85% 미만+인조섬유</th><th rowspan="2">기타 면직물</th></tr>
<tr><th>면 85% 이상</th><th>면 85% 미만</th><th>200g/㎡ 이하</th><th>200g/㎡ 초과</th><th>200g/㎡ 이하</th><th>200g/㎡ 초과</th></tr>
<tr><td>면</td><td>제5201호</td><td rowspan="2">제5203호</td><td rowspan="2">제5204호</td><td rowspan="2">제5205호</td><td rowspan="2">제5206호</td><td rowspan="2">제5207호</td><td rowspan="2">제5208호</td><td rowspan="2">제5209호</td><td rowspan="2">제5210호</td><td rowspan="2">제5211호</td><td rowspan="2">제5212호</td></tr>
<tr><td>면웨이스트</td><td>(제5202호)</td></tr>
</table>

(2) 원 면

면(cotton)은 목화나무(Gossypium)의 목화송이(pods fruit)에서 목화(木花)를 채취하고, 목화의 씨를 제거하는 공정을 조면(繰綿: cotton ginning)이라 하며, 이러한 조면공정을 거친 것이 원면(raw cotton)이다. 이들 목화씨 표면에 붙어 있는 긴 섬유를 면린트(cotton lint)라 하여 방직용 섬유로 사용하고, 긴 섬유를 채취하고 남는 짧은 섬유를 면린터(cotton linter; 제14류)라 하여 주로 펄프원료로 사용한다.

보통 원면은 조면하여 압축한 뭉치(bales)로 거래된다. 조면한 면은 목화깍지, 부스러기 면실껍질 등의 불순물이 상당량 있어 개면기와 타면기를 거쳐 폭신폭신한 깨끗한 면으로 된다. 원면은 제5201호에 분류하며 이를 카드나 코옴한 면은 제5203호에 분류한다.

(3) 면웨이스트(제5202호)

일반적으로 면의 방적준비 또는 제직·편직 등의 작업 중에서 얻어지는 면웨이스트(cotton west)는 제5202호에 분류한다. 이 호에는 또한 면제품을 가넷하여 얻은 것도 분류한다. 면웨이스트에는 코움시 발생하는 웨이스트(코우머 노일이라 호칭), 카딩기나 코움기 실린더에서 떼어 회수한 면웨이스트, 연신 공정중에서 떨어져 나온 절단된 섬유, 스라이버나 조사의 단편, 카드시의 비산면, 헝크러진 사와 기타 사설, 넝마를 반모하여 얻어진 사와 섬유가 있다.

(4) 데님(제5209호·제5211호)

데님(denim)은 3올 또는 4올의 능직물(파사문직 포함)로서 경사에 동일한 하나의 색사를 사용하여 위사에 미표백, 표백, 회색 또는 경사의 색상보다 엷은 색사를 사용하는 직물로서 경사를 표면으로 하는 상이한 색사의 직물을 말한다. 일반적으로 데님은 진(jean)으로 부르고 청색사를 경사로 하고 위사는 경사보다 엷은 청색사를 사용한 직물로서 경사가 표면을 이룬다.

제53류 기타 식물성 방직용 섬유와 지사 및 지사의 직물

1. 개 요

면 이외의 식물성 섬유로는 아마, 대마, 황마, 저마 등이 있으며 제53류에 분류된다. 이 류에는 원료섬유에서 직물에 이르는 일련의 물품이 분류된다. 또한 이 류에는 이들 섬유의 혼방물품 및 지사와 지사직물이 포함된다.

2. 분류구조

식물성 섬유에서부터 일반 직물에 이르는 제품별로 3범주로 구분하고 10개의 호(제5301호 내지 5311호)에 분류한다.

1) 식물성 섬유(제5301호 내지 5305호): 생것, 이들의 토우와 웨이스트

① 아마, ② 대마, ③ 황마와 인피섬유, ④ 기타(예: 코코넛, 아바카, 라미, 사이잘, 아게브 등)

2) 식물성 섬유의 사(제5306호 내지 제5308호)

① 아마사, ② 황마·인피섬유의 사, ③ 기타 식물성 섬유사와 지사

3) 식물성 섬유의 직물(제5309호 내지 제5311호)

① 아마의 것, ② 황마와 인피섬유의 것, ③ 기타 식물성 섬유 및 지사의 것

* 제5304호: 공란 유보

3. 해 설

(1) 기타 식물성 섬유(제53류)의 가공별 분류

식물섬유별 \ 가공별		섬유(생것·미방적가공한 것/토우/웨이스트와 가넷스톡)	사	직물
인피섬유	아마	제5301호	제5306호	제5309호
	대마	제5302호	제5308호	제5311호
	-황마 -기타 인피섬유	제5303호	제5307호	제5310호
기타 식물성 섬유	-코코넛, 아바카(마닐라 마), 라미, 사이잘마 -기타	제5305호	제5308호	제5311호
지(紙)		(제48류)		

* 제5304호: 공란 유보

(2) 식물성 섬유(면 제외)의 종류

섬유별	품명	주요 내용	비고
인피섬유	아마 flax	중요한 것은 *Linum usitatissimum*이다. 아마섬유(또는 린넨)는 펙틴질과 결합하여 인피가 섬유조직의 관속상으로 아마경에 있다. 생아마 → 침지아마 → 타마 → 핵클아마의 공정을 거친다.	제5301호
	대마 hemp	대마(Cannabis sativa L.)의 인피부분이다.	제5302호
	황마 jute	True jute: Corchorus capsularis(백색황마) 및 Corchorus olitorius (적색황마)의 2종이 있다. Tossa라고도 호칭한다.	제5303호

<table>
<tr><td></td><td>기타 인피섬유</td><td>쌍자엽식물의 줄기에서 얻는다.
예: Hibiscus cannabinus: 상거래상 Hibiscus마, Gambo마, Siam황마, Bimli황마, Ambari마, Dah Meshta 등으로 호칭.
Hibiscus sabdariffa: 상거래상 Rosella마, Siam황마, Java황마 등으로 호칭</td><td>제5303호</td></tr>
<tr><td rowspan="6">기타 식물성 방직용 섬유</td><td>코코넛 coconut</td><td>코코넛(코이어)는 너트의 외표면을 구성하는 각에서 얻은 것이다</td><td rowspan="6">제5305호</td></tr>
<tr><td>아바카 abaca</td><td>아바카 섬유(마닐라마)는 특정 바나나 나무(Musa textilis Nee)잎의 비섬유질을 제거하여 얻는다.</td></tr>
<tr><td>라미 ramie</td><td>각종 라미(주로 Boehmeria tenacissima와 Boehmeria nivea)의 인피에서 얻는다.</td></tr>
<tr><td>사이잘마 sisal</td><td>sisal(Agave sisalana) 식물의 잎에서 얻는다.</td></tr>
<tr><td>아게부류</td><td>Agavaceae과 식물의 잎에서 얻는다.
예: Haiti hemp(Agave foetida), Henequen(Agave fourcroydes), Istle, Ixtle 등</td></tr>
<tr><td>기타</td><td>alfa 또는 esparto: aloe fibre, pineapple, yucca 등의 잎</td></tr>
</table>

(3) 지사(제5308호)

단사는 습기있는 지의 스트립을 길이 방향으로 꼬거나 또는 감아서 만들며 복합사(연합사)는 두 가닥 이상의 단사를 합사하여 만든다. 단사 또는 복합사(연합사)를 불문하고 지사(paper yarn)가 분류된다. 또한 소매용이거나 또는 끈·코디지·로프·케이블의 형태 여부를 불문하고 이 호에 분류된다. 그러나 엮은 끈·코디지·로프·케이블은 제외된다. 지사직물은 제5311호에 분류되나 금속사와 함께 방적한지사 또는 금속을 피복한 지사는 금속드리사(제5605호)에 분류된다.

제54류 인조필라멘트

1. 개 요

유기중합체나 천연 유기고분자 물질을 용융하거나 용제로 용해하여 방사구를 통해 응고시킨 필라멘트상의 인조섬유에서 일반직물에 이르는 각 제조공정의 물품이 제54류에 분류된다. 또한 이 류에는 이들 섬유에 분류되는 혼방물품도 포함된다. 그러나 인조섬유의 웨이스트는 제56류에 분류한다.

2. 분류구조

인조필라멘트사에서부터 이들의 일반 직물에 이르는 각 제품별 2개 범주로 나누고 8개의 호(제5401호 내지 제5408호)에 분류한다.

1) 인조필라멘트사(제5401호 내지 제5406호)

① 재봉사, ② 합성필라멘트사(67decitex 미만의 합성모노필 포함), ③ 재생·반합성필라멘트사(67decitex 미만의 재생·반합성모노필 포함), ④ 인조모노필라멘트 횡단면(횡단면 1mm 이하)와 인조섬유재료의 스트립(폭 5mm 이하)(67decitex 이상의 것), ⑤ 소매용의 것

2) 인조필라멘트·모노필·스트립의 일반직물(제5407호·제5408호)

① 합성사의 것, ② 재생·반합성사의 것

3. 분류원칙

제목	규정내용	비고
인조섬유란	1. 관세율표에서 『인조섬유』라 함은 다음의 어느 하나에 해당하는 제조공정에 의하여 제조되는 유기중합체의 스테이플섬유 또는 필라멘트를 말한다. 가. 유기단량체의 중합에 의하여 제조한 것(예: 폴리아미드, 폴리에스테르, 폴리올레핀, 폴리우레탄) 또는 폴리(비닐알코올)와 같이 초산비닐의 중합체를 가수분해하여 제조되는 공정에 의하여 생산된 중합체의 화학적 변성에 의하여 제조한 것 나. 천연유기중합체(예: 셀룰로오스)를 용해 또는 화학 처리하여 동암모늄 레이온(큐프로) 또는 비스코스 레이온과 같은 중합체를 만든 것 또는 천연유기중합체(예: 셀룰로오스, 카세인 및 기타 단백질 또는 알긴산)를 화학적으로 변성하여 초산 셀룰로오스 또는 알기네이트를 만든 것 섬유와 관련하여 사용되는 용어인『합성섬유』및『재생 또는 반합성섬유』의 의미는 다음과 같다. 합성섬유는 가에서 정의한 섬유이며, 재생 또는 반합성섬유는 나에서 정의한 섬유이다. 제5404호 또는 제5405호의 스트립과 이와 유사한 것은 인조섬유로 간주하지 아니한다. 다. 제5404호 또는 제5405호의 스트립과 이와 유사한 것은 인조섬유로 간주하지 아니한다.	제55류 류주1
분류범위	2. 제5402호와 제5403호는 제55류의 합성 필라멘트토우 및 재생 또는 반합성필라멘트 토우에는 적용하지 아니한다.	제55류 류주2

4. 제외 물품

① 소매용으로 포장된 치간청결용 사(덴탈플로스: 치간용 견사)(제3306호)

② 제4007호의 실 및 코드

③ 스테이플섬유·스테이플섬유의 사 및 직물, 인조필라멘트 웨이스트(노일·사웨이스트 및 가넷스톡을 포함)(제55류)

5. 해 설

(1) 인조필라멘트사와 직물의 가공별 분류(제54류)

<table>
<tr><th rowspan="3">구분</th><th rowspan="3">인조섬유별</th><th colspan="4">사류</th><th rowspan="3">직물</th></tr>
<tr><th rowspan="2">재봉사</th><th colspan="2">필리멘트사</th><th rowspan="2">소매용</th></tr>
<tr><th>67데시텍스 미만</th><th>67데시텍스 이상(모노필·스트립)</th></tr>
<tr><td rowspan="2">필라멘트사</td><td>합성</td><td>제5401호</td><td>제5402호</td><td>제5404호</td><td>제5406호</td><td>제5407호</td></tr>
<tr><td>재생·반합성</td><td>제5401호</td><td>제5403호</td><td>제5405호</td><td>제5406호</td><td>제5408호</td></tr>
</table>

* 인조섬유웨이스트는 제55류에 분류한다.

(2) 인조섬유

관세율표에서『인조섬유(man-made fiber)』란 다음 어느 하나에 해당하는 제조공정에 의하여 제조되는 유기중합체의 스테이플섬유(staple fibre) 또는 필라멘트(fillament)를 말한다.

① 합성섬유(synthetic fiber): 유기단량체의 중합에 의해 제조한 것, 또는 초산비닐의 중합체를 가수분해하여 생산된 중합체의 화학적 변성에 의하여 제조한 것

예: 폴리아미드, 폴리에스테르, 폴리올레핀, 폴리우레탄, 폴리우레탄, 폴리 비닐알코올, 폴리아크릴 등

② 재생 또는 반합성섬유(artificial fiber): 셀룰로오스, 카세인 및 기타 단백질 또는 알긴산 등의 천연유기중합체를 용해 또는 화학 처리하여 중합체를 만들거나 또는 화학적으로 변성한 것

예: 비스코스레이온, 동암모뉴레이온(큐프로), 초산셀룰로오스, 알기네이트 섬유 등

③ 횡단면 1mm 이하(67decitex 이상)의 인조모노필라멘트 및 시폭 5mm 이하의 인조방직용 섬유재료의 스트립과 이와 유사한 것(제5404호·제5405호)은 인조섬유로 간주하지 아니한다.

[인조섬유(man-made fiber) 구분]

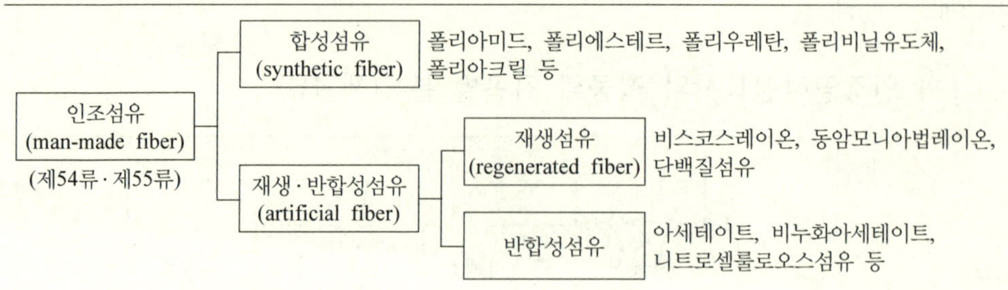

[인조섬유의 종류]

구분	인조섬유(상품명)
합성섬유	·폴리플로필렌[Pylon(일), Polypro(일)] ·폴리염화비닐[pelon(일), Dynel(미), Saran, Velon] ·폴리아크릴[Exlan(일), Cashimilon(미), Orlon, Dynel, Acrilan] ·폴리비닐알코올[Vinilon(일)] ·폴리에스테르[Tetron(일), Dacron(미), Terylene(영)] ·폴리아미드[Amilan(일), Nylon(미), Enkalon] ·폴리우레탄(Spandex, Pesion)
재생섬유	·비스코레이온(Modal) ·큐프라암모늄레이온(Cupra, Benberg) ·우유단백섬유(Lanital, Aralac, Caslan, Fibrolene) ·대두단백섬유(Sovlon) ·옥수수단백섬유(Vicara) ·알긴산섬유
반합성섬유	·아세테이트섬유(Estron, Celanes) ·비누화아세테이트(Fotisan) ·니트로셀룰로오스섬유

(3) 텍스처드사(제5402호·제5403호)

텍스처드사(textured yarns)는 신축성이 있는 탄력사이다. 가연, 무연, 가가연, 압축, ruffling 습식열 처리 등 기계적 또는 물리적 공정으로 변형시킨 사로서, 섬유는 커얼, 크림프, 루프 등을 가지게 된다. 이런 일그러진 모양은 인장력에 의하여 신장되나 인장력이 풀리면 원상태로 되돌아가는 탄성이 생긴다. 텍스처드사의 탄성과 벌크성은 스트레치의류제조의 사용하거나, 직물의 부드럽고 보온성을 갖게 한다. 텍스처드사는 탄성사에 분류하지 않고 인조섬유의 필라멘트사로 분류(제5402호·제5403호)한다.

(4) 모노필라멘트와 인조섬유의 스트립 또는 이와 유사한 것(제54류)

모노필라멘트(monofilament) 외가닥 필라멘트로 방사한 것으로 횡단면이 1mm

이하인 인조모노필라멘트를 말하고, 인조모노필라멘트는 제54류에 분류한다.

인조방직용 섬유재료의 스트립(strip) 및 이와 유사한 것 폭이 5mm 이하의 평판상의 인조방직용 섬유재료의 스트립을 말한다. 여기에는 접거나 평평하거나, 압축했거나, 또는 꼬은상태에서 시폭이 5mm를 초과하지 않으면 포함되며, 또한 인조스트로(straw)도 포함한다.

그러나 1mm 초과하는 인조모노필라멘트와 5mm을 초과하는 스트립(제39류)은 다른 류에 분류한다.

[각종 필라멘트의 분류]

품명·물품내용	분류
· 살균한 합성모노필라멘트	제3006호
· 횡단면의 최대치수가 1mm를 초과하는 합성모노필라멘트	제39류
· 접었거나 평평하거나, 압축했거나 또는 꼬운 상태에서 5mm 초과하는 스트립 및 평판상으로 한 튜브(예: 인조스트로)	제39류
· 67decitex 미만의 합성 모노필라멘트	제5402호
· 67decitex 이상의 합성 모노필라멘트	제5403호
· 고무나 플라스틱을 침투, 도포, 피복 또는 시드한 스트립 및 이와 유사한 것	제56류
· 합성 모노필라멘트로서 낚시바늘을 부착했거나 낚시줄용으로 별도로 만든 것	제9507호
· 브러시제조용의 속 및 터후트	제9603호

제55류 인조스테이플섬유

1. 개　　요

제55류에는 인조섬유로서 스테이플섬유(staplefibres)와 특정 장섬유의 토우(tow)가 분류된다. 또한 이들 스테이플섬유 또는 토우로부터 제조되는 사와 일반 직물에 이르는 각 단계의 물품이 분류되며, 이들 혼방물품도 포함된다.

인조스테이플섬유는 일반적으로 방사구(jets)를 통하여 압출된 필라멘트가 토우의 형상으로 집속되며 이 토우는 연신된 짧은 길이로 절단하여 제조한다. 압출 즉시 하거나 또는 토우 상태로 세척, 표백, 염색 등의 공정을 거친 후에 하기도 한다. 절단된 스테이플섬유의 길이는 보통 25mm~180mm이고 제조할 사의 종류 및 혼합할 방직용 섬유의 성질에 따라 길이가 다르다.

이 류에는 특히 인조필라멘트 또는 스테이플섬유의 웨이스트(노일, 사설, 가넷스톡 포함)도 포함된다.

2. 분류구조

인조스테이플섬유에서 일반 직물에 이르는 가공 단계별로 4범주로 구분하고 16개의 호(제5501호 내지 제5516호)에 분류한다.

1) 인조필라멘트 토우(제5501호·제5502호): 합성 및 재생·반합성의 것

2) 인조스테이플섬유(제5503호 내지 제5507호)

– 카드·코움 또는 방적준비처리를 하지 아니한 것

① 합성섬유의 것, ② 재생·반합성섬유의 것

– 인조섬유의 웨이스트(제5505호): 인조섬유의 필라멘트와 스테이플섬유의 웨이스트

– 카드·코움 또는 방적준비처리를 한 것

① 방적준비처리한 합성섬유, ② 방적준비처리한 재생·반합성섬유

3) 인조스테이플사(제5508호 내지 제5511호)

① 재봉사, ② 합성섬유 사, ③ 재생·반합성사, ④ 소매용 사

4) 인조스테이플섬유의 일반직물(제5512호 내지 제5516호)

① 합성스테이플섬유 85% 이상 직물, ② 합성스테이플섬유 85% 미만–면의 혼방 직물(170g/㎡ 이하의 것), ③ 합성스테이플섬유 85% 미만–면의 혼방 직물(170g/㎡ 초과의 것), ④ 합성스테이플섬유의 기타 직물, ⑤ 재생·반합성스테이플섬유 직물

3. 분류원칙

제목	규정내용	비고
토우의 분류	1. 제5501호와 제5502호는 토우의 길이와 동일한 길이의 필라멘트가 병렬로 되어있는 인조필라멘트 토우로서 다음의 요건을 갖춘 것에 한하여 적용한다. 가. 토우의 길이가 2m를 초과하는 것 나. 1mm당 5회 미만으로 가연한 것 다. 구성하는 필라멘트가 67데시텍스 미만의 것 라. 합성필라멘트가 토우에 있어서는 연신처리를 한 것으로서 그 길이의 2배를 초과하여 연신되지 아니한 것 마. 토우의 총측정치가 20,000데시텍스를 초과하는 것. 길이가 2m 이하인 토우는 제5503호 또는 제5504호에 분류된다.	제55류 류주1

4. 제외 물품

① 제5601호의 방직용 섬유의 플록(길이가 5mm 이하의 것에 한한다)

② 제2524호의 석면과 제6812호 또는 제6813호의 석면제품 및 기타 제품

③ 제6815호의 카본섬유 및 카본섬유의 제품

④ 제7019호의 유리섬유 및 유리섬유의 제품

5. 해　　설

(1) 인조스테이플섬유(제5503호·제5504호)

인조스테이플섬유(man-made staple fibres)는 방사구(jets)에서 방사된 필라멘트를 집속한 토우를 신장한 후 절단한 것으로 절단된 섬유의 길이는 보통 25mm 내지 180mm이다. 여기에는 카드 또는 코움하지 아니하고, 길이가 2m 이하이며, 각 필라멘트가 67decitex 미만인 인조필라멘트 토우가 분류되고, 2m를 초과하는 합성필라멘트 토우는 필라멘트(제54류) 또는 토우(제5501호)로 분류한다.

[인조스테이플의 가공별 분류]

구분	가공 / 섬유	섬유				사류			직물			
		토우	스테이플	웨이스트	카드·코옴	재봉사	사	소매용	스테이플섬유 85% 이상	스테이플섬유(85% 미만)+면의 혼방		기타 직물
										m^2당 170g 이하	m^2당 170g 초과	
스테이플섬유	합성	제5501호	제5503호	제5505호	제5506호	제5508호	제5509호	제5511호	제5512호	제5513호	제5514호	제5515호
	재생·반합성	제5502호	제5504호	제5505호	제5507호	제5508호	제5510호	제5511호	제5516호			

[스테이플사의 제조공정]

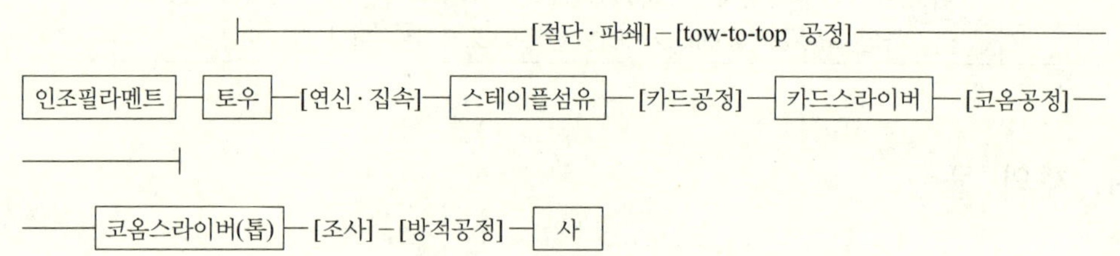

(2) 인조필라멘트 토우

관세율표에서 인조필라멘트 토우(tow)는 다음 요건을 충족하여야 하며 합성은 제5501호에, 재생·반합성은 제5502호에 분류한다.

① 토우의 길이가 2m를 초과하여야 한다.

② 토우가 가연되지 않았거나 또는 1m당 5회 미만으로 가연되어야 한다.

③ 각 필라멘트의 번수가 67decitex 미만이어야 한다.

④ 토우는 연신(drawn)되었어야 한다. 즉, 이것은 원섬유장의 100% 초과하여 신장되지 않을 것

⑤ 토우의 총측정치가 20,000decitex를 초과하여야 한다.

[분류규정]

– 합성필라멘트를 집속한 것으로서 상기 ①, ② 및 ③의 요건을 구비한 것 중 총번수가 20,000decitex 이하이거나 또는 연신처리를 하지 아니한 필라멘트는 필라멘트(제5402호)에 분류한다.

- 67decitex 이상의 필라멘트를 집속한 것 중 꼬지 아니한 것 또는 꼰 수가 1m 당 5회 미만의 것(연신처리의 유무 및 충측정치를 불문함)으로 개개의 필라멘트의 횡단면이 1mm 이하의 것은 모노필라멘트(제5404호)에, 기타의 것은 플라스틱(제39류)에 분류한다.
- 상기 ② 및 ③의 조건을 충족하는 것으로서 길이가 2m 이하의 합성필라멘트 토우(연신한 것인지의 여부 및 총번수를 불문한다)는 미카드·미코옴 스테이플섬유(제5503호)로 분류한다.

(3) 인조섬유의 웨이스트(제5505호)

인조섬유의 필라멘트와 스테이플섬유의 웨이스트(waste)는 제5505호에 분류된다. 이들 인조섬유의 웨이스트에는 필라멘트 제조와 가공시에 얻어지는 장섬유웨이스트, 단섬유를 카드, 코옴 등 방적준비공정시에 얻어지는 단섬유 웨이스트, 방적, 합사, 권사, 제직 또는 편직공정에서 파손되거나 헝클어진 사류를 수집한 사설, 넝마를 반모하여 얻은 가넷스톡이 있다.

섬유 웨이스트를 카드나 코움 또는 기타 방적준비 공정을 거치지 않은 것은 제5505호에 분류하고, 방적하기 위하여 카드·코움 기타 방적준비 공정을 거친 것은 제5506호·제5507호에 분류한다.

제56류 워딩·펠트 및 부직포·특수사·끈·코디지·로프 및 케이블과 이들의 제품

1. 개 요

제56류에는 방직용 섬유로 제조한 워딩·펠트 및 부직포, 특수사, 끈, 로프, 케이블로 결절한 망지, 방직용 섬유제의 어망과 망제품이 분류되며 섬유의 플록, 더스트, 밀네프가 포함된다.

2. 분류구조

방직용 섬유와 사의 제품은 제품별로 2범주로 구분하고 9개의 호(제5601호 내지 제5609호)에 분류한다.

1) 방직용 섬유의 특정 제품(제5601호 내지 제5603호)

① 워딩, 플록과 섬유더스트 및 밀네프, ② 펠트, ③ 부직포

2) 특수사와 사의 특정 제품(제5604호 내지 제5609호)

① 고무의 사와 코드, ② 금속드리사, ③ 짐프사, 셔닐사 및 루프웨일사, ④ 끈·코디지·로프 또는 케이블, ⑤ 망과 기타 사의 제품(제5608호·제5609호)

3. 분류원칙

제목	규정내용	비고
펠트적용범위	2. 펠트에는 니들룸펠트와 방직용 섬유의 웨브로 만든 직물류(웨브 자체의 섬유를 이용하여 스티치본딩 방식으로 당해 직물의 응집력을 증진시킨 것)가 포함된다.	제56류 류주2
펠트와 부직포의 분류범위	3. 제5602호와 제5603호에는 플라스틱 및 고무[이들 재료의 성상(콤팩트 또는 셀룰라) 여하를 불문한다]를 침투·도포·피복 또는 적층한 펠트 또는 부직포를 각각 포함한다. 제5603호는 플라스틱 또는 고무를 결합제로 한 부직포를 포함한다. 다만, 제5602호 및 제5603호에서는 다음의 것을 제외한다. 가. 플라스틱 또는 고무를 침투·도포(塗布)·피복 또는 적층한 펠트로서 방직용 섬유의 함유량이 전 중량의 50% 이하의 것 또는 방직용 섬유재료를 고무 중간에 완전히 삽입시킨 것(제39류 또는 제40류) 나. 부직포를 플라스틱 또는 고무 중간에 완전히 삽입시킨 물품 및 부직포 양면 모두에 플라스틱 또는 고무를 도포 또는 피복한 물품으로서 육안으로 도포 또는 피복된 사실을 확인할 수 있는 것(색채의 변화는 고려하지 아니한다)(제39류 또는 제40류) 다. 다포성 플라스틱 또는 다포성 고무의 판·시트·스트립으로서 펠트 또는 부직포와 결합한 것(섬유는 보강용에 한한다)(제39류 또는 제40류)	제56류 류주3

침투, 도포, 피복한 여부판단	4. 제5604호에는 방직용 섬유의 사 및 제5404호 또는 제5405호의 스트립 또는 이와 유사한 물품으로서 침투·도포 또는 피복한 것을 육안으로 판별할 수 없는 것은 포함하지 아니한다(통상 제50류 내지 제55류)(색채의 변화는 고려하지 아니한다).	제56류 류주4

4. 제외 물품

① 방직용 섬유재료가 단지 매체로 존재하면서 다른 물질 또는 조제품을 침투·도포 또는 피복한 워딩, 펠트 또는 부직포

예: 제33류의 향수 또는 화장품, 제3401호의 비누 또는 세척제, 제3405호의 광택제·크림 또는 이와 유사한 조제품, 제3809호의 직물유연제

② 제5811호의 섬유제품

③ 분상·입상의 천연 및 인조의 연마재료를 펠트 또는 부직포의 뒷면에 부착시킨 것(제6805호)

④ 응결 또는 재생운모를 펠트 또는 부직포의 뒷면에 부착시킨 것(제6814호)

⑤ 금속박을 펠트 및 부직포의 뒷면에 부착시킨 것(제14부·제15부)

5. 해　　설

(1) 섬유와 사의 특정 제품의 분류범위(제56류)

구분	품명	호
특정 섬유제품	–워딩과 이들 제품 –플록과 섬유더스트, 밀네프	제5601호
	펠트	제5602호
	부직포	제5603호
특정 사류·케이블	–고무사와 고무코드 –인조섬유 스트립·이와 유사 물품	제5604호
	금속드리사	제5605호
	짐프사와 셔닐사, 루프웨일사	제5606호
	끈·코디지·로프 또는 케이블	제5607호

망·사류의 제품	–결절 망지 –섬유제 어망과 기타 망제품	제5608호
	사·스트립 등, 끈·코디지·로프·케이블의 제품	제5609호

(2) 워딩, 펠트 및 부직포(제5601호 내지 제5603호)

워딩(wadding)**과 워딩 제품**(제5601호)　카드 또는 에어 래이드한 섬유층을 여러 층으로 겹쳐 압축한 탄력성이 있는 부풀은 시트상이다. 부직포에 비해 워딩의 내부 층 섬유는 쉽게 분리된다. 워딩은 제5601호에 분류되고, 이 호에는 원단상이거나 또는 용도에 따라 일정한 길이로 절단된 워딩과 다른 호에 특게되지 않은 워딩제품도 분류된다. 워딩 제품으로는 창·문 등의 틈새의 바람막이용 롤상의 워딩으로 실로 감은 것, 위생용 타올과 탐폰, 유아용 냅킨 및 냅킨라이너와 위생용품, 장식용 워딩제품 등이 있다.

펠트(felt)(제5602호)　방직용 섬유를 여러 층 겹쳐 고온 가습하여 압력과 충격을 가하여 섬유가 서로 엉키게 결합시켜 시트로 만든 것을 말한다. 보통 모(毛)섬유는 펠트화가 잘 되어 양모나 수모로 제조하거나 기타 섬유를 혼합하여 제조한다. 펠트에는 펠트화되지 않는 식물성 섬유나 인조섬유는 니들룸공법((needleloom felt)으로 제조하거나, 또한 스티치본딩 섬유직물(stitch-bonded fibre fabrics)이 포함된다. 이 공법은 방직용 섬유를 응집한 웹으로 구성된 것으로 웨브 자체의 섬유를 바늘로 끌어 당겨 표면에 체인스티치의 열을 형성한 것이다.

부직포(不織布: non woven)(제5603호)　부직포는 직조하지 아니한 포(布)라는 뜻이다. 부직포는 방직용 섬유를 일정 방향으로 가지런히 놓거나 또는 무작위로 배열하고 접착시킨 시트 또는 웹을 말한다. 부직포는 방직용 섬유의 웹형성, 웹의 층을 결합하는 접착공정 및 완성가공의 3단계로 제조된다. 부직포는 제5603호에 분류되며, 이 호에는 특히 고무·플라스틱 또는 이들을 혼합한 접착제를 도포한 부직포의 접착테이프도 포함된다.

(3) 방직용 섬유의 플록과 더스트, 밀네프(제5601호)

방직용 섬유로 만든 플록, 더스트 및 밀네프는 제5601호에 분류된다.

방직용 섬유 플록(textile flock)　방직용 섬유의 길이가 5mm 이하인 것을 말하며 웨이스트에서 얻거나, 벨베트의 전모공정에서 얻거나, 토우나 섬유를 절단하여 만든다.

방직용 섬유 더스트(textile dust) 섬유설로부터 얻거나 또는 방직용 섬유를 마모시켜 만든다.

밀네프(mill neps) 견·양모·면·인조스테이플섬유 등으로 만든 균일한 작은 구상을 말하며, 주로 장식사를 만드는 데 사용한다.

(4) 플라스틱·고무를 처리한 펠트 또는 부직포의 분류규정

펠트 또는 부직포에 플라스틱이나 고무를 처리한 물품으로서 다음 물품은 플라스틱(제39류) 또는 고무(제40류)에 분류한다.

① 플라스틱 또는 고무를 침투·도포·피복 또는 적층한 펠트로서 방직용 섬유재료의 함유량이 전 중량의 50% 이하이거나 플라스틱 또는 고무 중간에 완전히 삽입된 펠트

② 펠트와 결합한 다포성플라스틱 또는 고무의 판, 시트 또는 스트립으로서 방직용 섬유재료가 단순히 보강의 목적으로 사용되는 것

③ 부직포를 플라스틱 또는 고무 중간에 완전히 삽입한 물품 및 부직포 양면 모두에 플라스틱 또는 고무를 도포 또는 피복한 물품(색상의 고려 없이 육안으로 도포나 피복 확인이 가능한 것)

④ 부직포와 결합한 셀룰라 플라스틱 또는 셀룰라 고무의 판·시트·스트립으로서 방직용 섬유재료가 단순히 보강의 목적으로 사용되는 것

(5) 특수사의 분류(제5604호 내지 제5606호)

품명	물품내용	분류
고무사와 고무코드 (rubber thread and cord)	－방직용 섬유로 피복한 한 가닥의 고무사와 여러 가닥인 고무코드 －고무·플라스틱을 침투·도포·피복 또는 시드한 사, 필라멘트 또는 스트립	제5604호
금속드리사 (metallised yarn)	방직용 섬유사(모노필라멘트·스트립 및 지사 포함)에 금속의 사나 스트립을 교합시키거나, 금속을 피복한 것이다. 또한 전기침전법으로 금속을 피복시키거나 접착제를 도포하고 금속분을 취부하여 피복한 것을 포함한다.	제5605호

<table>
<tr><td>짐프사
(gimped yarn)</td><td>짐프사는 한 가닥 이상의 방직용 섬유사의 심에 한 가닥 이상의 사로 나선형으로 감은 것</td><td>제5606호</td></tr>
<tr><td>셔닐사
(chenil yarn)</td><td>일반적으로 두 가닥 이상의 방적사를 함께 가연함으로써 방적사의 짧은 끝을 붙잡어 매어 짧은 끝이 수직이 되게 만든 것으로, 사길이 전체에 파일로 된 술이 있는 것처럼 보인다. 또한 방직용 섬유사를 심으로 하고 섬유 플록을 고착시킨 셔닐사를 포함한다.</td><td>제5606호</td></tr>
<tr><td>루프웨일사
(loop wale-yarn)</td><td>루프웨일사는 원편기로 만든 튜블러사(tubular yarn)로서 눌러서 평판상으로 만들며 폭이 1.5mm 내지 2mm이다.</td><td>제5606호</td></tr>
<tr><td rowspan="2">끈·코디지·로프
또는 케이블
(twine, coardage, ropes and cables)</td><td>엮거나 꼬지 않은 것: 금속으로 보강한 방직용 섬유사는 항상 여기에 포함된다. 금속선은 대체로 굵고 장식 아닌 보강재이며 금속드리사(제5606호)와는 다르다.</td><td rowspan="2">제5607호</td></tr>
<tr><td>엮거나 꼰 것: 일반적으로 관상 브레이드이며, 브레이드(제5808호)보다 조잡한 재료로 만든다.</td></tr>
</table>

[각종 망의 분류]

품명·물품내용	분류
끈·코디지 또는 로프로 된 결절 망지	제5608호
방직용 섬유제의 어망제품 및 기타 망제품: 어망, 위장망, 안전망, 시장바구니용 망, 운반용 망(예: 정구볼용 또는 축구볼용), 그물 침대용 망, 기구용 또는 비행선용 망, 방충망 등	제5608호
뜨개질 편직에 의해 만든 원단상의 망지	제6002호~제6006호
헤어 네트	제6505호
운동용 망: 골네트, 정구네트 등	제9506호
물고기를 건져내는 뜰채용 망과 기타의 망	제9507호

(6) 장식사(Fancy yarn)

관세율표에서는 고무사, 금속사, 짐프사, 샤닐사 및 루프웨일사는 제5604호 내지 제5606호에 분류하고, 기타 장식사는 그 특성에 따라 사 또는 특수 직물 등에 분류한다. 다음 장식사가 있다.

[장식사의 종류]

품명	주요 특성	형상
코드사(cord yarn)	두 올 이상의 실을 나란히 늘어 놓아 편편한 실을 여러 올 나란히 늘어놓고 반대방향으로 상연한 실	
놋사(knop yarn)	굵은 심사의 둘레에 가는 실을 감아 동일 간격의 사이사이에 매듭을 만든 실	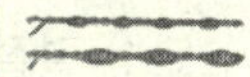
루프사(loop yarn)	ring yarn, curl yarn이라고도 함. 심사 위에 감아줄 실을 사용해 연속적인 루프를 만든 실	
링사(ring yarn)	작은 루프가 실 전체에 균일하게 연속으로 나타낸 것	
컬사(curl yarn)	강연사와 약연사를 합쳐 꼬아 컬모양으로 한 것	
브러시드사 (brushed yarn)	루프얀의 루프부분을 잘라 털처럼 보플린 것	
슬럽사(slub yarn)	가는 실에 면솜을 합쳐 꼬아 규칙적으로 부드러운 마디를 만든 것	
넵사(neb yarn)	knop yarn, spot yarn, button yarn라고도 한다. 슬럽보다 작은 마디가 규칙적으로 들어가 있는 실	
세닛사 (sennit yarn)	꼬은 실의 사이에 짧은 털을 연속적으로 끼운 실	
스파이럴사 (spiral yarn)	corkscrew yarn이라고도 한다. 가는 실의 주위에 굵은 실을 나선상으로 합쳐 꼬아 굵은 실이 파도모양의 외관을 갖는 것	

제57류 양탄자와 기타 방직용 섬유제의 바닥깔개

1. 개 요

제57류에는 사용시에 노출표면이 방직용 섬유제인 양탄자와 바닥깔개가 분류되며, 두꺼움·단단함 또는 강도의 바닥깔개 특성을 가지고, 벽걸이·테이블 커버 또는 기타 실내용품 등의 타용도에 사용하는 물품을 포함한다. 이들 물품은 부분카페트형상·침대옆과 난로에 까는 깔개형상의 제품으로 되어 있거나 또는 절단하여 제품으로 만들 수 있는 것으로서 실내, 복도, 계단에 깔도록 된 양탄자의 형상으로 되어 있다.

2. 분류구조

양탄자와 바닥깔개는 제조방법에 따라 5개의 호(제5701호 내지 제5705호)에 구분 분류한다.

1) 결절한 양탄자와 바닥깔개(제5701호)
2) 직조한 양탄자와 바닥깔개(제5702호)
3) 터후트한 양탄자와 바닥깔개(제5703호)
4) 펠트제의 양탄자와 바닥깔개(제5704호)
5) 기타 양탄자와 바닥깔개(제5705호)

3. 분류원칙

제목	규정내용	비고
양탄자와 바닥깔개의 정의	1. 제57류에서 『양탄자류와 기타 방직용 섬유제의 바닥깔개』라 함은 사용시의 노출표면이 방직용 섬유제로 된 바닥깔개를 말하며 바닥깔개의 특성을 지니고 있으나 기타 용도에 사용할 수 있는 물품을 포함한다.	제57류 류주1
제외 물품	2. 제57류에서는 바닥깔개의 밑받침을 제외한다.	제57류 류주2

4. 제외 물품

① 바닥에 까는 물품의 밑받침, 즉 바닥과 양탄자 중간에 있는 조상의 직물 또는 펠트 페딩은 구성재료에 따라 분류한다.

② 리놀륨과 방직용 섬유직물의 뒷면에 도포 또는 피복하여 만든 기타 바닥에 까는 물품(제5904호)

5. 해　　설

(1) 양탄자류와 바닥깔개

제57류의 양탄자류(carpet)와 기타 방직용 섬유제의 바닥깔개(floor covering)라 함은 사용시에 노출표면이 방직용 섬유제로 된 바닥깔개를 말하며 바닥깔개의 특성을 지니고 있으나 기타 용도에 사용할 수 있는 물품을 포함한다. 그러나 이 류에는 바닥깔개의 밑받침을 제외한다.

(2) 양탄자의 종류와 분류(제57류)

양탄별	주요 내용	호
결절 양탄자 (knotted carpet)	경사둘레에 파일사가 결절되어 있거나, 최소 1개의 경사둘레에 회전하며 감겨지도록 만든 것이다.	제5701호
직조 양탄자 (woven carpet)	루푸나 파일이 없는 평직 양탄자 예: 켈럼·슈멕·카라마니	제5702호
터후트 양탄자 (tufted arpet)	기포에 섬유사를 끼우는 터후팅기로 제직한 것	제5703호
펠트제 양탄자 (felt carpet)	펠트제의 양탄자이다.	제5704호
기타 양탄자	접착파일, 부직포, 플로킹(flocking), 니트양탄자(knitted carpets) 등	제5705호

제58류　특수직물, 터후트한 섬유직물, 레이스, 태피스트리, 트리밍과 자수포

1. 개　　요

제58류에는 일반직물(제50류 내지 제55류), 양탄자류(제57류), 피복이나 도포한 직물과 공업용 직물(제59류) 및 메리야스·뜨개질편물(제60류)을 제외한 특수 직물이 분류되는 것으로 이들을 구성하는 섬유재료와는 관계없으며, 일부 물품은 제품이 아닌 물품에 한하여 분류되나, 기타의 것은 제품으로 된 것 여부를 불문하고 이 류에 포함된다. 이 류의 물품에는 파일직물, 태리직물, 거즈, 망직물, 터후트한 섬유직물, 레이스, 태피스트리, 트리밍, 자수포, 세폭직물 등이 있으며 방직용 섬유로 만든 원단상의 방직용 누비제품을 포함한다.

2. 분류구조

이 류는 특수직물별로 11개의 호(제5801호 내지 제5811호)에 구분 분류한다.

1) 파일직물과 셔닐직물(제5801호)
2) 타올직물(제5802호)
3) 거즈(제5803호)
4) 레이스(제5804호)
5) 수직 또는 자수한 태피스트리(제5805호)
6) 세폭직물(제5806호) 폭이 30cm 이하인 직물
7) 레이블, 배지 등(제5807호)
8) 장식트리밍, 술, 폼퐁 등(제5808호)
9) 금속드리사직물(제5809호)
10) 자수포(제5810호)
11) 누비섬유제품(제5811호)

3. 분류원칙

제목	규정내용	비고
제58류에 비적용 물품	1. 제58류는 제59류의 주1에 게기한 방직용 섬유직물류로서 침투·도포·피복 또는 적층한 것 및 제59류의 기타 물품에는 적용하지 아니한다.	제58류 류주1
위파일직물	2. 제5801호에는 위파일직물로서 아직 그 부사를 절단하지 아니하여 직립한 파일을 갖지 않은 단계의 것을 포함한다.	제58류 류주2

거즈	3. 제5803호에서 『거즈』라 함은 그 조직의 전부 또는 일부에 있어서 지경사와 여경사로 구성되며 여경사가 지경사를 반회전, 1회전 또는 2회전 이상의 회전을 하면서 교전, 교착하여 루프를 만들고 이 루프에 위사가 통과함으로써 짜여진 직물을 말한다.	제58류 류주3
망직물범위	4. 제5804호에는 제5608호에 해당하는 끈·코디지 또는 로프로 만든 결절한 망직물을 적용하지 않는다	제58류 류주4
세폭직물	5. 제5806호에서 『세폭직물』이라 함은 다음의 물품을 말한다. 가. 폭이 30cm 이하인 직물로서 이와 같은 규격으로 직조한 것, 또는 광폭의 직물을 절단한 것을 포함하며, 직조·풀칠 또는 기타의 방법에 의하여 양 가장자리를 짜 맞추어 만든 귀를 가지는 것에 한한다. 나. 관상의 직물의 평폭이 30cm 이상의 것 다. 가장자리를 접은 바이어스 바인딩으로서 가장자리를 폈을 때의 폭이 30cm 이하의 것 다만, 직물 자체의 실로 가장자리에 술을 붙인 세폭직물은 제5808호에 분류한다.	제58류 류주5
자수포	6. 제5810호에서 『자수포』라 함은 방직용 섬유직물류의 기포에 금속사 또는 유리섬유의 실로 자수한 것과 금속이나 유리의 박편·비드·방직용 섬유 또는 기타의 물품으로 만든 장식용 모티프를 꿰매어서 아프리케로 한 물품을 말한다. 이 호에는 수침으로 짠 태피스트리를 적용하지 않는다(제5805호).	제58류 류주6
금속사제품	7. 제58류에는 제5809호의 물품 이외에, 의류·실내 장식용 직물 또는 기타 이와 유사 물품에 사용하는 금속사의 제품을 포함한다.	제58류 류주7

4. 제외 물품

① 망과 망지(제5608호)

② 볼팅크로스(제5911호)

③ 레이스의 제품(성질에 따라 제62류·제63류)

④ 100년 초과한 태피스트리(제97류)

5. 해 설

(1) 분류범위

· 제58류에 분류할 수 없는 물품: 제58류에는 제59류의 주1에 게기한 방직용 섬유직물류로서 침투·도포·피복 또는 적층한 것 및 제59류의 기타 물품에는 적용하지 아니한다.

[제58류의 분류내용]

품명	물품내용	호
· 표면 파일직·루프직	파일직물·샤닐직물	제5801호
	–테리타올지·유사타올직물 –터후트직물	제5802호
· 거즈		제5803호
· 튜울과 기타 망직물		제5804호
· 레이스: 원단·스트립 또는 모티프(motif)의 것		
· 태피스트리	–수직태피스트리: gobelin직, flander직, aubusson직, beauvais직 등 –자수태피스트리: petit point. 십자수 등 바늘가공(needle-worked)한 것	제5805호
· 세폭직물: 경사와 위사로 제직된 폭 30cm 이하 스트립상 · 볼덕: 경사만으로 접착한 것		제5806호
· 레이블·배지(badge)	–레이블(label): 재질불문과 편직물 포함 –배지·이와 유사 물품: 원단·스트립 또는 일정형상·크기로 절단한 것	제5807호
· 장식성 직물	–브레이드와 장식트리밍: 원단상의 것 –타셀(tassel). 폼퐁(pompon) 및 이와 유사 물품	제5808호
	금속사·금속드리사직물: 의류·실내용 또는 기타 유사용도의 것	제5809호
	자수포: 원단·스트립 또는 모티프의 것	제5810호
· 누비제품: 원단직물(편직물, 직조, 부직포 등)과 패딩(웨브, 펠트, 워딩, 스폰지 등)을 바느질·기타 방법으로 조합한 1개층 이상의 것		제5811호

(2) 파일직물(제5801호)

파일직물(woven pile fabrics)은 경사와 위사가 기포를 형성하고 다른 한 가닥의 경사 또는 위사가 파일을 형성하는 직물이다. 이 파일은 술(tufts)이나 루프(loop)로서, 직물 표면의 전부 또는 일부를 덮고, 한쪽 면에 있거나 양면에 있는 것도 있다. 파일직물에는 경파일직물과 위파일직물이 있다.

경파일직물(warp pile fabrics) 위사의 방향에서 삽입된 철사 위로 파일경사를 융기시켜 만들며 루프는 제직중이나 제직 후에 절단한다.

예: velvets, plushes, moquettes 등

위파일직물(weft pile fabrics) 한 가닥의 공통 파일경사에 두 개의 직물을 제직한 하고, 두 개의 직물 사이의 파일경사를 절단하여 두직물을 각각 분리한다. 절단된 위파일직물은 일반적으로 위사로 만든 파일을 가지며 파일의 술은 경사에 의해 유지된다.

위파일직물로서 부사를 절단하지 아니하여 직립한 파일을 갖지 않은 단계의 것을 포함한다.

예: velvetteens, 코르덴(corduroy, corded velveteens) 등

(3) 셔닐직물(제5801호)

셔닐직물(chenille fabrecs)은 셔닐 양탄자와 같이 파일 표면은 셔닐사로 만든다. 일반적으로 추가된 셔닐사의 위사로 만들거나 또는 기포를 제직하는 중에 경사에 색상과 길이가 다른 셔닐사를 삽입하여 만든다. 셔닐직물은 양탄자와 같은 방법으로 제조되나, 특성이 바닥에 까는 것이 목적이 아니고 실내 가구용이나 의류용으로 제조되고, 섬세한 재료로 제조되어 기포가 양탄자보다 유연하여 구분된다. 또한 모조모피로 직조한 파일직물도 포함되나. 파일상으로 봉합하거나 고무 가공한 모조모피(제4304호)는 다른 류에 분류된다.

(4) 테리타올지(제5802호)

테리타올지(terry towelling fabrics)는 루프를 갖는 파일직물로서 한 가닥의 위사와 두 가닥의 경사로 되어 있으며, 한 가닥 경사는 팽팽하고 다른 한 가닥 경사는 늘어져 직물 표면의 루프를 형성한다. 이 직물은 타올, 목욕용 가운, 비취로브, 레저로브, 토일렛장갑 등에 사용한다. 그러나 한 면에만 파일이 있고, 루푸가 모두 절단된 직물은 파

일직물(제5801호)로 분류된다.

(5) 터후트한 직물(제5802호)

터후트한 직물(tufted texitile fabrics)은 루프 또는 절단된 파일의 터후트를 만들기 위하여 직물, 편물, 펠트, 부직포 등의 기포(ground fabrics)에 한 조의 바늘과 후크를 이용하여 사를 삽입하여 만든다. 이 직물은 두께, 단단함, 강도 등의 특성이 낮아 터후트한 양탄자류(제5703호)와 구분된다.

(6) 거즈(제5803호)

거즈(gauze: leno weave)라 함은 그 조직의 전부 또는 일부에 지경사와 여경사로 구성되고, 여경사가 지경사를 반회전, 1회전 또는 2회전 이상을 하여 교전, 교착하여 루프를 만들고 이 루프에 위사가 통과하여 짜여진 직물을 말하며 제5803호에 분류한다.

(7) 튜울 및 기타 망직물(제5804호)

망직물은 제5804호에 분류되고, 이 호에는 다음 물품이 분류된다.

그러나 이 호에는 끈·코디지 또는 로프(제5608호의 물품)로 만든 결절한 망직물을 적용하지 아니한다.

튜울(tulle)**과 기타 보빈-넷 직물**(other bobbin-net fabrics) 경사와 위사로 되어 있다. 위사는 각 경사의 둘레에 꼬여 감기고 한 가장자리로부터 다른 가장자리로 대각선으로 진행하며, 위사는 한 방향과 다른 한 방향으로 직진하여 경사와 함께 벌어진 망목을 형성하는 것이다.

튜울보빈놋(tulle bobinot) 3종의 사로 구성된 특별한 튜울로서 경사를 직선으로 평행히 배열하고 무늬용 사가 경사의 옆으로 따라가다 가끔 다른 경사를 왕래하여 3각형 망목을 만들며 교착사가 경사의 둘레에 감겨 무늬용 사를 묶어 만든다.

망직물(net fabrics)**과 결절 망직물**(knotted net fabrics) 망직물은 3종의 사를 가진 망직물이다. 평행한 경사, 망목사 및 결합사로서 이루어져 있다. 결절 망직물은 균일한 정사각형 또는 다이아몬드형의 망목을 가지며 각 모퉁이를 결절한 것이다.

(8) 레이스(제5804호)

제5804호의 레이스는 사를 서로 꼬아 만든 무늬요소가 망 또는 장식 연결코(무늬효과 표현)로 연결된 공간이 있도록 가공된 장식성 직물이다. 레이스는 수직 또는 기계직이 있으며 주요 수직레이스는 니들 포인트 레이스, 보빈 레이스, 뜨개질 레이스, teneriffe 레이스 등이 있다. 레이스의 특성은 의장요소가 기포 위에 가공되지 않는 것이다. 따라서 튜울이나 망지의 기포에 망목을 채우거나, 장식하거나 기포에 애푸리케 가공한 것은 포함하지 아니하고 자수물품(제5810호)에 분류된다.

(9) 태피스트리(제5805호)

이 호에는 다음 기포 위에 수직이나 바늘 가공한 태피스트리(tapestries)가 분류된다.

수직 태피스트리(hand-woven tapestries)　경사를 직기 위에서 장력을 주어 늘여 놓고 색상이 다른 위사로서 교차하여 도안을 형성하면서 직조한 직물이다. 수직으로는 고우벌린형 · 후란더형 · 오버숀형과 뷰우바이스형이 있다.

자수 태피스트리(needle-worked tapestries)　기포(보통 사각형의 망목 canavas) 위에 색상이 다른 많은 사로 바늘가공하여 도안을 만든 것으로 기포와 함께 만들어지는 점이 특징이다. 자수포와는 반대로 기포는 끝을 제외하고는 완전히 덮여 있다.

(10) 세폭직물과 볼덕(제5806호)

세폭직물(細幅織物: narrow woven fabrics)이라 함은 다음 규정에 적합한 물품을 말하며 제5806호에 분류한다.

① 폭 30cm 이하의 직물, 직조한 것, 또는 광폭의 직물을 절단한 것을 포함하고, 직조, 풀칠 또는 기타의 방법에 의해 양 가장자리를 짜맞춘 귀를 갖는 것에 한한다.

② 관상 직물의 평폭이 30cm 이하의 것

③ 가장자리를 접은 바이어스 바인딩으로서 가장자리를 폈을 때의 폭이 30cm 이하의 것

다만, 직물 자체의 실로 가장자리에 술을 붙인 세폭직물은 다른 호(제5808호)에 분류한다.

볼덕(bolduc) 위사 없이 경사만을 접착제로 접착시켜 만든 것으로 보통 수mm에서 1cm 사이의 세폭직물이다. 주로 포장, 부인용 엮은 모자의 제조에 사용한다.

(11) 레이블과 배지 장식성 특수 직물(제5807호 내지 제5810호)

구분	품명·주요 내용	분류
레이블과 배지	–섬유제의 레이블, 배지 및 이와 유사 물품: 재료 불문, 메리야스편직 포함, 원단, 스트립 또는 특정 형상이나 크기로 절단한 것에 한하고, 자수한 것은 제외한다.	제5807호
장식성 직물	–브레이드와 장식 트리밍: 원단상의 것 –타셀(tassel), 폼퐁(pompon) 및 이와 유사 물품: 가구용 코드와 장식 끝 포함	제5808호
	금속사·금속드리사직물: 의류·실내용 또는 기타 유사용도의 것	제5809호
	자수포: 원단·스트립 또는 모티프의 것	제5810호

(12) 자수포(제5810호)

자수포(embroidery)는 기포 위에 자수사로 장식효과를 나타내기 위해 자수사로 자수가공한 것이다. 기포는 대개 완성된 자수포의 일부분을 이루나, 때로는 자수 후에 도안만 잔류하고 기포는 제거된다. 특정 자수포는 자수사를 사용하지 않고 스트립이나 브레이드를 사용하여 만든다. 자수포는 기존의 기포로 제조하므로 레이스와 구별되며 자수한 후 기포를 제거한 자수포와 레이스를 혼동해서는 안된다. 자수포는 제5810호에 분류하며, 이 호의 자수포는 주로 기포없는 자수포, 자수 후 기포가 남는 자수포 및 애프리케 가공으로 되어 있다.

(13) 원단상의 방직용 누비제품(제5811호)

방직용 누비제품은 ① 1개 층의 직물류와 1개 층의 패딩 재료로 구성되거나, ② 1개 층의 패딩에 의하여 분리되는 2개 층의 직물류로 구성된 원단상의 방직용 제품을 말하며, 제5811호에 분류한다. 이 호에는 이들을 바느질 또는 기타 방법으로 패딩과 조합한 한 층 이상의 방직용 섬유로 만든 원단상의 방직용 누비제품이 분류된다.

– 위의 직물류: 통상, 메리야스편직·직조·부직포 또는 이들과의 결합물

- 위의 페딩재료: 웨이브 형상의 방직용 섬유·벨트·셀룰로오스워딩·발포 플라스틱 또는 고무 등

(14) 자수포와 레이스 등과의 구분

자수포(embroidery)와 레이스(lace) 및 부로세 직물(broche』 fabrics)은 다음과 같이 구별한다.

기포없는 자수포(제5810호)**와 레이스**(제5804호)**와의 구분** 레이스는 연속사로 만들기 때문에 일반적으로 직물의 양쪽면의 외관이 동일하다. 그러나 기계제 자수포는 서로 다른 두 가닥의 사로 되어 있어 자수직물의 양쪽면은 서로 다르고, 이면은 평평하고 표면은 부조되어 보인다. 기포를 절단한 자수포의 가장자리에는 완전히 제거되지 않은 기포사의 끝이 가끔 남아 있다.

주자 자수포(제5810호) **및 특정 자수 머스린과 부로세 머스린 및 기타 부로세 직물**(제50류~제55류)**과의 구분** 이들은 외관이 대단히 유사하며, 구별은 제조방법의 특성에 따라 구별한다. 부로세 직물은 각개의 부로세사 정확히 경사 또는 위사 사이에 배치되는 반면, 자수포는 기포가 표면에 도안이 만들어지기 이전에 제직된다. 자수기의 침이 기포의 위사 또는 경사 사이에 정확히 삽입되어 도안을 만들기에 불충분하고 불완전하며, 또한 자수포는 종종 자수바늘이 기포의 실을 꿰뚫기도 하나 부로세직물에는 있을 수 없다. 부로세직물과 자수직물의 구별하는 특징은 자수포의 도안의 가장자리가 풀린다는 것이다.

아프리케 가공(applique work)**이란**(제5810호) 방직용 섬유직물 또는 펠트지의 기포 위에 작은 유리구슬, 장식 모티브, 셔닐사 등을 자수나 또는 보통 바느질로 봉합한 것이다. 이러한 것은 동일 무늬가 연속적으로 자수된 여러 폭으로 된 원단상, 스트립상 또는 자수포가 모티프상의 것은 자수포이다.

제59류 침투·도포·피복 또는 적층한 방직용 섬유의 직물, 공업용의 방직용 섬유제품

1. 개 요

직물에 타물질을 침투(浸透: impregnated), 도포(塗布: caoted), 피복(被覆: covered) 또는 적층(積層: laminated)한 것과 공업용으로 사용되는 방직용 섬유직물이 포함된다. 또한 타물질을 침투, 도포, 피복 또는 적층 여부를 불문하고 강력사로 제조한 타이어코드 직물과 방직용 섬유제의 벽 피복제가 포함된다.

2. 분류구조

침투·도포·피복 또는 적층한 직물과 공업용 섬유제품을 2개 범주로 나누고 11개의 호(제5901호 내지 제5911호)에 분류한다.

1) 타물질을 침투·도포·피복·적층한 방직용 섬유직물(제5901호 내지 제5907호)

① 검, 전분질 가공한 것(제5901호), 드레싱포, 회화캔버스 등

② 강력사로 직조한 타이어코드의 직물(제5902호) 폴리아미드, 폴리에스테르 및 비스코스레이온(강력사)의 것

③ 플라스틱으로 가공한 것(제5903호)

④ 리놀륨 등 유사 바닥깔개(제5904호)

⑤ 벽 피복제(제5905호) 벽 또는 천장장식용의 폭 45cm 이상인 롤상의 것

⑥ 고무로 가공한 것(제5906호)

⑦ 기타 물질로 가공한 직물(제5907호)

2) 공업용의 방직용 섬유제품(제5908호 내지 제5911호)

① 심지(제5908호) 램프용·스토브용·라이터용 등의 심지, 가스멘틀용의 관상직물

② 호스 및 유사 관상물품(제5909호)

③ 전동용, 컨베이어용의 벨트와 벨팅(제5910호)

④ 기타 공업용 직물과 제품(제5911호)

3. 분류원칙

제목	규정내용	비고
방직용 섬유직물	1. 문맥상 따로 규정한 것을 제외하고는 제59류에서 『방직용 섬유의 직물』이라 함은 제50류 내지 제55류·제5803호 및 제5806호의 방직용 섬유의 직물류, 제5808호의 원단상의 브레이드와 장식용 트리밍 및 제6002호 내지 제6006호의 메리야스편물 및 뜨개질편물에 한한다.	제59류 류주1
플라스틱을 침투·도포·피복 또는 적층한 섬유직물	2. 제5903호에는 다음의 물품을 포함한다. 가. 플라스틱으로 침투·도포·피복 또는 적층한 방직용 섬유직물[1㎡당 중량 및 플라스틱재료의 성상(콤팩트 또는 셀룰라) 여하를 불문한다]로서 다음에 해당되지 아니한 것 (1) 침투·도포 또는 피복한 것을 육안으로 판별할 수 없는 직물류(일반적으로 제50류 내지 제55류·제58류 또는 제60류에 분류하며, 이 경우에 색채의 변화를 고려하지 아니한다) (2) 15℃ 내지 30℃의 온도에서 직경 7mm의 원통 둘레에 꺽지 아니하고는 손으로 감을 수 없는 물품(보통 제39류) (3) 방직용 섬유의 직물을 플라스틱으로 완전히 덮었거나 이러한 물질로 양면을 완전히 도포 또는 피복한 물품. 다만, 이러한 도포 또는 피복한 것을 육안으로 볼 수 있어야 하며 색채의 변화는 고려하지 않는다(제39류). (4) 플라스틱으로 부분 도포 또는 부분 피복하여 그림모양을 나타낸 직물류(일반적으로 제50류 내지 제55류·제58류 또는 제60류에 분류한다) (5) 방직용 섬유의 직물과 결합한 다포성 플라스틱으로 만든 판·시트 또는 스트립(방직용 섬유의 직물은 보강용에 한한다)(제39류) (6) 제5811호의 방직용 섬유제품 나. 제5604호의 사·스트립 기타 이와 유사한 것으로 만든 직물류로서 플라스틱으로 침투·도포 또는 시드한 것	제59류 류주2
섬유제의 벽피복재	3. 제5905호에서 『섬유제의 벽 피복재』라 함은 벽 또는 천정의 장식용으로 폭이 45cm 이상의 롤상의 제품을 말하며, 구성하는 직물의 표면이 뒷면에 고정되었거나 뒷면을 붙일 수 있도록 침투 또는 도포한 제품을 포함한다. 이 호에는 종이(제4814호)의 뒷면 또는 직물(일반적으로 제5907호)의 뒷면에 직접 고정시킨 섬유제 플록 또는 더스트로 구성된 벽피복재에는 적용하지 아니한다.	제59류 류주3

고무가공을 한 방직용 섬유의 직물류	4. 제5906호에서 『고무가공을 한 방직용 섬유의 직물류』라 함은 다음의 것을 말한다. 가. 고무를 침투·도포·피복 또는 적층한 방직용 섬유의 직물류 (1) 1㎡의 중량이 1,500g 이하의 것 (2) 1㎡의 중량이 1,500g을 초과하고 방직용 섬유의 함유량이 전 중량의 50%을 초과하는 것 나. 제5604호의 사·스트립 기타 이와 유사한 것으로 만든 직물류로서 고무를 침투·도포·피복 또는 시드처리한 것 다. 고무로 응결한 방직용 섬유사를 병렬로 놓아 만든 직물류(㎡당 중량을 불문한다). 다만, 이 호에는 방직용 섬유의 직물류와 결합한 다포성 고무의 판·시트 또는 스트립 (방직용 섬유가 단순히 보강의 목적으로만 되어 있는 것)(제40류) 또는 제5811호의 방직용 섬유제품에는 적용하지 아니한다.	제59류 류주4
기타 방법으로 침투·도포·피복 또는 적층한 직물류와 그림 그린 직물류의 제외 물품	5. 제5907호에는 다음의 것을 적용하지 아니한다. 가. 침투·도포 또는 피복한 것을 육안으로 판별할 수 없는 직물류(일반적으로 제50류 내지 제55류·제58류 또는 제60류에 분류하며 색채의 변화를 고려하지 아니한다) 나. 디자인을 넣어 그림모양을 그린 직물류(극장용 또는 스튜디어용의 배경막 또는 기타 이와 유사한 물품으로 사용하는 또는 그림모양을 그린 직물류를 제외한다) 다. 플록·더스트·분상의 코르크 또는 기타 이와 유사한 물품으로 부분 피복함으로써 그림모양을 나타낸 직물류. 다만, 모조파일 직물은 이 호에 분류된다. 라. 전분 기타 이와 유사한 물품을 주성분으로 하여 완성가공한 직물류 마. 방직용 섬유직물의 뒷면에 부착한 베니어판(제4408호) 바. 분상 또는 입상의 천연 또는 인조의 연마재료를 방직용 섬유의 직물의 뒷면에 부착시킨 것(제6805호) 사. 응집 또는 재생운모를 방직용 섬유직물의 뒷면에 부착시킨 것(제6814호) 아. 금속박을 방직용 섬유의 직물의 뒷면에 부착시킨 것(일반적으로 제14부 또는 제15부)	제59류 류주5
벨트와 벨팅의 제외 물품	6. 제5910호에는 다음의 것을 적용하지 아니한다. 가. 방직용 섬유제의 전동용 또는 컨베이어용 벨팅으로서 두께가 3mm 미만의 것 나. 전동용과 컨베이어용 벨트 또는 벨팅(고무를 침투·도포·피복 또는 적층한 방직용 섬유의 직물류로 제조한 것과 고무를 침투·도포·피복 또는 시드한 방직용 섬유의 실이나 끈으로 제	제59류 류주6

	조한 것에 한한다)(제4010호)	
공업용의 방직용 섬유의 물품과 제품의 분류	7. 제5911호에는 제11부의 다른 어느 호에도 해당하지 아니하는 다음의 물품에 적용한다. 가. 길이로 절단한 것 또는 단지 직사각형(정사각형을 포함한다)으로 절단한 원단상의 방직용 섬유제의 물품으로서 다음에 게기한 것(제5908호 내지 제5910호에 게기한 물품의 특성을 가지는 것을 제외한다) (1) 일반적으로 침포로 사용하는 방직용 섬유의 직물류, 펠트 및 펠트로 안을 붙인 직물로서 고무·가죽 기타의 물품을 도포·피복 또는 적층시킨 것과 기타 기술적 용도에 사용하는 이와 유사한 직물류[위빙스핀들(위빙빔)을 피복하기 위한 고무를 침투시킨 벨벳으로 된 세폭직물을 포함한다] (2) 볼팅 클로드 (3) 착유기 기타 이와 유사한 기계에 사용하는 방직용 섬유제 또는 인모제의 여과포 (4) 복합경사 또는 복합위사를 사용한 플렛방직용 섬유의 직물로서 기계 또는 기타 공업용에 사용하는 것(펠트·침투 또는 도포한 것인지의 여부를 불문한다) (5) 공업용에 사용하는 금속으로 보강한 방직용 섬유의 직물 (6) 공업용에 사용하는 패킹용 또는 윤활용의 코드·브레이드 및 기타 이와 유사한 것(금속으로 도포·침투 또는 보강한 것인지의 여부를 불문한다) 나. 제5908호 내지 제5910호의 것을 제외한 방직용 섬유제품으로서 공업용의 것[예: 제지 또는 이와 유사한 기계(예: 펄프 또는 석면시멘트제조용)에 사용하는 엔드레드상 또는 연결구를 갖춘 방직용 섬유 직물 및 펠트, 개스킷, 워셔, 폴리싱디스크 및 기타 기계부분품]	제59류 류주7

4. 제외 물품

① 의약물질을 침투 또는 도포하거나 의료용·외과용·치과용 또는 수의용으로 소매 포장한 접착테이프(제3005호)

② m^2당 1,500g을 초과하는 고무가공된 직물로서 섬유재료의 함유중량이 50% 초과하지 않는 것(제4005호 또는 제4008호)

③ 일반적으로 가황고무로 피복된 방직용 섬유직물을 여러 겹으로 적층한 것을 골

조(고무가공 여부 불문)로 하는 전동용·컨베이어용의 벨트와 벨팅(제4010호)

5. 해　　설

(1) 분류범위

· 제59류의 방직용 섬유직물(textile fabrics): 문맥상 따로 규정한 것을 제외하고는 제50류 내지 제55류·제5803호 및 제5806호의 방직용 섬유의 직물류, 제5808호의 원단상의 브레이드와 장식용 트리밍(제5808호) 및 제6002호 내지 제6006호의 메리야스편물 및 뜨개질편물(제6002호~제6006호)을 말한다.

* 제59류의 제목: 침투, 도포, 피복 또는 적층한 방직용 섬유직물과 공업용 방직용 섬유제품

* 제5803호: 거즈, 제5806호: 세폭직물과 볼럭

[침투·도포·피복 또는 적층한 직물, 공업용의 분류(제59류)]

<table>
<tr><th>구분</th><th>물품명·물품내용</th><th>호</th></tr>
<tr><td rowspan="8">침투·도포·
피복 또는
적층한
방직용
섬유직물</td><td>－서적장정용 또는 이와 유사 용도의 방직용 섬유직물에 검 또는 전분질을 도포한 것
－트레이싱포와 회화용 캔버스
－모자제조용 버크럼 및 이와 유사 경화가공된 방직용 섬유직물</td><td>제5901호</td></tr>
<tr><td>강력사의 타이어코드 직물(나일론 또는 기타 폴리아미드, 폴리에스테르 및 비스코스레이온)</td><td>제5902호</td></tr>
<tr><td>플라스틱을 침투·도포·피복 또는 적층한 방직용 섬유직물류(제5902호의 직물류 제외)</td><td>제5903호</td></tr>
<tr><td>－리놀륨
－방직용 섬유직물의 뒷면에 도포 또는 피복된 바닥깔개(특정 형상으로 절단한 여부 불문)</td><td>제5904호</td></tr>
<tr><td>방직용 섬유제의 벽 피복재</td><td>제5905호</td></tr>
<tr><td>고무가공한 방직용 섬유직물류(제5902호의 직물류 제외)</td><td>제5906호</td></tr>
<tr><td>기타 침투·도포 또는 피복한 방직용 섬유직물류</td><td rowspan="2">제5907호</td></tr>
<tr><td>극장용 또는 스튜디오용 배경막 또는 이와 유사 그림 그린 직물류</td></tr>
</table>

공업용의 방직용 섬유제품	–램프용·스토브용·라이터용·양초용 또는 이와 유사용의 방직용 섬유심지(직조·편조 또는 편직한 것) –백열가스맨틀 및 백열가스맨틀용 및 관상 편물(침투 여부 불문)	제5908호
	방직용 섬유제의 호스와 이와 유사 관상물품(타재료 보강한 것과 부속품있는 여부 불문)	제5909호
	전동용과 컨베이어용 벨트와 벨팅(방직용 섬유제, 플라스틱을 침투, 도포, 피복 또는 적층, 금속 기타물품으로 보강한 여부 불문)	제5910호
	방직용 섬유제품과 방직용 섬유제의 물품(제59류 류주7에 게기한 공업용에 한함)	제5911호

(2) 침투, 침적, 도포, 피복 또는 적층이란

① 침투(impregnated): 액상의 물질로 내부까지 스며들도록 처리한 것

② 침적(dipped): 액상 속에 담가 내부까지 완전히 스며들도록 한 것을 말하며 침투에 포함된다.

③ 도포(coated): 액상, 페이스트상 또는 분말상의 물질을 표면에 뿌린 것, 액상의 물질을 도포할 경우는 부분적으로 내부층까지 침투된 것도 있다.

④ 피복(covered): 주로 페이스트상의 물질로 완전히 입히거나 필름상의 것으로 씌우는 것

⑤ 적층(laminated): 시트, 판, 스트립상의 물질을 한 장 한 장 겹붙인 것

(3) 타이어코드 직물(제5902호)

타이어코드 직물은 타이어 제조에 사용되며 병렬된 필라멘트 경사가 위사에 위하여 일장한 간격으로 메어져 있다. 경사는 나일론사(폴리아미드사)·폴리에스테르사 또는 비스코스레이온사(강력사)로 되어 있으며, 위사는 기타 다른 사로서 넓은 간격으로 경사를 지탱하도록 되어 있다.

(4) 심지와 관상물품 및 벨트와 벨팅(제5908호~제5910호)

심지와 관상물품(제5908호) 방직용 섬유제의 심지와 관상물품이 분류된다.

– 램프용·스토브용·양초용 또는 이와 유사 용도의 방직용 섬유의 심지: 직조·편조 또는 편직한 것이다. 타재료를 내장·보강한 것, 부속품존재 여부를 불문한다.

– 백열가스 맨틀용 관상편물: 화학약품 침투 여부를 불문하며, 면사·지지물 부착 여부를 불문한다.

방직용 섬유제의 호스 및 이와 유사 관상의 물품(제5910호) 방화용 등의 호스·이와 유사 관상물품이 분류되고, 타 재료의 내장·보강하거나, 부속품이 있는 것도 있다.

전동용·컨베이어용 벨트와 벨팅(제5910호) 방직용 섬유제로서 플라스틱을 침투·도포·피복 또는 적층하거나 금속 등으로 보강 여부를 불문한다.

(5) 침투·도포·피복 또는 적층한 직물 및 공업용 직물과 직물제품의 품목분류원칙

플라스틱을 침투·도포·피복 또는 적층한 방직용 섬유직물(제5903호)**의 분류규정** 제5903호의 방직용 섬유직물에 플라스틱을 침투·도포·피복 또는 적층한 것에는 다음 물품에 한하여 ㎡당 중량과 플라스틱의 성질 여부를 불문하고 분류한다.

① 침투·도포 또는 피복한 것을 육안으로 판별할 수 있는 것. 다만, 판별기준은 색체변화로 하지 않는다.

② 경질 물품이 아닌 것 즉, 15℃～30℃에서 직경이 7mm 원통에 부서지지 않고 손으로 감는 것

③ 방직용 섬유직물을 플라스틱으로 완전히 덮지 않거나 또는 양면을 도포 또는 피복하지 않은 것

④ 사·스트립 기타 이와 유사한 것으로 만든 직물류(제5604호)로서 플라스틱으로 침투·도포 또는 시드한 것

[분류요령]

① 침투·도포·피복한 것을 육안으로 판별할 수 없고 색채의 변화만으로 판별할 수 있는 방직용 섬유직물은 보통 제50류 내지 제55류, 제58류 또는 제60류에 해당된다.

예: 단순히 주름방지, 방충, 방축 또는 방수를 위한 물질로 침투시킨 직물 등(예: 방수개버딘, 방수포프린)과, 플라스틱을 부분 도포 또는 부분 피복하여 생긴 디자인을 갖는 직물은 제50류～제55류, 제58류 또는 제60류에 분류한다.

② 위의 규정 ①과 ②항의 조건에 부합하지 않는 제품은 보통 제39류에 분류한다.

다만, 플라스틱으로 양면을 도포나 피복한 방직용 섬유의 직물류라도 도포나 피복한 것을 육안으로 판별할 수 없거나 또는 도포나 피복한 결과 단순히 색채의 변화만이 판별되는 물품은 보통 제5811호의 방직용 섬유제품의 경우를 제외하고 제50류 내지 제55류, 제58류 또는 제60류에 분류된다.

③ 셀룰라 플라스틱의 판·시트 또는 스트립과 결합한 방직용 섬유의 직물류는 동 직물이 단순히 보강의 목적인 물품은 제39류에 분류한다.

④ 제5903호의 적층된 직물류는 플라스틱 접착제로 단순히 여러 층으로 합친 직물류와 혼동하여서는 안된다. 단면에 플라스틱이 보이지 않는 이러한 직물은 일반적으로 제50류 내지 제55류에 분류한다.

방직용 섬유제의 벽 피복재(제5905호)**의 분류규정** 다음 물품은 제5905호(벽 피복제)에 분류한다.

① 벽 또는 천정의 장식용으로 폭이 45cm 이상의 롤상의 제품을 말한다.

② 구성하는 직물의 표면이 뒷면에 고정되었거나 뒷면을 붙일 수 있도록 침투 또는 도포한 제품을 포함한다.

[제외 물품]

① 종이(제4814호)의 뒷면 또는 직물(보통 제5907호)의 뒷면에 직접 고정시킨 섬유제 플록 또는 더스트로 구성된 벽 피복재

고무가공한 방직용 섬유의 직물류(제5906호)**의 분류규정** 강력사의 타이어코드 직물(제5902호)을 제외하고 다음 물품을 말한다.

· 고무를 침투·도포·피복 또는 적층한 방직용 섬유의 직물류

① 1㎡ 중량이 1,500g 이하의 것

② 1㎡ 중량이 1,500g을 초과하고 방직용 섬유의 함유중량이 50%을 초과하는 것

· 모노필라멘트·스트립 기타 이와 유사한 것(제5604호)으로 만든 직물류로서 고무를 침투·도포·피복 또는 시드처리한 것

· 고무로 응결한 방직용 섬유사를 병렬로 놓아 만든 직물류(㎡당 중량 불문)

· 방직용 섬유의 직물을 이면재로 한 접착 테이프와 고무로 만든 접착제

다만, 제5906호에는 방직용 섬유의 직물류와 결합한 다포성 고무의 판·시트 또는 스트립(방직용 섬유가 단순히 보강 목적만으로 된 것)(제40류) 또는 제5811호의 방직용 섬유

제품에는 적용하지 아니한다.

기타 방법으로 침투·도포 또는 피복한 방직용 섬유의 직물류(제5907호)**의 분류규정** 제5907호에는 앞의 호에서 분류되지 않는 다음 물품이 분류된다.

① 방수포·포장용의 타르 또는 역청질을 도포한 직물

② 왁스도포한 직물

③ 천연수지와 장뇌기재의 조제품을 도포·침투하거나, 기름을 침투·도포하여 침투되지 않게 한 미세직물류

④ 기름·건성유를 기재로 한 조제품을 도포·침투시킨 방직용 섬유의 직물류

⑤ 불연성 규산염을 도포한 직물

⑥ 페인트·금속분을 균일한 색상으로 완전 도포한 직물

[제외 물품] 제5907호에는 다음 물품을 제외한다.

① 침투·도포 또는 피복한 것을 육안으로 판별할 수 없는 직물류(색채변화를 고려하지 않는다)(주로 제50류~제55류, 제58류·제60류)

② 디자인을 넣은 그림모양을 그린 직물류(극장용, 스튜디어용의 배경막 또는 기타 이와 유사 물품으로 사용하는 또는 그림모양을 그린 직물류를 제외)

③ 플록·더스트·분상의 코르크 또는 기타 이와 유사 물품으로 부분 피복하여 그림모양을 나타낸 직물류. 다만, 모조파일직물은 제5907호에 분류된다.

④ 전분 기타 이와 유사한 물품을 주성분으로 하여 완성가공한 직물류

⑤ 방직용 섬유직물의 뒷면에 부착한 베니어판(제4408호)

⑥ 분상·입상의 천연 또는 인조 연마재료를 방직용 섬유직물의 뒷면에 부착시킨 것(제6805호)

⑦ 응집·재생운모를 방직용 섬유직물의 뒷면에 부착시킨 것(제6814호)

⑧ 금속박을 방직용 섬유의 직물의 뒷면에 부착시킨 것(보통 제14부·제15부)

전동용과 컨베이어용 벨트와 벨팅(제5910호)**의 분류규정** 전동용 또는 컨베이어용 벨트(belt)와 벨팅(belting)는 동력의 전달이나 물품의 운반용으로 사용되며 제5910호에 분류한다. 그러나 이 호에는 다음 물품을 제외한다.

① 방직용 섬유제의 전동용 또는 컨베이어용 벨팅으로서 두께가 3mm 미만의 것(제50류~제55류, 세폭직물 또는 브레이드에 분류)

② 전동용과 컨베이어용 벨트 또는 벨팅(고무를 침투·도포·피복 또는 적층한 방직용

섬유의 직물류로 제조한 것과 고무를 침투·도포·피복 또는 시드한 방직용 섬유의 실이나 끈으로 제조한 것)(제4010호)

③ 전동용 또는 컨베이어용 벨트나 벨트지가 특정기계나 기계장치에 맞게 디자인되어 제시된 것, 이들은 실제로 기계에 부착 또는 부착이 안된 여부를 불문한다(기계나 기계장치에 따라 분류: 제16부 등).

공업용의 방직용 섬유제품과 물품(제5911호)**의 분류규정** 이 호에는 제11부의 어느 호에도 해당하지 않는 다음 물품을 분류한다. 다만, 제5908호~제5910호의 물품을 제외한다.

· 길이로 절단한 것 또는 단지 정·직사각형으로 절단한 원단상의 방직용 섬유제의 다음 물품

① 일반적으로 침포로 사용하는 방직용 섬유의 직물류, 펠트 및 펠트로 안을 붙인 직물로서 고무·가죽 기타의 물품을 도포·피복 또는 적층시킨 것과 기타 기술적 용도에 사용하는 이와 유사한 직물류(위빙스핀들을 피복하기 위한 고무를 침투시킨 벨벳으로 된 세폭직물 포함)

② 볼팅 클로드(bolting cloths)

③ 착유기와 기타 이와 유사기계에 사용하는 방직용 섬유제 또는 인모제의 여과포

④ 복합경사 또는 복합위사를 사용한 플렛방직용 섬유의 직물로서 기계 또는 기타 공업용에 사용하는 것(펠트·침투 또는 도포의 여부 불문)

⑤ 공업용의 금속으로 보강한 방직용 섬유의 직물

⑥ 공업용의 패킹용 또는 윤활용의 코드·브레이드 및 기타 이와 유사한 것(금속으로 도포·침투 또는 보강한 여부 불문)

· 공업용의 방직용 섬유제품: 제지 또는 이와 유사한 기계(예: 펄프 또는 석면시멘트 제조용)에 사용하는 엔드레스상 또는 연결구를 갖춘 방직용 섬유 직물 및 펠트, 개스킷, 워셔, 폴리싱디스크 및 기타 기계부분품

제60류 메리야스편물과 뜨개질편물

1. 개 요

제60류에는 경사와 위사를 교차시켜 제직하지 아니하고, 서로 연결된 루프(loop)를 연속적으로 편직한 메리야스편물과 뜨개질편물이 분류된다. 즉, 이 류의 물품은 2개 이상의 메리야스 침으로 짜거나, 1개의 뜨개질 침을 손으로 짠 것이다. 메리야스편물에는 위편직과 경편직이 있다. 메리야스편직에 의한 파일편물이 분류되고, 파일편물을 침투·도포·피복 또는 적층한 것이 포함된다. 그러나 플라스틱이나 고무 등을 침투·도포·피복 또는 적층한 직물, 심지나 가스맨틀용 섬유(제59류), 편물제 레이블이나 배지(제5807호), 제품으로 된 것이나, 제품(제61류~제63류)은 다른 류에 분류된다.

2. 분류구조

편물은 파일편물과 기타 편물의 2범주로 구분하고 6개의 호(제6001호~제6001호)에 분류한다.

1) 파일편물(제6001호): 롱파일과 테리편물을 포함한다.

2) 메리야스편물·뜨개질편물(제6002호 내지 제6006호)

– 폭 30cm 이하의 것:

① 탄성사·고무사 5% 이상의 것(제6002호), ② 기타(제6003호)

– 폭 30cm 초과의 것:

① 탄성사·고무사 5% 이상의 것(제6004호), ② 경편직 직물(거룬편직기제의 것 포함)(제6005호), ③ 기타 메리야스·뜨개질편물(제6006호)

3. 분류원칙

제목	규정내용	비고
금속사 직물 분류	2. 제60류에는 의류, 실내용품 기타 이와 유사 물품에 사용하는 금속사제의 직물을 포함한다.	제60류 류주2
스티치본딩 물품의 분류	3. 관세율표의 메리야스편물 및 그 제품에는 스티치본딩 방식으로 만든 물품(체인스티치가 방직용 섬유의 사로 만든 것)을 포함한다.	제60류 류주3

4. 제외 물품

① 브래지어·거들·코르셋·브레이스·서스펜더·가터 및 이와 유사제품, 이들 부분품(제6212호)

② 사용하던 의류 또는 기타 사용하던 제품(제6309호)

③ 정형외과용 기기, 외과용 벨트, 탈장대 또는 기타 이와 유사한 물품(제9021호)

5. 해　　설

(1) 메리야스편물과 뜨개질편물

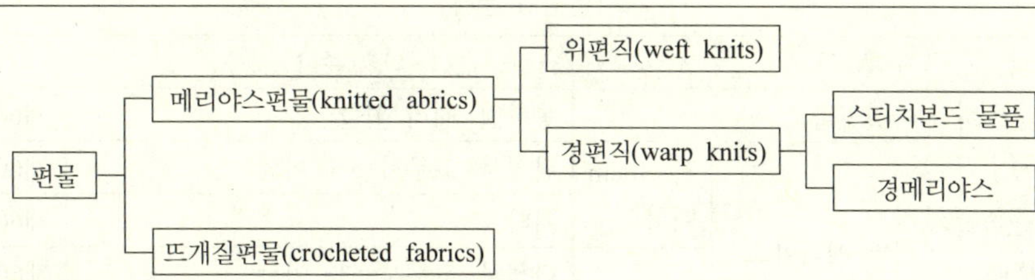

[편물내용]

제목	주요 내용
위편직(weft knits)	연속적으로 사를 감아 직물의 동일 가로 방향으로 나가게 함으로써 편환열을 형성시켜 만든 것

경편직(warp knits)	-스티치 본드 물품: 체인스티치가 방직용 섬유사로 이루어진 것 -경메리야스: 기계로 뜨개질편물의 루프열을 경으로 하여 소정위치에 위사를 고정시켜 짜며 때때로 무늬를 나타낸 편물
뜨개질편물 (crocheted fabrics)	뜨개질 바늘을 손으로 연속된 하나의 실을 루프를 통해 다른 루프를 당겨 루프의 열을 짠 것

(2) 메리야스 또는 뜨개질편물(제60류)의 분류범위

· 메리야스편물과 뜨개질편물(제60류): 이 류에는 다음 물품을 포함한다.
- 의류·실내용품 또는 이와 유사 목적에 사용되는 금속드리사의 세사를 사용하여 편직한 메리야스 또는 뜨개질편물
- 침투·도포·피복 또는 적층한 파일편물
- 편물의 제조에 방직용 섬유(제11부)를 사용한 것, 탄성사 또는 고무사를 혼합한 것
- 원단상(관상 포함) 또는 정·직사각형으로 단순 재단한 것
- 평직과 골이 진 것, 봉합 또는 접착하여 결합된 두겹의 편물

· 관세율표의 메리야스편물 및 그 제품에는 스티치본딩 방식으로 만든 물품(체인스티치가 방직용 섬유의 사로 만든 것)을 포함한다.

[편물의 분류]

구분·규격			품명·주요 내용	호
메리야스·뜨개질편물	· 파일편물		롱파일·테리 편물	제6001호
	· 기타 메리야스·뜨개질편물	폭 30cm 이하	탄성사·고무사 5% 이상	제6002호
			기타	제6003호
		폭 30cm 초과	탄성사·고무사 5% 이상	제6004호
			경편직직물(거른 경평직제 포함)	제6005호
			기타 메리야스·뜨개질편물	제6006호

(3) 파일편물(제6001호)

파일편물은 파일직물과는 달리 메리야스편직에 의해 제조되는 파일편물(pile fabrics)을 말하며, 제6001호에 분류된다. 이 호에는 롱파일편물과 테리편물도 포함되며, 특히

메리야스직물 또는 뜨개질편물의 파일직물로서 침투·도포·피복 또는 적층한 것도 포함된다.

제61류 의류와 그 부속품(메리야스편물 또는 뜨개질 편물의 것에 한한다)

1. 개 요

제61류에는 메리야스편물과 뜨개질편물로 만든 남성용·여성용 또는 어린이용 의류와 의류 부속품 및 이들 의류와 의류 부속품의 부분품이 분류된다. 이 류에는 침투·도포·피복 또는 적층한 메리야스 또는 뜨개질편물(제5903호·제5906호 또는 제5907호)제로 만들거나 전열식으로 된 의류 또는 의류 부속품이 포함된다. 그러나 메리야스편물과 뜨개질편물로 만든 브래지어·거들·코르셋·브레이스·서스펜더·가터 및 기타 이와 유사한 제품과 이들 제품의 부분품(제6212호)은 제62류에 분류된다.

2. 분류구조

메리야스와 뜨개질편물제의 의류는 의류, 의류 부속품 및 이들 부분품으로 3범주로 구분하고 17개의 호(제6101호 내지 제6117호)에 분류한다.

1) 의류(제6101호 내지 제6114호)

① 오버코트·카코트·케이프·클록·아노락 및 이와 유사 의류, ② 슈트·앙상블·자켓·블레이저·긴 바지·가슴받이와 멜빵바지·승마용 바지 및 짧은 바지, ③ 드레스·스커트·치마바지, ④ 셔츠, ⑤ 블라우스·셔츠블라우스, ⑥ 싱글리트 및 기타 조끼, ⑦ 브리프·파자마·목욕용 가운·드레싱 가운 이와 유사 의류, ⑧ 언더팬츠·나이트셔츠 및 이와 유사한 의류, ⑨ 슬립·페티코트·팬티·나이트드레스 및 이와 유사 의류, ⑩ 티셔츠, ⑪ 저지·풀오버·카디건·웨이스트코트 및 이와 유사 의류, ⑫ 트랙슈트·스키슈트 및 수영복, ⑬ 유아용 의류와 이들 부속품, ⑭ 도포한 편물제(제5903호·제5906호 또는 제5907호)의 의류, ⑮ 기타 의류

2) 의류 부속품(제6115호 내지 제6117호): 양말류, 장갑류, 손수건과 스카프, 넥타이 등

3) 의류와 의류 부속품의 부분품(제6117호)

3. 분류원칙

제목	규정내용	비고
제61류의 물품	1. 제61류는 메리야스편물 또는 뜨개질편물의 제품에 한하여 적용한다.	제61류 류주1
슈트	3. 제6103호 및 제6104호에 있어서는 다음에 정하는 바에 의한다. 가. 슈트라 함은 동일직물로 제조한 2 또는 3부분으로 구성된 세트 의류를 말하며 다음의 것을 포함한다. －상반신용의 슈트코트 또는 자켓 1점 [소매 부분을 제외하고, 외피가 상반신용으로 재단된 4 이상의 단으로 되어 있으며 봉제된 조끼(앞부분은 동 세트 의류를 구성하는 타부분의 외피와 동일직물로 되어 있으며 뒷부분은 슈트코트 또는 자켓의 라이닝과 동일직물로 된 것)가 추가로 있을 수 있음] －하반신용의 의류 1점 [긴 바지, 승마용 바지 및 짧은 바지(수영복을 제외한다), 스커트 또는 치마바지로서 멜빵 또는 가슴받이가 없는 것에 한한다] 슈트의 구성부분이 되는 의류는 모두 직물의 조직·색채 및 조성이 동일하여야 한다. 또한 스타일도 동일하고 사이즈에 있어서도 적합하며 조화가 되어야 한다. 다만, 다른 직물로 된 파이핑(시임의 형상으로 꿰매진 직물의 스트립)이 있을 수 있다. 두 가지 이상의 하반신용 의류가 함께 제시되는 경우(예: 긴 바지 2벌 또는 긴 바지와 짧은 바지. 스커트 또는 치마바지 및 바지)에는 긴 바지 한 벌(여자용의 경우에는 스커트 또는 치마바지)을 슈트의 하반신용의 구성부분으로 보며, 기타의 의류는 슈트의 구성부분으로 보지 아니한다. 슈트에는 다음의 세트 의류를 포함하며 상기의 모든 조건에 합치하고 있는지의 여부를 불문한다. －모닝드레스[등으로부터 상당히 밑에까지 둥근테일을 가지고 있는 프레인자켓(커터웨이)과 줄무늬가 있는 긴 바지로 구성된 것] －연미복(테일코트)(일반적으로 검은 천으로 만들어졌으며 자켓의 정면부분이 비교적 짧고 닫혀지지 아니하며 뒤에는 히프부분 중간이 절단되고 늘어진 폭이 좁은 스커트부분이 있는 것)	제61류 류주3

슈트	－디너자켓슈트(자켓의 형은 앞섶이 많이 벌어진 것도 있으나 일반적으로 자켓과 유사하고 광택이 있는 견 또는 인조견 옷깃을 가지고 있는 것)	
앙상블	나. 앙상블이라 함은 소매용으로 판매하는 동일직물의 여러 단으로 만든 세트 의류를 말하는 것으로서(제6107호, 제6108호 또는 제6109호의 슈트 및 제품을 제외한다) 다음의 것을 포함한다. －상반신용 의류 1점(2점이 1세트가 되는 경우에는 2번째의 상반신용 의류가 되는 풀오버 및 조끼를 제외한다) －1 또는 2종류의 하반신용 의류[긴 바지, 가슴받이와 멜빵이 있는 바지, 짧은 바지류(수영복을 제외한다), 스커트 및 치마바지] 앙상블의 구성부분이 되는 의류는 직물의 조직, 스타일, 색채 및 조성이 모두 동일하여야 하며 사이즈에 있어서도 서로가 적합하거나 조화가 되어야 한다. 앙상블에는 제6112호에 해당하는 트랙슈트 또는 스키슈트는 포함하지 아니한다.	제61류 류주3
셔츠, 블라우스 또는 셔츠블라우스	4. 제6105호 및 제6106호에는 허리아래 부분에 포켓이 있는 의류, 의류 밑부분에 웨이스트밴드 또는 조이는 부분이 있는 의류, 또는 적어도 10cm×10cm 범위에 가로 세로 방향으로 각각 스티치 수가 1cm당 10개 미만인 의류를 제외하며 제6105호에는 소매가 없는 의류를 포함하지 아니한다.	제61류 류주4
티셔츠	5. 제6109호에는 의류 밑부분에 드로우스트링, 웨이스트밴드 또는 기타 조이는 부분이 있는 의류는 포함하지 아니한다.	제61류 류주5
유아용 의류	6. 제6111호에 있어서는 다음에 정하는 바에 의한다. 가. 유아용 의류 및 부속품이라 함은 신장이 86cm 이하의 어린이용의 것을 말하며 유아용 냅킨도 포함한다. 나. 일견 제6111호 및 이 류의 기타 다른 호에 동시에 분류될 수 있는 물품은 제6111호에 분류한다.	제61류 류주6
스키슈트	7. 제6112호의 스키슈트라 함은 일반적으로 외양과 천에 의하여 원칙적으로 스키(크로스 컨트리 또는 알파인)를 할 때 입는 의류 또는 세트 의류로 인정되는 것을 말하며 다음의 것을 포함한다. 가. 스키오버롤(상반신 및 하반신을 덮도록 디자인한 전신용 의류를 말하며 소매 및 칼라 이외에 포켓 또는 풋스트랩이 있을 수도 있다) 나. 스키앙상블(소매용으로 포장된 2매 또는 3매로 된 세트 의류를 말하며 다음의 것을 포함한다). －아노락, 윈드치터, 윈드자켓 기타 이와 유사한 1점의 의류로서 슬라이드파스너(지퍼)에 의하여 닫혀지며 추가로 조끼도 있을 수 있음.	제61류 류주7

	-긴 바지(허리 위까지 올라오는지의 여부를 불문한다), 짧은 바지 또는 가슴받이와 멜빵이 있는 바지 1점 스키앙상블에는 (a)의 물픔과 유사한 오버롤과 오버롤 위에 입는 패드를 넣은 소매없는 자켓도 포함한다. 스키앙상블의 구성요소가 되는 의류는 모두 천, 스타일 및 조성이 모두 동일하여야 하며(동일한 색깔인지의 여부를 불문한다), 사이즈가 서로 적합하거나 조화를 이루어야 한다.	
우선분류 규정	8. 일견 제6113호 및 이 류의 기타 다른 호에 동시에 분류될 수 있는 의류는(제6111호를 제외한다) 제6113호에 분류한다.	제61류 류주8
남자용 또는 여자용 의류의 구분	9. 제61류의 의류로서 전면부분이 왼편이 오른편 위로 잠기도록 디자인되어 있는 물품은 남자 또는 소년용 의류로 간주하며, 오른편이 왼편 위로 잠기도록 디자인되어 있는 물품은 여자 또는 소녀용 의류로 간주한다. 당해 의류의 재단법이 남자용 또는 여자용으로 디자인되어 있음을 명백히 가리킬 경우에는 당해 규정은 적용하지 아니한다. 남자 또는 소년용 의류인지, 여자 또는 소녀용 의류인지를 판별할 수 없는 의류는 여자 또는 소녀용 의류에 해당하는 호에 분류한다.	제61류 류주9
금속사 의류	10. 제61류의 제품에는 금속사로 만든 것도 있다.	제61류 류주10

4. 제외 물품

① 브래지어·거들·코르셋·브레이스 등(제6212호)

② 사용하던 의류와 넝마(제6309호)

③ 정형외과용 기기, 외과용 벨트, 탈장대 및 기타 유사 물품(제9021호)

5. 해　　설

(1) 편물제 의류(제61류)의 분류범위

· 제61류에는 메리야스편물 또는 뜨개질편물의 제품에 한하여 적용한다.

· 제61류의 제품에는 금속사로 만든 것도 있다.

[의류(제61류와 제62류)의 분류체계]

<table>
<tr><th rowspan="2">구분</th><th rowspan="2">명칭</th><th colspan="2">편물제 의류</th><th colspan="2">기타 직물제 의류</th></tr>
<tr><th>남성용</th><th>여성용</th><th>남성용</th><th>여성용</th></tr>
<tr><td rowspan="16">의류</td><td>· 오버코트 · 카코트 · 케이프 · 클록 · 아노락 및 이와 유사 의류</td><td>제6101호</td><td>제6102호</td><td>제6201호</td><td>제6201호</td></tr>
<tr><td>· 슈트 · 앙상블 · 자켓 · 블레이저 · 긴바지 · 가슴받이와 멜빵바지 · 승마용 바지 및 짧은 바지</td><td>제6103호</td><td rowspan="2">제6104호</td><td>제6203호</td><td rowspan="2">제6204호</td></tr>
<tr><td>· 드레스 · 스커트 · 치마바지</td><td>–</td><td>–</td></tr>
<tr><td>· 셔츠</td><td>제6105호</td><td rowspan="2">제6106호</td><td>제6205호</td><td rowspan="2">제6206호</td></tr>
<tr><td>· 블라우스 · 셔츠블라우스</td><td>–</td><td>–</td></tr>
<tr><td>· 싱글리트 및 기타 조끼</td><td rowspan="3">제6107호</td><td rowspan="2">제6108호</td><td rowspan="3">제6207호</td><td rowspan="2">제6208호</td></tr>
<tr><td>· 브리프 · 파자마 · 목욕용 가운 · 드레싱 가운 이와 유사 의류</td></tr>
<tr><td>· 언더팬츠 · 나이트셔츠 및 이와 유사한 의류</td><td>–</td><td>–</td></tr>
<tr><td>· 슬립 · 페티코트 · 팬티 · 나이트드레스 및 이와 유사 의류</td><td>–</td><td>제6108호</td><td>–</td><td>제6208호</td></tr>
<tr><td>· 티셔츠</td><td>제6109호</td><td>제6109호</td><td>–</td><td>–</td></tr>
<tr><td>· 저지 · 풀오버 · 카디건 · 웨이스트코트 및 이와 유사 의류</td><td>제6110호</td><td>제6110호</td><td>–</td><td>–</td></tr>
<tr><td>· 트랙슈트 · 스키슈트 및 수영복</td><td>제6111호</td><td>제6111호</td><td>제6211호</td><td>제6211호</td></tr>
<tr><td>· 유아용 의류와 이들 부속품</td><td>제6112호</td><td>제6112호</td><td>제6209호</td><td>제6209호</td></tr>
<tr><td>· 도포직물제(제5903호 · 제5906호 또는 제5907호) 의류</td><td>제6113호</td><td>제6113호</td><td rowspan="2">제6210호</td><td rowspan="2">제6210호</td></tr>
<tr><td>· 펠트 · 부직포제(제5602호 · 제5603호) 의류</td><td>–</td><td>–</td></tr>
<tr><td>· 기타 의류</td><td>제6114호</td><td>제6114호</td><td>제6211호</td><td>제6211호</td></tr>
<tr><td rowspan="3">의류의 부분품과 부속품, 이들 부분품</td><td>· 브래지어 · 거들 · 코르셋 · 브레이스 · 서스펜더 · 가터 및 이와 유사 제품, 이들 부분품</td><td>제6212호</td><td>제6212호</td><td>제6212호</td><td>제6212호</td></tr>
<tr><td>· 팬티호스 · 타이즈 · 스타킹 기타 양말류</td><td>제6115호</td><td>제6115호</td><td>제6217호</td><td>제6217호</td></tr>
<tr><td>· 장갑류</td><td>제6116호</td><td>제6116호</td><td>제6216호</td><td>제6216호</td></tr>
</table>

· 손수건	제6117호	제6117호	제6213호	제6213호
· 숄, 스카프, 머플러, 만틸라, 베일 및 이와 유사 물품			제6214호	제6214호
· 넥타이			제6215호	제6215호
· 기타 의류 부속품과 의류 부속품의 부분품			제6217호	제6217호

(2) 의류의 품목분류 원칙

의류의 분류 의류의 분류는 우선 편물제는 제61류에 분류하고, 편물제 이외의 직물제는 제62류에 분류한 후 도직물와 부직포 여부, 유아용 의류, 품명별, 성별 또는 규격에 의해 다음과 같이 분류한다.

[의류의 품목분류 흐름도]

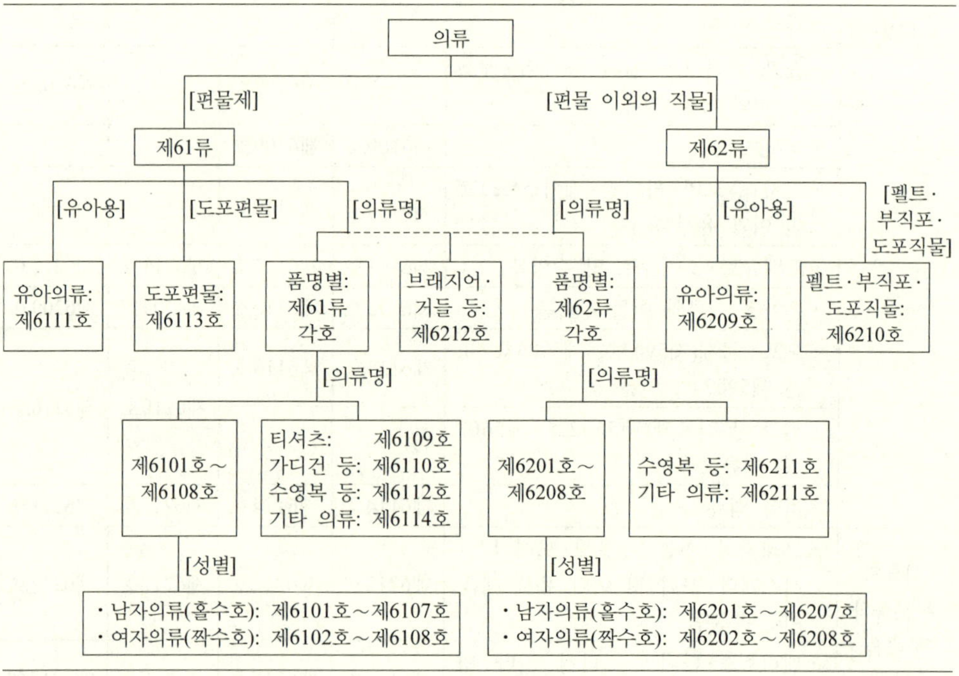

남자용 또는 여자용 의류의 구분 남자용(남자 또는 소년용) 또는 여자용(여자

또는 소녀용) 의류의 구분은 다음과 같이 결정한다.

① 재단방법에 의한 분류: 명백히 남자용으로 디자인된 것은 남자용 의류로 분류, 명백히 여자용으로 디자인한 것은 여자용 의류로 분류한다.

② 정면이 열려있는 의류로서 왼편이 오른편 위로 잠기거나 겹치도록 된 것은 남성용 의류이고, 오른편이 왼편 위로 잠기거나 겹치도록 된 것은 여성용 의류이다.

③ 남성용 또는 여성용 의류인지 판별할 수 없는 의류는 여성용 의류로 분류한다.

도포직물제 의류의 우선 분류 제6113호와 이 류의 기타 다른 호에 동시에 분류될 수 있는 의류(제6111호를 제외한다)는 제6113호에 분류한다.

즉, 제61류의 제6113호에는 유아용 의류(제6111호)를 제외하고는, 남자 또는 여자용을 불문하고, 제5903호(플라스틱 도포…), 제5906호(고무 도포…), 제5907호(기타 도포…)의 메리야스 또는 뜨개질편물로 만든 모든 의류가 우선하여 분류된다.

슈트(suit)(제6103호·제6104호) 슈트라 함은 외피가 동일직물로 제조한 2 또는 3 부분으로 구성된 세트 의류를 말하며 관세율표에서 제61류의 슈트는 다음과 같이 구성된 것이다.

① 상반신용 의류 1점: 슈트코트 또는 자켓(조끼가 있을 수 있다)

② 하반신용 의류 1점: 긴 바지·승마용 바지·짧은 바지·스커트 또는 치마바지(멜빵이나 가슴받이가 없는 것)

또한, 위 규정에 불구하고 슈트에는 모닝드레스, 연미복(테일코트) 및 디너자켓슈트의 세트 의류가 포함된다.

[구성요건] 슈트의 구성의류는 직물의 조직·색채·조성·스타일이 동일하고 사이즈가 적합하며 서로 조화되어야 한다. 두 개 이상의 하반신용 의류가 함께 제시되는 경우에는 긴 바지 한 벌(여성용인 경우 스커트 또는 치마바지)을 슈트의 하반신용의 구성부분으로 보며, 기타 의류는 슈트의 구성부분으로 보지 않는다.

앙상블(ensemble)(제6103호·제6104호) 관세율표에서 제61류의 앙상블이라 함은 소매용으로 판매하는 동일 직물의 여러 단으로 만든 세트 의류를 말하는 것으로 다음의 것을 포함한다.

① 상반신용 의류 1점(2점이 1세트인 경우에는 둘째의 상의인 풀오버와 조끼는 제외)

② 1 또는 2종류의 하반신용 의류: 긴 바지·멜빵이나 가슴받이가 있는 바지, 짧은 바지·스커트 또는 치마바지

셔츠(shirt), **블라우스 또는 셔츠블라우스**(shirt-blouse)(제6105호 및 제6106호) 셔츠, 블라우스 또는 셔츠블라우스에는 허리 아래 부분에 포켓이 있는 의류, 의류 밑부분에 웨이스트밴드 또는 조이는 부분이 있는 의류, 또는 적어도 10cm×10cm 범위에 가로 세로 방향으로 각각 스티치 수가 1cm당 10개 미만인 의류를 제외하며 제6105호에는 소매가 없는 의류를 포함하지 아니한다.

[셔츠, 블라우스 또는 셔츠블라우스 구분(제6105호와 제6106호, 제6205호와 제6206호)]

구분	주요 특성
셔츠(shirt)	·가볍고 부드러운 직물로 만든다. ·주로 여성과 어린이들이 애용하는 상의이며, 길이가 보통 엉덩이까지 내려온다. ·깃과 소매의 장식이 셔츠보다 더욱 가미되는 경향이다.
블라우스 (blouse)	·남·여가 공히 애용하는 상의이다. ·주로 깃과 커프스가 있고, 보통 넥라인을 기점으로 완전 오픈하거나 부분오픈되어 있다. ·디자인 특징은 주로 깃, 요크와 소매 등에 있으며, 때론 소매의 커프스를 강조한 것도 있다. ·최근에는 깃이 없는 셔츠에서 깃이 있는 셔츠와 짧은 소매에서 긴 소매에 이르는 다양한 스타일의 캐주얼웨어이다.
셔츠블라우스 (shirt-blouse)	블라우스와 셔츠의 형태를 동시에 갖고 있으며, 블라우스로 볼 수 없다.

티셔츠(T-shirts)(제6109호) 티셔츠에는 의류 밑부분에 드로우스트링. 웨이스트밴드 또는 기타 조이는 부분이 있는 의류는 포함하지 아니한다.

스키슈트(제6112호) 스키슈트라 함은 일반적으로 외양과 천에 의하여 원칙적으로 스키(크로스 컨트리 또는 알파인)를 할 때 입는 의류 또는 세트 의류로 인정되는 것을 말하며 다음을 포함한다.

① 스키오버롤: 상반신 및 하반신을 덮도록 디자인한 전신용 의류를 말하며 소매 및 칼라 이외에 포켓 또는 풋스트랩이 있는 것도 있다.

② 스키앙상블: 소매용으로 포장된 2매 또는 3매로 된 세트 의류를 말하며 다음의 것을 포함한다

– 아노락, 윈드치터, 윈드자켓 기타 이와 유사한 1점의 의류로서 슬라이드파스너

(지퍼)에 의하여 닫혀지며 추가로 조끼도 있을 수 있음.

- 긴 바지(허리 위까지 올라오는지의 여부를 불문한다), 짧은 바지 또는 가슴받이와 멜빵이 있는 바지 1점
- 스키앙상블에는 ①의 물품과 유사한 오버롤과 오버롤 위에 입는 패드를 넣은 소매없는 자켓도 포함한다.

스키앙상블의 구성요소가 되는 의류는 모두 천, 스타일 및 조성이 모두 동일하여야 하며(동일한 색깔인지의 여부를 불문한다), 사이즈가 서로 적합하거나 조화를 이루어야 한다.

유아용 의류와 이들 부속품(babies garments)(제6111호) 유아용 의류와 이들 부속품이라 함은 다음을 분류한다.

① 신장 86cm 이하의 어린이용의 것을 말하며, 유아용 냅킨을 포함한다.

② 다른 호의 의류 및 부속품과 분류 경합시에는 제6111호에 우선하여 분류한다.

(3) 의류 부속품

의류의 부속품은 유아용의 의류 부속품(제6111호)과 기타 의류 부속품으로 구분하며 다음이 있다.

① 유아용의 의류 부속품(제6111호)

② 양말류(제6115호): 팬티호스·타이즈·스타킹, 속양말, 단계압박 양말류, 겹양말 등

③ 장갑류(제6116호)

④ 기타 의류 부속품(제6117호): 손수건, 숄, 스카프, 머플러 등, 넥타이, 벨트, 군 또는 성직자용 휘장, 무릎밴드, 머리밴드 등

[용어]

용어	주요 내용	비고
슈트코트 또는 자켓	상반신용 슈트코트 또는 자켓은 전면 전부가 열려지는 것으로서 클로저가 없거나 또는 슬라이드파스너(지퍼) 이외의 클로저로 잠글수 있도록 되어 있다. 이 슈트코트 또는 자켓은 허벅지 중간 밑으로까지 내려오지 아니하며 기타 다른 코트, 자켓 또는 블레이저 위에 포개어 입도록 되어 있지 아니하다.	해설

봉제 웨이스트 코트	봉제된 웨이스트 코트는 앞면이 세트를 이루는 다른 구성부분의 외피와 동일직물로 되어 있으며 뒷면은 슈트코트 또는 자켓의 라이닝과 동일직물로 만들어진 것으로서 이것 또한 세트에 포함될 수 있다.	해설
모닝드레스 (morning dress)	등으로부터 상당히 밑에까지 둥근 테일을 가지고 있는 프레인자켓(켓터웨이)과 줄무늬가 있는 긴 바지로 구성된 것	제6103호 제6104호
연미복(테일코트) (evening dress: tailcoat)	일반적으로 검은 천으로 만들어졌으며 자켓의 정면부분이 비교적 짧고 닫혀지지 아니하며 뒤에는 히프부분 중간이 절단되고 늘어진 폭이 좁은 스커트부분이 있는 것	해설
디너자켓슈트 (dinner jacket suits)	자켓의 형은 앞섭이 많이 벌어진 것도 있으나 일반적으로 자켓과 유사하고 광택이 있는 견 또는 인조견 옷깃을 가지고 있는 것	해설
자켓·블레이저 (jackets·blazers)	소매·페이싱 또는 깃의 부착 여부를 불문하고 외피는 세로방향으로 함께 봉재된 3개 이상의 패널(이 중 2개는 전면)로 구성되어 있다는 것을 제외하고는 상기의 슈트코트 및 슈트자켓과 동일한 특징을 가지고 있다.	제6103호
긴 바지(trousers)	무릎을 덮으며 보통 발목 또는 발목 아래까지 내려오는 양쪽다리를 따로 따로 싸는 의류를 말한다. 이러한 바지는 보통 허리까지 올라오며 멜빵이 있다는 것이 긴 바지로서의 주요 특성을 상실시키지 아니한다.	해설
짧은 바지 (shorts trousers)	무릎을 덮지 않은 바지를 말한다.	해설
트랙슈트 (track suits)	상반신을 덮는 의류 한 점과 바지 한 벌로 된 의류로서 안을 대지 않았으나 때로는 안 표면에 털이 곤두서 있으며(보풀) 일반적으로 외양과 직물의 성질상 스포츠 활동 시에 입는 것이 명백히 인정되는 것을 말한다.	해설

제62류 의류와 그 부속품
(메리야스편물 또는 뜨개질편물의 것 제외)

1. 개 요

제62류에는 메리야스편물과 뜨개질편물제 및 워딩을 제외한 모든 직물(제50류 내지 제55류, 워딩을 제외한 제56류와 제59류의 직물)로 만든 남성용·여성용 또는 어린이용 의류와 의류 부속품 및 이들 의류와 의류 부속품의 부분품이 분류된다. 특히 이 류에는 메리야스편물과 뜨개질편물로 만든 브래지어, 거들, 코르셋, 서스펜더 및 이와 유사한 제품과 이들 제품의 부분품이 포함된다.

2. 분류구조

기타 방직용 섬유제의 의류는 의류, 의류 부속품 및 이들 부분품으로 3범주로 구분하고, 17개(제6201호 내지 제6217호)의 호에 분류한다.

1) 의류(제6201호 내지 제6211호)

① 오버코트·카코트·케이프·클록·아노락 및 이와 유사 의류, ② 슈트·앙상블·자켓·블레이저·긴 바지·가슴받이와 멜빵바지·승마용 바지 및 짧은 바지, ③ 드레스·스커트·치마바지, ④ 셔츠, ⑤ 블라우스·셔츠블라우스, ⑥ 싱글리트 및 기타 조끼, ⑦ 브리프·파자마·목욕용 가운·드레싱 가운 이와 유사 의류, ⑧ 언더팬츠·나이트셔츠 및 이와 유사한 의류, ⑨ 슬립·페티코트·팬티·나이트드레스 및 이와 유사 의류, ⑩ 유아용 의류와 이들 부속품, ⑪ 티셔츠, ⑫ 저지·풀오버·카디건·웨이스트코트 및 이와 유사 의류, ⑬ 트랙슈트·스키슈트 및 수영복, ⑭ 도포직물제(제5903호·제5906호 또는 제5907호) 의류, ⑮ 펠트·부직포제(제5602호·제5603호) 의류, ⑯ 기타 의류

2) 브래지어·거들·코르셋·브레이스·서스펜더·가터 및 이와 유사 제품, 이들 부분품(제6212호)

3) 의류 부속품(제6213호 내지 제6217호): 양말류, 장갑류, 손수건과 스카프, 넥타이 등

4) 의류와 의류 부속품의 부분품(제6217호)

3. 분류원칙

제목	규정내용	비고
	1. 제62류는 방직용 섬유의 직물(워딩을 제외한다)로서 제품으로 된 것에 적용하며, 메리야스편물 또는 뜨개질편물의 제품(제6212호에 해당하는 것을 제외한다)을 제외한다.	제62류 류주1

슈트	3. 제6203호 및 제6204호에 있어서는 다음에 정하는 바에 의한다. 가. 슈트라 함은 외피가 동일직물로 제조된 2 또는 3부분으로 구성된 세트 의류로서 다음의 구성부분으로 이루어진 것을 말한다. －상반신용의 슈트코트 또는 자켓 1점[소매 부분을 제외하고 외피가 상반신용으로 절단된 4 이상의 단으로 되어 있으며 봉제된 조끼(앞부분은 동 세트 의류를 구성하는 타부분의 외피와 동일직물로 되어 있으며 뒷부분은 슈트코트 또는 자켓의 라이닝과 동일직물로 된 것)가 추가로 있을 수 있음] －하반신용의 의류 1점[긴 바지, 승마용 바지 및 짧은 바지(수영복을 제외한다), 스커트 또는 치마바지로서 멜빵 또는 비브가 없는 것에 한한다] 슈트의 구성부분이 되는 의류는 모두 직물의 조직, 색채 및 조성이 동일하여야 한다. 또한 스타일도 동일하고 사이즈에 있어서도 적합하며 조화가 되어야 한다. 다만, 다른 직물로 된 파이핑(시임의 형상으로 꿰메진 직물의 스트립)이 있을 수 있다. 두 가지 이상의 하반신용 의류가 함께 제시되는 경우(例: 긴 바지 2벌 또는 긴 바지와 짧은 바지, 스커트 또는 치마바지 및 바지)에는 긴 바지 한 벌(여자용의 경우에는 스커트 또는 치마바지)을 슈트의 하반신용의 구성부분으로 보며 기타의 의류는 슈트의 구성부분으로 보지 아니한다. 슈트에는 다음의 세트 의류를 포함하며, 상기의 모든 조건에 합치하고 있는지의 여부를 불문한다. －모닝드레스(등으로부터 상당히 밑에까지 둥근 테일을 가지고 있는 프레인자켓(켓터웨이)과 줄무늬가 있는 긴 바지로 구성된 것) －연미복(테일코트)(일반적으로 검은 천으로 만들어졌으며 자켓의 정면부분이 비교적 짧고 닫혀지지 아니하며 뒤에는 히프부분 중간이 절단되고 늘어진 폭이 좁은 스커트부분이 있는 것) －디너자켓슈트(자켓의 형은 앞섭이 많이 벌어진 것도 있으나 일반적으로 자켓과 유사하고 광택이 있는 견 또는 인조견 옷깃을 가지고 있는 것)	第62류 류주3가
	나. 『앙상블』이라 함은 소매용으로 판매하는 동일직물의 여러 단으로 만든 세트 의류를 말하는 것으로서(제6207호 또는 제6208호의 슈트 및 제품을 제외한다) 다음의 것을 포함한다.	

앙상블	–상반신용 의류 1점(2번째의 상반신용의 의류인 조끼를 제외한다) –1 또는 2종류의 하반신용 의류[긴 바지, 가슴받이와 멜빵이 있는 바지, 짧은 바지류(수영복을 제외한다), 스커트 또는 치마바지] 앙상블의 구성부분이 되는 의류는 모두 직물의 조직, 스타일, 색채 및 조성이 동일하여야 하며 사이즈에 있어서도 서로가 적합하거나 조화가 되어야 한다. 앙상블에는 제6211호의 트랙슈트 및 스키슈트를 포함하지 아니한다.	제62류 류주3나
유아용 의류와 부속품	4. 제6209호에서는 다음에 정하는 바에 의한다. 가. 유아용 의류 및 부속품이라 함은 신장이 86cm 이하의 어린이용의 것을 말하며 유아용 냅킨도 포함한다. 나. 일견 제6209호 및 제62류의 기타 다른 호에 동시에 분류될 수 있는 물품은 제6209호에 분류한다.	제62류 류주4
우선분류규정	5. 일견 제6210호 및 제62류의 기타 다른 호(제6209호를 제외한다)에 동시에 분류될 수 있는 의류는 제6210호에 분류한다.	제62류 류주5
스키슈트	6. 제6211호의 『스키슈트』라 함은 일반적으로 외양과 천에 의하여 원칙적으로 스키(크로스컨트리 또는 알파인)를 할 때 입는 의류 또는 세트 의류로 인정되는 것을 말하며 다음의 것을 포함한다. 가. 스키오버롤(상반신 및 하반신을 덮도록 디자인한 전신용 의류를 말하며 소매와 칼라 이외에도 포켓 또는 훗스트랩이 있을 수도 있다). 나. 스키앙상블(소매용으로 포장된 2매 또는 3매로 된 세트 의류를 말하며 다음의 것을 포함한다) –아노락, 윈드치터, 윈드자켓 기타 이와 유사한 1점의 의류로서 슬라이드파스너(지퍼)에 의하여 닫혀지며 추가로 조끼도 있을 수 있음 –긴 바지(허리 위까지 올라오는지의 여부를 불문한다), 짧은 바지 또는 가슴받이와 멜빵이 있는 바지 1점 스키앙상블에는 가의 물품과 유사한 오버롤과 오버롤 위에 입는 패드를 넣은 소매없는 자켓도 포함한다. 스키앙상블의 구성요소가 되는 의류는 천, 스타일 및 조성이 모두 동일하여야 하며(동일한 색채인지 여부를 불문한다), 사이즈가 서로 적합하거나 조화를 이루어야 한다.	제62류 류주6
스카프·손수건의 구분	7. 정사각형 또는 거의 정사각형인 스카프 및 이와 유사 물품 중 각 변의 길이가 60cm 이하의 것은 손수건(제6213호)으로 분류하고, 어느 한 변의 길이가 60cm를 초과하는 손수건은 제6214호에 분류한다.	제62류 류주7

남성용·여성용 의류의 구분	8. 제62류의 의류로서 전면부분이 왼편이 오른편 위로 잠기도록 디자인되어 있는 물품은 남자 또는 소년용 의류로 간주하며, 오른편이 왼편 위로 잠기도록 디자인되어 있는 물품은 여자 또는 소녀용 의류로 간주한다. 당해 의류의 재단법이 남자용 또는 여자용으로 디자인되어 있음을 명백히 가리킬 경우에는 당해 규정은 적용하지 아니한다. 남자 또는 소년용 의류인지, 여자 또는 소녀용 의류인지를 판별할 수 없는 의류는 여자 또는 소녀용 의류에 해당하는 호에 분류한다.	제62류 류주8
의류	9. 제62류의 제품에는 금속사로 만든 것도 있다.	제61류 류주9

4. 제외 물품

① 사용하던 의류와 넝마(제6309호)

② 정형외과용 기기, 외과용 벨트, 탈장대 및 기타 유사 물품(제9021호)

5. 해　　설

(1) 의류의 분류범위

· 제62류는 방직용 섬유의 직물(워딩 제외)로서 제품으로 된 것에 적용하며, 메리야스편물 또는 뜨개질편물의 제품(제6212호에 해당하는 것을 제외)을 제외한다.

· 제62류의 제품에는 금속사로 만든 것도 있다.

[의류(제61류와 제62류)의 분류체계]

구분	명칭	편물제 의류		기타 직물제 의류	
		남성용	여성용	남성용	여성용
의류	· 오버코트 · 카코트 · 케이프 · 클록 · 아노락 및 이와 유사 의류	제6101호	제6102호	제6201호	제6201호
	· 슈트 · 앙상블 · 자켓 · 블레이저 · 긴바지 · 가슴받이와 멜빵바지 · 승마용 바지 및 짧은 바지	제6103호	제6104호	제6203호	제6204호
	· 드레스 · 스커트 · 치마바지	–		–	

<table>
<tr><td rowspan="13">의류</td><td>· 셔츠</td><td>제6105호</td><td rowspan="2">제6106호</td><td>제6205호</td><td rowspan="2">제6206호</td></tr>
<tr><td>· 블라우스·셔츠블라우스</td><td>–</td><td>–</td></tr>
<tr><td>· 싱글리트 및 기타 조끼</td><td rowspan="3">제6107호</td><td rowspan="2">제6108호</td><td rowspan="3">제6207호</td><td rowspan="2">제6208호</td></tr>
<tr><td>· 브리프·파자마·목욕용 가운·드레싱 가운 이와 유사 의류</td></tr>
<tr><td>· 언더팬츠·나이트셔츠 및 이와 유사한 의류</td><td>–</td><td>–</td></tr>
<tr><td>· 슬립·페티코트·팬티·나이트드레스 및 이와 유사 의류</td><td>–</td><td>제6108호</td><td>–</td><td>제6208호</td></tr>
<tr><td>· 티셔츠</td><td>제6109호</td><td>제6109호</td><td>–</td><td>–</td></tr>
<tr><td>· 저지·풀오버·카디건·웨이스트코트 및 이와 유사 의류</td><td>제6110호</td><td>제6110호</td><td>–</td><td>–</td></tr>
<tr><td>· 트랙슈트·스키슈트 및 수영복</td><td>제6111호</td><td>제6111호</td><td>제6211호</td><td>제6211호</td></tr>
<tr><td>· 유아용 의류와 이들 부속품</td><td>제6112호</td><td>제6112호</td><td>제6209호</td><td>제6209호</td></tr>
<tr><td>· 도포직물제(제5903호·제5906호 또는 제5907호) 의류</td><td>제6113호</td><td>제6113호</td><td rowspan="2">제6210호</td><td rowspan="2">제6210호</td></tr>
<tr><td>· 펠트·부직포제(제5602호·제5603호) 의류</td><td>–</td><td>–</td></tr>
<tr><td>· 기타 의류</td><td>제6114호</td><td>제6114호</td><td>제6211호</td><td>제6211호</td></tr>
<tr><td rowspan="7">의류의 부분품과 부속품, 이들 부분품</td><td>· 브래지어·거들·코르셋·브레이스·서스펜더·가터 및 이와 유사 제품, 이들 부분품</td><td>제6212호</td><td>제6212호</td><td>제6212호</td><td>제6212호</td></tr>
<tr><td>· 팬티호스·타이즈·스타킹 기타 양말류</td><td>제6115호</td><td>제6115호</td><td>제6217호</td><td>제6217호</td></tr>
<tr><td>· 장갑류</td><td>제6116호</td><td>제6116호</td><td>제6216호</td><td>제6216호</td></tr>
<tr><td>· 손수건</td><td rowspan="4">제6117호</td><td rowspan="4">제6117호</td><td>제6213호</td><td>제6213호</td></tr>
<tr><td>· 숄, 스카프, 머플러, 만틸라, 베일 및 이와 유사 물품</td><td>제6214호</td><td>제6214호</td></tr>
<tr><td>· 넥타이</td><td>제6215호</td><td>제6215호</td></tr>
<tr><td>· 기타 의류 부속품과 의류 부속품의 부분품</td><td>제6217호</td><td>제6217호</td></tr>
</table>

(2) 의류의 품목분류원칙

1) 의류의 분류: 의류의 분류는 우선 편물제와 편물제 이외의 직물제에 의해 류(제61류와 제62류)를 분류한 후 재질별, 품명별, 성별 또는 규격에 의해 분류(호 분류)결정한다.

[의류의 품목분류 흐름도]

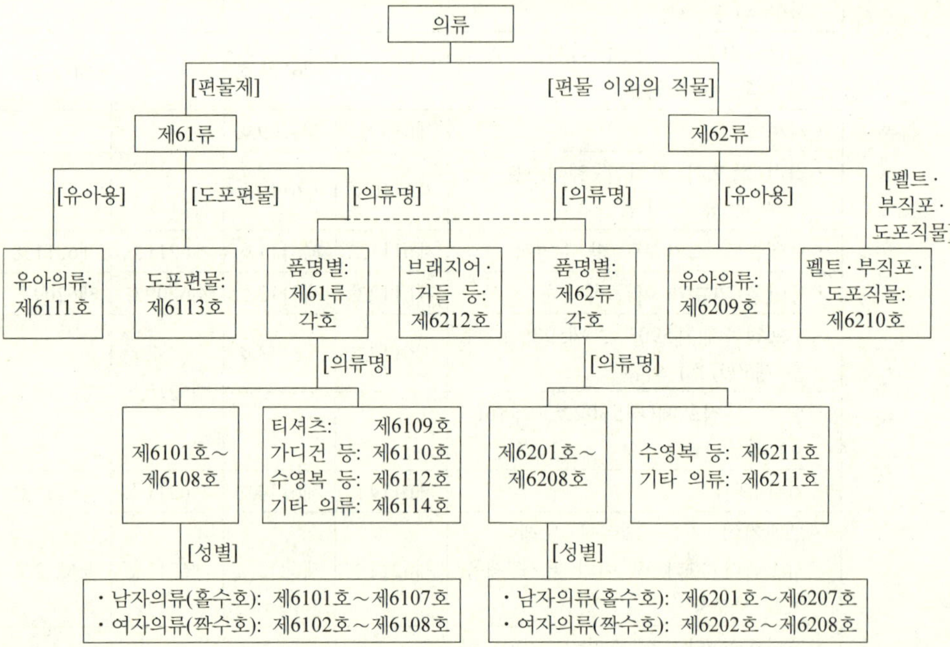

남자용 또는 여자용의 구분 남자용(남자 또는 소년용) 또는 여자용(여자 또는 소녀용) 의류의 구분은 다음과 같이 결정한다.

① 재단방법에 의한 분류: 남자용 또는 여자용으로 명백히 디자인된 것은 남자용 의류 또는 여자용 의류에 분류한다.

② 디자인에 의한 구분: 정면이 열려있는 의류로서 왼편이 오른편 위로 잠기거나 겹치도록 된 것은 남성용 의류이고, 오른편이 왼편 위로 잠기거나 겹치도록 된 것은 여성용 의류이다.

③ 남자용 또는 여자용 의류인지 판별할 수 없는 의류는 여자용(여자·소녀용) 의류에 분류한다.

슈트(suit)(제6203호 · 제6204호)　　제62류에서 슈트라 함은 외피가 동일직물로 제조된 2 또는 3부분으로 구성된 세트 의류로서 다음 구성부분으로 이루어진 것을 말한다.

① 상반신용 슈트코트 또는 자켓 1점: 소매부분을 제외하고 외피가 상반신용으로 절단된 4 이상의 단으로 되어 있으며 봉제된 조끼(앞부분은 동세트 의류를 구성하는 타부분의 외피와 동일직물로 되어 있으며 뒷부분은 슈트코트 또는 자켓의 라이닝과 동일직물로 된 것)가 추가로 있을 수 있음

② 하반신용의 의류 1점: 긴 바지, 승마용 바지 및 짧은 바지(수영복 제외), 스커트 또는 치마바지(멜빵 또는 비브가 없는 것)

[구성요건]

– 슈트의 구성부분이 되는 의류는 모두 직물의 조직, 색채 및 조성이 동일하여야 하고, 스타일도 동일하고 사이즈도 서로 적합하거나 조화가 되어야 한다. 다만, 다른 직물로 된 파이핑(시임 형상으로 꿰메진 직물의 스트립)이 있을 수 있다.

– 두 가지 이상의 하반신용 의류가 함께 제시되는 경우(예: 긴 바지 2벌 또는 긴 바지와 짧은 바지, 스커트 또는 치마바지 및 바지)에는 긴 바지 한 벌(여자용은 스커트 또는 치마바지)을 슈트의 하반신용의 구성부분으로 보며 기타 의류는 슈트의 구성부분으로 보지 아니한다.

– 슈트에는 상기 모든 조건에 합치하는 지의 여부를 불문하고 모닝드레스, 연미복(테일코트) 및 디너자켓슈트의 세트 의류를 포함한다.

앙상블(ensemble)(제6203호 · 제6204호)　　제62류의 앙상블이라 함은 소매용으로 판매하는 동일직물의 여러 단으로 만든 세트 의류를 말하는 것으로서(제6207호 · 제6208호의 슈트 및 제품을 제외) 다음의 것을 포함한다.

① 상반신용 의류 1점(2번째의 상반신용 의류인 조끼 제외)

② 1 또는 2종류의 하반신용 의류: 긴 바지, 가슴받이와 멜빵이 있는 바지, 짧은 바지류(수영복 제외), 스커트 또는 치마바지

[구성요건]

– 앙상블의 구성부분이 되는 의류는 모두 직물의 조직, 스타일, 색채 및 조성이 동일하여야 하고, 사이즈도 서로가 적합하거나 조화가 되어야 한다.

– 앙상블에는 제6211호의 트랙슈트 및 스키슈트를 포함하지 아니한다.

[셔츠, 블라우스 또는 셔츠블라우스 구분(제6105호와 제6106호, 제6205호와 제6206호)]

구분	주요 특성
셔츠(shirt)	· 가볍고 부드러운 직물로 만든다. · 주로 여성과 어린이들이 애용하는 상의이며, 길이가 보통 엉덩이까지 내려온다. · 깃과 소매의 장식이 셔츠보다 더욱 가미되는 경향이다.
블라우스 (blouse)	· 남·여가 공히 애용하는 상의이다. · 주로 깃과 커프스가 있고, 보통 넥라인을 기점으로 완전 오픈하거나 부분오픈되어 있다. · 디자인 특징은 주로 깃, 요크와 소매 등에 있으며, 때론 소매의 커프스를 강조한 것도 있다. · 최근에는 깃이 없는 셔츠에서 깃이 있는 셔츠와 짧은 소매에서 긴 소매에 이르는 다양한 스타일의 캐주얼웨어이다.
셔츠블라우스 (shirt-blouse)	· 블라우스와 셔츠의 형태를 동시에 갖고 있으며, 블라우스로 볼 수 없다.

유아용 의류(babies garmemts)**와 이들 부속품**(제6209호) 유아용 의류와 이들 부속품이라 함은 다음을 분류한다.

① 신장 86cm 이하의 어린이용의 것을 말하며, 유아용 냅킨을 포함한다.

② 다른 호의 의류 및 부속품과 분류 경합시에는 제6209호에 우선하여 분류한다.

펠트·부직포 및 도포직물제 의류(제6210호)**의 우선분류** 제6210호와 제62류의 기타 다른 호[제6209호(유아용 의류) 제외]에 동시에 분류되는 의류는 제6210호에 분류한다.

즉, 제62류의 제6210호에는 유아용 의류(제6209호)를 제외하고는, 남자 또는 여자용의 구분없이 펠트와 부직포(제5602호와 제5603호의 침투, 도포, 피복 도는 적층한 여부 불문), 제5903호, 제5906호 또는 제5907호의 방직용 섬유직물로 만든 모든 의류가 우선하여 분류된다.

스키슈트(제6211호) 제62류의 스키슈트라 함은 일반적으로 외양과 천이 원칙적으로 스키(크로스컨트리 또는 알파인)할 때에 입는 의류 또는 세트 의류로 인정되는 것을 말하고, 다음을 포함한다.

① 스키오버롤: 상반신과 하반신을 덮도록 디자인한 전신의류를 말하며 소매와 칼라 이외에 포켓 또는 훗스트랩이 있을 수도 있다.

② 스키앙상블: 소매용 포장된 2매 또는 3매로 된 세트 의류를 말하며 다음을 포

함한다.

- 아노락, 윈드치터, 윈드자켓 기타 이와 유사 의류 1점[슬라이드파스너(지퍼)가 있거나, 추가 조끼도 있기도 함]
- 긴 바지(허리 위까지 올라오는 여부 불문), 짧은 바지 또는 가슴받이와 멜빵있는 바지 1점
- 스키앙상블에는 스키앙상블과 유사한 오버롤과 오버롤 위에 입는 패드를 넣은 소매없는 자켓도 포함한다.
- 스키앙상블의 구성요소가 되는 의류는 천, 스타일 및 조성이 모두 동일하여야 하며(동일 색상인지 여부 불문), 사이즈가 서로 적합하거나 조화를 이루어야 한다.

[손수건과 스카프의 구분]

품명	주요 규정·특성
손수건 (handkerchief) 제6213호	-정사각형·거의 정사각형인 스카프 및 이와 유사 물품으로서 각 변 길이 60cm 이하인 것 -정사각형의 스카프의 특성을 가진 물품으로서 각 변의 길이가 60cm 이하인 것
스카프 (scarves) 제6214호	-정사각형·거의 정사각형인 스카프 및 이와 유사 물품으로서 어느 한 변의 길이가 60cm 초과하는 손수건 -손수건이나 스카프의 특성을 갖는 제품으로서 어느 한 변의 길이가 60cm를 초과하는 것 -정사각형 또는 거의 정사각형이 아닌 형태의 스카프

(3) 브래지어, 거들, 코르셋, 브레이스, 서스펜더, 가터 및 이와 유사 물품과 이들 부분품(제6212호)

여기에는 메리야스편물과 뜨개질편물 및 기타 각종 재료로 만든 것으로서 신체를 지지하는 의류로 사용하거나 다른 종류의 의복을 지지하는 데 사용하는 물품과 이들 부분품이 분류된다.

예: 브래지어, 거들과 팬티거들, 코르셋, 코르셋 벨트, 서스펜더벨트, 생리대, 남자용 보디벨트, 임신부용 지지용이나 교정용 벨트 등

(4) 의류 부속품

유아용의 의류 부속품은 제6209호(유아용 의류)에 분류하며 기타의 의류 부속품은 제6212호 내지 제6217호에 분류한다. 의류 부속품은 다음이 있다.

[의류 부속품(편물제 이외의 것)의 종류와 분류]

품명	분류	
	편물제	기타 직물
·유아용 의류의 부속품: 턱받이, 장갑류, 타이즈, 털신 등	제6111호	제6209호
·브래지어, 거들, 코르셋, 브레이스, 서스펜더, 가터 및 이와 유사 물품	제6212호	제6212호
·손수건	제6117호	제6213호
·숄, 스카프, 머플러, 만틸라, 베일 및 이와 유사 물품	제6117호	제6214호
·넥타이류	제6117호	제6215호
·장갑류	제6115호	제6216호
·양말류: 팬티호스·타이즈·스타킹, 속양말, 단계압박 양말류, 겹양말 등	제6115호	제6217호
·벨트와 휘장, 소매보호용 덮개, 무릎밴드, 견장과 완장, 머리밴드 등	제6117호	제6217호

제63류 제품으로 된 방직용 섬유의 기타 물품, 세트, 사용하던 의류·사용하던 방직용 섬유제품 및 넝마

1. 개 요

제63류에는 제직 또는 편직물·펠트·부직포 등을 『제품으로 한 방직용 섬유직물』로서 관세율표의 다른 호에 특게되어 있지 아니한 것이 분류된다. 또한 이 류에는 직물과 사로 구성된 특정의 세트, 의류 및 기타 사용하던 물품과 넝마 및 스크랩끈 등이 분류된다.

2. 분류구조

방직용 섬유의 기타 제품, 세트 및 사용한 의류와 섬유제품 및 넝마를 3범주(절)로 구분하고, 10개의 호(제6301호 내지 제6307호)에 분류한다.

1) 방직용 섬유의 기타 제품(제6301호 내지 제6307호)

① 모포류, ② 린넨류, ③ 커튼, ④ 기타 실내용품, ⑤ 빈 포대, ⑥ 천막 등, ⑦ 기타 걸레, 구명자켓

2) 러그제조용·바느질용 소매용 세트(set)(제6308호): 직물과 실, 바늘 또는 후크 등

3) 사용하던 의류와 기타 제품 및 넝마(제6309호·제6310호)

3. 분류원칙

제목	규정내용	비고
제품	1. 제 1 절은 방직용 섬유의 직물류로 제품을 만든 것에 한하여 적용한다.	제63류 류주1
제외 물품	2. 제 1 절에서는 다음의 것을 제외한다. 가. 제56류 내지 제62류의 물품 나. 제6309호에 해당하는 사용하던 의류 또는 기타 사용하던 물품	제63류 류주2
사용하던 물품	3. 제6309호에는 다음에 게기(揭記)한 물품만을 적용한다. 가. 방직용 섬유제의 제품 (1) 의류와 의류 부속품 및 이들의 부분품 (2) 모포와 여행용 러그류 (3) 배드리넨·테이블린넨·토일렛린넨 및 주방린넨 (4) 실내용품(제5701호 내지 제5705호에 해당하는 양탄자와 제5805호의 태피스트리를 제외한다) 나. 실발류와 모자류(재질을 불문하며 석면제품을 제외한다). 위에 게기한 물품이 이 호에 분류되기 위하여 다음 두 가지 조건에 적합한 것이어야 한다. (1) 눈에 뜨일 정도로 사용하던 흔적이 있어야 하고 (2) 벌크·가마니·부대 또는 기타 이와 유사한 것으로 포장된 상태이어야 한다.	제63류 류주3

4. 제외 물품

① 동물을 덮기 위해 만든 특수형상의 모포(제4201호)

② 제56류 내지 제62류의 물품

예: 워딩의 제품(제5601호), 단순히 정·직사각형으로 절단한 부직포(예: 1회용 침대 시트)(제5603호), 망제품(제5608호), 레이스·자수포의 모티프(제5804호·제5810호), 의류 및 의류 부속품(제61류·제62류)

③ 누비이불과 침대용 충전된 이불(제9404호)

5. 해 설

(1) 방직용 섬유제품, 소매용 세트 및 넝마(제63류)의 분류범위

· 제6301호 내지 제6307호(제 1 절):

– 제직, 편직물, 펠트, 부직포 등 방직용 섬유직물을 제품으로 한 섬유물품

– 튜울 또는 기타의 망직물, 레이스 또는 자수포, 레이스 또는 자수직물을 포함한다.

· 제6308호(제 2 절): 직물과 사로 구성된 소매용 세트를 분류한다. 러그·태피스트리·자수한 테이블포·냅킨용 직물 또는 이와 유사한 방직용 섬유제품을 제조하기 위한 것

· 제6309호~제6310호(제 3 절): 사용하던 의류 및 기타 사용하던 물품과 넝마(사용하던 것 또는 신품의 것), 스크랩끈 등을 분류한다.

[방직용 섬유제품별 분류내용]

구분	품명·물품내용		호
· 방직용 섬유 직물의 제품	실내용품	모포류와 여행용 러그	제6301호
		베드린넨·테이블린넨·토일렛린넨 및 주방린넨	제6302호
		커튼(드레이프 포함), 실내용 블라인더, 커튼·침대용 장막(Valance)	제6303호
		기타 실내용품: 모기장·침대이불·방석커버·가구를 살짝 덮는 커버·의자덮개·테이블커버, 맨틀피스 런너·커튼고리 등	제6304호

	포장용 빈 포대	제6305호
	타포린, 천막 및 차양, 돛, 캠프용품	제6306호
	기타 제품: 청소용포, 구명자켓과 구명벨트, 드레스 패턴, 페난트류, 가정용 세탁물대와 신발용대·자동차·기계·슈트케이스·정구라켓용 등의 루스 커버, 평판상 보호용 시트, 커피여과용 섬유포·구두닦이용 패드, 공기식 쿠션, 생리용 타올	제6307호
·세트	–러그·태피스트리·자수테이블보 또는 서비에트용 직물 및 실로 구성된 세트 –이와 유사 방직용 섬유제품 제조용 소매용 포장한 것	제6308호
·사용한 방직용 섬유제품과 넝마	사용하던 의류와 제품	제6309호
	–넝마(사용하던 것, 신품) –끈·코티지·로프 또는 케이블의 스크랩과 폐품	제6310호

(2) 방직용 섬유제의 실내용품과 침구류 분류

실내용품(제63류)	침구류(제9404호)
·물을 넣어 사용하는 매트리스(보통 제3926호·제4016호) ·공기를 넣어 사용하는 매트리스 또는 베개(제3926호·제4016호·제6306호) ·담요(제6301호) ·베드린넨: 침대시트(sheets)·베갯잇(pillowcases)·덧베개(bolster cases)·솜이불잇(eiderdown cases) 및 매트리스잇(covers)(제6302호) ·주방린넨으로 차타올·유리그릇용 포(제6302호) ·베드발란스(bed valances)(제6303호) ·발란스(valances)(제6304호) ·침대이불과 장식용 탁상포, 쿠션용 커버(제6304호) ·모기장(mosquito net), 침대이불(bedspreads), 방석커버(cushon covers), 가구를 살짝 덮는 커버(loose cover), 의자덮개, 테이블커버(제6304호) ·마루포·접시포·세정포·다스터 및 이들과 유사한 청소용포(제6307호)	·누비이불과 침대용 충전된 이불 ·침구: 스프링 부착한 것, 각종 재료를 충전 또는 내부에 결입한 것 ·슬리핑 백: 전열장치를 갖춘 여부 불문 ·이불(quilts)과 침대커버(bedspreads) ·아이다의 솜털이불과 깃털이불: 깃털 또는 기타 털을 넣은 여부 불문 ·덧베개(bolsters), 베개(pillows), 쿠션, 두꺼운 방석(pouffes)

(3) 직물 및 실로 구성된 세트 또는 소매용으로 포장한 것(제6308호)

여기에는 러그, 태피스트리, 자수한 테이블보 또는 서비에트용으로 직물과 실로 구성된 세트이거나, 이와 유사 방직용 섬유제품의 제조용으로서, 적어도 1편의 직물과 사를 갖는 세트 또는 소매용 포장물품이어야 한다. 또한 바늘 및 후크와 같은 부속품이 들어 있을 수도 있다. 세트의 직물은 형상의 여하를 불문하나, 이 직물은 수행할 작업과 관련하여 원료의 특성을 갖어야 하고 더 이상의 완성가공을 하지 않더라도 직접 용도에 공할 수 있는 제품으로 되어 있으면 안된다.

(4) 사용하던 의류와 제품 및 넝마(제6309호·제6310호)의 분류원칙

사용하던 의류와 기타 사용하던 제품(제6309호) ① 눈에 뜨일 정도로 사용하던 흔적이 있고, ② 벌크·가마니·부대 또는 이와 유사한 것으로 포장된 상태인 것으로서 다음 물품만을 분류한다.

- 방직용 섬유의 제품: ① 의류와 의류 부속품 및 이들 부분품, ② 모포와 여행용 러그류, ③ 베드린넨·테이블린넨·토일렛린넨 및 주방린넨, ④ 실내용품. 다만, 양탄자(제5701호~제5705호)와 태피스트리(제5805호)는 제외함
- 신발류와 모자류: 재질을 불문하며, 석면제품을 제외한다.

방직용 섬유직물의 넝마(rags)(제6310호) 사용하던 것이거나, 또는 신품이다. 메리야스·뜨개질편물·펠트 또는 부직포를 포함한다. 넝마는 세탁이나 수선하여 사용할 수 없을 정도로 낡았거나 오염되거나 파손된 실내용품, 의류 및 기타 중고 방직용 섬유제품 또는 신품재단시에 발생하는 소편이다.

방직용 섬유제의 끈·코디지·로프 또는 케이블의 스크랩과 끈·코디지·로프 또는 케이블제품의 폐물(제6310호) 사용했거나 안했거나 관계없이 끈·코디지·로프·케이블 등의 스크랩과 중고의 끈·코디지·로프·케이블과 이들을 재료로 하여 만든 제품으로 낡은 것

[제외 물품] 기타 방직용 섬유의 웨이스트 또는 스크랩(제50류~제55류)

제11부 출제문제 및 연습문제

출제문제

[50점 문항]

1. 섬유의 종류 [1981년]
2. 섬유류의 CCCN 분류 [1983년]
3. 관세율표 제11부에서 『2종 이상으로 구성된 방직용 섬유로서 혼합된 섬유제품』의 분류 기준 [1996년]
4. 의류와 그 부속품(관세율표 제61류와 제62류)의 분류에 관하여 다음 내용을 중심으로 논하시오. [2004년]
   1) 각 류의 개략적인 분류범위
   2) 각 류의 공통적으로 적용되는 다음의 것에 대한 분류기준
      ① 모피·우모·가죽·플라스틱 또는 금속제의 의류 부속품과 부분품
      ② 남녀의류의 구분
      ③ 셔츠와 셔츠블라우스
      ④ 소매용 세트로 포장된 의류의 분류
      ⑤ 의류의 일종임에도 제외되는 물품과 그것들이 해당하는 류

[10점 문항]

1. 관세율표상 제11부의 토우(tow)와 톱(top)을 설명하시오. [2003년]
2. 다음 방직용 섬유제품을 비교 설명하시오. [2004년]
   ① 워딩(wadding), ② 펠트(felt), ③ 부직포(nonwovens)
3. 관세율표상 합성섬유와 재생(또는 반합성)섬유를 설명하고, 각각에 해당하는 섬유 종류를 2개 쓰시오. [2006년]
4. 제11부(방직용 섬유와 그 제품)에서 『제품으로 된 것』이라 함은 어떤 것을 말하는가? [2008년]

연습문제

[50점 문항]

1. 관세율표에서 방직용 섬유와 방직용 섬유제품의 분류내용을 서술하시오.
2. 관세율표상 섬유의 종류와 그 분류내용을 설명하시오.

[10점 문항]

1. 무기질섬유와 광물성섬유의 예를 들고 이들 분류는(5종 이상)?
2. 2종 이상의 방직용 섬유직물의 품목분류는?
3. 관세율표상 방직용 섬유직물의 『제품으로 된 것』이란?
4. 섬도란?
5. 카드와 코음에 대하여 설명하시오.
6. 관세율표에서 인조섬유의 정의와 종류를 설명하시오.
7. 인조방직용 섬유에서 토우와 톱을 설명하시오.
8. 다음 용어를 설명하시오.
   ① 재봉사, ② 강력사, ③ 탄성사
9. 다음 용어를 설명하시오.
   ① 표백하지 아니한 표백사와 미표백 직물, ② 표백사와 표백직물, ③ 색사와 염색한 직물, ④ 평직물
10. 견웨이스트의 종류를 말하시오.
11. 다음 용어를 설명하시오.
    ① 섬수모, ② 조수모, ③ 데님, ④ 합성섬유, ⑤ 재생 또는 반합성 섬유
12. 인조섬유란?
13. 인조필라멘트 토우의 규정을 설명하시오.
14. 워딩, 펠트 및 부직포의 특성을 설명하시오.
15. 관세율표상 양탄자의 종류를 서술하시오.
16. 다음 용어를 설명하시오.
    ① 거즈, ② 세폭직물, ③ 자수포
17. 자수포와 레이스의 구분방법은 설명하시오.
18. 플라스틱을 도포한 직물의 분류기준을 설명하시오.
19. 고무가공한 방직용 섬유의 직물류에 대하여 설명하시오.

20. 공업용의 방직용 섬유제품의 예를 5품명 이상을 열거하시오.
21. 다음 물품에 대한 정의를 서술하시오.
    ① 슈트, ② 앙상블, ③ 유아용 의류, ④ 스키슈트
22. 남성의류와 여성의류 간의 분류기준을 설명하시오.
23. 손수건과 스카프의 구분방법을 설명하시오.
24. 의류 부속품을 5가지 이상을 열거하시오.
25. 사용하던 의류와 기타 사용하던 제품(제6309호)에 분류되는 물품의 범위를 설명하시오.
26. 사용하던 신발류와 모자류(제63류)의 분류 요건을 설명하시오.

문제풀이

1. 제11부는 주로 방직용 섬유 원료로부터 제품에 이르는 가공공정별로 각종 방직용 섬유의 물품과 제품들이 분류된다. 이들을 중심으로 류별로 분류를 설명하시오.

   방직용 섬유공업의 원료에서 제품에 이르는 각종 물품과 제품을 가공공정순으로 다음 류별로 나누어져 있다.

   1) 섬유와 사류: 동물성 섬유는 견(제50류)과 양모 등의 기타 동물성 섬유(제51류)로 구분하며, 식물성 섬유는 면(제52류)과 대마, 황마 등의 기타 식물성 섬유(제53류)로 구분하며, 합성섬유는 장섬유(제54류)와 단섬유(제55류)로 분류한다.
   2) 섬유와 사의 제품(제56류): 섬유로 제조한 각종 제품인 워딩·펠트 및 부직포, 특정 장식사와 사의 특정 제품인 로프와 케이블, 망이나 어망류로 분류된다.
   3) 직물류: 위사와 경사로 방직한 일반직물(섬유별로 제50류 내지 제56류), 바닥에 까는 표면에 파일을 갖는 카페트와 바닥깔개(제57류), 편직물의 메리야스편물과 뜨개질편물(제60류) 및 기타 특수한 방직인 파일직물, 타올 등의 특수직물(제58류)로 분류된다.
   4) 표면가공한 직물류와 공업용의 방직용 섬유제품(제59류): 직물류의 표면을 타물질로 직물의 표면을 침투, 도포, 피복 또는 적층한 직물과 심지, 호스, 벨트 등의 공업용의 방직용 섬유제품로 분류된다.
   5) 방직용 섬유의 각종 제품: 남성 또는 여성용 의류와 그 부속품(제61류와 제62류), 모포, 린넨류, 커튼, 포대 등 방직용 섬유의 제품, 기타 방직용 섬유의 제품으로

된 것 및 세트, 사용한 의류와 넝마(제63류)로 분류된다.

2. 관세율표상 모든 섬유의 종류와 그 품목분류를 서술하시오.

일반적으로 섬유는 천연에서 얻어지는 천연섬유와 인위적으로 제조한 인조섬유로 대별된다. 다음 표는 일반적인 섬유구분을 분류한 것이다

[섬유의 종류와 분류]

- 섬유
  - 유기질섬유
    - 동물성 섬유
      - 견(제50류)
      - 양모·기타 수모 기타 동물성 섬유(제51류)
    - 식물성 섬유
      - 면(제52류)
      - 대마·아마·황마 등(제53류)
    - 인조섬유
      - 합성섬유: 폴리에스테르·나일론 등
      - 반합성섬유: 아세테이트
      - 재생섬유: 비스코스레이온(제54류·제55류)
  - 무기질섬유
    - 천연광물성 섬유
      - 석면(제25류·제68류)
    - 인조광물섬유
      - 록울(제6806호)
      - 슬랙울(제6806호)
      - 세라믹울(제6806호)
      - 탄소섬유(제6815호)
      - 유리섬유(제7019호)
      - 광섬유(제8544호·제90류)
      - 금속섬유(제15부)

3. 2종류 이상의 방직용 섬유로 된 직물의 분류규정을 설명하시오.

둘 이상의 방직용 섬유재료 또는 직물로 구성된 물품의 분류는 다음과 같이 분류한다.

[분류규정]

① 구성하는 방직용 섬유 가운데 최대중량을 차지하는 섬유의 물품으로 분류한다.

② 최대중량의 섬유가 없는 경우에는 동일 분류가 가능한 호 중 최종호에 분류한다.

[적용범위]

① 섬유의 웨이스트, 사와 일반 직물(제50류 내지 제55류)

② 금속사와 금속드리사의 직물(제5809호)

③ 타이어코드 직물(제5902호)

－위 물품의 전체를 고려하여 분류시에 직물 내에서 최대중량을 차지하는 방직

용 섬유재료를 결정하는 데 필요한 경우에 적용한다.

－본 규정은 통칙에 의해 방직용 섬유제품으로 분류되는 직물(textile)과 비직물(non-textile)로 조성된 혼합물품도 적용한다.

[적용요령]

· 품목분류는 최대중량을 차지하는 방직용 섬유에 의하여 류를 결정한 후, 그 류에 해당하는 호를 결정하며, 이때 해당 류에 분류되지 않는 재료(즉 섬유)는 고려하지 않는다.

· 위의 분류규정 적용시에 재료의 최대중량을 계산시는 다음 규정에 의한다.

① 인조필라멘트와 스테이플은 다른 류와 경합시에는 하나의 류로 본다. 즉, 다른 섬유재료와 중량 비교시에는 동일섬유로 계산한다.

② 짐프한 마모사와 금속드리사는 단일의 방직용 섬유로 본다.

③ 직물의 분류에 있어 금속사는 방직용 섬유재료로 본다.

④ 동일한 류 또는 호에 해당하는 상이한 방직용 섬유재료는 기타 다른 류(또는 호)와의 관계에 있어서는 하나의 방직용 섬유로 본다.

4. 제11부에서 제품으로 된 것이란?

방직용 섬유와 이들 제품(제11부)에서 제품으로 된 것(made up articlees)이란 다음 물품을 말한다.

① 정사각형 또는 직사각형 이외의 형상으로 재단한 물품

예: 방직용 섬유제의 dress pattern

② 봉제 또는 기타 가공처리 없이 완제품으로 사용할 수 있는 것. 또는 간사를 절단하여 단지분리만하여 사용할 수 있는 것

예: 더스터, 타올, 탁상보, 정사각형 스카프, 모포

③ 가장자리를 접어 감치거나 단을 댄 물품 또는 가장자리에 결절술을 댄 물품(다만, 직물의 절단된 가장자리를 감치거나 기타 단순한 방법에 의하여 풀리지 않도록 한 것은 제외)

예: 가장자리를 감친 손수건 및 가장자리에 술을 단 탁상포

④ 일정한 형상으로 재단한 물품으로서 드로온 드레드워크(drawn-thread work)를 한 것

⑤ 봉제, 풀칠, 기타의 방법에 의해 이어붙인 물품[다만, 동종의 직물류를 둘 이상 끝과 끝을 이어 붙인 천과 둘 이상의 직물류를 적층하여 만든 천(속을 채운 여부 불문)을 제외]

⑥ 길이가 여러 가지인 특정 형상의 메리야스편물 또는 뜨개질편물
다만, 다음 물품은 상기의 『제품으로 된 것』에 적용하지 않는다.

① 워딩제품(제5601호), ② 단순히 정·직사각형으로 절단한 부직포(예: 1회용 침대 시트)(제5603호), ③ 망제품(제5608호), ④ 레이스·자수포 모티브(제5804호·제5710호), ⑤ 의류와 의류 부속품(제61류·제62류)

5. 관세율표상 인조섬유에 대하여 설명하시오.

관세율표에서 인조섬유(man-made fiber)라 함은 다음 어느 하나에 해당하는 제조공정에 의하여 제조되는 유기중합체의 스테이플섬유(staple fibre) 또는 필라멘트(fillament)를 말한다.

① 합성섬유(synthetic fiber): 유기단량체의 중합에 의해 제조한 것, 또는 초산비닐의 중합체를 가수분해하여 생산된 중합체의 화학적 변성에 의하여 제조한 것
예: 폴리아미드, 폴리에스테르, 폴리올레핀, 폴리우레탄, 폴리우레탄, 폴리 비닐알코올, 폴리아크릴 등

② 재생 또는 반합성 섬유(artificial fiber): 셀룰로오스, 카세인 및 기타 단백질 또는 알긴산 등의 천연 유기 중합체를 용해 또는 화학 처리하여 중합체를 만들거나 또는 화학적으로 변성한 것
예: 비스코스레이온, 동암모늄레이온(큐프로), 초산셀루로오스, 알기네이트 섬유 등
다만, 횡단면 1mm 이하(67decitex 이상)의 인조모노필라멘트 및 시폭 5mm 이하의 인조방직용 섬유재료의 스트립과 이와 유사한 것(제5404호·제5405호)은 인조섬유로 간주하지 아니한다.

6. 부직포에 대하여 설명하시오.

부직포(不織布: non woven)는 직조하지 아니한 포(布)라는 뜻이다. 부직포는 방직용 섬유를 일정 방향으로 가지런히 놓거나 또는 무작위로 배열하고 접착시킨 시트 또는 웹을 말한다. 부직포는 방직용 섬유의 웹형성, 웹의 층을 결합하는 접착공정 및 완성가공의 3단계로 제조된다. 부직포는 제5603호에 분류되며, 이 호에는 특히 고무·플라스틱 또는 이들을 혼합한 접착제를 도포한 부직포의 접착테이프도 포함된다.

7. 방직용 섬유의 펠트와 부직포에 고무 또는 플라스틱을 침투, 도포, 피복 적층한 물품에 대한 품목분류 기준을 서술하시오.

방직용 섬유직물에 플라스틱을 침투·도포·피복 또는 적층한 것(제5903호)에는 다음 물품에 한하여 ㎡당 중량과 플라스틱의 성질 여부를 불문하고 분류한다.

① 침투·도포 또는 피복한 것을 육안으로 판별할 수 있는 것. 다만, 판별기준은 색체변화로 하지 않는다.
② 경질 물품이 아닌 것, 즉 15℃~30℃에서 직경이 7mm 원통에 부서지지 않고 손으로 감는 것
③ 방직용 섬유직물을 플라스틱으로 완전히 덮지 않거나 또는 양면을 도포 또는 피복하지 않은 것
④ 사·스트립 기타 이와 유사한 것으로 만든 직물류(제5604호)로서 플라스틱으로 침투·도포 또는 시드한 것

8. 사용하던 의류와 넝마를 서술하시오.

(1) 사용하던 의류라 함은 ① 눈에 뜨일 정도로 사용하던 흔적이 있고, ② 벌크·가마니·부대 또는 이와 유사한 것으로 포장된 상태인 것으로서 다음 물품만을 말하며, 제6309호에 분류한다.

－방직용 섬유의 제품: ① 의류와 의류부속품 및 이들 부분품, ② 모포와 여행용 러그류, ③ 베드린넨·테이블린넨·토일렛린넨 및 주방린넨, ④ 실내용품. 다만, 양탄자(제5701호~제5705호)와 태피스트리(제5805호)는 제외함

－신발류와 모자류: 재질을 불문하며, 석면제품을 제외한다.

(2) 방직용 섬유직물의 넝마(rags)는 사용하던 것이거나, 또는 신품이다. 메리야스·뜨개질편물·펠트 또는 부직포를 포함한다. 넝마는 세탁이나 수선하여 사용할 수 없을 정도로 낡았거나 오염되거나 파손된 실내용품, 의류 및 기타 중고 방직용 섬유제품 또는 신품재단시에 발생하는 소편이다. 넝마는 제6310호에 분류한다.

(3) 방직용 섬유제의 끈·코디지·로프 또는 케이블의 스크랩과 끈·코디지·로프 또는 케이블제품의 폐물은 사용했거나 안했거나 관계없이 끈·코디지·로프·케이블 등의 스크랩과 중고의 끈·코디지·로프·케이블과 이들을 재료로 하여 만든 제품으로 낡은 것을 말하며 제6310호에 분류한다.

9. 섬수모와 조수모의 정의를 서술하시오.

① 섬수모(fine animal hair)는 알파카(alpaca), 라마(llama), 비쿠나(vicuna), 낙타(단봉낙타 포함), 야크(yak), 앙고라염소(angora goat; mohair), 티베탄(tivetan), 캐시미르(kashmir) 또는 이와 유사 산양(보통 산양 제외), 토끼(앙고라토끼 포함), 산토끼(hare), 비버(beaver), 뉴트리아(nutria), 사향뒤쥐(musk-rat)의 모(毛)을 말한다. 일반

적으로 섬수모는 양모보다 부드럽고 양모가 적다.

② 조수모(coarse animal hair)는 양모와 섬수모를 제외한 모든 수모를 말하며 소와 말의 옆구리 털, 염소의 털, 개 털, 원숭이 털, 수달피의 털 등이 있다. 다만, 부러시 제조용의 수모(제0502호)와 마모(제0511호)를 제외한다.

제12부 신발류·모자류·산류·지팡이·시트스틱·채찍 및 이들의 부분품, 조제우모와 그 제품, 조화, 인모제품

1. 개 설

제12부에는 주로 사람의 신변에 사용되는 물품인 신발류, 모자류, 산류와 스틱류 등과 이들 물품의 부분품 및 조화와 인모의 제품이 분류된다.

2. 류별 구성

제12부는 다른 부와는 달리 부주가 없고, 부의 표제 다음에 바로 제64류가 있다. 따라서 이 부의 물품들을 체계적으로 품목분류하기 위하여 제64류 내지 제67류의 4개 류의 본문으로 구성되어 있다. 특히 각 류에는 류주가 있으며 류별 표제는 다음과 같다

[류별 표제]

제64류	신발류, 각반 및 이와 유사한 것과 이들의 부분품
제65류	모자류와 그 부분품
제66류	산류·지팡이·시트스틱·채찍 및 이들의 부분품
제67류	조제우모와 솜털 및 그 제품, 조화, 인모제품

第64류 신발류, 각반 및 이와 유사한 것과 이들의 부분품

1. 개 요

제64류에는 신발이 분류되는 것으로 형상, 크기, 용도, 제조방법 또는 구성재료에 관계없이 각종의 신발이 분류된다. 또한 각반, 레깅 및 이와 유사한 물품과 이들의 부분품이 포함된다. 그러나 바닥이 없는 신발이나 신발덮개(구성재료로 분류), 방직용 섬유재료제 신발(제11부), 석면제 신발(제68류), 정형외과용 신발(제90류), 완구용·운동용품(제95류)은 다른 류에 분류된다.

2. 분류구조

신발류는 신발과 신발부분품의 2개의 범주로 나누고 6개의 호(제6401호 내지 제6406호)에 분류한다.

1) 신발(제6401호 내지 제6405호)

① 갑피－바깥바닥: 고무 또는 플라스틱의 방수신발(제6401호)과 기타 신발(제6402호)

② 갑피－가죽, 바깥바닥－고무·플라스틱 또는 가죽(제6403호)

③ 갑피－방직용 섬유재료, 바깥바닥－고무·플라스틱 또는 가죽(제6404호)

④ 갑피－바깥바닥: 기타 재료(제6405호)

2) 신발류의 부분품, 갈아끼는 안창과 힐 쿠션과 이와 유사 물품 및 각반, 레깅과 이와 유사 물품과 이들 부분품(제6406호)

3. 분류원칙

제목	규정내용	비고
부분품	2. 제6406호의 부분품에는 못, 프로텍터, 아일렛, 후크, 버클, 장식끈, 레이스, 폼퐁 또는 기타의 트리밍(각각 해당하는 호에 분류)과 제9606호의 단추 또는 기타의 물품을 포함하지 아니한다.	제64류 류주2

고무와 플라스틱	3. 제64류에서 가. 『고무』와 『플라스틱』이라는 용어에는 육안으로 볼 수 있는 고무나 플라스틱의 표면층을 가진 직물 또는 기타 방직용 섬유제품을 포함한다. 이 경우에 색채의 변화는 고려하지 아니한다. 나. 『가죽』이라 함은 제4107호 및 제4112호 내지 제4114호의 물품을 말한다.	제64류 류주3
갑피 또는 바깥바닥의 재료의 결정	4. 갑피 또는 바깥바닥의 재료의 결정에 대하여는 주3의 규정을 전제로 하여 다음에 정한 바에 의한다. 가. 갑피의 재료는 외부표면적이 가장 넓은 면의 구성재료에 의하여 결정된다(앵글패치, 에징, 장식품, 버클, 탭, 아이렛스테이 또는 이와 유사한 부착물 등의 부속품 및 보강재는 갑피의 구성재료의 결정에 있어서는 고려하지 아니한다). 나. 바깥바닥의 재료는 접지하는 외부 표면적이 가장 넓은 면의 구성재료에 의하여 결정된다(스파이크, 바, 못, 프로텍터 또는 이와 유사한 부착물 등의 부속품 및 보강재는 바깥 바닥의 구성재료의 결정에 있어서는 이를 고려하지 아니한다).	제64류 류주4
스포츠용 신발류	1. 제6402.12호, 제6402.19호, 제6403.12호, 제6403.19호 및 제6404.11호에서 『스포츠용 신발류』라 함은 다음의 경우에만 적용된다. 가. 스포츠 활동용으로 제작된 것으로 스파이크·스프리그·스톱·클립·바 및 이와 유사한 부착물을 붙였거나 붙이도록 준비된 신발 나. 스케이팅부츠·스키부츠 및 크로스컨츄리 스키화·스노우보드부츠·레슬링부츠·복싱부츠 및 사이클화	제64류 소호주1

4. 제외 물품

① 바닥을 대지 않고 얇은 소재(예: 지와 플라스틱 판)로 만든 일회용 신발류 및 신발 덮개(구성재료에 의해 분류)

② 방직용 섬유재료로 만든 신발류(바깥바닥과 갑피를 접착제로 붙인 것, 바느질한 것 또는 기타 방법으로 붙인 것은 제외)(제11부)

③ 사용하던 신발류(제6309호)

④ 석면제품(제6812호)

⑤ 정형외과용 신발·기타 정형외과용 기기 또는 이들 부분품(제9012호)

⑥ 완구용 신발 또는 아이스 스케이트나 롤러 스케이트가 붙은 스케이팅부츠, 정강

이 보호구 또는 이와 유사한 보호용 운동용품(제95류)

5. 해 설

(1) 신발류(제64류)의 분류범위

· 신발류:

– 레이스·리본으로 조절가능한 갑피가 있는 샌달에서부터 타이부츠까지 분류된다.

– 석면을 제외한 고무·가죽·플라스틱·목재코르크·방직용 섬유, 펠트, 부직포, 모피, 조물재료 등의 여러 재료로 만든다.

· 신발의 부분품, 갈아 끼우는 안창과 힐쿠션 및 이와 유사 물품, 각반·레깅 및 이와 유사 물품과 이들의 부분품도 포함된다.

[신발(제64류)의 구성재료별 분류]

<table>
<tr><th rowspan="2">구분</th><th colspan="2">구성재료</th><th rowspan="2">호</th></tr>
<tr><th>갑피</th><th>바깥바닥</th></tr>
<tr><td rowspan="4">신발류</td><td>고무·플라스틱</td><td>고무·플라스틱</td><td>제6401호, 제6402호</td></tr>
<tr><td>가죽</td><td>고무·플라스틱 또는 가죽</td><td>제6403호</td></tr>
<tr><td>방직용 섬유재료</td><td>고무·플라스틱 또는 가죽</td><td>제6404호</td></tr>
<tr><td colspan="2">기타 재료</td><td>제6405호</td></tr>
<tr><td rowspan="2">부분품</td><td colspan="2">신발 부분품</td><td rowspan="3">제6406호</td></tr>
<tr><td colspan="2">교체용: 안창, 힐쿠션 및 이와 유사 물품</td></tr>
<tr><td>다리덮개</td><td colspan="2">각반, 레깅 및 이와 유사 물품, 이들 부분품</td></tr>
</table>

(2) 신발류(제64류)의 분류원칙

신발류의 분류는 바깥바닥과 갑피의 구성재료에 의해 다음에 의하여 결정한다.

① 갑피(upper)의 재료는 외부표면적이 가장 넓은 면의 구성재료에 의하여 결정한다. 다만, 앵글패치, 에징, 장식품, 버클, 탭, 아이렛스테이 또는 이와 유사한 부착물 등의 부속품 및 보강재는 갑피의 구성재료의 결정에서 고려하지 않는다.

② 바깥바닥(outer sole)의 재료는 접지하는 외부 표면적이 가장 넓은 면의 구성재료에 의하여 결정한다. 다만, 스파이크, 바, 못, 프로텍터 또는 이와 유사한 부착

물 등의 부속품 및 보강재는 바깥 바닥의 구성재료의 결정에 있어서는 이를 고려하지 않는다.

③ 불완전 또는 미완성 갑피에 바깥바닥을 부착시킨 부츠 또는 구두 밑부분은 신발의 부분으로는 보지 않고 신발로 간주한다.

(3) 스포츠용 신발(제64류)

스포츠용 신발류라 함은 다음 물품을 말한다.

① 스포츠 활동용으로 제작된 것으로 스파이크, 스프리그, 스톱, 클립, 바 및 이와 유사 부착물을 붙였거나 붙이도록 준비된 신발

② 스케이팅부츠, 스키부츠와 크로스컨츄리 스키화, 스노우보드부츠, 레슬링부츠, 복싱부츠, 사이클화

제65류 모자류와 그 부분품

1. 개 요

제65류에는 모자류가 분류된다. 이 류의 모자류는 구성 재료나 용도에 관계없이 펠트제, 편물제 및 기타 고무, 플라스틱 등의 각종 재료제의 모자와 헤어네트가 분류되고 또한 모자의 부착물인 밴드, 내장제, 커버 등도 포함된다.

2. 분류구조

모자류는 3개 범주로 구분하고 6개의 호(제6501호 내지 제6507호; 제6508호 유보)에 분류한다.

1) 미완성의 모체(제6501호와 제6502호)

2) 모자(제6504호 내지 제6506호): ① 펠트제, ② 방직용 섬유직물제, ③ 기타 재료제의 모자

3) 모자부착물(제6507호): 모자의 밴드·내장재, 커버 등

* 제6503호 공란 유보

3. 분류원칙

제목	규정내용	비고
봉합모체	2. 제6502호에서는 봉합하여 만든 모체를 제외한다. 다만, 대를 단순히 나선형으로 봉합하여 만든 모체는 그러하지 아니한다.	제65류 류주2

4. 제외 물품

① 동물용 모자(제4201호)

② 사용하던 모자(제6309호)

③ 가발 및 이와 유사 물품(제6704호)

④ 석면제의 모자(제6812호)

⑤ 인형모자, 기타 완구용 모자 또는 카니발 용품(제95류)

5. 해　　설

(1) 모자(제65류)의 분류범위

· 모체:

- 미성형, 차양을 붙이지 아니한 것, 플래토우 및 맨숀(제6501호)
- 대로 엮거나 결합한 것으로 미성형, 차양을 붙이지 아니한 것, 안을 대지 아니한 것 또는 장식하지 아니한 것(제6502호)

· 모자:

- 펠트제 모자, 대로 엮은 것, 결합한 모자
- 방직용 섬유직물류의 모자 및 각종 재료제의 헤어너트(제6505호)
- 스포츠용·소방수용·오토바이·광부 또는 건축인부용 헬멧, 수영모자 등 기타 모자(제6506호)

· 모자의 부분품(제6507호): 밴드, 내장재, 커버, 해트파운데이션, 해트프레임, 챙과 턱끈

[모체와 모자의 재료별 분류(제65류)]

모자 구성재료별	모체	플래토우와 맨숀	모자	헤어네트
·펠트제	제6501호	제6501호	제6505호	–
·각종 재료제(대로 엮거나 결합한 것)	제6502호	–	제6504호	
·편직물, 원단상레이스, 펠트·기타 방직용 섬유직물	–	–	제6505호	[제6505호]
·기타 재료	–	–	제6506호	–
·모자용 부착물	[제6507호]			

* 제6503호: 공란 유보

(2) 모체(제6501호·제6502호)

미성형·차양 미부착·안을 대지 아니한 것·장식하지 아니한 모체를 분류한다.

펠트제의 모체(hat-form), **플래토우 및 맨숀**(manchon)(제6501호)　이들은 펠트제로서 미성형과 차양이 붙이지 아니한 것이다. 처리한 털을 모자형에 평탄하게 부착시켜 수증기를 살포한 후 원추모형을 펠트화시키고, 경화와 수축 공정을 거친다. 펠트제 플래토우(plateaux)와 펠트제 맨숀(manchon)이 포함된다.

대를 엮은 것 또는 결합하여 만든 모체(제6502호)　섬유 또는 각종 재료를 엮거나 또는 결합하여 만든 것이다. 이 호에는 봉합하여 만든 모체를 제외한다. 다만, 대를 단순히 나선형으로 봉합하여 만든 모체는 그러하지 아니한다.

(3) 모자와 이들 부분품(제6503호 내지 제6507호)

각종 재료로 만든 모자가 분류되며, 안을 댄 것 또는 장식한 것인지의 여부를 불문하고 분류한다.

펠트제 모자(제6503호)　제6501호의 해트보디, 후드와 플래토우로 만든 펠트제 모자와 기타 펠트제 모자가 분류되며, 단순히 모자형으로 성형되기만 한 것과 차양을 붙인 후드도 포함한다.

대를 엮은 것 또는 결합하여 만든 모자(제6504호)　주로 제6502호의 모체로 만든 모자류가 분류되며 모자를 성형 후 차양을 붙였거나 또는 안을 대거나 장식한 것이다. 각종 재료제의 대를 엮은 것 또는 결합하여 만든 것에 한하며 안을 댄 것 또는 장식한 것인지의 여부를 불문한다.

방직용 섬유의 직물류로 만든 모자(제6505호) 메리야스 또는 뜨개질로 만드거나, 원단상의 레이스·펠트 또는 기타 방직용 섬유의 직물류로 만든 모자가 분류된다.

예: 모자, 베레모, 동양풍 모자류, 끝이 뾰족한 모자류, 직업용 및 종교용 모자류, 요리사모·수녀모·간호사모 및 웨이트레스 모자 등, 방수모자, 후드(hoods), 남자 정장용 체모

각종 재료제의 헤어너트(제6505호)

기타 모자(제6506호) 안전모, 수영모, 가죽·콤퍼지션 레더제 모자류, 모피·인조모피제 모자류, 우모·조화제 모자류, 금속제 모자류

모자용 부분품과 부속품(제6507호) 모자용 밴드(head-bands), 내장재와 내장재부분품, 카버, 해트파운데이션, 해트프레임, 픽(peak), 턱끈(chinstraps)

[용어]

용어	주요 내용	비고
hat	테(brim)가 달린 모자를 총칭하나, 때로눈 cap type의 모자를 포괄하기도 한다. 테는 모자의 테두리 부분을 가르킨다.	사전
cap	테가 없는 모자를 가르키며, 보통 챙이 있는 모자를 말한다. 챙은 햇빛가리는 앞부분 차양부분을 말한다.	사전
헤어네트 (hairnet)	머리카락이 흐트러지지 않도록 여자들의 머리 위에 사용하는 가는 실로 짠 그물모양의 물품을 말한다.	사전

제66류 산류·지팡이·시트스틱·채찍 및 이들의 부분품

1. 개 요

제66류에는 우산·양산·지팡이 겸용 우산·정원용 산류 등의 각종 산류, 지팡이와 좌석겸용 지팡이(시트스틱) 및 승마용 채찍과 일반 채찍 등이 분류되고 이들 물품의 부분품과 부속품이 포함된다.

2. 분류구조

산류, 지팡이, 채찍 등을 3개(제6602호 내지 제6603호)의 호에 구분 분류한다.

1) 산류(제6601호): 우산, 양산, 정원 등, 지팡이 겸용 등
2) 지팡이·시트스틱 및 채찍류(제6602호): 각종 구성재료의 것
3) 부분품과 부속품(제6603호): 각종 재료제의 손잡이, 프레임, 우산대

3. 분류원칙

제목	규정내용	비고
방직용 섬유재료제의 부분품·부속품 분류	2. 제6603호에서는 방직용 섬유재료제의 부분품·트리밍 및 부속품 또는 각종 재료제의 커버·술·가죽끈·산류의 케이스 또는 이와 유사한 것을 제외하되, 이러한 물품들이 제6601호 또는 제6602호의 물품과 함께 부착되지 아니한 상태로 제시되는 경우에는 당해 물품을 구성하는 부분품으로 취급하지 아니하고, 각각 해당하는 호에 분류한다.	제66류 류주2

4. 제외 물품

① 자겸용의 지팡이 또는 이와 유사한 물품(제9017호)
② 장총·장검·연을 박은 지팡이 또는 이와 유사한 물품(제93류)
③ 제95류의 물품(예: 완구용 산류)

5. 해 설

(1) 산류, 지팡이, 시트스틱 및 채찍의 분류범위

· 산류(제6601호): 지팡이 겸용 우산·정원용 산류 및 이와 유사한 산류를 포함한다.
· 지팡이·시트스틱·채찍·승마용 채찍 및 이와 유사 물품(제6602호)
· 위의 부분품과 부속품(제6603호)

[산류·지팡이·시트스틱·채찍의 분류(제66류)]

품명		부분품·부속품
·산류와 유사 산류	제6601호	제6603호
·지팡이, 시트스틱, 채찍 및 이와 유사 물품	제6602호	

(2) 산류, 지팡이, 시트스틱 및 채찍의 부분품과 부속품(제6603호)의 분류원칙

산류, 지팡이, 시트스틱 및 채찍에 부착된 물품으로서 방직용 섬유재료제의 부분품·트리밍 및 부속품 또는 각종 재료제의 커버·술·가죽끈·산류의 케이스 또는 이와 유사한 것은 당해 물품에 분류(제6601호·제6602호)되나, 이들 물품과 함께 제시되나, 부착되지 아니한 것은 이들의 부분품이나 부속품으로 분류(제6603호)하지 않고 각각 해당하는 호에 분류한다.

예: 손잡이(handle), 프레임, 우산살, 우산대, 채찍 자루, 고리쇠(runners), 리브팁(rivtips), 오픈컵(open cups)과 팁컵(tip cups), 페롤(ferrule)·스프링·칼라(collar)·산류의 기둥에 부착되는 틸팅장치(tilting device) 등

제67류 조제우모와 솜털 및 그 제품, 조화, 인모제품

1. 개 요

제67류에는 표백, 염색, 또는 웨이브 등으로 특정 가공한 우모와 솜털, 섬유, 가죽, 플라스틱, 고무, 패각, 우모 등의 재료로 만든 인조의 꽃·잎·과실 등으로 만든 각종 조화, 정돈하거나 가공한 인모와 가발이나 또는 방직용 섬유재료로 만든 가발, 가수염, 눈썹 등의 제품이 분류된다.

2. 분류구조

조제우모와 솜털, 이들 제품, 조화와 인모제품은 재료와 제품별로 3개 범주로 나누

고 4개의 호(제6701호 내지 제6704호)에 분류한다.

1) 우모와 솜털 및 이들 제품(제6701호): 우모, 솜털, 이들의 부채, 모자, 목도리 등
2) 인조조화(제6702호): 각종 재료로 만든 꽃·잎·과실·화환 등
3) 가발제조용 섬유와 제품인 모와 인모제품(제6703호·제6704호): 가발용 섬유, 가발, 가수염

3. 분류원칙

제목	규정내용	비고
제외 물품	2. 제6701호에서는 다음의 것을 제외한다. 가. 우모 또는 솜털을 충전물로만 사용한 물품(예: 제9404호의 침구) 나. 우모 또는 솜털을 단순히 트리밍 또는 충전물로만 사용한 의류 및 의류 부속품 다. 제6702호의 인조의 꽃이나 잎 또는 이들의 부분품이나 이들로 제조된 물품	제67류 류주2
제외 물품	3. 제6702호에서는 다음의 것을 제외한다. 가. 유리제품(제70류) 나. 도자기, 석, 금속, 목재 또는 기타 재료로 만든 인조의 꽃, 잎 또는 과실로서 성형, 단조, 조각, 타인 또는 기타의 방법에 의하여 단일체로 만든 것이거나 이들의 부분품들이 결속, 접착, 부착 또는 이와 유사한 방법 외의 방법에 의하여 조립된 것.	제67류 류주3

4. 제외 물품

① 인모제의 여과포(제5911호)
② 레이스, 자수포 또는 기타 방직용 섬유의 직물류로 만든 꽃모양의 모티프(제11부)
③ 모자류 또는 헤어네트(제65류)
④ 우모 또는 솜털을 충전물로만 사용한 물품(예: 제9404호의 침구)
⑤ 완구·운동용구 또는 카니발 용품(제95류)
⑥ 우모제의 털채·화장용 분첩 또는 인모제의 체(제96류)

5. 해 설

(1) 제67류의 분류범위

· 우모 또는 솜털이 붙은 새의 피와 기타 부분, 우모와 솜털 및 이들의 제품(제6701호)

- 우모 또는 솜털이 붙은 새의 피와 기타 부분
- 우모 및 솜털, 우모의 부분품을 청정, 소독이나 보전을 위해 단순 처리 이외의 가공을 한 것: 표백·염색·컬(curl) 또는 웨이브 가공한 것
- 우모 또는 솜털이 붙은 새의 피와 기타 부분으로 만든 제품
- 우모·솜털 또는 우모의 부분으로 만든 제품

· 인조의 꽃, 잎 및 과실, 이들 부분품 및 이들 제품(제6702호)

- 방직용 섬유재료·펠트·종이·플라스틱·고무·가죽·금속의 박·우모·패각 또는 동물성 원료제의 기타 재료로 만든 것

· 가발 또는 이와 유사 물품의 제조용의 방직용 섬유재료 인모와 인모제품(제6703호제6704호)

- 가발·이와 유사 물품의 제조용으로 조제한 양모나 기타의 수모 또는 기타 방직용 섬유재료
- 인모제나 수모제 또는 방직용 섬유재료제로 만든 가발·가수염·눈썹·속눈썹·스위치 등
- 정돈·표백 또는 기타 가공한 인모 및 인모제품

[각종 모와 모제품의 가공별 분류(제67류)]

가공단계별 / 재료별	가공·용도			제품	
	단순처리 (세척·소독·보존 등)	기타 가공처리	가발 등 제조용	꽃잎·과실, 이들 부분품·제품(조화)	가발 등
· 우모와 솜털	[제0505호]	제6701호	–	제6702호	제6703호
· 솜털 붙은 조피와 기타 부분	–	제6701호	–	–	–
· 인모	[제0501호]	제6703호	–	–	제6703호
· 양모·수모·방직용 섬유재료	–	–	제6703호	제6702호	제6703호

·플라스틱·고무·가죽·지·펠트·금속박·우모·패각 또는 동물성 기타 재료 등	[재질별 분류]	[재질별 분류]	–	제6702호	–

(2) 우모·솜털이 붙은 새의 피와 기타 부분, 우모와 이들 부분, 솜털 및 이들의 제품(제6701호)

이 호에는 다음 물품을 분류한다.

- 우모 또는 솜털(feather and down)이 붙은 새의 피와 기타 부분
- 우모 및 솜털·우모의 부분품으로서 제품으로 되어있지 않으나 청정, 소독이나 보전을 위해 단순 처리 이외의 가공을 한 것: 표백·염색·컬(curl) 또는 웨이브 가공한 것도 있다.
- 우모 또는 솜털이 붙은 새의 피와 기타 부분으로 만든 제품
- 우모·솜털 또는 우모의 부분으로 만든 제품

[제외 물품]

① 우모·솜털을 충전물로만 사용한 물품(예: 제9404호의 침구)

② 우모·솜털을 단순히 트리밍 또는 충전물로만 사용한 의류 및 의류 부속품

③ 인조의 꽃이나 잎 또는 이들의 부분품이나 이들로 제조된 물품(제6702호)

[우모·털붙은 새피와 기타 부분·우모·솜털 및 이들 제품의 분류]

물품내용	분류
·우모와 솜털: 가장자리가 정리된 것, 미가공인 것, 세척·소독 또는 보존처리된 것, 소매용 포장된 것, 수송의 편의를 위하여 한데 묶은 우모	제0505호
·우모 또는 솜털로 만든 신발	제64류
·우모 또는 솜털로 만든 모자	제65류
·표백·염색 또는 곱슬곱슬하게 한 것, 물결무늬를 한 우모와 솜털	제6701호
·인조의 꽃, 잎, 과실	제6702호
·충전물로 사용한 침구류	제9404호
·우모제 다트 또는 낚시찌	제95류
·가공한 우축과 우경: 이쑤시게	제9601호
·우모제 먼지털이	제9603호
·솜털로 만든 퍼프와 패드	제9616호

[인조의 조화, 꽃, 잎 및 과실과 이들 제품의 분류]

물품내용	분류
· 천연의 꽃과 잎	제0603호 · 제0604호
· 레이스·자수 또는 기타 방직용 섬유의 직물로 만든 꽃모양 장식	제11부
· 인조의 꽃 또는 잎으로 만든 모자류	제65류
· 방직용 섬유재료·펠트·종이·플라스틱·고무·가죽·금속의 박·우모·패각 또는 동물성 원료제의 기타 재료로 만든 인조조화 등	제6702호
· 유리제품	제70류
· 조화 등의 줄기를 만들기 위하여 단순히 일정한 길이로 절단하고 방직용 섬유의 직물·종이 등을 입힌 철선	제15부
· 완구·카니발 용품으로서 명백히 인정할 수 있는 물품	제95류

(3) 가발, 가수염 이와 유사 물품 제조용 인모와 방직용 섬유재료 및 이들 제품(제6703호·제6304호)

가발 또는 이와 유사 물품 제조용의 인모, 양모, 기타 수모 또는 방직용 섬유재료(제6703호)

- 인모: 포스티시(postiche) 또는 이와 유사한 용도에 사용하기 위해 정돈된 것 또는 기타 가공(예: 솎음·표백·염색·웨이브·컬)한 인모이다.
  * 『정돈된 것』이라 함은 모발의 분리된 필라멘트를 근단과 선단이 가지런하게 되도록 정돈해 놓은 모발을 말한다.
- 가발 또는 인형모 제조용으로 제조한 수모와 기타 방직용 섬유재료: 슬라이버로 된 물품(두 줄을 꼬아 땋은 끈모양, 물결모양, 곱슬곱슬한 것), 전체 염색한 인조섬유로 된 웨프트(weft)

인모, 수모 또는 방직용 섬유재료제로 만든 포스티시(postiche)의 제품(제6704호) 가발, 가수염, 눈썹, 속눈썹, 스위치 등

인모제품(제6704호)　달리 분류되지 않는 인모 직조물

[인모의 분류]

물품내용	분류
· 인모를 단순히 세척·세정 또는 길이에 따라 선별한 인모	제0501호
· 인모제의 여과포	제5911호
· 인모제 헤어네트	제6505호
· 분리된 필라멘트로 선단과 끝단을 가지런하게 정돈된 것을 정돈된 인모	제6703호
· 인모 제품(예: 경량직조물 등), 인모제의 가발, 가수염, 눈썹, 속눈썹	제6704호
· 모발용 수동식 체	제9604호

제12부 출제문제 및 연습문제

출제문제

[50점 문항]

[10점 문항]

1. 관세율표 제4012호, 제6309호 및 제9704호의 공통점을 설명하시오. [2001년]

연습문제

[50점 문항]

1. 제12부의 각 류별로 분류범위와 분류구성을 설명하시오.

[10점 문항]

1. 스포츠용 신발이란?
2. 신발의 바깥바닥 및 갑피라 함은?
3. 산류, 지팡이, 시트스틱 및 채찍의 부분품과 부속품(제6603호)의 분류원칙
4. 인모와 인모제품을 가공별 분류하여 보시오.
5. 우모와 솜털의 가공별 분류
6. 꽃과 잎에 천연, 인조 및 조화별로 분류하여 보시오.

문제풀이

1. 인모의 가공별 품목분류를 설명하라.
   (1) 인모를 다음과 같이 가공한 것은 제 5 류(제0511호)에 분류한다.
      ① 인모를 단순히 세척하거나 세정한 것
      ② 모근과 끝부분을 가지런히 정리하지 아니한 것
   (2) 인모를 다음과 같이 가공한 것은 제67류(제6703호)에 분류한다.
      ① 모근과 끝부분을 가지런히 정돈한 것
      ② 인모를 표백, 염색, curl 또는 wave 가공한 것

2. 우모와 섬털의 가공별 품목분류를 설명하라.
   (1) 다음과 같이 가공한 우모와 솜털은 제 5 류(제0505호)에 분류한다.
      ① 단순히 청정 소독한 것
      ② 단순히 가장자리를 정리한 것
   (2) 다음과 같이 가공한 우모와 솜털은 제67류(제6701호)에 분류한다.
      ① 단순 가공 이상으로 가공한 것
      ② 표백, 염색, curl 또는 wave 가공한 것

제13부 석·플라스터·시멘트·석면·운모 또는 이와 유사한 재료의 제품, 도자제품, 유리와 유리제품

1. 개 설

제13부에는 석, 플라스터, 시멘트, 석면, 운모 또는 이와 유사한 재료의 가공 물품과 제품, 광물성 울, 역청질 제품, 플라스터제품, 석면제품, 운모제품 등이 분류된다. 또한 소성 열처리하여 제조하는 도자제품 및 유리와 유리제품이 분류된다.

이들 물품들은 소성하지 아니한 광물성 재료의 물품 또는 석제품(제68류) 성형 후에 소성하여 제조하는 도자제품(제69류)과는 본질적으로 구별되며 구분되며, 유리화가 될 수 있는 혼합물이 완전히 용융되어 있는 유리제품(제70류)과도 구별되는 것이다.

2. 류별 구성

제13부는 다른 부와는 달리 부주가 없으며, 부의 표제 다음에 즉시 류의 표제로 이어진다. 이 부는 광물성 제품과 도자제품 및 유리의 생산품과 제품을 체계적으로 분류하기 위하여 제68류 내지 제70류의 3개류의 본문으로 구성되어 있다.

[류별 표제]

류	표제
제68류	석·플라스터·시멘트·석면·운모 또는 이와 유사한 재료의 제품
제69류	도자제품
제70류	유리와 유리제품

3. 총　　설

1) 석과 토석류의 제품, 도자제품 및 유리제품 제조공정

[석·플라스터·운모·유사 재료의 제품 제조공정]

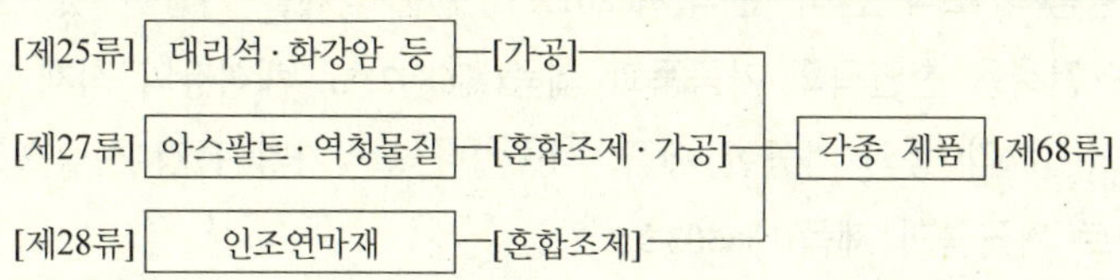

[도자제품 제조공정]

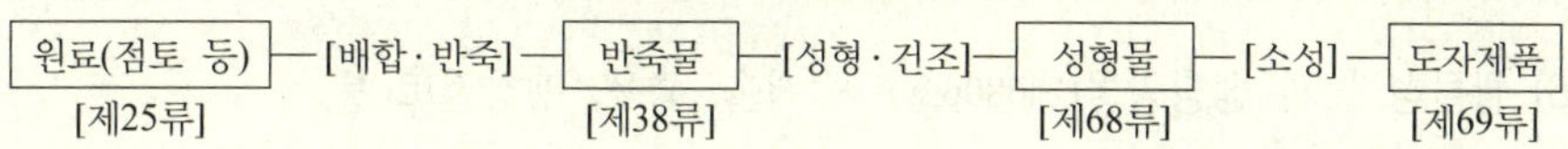

[유리 제조공정]

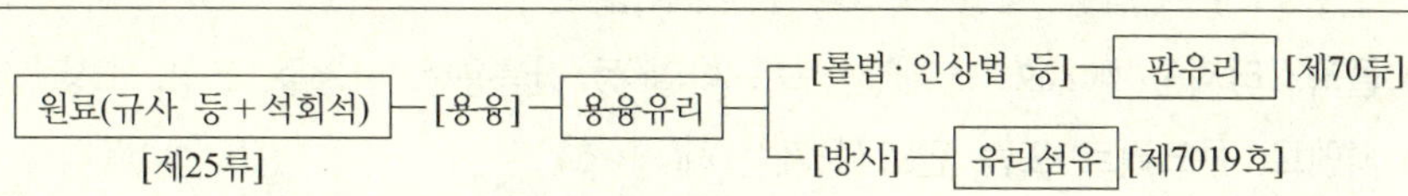

제68류　석·플라스터·시멘트·석면·운모 또는 이와 유사한 재료의 제품

1. 개　　요

제68류에는 주로 천연광물성 생산품을 가공·제조한 물품과 제품이 분류되는 것으로 천연석이나 석재의 가공품, 연마제의 제품, 광물성 울과 그 제품, 역청질제품, 플라스터제품, 석면제품, 운모제품 등이 분류된다.

2. 분류구조

광물성 생산품을 가공하거나 제조한 물품과 제품은 15개의 호(제6801호 내지 제6815호)에 구분하여 분류한다.

1) 도로포장용의 포석·연석·판석(제6801호): 천연 석재를 가공한 것

2) 비석용·건축용 천연석의 가공품과 제품(제6802호): 채석장의 석재 이상으로 가공한 것, 성형 또는 조각 등의 가공한 제품, 석공이나 조각가가 특정 형상으로 제조한 것

3) 슬레이트 가공품과 제품(제6803호)

4) 연마용·광택용·절단용 밀스톤, 그라인드스톤, 그라인딩휠(제6804호)

5) 분이나 입상의 연마제를 부착시킨 물품(제6805호): 연마지, 연마포, 목재의 연마봉 등

6) 광물성 울과 팽창광물(제6806호): 슬랙울, 록울, 팽창점토 등

7) 역청질제품(제6807호): 루핑보드, 건축용 보드 등

8) 식물성 재료를 시멘트·플라스터 등의 광물성 결합제로 응결한 것(제6808호): 건축용, 단열용 또는 흡음용 패널·보드타일·블록 등

9) 플라스터제품(제6809호): 패널·보드·타일 등 건축용품, 단조물, 조상, 소상, 장식품

10) 시멘트, 콘크리트 또는 인조석 제품(제6810호)

11) 석면 또는 시멘트의 제품(제6810호 내지 제6813호): 광물성 재료나 셀룰로오스를 기제로 한 마찰제, 각종 섬유류(예: 석면, 식물성 섬유, 인조섬유, 유리섬유, 금속섬유 등)를 수경성 접착제(시멘트 등)로 경화시킨 제품

12) 운모의 가공품과 제품(제6814호)

13) 기타 석제품과 광물성 재료의 제품(제6815호): 탄소섬유와 그 제품 등

3. 분류원칙

제목	규정내용	비고
가공한 비석용 또는 건축용의 석재	2. 제6802호의 『가공한 비석용 또는 건축용의 석재』에는 제2515호 또는 제2516호에 게기한 각종 석재뿐만 아니라 이와 유사하게 가공한 기타의 모든 자연석(예: 규석, 수석, 백운석과 동석)의 경우에도 이를 적용한다. 다만 슬레이트는 그러하지 아니한다.	제68류 류주2

4. 제외 물품

① 제25류의 제품

② 운모분 또는 흑연을 도포한 지, 역청물질 도포지 또는 아스팔트지(제4810호·제4811호)

③ 도포, 침투 또는 피복한 방직용 섬유의 직물(예: 운모분을 도포 또는 피복한 직물, 역청직물 또는 아스팔트 직물)(제56류·제59류)

④ 제71류의 물품. 제82류의 공구와 이들 부분품

⑤ 제8442호의 인쇄용 석판석, 애자(제8546호) 또는 제8547호의 절연재료제의 전기용 물품

⑥ 치과용 버어(burrs)(제9018호)

⑦ 제91류의 물품(예: 시계 및 시계케이스), 제94류의 물품(예: 가구, 램프와 조명기구, 조립식 건축물), 제95류의 물품(예: 완구, 유희용구 및 운동용구)

⑧ 제9602호의 물품으로서 제96류의 류주2나에 게기한 재료로 된 물품, 제9606호의 물품(예: 단추), 제9609호의 물품(예: 석필) 또는 제9610호의 물품(예: 도화용 석판)

⑨ 제97류의 물품(예: 예술품)

5. 해　　설

(1) 제68류의 분류범위

이 류에는 석·플라스터·시멘트·석면·운모 또는 이와 유사 재료의 제품으로 다음 물품이 분류된다.

① 제25류에서 규정한 일반적 가공방법 이상으로 가공한 물품

② 제25류에서 제외되는 물품: 포석·연석·판석, 모자이크큐브 및 슬레이트 등(제6801호 내지 제6803호)의 물품

③ 광물성 재료(제5부 물품)로 제조한 특정 물품: 시멘트 제품(제6810호), 루핑보드(제6807호)

④ 무기화학품(제28류)의 특정 재료로 제조한 물품: 인조연마제로 만든 연마지, 연

마포(제6805호) 등

위 ③과 ④의 물품에는 다음 물품도 포함된다.

- 결합제로 응집한 것, 충전제 함유한 것, 연마재나 운모의 제품에는 방직용 섬유재료, 지·판지 또는 기타 재료를 이장물이나 지지물로 보강된 것도 있다.
- 대부분의 물품과 완제품들은 구성재료의 성질보다 형상을 변형시키는 가공방법(예: 조형, 성형)에 의해 만든 것이다.
- 일부 응집하거나(예: 아스팔트제품, 결합물질을 유리화시킨 그라인딩휠) 또는 고압솥에서 경화시킨다. 원재료의 본래 성상을 변화시킨다(예: 용융법으로 제조한 슬랙울·용융현무암 등).

[석·플라스터·시멘트·석면·운모 또는 이와 유사 재료의 제품의 분류(제68류)]

구분	물품명·주요 내용	호
슬레이트와 기타 천연석재의 가공품과 제품	보도, 도로의 포장 또는 경계용으로 가공한 것(슬레이트 제외)	제6801호
	-가공한 비석용·건축용 가공석재와 제품(슬레이트 제외) -모자이크 큐브 및 이와 유사한 것(슬레이트 제품 포함, 뒷면보강한 여부 불문), -인공 착색한 천연석재(슬레이트 포함)의 입·세편 및 분	제6802호
	가공한 슬레이트와 슬레이트 제품 및 응결슬레이트의 제품	제6803호
천연석·응결연마제 또는 도자제 및 연마재료 분말과 입상제품	-연마·벼리기·광택·정형 또는 절단용의 것(프레임을 갖추지 아니한 것) -수지석과 이들 부분품(기타 재료제 부분품 부착 여부 불문)	제6804호
	천연·인조연마재료의 분·입상을 섬유, 지와 판지 등에 부착시킨 물품	제6805호
특정 가공처리한 광물성 재료	-섬유화(슬랙울·록울 및 유사 광물성 울), 박리·팽창한 광물성 재료 -단열용·방음용 또는 흡음용의 광물성 재료의 혼합물과 이들 제품	제6806호
아스팔트제품	아스팔트, 콜타르피치, 역청질의 혼합물 등의 제품	제6807호
판넬·보드·타일·블록 등	식물성 재료와 광물성 결합제로 응결한 물품	제6808호
플라스터제품	플라스터제품, 플라스터를 기제로 한 제품	제6809호

시멘트, 콘크리트 및 인조석제품	블록, 벽돌, 타일, 욕탕, 하수구, 침목, 꽃병, 화분, 장식품, 소형장식품, 테라조	제6810호
석면·섬유소-시멘트제품	시트와 타일, 창문턱, 문자와 숫자, 세면대, 하수구, 워셔와 조인트, 화분, 관	제6811호
가공석면과 제품, 이들 및 석면혼합물과 이들 제품	-석면섬유, 석면기제 혼합물·석면과 탄산마그네슘기제 혼합물 및 이들 혼합물제품 -석면제품(제6811호와 제6813호의 물품 제외)	제6812호
마찰재료와 이들 제품	브레이크용·클러치용 미장착 마찰재료와 제품(광물성 재료·셀룰로오스 기제)	제6813호
가공운모와 운모제품	가공운모, 운모제품(응결·재생 운모 포함, 지·판지 또는 기타 재료의 지지물에 부착 여부 불문)	제6814호
따로 분류되지 않는 기타 물품	석제품·기타 광물성 재료의 제품: 탄소섬유, 탄소섬유의 제품, 이탄제품 포함	제6815호

(2) 천연석(제25류)과 가공석(제68류)의 구분

제25류(천연석)의 분류물품	제68류(가공석)의 분류물품
① 괴상(덩어리상태)의 암석을 톱질이나 기타의 방법으로 거칠게 다듬거나 단순히 절단하여 직사각형, 정사각형 모양의 블록상·슬랩상으로 한 것 ② 천연의 장식용 수석(미가공품) ③ 분상 또는 입상의 천연암석(연마재료) 등	① 암석을 단순히 분할 절단한 것이라도 포석, 연석, 판석 등의 도로, 보도 등에 사용되는 것으로 인정되는 것(제6801호) ② 제25류에 규정한 가공 이상의 가공을 한 것: 표면을 연마한 것, 모서리를 깎은 것, 천공(구멍내기)한 것, 광택을 낸 것, 바니시를 칠한 것, 에나멜을 칠한 것, 기타의 장식 등의 가공을 한 것 ③ 표면을 연마한 장식용 수석(제6802호) ④ 분상·입상의 연마재료를 방직용 섬유, 지·판지 등에 부착시킨 것

(3) 천연석재를 가공한 물품과 제품(제6801호 내지 제6803호)

여기에는 주로 슬레이트와 기타 천연석재를 가공한 물품이나 제품이 분류된다.

천연석재(슬레이트 제외)**의 가공품과 제품**

- 보드·도로 또는 이와 유사장소의 포장·경계석용 가공석재(제6801호): 포석, 연석 및 판석

– 비석용 또는 건축용 가공석재와 제품(제6802호): 단순한 블록, 시트, 슬랩으로 조형한 것 이상으로 고도가공한 석재과 제품이 분류된다.

예: 부조, 드레스, 난간, 지주, 문과 문지방, 벽난로의 장식, 묘석, 경계선용 석과 이정표, 하수구, 통, 화분, 토대, 조상과 소상, 대좌, 십자가, 꽃병, 재떨이, 문진, 인조과실과 잎

슬레이트와 천연석재의 가공품과 제품

– 천연석재(슬레이트 포함)의 모자이크 큐브와 이와 유사한 것(제6802호): 소형 모자이크 큐브

– 인공착색한 천연석재(슬레이트 포함)의 입·세편 및 분(제6802호): 진열용 착색 입

– 천연슬레이트의 가공품과 제품 및 응결 슬레이트의 제품(제6803호): 천연슬레이트를 정·직사각형의 블록상, 슬랩상 또는 시트상 이외의 가공한 물품과 제품

예: 벽용 타일, 판석과 슬랩, 수통과 저수통, 세면대, 하수구 낙수홈통석

(4) 밀스톤·그라인드스톤·그라인딩휠과 이와 유사 물품 및 수지석과 이들 부분품(제6804호)

이 호에는 밀스톤·그라인드스톤·그라인딩휠 및 이와 유사한 것 및 수지석이 분류된다. 특히 이 호에는 원칙적으로 응결 또는 비응결된 천연석(예: 사암, 화강암, 백운석, 석영), 응결한 천연 또는 인조의 연마재료(예: 금강사, 경석, 트리포리, 규조토, 강옥, 탄화규소, 석류석, 다이아몬드, 탄화붕소 등) 또는 도자재료로 만든 것이어야 한다. 다음 물품이 있다.

① 파쇄용, 분쇄용, 펄핑용 등의 밀스톤과 그라인드스톤

② 칼붙이, 공구 등의 벼리기용 그라인드스톤: 수공구·페달식 또는 동력식 기기에 부착된다.

③ 그라인딩휠·헤드·디스크·포인트 등: 금속, 석, 유리, 플라스틱, 도자기, 고무, 가죽, 아이보리 등을 다듬기, 연마, 벼리기 정형 또는 절단을 위한 기계공구, 전동공구 또는 압축공기식 수공구에 사용되는 것이다.

④ 수지식 폴리싱스톤·웨트스톤·오일스톤·혼 및 이와 유사한 것(핸들 유무 불문): 금속 또는 기타 재료를 갈기·벼리기·광택을 내게 하기 위해 직접 손으로 사용하는 것이다.

[제6804호와 제82류의 공구와의 구분]

제6804호의 공구	제82류의 공구
-주로 연마재료로 구성된 공구뿐만 아니라 금속제의 자루에 극히 작은 연마헤드만을 부착시킨 공구, 강성 물질(금속, 목재, 플라스틱, 코르크 등)의 중앙 또는 심에 응결한 연마재료의 층을 고정시킨 공구(예: 연마재로 만든 테두리를 부착하거나 또는 연마재를 주위에 부착시킨 금속제의 절단디스크)를 분류한다. -연삭반용의 연마용품(연삭반에 고정시키는 지지구에 부착된 여부 불문).	-연마재료 첨가한 후에도 그것의 동일성과 기능이 그대로 남아 있는 절단용의 치, 홈통, 자국 등을 갖는 공구만을 분류한다. -즉, 제6804호의 물품과는 달리 연마재료를 첨가하지 않아도 본래 용도에 사용될 수 있는 공구가 분류된다. 그러므로 연마재료로서 피복된 절단치를 갖는 톱은 제8202호에 분류한다.

(5) 광물성 울, 팽창 광물성 재료(제6806호)

광물성 울(mineral wool) 슬랙울(slag wool)과 록울(rock wool), 세라믹울(ceramic wool)이 있다. 슬랙울과 록울은 화강암·현무암·석탄석 또는 백운석을 용융하고 원심분리 또는 공기분사하여 섬유상으로 만든 것이다. 세라믹 섬유는 알루미나와 실리카를 용융하여 흡입법 또는 압출법으로 섬유상을 집속한 것이다.

팽창한 광물성 재료 박리버미큐라이트, 팽창 진주암·록니석 또는 흑요석, 팽창 점토, 다포슬랙

[광물성 재료와 가공한 광물성 재료의 분류]

품명	분류
점토	제2507호·제2508호
진주암	제2530호
활성점토	제3802호
활성화한 천연광물성 물질	제3802호
팽창 점토	제6806호
팽창한 광물성 재료: 팽창 진주암, 팽창 버미큐라이트 등	제6806호
용융슬랙: 물에 용융슬랙을 부어 만든 것	제2618호
다포슬랙: 용융슬랙에 물을 부어 만든 것	제6806호

(6) 광물성 재료와 이들 혼합물과 제품 및 광물성 결합제로 한 제품 (제6806호 내지 제6813호)

구분[호]	주요 물품내용
단열용, 방음용 또는 흡음용의 광물성 혼합물 및 이들 제품 [제6806호]	광물성 혼합물: 규조토, 규산질흙, 탄산마그네슘 등의 혼합물, 또한 이들에 플라스터, 슬랙, 코르크, 톱밥이나 대패밥, 섬유 등을 첨가하거나, 광물성 울, 석면(5% 이하)이 함유하기도 한다. 예: 블록, 시트, 타일, 관, 코드, 패드 등
아스팔트 제품 또는 이와 유사 재료의 제품 [제6807호]	아스팔트, 역청물질, 콜타르피치, 석유역청, 역청질의 혼합물 등의 제품: 보통 사, 슬랙, 백묵, 플라스터, 시멘트, 활석, 석면섬유, 목재섬유, 톱밥 코르크설 및 천연수지와 같은 충전물을 함유하고 있다. 예: 판, 벽돌, 타일, 부석, 루핑보드, 건축용 보드, 주조·성형한 관과 용기
판넬·보드·타일·블록 및 이와 유사한 물품 [제6808호]	식물성 재료를 광물성의 결합제로 응결 또는 주조하여 만든 물품이다. 예: 건축용, 단열용, 방음용, 흡음용의 판넬, 보드, 타일, 블록 등
플라스터 또는 플라스터를 기제로 조합한 제품 [제6809호]	플라스터를 주성분으로 한(스튜코우, 파이버러스 플라스터, 명반플라스터) 제품 예: 건설용 판넬·보드·시트 또는 타일, 조상과 소상, 장식물, 접시, 꽃병, 주조제품
시멘트제품, 콘크리트제품 및 인조석제품 [제6810호]	시멘트, 콘크리트 또는 인조석을 주형법, 압축법 또는 원심법으로 제조된 제품 예: 블록, 벽돌, 타일, 천정, 판석, 빔, 경계석, 녹석, 난간, 목욕통, 하수구, 변기, 수통, 묘석, 스탠다드, 멘틀피스, 꽃병, 화분, 소상, 동물상, 소형장식품
석면 시멘트제품·셀룰로오스파이버 시멘트제품 또는 이와 유사 제품 [제6811호]	섬유류(강화재)와 수경성 접착제의 혼합물로 된 제품: 시트와 타일, 가구제조용의 시트, 창문턱, 신호판, 문자와 숫자, 파형의 판, 저수통·수통·세면대·하수구, 패킹용의 워셔와 조인트, 화분, 케이블도관, 연돌 갓 등
가공석면과 석면제품, 석면을 기제로 한 혼합물과 이들 제품 [제6812호]	-가공 석면섬유: 석면의 단사, 복합사 -석면기제 혼합물: 석면과 탄산마그네슘, 셀룰로오스파이버, 톱밥, 경석, 활석, 플라스틱, 규산질토, 슬랙, 산화알루미늄, 유리섬유, 코르코 등의 혼합물 -가공석면 또는 석면 혼합물의 제품: 코드, 플레이트, 절단 직

	물, 스트립, 관, 조인트, 용기, 필터 블록, 보호용 의류, 모자, 장갑, 후드와 마스크, 신발, 장화 등
브레이크용·클러치용 등의 마찰재료와 이들 제품 [제6813호]	석면, 기타 광물성 재료 또는 셀룰로오스를 기제로 제조한 것(장착되지 아니한 것): 시트, 롤, 대, 세그먼트, 디스크·와셔, 패드

* 식물성 재료: 식물성 섬유, 짚, 갈대, 목재의 대패밥, 톱밥, 파티클 또는 목재웨이스트
* 광물성 결합제: 시멘트, 플라스터, 석탄 또는 규소소다 등
* 친화성 섬유류: 석면, 셀룰로오스 등의 식물성 섬유, 합성중합체, 유리섬유, 금속섬유
* 수경성 접착제: 시멘트 등

(7) 무기질 섬유의 분류

무기섬유	분류
· 석면섬유: 두들겨 펴거나, 세정, 선별 또는 등급선별한 것	제2524호
· 광물성 울(mineral wool): 슬랙울(slag wool)과 록울(rock wool), 세라믹울(ceramic wool)	제6806호
· 카아드, 염색된 석면섬유	제6812호
· 카본섬유(carbon fiber)	제6815호
· 유리섬유(glass fiber)	제7019호

(8) 석면과 이들 제품의 분류

물품 내용	분류
· 석면섬유을 조제한 것, 길이에 따라 단순히 등급을 매긴 것, 두들겨 편 것 또는 세정한 것	제2524호
· 석면의 분 또는 플레이크	제2524호
· 충전물로서 석면을 함유하고 있어도 주로 플라스틱으로 된 재료와 제품	제39류
· 석면시멘트제품	제6811호
· 석면제의 지, 판지 및 펠트는 석면시멘트제의 시트	제6811호

· 가공석면: 카아드, 염색된 석면섬유	제6812호
· 석면제품: 석면의 사·직물·의류·모자·신발 또는 개스킷	제6812호
· 석면을 기재로 한 혼합물, 석면과 탄산마그네슘의 혼합물 및 이들의 제품	제6812호
· 석면을 기재로 한 마찰재료	제6813호

(9) 운모제품의 분류

· 분상의 운모와 웨이스트	제2525호
· 운모분을 도포시킨 지 또는 판지	제4810호 · 제4814호
· 운모분을 도포한 직물	제5907호
· 가공한 운모, 천연운모, 응결 또는 재생 운모의 제품	제6814호
· 전기기구용의 운모제 절연체 및 기타의 운모제 절연부분품	제8546호～제8548호
· 운모제 불전도성 콘덴서(축전기)	제8532호
· 운모제의 보호용 안경과 이들의 접안렌즈	제9004호
· 크리스마스트리 장식 형상인 운모	제9505호

[용어]

제목	주요 내용	비고
포석(setts)	포석은 보통 면이 정·직사각형이고 거친 입방체이거나 끝을 자른 피라미드 형상이다.	해설
연석(curbstones)	연석은 곧거나 구부러진 것도 있으며 횡단면이 보통 직사각형으로 되어 있다.	해설
판석(flog stones)	판석은 면이 직사각형 또는 정사각형이며 길이와 넓이에 비하여 두께가 얇다.	해설
밀스톤과 그라인드스톤 (millstones and grindstones)	－밀스톤과 그라인드스톤: 트리밍·광택내기, 벼리기, 트루밍 또는 재료를 구별하여 제거하는 것과는 반대로 곡물·펄프·안료 등의 미립자 크기를 축소하는 데 사용하도록 설계제작된 것이다. －제분 또는 연마용의 밀스톤과 그라인드스톤: 일반적으로 한쌍으로 되어 있고 원추형의 표면(한쪽은 凹형, 다른쪽은 凸형)은 분쇄된 입이 석의 중간에 유입되도록 중앙쪽으로 홈이 파져 있다. －펄핑용 밀스톤과 그라인드스톤: 일반적으로 무게가 수톤의 상당한 크기로서, 단일의 재료 또는 글루잉에 의해 조립된 여러 개의 블록으로 제조된다. 직경 1,200mm, 두께 500mm를 초과한다.	제68류 소호해설

제69류 도자제품

1. 개 요

제69류에는 점토나 규산질 또는 고융점 재료 등을 조제, 성형 건조 후에 불에 구워서(소성) 제조한 도자제품만이 분류되는 것으로 이들 도자제품은 주로 다음 방법으로 제조된다.

① 무기질이나 비철금속재료를 조제하여 성형한 후에 굽는 방법

② 동석 등의 암석을 조형 후에 굽는 방법

2. 분류구조

도자제품은 규산질 도자제품, 기타 도자제품의 2범주로 구분하고, 14개의 호(제6901호 내지 제6914호)에 분류한다.

1) 규산질의 화석분 또는 흙의 도자제품 및 내화제품(제6901호)

- 규산질의 화석분 또는 흙의 도자제품
- 내화 도자제품(제6902호·제6903호): ① 건설용 내화제품 ② 기타 내화 도자제품(제6903호)

2) 비내화성 기타 도자제품(제6904호 내지 제6914호)

① 건축용 제품, ② 건축용 장식품·기타 건설용품, ③ 관·도관·홈통·관연결구류, ④ 판석, 포장용, 노용, 벽용 타일, 모자이크 큐브와 이와 유사품, ⑤ 이화학용·기타 공업용, 농업용의 통과 이와 유사용기 및 수송용·포장용품, ⑥ 위생용 물품, ⑦ 식탁·부엌·기타 가정용품과 화장용품(제6911호·제6912호), ⑧ 장식제품, ⑨ 기타 도자제품(제6914호)

3. 분류원칙

제목	규정내용	비고
도자제품	1. 제69류는 성형한 후에 불에 구워서 만든 도자제품에 한하여 적용한다. 제6904호 내지 제6914호는 제6901호 내지 제6903호에 분류되는 것 이외의 제품에만 적용한다.	제69류 류주1

4. 제외 물품

① 방사성 물질(제2844호)

② 연마석(제6804호)

③ 모조 신변장식용품 등(제71류)

④ 서메트(제8113호)

⑤ 수공구(제82류)

⑥ 애자(제8546호) 또는 절연재료제의 전기용 물품(제8547호)

⑦ 의치(제9021호)

⑧ 시계와 시계케이스(제91류), 가구, 램프와 조명기구, 조립식 건축물(제94류), 완구류, 유희용구 및 운동용구(제95류), 단추 등(제9606호) 또는 끽연용 파이프 등(제9614호), 예술품(제97류)

5. 해　　설

(1) 도자제품

도자제품이라 함은 무기물과 비철금속 재료를 조제하고 성형한 후 불에 굽는 방법과 암석을 조형한 후 굽는 방법으로 제조된 물품을 말한다. 도자제품은 성형 후 800℃ 이상에서 소성한 것이므로 광물성 제품과 석제품(제68류)이나 유리와 유리제품(제70류)과는 구별되고, 800℃ 미만의 온도로 가열한 물품은 소성한 것이 아니므로 제69류에 분류할 수 없다.

(2) 도자제품(제69류)의 분류범위

- 관세율표에서 제69류의 도자제품(ceramic products): 성형한 후에 불에 구워서(fired) 만든 도자제품에 한하여 분류한다.
- 내화 도자제품: 1,500℃ 이상에서 견디는 도자제품을 말한다.
- 비내화성 도자제품: 1,500℃ 이상에서 견딜 수 없는 도자제품을 말한다.

[도자제품(제69류)의 종류와 분류]

<table>
<tr><th colspan="2">구분</th><th>도자제 물품과 제품</th><th>호</th></tr>
<tr><td colspan="2">규조토 도자제품</td><td>벽돌, 블록, 타일 및 기타 제품</td><td>제6901호</td></tr>
<tr><td rowspan="2">기타
도자제품</td><td>내화
도자제품</td><td>–건설용 내화제품: 내화벽돌, 내화블록, 내화타일, 이와 유사 제품
–기타 내화 도자제품: 레토트, 도가니, 머플, 노즐, 플럭, 서퍼트, 큐펠, 관, 쉬드 및 봉</td><td>제6902호
제6903호</td></tr>
<tr><td>비내화성
기타
도자제품</td><td>–건축용 제품: 벽돌, 바닥깔개용 블록, 서포트타일, 필러타일 및 이와 유사 물품
–건축용 장식품·기타 건설용품
–관·도관·홈통·관연결구류
–이화학용·기타 공업용, 농업용 통 이와 유사 용기 및 수송용·포장용 제품
–위생용 물품: 세면대, 목욕통, 비데, 수세식 변기통과 물통, 소변기 등
–식탁·부엌·기타 가정용품과 화장용품
–장식제품: 소상 등
–기타 도자제품</td><td>제6904호
내지
제6914호</td></tr>
</table>

(3) 규산질의 화석분으로 제조한 도자제품(제6901호)

여기에는 규조토(kiselguhr), 트리폴라이트(tripolite) 또는 다이어토마이트(diatomite), 이와 유사 규산질의 흙(siliceous earths)으로 제조한 도자제품을 말하며 제6901호에 분류한다. 또한 이들 도자제품이 내화제품인지의 여부를 불문하고 모든 도자제품이 분류된다.

예: 벽돌, 블록, 슬랩, 판넬, 타일, 중공벽돌, 실린더, 셀, 파이프 등

(4) 내화 도자제품(제6902호 · 제6903호)

내화 도자제품이란 1,500℃ 이상에서 견디는 제품을 말하며 건설용 내화제품과 기타 내화제품으로 구분하여 분류한다.

- 건설용 내화 도자제품(제6902호): 야금공업 · 화학공업 · 도자 또는 유리공업 및 기타 공업용 노, 용광로 등의 건설에서 주로 영구 부착되는 내화제품이다.
  예: 바닥용, 벽용, 노용 등의 각종 형상의 내화벽돌, 내화블록, 내화타일 등
- 기타 내화성 도자제품(제6903호): 위의 물품 이외의 모든 내화제품이 분류된다.
  예: 비영구적으로 부착하는 레토트(retort) · 도가니 · 머플(muffle) · 노즐(nozzle) · 플럭(plug) · 서포트 · 큐펠 · 관 · 쉬드(sheaths) 및 봉, 구조물에 영구부착을 불문하고 관과 앵글, 밴드, 이와 유사 관용 부속품

(5) 도자제의 판석, 포장용 · 노용 또는 벽용의 타일, 모자이크 큐브(제6907호 · 제6908호)의 구분

포장용, 벽용 또는 노용 등의 외장용에 사용되는 도자제의 판석, 타일 및 모자이크 큐브는 벽돌과는 달리 벽 등의 표면을 시멘트나 접착제 등으로 부착하도록 만든 것이다. 판석은 타일보다는 크고 보통 직사각형이다. 판석은 특히 도로, 마루의 포장용, 노용 슬랩으로 사용된다. 타일은 기하학적인 형상이기도 하며, 주로 벽, 벽난로, 노, 마루 및 보도의 외장용으로 사용된다. 이들 도자제의 판석 타일 및 모자이크 큐브는 유약을 시공하지 아니한 것은 제6907호, 유약 시공한 것은 제6908호에 분류된다.

(6) 비내화성 도자제품의 가정용품과 화장용품(제6911호 · 제6912호)의 구분

비내화성 도자제품은 1,500℃ 이상에서 견딜 수 없는 도자제품을 말한다. 비내화성 도자제품으로서 식탁용품, 부엌용품, 기타 가정용품 및 화장실용품은 자기제의 것은 제6911호에 분류하고 기타의 도자제품 즉, 석기 · 토기 · 모조자기는 제6912호에 분류한다.

[가정용품과 화장용품의 분류]

구분	품명	분류	
		자기제	기타도자
· 식탁용품	커피잔과 찻잔, 접시, 스프그릇, 샐러드그릇, 큰 접시와 쟁반, 술잔, 소스그릇 등	第6911호	第6912호
· 주방용품	스튜팬, 각종 캐서롤, 물동이, 부엌용 항아리, 깔대기, 국자, 국수방망이		
· 기타 가정용품	재떨이, 온수용 그릇, 성냥통 대		
· 화장용품	물통, 바울 등, 위생용 페일, 탕파, 요강, 소변기, 타구, 주수기 통, 세면기, 비누용 접시, 수건·칫솔·화장지 걸이, 수건고리 및 욕실용품		

(7) 도자제의 종류

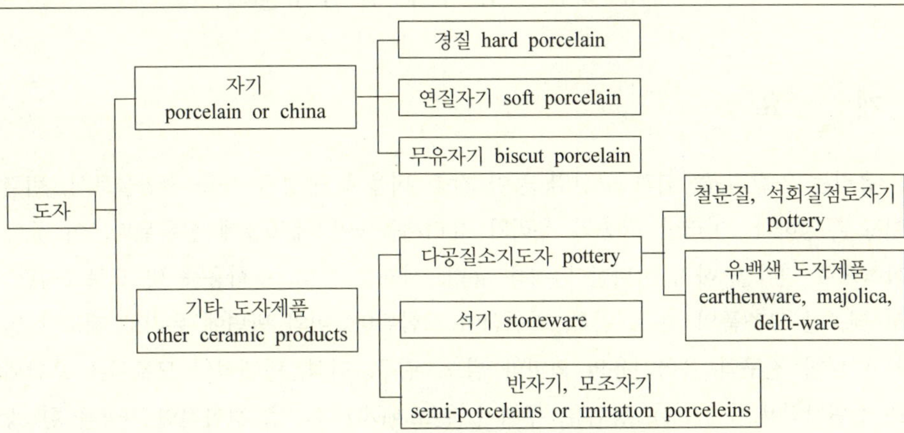

[용어]

용어	주요 내용	비고
제68류, 제69류 및 제70류의 구분	제69류의 도자제품은 성형 후 소성하기 때문에, 소성하지 아니한 물품으로 제68류에 분류되는 광물성 재료의 물품 또는 석제품과는 본질적으로 구별되고, 유리화될 수 있는 혼합물이 완전히 용융되어 있는 제70류의 유리제품과 구별된다.	제69류 해설
세라믹 (ceramic)	고대 그리스어의 케라모스, 즉 흙으로 만들거나 또는 불에 태워서 만든 물건이란 말에서 나왔다. 『사람이 인위적으로 열을 가해 만든 비금속 무기재료』로 정의된다.	사전

규조토(siliceous fossil meals)	제25류의 규조토는 키젤거어(kieselguhr), 트리폴라이트(tripolite), 다이어토마이트(diatomite), 물러어드(moler earth) 등을 말한다.	해설
내화제품	내화제품이란 야금, 시멘트, 유리공업 등에서 고온에 견디는 성질을 가지는 소성된 제품을 말한다. 그 온도는 1,500℃(SK26) 이상에서 견디어야 한다. 내화제품의 원료는 산화마그네슘, 산화칼슘, 산화크로뮴, 탄화규소, 고알루미나질, 흑연, 지르콘 등이 있다.	해설
유약시공(glazing)	유약시공이란 제3207호의 에나멜·그레이즈 등을 사용하는 방법, 식염유약(즉, 염화나트륨을 휘발시키는 노에 염화나트륨을 넣고 증기가 점토소지와 상호작용을 하여 유약을 형성한다)을 시공하는 것 등이 포함된다.	제6908호 해설

제70류 유리와 유리제품

1. 개 요

유리는 알칼리규산염과 규산염 등이 각종 비율로 구성된 용융 혼합물로서, 비결정질이고 투명하다. 이러한 각종의 유리와 유리제품들이 제70류에 분류된다. 이 류에는 광학적으로 연마를 하지 아니한 안경용 유리, 시계용 유리, 광학용품 및 도로표시판 유리로 제조한 모조품의 진주, 귀석, 반귀석이 포함된다. 이와 반면에 유리로 제조한 밀폐하지 아니한 전구와 음극선용의 외피와 벌브, 진주, 귀석, 반귀석의 모조품은 포함되나 모조 신변장식용품(제71류), 광섬유, 주사기, 온도계(제90류) 등, 광학적인 가공을 한 광학용품(제90류)과 전원장치가 부착된 램프와 조명기기(제94류)는 다른 류에 분류된다.

2. 분류구조

유리와 유리제품은 6개 범주로 구분하고 20개의 호(제7001호 내지 제7020호)에 분류한다.

1) 웨이스트와 스크랩 및 구·봉·관(제7001호·제7002호)

2) 판유리와 가공한 판유리(제7003호 내지 제7006호)

① 주입법 및 롤법에 의해 제조된 유리, ② 인상법 또는 취입법에 의해 제조된 유리, ③ 플로트유리 및 표면연마유리, ④ 가공유리

3) 안전유리와 복층유리 및 거울(제7007호 내지 제7009호)

① 안전유리, ② 복층절연유리, ③ 유리거울

4) 수송용·포장용 유리용기 및 마개류(제7010호)

5) 미밀폐·무부착 전구, 음극선관 외피, 진공용기 유리 내장재(제7011호·제7012호)

6) 기타 유리제품(제7013호 내지 제7020호)

① 가정용(식탁, 부엌, 화장실), 사무용, 실내장식용, ② 유리제의 신호용품과 광학용품(광원장치가 없는 것), ③ 시계용, 안경용 유리(광학적 미가공), ④ 건축용, 건설용, 장식용, 유리 이화학용, ⑤ 위생용 및 제약용 제품, ⑥ 모조 신변장식용품, 장식용 유리제품, 완구용 안구, 직경 1mm 이하 마이크로스피어, ⑦ 유리섬유와 이들 제품, ⑧ 기타 제품

3. 분류원칙

제목	규정내용	비고
특정 제조유리의 분류	2. 제7003호·제7004호 및 제7005호는 다음에 정하는 바에 의한다. 가. 서냉 전 공정단계에서 처리된 유리는 가공한 유리제품으로 보지 않는다. 나. 특정한 형상으로 절단한 것은 시트유리의 품목분류에 영향을 미치지 아니한다. 다. 흡수, 반사 또는 무반사층이라 함은 투명 또는 반투명도를 유지하면서 적외선을 흡수하거나 유리의 반사효과를 높이는 금속 혹은 화학적 화합물(예: 금속산화물)을 극히 얇게 도포한 것 또는 유리표면상의 빛의 반사를 방지하는 것을 말한다.	제70류 류주2
가공유리의 분류	3. 제7006호의 물품은 제품으로서의 특성을 가지고 있는지의 여부를 불문하고 당해 호에 분류한다.	제70류 류주3
글라스울 (glass wool)	4. 제7019호에서 글라스울이라 함은 다음의 것을 말하며, 그 이외의 광물성 울은 제6806호에 분류한다. 가. 실리카(SiO_2)의 함유중량이 60% 이상인 광물성 울 나. 실리카(SiO_2)의 함유중량이 60% 미만의 것으로서 산화알칼리(K_2O 또는 Na_2O)의 함유중량이 5%를 초과하는 광물성울 또는 산화붕소(B_2O_3)의 함유중량이 2%를 초과하는 광물성 울	제70류 류주4

석영유리	5. 관세율표에서 유리에는 석영유리를 포함한다.	제70류 류주5
납크리스탈 (lead crystal)	1. 제7013.21호, 제7013.31호와 제7013.91호에서 납크리스탈이라 함은 산화납(PbO)의 함유량이 24% 이상인 유리만을 말한다.	제70류 소호주1

4. 제외 물품

① 법랑, 유약, 유리프리트 및 분, 입, 프레이크상의 기타 유리(제3207호)
② 모조 신변장식용품 등의 물품(제71류)
③ 광섬유 케이블(제8544호), 애자(제8546호) 또는 절연재료제의 전기용품(제8547호)
④ 광섬유, 광학적 가공작업을 거친 광학용품, 피하주사기, 의안, 온도계, 기압계, 액체비중계 또는 기타 물품(제90류)
⑤ 램프와 조명기구, 조명용 사인, 조명용 명판 또는 이와 유사한 것(고정 전원장치를 갖는 것) 및 이들의 부분품(제9405호)
⑥ 완구, 유희용구, 운동용구, 크리스마스트리용 장식품 또는 기타의 물품(유리제의 눈으로 제95류의 인형 등에 사용하는 것 제외)(제95류)
⑦ 단추, 진공 플라스크, 향수용 분무기 또는 이와 유사 화장용 분무기(제96류)

5. 해 설

(1) 유리(glass)

관세율표의 유리는 석영유리(fused quartz and other fused a silica)를 포함한다.

유리는 규산소다와 규산카리의 알칼리 규산염과 규산칼슘 및 규산연을 다양한 비율로 구성하고 있는 용융혼합물로서 비결정질이고 투명하다. 유리는 SiO_2 성분 이외에 B_2O_3, Al_2O_3, Fe_2O_3, CaO, MgO, BaO, PbO, ZnO, P_2O_5 등 여러 금속산화물을 첨가하여 제조한다.

유리는 그 조성에 따라 보헤미안유리, 크라운유리, 납크리스탈유리, 플린트유리, 스트레스 페이스트 등이 있으며, 젖빛 또는 유백색유리, 유리 ceramics 및 저팽창계수 유리를 포함한다.

(2) 유리의 가공품과 제품(제70류)의 분류범위

- 유리(glass): 각종 유리, 석영유리, 유리 ceramics 및 저팽창계수 유리
- 미가공유리: 파유리와 웨이스트와 스크랩, 유리괴(mass), 유리의 구, 봉·관(미가공)
- 판유리(제7003호~제7005호): ① 서냉 전 공정단계에서 처리된 유리, ② 특정 형상으로 절단한 것, ③ 적외선을 흡수하거나 유리의 반사효과를 높이는 금속 또는 금속산화물을 얇게 도포한 것, 또는 유리표면상의 빛의 반사를 방지한 것
- 가공한 판유리(제7006호): 제품의 특성을 갖는 여부를 불문하고 분류한다.
- 가공유리: 안전유리, 복층절연유니트, 유리거울, 물품의 수송용·포장용 용기류, 보존병, 마개류, 전구·음극선관 또는 이와 유사용기, 용기용 내장재
- 유리제품: 식탁용·부엌용·화장실용·사무실용·실내장식용 제품, 건축용, 건설용, 장식용 제품, 신호용 유리

[유리와 유리제품의 분류(제70류)]

<table>
<tr><th>구분</th><th colspan="2">품명·주요 내용</th><th>호</th></tr>
<tr><td rowspan="2">미가공유리</td><td colspan="2">파유리와 웨이스트와 스크랩, 유리괴(mass)</td><td>제7001호</td></tr>
<tr><td colspan="2">유리의 구, 봉·관(미가공)</td><td>제7002호</td></tr>
<tr><td rowspan="4">판유리</td><td rowspan="3">시트상·프로파일상 유리
(미가공판유리)</td><td>－주입법과 롤법 유리</td><td>제7003호</td></tr>
<tr><td>－인상법과 취입법유리</td><td>제7004호</td></tr>
<tr><td>－플로트유리</td><td rowspan="2">제7005호</td></tr>
<tr><td colspan="2">표면연마유리: 주입법과 롤법, 인상법과 취입법유리</td></tr>
<tr><td rowspan="7">가공유리</td><td colspan="2">가공유리(제픔특성 여부 불문): 구부린 것·가장자리 가공·조각·천공·에나멜 도포 또는 기타 가공</td><td>제7006호</td></tr>
<tr><td colspan="2">안전유리: 강화유리 또는 접합유리</td><td>제7007호</td></tr>
<tr><td colspan="2">복층절연유니트</td><td>제7008호</td></tr>
<tr><td colspan="2">유리거울: 백밀러 포함, 틀에 붙인 것 불문</td><td>제7009호</td></tr>
<tr><td colspan="2">물품의 수송용·포장용 용기류, 보존병, 마개류</td><td>제7010호</td></tr>
<tr><td colspan="2">전구·음극선관 또는 이와 유사용기: 미 밀폐의 외피와 이들의 부분품(부착물 무)</td><td>제7011호</td></tr>
<tr><td colspan="2">용기용 내장재: 진공플라스크·기타 진공용기용의 내장재(완성·미완성 및 밀폐장치 유무 불문)</td><td>제7012호</td></tr>
</table>

유리제품	–식탁용, 부엌용, 화장실용, 사무실용, 실내장식용 기타 유사 용도 –신호용 유리, 광학용 유리, 시계유리, 안경용 유리와 이들 제조용 중공구면유리와 이들 세그멘트 –건축용·건설용, 장식용, 건축용, 다공·다포유리 –이화학용·위생용 또는 약제용 제품 –유리제 비드, 모조의 진주·모조 귀석과 반귀석, 유리 세공품과 제품(모조 신변장식용품 제외), 유리안구(인체용 제외), 소상과 램프가공한 장식용 유리제품(모조 신변장식용품 제외) –직경 1mm 이하의 마이크로스피어 –유리섬유(글라스울 포함)와 이들 제품 –기타 제품	제7013호~ 제7020호

(3) 판유리 제조방법

판유리 제조법으로는 녹은 유리를 위로 끌어올려 만드는 인상법과, 연속적으로 2개의 롤러 사이로 흘려보내어 만드는 롤링법이 있다. 인상법에는 푸르콜법·콜번법·피츠버그법이 있으며, 이 밖에 플로트법도 있다.

[판유리 제조법]

제조방법	주요 내용	분류
주입법 (cast glass)	용융유리를 두께를 조절하는 금속테로 조절하는 테이블에 부어, 금속제 롤러로 일정 두께로 제조한다.	제7003호
롤법(rolled glass)	용융유리를 롤러 사이에 통과시켜 연속적으로 리본상, 판상 또는 프로파일상으로 얻어 레어 속으로 운반한다.	제7003호
인상법과 취입법 (drawn glass and blown glass)	거의 사용하지 않는 비기계적인 흡입법은 주로 인상법이나 흡입법을 병용한 인상법에 의한 기계적 방법으로 대체되고 있다. 일반적으로 주입법 유리보다 얇다. 또한 괴상태에서 착색되거나 불투명하기도 하며, 제조시에 다른 색상의 유리를 입히거나 또는 흡수 또는 반사층으로 도포되는 것도 있다.	제7004호
플로트유리 (float glass)	용융된 유리를 금속용탕에 공급되어 액층상태의 평면을 이룬 후 액체표면이 매끄럽게 되고, 용탕 끝에 닿기 전에 표시나 일그러짐 없이 롤을 통과시겨 냉각시킨다. 용탕에서 유리가 소둔용 레어를 거쳐 유리의 끝이 냉각되고 절단되기도 한다.	제7005호

(4) 판유리의 분류

주입법과 롤법유리, 인상법과 취입법유리 및 플로트유리의 시트상·프로파일상 미가공 판유리(제7003호·제7004호 및 제7005호)는 다음에 정하는 바에 의한다.

① 서냉 전 공정단계에서 처리된 유리는 가공한 유리제품으로 보지 않는다.

② 특정한 형상으로 절단한 것은 시트유리의 품목분류에 영향을 미치지 아니한다.

③ 흡수, 반사 또는 무반사층이라 함은 투명 또는 반투명도를 유지하면서 적외선을 흡수하거나 유리의 반사효과를 높이는 금속 혹은 화학적 화합물(예: 금속산화물)을 극히 얇게 도포한 것 또는 유리표면상의 빛의 반사를 방지하는 것을 말한다.

[판유리의 가공별 분류]

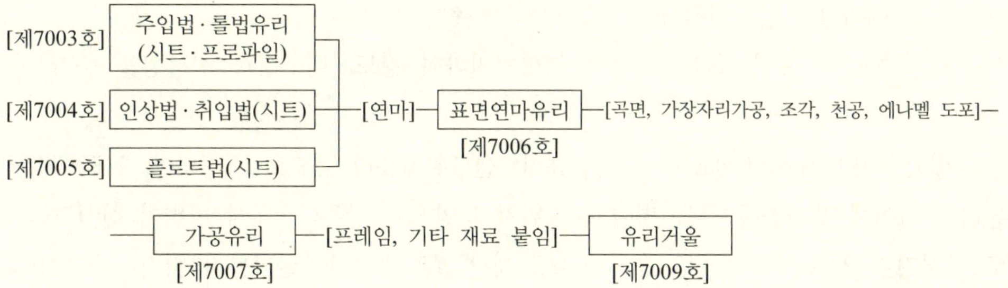

(5) 유리세라믹(ceramic glass)

유리세라믹은 결정화된 유리를 말하며 일반적으로 유리를 제조 성형한 후에 결정핵 성장제를 첨가하여 결정유리질이 석출되는 온도를 유지하여 제조한다. 유리세라믹은 유리의 투명성과 세라믹의 특성을 갖는 유리로서 제법은 유리제조공법에 의해 제조하며, 미국의 Corning사에서 개발한 것이다. 유리세라믹은 불투명하나 투명한 것도 있으며 보통유리에 비하여 기계적 성질 및 열저항성이 강하여 기기 및 기구 이외에도 식탁용품이나 부엌용품으로 많이 사용된다.

(6) 가공 판유리(제7006호)

여기에는 가공하지 아니한 판유리(제7003호～제7005호의 유리)를 곡면 또는 구부린 것, 가장자리를 가공한 것, 조각한 것, 구멍을 뚫은 것, 에나멜을 칠한 것 또는 기타 방법으로 가공한 유리(불투명 유리, 젖빛유리, 부식된 유리)가 분류된다. 또한 이 호에는 이들 물품이 제품으로서의 특성을 가지고 있는지의 여부를 불문하고 분류한다.

(7) 안전유리(제7007호)

안전유리(safety glass)는 강화유리와 접합유리를 말하며 다음과 같다. 안전유리는 제7007호에 분류되며 이 호에는 망입유리와 선택적 흡수유리는 분류하지 않는다.

강화유리[toughened(tempered) glass]　강화유리는 처리공정에서 부여한 내부응력으로 제조 후에 가공할 수 없어 열처리 전에 필요한 모양과 크기대로 생산된다.

- 열강화유리: 일정제품의 유리를 그 형상을 잃지 않을 정도까지 연하게 재가열한 후에 급냉각시켜 만든 유리이다. 충격시에 산산조각으로 부서져 파편으로 인한 상해위험을 감소시킨다.
- 화학강화 유리: 물리·화학적 복합처리하여 강도, 내구성과 신축성을 증가시킨 유리이다.

접합유리(laminated glass)　접합유리, 샌드위치유리 등으로 호칭되며, 2매 이상의 유리판 사이에 플라스틱 층을 넣어 샌드위치 모양으로 만든다. 대개 파편이 산산조각으로 부서지지 않고 깨지며, 큰 충격이라도 깨진 조각은 보통 날카롭지 않다. 특수 용도에 사용하기 위해 접합유리에 금속망을 결합시키거나 플라스틱 충전물을 착색시킨 것도 있다.

(8) 복층절연유리(제7008호)

유리제의 복층절연유리(multiple-walled insulating glass)는 복층유리 유니트로서 일반적으로 건조공기 또는 불활성 가스층으로 분리되어 있거나, 내부가 칸막이가 된 둘 이상의 유리 판넬로 구성되어 있다. 이들의 가장자리는 금속·플라스틱 또는 기타 접합체로 밀폐하여 완전한 밀폐 유니트로 만든다. 또한 2매의 판유리 사이에 유리섬유를 넣은 것도 있다. 이들 물품은 창, 지붕 등에 사용되며 단열과 방음 역할을 하고 응축을 감소시켜준다.

(9) 납크리스탈

관세율표에서 제70류의 납크리스탈(lead crystal) 유리제품은 산화납(PbO)의 함유중량이 24% 이상인 유리만을 말한다.

납크리스탈은 굴절률이 높아 투명성이 좋다. 광학유리는 Zn, Pb, K, B 등 특수성분이 함유되어 있어 비중이 높고 굴절률이 보통 1.5 이상이 되며, 현미경용, 망원경용, 이화학광학기기용, 시력교정용 렌즈 등에 사용된다.

(10) 유리제 광학용품, 안경용 유리 및 시력교정용 유리(제7014호·제7015호)

다음 물품은 약간의 광학적인 효과를 갖는 유리로서 제70류에 분류된다. 그러나 이들 물품을 광학적 연마가공을 하면 광학용품(제90류)으로 분류되며, 유리 이외의 재료로 만든 광학용품도 제90류에 분류한다.

유리제 광학용품(제7014호) 광학적으로 연마하지 아니하고도 약간의 광학적 효과를 갖도록 제조한 물품이다. 또한 광학적 연마가 필요한 광학용품의 소재 및 광학용품이 포함된다. 광학적 가공이란 표면을 연마재료로 연마하는 것으로 roughing ⇒ trueing ⇒ smoothing ⇒ polishing 순으로 연속작업이 이루어진 것이다. Polishing에 선행하여 연마공정중 한 가지 이상의 공정을 거친 물품은 여기에 분류된다. 그러나 표면의 전부 또는 일부분에 한 가지 이상의 공정을 거쳐 일정한 광학적 특성을 갖는 광학물품은 제외된다(제9001호·제9002호).

예: 자동차 헤드램프, 주차등, 방향지시등, 자전차 후측등, 스포트라이트 전구, 회중전등, 확대용 유리

안경용 유리(제7015호) 만곡유리 또는 이와 유사 비시력교정용 유리로 사용되는 선글라스 및 기타 보호용 안경은 일반적으로 양면이 평행하고 실제 광학적 가공이 필요하지 않다.

시력교정용 안경유리 소재(제7015호) 단순히 압축 또는 주형한 것으로 광학적 가공하지 않은 것이다. 시력교정용 안경소재는 용융유리를 압축하거나, 유리를 조각으로 절단하고 노에서 연화시켜 압축하여 제조한다. 이들은 주로 연마처리하여 시력교정용 안경렌즈로 사용한다.

[유리제 광학용품의 분류]

물품내용	분류
· 광학적으로 연마하지 않고 약간의 광학적 효과를 갖는 유리	제70류
· 안경용 유리의 소재, 시력교정용 안경유리의 소재	제70류
· 광학적 가공을 한 유리제 광학용품 예: 광학적 가공한 안경용유리, 시력교정용 유리, 사진기용 렌즈, 망원경의 렌즈, 프리즘 등	제90류
· 유리 이외의 재료로 만든 광학용품	제90류

(11) 유리구, 비드 또는 마이크로스피어(제7002호 · 제7018호)

유리구(solid glass balls)(제7002호) 중공이 아닌 유리구를 말하며, 일반적으로 주조, 압축 또는 double screw machine에 의하여 제조된다.

유리제 비드(glass beads)(제7018호) 유리제 비드는 작은 구멍이 있고 원형이다. 유리제 튜브를 절단한 소실린더를 목탄, 흑연 등을 혼합하여 회전금속제 드럼 속에 넣고 가열하여 구형상으로 만든다. 목걸이, 조화, 섬유제품의 장식, 핸드백장식, 전기절연체용으로 사용한다.

유리제 마이크로스피어(glass microspheres)(제7018호) 직경 1mm 이하 유리제 마이크로스피어를 말하며 바로티니로 호칭되며, 횡단면이 중공이 아닌 완전한 구상이다. 도로표지 판넬, 반사표지, 스크린 제조용 또는 금속표면의 크리닝에 사용된다.

(12) 유리섬유(제7019호)

유리섬유(glass fibres)는 용융유리를 가는 필라멘트 또는 단섬유로 뽑아 낸 것으로, 글라스울(glass wool)을 포함하며 제7019호에 분류된다. 이 호에는 유리섬유의 각종 제품도 포함된다. 유리섬유의 특성은 불연성, 방수성 및 내산성이며, 전도율, 열전도성이 나쁘고, 비흡습성이다. 유리섬유는 주로 기계적 인발법, 원심 인발법 및 흡입 인발법의 3방법으로 제조한다.

유리섬유 외에 유리섬유제품으로는 벌크상 글라스울, 슬라이버상, 로빙상, 사상 및 단연사, 얇은 시트, 웨이브, 매트, 매트리스, 보드 및 이와 유사한 부직포, 직물 등이 있다.

관세율표에서 제7019호의 글라스울(glass wool)이라 함은 다음을 말하고 이들 이외의 광물성 울은 제6806호에 분류한다.

① 실리카(SiO2)의 함유중량이 60% 이상인 광물성 울

② 실리카(SiO2)의 함유중량이 60% 미만의 것으로서 산화알칼리(K_2O 또는 Na_2O)의 함유중량이 5%를 초과하는 광물성 울 또는 산화붕소(B_2O_3)의 함유중량이 2%를 초과하는 광물성 울

[유리섬유 제품의 용어 규정]

제품별	주요 내용
단연사 (chopped strand)	유리 단연사는 다수의 평행 필라멘트를 함유하고 있는 사를 절단하여 생산된다.
유리로빙 (glass roving)	유리로빙은 꼬임의 수가 적거나 꼬임이 없는(m당 꼬임 5회 미만) 하나 이상의 긴 필라멘트의 흐트러진 조합으로 구성되어 있다.
슬리버(sliver)	슬리버는 통상 길이가 380mm 미만의 짧은 길이의 스테이플섬유로 구성되어 있다. 스테이플섬유는 꼬임의 수가 적거나 꼬임이 없는(m당 꼬임 5회 미만) 로프모양의 사내부에 평행상태로 흐트러지게 정렬되어 있다.
매트(mat)	매트는 수백개의 평행필라멘트를 무작위순으로 배열하여 만든 유리실로 강화한 평판제품이다. 이러한 유리실을 절단하거나(단사의 매트) 또는 절단하지 않고(장사의 매트) 결속하거나 바느질하여 함께 묶는다. 이 물품은 실을 손상시키지 않고 매트로부터 손으로 하나씩 떼어낼 수 있는 평행필라멘트의 형상이 그대로 남는다
얇은 시트 (thin sheet: voiles)	얇은 시트(보일)는 개개의 유리섬유(필라멘트)를 무작위순으로 배열하여 만든 부직포이다. 유리매트와는 달리 필라멘트는 판을 손상하지 않고서는 떼어낼 수 없다. 얇은 시트는 5mm 이하의 일정한 두께를 가지며 웨이브, 메트리스 및 기타 절연물품과 구별된다.

[용어]

용어	주요 내용	비고
젖빛·유백색유리 (milk or opal glasses)	유리 괴에 형석이나 골회와 같은 물질을(약 5% 비율) 첨가하여 제조한 반투명 유리이다. 첨가물질은 냉각 또는 재가열시 용융된 상태에서 부분적으로 결정이 발생되도록 한다.	해설
에나멜유리 (enamel glass)	보통유리에 비하여 용융점이 높고 고밀도이고. 보통 불투명하나, 투명하거나 무색 또는 유색인 것도 있다. 에나멜유리는 타유리를 착색시키거나 불투명하는 데 사용되고 장식품 등의 제조시에 램프가공용으로, 자기 등에 에나멜을 입히는 데도 사용된다.	제7001호 해설

제13부 출제문제 및 연습문제

출제문제

[50점 문항]

[10점 문항]

연습문제

[50점 문항]

1. 관세율표에서 제13부의 각 류별로 품목분류의 특징과 분류구조를 서술하시오.
2. 도자제의 종류를 관세율표와 연계하여 설명하시오.

[10점 문항]

1. 석면제품의 품목분류를 설명하시오.
2. 광물성 섬유의 예를 들고 품목분류하시오.
3. 카본섬유를 설명하시오.
4. 흑연과 흑연제품에 대한 분류를 설명하시오.
5. 제68류와 제69류의 구분기준은?
6. 제69류의 도자제품으로 분류되는 제조방법을 설명하시오.
7. 내화제품의 특성을 설명하시오.
8. 도자제품의 종류와 주요 특성을 설명하시오.
9. 유리와 유리제품(제70류)에서 『흡수, 반사 또는 무반사층』이라 함은?
10. 유리세라믹(glass-ceramics)이란?
11. 안전유리란?

12. 글라스울(glass wool)이란?
13. 납크리스탈(lead crystal)이란?
14. 무기질섬유와 광물성 섬유의 예를 들고 분류를 쓰시오.(5종 이상)
15. 제13부의 제68류, 제69류 및 제70류에 해당되는 물품들을 열처리에 의해 구분하여 보시오.

문제풀이

1. 관세율표상 제13부의 품목분류의 특징과 분류구조를 설명하라.

(1) 개 요

제13부에는 석, 플라스터, 시멘트, 석면, 운모 또는 이와 유사한 재료의 가공 물품과 제품, 광물성 울, 역청질 제품, 플라스터제품, 석면제품, 운모제품 등이 분류된다. 또한 소성 열처리하여 제조하는 도자제품 및 유리와 유리제품이 분류된다.

이들 물품들은 소성하지 아니한 광물성 재료의 물품 또는 석제품(제68류), 성형 후에 소성하여 제조하는 도자제품(제69류) 및 완전히 용융되어 있는 유리제품(제70류)으로 구별하고 있다.

(2) 분류구조

－제68류의 분류구조

1) 도로포장용의 포석·연석·판석(제6801호)
2) 비석용·건축용 천연석의 가공품과 제품(제6802호)
3) 슬레이트 가공품과 제품(제6803호)
4) 연마용·광택용·절단용 밀스톤, 그라인드스톤, 그라인딩휠(제6804호)
5) 분·입상의 연마제를 부착한 물품(제6805호)
6) 광물성 울과 팽창광물(제6806호)
7) 역청질제품(제6807호) 루핑보드, 건축용 보드 등
8) 식물성 재료를 시멘트·플라스터 등의 광물성 결합제로 응결한 것(제6808호)
9) 플라스터제품(제6809호) 패널·보드·타일 등 건축용품, 단조물, 조상, 소상, 장식품
10) 시멘트, 콘크리트 또는 인조석 제품(제6810호)
11) 석면·시멘트의 제품(제6810호 내지 제6813호)
12) 운모의 가공품과 제품(제6814호)

13) 기타 석제품과 광물성 재료의 제품(제6815호) 탄소섬유와 그 제품 등

－제69류의 분류구조

1) 규산질의 화석분 또는 흙의 도자제품 및 내화제품(제6901호～제6903호)

2) 비내화성 기타 도자제품(제6904호～제6914호)

－제70류의 분류구조

1) 유리의 웨이스트와 스크랩 및 구·봉·관(제7001호·제7002호)

2) 판유리와 가공한 판유리(제7003호～제7006호)

3) 안전유리와 복층유리 및 거울(제7007호～제7009호)

4) 수송용·포장용 유리용기 및 마개류(제7010호)

5) 밀폐·무부착 전구, 음구선관 외피, 진공용기 유리 내장재(제7011호·제7012호)

6) 기타 유리제품(제7013호～제7020호)

2. 카본섬유란?

카본섬유(carbon fibre)는 탄소섬유라고도 한다. 탄소섬유는 셀룰로오스, 아크릴 섬유, 비닐론, 피치 등을 원료로 유기섬유를 불활성 기체 속에서 소성시켜 탄화, 결정화시킨 섬유로서, 내식성이 높고 열팽창이 작으며 전기전도성이 좋고, 내열성이 뛰어나다. 낚시대, 골프채, 기타 보강재로 사용한다. 카본섬유는 제68류(제6815호)에 분류한다.

제14부 천연 또는 양식진주·귀석 또는 반귀석·귀금속·귀금속을 입힌 금속 및 이들의 제품 모조 신변장식용품과 주화

1. 개　　설

제14부는 제71류와 동일하게 천연 또는 양식진주, 귀석과 반귀석, 귀금속과 귀금속을 입힌 금속 및 이들 제품, 모조 신변장식용품 및 주화가 분류된다.

2. 류별 구성

이 부는 다른 부와는 달리 부주가 없고, 부의 표제에 이어서 류의 표제가 있으며 제71류의 한 개의 류만으로 되어 있다. 따라서 제14부와 제71류의 표제는 동일하다.

[류별 표제]

제71류	천연 또는 양식진주, 귀석 또는 반귀석, 귀금속과 귀금속을 입힌 금속 및 이들 제품, 모조 신변장식용품과 주화

제71류 천연 또는 양식진주·귀석 또는 반귀석·귀금속·귀금속을 입힌 금속 및 이들의 제품 모조 신변장식용품과 주화

1. 개 요

제71류에는 천연 또는 양식진주, 귀석과 반귀석, 귀금속과 귀금속을 입힌 금속 및 이들을 전부 또는 일부를 구성하는 물품과 제품들이 분류되며 또한 모조 신변장식용품과 주화가 분류된다. 이 류에는 귀석과 반귀석을 가공시에 발생하는 웨이스트, 귀금속과 귀금속을 입힌 금속 및 주로 귀금속을 회수하는 귀금속과 귀금속화합물을 함유하는 웨이스트와 스크랩이 포함된다. 그러나 방사성원소와 동위원소 및 이들 화합물, 귀금속의 아말감과 콜로이드(제28류), 라스터(제32류) 또는 담체촉매(제38류) 등은 다른 류에 분류된다.

2. 분류구조

진주, 귀석과 반귀석, 귀금속 등의 물품과 이들 제품을 3개 범주(절)로 구분하고 18개의 호(제7101호 내지 제7118호)에 분류한다.

1) 천연·양식진주 및 귀석과 반귀석(제 1 절: 제7101호 내지 제7105호)

- 진주(제7101호)
- 귀석과 반귀석: ① 다이아몬드, ② 기타 귀석과 반귀석, ③ 합성·재생의 것, ④ 더스트와 분

2) 귀금속 및 귀금속을 입힌 금속(제 2 절: 제7106호 내지 제7112호)

① 은과 은 입힌 금속, ② 금과 금 입힌 금속, ③ 백금과 백금 입힌 금속, ④ 귀금속의 웨이스트와 스크랩

3) 신변장식용품, 금·은의 세공품과 기타 제품(제 3 절: 제7113호 내지 제7118호)

① 신변장식용품, ② 금은세공품, ③ 귀금속·귀금속 입힌 금속의 제품, ④ 진주·귀석·반귀석의 제품, ⑤ 모조 신변장식용품, ⑥ 주화(제7118호)

3. 분류원칙

제목	규정내용	비고
제71류 분류물품	1. 물품의 전부 또는 일부가 다음의 재료로 구성되는 물품은 제71류에 분류한다. 다만, 제 6 부의 주제 1 호가목 및 이 류의 주제 2 호 내지 주제10호에서 따로 규정한 것은 그에 따른다. 가. 천연 또는 양식진주나 귀석 또는 반귀석(천연, 합성 또는 재생의 것) 나. 귀금속 또는 귀금속을 입힌 금속	제71류 류주1
신변장식용품, 금·은세공품 및 기타 제품	2. 가. 제7113호, 제7114호 및 제7115호에서는 귀금속 또는 귀금속을 입힌 금속이 미미한 구성물로 사용된 부착구나 장식(예: 두문자, 테 및 외륜) 등과 같은 물품을 제외한다. 다만, 주제 1 호나목은 이러한 물품에는 적용하지 아니한다. 나. 제7116호에서는 귀금속 또는 귀금속을 입힌 금속(이를 미미한 구성물로 사용한 경우를 제외한다)을 함유한 제품을 제외한다.	제71류 류주2
귀금속	4. 가. 『귀금속』이라 함은 은·금 또는 백금을 말한다. 나. 『백금』이라 함은 백금·이리듐·오스뮴·팔라듐·로듐 또는 루테늄을 말한다. 다. 『귀석 또는 반귀석』에는 제96류의 주제 2 호나목에 게기한 물품을 포함하지 아니한다.	제71류 류주4
귀금속합금의 분류규정	5. 제71류에서 귀금속을 함유한 합금(소결한 혼합물과 금속간 화합물을 포함한다) 중 귀금속의 어느 하나의 함유량이 전 중량의 2% 이상인 것은 귀금속의 합금으로 본다. 이 경우 귀금속의 합금에 대하여는 다음 규정에 따라 분류한다. 가. 백금의 함유중량이 2% 이상인 것은 백금의 합금으로 본다. 나. 금의 함유중량이 2% 이상인 것으로서, 백금을 함유하지 아니한 것 또는 백금이 2% 미만인 합금은 금의 합금으로 본다. 다. 은의 함유중량이 2% 이상인 기타의 합금은 은의 합금으로 본다.	제71류 류주5
귀금속	6. 관세율표의 귀금속에는 문맥상 따로 규정한 경우를 제외하고는 주제 5 호의 규정에 의한 귀금속의 합금도 포함한다. 다만 귀금속을 입힌 금속, 귀금속을 도금한 비금속 또는 비(非)금속은 그러하지 아니한다.	제71류 류주6

귀금속을 입힌 금속	7. 관세율표에서 귀금속을 입힌 금속이라 함은 금속의 한 면 또는 양면 이상에 땜접·납점·용접·열간압연 또는 이와 유사한 기계적 방법에 의하여 귀금속을 입힌 것을 말하며, 문맥상 따로 규정한 경우를 제외하고는 비금속에 귀금속을 입힌 것도 포함한다.	제71류 류주7
귀금속 웨이스트와 스크랩	8. 제6부 주제1호가목에 규정한 것을 제외하고 제7112호에 게기한 품명에 부합하는 물품은 당해 호에 분류하며 관세율표의 다른 호에는 분류하지 아니한다.	제71류 류주8
신변장식용품	9. 제7113호에서 신변장식용품이라 함은 다음의 것을 말한다. 가. 각종의 소형 신변장식용품(젬세트인지 여부를 불문한다)(예: 반지·팔찌·목걸이·부로치·귀걸이·시계용 체인·회중시계의 쇠줄·팬던트·타이핀·커프링크·의복장식용 단추·종교용 또는 기타 용도의 메달 및 기장) 나. 일반적으로 포켓·핸드백 또는 신변에 휴대하여 사용하는 개인용품(예: 시가 또는 궐련케이스, 코담배박스, 구중제갑 또는 환약갑, 화장갑, 돈지갑 또는 묵주 등). 이러한 물품은 천연진주나 양식진주·귀석 또는 반귀석·합성 또는 재생귀석이나 반귀석, 거북귀갑, 진주모패·아이보리·천연 또는 재생호박·흑옥 또는 산호 등과 결합되어 있거나 세트로 되어 있는 것인지의 여부를 불문한다.	제71류 류주9
금·은 세공품	10. 제7114호의 『금세공품』 또는 『은세공품』에는 장식품·식탁용품·화장용품·끽연용품 또는 기타의 가정용·사무용 또는 종교용 물품을 포함한다.	제71류 류주10
모조 신변장식용품	11. 제7117호에서 『모조 신변장식용품』이라 함은 주제9호가목의 신변장식용품(제9606호의 단추 또는 기타의 물품이나 제9615호의 빗·헤어슬라이드 또는 이와 유사한 것 또는 헤어핀을 제외한다)으로서 천연 또는 양식진주·귀석 또는 반귀석(천연·합성 또는 재생의 것)을 사용하지 아니한 것과 귀금속 또는 귀금속을 입힌 금속을 사용하지 아니한 것(귀금속을 도금하거나 미미한 구성물로 사용한 경우는 제외한다)을 말한다.	제71류 류주11
분과 분상	1. 제7106.10호·제7108.11호·제7110.11호·제7110.21호·제7110.31호와 제7110.41호에서 분과 분상이라 함은 메시구경이 0.5mm체를 통과한 중량이 전 중량의 90% 이상인 물품을 말한다.	제71류 소호주1
백금	2. 제71류 주제4호나목의 규정에도 불구하고 제7110.11호와 제7110.19호에서 백금이라 함은 이리듐·오스뮴·팔라듐·로듐·루테늄은 포함하지 않는다.	제71류 소호주2
합금	3. 제7110호의 소호에 합금을 분류하는 데 있어서 각각의 합금은 플라티늄·팔라듐·로듐·이리듐·오스뮴·루테늄 중 각각 다른 금속보다 중량이 가장 많은 금속으로 분류한다.	제71류 소호주3

4. 제외 물품

① 귀금속의 아말감(수은, 은, 주석의 합금)과 콜로이드상의 귀금속(제2843호)
② 제30류의 살균한 외과용 봉합재, 치과용 충전재 또는 기타의 물품
③ 골드라스터 및 실버라스터(제32류)
④ 담체촉매(제3815호)
⑤ 제42류 주2 나에서 규정한 제4202호 또는 제4203호의 물품
⑥ 제4303호 또는 제4304호의 물품
⑦ 제11부의 물품(방직용 섬유와 그 제품)
⑧ 제64류 또는 제65류의 신발류·모자류 또는 기타의 물품
⑨ 제66류의 산류·지팡이 또는 기타의 물품
⑩ 연마용품(제6804호·제6805호·제82류)으로서 귀석·반귀석(천연·합성의 것)의 더스트나 분을 함유한 것, 제82류의 물품으로서 귀석 또는 반귀석(천연·합성·재생의 것)의 작용부분을 가진 물품, 제16부의 기계류·기기류 또는 전기용품이나 이들의 부분품. 다만, 이들 제품 및 그 부분품의 전부가 귀석 또는 반귀석으로 된 것은 이 류에 분류하되, 장착되지 아니한 축음기 바늘용의 가공된 사파이어와 다이아몬드(제8522호)를 제외한다.
⑪ 정밀기기, 시계 및 악기(제90류, 제91류 내지 제92류의 물품)
⑫ 무기 또는 이들의 부분품(제93류)
⑬ 제95류 주2의 규정에 해당하는 물품
⑭ 제96류의 주4에 의거 제96류에 분류되는 물품
⑮ 오리지널 조각 또는 조상(제9703호), 수집품(제9705호) 및 제작 후 100년이 초과된 골동품(제9706호), 다만, 천연·양식진주, 귀석·반귀석을 제외한다.

5. 해 설

(1) 제71류의 분류범위

· 제71류에는 물품의 전부 또는 일부가 다음 재료로 구성된 물품을 분류한다.
① 천연 또는 양식진주나 귀석 또는 반귀석(천연, 합성 또는 재생의 것)

② 귀금속 또는 귀금속을 입힌 금속

· 천연진주와 양식진주, 귀석과 반귀석

– 천연진주와 양식진주, 천연, 재생 및 합성의 귀석과 반귀석

– 가공하지 아니한 것(원석), 가공한 것

– 이들을 가공하여 생긴 더스터와 분

– 신변장식용품, 세공품, 기타 제품

· 귀금속과 귀금속을 입힌 금속

– 귀금속은 은·금·백금이고, 백금에는 이리듐·오스뮴·팔라듐·로듐 및 루테늄이 포함된다.

– 은·금·백금을 각각 2% 이상 함유하는 합금

– 가공되지 아니한 것. 반제품의 것, 분상의 것

– 웨이스트와 스크랩, 귀금속·귀금속 화합물을 함유하는 귀금속 회수용의 웨이스트와 스크랩

– 신변장식용품, 세공품, 기타 제품

· 모조 신변장식용품(제7117호)과 주화(제7118호)

[진주, 귀석과 반귀석 및 귀금속과 귀금속 입힌 금속의 가공별 분류]

구분 \ 가공단계별		원석·가공한것	더스터, 분	분상	미가공·일차제품	웨이스트·스트랩	제품		
							신변 장식용품	세공품	기타 제품
진주	천연·양식진주	제7101호	–	–	–	–	제7113호	제7114호	제7116호
귀석·반귀석	다이아몬드	제7102호	제7105호	–	–	–	제7113호	제7114호	제7116호
	기타 귀석·반귀석	제7103호	제7105호	–	–	–	제7113호	제7114호	제7116호
	합성·재생	제7104호	제7105호	–	–	–	제7113호	제7114호	제7116호
	은	–	–	제7106호	제7106호	제7112호	제7113호	제7114호	제7115호
	은 입힌 비금속	–	–	–	제7107호	제7112호	제7113호	제7114호	제7115호

귀금속·귀금속 입힌 비금속	금			제7108호	제7108호	제7112호	제7113호	제7114호	제7115호
	금 입힌 비금속	–	–	–	제7109호	제7112호	제7113호	제7114호	제7115호
	백금	–	–	제7110호	제7110호	제7112호	제7113호	제7114호	제7115호
	백금 입힌 비금속	–	–	–	제7111호	제7112호	제7113호	제7114호	제7115호

[모조 신변장식용품과 주화]

구분	분류
모조 신변장식용품	제7117호
주화	제7118호

(2) 진주(제7101호)

진주(珍珠: pearls)는 해양 또는 담수에 사는 진주굴과 진주홍합의 분비물이 퇴적된 것으로 표면과 각질(conchiolin)로 덮힌 탄산칼슘의 층이 광학적 간섭과 회절이 일어나 진주 광택(orient)을 내며, 백색, 회색, 흑색, 자색, 적색, 황색, 녹색, 청색 등을 띤다. 양식진주는 굴의 액양에 진주모패를 고착시켜 다른 굴의 조직체에 삽입하여 양식한다. 진주(천연·양식)는 가공하지 아니한 것(채집하여 청결히 한 것)과 가공한 것(결함 부분을 제거하기 위해 갈은 것, 구멍뚫거나 톱질한 것)은 제7101호에 분류하며, 세트 또는 장착된 것, 등급 매긴 후 실로 꿰메진 진주는 제7113호·제7114호 또는 제7116호에 분류한다.

[진주와 진주모패의 분류]

구분	물품내용	분류
진주모패	가공하지 않거나 단순 정리한 것	제0508호
	가공한 것: 정, 결함부분 제거, 천공, 톱질한 것	제9601호
천연·양식진주	가공한 것	제7101호
	–세트하거나 장착한 것, 등급을 메기고 실로 꿰멘 것 –제품: 신변장식용품, 금, 은 세공품 또는 기타 제품	제7113호·제7114호·제7116호

(3) 천연의 귀석과 반귀석(제7102호, 제7103호)

귀석(precious stones)과 반귀석(semi-precious stones)은 보통 결정체로서 색깔(colour), 광채(brilliance), 변질하지 않는 속성(resistance to deterioration) 또는 희소성(rarity)을 갖고 있어 장식품이나 의장품 제조용으로 신변장식용품 세공자나 금·은세공자가 사용된다. 또한 루비, 사파이어, 마노, 압전기용 석영 등은 견고성과 기타 특성을 갖고 있어 시계·공구 또는 기타 산업용에도 사용된다.

예: 다이아몬드, 루비, 사파이어, 에메랄드, 알레산드라이트, 묘안석, 비취, 오팔, 가네트, 아메디스트, 토파즈, 투어멀린, 올리빈(감람석), 지르콘(zircon) 등

[주요 귀석·반귀석의 특성]

품명	성분	경도	굴절률
다이아몬드(금강석: diamond)	C	10	2.4
루비(홍강옥석: ruby)	Al_2O_3(소량의 Cr, Fe 함유)	9	1.77
사파이어(청강옥석: sapphire)	Al_2O_3(소량의 Ti, Fe함유)	9	1.77
에메랄드(녹주석: emerald)	$3BeO \cdot Al_2O_3 \cdot 6SiO_2$	7.5	1.58
비취(jadeite)	$NaAlSiO_6$	7	1.66
오팔(단백석: opal)	$SiO_2 \cdot nH_2O$	5.5	1.45

(4) 귀석과 반귀석의 분류(제7102호 내지 제7104호)

천연·합성 또는 재생의 귀석과 반귀석의 분류는 가공하지 아니한 것(원석: unworked), 가공한 것(worked) 또는 등급매긴 것은 제7102호～제7104호에 분류하고 가공(working)시에 생긴 웨이스트와 스크랩은 제7105호에, 장착(mounted), 세트(set) 또는 실로 꿴 것(strung), 기타 제품은 제7116호에 분류한다.

(5) 합성 또는 재생한 귀석과 반귀석(제7104호)

합성 또는 재생한 귀석과 반귀석은 천연귀석이나 반귀석과 동일한 목적으로 사용된다. 다음이 있다.

합성(synthetic)귀석과 반귀석 화학적으로 제조한 다음 물품을 말한다.

① 루비, 사파이어, 에메랄드, 공업용 다이아몬드, 압전기용 석영 등의 천연석과 동

일한 화학적 조성 및 결정구조를 가진 물품

② 천연의 귀석·반귀석과 동일한 화학적 조성 및 결정구조를 갖지 않더라도, 색상·밝기·내식성·경도와 같은 특성으로 인해 금·은 세공업자가 천연석의 대용으로 사용하는 물품

예: 이트륨알루미늄가네트(yttrium aluminium garnet), 합성큐빅지르코니아 등

재생(reconstructed)**귀석과 반귀석**　천연의 귀석 또는 반귀석의 조각이나 분말을 프레스 또는 용융하여 인공적인 방법으로 제조한 것을 말한다.

(6) 압전기 석영(제7104호)

압전기 석영(piezo-electric quartz)은 기계적 압력을 받으면 전하를 발생하는 성질을 가지며, 전하의 강도는 압력에 비례하고, 반대로 압전기 석영이 받는 전위차를 기계적 압력으로 변환시켜 주는 성질을 갖는다. 합성석영을 전기적 축선을 따라 절단한 것으로 얇은 시트상, 봉상으로 마이크로폰, 확성기, 초음파송수신기, 고주파진동기 등의 제조에 사용된다.

(7) 천연·양식진주 및 귀석과 반귀석의 제품(제7116호)

여기에는 전부 또는 일부가 천연·양식진주, 귀석 또는 반귀석(천연·합성 또는 재생)으로 만든 모든 제품이 분류된다. 다만 이 호에는 귀금속 또는 귀금속을 입힌 금속을 함유한 것은 제외하나 아주 소량이 함유된 것은 포함된다.

개인용 장식품과 기타 장식한 물품　핸드백, 빗, 브러시, 귀걸이, 커프링크, 의복용 단추 등으로서 비금속, 아이보리, 나무 또는 플라스틱 등에 진주, 귀석이나 반귀석을 세트 또는 부착한 것

전부 또는 일부가 귀석 또는 반귀석으로 구성된 기타 물품　십자가, 반지, 팔찌, 잔과 컵, 소상과 장식용품, 칼가장자리, 방적용사가이드, 장식용 마개, 낚시대 류. 잉크스탠드, 재떨이 등

(8) 귀금속, 귀금속을 입힌 금속 및 귀금속합금이란

귀금속(precious metal)　귀금속은 은·금 또는 백금을 말하고 백금은 백금(platinum:

Pt), 이리듐(iridium: Ir), 오스뮴(osmium: Os), 팔라듐(palladium: Pd), 로듐(rhodium: Rh) 및 루테늄(ruthenium: Ru)을 말한다.

관세율표에서 귀금속 관세율표의 귀금속에는 문맥상 따로 규정한 경우를 제외하고는 귀금속의 어느 하나의 함유중량이 2% 이상인 귀금속의 합금도 포함한다. 다만 귀금속을 입힌 금속, 귀금속을 도금한 비(卑)금속 또는 비(非)금속은 그러하지 아니한다.

관세율표에서 귀금속을 입힌 금속(metal clad with precious metal) 관세율표에서 귀금속을 입힌 금속이라 함은 금속의 한 면 또는 양면 이상에 땜접·납점·용접·열간압연 또는 이와 유사한 기계적 방법에 의하여 귀금속을 입힌 것을 말하며, 문맥상 따로 규정한 경우를 제외하고는 비금속에 귀금속을 입힌 것도 포함한다.

그러나 귀금속을 도금한(전기분해·증착·분사 또는 귀금속염 용액에 담그는 방법 등) 비금속은 도금두께에 관계없이 각각 기초 금속류로 분류한다.

(9) 귀금속·귀금속을 입힌 금속의 일차제품과 분상 및 웨이스트와 스크랩(제7106호 내지 제7112호)

일차제품 형상 또는 분상(제7106호~제7111호) 귀금속(은·금 또는 백금) 또는 귀금속을 입힌 금속으로 가공하지 아니한 것, 일차제품 형상 또는 분상이 분류된다. 이들 성상은 다음을 말한다.

[일차제품형상·분상]

구분	규격내용	비고
분과 분상 (powder and powder form)	분과 분상은 메시구경 0.5mm체에 중량비 90% 이상 통과한 것을 말한다. 보통 기계적 또는 화학적 공정으로 얻은 미세분말이다.	제71류 소호주1
가공하지 아니한 것 (unworked)	－덩어리(lump), 입(grain), 잉고트(ingots), 카스트바(cast bars), 펠레트(pellets) －맥석에서 분리된 덩어리(lumps), 괴(nuggets), 크리스탈(crystals), 자연 귀금속괴 등	해설
일차제품·일차제품 형상	봉(bar, rod), 형재(section), 선, 판(plate sheet) 및 대(strip), 관(tube, pipe), 박(foil), 펄(purl), 스팽글(spangle) 및 절편(cutting)을 말한다.	해설

웨이스트와 스크랩(제7112호) 귀금속을 재생하거나 또는 화학품제조의 기재로 사용하는 금속상의 웨이스트와 스크랩을 말한다. 즉, 귀금속 또는 귀금속을 입힌 금속의 웨이스트와 스크랩 및 주로 귀금속의 회수용에만 적합한 귀금속 또는 귀금속 화합물을 함유하는 기타 웨이스트와 스크랩이다. 이들 물품은 관세율표에서 방사성 동위원소 또는 이들 화합물 등(제28류)을 제외하고는 제7112호에 분류한다.

예: ① 천공, 가공시에 생긴 스위핑, 분, 줄밥, 대패밥 등, ② 식탁용품, 금·은세공품, 촉매 등으로 낡고 깨진 스크랩, ③ 사진 플레이트, 필름 등의 웨이스트와 스크랩, ④ 인쇄회로기판의 웨이스트와 스크랩, ⑤ 사진용 필름, 인쇄회로기판 등의 소각물, ⑥ 전해정제나 전기도금시에 생긴 찌꺼기, 사진 정착통의 은잔류물

(10) 신변장식용품과 모조 신변장식용품(제7113호·제7117호)

신변장식용품(article of jewellery)(제7113호) 다음 신변장식용품과 휴대용 개인용품(articles of personal)을 말한다.

① 각종의 소형 신변장식용품(adornment)(젬세트인지 여부 불문): 반지·팔찌·목걸이·부로치·귀걸이·시계용 체인·회중시계의 쇠줄·팬던트·타이핀·커프링크·의복장식용 단추·종교용 또는 기타 용도의 메달 및 기장

② 일반적으로 포켓·핸드백 또는 신변에 휴대하여 사용하는 개인용품(articles of personal): 시가 또는 궐련케이스, 코담배박스, 구중제갑 또는 환약갑, 화장갑, 돈지갑 또는 묵주 등

이러한 물품은 천연진주나 양식진주·귀석 또는 반귀석·합성 또는 재생귀석이나 반귀석, 거북귀갑, 진주모패·아이보리·천연 또는 재생 호박·흑옥 또는 산호 등과 결합되어 있거나 세트로 되어 있는 것인지의 여부를 불문한다.

모조 신변장식용품(imitation jewellery)(제7117호) 『모조 신변장식용품』이라 함은 다음 소형 신변장식용품으로서 천연·양식진주 및 귀석 또는 반귀석(천연·합성 또는 재생)을 사용하지 아니한 것과 귀금속 또는 귀금속을 입힌 금속을 사용하지 아니한 것(귀금속을 도금하거나 미미한 구성물로 사용한 것은 제외)을 말한다. 그러나 단추 또는 기타의 물품(제9606호)이나 빗·헤어슬라이드 또는 이와 유사한 것 또는 헤어핀(제9615호)은 제외한다.

소형 신변장식용품: 반지·팔찌·목걸이·부로치·귀걸이·시계용 체인·회중시계의 쇠

줄·팬던트, 타이핀, 커프링크, 의복장식용 단추, 종교용 또는 기타 용도의 메달 및 기장

(11) 품목분류 원칙

귀금속합금의 분류규정 제71류에서 귀금속을 함유한 합금(소결한 혼합물과 금속간 화합물 포함) 중 귀금속의 어느 하나의 함유중량비가 2% 이상인 것은 귀금속의 합금이다. 귀금속의 합금은 다음 규정에 의해 분류한다.

① 백금의 합금: 백금의 함유중량이 2% 이상인 것

② 금의 합금: 금의 함유중량이 2% 이상이고, 백금을 함유하지 않거나 2% 미만인 합금

③ 은의 합금: 은의 함유중량이 2% 이상인 기타의 합금

귀금속 웨이스트와 스크랩의 우선 분류원칙 주로 귀금속의 회수에 사용되는 귀금속 또는 귀금속을 입힌 금속의 웨이스트와 스크랩, 귀금속 또는 귀금속 화합물을 포함하는 기타 웨이스트와 스크랩은 제7112호에 우선하여 분류한다. 다만, 방사선원소와 동위원소, 동위원소와 이들 유·무기화합물은 제2844호 또는 제2845호에 분류한다.

금·은세공품(제7114호)**의 범위** 금세공품 또는 은세공품(제7114호)에는 장식품·식탁용품·화장용품·끽연용품 또는 기타의 가정용·사무용 또는 종교용 물품을 포함한다.

신변장식용품, 금·은세공품 및 기타 제품의 분류규정 제7113호(신변장식용품과 이들 부분품), 제7114호(금·은세공품과 이들 부분품) 및 제7115호(기타 제품)에는 일부 또는 전부가 귀금속이나 귀금속을 입힌 금속으로 만든 물품을 분류한다. 그러나 귀금속 또는 귀금속을 입힌 금속이 미미한 구성물로 사용된 부착구 또는 장식(예: 두문자, 테 및 외륜) 등과 같은 물품을 제외한다.

(12) 보석의 측정단위

매매기준이 되는 것과 금의 순도를 표시하는 두 가지 방법이 있다.

보석단위 200mg의 질량을 1캐럿(karat)으로 한다. 기호는 ct(또는 car)이다.

금표시법 순수한 금을 24캐럿(karat)으로 하고 18/24의 금을 함유하는 합금을 18캐럿으로 표시한다. 기호는 K(또는 KT)이다.

진 주 제2차세계대전 이전에는 캐럿의 1/4에 해당하는 영국식의 그래인(gr)으로 개량하였으나, 현재는 지름크기로 mm 구슬(또는 몇 부 구슬)로 부른다.

(13) 주화(제7118호)

주화(鑄貨)는 법화로 통용하기 위해 정부관리하에서 발행하고 일정한 무게와 도안을 공적으로 부여한 귀금속이나 금속으로 발행한 주화를 말한다. 주화는 제7118호에 분류한다. 이 호에는 발행국에서 법화로 하는 개인용 주화, 주화세트를 위탁판매하는 것 및 법화가 아닌 주화가 포함되나, 수집품(제97류)은 다른 류에 분류된다.

(14) 귀석·반귀석에서 제외되는 물품

품명	물품내용	분류
· 비귀석(non-precious)	귀석과 반귀석의 광물의 종에 속하나 신변장식용품·금세공품·은세공품에 적합하지 않은 비귀석 변종 또는 품질의 광물이나 광석	제25류·제26류
	가공한 비귀석, 비귀석 제품	제68류
· 동석(凍石: steatite)	거칠다듬기나 단순절단한 정직사각형의 블록, 슬랩상 등	제2526호
	동석제 재단 초크	제9609호
· 호박(琥珀: amber)과 응결호박	호박덩어리, 응결호박의 판, 봉, 시트	제 5 류
	가공한 것	제9602호
· 해포석과 응결해포석	덩어리, 판, 봉, 시트	제 5 류
	가공한 것	제9602호
· 흑옥(黑玉: jet)	원석	제25류
	가공한 것	제9602호

[유사보석의 분류]

품명	분류
상아(ivory)	제0507호
별갑(turtle-shell)과 귀갑(yortoise-shell)	제0507호
산호(coral)	제0508호
호박(amber)	제2530호
진주(pearl)	제7101호

(15) 공업용 다이아몬드 용어

품명	주요 내용	비고
다이아몬드 (diamond)	다이아몬드는 탄소의 동소체이며 결정질로서 순수 상태에서 높은 굴절률과 분산력을 가지며 가장 단단한 광물이다. 이 특성 때문에 다이아몬드는 장식품, 의장품 및 공업용으로 사용된다.	제7102호 해설
선별하지 않은 다이아몬드	미가공 또는 원석은 공업용이나 또는 비공업용으로 시장에서 판매하기 전에 다이아몬드 전문가는 등급화되고 선별한다. 기술적 선별기준은 중량, 컷팅시 결정학적인 적합성, 형태, 투명도, 색상, 결정의 내포물 또는 순도를 고려한다. 전문가의 감정을 받지 않은 로트, 하나의 다이아몬드, 크기에 따라 체로 쳐서 포장한 것을 포함한다.	제7102호 해설
공업용 다이아몬드	· 공업용 다이아몬드에는 천연으로 ① 다이아몬드 프로퍼(proper), ② 흑(black)다이아몬드 및 기타 다결정 다이아몬드, ③ 원래 핫길 다이아몬드 및 ④ 특성(색상, 내포물, 품질, 투명도 등)상 정밀한 특정 공업용이나 보석용에도 적합한 다이아몬드가 분류된다. 이러한 다이아는 공구를 세팅하거나 기계의 부속품이나 부착용으로 사용한다. · 또한 원석, 단순 톱질하거나 쪼갠 것에는 다음이 포함된다. －천연다이아몬드: 모암에서 침전물 또는 추출물로 얻으며 로트 또는 꾸러미별로 구분된다. －단순 톱질한 것, 쪼갠 것, 상호 연마한 것, 텀블링한 것, 소수의 연마면을 갖고 표면과 가장자리는 거칠고 무광택이고 연마하지 않은 것 －텀블링한 다이아몬드로서 화학적 처리하여 표면이 광택있고 반짝이게 한 것이다. －분쇄 또는 파쇄된 다이아몬드	제7102호 해설
비공업용 다이아몬드	· 천연다이아몬드로서 특성(색상, 내포물 또는 순도, 투명도 등)이 신변장식용품 세공자나 금·은세공자에 의한 사용에 적합한 천연다이아몬드가 분류된다. －원석, 단순 톱질한 것, 쪼갠 것 ① 천연다이아몬드: 모암으로부터 침전물 또는 추출물로 얻어지며 로트나 꾸러미로 선별된다. ② 단순히 톱질한 것, 쪼갠 것, 상호 연마한 것 또는 소수의 연마된 면을 갖는 다이아몬드 ③ 텀블링한 다이아몬드로서 화학적 처리에 의해 표면이 광택이 있고 반짝이게 한 것 －공업용이 아닌 기타의 것	제7102호 해설

	① 다수의 연마면이 있는 다이아몬드로서, 보석으로 사용되기 전에 추가 작업이 요구되지 않는 것 ② 천공 다이아몬드, 조각 다이아몬드 및 이중접합 또는 삼중접합으로 가공한 다이아몬드 ③ 운송·저장과정에서 깨진 연마 다이아몬드, 연마·천공 또는 조각과정에 깨진 다이아몬드	

[용어]

용어	주요 내용	비고
가공	제71류에서 가공이란 톱질한 것, 깎은 것, 작은 면을 낸 것, 광택을 낸 것, 천공, 조각, 한 쌍으로 된 것을 말한다.	해설
원석과 가공석	원석과 가공석이란 세트 또는 장착되지 아니한, 절개한 것, 톱질한 것, 상호마찰하여 깎은 것, 텀블링한 것, 작은 면을 낸 것, 깎아낸 것, 광택낸 것, 구멍을 뚫은 것, 조각한 것, 한 쌍으로 된 것을 말한다.	해설
법화 (legal tender)	법화(法貨)는 통화의 원활한 유통을 기하기 위하여 법률에 의해 강제통용력을 부여한 화폐. 법정통화라고도 한다. 화폐는 일반적 교환수단이 되기 위해 일반적 수령성(受領性)을 갖추어야 한다.	사전

제14부 출제문제 및 연습문제

출제문제

[50점 문항]

[10점 문항]

1. 광석과 귀석의 분류기준 [1982년]
2. 관세율표상 귀금속의 범위 [1984년]
3. 귀금속과 귀금속합금 [1989년]
4. 다음 물품이 해당하는 관세율표상의 류(chapter)를 쓰시오. [2002년]
   ① 건조한 인삼, ② 천연다이아몬드, ③ 가정형 세탁기, ④ 보청기, ⑤ 플라스틱제 마네킹

연습문제

[50점 문항]

1. 진주, 보석류 및 귀금속, 이들의 제품(제71류)에 대한 다음에 의하여 서술하시오.
   - 해당 물품
   - 분류구조
   - 용어정의(귀금속, 신변장식용품, 모조 신변장식용품 등)
   - 주요 분류원칙(진주, 귀석반귀석, 귀금속 등)

[10점 문항]

1. 귀금속이란?
2. 관세율표상 백금이란?

3. 귀금속합금이란, 이들 분류는?
4. 귀금속을 입힌 금속이란?
5. 신변장식용품이란?
6. 모조 신변장식용품이란?
7. 진주와 이들 제품의 분류구성
8. 귀석과 반귀석, 이들 제품의 분류구조
9. 일반적으로는 보석이나 관세율표상 귀석이나 반귀석이 아닌 것은?
10. 제71류의 귀석과 반귀석이 광물(제25류)로 분류되는 요건을 쓰시오.
11. 귀금속과 귀금속을 입힌 금속, 이들의 제품에 대한 분류구조를 설명하시오.
12. 신변장식용품과 모조 신변장식용품에 적용되는 차이점을 설명하라.
13. 주화란?

문제풀이

1. 관세율표에서 귀금속이란?

귀금속이라 함은 은, 금 및 백금을 말하며, 백금에는 백금(platinum: Pt), 이리듐(iridium: Ir), 오스뮴(osmium: Os), 팔라듐(palladium: Pd), 로듐(rhodium: Rh) 및 루테늄(ruthenium: Ru)을 말한다.

관세율표의 귀금속에는 귀금속 및 문맥상 따로 규정한 경우를 제외한 귀금속의 어느 하나의 함유중량이 2% 이상인 귀금속의 합금도 포함한다. 다만 귀금속을 입힌 금속, 귀금속을 도금한 비(卑)금속 또는 비(非)금속은 그러하지 아니한다.

2. 관세율표에서 백금이란?

관세율표에서 백금이란 백금(platinum: Pt), 이리듐(iridium: Ir), 오스뮴(osmium: Os), 팔라듐(palladium: Pd), 로듐(rhodium: Rh) 및 루테늄(ruthenium: Ru)을 말한다.

3. 신변장식용품이란?

신변장식용품(article of jewellery)(제7113호)이란 다음 신변장식용품과 휴대용 개인용품(articles of personal)을 말한다.

① 각종의 소형 신변장식용품(adornment)(젬세트인지 여부를 불문한다): 반지·팔찌·목걸이·부로치·귀걸이·시계용 체인·회중시계의 쇠줄·팬던트·타이핀·커프링크·

의복장식용 단추·종교용 또는 기타 용도의 메달 및 기장

② 일반적으로 포켓·핸드백 또는 신변에 휴대하여 사용하는 개인용품(articles of personal): 시가 또는 궐련케이스, 코담배박스, 구중제갑 또는 환약갑, 화장갑, 돈지갑 또는 묵주 등

이러한 물품은 천연진주나 양식진주·귀석 또는 반귀석·합성 또는 재생귀석이나 반귀석, 거북귀갑, 진주모패·아이보리·천연 또는 재생호박·흑옥 또는 산호 등과 결합되어 있거나 세트로 되어 있는 것인지의 여부를 불문한다.

4. 모조 신변장식용품이란?

모조 신변장식용품(imitation jewellery)(제7117호)이라 함은 다음 소형 신변장식용품으로서 천연·양식진주 및 귀석 또는 반귀석(천연·합성 또는 재생)을 사용하지 아니한 것과 귀금속 또는 귀금속을 입힌 금속을 사용하지 아니한 것을 말한다.

- 소형 신변장식용품: 반지·팔찌·목걸이·부로치·귀걸이·시계용 체인·회중시계의 쇠줄·팬던트, 타이핀, 커프링크, 의복장식용 단추, 종교용 또는 기타 용도의 메달 및 기장
- 그러나 단추 또는 기타의 물품(제9606호)이나 빗·헤어슬라이드 또는 이와 유사한 것 또는 헤어핀(제9615호)은 제외한다.

5. 합성한 귀석과 반귀석에 대하여 설명하고 예를 들라.

합성(synthetic) 귀석과 반귀석이란 화학적으로 제조한 귀석과 반귀석을 말하며 다음 물품이 있다.

① 루비, 사파이어, 에메랄드, 공업용 다이아먼드, 압전기용 석영 등의 천연석과 동일한 화학적 조성 및 결정구조를 가진 물품

② 천연의 귀석·반귀석과 동일한 화학적 조성 및 결정구조를 갖지 않더라도, 색상·밝기·내식성·경도와 같은 특성으로 인해 금·은 세공업자가 천연석의 대용으로 사용하는 물품

예: 이트륨알루미늄가네트(yttrium aluminium garnet), 합성큐빅지르코니아 등

6. 귀금속 또는 귀금속을 입힌 금속의 웨이스트와 스크랩을 설명하고 그 예를 3종류 이상을 들라.

귀금속 또는 귀금속을 입힌 금속의 웨이스트와 스크랩이라 함은 귀금속을 재생하거나 또는 화학품제조의 기재로 사용하는 금속상의 웨이스트와 스크랩을 말한다. 즉, 귀금속 또는 귀금속을 입힌 금속의 웨이스트와 스크랩 주로 귀금속의 회수용에만

적합한 귀금속 또는 귀금속 화합물을 함유하는 기타 웨이스트와 스크랩이다. 이들 물품은 방사성 동위원소나 이들 화합물 등(제28류)을 제외하고는 제7112호에 분류한다.

예: ① 천공, 가공시에 생긴 스위핑, 분, 줄밥, 대패밥 등, ② 식탁용품, 금·은세공품, 촉매 등으로 낡고 깨진 스크랩, ③ 사진 플레이트, 필름 등의 웨이스트와 스크랩, ④ 인쇄회로기판의 웨이스트와 스크랩, ⑤ 사진용 필름, 인쇄회로기판 등의 소각물, ⑥ 전해정제나 전기도금시에 생긴 찌꺼기, 사진 정착통의 은잔류물

제15부 비금속과 그 제품

1. 개 설

제15부에는 금속 가운데 비금속(卑金屬: base-metal)과 이들 비금속의 제품이 분류된다. 이 부에는 맥석에서 분리한 천연상태의 금속과 동매트, 니켈매트 또는 코발트매트를 포함하나 맥석상태의 금속광과 천연금속(제26류)은 다른 류에 분류된다. 철강과 이들 제품에서 기타 비금속과 이들 제품(제72류 내지 제81류)에는 괴상의 비금속, 봉·선 또는 판 등의 비금속물품(products) 및 이들 제품(articles)이 분류된다. 그러나 비금속의 공구 등과 기타 비금속제품(제82류, 제83류)의 분류되는 특정 비금속의 제품을 제외된다.

2. 류별 구성

이 부의 비금속과 이들의 일련의 제품을 체계적으로 품목분류하기 위하여 8개의 부주 및 제72류 내지 제76류와 제78류 내지 제83류의 11개 류(제77류는 유보)의 본문으로 구성되어 있다.

[류별 표제]

제72류	철강
제73류	철강의 제품
제74류	동과 그 제품
제75류	니켈과 그 제품
제76류	알루미늄과 그 제품
제78류	연과 그 제품
제79류	아연과 그 제품
제80류	주석과 그 제품
제81류	기타 비금속, 서메트, 이들의 제품

제82류 비금속제의 공구·도구·칼붙이·스푼과 포크 및 이들의 부분품
제83류 비금속제의 각종 제품

* 제77류: 공란 유보

3. 분류원칙

제목	규정내용	비고
범용성 부분품 (parts of general use)	2. 관세율표에서 『범용성의 부분품』이라 함은 다음의 것을 말한다. 가. 제7307호·제7312호·제7315호·제7317호 또는 제7318호의 물품 및 비금속제의 이와 유사 물품 나. 비금속제의 스프링과 스프링판(제9114호의 시계용 스프링은 제외) 다. 제8301호·제8302호·제8308호·제8310호의 물품과 제8306호의 비금속제 틀과 거울 제73류 내지 제76류 및 제78류 내지 제82류(제7315호를 제외)의 부분품에는 가목 내지 다목에서 규정한 물품을 포함하지 아니한다. 상기규정 및 제83류의 주제 1 호에 의한 경우를 제외하고는 제72류 내지 제76류 및 제78류 내지 제81류에서는 제82류 또는 제83류의 물품을 제외한다.	제15부 부주2
비금속 (base metal)	3. 관세율표에서 『비금속』이라 함은 철강·동·니켈·알루미늄·연·아연·주석·텅스텐(월프람)·몰리브데늄·탄탈륨·마그네슘·코발트·비스머드·카드뮴·티타늄·지르코늄·안티모니·망간·베릴륨·크로뮴·게르마늄·바나듐·갈륨·하프늄·인듐·니오븀(컬러븀)·레늄 및 탈륨을 말한다.	제15부 부주3
서메트 (cermets)	4. 관세율표에서 『서메트』라 함은 현미경적 불균질 결합물질을 함유한 물품을 말한다. 또한 소결한 금속카바이드(금속을 소결한 금속카바이드)를 포함한다.	제15부 부주4
합금의 분류	5. 합금의 분류에 대하여는 다음에 정하는 바에 의한다(제72류 및 제74류의 주에서 정의한 페로얼로이와 마스터얼로이를 제외한다). 가. 비금속의 합금은 함유중량이 가장 많은 금속의 합금으로 본다. 나. 이 부의 비금속과 이 부에 해당되지 아니하는 원소로 구성된 합금에 있어서 이 부의 비금속의 중량을 합계한 것이 기타 원소의 중량을 합계한 것 이상인 경우에는 이 부에 게기한 비금속의 합금으로 본다.	제15부 부주5

	다. 이 부의 『합금』에는 금속분의 혼합물을 소결한 것과 용융에 의하여 제조한 금속의 불균질한 혼합물(서메트를 제외한다) 및 금속간 화합물을 포함한다.	
비금속합금	6. 관세율표의 비금속에는 문맥상 따로 규정하지 아니하는 경우에는 주5의 규정에 의하여 당해 비금속의 합금으로 분류되는 것도 포함한다.	제15부 부주6
복합물품의 분류	7. 복합물품의 분류에 대하여는 다음에 정하는 바에 의한다. 다만, 각 호에서 따로 규정하지 아니하는 경우에는 둘 이상의 비금속을 함유한 비금속제의 물품(비금속 이외의 재료를 혼합한 물품으로서 이 표의 통칙의 규정에 의하여 비금속제의 물품으로 보는 것을 포함한다)은 함유중량이 가장 많은 비금속의 물품으로 본다. 가. 철과 강은 동일한 종류의 금속으로 본다. 나. 합금은 주제 5 호의 규정에 의하여 그 합금으로 보는 금속으로 전부 구성되어 있는 것으로 본다. 다. 제8113호의 서메트는 단일의 비금속으로 본다.	제15부 부주7
웨이스트와 스크랩 (waste & scrap)	8. 제15부에서 다음 용어에 대하여는 각각 다음에 정하는 바에 의한다. 가. 웨이스트와 스크랩: 웨이스트와 스크랩이라 함은 금속의 제조 또는 금속에 대한 기계작업에 의하여 발생한 금속의 웨이스트와 스크랩 및 파손·절단·마손 또는 기타 사유로 원래의 용도대로 사용할 수 없는 금속제품을 말한다.	제15부 부주8가
분(powders)	나. 분: 분이라 함은 메시구경이 1mm인 체를 통과한 중량이 90% 이상인 물품을 말한다.	제15부 부주8나

4. 제외 물품

① 조제페인트·잉크 또는 기타의 물품으로서 금속의 플레이크 또는 분을 기제로 한 것(제3207호 내지 제3210호, 제3212호, 제3213호 또는 제3215호)

② 페로세륨 또는 기타의 발화성 합금(제3606호)

③ 모자와 그 부분품(제6506호 또는 제6507호)

④ 산류의 프레임과 기타의 물품(제6603호)

⑤ 귀금속의 합금, 귀금속을 입힌 비금속, 모조 신변장식용품(제71류)

⑥ 기계·기계류 및 전기용품(제16부)

⑦ 조립한 철도 또는 궤도용 선로(제8608호)와 제17부의 기타 물품(차량, 선박, 항공기)

⑧ 제18부의 기기(시계용의 스프링을 포함한다)

⑨ 총포탄용으로 조제한 연탄(제9306호) 또는 제19부의 기타 물품(무기·총포탄)

⑩ 가구, 매트리스서포트, 램프와 조명기구, 조명용 사인 및 조립식 건축물(제94류)

⑪ 완구·유희용구·운동용구(제95류)

⑫ 수동식의 체, 단추, 펜, 펜슬홀더, 펜촉 또는 기타의 물품(제96류)

⑬ 예술품 등(제97류)

5. 총　　설

(1) 금　　속

일반적으로 금속(金屬: metal)은 귀금속(貴金屬)과 비금속(卑金屬)으로 구분하며 비금속은 철금속(ferrous metal)과 비철금속(non-ferrous metal)으로 나눈다.

[관세율표상 금속의 구분]

<table>
<tr><th colspan="2">구분</th><th>금속(수량)</th><th>금속명(원소기호)</th><th>분류</th></tr>
<tr><td rowspan="4">금속
(metals)</td><td rowspan="2">귀금속</td><td>금과 은(2)</td><td>은(Ag), 금(Au)</td><td rowspan="2">제14부
(제71류)</td></tr>
<tr><td>백금족(6)</td><td>플래티넘(Pt), 이리듐(Ir), 오스뮴(Os), 팔라듐(Pd), 로듐(Rh), 루테늄(Ru)</td></tr>
<tr><td rowspan="2">비금속</td><td>철금속</td><td>철(Fe)</td><td rowspan="2">제15부
(제72류～
제81류)</td></tr>
<tr><td>비철금속(28)</td><td>동(Cu), 니켈(Ni), 알루미늄(Al), 납(Pb), 아연(Zn), 주석(Sn), 텅스텐(W), 몰리브데늄(Mo), 탄탈륨(Ta), 마그네슘(Mg), 코발트(Co), 비스머드(Bi), 카드뮴(Cd), 티타늄(Ti), 지르코늄(Zr), 안티모니(Sb), 망간(Mn), 베릴륨(Be), 크롬(Cr), 게르마늄(Ge), 바나듐(V), 갈륨(Ga), 하프늄(Hf), 인듐(In), 니오븀(Nb), 레늄(Re), 및 탈륨(Tl)</td></tr>
</table>

(2) 비금속(卑金屬: base metals)

관세율표에서 『비금속(卑金屬: base metals)』이라 함은 철강, 동, 니켈, 알루미늄, 납, 아연, 주석, 텅스텐, 몰리브데늄, 탄탈륨, 마그네슘, 코발트, 비스머드, 카드뮴, 티타늄,

지르코늄, 안티모니, 망간, 베릴륨, 크롬, 게르마늄, 바나듐, 갈륨, 하프늄, 인듐, 니오븀, 레늄 및 탈륨(thallium)을 말한다.

비금속과 이들 금속의 제품은 주로 제72류 내지 제81류에 분류한다.

[비금속의 류·호별 분류]

비(卑)금속	원소 기호	분류
철강(iron and steel)	Fe	제72류·제73류
동(copper)	Cu	제74류
니켈(nickel)	Ni	제75류
알루미늄(aluminium)	Al	제76류
납(lead)	Pb	제78류
아연(zinc)	Zn	제79류
주석(tin)	Sn	제80류
텅스텐(tungsten: wolfram)	W	제8101호
몰리브데늄(molibdenum)	Mo	제8102호
탄탈륨(tantalum)	Ta	제8103호
마그네슘(magnasium)	Mg	제8104호
코발트(cobalt)	Co	제8105호
비스머드(bismuth)	Bi	제8106호
카드뮴(cadmium)	Cd	제8107호
티타늄(titanium)	Ti	제8108호
지르코늄(zirconium)	Zr	제8109호
안티모니(antimony)	Sb	제8110호
망간(mangnese)	Mn	제8111호

비(卑)금속	원소 기호	분류
베릴륨(beryllium)	Be	제8112호
크롬(chromium)	Cr	
게르마늄(germanium)	Ge	
바나듐(vanadium)	V	
갈륨(gallium)	Ga	
하프늄(hafnium)	Hf	
인듐(indium)	In	
니오븀(niobium: columbium)	Nb	
레늄(rhenium)	Re	
탈륨(thallium)	Tl	

* 상거래상 4대 비철금속은 동(Cu), 알루미늄(Al), 아연(Zn), 납(Pb)을 말하고, 6대 비철금속은 동(제74류), 알루미늄(제76류), 아연(제79류), 납(제78류), 니켈(제75류), 주석(제80류)을 말한다.

(3) 비금속과 비금속합금의 범위

제15부의 비(卑)금속합금 ① 제15부의 비금속과 제15부에 해당되지 아니하는 원소로 구성된 합금은 제15부의 비(卑)금속의 중량을 합계한 것이 기타 원소의 합계중

량보다 이상인 것, ② 금속분의 혼합물을 소결한 것과 용융하여 제조한 금속의 불균질한 혼합물(서메트 제외) 및 금속간 화합물을 포함한다.

관세율표의 비(卑)금속 문맥상 따로 규정하지 아니하는 경우에는 위 규정에 의해 당해 비금속의 합금으로 분류되는 것도 포함한다.

(4) 비금속의 품목분류 원칙

비(卑)금속합금의 품목분류 원칙 비금속합금은 다음과 같이 분류한다.

1) 귀(貴)금속을 함유하는 비(卑)금속합금의 분류규정

① 은, 금 및 백금 가운데 어느 하나가 합금의 중량비가 2% 미만인 합금은 비금속으로 분류한다.

② 귀금속을 함유(2% 이상)하는 기타 비금속합금은 제71류에 분류한다.

2) 비(卑)금속합금의 분류규정

① 함유중량비가 가장 많은 금속으로 분류한다. 다만, 페로얼로이(제7202호)와 동마스터얼로이(제7405호)는 제외한다.

3) 비(卑)금속(제15부)과 비(非)금속 또는 알칼리·알칼리토류희토류 금속·수은 등(제2805호)과의 합금

① 비(卑)금속(제15부)의 합계중량이 비금속 이외 다른 원소의 합계중량 이상인 합금은 비(卑)금속(제15부)의 합금으로 분류한다.

② 이렇지 않는 합금은 일반적으로 기타 화학공업생산품(제3824호)에 분류한다.

4) 소결한 혼합물, 용융 제조한 금속의 불균질한 혼합물(서메트는 제외) 및 금속간 화합물의 분류규정

① 금속분의 혼합물을 소결한 물품, 용융 제조한 금속의 불균질한 혼합물(서메트는 제외)은 합금으로 취급하여 분류한다. 후자의 혼합물에는 금속스크랩을 용해하여 제조한 잉곳으로서 여러 성분을 함유한 것도 포함된다.

② 금속분의 혼합물로서 소결하지 아니한 것은 함유 중량비로 각각 다른 금속보다 가장 많은 금속으로 분류한다.

③ 2종 이상의 비(卑)금속으로 이루어진 금속간화합물도 합금으로 취급하여 분류한다. 금속간화합물과 합금과의 차이점은 금속간화합물의 결정격자 중의 이종 원자의 배열이 규칙적인 반면, 합금은 불규칙하다

복합 물품(composite articles)**의 품목분류 원칙** ① 2종 이상의 비금속을 재료로 된 제품 및 ② 통칙에 의해 비금속이 본질적인 재료이고, 부분적으로 비(非)금속 재료로 된 제품은 다음과 같이 분류한다.

[분류규정] ① 함유 중량비가 다른 비금속보다 가장 많은 비금속의 제품으로 분류한다.

다만, 당해 류의 각 호에서 별도의 규정이 있는 경우는 제외된다.

예: 동제 두부를 가진 철강제 못(제7415호)

[분류요령] 위 규정에서 함유금속의 성분비는 다음과 같이 계산한다.

① 각종의 철 및 동은 동일 금속으로 간주한다.

② 합금은 그 합금이 분류되는 해당 금속으로 전부 구성되어 있는 것으로 간주한다.
예: 놋쇠로 만든 부분품은 전부가 동으로 구성된 것으로 취급한다.

③ 서메트(제8113호)는 단일의 비(卑)금속으로 본다.

[사례 1] 중량비로 철이 64% 및 동 36%인 합금의 분류는?
함유중량이 철이 동보다 많기 때문에 제72류(철강)로 분류된다.

[사례 2] 중량비로 아연 53%, 유황 19%, 인 11%, 실리카 17%인 합금의 분류는?
비(非)금속이 47%이고 아연 53%로서 제79류(아연)로 분류된다.

[사례 3] 중량비로 알루미늄 36%, 유황 39%, 인 14%, 실리카 11%인 합금의 분류는?
따로 규정된 경우를 제외하고는, 주로 비금속의 혼합물(제3824호)로 분류된다.

(5) 범용성 부분품

범용성 부분품(parts of general use) 관세율표에서 범용성 부분품이라 함은 다음을 말한다.

① 제7307호·제7312호·제7315호·제7317호 또는 제7318호의 물품 및 비(卑)금속제의 이와 유사 물품

② 비금속제의 스프링과 스프링판(제9114호의 시계용 스프링을 제외한다)

③ 제8301호·제8302호·제8308호·제8310호의 물품과 제8306호의 비금속제 틀과 거울

[범용성 부분품(비금속)]

No	호	품명	비고
1	제7307호	관연결구류: 커플링, 엘보우와 밴드, 슬리브, 리듀셔, 티이, 크로스, 리턴밴드	
2	제7312호	연선, 로프, 케이블, 엮은 밴드, 사슬 및 이와 유사한 것	전기절연케이블 제외
3	제7315호	각종 체인과 이들의 부분품	자전거, 차량, 기계용 등의 것
4	제7317호	못, 압정, 제도용핀, 파형못, 스테이플 및 이와 유사 물품	제8305호의 것
5	제7318호	스크루, 보트와너트, 코치스크루, 스크루후크, 리베트, 코터, 코터핀, 와셔와 스프링와셔 및 이와 유사 물품	
6	제7320호	각종 스프링과 스프링판	시계용스프링 (제9114호)
7	제8301호	자물쇠(다이얼 또는 전기 작동식)와 열쇠	전기작동식 포함
8	제8302호	−장착구, 부착구 및 이와 유사 물품(가구, 문, 계단, 마차, 마구, 트렁크 등에 사용) −모자걸이, 브래킷과 이와 유사 부착구, 카스터와 자동도어 폐지기	
9	제8302호	사진틀, 그림틀 및 이와 유사한 틀과 비금속제 거울	
10	제8308호	−유금, 유금이 붙은 프레임, 버클, 버클유금, 후크, 아이, 아이렛 및 이와 유사한 것 −관 리베트, 2고리베트, 구슬과 스팽글(spengles)	의류, 신발, 차일, 핸드백, 여행구 등에 사용하는 것
11	제8310호	사인판, 명팜, 조서판 및 이와 유사 판, 숫자, 문자 및 기타 표지판	제9405호의 것 제외

* 플라스틱제 범용성 부분품은 플라스틱과 그 제품(제39류)으로 분류된다.

[분류규정]

1) 범용성 부분품은 기계와 전기기기, 운송기계, 정밀기기, 잡품 등(주로 제16부 내지 제20부)에 전용 또는 주로 사용되는 것일지라도 이들 물품의 부분품으로 분류하지 않고 플라스틱제의 것은 제39류(주로 제3926호)에 분류하고 비(卑)금속제는 제73류~제83류에 분류한다.

2) 제73류~제82류(제7315호 제외)의 부분품에는 위 ①, ② 및 ③에서 규정한 물품을 제외한다.

3) 범용성 부분품 및 제83류의 주1에 의한 경우를 제외하고는 제72류~제81류에는 제82류 또는 제83류의 물품을 제외한다.

분리되어 제시되는 범용성 부분품의 분류규정 관세율표에서 부분품은 일반적으로 제품의 부분품(patrs of article)으로 인정되는 것은 당해 제품이 해당하는 호에 분류한다. 그러나 범용성 부분품이 별도로 분리되어 제시되는 경우에는 제품의 부분품으로 보지 않고 각각 해당하는 호(제15부)에 분류된다. 다만 시계용 스프링은 제9114호에 분류한다.

[사례 1] 중앙난방식 라지에터의 전용 볼트와 자동차 전용 스프링의 분류?
볼트는 중앙난방식 보일러의 부분품(제7322호)에 분류되지 않고, 제7318호의 볼트에 분류된다.
스프링은 자동차용 부분품(제8708호)으로 분류되지 않고, 제7320호의 스프링에 분류된다.

(6) 용어 정어

웨이스트와 스크랩(waste and scrap) 제15부의 각 류의 각 호에서 웨이스트와 스크랩이란 금속의 제조 또는 금속에 대한 기계적 작업으로 발생한 금속의 웨이스트와 스크랩 및 파손, 절단, 마모 또는 기타 사유로 인하여 원래의 용도로 사용할 수 없는 금속제품을 말한다.

[비금속별 웨이스트와 스크랩의 분류]

비금속별	철(Fe)	구리(Cu)	니켈(Ni)	알루미늄(Al)	연(Pb)	아연(Zn)	주석(Sn)	기타 비금속
호	제7204호	제7404호	제7503호	제7602호	제7802호	제7902호	제8002호	제81류 원소별 각소호

분(粉: powder) 제15부의 각 류의 각 호에서 분이라 함은 메시구경이 1mm의 체에 중량비 90% 이상을 통과한 것을 말한다.

비금속의 고순도·정제 또는 비합금

품명	원소의 함유 중량비		류·호	비고
	주원소 함량비(%)	기타 원소 함량비(% 이하)		
고순도철	Fe: 99, 94% 이상	–	제7203호	
정제 동	Cu: 99, 85% 이상	–	제7403호	제74류 류주1
	Cu 97.5% 이상	Ag: 2.5, As: 0.5, Cd: 1.3, Cr: 1.4, Mg: 0.8, Pb: 1.5, S: 0.7, Sn: 0.8, Te: 0.8, Zn: 1, Zr: 0.3, 기타 원소: 각각 0.3		
비합금니켈	Ni+Co 99% 이상	Co 1.5% 이하이고, Fe: 0.5, O: 0.4, 기타 원소: 각각 0.3	제75류	제75류 소호주1가
비합금 알루미늄	Al 99% 이상	Fe+Si: 1, 기타 원소: 각각 0.1 (단, Cu 0.2% 이하 또는 Mn 0.05% 이하)	제76류	제76류 소호주1가
정제 연(鉛)	Pb 99.9% 이상	Ag: 0.02, As: 0.005, Bi: 0.05, Ca: 0.002, Cd: 0.002, Cu: 0.08, Fe: 0.002, S: 0.002, Sb: 0.005, Sn: 0.005, Zn: 0.002, 기타 원소: 각각 0.01	제7801호	제78류 소호주1
비합금아연	Zn 97.5% 이상	–	제7901호	제79류 소호주1가
비합금주석	Sn 99% 이상	Bi: 0.1, Cu: 0.4	제8001호	제80류 소호주1가

* 고순도: very pure, 비합금: not alloyed, 정제: refined

비금속 박(foil) 박은 평판상의 제품(코일상 여부 불문)으로 횡단면이 중공이 없는 직사각형(정사각형 제외)으로 두께가 균일하고 정·직사각형은 두께가 폭의 1/10 이하이고, 기타 형상은 크기 불문하며, 다음 두께 이하인 것을 말한다.

구분 \ 비금속별	구리(Cu)	니켈(Ni)	알루미늄(Al)	연(Pb)	아연(Zn)	주석(Sn)	기타 비금속
두께(mm)	0.15 이하	0.15 이하	0.2 이하	0.2 이하	0.15 이하	0.2 이하	0.15 이하
분류	제7410호	제7506호	제7607호	제7804호	제7905호	제8007호	제81류

* 기타 비금속의 박은 제74류를 준용한 것임(제81류 소호주 참조)

[비철금속 제품의 용어정의]

품명	규정내용
봉 bar&rod	-압연·압출·인발 또는 단조 제품, 코일상이 아닌 것, 횡단면은 전길이가 균일하고, 중공이 없다. -횡단면: 원형·타원형·정·직사각형·이등변삼각형 또는 볼록정다각형 * 정·직사각형·삼각형 또는 다각형 물품: 전체가 둥근 모서리인 경우도 있다. * 직사각형(변형 직사각형 포함) 물품: 두께가 폭의 1/10 초과하는 것에 한함 -주조·소결 제품으로서 제조 후에 연속가공하여 좌기의 형상과 치수의 것을 포함한다. 다만, 각 류의 타호의 물품·제품의 특성을 갖는 것은 제외한다. -동은 선재(wire-rod) 또는 관 등의 제조를 위해 기계가공을 용이하도록 tapered나 기타 가공한 와이어바와 빌레트는 괴(제7403호)로 본다
프로파일 profile	-압연·압출·인발·단조 또는 성형제품, 코일상 여부 불문 -횡단면: 전 길이가 균일한 것 -봉·선·판·시트·대·박 또는 관의 규정에 해당되지 않는 것 -주조·소결 제품으로서 제조 후에 연속가공하여 좌기의 형상과 치수의 것을 포함한다. 다만, 각 류의 타호의 물품·제품의 특성을 갖는 것은 제외한다.
선 wire	-압연·압출 또는 인발 제품, 코일상의 것, 횡단면은 전 길이가 균일하고 중공이 없다. -횡단면: 원형·타원형·정·직사각형·이등변삼각형 또는 볼록정다각형의 것 * 정·직사각형·삼각형 또는 다각형 물품: 전 길이가 둥근 모서리인 경우도 있다. * 직사각형(변형 직사각형 포함) 물품: 두께가 폭의 1/10 초과하는 것에 한함
판·시트·대·박 plates, sheets, strip & foil	-평판상의 제품, 코일상 여부 불문 -횡단면: 무중공인 직사각형(정사각형 제외)으로 둥근모서리을 갖는 여부를 불문하고 두께가 균일한 다음의 것 ① 정·직사각형: 두께가 폭의 1/10 이하인 것 ② 기타 형상은 크기 불문한다. 다만, 각 호의 물품이나 제품의 특성을 갖는 것은 제외한다. -동의 제7409호와 제7410호, 니켈의 제7506호, 알루미늄의 제7606호와 제7607호, 납의 제7804호, 아연의 제7905호 및 주석의 제8004호와 제8005호의 것에는 무늬가 있는 것(예: 홈, 리브, 체크무늬, 물방울무늬, 단추무늬, 마름모무늬 등)·천공한 것·파형한 것·연마한 것 또는 도포한 것으로서 타호의 물품이나 특성을 갖지 않는 것에 적용한다.
	-전 길이가 하나의 중공인 제품, 코일상 여부 불문 -횡단면: 전 길이가 균일한 원형·타원형·정·직사각형·이등변삼각형 또는 볼록정다각형으로 관벽의 두께가 균일한 것 * 정·직사각형·삼각형 또는 다각형 물품: 전 길이가 둥근 모서리인 경우도

관 tubes& pipes	있고, 횡단면의 내측과 외측이 동심이고 이와 같은 형상과 방향성을 갖는 경우에는 관으로 본다. * 위와 같은 횡단면을 갖는 관은 연마·도포·구부린 것·나선가공·천공한 것, 웨이스트, 익스펜디드, 원추형으로 한 것 또는 플렌지·고리 또는 링을 붙인 것도 있다.

* 제74류~제81류의 각 류주

[용어]

용어	주요 내용	비고
야금	원래는 광석에서 금속을 골라내는 것을 야금이라고 하나, 현재는 금속의 정련 또는 합금을 만드는 것까지도 모두 일컫는 말이다.	사전
소결(sintering)	소결이란 분말 또는 압분입자를 가열하여 결합시키는 것으로 분말 야금 방법이다.	사전
소결단조법 (sinter forging process)	소결단조법은 분말 야금으로 만든 소결소재의 분말을 밀폐된 형틀 속에서 열간정밀단조를 하는 가공법으로 제품의 밀도가 높고, 기계적 성질이 향상된다.	해설
ISRI	ISRI는 Institute of Scrap Recycling Industries의 약자로 미국 비철(Non-ferrous metal) 스크랩업자들의 권익 및 환경문제에 대하여 원만한 대정부 관계를 유지하기 위하여 만든 회사 형태의 조직이다.	자료
ISRI Specification	ISRI Specification는 ISRI에서 만들어 놓은 비철금속의 스크랩규격(전 NARI-Spec)으로써, 미국뿐만 아니라 전세계에서 ISRI 규격으로 비철금속의 스크랩을 거래하고 있다. 즉, 비철금속의 웨이스트와 스크랩은 국제적으로 ISRI-Specification을 기준하여 거래된다.	자료

제72류 철 강

1. 개 요

제72류에는 선철, 스피아그라즌, 페로얼로이, 해면철, 고철 등과 철강야금의 일차재료, 철강, 비합금강, 스테인리스강과 합금강으로서 일차형상의 것, 반제품의 것 및 강재(특정 형상)의 것이 분류된다. 그러나 이 류에는 주조(castings), 단조(forgings)품 등의 한층 더 가공한 제품과 강시판(sheet pilling), 용접된 형강, 철도로선 건설재료 및 관은 제외되며 이러한 제품은 주로 제73류에 된다.

2. 분류구조

철강은 재료에서 품에 이르는 일련의 물품을 4개 범주로 구분하고, 29개의 호(제7201호 내지 제7229호)에 분류한다.

1) 일차재료, 입상·분상 제품(제7201호 내지 제7205호)

① 선철과 스피그라이즌, ② 페로얼로이, ③ 환원철·해면철·순철, ④ 철의 웨이스트와 스크랩, ⑤ 재용해용 스크랩잉곳(제7204호) 및 입과 분(선철·스피그리이즌·철강의 것)

2) 철과 비합금강(제7206호 내지 제7217호)

① 일차형상, ② 반제품, ③ 강재(제7208호~제7217호)

3) 합금강

– 스테인리스강(제7218호 내지 제7223호)

① 일차형상과 반제품, ② 평판압연제품(제7219호·제7220호), ③ 봉, ④ 기타 봉과 형강, ⑤ 선

– 기타 합금강(제7224호 내지 제7229호)

① 일차형상과 반제품, ② 평판압연(제7225호·제7226호), ③ 봉, ④ 기타 봉과 형강 및 합금, ⑤ 선

4) 비합금·합금강의 중공드릴봉(제7228호)

3. 분류원칙

제목	규정내용	비고
용어정의	1. 이 류에서 다음 용어에 대하여는 각각 다음에 정하는 바에 의한다(라목, 마목 및 바목의 규정은 관세율표의 전체를 통하여 적용한다).	제72류
선철 pig iron	가. 선철: 선철이라 함은 실용상 단조에 부적합한 철-탄소의 합금으로서 탄소의 함유량이 2%를 초과하고 다음 하나 이상의 기타 원소의 함유중량이 다음 이하의 것 — 크로뮴: 10%, 망간: 6%, 인: 3%, 규소8%, 기타 원소 합계: 10%	제72류 류주1가

스피그라이즌 spiegelleisen	나. 스피그라이즌: 스피그라이즌이라 함은 망간의 함유량이 전중량의 6%을 초과하고 30% 이하인 철-탄소의 합금으로서 기타 원소의 함유량에 대하여는 『가』에서 정하는 기준에 합당한 것을 말한다.	제72류 류주1나
페로얼로이 ferro-alloy	다. 페로얼로이: 페로얼로이라 함은 피그·블록·럼프 또는 이와 유사한 일차 제품형상의 합금, 연속주조법에 의하여 제조한 형상의 합금 및 입상 또는 분상의 합금으로서(응결된 것인지의 여부를 불문한다), 통상 기타 합금제조시에 첨가제로 사용되거나 철을 야금할 때에 탈산제·탈황제 또는 이와 유사한 용도에 사용되며, 보통 실용상 단조에는 적합하지 아니하고, 철의 함유중량 4% 이상이며, 다음에 게기한 원소의 하나 또는 둘 이상의 함유중량비로 다음 비율을 초과하는 것을 말한다. — 크로뮴 10%, 망간 30%, 인 3%, 규소 8%, 기타원소합계 10%(탄소 제외, 동은 최대함유량 10%)	제72류 류주1다
강 steel	라. 강: 강이라 함은 실용상 단조에 적합한 철재(주조형상으로 제조된 것을 제외한다)로서, 탄소의 함유량이 전 중량의 2% 이하인 것을 말하며 제7203호의 철재를 제외한다. 그러나 크로뮴강은 탄소의 함유량이 전 중량의 2%를 초과하여 함유될 수도 있다.	제72류 류주1라
스테인리스강 stainless steel	마. 스테인리스강: 스테인리스강이라 함은 탄소의 함유량이 전중량의 1.2% 이하이고 크로뮴의 함유중량이 10.5% 이상인 합금강을 말한다(기타 원소가 함유되어 있는지의 여부를 불문한다).	제72류 류주1마
기타 합금강 other alloy steel	바. 기타 합금강: 기타 합금강이라 함은 스테인리스강의 정의에 합당하지 아니하고 다음에 게기한 원소의 하나 또는 둘 이상의 함유량이 중량비로 다음과 같은 비율 이상인 강을 말한다. — 알루미늄 0.3%, 붕소 0.0008%, 크롬 0.3%, 코발트 0.3%, 동 0.4%, 연 0.4%, 망간 1.65% 몰리브데늄 0.08%, 니켈 0.3%, 니오븀 0.06%, 규소 0.6%, 티타늄 0.05%, 텅스텐(월프람) 0.3%, 바나듐 0.1%, 지르코늄 0.05%, 기타 원소(황, 인, 탄소 및 질소 제외) 각각 0.1%	제72류 류주1바
재용해용 철강의 스크랩 잉곳 (remelting scrap ingots of iron or steel	사. 재용해용 철강의 스크랩 잉곳: 재용해용 철강의 스크랩 잉곳이라 함은 잉곳형상(피더헤드 또는 핫톱이 없는 것) 또는 피그 현상으로 거칠게 주조한 제품으로서 표면에 흠이 뚜렷하게 나타나 있으며 선철·스피그라이즌 또는 페로얼로이의 화학적 조성에 해당하지 아니하는 것을 말한다.	제72류 류주1사

입 granules	아. 입: 입이라 함은 메시구경이 1mm인 체를 통과한 중량이 전 중량의 90% 미만이고 메시구경이 5mm인 체를 통과한 중량이 전 중량의 90% 이상인 물품을 말한다.	제72류 류주1아
반제품	자. 반제품: 반제품이라 함는 횡단면에 중공이 없는 연속주조제품(1차 열간압연공정을 거친것인지 여부를 불문한다)과 1차 열간압연공정 또는 단조에 의한 거친 성형보다 더 가공을 하지 아니한 중공이 없는 기타 제품을 말한다(형강의 소재를 포함하며 이들 제품은 코일상태로는 되어 있지 아니한다).	제72류 류주1자
철금속분류	2. 성분이 다른 철금속을 입힌 철금속은 중량이 가장 많은 철금속의 제품으로 분류한다.	제72류 류주2
철강제품 분류규정	3. 전해법·압착주조법 또는 소결법에 의하여 제조된 철강제품은 그 형상·구성 및 모양에 따라 이와 유사한 열간압연제품에 해당하는 이 류의 각 호에 분류한다.	제72류 류주3
용어정의	1. 이 류에서 다음 용어에 대하여는 각각 다음에 정하는 바에 의한다.	제72류 소호주1
합금선철 alloy pig iron	가. 합금선철: 합금선철이라 함은 다음에 게기한 원소의 하나 또는 둘 이상의 함유량이 중량비로 다음과 같은 비율을 초과하는 선철을 말한다. －Cr: 0.2%, Cu: 0.3%, Ni: 0.3%, Al·Mo·Ti·W 및 V 중 하나 원소: 0.1%	제72류 소호주1 가
비합금쾌삭강 non-alloy free-cutting steel	나. 비합금쾌삭강: 비합금쾌삭강이라 함은 다음에 게기한 중량비의 원소를 하나 또는 둘 이상 함유한 것을 말한다. －S: 0.08% 이상, Pb: 0.1% 이상, Ce: 0.05% 초과, Te: 0.01% 초과, Bi: 0.05% 초과	제72류 소호주1 나
규소전기강 silicon-electrical steel	다. 규소전기강: 규소전기강이라 함은 규소의 함유중량 0.6% 이상, 6% 이하이고 탄소의 함유중량 0.08% 이하인 합금강을 말한다. 이들 합금강은 알루미늄의 함유중량비로 1% 이하일 수도 있으나 다른 합금강의 특성을 부여하는 비율로 기타 원소가 함유되어 있어서는 안된다.	제72류 소호주1 다
고속도강 high speed steel	라. 고속도강이란 기타 다른 원소의 함유 여부는 불문하나 몰리브데늄·텅스텐 및 바나듐의 3원소 중 적어도 2종원소를 합한 함유중량이 7% 이상이고 탄소가 0.6% 이상이며 크롬이 3% 이상～6% 이하인 합금강을 말한다.	제72류 소호주1 라
실리코망간강 silico-manganese steel	마. 실리코망간강: 실리코망간강이라 함은 원소의 함유중량이 중량비로 다음과 같은 비율인 합금강을 말한다. －C: 0.7% 이하, Mn: 0.5% 이상～1.9% 이하, Si: 0.6% 이상～2.3% 이하	제72류 소호주1 마

	그러나 타합금강의 특성을 부여하는 비율로 기타 다른 원소가 함유되어서는 안된다.	
페로얼로이의 분류규정	2. 제7202호의 소호에서 페로얼로이의 분류에 대하여는 다음 규정을 준수해야 한다. 합금원소 중의 한 원소만이 이 류의 주제 1 호다목에서 규정한 최소한도의 비율을 초과하는 경우에는 페로얼로이를 이원합금으로 보아 해당 소호에(해당 소호가 있는 경우) 분류하며 위의 규정의 유추해석에 따라 2종 또는 3종 합금원소가 최소한도의 비율을 초과하는 경우 각각 삼원합금 또는 사원합금으로 취급한다. 이 류 주제 1 호다목에서 언급한 특게되지 않은『기타 원소』에 대하여 이 규정을 적용할 때는 함유중량이 각각 10%을 초과하여야 한다.	제72류 소호주2

4. 제외 물품

① 산화몰리브덴, 칼슘몰리브데이트 및 탄화규소와 같은 철합금으로 동일한 목적이나 방법으로 사용되는 화학제품(다만, 철·규소화칼슘과 규소화망간의 함유량이 4% 미만인 것에 한함)(제28류)

② 페로－우라늄, 방사성함유로 철강산업에 직접 사용할 수 없는 웨이스트와 스크랩(제2844호)

③ 철강의 제조과정에서 생긴 광석찌꺼기, 드로스, 스케일링 또는 기타 웨이스트(금속 재생용에 적합하더라도 무관함)(제2619호)

④ 페로－세륨과 기타 발화성 철합금(형상 불문)(제3606호)

⑤ 금속사(제5605호)와 선으로 보강한 끈과 코드(제5607호)

⑥ 용접형강 및 시트 파일링(제7301호), 철도나 전차궤도 건설용 재료(제7302호).

⑦ 구조물로 사용하기 위해 제조한 물품(제7308호)

⑧ 제7312호의 연선·로프·케이블 및 이와 유사한 것

⑩ 유자선, 철책용에 적합한 꼬임상의 평선, 울타리용 철강제의 꼰 후프(제7313호)

⑪ 철강의 엑스팬디드 메탈(제7314호)

⑫ 피복된 전기용접봉(제8311호)

⑬ 침포용으로 사용하기 위한 톱니모양의 선(전 강제의 침포)(제8448호)

⑭ 전기절연선(에나멜선을 포함)(제8544호)

⑮ 악기의 현(제9209호)

5. 해　　설

(1) 철강 제조

1) 철광석의 전환(환원):

- 용광로공정에 의한 철광석의 전환: 대부분의 철은 철광석을 용광로(고로)에서 생산된다.
- 직접환원공장에서의 철광석의 전환: 앞의 공정과는 다르게, 환원제가 통상 가스상, 액상의 탄화수소 또는 석탄으로 경코크스가 필요없다.

2) 강의 제조: 용융 또는 고상의 선철과 주철 및 직접환원 철제품(해면철)은 웨이스트 및 스크랩과 함께 기본적인 제강재료가 된다. 이들 재료에 생석회·형석·탈산제와 같은 첨가물과 각종 합금원소가 첨가된다. 제강공정에는 용융선철을 전로에 공기취입하여 정련하는 압축공기식 공정(pneumatic processes)과 평로나 전기로에 의하는 로상공정(hearth processes)의 2개 주요 공정이 있다. 압축공기식 공정은 전로투입물은 주로 용융선철이 이용되며, 선철에 함유된 탄소, 인, 규소 및 망간의 산화로 액상의 강을 유지하며 첨가한 스크랩의 재용해에 충분한 열을 발생시켜 외부의 열원이 필요하지 않다. 이 공정은 순수한 산소가 용융금속에 취입되는 제강공정(Lize-Donawitz공정)과 지금은 사용하지 않으나 공기 또는 농축 산소를 이용하는 제강공정(Thomas, Bessemer공정)을 포함한다.

3) 잉곳 또는 기타 일차형상 및 반제품의 제조: 용융강이 주형(강주조물)에 의해 최종형태로 주조되기는 하나(주물공정에서), 대부분의 용융강은 잉곳몰드에 주입되어 강괴로 주조된다.

4) 완제품의 생산: 반제품은 바로 완제품으로 된다. 완제품은 보통 평판제품(wide flats. universal plate. wide coil. sheets. plates와 strip)과 기다란 제품(열간압연한 불규칙적으로 감긴 코일상의 봉, 강 및 선)으로 구분된다.

[철강제품의 제조공정]

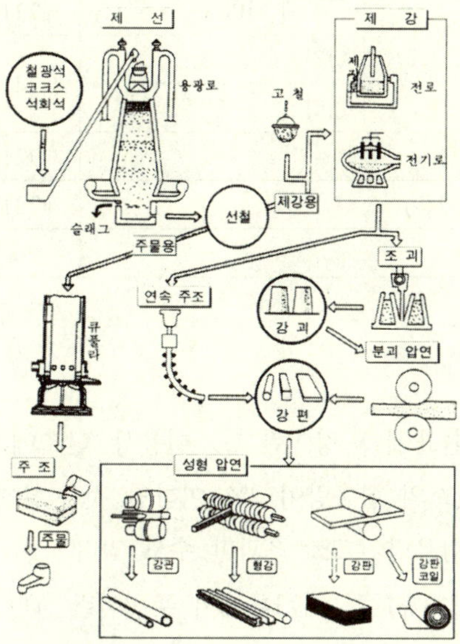

(2) 철강(제72류)의 분류범위

[철강의 제품별 분류범위(제72류)]

<table>
<tr><th rowspan="2">구분</th><th rowspan="2" colspan="3">품명·규격</th><th rowspan="2">철·
비합금강</th><th colspan="2">합금강</th></tr>
<tr><th>스테인리스</th><th>기타</th></tr>
<tr><td rowspan="5">일차 재료</td><td colspan="3">선철과 스피그라이즌</td><td>제7201호</td><td>제7201호</td><td>제7201호</td></tr>
<tr><td colspan="3">페로얼로이</td><td>제7202호</td><td>–</td><td>–</td></tr>
<tr><td colspan="3">환원철·해면철 및 순철(러프·펠리트상)</td><td>제7203호</td><td>–</td><td>–</td></tr>
<tr><td colspan="3">웨이스트와 스크랩, 재용해용 스크랩잉곳</td><td>제7204호</td><td>제7204호</td><td>제7204호</td></tr>
<tr><td colspan="3">입과 분</td><td>제7205호</td><td>제7202호</td><td>제7202호</td></tr>
<tr><td>일차형상</td><td colspan="3">잉곳·블록·럼프·퍼들바·파일링</td><td>제7206호</td><td rowspan="2">제7218호</td><td rowspan="2">제7224호</td></tr>
<tr><td>반제품</td><td colspan="3">슬랩·시트바·빌레트·블룸·라운드</td><td>제7207호</td></tr>
<tr><td rowspan="5">강재</td><td rowspan="5">평판
압연제품</td><td rowspan="3">폭 600mm
이상</td><td>열간</td><td>제7208호</td><td rowspan="3">제7219호</td><td rowspan="3">제7225호</td></tr>
<tr><td>냉간</td><td>제7209호</td></tr>
<tr><td>도포·도금</td><td>제7210호</td></tr>
<tr><td rowspan="2">폭 600mm
미만</td><td>열간·냉간</td><td>제7211호</td><td rowspan="2">제7220호</td><td rowspan="2">제7226호</td></tr>
<tr><td>도포·도금</td><td>제7212호</td></tr>
</table>

<table>
<tr><td rowspan="7"></td><td rowspan="4">봉</td><td rowspan="2">열간</td><td>불규칙코일</td><td>제7213호</td><td>제7221호</td><td>제7227호</td></tr>
<tr><td>기타</td><td>제7214호</td><td rowspan="4">제7222호</td><td rowspan="4">제7228호</td></tr>
<tr><td colspan="2">냉간</td><td rowspan="2">제7215호</td></tr>
<tr><td colspan="2">기타</td></tr>
<tr><td colspan="3">형강</td><td>제7216호</td></tr>
<tr><td colspan="3">선(코일상 냉간제품)</td><td>제7217호</td><td>제7223호</td><td>제7229호</td></tr>
<tr><td colspan="3">중공드릴봉</td><td colspan="3">제7228호</td></tr>
</table>

(3) 강과 주철

강(鋼: steel) 관세율표에서 강이란 ① 실용상 단조에 적합한 철재(주조형상으로 제조된 것 제외)로서, ② 탄소의 함유량이 2% 이하인 것을 말한다(제7203호의 철재 제외). 다만, 크로뮴강은 탄소의 함유량이 2% 초과할 수도 있다.

주철(鑄鐵: cast iron)(제73류) 제73류에서 주철이란 ① 주조방법에 의하여 제조되고, ② 철의 함유중량이 각각의 다른 원소보다 가장 많은 것으로서, ③ 탄소 함유량 2% 초과하는 제품을 말한다. 다만, 크로뮴강은 탄소 2% 초과할 수 있다.

(4) 일차재료와 입상·분상의 제품(제7201호 내지 제7105호)

제72류에서 일차재료(primary materials)라 함은 철광석의 직접환원에 의하여 얻어지는 선철, 스피그라이즌, 페로얼로이, 철제품과 기타 해면철제품, 웨이스트와 스크랩 및 재용해용 스크랩 잉곳(제7201호~7104호)을 말하며, 입싱 또는 분상은 선철

1) 선철(제7201호)

주로 철광석을 용광로에서 환원 또는 용해시켜 제조되거나, 철의 웨이스트와 스크랩을 전기로나 용광로에서 용해시켜 제조한다. 선철은 철과 탄소의 합금이나 규소·망간·황 및 인 등의 기타 원소도 함유한다. 선철은 피그, 블록, 럼프 용융상이다.

선철(銑鐵: pig iron)(제7201호) 제72류에서 선철이란, ① 실용상 단조에 부적합하고, ② 철-탄소의 합금으로서 탄소 함유량 2% 초과하고, ③ 다음 하나 이상의 기타 원소의 함유중량비 이하인 것을 말한다.

−기타 원소: 크로뮴: 10%, 망간: 6%, 인: 3%, 규소 8%, 기타 원소 합계: 10%

합금선철(alloy pig iron) 다음 하나 이상의 원소가 함유비를 초과하는 것

- 원료함량비: 크로뮴(Cr) 0.2%, 동(Cu) 0.3%, 니켈(Ni) 0.3%, 알루미늄(Al)·몰리브데늄(Mo)·티타늄(Ti)·텅스텐(W) 및 바나듐(V) 중 하나 원소: 0.1%

2) 스피그라이즌(제7201호)

때로는 상거래상 페로얼로이와 같이 취급되나, 일반적으로 철광석에서 직접 제조되어 선철과 같은 호에 분류된다. 주로 강 제조시에 철의 탈산, 재가탄, 합금제조용에 사용된다. 또한 망간의 높은 함유량으로 파쇄면이 광휘성이고, 선철과 같은 형상이다.

[용어정의] 제72류에서 스피그라이즌(spiegeleisen)의 정의는 다음과 같다.

① 망간의 함유량이 전 중량의 6%을 초과하고 30% 이하인 철-탄소의 합금으로서

② 다음 하나 이상의 기타 원소의 함유 중량비 이하인 것

기타 원소: 크로뮴 10%, 망간 6%, 인 3%, 규소 8%, 기타 원소 합계 10%

3) 페로얼로이(제7202호)

페로얼로이와 선철과의 차이는 페로얼로이가 상당량의 합금원소(예: 망간, 크로뮴, 텅스텐, 규소, 붕소 또는 니켈)들의 용제로서 작용하는 철을 소량함유하고, 탄소의 함유량이 2% 이하 함유하고 있다는 것이다. 페로얼로이는 주로 강 또는 선철에 특수 성질을 부여하기 위하여 합금원소를 첨가하는 데 사용된다. 또한 탈산제, 탈황제, 탈질제, 진정강용 또는 용접용으로 사용되기도 한다. 페로얼로이는 피그, 블록, 럼프, 이와 유사한 일차형상, 입상이나 분상 또는 연속주조에서 얻어진 형상이다. 주요한 것은 다음이 있다.

예: 페로-망간, 페로-실리콘, 페로-실리콘-망간, 페로-크롬, 페로-실리코-크롬, 페로-니켈, 페로-바나듐 등

[용어정의] 제72류에서 페로얼로이(ferro-alloy)는 다음과 같다.

① 철을 4% 이상 함유하고 기타 원소를 함유하는 합금으로서

② 일차제품 형상, 연속주조로 제조한 형상 및 입상·분상으로 보통 실용상 단조에는 부적합하고

③ 합금제조의 첨가제, 철 야금시에 탈산제, 탈황제 등으로 사용되는 것으로서

④ 철 이외의 원소는 다음 기타 원소의 함유비를 초과하여야 한다.

- 기타 원소함유비: 크로뮴(Cr) 10%, 망간(Mn) 30%, 인(P) 3%, 규소(Si) 8%, 기타 원소 합계 10%(단, 탄소 제외, 동은 최대 10%)

[분류규정] 페로얼로이는 다음 규정에 의해 분류한다.

① 합금원소 중 한 원소만이 페로얼로이에서 규정한 함유비를 초과하는 것: 페로얼

로이를 이원합금으로 보아 분류한다(해당 소호에 분류).

② 합금원소 중 2종 또는 3종 합금원소가 함유비를 초과하는 경우: 각각 삼원합금 또는 사원합금으로 본다.

③ 규정한 함유비를 특게되지 않은 『기타 원소』는 이 규정을 적용시는 함유량이 각각 10% 초과하여야 한다.

4) 환원철과 해면철 제품(제7203호)

용융하지 않고, 직접 광석환원에 의하여 제조되는 럼프 또는 펠리트상의 농축된 광석이다. 통상 금속철의 함유중량의 80% 초과하고 용광로 선철보다 탄소 함유량이 낮으며 해면구조를 하고 있다(해면철). 이들은 강 제조에 사용된다.

5) 순철 및 입과 분의 정의

순철 및 선철·스피그라이즌 또는 철강의 입과 분의 정의는 다음과 같다.

고순도철(very pure iron: 순철)(제7203호) 철 99.94% 이상인 것. 즉, 불순물 0.006% 이하인 철

입(granula)(제7205호) 메시구경 1mm 체에 중량비 90% 미만을 통과하고, 5mm 체에 통과 중량비 90% 이상을 통과한 물품을 말한다.

분(Powders)(제7205호) 메시구경 1mm 체를 중량비 90% 이상 통과한 물품을 말한다.

6) 철의 웨이스트와 스크랩 및 철강의 재용해용 스크랩 잉곳(제7204호)

철의 웨이스트와 스크랩(ferrous waste and scrap)(제7204호) 철강을 제조하거나 또는 기계적 작업으로 발생한 웨이스트와 스크랩 및, 파손·절단·마모 또는 기타 사유로 인하여 원래의 용도로 사용할 수 없는 철강제품을 말한다.

철강의 웨이스트와 스크랩은 다음 형태를 갖는다.

① 철강의 제조 또는 가공공정에서 생산되는 웨이스트와 스크랩(예: 크롭앤드, 파일링 및 선삭)

② 파손, 절단, 마손 또는 기타 사유로 결정적으로 이용할 수 없는 철강제품, 철강의 웨이스트와 스크랩은 사용자 요구에 따라 일반적으로 다음 공정으로 처리한다.

- 무겁고 긴 물품의 전단 또는 불꽃 절단
- 가벼운 스크랩은 프레스로 베일상으로 압착

- 선별하여 차량본체와 기타 가벼운 스크랩을 파쇄
- 철강의 파일링과 선삭을 분쇄하여 브리켓 형상으로 응집
- 고철제품의 해체작업

[제외 물품]

① 원래 목적에 재사용할 수 있는 물품과 타용도에 전용될 수 있는 물품

② 금속본래의 성질로 재생됨이 없이 타제품으로 모양을 바꿀 수 있는 물품

예: 낡은 부분을 개선하여 사용가능한 건축용 철강제품, 광산의 버팀기둥용 또는 재압연 후 타물품으로 전환가능한 노후 철도선로, 닦고 손질한 후 재사용 가능한 강제의 줄

철강의 재용해용 스크랩 잉곳(remelting scrap ingots of iron or steel)(제7204호) 잉곳형상(피더헤드 또는 핫톱이 없는 것) 또는 피그형상으로 거칠게 주조한 제품으로서 표면에 흠이 뚜렷하게 나타나 있으며 선철·스피그라이즌 또는 페로얼로이의 화학적 조성에 해당하지 아니하는 것을 말한다.

(5) 일차형상과 반제품

일차형상(primary forms)(제7206호) 철강제조공정에서 제련된 용융강을 철금속으로 강괴로 주조한 블록과 일차적인 형상으로 잉곳, 럼프, 퍼들바, 파일링을 말한다. 철이나 비합금강의 일차형상은 제7206호에 분류한다.

[일차형상 물품]

품명	규정내용
잉곳(ingot)	-제련 후 주조한 일차적 형상의 것 -횡단면: 정·장방형, 8각형 -주형에서 꺼내기 용이하게 한 끝이 다른 끝보다 굵다. 표면은 규칙적이고 균일하며 흠이 없다
블록·럼프 (block·lump)	-주로 철강석을 직접환원·전해법으로 침전시켜 제조한 괴(응집물·빌드업)에서 제조한다. -럼프·볼을 반용유상에서 압착기·싱글링 또는 햄머링하여 대부분의 스래그를 제거시킨다.
퍼들바·파일링 (puddled bars·Pillings)	-스래그를 제거한 블록과 럼프를 압연한 것으로 스래그의 함유량에 따라 특정한 섬유성 조직을 갖는 제품 -용도: 엔커체인, 호이스트후크 등의 특수 용도에 사용

반제품(제7207호) 철의 반제품(semi-finished products)이란 횡단면이 중공이 아닌 연속주조제품과 일차 열간압연공정 또는 단조를 거친 성형보다 더 가공을 하지 않은 중공이 아닌 기타 제품을 말하며, 형강의 소재를 포함하며 코일상태로 되지 않은 것이다. 철이나 비합금강의 반제품은 제7207호에 분류한다.

예: 블룸, 빌레트, 라운드, 시트바, 단조에 의한 거친 형상, 형강의 블랭크, 모든 연속주조제품

[반제품(semi-finished products: 강편)의 종류]

- 블룸(blooms): 횡단면은 보통 정방형이며 빌레트보다 크다.
- 빌레트(billets): 횡단면은 보통 정사각형, 직사각형이다. 블룸과 빌레트는 주로 봉, 형강 등으로 단조품 제조에 사용된다.
- 라운드(rounds): 횡단면은 원형 또는 변이 4개 이상인 다각형 물품으로 주로 무계목강관제조용의 중간제품으로 사용한다. 반제품특성을 가지며 보통 1～2m 길이로서 봉과 구분된다.
- 슬랩·시트바(slabs·sheet bars): 횡단면은 직사각형(정사각형은 아님)으로 폭이 두께보다 크다. 슬랩은 시트바보다 두껍다. 주로 슬랩은 재압연하여 후판 제조, 시트바는 박판·대 제조에 사용한다.
- 조단조품 피스(pieces roughly shaped by forging): 블록·잉곳을 파워해머 또는 단조용 프레스에 의해 제조하며 외관은 거칠고 공차가 큰 반제품이다. 단조, 프레스, 선반 등에 의해 주요 성형 가공을 하여야 완제품될 수 있는 물품만이 분류한다.
  예: 거친 해머된 잉곳으로 선박용 크랭크샤프트용으로 더욱 가공하는 것
- 형강블랭크(blanks for angles, shapes or sections): 최종제품에 적합한 복잡한 형상의 횡단면을 가지며, 압연처리에 적합하다.
  예: 와이드플랜지 빔, 거더의 블랭크
- 연속주조한 반제품(semi-finished products obtained by continuous casting): 연속주조에 의해 얻어지는 철 또는 비합금강의 모든 반제품. 다음 것이 포함된다.
  ① 바닥이 없고 냉각장치를 부착한 주형, ② 주형바깥에 있는 주조금속의 냉각을 위한 물 분무용 장치, ③ 인발장치에 이어진 절단기계장치

[철강 제품의 용어정의]

용어	규정내용
반제품 (semi-finished product)	－횡단면에 중공이 없는 연속주조제품(일차 열간압연공정을 거친 여부 불문)과 일차 열간압연공정 또는 조(粗)단조한 중공이 없는 기타 제품 －형강의 소재를 포함하며, 이들 제품은 코일상은 아니다.

<table>
<tr><td colspan="2">평판압연제품
(flate-rolled products)</td><td>－중공이 없는 압연제품
－횡단면: 직사각형(정사각형 제외)인 다음 형상인 것
① 연속 적층상 코일, ② 직선형은 두께 4.75mm 미만～폭 두께의 10배 이상 또는 두께 4.75mm 이상～폭 150mm 초과 및 최소 두께의 2배 이상의 것
－압연시 생긴 부조무늬(예: 홈, 리브, 첵크무늬, 단추무늬, 마름모무늬), 동공, 파형 또는 연마한 것을 포함한다(타호의 물품, 제품의 특성을 갖는 것 제외).
－단, 정·직사각형 이외 형상인 평판압연제품은 크기 불문하고 폭 600mm 이상의 제품으로 분류한다(타호의 물품, 제품의 특성을 갖는 것 제외).</td></tr>
<tr><td colspan="2">불규칙하게 감은 코일상 열간압연봉
(bar and rod hot-rolled in irregularly wound coils)</td><td>－중공이 없는 불규칙하게 감은 코일상의 열간압연한 제품
－횡단면: 원형, 궁형, 타원형, 정·직사각형, 삼각형 또는 기타 볼록다각형의 것
－압연공정에서 생기는 톱니형의 마디, 리드, 홈 또는 보강하는 형상의 것도 있다.</td></tr>
<tr><td colspan="2">기타 봉
(other bar and rod)</td><td>－반제품, 평판압연제품, 불규칙으로 감은 열간압연 봉 또는 선(위 제품)에 부적합한 것
－횡단면: 전체 길이가 균일한 중공이 없는 원형, 궁형, 타원형, 정·직사각형, 삼각형, 기타 볼록다각형의 것
－압연공정에서 생긴 톱니형의 마디, 리드, 홈 또는 보강하는 형상의 것도 있다.</td></tr>
<tr><td colspan="2">형강
(angle, shapes and sections)</td><td>－반제품, 평판압연제품, 불규칙하게 감은 열간압연 봉 또는 기타의 봉(위 제품)에 부적합한 것
－횡단면: 전체 길이가 균일한 중공이 없는 제품으로 달리 규정하지 아니한 것
－제72류에는 제7301호 또는 제7302호의 제품을 제외한다.</td></tr>
<tr><td rowspan="2">선
(wire)</td><td>제72류</td><td>－횡단면이 전체 길이가 균일하고 중공이 없는 코일상의 냉간성형제품
－평판압연제품에 해당되지 않는 것</td></tr>
<tr><td>제73류</td><td>－열간·냉간 성형제품으로서 횡단면의 형상을 불문
－횡단면: 치수 16mm 이하의 것</td></tr>
<tr><td colspan="2">중공드릴봉
(hollow drill bar and rods)</td><td>－횡단면에 중공인 봉으로서 드릴용에 적합한 것
－횡단면: 외측 최대 15mm 초과－52mm 이하, 내측 최대치수가 외측최대치수의 1/2을 초과하지 않는 것
－이 규정에 부적합한 것은 관과 무계목 중공프로파일(제7304호)에 분류</td></tr>
</table>

관 (tubes and pipes)	-전체 길이로 중앙에 하나의 중공인 횡단면이 균일한 등심원인 제품 -내측면과 외측면이 동일한 형상이다. -횡단면: 주로 원형 궁형, 타원형, 정·직사각형, 이등변삼각형 또는 기타 볼록정다각형
중공프로파일 (hollow profiles)	-위의 관 규정에 적합하지 않은 중공제품 -주로 내측면과 외측면이 동일형상이 아니다.

* 제72류와 제73류의 류주 및 총설

* 기타 볼록다각형(대칭하는 두 변이 볼록아크형이고 다른 두 변은 길이가 동일하고 평행 직선을 갖는 단면이 프랫서클 및 변형직사각형 포함)

(6) 합금강(alloy steel)

스테인리스강(stainless steel) 스테인리스강에는 실제로 martensite계(Cr: 13%), Ferrite계(Cr: 14~30%) 및 austenite계(Cr: 18%, Ni: 8%) 등의 3종류가 있다. 스테인리스강은 색상이 미려하며, 내열성도 우수하다. 높은 내식성 때문에 광범위한 용도에 쓰인다. 미국 철강규격인 AISI 302 규격은 크로뮴 합금강이며, AISI 304 규격은 크로뮴-니켈 합금강으로서 자석에 잘 붙지 않는 조직이며 내식성이 더 우수하다.

관세율표에서 스테인리스강이란 ① 탄소의 함유중량 1.2% 이하이고, ② 크로뮴(Cr)의 함유중량 10.5% 이상인 합금강을 말한다(기타 원소 함유 여부 불문).

기타 합금강(other alloy steel) 관세율표에서 『기타 합금강』이라 함은 스테인리스강의 정의에 적합하지 않고 다음 원소 하나 또는 둘 이상의 함유중량비가 다음 이상인 강을 말한다.

알루미늄(Al): 0.3%, 붕소(B): 0.0008%, 크로뮴(Cr): 0.3%, 동(Cu): 0.4%, 연(Pb): 0.4%, 망간(Mn): 0.08%, 니켈(Ni): 0.3%, 니오븀(Nb): 0.06%, 규소(Si): 0.6%, 티타늄(Ti): 0.05%, 텅스텐(월프람: W): 0.3%, 바나듐(V): 0.1%, 지르코늄(Zr): 0.05%, 기타 원소(황, 인, 탄소 및 질소 제외) 각각 0.1%

(7) 합금강의 종류와 정의

비합금쾌삭강(non-alloy free-cutting steel) 다음 중량비의 원소를 하나·둘 이상 함유한 것

원소: 황(S): 0.08%, 연(Pb): 0.1%, 셀레늄(Ce): 0.05%, 텔루륨(Te): 0.01%, 비스머

드(Bi): 0.05%

규소전기강(silicon-electrical steel) ① 규소: 0.6% 이상~6% 이하이고, 탄소: 0.08% 이하인 합금강을 말한다. ② 알루미늄이 1% 이하도 있으나 다른 합금강의 특성을 부여하는 비율의 기타 원소가 함유되어서는 안된다.

고속도강(high speed steel) ① 기타 다른 원소의 함유 여부는 불문하나, 몰리브데늄, 텅스텐 및 바나듐의 3원소 중 적어도 2종 원소를 합한 함유중량이 7% 이상이고, ② 탄소: 0.6% 이상, 크롬: 3% 이상~6% 이하인 합금강을 말한다.

실리코망간강(silico-manganese steel) 원소의 함유비가 다음 비율인 합금강을 말한다.

① 탄소(C): 0.7% 이하, 몰리브데늄(Mn): 0.5% 이상 1.9% 이하, 규소(Si): 0.6% 이상 2.3% 이하, ② 기타 합금강의 특성을 부여하는 비율로 기타 다른 원소가 함유되어서는 안된다.

[용어]

용어	주요 내용	비고
철강야금의 일차 재료 (primary material)	철강석의 직접환원에 의하여 얻어진 선철, 스피그라이즌, 페로얼로이, 철제품과 기타 해면철 제품, 웨이스트와 스클배 및 재용해용 잉곳을 말한다.	제7201호 해설
선철과 스피그라이즌의 일차형상(primary form)	선철과 스피그라이즌에서 일차형상이란 피그, 블록, 럼프 또는 용융상태를 말한다.	제7201호 해설
가압주조(die casting)	용융 또는 페이스트상의 합금을 고압력으로 주형에 주입하는 공정이다.	해설
소결(sintering)	분말을 주형제조하여 특수로에서 연속가열하는 분말 야금술이다. 소결된 재료에 최종 특성을 부여하며 온도·시간 및 기압하에서 고체상 응결제품을 만든다.	해설
열간압연(hot-rolling)	급속 재결정점과 용해점 사이의 온도에서 행하는 압연을 말한다. 대체로 가공물의 최종온도는 약 900℃이다.	해설
냉간압연 (cold rolling)	상온, 즉 재결정온도 이하에서 압연작업이 행해진다.	해설
단조(forging)	낙하해머나 단조프레스기를 사용하여 괴상의 금속을 열간변형하는 것이다.	해설

열간인발(hotrawing)	가열한 강을 금형에 통과시켜 여러 형상의 봉·관이나 섹션이 만들어진다.	해설
압출(extrusion)	재료가 통과하는 면 이외의 모든 면이 밀봉되어 공간상태인 금형과 압착공구 간에 압력을 가하여 변형하기 위한 냉간가공 공정이다.	해설
선인발 (wire-drawing)	불규칙하게 감긴 코일상태의 봉을 금형(다이스)에 통과 연신시켜 코일선을 얻는 냉간공정을 말한다.	해설
광휘인발 (bright-drawing)	불규칙적으로 감긴 코일 여부와 관계없이 봉을 금형에 통과 연신시켜 소형물품 또는 다른 형상을 얻는 냉간공정을 말한다.	해설
기계가공	선삭, 밀링, 분쇄, 천공, 펀칭, 폴딩, 사이징, 필링 등을 말한다. 조잡한 트리밍은 마무리작업으로 간주하지 않는다(분류에 영향이 없다).	해설

제73류 철강 제품

1. 개 요

제73류에는 주철을 포함한 철(Iron)과 강제(Steel)의 것으로서 제7301호 내지 제7324호에 강시판과 용접형강, 철도나 궤도용의 건설재료, 관과 중공 프로파일 등의 강재, 특정 제품인 범용성 부분품, 용기와 저장탱크, 닻, 바늘, 비전기식 가열기구, 각종 가정용품과 위생용품 등으로 특게한 여러 종류의 철강제품이 분류되고 기타 제품(제7325와 제7326호)이 분류된다. 그러나 이러한 제품들은 제82류와 제83류에 분류되는 물품과 관세율표의 다른 류에 해당되지 않는 물품이어야 한다.

2. 분류구조

철강제의 각종 제품(article)과 범용성 부분품 등을 13개로 구분하고 26개의 호(제7301호 내지 제7326호)에 분류한다.

1) 강시판과 형강(제7301호)

2) 철도·궤도용 선로 건설재료(제7302호)

3) 관·중공프로파일(제7303호 내지 제7306호)

① 주철제의 것, ② 무궤목의 것, ③ 원형관(외경 406.4mm 초과인 것), ④ 기타

4) 관연결구류(제7301호): 범용성 부분품으로 커프링, 엘보우, 슬리브 등

5) 구조물과 구조물 부분품(제7301호): 다리, 교량 등

6) 저장용 탱크와 용기(제7309호 내지 제7311호)

① 내용적 300L 초과의 것, ② 내용적 300L 이하의 것, ③ 압축·액화가스용의 것

7) 선의 제품(제7312호 내지 제7314호)

① 연선·로프·엮은 밴드·사슬 등, ② 유자선·대 또는 평선을 꼰 것, 2중선으로 울타리용의 것, ③ 클로드·그릴·망·익스펜디드 메탈

8) 범용성 부분품(제7315호 내지 제7320호)

① 체인과 그 부분품, ② 닻과 이들 부분품, ③ 못·압정·제도용 핀·파형못·스테이플 등, ④ 스크루·볼트·너트·리벳·커터·와셔 등, ⑤ 침류·바늘류·안전핀·기타 핀, ⑥ 스프링과 스프링판

9) 비전기식 가정용기구와 그 부분품(제7321호)

10) 방열기·송풍기·공기가열기와 배분기, 이들 부분품(제7322호)

11) 가정용품과 이들 부분품, 울, 용기 세정요구·폴리싱패드·글로브 등(제7323호)

12) 위생용품과 이들 부분품(제7324호)

13) 기타 제품(제7325호·제7326호): 주물제품(제7325호)과 철강제의 기타 제품(제7326호)

3. 분류원칙

제목	규정내용	비고
주철 (cast iron)	1. 제73류에서 주철이라 함은 주조방법에 의하여 제조되고 철의 함유중량이 각각의 다른 원소보다 가장 많은 것으로서 제72류의 주제1호 라목에서 규정한 강의 화학적 구성비에 해당하지 아니하는 제품을 말한다.	제73류 류주1
선 (wire)	2. 제73류에서 선이라 함은 열간 또는 냉간 성형제품으로서 횡단면의 형상을 불문하며 횡단면의 치수가 16mm를 초과하지 아니한 것을 말한다.	제73류 류주2

4. 해 설

(1) 철강제품의 분류(제73류)

구분	제품명·주요 내용	철강제 (주철제)
강시판·형강	강시판(천공·조립된 것 여부 불문), 용접된 형강	제7301호
철도·궤도용 선로의 건설재료	철도·궤도용 선로의 건설재료(궤조·교차구류·크로싱피스·침목·계목판·좌철·궤조클립·노반격재 및 궤조의 접속 또는 고착 전용되는 기타 재료에 한함)	제7302호
관과 중공프로파일	-관과 중공프로파일(무계목) -관(용접·리베트 또는 유사방법으로 봉합, 횡단면 원형이고, 외경406.4mm 초과의 것) -관과 중공프로파일(오픈심·용접, 리베트 또는 이와 유사방법으로 봉합한 것)	제7303호 (주철제) 제7304호~ 제7306호
범용성 부분품	철강제의 관연결구류: 커플링·엘보우·슬리브 등	제7307호
구조물과 이들 부분품	-구조물(제9406호의 조립식 건축물 제외)과 이들 부분품 -구조물용 가공한 판·대·봉·형재·관 및 이와 유사한 것	제7308호
용기	-저장조·탱크·통(300ℓ 초과) -탱크·통·드럼·캔·상자(300ℓ 이하) -압축 또는 액화 가스용의 것	제7309호 ~ 제7311호
범용성 부분품	연선·로프·케이블·엮은 밴드·사슬 및 이와 유사한 것(전기절연 제외)	제7312호
선제품	유자선, 철강제의 대 또는 평선을 꼰 것과 울타리용 느슨하게 꼰 2중선	7313호
선제품	선제의 클로드(엔드레스밴드 포함)·그릴·망·울타리와 익스펜디드 메탈	제7314호
범용성 부분품	체인과 그 부분품	제7315호
선박부분품	닻과 그 부분품	제7316호
못과 스테이플	못·압정·제도용·핀·파형 못·스테이플(제8305호의 것 제외)(동제 두부는 제외)	제7317호
범용성 부분품	스크루·볼트·너트·스크루후크·리베트·코터·와셔(스프링와셔 포함)	제7318호
각종 바늘	-수봉침·수편침·돗바늘·뜨개질 바늘·자수용 천공수침(손으로 사용하는 것)	제7319호

	–안전핀과 기타 핀(타호에 분류되지 않는 것)	
범용성 부분품	스프링과 스프링판	제7320호
비전기식 열기구	–스토브·레인지·화상·조리기(중앙난방용의 보조 보일러를 갖춘 것 포함) –바베큐·화로·가스풍로 가열판 등의 유사 비전기식 가정용 기구와 이들 부분품 –방열기(중앙난방용의 것, 전기가열식 제외)와 이들 부분품 –송풍기를 갖춘 공기가열기와 온풍배분기(냉풍·조절 공기를 공급하는 배분기 포함, 전기가열식 제외)와 이들 부분품	제7321호 제7322호
가정용품	–식탁용품·부엌용품 또는 기타 가정용 물품과 이들의 부분품 –철강의 울, 용기세정용구 또는 폴리싱 패드·글러브 및 이와 유사한 것	제7323호
위생용품	위생용품과 그 부분품	제7324호
기타 제품	주물제품	제7325호
	기타 제품	제7326호

(2) 철강제 관(tubes or pipes)의 종류

철강의 무계목강관(제7304호) 중간제품을 열간압연, 라운드제품을 열간압출, 주조, 단조, 냉간인발 또는 냉간압연하여 제조한다. 따라서 이음새가 없다.

철강 계목강관(제7305호) 평판압연제품에서 미리 성형되거나, 봉합되지 않은 것, 관형상을 용접하거나 리베팅(riveting)하여 제조한다.

(3) 범용성 부분품

품명	물품명	분류
·관연결구류	커플링, 엘보우와 밴드, 슬리브, 리듀셔, 티이, 크로스, 리턴밴드	제7307호
·로프와 케이블	연선, 로프, 케이블, 엮은 밴드, 사슬 및 이와 유사한 것	제7312호
·체인과 이들 부분품	롤러 체인, 스키드 체인, 스터드 체인 등	제7315호
·못류	못·압정·제도용 핀·파형못·스테이플 등	제7317호
·볼트와 너트류	코우치(Coach) 스크루, 스크루후크와 스크루링, 셀프탭핑 스크루, 볼트·너트, 스프링와셔와 와셔, 리벳, 코터, 코터 핀 등	제7318호

· 스프링	스프링과 스프링판: 판상스프링, 나선형 스프링, 디스크 스프링, 링스프링	제7320호

* 제15부 총설 참조.

(4) 익스펜디드 메탈(제7314호)

익스펜디드 메탈(expended metal)은 판상이나 대상의 금속 면에 평행하게 칼자국 모양으로 일정 간격으로 절단한 후 당겨서 다이아몬드형의 메시를 갖는 망을 만든 것이다. 기계의 안전보호망 또는 구멍 뚫린 철판대용으로 사용된다. 제7314호에 분류한다.

(5) 기타 철강제품(제7325호 · 제7326호)

다른 곳에 따로 분류되지 않은 철강제의 제품은 주물제품과 기타 제품으로 구분 분류한다.

철강제의 기타 주물제품(제7325호) 달리 분류되지 않은 철강제의 모든 주조물품을 포함한다. 다만, 완성품으로서의 본질적인 특성을 가지나 더 가공이 요구되는 미완성의 주조품은 제외한다.

예: 상하수도 등의 인스팩션 트랩(inspection trap), 그레이팅(grating), 드레인 커버(drain cover), 소화전의 지주와 카바, 배 매는 기둥 등, 연마용 밀, 분쇄용 밀의 볼(ball), 카운터 웨이트(counter weight) 등

철강제의 기타 제품(제7326호) 달리 분류되지 않은 철강제의 모든 철강제품을 분류한다.

예: 편자, 구두용 프로텍트, 비기계식 통풍기, 베네치안 블라인드, 전선용 철강제 연결구류, 울타리용 주, 텐트용 지주, 용량 측정구(가정용 제외: 제7325호), 씌움고리(thimble), 도로용 스터드, 단조된 후크, 스냅 후크, 사닥다리, 가대(trestle), 선제 덫, 올가미, 쥐덫, 타이어 트링글(tyre tringle), 메트리스 후크, 정육점용 후크, 타일용 행거 등, 지, 장신구 상자 등

[용어]

용어	주요 내용	비고
관 (tubes and pipes)	– 전체 길이로 중앙에 단 하나의 중공인 횡단면이 균일한 등심원인 제품 – 내측면과 외측면이 동일한 형상이다. – 횡단면: 주로 원형, 궁형, 타원형, 정·직사각형, 이등변삼각형 또는 기타 볼록정다각형 – 횡단면이 원형 이외의 제품은 전 길이가 둥근 모양, 구부린 것, 나선가공, 연결구를 붙인 것 또는 붙이지 않은 것, 돌공, 웨이스트, 익스펜디드, 원추형으로 한 것	제73류 총설
중공프로파일 (hollow profiles)	– 위의 관 규정에 적합하지 아니한 중공제품 – 주로 내측면과 외측면이 동일형상이 아니다.	제73류 총설

제74류 동과 그 제품

1. 개 요

제74류에는 동과 동합금에서부터 이들의 물품과 특정한 제품에 이르는 일련의 물품이 분류된다.

동의 제조는 동광석을 제련하여 채취하거나, 천연동을 가공하거나 동의 웨이스트나 스크랩으로부터 회수하여 제조된다.

2. 분류구조

동과 동제품을 가공단계별로 4개 범주로 구분하고 16개의 호(제7401호 내지 7419호; 3개호 공란)에 분류한다.

1) 동매트, 동 중간제품 및 웨이스트와 스크랩(제7401호 내지 7405호)

① 동매트와 시멘트동, ② 미정제동과 정제용 동양극, ③ 정제동과 동합금, ④ 동의 웨이스트와 스크랩, ⑤ 마스터얼로이

2) 동분말과 플레이크(제7406호)

3) 압연, 압출, 인발 또는 단조한 제품(제7407호 내지 제7410호)

① 봉과 프로파일, ② 선, ③ 판, 시트 및 대

4) 특게한 각종 제품(products)(제7411호 내지 제7418호)

① 관, ② 관연결구류, ③ 연선, ④ 범용성 부분품: 못, 압정, 스크루, 볼트와 너트, 리베트, 와셔 등, ⑤ 가정용품과 위생용품

5) 기타 제품(제7419호): 로드, 스프링, 그릴, 망, 체인, 전기도금용 양극

* 제7414호, 제7416호 및 제7417호: 공란 유보

3. 분류원칙

제목	규정내용	비고
정제한 동 (refined copper)	1. 가. ① 동의 함유중량이 99.85% 이상인 금속 또는 ② 동의 함유중량이 97.5% 이상인 금속으로서 아래 기타 원소표의 함유중량비가 이하인 것	제74류 류주1가
동합금 (copper alloy)	1. 나. 정제하지 아니한 동 이외의 금속물질로서 동의 함유중량이 다른 원소보다 가장 많고 다음 조건에 합당하여야 한다. ① 기타 원소 중 적어도 하나의 원소의 함유중량비율이 아래 기타 원소표에 게기한 비율보다 크거나 ② 기타 원소의 합계 함유중량이 2.5%를 초과하는 것.	제74류 류주1나
마스터얼로이 (master alloly)	1. 다. ① 동의 함유중량이 10%을 초과하고 기타 원소를 함유한 합금으로서 ② 실용상 단조에 적합하지 아니하며 ③ 일반적으로 기타 합금제조시 첨가제 ④ 또는 비철금속의 야금시에 탈산제, 탈황제 및 이와 유사 용도에 사용하는 것. 다만, 인의 함유량이 전 중량의 15%를 초과하는 인동은 제2848호에 분류한다.	제74류 류주1다
동박 (copper foil)	동박은 판, 시트, 스트립 또는 박으로서 두께가 0.15mm 이하인 것	제7410호

[기타 원소표]

원소	은	비소	카드뮴	크로뮴	마그네슘	납	황	주석	텔루륨	아연	지르코늄	기타 원소*
함량(중량)	0.25	0.5	1.3	1.4	0.8	1.5	0.7	0.8	0.8	1	0.3	0.3
비고	* 기타원소 예: 알루미늄, 베릴륨, 코발트, 철, 망간, 니켈, 규소											

4. 해　　설

(1) 동(銅: copper)

[특성] 원자량 63.54, 융점 1,083℃, 비점 2,583℃, 동은 연성과 가단성이 우수하고, 은(silver) 다음으로 열과 전기의 양도체이다. 순수한 동은 전기용 코일 기타 공업용에 사용되나 일반적으로 합금을 사용한다.

[제법] 주로 황화광(황동광)을 건식제련하여 제조하며, 분상의 정광을 필요시는 배소하여 잔여 유황을 제거하고, 용광로에서 용련하여 동매트(matte)나 레귤러스(regulus)를 생산한다. 일부 정광은 배소하지 않고 공기나 산소 플래시 용광로에서 용련한다. 매트는 전로에서 대부분의 철과 유황을 제거시킨 표면이 거칠고 수포상인 조동(blister copper)을 다시 반사로에서 정련시켜 정련동을 얻으며, 산화철, 기타 광석과 잔재는 습식법으로 제련된다.

(2) 동매트(제7401호)

동매트(copper mattes)는 배소 황화동광을 용융하여 위에 뜬 맥석 및 기타 슬래그를 분리한 황화동을 말하며 주로 동, 철의 황화물로 구성되어 있고, 일반적으로 흑색 또는 갈색의 입 또는 조괴상으로 얻으며 둔한 금속광택이 있다.

(3) 침전동(제7401호)

침전동(시멘트동: copper cement: precipitated copper)는 어떤 배소광 또는 잔재를 침출하여 얻은 수용액에 철을 가하여 얻은 산물을 말하며, 산화물과 불용성 불순물을 함유하는 미세한 흑색분말이다. 이것은 정제하지 아니한 상태로 선체 방오페인트, 농업용 살충제로 사용되기도 하나, 대부분은 동의 매트를 제조하기 위해 용광로에 투입되는 장전재로 첨가된다.

(4) 미정제 동(제7402호)

흑동(black copper) 흑동은 산화동광 또는 불순한 동스크랩을 브라스트노 내에서 용해하여 제조한 것으로 불순한 동으로 이루어져 있다. 동의 함량은 약 60%~85% 정도이다.

브러스터동(blister copper) 브러스터동은 용해 동매트에 공기를 불어넣어 제조한 것으로 불순한 동으로 이루어져 있다. 변환과정에서 황, 철 및 기타 불순물은 산화된다. 동의 함량은 약 98%이다.

(5) 용어정의

정제한 동(refined copper) 정제한 동이라 함은 ① 동의 함유중량이 99.85% 이상인 금속 또는 ② 동의 함유중량이 97.5% 이상인 금속으로서 아래 기타 원소표의 함유중량비가 이하인 것

[기타 원소표]

원소	은	비소	카드뮴	크로뮴	마그네슘	납	황	주석	텔루륨	아연	지르코늄	기타 원소*
함량(중량)	0.25	0.5	1.3	1.4	0.8	1.5	0.7	0.8	0.8	1	0.3	0.3
비고	* 기타 원소 예: 알루미늄, 베릴륨, 코발트, 철, 망간, 니켈, 규소											

동합금(copper alloy) 동합금이라 함은 정제하지 아니한 동 이외의 금속물질로서 동의 함유중량이 다른 원소보다 가장 많고 다음 조건에 합당하여야 한다.

① 기타 원소 중 적어도 하나의 원소함유 중량비율이 위 기타 원소표에 게기한 비율보다 크거나

② 기타 원소의 합계 함유중량이 2.5%를 초과하는 것

마스터얼로이(master alloly) 마스터얼로이라 함은 ① 동의 함유중량이 10%을 초과하고 기타 원소를 함유한 합금으로서, ② 실용상 단조에 적합하지 아니하며, ③ 일

반적으로 기타 합금제조시 첨가제, ④ 또는 비철금속의 야금시에 탈산제, 탈황제 및 이와 유사 용도에 사용하는 것

다만, 인의 함유량이 전 중량의 15%를 초과하는 인동은 제2848호에 분류한다.

동박(copper foil)(제7410호) 동박은 판, 시트, 스트립 또는 박으로서 두께가 0.15mm 이하인 것

(6) 주요 동합금

품명	별명	규정내용
황동 (brass)	黃銅, 眞鍮, 놋쇠	동과 아연의 합금, 기타 원소의 함유 여부를 불문하나, 기타 원소가 함유시는 -아연의 함유중량비가 다른 원소보다 가장 많고 -니켈 함유중량이 5% 미만이며 -주석 함유중량이 3% 미만인 것
청동 (bronzes)	靑銅	동과 주석의 합금, 기타 원소의 함유 여부를 불문하나 기타 원소가 함유시는 -주석의 함유중량비가 다른 원소보다 가장 많다. -주석의 함유중량이 3% 이상일 경우에는 아연의 함유중량이 주석보다 초과될 수 있으나 10% 미만이어야 한다.
양백 (nickel silvers)	洋白, 洋銀	동, 니켈 및 아연의 합금, 기타 원소의 함유 여부를 불문하나 니켈의 함유중량은 5% 이상이다.
백동 (cupro-nickels)	白銅	동과 니켈의 합금, 기타 원소의 함유 여부를 불문하나 -아연의 함유중량이 1% 이하이고 -기타 원소가 함유시는 니켈의 함유중량이 다른 원소보다 많아야 한다.
베릴륨동합금 (beryllium copper)	베릴륨 청동	-주로 동과 베릴륨의 합금 -견고성, 강도, 내식성이 우수, 스프링, 플라스틱용 몰드, 저항용접용 전극에 사용
규소동합금 (copper-sillicon)	-	-주로 동 또는 청동과 규소의 합금 -고강도 및 내식성이 우수하여, 저장용 탱크, 볼트, 파스너 등의 제조에 사용
크로뮴동합금	-	-주로 저항용접용 전극의 제조에 사용

* 제74류 소호주

(7) 전해정제용, 전기도금용 동양극 및 전해 정제동

전해정제용 동양극(copper anode)(제7402호) 완전히 용융하여 부분적으로 정제한 동은 다시 전해정제용의 양극으로서 주조된다. 양극은 보통 슬랩상이며, 전해정제탱크에 매달기 위한 2개의 돌출부(lug)를 갖는다.

동 또는 동합금으로된 전기도금용 양극(anodes)(제7419호)

전해 정제동(제7403호) 전해 정제하여 얻은 동을 말하며 판 또는 시트상의 케소드(cathodes) 형태로 제시되는데, 이 캐소드는 전해 정제시의 탱크에 걸었던 2개의 루프가 부착된 상태이거나 이 루프를 제거하거나 섹션형상으로 절단하여 제시된다.

제75류 니켈과 그 제품

1. 개 요

제75류에는 니켈과 니켈합금에서부터 이들의 제품에 이르는 일련의 물품이 분류된다.

니켈은 주로 합금강의 제조, 타금속 피복용 또는 촉매로 사용되고, 비합금니켈은 화학공업설비의 제조, 화폐제조에 사용된다.

2. 분류구조

니켈과 이들 제품은 가공단계별로 5개 범주로 구분하고 8개의 호(제7501호 내지 제7508호)에 분류한다.

1) 니켈매트, 소결 산화니켈, 니켈제련 중간생성물, 괴 및 웨이스트와 스크랩(제7501호 내지 제7503호)

① 매트, 소결 산화니켈 및 제련시의 중간생산물(조산화니켈), ② 괴(잉곳, 펠레트, 음극 등), ③ 웨이스트와 스크랩

2) 분과 플레이크(제7504호)

3) 압연, 인발, 또는 단조한 물품(제7505호 · 제7506호)

① 봉·프로파일·선, ② 판과 대 및 박, 관

4) 관연결구류(제7507호)

5) 기타 제품(제7508호): 전기도금용 양극, 니켈선제 그릴과 망, 기타 제품

3. 분류원칙

제목	규정내용	비고
비합금니켈 (nickel not alloly)	1. 가. 니켈과 코발트의 함유중량이 99% 이상인 금속으로서 다음에 합당한 것 ① 코발트 함유중량 1, 5% 이하이고 ② 기타 원소의 함유중량비가 기타 원소표* 이하인 것	제75류 소호주1가
니켈합금 (nickel alloy)	1. 나. 니켈의 함유중량이 기타 원소보다 가장 많은 금속물질로 다음 조건에 합당하여야 한다. ① 코발트 함유중량이 1.5%를 초과, ② 기타 원소 중 적어도 한 원소의 함유중량이 아래 표보다 크거나 ③ 니켈과 코발트 이외의 기타 원소의 합계 함유중량이 1%를 초과하여야 한다.	제75류 소호주1나
니켈선 (nickel wire)	2. 제75류 주제 1 호다목에도 불구하고 소호 제7508.10호의 선이란 용어에는 횡단면의 치수가 6mm 이하인 제품(코일상 여부와 횡단면의 형상을 불문)을 말한다.	제75류 소호주2

[기타 원소표]

원소	철	산소	기타 원소
함량중량비	0.5%	0.4%	각각 0.3%

4. 해　　설

(1) 니켈(Nickel: Ni)

[특성] 원자량 58.71, 비중 8.90(20℃), 용점 1,453℃, 비점 2,730℃. 은백색의 단단한 금속으로 자성, 가단성, 연성, 견고성이 있고 내식성과 내산화성이 강하다.

[제법] 황화니켈광의 정광을 용광로·반사로·전기로 등에서 용련하여 매트를 얻는

다. 이 조매트(crude matte)를 전로에 넣어 황화철을 산화시켜 철은 산화철로 슬래그를 만들어 제거하면 동-니켈 백매트($Cu_2S-Ni_3S_2$)가 분리되고 이 백매트에 무수황산나트륨(Na_2SO_4)과 코크스를 가하면 황화나트륨(Na_2S)이 생성되고 황화동에 용해되며, 냉각시켜 둘로 나누어진 황화니켈과 황화동을 분리시킨다. 황화동은 동제련소에서 동원료로 사용하고, 황화니켈은 완전 탈황, 배소하여 황산으로 용해하면 동만 용해된다. 동을 제거한 배소광을 전기로에서 환원하여 양극으로 주조하여 전해 정련하여 니켈을 얻는다.

(2) 니켈매트(제7501호)

니켈매트(nickel mattes)는 니켈광을 배소, 용융하여 얻어지며 사용된 금속광과 제법에 따라 니켈-철-황계, 니켈-철-황동계, 니켈-황계 또는 니켈-동-황계의 조성을 갖고 있다. 주로 니켈괴 제조에 사용된다.

(3) 니켈 제련 중간생성물(제7501호)

니켈의 제련시에 중간생성물로는 다음이 있으며 제7501호에 분류된다.

① 조상 산화니켈: 소결한 산화니켈이나 분상의 산화니켈이있으며 이들은 황화니켈광 또는 산화니켈광을 처리하여 얻어지며, 순수하지 않은 산화물은 주로 합금강 제조에 사용한다. 소결한 산화니켈은 분상이나 50mm 이하의 덩어리 상태이다.

② 불순물을 함유하는 페로니켈: 황인, 기타 불순물을 상당량 함유하여 정제하여야 합금용으로 사용되며, 정제하여 페로니켈 제조에 사용한다.

③ 니켈스페이스(nickel speiss): 비소화합물의 혼합물로서 덩어리 상태이다.

(4) 용어정의

비합금니켈(nickel not alloly)　　니켈과 코발트의 함유중량이 99% 이상인 금속으로서 다음에 합당한 것을 말한다.

① 코발트 함유중량 1.5% 이하이거나, ② 기타 원소의 함유중량비가 기타 원소표* 이하인 것

[기타 원소표]

원소	철	산소	기타 원소
함량중량비	0.5%	0.4%	각각 0.3%

니켈합금(nickel alloy) 니켈의 함유중량이 기타 원소보다 가장 많은 금속물질로 다음 조건에 합당하여야 한다.

① 코발트 함유중량이 1.5% 초과하고, ② 기타 원소 중 적어도 한 원소의 함유중량이 위 기타 원소표보다 크거나, ③ 니켈과 코발트 이외의 기타 원소의 합계 함유중량이 1%를 초과하여야 한다.

니켈선(nickel wire) 제75류의 니켈선제의 클로드, 그릴 및 망에서 니켈선이란 횡단면의 치수가 6mm 이하인 제품(코일상 여부와 횡단면 형상 불문)을 말한다.

니켈(nickel foil)(제7506호) 니켈의 판, 시트 및 대로서 두께 0.15mm 이하인 것을 말한다.

(5) 주요 니켈합금(제7502호)

합금명	주요 내용
모넬메탈	–니켈(Ni: (65%～70%)+동(Cu: 26%～30%)+철(Fe: 0%～2%)의 합금. –황산, 염산 및 유기산 등에 내식성이 강하며, 약500℃까지 인장강도가 변하지 않아 화학공업용 용기 및 화학기계 부품 등으로 사용한다.
니크롬선	–니켈(Ni: 85%)+크로뮴(Cr: 15%)의 합금. –니크롬선은 1100℃까지 내열성이 있어 주로 전기저항선으로 사용한다.
망가닝 (manganin)	–니켈(Ni: 4%)+망간(Mn: 12%)+동(Cu: 84%)의 합금 –망가닝은 전기저항의 온도계수가 거의 0으로 표준저항으로 쓰인다. 또한 열기전력이 매우 작아 계기류의 내부저항으로도 사용한다.

(6) 니켈양극과 니켈도금용 양극(제7502호·제7508호) 구분

품명	주요 내용
니켈양극 (제7502호)	정제되지 아니한 니켈은 보통 전기분해하여 정련용 양극으로 주조된다. –양극(anodes)은 보통 전해정제용 탱크에 매다는 2개의 돌출부를 갖는 슬랩상이고, 2개의 니켈루프가 부착된 정제한 니켈모판에 전해침전된 판이 캐소드이다.

	- 트리밍 아니한 캐소드(cathodes)는 시트상의 전기도금용 양극(폭 30.5mm 이하)보다 크다(약 96×71×1.25cm). - 이들은 매다는 후크를 부착하지 않거나 부착하도록 가공(예: 구멍을 뚫거나, 나사를 자른 것)되지 않아 전기도금용의 양극(제7508호)과 구별된다.
니켈도금용 양극 (제7508호)	전기도금용의 니켈양극은 전해침전에 의한 전기도금용 정제 니켈양극을 말한다. 이는 주조, 압연, 인발, 압출하거나 또는 제7502호의 캐소드나 전착 형상으로 제조된다. 이러한 양극은 다음이 있다. - 도금하기 적합하게 양극면을 최대한 부여하기 위해 특수 형상(별, 고리형, 특정 프로파일)과 양극용으로 적당한 길이의 봉상이다. - 플레이트, 대, 시트, 디스크는 전기도금용 양극과 동일한 특징를 갖도록 도금탱크에 매달 수 있는 후크가 있거나, 후크용으로 가공되어야 한다. - 양극은 보통 순도가 높으나 제련공정 후에 소량의 원소가 잔존하거나 첨가하기도 한다.

제76류 알루미늄과 그 제품

1. 개 요

제76류에는 알루미늄과 알루미늄합금으로부터 이들의 물품이나 특정한 제품에 이르는 일련의 물품이 분류된다. 알루미늄과 이들 합금은 항공기, 자동차, 조선분야, 건축분야, 철도나 전차궤조, 전기공업, 가정용품이나 주방용품 등에 광범위하게 이용된다.

2. 분류구조

알루미늄과 이들 제품은 5개 범주로 구분하고 16개의 호(제7601호 내지 제7616호)에 분류한다.

1) 알루미늄의 괴 및 웨이스트와 스크랩(제7601호·제7602호)

① 괴(블록, 잉곳, 빌레트, 슬랩 등), ② 웨이스트와 스크랩

2) 알루미늄의 분과 플레이크(제7603호)

3) 압연, 압출, 인발 또는 단조한 제품(제7604호 내지 제7607호)

① 봉과 프로파일, ② 선, ③ 판, 시트 및 대(두께 0.2mm 초과), ④ 박(두께 0.2mm 이하)

4) 특게 제품(제7608호 내지 제7615호)

① 관, ② 관연결구류, ③ 구조물과 이들 부분품, ④ 저장조와 탱크(300ℓ 초과), ⑤ 드럼캔(300ℓ 이하), ⑥ 압축, 액화가스 용기, ⑦ 연선, 케이블, 엮은 밴드, ⑧ 가정용품과 위생용품

5) 기타 제품(제7616호): 범용성 부분품, 망 등

3. 분류원칙

제목	규정내용	비고
비합금 알루미늄	1. 가. 알루미늄의 함유중량비가 99% 이상인 금속으로서 기타 원소의 함유중량비가 기타 원소표* 이하이어야 한다.	제76류 소호주1가
알루미늄합금	나. 알루미늄의 함유중량비가 각각 기타 원소보다 가장 많은 금속물질로 다음 조건에 합당하여야 한다. ① 기타 원소 중 적어도 한 원소 또는 철과 실리콘이 기타 원소표에 게기한 함유중량비를 초과하거나 ② 이러한 기타 원소의 합계 중량비가 1%을 초과하여야 한다.	제76류 소호주1나
선 (wire)	2. 알루미늄 선의 규정(제76류 류주제 1 호다목)에도 불구하고 제7616.91호의 선이라 함은 횡단면이 6mm 이하인 제품(코일상인지의 여부와 횡단면의 형상을 불문한다)을 말한다.	제76류 소호주2
알루미늄 박 (foil)	-두께(보강재의 두께는 제외)가 0.2mm 이하의 것을 말한다.	제7607호

[기타 원소표]

원소	철(Fe)+규소(Si)	기타 원소	비고
함량 중량비	1%	각각 0.1%	-기타 원소: 크로뮴, 동, 마그네슘, 망간, 니켈, 아연 -동은 0.1% 초과~0.2% 이하를 함유하여야 한다. 다만, 크로뮴 또는 망간은 0.05% 이하이어야 한다.

4. 해 설

(1) 알루미늄(Aluminium: Al)

[특성] 원자량 26.97, 비중 2.71, 융점 658.8℃, 비점 2.327℃(760mmHg), 은백색 연한 금속으로 연선, 전성이 풍부하다. 열전도도, 전기전도도가 크다. 압연, 인발, 단조, 타발되며 주조도 용이하고. 압출이나 다이 주조용으로 적합하다. 동, 마그네슘, 규소, 아연, 또는 망간 등의 타원소와의 합금은 경도나 강인성이 증대된다.

[제법] 알루미늄은 주로 보키사이트(조수산화알루미나)를 두 단계를 거쳐 제조한다.

1단계: 분쇄광석을 하소하고 가성소다로 처리하여 침전물로 조수산화 알루미늄(보키사이트)을 얻어 이것을 하소하여 순수 산화알루미늄을 제조한다.

2단계: 융제(빙정석)로 알루미나를 용융시켜 전해환원하여 알루미늄이 생성한다. 전해는 음극으로 전해조에서 행하여(양극은 탄소봉), 전해조의 저부에 알루미늄을 정제하여 블록, 잉곳, 빌레트, 슬랩, 와이어바 등으로 주조된다.

또한 알루미늄은 백류석(알루미늄과 칼리의 규산복염)을 처리하거나, 알루미늄 웨이스트와 스크랩을 재용해하거나 슬랙, 드로스 등을 처리하여 얻는다.

(2) 용어정의

비합금알루미늄(aluminium, not alloyed) 알루미늄 함유중량이 99% 이상인 금속으로서 기타 원소의 함유중량비가 기타 원소표* 이하이어야 한다.

[기타 원소표]

원소	철(Fe)+규소(Si)	기타 원소	비고
함량 중량비	1%	각각 0.1%	−기타 원소: 크로뮴, 동, 마그네슘, 망간, 니켈, 아연 −동은 0.1% 초과 −0.2% 이하를 함유하여야 한다. 다만, 크로뮴 또는 망간은 0.05% 이하이어야 한다.

알루미늄합금(aluminium alloyed) 알루미늄의 함유중량이 각각 기타 원소보다 가장 많은 금속물질로 다음 요건에 합당하여야 한다.

① 기타 원소 중 적어도 한 원소 또는 철과 실리콘이 위 기타 원소표의 함유중량비를 초과하거나

② 이러한 기타 원소의 합계 중량비가 1%을 초과하여야 한다.

선(wire) 알루미늄선제의 클로드, 그릴, 망 및 울타리(제7616.91호)에서 선이라 함은 횡단면이 6mm 이하인 제품(코일상인지의 여부와 횡단면의 형상을 불문한다)을 말한다.

알루미늄 박(foil)(제7607호) 알루미늄의 판, 시트 및 대로서 두께(보강재의 두께 제외) 0.2mm 이하인 것을 말한다.

(3) 주요 알루미늄합금

합금명	주요 내용
두랄루민(duralumin)	알루미늄-동-마그네슘-망간 합금
alpax: silumin	알루미늄-규소 합금
almelec: aldrey	알루미늄-마그네슘, 규소 합금
magnalium	알루미늄-마그네슘 합금

(4) 알루미늄의 판, 시트, 판, 박의 분류

품명·물품내용	분류
· 알루미늄의 판·시트 및 대(두께 0.2mm 초과하는 것)	제7606호
· 알루미늄의 박(두께 0.2mm 이하의 것)	제7607호
· 익스펜디드 메탈(알루미늄)	제7616호
· 스탬프용 박	제3212호
· 알루미늄 박으로 안을 댄, 식료품의 용기 제조용지와 판지	제4811호
· 제품으로 인식되는 인쇄된 알루미늄 레이블	제4911호
· 크리스마스트리 장식용 형태의 박	제9505호

제77류(유보)

제78류 연

1. 개 요

제78류에는 연과 연합금으로부터 이들의 물품이나 특정 제품에 이르는 일련의 물품이 분류된다. 보통 내산성이 있어 화학공장의 건설에 사용된다. 연은 용융점이 낮아 타 원소와 쉽게 합금을 만든다.

2. 분류구조

연과 이들 제품은 가공단계별로 3개 범주로 구분하고 4개의 호(제7801호 내지 제7806호: 2개호 공란)에 분류한다.

1) 연괴 및 웨이스트와 스크랩(제7801호 · 제7802호)

① 괴(블록, 잉곳, 빌레트, 슬랩 등), ② 웨이스트와 스크랩

2) 판, 시트, 대 및 박, 완제품, 분과 플레이크(제7804호): 판, 시트, 대 및 박, 분과 플레이크

3) 제품(제7806호): 봉, 프로파일, 선, 관과 관연결구류, 탱크, 드럼, 어망용 추 등

* 제7803호 및 제7805호: 공란 유보

3. 분류원칙

제목	규정내용	비고
용어정의	1. 제78류에서 다음 용어에 대하여는 각각 다음에 정하는 바에 의한다. [봉, 프로파일, 선, 판, 시트, 대와 박 및 관의 정의는 제15부 총설 참조]	제78류 류주1
정제한 연	1. 제78류에서 정제한 연이라 함은 연의 함유중량이 99.9% 이상인 금속으로서 기타 원소의 함유중량이 각 원소별로 0.001% 내지 0.05% 이하이어야 한다.	제78류 소호주1

4. 해　　설

(1) 연(鉛: lead: Pb)

[특성] 원자량 207.21, 비중 11.34(20℃), 융점 327℃, 비점 1,540℃, 청회색의 무거운 금속으로 매우 연성이 좋고, 쉽게 용해된다. 가열하면 황색, 등색을 거쳐 적색이 된다. 이는 연이 산화하여 아산화연, 산화연, 연단을 발생시키기 때문이다.

[제법] 연(납)은 주로 방연광(galena)에서 제조한다. 광석을 분쇄하고 부유선광하여, 하소 또는 소결하여 환원 제련한다. 소결과정에서 황화물은 대부분 산화물로 되고, 용해제련 과정에서 코크스나 용제를 사용하여 연으로 환원시켜 연괴나 워크레드가 제조되나 많은 불순물을 함유한다.

또한 연은 연웨이스트 및 스크랩을 재용해하여 제조하기도 한다.

(2) 용어정의

정제연(refined lead)(제7801호)　　정제한 연이라 함은 연의 함유중량이 99.9% 이상인 금속으로서 기타 원소의 함유량이 아래 표에 게기한 이하이어야 한다.

[기타 원소]

원소	은	비소	비스머드	칼슘	카드뮴	동	철	황	안티모니	주석	아연	기타 (예: 텔류륨)
함유중량비	0.025%	0.005%	0.05%	0.002%	0.002%	0.08%	0.002%	0.002%	0.005%	0.002%	0.001%	각각 0.001%

연박(lead foil)(제7804호)　　연의 판, 시트 및 대로서 두께(보강재의 두께는 제외) 0.2mm 이하인 것을 말한다.

(3) 주요 연합금

합금명	주요 내용	비고
연-석합금	연 주성분인 연한 합금. 턴플레이트 및 다포장용 박(foil) 제조 등에 사용된다	
연-안티모니-석합금	활자 제조용과 감마축받이용에 사용된다.	

연-비소합금	연탄의 제조에 사용된다.	
연-안티모니합금 (hard lead)	실탄이나 축전지용 판 등의 제조에 사용된다.	
기타 합금	연-소다합금, 연-티모니-카드뮴, 연-텔루륨합금	

제79류 아연과 그 제품

1. 개 요

제79류에는 아연과 아연합금으로부터 이들의 물품이나 특정한 제품에 이르는 일련의 물품이 분류된다.

아연은 공기중에서 내식성이 있어 건축용이나 특히 아연도철판(zinc galvanizing steel plate)에 가장 많이 사용되고 화학공업의 아연화 제조에 사용되기도 한다.

2. 분류구조

아연과 아연의 제품은 4범주로 구분하고 6개의 호(제7901호 내지 제7907호; 1개호 공란)에 분류한다.

1) 스펠트, 아연괴 및 웨이스트 및 스크랩(제7901호·제7902호): 블록, 잉곳, 빌레트, 슬랩 등

2) 아연의 더스터, 분 및 플레이크(제7903호)

3) 봉, 프로파일과 선, 판, 시트, 대 및 박(제7904호·제7905호)

4) 제품(제7907호): 관과 관연결구류, 기타 특정 제품

* 제7906호: 공란 유보

3. 분류원칙

제목	규정내용	비고
비합금아연	1. 가. 합금하지 아니한 아연: 아연의 함유중량이 97.5% 이상인 금속을 말한다.	제79류 소호주1가
아연합금	나. 아연합금: 아연의 함유량이 중량비로 각각 기타 원소보다 가장 많은 금속물질로서 기타 원소의 합계 함유중량이 2.5%를 초과하여야 한다.	제79류 소호주1나
아연분진	다. 아연분진: 아연증기를 응축시켜 얻어지는 분진으로서 아연분보다 더 미세한 구상의 미립자로 구성된다. 63㎛(micron)의 메시를 가진 체를 통과한 미립자가 80% 이상이어야 한다. 아연의 함유중량은 85% 이상이어야 한다.	제79류 소호주1다

4. 해　　설

(1) 아연(Zinc: Zn)

[특성] 원자량 65.38, 비중 7.142, 융점 419.5℃, 비점 907℃(760mmHg), 청백색의 금속으로 공기중에서 가열하면 쉽게 연소한다. 적당한 온도에서 압연, 인발, 타발, 압출 등이 가능하며 쉽게 주조될 수도 있다.

[제법] 아연은 주로 황화광(섬아연광)에서 제조되며 탄산염광과 규산염광(능아연광, 이극광 등)이 사용되기도 한다. 아연광석은 처음에 농축하고, 배소 또는 하소하며, 황화광 및 탄산염광은 산화아연, 또는 규소광은 무수 규산아연이 제조된다. 이를 열환원 또는 전해하여 아연으로 제련한다.

(2) 용어정의

비합금아연(zinc, not alloyed)(제7901호)　합금하지 않은 아연이란 아연의 함유중량이 97.5% 이상인 금속을 말한다.

아연합금(zinc alloys)　아연의 함유중량이 기타 원소보다 가장 많은 금속물질로서 기타 원소의 함유중량 합계가 2.5%를 초과하여야 한다.

아연분진(zinc dust)(제7903호)　아연분진은 아연증기를 응축시켜 얻어지는 분진으로서 아연분(zinc powders)보다 더 미세한 구상의 미립자로 구성된다.

아연분진은 63㎛(micron)의 메시를 가진 체를 통과한 미립자가 80% 이상이어야 한다. 아연의 함유중량은 85% 이상이어야 한다.

아연 박(zinc foil)(제7905호) 아연의 판, 시트 및 대로서 두께(보강재의 두께는 제외)가 0.15mm 이하의 것을 말한다.

(3) 주요 아연합금

합금명	주요 내용
아연-알루미늄합금 (zinc-aluminium alloy)	Zn+Al의 합금, 다이케스팅용, 자동차부분품
아연-동합금 (button metal alloy)	Zn+Cu의 합금, 주조, 타발 등에 사용된다. 제조, 라디오 및 냉동기 부분품 제조에 사용한다.

(4) 스펠트(제7901호)

스펠트(spelter)란 산화아연이나 규산아연을 코크스와 함께 밀폐된 증류기에 넣어 충분한 고온으로 가열하여 생기는 아연증기를 증류기에 부착된 응축기로 집적시킨 것(열환원법)으로 제7901호에 분류된다. 스펠트는 도금에 직접 사용하거나 여러 방법으로 정제한다.

제80류 주석과 그 제품

1. 개 요

제80류에는 주석과 주석합금으로부터 이들의 물품이나 특정한 제품에 이르는 일련의 물품이 분류된다.

주석은 주로 석도간판의 제조나 캔 제조공업, 청동 등의 합금 제조에 사용된다.

2. 분류구조

주석과 주석의 제품은 3범주로 구분하고 4개의 호(제8001호 내지 제8006호; 2개호 공란)에 분류한다.

1) 주석괴 및 웨이스트와 스크랩(제8001호제8002호)

① 괴(블록, 잉곳, 빌레트, 슬랩 등), ② 웨이스트와 스크랩

2) 압연 또는 압출한 물품(제8003호제8004호)

① 봉, 프로파일 및 선, ② 판, 시트 및 대(두께 0.2mm 초과)

3) 제품(제8006호): 주석 박, 분과 플레이크, 관과 관연결구류, 통, 치약 등의 관

* 제8002호, 제8005호 및 제8006호: 공란 유보

3. 분류원칙

제목	규정내용	비고
비합금 주석	1. 가. 합금하지 않은 주석은 주석의 함유중량이 99% 이상인 금속으로서 비스머드나 동의 함유중량비로 다음에 게기한 한도 미만이어야 한다. －비스머드: 0.1%, 동: 0.4%	제80류 소호주1가
주석합금	1. 나. 주석합금은 주석의 함유량이 중량비로 각각 다른 원소보다 가장 많은 금속물질로서 다음 조건에 합당하여야 한다. ① 기타 원소의 합계 함유중량이 1%을 초과하거나 ② 비스머드나 동의 함유중량이 위에 게기한 한도 이상이어야 한다.	제80류 소호주1나

4. 해　　설

(1) 주석(Tin: Sn)

[특성] 원자량 118.7, 비중 7.3, 융점 231.9℃, 비점 2,270℃, 은백색의 금속으로 연성은 아주 좋지 않으나, 가단성이 있고 쉽게 용융되고 연하다. 주석은 공기중에서 내식성이 좋으나 농산에는 약하다. 쉽게 주조, 단조, 압연 또는 압출된다.

[제법] 주석은 주로 주석석(朱錫石)에서 제조한다. 주석광을 분쇄하여 부유선광하여 정광을 얻고, 이를 배소, 자선 또는 산 등으로 처리하여 불순물을 제거하고 산화석을 제조한 후 코크스로 환원하여 조주석을 얻는다. 조주석을 정제하여 순수한 주석을 제조한다.

(2) 용어정의

비합금주석(tin, not alloyed)(제8001호) 주석의 함유중량이 99%인 금속으로서 비스모드(Bi)는 0.1% 미만이거나, 또는 동(Cu)은 0.4% 미만이어야 한다.

주석합금(tin alloy) 주석의 함유량이 중량비로 각각 다른 원소보다 가장 많은 금속물질로서 기타 원소의 함유중량 합계가 1%를 초과하거나, 비스모드(Bi) 함유중량비가 0.1% 이상이거나, 또는 동(Cu) 함유중량비가 0.4% 이상이어야 한다.

주석 박(tin foil)(제8005호) 주석의 판, 시트 및 대로서 두께(보강재의 두께는 제외)가 0.15mm 이하의 것을 말한다.

(3) 주요 주석합금

합금명	주요 내용
주석-납합금	연하나 땜질납 등에 사용
주석-안티모니합금	보통 동을 함유하며 식탁용품에 사용,
주석-연-안티모니합금	때론 동을 함유(감마메탈)하며, 주조용, 패킹에 사용한다.
주석-카드뮴합금	때론 아연을 함유하며 감마메탈로 사용한다.

제81류 기타 비금속, 서메트 이들의 제품

1. 개 요

제15부의 비금속 가운데 앞에서 분류한 비(卑)금속(제72류 내지 제80류) 이외의 모든 비(卑)금속이 제81류에는 분류된다. 이 류에는 이들 각각 비금속과 비금속합금으로부터 물품과 특정한 제품이 분류된다. 또한 서메트 제품이 포함된다. 그러나 다른 류에 특게

된 물품은 제외된다.

2. 분류구조

앞의 류에 분류되는 비금속 이외의 비금속과 이들 비금속의 제품은 비금속 별로 3 범주로 구분하고 13개의 호(제8101호 내지 제8113호)에 분류한다.

1) 텅스텐(W), 몰리브데늄(Mo), 탄탈륨(Ta), 마그네슘(Mg), 코발트(Co), 비스머드(Bi), 티타늄(Ti), 지르코늄(Zr), 안티모니(Sb), 및 망간(Mn) 이들의 제품(제8101호 내지 제8111호)
2) 베릴륨(Be), 크롬(Cr), 게르마늄(Ge), 바나듐(V), 인듐(In), 니오븀(Nb), 레늄(Re) 및 탈륨(Tl)과 이들의 제품(제8112호)
3) 서메트(cermet)(제8113호)

3. 해　　설

(1) 기타 비금속

제81류에는 다음 비금속과 이들 합금이 분류되고, 이들의 물품과 제품은 관세율표의 다른 호에 특게되지 않은 것이 분류된다.

- 텅스텐(월프람)(제8101호), 몰리브데늄(제8102호), 탄탈륨(제8103호), 마그네슘(제8104호), 코발트(제8105호), 비스머드(제8106호), 카드뮴(제8107호), 티타늄(제8108호), 지르코늄(제8109호), 안티모니(제8110호), 망간(제8111호).
- 베릴륨, 크로뮴, 게르마늄, 바나듐, 갈륨, 하프늄, 인듐, 니오븀(컬럼븀), 레늄 및 탈륨(제8112호).
- 서메트(제8113호)

(2) 제81류 비금속(제8101호 내지 제8111호)의 특성과 제조방법

[텅스텐 등(제8101호~제8111호)의 특성과 제법]

비금속명·분류	특성	제조방법
텅스텐 (Wolfram, Tungsten: W) 제8101호	원자량 183.8, 비중 19.3, 융점 3,410℃, 비점 5,930℃, 강회색 조밀한 금속, 고융점, 깨지기 쉽고 고내식성이다.	주로 월프람 철광과 회중석으로부터 얻는다. 전기로에서 알루미늄이나 탄소로 환원시킨 분상텅스텐을 블록상, 바상으로 가압성형하여 전기로에서 수소증기로 소결한다.
몰리브데늄 (Molybdenum: Mo) 제8102호	원자량 95.94, 비중 10.28, 융점 2,610℃, 비점 4,800℃, 외관상 연과 유사하나 매우 단단하고 고융점, 가단성이 있고 상온에서 내식성이다.	주로 휘수연광과 몰리브데늄 연광에서 제조된다. 정광을 산화물로 전환한 후 금속으로 환원 제련한다.
탄탈륨 (Tantallum: Ta) 제8103호	원자량 180.95, 융점 3,030℃, 분은 흑색이나 기타 형상은 연마하면 백색이고 연마하지 않으면 강청색, 순수 탄탈륨은 가단성과 연성이 매우 풍부하다.	주로 탄타라이트광 및 니오브광으로부터 추출되며, 산화물을 환원시키거나 용융 불화탄탈륨산칼륨을 전기분해하여 제련한다.
마그네슘 (Magnesium: Mg) 제8104호	원자량 24.32, 비중 1.74, 융점 651℃, 알루미늄과 같이 은백색의 금속, 공기중에서 급속히 광택이 감소되어 침식 방지하는 엷은 산화물이 표면에 생긴다. 선, 대, 박 및 분은 빛을 내며 맹렬히 연소하므로 취급에 주의하여야 한다.	백운석, 마그네사이트, 카날라이트 등에서 제조한다. 해수·염수 또는 잿물에서 추출하기도 한다. 염화마그네슘 또는 산화마그네슘을 만들고, 보통 다음 두 반응으로 제조한다. －용융 염화마그네슘을 융제와 혼합하여 전기분해한다. －마그네시아를 가열환원한다.
코발트 (Cobalt: Co) 제8105호	원자량 58.9, 비중 8.9, 융점 1,493℃, 비점 3,550℃, 은색을 띄는 내식성 금속으로 닉켈보다 단단하며, 비철금속 중 가장 자성이 강하다.	주로 헤트로지나이트광, 린니아이트광 및 스몰타이트광에서 얻는다. 용융하면 매트와 기타 중간생산물이 생성되고, 산화코발트를 탄소, 알루미늄 등으로 환원시킨다. 전기분해법에 의해 추출된다.
비스머드 (蒼鉛: Bismuth: Bi) 제8106호	원자량 208.98, 연분홍색을 띈 백색, 부서지기 쉽고 가공하기 힘들며 전도율이 낮다	주로 연, 동 등의 정제시에 생긴 잔류물을 정제하거나 황화광·탄소염광에서 추출한다.

카드뮴 (Cadmium: Cd) 제8107호	원자량 112.40 비중 8.65, 융점 321℃, 비점 766℃, 은백색 연한 금속, 아연과 유사하나 아연보다 연하다.	주로 아연, 동 또는 연의 제련시 생긴 잔유물을 보통 증류 또는 전해하여 얻어진다.
티타늄 (Titanium: Ti) 제8108호	원자량 58.9, 비중 8.9, 융점 1,493℃, 비점 3,550℃, 조밀한 형상은 백색으로 광택이 있고, 분상은 암회색이다. 내식성, 단단하며 불순물함유시는 단단하고 깨지기 쉽다.	금홍석, 브루카이트 및 일메나이트를 환원제련하여 제조한다. 제련법에 따라 조밀한 형상, 소결용 분상, 페로-티타늄 또는 탄화티타늄으로 제조된다.
지르코늄 (Zirconium: Zr) 제8109호	원자량 91.22, 은회색금속, 가단성과 연성이 있다.	규산염광, 지르콘을 전기분해하거나, 산화물, 염화물 등을 환원시켜 얻는다.
안티모니 (Antimony: Sb) 제8110호	안티모니는 푸른색을 엷게 띈 빛이 나는 백색금속으로 깨어지기 쉽고 쉽게 분상으로 된다.	주로 휘안광을 다음 방법으로 얻는다. 휘안광 – [농축, 용리] ⇒ 조안티모니 – [용융]⇒불순안티모니 – [용융제련] ⇒ 스타볼 – [정제] ⇒ 순수 안티모니
망간 (Manganes: Mn) 제8111호	원자량 54.94, 비중 7.43, 융점 1,245℃, 비점 2,150℃, 회색띤 핑크색, 단단하고 깨지기 쉽다.	산화광, 연망간광, 브라운광 및 망간석을 환원하여 추출되며, 또한 전기분해하여 얻는다.

[기타 비금속(제8112호)의 특성과 제법]

비금속명	특성	제조방법
베릴륨 (Beylium: Be)	강회색의 금속, 매우 가볍고 견고하나 부서지기 쉽다. 특수 조건하에서 압연이나 인발이 된다.	주로 연주석(제2617호)을 고온하에서 전기분해하는 방법이나 환원시키는 방법
크로뮴 (Chromium: Cr)	미연마시는 강회색이나 연마시는 백색의 광택을 낸다. 매우 단단하고 내식성이 있으나 가단성과 연성은 없다.	주로 크로마이트에서 세스키옥사이드(Sesquioxyde)로 전환시킨 후, 환원하여 크로뮴금속을 생산한다.
게르마늄 (Germanium: Ge)	원자량 72.60, 비중 5.35, 융점 942℃, 회백색 금속, 특정 전자이온적 성질이 있어 전자부분품의 제조에 사용	아연 제조시의 잔유물, 게르마광석 및 가스공장의 가스도관에 생긴 더스트로부터 추출된다.
바나듐 (vanadium: V)	원자량 50.95, 융점 1,915℃, 비점 3,450℃, 금속 용도는 드물며, 합금에 사용	파트론광과 카르노광으로부터 환원법으로 얻거나, 또는 광·라디움 또는 우라늄 제조시의 잔유물로부터 추출한다.

갈륨 (Gallium: Ga)	원자량 69.72, 융점 29.78℃, 비점 2,300℃, 고비점, 연하고 회백색 금속	알루미늄, 아연, 동 및 게르마늄 추출시 부산물로 얻거나 가스공장의 가스도관의 분진에서 얻는다.
하프늄 (Hafnium: Hf)	성질이 지르코늄과 유사하다. 저속 중성자의 흡수율이 높아 원자로의 콘트롤용과 모니타용 로드의 제조에 사용	지르코늄 광석(지르콘 등)으로부터 추출한다.
인듐 (Indium: In)	원자량 114.82, 저융점, 연하여 칼로 자를 수 있는 은백색의 금속, 내식성이 있다.	아연 잔유물로부터 추출한다.
니오븀(Niobium: Nb: colombium)	은회색 금속, 게터 제조용	니오븀광(코롬바이트) 및 탄탈광을 처리하여 전기분해나 기타 방법으로 추출한다.
레늄 (Rhenium: Re)		레늄은 몰리브데늄, 동 등의 추출시 부산물로서 얻는다.
탈륨(Thalium: Tl)	연한 금속, 연과 유사한 회백색	황철광과 기타 광석의 처리시에 생긴 잔유물에서 추출된다.

(3) 주요 비금속합금

[텅스텐(Tungsten)합금(제8101호)]

구분	합금명·주요 내용
텅스텐(W)합금 제8101호	① 텅스텐-동합금: 전기접점용 등에 사용한다. ② 텅스텐-니켈-동합금: X선용 스크린, 일정한 항공기용 부분품 등의 제조에 사용된다.
마그네슘(Mg)합금 제8104호	① 마그네슘-알루미늄 또는 마그네슘-알루미늄-아연합금: 가끔 망간을 함유하며, 엘렉트론(elktron) 또는 다우(dow)메탈형의 합금에 기초를 둔 마그네슘이다. ② 마그네슘-지르코늄합금: 가끔 아연을 함유한다. ③ 마그네슘-망간 또는 마그네슘-세륨합금
코발트(Co)합금 제8105호	① 코발트-크로뮴-텅스텐(Stellite)계: 종종 다른 원소를 조금 함유한다. 고온에서 내마모성과 내식성이 있어 밸브 및 밸브시트, 공구 등의 제조에 사용된다. ② 코발트-철-크로뮴 합금: 열팽창률이 낮고 자성이 강하다. ③ 코발트-크로뮴-몰리브데늄합금: 제트엔진에 사용된다.

비스머드(Bih)합금 제8106호	① 비스머드-연-주석합금: 때론 카드뮴 등을 함유한다. 예로서 Darcet합금, Lipowit합금, Newton합금 또는 Wood합금, 땜질 납, 주조합금, 소화기용 가용융부분품, 보일라 등에 사용된다. ② 비스머드-인듐-연-주석-카드뮴 합금: 외과용의 형을 뜨는 데 사용된다.

(4) 서메트(제8113호)

서메트(cermet)는 고융점의 세라믹(ceramic)성분과 금속(metal)성분을 소결시키거나 디스퍼션시키거나 기타방법으로 제조한 것으로 현미경적으로 불균질한 결합물질을 함유하는 물품을 말한다. 서메트에는 금속과 함께 소결한 금속카바이드가 포함된다.

세라믹 성분으로는 보통 내열성이고 높은 용융점을 갖는 산화물, 붕화물 등을 사용하고 금속성분은 철, 니켈, 알루미늄, 크로뮴, 코발트 등이 있다. 서메트는 제8113호에 분류되며 이 호에는 서메트의 괴와 관세율표에서 특게되지 아니한 제품이 포함된다. 서메트는 다음이 있다.

예: – 금속과 산화물: 철과 마그네슘산화물, 니켈과 마그네슘산화물, 크로뮴과 알루미늄산화물
- 지르코늄, 코로뮴, 텅스텐 등과 코발트, 니켈·니모븀 탄화물, 지르코늄과 크롬붕화물, 탄화붕소와 알루미늄

제82류 비금속제의 공구·도구·칼붙이·스푼과 포크 및 이들의 부분품

1. 개 요

제82류에는 비금속제의 특수 제품으로 공구, 도구, 칼붙이, 식탁용품 등이 분류된다. 그러나 비금속과 이들 제품(제15부)에서 제외되는 것, 기계류와 기기(제16부), 정밀기구와 장치(제90류) 및 비와 브러시와 채 등(제96류)은 다른 류에 분류된다.

2. 분류구조

비금속제의 도구와 공구는 6개 범주로 구분하고, 15개의 호(제8201호 내지 제8215호)에 분류한다.

1) 수도구와 수공구(제8201호 내지 제8205호)

① 수도구: 가래, 삽, 괭이, 도끼, 전지 가위, 집게 핀셋 등, ② 수동식 톱과 톱날, ③ 줄, 플라이어, 집게 등 수공구, ④ 수동식 스패너와 렌치, 호환성 스패너 소켓, ⑤ 기타 수공구, 블로우램프, 앤빌, 가반식반야로 등, 수동족답식 그라인딩휠

2) 소매용 공구세트(제8206호): 제8202호~제8205호에 해당하는 둘 이상 공구의 소매용 세트

3) 호환성 공구, 기구용·기계용의 칼과 날 및 공구용 판, 스틱 팁(제8207호 내지 제8209호)

① 수공구용·기계공구용 또는 동력구동식 수공구용 호환성 공구, ② 기구용·기계용 칼과 절단용 칼날, ③ 공구용의 판, 스틱, 팁 등

4) 작업용·개인용 또는 가정용 칼붙이, 기계식 가정용 기구, 식탁용품과 주방용품(제8210호 내지 제8215호)

① 칼과 칼날, ② 면도기와 면도날, ③ 가위, ④ 칼붙이의 기타 제품, 매니큐어와 패디큐어 세트와 용구, ⑤ 부엌용품과 식탁용품

3. 분류원칙

제목	규정내용	비고
제82류의 분류물품	1. 제82류에는 다음의 재료로 만들어진 날·작용단·작용면 또는 기타의 작용하는 부분이 있는 것만을 분류한다. 다만, 블로우램프·가반식단야로·프레임을 갖춘 그라인딩휠·매니큐어 또는 페디큐어 세트와 제8209호의 물품의 경우는 그러하지 아니하다. ① 비금속, ② 금속탄화물과 서메트, ③ 귀석 또는 반귀석(천연·합성 또는 재생의 것)으로 비금속·금속탄화물 또는 서메트의 지지물에 부착된 것, ④ 연마재료로 비금속제의 지지물에 부착된 것. 다만, 비금속제의 절삭치, 홈 또는 이와 유사한 것을 가지는 물품으로서 연마제를 부착한 후에도 그 동일성과 기능성을 가지는 경우에 한한다.	제82류 류주1

부분품 분류	2. 제82류에 해당하는 물품의 비금속제의 부분품(따로 게기되어 있는 부분품과 제8466호의 수공구용의 툴 홀더를 제외한다)은 당해 물품이 해당하는 호에 분류한다. 그러나 제15부 주2에 규정한 범용성의 부분품은 전부 이 류에서 제외한다. 전기면도기 또는 전기이발기의 두부·날·절삭판은 제8510호에 분류한다.	제82류 류주2
세트	3. 제8211호에 해당하는 1개 이상의 칼과 제8215호에 해당되는 물품이 최소한 같은 수량으로 세트를 구성하는 경우에는 제8215호에 분류한다.	제82류 류주3

4. 제외 물품

① 의료용·치과용·외과용 또는 수의용의 공구·가위와 기타의 칼붙이(제9018호).

② 명백하게 완구의 성격을 갖는 공구(제95류).

5. 해 설

(1) 공구·도구·칼붙이·스푼과 포크 및 이들 부분품(제82류)의 분류범위

· 공구 또는 칼붙이 등: 작용하는 끝이나 면 또는 기타 작용하는 부분이 비(卑)금속제·금속탄화물(제2849호) 또는 서메트(제8113호)제의 것이 분류된다.

· 작용하는 부분: 천연·합성 또는 재생의 귀석·반귀석이고 비금속·금속탄화물 또는 서메트제 지지물에 결합된 공구가 분류되며, 작용하는 부분이 연마재료를 부착 또는 도장한 비금속제도 있다.

· 제6804호: 그라인딩휠과 기타 이와 유사한 것(연마용·연삭용 또는 절단용의 휠·헤드·디스크 및 포인트를 포함)으로서 천연석제·응결한 연마재료제 또는 도자제의 것(프레임을 갖추지 않은 것)을 분류하므로 연마재료를 부착한 공구는 일부가 제82류에 분류된다.

[수공구, 수도구 등의 제품별 분류]

구분		품명	호
수도구·수공구	농업용·원예용·임업용	-가래, 삽, 곡괭이, 괭이, 포크와 쇠스랑 -절단공구: 도끼, bill hook -전지가위, 낫, 초절기, 울타리 전단기, 제재용 쐐기 등	제8201호
	수동식 톱·톱날	-목재, 금속, 석재 등의 수동식 톱 -각종 톱날: 밴드소오, 엔드레스소오날슬리팅	제8202호
	수공구	-줄, 플라이, 집게, 핀셋, 금속절단용 가위, 파이프커터, 볼트크로퍼, 천공펀치	제8203호
	수동식 수공구	-스패너와 렌치, 호환성 스패너 소켓	제8204호
	수도구·수공구	-유리가공 다이아몬드 공구 -블로우램프(blow lamp) -바이스, 클램프 등(공작기계의 부분품과 부속품 이외의 것) -앤빌(anvil), 가단식반야료, 프레임 갖춘 그라인딩휠(수동식·족답식)	제8205호
	공구세트	위 제8102호~제8205호 2개 이상 공구 세트	제8206호
수공구용·기계용	호환성 공구	프레실, 스탬핑, 펀칭, 탭핑, 드레딩, 드릴링, 보링, 부로칭, 밀링, 터닝 또는 스크루드라이빙용의 것(금속다이: 인발·압출용, 착암용·굴착용 공구 포함)	제8207호
기계용·기구용	칼날	칼과 절단용 칼날	제8208호
공구용	판과 팁	판, 팁, 이와 유사한 것(미장착한 서메트제)	제8209호
음식물 조리·제공용	수동식 기계기구 (10kg 이하)	제8205호·제84류의 물품인 것: 커피·향신료 분쇄기, 야채용 민서와 메셔(masher), 식육용 민서와 슬라이스, 시육압착기, 치즈용 그레이터, 야채·가실용 슬라이스, 커터와 필러(peeler)	제8210호
칼, 면도기 및 가위	칼과 날	톱니 유무 불문, 절단용 칼날을 갖는 것(전정용 칼 포함)	제8211호
	면도기와 면도날	반제품의 대상 포함	제8212호
	가위와 이들 날	가위, 재단용 가위, 이와 유사 가위	제8213호
	기타 제품	수동식 이발기, 정육점·주방용 칼붙이, 초퍼와 민싱용 칼, 종이용 칼	제8214호
손톱기구	매니큐어 등	매니큐어와 페디큐어 세트 및 용구(손톱줄 포함)	

가정용 도구	부엌·식탁용품	–스푼, 포크, 국자, 스키머, 케이크서버, 생선용 칼, 설탕집게 등 –세트: 1개 이상의 칼과 이 호 물품이 최소동일수량의 세트	第8215호

(2) 비금속제 공구·도구·칼붙이·스푼 등(제82류)

제82류에는 다음 재료로 만들어진 날, 작용단, 작용면 또는 기타의 작용하는 부분이 있는 것만을 분류한다. 다만, 블로우램프, 가반식단야로, 프레임을 갖춘 그라인딩휠, 매니큐어 또는 페디큐어 세트와 공구용 서메트제 판봉, 팁(제8209호)은 적용하지 않는다.

① 비금속(卑金屬: base metal), ② 금속탄화물과 서메트, ③ 귀석 또는 반귀석(천연·합성 또는 재생)을 비금속·금속탄화물 또는 서메트의 지지물에 부착된 것, ④ 연마재료를 비금속제(卑金屬)의 지지물에 부착된 것

다만, 비금속제의 절삭치·홈 또는 이와 유사한 것을 가지는 물품으로서 연마제를 부착한 후에도 그 동일성과 기능성을 갖는 것에 한한다.

(3) 수도구와 수공구(제8201호 내지 제8206호)

주로 자루를 부착하거나 그대로 사용되는 수지식공구가 분류되는 것으로 다음이 있다.

수도구

① 농업용·원예용 또는 임업용의 공구와 수도구(제8201호): 가래·삽·곡괭이·괭이·포크와 쇠스랑·도끼·빌후크 및 절단용 공구, 전기가위, 낫·초절기·울타리·전단기·제재용 쐐기

② 수동식 톱, 각종의 톱날(제8202호): 수동식 톱, 밴드소오와 엔드레스소오의 날, 체인톱날, 직선톱날, 무치 톱날

수공구 줄·플라이어·집게·핀셋·금속절단용 가위·파이프·커터·볼프 크로퍼·천공펀치 및 이와 유사 수공구(제8203호), 수동식 스패너와 렌치, 호환성 스패너 소켓(제8204호)

기타 수도구와 수공구(제8205호) 유리가공용 다이아몬드공구, 블로우 램프, 공작기계의 부분품과 부속품 이외의 바이스, 클램프, 앤빌, 가반식단야로, 프레임을 갖춘

수동식 또는 족답식의 그라인딩휠

둘 이상의 공구의 소매용 세트(제8206호) 위 수동식 톱과 톱날 및 수공구(제8202호~제8205호)의 2 이상 공구를 세트로 포장한 것이다.

예: 자동차용 기계공구 세트, 스패너와 스크루드라이버 세트

(4) 호환성 공구(Interchangeable tools)(제8207호)

호환성 공구는 단독으로 사용할 수 없고 다음 물품에 부착하여 특정한 작업을 수행하도록 설계된 공구를 말한다. 『특정한 작업』이란 프레싱, 스탬핑, 펀칭, 탭핑, 드레딩, 드릴링, 보링, 리밍, 브로칭, 밀링, 기어커팅, 절삭, 절단, 세천공, 드로잉 등의 가공을 하거나 나사를 조이는 것을 말한다.

① 수공구용(동력작동식인지 여부 불문), ② 기계용(제8457호~제8465호, 제8479호의 공작기계), ③ 제8467호의 수지식 공구, ④ 착암기용 또는 토양굴착기용의 공구(제8430호)의 공구

예: ① 착암용·토양 보링용 공구, 광업용·유정드릴링용 및 측심용 공구: 오오거, 보링비트 및 드릴, ② 금속의 인발용·압출용 다이스, ③ 프레싱·스탬핑 또는 펀칭용 공구, 금속판의 냉간프레스·스탬핑용의 펀치와 다이스, 드롭 단조용 다이스, 공작기계용 등의 천공용 다이스와 절단용 다이스 및 펀치, ④ 탭·다이스·양각구 및 양각용 다이스와 같은 드레딩 및 탭핑용 공구, ⑤ 착암용 이외의 드릴용 공구·드릴, ⑥ 리밍을 포함한 보오링·브로우칭용 공구, ⑦ 밀링용 공구: 밀링 커터, 기어커팅 홉 등, ⑧ 터닝용 공구, ⑨ 기타 호환성공구: 드레싱·플레닝·그루빙·래핑·트루잉용 공구, 스크루드라이버 비트, 선인발용 다이스·선반용 공구 등

* 제8457호~제8465호: 공작기계, 제8467호: 수지식 공구(압축공기식, 유압식, 전동기자장 또는 비전기식모터를 자장한 것), 제84류 주7의 규정: 둘 이상의 용도에 사용기기로서 주용도가 불명확한 기계류

[칼과 칼날의 분류]

칼 또는 칼날	분류
·기계용 또는 기구용의 칼과 절단용 칼날	제8208호
·칼(절단용 칼날을 갖춘 것, 전정용 칼 포함)과 이들의 날	제8211호

· 면도기와 면도날(면도날의 반제품으로서 대상인 것을 포함)	제8212호
· 칼붙이의 기타 제품: 조발기·정육점 또는 주방용 칼붙이·초퍼 및 민싱용 칼·종이용 칼	제8214호

(5) 수지식 공구의 분류

제82류에는 일반적으로 단독으로 사용되는 수지식 공구가 분류되며 이러한 공구가 기어·크랭크핸들·플런저·스크루메커니즘 또는 레버 등과 같은 간단한 기구와 결합되어 있는지의 여부를 불문한다. 그러나 공구들이 작업대·벽 등에 고정하도록 설계된 것, 또는 중량, 치수 또는 사용에 필요한 힘의 정도에 따라 상·작업대 등에 놓기 위한 베이스 플레이트(base plate)·스탠드(stands)·지지용 프레임(flame) 등과 함께 결합되어 있는 것은 보통 기계(제84류)에 분류된다.

다만, 바이스·프레임을 갖춘 연마기와 가반식단야로는 제8205호에 분류된다.

[공구와 기구의 분류]

품명·물품내용	분류
· 브레스트 드릴(breast drill): 지지물이 없이 손으로 자유로이 사용하고, 간단한 기어기구를 갖춘 것	제8205호
· 스탠드 또는 지지용의 프레임에 고정되도록 설계된 드릴(drill)	제8459호
· 플라이어(plier)형의 금속절단용 전단기(shear)	제8203호
· 스탠드 또는 베이스 플레이트에 설치된 길로틴(guillotine)형의 전단기(shear)(수동식도 포함)	제8462호
· 바이스·프레임을 갖춘 연마기와 가반식 단야로	제8205호
· 개당 10kg 이하의 음식 조리나 제공용 수동식 기계기구: 커피분쇄기, 주스추출기, 육절기 등	제8210호
· 액체 또는 분말의 분무용 기기	제8424호
· 뉴머틱공구(제8467호)	제8467호
· 피스톨형이 아닌 사무용의 스테이플링기(제8472호)와 같이 단독으로 사용되는 수지식 기구	제8472호
· 수지식 공구(압축공기식, 유압식 또는 전동기를 자장한 것 또는 비전기식 모터를 자장한 것)	제8467호

(6) 음식물의 조리 또는 제공용 수동식 기계기구(제8210호)

수동식 기계기구(hand-operated mechanical appliances)란 일반적으로 손으로 조작되고 1개의 중량이 10kg 이하의 것으로서 음식물의 조리 또는 제공에 사용되는 전기식이 아닌 기계기구를 말하며 제8210호에 분류한다. 이 호에는 ① 1개 중량이 10kg 이하이고, ② 크랭크핸들, 기어링, 알키메데안스크류액션, 펌프 등의 기구를 갖는 것(기계적 특성)이 분류된다.

간단한 레버 또는 플런저 액션을 갖춘 것은 벽이나 기타 표면에 고정하도록 제작되거나 또는 테이블·상 등에 세워놓기 위한 베이스플레이트(base plate)에 부착되어 있지 않은 한 이 호에 분류되는 기구의 특성을 갖는 것으로 취급되지 아니한다. 위 조건에 부합되는 다음 물품이 분류된다.

예: 커피와 향신료 분쇄기, 야채용 민서와 매셔, 식육용 민서와 슬라이서, 식육압착기, 야채와 과실용 슬라이서, 커터와 필러, 빵용 슬라이서, 핵과용 기구, 오프너와 코르커, 캔오프너와 시일러, 버터교반기, 아이스크림 프리저와 포션 서버, 과즙과 육즙추출기

(7) 이발기 분류

이발기	분류
수동식 이발기	제8214호
전동기를 자장한 전기식 이발기	제8510호
스탠드에 설치되며 플렉시블한 트랜스미션을 갖추고 있는 동물용의 기계식 이발기	제8436호

[용어]

용어	주요 내용	비고
수지식 공구 (tool for working in the hand)	수지식 공구란 사용중 손으로 지지하도록 설계된 공구를 의미하고, 또한 휴대식의 무거운 공구도 의미한다. 즉, 사용자가 작업시에 손으로 올리거나 움직일 수 있으며 또한 작업중에는 손으로 조작하고 제어할 수 있도록 설계된 것이다.	해설

제83류 비금속제의 각종 제품

1. 개 요

제73류 내지 제81류의 비금속제의 제품에 있어서는 당해 금속의 성분에 따라 분류되고, 제82류에는 작용하는 부분이 특정한 재료로 만든 제품이 분류되며, 제83류에는 이러한 구성 성분에는 관계없이 당해 제품의 성질에 따라 비금속제품을 분류한다.

2. 분류구조

비금속제의 각종 제품은 제품의 성질에 따라 11개의 호(제8301호 내지 제8311호)에 분류한다.

1) 자물쇠와 열쇠(제8301호)

2) 장착구·부착구, 모자걸이 브래킷과 이와 유사 부착구, 카스타 및 자동폐지기(제8302호)

3) 금고, 스트롱 박스와 룸용의 문과 저장실, 현금함 등(제8303호)

4) 사무실용·책상용 비품(제8304호): 서류함, 카드인덱스함, 페이퍼레이 펜트레이 등

5) 사무용품과 스테이플(제8305호): 서류철용 피팅, 클립, 레터코너, 색인용 태그, 스테이플 등

6) 벨·징, 소상과 장식품, 사진틀과 거울(제8306호)

7) 플렉시블 튜빙(제8307호)

8) 유금·버클·아이와 아이렛, 관·리벳·구슬과 스팽클(제8308호): 의류·신발·핸드백·여행구 등에 사용되는 것

9) 포장용 부속품(제8309호): 전·캡과 뚜껑·마개류·병용 캡슐·마개용 커버와 실

10) 판·숫자·문자 기타 표지판(제8310호): 사인판, 명판, 주소판 등과 이와 유사 표지판

11) 용접봉과 금속취부용 선과 봉(제8311호): 납땜, 납접, 용접 또는 용착용의 플럭스를 도포 또는 심에 충전한 것

3. 분류원칙

제목	규정내용	비고
부분품의 분류	1. 제83류에서 비금속제의 부분품은 그들의 본체와 함께 분류한다. 다만, 제7312호, 제7315호, 제7317호, 제7318호 또는 제7320호의 철강제 물품, 제74류 내지 제76류 및 제78류 내지 제81류에 해당하는 기타 비금속제의 이와 유사한 물품은 이 류의 물품의 부분품으로 분류하지 아니한다.	제83류 류주1
카스터	2. 제8302호에서 카스터라 함은 직경(타이어가 있는 경우에는 이를 포함한다)이 75mm를 초과하지 아니하는 것을 말하며, 직경(타이어가 있는 경우에는 이를 포함한다)이 7mm를 초과하는 경우에는 부착된 휠 또는 타이어의 폭이 30mm 미만의 것을 말한다.	제83류 류주2

4. 해　　설

(1) 비금속제 물품과 제품의 분류범위

구분	품명	호
자물쇠와 열쇠	−자물쇠: 다이얼·전기작동식, 유금, 유금-프레임자물쇠 −자물쇠용 열쇠	제8301호
장착구와 부착구, 이와 유사 물품	−가구, 창, 차양구, 마차, 마구, 트렁크, 장, 함 등에 적합한 것 −차량용, 건물용, 가구용 부착구와 장착구, 여행용구의 부착구 −모자걸이, 브래킷과 이와 유사 부착구 −장착구가 있는 카스터, 자동 도어폐지기	제8302호
금고류	장갑·보강금고, 스트롱룸용 문과 저장실, 현금고, 손금고 등	제8303호
사무용품·사무실용품, 책상용 비품, 포장용	−사무실용: 서류정리함, 카드인덱스함, 스탬프스탠드 등	제8304호
	−사무용품: 서류철 피팅, 서신용 클립, 레터코너, 클립, 색인택 등 −사무실용, 가구용, 포장용: 대상의 스트립	제8305호
벨(비전기식), 장식품, 틀과 거울	−벨과 징, 소상과 기타 장식품 −사진틀, 그림틀, 유사틀, 비금속제 거울	제8306호

튜브	플렉시블 튜빙(연결구 결합 여부 불문)	제8307호
유금류, 리베트·구슬과 스팽글	－우산, 신발, 차일, 핸드백, 여행구용: 유금, 버클, 후크, 아이, 아이렛 －관리베트·2고리베트, 구슬과 스팽글	제8308호
마개류·포장용 부속품	전, 캡과 뚜껑, 병용 캡슐, 나선형 마개, 마개용 커버, 실 등	제8309호
판과 표지판	사인판, 명판, 주소판, 유사 판, 자, 문자 기타 표지판	제8310호
금속·금속탄화물의 납땜용, 납점용, 용접용과 융착용, 금속취부용	－비금속·금속탄화물의 선·봉·관·판·용접봉(플럭스 도포, 심에 충전한 것) －비금속 분을 응결 제조한 선과 봉	제8311호

(2) 비금속제품에서 부분품의 분류원칙

제83류의 비금속제 제품에서 비금속제의 부분품은 이들 본래의 제품과 함께 분류한다. 그러나 이 류에서는 범용성 부분품은 제외된다. 즉, 스프링·체인·케이블·너트·볼트·스크루 또는 못은 제73류 내지 제81류의 해당되는 호에 분류된다.

(3) 비금속제의 자물쇠와 열쇠(제8301호)

여기에는 비금속제의 각종의 자물쇠와 열쇠가 분류된다. 키에 의해 조작되는 파스닝 디바이스(fastening device), 문자 또는 숫자 결합에 의해 제어되는 파아스닝디바이스, 전기식의 자물쇠가 포함된다, 또한 이들 물품용으로 명백한 비금속제의 부분품이 포함된다.

예: 문·트렁크·함·백·자전거 등에 사용되는 각종의 패드록(padlocks), 문·편지함·금고·상자·가구·피아노·트렁크·슈트케이스·핸드백·디스패치 케이스 등의 자물쇠, 자동차·철도차량·전차 등 및 승강기·셔터·슬라이딩 도어 등용의 자물쇠

(4) 비금속제의 장착구·부착구 및 이와 유사 물품, 모자걸이, 브래킷과 이와 유사 부착구, 장착구가 있는 카스터 및 자동도어 폐지기(제8302호)

주로 가구·도어·창·차량 등에 사용되는 범용성의 비금속제 부속기구 및 장식(부착구)을 말하며 제8302호에 분류된다. 또한 이 호에는 모자걸이·브래킷과 이와 유사 부착

구, 장착구가 있는 카스터 및 자동도어 폐지기가 분류된다. 이러한 범용성의 물품은 특정용도에 사용되도록 제작된 것이라 할지라도 분류된다. 다만, 창틀·회전의자 등의 회전장치와 같이 어떠한 물품의 구조상 주요한 부분을 구성하는 물품은 제외된다.

[장착구와 부착구, 이와 유사 물품의 종류]

–가구, 계단, 창, 차양구, 마차, 마구, 트렁크, 장, 함 등에 적합한 것: 각종 경첩(hinges)
–차량용, 건물용, 가구용의 부착구와 장착구, 여행용구의 부착구: 수하물선반, 창 개폐용 기구, 특수 재떨이 등, 도어가이드, 통품, 채광용 개폐구, 지주와 부착수, 셔터와 블라인드용 후크, 파스너, 우편함용 판 등
–모자걸이, 브래킷과 이와 유사 부착구: 코트걸이, 타월걸이, 행주걸이, 솔걸이
–장착구가 있는 카스터
–자동 도어폐지기: 문, 대문에 사용하는 스프링식 또는 유압식

(5) 카스터(제8302호)

카스터(castor)는 무거운 가구, 의자, 또는 탁자 등의 아래에 다는 바퀴를 말하며, 제8302호에 분류한다. 이 호에는 하며 비금속제가 부착된 카스터로서 다음 규격에 한하여 분류되며, 바퀴는 어느 재료일지라도 불문한다. 이 규정에 적합하지 않은 카스터는 주로 제87류에 분류한다.

① 직경 75mm(타이어 포함) 이하의 것

② 직경 75mm 초과(타이어 포함)시 부착된 휠 또는 타이어 폭이 30mm 미만의 것

[유금, 후크, 아이렛, 리베트 등의 분류]

제품명	분류
·비금속제의 유금·유금이 붙은 프레임·버클(buckles)·버클유금·후크·아이·아이렛 등(의류·신발류·차일·핸드백·여행구용의 것)	제8308호
·비금속제의 관 리베트 또는 2고(股)리베트, 구슬과 스팽글	제8308호
·모자, 핸드백, 신발, 벨트 등에 사용하는 장식품	제7117호
·금속박편	제74류~제76류
·리베트(관리베트와 2고(股)리베트를 제외한다); 스냅후크(snap hook)	제73류~제76류
·프레스 스터드와 푸시버튼	제9606호
·슬라이드 파스너와 동부분품	제9607호

[표지판의 분류]

물품내용	분류
· 비금속제의 사인판·명판·주소판 및 이와 유사 판·숫자·문자 및 기타의 표지판(특징: 일반적으로 영구 고정시키거나 또는 반복사용하도록 만들어져 있다)	제8310호
· 영구적인 광원을 갖는 조명된 사인판, 조명된 명패 및 그 유사품	제9405호
· 문자·숫자 또는 디자인이 없는 판, 부수적인 사항만 있고, 주요 사항은 추후에 추가하는 판	제7325호·제7326호·제7616호·제7907호
· 인쇄용 활자	제8442호
· 타이프라이터용 활자와 자동수신인 성명인쇄기용 판	제8473호
· 신호용의 판, 디스크와 완목신호기	제8608호

(6) 납땜·납접·용접 또는 융착용의 선, 봉, 관, 판 및 용접봉(제8311호)

여기에는 비금속 또는 금속탄화물의 납땜·납접·용접·융착에 사용되는 플럭스(flux)를 피복 또는 심에 충전한 비금속제 또는 금속탄화물제의 선·봉·관·판·전극 및 이와 유사 물품이 분류된다. 플럭스는 염화아연·염화암모늄·붕사·석영·수지 또는 라놀린 등으로 제조한다.

이 호에는 플럭스를 피복하지 않거나 심에 충전하지 아니한 비금속제의 선·봉·관·판·전극 등은 제외된다(제72류~제81류).

제15부 출제문제 및 연습문제

출제문제

[50점 문항]

1. 관세율표 제15부 주에서 정한『범용성 부분품』을 설명하고 다른 부 또는 류의 주에서 이를 어떻게 수용하고 있는지 그 내용을 간략하게 언급하시오. [1996년]
2. 관세율표상 비금속 중 비철금속의 분류체계를 간략히 설명하고, 특히 정제된 동과 동합금 및 합금하지 아니한 알루미늄과 알루미늄합금의 차이점과 그 의의를 논술하시오. [1999년]

[10점 문항]

다음을 설명하시오.

1. 비금속의 뜻과 예시 [1981년]
2. 고탄소강의 정의 [1982년]
3. 관세율표 제15부 범용성 물품 [1985년]
4. CCCN 제7315호 고탄소강에 대하여 서술하시오. [1985년]
5. 서메트(cermet) [1985년]
6. 부분품이 제16부 주이 규정에 의한『범용성 부분품』에 해당하는 경우 [1987년]
7. 다음 물품들이 분류되는 해당 류 번호를 쓰시오. [2001년]
   ① 인조꿀, ② 인조섬유제의 가발, ③ 페로얼로이, ④ 건조한 고추류, ⑤ 목재와 흑연으로 만든 연필
8. 비금속과 그 제품이 분류되는 제15부 제72류의 스테인리스강과 제74류의 마스터얼로이를 설명하시오. [2003년]
9. 수출입 신고시 웨이스트와 스크랩의 품목분류 착오가 발생하고 있다. 철강제의 웨이스트와 스크랩(제7204호)에서 제외되는 품목에 대하여 설명하시오. [2005년]
10. 각종 공구와 도구가 관세율표 제82류에 분류되기 위해서 작용부분이 일정한 재료로 구성되어야 한다. 해당 재료를 모두 쓰시오. [2006년]

11. 관세율표 제76류 소호주의 내용에 근거하여 『합금하지 않은 알루미늄』과 『알루미늄 합금』에 관하여 설명하시오. [2007년]
12. 관세율표 제74류 주의 규정을 기초로 봉과 선을 정의하고 두 물품의 차이점을 비교 설명하시오. [2008년]

연습문제

[50점 문항]

1. 제15부 비금속과 그 제품의 분류내용과 비금속합금과 이들의 복합물품의 분류 규정을 설명하시오.
2. 『범용성 부분품』을 분류 열거하고, 기계류별로 분류원칙을 논하라.
3. 관세율표에서 부분품의 종류와 이들 각 부분품에 대한 분류를 서술하시오.
4. 관세율표상 비금속의 종류와 분류

[10점 문항]

1. 합금 및 2종 이상의 금속, 비금속, 귀금속에 대한 품목분류를 설명하시오.
2. 다음 웨이스트와 스크랩에 대하여 설명하시오.
   ① 철강의 웨이스트와 스크랩에 해당되지 않는 물품은?
   ② 귀금속을 함유하는 웨이스트와 스크랩의 품목분류는?
3. 비금속(제15부)의 분과 입의 차이는?
4. 다음 서메트에 대하여 설명하시오.
   ① 서메트의 품목분류, ② 서메트의 예를 3품목 이상 열거
5. 선철이란?
6. 일차제품이란?
7. 스피아그라이즌이란?
8. 페로얼로이란?
9. 강(steel)이란?
10. 합금철강을 설명하시오.
11. 스테인리스강이란?
12. 다음 철강에 있어 다음 용어를 설명하시오.

① 입(granules), ② 반제품, ③ 규소전기강, ④ 주철

13. 마스터얼로이란?
14. 동합금의 종류(5종 이상)를 설명하시오.
15. 알루미늄합금인 두랄루민이란?
16. 비금속 박에 대한 규정을 설명하시오.
17. 수지식 공구의 분류를 설명하시오.
18. 호환성 공구란?
19. 순수 비금속의 각 비금속함량(순도)을 열거하시오.
20. 카스트를 설명하고 품목분류하시오.

문제풀이

1. 합금의 분류규정을 설명하시오.

비금속의 합금은 비금속과 귀금속과의 합금, 비금속 상호간의 합금 또는 비금속과 기타 원소와의 합금으로 고려할 필요가 있다. 이러한 경우의 합금들은 다음과 같이 분류한다.

① 귀금속을 함유하는 비금속합금의 분류는 귀금속 중 어느 하나의 함유중량이 2% 미만인 경우에는 비금속으로 분류한다.

② 비금속 간의 합금은 중량비가 가장 많은 비금속으로 분류한다. 다만, 페로얼로이(제72류)와 동마스터얼로이(제74류)는 이 규정을 적용하지 아니한다.

③ 비(卑)금속과 비(非)금속, 알카리금속, 알카리토류금속 또는 희토류금속 등의 기타 원소로 구성된 합금은 비(卑)금속의 합계중량이 비금속 이외의 원소를 합계한 중량보다 이상이면 비(卑)금속합금으로 분류한다.

2. 비(卑)금속의 복합물품에 대한 분류를 설명하시오.

2종 이상의 비금속을 함유하는 복합물품의 품목분류는 각 호에서 특별히 게기된 경우를 제외하고는 최대중량을 차지하는 비금속의 물품으로 분류한다. 이때 비금속의 함유 중량은 다음 방법에 의한다.

① 철(iron)과 강(steel)은 동일한 금속으로 취급한다.

② 합금은 그 합금이 분류되는 해당 비금속으로 전부가 구성된 것으로 취급한다.

③ 서메트(cermet)는 단일의 비금속으로 취급한다.

3. 제72류에서 규정하는 일차제품형상, 반제품 및 강재의 예를 들어라.
   ① 일차제품형상이란 잉곳, 퍼들바, 블록, 럼프, 파일링 등을 말한다.
   ② 반제품은 블룸, 빌레트, 라운드, 슬랩, 시트바, 단조로 거칠게 형성된 물품을 말한다.
   ③ 강재는 평판압연제품, 봉, 중공드릴봉, 형강 및 선을 말한다.

4. 관세율표에서 스테인리스강이란?
   관세율표에서 스테인리스강이라 함은 탄소의 함유중량이 1.2% 이하이고, 크로뮴(Cr)의 함유중량 10.5% 이상인 합금을 말한다. 스테인리스강은 크게 오스테나이트강, 페라이트강, 마르텐사이트강의 3가지 종류가 있다. 일반적으로 스테인리스강은 크로뮴 16～26%, 니켈을 최고 35%까지 포함하고 있는 오스테나이트강은 내식성이 가장 뛰어나다. 열처리에 의해 경화되지 않으며, 비자성(非磁性)이다. 가장 일반적인 형태는 크로뮴 18%, 니켈 8%를 포함하고 있는 18/8(또는 304)등급이다.

5. 마스터얼로이(master alloy)란?
   마스터얼로이라 함은 동의 함유량이 전 중량의 10%를 초과하고 기타 원소를 함유한 합금으로서 실용상 단조에 적합하지 아니하며 일반적으로 합금제조 시에 첨가용 또는 비철금속의 야금 시에 탈산용, 탈황용 또는 이와 유사한 용도에 사용되는 것을 말한다. 다만, 인의 함유량이 전 중량의 15%를 초과하는 인동은 제2848호에 분류한다.

6. 제82류와 제84류의 수지식 공구에 대한 분류특성을 설명하시오.
   수지식 공구란 손으로 움직여 작업을 하는 공구를 말하며, 작업중 손으로 지지하도록 설계·제작된 공구이다. 그러므로 작업대나 벽 등에 고정하도록 설계·제작되지 아니한 것이며 또한 베이스플레이트, 지지용 프레임 등과도 결합되지 아니한 것이다. 관세율표에서는 수지식 공구는 제82류 및 제84류에 분류된다.
   ① 제83류의 수지식 공구: 여기에는 작용하는 면 또는 부분이 비금속제, 금속탄화물 또는 서메트제의 것이 분류되는 것으로서 동력을 갖추지 아니한 수지식 공구가 분류된다. 또한 기어, 트랭크핸들, 레버, 나사기구 등의 간단한 기구와 결합되어 있는 것도 있다.
   ② 제8467호의 수지식 공구: 여기에는 전동기, 공기압축원동기, 내연기관 또는 기타 원동기를 갖춘 수지식 공구가 분류된다. 또한 휴대식보다 무거운 것이 있으며, 작업중 전 중량을 지지하기 위하여 보조적 지지구(예: 삼각, 잭레그, 인양용 태클)를 사용하는 경우도 있다.

제16부 기계류와 전기기기 및 이들의 부분품, 녹음기와 음성 재생기·텔레비전의 영상 및 음향의 기록기와 재생기 및 이들의 부분품과 부속품

1. 개 설

제16부는 따로 규정에 의하여 제외되는 물품과 다른 부에서 구체적으로 게기되어 있는 물품을 제외하고는 모든 기계식이나 전기식의 기계, 시설, 장비, 기구와 이들의 부분품을 분류하며, 기계식과 전기식이 아닌 보일러와 보일러시설 및 여과기기 등과 같은 특정한 기기와 시설 및 이러한 기기와 시설의 부분품도 분류한다.

또한 이 부의 기계류는 재질을 불문하는 것으로 대부분의 기계류는 비금속제로 되어 있으나 비금속 이외의 재료로 되어 있는 기계류와 플라스틱·고무·목재·귀금속 등으로 되어 있는 부분품도 포함한다.

2. 류별 구성

이 부의 기계류와 전기기기를 체계적으로 품목분류하기 위하여 5개의 부주 및 제84류와 제85류의 2개류의 본문으로 구성되어 있다. 특히 이 부는 2개류만으로 되어 있음에도 불구하고 이들 2개류는 관세율표 가운데 거의 20%를 차지하며 2개류에는 130개의 호로 되어 있다.

[류별 표제]

第84류 원자로와 기계류, 이들의 부분품
第85류 전기기기와 전자기기류, 이들의 부분품

3. 분류원칙

제목	분류규정	비고
기계부분품의 분류	2. 기계의 부분품(第8484호·第8544호·第8545호·第8546호 또는 第8547호의 물품의 부분품을 제외한다)은 이 부의 주1. 第84류의 주1 및 第85류의 주1에 규정한 것 이외에는 다음에 정하는 바에 따라 분류한다. 가. 第84류 또는 第85류 중 어느 특정한 호(第8409호, 第8431호, 第8448호, 第8466호, 第8473호, 第8487호, 第8503호, 第8522호, 第8529호, 第8538호, 第8548호를 제외한다)에 포함되는 부분품은 각각 당해 호에 분류한다. 나. 기타의 부분품으로서 특정한 기계 또는 동일한 호에 분류되는 여러 종류의 기계(第8479호 또는 第8543호의 기계를 포함한다)에 전용 또는 주로 사용되는 부분품은 그 기계가 속하는 호 또는 경우에 따라 第8409호, 第8431호, 第8448호, 第8466호, 第8473호, 第8503호, 第8522호, 第8529호 또는 第8538호에 분류한다. 다만, 주로 第8517호와 第8525호 내지 第8528호의 물품에 공통적으로 사용되는 부분품은 第8517호에 분류한다. 다. 기타의 각종 부분품은 경우에 따라 第8409호, 第8431호, 第8448호, 第8466호, 第8473호, 第8503호, 第8522호, 第8529호 또는 第8538호에 분류하거나 또는 상기 호에 분류하지 못하는 경우에는 第8487호 또는 第8548호에 분류한다.	第16부 부주2
복합기계	3. 2가지 이상의 기계가 함께 결합되어 하나의 완전한 기계를 구성하는 복합기계와 기타 2가지 이상의 보조기능 또는 선택기능을 수행할 수 있도록 디자인된 기계는 문맥상 따로 규정한 경우를 제외하고는, 이들 요소들로 구성된 단일의 기계로 분류하거나 주된 기능을 수행하는 기계로 분류한다.	第16부 부주3
기능단위기계	4. 하나의 기계(여러 종류의 기계가 결합된 것을 포함한다)가 각종의 개별기기로 구성되어 있는 경우에도(따로 분리되어 있거나 배관·전동장치·전력케이블 또는 기타의 장치에 의하여 상호연결되어 있는 것인지의 여부를 불문한다) 이들이 第84류 또는 第85류 중의 어느 호에 명백하게 규정된 기능을 함께 수행하기 위한 것일	第16부 부주4

	때에는 그 전부를 그 기능에 따라 해당하는 호에 분류한다.	
기계	5. 제16부의 주에서 『기계』라 함은 제84류 또는 제85류에 열거된 각 종의 기계·기계류·설비·장비·장치 또는 기기를 말한다.	제16부 부주5

4. 제외 물품

① 전동용 또는 컨베이어용의 벨트나 벨팅으로서 플라스틱제의 것(제39류), 가황고무제의 것(제4010호)과, 기계용, 전기기기용 또는 기타 공업용의 것으로서 경화고무 이외의 가황고무의 기타 제품(제4016호)

② 기계용 또는 기타 공업용의 가죽제품, 콤퍼지션 레더제품(제4204호)과 모피제품(제4303호)

③ 보빈·스풀·코프·코어·릴 또는 이와 유사한 지지구(재료의 여하를 불문한다(예: 제39류, 제40류, 제44류, 제48류 또는 제15부에 해당하는 것))

④ 자카드기 기타 이와 유사한 기계용의 천공카드(예: 제39류, 제48류 또는 제15부에 해당하는 것)

⑤ 전동용 또는 컨베이어용의 방직용 섬유제의 벨트(제5910호)와 공업용의 기타 방직용 섬유제의 물품(제5911호)

⑥ 제7102호 내지 제7104호의 천연·합성 또는 재생의 귀석·반귀석 또는 제7116호의 제품으로서 전부가 이들 귀석 또는 반귀석으로 된 것. 다만, 축음기 바늘용의 가공한 사파이어 또는 다이아몬드로서 장착되지 아니한 것을 제외한다(제8522호).

⑦ 제15부의 주2에 규정한 비금속제의 범용성 부분품(제15부) 또는 이와 유사한 플라스틱제의 물품(제39류)

⑧ 드릴파이프(제7304호)

⑨ 금속의 선 또는 대로 만든 엔드레스벨트(제15부)

⑩ 제82류 또는 제83류의 물품

⑪ 제17부의 물품, 제90류의 물품, 제91류의 시계와 기타 물품, 제8207호의 호환성 공구, 기계의 부분품으로 사용되는 제9603호의 브러시 또는 이와 유사 호환성 공구는 작용하는 부분의 구성재료에 따라 분류된다(예: 제40류, 제42류, 제43류, 제45류, 제59류, 제6804호 또는 제6909호).

5. 총 설

(1) 기 계

관세율표에서는 기계에 대한 정의가 규정되어 있지 아니하나, 기계류의 품목분류에 관하여 규정되어 있다.

관세율표 제16부에서 기계(machine)라 함은 제84류(기계류) 또는 제85류(전기기기)에 열거되어 있는 각종의 기계(machine), 기계류(machinary), 설비(plant), 장비(equipment), 장치(apparatus) 또는 기기(appliance)를 말한다고 규정하고 있다. 따라서 한정된 범위의 제84류와 제85류에서 기계(machine)는 광의로 기계류, 설비, 장비, 장치 또는 기기를 말한다.

(2) 기계류와 전기기기의 구분

제84류의 기계류와 제85류의 전기기기의 품목분류를 함에 있어, 이들 2개류의 구분을 표제에 의하여 전기식 기계는 제85류에 분류하고 비전기식 기계는 제84류에 분류할 수 있다. 그러나 품목분류는 관세율표 해석에 관한 통칙에 의해 결정되는 것이므로, 기계류와 전기기기를 통칙 제 1 호에서, 류주(제84류의 제외 물품)에 의해 전기기기인 진공청소기(제8508호), 가정용 전기기기(제8509호) 및 디지털카메라(제8525호)는 제84류에 분류할 수 없고 이들 각호에 분류되고, 호의 용어에 의하여 전기식 면도기와 이발기(제8510호), 자동차용 전기식 윈드스크린 와이퍼(제8512호), 전기식 노와 오븐 및 전기식 가열기기(제8514호) 또는 전기식 신호·안전·교통관제용의 관제기기(제8530호)는 제85류의 각호에 분류된다.

특히 전기식의 가열기기인 스팀 또는 기타 증기발생 보일러(제8402호), 공기조절기(제841호), 냉장기와 기타 흡수식 냉장 또는 냉방기기(제8418호, 제8419호의 배소, 증류 또는 기타 기기) 등은 제84류에 분류된다.

이와 같이 전기기기는 제84류의 기계류에서 제외되어 제85류의 전기기기에 분류되는 것이 아니며. 제85류에는 모든 전기식 기기가 분류된다는 것을 의미하지 않는다.

따라서 품목분류는 일반적 개념으로 부 또는 류의 표제에 의하여 결정할 수 없으며, 법적인 효력이 있는 통칙에 의하여 품목분류가 결정된다.

(3) 기계류와 전기기기의 분류 원칙

부속기기(accessory apparatus)**의 분류규정** 부속기기란 주된 기계 또는 장치(machine or apparatus)에 부속되는 기기를 말하며 특히 하나의 특정한 기계 또는 장치를 측정·검사·제어 또는 조절하도록 설계제작된 것을 말한다. 이들 기기는 복합기계 또는 기능단위기계인 경우도 있다.

예: 주기기와 함계 제시(수입)된 압력계·온도계·액면계 또는 기타의 측정용 또는 검사용기기·출력계·시계장치식 스위치·콘트롤패널·자동조절기

[분류규정]

① 일반적으로 주 기기에 종속되는 것은 주 기계 또는 장치와 함께 분류한다.

② 여러 기계를 측정·검사·제어 또는 조절하도록 설계·제작된 것은 각각 해당 호에 분류한다.

복합기계(composite machines)**의 분류규정** 복합기계란 서로 다른 2종 이상의 기계 또는 기기로서, 일체구조로 함께 결합되어 있고, 일반적으로 그 기능들이 보충적이고 제16부의 다른 호에 기술되어 있는 별개의 기능을 연속적 또는 동시에 수행하는 기계를 말한다. 이때 일체구조로 함께 결합된 것(fitted together to form a whole)이란 다른 종류의 기계류가 하나의 기계로 결합되거나 다른 기계 위에 장치되거나 또는 동상(base)·동일 프레임(frame) 또는 동일 하우징(housing)속에 장치되어 있는 것을 말한다.

[분류규정]

① 구성된 단일기계로 분류하거나, 또는 주된 기능을 수행하는 기계로 분류한다.

[분류사례]

① 종이를 접는 보조기계와 결합된 인쇄기계(제8443호)

② 이름 또는 간단한 도안을 인쇄하는 보조기계와 결합된 판지제 상자제조기계(제8441호)

③ 양하용 또는 하역용 기계와 결합된 공업용 로(제8417호 또는 제8514호)

④ 보조적인 포장기계와 결합된 연초제조기(제8478호)

다기능기계(multi-function machines)**의 분류규정** 일반 다기능기계는 여러 기능을 수행하는 기계를 말한다.

예: ① 권양, 하역, 적하, 양하용 기계류(제8425호~제8430호)의 여러 기능을 수행하는(분류 가능한) 기계

② 밀링, 보링·랩핑 등의 여러 기계 작업을 수행할 수 있도록 호환성공구를 사용하는 금속가공용 공작기계(제8458호~제8463호)

③ 워드프로세싱, 계산기, 전자수첩, 자동자료처리기 등의 사무용 기계류(제8469호~제8472호) 여러 호에 분류 가능한 기계

[분류규정]

① 주된 기능을 수행하는 기계로 분류한다.

② 주 기능을 결정할 수 없으면 해당 호 중 최종호에 분류한다.

다용도기계(multi-purpose machines)의 분류규정 다용도기계란 두 가지 이상의 용도에 사용되는 기계를 말한다.

예: ① 금속 및 기타 재료의 가공이 가능한 공작기계

② 지·방직물·가죽·플라스틱 등의 공업에서 공통으로 사용되는 아일렛팅기

[분류규정]

① 주 용도에 의해 분류한다.

② 주 용도가 규정되지 아니하거나, 주 용도가 불명확한 것은 기계류(제84류)의 전반부 우선분류(제84류 류주2)하거나, 단일기계(복합기계) 또는 주 기능을 수행하는 기계로 분류한다.

③ 앞에 의해 적용되지 않는 경우에는 제8479호에 분류한다.

기능단위기계(functional units)의 분류규정 기능단위기계라 함은 하나의 기계(복합기계 포함)가 각종의 개별기기로 구성되어 있는 것을 말한다. 특히 관세율표에서 기능단위기계란 이들 전체 기능이 기계류(제84류) 또는 전기기기(제85류)의 어느 하나의 호에 명백히 한정된 단일기능을 함께 수행하도록 고안된 개개의 구성부품으로 이루어진 기계를 말한다. 이때 구성부품이 분리되거나 배관, 전동장치, 전력케이블 또는 기타 장치로 연결 결합된 것인지를 불문하고 기능단위기계로 본다.

위에서 『명백히 한정된 단일 기능을 함께 수행하도록 고안된 것』이라 함은 전체로서의 기능단위기계가 본질적으로 그 특유한 기능을 수행하는 기계와 복합기계만을 포함한다. 그러므로 보조적 기능을 수행하는 기기와 전체의 기능을 수행하지 않는 기기는 제외한다.

[분류규정]

① 기능단위기계의 전체 기능이 기계류(제84류) 또는 전기기기(제85류)에서 규정된

기능을 수행하는 호에 분류한다.

② 보조기능을 수행하는 기기와 전체 기능을 수행하지 않는 기기는 이들이 해당하는 호에 분류된다.

[기능단위기계(functional units)의 분류]

· 유압시스템(hydroraulic systems)(제8412호): 유압동력장치(주로 유압펌프·전동기·콘트롤 밸브 및 오일탱크로 구성). 유압실린더 및 실린더를 유압동력장치에 연결을 위한 파이프나 호스로 구성
· 냉장설비(refrigerating equipment)(제8418호): 일체구조로서 함께 결합되지 않고, 냉매를 순환시키는 관으로 상호 결합된 구성기기로 구성
· 관개시스템(irrigation system)(제8424호): Control Station(필터, 주입기, 계량밸브 등으로 구성)과 지하배수관·지관·지상배관시설로 구성
· 착유기(milking machines)(제8434호): 진공펌프·교반기·유두(乳頭)컵 및 통과 같은 개개의 구성부품이 호스나 파이프로 상호 결합
· 양조장기계(brewhouse machinery)(제8438호): 발아기, 맥아파쇄기, 반죽통, 여과통 등으로 구성단, 보조기기(병주입기, 레이블인쇄기)는 포함하지 않고 이들의 해당호에 분류함
· 편지분류시스템(letter sorting system)(제8472호): 필수적인 코딩데스크(coding desk), 예비분류채널 시스템, 중간분류기 및 최종분류기로 구성. 이들 전체는 자동처리기계에 의하여 제어된다.
· 아스팔트 플랜트(asphalt plant)(제8474호): 피드 호퍼(feed hopper), 컨베이어, 건조기, 진동체, 혼합기, 저장통과 제어장치 등의 각각 분리된 기기들로 구성되어 나란히 장치되어 있다.
· 필라멘트전구 조립용 기계(machinery for assembling electric filament lamps)(제8475호): 이들 구성기기는 컨베이어에 의해 상호 연결되고 유리 열처리용 기구와 펌프 및 램프테스트 장치를 포함한다.
· 용접기기(welding equipment)(제8515호): 전류를 공급하기 위한 변압기, 발전기 또는 정류기가 붙은 용접용 헤드 또는 집게(tongs)로 구성
· portable radiotelephone(제8527호): 휴대용 무선전화송신기와 이에 부수되는 수지식 마이크로폰
· 레이더장치(radar apparatus)(제8526호): 레이더장치 및 이에 부수되는 전원장치, 증폭기 등
· 위성텔레비전수신시스템(satellite television reception system)(제8528호): 수신기, 파라볼릭 안테나 반사기, 반사기용 제어 회전기, 피드 혼(웨이브가이드), 편파기, 저잡음차단(LNB) 다운 컨버터, 적외선 원격조절기기로 구성
· 도난경보기(burglar alarms)(제8531호): 예: 적외선 램프 및 벨을 작동시키는 광전지 등으로 구성

미완성기계와 미조립기계의 분류규정:

· 미완성기계(incomplete machines): 기계와 전기기기(제16부)의 각 호에서 규정하고 있는 기계와 장치에는 완성된 기계뿐만 아니라 미완성기계도 포함된다. 따라서 단지 플라이휠·베드플레이트·카랜더롤·툴홀더 등이 없는 기계는 부분품으로서 별도 호에 분류하지 아니하고 완성기계로서 동일 호에 분류한다. 또한 일반적으로 전동기를 결합하는 기기(예: 제8467호의 전기기계식 수지공구)는 전동기가 없는 상태로 제시된 경우라 할지라도 해당 완성기계로서 동일 호에 분류한다.

· 미조립기계(unassembledmachines): 여러 기계와 장치들은 수송의 편의상 미조립상태로 운송된다. 이러한 물품들은 실제로 부분품의 집합이나 부분품으로서 별개 호에 분류되지 않고 조립된 하나의 기계로 분류된다. 그러나 완성된 기계용 또는 완성된 기계의 특성을 갖는 미완성기계용에 필요한 수량을 초과한 미조립 구성품은 각각 해당 호에 분류된다.

이화학적으로 사용되는 기기의 분류규정 실험실용 또는 화학용 및 측정용의 기기로 사용하도록 특별히 제작된 것이라 할지라도 제9023호의 전시용의 기기 또는 제90류의 측정용 또는 검사용의 기기를 구성하지 않는 한 제16부에 분류된다.

[사례] 실험실용 소형로, 증발장치, 분쇄기, 혼합기, 변압기 및 축전기(제16부)

(4) 기계류 및 전기기기의 부분품 분류원칙

제84류(기계류)와 제85류(전기기기)의 부분품은 다음과 같이 분류한다.

첫째, 제16부에서 제외되는 물품 확인

① 제16부 및 제84류 및 제85류에서 제외되는 물품(제16부 부주1, 제84류와 제85류의 류주1: 제외 물품 참조)

② 개스킷(제8484호), 절연전선(제8544호), 전기용 탄소제품(제8545호). 애자(제8546호) 및 전선용 도관(제8547호)의 부분품은 적용하지 않고 재료에 의해 분류한다.

둘째, 제84류(기계) 또는 제85류(전기기기)의 호에 특게 부분품은 각각 당해 호에 분류한다.

다만, 다음 셋째 분류의 여러 기계의 부분품이 분류되는 호 및 제8487호와 제8548호는 제외한다.

[특게된 부분품]

구분	기계명(호)
第84류 기계류	펌프(제8413호), 기체압축기(제8414호), 여과용 기기(제8421호), 권양용 또는 하역용 기계류(제8425호·제8426호·제8428호), 탭·콕 또는 밸브 등(제8481호), 볼베어링·롤러베어링 또는 연마강구(오차 1% 이하·0.05mm 이하)(제8482호), 전동축·크랭크·베어링하우징·플레인샤프트베어링·기어와 기어링·플라이휠·폴리와 폴리블록·클러치와 샤프트 커플링(제8483호), 개스킷과 이와 유사 조인트 등(제8484호)
第85류 전기기기	전동기(제8501호), 변압기와 기타 기기(제8504호), 전열용 저항체(제8516호), 축전기(제8532호), 전기회로의 개폐용 또는 보호용 등의 전기기기(제8535호·제8536호), 전기의 조절용 또는 배전용의 것(보드·패널·콘솔·데스크·캐비닛 및 기타 기기)(제8537호), 램프류(제8539호), 열전자관·냉음극관 또는 광전관(제8540호), 다이오드·트랜지스트 등(제8541호), 전기용 탄소제품(제8545호), 애자(각종 재료)(제8546호), 전기기계 등에 사용하는 절연물품(제8547호)

셋째, ① **특정 기기 또는 동일 호에 분류하는 기기에 전용 또는 주로 사용하는 부분품은 그 기기가 속하는 호에 분류하거나, 또는**
② **다음 물품은 각각 독립된 호에 분류한다.**

[여러 기계의 부분품이 분류되는 호]

구분	기계명	호
第84류 기계류	제8407호 내지 제8408호: 내연기관 전용 부분품	제8409호
	제8425호 내지 제8430호: 권양용·하역용 또는 양하용 기계의 전용 부분품	제8431호
	제8444호 내지 제8447호: 방적용 또는 방직용 기계의 전용 부분품	제8448호
	제8456호 내지 제8465호: 공작용 또는 가공용 기계의 전용 부분품	제8466호
	제8469호 내지 제8472호: 사무용 기기의 전용 부분품	제8473호
第85류 전기기기	제8501호와 제8502호: 모터·발전기 또는 변류기의 전용 부분품	제8503호
	제8519호 내지 제8521호: 녹음·녹화 또는 재생기기의 전용 부분품	제8522호
	제8525호 내지 제8528호: 통신기기 또는 방송기기의 전용 부분품	제8529호
	제8535호 내지 제8537호: 전기회로용 기기(개폐기·보호기 또는 접속기 등)의 전용 부분품	제8538호

다만, 주로 제8517호(유선전화용 또는 유선전신용 기기의 호)와 제8525호 내지 제8528

호(무선송신용 기기)의 물품에 공통적으로 사용되는 부분품은 제8517호에 분류한다.

넷째, 특정 기계 또는 기계류에 전용·주로 사용하지 않는 기타 부분품은 비전기식은 제8487호, 전기식은 제8548호에 분류한다.

[제외 물품] 상기 규정의 첫째 ①에서 다음 물품은 기계의 부분품일지라도 제16부 및 제84류와 제85류에서 제외한다.

[제16부, 제84류와 제85류에서 제외되는 물품]

구분	제외되는 물품명
제16부 제외 물품	① 전동용 또는 컨베이어용 벨트 또는 벨팅(플라스틱제: 제39류, 가황고무제: 제4010호, 방직용 섬유제: 제5910호) ② 기계용, 전기기기용 또는 기타 공업용 기타 제품(가황고무제품: 제4016호, 가죽, 콤퍼지션레더제품: 제4204호, 모피제품: 제4303호, 방직용 섬유제: 제5911호) ③ 지지구: 보빈·스풀·코프·코어·릴 또는 이와 유사물품(재료별로 제39류, 제40류, 제44류, 제48류 또는 제15부) ④ 기계용 천공카드(제39류, 제48류 또는 제15부) ⑤ 천연·합성 또는 재생의 귀석·반귀석(제7102호·제7104호) 및 이들 제품(제7116호) ⑥ 범용성 부분품(비금속제: 제15부, 플라스틱제: 제39류) ⑦ 드릴파이프(제7304호) ⑧ 금속의 선 또는 대로 만든 엔드레스벨트(제15부) ⑨ 제82류 또는 제83류의 비금속제품(수도구와 도구, 자물통과 열쇠 등) ⑩ 제17부의 물품(수송기계), 제90류의 물품(정밀기기 등), 제91류의 시계 ⑪ 호환성공구(제8207호), 기계의 부분품용 브러시(제9603호), 또는 이와 유사호환성 공구의 작용부분은 구성재료로 분류(제40류, 제42류, 제43류, 제45류, 제59류, 제6804호 또는 제6909호) ⑫ 제95류의 물품(완구류, 유희용구), 타자기용 리본(제9612호)
제84류 제외 물품	① 밀스톤, 그라인드스톤 또는 기타의 물품(제68류) ② 도자제의 기계류(예: 펌프와 기계류)의 도자제 부분품(제69류) ③ 이화학용의 유리제품(제7017호), 유리제의 공업용 기기 또는 기타의 물품과 이들 부분품(제7019호 또는 제7020호) ④ 제7321호 또는 제7322호의 물품과 기타 비(卑)금속제의 이와 유사한 물품(제74류 내지 제76류 또는 제78류 내지 제81류) ⑤ 진공청소기(제8508호) 또는 가정용 전기기기(제8509호) ⑥ 수동식 모터가 없는 기계식 바닥청소기(제9603호)

제85류 제외 물품	① 전기가열식의 모포, 배드패드, 발싸개 또는 이와 유사한 물품 및 전기가열식의 의류, 신발류, 귀가리개 및 기타의 착용품 또는 신변용품 ② 제7011호의 유리제품 ③ 제94류의 전기가열식 가구

(5) 부분품과 부속품의 정의

관세율표에서는 부분품(parts)과 부속품(accessories)에 대하여 별도의 정의를 두고 있지 않으나 분류에 관하여는 규정하고 있다. 부분품은 호의 용어, 주에서 규정하고 있으며, 부속품은 부분품과 유사하게 다루고 있다. 한편 범용성 부분품은 이에 대하여는 정의되어 있으며 분류에 대하여도 규정하고 있다.

다음은 부분품과 부속품에 대한 일반적인 정의와 관세율표 해설서에서 기계류의 부속품에 대한 해설을 요약한 것이다.

부분품(parts)　부분품이란 일반적으로 하나의 물품이 그 자체만으로는 사용할 수 없고 다른 물품과 결합하여 본래의 기능을 수행하는 물품을 말하고 있다.

부분품은 다음 기능을 수행하는 물품이다.

① 일반적으로 부분품만으로는 특정 용도에 사용할 수 없다.

② 다른 물품과 결합되어 사용된다.

③ 어떤 물품에 필수불가결한 구성요소로서 이것이 없으면 기능을 발휘하지 못한다.

④ 어떤 물품의 안전하고 효율적인 작동에 필요한 것이다.

⑤ 형태나 기타 특성상 전용 또는 주로 하나의 부분품으로서만 사용되는 것이다.

부속품(accessories)　부속품이란 부속품이 사용될 물품의 기능·작동 또는 구성의 필수적인 요소는 아니고, 그 중요성이 2차적이거나 부수적이거나 또는 보완적인 것으로서 함께 사용될 물품의 편익성과 효율성을 더해주는 물품을 말한다.

부속품은 다음 특성을 갖는 물품이다.

① 어떤 물품에 필수 불가결한 요소는 아니나, 함께 사용시 물품의 기능을 추가로 발휘한다. 예: 자전거용 짐선반

② 주된 물품의 사용 또는 취급을 용이하게 한다. 예: 카메라 삼각대

③ 주된 물품의 사용범위를 넓혀준다. 예: 기계공구용 호환성 공구

④ 주된 물품의 작업용량이나 기능을 개선한다. 예: 소총의 조준망원경

⑤ 특정 물품에 전용 또는 주로 함께 사용되도록 의도된 것. 예: 자동차 바퀴덮개

⑥ 주된 물품의 장식. 예: 의류의 대체 장식품

해설서의 부속품(accessories)　관세율표 해설서에서 특정 기계류의 부속품을 다음과 같이 해설하고 있다.

① 기계의 필수불가결한 부분을 구성하지 않고 호환성이 있으며 때로는 대체성을 갖고 있다.

② 가공기계에 관련하여 사용되는 보조장치(subsidiary device)이다.

③ 광범위한 작업을 수행하도록 가공기계를 변화시킬 수 있는 호환성 장치(interchangeable device)이다.

④ 정밀도를 높이는 장치이다.

⑤ 기계의 주된 기능에 관련하여 특수 작용을 행하는 보조장치(subsidiary device)이다.

⑥ 기계를 특정 조작에 적합하게 한다.

⑦ 기계의 주 기능에 관련되는 특정 작업을 수행하거나 작동범위를 증가시킨다.

* 미국 관세율표 통칙, 미국 교재, EU 관세율표 교재, 사전

[부속품 해설내용]

· 부속품(제8448호 해설): 일반적으로 부속품이라 함은 장치를 형성하는 물품을 대상으로 하는 것이나 기계의 필수불가결한 부분을 구성하지 않고 호환성이 있으며 때로는 대체성을 갖지 않으면 안되는 것을 말한다

예: 급속히 소모되거나 또는 상이한 작업을 위하여 상이한 종류의 것이 필요하기 때문이다.

· 가공기계 부속품(제8466호 해설): 보다 광범위한 작업을 수행할 수 있도록 가공기계를 변화시킬 수 있는 호환성 장치(interchangeable device), 정밀도를 높이는 장치, 기계의 주된 기능에 관련되는 특정 작용을 수행하는 장치와 같은 가공기계에 관련하여 사용되는 보조장치(subsidiary device)

· 사무용기기 부속품(제8473호 해설): 부속품은 기계를 특정 조작에 적합하게 하거나, 기계의 주 기능에 관련되는 특정 작업을 수행시키거나, 기계의 작동범위를 증가시키기 위해 설계된 호환성 부분품(parts) 또는 장치(devices)이다.

제84류 원자로, 보일러와 기계류 및 이들의 부분품

1. 개 요

제84류에는 모든 기계류와 기계식 기기 및 이들의 부분품이 분류된다. 이 류에 분류되는 기계에는 전기식이거나 전자(電磁)식 또는 전자(電子)식으로 작동되는 것이라도 포함되나, 다른 류에 특게된 전기기기 등은 다른 류(주로 제85류)에 분류된다.

2. 분류구조

각종 기계류는 원자로, 기능별, 산업별 등으로 8개의 범주로 구분하고 86개(제8401호 내지 제8487호)의 호에 분류한다.

1) 원자로와 동위원소 분리기기(제8401호)
2) 고유기능을 갖는 기계(제8402호 내지 제8424호): 보일러와 습식가스발생기(제8402호~제8405호), 터빈, 엔진 및 모터(제8406호~제8412호), 액체펌프(제8413호), 냉장고, 냉동고 및 냉장기구(제8418호), 분무기와 분사기(제8424호) 등
3) 산업분야별 기계(제8425호 내지 제8478호): 권양, 하역, 양하기계(제8425호~제8428호), 공작기계(제8456호 내지 제8466호), 사무용 기기(제8469호 내지 제8473호) 등
4) 다른 호에 분류되지 않는 고유기능을 갖는 비전기식 기계(제8479호)
5) 반도체 제조용 기계와 기기(제8486호)
6) 금속주조용 주형틀과 베이스 및 주형(제8480호)
7) 부분품용 범용성 물품(제8480호 내지 제8484호): 탭·콕·밸브(제8481호), 볼베어링·롤러베어링(제8482호), 전동축과 크랭크, 기어박스(제8483호), 개스킷(제8484호) 등
8) 기타 비전기식 부분품(제8487호)

* 제8485호 공란 유보

3. 분류원칙

제목	규정내용	비고
우선 분류규정	2. 제16부 주제3호 또는 제84류의 주제9호에 따라 적용될 호가 정하여지는 경우를 제외하고는, 제8401호 내지 제8424호 및 제8486호의 하나 또는 더 이상의 호에 해당하는 기기가 동시에 제8425호 내지 제8480호의 하나 또는 다른 호에도 해당되는 경우, 이 기기는 제8401호 내지 제8424호의 적합한 호에 분류하거나 또는 경우에 따라 제8486호에 분류하고, 제8425호 내지 제8480호에는 분류하지 아니한다. 다만, 제8419호에서는 다음의 것을 제외한다. 가. 발아용 기기·부란기 및 착육기(제8436호) 나. 곡물가습기(제8437호) 다. 당즙추출용의 침출기(제8438호) 라. 방직용 섬유사·직물류 또는 그 제품의 열처리용 기계(제8451호) 마. 기계적 작동을 하도록 설계제작된 기계류 또는 장치류로서 온도의 변화가 그 작동에 있어서는 필수적이라 할지라도 그 기능에 있어서는 종속적인 것 · 제8422호에서는 다음의 것을 제외한다. 가. 자루 또는 이와 유사한 용기를 봉합하는 재봉기(제8452호) 나. 제8472호의 사무용 기기 · 제8424호에서는 다음의 것을 제외한다. 잉크젯방식 인쇄기(제8443호)	제84류 류주2
우선 분류규정	3. 제8456호의 규정에 해당하는 각종 재료의 가공용 공작기계가 동시에 제8457호·제8458호·제8459호·제8460호·제8461호 또는 제8465호의 규정에도 해당되는 경우에는 이를 제8456호에 분류한다.	제84류 류주3
공작기계	4. 제8457호는 다음 중 어느 하나의 방법으로 여러 가지 종류의 기계가공을 행할 수 있는 금속가공용 공작기계[선반(터닝센터를 포함한다)을 제외한다]에 한하여 이를 적용한다. 가. 머시닝 프로그램에 따라 매거진 또는 이와 유사한 장치로부터 공구를 자동적으로 교환하는 방법(머시닝 센터) 나. 고정된 가공물에 대하여 상이한 유닛헤드를 자동적으로 작용시켜 동시 또는 연속가공하는 방법(싱글스테이션의 유닛 콘스럭션머신) 다. 가공물을 상이한 유닛 헤드로 자동이송하는 방법(멀티스테이션의 트랜스퍼머신)	제84류 류주4

<table>
<tr><td>자동자료
처리기계</td><td>5. 가. 제8471호에서 『자동자료처리기계』라 함은 다음의 것을 말한다.
(1) 처리중의 프로그램 또는 처리하여야 할 프로그램과 적어도 프로그램 실행에 바로 소요되는 자료를 기억할 수 있으며
(2) 사용자의 필요에 따라 프로그램을 자유롭게 작성하고
(3) 사용자가 지정한 수리계산을 수행할 수 있으며
(4) 처리중의 논리판단에 따라 변경을 요하는 처리프로그램을 사람의 개입없이 스스로 변경할 수 있는 것
나. 자동자료처리기계는 여러 개의 독립된 기기로 구성된 시스템의 형태를 갖춘 경우도 있다.
다. 아래 라목 및 마목의 것을 제외하고 다음의 요건을 모두 충족하는 기기는 자동자료처리시스템의 시스템의 일부로 본다.
(1) 자동자료처리 시스템에 전용 또는 주로 사용되는 것으로서
(2) 중앙처리장치에 직접적으로 또는 한 개 또는 그 이상의 다른 단위기기를 통하여 접속될 수 있는 것이며
(3) 당해 시스템에서 사용하는 부호 또는 신호의 형식으로 자료를 받아들이거나 전송할 수 있는 것
자동자료처리기계의 단위기기들이 분리되어 제시되는 경우에는 제8471호에 분류한다.
그러나 상기 다목(2)와 (3)의 조건을 충족하는 키보드, X－Y 코디네이트 입력장치 및 디스크 기억장치는 어떠한 경우라도 제8471호에 분류한다.
라. 다음의 물품은 분리되어 제시되는 경우 상기 주 제5호 다목의 요건을 충족하더라도 제8471호에 분류되지 아니한다.
(1) 프린터, 복사기, 팩시밀리(결합되었는지 불문한다)
(2) 음성, 영상 또는 기타의 데이터를 송신 또는 수신하기 위한 기기[유선 또는 무선 네트워크(예: 근거리 통신망 또는 원거리 통신망)에서 통신을 위한 기기를 포함한다]
(3) 확성기 및 마이크
(4) 텔레비전카메라, 디지털카메라 및 비디오카메라 레코더
(5) 텔레비전 수신기기를 갖추지 아니한 모니터와 프로젝터
마. 자동자료처리기계와 결합되거나 연결되어 자료처리 외의 특정한 기능을 수행하는 기계는 각각의 고유 기능에 따라 해당 호에 분류하며 그 기능에 따라 분류되는 호가 없는 경우에는 잔여 호에 분류한다.</td><td>제84류
류주5</td></tr>
<tr><td>연마강구</td><td>6. 공칭직경에 대한 최대오차가 1% 이하 또는 0.05mm 이하인 연마강구는 제8482호에 분류하며 기타 강구는 제7326호에 분류한다.</td><td>제84류
류주6</td></tr>
</table>

다용도기계	7. 두 가지 이상의 용도에 사용되는 기계류의 분류에 있어서는 그 주 용도를 유일한 용도로 취급하여 이를 분류한다. 어느 호에도 주 용도가 규정되어 있지 아니하거나 주 용도가 불명확한 기계류는 이 류의 주제2호 또는 제16부의 주제3호에 따라 분류되는 경우 및 문맥상의 해석에 따라 따로 분류되는 경우를 제외하고는 이를 제8479호에 분류한다. 또한 제8479호에는 금속선, 방직용 섬유사·기타 재료 또는 이들 재료를 혼합하여 로프나 케이블을 제조하는 기계도 포함한다(예: 스트랜딩기, 트위스팅기, 케이블링기).	제84류 류주7
포켓사이즈	8. 제8470호에서 『포켓사이즈』란 용어는 크기가 170mm×100mm×45mm 이하인 기계에만 적용한다.	제84류 류주8
제8486호의 분류물품	9. 가. 제85류 주제8호 가목과 나목의 『반도체디바이스』와 『전자집적회로』의 표현은 이 주 및 제8486호에서도 적용된다. 다만, 이 주 및 제8486호의 목적에 따라 『반도체디바이스』는 감광성반도체디바이스와 발광다이오드를 포함한다. 나. 이 주 및 제8486호의 목적상 『평판디스플레이의 제조』는 기판을 평판으로 제조하는 것을 포함한다. 평판디스플레이의 제조는 유리제조 또는 평판상에 인쇄회로기판의 조립 또는 기타 소자조립은 포함하지 않는다. 『평판디스플레이는 음극선관 기술을 포함하지 않는다. 다. 제8486호에는 다음의 것에 주로 또는 전용으로 사용되는 기계를 분류한다. (1) 마스크와 레티클의 제조 및 수리 (2) 반도체디바이스 또는 전자집적회로의 조립과 (3) 보울, 웨이퍼, 반도체디바이스, 전자집적회로와 평판디스플레이어의 권양, 하역, 적하 또는 양하 라. 제16부의 주1과 제84류의 주1의 규정에 따라 적용될 호가 정하여지는 경우를 제외하고, 제8468호의 표현을 만족하는 기계는 관세율표의 다른 호에 분류하지 아니하며 제8486호에 분류한다.	제84류 류주9
시스템	1. 제8471.49호에서 『시스템』이라 함은 제84류 주제5호 다목에 규정된 조건들을 충족하는 기기들로 이루어진 자동자료처리기계를 말하며 적어도 한 개의 중앙처리장치와 1개의 입력장치(예: 키보드 또는 스캐너)와 1개의 출력장치(예: 영상디스플레이장치 또는 프린터)로 이루어진 것을 말한다.	제84류 소호주1
니들롤러 베어링	2. 제8482.40호는 단지 직경이 5mm 이하이고 길이가 최소한 직경의 3배 이상인 원통롤러를 갖춘 베어링에 한하여 이를 적용한다. 롤러의 양끝은 둥근 것일 수도 있다.	제84류 소호주2

4. 제외 물품

① 밀스톤, 그라인드스톤 또는 기타의 물품(제68류)

② 도자제의 기계류(예: 펌프)와 기계류(재료를 불문한다)의 도자제 부분품(제69류)

③ 이화학용의 유리제품(제7017호), 유리제의 공업용 기기 또는 기타의 물품과 그 부분품(제7019호 또는 제7020호)

④ 제7321호 또는 제7322호의 물품과 기타 비(卑)금속제의 이와 유사한 물품(제74류 내지 제76류 또는 제78류 내지 제81류)

⑤ 진공청소기(제8508호), 가정용 전기기기(제8509호)

⑥ 디지털카메라(제8525호)

⑦ 모터가 없는 기계식 바닥청소기(수동식에 한한다)(제9603호)

[기계류(제84류) 호별 분류표]

단위	0	1	2	3	4	5	6	7	8	9
00	-	원자로	증기 보일러	중앙난방 보일러	보일러 부속기기	가스발생기	증기터빈	휘발유 엔진	디젤엔진	부분품 (07-08)
10	수력터빈	터보제트·가스터빈	기타 엔진·모터	액체펌프	기체펌프·압축기	에어컨	노용버너	노·오븐, 제빵오븐	냉장고·냉동고	가열 조리기
20	롤기	원심 분리기·여과기	용기충전·포장기	저울(50mg 초과)	소화기·살포분사기	윈치·호이스트·잭	크레인·스트레들케리어	지게차	에스컬레이터·콘베어	자주식 건설·광산기계
30	기타 건설·광산기계	부분품 (25-30)	농업기계	탈곡기·수확기	착유기·낙농기계	과즙음료 제조용 프레스와 크레셔	임업용 기계·가금사육기·기타 농업용 기계	종자·곡물·채두세정·선별기·제분기계	식품공업용 기계	펄프제조기·제지기·완성가공기
40	제본기	펄프·제지지의 기타 가공기	인쇄구성부품 제조용 기계	인쇄기·복사기·팩시밀리	인조섬유 방사기	방적준비기·방적기·권사기	직조기	편물기·레이스기	보조기계·부분품·부속품 (44-47)	펠트 제조기
50	세탁기	드라이크리닝기·세척기·염색기	재봉기	원피피혁·모피의 유연기·수선기	전로·레이들·잉곳주형과 조기	금속압연기	특수가공 공작기계 (전자빔·초음파)	머시닝 센터	선반	드릴링기, 보링기

60	완성가공기·연마기·광택기	기어절단기	소성가공기(단조기·해머링)	기타 소성가공기(드로우벤치·나선전조기)	석·도자기 가공기·유리 냉간가공기	목재·플라스틱·고무가공기	부분품과 부속품(56-65)	수지식 공구(동력자장)	용접기·납땜기	타자기·워드프로세서
70	계산기·금전등록기	자동자료 처리기	기타 사무기기	부분품과 부속품(69-72)	광물성재료의 선별·파쇄혼합기	전구·전자관유리 가공기	자동판매기	고무·플라스틱제조가공기	담배 제조기	기타 고유기능기계
80	주형틀과 주형	관·탭·밸브	베어링	전동축·크랭크·변속기	개스킷과 조인트	-	반도체 제조용 기계	기타 기계식 부분품	-	-

* 4단위 호의 앞자리 두 자리는 제84류를 말하고, 셋째와 넷째자리(4단위)는 호(heading)를 말한다. 위 표에서 세로는 제84류의 첫자리(십단)을, 가로는 호의 두 자리(단)를 나타낸다. 즉, 84류의 71번째의 순번을 나타낸다.
예: 84+70+1=8471 제8471호는 자동자료처리기이다.

* 표에서 (25-30) 등은 제84류의 호를 표시한 것으로서, 제8425호와 제8430호를 말한다.

5. 해　　설

(1) 기계류(제84류)의 품목분류원칙

1) 2 이상 호에 해당되는 기계의 분류

제8401호 내지 제8424호(원자로 및 기능별 기계) **및 제8486호**(반도체 제조용 기계)**의 하나 또는 그 이상의 호에 해당하는 기기가 동시에 제8425호 내지 제8480호의 하나 또는 다른 호에도 해당되는 기계의 분류규정** 제8401호~제8424호의 적합한 호에 분류하거나 경우에 따라 제8486호에 분류한다. 다만, 제8425호 내지 제8480호에 분류하지 아니한다.

[적용범위]

(1) 위 제8401호 내지 제8424호에 대한 우선 분류규정은 전체가 하나의 기계로 인정되는 기계에 한하여 적용된다.

(2) 다음은 적용하지 아니한다.

① 발아용 기기·부란기 및 착육기(제8436호), ② 곡물가습기(제8437호), ③ 당즙 추출용 침출기(제8438호), ④ 방직용 섬유사·직물류 또는 그 제품의 열처리용 기계(제8451호), ⑤ 기계적 작동을 하도록 설계제작된 기계류 또는 장치류로서 온도의 변화가 필수적이나 기능이 종속적인 것

(3) 제8422호에는 다음을 제외한다.

① 자루 또는 이와 유사한 용기를 봉합하는 재봉기(제8452호), ② 제8472호의 사무용 기기

(4) 제8424호에는 다음을 제외한다.

① 잉크젯방식 인쇄기(제8443호)

[사례 1] 농업용 액체펌프는 펌프가 농업용 기계(제8436호)에 전용되도록 제작된 것이라도 제8413호의 액체펌프로 분류한다.

[사례 2] 레이저광선·초음파 등을 이용한 재료가공기계(제8456호)가 이들 기계의 용도가 공작기계 또는 광물질 등의 가공기계(제8457호 내지 제8461호, 제8464호 또는 제8465호)의 금속절삭, 폴리싱 등의 역할을 할지라도 제8456호에 우선하여 분류한다.

제8401호 내지 제8424호 이외의 2 이상의 호에 해당하는 기계의 분류규정

구체적으로 게기된 호 또는 당해 기계의 주 용도에 따라 분류한다.

2) 자동자료처리기계와 결합 또는 연결되어 특수기능을 수행하는 기계의 분류원칙

자동자료처리기계와 결합하여 자료처리 이외의 특수기능을 수행하는 기계의 분류규정

① 그 기계의 고유기능에 해당하는 호에 분류한다.

② 그 기능에 따라 분류할 수 없는 경우에는 여타 호(제8479호)에 분류한다.

자동자료처리기계와 함께 제시되고 연결되어 자료처리 이외의 특수 기능을 수행하는 기계의 분류규정

① 전체가 그 기능에 따라 제84류, 제85류 또는 제90류의 해당 호에 분류한다.

② 해당 호에 분류할 수 없는 경우에는 분리하여 자동자료처리기계는 분리하여 제8471호에 분류하고 다른 기계는 그 기계가 수행하는 기능에 해당하는 호에 분류한다.

3) 단독으로 제시되는 전기식 부분품(separately presented electrical patrs)의 분류

단독으로 제시되는 전기식 부분품은 일반적으로 제85류의 각 호에 분류한다. 분류순서는 다음과 같다.

첫째, 전기기기(제85류)에 특게 부분품에 분류한다. 이들 물품이 기계의 다른

부분품과 함께 결합되어 있지 않는 한 제84류의 특정기계에 전용되도록 설계제작된 것이라도 다음 각 호에 분류된다.

[특게 전기식 부분품]

기계명	호
· 전동기	제8501호
· 변압기	제8504호
· 전자석·영구자석, 크레인용 전자식 리프팅헤드와 척	제8505호
· 내연기관용 전기식 시동기기	제8511호
· 전기스위치·제어반·플러그 또는 접속함 등	제8535호～제8537호
· 전자관	제8540호
· 다이오드 또는 트랜지스트	제8541호
· 전기용 탄소제품	제8545호
· 애자	제8546호
· 전기절연재료의 취부용품	제8547호

둘째, 기타 전기식 부분품은 다음과 같이 분류한다.

① 이들 부분품이 다음에 해당되면 이들 각 호에 분류한다.

해당 기계	부분품(호)
· 제8407호 내지 제8408호: 내연기관 등	제8409호
· 제8425호 내지 제8430호: 권양용·하역용 또는 양하용 기계	제8431호
· 제8444호 내지 제8447호: 방적용 또는 방직용 기계	제8448호
· 제8456호 내지 제8465호: 공작용 또는 가공용 기계	제8466호
· 제8469호 내지 제8472호: 사무용 기기	제8473호

② 위에 적용되지 않으면 특정 기계(제84류)에 전용으로 설계 제작된 부분품은 이 기계와 같은 호에 분류한다.

③ 이 기계에 전용으로 설계 제작되지 않은 부분품은 제8548호(기타 전기식 부분품)에 분류한다.

(2) 기계류(제84류)의 구성

기계류 [제84류]

구분	호
1. 원자로	제8401호
2. 고유기능별 기계	제8402호～제8424호
3. 산업분야별 기계	제8425호～제8478호
4. 기타 고유기능기계	제8479호
5. 반도체제조용 기계	제8486호
6. 금속 주형틀·베이스, 주형	제8480호
7. 부분품용 범용성 물품	제8481호～제8484호
8. 기타 비전기식 부분품	제8487호

* 제8485호 공란 유보

(3) 원자로(제8401호)

핵분열을 일으키는 우라늄·플루토늄 등을 연료로 사용하여 핵분열연쇄반응을 인공적으로 제어하는 장치이다. 원자로는 일반적으로 노심·반사재·차폐재·냉각장치·계측제어장치 등으로 구성된다. 원자로, 원자로용 연료체 및 동위원소 분리용의 기기가 분류된다.

원자로 원자로는 구조에 따라 열중성자의 핵분열반응을 일으키는 열중성자로와 주로 중성자의 핵분열반응을 일으키는 고속중성자로가 있다.

- 노심부: ① 핵연료, ② 감속재와 중성자 반사체, ③ 냉각체, ④ 제어봉으로 구성
- 기계적 구조물: 원자로 용기, 핵연료체 장하격자, 냉각체 이송배관, 밸브, 제어봉 조작기구 등
- 측정용·검사용 또는 자동제어용 기기: 중성자원, 전리함, 열전대, 망원사진기, 압력계 또는 유량계
- 열적 또는 생물학적인 차폐물: 강제, 콘크리트제, 연제 등

동위원소 분리용의 기기와 부분품 주요 기기는 중수와 우라늄 농축용 기기가 있다.

핵연료체(카트리지) 비금속제의 쉬이드(sheath)에 핵분열성 또는 핵증식성 물질을 넣은 것으로 핵분열성 연료체는 천연우라늄, U-235, U-233 또는 농축 우라늄, 플루토늄

이다.

원자로의 부분품 제어봉, 제어봉작동기구, 핵분열반응을 촉발시키기 위해 부착된 중성자원·용기·핵연료체(카트리지)의 삽입용 격자 및 가압경수로의 가압기 등

[원자력 발전소]

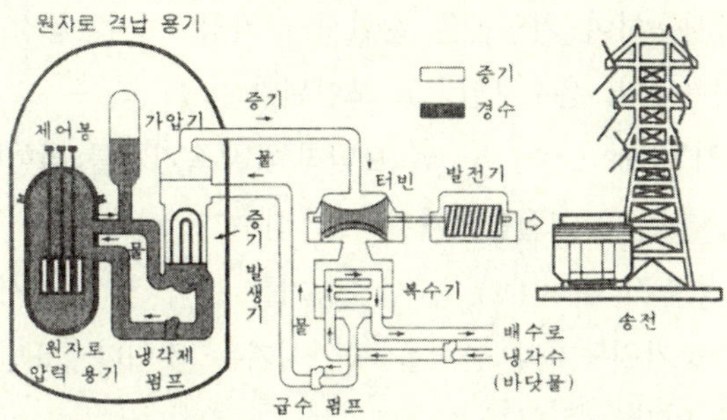

(4) 보일러와 가스발생기, 보일러 부속기기 및 습식가스발생기(제8402호 내지 제8405호)

고유기능을 갖는 기계류로서 보일러와 가스발생기, 보일러 부속기기 및 습식가스발생기가 분류된다.

[보일러와 가스발생기, 보일러 부속기기 및 습식가스발생기(제8402호~제8405호)의 구성]

- 보일러
  - 증기발생보일러 — 부분품 (제8402호)
  - 과열수 보일러 — 부분품 (제8402호)
  - 중앙 난방식 보일러 — 부분품 (제8403호)
  - → 부속기기 — 증기원동기용 응축기 (제8404호)
- 습식가스발생기 (제8405호)

1) 보일러와 가스발생기, 보일러 부속기기(제8402호 내지 제8404호)

증기발생보일러(제8402호) 수증기 또는 기타 증기를 발생하는 장치이다. 원동기 또는 증기를 이용하는 기계를 구동하거나 또는 가열용, 조리용, 소독용 등의 기계에 증기를 공급하는 장치이다. 중앙난방용의 증기발생보일러도 포함된다.

과열수보일러(제8402호) 고압력으로 기화온도를 초과하는 온도(보통 180℃ 이상)까지 가열할 수 있는 보일러를 말한다. 과열수보일러는 공장설비, 빌딩이나 지역난방시설단에 원거리에서 열을 공급하기 위하여 사용된다. 열은 과열수가 지역시설을 가열하는 이차유체에 열량을 전달하는 열교환기를 통하여 공급된다.

중앙난방용 보일러(제8403호) 각종 중앙난방식 보일러가 분류되는 것으로 석탄, 가스, 중유, 전기를 사용하여 가열물을 순환시켜 가정, 바닥, 공장, 작업장, 온실 등의 온도를 높이는 데 사용된다. 온수보일러도 포함된다.

보일러용 부속기기(제8404호) 위 보일러의 부속기기를 말한다.

예: 연료절약기, 과열기, 그을음제거기, 가스회수기

증기원동기용 응축기(제8404호) 배출증기를 냉각 및 응축시켜 증기원동기 내의 배압을 저하시키고, 증기원동기의 출력을 증가시키는 것이다. 표면응축기, 혼합응축기, 공기냉각식 응축기가 있다.

[보일러용 부속기기(제8404호)의 종류]

- 연료절약기: 연료가스 또는 배출증기의 여열을 이용하여 보일러 급수의 예열장치이다.
- 공기예열기(豫熱器): 여열을 이용하는 장치로서 여러 형태의 전열장치의 함실로 구성된다.
- 과열기: 보일러에서 발생하는 포화증기를 재가열하여 수분을 증발시키고 고온 증기를 발생시키는 장치이다.
- 과열저감기: 과열기에서의 과열온도를 초과하는 것을 방지하는 장치
- 증기콜렉터: 여러 보일러로부터 증기를 수집하는 원통 용기이다.
- 증기비축기: 잉여증기를 저장하는 대형원통의 고압단열용기이다.
- 열비축기: 여열을 비축하는 장치이다.
- 기타: 수관식로벽, 그을음제거기, 가스회수기, 스러지제거기

2) 습식가스발생기(제8405호)

이 호에는 발생로가스, 수성가스 및 이들 혼합가스 또는 아세틸렌가스 등의 모든 가스자장식 발생장치가 포함되며 발생 가스의 용도를 불문한다.

[습식가스발생기(제8405호)의 종류]

- 발생로가스발생기: 물의 분해 작용과 연료의 불완전연소로 인하여 일산화탄소와 수소가 발생한다. 일산화탄소, 수소 및 질소(발생로 가스)의 혼합가스는 이 장치의 상부에서 제거된다.
- 수성가스발생기: 가스발생기와 유사하나 공기와 물 또는 증기를 장치 내에 번갈아 불어 넣

도록 되어 있다. 수소와 일산화탄소의 혼합가스(수성가스)는 분리되어 수집되거나 2종의 가스가 혼합된다

· 아세틸렌가스발생기: 일반적으로 구조가 간단하다.
· 기타 가스발생기: 산소발생기, 에틸렌가스 발생기

(5) 터빈·엔진 및 모터(제8406호 내지 제8412호)

고유기능을 갖는 기계류로서 터빈·엔진 및 모터가 분류된다.

[터빈·엔진 및 모터의 구성(제8406호~제8412호)]

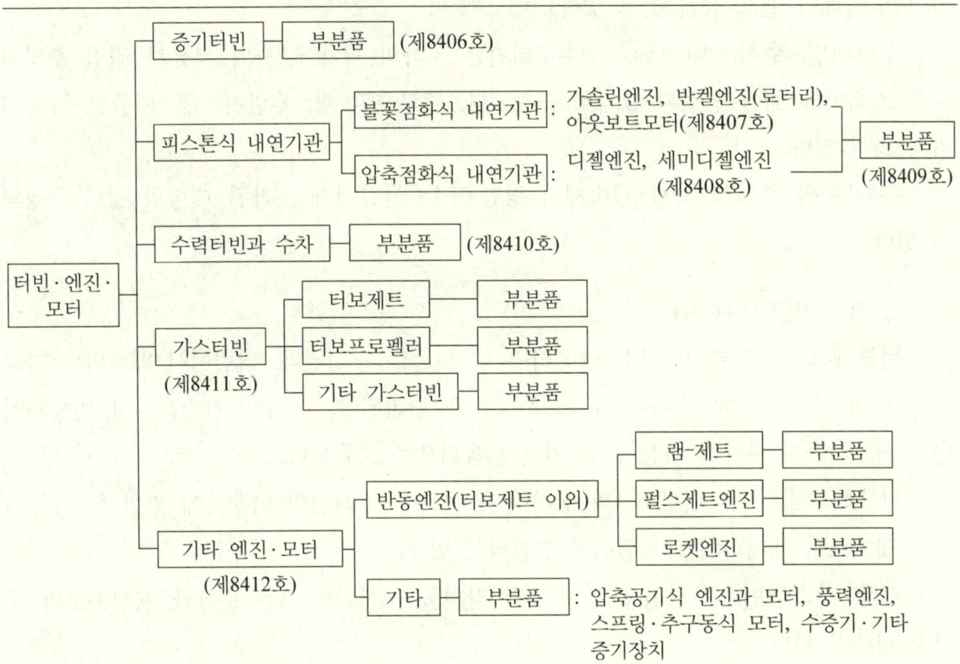

1) 증기터빈(제8406호)

팽창된 증기의 운동에너지를 회전익차에 작용시켜 구동되며, 로타와 스테이터로 구성된다. 수은증기터빈도 포함된다.

2) 피스톤식 내연기관(제8407호·제8408호)

왕복식·로터리식 피스톤식 내연기관(제8407호) 불꽃점화 왕복식 내연기관(피스

톤식)과 로터리식 내연기관(피스톤식: wankel 엔진)을 포함한다. 일반적으로 실린더, 피스톤, 콘넥팅로드·크랭크샤프트·플라이휠·흡배기 밸브 등으로 되어 있다.

아웃보드 모터(outboard motors)(제8407호) 소형 보트의 추진용 아웃보드 모터는 모터, 프로펠러 및 조타장치로 구성되고 전체가 일체를 이루어 분할할 수 없는 단일장치이다. 이 모터는 보트의 선체 밖에 부착되게 설계 제작되며 분리할 수도 있다.

압축점화식의 피스톤식 내연기관(제8408호) 모든 압축점화 피스톤식 내연기관이 분류된다. 디젤엔진 또는 세미디젤엔진을 말한다. 이 내연기관은 불꽃점화 피스톤식 내연기관과 유사 구조를 가지며, 동일한 실린더, 피스톤, 콘넥팅로드, 크랭크샤프트, 플라이휠, 흡배기 밸브 등을 갖고 있다.

수력터빈·수차(제8410호) 수력터빈은 로타의 날개에 물의 분류가 직접 부딪치도록 스테이터 내에 봉입된 로타로 구성된다. 주로 펠톤형, 후란시스형, 카플란 형의 3가지 형이 있다.

수차는 휠 주위에 목제·금속제의 평판 또는 물갈퀴가 부착된 대형의 휠로 구성되어 있다.

3) 가스터빈(제8411호)

터보제트 압축기, 연소장치·터빈 및 노즐로 구성된다. 터빈에서 배출되는 가열 가압된 가스는 노즐에 의하여 고속가스분류로 변환된다. 이러한 가스분류의 반동력이 항공기를 가동시키는 데 사용될 수 있는 원동력으로 공급된다.

터보프로펠러 터보제트와 유사하나, 콤프레셔 터빈의 아래쪽에 터빈 하나를 더 갖는 것으로서 재래식의 프로펠러에 연결되어 있다.

기타 가스터빈 공업용의 가스터빈장치를 포함한다. 단순순환과 재생순환의 두 가지 형태가 있다.

4) 기타 엔진과 모터(제8412호)

터보제트 이외의 반동엔진 램제트, 펄스제트엔진, 로켓엔진

수력 엔진과 모터 파도 또는 조력엔진 등

공기작동식 엔진과 모터 풍력엔진(풍차)

기타 스프링구동식 또는 추구동식, 보일러를 결합하지 않은 피스톤엔진, 증기원동기(보일러를 결합한 것)

[피스톤엔진 부분품의 분류]

부분품명	분류
· 엔진의 내부 부분품: 피스톤(piston), 실린더와 실린더 블록(cylinder block), 실린더 헤드, 실린더 라이너(liner), 흡배기밸브(inlet or exhaust valves), 흡배기 메니홀드(manifold), 피스톤링(piston ring) 콘넥팅로드(connecting-rod), 기화기(carburettors), 연료용 노즐(nozzles)	제8409호
· 인젝션펌프(injection pump)	제8413호
· 엔진 크랭크샤프트(crank shaft), 캠샤프트(cam shaft)	제8483호
· 기어박스(gear-box)	제8483호
· 스파크 플러그(sparking plug), 글로우 플러그(glow plug)	제8511호

(6) 펌프와 기체압축기, 공기조절기 및 열펌프(제8413호 내지 제8415호)

고유기능을 갖는 기계류로서 유체기계, 공기조절기, 열펌프가 분류된다.

[펌프와 기체압축기, 공기조절기 및 열펌프(제8413호~제8415호)의 구성]

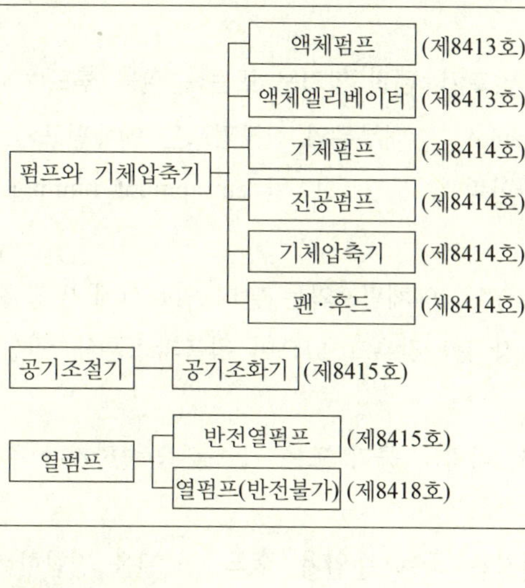

1) 액체펌프와 액체엘리베이터(제8413호)

액체엘리베이터(liquid elevators) 버킷트·스쿠프 등이 부착된 엘리베이터, 체인식·케이블식 엘리베이터, 밴드엘리베이터, 알키메데스 스크루식의 엘리베이터가 있다.

액체펌프(pumps for liquids) 액체를 퍼올리거나 연속으로 이동시키는 기기이다.

관세율표에서는 용적형 왕복펌프, 용적형 회전펌프, 원심펌프 및 기타 펌프(전자펌프, ijectors 등)로 구분하고 있다.

[액체펌프 종류]

액체펌프		
	용적형 왕복펌프	다이어프램펌프, 오일쿠션펌프, 전자펌프, 콘크리트펌프
	용적형 회전펌프	기어펌프, 베인펌프, 로터리피스톤로브형 펌프, 나선상 펌프, 동펌프
	원심펌프	수중펌프, 중앙난방 순환펌프, 채널임펠러펌프, 사이드채널펌프, 원심임펠러펌프
	기타 펌프	전자펌프, 배수펌프, 에멀존펌프, 증기·가스압력펌프

[펌프(제8413호)]

- 용적형 왕복펌프: 실린더 내의 피스톤이나 플런저의 왕복운동에 의해 액체를 유입하고 보낸다.
- 용적형 회전펌프: 회전하는 회전체로 액체를 밀어내는 형식의 펌프를 총칭한다.
- 원심펌프: 축방향에서 유입되어 임펠러의 원심력에 의해 케이싱의 원주방향으로 보낸다.

2) 진공펌프와 기체압축기, 팬과 환기용 또는 순환용 후드(제8414호)

진공펌프(vacuum pump) 대부분의 진공펌프는 액체펌프와 유사한 원리와 구조이다. 고진공을 만드는 확산펌프, 분자펌프 및 entrapment pump(getter pumps · cryopumps)도 있다.

기체압축기(compress) 액체펌프와는 달리 압축시에 발생열을 분산시키는 수냉식 또는 공냉식의 fin이나 장치를 갖추고 있으며 왕복피스톤식, 원심식, 축류식 및 회전식의 압축기가 있다.

팬(fan) 저압에서 다량의 공기 또는 가스를 압송하거나 주위의 공기를 움직이는 것이다.

팬과 팬결합된 환기용 또는 순환용 후드 팬을 결합한 환기용 또는 재순환용 후드를 말하며 요리용 후드, 이화학용 후드 또는 산업용 후드가 있다.

3) 공기조절기(제8415호)

공기조절기(air conditioning machines)는 실내의 온도와 습도를 조절하는 기기이다. 이 호의 공기조절기에는 다음 요건을 모두 갖춘 기계만이 분류된다.

① 동력 구동식의 팬 또는 송풍기를 갖추고

② 공기의 온도(가열·냉각기구, 모두 갖춘 것)와 습도(가습·건조기구 또는 모두 갖춘 것)의 두 가지를 모두 변화시키도록 설계된 것

③ 위 ①과 ②의 기구가 함께 제시될 것

(7) 각종 고유기능을 갖는 기계(제8416호 내지 제8424호)

앞에서 해설한 고유기능 기계 이외의 각종 고유기능을 갖는 기계류가 분류된다.

[각종 고유기능을 갖는 기계(제8416호~제8424호)의 구성]

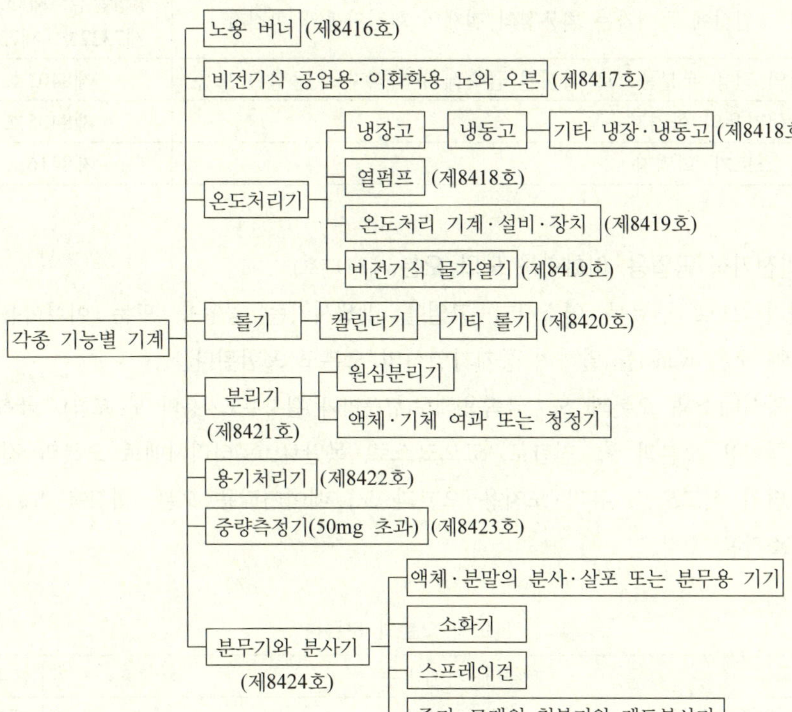

1) 액체·분쇄한 고체 또는 기체 연료용의 노용 버너, 기계식 스토커(제8416호)

기계식 또는 자동식 각종 노용 연소장치 및 회와 신더(cinders)의 배출장치가 분류된다.

노용 버너(furnace burner) 노 내에 직접 화염을 불어넣는 것으로 화격자와 회배출기가 없다.

예: 해비오일버너, 미분탄버너, 가스버너, 복합형 버너

기계식 스토커(stoker) 여기에는 기계식 화격자(grates), 회배출기(ash discharger)와 기타 이와 유사기기가 포함된다. 이들 기계는 노에 고체연료를 공급하거나 또는 화상을 구성하는 각종 기계장치이다.

[화격자의 분류]

기계명·기계내용	분류
·벽돌의 조립시에 들어가는 범용성의 철제의 화격자봉과 화격자	형상분류: 제7321호·제7322호·제7326호
·보일러의 전용 부분품으로 설계된 금속제의 화격자로 구성된 노통	제8402호
·가스발생기용의 화격자	제8405호
·기계식 스토커·화격자	제8416호

2) 비전기식 공업용·이화학용 노와 오븐(제8417호)

비전기식으로 연료를 연소시켜 고열을 발생시키는 공업용 또는 이화학용의 노(furances)와 오븐(ovens)을 말하며 증기가열식의 오븐도 포함된다.

예: 광석배소용 오븐과 노, 금속용해로(큐플라와 활자주조기용의 노 포함), 금속의 열처리용 오븐과 노, 침탄로, 코오크스로, 목탄로, 로터리시멘트 오븐과 킬른, 로터리 석고오븐, 유리·도자용 오븐과 노, 베이커리용 오븐, 화장용 노, 쓰레기 소각용 소각로

[노와 오븐의 분류]

기계명·기계내용	분류
·공업용 또는 이화학용 이외의 오븐	제7321호
·비전기식 공업용·이화학용 노와 오븐, 광석·황철광 배소용 오븐과 노, 금속용해로, 화장용 노, 쓰레기 소각용 소각로	제8417호
·전로	제8454호
·공업용 또는 이화학용의 전기식 노와 오븐	제8514호

3) 냉장·냉동기구 및 열펌프(제8418호)

냉장고(refrigerating) 액화가스·휘발성액체 또는 물의 기화에 따른 잠열의 흡수에 의하여 저온조작으로 냉각기에서 발생시키는 기계 또는 기기 집합체이다.

① 압축형 냉장고: 압축기, 응축기 및 증발기로 구성되어 있다.

② 흡수형 냉장고: 압축기 대신에 가스발생기가 사용되며 응축사이클은 증발기에서 팽창 및 냉각으로 연속되고 팽창가스는 흡수기의 희박 용액에 재용해되어 압력(또는 펌프)에 의해 가스발생기에 보내진다.

기타 냉장·냉동기구 ① 압축기와 응축기를 동상에 부착한 기기 또는 흡수장치를 자장한 기기, ② 냉장기기식 또는 냉장기구로서의 증발기와 결합된 캐비닛, 기타의 가구 및 장치, ③ 대형 냉동기계설비는 구성기기가 동상에 부착되지 않고 자장식이 아니며 직접팽창 또는 간접냉각이 있다.

열펌프(heat pumps) 주로 지하수·지표수·토양 또는 공기로부터 열을 얻어 추가 에너지를 가해 고온의 열원으로 변환시키는 장치이다. 열펌프는 압축형과 흡수형 두 가지형이 있다. 압축형 열펌프는 주로 증발기, 압축기 및 응축기로 구성되고 흡수형 열펌프의 압축기는 물과 냉매가 있고 버너가 결합된 보일러로 대체된다.

4) 온도변화로 재료를 처리하는 기계·설비 또는 장치 및 비전기가열식·즉시식 또는 저장식 가열기(제8419호)

온도 변화로 고체, 액체 또는 기체의 재료를 변형시키기 위하여 가열·조리·배소·증류·정류·살균·건조·증발·응축·냉각 등으로 가열하거나 냉각하는 기계와 설비이다.

가열용·냉각용 시설과 기계 가열, 자비, 조리, 농축, 증발 또는 냉각 등의 간단한 처리용 시설

예: 가열·냉각용 용기와 통, 열교환장치, 한제냉동고, 가스액화용 응축기, 식품용 가압솥, 튀김용 장치 등

증류기 또는 정류기 액체·고체의 증류용 모든 장치가 분류된다.

예: 간단한 증류장치, 분류 및 정류장치(예: 수직 분류탑)

증발 및 건조장치 저온에서 증발 또는 건조하는 장치이다.

예: 증발기, 저온과 동결 건조기, 터널형 건조기, 회전건조기, 분무식 건조기

배소장치와 증자장치

살균장치 고온 살균장치, 수술실 등의 살균기

공기 액화장치와 이화학용 특수장치 공기액화장치, 소형가압솥, 증류, 살균, 증자기, 건조기 등

5) 캘린더기, 기타 롤기 및 이들의 실린더(제8420호)

금속가공기계 또는 금속압연기계(제8455호·제8462호·제8463호) 및 유리가공기계(제8475호)를 제외한 모든 캘린더기(calendering machines) 및 기타 롤기(rolling machines)가 분류되며, 특정 공업에 전용되도록 제작한 것이라도 포함한다. 평행실린더 또는 롤러로서 구성되며 실린더의 압력, 마찰, 열, 습도에 의한 복합압력에 의해 재료를 연전하여 시트상으로 하고, 표면효과를 나타내며, 완성가공도장 또는 표면도장, 직물을 접착한다.

[캘린더기 또는 롤기의 분류]

기계명	분류
· 직물·지류 등의 실린더식 건조기	제8419호·제8451호
· 캘린더기 또는 기타 롤기 및 이들의 실린더	제8420호
· 포도주·사이다제조용 프레스	제8435호
· 파쇄용 또는 마쇄용의 롤기	제8436호·제8474호·제8479호
· 제분용의 실린더기	제8437호
· 세탁용의 수교기	제8451호
· 금속압연기	제8455호
· 금속판의 플레트닝기계	제8462호
· 금속판의 압형기	제8463호
· 압연법에 의한 판유리제조기 및 유리가공용의 캘린더기	제8475호

6) 원심분리기 및 액체·기체의 여과 또는 청정기(제8421호)

다음 기기가 분류된다.

① 원심력을 이용하여 비중차로 물질의 전부 또는 일부를 분리하는 기계

② 수분을 제거하는 기계

③ 액체용·기체용 여과기 및 청정기 여과용

원심분리기(centrifuges) 세탁용 원심건조기, 우유원심기, 화학공업용 원심분리기, 혈장원심분리기, 봉밀추출기 등

액체·가스의 여과용 또는 청정용 기기 액체용 또는 기체용의 두 가지로 구

분된다.

① 액체용: 가정용수 필터, 내연기관오일 필터, 보일러용수 필터, 회전드럼형 진공 필터, 투석장치

② 기체용: 내연기관용 에어필터, 백필터, 스크린 필터, 회전드럼식 필터, 사이클론, 정전식 필터, 가스의 세정기·흡수기, 자동차 배기가스의 촉매변환기, 방사성 분진제거 에어필터

7) 접시세척기, 용기의 세정·건조용 기계, 용기의 충전·봉함·실 또는 레이블 첨부용 기계와 캡슐취부용 기계, 기타 포장기계 및 음료용 탄산가스주입기(제8422호)

이 호에는 접시세척기, 용기의 세정용·건조용, 이들 용기의 충전용 또는 봉함용, 또는 일반 상품의 판매, 운송, 저장을 위한 포장용으로 설계제작된 다양한 형태의 기계가 분류된다.

접시세척기 접시·유리잔·수저·포크 등의 접시세척기, 건조장치가 있는 여부와 가정용 여부를 불문하고 분류되며, 전기작동식을 포함한다.

병·기타 용기의 세정 또는 건조용 기계 병·항아리·캔·상자·통·남유기·크림세퍼레이터용 볼 또는 기타 용기의 청정용·세척용·수세용 또는 건조용 기계

병·깡통·상자·자루 기타 용기의 충전·봉함·실 또는 레이블 첨부용 기계 및 캡슐취부용 기계 및 음료용 탄산가스주입기

기타 포장기계 성형·인쇄·결부·스테플링·탭핑·호부·봉함 기타 포장의 완성가공장치를 갖춘 기계, 통조림 등의 외장용 용기 포장기계, 베일링기와 밴딩기(baling and banding machines)

8) 중량측정기기(제8423호)

감량 50㎎ 초과하여 중량을 측정하는 측정기기가 분류되나, 감량이 50㎎ 이하를 측정하는 정밀저울(제9016호)은 제외된다. 이 호에는 각종 저울추가 포함되며 특히 단독으로 제시되는 정밀저울의 추도 포함된다.

예: 각종 중량측정기, 중량측정과 용량·수량·가격 또는 길이의 자동기록기기, 제품의 균일성 검사, 중량부족 지시 또는 포장의 기준중량 분배용 중량설정기

9) 액체·분말의 분사·살포 또는 분무용의 기기, 소화기, 스프레이건과 이와 유사기기 및 증기·모래취부기와 이와 유사 제트분사기(제8424호)

여기에는 증기·액체 또는 고상물질을 분사하거나 살포 또는 분무하기 위한 기기가 분류된다.

소화기 소화제를 사용하거나 또는 소화제가 충전된 소화기로서 개구장치를 갖춘 것

스프레이 건과 이와 유사기기 압축공기 또는 증기, 분사제와 연결되고 노즐을 조절하는 밸브가 부착되어 있다.

증기·모래 취부기와 이와 유사 제트 분사기 모래·금속연마재 등의 고압 제트분사기, 그리스제거용 증기취부장치

기타 기기 주수기, 분무기 및 분말살포기, 광물채취용 수압총, 수분류 박피기, 차량용 기계식 윈드스크린과 헤드램프세정장치, 잡초구제, 농업용 화염방사기, 도포기, 정전기도장기기, 액체·분말을 분사·분산 또는 분무용 산업용 로봇

(8) 권양용·하역용·적하용 또는 양하용 기계류 및 지각의 굴착·매전·굴진 기계와 지형의 정비·매전 기계(제8425호 내지 제8430호)

산업분야별 기계 가운데 권양용·하역용·적하용 또는 양하용 기계가 분류된다.

[권양용·하역용·적하용 또는 양하용 기계(제8425호~제8428호)의 구성]

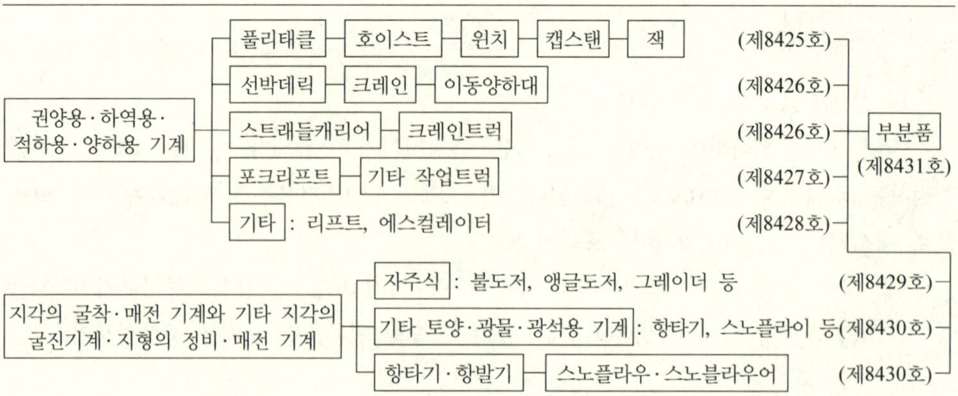

1) 풀리태클과 호이스트, 윈치와 캡스턴 및 잭(제8425호)

간단한 권양 또는 하역장비이다. 크레인은 무거운 물건을 들어 올리거나 내리거나, 수평이동, 운반하는 하역기계를 말한다.

풀리태클(pullytacle)**과 호이스트**(hoists)　풀리태클과 호이스트(스킵호이스트 제외)는 권양을 용이하도록 설계한 풀리·케이블·체인·ropework로 구성되어 있다.

윈치(winches)**와 캡스턴**(capstans)　윈치는 한 가닥 와이어 로프나 체인을 드럼에 감아 무거운 물체를 잡아당기거나 높은 곳으로 끌어올리는 기계로서 수동 또는 전동식이 있다. 캡스턴도 이와 유사하나 드럼이 수직으로 되어 있다.

잭(jacks)　잭은 펌프 또는 압축기에 의해 들어올려지며 짧은 거리를 올린다.

예: 래크와 폴잭, 스크류잭과 텔레스코우픽 스크류잭

2) 선박의 데릭, 크레인, 이동식 양하대 및 포크리프트트럭와 기타 작업트럭(제8426호·제8427호)

대부분의 단속적 작동 권양기계 또는 하역기계를 분류한다. 또한 권양 또는 하역용 장비를 갖춘 작업트럭을 분류한다.

[선박의 데릭, 크레인, 이동식 양하대의 종류(제8426호)]

- 선박용 데릭(ship' derricks): 한 개의 직립된 고정주와 그 기부에 지점을 갖는 하역용 완목으로 구성되며 이 완목은 풀리장치에 의하여 화물을 들어올린다.
- 지브·데릭기중기(jib or derrick cranes): 화물을 들어올리거나 옆으로 이동하는 데 사용된다. 붐과 지브(완목)로 구성되어 있다.
- 문형 또는 정치형 기중기(portal or pedestal cranes): 항구에서 사용되는 광폭궤조상을 주행하는 4각의 높은 좌대에 지지된 지브기중기이다.
- 케이블웨이 및 케이블기중기(cableways and cable cranes): 매달린 화물을 운반하는 설비이다. 정치식 또는 이동식의 탑 사이에 매어달린 수개의 하중케이블과 그 위를 주행하는 화물의 인양 및 양하장치를 갖춘 1개의 트로리로 구성된다.
- 브리지크레인(bridge cranes): 크로스빔 또는 브리지에 매달린 권양장치로 구성되며, 전체가 광폭 궤조 위로 이동한다. 원자로에 사용되는 이와 유사 브리지크레인도 분류된다.
- 갠트리크레인(gantry cranes): 빔 자체가 벽 또는 적당한 금속제 지지구조물에 고정된 궤도 위를 주행한다.
- 천정주행크레인(overhead travelling cranes): 양쪽다리 부위에 트러스를 조립하여 천장공간을 이용하여 양쪽벽에 금속제 지지구조물에 고정된 궤도 위를 주행한다.
- 운송기중기(transporter cranes): 고정식 또는 주행식으로서 통상 버어드(berths) 또는 양하장의 위로 뻗어 나온 캔티레버대(cantilever extension)를 갖추며, 빔의 전장에 걸쳐서 주행하

는 인양용의 권양용 트롤리 또는 크랩이 장치되어 있다.

· 이동식 리프팅 프레임(mobile lifting frames): 컨테이너 취급용의 타이어식 차륜부로서 자주식인 것도 있다. 대부분 각각 1조의 차륜 위에 받쳐서 2개의 수직주로 지지된 수평 빔으로 구성된 문형에 지나지 않는다.

[스트래들캐리어와 크레인을 갖춘 작업트럭의 구분(제8426호)]

스트래들캐리어(straddle carriers)	크레인을 갖춘 작업트럭(works trucks)
· straddle형식의 섀시로 구성되며, 일반적으로 높이를 조절하는 수직 신축식 지주를 갖추고 있다. · 섀시는 보통 4개 이상의 타이어부 차륜에 장치되어 있으며, 이 차륜은 통상 매우 작은 반경의 범위 내의 조종이 가능한 휠구동용 및 조종용의 양용으로서 사용된다.	· 공장·창고·부두 또는 공항에서 화물의 단거리 운반하도록 설계제작된 것이다. · 화물의 운반은 작업용 트럭형 섀시에 장치된 경량크레인으로 행하며 섀시는 보통 휠베이스가 길고 폭이 넓은 상자형 프레임상으로 되어 있다.

[포크리프트 트럭 기타 작업트럭(제8427호)의 종류]

· 포크리프트 트럭 및 기타 승강용 또는 적재트럭:
  − 기계구동식의 포크리프트 트럭: 이 트럭은 수직형의 마스트 위를 오르내리는 승강식 하대에 화물을 싣고 운반하는 것이다. 승강기구는 보통 운전석의 앞에 위치하며, 화물을 지지하고 권양하거나 적재하도록 되어 있다.
  − 기타 적하기: 보통 트럭 위에 장치되며 수동 또는 동력 구동식의 윈치 또는 래크장치에 의하여 수직 지지물에 따라 상하하는 플랫폼 또는 포크가 부착되어 있다.

· 권양 또는 하역장비를 갖춘 기타 작업트럭:
  − 기계식 승강대를 갖춘 트럭: 전선·공공조명시설 등의 유지보수용 트럭
  − 기타 트럭: 특수 산업용으로 특별 제작된 차량을 포함한 권양 또는 하역장비를 갖춘 기타 트럭

3) 기타 권양용·하역용·적하용 또는 양하용 기계류(제8428호)

앞의 권양용과 하역용 기계(제8425호~제8427호)를 제외한 화물 등을 권양·운반·적하·양하 등을 취급하는 기계가 분류된다.

비연속식 작동기계 리프트, 스킵 호이스트, 리프팅진, 우물천공용 데릭, 텔퍼, 텔레페릭, 휴니쿨러, 화차경사기

연속식 작동기계 엘리베이터, 에스컬레이터와 워크웨이, 베어, 뉴우머틱 엘리베

이터 및 컨베어, 롤러식 지지물, 케이블식 견인기

기타 특수 권양·하역기계 트럭이동기계, 각종 화차미는 기계, 기계식 적하기, 압축공기식·유압식 또는 전기식의 수지공구(드릴·헤머 등)에 필요한 기계식 보조장치, 산업용 로봇, 기계식 사다리, 기계식 대차, 기계식원격 조작기, 플랫폼, 팰릿타이서, 환자용 리프트, 층계 리프트

4) 자주식 지각의 굴착·매전 기계 및 기타 지각 굴진기계·지형의 정비·매전 기계 (제8429호·제8430호)

특정 자주식 중장비(제8429호) 지각을 굴착 또는 매전하는 자주식의 불도저, 앵글도저, 그레이더, 레벨러, 스크레이퍼, 메커니켈셔블, 엑스카베이터, 셔불로더, 탬핑머신 및 로드롤러가 분류된다.

기타 이동·정지·지균·스크레이핑·굴착·탬핑·콤팩팅·채굴 또는 천공용의 기계, 향타기와 향발기 및 스노 플라우와 스노 블라우어(제8430호) 자주식 건설과 광산기계(제8429호)와 농업용·원예용 또는 임업용 기계(제8432호) 이외의 것으로 지각을 굴진하거나 또는 지형의 정비·매전용의 기계가 분류된다. 또한 항타기·항발기·스노 플라우 및 스노 블라우어를 포함한다.

[특정 자주식의 건설 및 광산기계(제8429호)]

① 불도저(bulldozers)와 앵글도저(angledozers): 주행부(때로는 무한궤도식)와 전면에 blade가 부착된 일체 구조로 결합된 기계장치이다. 파쇄물의 제거 및 거칠게 땅을 고르는 데 사용된다.

② 그레이더(graders) 및 지균기(levellers): 보통 전후 사이에 장치된 그레이딩판에 의해 지균작업 또는 평활화 작업하는 기계이다.

③ 스크레이퍼(scrapers): 표면의 상층을 깎아내는 절삭날을 갖추고 깎은 흙은 동체 내에 보내거나 컨베이어에 의하여 배출된다.

④ 탬핑머신(tamping machine): 도로건설용 기계로서 철도로반의 자갈을 다지는 등의 작업을 한다.

⑤ 자주 로드롤러(self-propelled road roller): 토목공사용으로 토지용 또는 노면의 롤링용이다. 이 기계는 직경이 크고, 평평하고 육중한 철강제 실린더 또는 금속제 발이 달려있어 지면을 눌러 다진다.

⑤ 기계식 셔블(mechanical shovels): 붐 또는 지브의 선단으로 직접 작동하거나(셔블굴착기, 드래그셔블 등) 또는 작업범위를 확대하기 위하여 지브로부터 현수된 케이블의 선단 또는 하이드로울릭 잭에 의하여 작동하는(드래그라인) 굴착용 버킷트·그랩기 등에 의하여 지면

의 고저에 관계없이 토양을 굴착하는 것이다. 장거리굴착기(슬랙클라인 드래그라인)에 있어서는 버킷트가 약간의 간격을 둔 2개의 이동식 구조물 간을 연결하는 케이블 위에서 주행 작동한다.

⑥ 멀티버킷 굴착기(multi-buket excavators): 수개의 굴착용 버킷트가 엔드리스체인 또는 회전륜에 부착된 기계로서 주로 굴착된 토양을 배출하는 컨베이어를 내장하고 보통 차륜식 또는 무한궤도식 섀시 위에 장치되어 있다.

⑦ 자주식 셔블로더(self-propelled shovel loaders): 바퀴가 달렸거나 전면에 버킷트가 달린 무한궤도식 기계이다. 물체를 퍼담아 수송한 후 쏟아내며, 땅속을 굴착할 수도 있으며 위치가 수평시에 바퀴 또는 트랙의 수준보다는 더 낮게 할 수 있다.

⑦ 로더 트랜스포터(loader-transporters): 광산에서 사용되며, 하역이 주 기능이고 수송은 하지 않으며 전면에 버킷트를 붙인 것으로서 벌크상의 물질을 퍼담아서 기계본체에 쏟아낸다.

[기타 지각굴진 또는 지형의 정비·매전용 기계(제8430호)]

- 채굴용·절삭용 또는 천공용 기계: 터널굴착기(tunnelling machinery), 천공기계(boring drill holes) 및 충격식 절삭기(percussion type cutters), 우물굴착기와 우물천공기(well sinking or boring machines), 수압쐐기장치(hydraulic wedges), 나선추천공기(augering machinery), 플라우(ploughs), 스트립퍼(strippers)
- 탬핑 및 콤팩팅기(compacting machinery):
  - 견인·밀도록 설계된 로드롤러(road rollers): 금속제 발이 지면을 눌러다지는 쉽스푸트식(sheep's-foot)의 탬핑용 롤러, 다수의 중량 공기타이어 차륜이 달린 탬핑용 롤러
  - 탬핑용 기계(tamping machines): 도로건설용 기계로서 비자주식의 철도선로용 자갈을 다지는 등에 사용된다.
  - 제방 등의 측면을 다지는 보통 뉴머틱식 기계.
- 토양굴착용 · 스크레이핑용 또는 지균용 기계:
  - 비자주식 굴착용 기계(digging or excavating machines)
  - 준설기(dragers)(버킷트식·셔블식): 다목적 버킷트가 달린 굴착기(제8429호)와 유사한 것
- 항타기(pile-drive) 및 항발기(pile-extractors): 수직의 가이딩 프레임워크(guiding framewok) 내에서 작동하는 무거운 해머로 구성되어 있다. 항발기도 포함한다.
- 스노 플라우(ploughs)와 블라우어(blowers): 밀거나 또는 끌어서 작동되는 스노플라우(블레이드형)이다.

---

(9) 농업·원예·임업 또는 낙농기계(제8432호 내지 제8436호)

산업분야별 기계 가운데 농업용·원예용·임업용 기계, 사육·양봉용 기계가 분류된다.

[농업·원예·임업 또는 낙농기계(제8432호~제8436호)의 구성]

- 농업용·원예용·임업용 기계 사육·양봉용 기계
  - 토양정리·경작용 기계 : 쟁기, 쇠토기, 파종기, 비료살포기(제8432호)
  - 잔디·운동장용 롤러 (제8432호)
  - 수확기·탈곡기·풀베는 기계 : 건초결속기, 초예기(제8433호)
  - 농산물 세정·분류·선별기 (제8433호)
  - 착유기 (제8434호)
  - 낙농기계 : 버터제조기, 치즈제조기(제8434호)
  - 과즙음료 제조기 : 프레스, 과즙추출기, 크러셔(제8435호)
  - 기타 농업·원예·임업·가금의 사육 또는 양봉용 기계 (제8436호)
  - 가금의 부란기와 양육기 (제8436호)

1) 토양정리 또는 경작기계, 잔디·운동장용 롤러(제8432호)

농업용·원예용 또는 임업용으로 경작토양 정지, 비료 등의 살포·식수 또는 파종, 작물생육시 토양의 손질 또는 유지를 수행하기 위한 기계이다. 잔디·운동장용 롤러가 포함된다.

예: 플라우(plough: 쟁기), 하로우(harrows: 쇄토기), 스카리파이어(scarifiers), 컬티베이티(cultivators: 중경기), 제초기(weeder)와 호우(hoes), 파종기·식부기 및 이식기, 비료 배포기와 퇴비 살포기, 줄기·뿌리 등의 제거기, 제석기, 롤러, 묘종기계, 농작물 전정기, 잔디·운동장용 롤러

2) 수확기와 탈곡기, 풀베는 기계, 조란·과실 또는 기타 농산물의 세정·분류 또는 선별기(제8433호)

농작물의 수확기계와 농산물의 세정. 분류 또는 선별용 기계가 분류된다.

수확기, 탈곡기, 초예기 잔디깎는 기계(lawn machines), 초예기(mowers), 모우어 윈드로우어(mower-windrowers)와 모우어콘디셔너(mower-conditioner)·건초제조용 기계, 짚·건초용 결속기, 곡물 탈곡기, 구경·괴경의 수확기, 면화채취기·채소수확기

조란·과실 기타 농산물의 세정·분류 또는 선별기 농산물을 크기·형상·무게 등에 따라서 세정·분류 또는 선별하는 데 사용되는 기계

3) 착유기와 낙농기계(제8434호)

농장용 또는 공업용 여부를 불문하고, 우유의 처리 또는 우유를 낙농제품화하기 위한 기계식 착유기와 기타 기계류가 분류된다.

착유기 고무제 유두용 컵으로 구성되며 맥동기(pulsator)를 경유하여 진공펌프장치와 우유용기에 접속된다. 유두컵·맥동기로 구성된 것을 착유용기(milking pail)라 부른다.

낙농기계 우유처리기, 버터 제조기(예: 교유기, 버터 완성가공기, 교유 및 완성가공용 복합기, 버터성형기), 치즈제조기

4) 과실주와 과즙음료 제조용 프레스·크러셔 및 이와 유사기계(제8435호)

포도주·사과술·이주·과즙 또는 이와 유사 음료를 제조하기 위하여 사용되는 농업용 및 공업용의 기계가 분류된다.

예: 과즙추출기, 사과·배 파쇄기, 사과주용 기계·액압 프레스, 포도 프레스용·파쇄용 기계, 분쇄기·파쇄기

5) 기타 농업·원예·임업·가금의 사육용 또는 양봉용 기계 및 가금의 부란기와 양육기(제8436호)

이 호에는 앞에서(제8432호~제8435호) 해당되지 않는 농업학교·농업협동조합 또는 농업시험장·임야·채원·가금사육장 또는 양봉장 또는 이와 유사한 곳에서 사용되는 기계류가 분류된다.

동물사료 조제용 기계 유박파쇄기, 야채절단기, 순무·당근·마초 등의 박편기와 파쇄기, 짚·건초 및 마초 절단기, 오트와 대맥 등의 파쇄기, 사료의 분쇄기·제분기·혼합기

가금의 사육용 기계, 가금의 부란기와 양육기 부란기, 양육기, 사육·산란장치 또는 바테리(사료 공급, 바닥청소, 조란수집용 대형 자동장치)

검란기와 자동가금 탈모기

기타 기계 종자용 분말도포기, 비료 파쇄기·혼합분쇄기, 가지절단기, 수목울타리 절단기, 소·말·돼지 등의 자동급수기, 동물용 기계식 전모기, tree uprooters, 수목벌채기, 수목이식기, 양봉용 기계

(10) 종자·곡물 또는 건조채두류의 세정·분류 또는 선별기, 제분업용 기계 또는 곡물·건조채두류 가공기계 및 식품·음료의 조제 또는 제조공업용 기계(제8437호·제8438호)

산업분야별 기계 가운데 종자·곡물 또는 건조채두류의 세정·분류 또는 선별기, 제분업용 기계 또는 곡물·건조채두류 가공기계 및 식품 또는 음료의 조제 또는 제조용 공업용 기계가 분류된다.

[곡물 · 채두류의 세정 · 분류 또는 선별기, 제분업용 기계 또는 곡물 · 건조채두류 가공기계 및 식품 · 음료의 조제 또는 제조공업용 기계(제8437호 · 제8438호)의 구성]

- 종자·곡물·건조채두류의 가공기계 (제8437호)
  - 세정·분류·선별용 기계
  - 제분용 기계 : 분쇄·파쇄기, 분급·분리기
  - 곡물·건조채두가공기계 : 박피기, 탈곡기, 정미기
- 식품·음료의 조제·제조용 기계 (제8438호)
  - 베이커리제품 제조기계 : 빵, 비스킷, 파이류, 케이크, 과자, 초콜릿 등의 제조기
  - 파스타 제조기 : 마카로니·스파게티 제조기·라비오리 충전기
  - 설탕 제조기 : 절단기, 파쇄기
  - 양조용 기계 : 발아기, 맥아파쇄기, 양성조
  - 육류·가금육의 조제기 : 도살처리기, 식육 절개 분할기, 소시지 충전기
  - 기타 : 과실·견과·채소의 조제기, 어분 제조기·커피두 탈피기, 추출기

1) 종자·곡물 또는 건조 채두류의 세정·분류 또는 선별기, 제분업용 기계 또는 곡물·건조채두류 가공기계(제8437호)

종자·곡물 또는 건조채두류의 세정·분류 또는 선별기 원예용·농업용 또는 공업용의 여부를 불문하고 곡물·채두류·종자 등을 풍선·취별·체질 등으로 세정용·선별용 또는 분류용 기계

예: 휀닝밀(fanning mill), 분급풍선기, 회전풍선기, 종자·곡물의 선별기, 벨트형 체(즐), 재배용 종자의 선별 및 분급용 기계, 사이클론분쇄기, 세정·분류기계, 진동식 체를 갖춘 흡인식 분리기, 자석식 분리기와 분류기, 세정·돌의 제거 및 원심탈수기, 곡물브러시기, 곡물가습기

기타 제분공업용 기계 제분전 곡물의 혼합·조제용 기계, 분쇄기·파쇄기, 소맥의 분급·분리용 기계, 혼합기계와 비타민첨가 기계

2) 식품·음료의 조제 또는 제조공업용 기계(제8438호)

식품 또는 음료의 조제 또는 제조용 기계로서 제84류(기계류)의 타호에 분류되지 않는 것이 분류된다.

베이커리제품 제조기계 도우·파이류의 믹서, 도우 분할기, 성형기, 빵·케이크 등용의 박절기. 빵분말 제조기, 비스켓·케이크류의 분할, 성형, 절단 또는 충전기, 초콜릿 제조기계

마카로니·스파케티 또는 이와 유사 제조용 기계 페이스트 조제용 혼합기, 판상 파이류의 절단·형압기, 마카로니·스파게티 등의 연속추출기, 라비오리의 충전기

과자·코코아 또는 초콜릿 제조용 기계 과자혼합기, 당의용 냄비, 설탕과자의 성형·절단 또는 본뜨기용 기계, 코코아메스제조용 기계, 코코아버터추출용 프레스, 코코아분 조제기계

설탕 제조용 기계 절단기·디파이브레이터, 분쇄기, 파쇄기, 롤러 밀, 슬라이싱 머신, 확산장치, 펄프프레스, 결정용 기계, 쪼개거나 파쇄기계

양조용 기계 발아기, 건조맥아의 탈근용 회전 실린더와 기계식 체, 맥아파쇄기, 양성조, 여과조

육류·가금육의 조제용 기계 처리기, 돼지고모기, 식육의 절개 및 분할기, 육 민싱기와 다이싱기, 장세척기, 소시지충전기, 고기와 베이컨 박절기

과실·견과 또는 채소의 조제용 기계 박피기, 두류겉깍지 제거기, 핵·씨 제거기, 파쇄·절단기

기타 기계 비늘, 껍질, 내장, 두부, 꼬리, 뼈 등의 제거기, 어류의 절편기계, 갑각동물의 각 제거기, 어분제조기, 식초제조기, 커피두의 탈피기, 추출기, 다엽의 커팅용·롤링용 기계

(11) 펄프 및 지와 판지의 제조기계(제8439호 내지 제8441호)

산업분야별 기계 가운데 펄프, 지와 판지의 제조기계가 분류된다.

[펄프 및 지와 판지의 제조기계(제8439호~제8441호)의 구성]

- 펄프·제지용 기계
  - 섬유소 펄프제조용 기계 ─ 부분품 : 펄프화 기계, 스트레이너(제8439호)
  - 지와 판지 제조용 기계 ─ 부분품 : 시트형성기, 배트기, 다층지, 보드지 제조기(제8439호)
  - 지와 판지 완성가공기 ─ 부분품 : 권취기, 선긋는 기계, 크레핑기(제8439호)
  - 제본기계 : 접는 기계, 집적기와 꿰매는 기계, 제본 재봉기, 페지인자기(제8440호)
  - 기타 가공기 : 절단기, 종이백, 봉투제조기, 용기제조기, 천공기(제8441호)

1) 섬유소 펄프의 제조용 기계와 지·판지의 제조용 또는 완성가공용 기계(제8439호)

각종의 섬유소 원료로부터 섬유소 펄프를 제조하는 기계가 분류되며, 또한 지 또는 판지를 각종 용도에 적합하게 하는 완성가공기계도 포함된다.

섬유소 펄프 제조용 기계 넝마절단기, 넝마세척기와 분쇄기, 펄프화 기계, 제지공업용 죽파쇄기와 짚절단기·목편절단기과 진동식 선별기·환재마쇄기·매서나이트(masonite), 섬유분리기, 파쇄기와 파목기

지·판지의 제조용 기계 훠드리니어기, 투윈와이어기, 배트기(vat machines), 다층지·보드지 또는 판지 제조용 기계, 견본 드로잉기기

지와 판지의 완성가공용 기계 권취기, 각종 표면피복용 기계, 루핑지 제조기, 플린트글레징기와 해머글레징기, 선긋는 기계, 크레핑기, 종이가습장치, graining용 및 embossing용 기계, 주름잡는 기계

2) 제본기계(제8440호)

소책자·팸플릿·정기간행물·장부 등에 사용되는 제본기계가 분류되며, 제본용 재봉기를 포함한다.

예: 제본용 접는 기계(leaf folding machines), 스태플링기와 철선으로 꿰매는 기계, 집적기와 꿰매는 기계, 롤링 또는 헤머링기, 재봉한 책의 권축을 그레퀴(grecquer)용 기계, 제본재봉기, 책표지의 평탄기계, 책의 도금·착색 기계

3) 기타 제지용 펄프·지 또는 판지의 가공기계(제8441호)

지 펄프·지 또는 판지의 절단용과 가공용 모든 기계가 분류되며, 각종 지제품에 이르는 제조용 기계가 포함된다.

펄프, 지 또는 판지 가공기계 절단기, 종이백·봉투 제조기, 용기 제조기계,

제지용 펄프·지 또는 판지 제품의 몰딩용 기계

기타 기계 시트(sheets)절단용 종이트리밍(triming)기, 천공기, 봉투제조기, 판지의 절단·윤곽형성 또는 홈파는 기계, 권연지의 절단·접기·삽입·포장기계, 지대제조기, 스태플링기, 권취기, 용기 성형기

(12) 인쇄용 구성부품과 이들 부품 제조기, 인쇄기·복사기·팩시밀리 (제8442호 내지 제8443호)

산업분야별 기계 가운데 인쇄기·인쇄용 구성부품 제조기 및 기타 인쇄기·복사기·팩시밀리가 분류된다.

[인쇄용 구성부품과 이들 부품 제조기, 인쇄기 · 복사기 · 팩시밀리(제8442호~제8443호)의 구성]

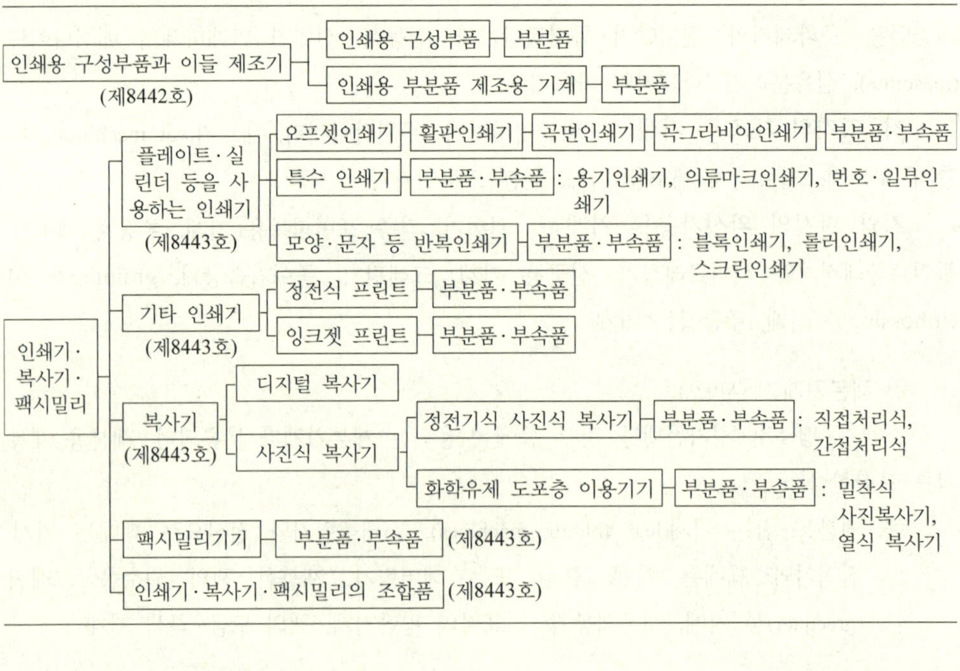

1) 인쇄용 구성부품의 조제·제조용 기계류·장치와 장비 및 플레이트·실린더와 기타 인쇄용 구성부품과 인쇄용으로 조제가공한 플레이트·실린더와 석판석(제8442호)

플레이트·실린더 기타 인쇄용 부분품의 조제 또는 제조용 기계류·장치·장비

예: 서류를 직접 재제하여 인쇄용 판제조기계, 플레이트·실린더의 산부식용 기계,

오프셋 아연판 감광제 도포기계

플레이트·실린더 및 기타 인쇄용 구성부품과 인쇄용으로 조제가공한 플레이트·실린더와 석판석 인쇄플레이트, 손·기계 또는 산부식조각 요철판, 석판석과 평활가공한 석판석, 오프셋 인쇄판, 조각·부식된 실린더, 부조스탬핑과 부조인쇄용의 판 및 주형, 목판화제조용 목제블록, 사무용 오프셋 인쇄기용 master

2) 인쇄기, 복사기 및 팩시밀리(제8443호)

플레이트, 실린더로 인쇄하는 모든 기계와 기타 인쇄기, 복사기, 팩시밀리가 포함된다.

플레이트·실린더 및 기타 인쇄용 구성부품(제8442호)을 사용하는 인쇄기 가장 대표적인 것은 윤전기(rotary presses)이다.

예: 그라비아인쇄기, 오프셋인쇄기, 활판인쇄기, 곡면인쇄기

특수 인쇄기 석박제 용기인쇄기, 시계문자판 인쇄기, 코르크·관·양초 등에 인쇄하는 기계, 의류용 마크인쇄기, 서류페지용 인쇄기, 번호·일부 등의 인쇄기, 사무용 소형인쇄기, 블록인쇄기, 롤러인쇄기, 스크린인쇄기, 경사인쇄기, 사인쇄기

기타 인쇄기 상기에 게기한 것 이외에 문자, 표시, 또는 이미지를 인쇄매체에 인쇄하는 기기가 포함된다. 이들 기기는 자동자료처리기계, 플랫베드 데스크탑 스캐너, 네트워크 등으로부터 데이터를 받으며 대부분은 이들 자료를 저장하기 위한 메모리가 내장되어 있고, 레이저, 잉크젯, 도트매트릭스 또는 열 인쇄방식으로 문자나 이미지를 출력한다. 대표적으로 정전식 프린터와 잉크젯 프린터의 두 가지 형식이 있다.

복사기 원본 문서로 사본을 만드는 다음과 같은 기기를 분류한다.

- 디지털 복사기: 원본문서가 스캔되어, 감광표면이 광학이미지를 디지털형식으로 전기신호로 변환하며 메모리에 저장한다.
- 사진식 복사기: 원본의 광학이미지가 복사할 때마다 감광성 표면에 조사된다. 주형식은 다음과 같다
  - 정전기식 사진식 복사기: 원영상을 복사지에 직접 복사하는 것(직접 처리식의 것) 또는 원영상을 매개체를 통하여 복사지에 복사하는 것(간접처리식의 것)이 있다.
  - 화학유제 도포층 이용기기: 감광면은 보통 은염이나 디아조화합물의 유제이다. 현상과 인화는 습식·건식현상, 가열처리, 암모니아증기에 의한 현상 등이 있다.

팩시밀리기 팩시밀리(또는 팩스)는 원문 또는 그림을 네트워크로 송수신하고, 재생 출력을 하는 기기이다.

인쇄기·복사기 또는 팩시밀리의 조합품 인쇄, 복사 또는 팩시밀리 전송 기능을 둘 이상의 기능을 수행하는 기기이며, 보통 복합기로 알려져 있다.

[인쇄기(제8443호)]

- 오프셋(offset) 인쇄기: 인쇄판에 의하여 원판(impression)이 얻어지는 인쇄기계류를 말한다. 인쇄판위의 인쇄모양(desion)은 요철형이 아닌 평판상으로 재생된다. 인쇄는 윤전기로 수행되며, 인쇄되는 재료에 인쇄매체가 직접 접촉하지 않고, 인쇄되는 물품위에 상을 순차적으로 전사하는 고무제 실린더 위에 중간전사 되는 것이다. 이 기계는 Blanket와 연속가습장치가 있는 것이 특징이며, 가습장치는 금속실린더에 고착되어 있어 인쇄판의 비인쇄 부분
- 활판(letterpresses) 인쇄기: 활자의 돌기된 인쇄표면에 잉크를 바르고 압착하여 전사하는 것이다. 활자는 문자, 선 또는 상이 들은 판으로 구성된다.
- 곡면(flexographic) 인쇄기: 활판인쇄의 원리를 이용한 것, 인쇄실린더(impression cylinder)에 인쇄판을 붙여 휘발성 잉크를 사용하여 연속 인쇄한다. 포장지·서식·삐라, 광고 등을 인쇄한다.
- 그라비아(gravure) 인쇄기: 인쇄판의 조각·식각된 부분에 잉크가 있어 인쇄할 표면위를 압착하여 전사된다. 인쇄원리는 선을 조각하고 식각하는 것과 유사하다. 윤전 실린더는 판대신 사용된다. 상과 표시는 기계적 또는 광화학적 방법으로 동으로 전기도금된 원통형의 판에 전사된다.

(13) 섬유·방적 또는 방직기계 및 보조기계와 부분품과 부속품(제8444호 내지 제8448호)

산업분야별 기계 가운데 섬유·방적 또는 방직 기계 및 이들 기계의 보조기계, 이들 기계의 부분품과 부속품이 분류된다.

[섬유·방적 또는 방직기계 및 보조기계(제8444호~제8448호)의 구성]

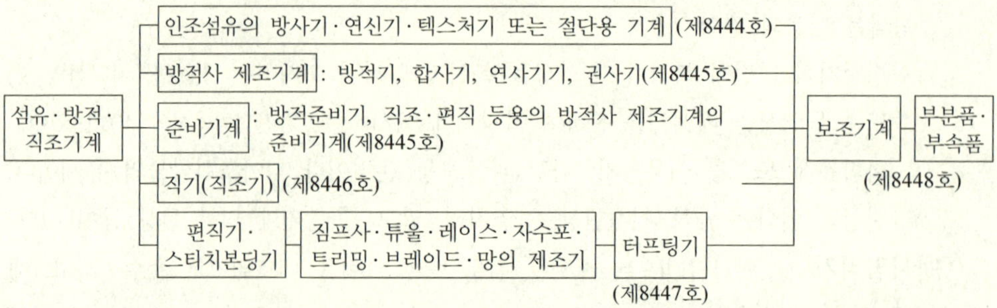

1) 인조섬유의 방사·연신·텍스처 또는 절단용 기계(제8444호)

인조섬유를 제조공정에서 사용되는 기계가 분류되는 것으로 인조섬유의 방사, 연신 및 텍스처 기계를 말한다. 또한 인조섬유 절단기계를 포함한다.

[방사·연신·텍스처 또는 절단용 기계(제8444호)]

- 인조섬유 방사기: 노즐에서 방출되는 여러 가닥의 필라멘트는 화학응고조·수분사기밀실·고온 공기 또는 냉각실을 통과한 섬유는 모우고 꼬아 섬유로 형성시킨다.
- 연신기: 필라멘트를 원길이의 3배·4배로 당겨 장력을 증가시키는 기계이다.
- 텍스처기: 불연속으로 헛꼬임·에지크림핑·기어크림핑·열풍 또는 증기분사·knit-deknit으로 크림프사·신축성 foam사 등의 텍스처 공정으로 물리적 특성을 변화시킨다.
- 스태이플파이버 절단기: 토우를 절단하는 기계
- 토우-투-톱 기계: 토우를 스태이플파이버로 절단하는 기계이며, 카딩이나 코밍의 공정이 없이 방적이 가능한 톱을 생산하는 것이다.
- 인열기: 토우를 인열하는 기계이다.

2) 방적준비기계, 방적기·합사기·연사기와 기타의 방직사 제조기계, 권사기 및 직기와 편직기 등용의 방직사 제조 준비기계(제8445호)

방적준비기계 카드기(carding machines), 코밍기(combing machines), 연조기(drawing machines), 조방기(roving machines), 혼타면기, 조면기(cotton gin)

방적기계(spinning machines) 정방기(spinning frames)

합사기와 연사기(twisting or doubling machines)

권사기(winding or reeling machines) 보빈, 스풀, 콥, 콘, 치즈(cheese), 카드 등에 볼상, 타래형 등으로 권취하는 기계이다.

직기와 편직기 등(제8446호·제8447호)**용의 방직사제조 준비기계** 정경기(warping machines), 정경호부기(warp sizeing machines), 통경기(drawing-in machines) 연경기(warp tying-in machines)

3) 직기(직조기)(제8446호)

방직용 섬유사로 직물을 제조하는 직기(weaving machines; looms)를 말하며, 금속사, 유리사 또는 석면사 등 기타 사로서 직물을 제조하는 직기를 포함한다. 직물로 만들기 위하여 경사와 위사를 직각으로 교합 직조하는 것이다.

예: 도비기, 자카드직기, 자동박스모션 직기, 셔틀레스식 직기, 리본직기(예: 바직기·쥬리히직기 및 드럼직기), 파일직기, 수직기, 와이어클로드 또는 금속사의 특수 직기

4) 편직기·스티치본딩기와 짐프사·튜울·레이스·자수포·트리밍·브레이드 또는 망 제조기 및 터프팅 기계(제8447호)

닛팅·스티치 본딩·짐핑·브레이딩·넷팅·터프팅 등의 방법으로 직물 또는 트리밍을 제조하는 기계가 분류되며, 또한 미방적 조사(roving)·직사(peat 섬유 포함) 및 자수기계를 포함한다.

[편직기·스티치본딩기와 짐프사·튜울·레이스·자수포·트리밍·브레이드 또는 망 제조기, 터프팅기(제8447호)의 종류]

- 편직기(knitting machines):
  - 평편기: 일정 폭의 생지를 제조하거나 또는 편목의 증감에 따라 재봉하여 제조하는 것이다.

    예: 코튼식 편기 등의 편직기, 랏셀기, 밀라니스기, 록니트기 등
  - 환편기: 관상 편물이나 또는 매편목을 변경시켜 펠트화된 편직모자 등을 만드는 기계이다. 소형 가정용 편직기와 양말(stocking)을 수리기도 포함된다.
- 스티치본딩기(stitch-bonding machines): ① 체인 스티칭으로 경사와 위사를 붙이는 needle mechanism을 갖춘 기계, ② 직물 뒷면에 실고리를 만들어 편직 바늘로 뒷면을 붙이기 위한 기계, ③ 편직-봉합기계
- 결절망·튜울·레이스·조유·트리밍·짐프사·자수포·터프팅 등의 제조기계: 완성가공용 망·망지 제조기계. 평편직튜울의 제조기계. 무늬편직튜울·레이스 등의 제조기계, 각종 보비너 제조기계, 자수기, 짐핑기, 직사·미방적 조 사트리밍 제조 기계, 직사로 단추·술의 심 등의 피복기계, 터프팅기계

5) 보조기계 및 부분품·부속품(제8448호)

제8444호~제8447호의 기계의 보조기계와 이들 기계의 부분품과 부속품이 분류된다.

보조기계(auxiliary machines) 경사용 빔스탠드·크릴, 도비기와 자카드기, 자카드기 장치, 카드철합기(card lacing machine), 경사와 위사 정지장치, 경사연결기, 레노(leno) 어태치먼트, 경파일기구, 중이직기(spilt selvedge machine), 직기용 자동스풀교환기

부분품·부속품(제8448호) 위의 보조기계와 제8444호~제8447호 기계에 전용·주로 사용하는 부분품과 부속품이 분류된다.

예: 침포, 스핀들, 스핀들 플라이어, 스피닝링, 링 트래블러, 직조기용의 바디·종광과 종광 프레임, 스티치 형성에 사용하는 싱커·바늘, 셔틀, 방사노즐, 스피너렛(spinneret), 드레드가드(thread guide), 편직기용 침 등

(14) 펠트·부직포의 제조·완성가공용 기계, 세탁기, 직물의 처리·가공기계, 도포용 기계, 제봉기 및 원피·모피 또는 피혁의 가공기계와 신발제조기계 또는 수선기계(제8449호 내지 제8453호)

산업분야별 기계 가운데 펠트·부직포의 제조·완성가공용 기계, 세탁기, 직물의 가공기계, 도포용 기계, 제봉기 및 원피·모피 또는 피혁의 가공기와 신발제조기·수선기계 분류된다.

[펠트·부직포의 제조·가공용 기계, 세탁기, 직물 가공·도포용 기계, 제봉기 및 원피·모피 또는 피혁의 가공기와 신발제조기·수선기계(제8449호~제8453호)의 구성]

- 펠트·부직포의 제조·완성가공용 기계 ─ 펠트 모자제조용 기계와 모자제조용 형 ─ 부분품 (제8449호)
- 가정형·세탁소용 세탁기 ─ 부분품 (제8450호)
- 사·직물 또는 이들 제품용 기계 ─ 부분품 (제8451호)
- 바닥깔개 등의 지지물의 도포용 기계 ─ 부분품 (제8451호)
- 직물의 권취·재권취·접음·절단 또는 핑킹용 기계 ─ 부분품 (제8451호)
- 재봉기 : 구두의 제조용·수리용 재봉기, 단추구멍 꿰메는 재봉기 ─ 재봉바늘 ─ 부분품 (제8452호)
- 원피·모피 또는 피혁의 가공기와 신발제조기·수선 기계 (제8453호)
  - 원피·모피 또는 피혁의 유피준비기, 유피기 및 가공기계 ─ 부분품
  - 신발 및 기타 물품의 제조·수선용 기계 ─ 부분품

1) 펠트와 부직포의 제조 또는 완성가공기계, 펠트모자 제조용 기계와 형(제8449호)

펠트, 성형펠트 또는 부직포 또는 이들의 제품의 제조 또는 완성가공용 기계를 분류하며, 또한 모자제조용 골(blocks)을 포함한다. 다만 펠트화된 직물의 제조용 기계는 제외한다. 펠트제조 이전의 준비공정에 사용되는 기계(예: 모선별용기, 개모기, 고해기, 카드기)는 방적준비기계와 동일하며 제8445호에 분류된다.

일반 펠트·부직포 제조용 또는 완성가공기계 펠트기, 소핑기(soaping machines), 축융기, 펠트의 완성가공기계, 부직포 제조용 기계

펠트모자 제조기계 펠트화 모체제조기, 펠팅프레스(felting press), 연신기, singeing machine, 프루핑기계(proofing machines), 블록킹기계(blocking machines), 샌드프레스(sand press) 등

모자 제조용 골

2) 세탁기(제8450호)

가정형, 세탁소형으로 전기식과 중량 여하를 불문하고 분류한다.

3) 수세용·청정용·쥐어짜기용·건조용·다림질용·프레스용·표백용·염색용·드레싱용·완성가공용·도포용·침지용의 기계류와 직물·기타 지지물에 페이스트 도포기계 및 직물류의 권취용·재권취용·접음용·절단용 또는 핑킹용 기계(제8451호)

다음 용도에 사용되는 광범위한 기계이다.

① 방직용 섬유사·직물 또는 동제품의 수세용·표백용·쥐어짜기용·청정용·다림질용·염색용·건조용 또는 이와 유사용도 기계

② 어떤 특징을 표현, 외관개선, 특수 성질을 부여하는 드레싱 또는 완성가공 기계

③ 방직물의 권취용·재권취용·접음용·절단용 또는 핑킹용 기계

[방직용 섬유제품 가공용 기계, 방직물용 권취기·재권취기·접음기·절단기·핑킹기(제8451호)]

· 방직용 섬유제품 가공용 기계:
 - 공업용 세탁기(industrial washing machines): 사·직물 또는 직물제품용의 것(제8450호 세탁기 제외)
 예: 실타래를 분사·건조하는 터널 세탁기, 의류제품용 festoon loop washer
 - 드라이클리닝기: 휘발유·사염화탄소 등 유기용제로 청정하는 것이다.
 - 건조기: 사·직물 또는 직물제품의 건조용으로 설계제작된 것으로 직물을 넣은 밀폐 chamber에 가열공기로 건조시키거나 가열 롤러에 통과시켜 건조시키는 것이 있다.
 - 다림질기와 프레스: 의류의 다리미질용인 아이언기와 스팀프레스, 퓨징프레스 포함
 - 표백기 또는 염색기
 - 짜는 기계(wringers), 압축롤러(mangles) 또는 쉐이커 텀블러(shaker tumblers)
 - 드레싱기계와 완성가공기계: 머어서라이징(mercerising machines), 기모기, 모소기(singeing machines), 도포 또는 침투기 등

· 방직물용 권취기·재권취기·접음기·절단기·핑킹기: 접는 장치 또는 권취장치가 결합된 검사기로서 직물의 결함을 검사하는 기계도 포함된다. 직물의 절단기와 물평킹기에는 의류의 원형 또는 부분품을 재단하는 기계가 포함된다.

4) 재봉기(제8452호)

재봉기는 2매 이상의 직물, 피혁 등을 봉합하는 기계이다. 보통 재봉 이외에 장식 작업을 하는 재봉기도 포함된다. 또한 이 호에는 재봉기용 특수 제작된 기구·밑판 덮개와 재봉기용 바늘이 포함된다.

재봉기 가정형 재봉기, 구두수선재봉기, 피혁재봉기, 단추재봉기, 모자재봉기, 포장대 봉합재봉기

재봉기용 특수제작된 가구·밑판·덮개와 그 부분품

재봉기용 바늘 각종 재봉기용의 바늘은 물론이고 제8440호의 제본기용 또는 제8447호의 자수기용도 포함한다.

가정형 재봉기 ① 발 또는 수·자동재봉기, ② 출력 120watt 이하의 전동기를 결합한 재봉기, ③ 모터가 제시되지 않은 동력구동식 재봉기로서 두부의 중량 16kg 이하인 것, ④ 박음질 이외의 작업을 할 수 있으나 구동속도가 분당 1,500땀 이하로서 가정용으로 설계된 것이다.

또한 구조와 수행능력으로 보아 유사 오버록이나 서어저라 불리우는 출력 120W 이하의 전동기가 내장되어 있고 3·4 또는 5가닥의 재봉사로 작동하는 재봉기와 재봉기의 두부에도 해당된다.

5) 원피·모피·피혁의 유피준비기·유피기 또는 가공기계 및 이들 재료의 신발·기타 물품의 제조·수선용 기계(제8453호)

원피·모피 또는 피혁의 유피준비기계·유피기계 및 완성가공 기계가 분류된다. 또한 원피·모피 또는 피혁의 제품을 제조 또는 수선하는 기계(예: 피혁제 신발·장갑 또는 여행용구의 제조용)도 포함된다.

원피·모피 또는 피혁의 유피 준비기·유피기 및 가공기계 이들 기계에는 교반기·회전기구 또는 피혁을 조작하는 장치가 결합된 특수 조·드럼 또는 세척기 등이 포함된다.

신발의 제조 또는 수선용 기계

기타 기계 탈모·탈육기, 해머밀과 비터밀, 신장용 기계, 쉐이빙기와 스플리팅, 에머리기, 브러싱기, 피혁광택기, 그레이닝기

(15) 전로와 레이들, 잉곳용의 주형과 주조기(제8454호)

전로(轉爐: converters)는 노내(爐內)에 용융되었거나 고온의 재료에 강한 기류로 유동시켜 금속을 교환하거나 정제에 사용된다. 이런 작용으로 대부분의 불순물이 산화되며 가스나 용융 슬랙으로 제거된다.

예: LD전로와 Kaldo전로, 이들 조합형, 통풍관 결합된 전로, 회전식 원통형 전로, 금속격자 원추형 전로

레이들(ladles)　노(爐)로부터 용융금속을 받아 전노나 주형에 주입하는 데 사용된다. 보통 내화재료로 내장된 개구형 용기로서 기울기나 주입장치가 부착되어 있으며 바퀴가 부착된 것도 있다.

잉곳용 주형(ingot moulds)**과 주조기**(casting machines)　잉곳용 주형은 용융금속을 잉곳, 피그, 슬랩 등을 주조하는 것으로서 한 개 또는 이등분으로 된 여러 형이 있다. 기타 주형(제8480호 등)은 달리 분류된다. 주조기는 야금용 또는 금속주조용의 주조기를 말하며 ① 주형을 연속적으로 충전·냉각 또는 비우는 기계, ② 압력주조기, ③ 원심주조기, ④ 연속주조기가 있다.

(16) 금속가공기계, 기타 가공기계 및 수지식 공구와 용접용 기계(제8454호 내지 제8468호)

산업분야별 기계 가운데 금속가공기계, 기타 가공기계 및 수지식 공구와 용접용 기계 분류된다.

1) 금속압연기(제8455호)

주로 금속을 롤러 사이로 통과시켜 가공하는 기계. 금속은 롤러의 압력에 의해 압연 또는 성형되고 금속조직을 바꾸어 품질을 개선시킨다.

예: 만네스만(mannesmann), 스텝롤링(step rolling), 관용완성가공압연기, 레디얼 압연기(radial mills), 차륜·윤반 압연기(wheel or disc rolling mills)

[금속가공기계, 기타 가공기계 및 수지식 공구와 용접용 기계(제8454호~제8468호)의 구성]

- 금속가공기계
  - 롤 ─ 금속압연기 ─ 부분품 (제8455호)
  - 절삭가공기계
    - 특수 공작기계 : 레이저, 초음파, 방전, 전기화학, 이온빔의 절삭가공기계(제8456호)
    - 머시닝센터 ─ 유닛 컨스트럭션 머신 ─ 멀티스테이션 트랜스퍼 머신 (제8457호)
    - 선반 (제8458호)
    - 드릴링기·보링기·밀링기·나선가공기 또는 태핑기 (제8459호)
    - 완성가공기계, 디버링기·샤프닝기·그라인딩기·호닝기·래핑기·폴리싱기 (제8460호)
    - 플레이닝기·쉐이핑기·슬로팅기·브로칭기·기어절삭기·기어연삭기·사상기 (제8461호)
    - 기타 절삭가공기계 (제8461호)
  - 소성가공기계 ─ 단조, 해머링, 다이스탬핑용 기계, 굽힘·접음·교정·펼침·전단·펀칭·낫칭용 기계 (제8462호)
  - 기타 금속·서메트 가공기계 (제8463호)
- 기타 가공기계
  - 광물질 가공기계 : 석·도자기·콘크리트·석면시멘트 등의 가공기계(제8464호)
  - 유리냉간 가공기계 (제8464호)
  - 경물질 가공기계 : 목재·코르크·뼈·경화고무·경질플라스틱의 가공기계 (제8465호)
- (제8456호~제8465호) ─ 부분품·부속품 (제8466호)
- 수지식 공구 ─ 부분품 : 공기압축식·유압식·전동기자장한 것·비전기식 모터자장한 것(제8467호)
- 용접용 기계 ─ 부분품 : 납땜용·용접용 기계 및 표면처리용 기계(가스작동식)(제8468호)

[각종 압연기의 분류]

기계명·기계내용	분류
· 금속 이외의 재료를 압연하는 기계: 캘린더기	제8420호
· 기타의 롤기: 종이기저 위에 금속박을 접착하는 것 등	제8420호
· 금속 압연기: 만네스만, 스텝롤링, 관용완성가공압연기, 레이디얼압연기	제8455호
· 압연기용 롤	제8455호
· bending기, folding기, 교정기(straightening or flattening machines)	제8462호

2) 특수 가공공작기계(machine-tools for working any material)(제8456호)

각종 재료를 성형하거나 또는 표면가공용 공작기계를 말한다. 이 호의 공작기계에는 다음 3요건을 갖추어야 한다.

① 재료를 제거가공하고, ② 약정된 공구(conventional tools)를 갖춘 공작기계로 작업을 수행하며, ③ 레이저, 광자빔, 초음파, 방전, 전기화학, 전자빔, 이온빔 또는 프라스마아크 방식(7종 공정)의 하나를 사용한다.

예: 레이저빔 가공공작기계, 초음파(ultrasonic) 가공공작기계(예: 다이가공용, 광석의 천공·성형용, 유리조각용, 밀링용), 방전방식 가공공작기계(예: 고주파전기방전 절단기계), 전기화학적 공작기계, 전해연마기기, 전해절삭기, 양극분해로 톱니제거기계, 전자빔 가공공작기계, 이온빔 가공공작기계, 프라스마아크 가공공작기계

3) 머시닝센터·유닛 컨스트럭션 머신 및 멀티스테이션 트랜스퍼 머신(제8457호)

여기에는 단일 가공물(single workpiece)을 다음 방법으로 여러 가공작업을 하는 금속가공용 공작기계(선반과 터닝센터는 제외)에 한하여 분류한다.

머시닝센터(maching centers) 여러 기계가공을 할 수 있도록 1대의 공작기계에 여러 종류의 공구를 설치하여 자동으로 가공하는 기계이다. 머시닝센터는 다음 두 조건을 충족하여야 한다.

① 여러 가지 기계가공작업을 수행하고, ② 머시닝프로그램에 따라 매거진 또는 이와 유사장치로부터 공구를 자동적으로 교환되어야 한다.

유닛 컨스트럭션 머신(unit construction machines; 싱글스테이션: single station) 가공물을 고정장치에 고정시키고 유닛헤드가 가공물에 움직여 작업 또는 기계 작동을 수행하는 다기능 기계이다. 유닛헤드는 호환성 공구를 장착시켜 잡거나 안내하거나 작동하는 기계의 부분품이다. 둘 이상의 유닛헤드의 용도를 가지고 두 가지 이상의 기계가공작업을 수행하는 유닛 컨스트럭션 머신(싱글스테이션)을 포함한다.

멀티스테이션 트랜스퍼 머신(multi-station transfer machines) 여기에는 다음 세 조건을 충족하여야 한다. 보통 회전형과 선형 트랜스퍼 머신으로 구분된다.

① 여러 가지 기계가공작업을 수행하고, ② 공구에 가공물이 자동이송하여 가공하며, ③ 각종 유닛헤드가 갖추어져야 한다.

4) 선반(제8458호)

선반(lathes)은 주축에 고정한 일감(공작물)의 회전운동과 공구대에 설치된 공구의 직선운동에 의해 일감을 깍는 공작기계이며 베드(bed), 주축대(head), 왕복대(carriage) 및 심

압대로 구성되어 있다. 이 호에는 터닝센터(turning centres)가 포함된다.

이들 기계는 수지식가공용 공구(압축공기식·유압식 또는 모터를 갖춘 것)(제8467호)와는 구별된다. 실제로 보통 상·대·벽 또는 기타 기계에 장착하도록 설계되어 있어 베이스 플레이트·장착프레임·스탠드 등이 갖추어져 있다.

예: 슬라이드선반, 입선반, 캡스턴선반, 터릿선반, 프로덕션선반, 축선반

5) 드릴링·보링·밀링·나선가공 또는 태핑용 공작기계(제8459호)

여기에는 드릴링·보링·밀링·나선가공 또는 태핑용 공작기계가 분류된다.

[드릴링·보링·밀링·나선가공 또는 태핑용 공작기계(제8459호)]

- 웨이타입 유닛헤드 머신(way type unit head machines): 드릴링·보링·밀링·나선가공 또는 탭핑작업을 하고 부착된 기판이 없다. 모터와 툴홀더를 붙잡는 fram으로 구성되고 가이드(way)가 있어 기판 위에 장치되면 전후로 반복 움직인다. 가공물은 기계와는 별도인 작업홀더에 삽입되며, 전후 수평으로 움직인다.
- 드릴링 머신(drilling machines): 가공물을 고정하고 회전공구(드릴·비트)에 의해 일감(가공물)에 구멍을 뚫는 공작기계이다.
- 보링 머신(boring machines): 구멍의 내면을 마무리하는 기계이다.
- 밀링 머신(milling machines): 원통 또는 원판의 둘레에 많은 날을 가진 밀링커터(공구)를 회전시키고, 테이블 위에 고정된 일감에 이송 운동과 절삭 깊이를 주어 평면이나 홈 등을 절삭하는 공작기계이다.
- 태핑 머신(tapping machines): 기 구멍에 나사의 날을 세우는 것이다.
- 나선가공기계(threading machines): 볼트·스크루 등의 날을 파는 기계이다.

6) 금속 또는 서메트용 완성가공용 공작기계(제8460호)

금속이나 서메트를 연마석·연마재·광택제에 의하여 재료를 절삭가공하는 기계이다. 이 호에는 표면완성가공기계를 포함하며 또한 이들의 수치제어식 금속가공공작기계가 있다.

광택제(polishing products) ① 금속탄화물·강·연질금속·목재·펠트·방직용 섬유재료 또는 가죽제 폴리싱 디스크, ② 와이어 브러시 및 ③ 폴리싱 패드를 말한다.

[완성가공용 공작기계의 종류]

- 디버링용 기계(deburring machines): 거친 주조품이나 절단 금속가장자리의 거치른 부분을 트리밍하는 데 사용된다.

· 샤프닝 머신(sharpening machines): 공구 또는 커터 연삭기이다. 서메트 또는 경금속제 공구 팁(tip)의 그라인딩용 기계를 포함한다.
· 연삭기(grinding machines) 종류: 내면그라인더, 센터리스표면그라인더, 표면그라인딩 머신, 나선그라인딩 머신, 밸브와 밸브시트의 그라인딩용 머신
· 호닝 및 래핑 머신(honing and lapping machines): 정밀하게 맞춘 표면의 완성가공에 사용한다.
· 폴리싱 머신(polishing machines): 가공물 표면의 완성가공에 사용한다

7) 금속·서메트 절삭가공용 기타 공작기계(제8461호)

플레이닝용·쉐핑용·슬로팅용·부로칭용·기어절삭용·기어연삭용·기어사상용·톱질용·절단용의 공작기계 및 기타의 공작기계가 분류된다.

[플레이닝용·쉐핑용·슬로팅용·부로칭용·기어절삭용·기어연삭용·기어사상용·톱질용·절단용의 공작기계 및 기타 공작기계(제8461호)의 종류]

· 플래이닝 머신(planing machines): 공구는 고정되고 평삭되는 일감(가공물)을 고정한 테이블이 평삭운동을 반복한다.
· 쉐핑 머신(shaping machines): 플래닝의 원리로 작동하나 일감(가공물)이 고정되어 플래닝 머신과 구별된다. 공구는 반복 선형운동을 하며 툴홀더가 돌출되어 있다.
· 슬로팅 머신(slotting machines): 플래닝이 작동원리이고 가공물이 고정되며, 공구가 수직 또는 경사방향으로 반복 선운동을 한다.
· 브로칭 머신(broaching machines): 표면가공·성형을 위해 가공물을 횡단·구멍을 통해 공구를 당기거나 미는 것이다.
· 기어절삭기·기어연삭기 및 기어사상기(gear-cutting/gear-grinding/gear-finishing machines): 원통형·원추형 가공물로부터 금속을 절삭하여 기어를 제조하는 기어절삭기를 말한다. 기어절삭기는 원칙적으로 ① 모듈제어된 밀링-커팅 공정, ② 재생커팅 공정, ③ 웜홉·랙커팅툴(쉐이싱 툴) 또는 피니언 툴과 같은 공구를 맞물리거나 사용하는 커팅공정, ④ 연마커팅 공정에 의하여 가공한다.
· 톱기계(sawing machines): 공구에 따라 왕복식 톱기계, 진동식 톱기계, 원형톱, 벤드소오톱기계가 있다.
· 절단기(cutting-off machines): 사용하는 공구가 톱기계와는 다르다. 이 공구는 선반공구와 유사하여 절단공구·연마제 또는 금속디스크를 사용한다.
· 여반(filing machines): 왕복형 톱기계와 유사하나 블레이드(blade)보다는 줄(file)을 사용한다.

8) 소성 가공기계 및 기타 금속이나 서메트 가공기계(제8462호·제8463호)

금속 또는 금속탄화물을 절삭가공하지 않고 형상을 변화시켜 가공하는 것으로서

단조·햄머링·다이스탬핑용의 금속가공기계(프레스 포함), 굽힘·접음·교정·펼침·전단·펀칭·낫칭용의 금속가공기계와 상기 이외의 가공방법에 의한 금속·금속탄화물 가공용의 프레스(제8462호) 및 재료를 절삭 이외의 방식의 금속·서메트를 가공하는 기타 가공기계(제8463호)가 분류된다.

[소성가공기계와 기타 가공 프레스(제8462호)]

- 단조 및 스탬핑기(forging and stamping machines): 단조는 퍼들링슬랙을 제거하거나(shingling) 또는 가열된 금속을 성형하기 위해 충격·압력을 가해 가공하는 모든 공정을 포함한다. 스탬핑(또는 cutting out)가공은 다이인 금속주형의 공간을 채우기 위한 금속을 충격이나 압력을 가하는 공정이다.
- 굽힘기(beding machines): 평판제품의 가공용 기계를 포함하며, 평판제품은 원통형의 곡선·원추형을 부여하기 위해 3~4세트의 롤러를 통과한 제품이다. 비평판제품(바아, 로드, 앵글, 쉐이프, 섹션, 튜브)의 가공용 기계도 포함한다.
- 접음기(folding machines): 접음기를 말한다.
- 교정기(straightening machines)·펼침기(flattening machines): 교정기, 펼침기는 조작과정에서 발생하는 결함을 제거하는 기계이다.
- 전단기(shearing machines): 전단가공기는 절단하는 금속에 수직으로 갖다대는 두 개의 절단공구가 있다.
- 펀칭기(punching machines): 안쪽과 바깥쪽에 있는 두 개의 공구에 의해 천공·나칭 또는 절단하는 기계이다. 펀칭하는 공구는 펀치라 하고, 다른 것은 다이라고 한다.
- 낫칭기(notching machines): 각종 형(L·T·I 또는 U형)과 반원형으로 가공하는 데 사용된다.
- 압출프레스(extruding machines): 바, 로드, 와이어, 앵글, 쉐이프, 섹션, 튜브 등을 압출하는 프레스이다.

[기타 소성가공기계(제8463호)의 종류]

- 인발기(draw bench): 인발기는 봉·관·형재·선 또는 이와 유사제품을 매끄럽게 잡아 늘이는 기계
- 나사전조기(thread rolling machines): 절삭가공하지 않고 롤링 및 프레싱하여 볼트·스크루에 나사날을 세우는 기계
- 선가공기: 스프링·유자선·체인·핀·쇠못 또는 스테이플·훅과 같은 선제품을 제조하는 기계, 금속망제조용으로 특수 설계된 기계
- 기타: 전등용 필라멘트 제조용 기계. 스웨이징머신(swaging machines), 스피닝선반(spinning lathes), 전자펄스금속 성형기

9) 광물성 물질의 가공기계와 유리 냉간가공기계(제8464호)

석·도자기·콘크리트·석면 시멘트 등의 광물성 물질의 가공기계와 유리의 냉간 가공기계가 분류된다.

석·세라믹·콘크리트·석면시멘트 또는 이와 유사광물성 물질의 가공기계
톱기계(sawing machine), 절단기(cutting machines), 열단(splitting or cleving)기계, 그라인딩용·smoothing용·폴리싱용·graining용의 기계, 드릴링기, 밀링기, 선삭용·조각용·형절단용의 기계, 그라인딩휠의 절단기·완성가공기, 도자제품 가공기계

유리의 냉간가공기계 유리절단기와 성형기, 트루잉머신(trueing maching)과 연마기, 광택기, 조각기, 광학용·안경용 또는 시계유리의 완성가공기 또는 연마기

10) 경물질의 가공기계(제8465호)

목재·코르크·뼈·경질플라스틱 및 이와 유사 경질재료를 성형하거나 표면가공하는 공작기계를 분류한다. 경질재료는 뿔·코로조(corozo)·진주모패·상아 등이 있다. 또한 코르크·뼈·경질고무·경질플라스틱 및 이와 유사 목공기계와 동일한 경질물의 가공용 기계가 포함된다.

[경물질의 가공기계(제8465호)의 종류]

- 특정 공업용 비특수화 기계: 다작업기계, 톱기계, 몰딩과 평삭기, 몰딩과 밀링기, CNC 복합공작기계, 연삭·샌딩 및 광택기, 굽힘기, 조립기, 드릴링기, 모티싱기, 스플리팅기, 패어링기 및 슬라이딩기, 선반
- 특정 공업용 특수화 가공기계: 통 제조기, 연필 제조용 기계, 철도용 침목의 모티싱용 또는 천공용의 기계, 목조·조각기, 목분 연삭기, 상자·크레이트·케이스·통(cask)등의 못질·스테이플링·접착 조립기계, 목제단추 제조기, 나막신·목제의 구두창 또는 구두의 목형 제조기계, osier·케인 가공기계

11) 부분품과 부속품 및 수지식 공구에 사용되는 각종 툴홀더(제8466호)

제82류의 공구를 제외하고 ① 제8456호 내지 제8465호까지의 공작기계의 부분품과 부속품 및 ② 수지가공용 공구의 각종 툴홀더(tool holder)가 분류된다.

[부분품과 부속품 및 수지식 공구용 각종 툴홀더의 종류(제8466호)]

- 툴홀더(tool holders): 툴홀더는 가공용 공구를 지지하거나 안내하며, 조작시에 공구(tool-pieces)의 교체하는 것이다.

예: 척(chuck), 텝(tap) 및 드릴용의 콜렛, 선반의 툴 포스트, 자동개폐식 다이헤드, 그라인딩 휠홀더, 호닝기(honing machine)용의 호닝 보디, 보링 바아, 터릿선반 등 용의 터릿

· 가공용 홀더(work holders): 가공용 홀더는 기계에 의하여 가공될 부분을 지지하며 때때로 조작하도록 설계되어 있다.

예: 선반의 센터, 기계식 또는 뉴머틱식의 선반 척 및 클램프조(clamping jaw) 가공물지지용의 판 및 테블, 클램프 및 앵글플레이트(clamps and angle plates), 쐐기류(chocks and wedges), 고정식·회전식 또는 조절식의 기계용 바이스, 고정장치(steady rest)

· 부속장치(auxiliary attachments): 구부용·구면절삭용 등의 보조장치, 모방용의 부속장치, 표면완성가공용의 부속장치, 기계식·뉴머틱식의 부속장치

· 특수 부속장치: 특수부속장치는 작업에 관여하지 않고 기계의 정밀도를 증가시키는 것이다.

예: 심출과 레벨링용구(centring and levelling attachment), 분할대(dividing head), 할출판(indexing table), 마이크로미터 캐리지스톱(carriage stop), 캐리지스페이싱 어태치먼트(carriage spacing attachment)

---

12) 수지식 공구(제8467호)

여기에는 원동기를 갖춘 수지식 공구가 분류되는 것으로 원동기는 전동기, 압축공기 원동기, 내연기관 등이다. 수지공구(tool for working in the hand)란 사용중 손으로 지지하도록 설계된 공구를 의미하고, 또한 휴대식의 무거운 공구도 의미한다. 즉, 사용자가 작업시에 손으로 올리거나 움직일 수 있으며 작업중 손으로 조작하고 제어할 수 있도록 설계된 것이다.

예: 드릴링용·태핑용 또는 리밍용 기계, 보링기계·착암기, 렌치·나사돌리개·너트셋터(nut setter), 기계식 줄연삭기·사포기·sander·연마기, 와이어브러시기, 원형톱과 기계톱, 해머, 압착형(squeezed-type)의 리벳터(riveter), 금속판절단기, 토양다지는 램머, 자동식 삽, 콘크리트바이브레이터(vibretor), 차량정비소용 압축공기식 그리스피스톨, 가반식 초예기, 직물 절단기

13) 납땜용·용접용 기기와 표면 열처리용 기기(제8468호)

여기에는 다음의 것을 분류한다.

① 납땜용·용접용 기기로서 절단가능 여부를 불문하며 가스를 사용하거나 제8515호의 이외의 가공방법에 한한다. 다만, 절단용으로만 설계제작된 기계는 각각 그 해당 호에 분류한다.

② 가스작동식 표면열처리기기

가스작동식 금속가공용 기기 산소 또는 공기를 분사하여 가스를 연소시킨 고

온의 불꽃으로 가공한다. 보통 이들 기기는 용접 이외에 고온이 필요한 다른 작업에도 사용된다. 수동식도 포함된다.

예: 수동식 가스용접기(취관: blowpipes), 용접용 기계, 표면 열처리용 기계

가스작동식 열가소성 물질의 용접기

기타 용접용 기기 grooved wheel · heated iron에 의한 용접기, 기계식 기구, 마찰용접기

[용접 기구와 기기의 분류]

기구와 기기	분류
· 수도구 납땜인두, 토치램프 및 브레이징(brazing)램프	제8205호
· 제트분사기: 용융금속의 분사용의 기기	제8424호
· 가스분사식: 납땜용 · 용접용 기기, 표면열처리기	제8468호
· 암석이나 콘크리트의 절단용 또는 천공용 기계(산소의 분사로 철강을 태워 발생되는 고온을 이용한 것)	제8479호
· 전기식, 레이저 기타 광선식, 플라스마 등의 납땜 용접용 기기 · 가스와 전기겸용의 용접용 또는 납땜용 기기 · 금속 또는 서메트의 가열분사용 전기식 기기	제8515호

(17) 사무용 기기(제8469호 내지 제8473호)

산업분야별 기계 가운데 타자기와 워드프로세싱 머신, 전자수첩 · 회계기 · 우편요금계기 · 표권 발행기 및 기타 이와 유사기계, 자동자료처리기계, 금전등록기, 자기식 · 광학식 독취기 및 자료전사기 등의 사무용 기기가 분류된다.

[사무용 기기(제8469호~제8473호)의 구성]

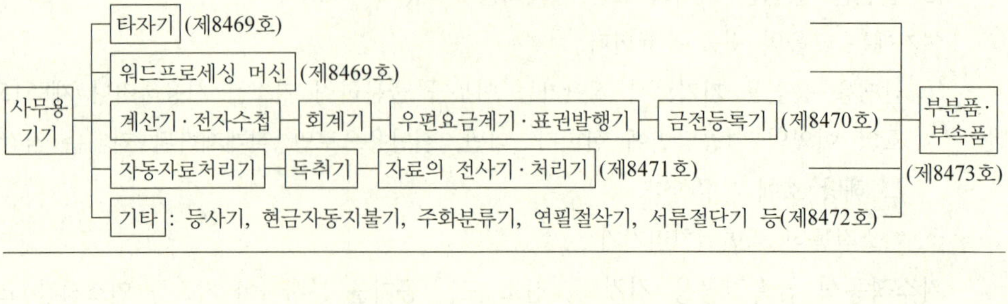

1) 타자기와 워드프로세싱 머신(제8469호)

타자기 수동식 키보드가 특징이다. 키보드의 키를 누루면 해당 문자가 종이 위에 인자된다.

예: 수동식 타자기, 자동타자기

워드프로세싱 머신(word-processesing machines) 키보드, 대용량메모리, 직시기(visual display: 모니터) 및 프린터로 구성되어 있다. 워드프로세스는 프로그램실행을 변경하는 논리적 판단을 할 수 없어 자동자료처리기와는 구분된다.

2) 계산기, 계산기능을 갖춘 전자수첩·회계기·우편요금계기·표권 발행기 및 기타 이와 유사한 기계 및 금전등록기(제8470호)

계산기와 전자수첩 단순 가감산을 행하는 간단한 형에서 사칙연산이나 여러 방법으로 계산하는 복잡한 기기에 이르는 광범위한 계산기가 분류된다.

회계기 회계장부, 회계장표(accounting documents) 등에 기장하도록 설계제작된 것이다.

금전등록기 계산기를 자장한 여부를 불문하고 상점·사무소 등에서 거래기록, 합계, 판매품목의 코드번호·판매수량·거래일시 등을 기록하는 것이다. 자료는 키보드 및 스톱(stop)·레버 또는 핸들에 의하여 수동식으로 넣거나 또는 바코드판독기를 사용하여 자동 입력된다.

기타 계산기구를 갖춘 우편요금기, 표권발행기, 경마장용 계산기

3) 자동자료처리기계 및 그 단위기기(제8471호)

자동자료처리기계는 자료처리에 필요한 모든 단위기기를 동일한 하우징에 결합한 자장식의 것과 분리된 여러 개의 단위기기로 구성된 장치(System)의 형식의 것이 있다.

자동자료처리기계(automatic data processing machines) 제8471호의 자동자료처리기계라 함은 다음을 말한다.

① 처리중의 프로그램 또는 처리하여야 할 프로그램과 적어도 프로그램 실행에 바로 소요되는 자료를 기억할 수 있으며

② 사용자의 필요에 따라 프로그램을 자유롭게 작성하고

③ 사용자가 지정한 수리계산을 수행할 수 있으며

④ 처리중의 논리판단에 따라 변경을 요하는 처리프로그램을 사람의 개입없이 스

스로 변경할 수 있는 것

자동자료처리시스템(automatic data processing system) 자동자료처리시스템이라 함은 다음 요건을 모두 충족하는 기기들로 이루어진 자동자료처리기계를 말한다.

① 자동자료처리시스템에 전용 또는 주로 사용되는 것으로서

② 중앙처리장치에 직접적으로 또는 한 개 또는 그 이상의 다른 단위기기를 통하여 접속될 수 있는 것이며

③ 당해 시스템에서 사용하는 부호 또는 신호의 형식으로 자료를 받아들이거나 전송할 수 있는 것

[기계구성]

－자동자료처리기계는 여러 개의 독립된 기기로 구성된 시스템의 형태를 갖춘 경우도 있다.

－자동자료처리기에는 자료처리에 필요한 모든 단위기기를 동일한 하우징에 결합한 자장식과 분리된 여러 개의 단위기기로 구성된 장치(system) 형식의 것이 있다.

－자동자료처리기계는 동일한 하우징 내에 중앙처리장치, 입력장치(예: 키보드, 스캐너) 및 출력장치(예: 영상표시장치)로 이루어지거나 따로 분리되어 상호 접속된 여러 개의 단위기기로 구성되기도 한다. 후자는 최소한 중앙처리장치, 입력장치와 출력장치를 갖춘 하나의 장치(system)의 형식을 갖추고 있다. 상호접속은 유선 또는 무선으로 할 수 있다.

[품목분류]

－자동자료처리기계의 단위기기들이 분리되어 제시되는 경우에는 제8471호에 분류한다.

－상기 자동자료처리시스템의 요건 ②와 ③을 충족하는 키보드, X-Y 코디네이트 입력장치 및 디스크 기억장치는 제8471호에 분류한다.

－다음 물품은 분리되어 제시되어 자동자료처리시스템의 요건을 충족하더라도 제8471호에 분류할 수 없다.

① 프린터, 복사기, 팩시밀리(결합된 여부 불문)(제8443호)

② 음성, 영상 또는 기타 데이터를 송신 또는 수신하기 위한 기기[유선·무선 네트워크(예: 근거리 통신망·원거리 통신망)에서 통신을 위한 기기를 포함한다](제8517호)

③ 확성기 및 마이크(제8518호)

④ 텔레비전카메라, 디지털카메라 및 비디오카메라 레코더(제8525호)

⑤ 텔레비전 수신기기를 갖추지 아니한 모니터와 프로젝터(제8528호)

－자동자료처리기계와 결합되거나 연결되어 자료처리 외의 특정한 기능을 수행하는 기계는 각각의 고유기능에 따라 해당 호에 분류하고 그 기능에 따라 분류되는 호가 없는 경우에는 잔여 호에 분류한다

4) 자기식 또는 광학식 독취기, 자료전사기(제8471호)

자기식 또는 광학식 독취기(reader) 일반적으로 특수 형상의 문자를 독취하여 이것을 부호화된 정보의 전사 또는 처리하는 기계에 의하여 직접 사용할 수 있는 전기신호(임펄스)로 변환시키는 것이다.

자료를 자료매체에 전사하는 기계 자기테이프인코더(magnetic tape encoders), 검공기(verifying machines), 부호화된 정보를 한 매체에서 다른 매체로 전사하는 기계, 집적회로(IC) 속에 고정프로그램을 넣는 기계(프로그래머)이다.

5) 기타 사무용 기계(제8472호)

앞의 사무용 기기(3개호) 또는 관세율표의 타호에 분류되지 아니하는 모든 사무용 기기가 분류된다. 사무용 기기라 함은 사무실, 상점, 공장, 작업장, 학교, 철도역, 호텔 등에서 사무(즉, 통신문, 서류, 서식, 계획서 등의 기재, 기록, 분류, 정리 등에 관한 일)에 사용되는 모든 기계를 포함하는 광범위한 일반적인 의미로 해석된다.

이 호의 사무용 기기에는 테이블 위, 데스크 위에 고정하거나 놓기 위한 베이스(base)를 갖는 것에 한하여 분류되며, 베이스를 갖추지 아니한 수공구류(제82류)는 제외된다.

예: 등사기, 주소인쇄기, 우편물분류기, 현금자동지불기, 주화분류기, 연필절삭기(수동식 포함), 천공기, 지철기와 스테이플발인기, 문서파쇄기

6) 부분품과 부속품(제8473호)

타자기, 회계기 등용 용지 공급장치, 주소인쇄기에 부착하는 리스트장치(listing device), 제표기용의 보조인쇄장치, 타자기용 카피홀더(copy holder), 주소인쇄기용 금속제 주소판, 타자기·회계기·계산기 등에 결합되는 계산장치, 디스크드라이브 크리닝용 디스켓, 전자기억모듈

(18) 광물성 물질의 처리용 기계와 유리가공기계 및 기타 기계(제8474호 내지 제8478호)

산업분야별 기계 가운데 광물성 물질의 처리용 기계와 유리가공기계 및 기타 기계가 분류된다.

[광물성 물질의 처리용 기계와 유리가공기계 및 기타 기계(제8474호~제8478호)의 구성]

- 광물질·광물성 생산품 처리용 기계 및 성형기 (제8474호)
  - 광물질처리용 기계 ─ 부분품 : 선별기, 기계식체, 세척기, 파쇄기, 분쇄기, 혼합기, 반죽기
  - 광물성 생산품처리용 기계 ─ 부분품 : 주조기, 형입기, 성형기
  - 주물용 사형 성형기 ─ 부분품
- 유리제품 제조·가공기 (제8475호)
  - 램프·밸브·플래시 벌브 조립기계 ─ 부분품 : 전구 진공 봉지기, 전구 자동 조립기계
  - 유리·유리제품 제조용, 열가공용 기계 ─ 부분품 : 판유리 제조기, 병 제조기, 유리섬유 제조기계, 광섬유 제조기계
- 자동판매기 ─ 부분품 : 자동판매기, 화폐교환기(제8476호)
- 플라스틱·고무가공기 ─ 플라스틱·고무 제품 제조기계 ─ 부분품 (제8477호)
- 연초제조기 ─ 부분품 : 담배 조제기, 담배 제조기(제8478호)

1) 광물성 물질의 처리용 기계와 주물용 사형성형기(제8474호)

천연자연을 채광하는 데 사용하는 기계와 고상의 광물성 물질을 성형하는 기계가 분류된다.

광물성 물질의 처리용 기계 선별기(sorting), 기계식 체(screening), 분리기(separating), 세척기(washing), 롤러선별기, 부유선광기, 파쇄기(crushing)와 분쇄기(grinding), 혼합기(mixing) 및 반죽기(kneading), 조괴기(agglomerating), 형입기(moulding), 성형기(shaping)

주물용 사형성형기 주물사를 코어로 성형하기 위해 프레스하거나 또는 형을 만들기 위해 몰딩박스 내의 모형 둘레에 프레스하는 것이다.

2) 램프·튜브·밸브 또는 플래시 벌브의 조립기계 및 유리·유리제품의 제조 또는 열간가공용 기계(제8475호)

이 호에는 전기식·전자식 외피가 유리제인 램프·튜브와 밸브 또는 플래시 벌브 조립용 기계를 분류된다. 또한 유리·유리제품의 제조용 또는 열간가공용 기계를 포함한

다. 그러나 경화상태(용이한 작업을 위해 약간 가열한 것을 포함)로 유리를 가공하는 기계(제8464호)는 제외한다.

예: 전구의 진공봉지기, 백열전구·무선용 밸브를 자동조립회전식 기계, 판유리 제조용 기계, 병 제조기계, 유리제품 성형기와 프레스, 유리관을 드로잉(drawing)·쉐핑(shaping) 또는 블로잉(blowing) 기계, 유리비드(bead) 제조기, 유리섬유 제조기계, 전구·전자관밸브 제조기, 광섬유·광섬유 예비성형품 제조용 기계

3) 자동판매기와 화폐교환기(제8476호)

여기에는 코인·토큰 또는 마그네틱 카드를 슬롯(slot)에 넣으면 어떤 상품을 제시하는 각종의 기계가 분류되며 또한 화폐교환기도 포함한다.

자동판매기(vending machines) 우표, 담배, 식품, 음료 등의 자동판매기

화폐교환기(money-changeing machines)

4) 고무나 플라스틱의 가공품 또는 제품의 제조기계(제8477호)

제84류의 타호에 분류되지 않는 것으로서 고무 또는 플라스틱의 가공용 기계 또는 제품을 제조하는 기계를 분류한다.

예: 압출기, 취입성형기, 진공성형기, 타이어성형기, 축음기판 제조용 프레스

5) 담배의 조제 또는 제조기(제8478호)

제84류의 타호에 분류되지 않는 것으로서 담배 조제기 또는 제조기계를 분류한다.

예: 담배잎을 벗기거나 절단기계, 시거 또는 권연 제조기계

(19) 기타 고유기능기계 및 반도체 제조용 기계(제8479호·제8487호)

앞에서 해설한 기계 이외의 기계로서 고유기능을 갖는 기계 및 반도체 제조용 기계가 분류된다.

[기타 고유기능기계 및 반도체 제조용 기계(제8479호·제8487호)의 구성]

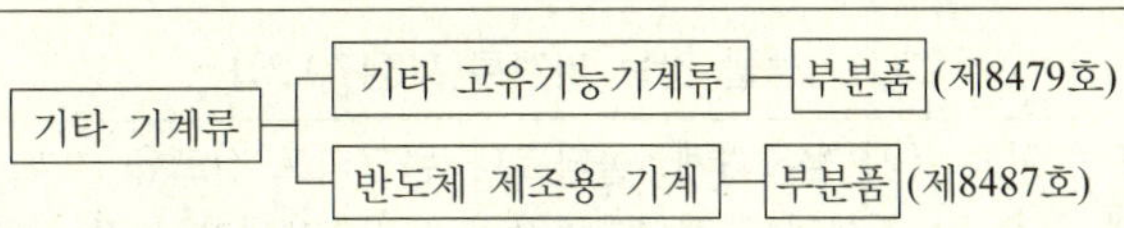

1) 기타 고유기능기계류(제8479호)

이 호에는 제84류의 다른 호에 분류되지 않는 고유의 기능(inidividual function)을 가진 기계류로서 다음 조건을 충족시키는 것에 한하여 분류된다.

① 어떤 부 또는 류의 주에 의하여 제84류에서 제외되지 아니한 것

② 관세율표의 다른 류의 호에 특별히 분류되지 않은 것

③ 다음으로 제84류의 다른 특정 호에 분류될 수 없는 것: ㉮ 기계의 품명·기능 또는 형식에 의해 다른 호에 분류되지 않고, ㉯ 기계의 사용 목적 또는 사용하는 산업에 따라 다른 호에 분류되지 아니하거나 또는 ㉰ 2 이상의 다른 호에 동시에 분류되는 것(범용성 기계)

고유기능기계 다음을 갖는 것으로 본다.

① 기계의 기능이 다른 기계 또는 기기로부터 별개로 독립하여 작용하는 기계

② 다른 기계 또는 기기에 부착하거나 또는 복합기계에 결합되어야만 그 기능을 수행하는 것으로 다음 기능을 가진 기계

- 그것이 부착될 기계, 기기 또는 결합될 복합기계에 의해 행하는 기능과는 별개의 기능이고
- 이 기능은 기계, 기기 또는 복합기계의 조작상 필수불가결한 부분으로 작용하지 않는 것

[사례 1] 공기의 가습 또는 제습은 다른 어떤 기계 또는 기기로부터 독립하여 작용하는 기계에 의하여 행하는 것이므로 고유의 기능인 것이다. 단독으로 제시되는 공기제습기는 오존발생기에 부착하도록 설계 제작된 것이라 할지라도 고유의 기능을 가진 것(제8479호)이다.

[사례 2] 체인커터(chain cutter): 공업용 재봉기에 부착되어 재봉기가 연속으로 작동되도록 실을 자동으로 절단하는 장치이다. 이 체인커터는 재봉기의 재봉이라는 기능과 별개의 기능을 행하기 때문에 고유의 기능을 갖는 것이다. 다른 특게호가 없으므로 체인커터는 제8479호에 분류된다.

[고유기능을 갖는 기계류(제8479호)]

① 토목공사·건축 또는 이와 유사 용도기계: 몰타르나 콘크리트 살포용 기계, 자갈 까는 기계

② 동·식물성 유지의 추출 및 조제용 기계류: 특정 분쇄기, 파쇄기, mills, presses. 우지세정기

③ 파티클보드·건축용 섬유판 제조용 프레스와 목재·코르크처리용 기계: 박피용 드럼, 목재

경화용 프레스
④ 로프 또는 케이블 제조기, 다용도 산업용 로봇, 증발식 에어쿨러
⑤ 금속처리용 기계: 전선권선기, 금속 세척용·산수세용 기계류, 침지식 석도금용 장치
⑥ 혼합기, 반죽기, 파쇄기, 분쇄기, 기계식 체, 시프팅기, 균질기, 유화기와 교반기
⑦ 기타 기계: 아일레팅기, 관상 리벳팅기, 엔진시동장치(기계식, 액압식, 압축공기식 등), 공기의 가습기·제습기, 초음파세정기, 자동구두닦기, 공업용 바닥연마기

---

2) 반도체 보울이나 웨이퍼, 반도체디바이스, 전자집적회로 또는 평판디스플레이 제조용 기계와 기기(제8486호)

여기에는 반도체 보울(boules) 또는 웨이퍼(wafers), 반도체디바이스, 전자집적회로 또는 평판 디스플레이의 제조에 전용 또는 주로 사용되는 기계와 기기가 분류된다. 또한 특별히 규정한(제84류 류주 제9호다목) 기계와 기기 및 부분품과 부속품이 분류된다.

다음에 주로 또는 전용으로 사용하는 기계와 기기

① 반도체 보울(boules) 또는 웨이퍼(wafers) 제조용 기계와 기기
② 반도체디바이스 또는 전자집적회로 제조용 기계와 기기
③ 평판디스플레이의 제조용 기계와 기기

다음 용도에 주로 또는 전용으로 사용되는 기계와 기기

① 마스크 및 레티클의 제조 또는 수리용 기계
② 반도체 디바이스 또는 집적회로 조립용 기기
③ 봉, 웨이퍼, 반도체 디바이스, 전자집적회로 및 평판디스플레이의 권양, 하역, 양하 및 적하용 기기

[분류원칙]

① 제8486호에서 반도체디바이스에는 감광성반도체디바이스와 발광다이오드를 포함한다.
② 제8486호에서 평판디스플레이의 제조에는 기판을 평판으로 제조하는 것을 포함한다. 그러나, 평판디스플레이의 제조는 유리제조 또는 인쇄회로기판의 조립 또는 기타 평판상에 인쇄회로기판의 조립 또는 기타 소자의 조립은 포함하지 아니하고, 『평판디스플레이』는 음극선관 기술을 포함하지 않는다.
③ 제16부 부주 제1호와 제84류 류주 제1호의 규정(부와 류에서 제외 물품) 이외에는 제8486호의 해당하는 기계와 기기는 관세율표의 다른 호에 분류하지 않는다.

[반도체 집적회로 제조공정]

웨이퍼 제조 및 회로설계

단결정 성장 ─ 규소봉 절단 ─ 웨이퍼 표면연마 ─ 회로설계 ─ 마스크(reticle) 제작 ─

웨이퍼 가공(fabrication)

감광액(PR) 도포 ─ 노광 ─ 현상 ─ 식각 ─ 이온주입(ion implantation) ─ 화학기상증착(CDV) ─

─ 금속배선 ─

조립 및 검사

웨이퍼 자동선별(end test) ─ 웨이퍼 절단(sawing) ─ 웨이퍼 표면연마 ─ 성형(molding) ─ 최종검사

[주요 반도체 제조용 기계와 기기의 종류(제8486호)]

1. 보울 · 웨이퍼 제조용 기계와 기기: ① 대상 용융 및 실리콘 봉 정제용 one-melt 노, 웨이퍼 표면 산화용 산화로 및 웨이퍼에 불순물의 도핑용 확산로, ② 고순도 반도체 단결정 생산용 성장기 또는 풀러, ③ 결정 봉을 웨이퍼로 제조하는 봉의 평탄면을 연마하는 결정 그라인더, ④ 단결정 봉을 절단하는 웨이퍼 절단기, ⑤ 웨이퍼를 가공가능 상태로 만드는 웨이퍼 연마기, 랩퍼 및 광택기, ⑥ 화학적 제거공정과 기계적 연마공정을 수행하여 웨이퍼를 평평하게 하고 광택내는 화학기계식 광택기(CMP)
2. 반도체디바이스·전자집적회로 제조용 기계와 기기
   - 막 형성 장비: 웨이퍼 표면에 막을 형성한다.
     예: 산화로, 화학기상증착 장비, 물리기상증착 장비, 분자 빔 에피택시 장비
   - 도핑장비: 전도성 또는 기타 성질의 변화를 시키기 위해 웨이퍼 표면에 불순물을 주입시키는 장치
     예: 열 확산 장비, 이온주입기, 어닐링 노
   - 식각 및 세척 장비: 습식 식각 장비, 건식 플라즈마 식각, 이온빔 밀링 장비, 세척기 또는 asher
   - 석판인쇄 장비
     - 웨이퍼에 포토레지스트를 도포하는 장비
     - 웨이퍼에 도포된 포토레지스트에 회로 디자인을 노출하는 장비(또는 그 부분품)

       ① 마스크나 레티클을 사용하여 포토레지스트를 빛(보통 자외선) 또는 X-선 등에 노출시키는 장비

       예: 접촉식 프린터, 프록시미티 얼라이너, 스캐닝 얼라이너, 스텝 앤 리피트 얼라이너

       ② 웨이퍼에 직접 그리는 장비
   - 노출된 웨이퍼를 현상하기 위한 장비
3. 평판디스플레이 제조용 기계 및 기기: ① 식각, 현상, 스티리핑, 세척용 기기, ② 회로모형의 투영, 드로잉 및 플레이팅용 기기, ③ 원심 스핀드라이어 및 기타 건조용 기기, ④ 사

진용 감광유제를 도포하기 위한 기계(스피너), ⑤ 도핑용 이온 주입기, ⑥ 노, 오븐 및 기타의 확산, 산화, 담금질 및 급속 가열용의 장비, ⑦ 화학기상 증착기와 물리기상 증착기, ⑧ 연마기 및 광택기, ⑨ 절단, scribing 및 scoring용의 기계

4. 닫음용 기계와 기기*
 · 마스크 및 레티클의 제조 또는 수리용의 기계
 예: 사진식의 포토마스크 제조용 기기(포토플로터), 마스크와 레티클 수리를 위한 이온 밀링기 등
 · 반도체 디바이스 또는 집적회로 조립용 기기
 예: 레이저 조각기, 프레스 등 봉인용 장비, 와이어 접착기, 웨이퍼 범핑용 기기
 · 봉, 웨이퍼, 반도체 디바이스, 전자집적회로 및 평판디스플레이의 권양, 하역, 양하 및 적하용의 기기
 예: 반도체 웨이퍼, 웨이퍼 카세트, 웨이퍼 박스 및 기타 반도체디바이스용 원료를 운송, 하역 및 저장하기 위한 자동 원료하역기 등

---

* 제84류 류주 제 9 호다목

(20) 금속주조용 주형틀, 주형베이스, 주형 제조용 모형 및 각종 주형(제8480호)

여기에는 금속의 주형에 사용되는 주형틀·주형베이스 및 주형 제조용 모형이 포함된다. 또한 재료를 블랭크 또는 제품으로 성형하기 위하여 사용되는 각종의 주형이 포함된다. 그러나 잉곳용 주형(제8454호)은 제외된다.

금속주조용 주형틀(moulding boxes) 보통 주철제 또는 강제의 틀로서 장방형 또는 원형으로 되어 있어 모형 주위에 모래를 눌러 고착시켜 성형되는 사형을 유지한다.

주형베이스(bases) 주형 밑바닥에 놓여진 판이다.

주형 제조용 모형(patterns) 주조용 모형·주조용의 심·심상자·몰딩보드·모형판 등 사형의 준비에 사용되는 것

주형(mould)

- 금속·금속탄화물 성형용 주형: 냉각 주형(다이캐스트), 압력주조용 주형, 활자주형
- 유리성형용 주형: 모울딩용 형, 용형·링용 형, 렌즈
- 안경용 블랭크 제조용 강제 또는 주철제 주형
- 광물성물질 성형용 주형: 세라믹페이스트의 몰딩용 형, 그라인딩휠의 연마제 응결하는 형

－고무·플라스틱 성형용 주형: 타이어가황용 bladder형

[각종 주형의 분류]

물품명·물품내용		분류
·잉곳형 주형(ingot moulds)	－금속제(주로 철강제)	제8454호
	－탄소제, 흑연제, 도자제	제6815호·제6903호
·흑연제, 기타 탄소제의 주형(moulds)		제6815호
·도자제의 주형(moulds)		제6903호·제6909호
·유리제의 주형(moulds)		제7020호
·금속용, 금속탄화물용, 유리 몰딩용, 광물재료 고무나 플라스틱용의 주형(moulds)		제8480호
·기타 주조용 프레스와 기타 기계용 주형(moulds)		기계의 부분품에 분류
·주물용 사형성형기		제8474호
·반도체장치 제조용 주형(moulds)		제8486호
·금속주형용의 주형틀(moulding boxes), 주형베이스(bases), 주형 제조용 모형(patterns)		제8480호
·야금용, 금속주조용 주조기(casting machines)		제8454호
·레코드 제조용 matrices와 masters		제8524호

(21) 부분품으로 사용하기에 적합한 범용성 물품(제8481호 내지 제8484호)

여기에는 기계의 부분품 또는 다른 류에 해당하는 물품의 부분품으로 사용하기에 적합한 특정의 범용성 물품(general-purpose goods)이 분류된다.

[부분품으로 사용하기에 적합한 특정 물품(제8480호~제8484호)의 구성]

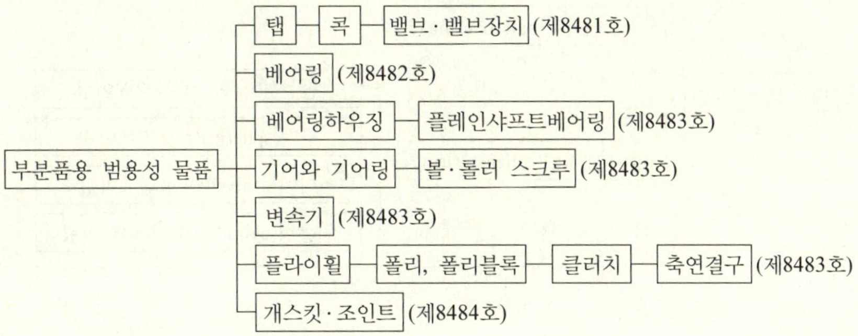

1) 탭·콕·밸브와 이와 유사장치의 분류(제8481호)

이 호에는 유체 또는 고체의 흐름을 조정하기 위해 관·탱크·조 등에서 사용되는 탭(tap: 栓)·콕·밸브 및 이와 유사물품이 분류되며 또한 기체 또는 액체의 압력이나 유속을 조정하도록 설계된 장치도 포함된다. 이 기기는 개폐구를 열거나 닫아 흐름을 조정하며, 수동·전동기, 솔레노이드, 시계용 무브먼트, 스프링, 평형·부유레버(float lever)·더머스타트소자 또는 압력캡슐과 같은 자동장치에 의해 작동되며, 이러한 기구 또는 장치를 갖춘 전·밸브 등도 분류된다.

예: 역지밸브, 안전밸브, 분기밸브, 액면계용 제어밸브·취출(吹出)밸브 및 차단밸브, 라디에이터의 배수용 전, 이너튜브밸브, 감압밸브, 플로트식 제어밸브, 증기트랩(trap), 소화전(스탠드파이프)·소화콕·소화호스용의 노즐(nozzle), 밸브, 선박용의 선저콕, 수중밸브·수중콕 등, 소다수병용의 밸브, 압력스프레이캔 뚜껑, 기체작동식 맥주공급장치

2) 볼베어링 또는 롤러베어링(제8482호)

회전축의 마찰저항을 적게 하며, 축에 작용하는 하중을 지지하는 기계요소를 베어링(bearing)이라 하고, 베어링과 접촉하는 축의 부분을 저널(journal)이라 한다. 보통 베어링은 볼 또는 롤러를 넣은 두 개의 동심 링(레이스: race) 및 볼 또는 롤러를 적당한 위치를 유지시켜 간격을 일정하게 하는 케이지(cage)로 구성되어 있다.

예: 볼 베어링, 원추형 롤러베어링, 구형 롤러베어링, 니이들 롤러베어링(직경 5mm 이하, 길이 직경의 3배 이상인 원통형의 롤러를 갖춘 베어링). 기타 원통형 롤러베어링 등

[베어링의 종류]

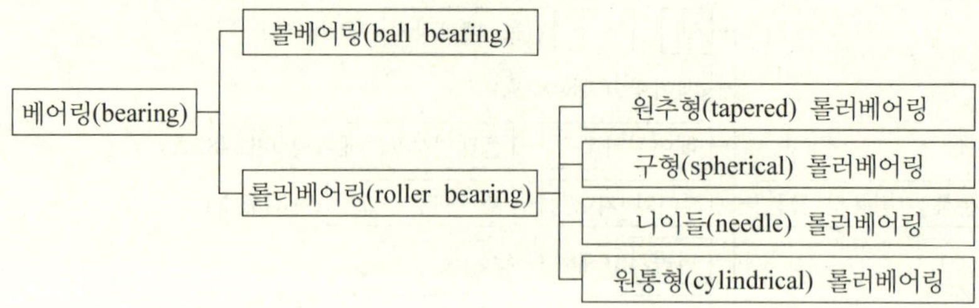

[베어링 볼과 베어링의 분류]

물품명·물품내용		분류
· 베어링 볼	플라스틱, 동제, 청동제	제8482호
	연마강구(공칭직경오차 1% 이하 또는 0.05mm 이하)	
· 연마강구		제7326호
· 볼베어링 또는 롤러베어링		제8482호
· 플레인 샤프트베어링		제8483호
· 베어링하우징		제8483호

3) 동력 전달기계(제8483호)

여기에는 외부의 원동력 장치로부터 하나 이상의 기계에 동력을 전달하 특정 기계식 부분품이나 동일 기계의 각 부분에 동력을 전달하는 기계 내부의 특정 부분품이다.

[동력 전달기계(제8483호)의 종류]

① 전동축(transmision shafts)과 크랭크(cranks): 주축 또는 구동축, 중간축, 연결축, 플렉시블 샤프트, 크랭크 및 크랭크 샤프트(crank shafts), 캠축(cam shafts)과 편심축

② 베어링하우징(braring housings)과 플레인샤프트베어링(plain shaft bearings): 축 또는 차축의 양단부가 내부에서 회전하는 플레인·볼·롤러 등의 베어링을 끼워 넣도록 설계하되 프레임 또는 블록으로 되어 있다. 보통 두 개의 부분으로 구성되며, 함께 부착시에 베어링을 지지하는 링을 형성한다.

③ 기어(gears)과 기어링(gearing): 간단한 치차·베벨기어·원추형 치차·나선형 치차·워엄·래크 및 피니온 치차·차동치차 등 모든 형의 치차 및 치차의 조립품이 포함된다.

④ 볼(ball)·롤러스크루(roller scres): 내면에 있는 나선줄 사이의 길을 따라 배분되는 베어링 볼 또는 롤러를 갖춘 나선상의 축 및 너트로 구성된다. 이러한 장치는 회전운동을 선운동이나 반대운동으로 변환할 수 있는 것이다.

⑤ 기어박스(gear boxes)와 기타 변속기: 수동식 또는 자동식으로 속도범위를 변화시키는 것이다.
예: 기어박스, 마찰원판식·마찰원추식의 연결구, 체인·드라이빙 벨트, 변속유체연결구
⑥ 플라이 휠(fly wheels): 크고 무거운 휠로서 보통 중량이 림(rim) 가까이에 집중되어 있다. 회전휠의 관성은 원동기의 속도변화에 저항하는 경향이 있어 속도를 일정하게 유지한다.
⑦ 풀리(pulley)과 풀리블록(pulley blocks): 연접하여 회전되는 엔드리스벨트 또는 로프를 사용하여 일방에서 타방으로 회전운동을 전달시키는 휠로 구성되어 있다. 이 호(제8483호)에는 간단한 풀리·드럼(wide pulleys)·원추형 풀리·계단식 풀리 등이 포함된다. 또한 호이스트(hoist) 등용의 풀리블록 및 프리풀리(free pulley)도 포함된다.
⑧ 클러치(clutches): 수시로 구동을 접속시키거나 또는 차단시키는 데 사용된다.

---

4) 개스킷 및 이와 유사 조인트(제8484호)

다음이 분류된다.

① 금속 이외의 재료와 혼합한 금속판제의 것 또는 2개 이상의 금속 적층판으로 된 것, ② 세트이거나 또는 짜맞춘 개스킷과 이와 유사 조인트, ③ 메커니컬실(mecanical seal): 기계에 장착되어 진동 또는 동작부분에 받는 압력을 견디며, 누출방지를 위해 평면과 회전면 사이에 누출 방지용 조인트로 작용하는 기계적 조립품을 구성하는 것이다. 이 실은 고정부품과 가동부품로 되어 있으며 특히 가동부품으로 인하여 메커니컬실이라고 부른다. 이 시일은 진동방지장치, 베어링, 실질적 시일, 어떤 경우에는 결합하는 역할을 한다.

(22) 기타 비전기식 부분품(제8487호)

이 호에는 관세율표의 타호에 분류되는 부분품을 제외하고는 기계류의 모든 비전기식의 부분품이 분류된다.

예: 선박·보트의 추진기와 이들 블레이드(propellers and blades), 프로펠러 및 패들휠, 비자동식 윤활유용 폿트, 그리스용 니플, 수동식휠, 레버 및 손잡이, 안전덮개(safety guards), 베이스플레이트(base plate), 오일실링(oil seal ring) 등

[용어]

용어	주요내용	비고
항공기 엔진	제8407호에서 항공기 엔진이라 함은 프로펠러(에어스크루) 또는 로터의 부착용으로 설계제작되었거나 한정되어 있는 엔진을 말한다.	제8407호
실린더 용량	실린더를 갖춘 엔진에 있어서 실린더 용량은 하사점(下死點)과 상사점(上死點) 사이에 피스톤이 배기하는 실린더 부분만큼의 용적과 동일한 것이며, 실린더의 수에 의하여 배가된다.	제8407호
수치제어 공작기계	수치제어는 NC(numerical control)라고도 하며, 부호와 수치로 된정보로 기계의 운전을 제어하는 것을 말하난. 수치제어장치가 설치된 공작기계를 수치제어 공작기계라 하며, 반도체 기술과 컴퓨터의 발전으로 NC장치 내에 컴퓨터를 내장한 NC를 CNC(computerized numerical control)라 한다. CNC는 명령문과 데이터를 컴퓨터에 입력하여 지령하면 지시된 수치정보는 자동제어를 하면서 가공하게 된다. 직접수치제어(DNC: Direct Numerical Control)는 NC에 필요한 정보를 하나의 대형컴퓨터에 기억시켜 여러 대의 NC기계를 제어하는 것을 말한다	도서
CAD와 CAM	CAD(computer aided design)는 설계자가 컴퓨터를 이용하여 신속히 최적 설계를 하는 시스템이다. CAM(computer aided manufacturing)은 최적설계된 정보에 의해 강공과 조립의 우선순위를 결정하여 공작기계를 사용하여 자동적으로 가공하는 시스템이다.	도서
주조과정	금속의 녹는 성질을 이용하여 만들려고 하는 제품과 같은 형상으로 만들어진 공간 속에 용융금속을 주입시켜 굳혀서 만드는 과정을 주조(casting)라 한다. 주조과정에서 속이 빈 공간을 주형(mould), 주형의 공간을 만들기 위한 형을 원형(pattern: 모형)이라하고 용융금속을 주입하여 만든 제품을 주물이라 한다	도서

제85류 전기기기와 그 부분품, 녹음기와 음성 재생기·텔레비전의 영상 및 음성의 기록기와 재생기 및 이들의 부분품과 부속품

1. 개 요

제85류에는 일반 전기식 기기가 분류된다. 그러나 전기식 기기라 할지라도 다른 류에 분류되는 기계가 있다. 일반적으로 전기 가열식 기기로는 보일러, 공기조절기, 부란기, 양육기 등은 제84류에 분류되고, 의료용 기기는 제9018호에 분류되며 반면에 전기식이 아닌 물품으로서 제85류에 분류되는 것으로는 영구자석, 영구자석식 작업홀더(제8505호) 등이 있다.

2. 분류구조

전기기기는 10개의 범주로 구분하고 46개의 호(제8501호 내지 제8548호; 2개호 공란)에 분류한다.

1) 전기의 생산·변환·저장용 기기(제8501호 내지 제8504호, 제8506호·제8507호): 전동기와 발전기, 발전세트와 컨버터, 변압기·정류기·인버터(제8501호~제8504호), 전지(제8506호·제8507호)

2) 진공청소기, 가정용 전기기기 및 면도기·이발기·모발제거기(제8508호 내지 제8510호)

3) 전기의 특성 또는 효과에 의해 작동하는 기기(제8505호, 제8511호 내지 제8518호, 제8525호 내지 제8531호): 자석과 전자석(제8505호), 엔진용 발전기, 조명기구와 손전등, 노와 오븐, 용접기, 전기가열기, 송수신기기, 헤드폰, 확성기(제8511호~제8518호), 라디오·TV 송신기, 레이더, 라디오TV, 교통관제기기, 전기신호기(제8525호 내지 제8531호)

4) 기타 고유기능 전기기기(제8543호)

5) 음성·영상 기록·재생기기(제8519호·제8521호)

6) 음성·기타 현상의 기록매체(제8523호): 카세트테이프, VTR 테이프, 디스크, 스마트카드

7) 전기기기내 구성품성 전기용품(제8532호·제8533호 제8535호·제8536호·제8539호 내지 제8541호·제8545호): 축전기와 저항기(제8532호·제8533호), 스위치, 퓨즈, 접속함(제8535호·제8536호), 램프, 전자관, 광전관, 반도체디바이스(제8539호～제8541호), 전기용 탄소제품(제8445호)

8) 인쇄회로, 배전반 및 전자집적회로(제8534호·제8537호·제8542호)

9) 전기기기용 전도성·절연성 제품과 재료(제8544호·제8546호·제8547호): 전선과 광케이블(제8544호), 애자(제8546호), 전기절연용품과 비금속제의 전기용도관(제8547호) 등

10) 전지의 웨이스트와 스크랩 및 기타 전기식 부분품(제8548호)

* 제8520호 및 제8524호: 공란 유보

3. 분류원칙

제목	규정내용	비고
우선분류규정	2. 제8501호 내지 제8504호에서는 제8511호, 제8512호, 제8540호, 제8541호 또는 제8542호에 규정한 물품을 제외한다. 다만, 금속조 수은 아크 정류기는 제8504호에 분류한다.	제85류 류주2
가정용 전기기기	3. 제8509호에는 일반적으로 가정에서 사용하는 다음의 전기기기만을 분류한다. 가. 바닥광택기, 식품용 그라인더, 식품용 믹서, 과즙 또는 야채즙추출기(중량을 불문한다) 나. 가목에서 규정한 전기기기 이외의 것으로서 그 중량이 20Kg 이하의 것 다만, 팬, 팬을 결합한 환기용 및 순환용의 후드[(필터를 갖추었는지의 여부를 불문한다(제8414호)], 원심식 의류건조기(제8421호), 접시세척기(제8422호), 가정용 세탁기(제8450호), 롤기 또는 기타의 의류용 다림질기(제8420호·제8451호) 재봉기(제8452호) 전기가위(제8467호) 또는 전열기기(제8516호)는 제8509호에 분류하지 아니한다.	제85류 류주3

솔리드스테이트 불휘발성 저장장치	4. 제8523호에서 가. 고체상태의 비휘발성 기억장치(예: 플래시 메모리카드 또는 플래시 전자기억카드)라 함은 인쇄회로기판 위에 하나 또는 그 이상의 집적회로 형태의 플래시메모리(예: 플래시 이이피롬)를 동일하우징 속에 구성하고, 연결용 소켓을 갖춘 기억장치를 말한다. 이러한 물품은 집적회로형태의 제어기와 축전기·저항기와 같은 수동개별 부품을 갖춘 것도 있다.	第85류 류주4
스마트카드	4. 제8523호에서 나. 스마트카드란 하나 또는 그 이상의 칩형태 전자집적회로(하나의 마이크로프로세서, 램 또는 롬)를 내장한 카드를 말한다. 이러한 카드는 접속부, 마그네틱 스트라이프 또는 내장형 안테나를 갖춘 것도 있으나, 다른 종류의 능동 또는 수동회로소자를 갖춘 것은 제외한다.	
인쇄회로	5. 제8534호에서 『인쇄회로』라 함은 인쇄제판기술(예: 양각, 도금, 식각) 또는 막(膜)회로기술로 도체소자·접속자 또는 기타 인쇄된 구성부분(예: 인덕턴스·저항기·축전기)을 절연기판 위에 형성하여 만든 회로를 말한다. 다만, 당해 구성부분이 미리 정하여진 패턴에 따라 상호 접속되어 있는지의 여부를 불문하되, 전기적인 신호를 발생·정류·변조 또는 증폭할 수 있는 소자(예: 반도체소자)는 제외한다. 인쇄회로에는 인쇄공정중에 얻어지는 소자 외의 소자가 결합된 회로와 개별 불연속 저항기, 축전기 또는 인덕턴스는 포함하지 아니한다. 다만, 인쇄회로에는 인쇄되지 아니한 접속용 소자가 부착되어 있는 것도 있다. 동일한 기술공정에서 얻어지는 수동소자와 능동소자로 구성되는 박막회로 또는 후막회로는 제8542호에 분류한다.	第85류 류주5
접속자	6. 제8536호에서 『광섬유, 광섬유 다발 또는 광섬유케이블의 접속자』라 함은 디지털 통신에서 오로지 기계적으로 광섬유의 끝과 끝을 연결해주는 접속자를 말한다. 이들 물품은 신호의 증폭, 재생 또는 변형과 같은 기타 다른 기능을 수행하지 않는다.	第85류 류주6
원격조정기	7. 제8537호는 텔레비전 수상기 또는 기타 전기기기의 원격조정을 위한 코드리스 적외선 기기를 포함하지 아니한다(제8543호).	第85류 류주7
반도체 디바이스와 전자집적회로	8. 제8541호 및 제8542호에서 가. 다이오드·트랜지스터와 이와 유사한 반도체 디바이스라 함은 전계의 작용에 따른 저항의 변화로 작용을 하는 반도체 디바이스를 말한다. 나. 『전자집적회로』라 함은 다음의 물품을 말한다. (1) 모노리식 집적회로: 회로소자(다이오드·트랜지스터·저항기·축전기·인덕턴스 등)가 하나의 반도체 또는 화합	第85류 류주8

반도체 디바이스와 전자집적회로	물 반도체 재료(예: 도프된 실리콘, 불화갈륨, 실리콘게르마늄, 인화인듐 등)의 내부 또는 표면에 한 덩어리 상태로 집적되어 있으며, 분리가 불가능하도록 결합된 회로 (2) 하이브리드 집적회로: 박막기술 또는 후막기술에 의하여 만들어진 수동소자(저항기·축전기·인덕턴스 등)와 반도체기술에 의하여 만들어진 능동소자(다이오드·트랜지스터·모노리식 집적회로 등)를 상호접속자 또는 상호접속용 케이블로 절연재료(유리, 도자재 등)로 된 하나의 기판 위에 실용상 분리가 불가능하도록 결합된 회로를 말하며, 이 회로에는 개별부품을 부착시킨 것도 포함한다. (3) 복합구조칩 집적회로: 각자의 의도와 목적에 따라 분리가 불가능하도록 결합된 두 개 이상의 모노리식 집적회로로 구성된 복합구조의 칩으로 이루어진 집적회로를 말한다. 한 개 이상의 절연기판 및 리드프레임을 갖춘 것인지의 여부를 불문하되, 다른 능동 또는 수동 회로소자를 갖춘 것을 제외한다. 이 주에서 규정한 물품을 분류하는 경우 제8541호 또는 제8542호는, 제8523호의 경우를 제외하고 특히 그 기능으로 보아 당해 물품을 포함하는 것으로 해석되는 이 표의 다른 어느 호에도 우선한다.	제85류 류주8
수명 끝난 일차 전지·축전지	9. 제8548호에서 『수명이 끝난 일차전지 및 축전지』라 함은 파손, 절단, 소진 또는 기타 이유 등으로 사용할 수 없거나 재충전할 수 없는 것을 말한다.	제85류 류주9
포켓형 카세트 플레이어	1. 제8527.12호: 외부의 전원없이 작동할 수 있는 것으로서 크기가 170mm×100mm×45mm 이하인 카세트 플레이어(앰프는 내장되어 있으나 확성기는 내장되어 있지 아니한 것)만을 분류한다.	제85류 소호주1

4. 제외 물품

① 전기가열식의 모포, 배드패드, 발싸개 또는 이와 유사한 물품 및 전기가열식의 의류, 신발류, 귀가리개 및 기타의 착용품 또는 신변용품

② 제7011호의 유리제품

③ 제8486호의 기계 및 기기

④ 의료용·외과용·치과용·수의용으로 사용되는 진공기기(제90류)

⑤ 제94류의 전기가열식의 가구

[전기기기(제85류) 호별 분류표]

단위	0	1	2	3	4	5	6	7	8	9
00	–	발전기·모터	발전세트·컨버터	부분품(01–02)	변압기·정류기·인버터	자석·전자석 홀더	일차전지	축전지	진공청소기	가정용 전기기기
10	면도기·이발기	플러그·엔진용 발전기·시동 전기모터	조명기구	손전등·전등	공업용 노·오븐(전기식)	용접기·아크용접기	물가열기·이용기·가정용 전기기기·저항체	전화기·자료송수신기기	마이크로폰·확성기·헤드폰	음성녹음·재생기
20	–	영상기록·재생기	부분품·부속품(19–21)	기록매체(디스크·테이프·스마트카드)	–	라디오·TV송신기·디지털 카메라	레이더·항행무선기기·원격조절기	라디오·카세트	모니터·프로젝터·TV	부분품(25–28)
30	교통관제기기	전기신호기(음향·시각)	축전기	저항기	인쇄회로	전기개폐기·보호기·접속기(1kv 초과)	전기개폐기·보호기·접속기(1kv 이하)	전기제어·배전기반	부분품(35–37)	램프(필라멘트·방전·아크)
40	전자관·음극관·광전관	반도체 디바이스	전자 집적회로	기타 고유기능 전기기기	전선·광케이블	전기용 흑연·탄소제품	애자	절연품·전기도관·연결구류	폐전지·기타 전기식 부분품	–

* 첫째와 둘째단위는 제85류의 류를 말하고 셋째와 넷째단위(4단위)는 호(heading)를 말한다. 위 표에서 세로는 호의 십단이며, 가로는 호의 첫단(4단위)이다.
예: 85 + 30 + 4 = 8534 제8534호는 인쇄회로이다.

* 표에서(19-21) 등은 제85류의 호를 표시한 것으로서, 제8519호와 제8521호를 말한다.

5. 해　　설

(1) 전기기기(제85류)에 분류할 수 없는 전기식 기계

제85류에는 주로 전기기기가 분류된다. 그러나 제85류에 분류할 수 없는 전기기기가 있으며 주로 제84류에 분류된다. 제84류에 분류되는 전기기기는 다음과 같다.

① 전동기에 의해 구동되는 기계: 주로 산업용 기계, 수지식 공구(제8467호)

② 전기가열식 기계: 전기가열 장치를 갖춘 기계

예: 캘린더기, 직물의 세탁용 또는 표백용 기계(제8419호)

③ 전자식 기계: 전자식 릴레이로 작동되는 타자기, 전기식 자동 정지장치를 갖춘 직기, 전자식 리프팅헤드를 갖춘 크레인, 전자식 척을 갖춘 선반

④ 전자식 기계: 전자식 계산기, 자동자료 처리 기계

⑤ 전기식 또는 전자식 장치를 갖춘 기계: 광전식 제어장치를 갖춘 금속 압연기, 각종의 전자제어 장치를 갖춘 가공기계

(2) 전기기기(제85류)의 품목분류원칙

1) SIMMs(Single In-line Memory Modules)과 DIMMs(Dual In-line Memory Modules) 등 특정 전자메모리 모듈의 분류

특정 전자메모리 모듈은 다음과 같이 분류한다.

① 전용·주로 자동자료처리기계와 결합하여 사용하기 적합한 모듈은 이들 기계의 부분품(제8473호)에 분류한다.

② 전용·주로 특정기계 또는 같은 호의 일군의 기계들과 결합하여 사용하기 적합한 모듈은 동 기계의 부분품 또는 당해 기계류로 분류한다.

③ 주 용도를 결정할 수 없는 모듈은 제8548호에 분류한다.

2) 부분품의 분류

제85류 전기기기의 부분품에 대한 분류는 다음 순서에 의해 결정한다.

첫째, 제85류의 특게된 호에 분류한다.

제84류 또는 제85류의 특게된 호에 분류되는 것은 당해 부분품이 특정 기계에 전용되도록 설계제작된 것일지라도 각 당해 호에 분류한다.

[특게 전기기기]

전기기기	호	전기기기	호
전동기와 발전기	제8501호	램프	제8539호
변압기와 정류기	제8504호	열전자관·냉음극관·광전관	제8540호
전열용 저항체	제8516호	다이오드·트랜지스터·반도체디바이스	제8541호
측전기	제8532호	전기용 탄소제품	제8545호
인쇄회로 개폐용·보호용·접속용 기기	제8535호·제8536호	애자	제8546호
전기제어용 배전용 기반	제8537호	전기기기용 절연물품	제8547호

둘째, 특정 기계에 전용 또는 주로 사용되는 부분품이 해당 기계가 속하는 호, 또는 다수 기계의 부분품만을 분류하는 호에 분류한다.

[다수 기계의 부분품 호]

전기기기 부분품	호
모터·발전기·변류기 등(제8501호~제8502호)의 전용 부분품	제8503호
녹음·녹화 재생기기 등(제8519호~제8521호)의 전용 부분품	제8522호
통신기기·방송기기 등(제8525호~제8528호)의 전용 부분품	제8529호
전기회로용 기기 등(제8535호~제8537호)의 전용 부분품	제8538호

셋째, 기타 전기식 부분품은 제8548호에 분류한다.

3) 비전기식 부분품의 분류

제85류 전기기기의 비전기식 부분품은 다음 순서로 분류한다.

첫째, 주로 제84류에 분류한다.

예: 펌프 및 팬(제8413호·제8414호), 전·콕크 등(제8481호)·볼베어링(제8482호)·전동축·치차전동기 등(제8483호)

둘째, 제85류의 특정한 전기기기(또는 이 류의 동일 호에 해당하는 여러 기계와 함께)**에 전용 또는 주로 사용하기에 적합한 비전기식 부분품은 이들 기계**(또는 이들 기계류)**가 속하는 호에 또는 적절하게 제8503호·제8522호·제8529호·제8538호에**

분류한다.

셋째, 기타의 비전기식 부분품은 제8485호에 분류한다.

(3) 전기기기(제85류)의 구성

전기기기	구성	호
전기기기	1. 전기의 생산·변환·저장용 기기	제8501호~제8504호 제8506호·제8507호
	2. 진공청소기, 가정용 전기기기, 면도기·이발기·모발제거기	제8508호~제8510호
	3. 전기의 특성·효과에 의한 작동기기	제8505호 제8511호~제8518호 제8525호~제8529호 제8530호·제8531호
	4. 기타 고유기능 전기기기	제8543호
	5. 음성·영상 기록 또는 재생기기	제8519호·제8521호
	6. 음성·기타 현상 기록매체	제8523호 (제85류)
	7. 전기기기내 구성품성 전기용품	제8532호·제8533호 제8535호·제8536호 제8539호~제8541호 제8545호
	8. 인쇄회로, 배전반 및 전자집적회로	제8534호·제8537호·제8542호
	9. 전기기기용 전도성·절연성제품과 재료	제8544호·제8546호·제8547호
	10. 전지의 웨이스트·스크랩 및 기타 전기식 부분품	제8548호

* 제8520호 및 제8524호: 공란 유보

(4) 전기의 발생·변환 또는 저장용 기기(제8501호 내지 제8507호)

전동기, 발전기와 발전세트, 회전변환기, 변압기, 정지형 변환기와 유도자 및 전지가 분류된다.

[전기의 발생·변환 또는 저장용 기기(제8501호~제8507호)의 구성]

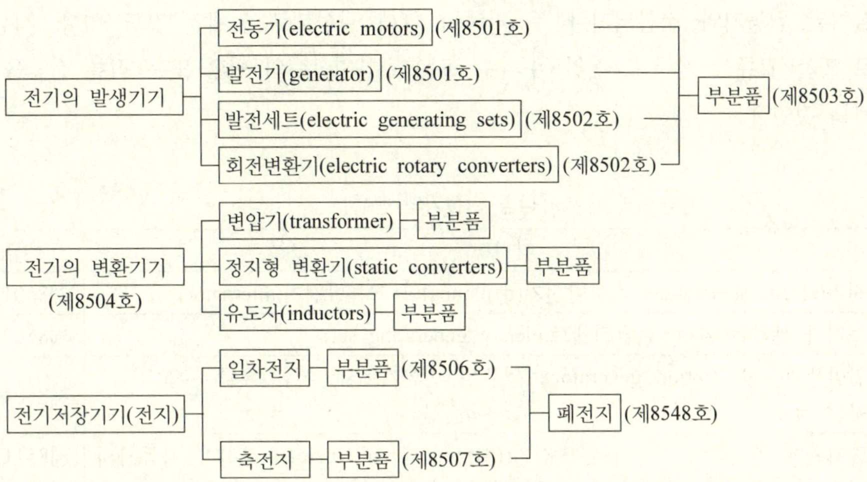

[분류규정] 제8501호 내지 제8504호에는 제8511호, 제8512호, 제8540호, 제8541호 또는 제8542호에 규정한 물품을 제외한다. 다만, 금속조 수은아크 정류기는 제8504호에 분류한다.

1) 전동기와 발전기 및 발전세트와 회전변환기(제8501호·제8502호)

전동기(electric motors)(제8501호)　　전동기는 전기적 에너지를 기계적 에너지로 변환하는 기계로서 이 호에는 회전식 모터(rotary motors)와 선형 모터(liner motors)를 분류한다. 직류전동기는 세그멘트를 가진 정류자가 회전자축 위에 장치되어 있다.

예: 보조전동기(servomotors), 자기동기장치(self-synchronising units), 전기밸브작동기 (valve actuators, electrical)

발전기(generator)(제8501호)　　기계·태양 등에서 전력을 얻는 기계이고, 직류발전기(dynamos: magneto-electric generators)와 교류발전기(alternators: AC generator)의 두 종류가 있으며 고정자와 원동기로 회전자로 구성되어 있다.

예: 광전식 발전기(photovoltaic generators), 발전소용 대형발전기, 려자용 소형보조발전기

발전세트(electric generating sets)(제8502호)　　발전세트란 발전기와, 전동기를 제외한 수력터빈, 증기터빈, 풍력엔진, 왕복증기엔진 또는 내연기관 등의 원동기가 결합된 것을 말한다.

회전변환기(electricrotary converters)(제8502호) 발전기와 전동기가 공통베이스에 고정설치된 원동기와 결합되거나 두 기능이 함께 권선부로 일체인 것도 있다. 직류를 교류로 또는 교류를 직류로, 전압·주파수 또는 교류위상수의 변환 또는 직류 전압을 변환시키는 것이다.

[각종 발전기의 분류]

기기명	분류
· 발전기(electrc generator): 직류발전기(dynamos)와 교류발전기(alternator)	제8501호
· 원동기가 부착된 발전기: 발전세트(electrc generating set)	제8502호
· 고압발생기(high tention generator): 일종의 변환기로서 공급전류를 고압직류로 바꾸는 것	제8504호
· 내연기관에 연결하여 사용하는 발전기((dynamos와 alternator): 자전거·자동차의 조명용 또는 신호용 기기에 사용되는 발전기	제8511호 제8512호
· 신호발생기(signal generator): 감지된 파형이나 진동의 신호를 지정주파수(예: 고주파·저주파)인 전기적 신호로 만들어 내는 기기이다.	제8543호
· X-선 발생기(X-ray generator)	제9022호
· 전시용 모형발전기(타용도 부적합)	제9023호

2) 변압기·정지형 변환기와 유도자(제8504호): 이 호에는 변압기·정지형 변환기와 유도자가 분류된다.

변압기(transformers) 변압기는 교류전류를 상이한 전압·임피던스 등 다른 교류전류로 바꾸는 기기이다. 보통 적층철심에 절연전선을 감은 두 개 이상의 코일로 구성된다. 유도코일(induction coils)도 일종의 변압기이다.

정지형 변환기(static converters) 전기에너지를 변환시키는 것으로, 다른 형의 변환장치를 결합하며, 여러 보조장치를 결합하기도 한다. 전압조정기 또는 전류조정기로 호칭되기도 한다.

① 정류기(retifiers): 교류(단상 또는 다상)를 전압변화와 직류로 변환하는 장치

② 인버터(inverters): 직류를 교류로 변환하는 장치

③ 교류변환기 및 싸이클변환기(alternating current convertrs and cycle converters): 교류를 전압이나 주파수를 변환시키는 장치

④ 직류변환기(direct current converters): 직류의 전압을 변환시키는 장치

[종류]

- 정지식 변환기는 장치된 변환소자에 따라 ① 반도체변환기, ② 가스방전 변환기, ③ 기계적 변환기, ④ 전해 정류기(electric rectifiers)로 구분할 수 있다.
- 타목적용 정지식 변환기: ① 고정기계·전기식 견인차량(예: 기관차)을 구동하기 위한 전기공급 변환기, ② 전기공급용 변환기: 축전기용 충전기. 전기도금용 및 전해용 변환기, 고압직류 공급용 변환기, 가열용 변환기 및 전자석에 전류공급하는 변환기 등, ③ 고압발생기로 알려진 변환기, ④ 안정용 전원공급기(조정기와 결합된 정류기)(예: 제8471호의 기계용 전원장치)

유도자(誘導子: 인덕터: inductors)　주로 단권의 코일로 되어 있으며, 교류회로에서 자기유도에 의해 교류를 제한하거나 저지한다. 무선회로·계기 등에 사용되는 작은 초크에서 전력회로에 사용되는 대형코일에 이르기까지 다양하다.

3) 일차전지와 축전지(제8506호·제8507호)

일차전지　일차전지는 쉽게 재충전되지 않고, 음극의 구성물질에 따라 구분된다(감극). 그러나 음극이 이산화망간, 양극이 리튬인 일차전지는 리튬 일차전지로 분류한다.

축전지　축전지는 전기를 저장시켜 필요시에 공급하는 것으로, 직류를 축전지에 통하면 화학변화가 일어나고(충전), 외부회로에 접속하면 화학변화가 일어나 직류가 흐른다(방전).

[일차전지와 축전지 종류(제8506호·제8507호)]

구분	전지명	양극	전해질	음극
일차전지 제8506호	망간건전지	MnO_2	NH_4Cl $ZnCl_2$	Zn
	알칼리망간건전지	MnO_2	KOH(ZnO)	Zn
	산화수은전지	HgO	KOH(ZnO)	Zn
	산화은전지	Ag_2O	KOH(ZnO)	Zn
	리튬전지	MnO_2	$LiClO_4$	Li
축전지 제8507호	연산 축전지	PbO(산화납)	H_2SO_4(황산)	Pb-Sb, Pb-Ca
	니켈·카드뮴 축전지	NiO	KOH(가성소다)	Cd
	니켈·철 축전지	Ni_2O_3	KOH(가성소다)	Fe
	공기습(건)전지	공기(활성탄)	KOH(ZnO)	Zn
	산화은전지	AgCl	해수	Ag

(5) 진공청소기, 가정용 전기기기 및 면도기, 이발기와 모발제거기 (제8508호 내지 제8510호)

진공청소기, 가정용 전기기기 및 면도기, 이발기와 모발제거기가 분류된다.

[진공청소기, 가정용 전기기기 및 면도기, 이발기와 모발제거기(제8508호~제8510호)의 구성]

- 진공청소기 (제8508호)
- 가정용 전기기기 : 바닥광택기·식품그라인더, 과즙·야채즙추출기/20kg 이하기기(제8509호)
- 면도기·이발기·모발제거기 (제8510호)

1) 진공청소기(제8508호)

휴대형인지 여부에 관계없이 모든 유형의 진공청소기(vacuum cleaner)가 분류된다. 건식 및 습식 진공청소기를 불문하고 회전식 솔, 카페트 두드림 장치, 다기능 흡입기 머리와 같은 부속품이 함께 제시된 여부에는 상관이 없다. 그러나 호텔, 모텔, 병원, 사무실, 식당 및 학교와 같은 시설(가정내 시설 제외)에서 사용할 목적으로 제작된 것으로 드라이클리닝 프로세스 이외의 방식을 사용하는 카페트청소용 기기(제8451호)는 달리 분류된다.

2) 가정용 전기기기(제8509호)

일반 가정에서 사용하는 다음 특정한 전기기기와 중량 20kg 이하의 전기기기만을 분류한다.

중량 불문한 특정 기기 ① 바닥광택기, ② 식품용 그라인더, ③ 식품용 믹서, ④ 과즙 또는 야채즙추출기

중량 20kg 이하 기기 마루를 닦고·쓸고 씻는 기기, 세조 후 오수나 비누를 흡수하는 기기, 마루광택제 살포기, 감자 탈피기, 칩퍼(chippers)와 절단기, 육·소시지·치즈·과실 또는 야채용의 각종 슬라이서, 주방용 쓰레기처리기, 전기칫솔 등

[제외 물품] ① 팬, 팬이 결합된 환기용및 순환용의 후드(제8414호), ② 원심식 의류건조기(제8421호), ③ 접시세척기(제8422호), ④ 가정용 세탁기(제8450호), ⑤ 롤기·의류용 다림질기(제8420호·제8451호), ⑥ 재봉기(제8452호), ⑦ 전기가위(제8467호), ⑧ 전열기기(제8516호)

3) 면도기(shavers), 이발기(hair clipper) 및 모발제거기(hair-removing appliances)(제8510호)

사람 또는 동물용 여부를 불문하며, 전동기·전동바이브레이터를 자장한 것이 분류된다.

(6) 자석과 자석식 장치, 내연기관용 전기기기, 자전거·자동차용의 전기식 조명용·신호용 기기, 윈드스크린와이퍼·제상기와 제무기 및 휴대용 전등(제8505호, 제8511호 내지 제8518호)

전기의 특성·효과에 의해 작동하는 기기로서 자석과 자석식 장치, 내연기관용 전기기기, 자전거·자동차용 전기식 조명용·신호용 기기, 윈드스크린와이퍼·제상기와 제무기 및 휴대용 전등이 분류된다.

[자석과 자석식 장치, 내연기관용 전기기기, 자전거·자동차용의 전기식 조명용·신호용 기기, 윈드스크린와이퍼·제상기와 제무기 및 휴대용 전등(제8505호, 제8511호~제8518호)의 구성]

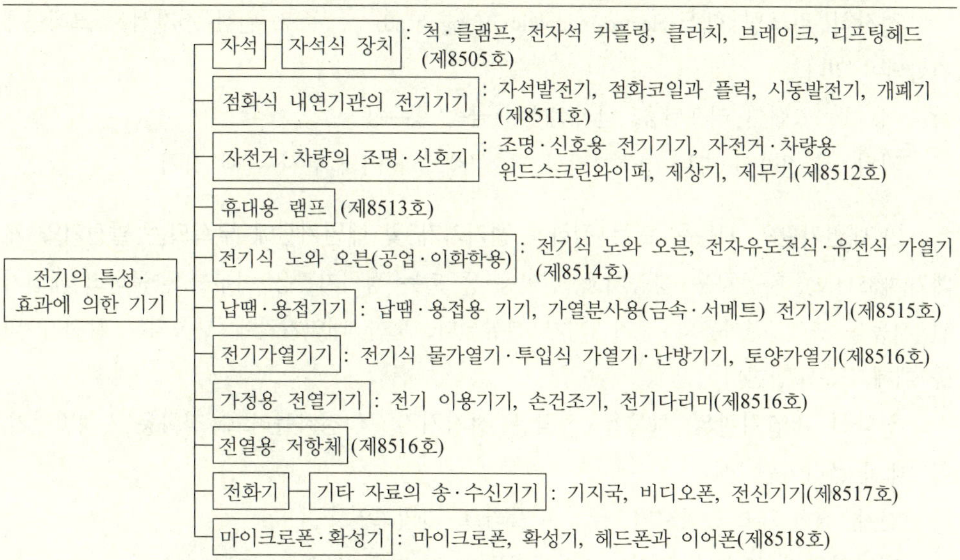

1) 자석과 자석식 장치(제8505호)

이 호에는 전자석, 영구자석과 자화한 영구자석, 전자석·영구자석의 척·클램프와 이와 유사 가공물 홀더, 전자식 커플링, 클러치와 브레이크 및 전자석 리프트 헤드가 분류된다.

전자석, 영구자석(permanent magnets) **및 자화한 영구자석** 전자석은 주로 연철 심의 주위에 전선을 감은 코일로 되어 있다. 영구자석은 영구히 자기가 주어진 특수합금이나 또는 기타 재료(예: 바륨페라이트를 플라스틱이나 합성고무로 응결한 것)로 형성된다. 자화 후에 영구자석이 되는 물품은 보통 금속제 또는 응결 페라이트(예: 바리움 페라이트)의 입방체나 원판형이다. 영구자석에는 용도를 불문하고 완구용 작은 자석도 분류된다.

전자석·영구자석의 척·클램프와 이와 유사 가공물 홀더 주로 가공시에 피가공물을 적정한 위치에 고정시키기 위하여 자석을 사용한 여러 형의 장치이다. 이 장치는 공작기계외의 기계용 홀딩장치를 포함한다.

전자식 커플링·클러치와 브레이크(electro-magnatic coupling, clutches and brakes) 전자식 클러치와 커플링은 전동자의 주위에 고정된 코일로 되어 전류가 통하면 코일 내로 끌어들어오고 전류차단 시는 스프링에 의해 다시 코일 밖으로 끌어낸다. 또한 변속커플링과 전자식 브레이크가 포함된다.

전자식 리프팅 헤드(electro-magnatic lifting head) 주로 원형 전자석을 크레인에 결합되어 있다.

예: 철스크랩의 리프팅용, 난파선에서 금속 회수용

기타 전자식 또는 영구자석식 척, 클램프와 이와 유사 홀딩 장치

2) 내연기관의 시동용 또는 점화용 전기기기 및 내연기관에 부속되는 발전기와 개폐기(제8511호): 자동차용·항공기용·선박용 등 또는 정치기관용 여부를 불문하고 내연기관 시동용 또는 점화용의 전기기기가 분류된다. 또한 내연기관에 부속되는 발전기 및 동 개폐기도 포함한다.

점화식 내연기관의 시동용·점화용 전기기기 점화플러그, 점화용 자석발전기, 마그네틱 플라이휠, 배

전기, 점화코일, 승압코일, 글로우 플러그, 가열코일

내연기관의 부속 발전기 시동전동기, 발전기(직류용 및 교류용),

개폐기 직류발전용 개폐장치

3) 자전거용 또는 자동차용 전기식 조명용·신호용 기기(제8512호): 여기에는 자전거

용 또는 자동차용으로 특별히 제작한 조명용 또는 신호용의 전기기기가 분류된다. 또한 이 호에는 자동차용의 전기식 윈드스크린 와이퍼·제상기 및 제무기가 포함된다.

자전거용·자동차용 전기식 조명용 또는 신호용 기기 직류발전기, 전지홀더, 각종 헤드램프, 측등·미등·정지등·등록판 등, 브레이킹 라이트·방향지시 등·리버싱램프, 수개 램프의 조립케이스, 내부조명등, 추광신호기, 전기식 시각신호용 기기(트레일러용 조명트라이앵글, 택시, 경찰차·소방차 등의 조명표지), 경보기, 사이렌 기타 전기식 음향신호용 기기, 역주행경고 신호기(초음파감지기, 전자장치, 버저 등)

자전거용·자동차용 윈드스크린와이퍼·제상기 및 제무기

[각종 전등의 분류]

물품 내용	분류
· 자동차와 자전거용 조명용 기기	제8512호
· 휴대용 전등(자체 전원을 갖는 것)	제8513호
· 사진용 섬광기구	제9006호
· 램프(고정된 장치에 접속된 것)	제9405호
· 의료용으로 사용되는 특수한 진단용 램프 예: 목 또는 귀의 검사용	제9018호

4) 공업용·이화학용의 전기식 노와 오븐 및 전자유도식·유전식 가열기(제8514호): 이 호에는 전기식, 전자유도식 또는 유전식의 노와 오븐 및 가열기가 분류된다.

공업용·이화학용 전기식 노와 오븐 전자유도식 또는 유전식의 노와 오븐을 포함한다.

예: 저항 노와 오븐, 저주파·고주파 유도로, 유전식 정전용량 노와 오븐, 금속용해·정제용 전기분해로, 액체저항로, 아크식 노, 적외선 방사로, 제빵오븐, 화장장용 노, 쓰레기소각용 노

공업용·이화학용 전자유도식 또는 유전식 가열기

① 유도코일을 갖춘 기계: 재료가 양도체로 만든 유도물체로 가열하는 데 사용되며, 저주파·중주파 또는 고주파 전력을 이용한다.

② 축전기사용하는 전극을 갖춘 기계: 재료가 부도체·불량도체로 만든 물체를 유전식(capacitive) 가열용으로 사용되며, 고주파전력을 이용한다.

5) 납땜·용접용 기기 및 금속·서메트의 가열분사용 전기식 기기(제8515호)

전기식·레이저 또는 기타 광선식·광자빔식·초음파식·전자빔식·자기펄스식 또는 플라즈마 아크식·납땜 또는 용접용 기기 절단기능을 갖는지의 여부를 불문한다.

예: 땜질·납땜기기, 금속저항 용접기기, 진공확산 용접기, 광자빔 용접기기, 열가소성 재료용 용접기기(열가스 용접, 가열엘레멘트 용접, 고주파 용접), 초음파 용접기기, 금속의 아크·플라즈마 아크 용접기기, 유도식 금속용접기기, 전자빔 용접기기

금속·서메트의 열분사용(hot spraying of metals or sintered metal carbides) **전기식 기기** 전기아크기기로서 금속 또는 서메트를 녹여 압축공기로 분사하는 것이다.

6) 전기식 물가열기와 난방기기, 가정용 전열기기 및 전열용 저항체(제8516호): 다음이 분류된다.

전기식 즉시식·저장식 물가열기와 투입식 가열기 가이저(geyser), 저장식 탕비기, 이중식 가열기, 전극형 온수보일러, 투입식 가열기

전기식 난방기기와 토양가열기 저장식 전기가열기, 전기식 난방기, 전기식 라디에이터, 가열판, 엔진히터

전기가열식 이용기기·손건조기 헤어드라이어, 헤어커얼러와 퍼머넨트 웨이브 장치, 손건조기

전기다리미 가정용·양복재단사용 또는 양재사용의 전기다리미, 무전선 아이론

기타 가정용 전열기기 마이크로웨이브 오븐, 쿠커·조리판·보일링링·그릴러와 로스터, 커피·차끓이기, 토스터, 가열 자켓어언(jacketed urn), 침대 난방기, 요구르트·치즈 제조기, 팝콘조리기

전열용 저항체 탄소전열저항체(제8545호)를 제외한 모든 전열저항체가 분류된다.

[가열장치의 분류]

기계명·기계내용	분류
·전기로의 건설 또는 내장용 벽돌, 블록 또는 이와 유사한 내화물 또는 세라믹물품	제69류

· 공업용 또는 이화학용의 전기식 노와 오븐 및 전자유도식 또는 유전식 가열기	제8514호
· 전기가열저항기	제8516호 · 제8545호
· 흑연 또는 기타 탄소제의 전극	제8545호
· 반도체웨이퍼 또는 평판디스플레이 제조용 전기로와 오븐	제8486호
· 반도체 조립에 전용 또는 주로 사용되는 납땜, 땜질 또는 용접기기	제8486호

[전기가열기기의 분류]

기계명, 기계내용	분류
· 전기가열식의 모포 · 베드 패드 · 발싸개 기타 이와 유사 물품	각각 해당 호
· 전기가열식의 의류 · 신발 · 귀싸개 기타 전기식 착용품	
· 롤러형 아이론기	제8420호
· 의류아이론 또는 프레스기	제8451호
· 보통 가정용이 아닌 카운터형의 커피여과기. 차와 밀크탕비기 · 소테남비 및 칩 남비	제8419호
· 공업용 마이크로웨이브 노와 오븐 및 기기	제8514호
· 전기식 즉시식 · 저장식 물가열기와 투입식 가열기	제8516호
· 전기다리미	제8516호
· 가정용 전열기기, 예: 마이크로웨이브 오븐, 쿠커 · 조리판 · 보일링링 · 그릴러와 로스터, 커피 · 차끓이기, 토스터, 침대 난방기, 요구르트 · 치즈 제조기, 팝콘조리기	제8516호
· 전열체를 갖춘 가구, 예: 린네르찬장과 배선차	제94류

7) 전화기, 음성 · 영상 또는 기타 자료의 송 · 수신기기(제8517호)

유선 네트워크(wired network)에 흐르는 전류나 광파의 변화 또는 무선네트워크(wireless network)에 의한 전자기파로 두 지점간의 대화 또는 기타의 음, 영상 또는 기타 자료를 송신 또는 수신하는 기기를 포함한다.

전화기(telephone sets)　　여기에는 모든 종류의 전화기가 분류된다. 유선전화기는 음성을 다른 기기로 보내기 위하여 전송용 신호로 변환하는 통신기기이다. 셀룰러 통신망 또는 기타 무선 통신망용 전화기를 포함한다.

예: 코드레스 세트, 건전지전원 라디오주파수 휴대용 소형 코드레스 핸드세트, 결합

된 다이얼링선택기와 스위칭 키유닛, 셀룰러 전화기, 휴대형 전화기, 위성 전화기

기타 음성·영상 또는 기타 자료를 송신·수신을 위한 기기 여기에는 근거리 통신망 또는 원거리 통신망과 같은 유선 또는 무선 통신망에서 통신을 위한 기기를 포함한다.

[기타 자료의 송·수신기기(제8517호)의 종류]

- 기지국(base stations): 일반 기지국은 셀룰러 전화기로부터 또는 기타 무선네트워크로 무선파를 수신 또는 송신하는 셀룰러 통신망이다. 모든 기지국은 지리적인 구역(셀)을 커버한다.
- 엔트리폰 시스템: 주로 전화핸드세트, 키패드나 확성기, 마이크로폰과 키로 구성되어 있다. 여러 세대가 입주한 건물입구에 설치되어, 방문객은 키를 눌러 입주자를 호출하여 대화할 수 있다.
- 비디오폰: 주로 유선전화통신용 전화기 세트와 텔레비전 카메라 및 텔레비전 수신기(유선전송)으로 구성되어 있다.
- 전신기기(제8443호의 팩시밀리기기 제외): 주로 문자·그래픽·상 또는 기타 자료를 전기적 임펄스로 변환시켜 전송하며 수신단은 이들 임펄스를 수신하여, 그대로 변환시키거나, 신호나 표시로 변환시킨다.
  예: 텔레프린터 또는 텔레타이프라이터 송신기, 텔레타이프라이터 수신기
- 전화용·통신용 스위칭 기기: 자동교환대와 교환기, 수동 교환대와 교환기가 있다.
- 무선전화 또는 무선전신용 송수신기기: 고정 송신기 및 송수신기, 동시통역용 무선송신기, 선박·항공기 등의 조난신호용 자동송신기, 원격신호의 송신기·수신기 또는 송수신기, 자동차·선박·항공기·열차 등의 무선전화기기, 전지식 휴대용 수신기
- 기타 통신기기: 유선·무선 네트워크를 연결하거나 이들 네트워크에서 대화, 영상 또는 기타 데이터를 송신 또는 수신하는 기기를 포함한다. 통신네트워크에는 반송통신시스템, 디지털 라인 시스템과 이들 조합품이 포함된다.
- 이 호(제8517호)에 분류되는 기기: ① 제한적·개방형 공중교환 전화통신망, ② 근거리통신망(LAN), ③ 도시지역통신망(MAN), ④ 원거리통신망(WAN), ⑤ 통신인터페이스 카드, ⑥ 모뎀(변조기와 복조기가 결합된 것), ⑦ 라우터, 브릿지, 허브, 리피터와 채널간 어댑터, ⑧ 다중교환장치와 관련 유선장비(예: 송신기, 수신기 또는 전자광학적 변환기), ⑨ 디지털정보를 전송·수신할 수 있는 자료 압축기/감압기(부호기), ⑩ 펄스음조변환기

[달리 분류되는 송수신기기]

기기명·주요 내용	분류
· 팩시밀리기: 팩시밀리(팩스)는 원문·그림을 네트워크로 송수신하고, 원문·그림의 재생 출력하는 기기	제8443호

· 무선전화·전신용, 라디오·TV용 송신기기(수신기·음성기록 또는 재생기기 갖춘 여부 불문)	제8525호
· 텔레비전 카메라, 정지화상비디오카메라·비디오카메라 레코더 및 디지탈카메라	제8525호
· 무선 전화·전신, 또는 라디오방송 수신용수신용 기기(음성기록·재생기기 또는 시계 내장 여부 불문)	제8527호
· TV용 수신용 기기(라디오방송수신기·음성 또는 영상기록·재생기기 결합 여부 불문)	제8528호
· 영상모니터와 영상프로젝터	제8528호

8) 마이크로폰과 확성기, 헤드폰과 이어폰, 마이크로폰과 확성기의 구성 세트, 가청주파증폭기 및 음향증폭 세트(제8518호): 이 호에는 특정목적을 위하여 설계된 여부를 불문하고 분리하여 제시되는 모든 종류의 마이크로폰, 확성기, 헤드폰, 이어폰 및 가청주파증폭기가 분류된다. 또한 전기음향증폭장치도 포함된다.

마이크로폰과 스탠드 송신·방송 또는 녹음이 되도록 음진동을 전류의 변화 또는 발진으로 변환시키는 것이다.

예: 탄소형 마이크로폰, 압전형 마이크로폰, 가동코일·리본형 마이크로폰

확성기 전기적 변화·진동을 기계적 진동으로 변환시켜 음향을 재생하는 것이다.

예: 가동철편형과 가동코일형 확성기, 압전형 확성기(수정확성기로 호칭), 정전형 확성기

헤드폰·이어폰 및 마이크로폰과 확성기의 세트 헤드폰과 이어폰은 저강도 음향신호를 만들기 위해 사용되는 전기음향수신기이다

예: 전화·전신용 헤드폰·이어폰, 헤드세트와 라디오·텔레비전 수상기·음성재생장치의 헤드폰

가청주파증폭기 가청주파수의 전기신호를 증폭시키는 데 사용된다. 가청주파증폭기는 증폭기의 이득을 변경시키는 음량조정기, 주파수를 변경시키는 조정기(bass boost·treble lift 등)를 갖추고 있다. 전화의 중계기·측정증폭기로서 사용되는 가청주파증폭기가 포함된다.

전기음향증폭장치 마이크로폰, 가청주파증폭기 및 확성기로 구성된 증폭장치도 포함된다.

(7) 라디오방송용·텔레비전용 송신기기, 전자카메라, 레이더·항행용 무선기기, 무선원격 조절기기, 라디오 수신기기 및 모니터와 프로젝터, TV 수신기기(제8525호 내지 제8529호)

전기의 특성·효과에 의해 작동하는 기기로서 라디오방송용·텔레비전용 송신기기, 전자카메라, 레이더·항행용 무선기기, 무선원격 조절기기, 라디오 수신기기 및 모니터와 프로젝터, TV 수신기기가 분류된다.

[라디오방송용·텔레비전용 송신기기, 전자카메라, 레이더·항행용 무선기기, 무선원격 조절기기, 라디오 수신기기 및 모니터와 프로젝터, TV 수신기기(제8525호~제8529호)의 구성]

- 라디오·텔레비전 송신기기 — 라디오방송용·텔레비전용의 송신기기 (제8525호)
- 카메라: 텔레비전 카메라·디지털카메라 및 비디오카메라 레코더(제8525호)
- 레이더기기·항행용 무선기기 및 무선원격 조절기기 (제8526호)
  - 레이더기기: 항행용 레이더장치, 레이더 고도측정기기, 기상용 레이더
  - 항행용 무선기기: 공항용 착륙유도용과 교통관제용 기기
  - 무선원격 조절기기: 선박·무인비행기·미사일·모형선박·항공기의 무선원격조절기
- 라디오방송 수신기기 (제8527호): 가정용·차량용 라디오수신기, 카세트플레이어, CD플레이어, 카세트녹음기
- 모니터, 프로젝터, 텔레비전수신용 기기 (제8528호)
  - 모니터(무TV수신기기): 모니터, TV방송 수신기, 자동자료처리시스템용 모니터
  - 프로젝터
  - TV 수신용 기기: 방송 수신기, 공업용 TV수상기, 가정용 TV세트

* 제8524호: 공란 유보

1) 라디오 방송용 또는 텔레비전용 송신기기와 텔레비전 카메라·디지털카메라 및 비디오카메라 레코더(제8525호)

라디오 방송용 또는 텔레비전용 송신기기(수신기기나 음성기록 또는 재생기기를 갖춘 것인지의 여부를 불문한다) 라디오 방송용의 기기는 유선에 접속시키지 않고 공간을 통하여 전자파신호를 송신하는 것이다. 텔레비전용 기기의 송신이 전자파에 의하거나 또는 유선에 의하거나를 불문하고 이 호에 분류한다.

예: 라디오방송 또는 텔레비전의 송신기, 방송을 수신 및 재송신하며 또는 방송범위를 확대하는 중계기기(항공기에 설치된 텔레비전용 중계기기 포함), 주송신기에

송신하기 위한 중계용 텔레비전 송신기, 공업용 텔레비전 송신기(송신이 유선인 것도 있다)

텔레비전 카메라·디지털카메라 및 비디오카메라 레코더 영상을 포착하여 전기신호로 변환하는 ① 영상이미지를 카메라로 보거나 원격녹화하기 위해 전송하는 것(예: 텔레비전 카메라), ② 정지영상이나 동영상으로 카메라에 저장하는 것(예: 디지털카메라, 비디오카메라 레코더)을 분류한다.

[텔레비전 카메라·디지털카메라 및 비디오카메라 레코더의 비교(제8525호)]

구분	텔레비전 카메라	디지털카메라와 비디오카메라 레코더
주요 내용	–영상을 녹화하기 위한 내장기능이 없다. 카메라는 웹캠처럼 자동자료처리기계와 함께 사용되기도 한다. 예: 텔레비전 스튜디오용, 보도용·공업 및 과학목적용·교통관제용의 텔레비전 카메라 –텔레비전 카메라는 수평·수직으로 조정하는 원격 제어장치 및 렌즈와 다이아프램을 원격조절 장치의 유무를 불문한다.	–디지털카메라와 비디오카메라 레코더는 영상을 내부저장장치 또는 매체에 녹화한다. –카메라는 아날로그/디지탈 변환기(ADC)를 포함하고, 영상을 자동자료처리기계·인쇄기·텔레비전 또는 기타 시각기계의 유니트에 전송하는 출력 터미널을 포함한다. –어떤 기기는 외부연결기기로부터 아나로그·디지털 영상 파일을 내부에 녹화하기 위한 입력단자를 갖추고 있고, 뷰파인더나 액정표시 장치 또는 두 개 모두를 갖추고 사진을 찍거나 녹화한 화상을 재생시에 뷰파인더로 스크린으로 화면역할을 하는 LCD를 갖추고 있다.

[사진기와 디지탈카메라와의 비교]

구분 분류	텔레비전 카메라·디지털카메라 및 비디오카메라 레코더 (제8525호)	사진기 카메라 또는 영상기 카메라 (제9006호·제9007호)
주용 내용	대부분은 사진기 또는 영상기 카메라(제90류)와 기계적으로 비슷하며, 보통 감광매체에 영상초점을 맞추는 광학렌즈와 카메라에 들어오는 빛의 양을 조정하는 장치가 갖추고 있다. –영상을 아나로그 또는 디지털 자료형태로 변환한다. –CMOS 또는 CCD와 같은 감광성 장치에 상의 초점을 맞추어 상을 포착한다. –감광성 장치는 화상의 전기적 표현을 처리하기 위해 아날로그 또는 디지털 기록으로 변환시킨다.	사진필름(제37류)에 영상을 노출한다.

2) 레이더기기·항행용 무선기기와 무선원격 조절기기(제8526호): 다음이 포함된다.

레이더기기 선박 또는 항공기의 항행용 레이더장치, 공항용 맹목 착륙유도용 기기 및 교통관제용 기기, 레이더 고도측정기기(전지고도계), 기상용 레이더 및 기상용 기구, 신관장치용 레이더장치, 포의 사정 및 방향탐지용 레이더장치, 레이더 트랜스폰더

항행용 무선기기 항행용 무선보조기기

무선원격 조절기기 선박·무인비행기·로켓·미사일·장난감·모형선박 또는 항공기 등의 무선원격조절기기, 광산의 폭파용, 기계 원격조절용의 무선기기

3) 포켓형 라디오카세트 플레이어(제8519호, 제8527호): 외부의 전원없이 작동하는 것으로서 크기가 170mm×100mm×45mm 이하인 카세트 플레이어(앰프는 내장되나 확성기는 없다)를 말한다.

4) 텔레비전 수신기기를 갖추지 아니한 모니터와 프로젝터 및 텔레비전 수신용의 기기(제8528호): 제8528호에는 ① 텔레비전 수신기기를 갖추지 아니한 모니터와 프로젝터, ② 신호를 표시하기 위한 텔레비전 수신용 기기(라디오방송용 수신기, 음성기록·영상기록 또는 재생기기를 결합여부 불문)(텔레비전 세트), ③ 화면 표시기능이 없는 텔레비전 신호 수신기기(예: 위성 텔레비전 방송수신기기)를 포함한다.

모니터, 프로젝터 및 텔레비전 세트는 영상을 표시하기 위하여 음극선관, LCD, DMD, OLED 및 플라즈마 등을 사용한다. 모니터와 프로젝터는 여러 종류의 서로 다른 신호소스를 받을 수 있다. 그러나, 이들 기기에 텔레비전 튜너를 내장한 것은 텔레비전 수신용의 기기로 본다.

예: ① 자동자료처리시스템(제8471호)에 전용 또는 주로 사용되는 모니터
② 자동자료처리시스템에 전용 또는 주로 사용되는 것 이외의 기타 모니터
③ 프로젝터(보통 TV수신기기나 모니터 화면에 구현되는 영상을 외부 표면에 투영하는 기기)
④ 텔레비전 수신용 기기(영상 디스플레이 또는 스크린을 갖추도록 설계된 여부 불문)

(8) 전기식 신호·안전 교통관제기기, 음향·시각신호용 기기(제8530호·제8531호)

전기의 특성·효과에 의해 작동하는 기기로서 전기식 신호·안전 교통관제기기, 음

향·시각신호용 기기가 분류된다.

[전기식 신호·안전 교통관제기기, 음향·시각신호용 기기(제8530호·제8531호)의 구성]

- 전기식 신호·안전 교통관제기기 (제8530호)
  - 철도·궤도용 기기
  - 도로·내륙수로·주차시설용 장치 : 자동평면교차신호기, 교통신호 등
  - 공항만 전기식 교통관제용 기기
- 전기식 음향·시각신호용 기기 (제8531호)
  - 경보기 : 도난경보기, 화재경보기(화재검출기)
  - 전기식 벨·버저·도어차임 등
  - 전기식 음향신호기기·혼·공습·선박용 사이렌 등
  - 항공기·선박·열차·차량용의 점멸 또는 단속신호등 등
  - 표시반·표시기 : 숫자표시기, 사무실표시기, 정거장용 표시반, 경마장·경기장·볼링장표시기

1) 전기식 신호·안전 교통관제기기(제8530호): 이 호에는 철도·호버트레인시스템·도로 또는 내륙수로의 교통관제를 위하여 사용되는 모든 전기식 기기가 분류된다. 이와 유사 기기도 선박 및 보트, 항공기와 주차시설의 관제에 사용되는 기기도 포함된다.

철도 또는 궤도용 기기

- 신호 및 안전기기: 신호를 실제로 행하는 부분, 작동장치 및 제어장치로 구성되어 있다.
- 궤도제어기기: 포인트를 원격제어하는 기기로서 주로 궤도 위의 실제 작동장치와 수개 소에 집중되어 있는 제어장소에 설치된 제어반 및 제어장치로 구성되어 있다.

도로·내륙수로 및 주차시설용 장치 자동평면교차신호기, 교통신호등

항만설비 및 공항용 전기식 교통관제용 기기

2) 전기식 음향 또는 시각신호용 기기(제8531호): 자전거 또는 자동차에 사용되는 신호기기(제8512호)와 도로·철도 등의 교통관제용 신호기기(제8530호)를 제외한 신호를 목적에 사용되는 모든 전기식 기기가 분류된다. 신호의 전달수단으로 음을 사용하거나 가시적 표시를 하는 것(램프·플랩·조명숫자 등)이든 불문하고, 또한 수동식 혹은 자동식

인지 여부를 불문하고 분류한다.

[전기식 음향 또는 시각신호용 기기의 종류(제8531호)]

구분	기기명
도난경보기·화재경보기와 이와 유사 기기	-도난경보기: 검출부와 검출부가 작동 시에 자동조작되는 신호부와의 2개부로 구성 -화재경보기: 자동경보기도 검출부와 신호부의 2개로 구성 -기타 경보기: 전기식 증기 및 가스경보기, 화재경보기(화재검출기)
전기식벨·버저·도어차임 등	
전기식 음향신호기기·혼·사이렌 등	음향을 전기적으로 진동시키거나 원반을 회전시켜 발생시킨다. 예: 공업용 사이렌·공습사이렌·선박용 사이렌 등
기타 전기식 신호기기	항공기·선박·열차 기타 차량용의 점멸 또는 단속하는 신호등 등
표시반과 이와 유사한 것	숫자표시기, 사무실표시기, 승강기표시기. 정거장용 표시반, 경마장·축구경기장·볼링유희장 등에서 사용하는 표시기

[신호기기의 분류]

기기내용	분류
· 자전거 또는 자동차에 사용되는 전기식 조명기기와 신호기기	제8512호
· 전기식 신호·안전 교통관제기기	제8530호
· 전기식 음향 또는 시각신호용 기기	제8531호
· 전기식 조명장치를 갖춘 기계식 신호기기 · 전기적으로 작동되는 액압식 또는 기압식의 조절기기	제8608호
· 전기식으로 조명되는 정지식 신호기, 예: 지표로서 사용되는 조명판	제8310호, 제9405호 등

(9) 고유기능을 갖는 기타 전기기기(제8543호)

관세율표의 타류의 호에 분류되지 않고 제85류의 타호에 해당되지 않으며, 또한 제16부 또는 제85류의 주를 적용하여도 제외되지 아니하는 독립된 기능을 갖는 모든 전기기기가 분류된다.

예: 입자가속기, 신호발생기, 전기도금·전기분해 또는 전기영동용 기기, 일렉트릭 펜스 에너자이저, 탐광기, 음성 믹스(mixing)기기, 소음감쇠기, 전기저항체를 부착한 제상기와 제무기, synchronisers, 고주파·중간주파 증폭기, 공업용 자외선

조사기, 전자 뮤지컬 모듈, 이온 주입기(ion impanter), 전기기기의 원격조정용 적외선장치, 전자발광장치, 디지털 비행기록장치(비행기록기) 등

(10) 음성·영상의 기록 또는 재생기기 및 음성·기타 현상의 기록용 매체(제8519호·제8521호·제8523호)

[음성·영상의 기록 또는 재생기기 및 음성·기타 현상의 기록용 매체(제8519호·제8521호·제8523호)의 구성]

- 음성·영상기록 또는 재생기기
  - 음성녹음·재생기기 (제8519호)
  - 영상기록·재생용 기기 (제8521호)
    - 부분품·부속품 (제8522호)
- 음성·기타 현상기록용 매체: 녹음·녹화테이프, CD, USB 플래시 드라이브, 스마트카드 등(제8523호)

* 제8520호, 제8524호: 공란 유보

1) 음성·영상의 기록 또는 재생기기(제8519호·제8521호)

음성기록 또는 재생기기(제8519호) 음성을 기록 또는 재생하는 기기, 기록과 재생을 모두하는 기기가 분류된다. 보통 음성은 내부 저장장치 또는 매체에 저장되고 재생된다. 음성기록기기는 음성 재생기기가 원래의 음파를 재생할 수 있도록 기록 매체를 수정한다. 컴퓨터를 이용하여 인터넷 또는 컴팩트디스크에서 다운로드 받아 디지털 오디오장치(예: MP3 플레이어)의 메모리에 저장한 데이터사운드 파일의 녹음도 포함된다. 음성을 디지털코드로 녹음하는 장치는 아날로그로 변환하는 기능이 없으면 음성을 재생할 수 없다.

예: 주크박스, 턴테이블, 전화 응답기, 카세트 플레이어, 테이프 레코더, 카세트 레코더, 컴팩트디스크 플레이어. 자기광학원반 이용기기, MP3 플레이어, 자기·광학 또는 반도체 매체의 조합기기, 레코드 플레이어, 영화용 음성기록기기, 영화용 음성재생기, 재녹음 기기

영상 기록용 또는 재생용 기기(제8521호)

· 기록기와 기록기/재생기를 결합한 것: 텔레비전의 영상 및 음성의 기록기기에 있어, 영상 및 음성의 전기신호는 통상 자기테이프인 매체에 기록된다. 일반적으로 영상에 부수하는 음성은 영상과 동일한 기록매체에 영상기록의 트랙과는 별도인 하나 이상의 트랙에 영상과 동시에 기록된다. 재생용 기기는 기록을 영상신호로

변환시키고 이 신호는 송신소 또는 텔레비전 수신기에 보내진다.

- 재생기기: 단지 영상과 음성을 직접 텔레비전 수신기에 재생하도록 설계 제작되어 있고, 매체는 기록장치에 의해 기계적, 자기적 또는 광학적으로 기록된다. 다음이 있다.

① 영상과 음성이 저장되고, 레이저광선 판독장치·용량센서·압력센서 또는 자기헤드에 의하여 수집된 비디오 디스크를 사용하는 기기

② 광학성 필름에 기록자료를 해독하고 영상신호로 변환하는 기기

2) 음성 또는 기타 현상의 기록용 매체(제8523호): 여기에는 기록 여부를 불문하고 음성 또는 기타 현상(숫자, 자료, 문자, 영상 또는 기타 영상 자료, 소프트웨어) 녹화를 위한 매체를 분류한다. 또한 완성 기록매체의 대량 생산에 사용되는 중간생산형태의 매체(예: 매트릭스, 마스터 디스크, 머더 디스크, 스탬퍼 디스크)도 포함한다.

[음성·기타 현상의 기록용 매체(제8523호)]

- 자기식 매체: 카세트테이프와 테이프레코더용 테이프, 캠코더·기타 영상기록기기(예: VHS, Hi-8 TM, mini-DV)용의 테이프, 마그네틱 스트라이프를 자장한 디스켓과 카드
- 광학식 매체: 컴팩트 디스크(예: CDs, V-CDs, CD-ROMs, CD-RAMs), DVD, 자기광학 매체
- 반도체식 매체: 고상 비휘발성 기억장치(예: USB 플래시 드라이브), 스마트카드
- 기타: 축음기용 레코드판 등

[고체상태의 비휘발성 저장디바이스와 스마트카드(제8523호)의 비교]

기기명	·고체상태의 비휘발성 기억장치(solid-state non-volatile storage device)	·스마트카드(smart cards)
주요 특성	플래시 메모리카드(flash memory cards) 또는 플래시 전자기억카드(flash electronic storage cards)의 고체상태 비휘발성 기억장치라 함은 인쇄회로기판 위에 하나 또는 그 이상의 집적회로 형태의 플래시메모리(예: FLASH E2 PROM)를 동일하우징 속에 구성하고, 연결용 소켓을 갖춘 기억장치를 말한다. 이러한 물품은 집적회로형태의 제어기와 축전기·저항기와 같은 수동개별 부품을 갖춘 것도 있다.	스마트카드라 함은 하나 또는 그 이상의 칩형태 전자집적회로(하나의 마이크로프로세서, RAM 또는 ROM)를 내장한 카드를 말한다. 이러한 카드는 접속부, 마그네틱 스트라이프(magnetic stripe) 또는 내장형 안테나를 갖춘 것도 있으나, 다른 종류의 능동 또는 수동회로소자를 갖춘 것은 제외한다.

* 제85류 류주 4가·나 참조

[기록용 매체의 분류]

기록 매체	분류
· 하나 이상의 사운드트랙을 지닌 사진용 또는 영화용 필름	제37류
· 광전기록용의 감응식 필름	제3702호
· 준비되지 아니한 음성 또는 기타 현상 기록용 매체용 물품	제39류 · 제48류 · 제15부
· data-bearing용 종이테이프 또는 펀치카드: 기록은 보통 천공에 의해 이루어진다.	제48류
· 음성·기타 현상의 기록용 매체: 디스크, 테이프, 고상 비휘발성 기억장치, 스마트카드 등	제8523호
· 게임기계용 카트리지	제9504호

(11) 전기기기 내의 구성품성 전기용품(제8532호 · 제8533호 · 제8535호 · 제8536호 · 제8539호 내지 제8541호, 제8545호)

단독으로 사용하지 않으나 전기기기 내의 구성품으로 특정한 역할을 하도록 설계 제작된 전기용품이 분류된다.

[전기기기 내의 구성품성 전기용품(제8532호 · 제8533호 · 제8535호 · 제8536호 · 제8539호~제8541호, 제8545호)의 구성]

- 특정 전기용품
  - 축전기(Capacitor) — 부분품: 고정식 축전기, 가변식 축전기, 조정(프리세트)식 축전기(제8532호)
  - 저항기(resistor) — 부분품: 고정식 저항기, 가변식 저항기, 바리스터, 가감저항기, 전위차계(제8533호)
  - 전기회로개폐용 · 보호용 · 접속용 기기 — 부분품: 절환스위치, 계전기(제8535호 · 제8536호)
  - 램프(lamp) — 부분품: 필라멘트램프, 방전램프, 자외선램프, 적외선램프, 아크램프(제8539호)
  - 열전자관 · 냉음극관 또는 광전관 — 부분품: 정류관, 음극선관, 광전관(제8540호)
  - 반도체디바이스 — 부분품: 다이오드, 트랜지스터, 감광성반도체, 발광다이오드(제8541호)
  - 흑연 · 탄소 전기제품 — 부분품(제8545호)

1) **축전기**(capacitor, 콘덴서: condenser)(제8532호): 이 호의 축전기는 교류회로의 역률 개선, 유도전동기 내에서 위상전류를 생산, 전기접촉기 보호, 전기량을 저장하거나 방출하며, 원칙적으로 절연물질로 분리된 2개의 도전면으로 구성되어 있다.

예: 고정식 축전기(건식축전기, 유침축전기, 가스침지축전기, 유입축전기와 전해축전기), 가변식 축전기, 프리세트(pre-set), 조절가능한 축전기

2) 저항기 및 전위차계(제8533호): 다음 저항기, 가감저항기와 전위차계가 분류된다

저항기(resistor: resistances)　저항기는 회로 내에 전기저항을 공급하는 도체로서 금속 또는 봉상의 탄소·탄소·실리콘 카바이드·금속 또는 금속산화필름으로 만든다. 인쇄처리하여 개별 구성부분으로 얻을 수 있으며, 회로 내에 배열시킨 수개의 터미널이 부착되어 있다.

예: 유침저항기, 탄소저항램프, 배레터(barretters), 표준저항기, 비선형 저항기

가감저항기(rheostats)　회로 내의 저항치를 임의로 변화시키는 섭동접촉자 등을 갖춘 가변저항기이다. 어떤 가감저항기는 극장용 조광기와 약간의 저항기로 구성되는 전동기의 시동기 및 제어기도 있다.

예: 섭동선형 가감저항기, 계단식 가감저항기, 액체도전체내 수소 가감저항기, 자동 가감저항기, 원심형 가감저항기

전위차계(potentiometers)　두 개의 접속자 간에 고정된 저항기와 저항기의 어떤 점에 접촉시킬 수 있는 섭동 탭핑(tapping)으로 되어 있다.

3) 전기회로의 개폐용·보호용·접속용 기기(제8535호·제8536호): 이들 기기는 1,000V 초과하는 것은 제8535호에 분류하고, 1,000V 이하의 것은 제8536호에 분류한다.

[전기회로의 개폐용 기기(제8535호·제8536호)]

- 개폐기: 무선·전기기기용 소형스위치, 가정 전기배선용 스위치(예: 텀블러스위치, 레버조작스위치, 회전스위치, 팬던트스위치, 푸쉬버튼스위치) 및 공업용 스위치(예: 리미트스위치, 캠스위치, 마이크로스위치 및 proximity스위치), 자동열전기스위치(starter). 광학적전자 AC 스위치(절연 사이리스터AC 스위치), 트랜지스터와 논리칩(chip-on-chip 기술)의 전자스위치(온도보호 전자스위치 포함), 11amps 이하 전류용 전자 스냅-작동스위치(toggle switch) 등
- 절환스위치(change-over switch): 하나 이상의 선로를 하나 이상의 다른 선로에 접속시킨다.
- 계전기(relays): 전기회로를 동회로 또는 다른 회로의 변화로 자동제어하는 전기장치이다.

예: 전기제어방식 전자형 계전기, 영구자석형 계전기, 열전형 계전기, 유도형 계전기 등, 설정조건작동 최대전류계전기, 전압계전기, 차동계전기, 즉시차단계전기, 시간지연계전기 등

[전기회로의 보호용 기기(제8535호·제8536호)]

① 퓨즈와 피뢰기
② 자동회로 차단 전자식 장치: 회로의 과부하를 방지하기 위한 장치이다
③ 회로단속용 개폐기: 고압회로용 스위치이다. 보통 아크를 방지하기 위해 특수 장치를 갖춘 것이다.
④ Voltage limiters: 두 도체 간의 전위차, 예정치를 미초과하는 도체와 earth 간의 전위차 안전을 위한 장치
⑤ 격리용 개폐기: 회로의 isolating section에 사용, 완만차단형으로 회로에 부하시에 사용되지 않게 한다.
⑥ 서지억제기: 고주파 변동을 흡수하는 선로·전기기기와 병직렬로 삽입한 코일과 축전기 등을 조합한 것

[전기회로의 접속용 기기(제8535호·제8536호)]

· 플러그, 소켓 및 기타 콘택트: 플럭과 소켓, 전동기용의 브러시 및 전차 리프팅기기 등용의 집전장치와 같은 섭동접촉기, 전구용·진공관용의 소켓 및 램프홀더
· 기타 접속기(conector), 터미널, 터미널스트립 등: 전기접속자를 갖춘 소형 사각절연재료(dominose), 금속부품 터미널(terminal) 및 전기 접속용 소형 금속부품(spade 터미널, crocodile clip 등)
· 터미널스트립(terminal strip): 전기배선을 고정시키는 금속터미널이나 접속기를 갖춘 대상 절연재료이다.
· 접속상자: 전선과 접속시키기 위해 터미널 기타 장치를 내부에 부착시킨 상자로 되어 있다.

4) 광섬유, 광섬유 다발 또는 광섬유케이블의 접속자(제8536호): 광섬유, 광섬유 다발 또는 광섬유케이블의 접속자라 함은 디지털 통신에서 오로지 기계적으로 광섬유의 끝과 끝을 연결해주는 접속자를 말한다. 이들 물품은 신호의 증폭, 재생 또는 변형과 같은 기타 다른 기능을 수행하지 않는다.

5) 필라멘트램프 또는 방전램프와 아크램프(제8539호): 특수용으로 특별히 설계되었는지의 여부를 불문하고 모든 램프가 분류된다. 또한 필라멘트램프·가스입 또는 증기입의 방전램프와 아크램프를 포함한다.

예: 실드 빔램프 유닛(Sealed beam lamp units), 필라멘트램프, 방전램프(예: 가스 방전관, 나트륨램프, 수은램프, 가스입 이중램프, 메탈 할라이드램프), 자외선램프 및 적외선램프, 아크램프

6) 열전자관 냉음극관 또는 광전관(제8540호): 여러 목적으로 진공 또는 가스를 봉입하고 음극의 방출전자를 작용시키는 관를 분류한다. 이들에는 열전자관, 냉음극관 및 광전관의 세 가지의 종류가 있다.

[열전자관, 냉음극관 및 광전관의 종류(제8540호)]

- 정류관(rectifying tubes & valves): 교류를 직류로 정류시킨다. 진공형, 가스를 넣었거나 또는 증기(예: 수은증기)를 넣은 것이 있다.
- 음극선관(cathode-ray tubes): 다음이 있다.
  ① 텔레비전 촬상관(영상픽업관): 통상 주사법에 의해 광학상을 전기적 신호로 변환하는 전자빔관이다.
  ② 상변환관: 진공관으로 안에서 어떤 상이 광전음극면에 투영되어 형광면에 가시상을 비춰준다.
  ③ 상증강관: 전자관으로 안에 있는 광전음극면에 투영된 상이 형광면에 밝은 상으로 비춰준다.
  ④ 기타 음극선관: 텔레비전 수상관, 비디오 모니터관
- 광전관(photoemissive tubes): 두 전극을 갖는 관이며, 음극은 광전도성 재료의 층으로 피복되어 있어 빛에 의해 두 전극 사이에 전도성을 띄는 전자가 방출되어 양극에 전자가 집결된다.
- 기타 관: 통상 진공관식이나 어떤 것은 몇 개의 전극을 갖추고 있다. 고주파발진용, 증폭기, 검파기, 주사변환기 등으로 사용된다.

7) 다이오드·트랜지스터와 이와 유사한 반도체디바이스(제8541호)

다이오드·트랜지스터와 이와 유사한 반도체디바이스(diodes, transistors and similar semiconductive devices) 전계의 작용에 따른 저항의 변화로 작용을 하는 반도체디바이스를 말한다.

[반도체디바이스(제8541호)]

- 다이오드(diods): 단일의 PN접합을 가진 것으로 두 개의 터미널을 가진 터미널디바이스이다. 한쪽 방향으로 전류를 보내나 역방향에는 고저항이 발생한다
- 트랜지스터: 전류를 증폭·발진·주파수변환 또는 스위칭시킬 수 있는 능력을 가진 3단자소자 또는 4단자소자이다.
  - 쌍극성 트랜지스터: 2개 다이오드형의 접합으로 구성된 3단자 소자이다
  - 전계효과트랜지스터(MOS): 2개 단자 간에 전하 캐리어를 감소시키거나 증가시킨다.
- 유사한 반도체디바이스: 전계의 적용에 따른 저항률의 변화로 작용을 하는 반도체디바이스

를 말한다. 다음이 포함된다.
- 다이리스터(thyristors): 3개 이상의 PN접합을 갖는 반도체 속에서 4개의 전도권이 형성되며 제어펄스가 전도를 시작할 때 미리 결정한 방향으로 직류가 흐른다.
- 트라이액(triac): 2방향의 3극관 다이리스터
- 다이액(diacs): 트라이액의 작동에 필요한 펄스를 제공하기 위하여 사용된다.
- 바랙터(varactors): 가변용량 다이오드
- 전계효과형 디바이스(field effect device): gridistor와 같은 것
- 건효과형 디바이스(gunn effect devices): 건(gunn)효과를 이용한 마이크로파를 발진시키는 다이오드

감광성 반도체디바이스(photosensitive semiconductor device)　가시광선, 적외선 또는 자외선의 작용이 내부 광전효과에 의해 저항을 변경하거나 기전력을 발생하는 것이다. 이 호의 감광성 반도체디바이스는 장착하였거나 포장하거나 또는 장착하지 않고 제시된 여부를 불문한다. 감광성 반도체디바이스의 주요 형태는 다음과 같다.

[감광성 반도체디바이스(제8541호)]

- 광전도셀(light dependent resistors): 통상 두 전극사이에 반도체 재료(황화카드뮴·황화연 등)가 들어있는 것으로, 반도체재료의 전기저항은 셀에 들어오는 빛의 강도에 따라 변화되는 것이다. 화염검출기, 자동카메라용 노출계, 자동정밀측정장치용 자동문 개폐장치 등에 사용된다.
- 광전지(photovoltaic cell): 외부 전원없이 빛을 직접 전기적 에너지로 변환시킨다. 광전지의 특수한 종류는 다음과 같다.
  ① 태양전지(solar cell): 태양광선을 직접 전기적 에너지로 변환시키는 실리콘 광전지이다. 태양전지는 모듈로 조립되거나 또는 패널로 제작된 여부를 불문하고 포함한다. 그러나 동력을 전동기·전해조에 직접 공급하는 것처럼 단순(예: 전류의 방향을 제어하는 다이오드)한 소자(elements)를 부착한 패널 또는 모듈(제8501호)을 제외한다.
  ② 광전다이오드(photo diodes): 광선이 PN접합(juction)을 두들기면 저항이 변화하는 것이다. 광전트랜지스터와 광전다이리스터(photo thyristors)는 광전수신기에 속한다. 빛이 통과하게 하우징이 부분적으로 투명하여 다이오드, 트란지스터 및 다이리스터와 구별된다.
  ③ 포토커플 및 포토릴레이(photo-couples and photorelays): 포토다이오드·광전트랜지스터 또는 광전다이리스터를 결합한 전계발광 다이오드로 구성되어 있다.

발광다이오드(light emitting diodes)　발광다이오드, 또는 전계발광다이오드(특히 비화 게리움 또는 인화 게리움을 기재로 한 것)는 전기에너지를 가시광선, 적외선, 자외선으

로 변환시키는 디바이스이다.

장착된 압전기결정소자 주로 티탄산바륨, lead titante zirconate(제3824호) 또는 기타의 결정·수정 또는 전기석의 결정이다. 이 호에는 장착된 것만이 분류되며 일반적으로 판·봉·원판·환 등의 형태이며, 최소한 전극 또는 전기접속자를 부착하고 있어야 한다.

[압전기 결정소자의 분류]

품명	분류
티탄산바륨, lead titanate zirconate의 결정	제3824호
장착되지 아니한 압전기결정소자	제3824호·제7103호·제7104호
마이크로폰 또는 확성기용 압전기전지	제8518호
더미스터(thermistors)·바리스터(varistors)·자기저항기 등의 비선형 반도체 저항기와 같은 반도체소자	제8533호
장착된 압전기결정소자	제8541호
초음파 두께측정기 또는 초음파 탐사기등용의 픽업엘리먼트(pick up elements)	제9033호
전자시계용 쿼츠발진기(quarts oscillators)	제9114호

[흑연·탄소제품의 분류]

물품내용	분류
탄소의 블록 또는 판	제3801호
브러시홀더는 기계의 부분품으로 분류된다	제8503호 등
탄소저항기	제8533호
흑연으로 된 외부윤활층을 도포한 금속브러시	제8535호·제8536호
전기용 흑연 또는 탄소제품	제8545호

(12) 인쇄회로, 배전반 및 전자집적회로(제8534·제8537호·제8542호)

여기에는 인쇄회로, 배전반 및 전자집적회로가 분류된다.

[인쇄회로, 배전반 및 전자집적회로(제8534·제8537호·제8542호)의 구성]

- 인쇄회로(printed circuit) (제8534호)
  - 박막회로(thin-film circuit)
  - 후막회로(thick-film circuit)
- 배전반(switch board) (제8537호) : 보드, 패널, 콘솔, 책상, 캐비닛
- 전자집적회로 (electronic integrated circuit) (제8542호)
  - 모노리식 집적회로(monolithic integrated circuit)
  - 하이브리드 집적회로(hybrid integrated circuit)
  - 복합구조칩 집적회로(multichip integrated circuit)

1) **인쇄회로**(제8534호): 보통의 인쇄 또는 양각, 도포(plating-up)·식각(etching) 등의 인쇄처리 방법에 의해 도체소자·접촉자 또는 인덕턴스·저항기·축전기(수동소자)와 같은 기타의 인쇄된 구성부품을 절연기판 위에 형성하여 만든 회로를 분류한다.

박막회로(thin-film) 박막회로는 진공증착법·음극분해법 또는 화학적 방법에 의해 유리제 또는 도자제의 판 위에 금속막 또는 부전도막의 특정한 모형을 부착함으로써 형성된다. 이 모형에는 마스크(mask)를 사용하여 형성된 것도 있고 또한 선택적 식각을 하여 만든 연속상의 시트로 부착시켜 형성한 것도 있다.

후막회로(thick-film) 후막회로는 페이스트상으로 만든 재료를 스크린인쇄(screen printing)하여 박막회로와 유사한 모형을 도자제 판 위에 형성하여 노에서 가열처리한다. 인쇄회로에는 기계적 소자를 장착하거나 인쇄기술이 아닌 전기식 부품을 접속하기 위해 구멍이 있기도 하고, 또는 비인쇄 접속부품을 갖춘 것도 있다.

[분류범위]

① 어떤 기초회로나 공회로는 일반적으로 얇고 동일한 스트립상이나 웨이퍼상(접속단자 또는 접촉장치를 갖춘 것도 있다)인 인쇄된 도체소자만으로 된 것이 있다. 또한 미리 설정된 모형(pattern)에 따라 여러 개의 소자가 상호 접속된 것도 있다.

② 절연기판재료는 일반적으로 평판이나, 원통형·원추형 등의 것도 있다. 회로는 기판의 편면 또는 양면(이중회로)에 인쇄되어 있으며, 수개의 인쇄회로가 층상으로 조합되어 상호 접속된 것(다층회로)도 있다. 수동소자만으로 구성된 박막회로 또는 후막회로는 제8533호에 분류된다.

2) 전기제어용·배전용 보드·패널·콘솔·책상·캐비닛 기타 기반(제8537호): 이 기기

는 앞의 두 가지 이상(제8535호와 제8536호의 스위치와 퓨즈 등)을 보드·패널·콘솔(console)에 조립하거나 또는 캐비닛·책상 등의 내에 장착한 것이다. 제8517호의 교환기를 제외한다. 또한 텔레비전 수상기 또는 기타 전기기기의 원격조정을 위한 코드리스 적외선 기기(제8543호)를 포함하지 아니한다.

[기반의 종류]

- 자동자료처리기기를 내장한 수치제어반: 일반적으로 공작기계를 제어하는 데 사용된다.
- 기기제어용 프로그램화 스위치 보드: 작업을 선택하도록 한 것이다, 보통 가정용 전기기기에 사용된다.
- 프로그램 가능한 제어기: 특수 기능(예: 논리적·연속적인 것·시간적 조절·계산 및 연산)을 수행하기 위한 지시명령의 저장용 프로그램 가능. 기억장치를 사용하는 디지털형 기기로서, 디지털형이나 아날로그형의 입출력 모듈을 통해 각종 기계를 제어하는 것이다.

3) **전자집적회로**(electronic integrated circuits)(제8542호): 전자집적회로는 수동소자 또는 수동부품 및 능동소자 또는 능동부품을 고밀도로 조합시킨 초소형화된 장치이며, 단일 유니트로서 간주되는 것이다. 다만, 수동소자만으로 구성된 전자회로는 제외된다. 전자집적회로에는 메모리(예: DRAM, SRAMs, PROMS, EPROMS, EEPROMS(또는 E2PROMS), 마이크로컨트롤러, 제어회로, 논리회로, 게이트 어레이, 인터페이스 회로 등이 있으며 다음이 포함된다.

모노리식 집적회로(monolithic integrated circuit) 회로소자(다이오드·트랜지스터·저항기·축전기·인덕턴스 등)가 하나의 반도체 또는 화합물 반도체 재료(예: 도프된 실리콘, 불화갈륨, 실리콘게르마늄, 인화인듐 등)의 내부 또는 표면에 한 덩어리 상태로 집적되어 있으며, 분리가 불가능하도록 결합된 회로이다.

하이브리드 집적회로(hybrid integrated circuit) 박막기술 또는 후막기술에 의하여 만들어진 수동소자(저항기·축전기·인덕턴스 등)와 반도체기술에 의하여 만들어진 능동소자(다이오드·트랜지스터·모노리식 집적회로 등)를 상호접속자 또는 상호접속용 케이블로 절연재료로 된 하나의 기판 위에 실용상 분리가 불가능하도록 결합된 회로를 말하며, 이 회로에는 개별부품을 부착시킨 것도 포함한다.

복합구조칩 집적회로(multichip integrated circuit) 각자의 의도와 목적에 따라 분리가 불가능하도록 결합된 두 개 이상의 모노리식 집적회로로 구성된 복합구조의 칩으로 이루어진 집적회로를 말한다. 한 개 이상의 절연기판 및 리드프레임을 갖춘 것인지의 여부를 불문하되, 다른 능동 또는 수동 회로소자를 갖춘 것을 제외한다.

[분류규정] 전자집적회로는 제8541호 또는 제8542호는, 제8523호의 경우를 제외하고 특히 그 기능으로 보아 당해 물품을 포함할 것으로 해석되는 관세율표의 다른 어느 호에도 우선한다.

[종류]

- 모노리식 집적회로: 금속산화물 반도체(MOS 테크놀로지), 바이폴라 테크놀로지로 만든 회로, 바이폴라와 모스 테크놀로지가 결합하여 만든 회로(BIMOS technology), 모스(MOS), 시모스(CMOS 특별 보완된 금속산화물 반도체)와 바이폴라(bipolar)
- 혼성집적회로: 수동소자(저항기·축전기·접속구 등)가 동시에 제조된 것으로 반도체가 칩의 형태이거나 또는 용기에 넣은 반도체의 형태로 내장되고 표면에 장착되어야 하고, 형성 부품은 거의 분리할 수 없게 결합되어야 한다.
- 복합구조칩 집적회로: 둘 이상의 모노리식 집적회로를 분리 불가능하게 연결하여 만들고, 하나 이상의 절연재료 위에 있거나, 리드프레임이 있는 여부 불문하나 그 외의 능동 및 수동회로소자는 없어야 한다. 일반적인 형태는 ① 2개 이상의 모노리식 집적회로를 나란히 적재한 것, ② 위 아래로 적층한 것, ③ 3개 이상의 모노리식 집적회로를 앞의 2가지 형태를 혼합한 것이 있다. 이 모노리식 집적회로들은 분리불가능하게 결합되어야 한다.

(13) 전기기기용 전도성·절연성 제품과 재료(제8544호·제8546호·제8547호)

절연전선, 케이블, 동케이블, 기타 전기절연도체와 섬유케이블, 애자 및 전부 절연재료로 구성된 전기기기용의 절연용 물품 및 비금속제의 절연재료로 속을 댄 전기용 도관과 이 연결구류가 분류된다.

[전기기기용 전도성·절연성 제품과 재료(제8544호·제8546호·제8547호)의 구성]

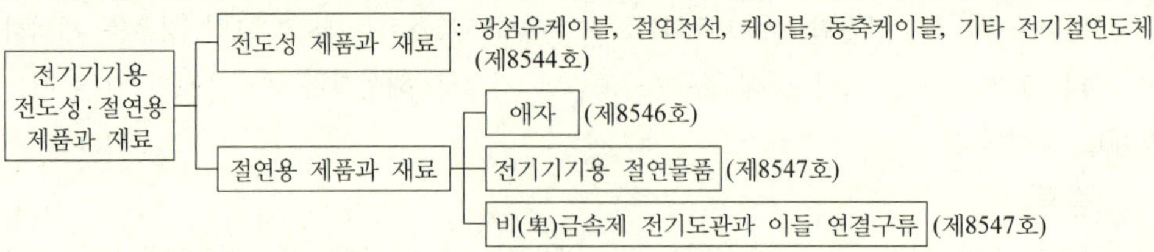

1) 절연전선·케이블과 기타의 전기절연도체 및 광섬유케이블(제8544호)

전기기기 또는 전기설비에 도체로 사용되는 전기절연한 선·케이블 및 기타 도체가 분류된다. 선, 케이블 등은 일정한 길이로 절단되었거나 또는 일단 혹은 양단에 접속자(예: 플럭·소켓·러그·잭·슬리브 또는 터미널)가 부착된 것도 분류된다.

광섬유케이블 전기도체와 조립 또는 접속자와 결합된 것인지의 여부를 불문하고 개별로 씌운 섬유로 만들어진 것이다.

권선용 전선, 동축케이블, 점화용 와이어링 세트 등

2) 탄소전극·탄소브러시·램프용 탄소·전지용 탄소와 기타의 흑연 또는 탄소제품(제8545호)

전기용으로 사용되는 모든 흑연 또는 기타 탄소제품이 분류된다.

전기용 흑연 또는 탄소제품 노용탄소전극, 용접용 탄소전극, 전해용의 탄소전극, 탄소브러시, 램프용 탄소, 전지용 탄소, 마이크로폰의 탄소제 부분품

[흑연·탄소제품의 분류]

물품내용	분류
·탄소의 블록 또는 판	제3801호
·탄소저항기	제8533호
·전기용의 탄소브러시, 램프용 탄소·전지용 탄소	제8545호
·노용 탄소전극, 용접용 탄소전극, 전해용의 탄소전극	제8545호
·흑연으로 된 외부윤활층을 도포한 금속브러시	제8535호·제8536호

3) 전기절연용 물품(제8546호·제8547호)

전기절연용 모든 애자, 전부가 절연재료로 구성된 전기절연용 물품 및 비금속제의

전기용 도관과 그 연결구류가 분류된다.

애자(제8536호) 어떤 재료를 불문하고 현수형애자, 고정애자, 인입선용애자 등

전부가 절연재료로 구성된 전기절연용 물품(제8537호) 스위치용·회로차단기용 등의 카버·베이스와 기타 부분품, 퓨즈용의 베이스 및 지지구, 램프 홀더용의 링 및 기타의 부분품

비금속제의 절연재료가 내장된 전기용 도관과 그 연결구류(제8537호)

(14) 전지의 웨이스트와 스크랩 및 기타 전기식 부분품(제8548호)

1) 전지의 웨이스트와 스크랩

일차전지와 축전지의 웨이스트와 스크랩 및 수명이 끝난 일차전지 및 축전지는 제8548호에 분류된다. 『수명이 끝난 일차전지 및 축전지』라 함은 파손, 절단, 소진 또는 기타 이유 등으로 사용할 수 없거나 재충전할 수 없는 것을 말한다.

2) 기타 전기식 부분품

기기의 전기식 부분품 제85류의 다른 호에 분류되지 않는 모든 전기식 부분품이 분류된다.

즉, 여기에는 다음 물품을 제외한 전기식 부분품이 분류된다

① 특정의 기기에 전용 또는 주로 사용하기에 적합한 것

② 제85류의 전호에 분류되는 부분품 또는 제16부에서 제외(제16부 부주1)되는 물품

[기타의 기계 및 기타 부분품의 분류]

제8479호: 고유 기능을 갖는 기계로서 제84류의 다른 호에 분류되지 아니한 기타 기계류
제8487호: 제84류의 다른 호에 분류되지 않는 기계류의 부분품
제8543호: 고유기능을 갖는 전기기로서 제85류의 다른 호에 분류되지 아니한 기타 기계류
제8548호: 제85류의 다른 호에 분류되지 않는 전기식 부분품

[용어]

용어	주요 내용	비고
메카트로닉스 (mechatronics)	기계산업(mechanics)과 전자산업(electronics)의 합성어. 기계류가 골간이다. 기계, 생산가공, 시험, 계측 등 대부분의 기계와 공정들이 기계, 전자, 시스템 기술의 융합으로 만들어지는 추세를 반영한 개념이다.	
컨버전스	전자총이 음극선관 표면에 한 개의 점을 일으키면서 인접한 점을 교란하지 않는 능력을 말한다.	사전
수동소자 (passiveelement)	수동소자란 회로부품 중 저항기나 컨텐서와 같이 그들의 조합만으로는 증폭이나 발진 등의 작용을 할 수 없는 소자를 말하며, 능동소자를 사용하기 위한 부속품으로서 필요한 것이다. 예: 인덕턴스, 저항기, 축전기	사전
능동소자 (active element)	능동소자란 회로부품 중 진공관이나 트랜지스터와 같이 외부에서 에너지를 공급하여 증폭이나 발진 등과 같은 작용을 시킬 수 있는 소자를 말한다. 회로로서 완성시키기 위해서는 몇 개의 수동소자를 부속시켜야 한다. 또는 능동 엘레멘트라고도 하며, 전자회로에서 직접전류가 흐르고 또한 이득이 있는 구성부분이다. 예: SCR, 트랜지스터, 다이리스터나 터널, 다이오드 등	사전
혼성 IC	혼성 IC는 막기술을 사용하나, 트랜지스터의 능동소자를 박막상으로 만드는 것이 곤란하여 저항 및 회로형성을 박막 또는 후막으로 만든다. 트랜지스터 등의 능동소자는 따로 만들어진 초소형의 트랜지스터 또는 트랜지스터 칩을 짜 넣는 방법을 취한다. 혼성 IC인 경우에도 막두께에 따라 1μ 정도로 나누어 혼성박막 IC와 후막 IC로 분류하는 경우도 있다.	사전
반도체 IC	반도체 IC는 결정학적으로 단일한 반도체기판 내에 모든 소자가 집적되어 있어 모노리식 IC라고도 한다. 기판은 보통 실리콘단결정의 칩이며, 기판 속에 트랜지스터, 다이오드, 저항기 등의 회로소자를 만들어 넣고, 칩표면의 산화피막 위에서 회로접속을 끝낸 것이다.	사전
비휘발성 메모리	D램처럼 전원이 끊기면 데이터가 사라지는 휘발성 메모리와는 달리 전원이 끊겨도 저장된 정보가 지워지지 않고 남아 있는 반도체. 플래시메모리, 차세대 P램, M램 등이 있다.	사전
P램	D램에서 캐퍼시터가 없고 간단하고 속도가 빠르다. 전원이 끊겨도 데이터는 지워지지 않는다.	사전
원낸드	D램과 플래시메모리를 하나에 모아 빠르고 대용량이 가능하다.	자료

STT램 (수직자형 비휘발성메모리)	3세대 M램을 말한다. 차세대 메모리 가운데 P램은 열을 가해 데이터를 저장하나 M램은 열 대신 자력을 이용한다. 속도가 P램보다 10배 빠르고 이론적으로 무한한 것이 장점이다.	자료
GMR헤드	자계의 변화에 따라 전기저항이 크게 변하는 GMR소자를 채용한 고감도 HDD용 헤드다. 이 헤드는 코발트와 철의 합금을 이용한 박막소자의 강한 자기저항 효과를 이용해 데이터를 읽고 저장한다.	자료
연료전지	수소와 산소가 만나 일으키는 화학반응에서 전기를 얻는 장치. 물을 수소와 산소로 분해하는 전기분해의 역과정이다. 출력규모와 용도에 따라 휴대용 연료전지, 가정용 연료전지, 발전용 연료전지 등으로 구분한다.	사전
와이브로(WiBro)	흔히 휴대인터넷으로 불린다. 고속으로 이동하는 자동차, 지하철 안에서 무선 노트북 등으로 빠른 속도의 인터넷 서비스를 이용할 수 있는 기술이다.	자료
USIM (가입자확인칩)	휴대폰에 내장된 엄지손톱의 카드로 가입자 확인정보를 저장하고 있다. KTF의 쇼(SHOW), SK텔레콤의 T라이브 휴대폰은 USIM 칩이 휴대폰 본체와 분리된다.	자료
이동수신방송	이동통신과 방송이 결합된 서비스. 주파수 활용 대역 및 방식에 따라 한국의 DMB 방식, 노키아의 DVB-H 방식, 퀄컴의 미디어플로 방식 등이 있다. DMB는 다시 위성을 거치는 위성 DMB와 TV 방식과 같은 주파수대역(VHF)을 사용하는 지상파 DMB 방식으로 나뉜다.	자료
AMOLED(능동형 유기발광다이오드	전기를 공급하면 스스로 빛을 내는 유기화합물을 이용한 차세대 디스플레이. LCD 또는 PDP보다 전기를 덜 먹고 화질이 좋으며 응답속도도 빨라 꿈의 디스플레이라 한다.	자료
LED(light emitting diode)	전기에너지를 가하면 빛을 내는 반도체로서 발광다이오드를 말한다. 전자가 높은 에너지 상태에서 낮은 에너지 상태로 바뀌면서 그만큼의 에너지가 빛으로 나오는 원리이다.	자료
CDMA(코드분할 다중접속방식)	CDMA(Code Division Multiple Access)는 제한된 주파수 자원을 다중 사용자에게 분할하는 방법으로 특정한 코드를 사용하는 것을 말한다. 분할의 방법이 시간(Time)이라면 TDMA가 될 것이고, 주파수(Frequency)라면 FDMA를 말하게 된다. CDMA는 한국에서 제일 먼저 상용화한 기술이다. 우리나라, 미국, 일본, 중국 등이 사용하고 있다.	자료
GSM	시분할다중접속(TDMA)을 이용한다. CDMA와 같은 주파수대를 활용하되, 가입자들이 동시에 사용하는 게 아니고 각자에게 정해	

(Gloabl System for Mobile Telecommunication)	진 시간을 활용하는 방식이다. 통화시간이 단절되어 지장이 있을 것 같으나 실제는 기술적으로 통화에는 전혀 지장이 없다. 유럽 등 80%가 넘는 국가가 채택하고 있다.	자료
WCDMA (광대역부호분할다중접속)	wideband CDNA을 뜻하는 것으로 GSM 방식과 CDMA 방식이 한 단계 발전된 것이라 할 수 있다. 기존 CDMA와 크게 다른 점은 영상통화가 가능한 동영상을 주고받을 수 있다는 점이다.	자료

제16부 출제문제 및 연습문제

출제문제

[50점 문항]

1. 관세율표상 기계의 부분품의 품목분류 방법에 관하여 특히 다음 사항을 유의하여 논술하시오. [1987년]
   1) 기계의 개념
   2) 부분품이 제16부의 주의 규정에 의한 『범용성 부분품』에 해당하는 경우
   3) 부분품이 관세율표 제84류의 어느 특정 호에 게기된 경우
   4) 부분품이 제84류의 특정 호에 분류되는 특정한 기계에 전용되는 경우와 그렇지 않는 경우
   5) 수입신고된 부분품이 완제품의 주요한 특성을 갖추고 있는 경우
2. 관세율표 제16부에 분류되는 기계류의 일반적 분류구조를 요약 설명하시오(품목번호 4단위를 중심으로). [1995년]
3. 관세율표 제16부에 분류되는 물품에 대해 다음 사항을 중심으로 논하시오. [2001년]
   1) 제85류의 분류구조
   2) 전기식의 기계류로서 제84류에 분류되는 것
   3) 제8509호의 가정용 전기기기
4. 제16부에서 규정하는 기계의 부분품에 대해 아래 사항을 중심으로 품목분류를 논하시오. [2003년]
   1) 기계와 부분품에 대한 규정과 제16부와 제84류·제85류에서 제외되는 각각 부분품
   2) 기계류 부분품의 분류순서에 따른 품목분류와 제84류 및 제85류 각각 부분품의 예
   3) 범용성 부분품이 해당하는 기계와 함께 분류되는 경우와 범용성 부분품의 분류규정에 따라 분류하는 경우
5. HS 관세율표 해설서상 제16부 제84류 물품의 품목분류와 관련하여 아래 사항에 대하여 설명하시오. [2005년]
   1) 제84류의 일반적인 구성과 제84류의 2 이상 호에 해당하는 기기의 분류기준

2) 도자제 또는 유리제의 기계류·기계부분품에 대한 분류기준
3) 제8485호 분류기준과 주요 분류품목

6. 관세율표상 인쇄회로(제8534호), 전자집적회로 및 초소형 집적회로(제8542호)의 분류와 관련하여 아래 물음을 중심으로 논하시오. [2006년]
   1) 인쇄회로의 개념과 분류기준
   2) 전자집적회로의 개념과 종류
   3) 초소형 조립회로의 개념과 종류
   4) 초소형 조립회로의 분류기준
7. 다음 사항에 대하여 관세율표의 해석에 관한 통칙 및 관세율표 제16부 및 제84류와 제85류의 주의 중심으로 논하시오. [2007년]
   1) 기계의 정의 및 주요 분류내용
   2) 미완성기계와 복합기계의 개념 및 품목분류원칙
   3) 다기능기계와 복합기계의 개념 및 품목분류 원칙
   4) 기능단위기계(functional units)의 개념, 품목분류 사례(5개 이상)
   5) 발전세트 및 다중침집적회로의 개념 및 품목분류 원칙
8. 다음 물품에 대하여 품목번호를 결정하고자 한다. [2008년]

   품명: Mobile cullular phone with TV receiver, MP3 player and camera

   기능: 무선통신 이외에도 디지털 지상파 TV 수신, 정지영상 촬영, MP3 파일재생 기능을 추가로 수행할 수 있음

   물품상태: 본체와 배터리 충전기, 이어폰, 반도체식의 저장용 매체, 사용자 매뉴얼 및 휴대용 가죽케이스가 종이박스에 함께 포장되어 소비자에게 판매됨

   동 물품 품목분류를 결정시에 검토해야 할 것을 다음 사항을 중심으로 논하시오.

   ⑴ 소매용으로 하기 위하여 세트로 된 물품의 인정요건과 품목분류기준
   ⑵ 다기능기계와 복합기계의 차이점 및 품목분류기준
   ⑶ 케이스 및 포장재료가 내용물과 함께 분류되기 위한 요건
   ⑷ 고체상태의 비휘발성 기억장치와 스마트카드의 정의 및 요건
   ⑸ 적정한 품목번호(HS 4단위) 및 그 분류 이유

[10점 문항]

1. 동시에 수입된 미조립기계의 품목분류 관계 [1981년]
2. 제2106호, 제8459호, 제8528호의 공통점 [1982년]

3. CCCN의 다음 류에 해당하는 물품(제 1 류, 제30류, 제41류, 제69류, 제85류) [1984년]
4. 가정용 전기기기로서 중량에 관계없이 CCCN 제8506호 [1985년]
5. 기계의 부속품과 부분품에 대하여 구분 규정을 설명하시오. [1991년]
6. 관세율표 제84류에 정한 디지털형 자료처리기계 [1993년]
7. 머시닝센터(machining center; MC) [1997년]
8. 하이브리드 집적회로에 대하여 설명하시오. [1999년]
9. 다음 물품이 해당하는 관세율표상의 류(chapter)를 쓰시오. [2002년]
   ① 건조한 인삼, ② 천연 다이아몬드, ③ 가정형 세탁기, ④ 보청기, ⑤ 플라스틱제 마네킹
10. 관세율표 제8502호의 발전세트에 대하여 설명하시오. [2004년]
11. 관세율표 제85류 소호주 2의 소호 제8542호에서 『스마트카드란 무엇을 말하는지 설명하시오.』 [2004년]
12. 관세율표 제8479호 및 제8543호에는 고유기능을 가진 기계류가 분류된다. 동호에 분류되기 위하여 충족되어야 하는 조건을 쓰시오. [2007년]
13. 제 4 차 HS 협약 개정에 따라 반도체제조용 기계를 특정 호에 분류하도록 2007년도 관세율표를 개정하였는바, 해당 호와 동호에 분류되는 제조기계(4개 이상)를 쓰시오. [2007년]

연습문제

[50점 문항]

1. 제16부 기계류와 전기기기에 대하여 논하라.
   1) 개요
   2) 분류구조
   3) 제외 물품
   4) 분류해설
2. 제16부(기계류와 전기기기)에서 범용성 부분품과 부분품의 분류구조와 분류규정을 서술하시오.
3. 제84류의 분류구조와 두 가지 이상의 용도에 사용하는 기계의 분류를 논하시오.
4. 제84류의 특정 부분품의 분류구조와 분류 규정을 설명하시오.

5. 부분품이 관세율표 전체에서 어떻게 분류되는가를 서술하시오.
6. 부속품과 부속기기의 정의와 분류에 대하여 논하시오.
7. 관세율표에서 산업분야에 사용하는 기계의 분류구성을 서술하시오.
8. 공작기계에 대한 종류와 품목분류를 논하시오.
9. 관세율표상 사무용 기기의 분류구조를 설명하고 자동자료 처리기계와 그 단위기기에 대한 분류기준을 논술하시오.
10. 제8486호의 반도체제조용 기계에 대하여 논하고 분류원칙에 대하여 논하시오.
11. 전기기기(제85)에 대한 분류구조와 이들 기기의 부분품의 분류에 대하여 서술하시오.

[10점 문항]

1. 복합기기의 정의와 분류방법
2. 복합기계에서 『함께 결합되어 하나의 완전한 것을 구성』이란?
3. 다기능기계의 정의와 분류 방법
4. 다기능기계와 복합기계의 차이점과 분류규정
5. 기능단위기계의 정의, 분류규정 및 분류사례 2가지를 들라.
6. 복합기계와 다기능 기계의 공통점과 차이점
7. 부속기기에 대해 설명하고 어떻게 분류하나?
8. 미완성기계와 미조립기계에 대해 설명하고 어떻게 분류하나?
9. 다용도기계의 정의와 분류규정을 설명하시오.
10. 기계류(제84류)와 전기기기(제85류)의 분류 차이는?
11. 주로 기계류는 제84류에 분류되고 전기기기는 제85류에 분류된다. 그러나 전기식의 것이라도 제84류에 분류되는 기계에 대하여 논하시오.
12. 머시닝센터·유니트 컨스트럭션 머신 및 멀티스테이션 트랜스퍼 머신(제8457호)이란?
13. 선반을 설명하라.
14. 수치제어식 공작기계의 특성을 설명하라.
15. 제82류와 제84류의 수지공구에 대하여 비교 설명하라.
16. 제84류의 기계류에서 사무용 기기의 종류와 분류에 대하여 설명하라.
17. 자동자료처리기계의 정의와 분류규정
18. 자동자료처리시스템에서 『시스템』이라 함은?
19. 자동자료처리기계가 분리되어 제시되는 경우에 제8471호에 분류할 수 없는 물품(5개 이상)을 열거하시오.

20. 자동자료처리기계와 결합되거나 또는 연결되어 특정한 기능을 수행하는 기계의 분류 규정
21. 제8479에는 제84류의 다른 호에 분류되지 않는 고유기능을 갖는 기계로서 어떤 충족 요건을 갖추어야 하나?
22. 제8479에는 제84류의 다른 호에 분류되지 않는 고유기능을 갖는 기계가 분류된다. 이때 고유기능이란?
23. 제84류(기계류)에는 주요 반도체 제조기계가 제8486호에 분류된다. 이 호에 분류되는 주요 반도체제조 기계를 서술하시오.
24. 가정용 전기기기를 설명하시오.
25. 음성 또는 기타 기록매체의 종류를 예를 들어 설명하시오.
26. 고체상태의 비휘발성 기억장치(solid-state non-volatile sroge device)의 정의와 종류
27. 스마트카드(smart card)라 함은?
28. 광섬유, 광섬유 다발 또는 광섬유케이블의 접속자(connectors)란?
29. 인쇄회로(printed circuit)
30. 반도체디바이스의 종류와 그 특성을 논하시오.
31. 능동소자와 수동소자를 설명하시오.
32. 전자집적회로를 설명하시오.
33. 모노리식 집적회로(monolithic integrated circuit)란?
34. 하이브리드 집적회로(hybrid integrated circuit)란?
35. 복합구조칩 집적회로(multichip tegrated circuit)란?
36. 수명 끝난 일차전지·축전지라 함은?
37. 포켓형 카세트 플레이어의 규격
38. 모니터의 종류와 분류에 대하여 논하시오.
39. LED란?
40. AMOLED란?
41. 디지털카메라와 광학식 카메라의 구분과 분류에 대하여 서술하시오.

문제풀이

1. 관세율표 제16부는 기계류와 전기기기가 분류된다. 이 부의 분류구조를 설명하시오.

(1) 개요

제16부는 규정에 의하여 제외되는 물품과 다른 부에서 구체적으로 게기되어 있는 물품을 제외하고는 모든 기계식이나 전기식의 기계, 시설, 장비, 기구와 이들의 부분품을 분류하며, 기계식과 전기식이 아닌 보일러와 보일러시설 및 여과기기 등과 같은 특정한 기기와 시설 및 이러한 기기와 시설의 부분품도 분류된다.

또한 이 부의 기계류는 재질을 불문하는 것으로 대부분의 기계류는 비금속제로 되어 있으나 비금속 이외의 재료로 되어 있는 기계류와 플라스틱·고무·목재·귀금속 등으로 되어 있는 부분품도 포함한다.

이 부의 기계류와 전기기기를 체계적으로 품목분류하기 위하여 부주(5개) 및 제84류와 제85류의 2개류의 본문으로 되어 있다.

(2) 기계류(제84류)의 분류구조

각종 기계류는 원자로, 기능별, 산업별 등으로 8개의 범주로 구분하고 86개의 호(제8401호 내지 제8487호)로 분류되어 있다.

1) 원자로와 동위원소 분리기기(제8401호)
2) 고유기능을 갖는 기계(제8402호 내지 제8424호): 보일러와 습식가스발생기(제8402호~제8405호), 터빈, 엔진 및 모터(제8406호~제8412호), 액체펌프(제8413호), 냉장고, 냉동고 및 냉장기구(제8418호), 분무기와 분사기(제8424호) 등
3) 산업분야별 기계(제8425호 내지 제8478호): 권양, 하역, 양하기계(제8425호~제8428호), 공작기계(제8456호 내지 제8466호), 사무용 기기(제8469호 내지 제8473호) 등
4) 다른 호에 분류되지 않는 고유기능을 갖는 비전기식 기계(제8479호)
5) 반도체 제조용 기계와 기기(제8486호)
6) 금속주조용 주형틀과 베이스 및 주형(제8480호)
7) 부분품용 범용성 물품(제8480호 내지 제8484호): 탭·콕·밸브(제8481호), 볼베어링·롤러베어링(제8482호), 전동축과 크랭크, 기어박스(제8483호), 가스켓(제8484호) 등
8) 기타 비전기식 부분품(제8487호)

* 제8485호 공란 유보

(3) 전기기기(제85류)의 분류구조

전기기기는 10개의 범주로 구분하고 46개의 호(제8501호 내지 제8548호; 2개호 공란)

로 분류되어 있다.

1) 전기의 생산·변환·저장용 기기(제8501호 내지 제8504호, 제8506호·제8507호): 전동기와 발전기, 발전세트와 컨버터, 변압기·정류기·인버터(제8501호~제8504호), 전지(제8506호·제8507호)
2) 진공청소기, 가정용 전기기기 및 면도기·이발기·모발제거기(제8508호 내지 제8510호)
3) 전기의 특성 또는 효과에 의해 작동하는 기기(제8505호, 제8511호 내지 제8518호, 제8525호 내지 제8531호): 자석과 전자석(제8505호), 엔진용 발전기, 조명기구와 손전등, 노와 오븐, 용접기, 전기가열기, 송수신기기, 헤드폰, 확성기(제8511호~제8518호), 라디오·TV 송신기, 레이더, 라디오TV, 교통관제기기, 전기신호기(제8525호 내지 제8531호)
4) 기타 고유기능 전기기기(제8543호)
5) 음성·영상 기록·재생기기(제8519호·제8521호)
6) 음성·기타 현상의 기록매체(제8523호): 카세트테이프, VTR 테이프, 디스크, 스마트카드
7) 전기기기내 구성품성 전기용품(제8532호·제8533호, 제8535호·제8536호·제8539호 내지 제8541호·제8545호) 축전기와 저항기(제8532호·제8533호), 스위치, 퓨즈, 접속함(제8535호·제8536호), 램프, 전자관, 광전관, 반도체디바이스(제8539호~제8541호), 전기용 탄소제품(제8445호)
8) 인쇄회로, 배전반 및 전자집적회로(제8534호·제8537호·제8542호)
9) 전기기기용 전도성·절연성 제품과 재료(제8544호·제8546호·제8547호) 전선과 광케이블(제8544호), 애자(제8546호), 전기절연용품과 비금속제의 전기용도관(제8547호) 등
10) 전지의 웨이스트와 스크랩 및 기타 전기식 부분품(제8548호)

* 제8520호 및 제8524호: 공란 유보

2. 다기능기계와 복합기계의 차이점과 분류상의 공통점을 써라.

－다기능기계와 복합기계의 차이점은 다기능기계는 단일기계로서 여러 가지 다른 기계작업을 수행할 수 있는 호환성 공구를 사용하는 금속가공용 공작기계 등을 말한다. 이와 반면, 복합기계는 2종류 이상의 다른 기계들이 일체가 되도록 결합되어 있으며 그 기능들은 일반적으로 보충적인 것을 말한다.

－다기능기계와 복합기계는 예외적인 사항이 있으나 주기능에 따라 분류하는 공통

점이 있다.

3. 기능단위기계(functional units)의 정의, 분류규정 및 종류를 설명하시오.

(1) 기능단위기계의 정의

기능단위기계라 함은 하나의 기계(복합기계 포함)가 각종의 개별기기로 구성되어 있는 것을 말하며, 이들 전체 기능이 기계류(제84류) 또는 전기기기(제85류)의 어느 하나의 호에 명백히 한정된 단일기능을 함께 수행하도록 고안된 개개의 구성부품으로 이루어진 기계를 말한다. 이때 구성부품이 분리되거나 배관, 전동장치, 전력케이블 또는 기타 장치로 연결 결합된 것인지를 불문하고 기능단위기계로 본다.

위에서 『명백히 한정된 단일 기능을 함께 수행하도록 고안된 것』이라 함은 전체로서의 기능단위기계가 본질적으로 그 특유한 기능을 수행하는 기계와 복합기계만을 포함한다. 그러므로 보조적 기능을 수행하는 기기와 전체의 기능을 수행하지 않는 기기는 제외한다

(2) 분류규정

① 기능단위기계의 전체 기능이 기계류(제84류) 또는 전기기기(제85류)에서 규정된 기능을 수행하는 호에 분류한다

② 보조기능을 수행하는 기기와 전체기능을 수행하지 않는 기기는 이들이 해당하는 호에 분류한다.

(3) 기능단위기계의 종류

① 유압시스템(제8412호): 유압동력장치(유압펌프, 전동기, 콘트롤 밸브 및 오일탱크로 구성). 유압실린더 및 실린더를 유압동력장치에 연결을 위한 파이프나 호스로 구성

② 냉장설비(제8418호): 냉매를 순환시키는 관으로 상호 결합된 구성기기로 구성

③ 용접기기(제8515호): 변압기, 발전기 또는 정류기가 붙은 용접용 헤드 또는 집게로 구성

④ 레이더장치(제8526호): 레이더장치 및 이에 부수되는 전원장치, 증폭기 등으로 구성

4. 기계류(제84류)와 전기기기(제85류)의 분류구분을 서술하시오.

제84류의 기계류와 제85류의 전기기기 간의 분류에 있어서, 이들 2개류의 구분을 표제에 의하여 전기식 기계는 제85류에 분류하고 비전기식 기계는 제84류에 분류할 수도 있다. 그러나 관세율표 해석에 관한 통칙1에 의해 부 또는 류의 표제는 품목분류에 대한 법적인 기초가 될 수 없고, 호의 용어 및 부 또는 류의 주에 의해 결

정되어야 한다.

따라서 전기기기인 진공청소기(제8508호), 가정용 전기기기(제8509호) 및 디지털카메라(제8525호)는 제84류에 분류할 수 없고(제84류 류주1에 의해), 전기식 면도기와 이발기(제8510호), 자동차용 전기식 윈드스크린 와이퍼(제8512호), 전기식 노와 오븐 및 전기식 가열기기(제8514호) 또는 전기식 신호·안전·교통관제용의 관제기기(제8530호)는 호의 내용에 의하여 제85류의 각호에 분류된다.

이러한 전기기기들이 표제인 제84류의 기계류에서 제외되고 제85류의 표제인 전기기기에 분류되는 것이 아니다. 또한 제85류에는 원칙적으로 전기식의 모든 기기가 분류된다는 것을 의미하지 않는다. 특히 전기식의 가열기기는 제84류에 분류되는 것으로서, 스팀 또는 기타 증기발생 보일러(제8402호), 공기조절기(제841호), 냉장기와 기타 흡수식 냉장 또는 냉방기기(제8418호, 제8419호)의 배소, 증류 또는 기타 기기 등이 있다.

5. 자동자료처리기기에 대하여 논하고, 이들 단위기기의 분류에 대하여 설명하라.

(1) 자동자료처리기계(automatic data processing machines)라 함은 다음을 말한다.

① 처리중의 프로그램 또는 처리하여야 할 프로그램과 적어도 프로그램 실행에 바로 소요되는 자료를 기억할 수 있으며

② 사용자의 필요에 따라 프로그램을 자유롭게 작성하고

③ 사용자가 지정한 수리계산을 수행할 수 있으며

④ 처리중의 논리판단에 따라 변경을 요하는 처리프로그램을 사람의 개입없이 스스로 변경할 수 있는 것

(2) 자동자료처리시스템(automatic data processing system): 자동자료처리시스템이라 함은 다음 요건을 모두 충족하는 기기들로 이루어진 자동자료처리기계를 말한다.

① 자동자료처리시스템에 전용 또는 주로 사용되는 것으로서

② 중앙처리장치에 직접적으로 또는 한 개 또는 그 이상의 다른 단위기기를 통하여 접속될 수 있는 것이며

③ 당해 시스템에서 사용하는 부호 또는 신호의 형식으로 자료를 받아들이거나 전송할 수 있는 것

(3) 기계구성

－자동자료처리기계는 여러 개의 독립된 기기로 구성된 시스템의 형태를 갖춘 경우도 있다.

－자동자료처리기에는 자료처리에 필요한 모든 단위기기를 동일한 하우징에 결합한

자장식의 것과 분리된 여러 개의 단위기기로 구성된 장치(system)의 형식의 것이 있다.

- 자동자료처리기계는 동일한 하우징 내에 중앙처리장치, 입력장치(예: 키보드, 스캐너) 및 출력장치(예: 영상표시장치)로 이루어지거나 따로 분리되어 상호 접속된 여러 개의 단위기기로 구성되기도 한다. 후자는 최소한 중앙처리장치, 입력장치와 출력장치를 갖춘 하나의 장치(system)의 형식을 갖추고 있다. 상호접속은 유선 또는 무선으로 할 수 있다.

(4) 품목분류

- 자동자료처리기계의 단위기기들이 분리되어 제시되는 경우에는 제8471호에 분류한다.
- 상기 자동자료처리시스템의 요건 ②와 ③을 충족하는 키보드, X-Y 코디네이트 입력장치 및 디스크 기억장치는 제8471호에 분류한다.
- 다음 물품은 분리되어 제시되어 자동자료처리시스템의 요건을 충족하더라도 제8471호에 분류할 수 없다.
  ① 프린터, 복사기, 팩시밀리(결합된 여부 불문)(제8443호)
  ② 음성, 영상 또는 기타 데이터를 송신 또는 수신하기 위한 기기[유선·무선 네트워크(예: 근거리 통신망·원거리 통신망)에서 통신을 위한 기기를 포함한다](제8517호)
  ③ 확성기 및 마이크(제8518호)
  ④ 텔레비전 카메라, 디지털카메라 및 비디오카메라 레코더(제8525호)
  ⑤ 텔레비전 수신기기를 갖추지 아니한 모니터와 프로젝터(제8528호)
- 자동자료처리기계와 결합되거나 연결되어 자료처리 외의 특정한 기능을 수행하는 기계는 각각의 고유기능에 따라 해당 호에 분류하고 그 기능에 따라 분류되는 호가 없는 경우에는 잔여 호에 분류한다.

6. 자동자료처리기계와 결합 또는 연결되어 특수기능을 수행하는 기계의 분류에 대하여 설명하라.

(1) 자동자료처리기계와 결합하여 자료처리 이외의 특수기능을 수행하는 기계의 분류규정

① 그 기계의 고유기능에 해당하는 호에 분류한다.

② 그 기능에 따라 분류할 수 없는 경우에는 여타 호(제8479호)에 분류한다.

(2) 자동자료처리기계와 함께 제시되고 연결되어 자료처리 이외의 특수 기능을 수

행하는 기계의 분류규정

① 전체가 그 기능에 따라 제84류, 제85류 또는 제90류의 해당 호에 분류한다.

② 해당 호에 분류할 수 없는 경우에는 분리하여 자동자료처리기계는 분리하여 제8471호에 분류하고 다른 기계는 그 기계가 수행하는 기능에 해당하는 호에 분류한다.

7. 제85류의 가정용 전기기기에 관하여 서술하시오.

가정용 전기기기는 일반 가정에서 사용하는 다음 특정한 전기기기와 중량 20kg 이하의 전기기기만을 말하며, 제8509호에 분류한다.

- 중량 불문한 특정 기기: ① 바닥광택기, ② 식품용 그라인더, ③ 식품용 믹서, ④ 과즙 또는 야채즙추출기
- 중량 20kg 이하 기기: 마루를 닦고·쓸고 씻는 기기, 세조 후 오수나 비누를 흡수하는 기기, 마루광택제 살포기, 감자 탈피기, 칩퍼와 절단기, 육·소시지·치즈·과실 또는 야채용의 각종 슬라이서, 주방용 쓰레기처리기, 전기칫솔 등

[제외 물품] 다음은 중량 20kg 이하일지라도 이 호에 분류되지 아니한다.

① 팬, 팬이 결합된 환기용및 순환용의 후드(제8414호), ② 원심식 의류건조기(제8421호), ③ 접시세척기(제8422호), ④ 가정용 세탁기(제8450호), ⑤ 롤기·의류용 다림질기(제8420호·제8451호), ⑥재봉기(제8452호), ⑦ 전기가위(제8467호), ⑧ 전열기기(제8516호)

8. 전자집적회로를 서술하고 그 종류를 들라.

(1) 전자집적회로의 정의

전자집적회로(electronic integrated circuits)는 수동소자 또는 수동부품 및 능동소자 또는 능동부품을 고밀도로 조합시킨 초소형화된 장치이며, 단일 유니트로서 간주되는 것이다. 전자집적회로는 제8542호에 분류한다. 다만, 수동소자만으로 구성된 전자회로는 제외된다. 전자집적회로에는 메모리(예: DRAM, SRAMs, PROMS, EPROMS, EEPROMS 또는 E2PROMS), 마이크로 컨트롤러, 제어호로, 논리회로, 게이트 어레이, 인터페이스 회로 등이 있으며 다음이 포함된다.

① 모노리식 집적회로(monolithic integrated circuit): 회로소자(다이오드·트랜지스터·저항기·축전기·인덕턴스 등)가 하나의 반도체 또는 화합물 반도체 재료(예: 도프된 실리콘, 불화갈륨, 실리콘게르마늄, 인화인듐 등)의 내부 또는 표면에 한덩어리 상태로 집적되어 있으며, 분리가 불가능하도록 결합된 회로이다.

② 하이브리드 집적회로(hybrid integrated circuit): 박막기술 또는 후막기술에 의하여 만들어진 수동소자(저항기·축전기·인덕턴스 등)와 반도체기술에 의하여 만들어진 능동소자(다이오드·트랜지스터·모노리식 집적회로 등)를 상호접속자 또는 상호접속용 케이블로 절연재료로 된 하나의 기판 위에 실용상 분리가 불가능하도록 결합된 회로를 말하며, 이 회로에는 개별부품을 부착시킨 것도 포함한다.

③ 복합구조칩 집적회로(multichip integrated circuit): 각자의 의도와 목적에 따라 분리가 불가능하도록 결합된 두 개 이상의 모노리식 집적회로로 구성된 복합구조의 칩으로 이루어진 집적회로를 말한다. 한개 이상의 절연기판 및 리드프레임을 갖춘 것인지의 여부를 불문하되, 다른 능동 또는 수동 회로소자를 갖춘 것을 제외한다.

(2) 전자집적회로의 종류

－모노리식 집적회로: 금속산화물 반도체(MOS 테크놀로지), 바이폴라 테크놀로지로 만든 회로, 바이폴라와 모스 테크놀로지가 결합하여 만든 회로(BIMOS technology), 모스(MOS), 시모스(CMOS 특별 보완된 금속산화물 반도체)와 바이폴라(bipolar)

－혼성집적회로: 수동소자(저항기·축전기·접속구 등)가 동시에 제조된 것으로 반도체가 칩의 형태이거나 또는 용기에 넣은 반도체의 형태로 내장되고 표면에 장착되어야 하고, 형성 부품은 거의 분리할 수 없게 결합되어야 한다.

－복합구조칩 집적회로: ① 2개 이상의 모노리식 집적회로를 나란히 적재한 것, ② 위 아래로 적층한 것, ③ 3개 이상의 모노리식 집적회로를 앞의 2가지 형태를 혼합한 것

9. 제8487호와 제8548호에 대하여 설명하시오.

① 제8487호에는 제84류의 다른 호에 분류되지 않는 기타의 비전기식 부분품이 분류된다.

② 제8548호에는 제85류의 다른 호에 분류되지 않는 기타의 전기식 부분품이 분류된다.

제17부　차량, 항공기, 선박과 수송기기 관련품

1. 개　　설

제17부에는 수송기기와 수송기기의 관련물품으로서 각종의 철도차량, 호버트레인, 육상용 차량, 항공기와 우주선 및 선박·보트·호버크래프트와 수상구조물이 분류되며 차량, 항공기, 선박 등의 수송기기(제86류 내지 제88류)에 전용되거나 주로 사용하는 부분품과 부속품이 포함된다. 또한 한 가지 이상의 수송방식에 의하여 운반할 수 있게 설계 제작된 컨테이너, 특정 철도선로용 장비품, 기계식이나 전기기계식의 신호용 기기, 낙하산, 항공기 발사기어, deck arrestor와 유사 기어, 항공기 지상훈련장치와 같은 수송관련 장비 등의 특정 물품이 포함된다.

2. 류별 구성

이 부는 수송기계와 이와 관련품의 체계적으로 분류하기 위하여 5개의 부주와 제86류 내지 제89류의 4개류의 본문으로 구성되어 있다.

[류별 표제]

제86류	기관차와 철도차량, 이들의 부분품 및 기계식 신호용 기기
제87류	자동차
제88류	항공기
제89류	선박과 수상구조물

3. 분류원칙

제목	규정내용	비고
봅슬레이·터보건의 분류	1. 제17부에서는 제9501호·제9503호 또는 제9508호에 해당하는 물품 및 제9506호에 해당하는 봅슬레이·터보건과 이와 유사한 물품을 제외한다.	제17부 부주1
부분품 또는 부속품 분류규정	3. 제86류 내지 제88류의 『부분품 또는 부속품』에 대한 규정은 이들 류의 물품에 전용 또는 주로 사용하기에 적합하지 아니한 부분품과 부속품에는 적용하지 아니하며, 이들 류 중 둘 이상의 호에서 규정한 내용에 동시에 적합할 경우에는 그 부분품이나 부속품의 주 용도에 따라 이를 분류한다.	제17부 부주3
수송기기의 분류규정	4. 제17부에서는 다음에 정하는 바에 의한다. 가. 도로 및 궤도를 주행하도록 특수 제작된 차량은 제87류의 특게된 호에 분류한다. 나. 수륙양용 자동차는 제87류의 특게된 호에 분류한다. 다. 도로주행 차량으로 겸용할 수 있도록 특수 제작된 항공기는 제88류의 특게된 호에 분류한다.	제17부 부주4
공기완충식 차량의 분류규정	5. 공기완충식 차량은 제17부에 분류하되 다음에서 정한 바에 따르며, 그중 가장 유사한 차량에 이를 분류한다. 가. 가이드 트랙 위를 주행하도록 설계된 것은 제86류(호버트레인) 나. 육상 또는 수륙양용으로 설계된 것은 제87류 다. 물 위를 주행하도록 설계된 것은 제89류(해변 또는 발착장 위에 상륙할 수 있거나 얼음 위를 주행할 수 있는 것인지의 여부를 불문한다) 공기완충식 차량의 부분품과 부속품은 그 차량의 분류와 동일한 방법으로 당해 차량이 속하는 호에 분류한다. 호버트레인 선로용 장치물은 철도선로용 장치물로 분류하며, 호버트레인용 신호·안전 또는 교통관제기기는 철도용 신호·안전·교통관제용의 기기로 보아 각각 이를 분류한다.	제17부 부주5

4. 제외 물품

① 각종 재료제의 조인트·와셔와 이와 유사 물품(구성재료에 따라 분류하거나 제8484호에 분류한다) 또는 경화하지 아니한 가황한 고무의 기타 제품(제4016호)

② 제15부 주2에 규정한 비금속제의 범용성 부분품(제15부) 또는 이와 유사 플라스

틱제의 물품(제39류)

③ 제82류의 물품(공구)

④ 제8306호의 물품

⑤ 제8401호 내지 제8479호의 기기 또는 이들의 부분품, 제8481호 또는 제8482호의 물품 및 엔진 또는 모터의 필수적인 부분을 구성하는 제8483호의 물품

⑥ 전기기기(제85류)

⑦ 제90류의 물품, 제91류의 물품, 무기(제93류)

⑧ 제9405호의 램프 또는 조명기구

⑨ 차량의 부분품으로 사용하는 브러시(제9603호)

5. 총 설

(1) 자주식 또는 기타 이동식 기계의 분류

차량의 섀시 또는 수상기초 구조물(제17부) 위에는 여러 기기(특히 제16부의 기계류와 전기기기)를 장치할 수 있다. 즉, 합성된 이동식 기기의 분류는 여러 가지 요소, 특히 기초구조물의 형식에 의해 분류한다.

[사례 1] 부유기초구조물에 하나의 기계를 장치한 이동식 기계는 크레인선·준설선·곡물용 엘리베이터 등(제89류)에 분류한다.

[사례 2] 제86류 또는 제87류의 차량의 섀시 위에 기기를 장치한 이동식 기계의 분류는 제8604호·제8701호·제8705호·제8709호 또는 제8716호에 분류한다.

(2) 부분품 및 부속품의 분류

차량·항공기 또는 이들 관련기기(제86류 내지 제88류)의 부분품(parts)과 부속품(accessories)의 분류는 다음 요건을 모두 갖춘 부분품 또는 부속품만을 적용한다.

① 제17부의 부주에 의해 제외되지 아니한 것: 다른 류의 각 호에 특게된 물품, 기계류(기계, 전기기기, 정밀기기 등)와 이들 부분품

② 제86류 내지 제88류의 물품에 전용 또는 주로 사용하기에 적합한 것

③ 관세율표의 다른 호에 특별히 분류되지 아니한 것. 즉, 다른 류의 호에 보다 구체적으로 분류되는 것

그러나 수송기기(제17부) 가운데 선박·보트 또는 수상구조물(제89류)의 부분품과 부속품은 선박 등에 사용할지라도 각각 해당하는 류의 호에 분류된다.

[분류규정]

- 제86류 내지 제88류(차량과 항공기 등)의 부분품 또는 부속품의 분류규정:
  ① 이들 류의 물품에 전용 또는 주로 사용하기에 적합한 부분품과 부속품을 분류한다.
  ② 이들 류 중 둘 이상의 호에서 규정한 내용에 동시에 적합할 경우에는 이들 부분품이나 부속품의 주 용도에 따라 분류한다.
- 전용 또는 주 용도의 기준(criterion of sole or pricipal use): 제17부와 다른 부에도 분류가능한 부분품과 부속품은 차량, 항공기 관련물품(제86류 내지 제88류)에 전용 또는 주로 사용하기에 부적합한 부분품과 부속품은 이들 류에서 제외된다. 그러므로 하나의 부분품이 제17부는 물론 하나 이상의 다른 부에도 해당될 수 있는 경우에 최종적인 분류는 주 용도(principal use)에 의해 결정된다.

[사례 1] 제84류(기계류)에 분류되는 많은 이동식 기계에 사용되는 조종장치, 브레이크장치, road wheels, 진흙받이 등은 실질적으로 제87류의 차량류에 사용하는 것과 동일하며, 이들의 주 용도는 차량에 사용하는 것이므로 이러한 부분품과 부속품은 제17부(수송기기)에 분류된다.

[사례 2] 제17부의 둘 이상의 호에 분류될 수 있는 부분품과 부속품의 분류는 어떤 부분품과 부속품은 두 가지 이상의 차량형(자동차·항공기·모터싸이클 등)에 사용하는 데 적합한 것으로 브레이크·조종장치·차륜·차축 등이 있다. 이러한 부분품과 부속품은 이들이 주로 사용되는 차량의 부분품과 부속품에 관계되는 호에 분류된다.

(3) 특정 수송기기의 분류원칙

도로·궤도·수륙 또는 항공할 수 있는 수송기기(제17부)의 분류규정

① 도로 및 궤도를 주행하도록 특수 제작된 차량은 제87류의 특게된 호에 분류한다.
② 수륙양용 자동차는 제87류의 특게된 호에 분류한다.
③ 도로주행 차량으로 겸용할 수 있도록 특수 제작된 항공기는 제88류의 특게된 호에 분류한다.

공기완충식 차량(air-cushion vehicles)**의 분류규정** 다음과 같이 분류한다.

① 가이드 트랙 위를 주행하도록 설계된 호버트레인(hovetrains)은 제86류(궤도차량)에 분류한다.

② 육상 또는 수륙양용으로 설계된 것은 제87류(자동차)에 분류한다.

③ 해변이나 발착장에 상륙할 수 있거나 얼음 위를 주행할 수 있는 여부를 불문하고 물위를 주행하도록 설계된 것은 제89류(선박)에 분류한다.

제86류 철도 또는 궤도용의 기관차·차량과 이들의 부분품, 철도 또는 궤도용의 장비품과 그 부분품 및 기계식(전기기계식을 포함한다)의 각종 교통신호용 기기

1. 개 요

제86류에는 철도 또는 궤도용의 기관차와 차량 및 이들의 부분품, 각종 철도선로용의 일부 장치물, 철도궤도·도로·주차장·항만 또는 비행장에서 사용되는 기계식이나 전기기계식의 신호·안전·교통관계용의 기기가 분류된다. 또한 한 가지 이상의 수송방식에 의하여 운반할 수 있도록 설계제작된 컨테이너가 포함된다.

2. 분류구조

철도 또는 궤도용 기관차와 차량은 5개의 범주로 구분하고 9개(제8601호 내지 제8609호)의 호에 분류한다.

1) 기관차(제8601호·제8602호)

2) 객·화차, 특수용도차(제8603호 내지 제8606호)

3) 기관차·화차 부분품(제8607호)

4) 철·괘도용 장치물과 교통·관제용 기기(제8608호)

5) 컨테이너(제8609호)

3. 분류원칙

제목	분류규정	분류
괘도용 차량부분품	2. 제8607호에는 특히 다음의 물품을 포함한다. 가. 차축·차륜·차륜세트(주행장치)·륜축·외륜과 륜심 및 기타의 차륜 부분품 나. 프레임·언더프레임·보우기(대차)와 비셀 보우기 다. 차축함 제동기 라. 차량의 완충기·후크 및 기타의 연결기와 통로연결기 마. 차체	제86류 류주2
장치물 및 교통관제용 기기	3. 제8608호에는 다음의 물품을 포함하되, 류주 제1호의 물품을 제외한다. 가. 조립된 철도선로·전차대·플랫폼용 완충기 및 로딩 게이지 나. 완목신호기·기계식 신호판·건널목용 제어기·신호용 또는 전철용의 제어기와 기타의 철도·도로·내륙수로·주차장·항만 또는 비행장에서 사용하는 기계식(전기기계식을 포함한다)의 신호·안전·교통관제용의 기기(전등을 부착하였는지의 여부를 불문한다)	제86류 류주3

4. 제외 물품

① 목재 또는 콘트리트제 철도용 침목(제4406호·제6810호)

② 철강제의 철도도로 건설용 재료 코일 등(제7302호)

③ 전기식의 신호, 안전, 교통관제기(제8503호)

5. 해　　설

(1) 철도선로와 전차궤도

제86류(철도·궤도용의 기관차와 차량)에서 『철도선로(rail way)와 전차궤도(tram way)』라 함은 강제의 궤조를 사용하는 통상적인 철도선로와 전차궤도뿐만 아니라, 자기부유 또는 콘크리트 궤도를 사용하는 것과 같은 유사한 가이드 시스템을 말한다.

(2) 전기철도

철도차량이 주행하는 궤도는 레일, 침목 및 도상으로 구성되고, 전력을 공급하는 전차선로는 궤도에 따라 설치되어 있다. 잔차선은 트롤리선 강체 전차선 및 제 3 레일이 있다. 전기방식은 직류방식과 교류방식이 있다. 직류방식은 600V에서 3,000V까지 있고, 교류방식은 20KV 또는 25KV가 있다. 우리나라는 지하철도 직류 1,500V, 지상철도 교류 25KV를 사용하고 있다.

(3) 철도 또는 궤도용 기관차와 차량의 분류범위

<table>
<tr><th>구 분</th><th colspan="2">기관차와 철도 차량</th><th>부분품</th></tr>
<tr><td rowspan="4">기관차와 탄수차 자주식 객차와 화차</td><td>기관차: 외부전원·축전지로 주행하는 것</td><td>제8601호</td><td rowspan="8">제8607호</td></tr>
<tr><td>기타 기관차: 디젤, 증기엔진 등 기관차</td><td rowspan="2">제8602호</td></tr>
<tr><td>탄수차: 증기기관차와 결합차량</td></tr>
<tr><td>자주식객차와 화차: 전동객차, 레일카</td><td>제8603호</td></tr>
<tr><td>유지·보수용 차량</td><td>공작차·기중기차·궤도검사차 또는 밸래스터탬퍼</td><td>제8604호</td></tr>
<tr><td rowspan="3">비자주식 객차와 화차</td><td>객차: 침대차, 식당차, 후니쿠라</td><td rowspan="2">제8605호</td></tr>
<tr><td>특수용도차: 우편차, 수하물차, 병원차, 장갑차</td></tr>
<tr><td>화차: 탱크차, 냉동차, 목재 운반용 화차</td><td>제8606호</td></tr>
<tr><td>장치물 및 교통관제용 기기</td><td>철도·궤도용 장비물, 기계식 신호·안전·관제용 기기</td><td>제8608호</td><td>제8608호</td></tr>
<tr><td>컨테이너</td><td>컨테이너</td><td>제8609호</td><td>–</td></tr>
</table>

(4) 제86류 물품의 분류원칙

① 두 가지의 동력형태로 작동되는 기관차: 주동력에 따라 분류한다.

② 전동기를 갖춘 철도·궤도 차량의 차체·화차·웨곤이나 트럭의 차체 또는 탄수차의 차체로서 언더프레임에 장착되지 않은 것: 철도·궤도용 기관차 또는 차량의 부분품(제8607호)으로 분류한다.

③ 제87류에 분류되는 차량과 특정 물품: 제87류에는 가이드트랙 위를 주행하도록 설계 제작된 공기완충식 차량(호버트레인) 및 이들 차량의 부분품과 호버트레인 선로용 장비품 및 기계식(전기기계식을 포함)의 호버트레인 수송장치용의 신호·안전 또는 교통관제기기도 포함한다.

④ 미완성·마무리하지 않은 차량으로서 차량의 주요 특성을 갖춘 것: 완성차량으로 분류한다.

⑤ 철도·궤도용의 기관차와 차량의 부분품: 제8607호

⑥ 철도·궤도선로용의 장치물: 제8608호

⑦ 기계식(전기기계식 포함)의 도로·철도 또는 기타 차량·선박 또는 항공기에 사용하는 신호·관제용 기기: 제8608호

(5) 철도 또는 궤도용의 기관차와 차량 부분품과 장치물(제8607호·제8608호)

철도·궤도용 기관차와 차량의 부분품(제8607호) ① 차축·차륜·차륜세트(주행장치)·륜축·외륜과 륜심 및 기타의 차륜 부분품, ② 프레임·언더프레임·보우기(대차)와 비셀 보우기, ③ 차축함 제동기, ④ 차량의 완충기·후크 및 기타 연결기, ⑤ 차체

철도·궤도선로용 장치물(fixture and fitting)(제8608호) 조립된 철도선로·전차대·플랫폼용 완충기 및 로딩 게이지

기계식(또는 전기기계식)**의 신호·안전·교통관제용의 기기와 이들의 부분품**(제8608호) 철도·궤도·도로·내륙수로·주차장·항만 또는 비행장에서 사용되는 기기와 이들 부분품에는 다음을 포함한다.

예: ① 완목신호기·기계식 신호판·건널목용 제어기·신호용 또는 전철용의 제어기

② 기타의 철도·도로·내륙수로·주차장·항만 또는 비행장에서 사용하는 기계식(전기기계식 포함)의 신호·안전·교통관제용의 기기(전등부착 불문)

[각종 신호용 기기의 분류]

기기명	분류
· 기계적 특성이 없는 도로·철도 등의 신호판	제4421호·제8310호
· 자동차·자전거에 설치하는 전기식의 조명용 기기와 신호용 기기	제8512호
· 도로, 철도, 항만 또는 공항용의 전기식(주로 자동제어방식) 신호, 안전, 교통 관제기기	제8530호
· 전기식의 음향 또는 시각신호용 기기: 벨, 사이렌, 도난화재경보기	제8531호
· 철도, 항만 또는 공항용의 기계식(전기기계식 포함)의 신호, 안전, 교통 관제용 기기	제8608호

(6) 컨테이너(제8609호)

컨테이너(container)는 도로, 철도, 해상 또는 항공 수송의 운반용으로 특별히 설계 제작된 용기(packing receptacle)이다. 컨테이너는 운송시에 취급하기에 용이하며 안전을 위한 장착구을 갖추고, 중간에서 재포장하지 않고 화물을 문에서 문(door to door)으로 운송하는 데 적합하고, 튼튼한 구조로 되어 있어 반복 사용할 수 있다. 컨테이너는 보통 4㎥ 내지 145㎥의 여러 종류가 있다. 컨테이너는 제8609호에 분류되며 가구 이동용 컨테이너, 단열컨테이너, 액체 또는 가스운반용 컨테이너, 벌크화물 운송용 오픈컨테이너 등이 있다.

[용어]

용어	주요 내용	비고
철도선로와 전차궤도	제86류 전체를 통해서 『철도선로와 전차궤도』라 함은 강제의 궤조를 사용하는 통상적인 철도선로와 전차궤도뿐만 아니라, 자기부유 또는 콘크리트 궤도를 사용하는 것과 같은 유사한 가이드 시스템을 말한다.	제86류 해설
집전장치(集電裝置)	철도차량 등에서 외부에서 전력을 공급받기 위해 사용되는 장치다. 크게 팬터그래프(pantograph), 뷔겔(bügel), 집전봉(trolley pole 등의 방식이 있다. 뷔겔(bgel: bow collector)은 폴의 끝단에 가로대를 설치하여, 전차선과의 접촉면을 점에서 선으로 바꾸어 횡변 위에 대응하게 한 것이다. 종변위는 스프링과 관절로 되어 있다. 팬터그래프(Pantograph)는 판토, 팬터, 판타 등으로 약칭한다. 전차선의 종변 위를 다단 링크 또는 스프링 구조로 되어 있다. 우리나라의 전동차에 더블암 식(Double-arm) 팬터그래프, 전기기관차와 KTX에서 사용하는 싱글암 식(Single-arm) 팬터그래프는, 다리처럼 생긴 하나의 관절구조만을 가진 팬터그래프로서 접촉면과 차체 사이에 하나의 링크 구조만이 설치되어 있다.	사전
신호용 기기(signalling equipment)	신호용 기기라 함은 차량·선박 또는 항공기에 지시를 전달할 때마다 두 가지 이상의 양상을 표시할 수 있는 기기를 말한다.	제8606호 해설

제87류 철도 또는 궤도용 외의 차량 및 그 부분품과 부속품

1. 개 요

제87류에는 궤도를 전용으로 주행하는 철도 또는 궤도차량과 특정의 이동식 기계(제84류)를 제외한 차량과 이들의 부분품과 부속품이 분류된다. 또한 육상주행이나 육상과 일부수면을 양방 모두를 주행하는 공기완충식의 차량이 포함된다.

2. 분류구조

자동차와 자동차의 부분품과 부속품을 10개의 범주로 나누고 16개(제8701호 내지 제8709호)의 호에 분류한다.

1) 트랙터(제8701호)

2) 여객 또는 화물수송용 차량과 특수용도 차량(제8702호 내지 제8705호): 대중차량(10인 이상)(제8702호), 승용차(제8703호), 화물차(제8704호), 특수용도차(제8705호)

3) 섀시와 차체(제8706호 · 제8707호)

4) 트랙터 · 차량의 부분품과 부속품(제8708호)

5) 단거리 화물운반용 작업차와 철도역 플랫폼용 트랙터(제8709호)

6) 자주식 전차와 장갑차(제8710호)

7) 이륜식 자동차와 자전거, 신체장애용 차량(제8711호 내지 제8713호)

8) 부분품과 부속품(제8714호): 제8711호~제8713호의 차량의 것

9) 유모차와 그 부분품(제8715호)

10) 트레일러와 세미트레일러, 기타 차량(비기계식 구동의 것) 이들의 부분품(제8716호): 차량이나 동물에 의해 견인되는 차량

3. 분류원칙

제목	규정내용	비고
제외 차량	1. 제87류에는 궤도주행 전용으로 설계 제작된 철도 또는 궤도용 차량을 분류하지 않는다.	제87류 류주1
트랙터	2. 제87류에서 『트랙터』라 함은 주로 다른 차량·기기 또는 화물을 끌거나 밀기 위하여 제작된 차량을 말한다(트랙터의 주 용도에 따라 공구·종자·비료 또는 기타 물품의 수송용 보조기구를 갖추었는지의 여부를 불문한다). 호환성 장치로서 제8701호의 트랙터에 맞추어 부착 설계된 기계 및 작업 도구는 트랙터와 함께 제시된 경우에도 각 해당 호에 분류하며 이들이 트랙터에 장착된 것인지의 여부를 불문한다.	제87류 류주2
자동차섀시	3. 운전실이 있고 원동기를 부착한 자동차섀시는 제8706호에 분류하지 아니하고 제8702호 내지 제8704호에 이를 분류한다.	제87류 류주3
어린이용 이륜자전거	4. 제8712호에는 각종의 어린이용 이륜자전거를 포함하며, 기타의 어린이용 자전거는 제9503호에 분류한다.	제87류 류주4

4. 제외 물품

① 어린이용 사이클(제9501호)
② 봅슬레이 등의 스포츠용 차량(제9506호)
③ 전시용 설계차량(제9023호)
④ 회전목마차량(제9508호)

5. 해　　설

(1) 차량, 모터사이클 및 자전거(제8701호～제8716호)의 분류범위

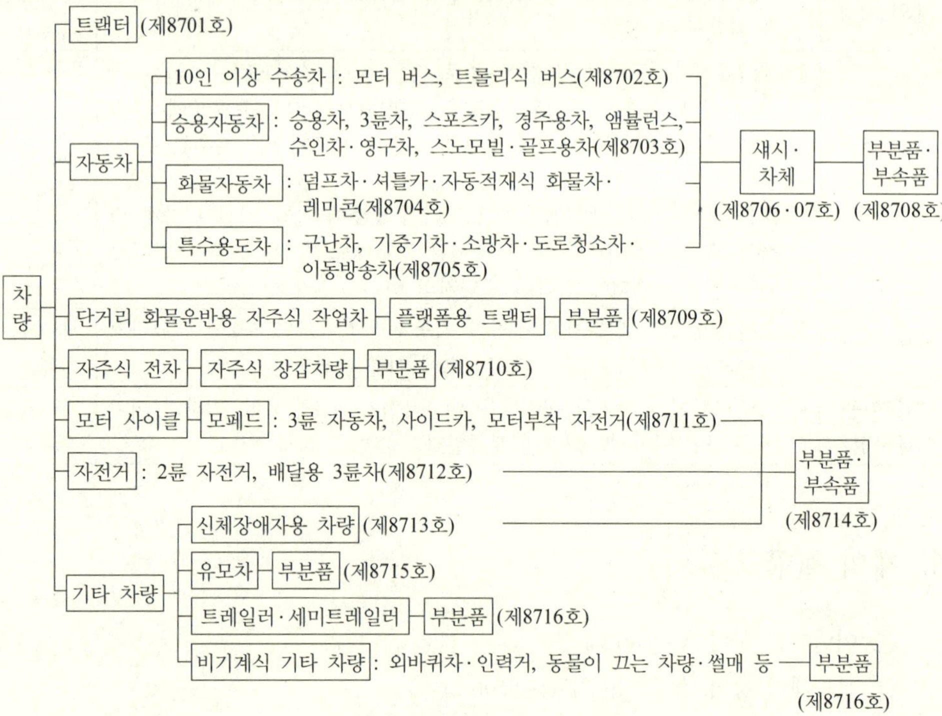

(2) 미조립, 미완성 자동차의 분류

제87류에는 미조립 또는 미완성의 차량으로서 조립 또는 완성된 차량의 주요한 특성을 가진 것은 해당 완성된 차량으로 분류된다.

[사례] ① 차륜 또는 타이어 및 축전지를 갖추지 아니한 자동차

② 엔진 또는 내부장치를 갖추지 아니한 자동차

③ 새들(saddle) 및 타이어를 갖추지 아니한 자동차

(3) 트랙터(제8701호)

관세율표에서 트랙터(tractor)라 함은 다른 차량, 기기 또는 화물을 견인 또는 밀기 위해 제작된 차륜식 또는 무한궤도식의 차량을 말한다. 트랙터에는 주용도에 관련된 공구·종자·비료, 기타 화물을 운반하기 위한 보조기구를 갖추거나 또는 보조기능으로서 작업기구를 부착시키기 위한 장치가 갖춘 것이 포함된다. 트랙터는 제8701호에 분류한다.

이 호에는 각종 트랙터가 분류되며 영농용 또는 임업용, 도로 주행용 트랙터, 토목건설용 중작업 트랙터, 윈치트랙터 등으로서 추진방식의 여부를 불문한다. 도로 위나 궤도 위에서도 사용될 수 있는 트랙터가 포함되나, 궤도전용으로 설계된 것은 제외된다. 또한 보행 조종식 트랙터도 포함되며, 하나의 구동축을 갖춘 소형 농업용 트랙터이다.

[분류규정]

① 호환성 장치로서 트랙터(제8701호)에 맞게 부착설계된 기계 및 작업 도구: 트랙터와 함께 제시된 경우에도 각 해당 호에 분류하며, 이들이 트랙터에 장착된 여부를 불문하다.

② 권양·굴착·레벨링 등의 기능을 수행하는 기기의 필요불가결한 부분품을 형성시키기 위하여 특별히 설계·제작 또는 보강된 주행부(주행부가 당해 기능의 수행을 위하여 견인 또는 추진하는 데 사용할지라도)는 제외된다.

③ 세미트레일러를 연결시킨 모터 로리, 세미트레일러를 연결시킨 트랙터 및 제84류의 작업기계를 세미트레일러와 같은 방식으로 연결시킨 중작업용 트랙터: 견인부분은 트랙터(제8701호)에 분류하고, 세미트레일러 및 작업기계는 각각 해당 호에 분류한다.

(4) 특정 승객용 자동차와 화물용 자동차의 구분(제8703호·제8704호)

총 중량이 5톤 미만의 특정한 자동차는 승객운송(제8703호) 또는 화물운반(제8704호)인지의 여부에 따라 품목분류를 달리하며, 어느 운송을 주목적으로 설계제작된 것을 나타내는 특징에 의해 결정한다. 이러한 자동차는 다목적 자동차로서 일반적으로 밴형 자동차, 스포츠유틸리티 자동차(SUV), 픽업형 자동차 등이 있으며 다음에 의해 판단한다.

[승용차량(제8703호) 또는 화물차량(제8704호)의 구분]

구 분	승객운송용 특정자동차(제8703호)	화물운반용 특정자동차(제8704호)
승객공간·화물공간	보통 운전사와 승객 구역(단일의 폐쇄된 내부공간)과 승객과 화물을 운송하는 다른 구역이 있다.	보통 화물운반용으로 독립폐쇄된 후방공간이나 열린 후방 플랫폼(platform)을 갖고 있다.
설계특징	① 안전장치(예: 안전좌석벨트, 안전좌석벨트의 설치용품과 앵커포인트)가 있는 각 승객용 내구성 좌석을 갖추거나 운전자와 앞쪽 승객용 구역의 후위에 좌석(좌석은 고정되거나 접어 이동이나 분리할 수 있으며 접이식 의자이기도 하다)과 안전장치를 설치하기 위한 내구성 앵커포인터와 용품을 갖추고 있다. ② 뒷좌석 양쪽에 유리창이 있다. ③ 차옆이나 뒤에 유리창을 갖춘 미닫이 문, 안팎으로 열리는 문 또는 들어올리는 문이 있다. ④ 운전자와 앞승객용 구역과 승객 및 화물운반용의 뒷좌석 사이에 내구성 패널 또는 벽이 있다. ⑤ 자동차 실내에 자동차의 승객용 구역과 연관된 편리한 모양, 내부마감, 용품(예: 바닥카펫, 환풍기, 내부조명, 재떨이 등) 등이 있다.	① 운전자 및 앞쪽 승객구역 후방에 안전장비(예: 안전좌석벨트, 앵커포인트, 안전좌석벨트의 설치용품) 또는 승객편의시설이 없는 벤치형의 좌석이 있다. 이 좌석은 통상 접어 이동하거나 접이식 의자로서 화물운송시에 후측 바닥(밴형 자동차) 또는 독립플랫폼(픽업자동차)을 최대한 활용할 수 있다. ② 독립된 운전자 및 승객용 객실이 있으며 양옆 벽면과 아래로 젖혀지는 후문을 갖춘 독립된 열린 플랫폼이 있다(픽업자동차). ③ 양 옆면에 뒷 유리창이 없다: 화물을 상하차하기 위해 후미 또는 옆면에 유리창이 없는 미닫이 문 또는 안팎으로 열리는 문 또는 들어 올리는 문이 있다(밴형 자동차). ④ 운전자 및 앞쪽 승객용 구역과 후면구역 사이에 내구성의 패널 또는 벽이 있다. ⑤ 화물적재 구역에 자동차의 승객용 구역과 연관된 편리한 모양, 내부마감용품(예: 바닥카펫, 환풍기, 내부조명, 재떨이 등) 등이 없다.

(5) 특수 용도차량(제8705호)

이 호에는 수송 이외의 기능을 수행하도록 특별히 설계 제작되었거나 고안되었으며, 각종 장비를 갖춘 자동차를 분류한다. 즉, 이 호 차량의 주 용도는 사람 또는 화물의 수송을 아닌 것이다.

예: 기중기차, 이동식 시추용의 데릭차, 소방차, 콘크리트믹서 운반차, 구난차, 도로 청소차, 살포차, 이동공작차, 이동 방송차, 제설기를 내장한 제설차, 이동발전설비차, 이동진료차

(6) 섀시와 차체(第8706호·第8707호)

자동차는 크게 섀시(chassis)와 차체(body)로 되어 있다. 섀시는 자동차가 주행하는데 필요한 모든 부품을 말하며 기관, 동력전달 장치, 주행 및 조향 장치, 프레임, 현가 장치, 제동 장치 등으로 구성되어 있다. 차체는 자동차의 외형을 이루는 부분으로 용도에 따라 여러 모양과 구조로 되어 있으며, 조명장치, 냉·난방장치, 기타의 부수장치가 있다.

[섀시와 차체]

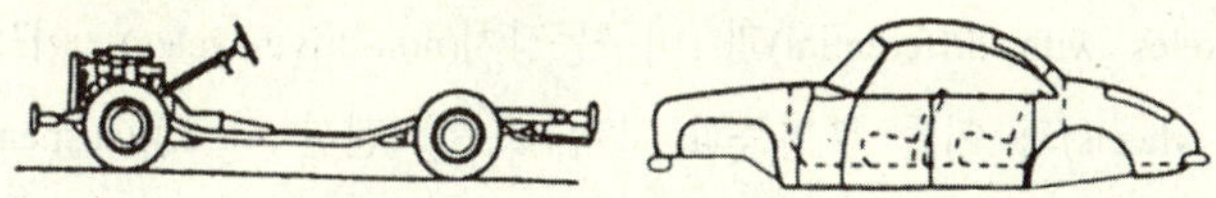

[섀시와 차체의 분류]

주요 내용	분류
·운전실과 원동기(엔진)를 부착한 섀시(운전대가 완전한 여부 불문) 예: 시이트가 없는 것	第8702호~ 第8704호
·엔진을 갖춘 섀시	第8706호
·엔진, 트랜스미션, 조종장치 및 차축(차륜의 부착 여부 불문)이 장착된 섀시	第8706호
·섀시 자체(단일차체 또는 모노코크 구조)의 결합체	第8706호
·섀시에 보닛·윈드스크린·진흙받이·발판 및 계기반이 부착된 것	第8706호
·섀시에 타이어·카뷰레터 또는 배터리 기타 전기기기가 부착된 것	第8706호
·자동차차체 운전실을 갖춘 차체	第8707호
·섀시가 없는 차량의 차체	第8707호
·섀시의 특정 요소가 차체에 결합되어 일체구조로 된 차체	第8707호
·계기반·보트·시트 및 쿠션·매트·하물선반·전기기기 등의 부속품이 완비된 차체	第8707호
·불완전한 차체. 예: 윈드스크·도어가 미부착된 것, 내부 장식재료·페인트 도장이 불완전한 것 등	第8707호

· 운전실	제8707호
· 원동기를 갖추지 아니한 섀시(각종 기계적 부분품의 장착 여부 불문)	제8708호

(7) 차량의 부분품과 부속품(제8708호)

이 호에 분류되는 차량의 부분품 및 부속품은 제8701호~제8705호의 자동차에 전용 또는 원칙적으로 사용하기에 적합한 부분품 및 부속품으로서, 제17부(수송기기)에서 제외(부주의 규정)되지 않아야 한다.

예: 완충기(bumpers)와 이들 부분품, 차체(boides)(운전실 포함)의 기타 부분품과 부속품, 제동장치(brakes and servo-brakes)와 이들 부분품[예: 장착된 브레이크라이닝(mounted brake lining), brake booster, 전자제어식 제동장치(electronic control brakes)], 기어박스(gear boxes)와 이들 부분품, 차동장치를 갖춘 구동차축(drive-axeles with differential)과 비구동장치(non-drive-axeles), 이들 부분품, 로드휠(road wheels)과 이들 부분품과 부속품, 서스펜션 시스템(suspension system) 이들 부분품, 기타: 방열기(radiators) 이들 부분품, 소음기(silencers: mufflers)와 배기관(exhaust pipes), 이들 부분품, 크러치(clutches), 운전대(steering wheels), 스티어링칼럼(steering culumns) 및 운전박스(steering boxes) 이들 부분품, 에어백(air bags)

[제외 물품]

① 제8505호의 전자클러치

② 엔진의 내부 부분품: 제8409호의 연결봉·압봉 및 밸브리프터, 제8483호의 해당하는 크랭크 샤프트·캠샤프트 및 플라이휠,

③ 에어백 원거리 감지기 또는 전자제어기

④ 제8412호의 유압식 또는 공기작동식의 실린더

(8) 신체장애인용 차량(제8713호)

신체장애인용 차량은 신체장애인의 운반을 위하여 특별히 설계된 차량 또는 기타 이와 유사한 차량을 말한다. 제8713호에는 모터를 갖추었는지 또는 기계구동식인지의 여부를 불문하고 신체장애인용 차량이 분류된다. 기계식 구동기구를 갖춘 신체장애인용의 차량은 통상 경엔진, 레바 또는 핸들조작기구를 손으로 구동한다. 기타 신체장애인용

차량은 손으로 밀거나 직접 손으로 차량을 조작하여 구동된다.

[제외 물품]

① 신체장애인용으로 간단히 개장된 보통의 차량. 예: 수동식의 클러치·액셀러레이터 등을 갖춘 자동차(제8703호), 특수 부착물이 갖추어졌거나 한 발로 페달을 밟을 수 있는 자전거(제8712호)

② 트롤리 스트렛처(제9402호)

[이륜차량, 자전거 및 신체장애용 차량의 분류]

차량·자전거	분류
·이륜차량: 모터사이클모터스쿠터, 조입식 엔진과 페달장치를 갖춘 모페드보조모터를 갖춘 사이클	제8711호
·모터를 갖추지 아니한 이륜자전거: 바이시클(어린이용 포함), 삼륜자전거 및 사륜자전거	제8712호
·배달용 삼륜자전거곡예용 일륜차 및 자전거경주용 자전거페달로 추진되는 자전거형 스쿠터	제8712호
·신체장애인용 차량: 기계식 구동기구를 갖춘 여부 불문하고 신체장애인의 운반을 위하여 특별히 설계된 차량, 손으로 밀거나 직접 손으로 조작 구동하는 차량	제8713호
·궤도검사용의 레일사이클	제8604호
·보조 모터를 갖춘 사이클	제8711호
·어린이용 사이클	제9503호
·유원지용에만 적합한 특수 사이클	제9508호

(9) 트레일러와 세미트레일러, 비기계구동식 차량(제8716호)

여기에는 1개 이상의 차륜을 갖추고 사람 또는 화물의 수송용으로 제작되고 구동방식이 기계식이 아닌 차량이 분류된다. 또한 썰매처럼 차륜을 갖추지 아니한 비기계식의 차량도 포함된다. 이 차량은 트랙터·화물자동차·트럭·모터사이클 등의 다른 차량에 의해 견인되게 설계되고, 손으로 밀거나 당기거나, 또는 동물에 의해 견인되도록 설계되어 있다.

트레일러와 세미트레일러 특수 연결장치에 의해 다른 차량에 연결되는 차량을 말하며 자동차와 함께 사용하도록 설계제작되어 있다. 트레일러는 보통 둘 이상의 차량 세트를 가지고 선회차륜에 부착된 연결장치가 갖추고 있으며, 세미트레일러는 뒷바퀴만이 붙어있다.

예: 이동주택과 캠핑용, 화물수송용 트레일러와 세미트레일러, 탱커트레일러, 냉장식·단열식 트레일러, 포차용 전차, 전시용 트레일러

수·족동식 차량 외바퀴차·하차·홉퍼차(hopper-truck) 및 경사차·인력거, 목재운반용 썰매, 눈위를 발로 추진되는 킥스리드 등

동물 견인차 영구차, 일인승 이륜차, 유원지용의 당나귀·포니가 끄는 마차·썰매

[자동차 제원]

제목	주요 내용
전장/전폭/전고 (Overall length/ Width/Height)	자동차의 앞 범퍼에서 후미 등까지의 최대 측정길이를 전장이라 하고, 차문을 닫은 상태에서 백미러를 제외한 최대 너비가 전폭이다. 전고는 승객이나 짐을 싣지 않은 상태에서 지면부터 자동차의 가장 높은 부분까지의 높이이다.
축간거리 (축거, Motor Vehicle Space/Wheel Base)	앞뒤 차축의 중심 사이의 측정거리를 축거라 한다.
차륜거리 (윤거, Track/Tread)	좌우 타이어 접지면 중심선 사이의 거리를 말하며, 앞바퀴폭과 뒷바퀴폭의 차이로 앞뒤거리가 다를 수도 있다. 윤거가 길면 코너링 시 안정성을 확보할 수 있다.
최저 지상고 (Ground Clearance)	아무것도 싣지 않은 공차 상태에서 자동차의 가장 낮은 부분과 접지면 사이의 높이를 가리킨다. 이때 타이어, 휠, 브레이크 부분은 제외한다.
최소 회전반경 (Minimum Turning Radius)	자동차가 최대의 조향각으로 저속 선회할 때 중심선과 바깥쪽 바퀴가 그리는 가장 작은 원의 반지름을 가리킨다. 그러나 실제로 자동차가 장애물과 접촉하지 않고 회전하려면, 바퀴의 궤적이 아닌 차체의 바깥 궤적이 장애물보다 안쪽에 위치해 있어야 한다.
최대 적재량 (Maximum Payload)	차량에 실을 수 있는 승객이나 짐의 최대 중량을 가리킨다.
승차정원 (Riding Capacity)	자동차에 탑승할 수 있는 최대 승객수로 운전자를 포함한다.
구동력 (Driving Force)	엔진에서 전달장치를 거쳐 구동바퀴와 노면 사이의 접지면 방향으로 움직이는 힘을 말한다.
등판력(Gradability/ Hill Climbing bility)	차량 총중량 상태에서 건조된 포장노면에서 정지하여 언덕길을 오를 수 있는 최대 능력으로 tan θ 혹은 % 단위로 표시한다.

연료 소비율 (연비: Rate of Fuel Consumption)	연료 1리터로 주행할 수 있는 km 수를 말한다.
배기량(Displacement)	엔진의 크기를 나타내는 가장 일반적인 척도로 엔진 기관 실린더 내의 흡입 또는 배기된 혼합기의 용적을 말한다. 보통 시시(cc)로 나타낸다. 우리나라에서는 배기량이 자동차세의 과세 기준이 된다. 엔진 총배기량＝π/4×(내경)2×행정×실린더수(기통수)
최대 출력 (Maximum Power)	자동차 엔진의 성능을 나타내는 대표적인 수치로 엔진회전수가 몇 회전일 때에 최고 몇 마력이 되는가를 나타내는 것이다
토크(Torque/rpm)	토크는 회전하려는 힘으로 엔진 회전력이라고도 하고, 자동차의 견인력, 등판력, 경제성을 의미하는 수치이다. 보통 토크는 자동차의 출발 시 필요한 힘을 얻는 데 필요하고, 이후 가속에 필요한 것이 최대출력이다.

* ISO, 자동차관리법, KS 참조

[용어]

용어	주요 내용	비고
스테이션웨곤 (station wagon)	스테이션웨곤은 운전자를 포함하여 초대 9인이 앉을 수 있는 좌석을 갖춘 차량으로 내부는 구조변경 없이 사람과 화물의 두 가지 수송에 사용될 수 있는 차량이다. 단, 박람회장에서 사용되는 특수차량으로『dodgem』카는 제9508호에 분류된다.	제8703호
차량의 총중량 (gross behicle weight)	차량의 총중량은 차량의 최대 설계중량으로서 제조자가 명기해 놓은 노상중량(road weight)을 말한다. 이 중량은 차량 최대표시 적재량, 운전자 및 연료를 가득 채운 탱크의 합계 중량이다.	제8704호

제88류 항공기와 우주선 및 이들의 부분품

1. 개 요

제88류에는 기구와 비행선, 무동력항공기와 기타 항공기, 우주선 및 우주선 운반로켓, 낙하산과 같은 관련기기, 항공기 발사기어, 데크어레스터기어 및 지상훈련기를 분류한다. 또한 이러한 장치의 부분품도 분류된다.

2. 분류구조

무동력 항공기, 항공기 등을 5개(제8801호 내지 제8805호)의 호에 구분 분류한다.

1) 무동력 항공기(제8801호): 기구와 비행선, 글라이더와 행글라이더 등
2) 비행기, 우주선, 서보비털과 우주선 운반용 로켓(제8802호): 비행기·헬리콥터 등
3) 부분품(제8801호와 제8802호의 것)(제8803호)
4) 낙하산과 로토슈트, 이들 부분품과 부속품(제8804호)
5) 항공기의 발진과 갑판착륙 장치 등, 지상비행훈련장치, 이들 부분품(제8805호)

3. 분류원칙

제목	규정내용	비고
자중(自重)	1. 제8802.11호 내지 제8802.40호에서 『자중』이라 함은 정상 비행 상태에서의 기체 중량을 말한다. [승무원과 연료 및 장비(영구 장착된 장비를 제외)의 중량은 제외한다]	제88류 소호주1

4. 제외 물품

① 장식용 모형(예: 제4420호 또는 제8306호)이나 순수한 실물설명용의 모형(제9023호)
② 오락용의 완구와 모형(제9503호)

5. 해 설

(1) 항 공 기

항공기(aircraft)란 사람이나 물체를 싣고 공중을 날 수 있는 탑승물이나 운행체의 총칭으로 비행기, 글라이더, 헬리콥터, 비행성, 기구 등의 비행체를 말하며, 또한 우주로켓과 일반적인 비행기 등의 원리를 이용한 비상체(미사일) 등이 포함된다.

항공기는 경항공기(light-than-air-aircraft)와 중항공기(heavier-than-air-aircraft)로 크게 구분하고, 각각 동력과 무동력으로 나눈다.

[항공기의 분류(제8801호~제8805호)]

<table>
<tr><th>구분</th><th colspan="2">항공기명</th><th>부분품</th><th>부속품</th></tr>
<tr><td>무동력 항공기</td><td>기구, 비행선, 글라이더, 행글라이더, 연</td><td>제8801호</td><td rowspan="5">제8803호</td><td rowspan="5">–</td></tr>
<tr><td>항공기</td><td>–비행기: 육용기, 수상기
–헬리콥터</td><td rowspan="4">제8802호</td></tr>
<tr><td>우주선</td><td>통신위성, 기상위성 등</td></tr>
<tr><td>서보비털</td><td></td></tr>
<tr><td>우주선 운반로케트</td><td></td></tr>
<tr><td>낙하산과 로토슈트</td><td>각종 낙하산과 로토슈트(rotochute)</td><td>제8804호</td><td>제8804호</td><td>제8804호</td></tr>
<tr><td>항공기발진·착륙장치</td><td>항공기발진장치, 갑판 착륙장치</td><td rowspan="2">제8805호</td><td rowspan="2">제8805호</td><td rowspan="2">–</td></tr>
<tr><td>지상비행 훈련장치</td><td>전자모의비행장치, 링크식 훈련기</td></tr>
</table>

[일반 항공기의 분류]

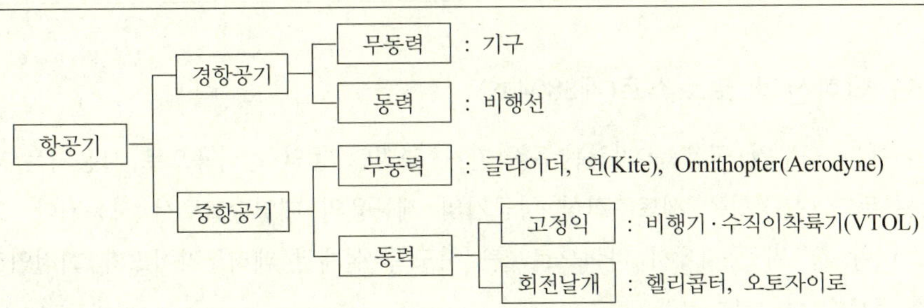

(2) 비행기(제8802호)

비행기(air plane; aeroplane)는 추진장치를 갖추고 고정날개에 생기는 양력에 의해 공중을 비행하는 항공기의 총칭이다. 비행기는 형식과 용도별로 구분하거나, 추진장치에 따라 프로펠러기와 제트기로 대별하기도 한다.

[일반 비행기의 분류]

비행기	분류	종류
비행기	프로펠라추진	: 피스톤기(왕복기관), 터보프롭기, 프롭펜기(프로펠러팬방식), 터보프롭기
	제트추진	: 터보제트기, 터보팬기, 램제트기, 로켓기

(3) 항공기 부분품의 종류(제8804호)

무동력 항공기와 항공기의 부분품은 다음이 있다.

구분	부분품명
기구 및 비행선의 부분품	나셀, 엔빌로프 및 동부분품, 캐리어 후프, 벨러넷, 골조 및 동 부분품, 안전장치 및 조종장치, 비행선용 프로펠러
글라이더와 연을 포함한 항공기	-동체와 기체, 이들 section, 내부·외부의 부분품(레이더 도움, 원추형 배기통, 페어링, 칸막이, 화물방, 계기반, 후레임, 도어, 비상활주장치 등) -날개와 이들 부분품(spars·ribs·cross-members). control surface, 엔진, 엔진덮개, 엔진격납실 및 연료실, 착륙장치와 이들의 인입장치, 바퀴, 착륙용 스키, 수상기용 플로우트, 프로펠러(airscrew), 헬리콥터용 및 자이로플레인용 로터, 프로펠러용과 로터용 블레이드와 pitch control mechanism, 조종용 레버, 연료탱크

(4) 낙하산과 로토슈트(제8804호)

여기에는 승무원·군용품·기상관측용 기기·조명탄 등의 강하용으로 사용되는 낙하산이 분류된다. 특정형은 제트추진식 항공기의 제동용의 테일슈트로서 사용된다. 또한 산기슭, 벼랑 끝 위 등지에서 자력으로 출발하도록 설계된 패러글라이드와 회전익장치를 갖춘 로토슈트도 분류된다.

(5) 항공기 발진장치·갑판착륙장치 또는 이와 유사장치, 지상비행훈련장치(제8805호)

항공기의 이착륙을 용이하게 하기 위한 장치와 비행사의 모의비행훈련을 위한 지상비행 훈련장치를 말한다. 이 호에는 항공기발사장치, 데크-어레스터 또는 이와 유사한 장치, 지상비행훈련장치전자식의 모의비행장치 『링크식 훈련기』가 포함된다.

[용어]

용어	주요 내용	비고
자중(自重)	제8802.11호~제8802.40호에서 자중』이라 함은 정상 비행 상태에서의 기체 중량을 말한다. 다만, 승무원과 연료 및 장비(영구 장착된 장비 제외)의 중량은 제외한다.	제88류 소호주1

제89류 선박과 수상구조물

1. 개 요

제89류에는 선박, 보트, 기타 각종 선박과 코퍼댐, 부잔교, 부이(buoy) 등 수상구조물이 분류된다. 또한 물위를 주행하도록 설계된 공기완충식 차량이 분류된다. 이 류에는 선박과 수상구조물의 부분품이 분류되지 않는다.

2. 분류구조

선박과 수상구조물은 3범주로 구분하고 8개(제8901호 내지 제8901호)의 호에 분류한다.

1) 선박(제8901호 내지 제8904호)
- 선박: ① 사람·화물용 선박, ② 어획용 선박, ③ 유람·운동용 선박, ④ 예인선과 푸셔크라프트
- 특수기능 선박, 부선거, 시추대와 작업대(제8905호)
- 기타 선박(제8906호) 군함, 구명보트(노젓는 것 제외)

2) 수상구조물(제8907호): 부교, 탱크, 코퍼댐, 부잔교, 부표 등

3) 해체용의 선박과 구조물(제8908호): 해체용의 선박, 기타 부양구조물

3. 분류원칙

제목	규정내용	비고
미완성, 불완전선박의 분류	1. 선체, 미완성 또는 불완전 선박(조립·미조립 또는 분해된 것인지의 여부를 불문한다) 또는 완성된 선박(미조립 또는 분해한 것에 한한다)으로서 특정한 선박의 중요한 특성을 갖추고 있지 아니한 경우에는 제8906호에 분류한다.	제89류 류주1

4. 제외 물품

① 제17부에서 제외되는 부분품과 부속품(제17부의 제외 물품 참조)
② 목제의 노(oar)와 패들(Paddle)(제4421호)
③ 방직용 섬유 재료로 만든 로프와 케이블(제5607호)
④ 돛(제6306호)
⑤ 금속구조물 성격의 마스트 등 선박 또는 보트의 격벽과 선체의 부분품 등(제7308호)
⑥ 철강제 케이블(제7312호)
⑦ 철강제의 닻(제7316호)
⑧ 프로펠러와 기선용 외륜(Paddle-wheel)(제8487호)
⑨ 조타륜(제4421호·제7325호·제7326호), 기타 조타장치(제8479호)
⑩ 장식용 모형선(제44류·제83류), 전시용 모형(제9023호), 소아가 타도록 설계된 보트형 완구(제9501호), 선령이 100년을 초과한 고선(제9706호)

5. 해　　설

(1) 선박과 수상구조물(제89류)의 분류범위

· 제89류의 선박에는 다음 선박도 포함된다
① 미완성 또는 불완전한 선박: 추진기·항해용 계기·리프팅 또는 하역기·내부가구 등을 갖추지 아니한 것
② 각종 재료재의 선체

[선박과 수상구조물의 분류]

구분	선박명	호
선박	사람·화물 수송용 선박: 순항선, 유람선, 페리보트, 화물선, 냉장선, 탱커, 부선(barge)	제8901호
	어선, 어획물가공·저장선	제8902호
	유람·스포츠용 선박: 요트, 범선, 모터보트, 카누	제8903호
	견인선박: 견인선과 푸셔크라프트(pusher craft)	제8904호
	-특수기능 선박: 조명선, 소방선, 준설선, 기중기선 등 -시추선: 부상식·잠수식 시추대와 작업대	제8905호
	기타 선박: 군함, 상륙용 주정, 잠수함, 확술연구용 선박, 기상관측선, 병원선, 쇄빙선	제8906호
부양구조물: 부교, 탱크, 코퍼댐(coffer-dam), 부잔교, 부표, 수로부표 등		제8907호
해체용 선박·부양구조물: 해체용의 선박 및 기타 부구조물		제8908호

(2) 기타 물에 뜨는 구조물(제8907호)

여기에는 선박의 특성을 갖지 아니하며 일반적으로 사용 시에 정지되어 있는 특정 수상구조물이 분류된다.

예: 가교지지용 중공형 부선거, 산 갑각류·어류를 담는 부유탱크, 유류·물 등을 공급용 부유탱크, 교량건설용 코퍼댐, 부잔교, 계류부표, 표시용 부표, 조명용·경보용 부표, 수로·위험수역표시용 항로표시, 소해작업용의 부유식 패러베인

(3) 선체, 미완성 또는 불완전 선박의 분류규정

선체, 미완성 또는 불완전 선박(조립·미조립 또는 분해된 것인지의 여부를 불문한다) 또는 완성된 선박(미조립 또는 분해한 것에 한한다)으로서 특정한 선박의 중요한 특성을 갖추고 있지 아니한 경우에는 제8906호에 분류한다.

(4) 선박 또는 수상구조물의 부분품과 부속품 분류

별도로 제시되는 선박 또는 수상구조물의 부분품(선체 제외)과 부속품은 명백히 부분품 또는 부속품으로서 인정되는 것일지라도 제89류에 분류되지 아니한다. 이들 부분품 및 부속품은 다음과 같이 관세율표의 다른 해당 호에 분류된다.

[선박, 수상구조물의 부분품과 부속품 분류]

품명·물품내용	분류
· 목제의 노(oars)와 패들	제4421호
· 방직용 섬유재료로 만든 로프와 케이블	제5607호
· 금속구조물로서의 성격을 갖는 mast, hatch-way, gangway, 선박이나 보트용의 격벽과 선체의 부분품 등	제7308호
· 철강제의 케이블	제7312호
· 철강제의 닻	제7316호
· 프로펠러와 기선용 외륜	제8485호
· 조타륜	제4421호·제7325호·제7326호 등
· 선박이나 보트용의 기타 조타장치	제8479호

제17부 출제문제 및 연습문제

출제문제

[50점 문항]

[10점 문항]

1. 제86류, 제87류, 제88류, 제89류의 공통점은 [1983년]
2. 『Station Wagon의 정의와 중 분류구조 [1998년]
3. 관세율표 제8609호의 컨테이너에 관하여 설명하시오. [1999년]
4. 특수용도 차량의 해당 류와 어떠한 차량을 말하는지 예를 들어 설명하시오. [2003년]

연습문제

[50점 문항]

1. 제17부의 분류구조와 분류 특성을 서술하시오.

[10점 문항]

1. 아웃보트 모터란?
2. 공기완충식 차량(호버크래프트)의 품목분류를 서술하시오.
3. 도로와 궤도차량, 수륙양용차량, 도로주행 항공기의 분류기준을 논하시오.
4. 컨테이너란?
5. 트랙터란?
6. 스테이션 웨곤이란?
7. 특수용도 차량(제8705호)에 대하여 설명하고 그 종류는?
8. 해체용 선박

9. 선박의 부분품을 예를 들어 열거하고 분류하시오(5품명 이상).
10. 기계구동식이 아닌 차량의 예를 열거하시오(5품명 이상).

문제풀이

1. 제17부의 분류 구성을 설명하시오.

(1) 제17부 개요

제17부에는 수송기기와 수송기기의 관련물품으로서 각종의 철도차량, 호버트레인, 육상용 차량, 항공기와 우주선 및 선박·보트·호버크래프트와 수상구조물이 분류되며 차량, 항공기, 선박 등의 수송기기(제86류 내지 제88류)에 전용되거나 주로 사용하는 부분품과 부속품이 포함된다. 또한 한 가지 이상의 수송방식에 의하여 운반할 수 있게 설계 제작된 콘테이너, 특정 철도선로용 장비품, 기계식이나 전기기계식의 신호용 기기, 낙하산, 항공기 발사기어, deck arrestor와 유사기어, 항공기 지상훈련장치와 같은 수송관련장비 등의 특정 물품이 포함된다.

(2) 류별 구성

이 부는 수송기계와 이와 관련품의 체계적으로 분류하기 위하여 5개의 부주와 제86류 내지 제89류의 4개류의 본문으로 구성되어 있다.

① 제86류 기관차와 철도차량, 이들의 부분품 및 기계식 신호용 기기
② 제87류 자동차
③ 제88류 항공기
④ 제89류 선박과 수상구조물

2. 공기완충식 차량(air-cushion vehicles)의 품목분류를 설명하라.

공기완충식 차량은 다음과 같이 분류한다.

① 가이드 트랙 위를 주행하도록 설계된 호버트레인(hovetrains)은 제86류(궤도차량)에 분류한다.
② 육상 또는 수륙양용으로 설계된 것은 제87류(자동차)에 분류한다.
③ 해변이나 발착장에 상륙할 수 있거나 얼음 위를 주행할 수 있는 여부를 불문하고 물 위를 주행하도록 설계된 것은 제89류(선박)에 분류한다.

3. 제87류의 트랙터(tractor)란?

트랙터라 함은 다른 차량, 기기 또는 화물을 견인 또는 밀기 위해 제작된 차륜식 또는 무한궤도식의 차량을 말한다. 트랙터에는 주용도에 관련된 공구·종자·비료, 기타 화물을 운반하기 위한 보조기구를 갖추거나 또는 보조기능으로서 작업기구를 부착시키기 위한 장치가 갖춘 것이 포함된다. 트랙터는 제8701호에 분류한다.

4. 해체용 선박과 수상구조물이란?

선박 및 기타 수상 구조물로서 해체할 목적으로 제시된 것을 말한다. 이러한 선박은 폐선 또는 손상된 것으로서 장치된 기계장치 등은 제시되기 앞서 제거된다. 이러한 해체용 선박과 수상 구조물은 제8908호에 분류한다.

5. 선박 또는 수상구조물의 부분품과 부속품에 대한 분류를 서술하고 이들의 분류 예를 들라.

- 분류원칙: 선체를 제외한 별도로 제시되는 선박 또는 수상구조물의 부분품과 부속품은 명백히 부분품 또는 부속품으로서 인정되는 것일지라도 제89류에 분류되지 아니한다.
- 이들 부분품 및 부속품들은 다음과 같이 분류한다.
  ① 목제의 노(oars)와 패들(제4421호)
  ② 방직용 섬유재료로 만든 로프와 케이블(제5607호)
  ③ 금속구조물로서의 성격을 갖는 mast, hatch-way, gangway, 선박이나 보트용의 격벽과 선체의 부분품 등(제7308호)
  ④ 철강제의 케이블(제7312호)
  ⑤ 철강제의 닻(제7316호)
  ⑥ 프로펠러와 기선용 외륜(제8487호)
  ⑦ 조타륜(제4421호·제7325호·제7326호 등)
  ⑧ 선박이나 보트용의 기타 조타장치(제8479호)

제18부 광학기기, 사진용 기기, 영화용 기기, 측정기기, 검사기기, 정밀기기와 의료용 기기, 시계와 악기 및 이들의 부분품과 부속품

1. 개 설

제18부에는 일반적인 정밀기계류가 분류되는 것으로 광학기기·사진용 기기·영화용 기기·측정기기·검사기기·정밀기기·의료용 기기, 시계 및 악기가 분류된다. 또한 이들 기기들의 부분품과 부속품이 포함된다.

2. 류별 구성

제18부는 다른 부와는 다르게 부주가 없으며, 체계적인 품목분류를 위하여 제90류 내지 제92류의 3개류의 본문으로 구성되어 있다.

[류별 표제]

제90류	광학기기, 계측기기, 정밀기기와 의료용 기기 및 이들의 부분품과 부속품
제91류	시계와 시계의 부분품과 부속품
제92류	악기류와 악기의 부분품과 부속품

제90류 광학기기, 사진용 기기, 영화용 기기, 측정기기, 검사기기, 정밀기기와 의료용 기기, 시계와 악기 및 이들의 부분품과 부속품

1. 개 요

제90류에는 일반적으로 높은 완성가공도와 정밀도를 갖는 각종의 기기가 분류된다. 주로 이화학, 분석, 천문학 등의 과학분야, 측정, 검사, 관측 등의 특수 기술과 공업분야 또는 의학분야에 사용되는 기기들이다. 즉, 광학기기, 검사와 측정기기, 정밀기기 및 의료용 기기가 분류되며 이들 기기의 부분품과 부속품이 포함된다.

2. 분류구조

광학기기, 사진용·영화용 기기, 각종의 정밀기기와 의료용 기기 등을 9개의 범주로 구분하고 32개의 호(제9001호 내지 제9033호)에 분류한다.

1) 광학용품(제9001호 내지 제9004호): 광섬유, 렌즈, 프리즘, 편광판, 안경 등

2) 광학기기(제9005호 내지 제9013호): 망원경, 쌍안경, 사진기와 사진용 섬광기구, 영화용 기기, 투영기, 복사기, 각종 현미경, 레이저기기 등

3) 항행·측량·관측·계측기기, 미량저울(제9014호 내지 제9016호): 토지·수로측량기기, 수리계측기기, 기상관측기기, 지구물리학용 기기, 측거의 등

4) 제도용구, 설계용구 및 계산용구, 수지식 길이측정용구(제9017호)

5) 의료용·수의용 기기, 기계요법용 기기, 호흡용 기기 및 정형외과용 기기(제9018호 내지 제9022호): 방사선 요법용, 기계요법용, 산소요법용, 정형외과용, 보철용 등

6) 전시용 기기와 모형(제9023호): 교육용, 전시용 등

7) 재료시험용 기기(제9024호)

8) 비중계·온도계·고온계·기압계·습도계(제9025호)

9) 유량·액면·압력 또는 기타 변량의 측정 또는 검사용 기기(제9026호): 유량계, 액면계, 압력계, 열측정계

10) 분석용 기기, 점도·표면장력 등·열·소리 또는 빛의 측정·검사용 기기(제9027호): 편광계, 굴절계, 분광계, 가스분석기

11) 기체·액체 또는 전기의 적산용 계기, 속도계·적산회전계·택시미터계·보수계, 전기적량의 측정·검사용 기기, 전리선의 검사·검출용 기기(제9028호~제9031호): 생산량계, 택시미터, 주행거리계, 보수계, 오실로스코프 등

12) 자동조절용 또는 자동제어용 기기(제9032호)

13) 기타 부분품과 부속품(제9033호): 타 호에 분류되지 아니한 것

* 제9009호: 공란 유보

3. 분류원칙

제목	규정내용	비고
부분품과 부속품의 분류	2. 제90류 류주 제1호에서 규정한 바를 제외하고는 이 류의 기기의 부분품과 부속품은 다음의 규정에 따라 분류한다. 가. 부분품과 부속품이 제84류·제85류 또는 제91류 중의 어느 호(제8487호, 제8548호와 제9033호를 제외한다)에 속하는 물품인 경우에는 각각 해당 호에 이를 분류한다. 나. 기타의 부분품과 부속품으로서 특정한 기기 또는 동일한 호에 해당하는 여러 종류의 기기(제9010호, 제9013호 또는 제9031호의 기기를 포함한다)에 전용 또는 주로 사용되는 것은 당해 기기와 함께 분류한다. 다. 기타의 각종 부분품과 부속품은 제9033호에 분류한다.	제90류 류주2
각종 기계의 분류원칙	3. 제16부 주3과 주4의 규정은 이 류에도 적용한다.	제90류 류주3
무기용 망원조준기와 잠망경	4. 제9005호에서는 무기용의 망원조준기·잠수함용 또는 전차용의 잠망경과 이 류 또는 제16부의 기기용의 망원경을 제외하며, 이러한 조준기와 망원경은 제9013호에 분류한다.	제90류 류주4
측정·검사용 기기 분류원칙	5. 제9013호 및 제9031호에 동시에 분류될 수 있는 광학식의 측정용·검사용 기기는 제9031호에 분류한다.	제90류 류주5
정형외과용 기기	6. 제9021호에서 『정형외과용 기기』란 다음의 기기를 말한다. 이 경우 정형외과용 기기에는 정형외과 교정 목적으로 ① 주문 제작되거나, ② 대량 생산된 신발 및 특수안창을 포함한다(양말에 맞게 제작된 켤레가 아닌 한 족이어야 한다).	제90류 류주6

	가. 신체상의 불구를 예방 혹은 교정하는 기기 또는 나. 질병, 수술 또는 부상 후 신체의 일부를 지주하는 기기	
자동조절기기	7. 제9032호는 다음 물품에 한하여 이를 적용한다. 가. 액체 또는 기체의 유량·깊이·압력 또는 기타 변량의 자동제어용 기기 또는 온도의 자동제어용 기기(자동제어하여야 할 요소에 따라 변화하는 전기적 현상에 의하여 작동하는 것인지의 여부를 불문하고, 지속적 또는 주기적으로 이들요소의 실제 값을 측정하여 이들 요소를 목표치에 맞추고 유지되도록 설계된 것을 포함한다) 나. 전기적 양의 자동조절기기와 제어되어야 할 요소에 따라 변화하는 전기현상에 의하여 작동하는 비전기적량의 자동제어기기(지속적 또는 주기적으로 이들 요소의 실제값을 측정하여 이들 요소를 목표치에 맞추고 유지되도록 설계된 것을 포함한다)	제90류 류주7
특수 용도 사진기	소호주1.소호 제9006.51호, 제9006.52호, 제9006.53호 및 제9006.59호에서 『특수 용도 사진기』라 함은 현미경용, 반도체소자 촬영용 및 기타 특수용도에 사용되는 사진기를 말한다.	제90류 국내추가 소호주

4. 제외 물품

① 기기용 또는 기타 공업용 물품으로서 미경화 가황고무의 기타 제품(제4016호), 가죽·콤퍼지션 레더제품(제4205호) 또는 방직용 섬유제품(제5911호)

② 방직용 섬유제의 지지용 벨트 또는 기타 지지용 제품으로서 당해 신체기관에 대한 의도된 효과가 동 벨트 또는 제품의 탄성으로부터 유래되는 것(예: 임산부용 벨트, 가슴부위의 지지용 붕대, 복부부분의 지지용 붕대, 관절 또는 근육에 대한 지지구)

③ 내화제품(제6903호) 및 이화학용 또는 기타 공업용의 도자제품(제6909호)

④ 유리거울(광학적으로 연마하지 아니한 것)(제7009호) 또는 광학용품을 제외한 비금속제 또는 귀금속제의 거울(제8306호 또는 제71류)

⑤ 제7007호, 제7008호, 제7011호, 제7014호, 제7015호 또는 제7017호의 물품

⑥ 범용성 부분품으로 비금속제(제15부)와 플라스틱제(제39류)

⑦ 제8413호의 계기를 갖춘 펌프, 중량측정식의 계수기, 검사기 또는 따로 분리하여 제시된 저울용의 추(제8423호), 권양 또는 하역용의 기계(제8425호~제8428호), 각종의 지 또는 판지의 절단기(제8441호), 제8466호의 공작기계의 가공물 또는

공구조정용 부착물(광학식 분할대와 같이 눈금을 읽기 위한 광학식 기구를 갖춘 부착물을 포함하나, 중심조정용 망원경과 같이 본질적으로 그 자체가 광학기기인 것을 제외한다), 계산기(제8470호), 제8481호의 밸브 또는 기타 기기, 제8486호의 기계 및 기기(감광성 반도체 재료에 회로 모형을 투영 또는 드로잉하는 기기를 포함한다)

⑧ 사이클이나 자동차용의 서치라이트 또는 스포트라이트(제8512호), 제8513호의 전기식 휴대용 램프, 영화용의 음성기록, 재생 또는 재기록용 기기(제8519호 또는 제8520호), 사운드헤드(제8522호), 레이더기기, 항행용 무선기기 또는 무선원격 조절기기(제8526호), 광섬유, 광섬유 다발 또는 광섬유 케이블용 접속자(제8536호), 수치제어기기(제8537호), 실드빔램프 유니트(제8539호), 광섬유케이블(제8544호)

⑨ 서치라이트와 스포트라이트(제8405호)

⑩ 제95류의 물품

⑪ 용적측정구(당해 물품의 구성재료에 따라 분류한다)

⑫ 스풀, 릴 또는 이와 유사한 지지구: 당해 물품의 구성재료에 따라 분류한다(예: 제3923호 또는 제15부).

[광학 · 정밀 · 측정 · 의료용 기기(제90류)의 호별 분류표]

단위	0	1	2	3	4	5	6	7	8	9
00	–	광섬유·다발, 광학용품(편광판·렌즈 등)	장착된 광학용품(렌즈·프리즘 등)	안경의 테·장착구, 부분품	안경	광학망원경·천체관측기기	사진기·사진용 섬광기구	촬영기·영사기	투영기·사진확대기·축소기	–
10	사진현상용 기기·영사스크린	광학현미경	전자현미경, 회절기	액정디바이스·레이저기기·기타 광학기기	항행용 기기·방향탐지 컴퍼스	측량기·계측기·관측기	천평(50mg 이내)	제도용구·설계용구·계산용구, 거리측정용구	의료용·치과용·수의용 기기	물리치료기·심리검사용 기기, 치료용 호흡기
20	기타 호흡기·가스마스크	정형외과용 기기·휴대·삽입기기	X-선, α, β 또는 γ선 기기	전시용 기구·모형	재료의 기계적 성질의 시험용 기기	비중계·온도계·기압계·습도계	측정·검사용 기기(액체·기체의 변량)	분석기기·측정·검사용 기기(점도·표면장력, 열·소리·빛)	기체·액체·전기의 적산용 계기	속도계·회전속도계·택시 미터·보수계

30	측정·검사용 기기(전기적량)·검사·검출용 기기(전리선)	기타 측정·검사용 기기	자동조절용·제어용 기기	기타 부분품·부속품	–	–	–	–	–	–

* 4단위 호는 첫째와 둘째 단위는 제90류의 류를 말하고 셋째 단위(3단위)와 넷째 단위(4단위)는 호(heading)를 말한다. 위 표는 세로는 호의 셋째 단위(3단)이고, 가로는 호의 넷째 단위(4단)를 말한다. 예: 90+10+1=9011. 제9011호는 광학현미경이다.

5. 해 설

(1) 광학·정밀·측정·의료용 기기(제90류)의 구성

- 광학기기·정밀기기 및 의료기기 [제90류]
  - 1. 광학용품과 광학기기 — 제9001호~제9013호
  - 2. 항행·측량·관측·계측기기, 미량저울 — 제9014호~제9016호
  - 3. 제도·설계 및 측정 용구 — 제9017호
  - 4. 의료용·수의용 기기 — 제9018호~제9022호
  - 5. 교육·전시용 모형 — 제9023호
  - 6. 재료시험용 기기 — 제9024호
  - 7. 비중계·온도계·압력계 — 제9025호
  - 8. 측정용·검사용·검출용·분석용·기기, 계기 — 제9026호~제9031호
  - 9. 자동 조절·제어용 기기 — 제9032호
  - 10. 기타 부분품과 부속품 — 제9033호

* 제9009호: 공란 유보

(2) 다기능기계, 복합기계 및 기능단위 기계의 분류원칙

다기능기계, 복합기계 및 기능단위 기계는 다음과 같이 분류한다.

다기능기계 각기 다른 기능을 수행할 수 있는 것이다.

① 기계의 주기능에 따라 분류된다.

② 주기능을 판별하기 어렵거나, 문맥상 별도의 규정이 없으면 주요 특성을 갖는

호에 분류한다.

복합기계 주 기능에 따라 분류한다.

복합기계란 두 가지 이상의 기계 또는 기기로 이루어진 기계 또는 기기, 복합기는 서로 다른 두 가지 이상의 기계가 동등하게 또는 어느 한쪽에 이식되어 몸체나 받침을 공유하는 기기 또는 기계를 말한다. 복수의 기계 또는 기기가 영구적으로 합쳐졌거나 몸체 또는 받침을 공유하도록 설계되지 않았다면 기계 또는 기기의 결합으로 제3의 개체가 만들어졌다고 볼 수 없다.

기능단위 기기 기능단위 기계의 전체 기능이 기계류(제84류), 전기기기(제85류) 또는 정밀기기 등(제90류)에서 규정된 기능을 수행하는 호에 분류한다.

(3) 부분품 및 부속품의 분류원칙

제90류 기기의 부분품과 부속품은 다음 규정에 의하여 분류한다.

첫째, 부분품과 부속품이 제84류·제85류 또는 제91류 중의 어느 호(제8485호, 제8548호와 제9033호를 제외한다)의 물품은 각각 해당 호에 이를 분류한다.

둘째, 기타 부분품과 부속품은 특정한 기기 또는 동일 호에 해당하는 여러 종류의 기기(제9010호, 제9013호 또는 제9031호의 기기를 포함한다)에 전용 또는 주로 사용되는 것은 당해 기기와 함께 분류한다.

셋째, 기타의 부분품과 부속품은 제9033호에 분류한다.

(4) 광학용품 및 광학기기(제9001호 내지 제9013호)

1) 광섬유와 광섬유다발(제9001호): 광섬유(optical fibre)란 서로 다른 굴절률을 갖는 유리제나 플라스틱제로서 동심층으로 되어 있으며 유리를 인발하여 플라스틱을 극히 엷게 도포하며 굴절률이 낮은 섬유로 되어 있다. 보통 릴상으로 수 km가 되는 경우도 있다. 광섬유는 광섬유 다발과 광섬유 케이블의 제조에 사용되며, 광섬유 다발은 빳빳하거나 유연한 것이 있으며 광섬유 다발의 끝만을 묶는다. 광섬유 케이블은 하나 이상의 광섬유 다발을 넣어 외장한 것으로 주로 광학기기에 사용된다. 또한 광섬유는 통신용, 영상전달용, 검출기용 등으로 광범위하게 사용된다. 광섬유의 품목분류는 광섬유다발과 광섬유케이블은 제90류에 분류되나 광섬유를 개별적으로 외장하여 만든 케이블(제8544호)은 다른 류에 분류된다.

[광학용품 및 광학기기(제9001호~제9013호)의 구성]

- 광학용품
  - 광섬유·이들 다발과 케이블 (제9001호)
  - 미장착 광학용품 : 편광판, 렌즈·콘텍트렌즈, 프리즘, 반사경, 프리즘, 시력교정용 렌즈, 인쇄용 스크린(제9001호)
  - 장착된 광학용품 (제9002호)
  - 각종 안경, 고글 (제9004호) ― 부분품 (제9003호)
- 광학기기
  - 망원경 ― 부분품·부속품 : 쌍안경·단안경, 굴절식 천체망원경, 반사망원경, 광학망원경(제9005호)
  - 천체관측기 ― 부분품·부속품 : 자오의, 적도의, 천정의 이들 장착구(제9005호)
  - 사진기 ― 사진기용 섬광기구·전구 ― 부분품·부속품 : 각종 사진기(제9006호)
  - 촬영기와 영사기 ― 부분품·부속품 (제9007호)
  - 투영기 ― 부분품·부속품 : 환등기, 사진 확대기와 축소기(제9008호)
  - 현상실용기기 ― 부분품·부속품 : 사진현상기, 인화지건조기, 사진처리기기 등(제9010호)
  - 네가티브스코프 ― 영사용 스크린 (제9010호)
  - 현미경
    - 광학현미경 ― 부분품·부속품 : 마이크로 사진, 영화촬영·영사용 포함(제9011호)
    - 기타 현미경 ― 부분품·부속품 : 전자현미경, 회절기기 등(제9012호)
  - 기타 광학기기 ― 부분품·부속품 : 액정디바이스, 레이저기기 등(제9013호)

* 제9009호: 공란 유보.

[광섬유의 분류]

광섬유별		분류
광섬유·광섬유다발		제9001호
광섬유케이블	개별광섬유 외장	제8544호
	광섬유다발로 외장	제9001호
광섬유 내시경		제9018호

2) **광학용품**(제9001호·제9002호): 미장착 광학용품과 장착한 광학용품으로 구분하여 분류된다.

미장착 광학용품(제9001호) 테 또는 자루가 갖추지 아니한 것으로서 ① 광학적 연마한 유리제 광학용품과, ② 광학적 연마를 불문하고 유리 이외의 재료(예: 석영, 형석. 플라스틱, 금속제용품, 배양단결정, 알칼리나 알칼리토류금속제 할로겐화물)로 만든 광학용품이 분류된다.

예: 편광판과 편광용품, 프리즘과 렌즈, 시력교정용 렌즈(비구면형, 구면형, 구원통면형, 단초점형, 2초점형, 다초점형), 콘텍트렌즈, 반사경, 컬러필터, 회절격자, 간섭휠터, 강판 스크린, 인쇄용 스크린

장착된 광학용품(제9002호) 시력교정용 렌즈(테 또는 자루를 붙여 안경(제9004호)을 만든 것)를 제외하고 위의 광학용품에 영구히 장착구를 붙인 것으로서, 기기에 부착하여 사용하는 것이 분류된다.

3) 안경과 이들 부분품(제9003호·제9004호): 제9004호에는 대안용으로 렌즈, 유리 또는 기타 물품에 테 또는 자루를 부착하여 시력의 교정, 먼지·연기·가스 또는 빛으로부터 눈을 보호하기 위해 사용되는 것이 분류되며, 또한 입체영화관람용의 안경도 포함된다. 이들 안경에 사용되는 테, 장착구 및 부분품은 제9003호에 분류된다.

[안경과 이들 부분품의 분류]

구분	안경과 이들 부분품	호
안경의 테, 장착구 및 부분품	-테와 장착구 -기타 부분품: 사이드피스(side-piece), 사이드피스의 심, 경첩(hinge), 조인트, 안경바퀴테(eye-rim)·브리지·노우즈피스(nose-pieces), 코안경용 스프링기구 등	제9003호
안경	-보호용 안경: 선글라스, 스포츠용 안경, 항공용·자동차용·모터사이클용·용접공용 고글 -기타: 수중용 안경, 입체사진용 편광안경	제9004호

4) 광학식 망원경과 천체관측 기기와 이들의 장착구(제9005호)

쌍안경·단안경 기타 광학식의 망원경 쌍안경(오레라글라스, 여행용·수렵용의 쌍안경, 군용 쌍안경, 적외선쌍안경 등), 수렵용·여행용·해양용·소화용·휴양지용 망원경

천체관측용 기기 굴절식 천체망원경, 반사망원경, 광전자배증관 또는 영상변환관이 부착된 천체망원경, 자오의, 적도의, 천정의, 경위의

장착구, 부분품 및 부속품 테, 하우징·관 및 장착구, filar micrometer, gerrish drive 등

5) 사진기·사진용 섬광기구와 섬광전구(제9006호)

사진기 일반 휴대용 사진기, 인쇄제판용의 사진기, 문서 수록용 사진기, 수중촬영용·공중측량용 및 의료용 사진기, 법정비교용 사진기, 즉석인화사진기

사진용 섬광기구와 섬광전구 flash cubes, battery flashlamp, 대와 반사경을 갖춘 방전램프, 섬광전구

부분품 및 부속품 사진기 보디, 주름통, 3각대 볼식 또는 소켓식 마운팅 헤드(mounting heads), 셔터 및 조리개, Shutter(delayed action 포함) releases, 건판 또는 필름용의 매거진, 렌즈후드

6) 영화용 촬영기와 영사기(제9007호)

영화용 촬영기 필름에 상과 음성을 기록하는 영화용 촬영기, 항공사진 촬영용·잠수사진 촬영용의 카메라·컬러용·입체사진용 또는 파노라마식 사진용의 촬영기

영사기 영화의 다이아스코픽(diascopic)식 영사용의 정지형 또는 휴대형의 기기이다.

예: 극장용 영사기, 각종 배율로 평면에 투영되는 영사기, 파노라마식 영사기

부분품 및 부속품 사진기 보디(camera bodies). 삼각대와 스탠드, 볼식·소켓식의 마운팅헤드, 모터의 잡음소거용 케이싱(blimps), 필름청정기

7) 사진·영화 현상실용 기기 및 네가토스코우프와 영사용 스크린(제9010호)

사진·영화 현상실용의 기기 필름현상 탱크, 현상용 트레이, 인화지건조기, 윤택기기 및 건조 윤택기, 인화프레임, 인화기, 필름절단기, 사진용 dry-mounting presses. 영화제작소용 특수기기(필름현상기, 인화기와 영화용의 축소기와 확대기, 사운드필름의 편집용 및 동기용의 음성제어장치. 필름청정기, waxing machine, 접합기, 필름편집기, 필름에 자막을 넣는 장치)

네가토스코프 주로 의료용의 방사선 사진이나 X선사진 검사용에 사용되는 것으로 벽부착식의 light box로부터 자동 매거진이 공급되는 방사선 검사기에 이르는 매우 다양하다.

영사용 스크린 영사용의 것으로서, 주로 백색·은색을 도포한 포제, microaphere을 도포한 포제 또는 플라스틱제이다. 입체영화용의 도포한 스크린, 휴대용 스크린도 포함된다.

8) 현미경과 회절기기(제9011호 · 제9012호)

광학현미경(제9011호) 편광현미경, 금속현미경, 입체현미경, 보석검사용 현미경, 생산공정용 측정용·검사용 현미경, 마이크로 사진용·영화용 현미경, 확대장치를 갖춘 마이크로투영용 현미경

광학 이외의 현미경(제9012호)

① 전자현미경: 광선 대신에 전자의 빔(beam)이 사용되는 점에서 광학현미경과는 다르다.

② 양자현미경: 전자 대신으로 전자보다 파장이 40배나 짧은 양자를 이용한 것이다.

전자식 회절기기(제9012호) 전자빔을 시료에 직사시켜 나타나는 회절상을 사진으로 찍는 것이다. 원리는 전자현미경과 큰차이가 없으며, 같은 요소(전자총·음극선관·전자코일 시료대 등)를 갖추고 있다.

9) 액정디바이스, 레이저 및 기타 광학기기(제9013호): 다음 광학기기가 분류된다.

액정디바이스(liquid crystal divices) 액정디바이스는 두 장의 유리나 플라스틱판 사이에 액정을 주입하여 만든 것으로 외부전압에 따라 광학적 복굴절을 일으켜 화상을 구성하는 것이다. 전기접속자를 부착 여부를 불문하며, 특정 형상으로 절단된 것으로 관세율표상 다른 호에 특게된 물품이나 더 구체적인 물품으로 구성된 것은 다른 호 또는 류에 분류된다.

레이저(laser) 레이저는 제어된 유도방출에 의해 약 1㎚(10^{-9}m)∼1mm(10^{-3}m)의 파장영역(스펙트럼의 자외선·가시광선 및 적외선의 영역)의 전자파를 발진하거나 증폭시킨 특수광이다. laser head로 조립된 기본 요소(Fabry-perot 간섭계, 간섭필터 및 분광기) 외에 보조기구(예: 전원 기기, 냉각시스템, 제어장치 등)를 갖추고 있다. 여기에는 레이저 발생기만이 분류된다.

기타 광학기기 측량기기의 부분구성 망원경, 수지식 확대경(hand magnifying glasses and magnifiers), dooreyes, 굴절식·반사식의 화기용 조준기(분리제시된 것), 입체경, 잠수함용·전차용의 확대식 잠망경 및 비확대식 잠망경, 만화경, slide viewer

10) 광학용품의 분류원칙

무기용 망원조준기와 잠망경의 분류규정 제9005호에는 무기용의 망원조준기·잠수함용 또는 전차용의 잠망경과 제90류 또는 제16부의 기기용의 망원경을 제외하며,

이러한 조준기와 망원경은 제9013호에 분류한다.

측정·검사용 기기의 분류규정 기타 광학기기(제9013호) 및 기타 측정·검사용 기기(제9031호)에 동시에 분류될 수 있는 광학식의 측정용·검사용 기기는 제9031호에 분류한다.

광학적 연마된 유리제 광학용품의 분류 유리제 광학용품은 광학적 연마 여부로서 결정한다. 유리의 광학적 가공은 보통 소정 형상으로 표면을 만들고 연마하는 두단계로 이루어진다. 제9001호에는 광학적 특성을 갖기 위해 표면의 전부 또는 일부를 연마한 광학용품만이 분류하며, 연마한 물품과 성형 후 연마한 물품이 광학용품에 포함된다. 그러나 연마공정을 거치더라도 연마되지 않은 물품은 포함되지 않고 유리(제70류)에 분류된다.

[안경과 광학용품 가공별 분류]

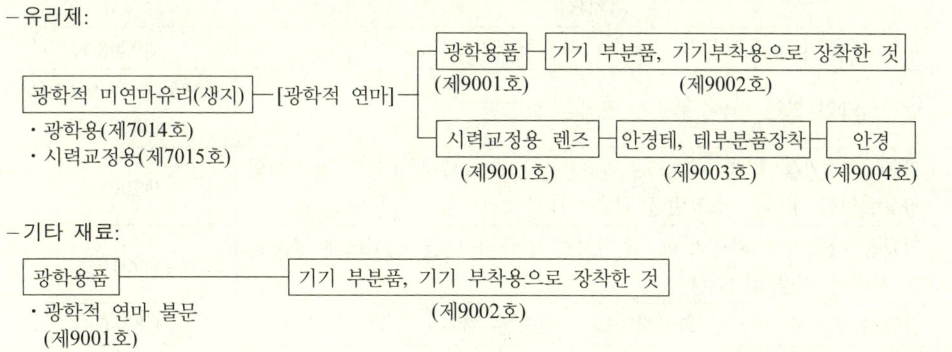

[각종 광학용품의 분류]

광학용품		분류
·배양단결정으로서 광학용품이 아닌 것		주로 제3824호
·유리거울(광학적 연마하지 않은 유리거울) ·단순한 평면 또는 만곡의 거울(예: 면도용 거울 및 파우더 콤팩트용 거울)		제7009호
·광학적 연마하지 않은 유리용품	－광학용품	제7014호
	－안경용 유리: 콘텍트렌즈용, 시력교정 안경렌즈, 고글용, 보호용 안경의 블랭크	제7015호
·광학적 용품을 구성하지 아니하는 비(卑)금속제의 거울		제8306호
·콘택트렌즈		제9001호

· 일시적으로 장착구가 부착된 광학용품(단, 수송중의 보호목적용에 한함)	제9001호
· 안경의 형상으로 만들어진 오페라글라스 또는 레이싱글라스(racing glasses) 및 이와 유사 물품	제9005호
· 광학적으로 연마된 테 또는 자루가 있는 유리제 거울(기기 부착용에 적당하지 않은 것) 예: 어떤 백미러·굴뚝 또는 배수의 검사용 거울과 통풍구관측용의 특수거울	제9013호
· 검안하기 위하여 특수한 틀에 부착시키도록 설계제작된 일조의 렌즈로서 케이스에 넣어진 것	제9018호
· 완구용 안경	제9503호
· 카니발용품	제9505호

[각종 확대기의 분류]

기기명	분류
· 투영기(예: 환등기, 다이아스코프)·사진확대기와 사진축소기	제9008호
· 망판스크린 또는 이와 유사한 인쇄용 스크린	제3705호·제9001호·제9002호등
· 광학적 기기를 갖춘 마이크로필름용 사진식 복사기(작은 유리제의 영상위치를 정하는 스크린을 갖춘 것)	제9009호
· 영화용 축소기와 확대기(예: 오리지널 필름과 다른 사이즈의 복사필름 제작에 사용되는 것)	제9010호
· 감광성 반도체 재료에 회로모형을 투영하는 기기	제8486호
· 사진슬라이드의 검사용 한 개의 확대렌즈를 갖춘 slide viewer	제9013호
· 사진측량용의 왜곡수정기(회복기)	제9015호
· 윤곽투영기	제9031호

[각종 모니터의 분류]

기기명·기기내용	분류
· 모니터와 프로젝터 · 텔레비전 세트 · 자동자료처리시스템에 사용되는 모니터 · 플래트 패널 디스플레이: LCD, LED, 플라즈마 등	제8528호
· 정거장용 표시반, 경마장·축구경기장·볼링 유희장 등에서 사용하는 표시기	제8531호
· 액정디바이스	제9013호

[레이저와 레이저기기의 분류]

기기명 · 기기내용	분류
· 레이저기기 절삭가공용 공작기계	제8456호
· 레이저 땜질용 · 용접용 기기	제8515호
· 레이저다이오드(laser diode)	제8541호
· laser crystal(예: rubies), laser mirror와 렌즈	제9001호 · 제9002호
· 레이저기기: 레이저 포인트	제9013호
· 의료용 레이저기기(예: 레이저 안수술)	제9018호

(5) 항행 · 측량 · 관측 · 계측기기 및 제도 · 괘선 · 계산 · 측정용구(제9014호 내지 제9017호)

[항행 · 측량 · 관측 · 계측기기 및 제도 · 괘선 · 계산 · 측정 · 용구(제9014호~제9017호)의 구성]

- 항행 · 측량 · 관측 · 계측기기
  - 항행용 기기: 방향탐지용 콤파스, 항로기록장치, 항행용 경사계, 측정의, 측심연, 고도계(제9014호)
  - 토지 · 사진 · 수로측량기기: 경위의, 광학수준기, 시준의, 정위장치, 복원장치(제9015호)
  - 해양측량기기 — 수리계측기기: 수위용 기록계, 파고 · 조류기록계(제9015호)
  - 기상관측기기: 풍향계, 풍속계, 증발계, 일사기록장치, 운측계, 시일로미터(제9015호)
  - 지구물리학용 기기: 지진계, 광맥 · 석유 등의 탐지용 기기(제9015호)
- 미량저울(감량 50mg 이내): 화학천평, 미량천평(제9016호)
- 제도 · 설계 · 계산 용구 (제9017호)
  - 제도기기: 제도기, 축소확대기, 계산척, 사도기, eidograp, 직각자세트, 조정자, T자, 각도기
  - 괘선용구: 빔컴퍼스, 화선기, 센터펀치
  - 계산용구: 계산척 · 계산반 · 원통형 계산기
  - 수지식 길이측정기: 자, 줄자, 마이크로미터 · 캐리퍼

1) 방향탐지용 콤파스와 기타의 항행용 기기(제9014호)

방향탐지용 콤파스 마그네틱콤파스, 자이로스코픽콤파스, 비저클콤파스, 위치탐지용 콤파스 등

기타 항행용 기기 다음의 것을 포함한다.

· 항행용 기기: 육분의, 팔분의, 방위나침, 항로기록장치, 항행용 경사계, 측정의, 초음파탐지기

· 항공용 특수기기: 고도계, 항공용 속도계, 상승·하강속도계, 수평자이로, 선회경사계, 마하미터

2) 토지·수로·해양측량기기, 수리계측기기·기상관측기기·지구물리학용 기기 및 측거의(제9015호)

측거의 기기와 목표물체와의 거리를 측정하는 각종 광학식 또는 광전자식 측거의가 분류된다.

측지학·지형학·측량 또는 수준측량용 기기 광학식·광전자식 경위의(태코미터), 광학식·광전자식 시거의, 광학수준기

사진측량용 기기 정위장치(eretcing apparatus), 복원장치(restitution apparatus), 분석입체측정시스템

해양측량기기, 수리계측기기

기상관측기기와 지구물리학용 기기 풍향계, 풍속계, 우량계, 지진계, 자기저울, 자기경위의·중력계

3) 미량 저울(제9016호): 감량이 50㎎ 이하의 모든 맞저울이 분류된다. 추는 맞저울과 함께 제시된 경우에는 이 호에 분류되나, 분리되어 제시되는 추(귀금속제 포함)는 제8423호에 분류한다.

예: 전자저울, 분석용 천칭, 귀석용 천칭, 약제사용 천칭, 섬유용 천칭, 비중천칭

4) 제도·설계 또는 계산 용구 및 수지식 길이 측정용구(제9017호): 제90류의 다른 호에 분류되지 않는 제도기기·괘선용구 또는 계산용구가 분류된다. 또한 손에 넣고 사용하는 길이 측정용구도 포함된다.

제도기기·괘선용구 제도기, 축소확대기, 분도기, 제도세트, 빔콤파스

계산용구 계산척, 계산반

수지식 길이측정기 곧은 자, 줄자, 마이크로미터, 캘리퍼스, 비교측정기

(6) 의료용·수의용 기기와 기구(제9018호 내지 제9022호)

[의료용·수의용 기기와 기구(제9018호~제9022호)의 구성]

- 병원용 기기
  - 의료용·수의용 기기 (제9018호)
    - 전기식 의료용 기기 : 초음파진단기, 핵자기공명기, 컴퓨터단층촬영기, 심전계
    - 일반 의과용·외과용 기기 : 주사기, 바늘, 캐디터, 청진기
    - 치과용·수의용 기기 : 외과용 핑거가드, 겸자, 타구식 구강용기
  - 기계요법용 기기 ─ 안마용 기기 (제9019호)
  - 적성검사기 ─ 심리학적 적성검사용 기기 : 비행사·운전자의 검사, 어린이교육적성검사(제9019호)
  - 호흡용 기기
    - 치료용 호흡기기 : 오존요법용 장치, 산소흡입기, 인공호흡기(제9019호)
    - 기타 호흡용 기기와 가스마스크 : 비행사·잠수부 또는 소방사용 호흡기기 (제9020호)
  - 정형외과용 기기와 기구 : 목발·외과용 벨트와 탈장대, 상박골부목, 골절치료구(제9021호)
  - 외과용 부분·기기 : 인조인체부분-의안, 의치, 인조관절, 혈관/보청기, 심장박동기(제9021호)
  - X-선, α선, β선, γ선 기기 : 방사선검사용 장치, 계측기기/엑스선 발생기(제9022호)

1) 의료용 또는 수의용 기기(제9018호): 이 호에는 주로 의사·외과의·치과의·수의·조산부 등이 진단·예방·치료 또는 수술 시에 사용하는 광범위한 기기가 분류된다. 해부용·검시용·절개용 등의 기기 및 일정 조건하에서 치과용의 기기도 포함된다. 또한 신티그래픽의 진단기기·기타 전기식 의료기기와 시력검사기기를 포함한다.

전기식 의료용 기기 예방·치료 또는 진단에 사용되는 전기기기이다.

예: 초음파영상 진단기(electro diagnostic ultrasonic apparatus), 핵자기공명기(NMR), 자기공명촬영(MRI), 신티그래픽식 진단기(예: 양전자방출단층화상기(PET), 심전계, 뇌파기록기, 인공보육기)

일반 의과용 및 외과용 기기 주사기, 바늘, 캐디터, 케눌러, 침, 란셋, 외과용 나이프와 메스, 청진기, 혈압계, 폐활량계, 안과용 기기(예: 검안경, 안압계, 시력교정용·시력검정용 기기), 이용기기, 마취용 기기, 식도경, 기관지경, 요도용·방광용 기기, 투석기기, 내시경, 방광경, 요도경 등

치과용 기기와 수의용 기기 외과용 핑거가드(surgeon's fingerguard), 각종 겸자·치과용 드릴엔진, 구강 헹구는 용기, 치과용 기기, 기타 치과용 기구가 결합된 치과용 의자

2) 기계요법용·맛사지용 또는 심리학적 적성검사용 기기(제9019호)

기계요법용 기기 주로 기계적 여러 운동을 재생시켜 관절·근육의 장애를 치료하는데 사용된다.

예: 완(wrist)의 회전운동용 장치, 무릎과 허리를 동시 굴절신장 장치, 보행연습용장치

안마용 기기 신체의 각 부분을 안마하는 장치이다.

예: 고무제 롤러, 물흐름회전 흉부안마기기, 욕창 예방·치료용 매트리스

심리학적 적성검사용 기기 반사작용의 속도운동의 협조성, 육체적, 정신적 반응을 검사한다.

예: 비행사·운전자 등의 검사, 어린이의 교육적성검사 또는 직업적성검사

3) 호흡용 기기(제9019호·제9020호)

치료용 호흡기기(therapeutic respiratuon apparatus)(제9019호) 오존요법용 장치, 산소흡입기, 인공호흡기, 철의 폐, 에어로졸치료기(질환치료를 위해 의약액을 연무상으로 투여하는 장치)

기타 호흡용 기기와 가스마스크(제9020호)

- 호흡용 기기: 비행사·잠수부·등산가 또는 소방사용 호흡기기, 밀폐 전에 잠수복에 부착하는 잠수모, 호흡용 기기와 결합한 항방사능 또는 항오염 보호복
- 가스마스크: 특정 공장이나 전장에서 유독가스를 방지하기 의해 사용하는 것이다.

[각종 마스크의 분류]

물품내용	분류
· 여러 겹의 부직포가 적층된 먼지와 악취 등의 보호용 마스크	제6307호
· 환자수술 시에, 간호할 때, 의사, 간호원 등이 사용하는 직물제 마스크	
· 마취용 마스크.	제9018호
· 호흡용 기기: 비행사·잠수부·등산가 또는 소방사용 호흡기기, 밀폐 전에 잠수복에 부착하는 잠수모, 호흡용 기기와 결합한 항방사능 또는 항오염 보호복	제9020호
· 가스마스크: 특정 공장이나 전장에서(유독가스 방지용)	제9020호
· 산소 또는 압축공기의 용기없이 사용되는 일종의 잠수부용의 호흡용 마스크	제9506호
· 수영하는 사람, 잠수부용 간단한 수중호흡용 튜브(스토클로 호칭)	

4) 정형외과용 기기(제9021호): 관세율표에서 이 호의 정형외과용 기기라 함은 ① 신체상의 불구를 예방 또는 교정하는 기기. 또는 ② 질병, 수술 또는 부상후 신체의 일부를 지주하는 기기를 말한다. 이 경우 정형외과용 기기에는 정형외과 교정 목적으로 ① 주문 제작되거나, ② 대량 생산된 신발 및 특수 안창을 포함한다(양말에 맞게 제작된 켤레가 아닌 한 족이어야 한다).

5) 골절치료구, 인조 인체부분, 보청기, 결함·불구를 보정하기 위해 착용·휴대 또는 인체에 삽입하는 기타의 기기(제9021호)

골절치료구 신체의 상처부위를 움직이지 못하게 하거나, 또는 골절부분을 고정하기위해 사용하는 것

인조 인체부분 인체의 결함부분의 일부 또는 전부를 보완하는 것

예: 의안, 의치, 중공의치, 의치열 등, 인조관절, 팔, 다리, 발, 무릎용 및 혈관과 심장변 대체용 튜브

보청기

결함·불구를 보정하기 위하여 착용·휴대 또는 인체에 삽입하는 기타 기기

예: 심장박동기, 인공성대, 맹인용 전자식보조기, 인슐린 분비기

6) X-선·α선·β선 또는 γ선을 사용하는 기기(제9022호)

엑스선 기기 컴퓨터 단층촬영기(CT 촬영기), 방사선치료장치, 공업용 X-선 장치(X-선 회절 및 분광분석장치), 지폐 또는 증권의 투시검사용 기기

알파선·베타선 또는 감마선 기기 치료용 장치, 방사선 검사용 장치, 계측기기, 화재경보기

엑스선관, 엑스선 발생기, X-선용 고압발생기, X-선용 조절반, X-선용 스크린, X-선의 검사용 또는 치료용 테이블·의자 및 이와 유사 물품

부분품과 부속품 애플리케이터(applicator), 백열전등센터링장치, 방호용 케이싱, 연피복·연유리제방호용 방미물

(7) 전시용 기구와 모형(제9023호)

여기에는 학교·강당·전시장 등에서 실물설명용으로 적합하도록 설계한 기기와 모형이 분류된다.

예: 인체·동물체의 해부모형, 연습용 동체, 선박·기관차·원동기 등의 절단모형, 도시·기념관·건물 등의 모형, 탱크운전기사의 훈련용 모의군용 탱크

(8) 재료시험기, 측정계, 분석기기, 적산용 계기 및 측정용·검출용 또는 검사용 기기(제9024호 내지 제9031호)

[재료시험기, 측정계, 분석기기, 적산용 계기 및 측정용·검출용 또는 검사용 기기 (제9024호~제9031호)의 구성]

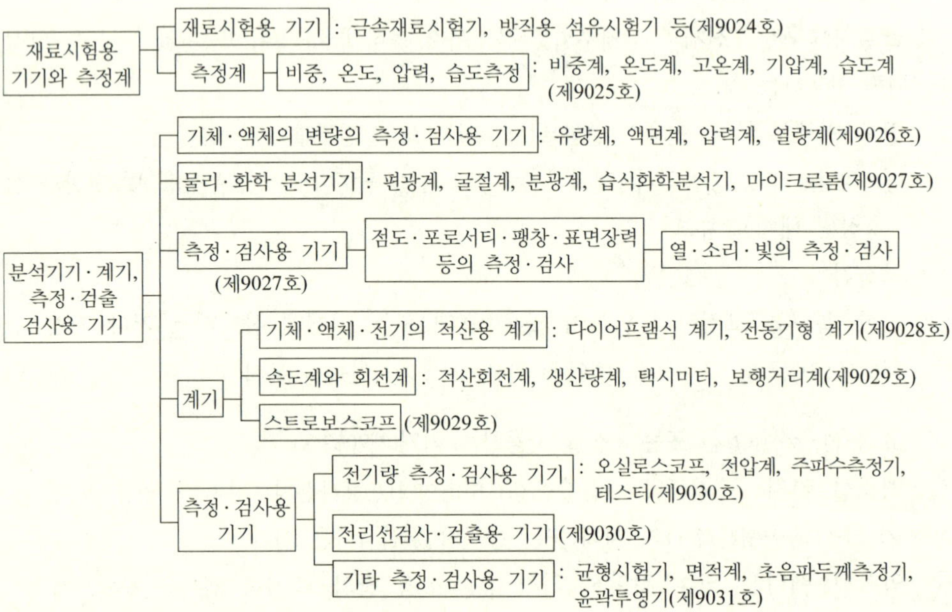

1) **재료시험용 기기**(제9024호): 금속·목재·콘크리트·섬유와 직물, 지와 판지, 플라스틱과 고무, 피혁 등 각종 재료의 경도·탄성·항장력·압축성 또는 기계적 성질을 시험하는 기기가 분류된다.

금속재료시험기 항장력시험기, 경도시험기, 연성시험기, 절곡시험용·압축시험용 및 전단시험용의 기계, 피로시험기

방직용 섬유시험기 확장력시험, 신축시험기, 마찰소모시험기

지·판지·리놀륨·연질의 플라스틱제 또는 고무 시험용 기기 압열시험기·절

곡시험기 등·탄성시험기·반발시험기·확장력시험기·마찰시험기·소성시험기

기타 재료시험기 항장력·굴곡·경도·압축·전단·마모성 등의 시험기

2) 비중계, 온도계, 압력계 및 습도계(제9025호)

비중계 알코올비중계·검당비중계. 검염계·검유계·산농도계·뇨비중계

온도계, 온도기록 및 고온계 가정용 온도계·부온도계·체온계·공업용온도계, 실험실용 온도계, 금속온도계, 액정온도계, 전기식 고온계, 광학온도계

기압계 및 자동기록기압계 수은기압계와 아네로이드 청우계, 기압고도계

습도계, 자기습도계 및 건습구습도계 노점습도계, 모발습도계, 금속제 습도계

결합기기 상기 기기를 결합시킨 것

예: 시계부의 풍력계·기압계 또는 습도계

3) 액체·기체의 변량을 측정 또는 검사용 기기(제9026호): 액체 또는 기체의 류량·수위·압력·운동에너지 또는 기타의 변량을 측정·검사하는 기기이다. 다만, 제9014호·제9015호·제9028호 또는 제9032호의 것을 제외한다.

예: 유량계(flowmeters), 풍력계(anemometer), 액체용 액면계(level indicators for liquids), 개소미터 용적용 지시계(indiactors for the content of gasometers), 압력계(manometers), 열량계(heat meters)

4) 물리·화학 분석용 기기, 점도·포로서티·팽창·표면장력 등의 측정 또는 검사용 기기와 열·소리 또는 빛의 측정 또는 검사용 기기(제9027호)

물리·화학용 분석기기 편광계, 반영식 편광계, 검당계, 굴절계. 분광계[분광기(spectroscopes), 분광사진기(spetroscophs), 단색광기(monochromators)], 분광광도계·분광사진기, 가스 또는 매연 분석 기기, 가스중 먼지분석장치, 질량분석기(mass spectrographs), 비색계, 크로마토그래프(색층분석기), 전기영동장치, 전기분해분석기, 습식화학분석기, 전자식 적정장치 등

점도, 포로서터·팽창·표면장력 등의 측정·검사용 기기 점도계 및 이와 유사 기기, 편광기(polariscopes), 팽창계(axpansionmeters), 다공성·투과성측정장치[포로시미터(porosimeters) 또는 퍼미미터(permeameters)], 액체 표면장력·계면장력 측정장치, 삼투압 측정기(삼투압계), 광물성유 시험장치, pH미터 또는 rH미터, 전도도계 등

열·소리 또는 빛 측정·검사용 기기 열량계, 빙점계와 비점계, 광전지농도계

및 광전지미소농도계, 광도계(photometers), 노출계(exposure meters), 조도계 등

5) 기체·액체 또는 전기의 적산용 계기와 이들 검사용 계기(제9028호): 이들 계기에는 일반적으로 측정되는 유량 또는 전기량에 비례하는 속도로 움직이는 기구가 갖추어져 있다. 주로 측정장치, 유입조절기구, 전달기구 및 기록장치 또는 지시계기로 되어 있다.

기체 또는 액체의 적산용 계기

- 기체의 적산용 계기: 습식계기, 건식계기
- 액체의 적산용 계기: 익차식 계기(impeller or fan wheelmeter), 다이어프램식 계기, 왕복피스톤식 계기, 원판피스톤식 계기, 회전피스톤식 반용적식 계기

전기의 적산용 계기 전납계기, 다율계기, 최대수요전력계, 피크형 계기, 직류계기, 표준계기

6) 속도계와 회전속도계, 적산회전계·생산량계·택시미터·주행거리계·보수계와 이와 유사 계기 및 스트로보스코프(제9029호): 여기에는 각종의 단위로 합계량을 지시하는 적산용 계기 또는 요금을 지시하는 적산용 계기와 회전속도 또는 선속도를 시간적 요소에 의해 지시하는 계기가 분류된다. 또한 각종 스토로보스코프가 포함된다.

예: 적산회전계, 생산량계, 택시미터, 주행거리계, 보수계, 속도계와 회전속도계, 스트로보스코프, 빌리아드 미터(billiards meter)

7) 전기적량의 측정 또는 검사용의 기기 및 전리선의 검사 또는 검출용 기기(제9030호)

전리선의 검사 또는 검출용의 기기 알파선·베타선·감마선·엑스선·우주선 또는 기타 전리선의 검사 또는 검출용 기기

예: 전리조 검출장치, 가이거계수기, 섬광계수기, 엑스선량계, 우주선과 이와 유사 방사선측정기기

전기적 양의 측정 또는 검사용 기기

- 오실로스코프(oscilloscopes)와 오실로그래프(oscillographs),
- 스펙트럼분석기(spectrum analyser): 전기적 입력신호를 주파수 구성분자로 구별하는 기기이다.

· 과도현상기록기, 검류계, 전류계, 전압계(voltmeter), 전위차(potentiometer), 주파수 측정기, 검류계, 자속계, 유니버설 테스터

· 무선통신·전송통신용 전기 또는 전자 계측기기: 임피던스 테스터와 임피던스브리지, 인덕턴스브리지, 네퍼미터(nepermeter)와 데시벨(decibel)미터, 페딩(fading) 지시계, 누화계(cross talk meter), 전송레벨지시계(transmission level indicator), 노이즈레벨미터(noise level meter), 이득측정장치(gain measuring instrument), 간섭측정장치, 잡음전압계(psophometer), 피크인디케이터(peak indicator), 반향계(echo meter), 만곡율계(distortion factor meter)

8) 기타 측정 또는 검사용의 기기와 윤곽 투영기(제9031호): 이 호에는 윤곽투영기 이외에 광학식의 여부를 불문하고 기타 측정 또는 검사용 기기를 분류한다.

기타 측정용·검사용 기기 균형시험기, 테스트벤치, 연료시험용 기기(옥탄가, 세탄가 측정용), 면적계(planimeter), 경사계, 구면계, 검사용 표준기, 렌즈심출기(opticians centring machines), 방직용 재료검사용 기기, 사 측정장치, 초음파두께 측정계기, 재료의 흠·균열 또는 기타 결함검출장치, 시계·시계부품의 검사기기, 로우드셀(load cells), 전자크로노그래프 및 전자크로노스코프 등

광학식 측정 및 검사기기 광학식·눈금자가 있는 비교측정기, 메저링 벤치, 광학식 표면검사기, 얼라인먼트 텔레스코우프(alignment telescope), 포사이미터(focimeter) 등

윤곽투영기(profile projectors) 각종 물품의 형상 및 치수의 검사용 또는 면의 시험용에 사용된다.

(9) 자동조절용 또는 자동제어용의 기기(제9032호)

자동조절용 또는 자동제어용의 기기는 다음 기기를 말한다.

액체 또는 기체의 유량·수위·압력 또는 기타 가변요소의 자동 제어기기 또는 온도자동조절기기 작동이 자동으로 제어되는 요소에 따라 변화하는 전기적 현상에 달려 있는지의 여부를 불문한다. 이들 요소의 실제값을 끊임없이 또는 주기적으로 측정하여 장해에 대해 안정적인 희망치로 만들고 유지하도록 설계되어 있다.

예: 액체·기체용의 자동제어장치와 온도자동조정장치, 습도조절기, 온도조절장치, 온도조절기, oven통풍자동조절기

전기적 양의 자동 조정기기 및 비전기적 양의 자동 제어기기 작동은 자동으로 제어되는 요소에 따라 변화하는 전기적 현상에 달려 있다. 이들 요소의 실제 값을 끊임없이 또는 주기적으로 측정하여 장해에 대해 안정적인 희망치로 만들고 유지하도록 설계되어 있다.

예: 측정장치(감응장치·변환기·저항탐침·열전대 등), 전기조절장치, 점화장치·정지장치 또는 조작장치

[분류규정]

· 자종조정기의 상기의 정의에 일치되지 않는 장치는 다음과 같이 분류한다.

① 전기식 측정장치는 일반적으로 제9025호·제9026호 또는 제9030호에 분류된다.

② 전기식 조절장치는 완전자동조절기기로 이 호에 분류된다.

③ 기동장치·정지장치 또는 조작장치는 일반적으로 제8536호에 분류된다(스위치·계전기 등).

· 자동조절기는 전기식·압축공기식 또는 액압식 작동기에 연결되며, 작동기는 조절변량을 희망치로 환원하게 된다. 작동기는 아크노의 전극간 간격을 조정하는 클램프·보일러·노·펌핑기계 등에서 물 또는 증기의 흡수를 조절하는 전동밸브가 있다.

－작동기는 각각 해당하는 호에 분류된다.

예: 조정가능 클램프＝제8425호, 전동 또는 솔레노이드밸브＝제8481호, 전자식 포지셔너＝제8505호

－자동조절기는 동작기와 결합한 경우에 전체의 품목분류는 통칙1 또는 통칙 3(b)에 의하여 결정된다.

(10) 기타 부분품과 부속품(제9033호)

제90류의 다른 호에 분류되지 아니한 것으로서 이 류의 기기의 모든 부분품과 부속품을 분류한다.

[각 류별 기타 기기, 기타 부분품 및 부속품의 분류비교]

류별	기타 기계의 분류	기타 부분품	기타 부속품
제84류(기계류)	제8479호	제8587호	–
제85류(전기기기)	제8485호	제8548호	–

제90류(정밀기기)	–제9010호(사진현상기, 프린터와 기타 처리기기) –제9013호(액정디바이스, 레이저 및 기타 광학기기 –제9031호(기타 측정·검사용)	제9033호	제9033호

[용어]

용어	주요 내용	
특수용도 사진기	제9006호의 소호에서 『특수용도 사진기』라 함은 현미경용, 반도체 소자촬영용 및 기타 특수용도에 사용되는 사진기를 말한다.	제90류 소호주
전기식 초음파영상 진단기	전기식 초음파영상진단기(electro diagnostic ultrasonic apparatus)는 변환기(transducer)로 고주파(high frequency sound waves)를 인체에 투사(send)하여 작동한다. 변환기는 인체와 접촉하여 짧은 펄스(pulse)를 일정 간격으로 발사하여 반향(echo)을 받는다(listen). 임산부의 태아 진료, 흉부, 심장, 간장, 담낭의 진료에 사용한다.	제9018호 해설
자기공명 촬영기기	자기공명촬영기(MRI)는 수소원자핵이 강한 자기장에 따라서 정렬하는 원리로 작동한다. 반사된 펄스(pulse)로 신체의 부위를 영상으로 만들어 조직을 구분하는데 사용된다. 진료용 자기공명촬영기기는 거대 전자석, 무선주파 발생기와 자동자료처리기계로 구성된다.	제9018호 해설
신티그래픽식 진단기기	신티그래픽식 진단기기(scintigraphic apparatus)는 인체 내의 감마선의 분포에 대한 화상을 얻는 것이다. 방사선 화합물을 환자에게 투여하여 방사선 동위원소가 흡수된 곳의 방사선 양을 측정하는 감마계수기로 진료한다. 비디오 화상은 추적한 방사선을 분석한 자동자료처리기기가 만든다. 진단기는 양전자방출단층화상기(PET: the Positron Emission Tomography Scanner)가 있다.	제9018호 해설
전신 컴퓨터 단층 촬영기	전신 컴퓨터 단층 촬영기(CT 촬영기)는 전자식 방사선 사진법에 의해 전신 진료를 위한 방사선 진단법이다. 신체부위는 X선 빔에 의해 단계별, 층별로 주사하여 몸속에 있는 X선의 미약 정도를 수백개의 검출기에 의하여 측정된다.	제9022호 해설
측정장치·검사장치	일반적으로 지침을 움직여서 측정되게 하는 측정량의 변화에 감응되는 요소(예: 부르돈관·다이아프램·밸로우·반도체)를 갖춘 것이다. 어떤 장치에서는 변량치가 전기적 신호로 변환된다.	제9027호 해설
길이단위	1m = 1,000mm, 1mm = 1/1,000m = 1,000㎛(마이크로미터), 1㎛ = 1/1,000,000,000(1/10억)m = 1,000㎚(나노미터)	자료

제91류 시계와 그 부분품

1. 개 요

제91류에는 주로 시간을 측정하거나 시간에 관련되는 어떤 효과를 가져오는 데 사용되도록 설계제작된 기기를 분류한다. 이들 기기에는 휴대용 시계, 자명종·항행용 시계 등과 시각의 기록용 기기, 시간의 간격을 측정하는 기기 및 타임스위치가 포함된다. 이 류의 물품은 재료 여하를 불문하고 귀금속, 진주, 귀석, 반귀석으로 장식되었거나 테를 두른 것이 포함된다. 그러나 가구, 잉크스탠드, 라이터, 핸드백 등과 결합된 시계는 통칙에 의해 분류된다.

2. 분류구조

시계류와 이들 부분품은 4개 범주로 구분하고 14개의 호(제9001호 내지 제90014호)에 분류한다.

1) 시계(제9101호 내지 제9107호)

① 워치(제9101호·제9102호), ② 클록(제9103호~제9105호), ③ 시각기록기, 시간을 측정·기록·알리는 기기(제9106호), ④ 타임스위치(제9107호)

2) 무브먼트(제9108호 내지 제9110호)

① 완전한 것·조립한 것, ② 미조립, 부분조립, 불완전·러프한 시계

3) 케이스(제9111호·제9112호)

① 워치의 것, ② 클록의 것·기타 시계의 것 및 케이스 부분품

4) 기타 부분품(제9113호·제9114호): ① 워치의 줄·밴드·팔찌, ② 기타

3. 분류원칙

제목	규정내용	비고
귀금속케이스	2. 제9101호에는 케이스 전부가 귀금속제의 것 또는 귀금속을 입힌 금속제의 것과, 제7101호 내지 제7104호의 천연 또는 양식진주, 귀석 또는 반귀석(천연, 합성 또는 재생의 것)을 상기의 재료에 결합시킨 휴대용 시계만을 분류한다. 다만, 케이스가 귀금속을 박은 비금속제로 된 휴대용 시계는 제9102호에 분류한다.	제91류 류주2
휴대용 시계의 무브먼트	3. 제91류에서 『휴대용 시계의 무브먼트』라 함은 밸런스 휠, 헤어스프링, 수정진동자 또는 기타 시간간격을 정할 수 있는 각종 기구에 의하여 조정되는 장치로서 표시부를 갖춘 것 또는 기계식 표시부를 내장할 수 있는 기구를 갖춘 것을 말한다. 이 경우 휴대용 시계의 무브먼트는 두께 12mm 이하이고, 폭, 길이 및 직경 50mm 이하의 것에 한한다.	제91류 류주3
무브먼트와 시계부분품의 분류	4. 제91류 류주1에서 규정한 것을 제외하고는 시계 및 기타의 물품(예: 정밀기계)에 함께 사용하기에 적당한 무브먼트 및 기타 다른 부분품들은 제91류에 분류된다.	제91류 류주4
귀금속제·귀금속을 입힌 금속제의 시계와 시계줄 등	1. 소호 제9102.11호, 제9102.21호. 제9102.29호, 제9102.90호 및 제9113.10호에서 『귀금속제의 것 또는 귀금속을 입힌 금속제의 것』이라 함은 이 류의 주2호 본문의 귀금속제의 것 또는 귀금속을 입힌 것과, 제7101호 내지 제7104호의 천연 또는 양식진주·귀석 또는 반귀석(천연·합성 또는 재생의 것) 등을 상기의 재료에 결합한 것을 말한다.	제91류 국내추가 소호주1
귀금속을 박은 비금속 케이스제 휴대용 시계	2. 이 류의 주 제2호 단서의 『케이스가 귀금속을 박은 비(卑)금속제로 된 휴대용 시계』는 소호 제9102.11호, 제9102.21호 및 제9102.29호 중 『문자판·밴드 등이 귀금속제의 것 또는 귀금속을 입힌 금속제의 것』에 포함되는 것으로 본다.	제91류 국내추가 소호주2

4. 제외 물품

① 시계유리와 추(이들 구성재료에 따라 분류)

② 휴대용 시계의 체인(제7113호·제7117호)

③ 범용성 부분품으로서 비금속제의 것(제15부), 이와 유사 플라스틱제의 물품(제39

류) 및 이와 유사 귀금속제나 귀금속을 입힌 금속제의 물품(보통 제7115호). 다만, 시계스프링은 시계 부분품에 분류한다(제9114호).

④ 베어링 볼(제7326호·제8482호)

⑤ 기타 엔진과 모터(제8412호의 물품)(탈진장치 없이 작동할 수 있도록 만든 것)

⑥ 볼 베어링(제8482호)

⑦ 제85류의 물품. 다만, 물품 상호간 또는 다른 물품과 함께 시계용 무브먼트나 무브먼트의 부분품으로 전용 또는 사용하기에 적합한 물품으로 조립되지 아니한 것에 한한다(제85류).

5. 해　　설

(1) 시계의 분류(제9101호 내지 제9114호)

<table>
<tr><th colspan="2">구 분</th><th colspan="2">시 계</th><th>부분품</th></tr>
<tr><td rowspan="8">시계</td><td rowspan="2">워치</td><td>귀금속제·귀금속을 입힌 금속제, 진주, 귀석의 것</td><td>제9101호</td><td rowspan="11">제9011호～제9014호</td></tr>
<tr><td>기타: 팔목시계·회중시계·스톱위치 및 기타 휴대용 시계</td><td>제9102호</td></tr>
<tr><td rowspan="3">클록</td><td>워치무브먼트의 것</td><td>제9103호</td></tr>
<tr><td>차량·선박용·우주선용 또는 계기반클록 및 유사 클록</td><td>제9104호</td></tr>
<tr><td>기타 클록: 자명종시계·벽시계·전자시계 등</td><td>제9105호</td></tr>
<tr><td>시각기록기</td><td>무브먼트·동기전동기의 것: 타임레지스터·타임레코더·순찰시계·주파수조정용 기기, 스포츠용 타이머</td><td rowspan="2">제9106호</td></tr>
<tr><td rowspan="2">무브먼트·동기전동기를 갖춘 것</td><td>시간의 측정·기록·알리는 기기: 타임레지스터, 타임레코더</td></tr>
<tr><td>타임스위치</td><td>제9107호</td></tr>
<tr><td rowspan="3">무브먼트</td><td rowspan="2">완전·조립된 것</td><td>휴대용 시계의 것</td><td>제9108호</td></tr>
<tr><td>클록의 것</td><td>제9109호</td></tr>
<tr><td colspan="2">미조립, 부분조립, 불완전·러프한 시계</td><td>제9110호</td></tr>
</table>

(2) 귀금속 휴대용 시계(watches)(제9101호)

이 호에는 케이스 전부가 귀금속제의 것 또는 귀금속을 입힌 금속제의 것과, 제7101호 내지 제7104호의 천연 또는 양식진주·귀석 또는 반귀석(천연·합성 또는 재생의 것)을 상기의 재료에 결합시킨 휴대용 시계만을 분류한다. 다만, 케이스가 귀금속을 박은 비금속제로 된 휴대용 시계는 제9102호에 분류한다.

(3) 클록의 분류(제9103호 내지 제9105호)

구분	품명	분류
휴대용 시계의 무브먼트를 갖춘 클록(clocks)	휴대용 시계의 무브먼트가 갖추고 시각을 표시하는 시계(자명종시계 포함, 제9104호의 시계 제외)를 분류한다. 예: 가정용·사무실용 시계·스탠드 등에 부착된 것, 케이스 갖춘 여행용 시계, 캘린더시계, 8일권 시계, 타종시계, 형광문자판 및 지침을 갖춘 시계	제9103호
차량용·항공기용·우주선용 또는 선박용 계기반 클록 및 이와 유사 클록	–차량·항공기·우주선 또는 선박용의 계기반·주행핸들·백미러 등에 부착하기 위해 특별 제작된 무브먼트와 케이스를 갖춘 시계 –크로노그래프 침·분기록용 침 및 주행시간기록기를 갖춘 차량용의 크로노그래프시계	제9104호
기타 클록(clocks)	휴대용 시계의 무브먼트 이외의 무브먼트를 갖춘 것 예: 공중시계, 점포용·가정용 시계, 적기시계, 꼭두각시시계, 동전구동시계, 천체관측용·기상관측용 시계, 자명종시계, 전자시계, 압전기 결정소자시계	제9105호

(4) 타임스위치(제9107호)

타임스위치(time switchs)는 시계의 무브먼트 또는 동기전동기를 갖춘 것이다, 타임스위치는 조명회로·가열회로(온수기 등)·냉동장치·펌프·2종 요금전력계 등의 제어에 사용된다.

(5) 무브먼트(제9108호 내지 제9110호)

무브먼트(movements)는 다음과 같이 분류한다.

휴대용 시계의 무브먼트(완전한 것, 조립된 것)(제9108호)　　다음 5개의 주요 형태가 있다.

① 기계식 무브먼트, ② 밸런스-스프링의 전자식 무브먼트, ③ 굽힘공명기(음차)를 갖춘 전자식 무브먼트, ④ 아날로그시간 표시부를 갖춘 수정무브먼트 및 ⑤ 전자식의 디지털시간 표시부를 갖춘 수정 무브먼트(LED 또는 LCD)

클록무브먼트(완전한 것 또는 조립된 것)(제9109호)

미조립 또는 부분적으로 조립된 완전한 시계의 무브먼트(무브먼트 세트), **조립된 불완전시계의 무브먼트 및 러프한 시계의 무브먼트**(제9110호)

(6) 휴대용 시계의 무브먼트(movements)(제9108호)

제91류에서 휴대용 시계의 무브먼트라 함은 밸런스 휠·헤어스프링·수정진동자 또는 기타 시간간격을 정할 수 있는 각종 기구에 의하여 조정되는 장치로서 표시부를 갖춘 것 또는 기계식 표시부를 내장할 수 있는 기구를 갖춘 것을 말한다. 이 경우 휴대용 시계의 무브먼트는 두께가 12mm 이하이고, 폭, 길이 또는 직경이 50mm 이하이다.

[측정방법]

① 두께측정: 무브먼트의 두께는 문자판 지지물의 외부평면(또는 표시부가 무브먼트에 통합된 것은 표시부의 가시표면)에서 가장 먼 반대편의 외부평면까지의 거리이다

② 폭, 길이 또는 직경의 측정: 대칭의 축에 의하여 결정한다.

(7) 시계 부분품(제9111호 내지 제9114호)

구분	부분품	분류
케이스	워치의 것: 회중시계·팔목시계·크로노그래프시계 등의 케이스, 케이스의 부분품(케이스의 보디. 펜던트, 워치보우, 중간덮개. 베즐(bezel), 뒷덮개	제9111호
	-클록의 것: 자명종시계·선박용 크로노미터·차량용 시계·타임레지스터·타임레코더 또는 타임스탬프·시간침(분타이머·초타이머 등의 케이스, 기타 클록용의 케이스 -케이스 부분품	제9112호
기타	워치의 줄·밴드·팔찌	제9113호
	기타	제9114호

[분류규정]

· 시계 및 기타의 물품(예: 정밀기계)에 함께 사용하기에 적당한 무브먼트 및 기타 다른 부분품들은 제91류에 분류된다.

다만, 시계용 부분품으로 명백히 인정되지 않는 부분품(예: 타임레지스터용의 인쇄장치 및 합산장치와 제9106호 또는 제9107호의 물품에 사용되는 기타의 부분품)은 이들 호에서 제외한다.

제92류 악기 및 그 부분품과 부속품

1. 개 요

제92류에는 악기와 악기의 부분품과 부속품이 분류된다. 또한 피아노·기타 등은 전기사운드 픽업과 증폭장치를 갖춘 것도 있으나 전기장치 없이도 보통 악기와 같이 사용할 수 있는 것도 분류된다. 전기식 또는 전자식 장치가 없이는 연주할 수 없는 전기식 또는 전자식의 오르간·피아노·아코디언·카리용이 분류된다. 또한 제90류의 기기는 그 구성재료의 여하를 불문하며, 귀금속제·귀금속을 입힌 금속제의 것과 귀석 또는 반귀석(천연·합성 또는 재생)을 결합한 것도 있다.

2. 분류구조

악기류는 6개 범주로 나누고 7개의 호(제9201호 내지 제9209호)에 분류한다.

1) 건반악기, 현악기(제9201호 내지 제9202호): 피아노, 바이올린, 파이프오르간, 아코디온, 하모니카

2) 기타 취주악기(제9205호): 트럼펫, 섹스폰, 백파이프, 피리 등

3) 타악기(제9206호): 북, 심벌 등

4) 전기적 발생, 증폭되는 악기(제9207호)

5) 기타 악기와 신호기기(제9208호)

6) 부분품과 부속품(제9209호)

* 제9203호와 제9204호 공란 유보

3. 분류원칙

제목	규정내용	비고
악기연주용 활, 봉 및 유사 물품, 카드, 디스크롤의 분류원칙	2. 제9202호 또는 제9206호의 악기의 연주에 사용되는 활·봉 및 이와 유사한 물품으로서 적정한 수량의 범위 안에서 악기와 함께 제시되며, 명백히 악기와 함께 사용되는 것은 당해 악기와 같은 호에 분류한다. 다만, 악기와 함께 제시되는 제9209호의 카드·디스크 및 롤은 당해 악기와는 별개의 물품으로 보며, 그 악기의 일부를 구성하는 것으로 보지 아니한다.	제92류 류주2

4. 제외 물품

① 범용성 부분품으로서 비금속제 물품(제15부) 또는 이와 유사한 플라스틱제 물품(제39류)

② 제85류 또는 제90류의 마이크로폰, 증폭기, 확성기, 헤드폰, 개폐기, 스토로보스코프 또는 기타 부속기기로서 이 류의 기기와 함께 사용하는 물품. 다만, 동일 캐비닛 속에 결합 또는 내장된 것을 제외한다.

③ 완구용품(제9503호)

④ 악기소제용 브러시(제9603호)

⑤ 수집품 또는 골동품(제9705호·제9706호)

5. 해 설

(1) 악기(제92류)의 분류구성

- 악기
  - 현악기(string musical instrument)
    - 건반현악기 : 피아노, 하프시코드(제9201호)
    - 기타 현악기 (제9202호)
      - 활사용 악기
      - 퉁기는 악기
      - 기타
  - 취주악기(wind musical instrument) (제9205호)
    - 금관악기 : 코오넷, 트럼펫, 뷰우글, 색스호온, 바리톤과 배스뷰우글, 봉바르동
    - 목관악기 : 플루트, 레코더, 적, 퉁소, 오보에, 클라리넷, 바순, 색소폰, 사뤼손폰
    - 리드악기 : 건반 파이프오르간, 하모늄, 무파이프 건반악기, 아코디언, 하모니카
    - 기타 관악기 : 백파이프·보레톤파이프·뮈젯
  - 타악기 : 소고·탬버린·팀파니·심벌즈징·캐서터네트·실로폰·마라카스(제9206호)
  - 전기·전자악기 (제9207호)
  - 기타 악기 : 뮤지컬박스, 페어그라운드오르간, 기계식자명종, 뮤지컬소오, 데코이콜, 호각, 각적(제9208호)

* 제9203호와 제9204호 공란 유보.
* 취주악기(wind musical instrument): 관악기(wind instrument)

(2) 전기식·전자식 악기(제9207호)

전기식 또는 전자식으로 음을 내거나 또는 증폭을 하는 악기를 말한다. 즉, 악기에 부착된 진동장치로 약한 음을 낼 수 있더라도 전기식 또는 전자식 구성 요소가 없이는 듣는 연주가 불가능한 악기이다. 이 악기는 전기식의 사운드 픽업장치와 증폭장치를 부착시키는 경우도 있으나, 피아노·아코디언·기타는 이들 장치가 없더라도 연주가 가능한 독립된 악기이다. 한편 전기구동식의 자동피아노는 제외된다(제9201호).

(3) 활과 봉의 분류

현악기(제9202호) 또는 타악기(제9206호)의 연주에 사용되는 활·봉 및 이와 유사한 물품으로서 적정한 수량으로 악기와 함께 제시되고, 명백히 악기와 함께 사용되는 것은

당해 악기와 함께 분류한다. 다만, 악기와 함께 제시되는 카드·디스크 및 롤(제9209호)은 당해 악기와는 별개의 물품으로 보며, 그 악기의 일부를 구성하는 것으로 보지 아니한다.

[각종 소리내는 기구의 분류]

품명·물품내용	분류
·범용성 부분품: 힌지·핸들·피팅 등의 비금속제와 이와 유사 플라스틱제의 물품	제15부·제39류
·조율구	제8205호
·도어벨·테이블벨·자전거용 벨 등	제8306호·제8531호
·뮤지컬박스, 기계식 자명조용의 스프링구동식(태엽식) 모터(다른 부분품이 없는 것)	제8412호
·벨브조작식의 각적과 경적·선박용 사이렌·휴대용 또는 수동식 옥상 고정된 사이렌	구성재료 분류, 제16부·제17부.
·자동차 또는 자동차용의 전기식 신호기기	제8512호·제8531호
·피아노용 의자, 바닥 또는 땅위에 놓도록 만들어진 악보대 및 피아노용 촉대	제9401호·제9403호·제9405호
·궁현용의 성형 로진	제9602호
·플루트·오보에 등에 사용되는 청소용 브러시	제9603호

(4) 악기의 부분품과 부속품 및 박절기·음차와 조음적(제9209호)

여기에는 악기의 부분품과 부속품이 분류된다. 또한 박절기·음차와 각종의 조음적이 포함된다.

- 박절기(metronomes), 음차(tuing forks) 및 조음적(pitch pipes), 뮤지컬박스용의 메커니즘, 악기용 현(string)
- 기타 부분품 및 부속품: 부착되지 아니한 악기의 부분품과 부속품
  - 피아노, 오르간, 하아모늄 또는 이와 유사악기의 부분품: 완성 건반, 피아노기구, 케이스, 음성반, 프레임, 페달과 페달기구, 아코디언용의 건, 스톱, 풀무 및 건반
  - 현악기의 부분품과 부속품: 동체, 만도린의 기구, 배·장·목·지압판·너트·브리지·줄걸이와 버튼·늑골·줄조르개·현의 조정기 등, 채, 약음기, 턱받침

- 목관악기의 부분품과 부속품: 구성부분품, 금속제의 동체, 슬라이드, 익스텐션, 부는 구멍과 구멍카버, 리드, 밸브와 밸브조정버튼, 키
- 타악기의 부분품과 부속품: 봉, 각종 멜릿, 드럼브러시, 페달, 드럼의 동체와 지주, 악기용 가죽(악기전용으로 명백한 것)
- 악기고정용 악보대, 악기지지용의 스탠드, 악기연주용 기계장치, 카드·디스크와 롤

제18부 출제문제 및 연습문제

출제문제

[50점 문항]

[10점 문항]

1. 제10류, 제30류, 제40류, 제70류, 제90류의 대표적인 상품 한 가지씩 열거하라. [1985년]
2. 광섬유 [1991년]
3. 다음 물품이 해당하는 관세율표상의 류(chapter)를 쓰시오. [2002년]
   ① 건조한 인삼, ② 천연 다이아몬드, ③ 가정형 세탁기, ④ 보청기, ⑤ 플라스틱제 마네킹
4. 관세율표 제90류의 일반적인 분류내용과 그 배열을 설명하시오. [2004년]
5. 관세율표상 정형외과용 기기를 설명하시오. [2006년]

연습문제

[50점 문항]

1. 제18부의 분류특성, 분류구조와 분류내용을 논하시오.
   1) 해당 물품
   2) 분류구조
   3) 이들 기기의 부분품과 부속품의 분류원칙
2. 제90류(광학기기, 의료용 기기 및 정밀기기 등)의 분류구조와 이들 기기의 부분품과 부속품의 분류규정을 논하시오.

[10점 문항]

1. 제90류에 분류되는 기기의 부분품과 부속품에 대한 분류원칙을 논하시오.
2. 다음 용어를 설명하시오.
   1) 광섬유
   2) 액정디바이스
   3) 레이저기기
   4) 정형외과용 기기
   5) 자동조정기기
   6) 휴대용 시계
3. 광섬유, 광케이블 및 광섬유 내시경의 품목분류는?
4. 유리제 광학용품의 분류방법을 논하시오.
5. 무기용의 망원조준경, 잠수함용 잠망경에 대한 품목분류를 논하시오.
6. 제90류의 자동조절용 기기와 자동제어용 기기에 대한 정의를 논하시오.
7. 저울에 대한 분류원칙을 서술하시오.
8. X-선 기기의 분류특성을 설명하시오.
9. 인체에 착용, 삽입하는 기기에 대하여 기기와 분류를 설명하시오.

문제풀이

1. 제90류의 분류구조를 서술하시오.

(1) 개요

제90류에는 일반적으로 높은 완성가공도와 정밀도를 갖는 각종의 기기가 분류된다. 주로 이화학, 분석, 천문학 등의 과학분야, 측정, 검사, 관측 등의 특수 기술과 공업분야 또는 의학분야에 사용되는 기기들이다. 즉, 광학기기, 검사와 측정기기, 정밀기기 및 의료용 기기가 분류되며 이들 기기의 부분품과 부속품이 포함된다.

(2) 분류구조

광학기기, 사진용·영화용 기기, 각종의 정밀기기와 의료용 기기 등을 13개의 범주로 구분하고 32개의 호(제9001호~제9033호)에 분류한다.

1) 광학용품(제9001호 내지 제9004호): 광섬유, 렌즈, 프리즘, 편광판, 안경 등
2) 광학기기(제9005호 내지 제9013호): 망원경, 쌍안경, 사진기와 사진용 섬광기구, 영화용 기기, 투영기, 복사기, 각종 현미경, 레이저기기 등

3) 항행·측량·관측·계측기기, 미량저울(제9014호 내지 제9016호): 토지·수로측량기기, 수리계측기기, 기상관측기기, 지구물리학용 기기, 측거의 등
4) 제도용구, 설계용구 및 계산용구, 수지식 길이측정용구(제9017호)
5) 의료용·수의용 기기, 기계요법용 기기, 호흡용 기기 및 정형외과용 기기(제9018호 내지 제9022호): 방사선 요법용, 기계요법용, 산소요법용, 정형외과용, 보철용 등
6) 전시용 기기와 모형(제9023호): 교육용, 전시용 등
7) 재료시험용 기기(제9024호)
8) 비중계·온도계·고온계·기압계·습도계(제9025호)
9) 유량·액면·압력 또는 기타변량의 측정 또는 검사용 기기(제9026호): 유량계, 액면계, 압력계, 열측정계
10) 분석용 기기, 점도·표면장력 등·열·소리 또는 빛의 측정·검사용 기기(제9027호): 편광계, 굴절계, 분광계, 가스분석기
11) 기체·액체 또는 전기의 적산용 계기, 속도계·적산회전계·택시미터계·보수계, 전기적량의 측정·검사용기기, 전리선의 검사·검출용 기기(제9028호~제9031호): 생산량계, 택시미터, 주행거리계, 보수계, 오실로스코프 등
12) 자동조절용 또는 자동제어용 기기(제9023호)
13) 기타 부분품과 부속품(제9033호): 타 호에 분류되지 아니한 것

* 제9009호: 공란 유보

2. 다음 용어를 설명하라.

(1) 광섬유

광섬유(optical fibre)란 서로 다른 굴절률을 갖는 유리제나 플라스틱제로 동심층으로 되어 있으며 유리를 인발하여 플라스틱을 극히 엷게 도포하며 굴절률이 낮은 섬유로 되어 있다. 보통 릴상으로 수 km가 되는 경우도 있다. 광섬유는 광섬유 다발과 광섬유 케이블의 제조에 사용되며, 광섬유 다발은 빳빳하거나 유연한 것이 있으며 광섬유 다발의 끝만을 묶는다. 광섬유는 통신용, 영상전달용, 검출기용 등으로 광범위하게 사용된다. 광섬유는 제90001호에 분류된다.

(2) 액정디바이스

액정 디바이스(liquid crystal divices)는 두 장의 유리나 플라스틱판 사이에 액정을 주입하여 만든 것으로 외부전압에 따라 광학적 복굴절을 일으켜 화상을 구성하는 것이다. 액정디바이스는 전기접속자를 부착 여부를 불문하며, 조각 또는 특정 형상으로 절단되어 제시된 것으로 관세율표의 타호에 특게된 물품을 구성하지 아니한 것

은 제9013호에 분류한다.

(3) 레이저

레이저(laser)는 제어된 유도방출에 의해 약 1㎚(10^{-9}m)～1mm(10^{-3}m)의 파장영역(스펙트럼의 자외선·가시광선 및 적외선의 영역)의 전자파를 발진하거나 증폭시킨 특수광이다. laser head로 조립된 기본 요소(Fabry-perot 간섭계, 간섭필터 및 분광기) 외에 보조기구(예: 전원 기기, 냉각시스템, 제어장치 등)를 갖추고 있다. 여기에는 레이저 발생기만이 분류된다. 레이저는 제9013호에 분류한다

3. 제90류의 자동조절용 또는 자동제어용의 정의와 분류규정을 설명하라.

· 자동조절용 또는 자동제어용의 정의: 다음 기기를 말하며 제9032호에 분류한다.

① 액체 또는 기체의 유량·수위·압력 또는 기타 가변요소의 자동 제어기기 또는 온도자동조절기기: 이들 요소의 실제 값을 끊임없이 또는 주기적으로 측정하여 장해에 대해 안정적인 희망치로 만들고 유지하도록 설계되어 있다.

예: 액체·기체용의 자동제어장치와 온도자동조정장치, 습도조절기, 온도조절장치, 온도조절기, Oven통풍자동조절기

② 전기적 양의 자동 조정기기 및 비전기적 양의 자동 제어기기: 이들 요소의 실제 값을 끊임없이 또는 주기적으로 측정하여 장해에 대해 안정적인 희망치로 만들고 유지하도록 설계되어 있다.

예: 측정장치(감응장치·변환기·저항탐침·열전대 등), 전기조절장치, 점화장치·정지장치 또는 조작장치

· 자동조절용 또는 자동제어용 기기의 분류규정

－자동조정기의 상기의 정의에 일치되지 않는 장치는 다음과 같이 분류한다.

① 전기식 측정장치는 제9025호·제9026호 또는 제9030호에 분류된다.

② 전기식 조절장치는 완전자동조절기기로 이 호에 분류된다.

③ 기동장치·정지장치 또는 조작장치는 일반적으로 제8536호에 분류된다.

－자동조절기는 전기식·압축공기식 또는 액압식 작동기에 연결되며, 작동기는 조절변량을 희망치로 환원하게 된다.

－작동기는 각각 해당하는 호에 분류된다.

예: 조정가능 클램프는 제8425호, 전동 또는 솔레노이드밸브는 제8481호, 전자식 포지셔너는 제8505호 등

자동조절기는 동작기와 결합한 경우에 전체의 품목분류는 통칙1 또는 통칙3(나)에 의하여 결정된다.

제19부 무기, 총포탄 및 이들의 부속품과 부분품

1. 개 설

제19부에는 주로 무기류가 분류되는 것으로 무기란 전투에서 가해력을 행사하기 위해서 사용되는 기구를 말한다. 지상용, 해상용 및 공중전용으로 제작된 각종의 무기류, 개인의 호신용, 수렵용, 사격용 무기, 폭약에 의해 조작되는 장치, 탄약과 미사일 등과 이들의 부분품과 부속품이 분류된다.

2. 류별 구성

제19부는 다른 부와 달리 부주를 두고 있지 않고 제93류만으로 되어 있으며 제19부와 제93류의 표제는 동일하다.

[류별 표제]

제93류 무기, 총포탄 및 이들의 부분품과 부속품

제93류 무기, 총포탄 및 이들의 부분품과 부속품

1. 개 요

제19부의 표제와 동일한 제93류에는 군사용, 경찰용(곤봉·가스총) 혹은 세관 등 기타 기관에서 사용되는 지상·해상·공중전용으로 설계된 각종의 무기와 개인의 호신용

최류 스프레이캔 등 수렵용·사격용으로 사용되는 무기들이 분류된다. 아울러 출발사용총이나 신호용 권총도 분류된다.

또한 이 류에는 포탄과 미사일도 분류되나 폭약과 화약(제36류)은 제외되며 무기에 사용되는 망원조준기 등의 광학식 기기는 무기에 부착되도록 설계되고, 무기와 함께 제시되면 무기와 같이 분류되나 별도로 제시되는 경우는 제90류에 분류된다.

그러나 탱크, 장갑차, 군함, 군용항공기 등은 무기가 장착되어 있는지 여부를 불문하고 이 류에서 제외되어 제17부로 분류되나 이들에 사용되는 무기가 별도로 제시되는 경우에는 제93류에 분류한다. 또한 철모(제6506호)와 모자류(제65류), 방탄복이나 갑옷류, 완구류와 골동품 등은 다른 류에 분류된다.

2. 분류구조

무기, 총포탄 등은 3개 범주로 구분하고 7개의 호(제9301호 내지 제9307호)에 분류한다.

1) 화기와 무기 및 이들 부분품(제9301호 내지 제9305호)

① 포병·보병용 무기, 기관총, 카아빈총, 특수발사장치, ② 권총, ③ 전장화기, 경기용·수렵용·사격용 산탄총과 라이플, 모의·공포용 권총, 포경포와 경봉용총 등의 기타 화기, ④ 스프링총, 공기총, 가스총, 경찰봉, 손에 끼는 무기, 투석기(제9304호), ⑤ 이들 화기와 무기의 부분품(제9305호)

2) 폭탄류와 이들 부분품(제9306호): 폭탄, 수류탄, 어뢰, 지뢰, 탄약통, 폭탄용핀, 발사체 등

3) 도검류(제9307호): 칼·창 등

3. 분류원칙

제목	규정내용	비고
제외 부분품	2. 제9306호의 『이들의 부분품』에는 제8526호의 무선 또는 레이더 기기를 포함하지 아니한다.	제93류 류주2

4. 제외 물품

① 제36류의 물품(예: 화관, 뇌관, 신호용 조명탄)

② 범용성 부분품으로서 비금속제의 것(제15부) 또는 이와 유사한 플라스틱제의 물품(제39류)

③ 수갑(제83류)

④ 장갑차량(제8710호)

⑤ 무기용에 적합한 망원조준기 또는 기타 광학기기(무기에 장착된 것 또는 장착용으로 설계된 것으로 무기와 함께 제시된 경우를 제외한다)(제90류)

⑥ 활, 화살, 펜싱용 칼 또는 완구(제95류)

⑦ 수집품과 골동품(제9705호 또는 제9706호)

5. 해　　설

(1) 군용화기와 무기(제9301호 내지 제9304호)

군함·장갑열차·항공기·전차 및 장갑차의 일부분으로 구성되도록 설계제작된 무기 및 화기로서 별도로 제시된 것을 포함한다.

[군용화기와 무기류의 분류(제9301호~제9305호)]

<table>
<tr><th>구 분</th><th colspan="2">화기와 무기류</th><th>부분품
부속품</th></tr>
<tr><td rowspan="2">군용화기</td><td>－라이플, 카아빈총, 기관총과 기관단총, 야포, 대공포, 대전차포, 곡사포, 박격포
－특수 발사장치: 로켓발사장치, 화염방사기, 최루탄 발사장치, 어뢰발사관
－철도차량에 장착된 장거리포, 가동식 및 자주식의 포</td><td>제9301호</td><td rowspan="5">제9305호</td></tr>
<tr><td>권총: 연발·단발 권총권총</td><td>제9302호</td></tr>
<tr><td>기타 화기</td><td>경기용총, 라이플·베리식 신호용 권총, 공포용 권총, 무통도살기, 줄발사총</td><td rowspan="2">제9303호</td></tr>
<tr><td>화약 폭발장치</td><td>축우포</td></tr>
<tr><td>기타 무기류</td><td>스프링총, 공기총, 가스총, 경찰봉, 호신봉, 투석기, 최루 에어로졸과 스프레이캔,</td><td>제9304호</td></tr>
</table>

* 무기류의 부분품과 부속품(제9305호): 군용화기 부분품, 개머리판, 개머리받침판, 소음기, 총의 멜빵, 벤드

(2) 군수품과 총포탄 발사체 및 검과 창(제9306호·제9307호)

<table>
<tr><th>구 분</th><th colspan="2">무기명</th><th>부분품</th></tr>
<tr><td rowspan="3">군수품, 탄약통 및 총포탄 발사체</td><td>－총포탄: 각종 포탄, 각종 탄약통, 첨두탄
－탄도미사일
－수류탄, 어뢰, 비행탄, 유도탄 및 로켓형 폭탄</td><td rowspan="3">제9306호</td><td rowspan="3">제9306호</td></tr>
<tr><td>기타의 군용폭탄: 지뢰, 기뢰와 폭뢰, 수류탄</td></tr>
<tr><td>포경포용의 작살</td></tr>
<tr><td>검과 창</td><td>검과 단검, 총검, 창, 도끼창 등(의식, 장식, 연극용 포함)</td><td>제9307호</td><td>제9307호</td></tr>
</table>

제19부 출제문제 및 연습문제

출제문제

[50점 문항]

[10점 문항]

연습문제

[50점 문항]

[10점 문항]

1. 군사용으로 사용하는 무기가 장착된 탱크, 장갑차, 군함 및 제트 전투기의 분류는?

제20부 잡　　품

1. 개　　설

제20부에는 각종 가구와 침구류·조명기구·조립식의 건축물·완구류·운동용품과 레저용품 및 기타 특정 잡품류가 분류되며 이들 물품의 부분품과 부속품이 포함된다.

2. 류별 구성

제20부는 다른 부와 달리 부주가 없으며, 이 부의 잡품들을 체계적으로 분류하기 위하여 제94류 내지 제96류의 3개류로 구성되어 있다.

[류별 표제]

제94류	가구와 침구·매트리스·매트리스서포트·쿠션과 이와 유사한 물품, 다른 류에 분류되지 아니한 램프와 조명기구, 조명용 사인·조명용 네임 플레이트와 이와 유사한 물품 및 조립식 건축물
제95류	완구류, 유희용구, 운동용구 및 이들의 부분품과 부속품
제96류	특게된 기타의 잡품류

제94류 가구와 침구·매트리스·매트리스서포트·쿠션과 이와 유사한 물품, 다른 류에 분류되지 아니한 램프와 조명기구, 조명용 사인·조명용 네임플레이트와 이와 유사한 물품 및 조립식 건축물

1. 개 요

제94류에는 각종 가구류와 침구류, 각종 램프와 조명용 기구, 조명용의 사인과 네임플레이트 및 조립식 건축물이 분류된다. 또한 가구류와 침구류, 각종 램프와 조명용 기구, 조명용 사인 및 네임플레이트 등에 전용 또는 주로 사용하는 부분품이 포함된다.

2. 분류구조

가구류와 침구류, 조명기구 및 조립식 건축물은 4개 범주로 구분하고 6개의 호(제9401호 내지 제9406호)에 분류한다.

1) 가구류와 그 부분품(제9401호): 의자·의료용·수의용 가구(수술대, 검사대), 치과용·이발용 의자, 각종 가구류

2) 침구류(제9404호): 이불, 매트리스, 베개 등

3) 램프와 조명기구, 조명용 사인과 네임플레이트(제9405호)

4) 조립식 건축물(제9406호)

3. 분류원칙

제목	규정내용	비고
가구의 정의	2. 제9401호 내지 제9403호에서 규정한 물품(부분품을 제외한다)은 마루 또는 지면에 놓고 사용하도록 만들어진 것에 한하여 각각 이들 호에 분류한다. 다만, 다음의 물품은 매달거나 벽에 붙이거나 다른 물품 위에 놓고 사	제94류 류주2

	용하도록 만들어진 것이라 할지라도 이들 호에 분류한다. 가. 식기선반·서가·선반식 가구 및 유니트식의 가구 나. 의자와 침대	
부분품의 범위	3. 가. 제9401호 내지 제9403호의 물품의 부분품에는 유리제(거울을 포함한다), 제68류나 제69류의 대리석·기타 석 또는 각종 재료제의 시트나 슬랩(특정한 형상으로 절단한 것인지의 여부를 불문하나 다른 부분품과 결합된 것을 제외한다)을 포함하지 아니한다. 나. 제9404호에 게기된 물품이 따로 제시되는 경우에는 이를 제9401호, 제9402호 또는 제9403호의 부분품으로 분류하지 아니한다.	제94류 류주3
조립식 건축물	4. 제9406호에서 『조립식 건축물』이라 함은 공장에서 완성한 건축물 또는 현장에서 조립할 수 있는 요소를 갖추어 동시에 제공되는 건축물(예: 가옥·작업현장의 숙박시설·사무실·학교·상점·창고·차고 또는 이와 기타 유사한 건물)을 말한다.	제94류 류주4

4. 제외 물품

① 플라스틱제·고무제 또는 섬유제의 매트리스, 쿠션, 베개로서 공기 또는 물을 넣어 사용하는 것(제39류·제40류 또는 제63류)

② 제7009호의 거울로서 마루 또는 지면에 놓고 사용하도록 만들어진 것

③ 제71류의 물품

④ 범용성 부분품(비금속제의 물품은 제15부, 플라스틱제의 물품은 제39류)과 제8303호의 금고

⑤ 제8418호의 냉장 또는 냉동기구의 부분품으로 특별히 설계 제작한 가구와 재봉기용으로 특별히 설계 제작한 가구(제8452호)

⑥ 제85류의 램프 또는 조명기구

⑦ 제8518호의 기기 부분품으로 특별히 설계 제작한 기구(제8518호), 제8519호 내지 제8521호의 기기 부분품으로 특별히 설계 제작한 가구(제8522호) 또는 제8525호 내지 제8528호의 기기 부분품으로 특별히 설계 제작한 가구(제8529호)

⑧ 제8714호의 물품

⑨ 제9018호의 치과기구를 갖춘 치과용 의자 또는 치과용의 타구(제9018호)

⑩ 제91류의 물품(예: 클록과 클록 케이스)

⑪ 완구용 가구, 완구용 램프 또는 조명기구(제9503호), 당구대 또는 기타 유희용으

로 특별 설계 제작한 가구(제9504호), 중국등(燈)과 같은 장식용 가구로서 전기식 가랜드 이외의 것(제9505호)

5. 해　　설

(1) 가구(furniture)

제94류에서 가구(furniture: 家具)라 함은 가동성의 물품으로서, 바닥 또는 지면에 놓도록 만든 본질적인 특성을 갖고, 주로 실용목적에 사용되는 것으로서 주택, 호텔, 극장, 영화관, 사무실, 교회, 학교, 카페, 식당, 실험실, 병원 등 또는 선박, 항공기, 객차, 자동차 또는 이와 유사한 운송수단에 설치되어 있는 것을 말한다. 또한 제94류의 가구에는 선박용 의자와 같이 바닥에 고정시키도록 만든 것일지라도 가동성의 가구로 간주하고, 정원, 광장, 산책길 등에 사용되는 이와 유사 의자(seat, chair 등)도 포함된다.

이들 가구(제9401호~제9403호)에는 다음에서 규정한 물품이 분류된다.

① 찬장, 책장, 기타의 선반이 달린 가구 및 유니트가구로서 여러 물체 또는 물품을 붙들기 위하여 벽에 매달거나 붙이도록 한 것, 또는 다른 물품 위에 놓도록 설계 제작된 것과 별도로 제시되는 단일가구의 물품

② 벽에 매달거나 붙이도록 설계 제작한 의자 또는 침대

(2) 가구와 의자의 분류범위

<table>
<tr><th colspan="2">구분</th><th colspan="2">가구·의자</th><th>부분품</th></tr>
<tr><td rowspan="3">가구·의자</td><td>의자</td><td>항공기용·차량용의 의자, 회전의자, 침대 겸용 의자, 라운지체어·팔걸이 의자·접이식 의자·유아용 높은 의자, 벤치·침상·긴 의자·깔개의자·팔걸이의자 등</td><td>제9401호</td><td>제9401호</td></tr>
<tr><td>이발용 의자</td><td>뒤로 젖히거나 상하조절 및 회전기구를 갖춘 이발용 의자와 이와 유사 의자</td><td rowspan="2">제9402호</td><td rowspan="2">제9402호</td></tr>
<tr><td>의료용·수의용 가구</td><td>－수술대, 검사대, 기계식 장비를 갖춘 병원용 침대, 의사와 외과용 특수 의자, 분만용 침대, 골절치료 침대, 병원내 환자이동용의 들것과 손수레
－치과용 의자</td></tr>
</table>

주택·호텔용 가구	–캐비닛, 체스트, 장롱, 화장대, 양복장, 우산용 스탠드, 사이드 보드, 조리대, 찬장, 캠프용 침대, 접이식 침대, 보조침대 등 포함 –재봉대, 뮤직 캐비닛, 악보대·악보용 데스크, 서빙용 트롤리	제9402호	제9403호
기타 가구	옷넣는 로커, 파일링 캐비닛, 카드식 색인파일, 학생용 책상, 교탁, 교회용 제단, 설교단, 예배석, 현미경대, 실험대, 제도용 테이블, 계산대, 선반설비 세트, 공구장		

(3) 부분품의 분류(제9401호 내지 제9403호)

① 제9401호 내지 제9403호(가구와 의자)의 물품의 부분품에는 유리제(거울을 포함한다), 제68류 또는 제69류의 대리석·기타 석 또는 각종 재료제의 시트나 슬랩(특정한 형상으로 절단한 것인지의 여부를 불문하나 다른 부분품과 결합된 것을 제외한다)을 포함하지 아니한다.

② 제9404호에 게기된 물품(따로 제시되는 침구류, 매트리스 서포트)의 경우에는 이를 제9401호, 제9402호 또는 제9403호(가구와 의자)의 부분품으로 분류하지 아니한다.

(4) 침구와 매트리스 서포트(제9404호)

매트리스 서포트 침대의 탄성부분으로 스프링 또는 강선제의 망을 목제 또는 금속제의 틀로 구성되거나, 내장된 스프링과 충진물을 직물로 씌운 목제의 매트리스 베이스로 되어 있다.

침구 및 이와 유사 물품 스프링을 부착시킨 것, 각종 재료를 충전하거나 결입한 것 또는 셀룰로오스 고무제나 플라스틱제의 것이 있다. 전열장치가 있는 여부를 불문 한다.

예: 매트리스, 이불 및 침대커버(bedspreads), 아이다의 솜털이불과 깃털이불, 매트리스 프로텍터, 덧베개(bloster), 베개, 쿠션, 두꺼운 방석, 슬리핑 백

[각종 침구류의 분류]

품명·물품내용	분류
·물을 넣어 사용하는 매트리스	보통 제3926호·제4016호
·공기를 넣어 사용하는 매트리스 또는 베개	제3926호·제4016호·제6306호
·공기를 넣어 사용하는 쿠션	제3926호·제4014호·제4016호·제6306호·제6307호
·담요	제6301호
·베갯잇(pillowcases)·아이다의 솜털 또는 깃털이불용의 커버	제6302호
·쿠션용의 커버	제6304호
·매트리스, 이불 및 침대커버, 매트리스 프로텍터	제9404호
·덧베개·베개·쿠션·두꺼운 방석, 슬리핑 백	제9404호

(5) 램프와 조명용 기구(제9405호)

램프와 조명기구는 각종 재료로 만들며 광원을 사용한다. 전기식은 램프 홀더, 스위치, 플랙스와 플러그, 변압기 등이 부착되며 형광등은 스타터 또는 안정기가 부착된다. 또한 고정 광원을 가지고 광고용 램프·사인·조명용 네임플레이트 및 이와 유사 광고용판 및 주소판 등도 포함한다.

램프(lamps)　테이블, 책상, 침대 및 마루스탠드용 램프

조명기구(lighting fittings)　샹들리에·옥외조명용·가로등·암실 램프, 촬영소용 램프, 휴대용 램프

조명용 물품　조명용 사인, 조명용 네임플레이트

기타　서치라이트와 스포트 라이트

[램프와 조명의 분류]

램프와 조명	분류
·조명용이 아닌 것, 광원이 고정되지 아니한 조명용의 사인·네임플레이트 및 이와 유사 물품	제3926호·제70류·제8310호 등
·사이클과 자동차에 사용하는 전기식의 조명기기와 신호기기	제8512호
·전기식 필라멘트 램프·방전램프와 아크 램프	제8539호
·사진용 섬광기구	제9006호

· 광학식 라이트 빔 신호기기	제9013호
· 의료용의 진단·검진·조사 등에 사용하는 램프	제9018호
· 램프와 조명용 기구 · 고정 광원을 갖고 광고용 램프·사인·조명용 네임플레이트 및 이와 유사 광고용 판 및 주소판 등 · 서치라이트와 스포트 라이트	제9405호
· 종이초롱 등과 같은 장식용품	제9505호

(6) 조립식 건축물(제9406호)

조립식 건축물이라 함은 공장에서 완성한 건축물 또는 현장에서 조립할 수 있는 요소를 갖추어 동시에 제시되는 가옥·작업현장의 숙박시설·사무실·학교·상점·창고·차고 또는 이와 기타 유사한 건물 등의 건축물을 말한다.

조립식 건축물은 일반적으로 다음 형태로 제시된다.

① 완전한 건축물로서 조립되었거나, 미조립상태의 것

② 조립 여부를 불문하고 불완전한 건축물로서 완전한 건축물의 주요한 특성을 가진 것

다만, 불완전한 건축물로서 완전한 건축물의 주요한 특성을 갖추지 못한 것은 재질에 따라 각각 해당하는 호에 분류된다.

제95류 완구·유희용구·운동용구 및 이들의 부분품과 부속품

1. 개 요

제95류에는 어린이나 어른의 오락용의 각종 완구가 분류된다. 또한 이 류에는 실내 또는 옥외의 게임용구·운동용구·체조용구·육상용구·낚시용구·사냥용구·사격용구·회전목마 또는 흥행용구가 포함되며, 이들 물품에 전용 또는 주로 사용하는 부분품과 부속품도 포함된다.

그러나 불꽃이나 화공품(제36류), 텐트(제63류), 액체펌프, 청정기(제84류), 전동기와 변압기 또는 원격조절기(제85류), 무기류(제93류)는 제외된다.

2. 분류구조

각종 장난감, 운동용구, 유희용구 등은 6개(제9501호 내지 제9508호; 2개호 공란)의 호에 분류한다.

1) 바퀴달린 완구, 인형용 차, 인형과 기타 완구, 축소모형과 유사 오락용 모형 및 퍼즐(제9503호): 세발자전거, 스쿠터, 페달자동차, 축소모형, 각종 퍼즐

2) 유희용구 테이블 또는 실내게임용구(제9504호): 당구용구, 전자게임기 등

3) 축제 카니발 또는 기타의 오락용품(제9505호): 크리스마스축제용품, 요술·가장용품

4) 스포츠용구, 옥외게임용구, 수영장용품과 패들링풀용품(제9506호): 스키, 탁구

5) 낚시 및 수렵용구(제9507호): 낚시대·낚시바늘, 낚시망, 조류유인용 새, 라아크밀러

6) 회전목마, 그네, 실내사격연습장용품과 기타 흥행장용품 및 순회서커스용·순회동물원용·순회극장용의 용품(제9508호): 천막, 산동물, 악기 등

* 제9501호와 제9502호: 공란 유보

3. 분류원칙

제목	규정내용	비고
진주, 귀석·반귀석 또는 귀금속 물품	2. 제95류에는 천연 또는 양식진주·귀석 또는 반귀석(천연·합성 또는 재생의 것)·귀금속 또는 귀금속을 입힌 금속을 단지 미소한 부분에 사용한 물품을 포함한다.	제95류 류주2
부분품, 부속품의 분류	3. 제95류 류주1에서 규정한 것을 제외하고는 이 류의 물품에 전용 또는 주로 사용되는 부분품과 부속품은 당해 물품과 함께 분류한다.	제95류 류주3
세트물품의 적용	4. 제95류 류주1의 규정에 의해, 제9503호는 특히, 하나 또는 그 이상의 물품으로 결합되었으며, 통칙 3(나)의 규정에 따라 세트물품으로 간주될 수 없고, 별도로 제시될 경우 다른 호에 분류되는 이 호의 물품에 적용된다(다만 소매용으로 포장되고 그 결합물품이 완구로서의 중요한 특성을 갖고 있는 경우에 한한다).	제95류 류주4
애완동물용 장난감	5. 제9503호는 그 디자인이나 외형 또는 구성재료상 전적으로 동물을 위한 것으로 간주할 수 있는 물품(예: 애완동물용 장난감)을 제외한다. 애완동물용 장난감은 해당 호에 분류한다.	제95류 류주5

4. 제외 물품

① 양초(제3406호)

② 불꽃 또는 기타의 화공품(제3604호)

③ 낚시용의 실, 모노필라멘트, 코드, 거트 또는 기타 이와 유사 물품(길이로 절단하였으나 낚시줄로 완성되지 아니한 것)(제39류·제4206호 또는 제11부)

④ 운동용 백 또는 기타의 용기(제4202호·제4303호 또는 제4304호)

⑤ 방직용 섬유제의 운동용 의류 또는 가장복(제61류·제62류)

⑥ 방직용 섬유제의 깃발류 또는 보트, 세일보드 또는 랜드 크라프트용의 돛(제63류)

⑦ 운동용 신발류(아이스·롤러스케이트가 부착된 스케이팅부츠 제외)(제64류) 또는 운동용의 헤드기어(제65류)

⑧ 지팡이, 매, 승마용 채찍 또는 이와 유사 물품(제6602호)과 이들의 부분품(제6603호)

⑨ 인형 또는 기타 완구용의 유리제 안구로서 장착되지 아니한 것(제7018호)

⑩ 비금속제 또는 플라스틱제의 범용성 부분품(제15부·제39류)

⑪ 벨, 징 또는 이와 유사 물품(제8306호)

⑫ 액체펌프(제8413호), 액체·기체용의 여과 또는 청정기(제8421호), 전동기(제8501호), 변압기(제8504호) 또는 무선원격 조절기기(제8526호)

⑬ 제17부의 경기용 차량(봅슬레이, 터보건과 이와 유사한 물품 제외)

⑭ 어린이용의 이륜 자동차(제8712호)

⑮ 카누, 스키프와 같은 운동용의 크라프트(제89류), 이들의 추진용구(목제품 제44류)

⑯ 운동용 또는 옥외 유희용의 안경.고글과 이와 유사한 물품(제9004호)

⑰ 데코이 콜 또는 휘슬(제9208호), 제93류의 무기 또는 기타의 물품, 각종 전기식 가랜드(제9405호), 라켓용줄, 텐트 기타 캠핑용품, 장갑과 벙어리장갑(구성재료에 따라 분류), 식기, 욕실용품, 카페트 및 기타 바닥 덮개, 의류, 침대보, 식탁보, 화장실매트, 행주 및 기타 용도 품목(구성 재질에 따라 분류)

5. 해　　설

(1) 완구, 유희용구, 운동용구 및 수렵용구(제95류)의 구성

- 완구·모형·퍼즐 (제9503호)
  - 어린이용 바퀴부착완구 — 부분품·부속품
  - 사람모형 — 부분품·부속품
  - 기타 완구 — 부분품·부속품 : 전기식 기차, 동물 완구, 악기류
  - 축소·오락용 모형 — 부분품·부속품 : 축소모형, 조립식 키트, 보트·차량·비행기 등의 모형
  - 각종 퍼즐 — 부분품·부속품
- 게임용구 (제9504호)
  - 유희용구 : 유희용 카드(bridge, tarot, lexicon)
  - 테이블·실내 게임용구 : 당구대와 큐우, 비디오게임콘솔, 전자적 게임용구, 카지노용 대, 볼링용구. 실내크리켓용구, 다트
- 오락용품 (제9505호)
  - 축제·카니발용 : 크리스마스트리·가장용품·색종이리본
  - 기술·요술용구 : 재채기분, 놀래는 과자, 분수구 달린 단추
  - 기타 : 한 벌의 카드
- 운동용구, 옥외게임용구, 수영장용품, 패들링풀용구 (제9506호)
  - 운동·체조·육상경기용구 : 그네·철봉과 평행봉·안마·평균대·원반·투탕 등
  - 기타 운동용구 : 설상스키와 수상스키, 골프용품, 테니스·배드민턴 용품
  - 옥외게임용구
  - 수영장용품
  - 패들링풀용구
- 수렵용구 (제9507호)
  - 낚시용구 : 낚시대. 낚시바늘, 낚시망
  - 조류유인용구 : 조류유인용 새
  - 기타 수렵용구 : 라아크밀러

* 제9501호와 제9502호: 공란 유보

(2) 완구·유희용구·운동용구(제95류)의 분류원칙

진주, 귀석과 반귀석 또는 귀금속을 사용한 물품의 분류규정　제95류에는 천연 또는 양식진주·귀석 또는 반귀석(천연·합성 또는 재생의 것)·귀금속 또는 귀금속을 입힌 금속을 단지 미소한 부분에 사용한 물품을 포함한다.

부분품, 부속품의 분류규정 제95류의 물품에 전용 또는 주로 사용되는 부분품과 부속품은 당해 물품과 함께 분류한다. 다만, 제95류에서 류주1(제외 물품)을 제외한다.

완구·축소모형, 퍼즐(제9503호)**의 분류규정**

① 제95류의 제외 물품(류주 제1호의 규정)을 제외하고는 제9503호는 하나 또는 그 이상의 물품이 함께 조합된 이 호에서 정한 물품(통칙 제3호나목에 따라 세트로 간주되지 아니하고, 분리되어 제시되는 경우에는 다른 호에 분류되는 물품)에 특별히 적용된다. 다만, 이들 물품이 소매용으로 함께 구성되어 있고 이러한 구성이 완구의 주요한 특성을 이루고 있다는 것을 조건으로 하여 적용한다.

② 제9503호는 그 디자인이나 외형 또는 구성재료상 전적으로 동물을 위한 것으로 간주할 수 있는 물품(예: 애완동물용 장난감)은 제외하며, 애완동물용 장난감은 각각 해당 호에 분류한다.

(3) 바퀴달린 완구, 인형과 기타 완구, 축소모형 및 퍼즐(제9503호)

본질적으로 어린이나 어른의 오락을 위해 의도된 완구가 분류되며 축소모형과 퍼즐이 포함된다. 이 호에는 애완동물용 완구는 제외되며 적절한 호에 분류한다.

바퀴달린 완구와 인형용 차 어린이용 세발자전거, 스쿠터, 소형 차량형 페달차, 수동식 바퀴달린 완구, 어린이용 모터 차

사람모형 인형 음성 등의 재생, 무브먼트를 결합하거나 옷을 입힌 것도 있다.

예: 어린이 오락용 인형, 장식용 인형, 인형극·꼭두각시놀음용 인형, 만화화 인형

기타 완구 모형완구, 인형극용 완구, 완구용 권총과 총, 조립식 완구, 완구용 차량, 기차·비행기·보트 등 완구용 기구와 연, 장난감 병정과 무기, 완구용 스포츠용구, 완구용 공구·완구용 영화기기·환등기 등, 완구용 안경과 악기, 티세트와 커피세트·재봉기, 완구용 시계

축소모형과 오락용 모형 보트·비행기·철도·차량 등의 작동 모형, 축소모형

부분품 및 부속품 뮤지컬박스용 뮤지컬박스 무브먼트 및 모형용 소형 내연기관 등

(4) 유희용구·테이블 또는 실내 게임용구(제9504호)

유희용구, 유희용의 테이블이나 실내의 게임용구를 말하며 다음 물품이 있다.

예: 당구대와 동 부속품, 비디오 게임콘솔과 전자적 게임용구, 카지노용·실내게임용의 특수테이블, 탁상용 축구용구, 권총연습용 기계·핀테이블, 자동식 볼링, 유희장용구, 투창판과 창, 유희용 카드, 체스, 마작 등

(5) 축제·카니발 또는 기타 오락용품(제9505호)

축제·카니발 또는 오락용품은 일반적으로 비내구성 재료로 제조된다. 이 호에는 요술용품과 기술(奇術)용품을 포함한다.

예: 크리스마스트리용 종이·금속박·유리섬유 등으로 만든 각종 장식품, 크리스마스 축제용 물품, 가장용품과 종이모자, 종이장식리본, 판지제 트럼펫·색종이조각·카니발산 등, 기술용구, 요술용구(예: 재치기분·깜짝 놀래는 꽃)

[축제, 오락용품의 분류]

각종 용품	분류
· 천연의 크리스마스트리	제 6 류
· 크리스마스용 및 크리스마스트리용의 촉(燭)	제3406호
· 축제기간에 사용되는 플라스틱제 또는 지제포장	구성재료에 따라 제39류·제48류
· 크리스마스트리용의 대	구성재료에 따라 분류
· 방직용 섬유제의 기포	제6307호
· 각종의 전기가랜드	제9405호
· 인조 크리스마스트리	제9505호

(6) 운동용구와 실외 게임용구 및 낚시용구(제9506호)

일반 육체적 운동·체조 또는 육상경기용구 그네의 봉과 조환, 철봉과 평행봉, 평균대·안마, 등반용 로프와 사다리, 곤봉, 아령과 바벨, 메디신 보올, 조술, 사이클링, 체스트 익스팬더, 핸드그립(hand grips), 스타트대, 허들, 도약대와 받침, 장대높이 뛰기용 봉, 투창용의 창·원반, 드로잉 해머 및 포환, 펀치보올과 펀치백, 권투 또는 레슬링용 링

기타 운동용구 및 실외게임용구　설상스키용구, 수상스키·서프 보오드(surf-boards), 세일 보오드(sail boards) 및 기타 수상운동용구, 골프채와 골프용구, 탁구용구, 테니스·배드민턴 라켓, 테니스공·축구공·럭비공, 수구·야구 및 밸브식의 공, 크리켓공, 아이스와 롤러스케이트, 하키·크리켓·라크로스용의 스틱과 배트, 아이스하키용 퍽, 각종 게임용 네트, 펜싱용구, 어린이 놀이터용 용구(그네, 미끄럼틀, 시소, 회전그네 등), 운동용과 게임용의 보호용구, 스케이트 보드, 크로우케이용 방망이, 부메랑(boomerangs), 클레이 표적과 표적 투사기, 봅슬레이와 터보건

(7) 낚시용구(제9507호)

각종의 낚시바늘, 물고기망, 낚싯대와 낚시용구가 분류된다.

예: 릴과 릴부착구, 인조미끼, 스피닝베이트(spinning bait), 낚싯대의 낚싯줄과 캐스트, 낚시찌, 낚싯줄 감는 틀, 자동어자기구, 낚싯대에 부착된 낚시용 링, 추와 낚시대 부착용의 종

(8) 흥행장 용품과 순회관람용 용품(제9508호)

흥행장, 순회서비스, 순회동물원 및 순회극장 용구는 제9508호에 분류된다. 이 호에는 정상적인 본질적으로 흥행에 필요한 일련의 물품으로 구성되어 있는 것이 분류되며, 흥행상의 보조적인 물품(예: 천막, 동물, 악기, 조명구, 전동기, 좌석 등)일지라도 흥행에 본질적으로 필요한 물품과 같이 제시되고 각종 흥행용구를 구성하는 것도 포함된다. 또한 흥행용구에 명백히 전용 또는 주로 사용되도록 설계제작된 부분품과 부속품(예: 그네 등)은 분리 제시되더라도 이 호에 분류된다.

예: 회전목마, 『dodgem』 car 설비, water chutes, 소형 유람철도와 활주대, 그네형 보트, 표적용구와 coconut shies, 미로장치, 기형 쇼(freak shows), 행운의 바퀴 등

제96류 잡 품

1. 개 요

제96류에는 성형용 또는 조각용 재료와 이들 제품, 비와 브러시, 체, 방물류, 필기구와 화구류, 사무용품과 흡연용품 및 화장용품 및 관세율표의 다른 호에 분류되지 않는 각종 물품이 분류된다.

2. 분류구조

잡품류는 9개의 범주으로 구분하고 18개의 호(제9601호 내지 제9618호)에 분류한다.

1) 성형용·조각용의 재료와 제품(제9601호·제9602호): 동·식물성 및 광물성 재료와 이들 성형품 또는 조각품, 산호, 자개, 젤라틴캡슐, 호박과 해포석의 가공품 등

2) 비와 브러시, 기계식 바닥청소기 및 체(제9603호·제9604호): 칫솔, 먼지털이, 페인트용 패드 포함

3) 개인용 여행세트 및 방물류(제9605호 내지 제9607호): 화장용, 바느질용 및 신발·의류 청소용 세트, 단추와 단추의 블랭크, 파스너 등

4) 필기류와 화구류(제9608호 내지 제9610호): 연필, 볼펜과 만년필, 크레용, 파스텔, 목탄과 초크 등 석판, 보드

5) 특정 사무용품(제9611호·제9612호): 수동식의 일부인, 스탬프, 콤포징스틱, 타자기용 리본, 잉크패드

6) 흡연용구(제9613호·제9614호): 각종 라이터, 끽연파이프와 시가홀더

7) 특정 신변용품과 화장용품(제9615호·제9616호): 빗, 슬라이드, 핀, 머리핀 등, 향장품용 분무기, 화장용 분첩과 패드

8) 특정 가정용품(제9617호): 보온병과 진공용기

9) 마네킹과 전시용품(제9618호): 쇼윈도용의 마네킹과 모델용 인형, 동작하는 전시용품

3. 분류원칙

제목	규정내용	비고
동·식물성 조각용 재료의 범위	2. 제9602호에서 『식물성 또는 광물성의 조각용 재료』라 함은 다음 물품을 말한다. 가. 조각용으로 사용하는 견과·근경·껍질·너트와 이와 유사한 식물성재료(예: 상아야자와 도움) 나. 호박·해포석, 응결한 호박과 응결한 해포석, 흑옥 및 광물성의 흑옥 대용품	제96류 류주2
묶거나 술 모양의 정돈물품	3. 제9603호에서 『비 또는 브러시의 제조용으로 묶었거나 술모양으로 정돈된 물품』이라 함은 수모·식물성 섬유 또는 기타의 재료를 묶었거나 술모양으로 정돈한 것으로서 소량으로 나누지 아니하고 바로 비 또는 브러시가 될 수 있는 것 또는 선단에 트리밍과 같은 세(細)가공만을 필요로 하는 상태의 물품을 말한다.	제96류 류주3
진주, 귀석과 반귀석 및 귀금속 물품의 분류	4. 제9601호 내지 제9606호 또는 제9615호를 제외한 이 류의 물품은 그 전부 또는 일부가 귀금속 또는 귀금속을 입힌 금속·천연 또는 양식진주·귀석 또는 반귀석(천연·합성 또는 재생의 것)을 사용하여 만든 것인지의 여부를 불문하고 제96류에 분류된다. 다만, 제9601호 내지 제9606호 및 제9615호에는 천연 또는 양식진주·귀석 또는 반귀석(천연·합성 또는 재생의 것)·귀금속 또는 귀금속을 입힌 금속을 단지 미소한 부분에 사용하여 만든 물품을 포함한다.	제96류 류주4

4. 제외 물품

① 화장용 연필(제33류)

② 모조 신변장식용품(제7117호)

③ 제82류의 칼붙이 등의 자루가 조각재료로 만든 것

④ 범용성 부분품(제39류·제15부)

⑤ 안경테, 제도용 펜(제90류)

⑥ 시계 케이스 등, 악기, 총기 등 무기(제91류·제92류·제93류). 가구, 램프와 조명기구(제94류의 물품), 완구, 유희용구 및 운동용구(제95류) 및 예술품, 수집품 또는 골동품(제97류)

5. 해 설

(1) 진주, 귀금속, 귀석과 반귀석으로 만든 물품의 분류

잡품(제9601호~제9606호 또는 제9615호를 제외한 제96류의 물품)은 전부·일부가 귀금속 또는 귀금속을 입힌 금속, 천연·양식진주, 귀석 또는 반귀석(천연·합성 또는 재생)을 사용하여 만든 것인지의 여부를 불문하고 제96류에 분류된다. 다만, 제9601호 내지 제9606호 및 제9615호에는 천연 또는 양식진주·귀석 또는 반귀석(천연·합성 또는 재생의 것)·귀금속 또는 귀금속을 입힌 금속을 단지 미소한 부분에 사용하여 만든 물품을 포함한다.

(2) 동·식물성 및 광물성의 조각용 재료와 이들 제품(제9601호·제9602호)

동물성의 조각용 재료 및 그 제품(성형품 포함)(제9601호) 가공한 아이보리·뼈·귀갑·뿔·가지진 뿔·산호·자개

가공한 식물성 또는 광물성의 조각용 재료와 이들 제품, 성형품 또는 조각품(제9602호) 왁스·스테아린·천연수지 또는 모델링 페이스트제의 것

타호에 분류되지 않는 기타 성형품 또는 조각품(제9602호)

가공한 비경화젤라틴과 이들 제품(제9602호)

위『식물성 또는 광물성의 조각용 재료』라 함은 다음 물품을 말한다.

① 조각용으로 사용하는 견과·근경·껍질·너트와 이와 유사 식물성재료
예: 상아야자(corozo)와 도움(dom)

② 호박·해포석, 응결한 호박과 응결한 해포석, 혹옥 및 광물성의 혹옥 대용품

(3) 비·브러시·수동기계식 바닥청소기·모프와 깃 먼지털이, 비와 브러시제조용 정돈된 물품, 페인트용 패드와 롤러 및 스퀴지(제9603호)

비와 브러시 주로 지면 또는 바닥을 쓰는 데 사용된다. 가벼운 파리채도 포함한다.

예: 비와 브러시, 칫솔, 면도용 브러시, 헤어브러시, 네일브러시, 화장용 브러시, 회화용·필기용·화장용 붓, 페인트용·디스템퍼용·와니쉬용 브러시, 페인트용의 패드와 롤러, 소형 사무용 브러시, 관용 브러시, 담배파이프 클리너, 무기소제용 브러시

수동기계식 바닥청소기(무모터)

모프(mop)**와 깃 먼지털이**(feather duster) 모프는 자루가 달린 걸레를 말한다. 깃 먼지털이는 자루에 깃털의 다발로 구성되며, 먼지털이에 사용된다

페인트용의 패드와 롤러 및 스퀴지(squeegee) 페인트용 롤러는 재료로 씌운 롤러에 손잡이를 부착한 것이다. 스퀴지는 플라스틱. 고무 또는 펠트의 스트립을 목재·금속의 사이에 부착한 것으로 표면을 쓰는 데에 사용된다.

비 또는 브러시용으로 묶거나 술모양의 정돈된 물품 수모·식물성섬유 또는 기타 재료를 묶었거나 술모양으로 정돈한 것으로서 소량으로 나누지 않고 바로 비 또는 브러시가 될 수 있거나 또는 선단에 트리밍과 같은 세(細)가공만을 필요로 하는 상태의 물품을 말한다.

(4) 수동식의 체 및 어레미(제9604호)

수동식의 체란 망 재료를 직사각형이나 원형의 틀에 부착하여 만든 물품을 말하며 입자의 크기에 따라 고형물질을 분리하는 데 사용된다. 망재료는 마모·인조필라멘트·견사·강선·철선 또는 황동선 등을 사용한다.

예: 수동식 체와 어레미, 볼팅클로드제 체, 가정용 체, 실험실용 체, 귀석·반귀석 선별용 체

(5) 개인용 여행세트(제9605호)

관세율표에서 각각 다른 물품이나 동일 호의 다른 물품으로 구성되는 화장용·바느질용·신발 또는 의류 청소용의 여행세트를 말한다. 이들 내용은 다음과 같다.

화장용 세트(toilet sets) 박스·브러시·빗·구두주걱·가위·족집게·손톱 다듬는 줄·거울·면도날 홀더 및 매니큐어 기구

바느질용 키트(sewing kits) 케이스로 제시되는 가위, 측정용 테이프, 바늘실패·재봉용의 바늘과 실·안전핀·후크·골무·단추 및 프레스 스터드(press-studs)로 구성된 것

신발소제 키트(shoe-cleaning kits) 케이스로 제시되는 브러시·구두약 통 또는 관 및 직물제의 천으로 구성된 것

[세트 또는 키트의 분류]

품명	물품내용	분류
·편물 직물제 세트	-1편의 직물과 사를 갖는 세트·소매용 포장 물품, -태피스트리, 자수한 테이블보 또는 서비에트용으로 직물과 실로 구성된 세트	제63류
·매니큐어 세트	매니큐어와 페디큐어 세트 및 용구(손톱줄 포함)	제8214호
·화장용 세트	박스·브러시·빗·구두주걱·가위·족집게·손톱 다듬는 줄·거울·면도날 홀더 및 매니큐어 기구	제9605호
·바느질용 키트	케이스로 제시되는 가위, 측정용 테이프, 바늘실패·재봉용의 바늘과 실·안전핀·후크·골무·단추 및 프레스스터드로 구성된 것	제9605호
·신발소제키트	케이스로 제시되는 브러시·구두약 통 또는 관 및 직물제의 천으로 구성된 것	제9605호

(6) 단추와 단추블랭크(제9606호·제9607호)

단추(제9606호) 단추·프레스파스너·스냅파스너와 프레스스터드(pressstuds)

단추 블랭크(제9606호) 단추 블랭크는 다음 물품을 말한다.

① 성형한 단추이나 사용할 수 없는 반제 단추: 보통 다듬고 구멍 뚫고 연마공정이 필요한 것

② 톱(top)과 베이스의 2개 부분품으로 구성, 양쪽이 꼭 맞게 만든 형상의 스탬프 금속블랭크

③ 단추 제조용이 명백한 자개·코로조·목재 등으로 된 반제 블랭크

슬라이드 파스너(제9607호) 주로 방직용 섬유 재료의 2개의 대로 구성되며 각 대의 일단에 스쿠프(금속·플라스틱제 등)가 부착되어 있으며 서로 맞물리도록 되어 있다.

슬라이드 파스너의 부분품(제9607호) 체인 스쿠프(chain scoops)·슬라이더 또는 활주부·지구·체인 스쿠프가 부착된 각종 길이의 좁은 대

[각종 필기용품의 분류]

품명	분류
· 만년필용의 잉크 카트리지	제3215호
· 화장용 연필	제3304호 · 제3307호
· 볼펜용의 강철 볼	제7326호 · 제8482호
· 제도용 펜	제9017호
· 당구용 초크	제9504호
· 볼펜 · 펜과 마커, 만년필	제9608호
· 연필 · 크레용 · 연필심 · 파스텔 · 도화용 목탄	제9609호
· 연필용 심(제9609호)	제9609호

(7) 마네킹 및 쇼윈도 장식용의 동작 전시용품(제9618호)

여기에는 인간 또는 동물 모양의 동작하는 물품에서부터 상품의 진열이나 선전에 사용하는 자동장치에 이르기까지 분류된다. 이들 물품은 상품의 성질이나 선전목적에 따라 여러 형상으로 설계 제작된다. 그러나 전시용으로만 설계 제작된 장치나 모형(제9028호), 인형과 완구(제95류)는 다른 류에 분류된다.

예: 양복점과 양장점용 마네킹인형, 모델용 인형, 자동 인형, 쇼윈도 장식용 동작 전시용품

[모형, 인형, 전시물품의 분류]

품명 · 물품내용	분류
· 전시용으로만 설계제작된 장치 또는 모형	제9028호
· 인형 및 완구	제95류
· 마네킹 및 쇼윈도 장식용의 동작 전시용품	제9618호
· 수집품과 표본: 동물 박제, 식물표본, 광물표본과 화석 표본 등	제9706호

[용어]

용어	주요 내용	비고
가공 (worked)	제9601호, 제9602호에서 가공이란 당해 원재료의 호에서 인정하는 간단한 제조 이상의 공정을 거친 것을 말한다(제0505호～제0508호 해설 참조). 그러므로 제96류에는 아이보리, 뼈, 귀갑, 뿔, 가지진 뿔, 산호, 자개 등으로서 시트, 판, 봉 등의 형상, 일정한 형상으로 절단한 것(정·직사각형 포함), 또는 연마, 그라인딩, 드릴링, 밀링, 터닝 등의 가공한 것을 포함한다. 다만, 부분품은 제외한다.	해설

제20부 출제문제 및 연습문제

출제문제

[50점 문항]

[10점 문항]

1. 다음 물품들이 분류되는 해당 류 번호를 쓰시오. [2001년]
   ① 인조꿀, ② 인조섬유제의 가발, ③ 페로얼로이, ④ 건조한 고추류, ⑤ 목재와 흑연으로 만든 연필
2. 다음 물품이 해당하는 관세율표상의 류(chapter)를 쓰시오. [2002년]
   ① 건조한 인삼, ② 천연 다이아몬드, ③ 가정형 세탁기, ④ 보청기, ⑤ 플라스틱제 마네킹
3. 조립식 건축물의 HS 품목분류에 대하여 설명하시오. [2005년]

연습문제

[50점 문항]

[10점 문항]

1. 관세율표의 제94류에서 가구라 함은?
2. 이발용 의자와 치과용의자의 분류에 관하여 논하시오.
3. 조립식 건축물이란?
4. 제96류 잡품에서 개인용 여행세트라 함은?
5. 제96류의 잡품에서 조각용의 식물성 재료와 광물성 재료의 예를 드시오(각 3종 이상).

문제풀이

1. 관세율표상 가구란?

제94류에서 가구(furniture)라 함은 가동성의 물품으로서, 바닥 또는 지면에 놓도록 만든 본질적인 특성을 갖고, 주로 실용목적에 사용되는 것으로서 주택, 호텔, 극장, 영화관, 사무실, 교회, 학교, 카페, 식당, 실험실, 병원 등 또는 선박, 항공기, 객차, 자동차 또는 이와 유사한 운송수단에 설치되어 있는 것을 말한다. 또한 제94류의 가구에는 선박용 의자와 같이 바닥에 고정시키도록 만든 것일지라도 가동성의 가구로 간주하고, 정원, 광장, 산책길 등에 사용되는 이와 유사 의자(seat, chair 등)도 포함된다.

이들 가구(제9401호~제9403호)에는 다음에서 규정한 물품이 분류된다.

① 찬장, 책장, 기타의 선반이 달린 가구 및 유니트가구로서 여러 물체 또는 물품을 붙들기 위하여 벽에 매달거나 붙이도록 한 것, 또는 다른 물품 위에 놓도록 설계 제작된 것과 별도로 제시되는 단일가구의 물품

② 벽에 매달거나 붙이도록 설계 제작한 의자 또는 침대

2. 조립식 건축물을 설명하라.

－조립식 건축물이라 함은 공장에서 완성한 건축물 또는 현장에서 조립할 수 있는 요소를 갖추어 동시에 제공되는 가옥·작업현장의 숙박시설·사무실·학교·상점·창고·차고 또는 이와 기타 유사한 건물 등의 건축물을 말한다.

－조립식 건축물은 다음과 같이 분류한다.

① 완전한 건축물로서 조립되었거나, 미조립 상태의 것은 제94류(제9406호)에 분류한다.

② 조립 여부를 불문하고 불완전한 건축물로서 완전한 건축물의 주요한 특성을 가진 것은 제94류(제9406호)에 분류한다.

③ 불완전한 건축물로서 완전한 건축물의 주요한 특성을 갖추지 못한 것은 재질에 따라 각각 해당하는 호에 분류된다.

3. 제20부의 잡품에서 개인용 여행세트는 어떤 물품을 말하나?

관세율표에서 각각 다른 물품이나 동일 호의 다른 물품으로 구성되는 화장용·바느질용·신발 또는 의류 청소용의 여행세트를 말하며 제96류(제9605호)에 분류한다.

① 화장용 세트(toilet sets): 박스·브러시·빗·구두주걱·가위·족집게·손톱 다듬는

줄·거울·면도날 홀더 및 매니큐어 기구

② 바느질용 키트(sewing kits): 케이스로 제시되는 가위, 측정용 테이프, 바늘실패·재봉용의 바늘과 실·안전핀·후크·골무·단추 및 프레스스터드로 구성된 것

③ 신발소제 키트(shoe-cleaning kits): 케이스로 제시되는 브러시·구두약 통 또는 관 및 직물제의 천으로 구성된 것

제21부 예술품·수집품과 골동품

1. 개 설

제21부는 관세율표의 마지막 부로서 예술품, 수집품 및 골동품이 분류된다.

2. 류별 구성

제21부는 다른 부와는 달리 부주가 없고, 제97류의 1개의 류만으로 되어 있으며 부와 류의 표제는 동일하다.

[류별 표제]

제97류 예술품·수집품과 골동품

제97류 예술품·수집품과 골동품

1. 개 요

제97류에는 주로 특정 예술품과 수집품 및 골동품이 분류된다. 특정 예술품에는 회화, 뎃상과 파스텔, 오리지널 판화, 인쇄화와 석판화, 오리지널의 조각과 조상 등이 있다. 수집품은 동물학·식물학·광물학·고고학·인종학 등에 관한 수집품과 표본을 말하며 골동품은 제작 후 100년을 경과한 물품을 말한다. 또한 이 류에는 이미 사용하거나 해당국에서 사용할 수 없는 수입인지·스탬프·우표와 우편엽서 등이 포함된다.

2. 분류구조

예술품, 수집품과 표본 및 골동품 등은 3개 범주로 구분하고 6개의 호(제9701호 내지 제9706호)에 분류한다.

1) 특정 예술품(제9701호 내지 제9703호)

① 육필의 회화, 뎃상 및 파스텔과 콜라주와 이와 유사 장식용 판(제9701호)

② 오리지널 판화, 인쇄화 및 석판화(제9702호)

③ 오리지널 조각 및 조상(제9703호).

2) 수집품과 표본

① 사용한 우표, 수입인지 기타 이와 유사한 스탬프, 우편엽서(제9704호)

② 동물학·식물학·광물학·해부학·사학·고고학·인류학 또는 고전학에 관한 수집품과 표본(제9705호)

3) 골동품(제9706호): 제작 후 100년이 초과한 것

예: 고대가구, 악보·지도·고서 등 인쇄물, 꽃병 등 도자제품, 귀금속 세공품, 악기, 시계 등

3. 분류원칙

제목	규정내용	비고
오리지널 판화·인쇄화와 석판화	2. 제9702호에서 『오리지널 판화·인쇄화와 석판화』라 함은 한 개 또는 수 개의 원판에 예술가의 손으로 직접 제작한 흑백 또는 원색의 판화를 말하며, 이의 제작공정 및 재질 여부는 불문한다. 다만, 기계적 방법 또는 사진제판법에 의한 것은 포함하지 아니한다.	제97류 류주2
조각과 조상의 분류범위	3. 제9703호는 비록 예술가가 디자인했거나 또는 창작했다 하더라도 대량생산에 의한 복제품 또는 상업적 성격을 지닌 판에 박힌 기교에 의한 작품은 분류하지 아니한다.	제97류 류주3
우선분류 및 골동품의 분류규정	4. 가. 제97류 및 관세율표의 다른 류에 동시에 분류될 수 있는 물품은 주1 내지 주3의 규정에서 정한 경우를 제외하고는 전부 이 류에 분류된다. 나. 제9706호는 제97류의 다른 호에 분류되는 물품에 대하여는 적용하지 아니한다.	제97류 류주4

틀의 분류규정	5. 회화·뎃상·파스텔·콜라주 또는 이와 유사한 장식판·판화·인쇄화 및 석판화 등의 틀은 이들 작품과 같이 분류한다(이들의 틀은 상기물품에 비추어 가격이나 종류면에 있어서 적정하여야 한다). 이 주에서 언급된 작품에 비하여 가격이나 종류면에 있어서 적정하지 아니한 틀은 별도로 분류된다.	제97류 류주5

4. 제외 물품

① 사용하지 않은 우표·수입인지·우편엽서 또는 기타 이와 유사한 것(제4907호)

② 극장용·스튜디오용의 배경막 또는 이와 유사한 것에 그림을 그린 직물류(제5907호). 다만, 제9706호에 분류되는 것을 제외한다.

③ 천연 또는 양식진주, 귀석 또는 반귀석(제7101호～제7103호)

5. 해　　설

(1) 예술품, 우표, 표본 및 골동품의 분류(제97류)

구 분	품 명	호
예술품	육필: 회화, 뎃상, 파스텔	제9701호
	콜라주와 이와 유사 장식판	제9702호
	오리지널 판화·인쇄화, 석판화	제9703호
	오리지널 조각과 조상	제9704호
우표·우편엽서	사용·미사용한 우표·수입인지·우편요금별납증지, 초일봉투, 우편엽서	제9705호
표본	수집품과 표본	제9706호
골동품	골동품	제9707호

(2) 예술품·수집품과 골동품(제97류)의 분류원칙

① 제97류(예술품, 수집품과 골동품)와 관세율표의 다른 류에 동시에 분류되는 물품은 제97류에 분류한다. 다만, 제97류에서 제외 물품 및 기계적, 사진제판법 및

대량생산한 예술품은 제외한다.

② 골동품(제9706호)에는 제97류의 다른 호에 분류되는 물품에 대하여는 적용하지 아니한다.

(3) 특정 예술품(제9701호 내지 제9704호)

제97류에서 특정한 예슐품은 육필로 그린 회화, 뎃상 및 파스텔, 콜라주 및 이와 유사한 장식판, 오리지널 판화, 인쇄화, 석판화, 오리지널 조각 및 조상을 말한다.

육필한 회화·뎃상과 파스텔(제9701호) 육필한 유화·템페라(tempera)화·아크릴화·수채화·과시(gouache) 수채화·파스텔화·축소화·투사화·연필화·목탄 또는 펜화 등

콜라주(collage)**와 이와 유사 장식판**(제9701호) 각종 동물·식물 또는 기타 재료의 조각으로 구성되고 그림 또는 장식용 디자인 또는 모티프를 형성하기 위해 조립하여 목재, 지 또는 섬유재료 위에 접착시키거나 부착시킨 것이다.

오리지널 판화·인쇄화 및 석판화(제9702호) 한 개 또는 수 개의 원판에 예술가의 손으로 직접 제작한 흑백 또는 원색의 판화를 말하며 제작공정과 재질 여부는 불문하나 기계적 방법 또는 사진제판법에 의한 것은 포함하지 아니한다.

오리지널 조각과 조상(제9703호) 환조·부조 또는 음각된 것도 있으며 건축용으로 부조한 것도 포함된다. 비록 예술가가 디자인했거나 또는 창작했다 하더라도 대량생산에 의한 복제품 또는 상업적 성격을 지닌 판에 박힌 기교에 의한 작품은 분류하지 아니한다.

[분류규정]

① 오리지널 조각과 조상의 범위: 조각가가 만든 원작뿐만 아니라, 이를 기초로 하여 조각가 자신이나 다른 예술가가 만든 카피와 복제품도 포함된다. 이러한 복제품의 총개수가 12개를 넘는 것은 드물다. 그러나 상품으로 성격을 갖는 장식용 조각, 개인 장신구와 상업적 성격을 갖는 판에 박힌 기교에 의한 장신구·종교적인 상 등은 제외된다. 대량생산품으로 신변장식용품은 제7116호·제7117호에 분류하고, 이외는 구성 재료에 따라 목재는 제4420호, 석제는 제6802호·제6815호, 도자제는 제6913호, 비금속제는 제8306호 등에 분류된다.

② 틀의 분류: 회화·뎃상·파스텔·콜라주 또는 이와 유사 장식판·판화·인쇄화 및 석판화 등의 틀은 이들 작품과 같이 분류한다. 이때 틀이 물품에 비추어 가격

이나 종류 면에 있어서 적정하여야 하며 작품에 비하여 가격이나 종류 면에서 적정하지 아니한 틀은 별도로 분류된다.

(4) 사용한 우표(제9704호)

일반적으로 우표는 우편물 배달료에 대한 선불로 사용되나 어떤 국가에서는 수입인지로 사용되기도 한다. 우표의 특성은 특정당국에 의하여 발행되며, 물품의 물리적 가치보다 신용상의 가치를 더욱 갖는 것이다. 이 호에는 개개의 스탬프·일부인이 찍힌 코너·완전 시트의 대량 또는 수집품으로 제시되기도 한다.

[분류규정]

① 미사용 우표(unused postage)로서 해당국에서 통용 또는 신규로 발행되는 것으로서 액면가를 갖거나 가질 예정인 우표는 제4907호에 분류되고

② 사용된 우표(used postage) 및 미사용 우표로서 당해 국에서 적용되지 아니하거나 발행되지 아니한 우표는 제9704호에 분류된다.

(5) 수집품과 표본(제9705호)

수집품과 표본은 실질적인 가치는 적으나 희소성, 집합 또는 전시의 관점에서 흥미를 돋울 수 있는 것으로 제9705호에 분류된다. 다음이 분류된다.

동·식물학·광물학 또는 해부학상의 수집품과 표본 동물 사체를 건조 또는 액체에 보존한 것, 동물 박제, 곤충표본, 패각류 표본, 식물표본, 광물표본과 화석 표본, 해부학상·병리학상 표본

사학·고고학상의 수집품과 표본 미이라, 무기, 숭배물, 의류, 지질학적 표본

고전 수집품과 표본 수집품, 경화와 메달

(6) 골동품(제9706호)

골동품은 연대 및 일반적 결과로 생기는 희소가치로부터 유래된 것으로서 제작 후 100년을 초과한 물품을 제9706호의 골동품에 분류한다. 골동품에는 골동품의 특징을 유지하는 수선하거나 복원된 것도 포함된다. 그러나 골동품에는 100년을 경과한 물품일지라도 특히 천연 또는 양식진주·귀석 또는 반귀석(제71류)은 다른 류에 분류되며, 특정

예술품, 수집품, 수집품과 표본(제9701호~제9705호)은 제외된다.

예: 고가구, 인쇄물(고판본, 책, 악보, 지도 등), 꽃병 및 도자제품, 방직용 섬유제품(양탄자, 태피스트리, 자수포, 레이스 기타 직물류), 신변장식용품, 금은세공품(물병, 컵, 촛대, 접시 등), 착색된 유리창문 및 유리제 소형장식용품(상자, 담배상자, 풍물함 등), 악기, 시계, 보석가공사의 제품(cames, carved stones)과 도장 등

[화폐, 경화, 메달의 분류]

경화·메달	분류
·어떤 사건이나 기념·축하·설명 또는 묘사하기 위해 상업적으로 제작한 물품	보통 제71류
·신변장식용품에 부착된 경화와 메달	제71류·제9706호
·발행국에서 통화로 되는 화폐(일반적 판매용 선물케이스에 들어 있는 것)	제7118호
·재용해용에 적합한 스크랩과 웨이스트	제15부 금속별
·고전수집품과 표본: 경화와 메달	제9706호

제98류(유보)

제99류(유보)

제21부 출제문제 및 연습문제

출제문제

[50점 문항]

[10점 문항]

1. 관세율표 제4012호, 제6309호 및 제9704호의 공통점을 설명하시오. [2001년]

연습문제

[50점 문항]

1. 관세율표상 예술품, 수집품 및 골동품에 대한 분류체계와 분류원칙을 서술하시오.

[10점 문항]

1. 오리지널 판화, 인쇄화 및 석판화란?
2. 제97류의 예술품으로 인정되는 기준에 대하여 설명하시오.
3. 예술품과 복제품의 구분은?
4. 사용한 우표의 품목분류를 서술하시오.
5. 관세율표상 골동품이란?
6. 100년 이상된 물품으로 골동품(제97류)으로 분류할 수 없는 물품을 드시오(5종 이상).
7. 수집품과 골동품을 구분하여 설명하시오.

문제풀이

1. 오리지널 판화·인쇄화 및 석판화라 함은?

   오리지널 판화·인쇄화 및 석판화(제9702호)라 함은 한 개 또는 수 개의 원판에 예술가의 손으로 직접 제작한 흑백 또는 원색의 판화를 말한다. 이 호에는 제작공정과 재질 여부는 불문하나 기계적 방법 또는 사진제판법에 의한 것은 포함하지 아니한다.

2. 우표의 분류에 대하여 서술하시오.

   우표는 다음과 같이 분류한다.

   - 미사용 우표(unused postage)는 해당국에서 통용 또는 신규로 발행되는 것으로서 액면가를 갖거나 가질 예정인 우표는 제4907호에 분류된다.
   - 사용된 우표(used postage) 및 미사용 우표로서 당해 국에서 적용되지 아니하거나 발행되지 아니한 우표는 제9704호에 분류된다. 또한 이 호에는 개개의 스탬프·일부인이 찍힌 코너·완전 시트의 대량 또는 수집품으로 제시되기도 한다.

3. 골동품을 설명하고 골동품에 분류할 수 없는 물품을 쓰시오.

   골동품은 연대 및 일반적 결과로 생기는 희소가치로부터 유래된 것으로서 제작 후 100년을 초과한 물품을 말하며, 제9706호에 분류한다. 골동품에는 골동품의 특징을 유지하는 수선하거나 복원된 것도 포함된다.

   그러나 골동품에는 100년을 경과한 물품일지라도 특히 천연 또는 양식진주·귀석 또는 반귀석(제71류)은 다른 류에 분류되며, 특정 예술품, 수집품, 수집품과 표본(제9701호~제9705호)은 제외된다.

   예: 고가구, 인쇄물, 꽃병 및 도자제품, 양탄자, 태피스트리, 자수포, 레이스 기타 직물류, 신변장식용품, 금은세공품, 유리제 소형장식용품, 악기, 시계, 보석가공사의 제품과 도장

일반상품학

학습지침

상품학은 상업의 객체인 상품을 연구대상으로 하는 학문으로서, 일반적으로 일반상품학과 특수상품학으로 구분되고 있으며, 제 1 · 2 편에서 특수상품학의 한 분야인 관세율표(일명 HS 품목표)를 기술하였는데, 이 HS · 관세율표의 상품분류 특징은 자연과학적인 측면에서 분류를 원칙으로 한 것이다.

본 단원에서는 상품을 사회과학적 측면에서 연구한 일반상품학이 기술되었는데, 일반상품학은 상품학 총론으로서 이론적 연구를 주로 하는 이론과학적 상품학이며, 또한 이론적 측면 외에 역사적인 연구와 정책적인 연구도 포함하는 상품학으로 간주된다.

관세사 시험은 1976년에 시작된 이래 2008년 25회까지 치루어졌으며, 1989년(제 9 회)까지 관세율표에서만 100% 출제되었다. 그러나 관세사 시험 2차 과목 중 하나인 『관세율표 및 상품학』은 수험생들이 공부하기가 가장 힘들고, 실제로 과락이 가장 많이 나오는 과목으로서 관세사시험 위원회는 수험생들에게 득점기회(?)를 주기 위해서 일반상품학을 1991년(제10회)부터 2000년(제17회)까지 거의 30%(10점짜리 3문제) 출제되었고 2001년(제18회)부터 2003년(제20회)까지는 10%(10점짜리 1문제) 출제되었다.

그러나 일반상품학도 1991년 이래 약 18년 가까이 출제된 결과 비중 있고 중요한 문제들은 거의 출제되었기 때문에, 향후 시험에서 기출제되었던 문제들이 반복 또는 응용하여 출제될 경향이 있고, 저자의 소견으로는 일반상품학 과목은 앞으로 출제비율이 낮아지거나 또는 없어지지 않을까 하는 생각도 조심스럽게 하게 된다. 실제로 2004년(제21회)부터 2008년(제25회)까지 출제가 안되고 있다.

아무쪼록 일반상품학은 분량이 많지 않고, 어려운 내용이 전혀 없으므로 수험생들이 기본적으로 충실히 학습해야 할 단원이다.

제 1 장 상품학의 개요

제 1 절 상품학의 범주

(1) 상품학의 학문적 위치

오늘날 우리의 경제활동은 『한정된 자원 속에서 무한한 욕망충족을 위한 인간의 계획적 활동』이라고 표현되듯이 그러한 경제활동은 욕망 충족의 대상이 되는 상품으로 이루어지고 있다.

인간의 경제활동에 대해 연구하고자 할 경우 사회 전체의 경제, 즉 국민경제에 관한 연구와 동시에 국민경제의 실체적인 경제단위인 개별경제 자체에 관해서도 이해할 필요가 있다. 즉, 사회 전체의 경제를 연구하는 학문으로서 경제학(economics; Volkswirtschaftslehre)이 발달하고 있는 것처럼 개별경제에 대해서도 전문적으로 연구하는 학문이 필요하다. 경영학(business administration; Betriebswirtschaftslehre)은 바로 이러한 필요에서 생겨난 학문이며, 경제학이 국민경제를 연구대상으로 하는 데 반해 경영학은 개별경제를 그 연구대상으로 한다는 점에 그 특징이 있다.

경영학 연구는 경영을 그 대상으로 한다. 한마디로 경영학이라 해도 그 연구대상인 여러 가지 경영유형에 따라서는 경영학 자체의 범주가 크게 달라지게 되어 있다. 이를테면, 오늘날의 경영학 자체가 주로 상품생산을 담당하는 공업경영학에 관한 경영학(공업경영학)과, 주로 상품의 유통(판매)을 전담하는 상업경영에 관한 경영학(상업경영학)으로 나누어지고 있다는 것이 그 한 사례라고 할 수 있다. 이렇게 볼 때 경영학이란 무엇보다도 공업경영학이나 상업경영학과 같은 일체의 『기업경영』의 개별경제적인 활동에 그 주된 연구대상이 두어지는 학문이라 할 만하다. 다시 말해서, 제각기 기업경영에 있어서의 생산활동과 유통활동이 『개별경제적(경영학적)인 관점』에서 파악되는 학문이 바로 경영학이다.

그런데 기업경영의 개별경제적인 활동이란 대부분 인간의 욕구충족을 위한 필수적인 수단으로서 상품을 둘러싸고 전개되는 활동이며, 상품생산과 유통에 관한 활동이 위주가 된다. 따라서 경영학이라는 전체적인 학문체계 가운데에는 관점과 시각의 차이에 따라 상품이라는 기업경영의 대상에 초점을 두는 경영학의 한 분야도 있다. 이러한 학문을 각별히 상품학(Warenlehre)이라 일컫는다.

경 제 학	전체경제를 대상
경 영 학	개별경제를 대상, 즉 『기업경영』의 활동이 주된 대상
상 품 학	경영학의 한 분야로써, 상품이라는 기업경영의 객체(대상)에 초점을 두는 학문

(2) 상품학의 학문적 조류

상품학이란 그 이외 경영학의 여러 분야의 학문과 함께 경영학의 한 분과로서 뚜렷이 인식되어야 한다. 엄밀한 의미에서 상품학은 경영학의 한 분야이지만, 경제학과 경영학은 학문영역상으로 엄연히 경제과학으로 총괄되기 때문에 좀 넓은 의미로는 경제과학(Wirtschaftswissenschaften)의 한 분야라고도 할 수 있다. 보다 넓은 뜻에서 사회과학으로서의 상품학의 학문영역상 위치를 살펴보면 아래 도표와 같다.

[『사회과학 영역』에 있어서의 현대상품학의 위치]

사회과학 → 경제과학 → 경영학 → { 공업경영학 / 상업경영학 } → 상품학

이처럼 상품학은 경영학, 따라서 경제과학의 한 분야이지만, 그 학문적 특질은 개별경제라는 이름의 기업경영에 의해 생산·판매되며, 상품은 『개별경제학적인 측면』에서 파악된다. 그런데 여기서 『개별경제적인 측면』이란 오직 상품의 경영학적 측면, 따라서 공업경영학적이며 상업경영학적인 측면만이 문제가 되어야 한다. 상품의 생산면과 판매면에서 파악되는 상품학을 흔히 『경영학적 상품학』이라 일컫는다. 때로는 넓은 의미로 『경제과학적 상품학』보다 넓은 의미로 『사회과학적 상품학』이라 부르는 경우도 있다.

제 2 절 상품학의 개념과 대상에 따른 분류

(1) 상품학의 개념

상품학이란 상품을 연구대상으로 하는 학문이지만 상품의 연구대상과 연구영역에 따라 상품학의 성격이 달라진다. 이에 따라 상품학은 일반적으로 상품을 주체로 해서 파악하는 자연과학적 상품학과 상품을 객체로서 파악하는 사회과학적 상품학으로 구분되며, 상품의 연구영역에 있어서는 이론적 측면을 대상으로 하는 일반상품학과 각론적 측면을 대상으로 하는 특수상품학으로 나누어진다고 볼 수 있다.

[상품학의 연구대상에 따른 분류]

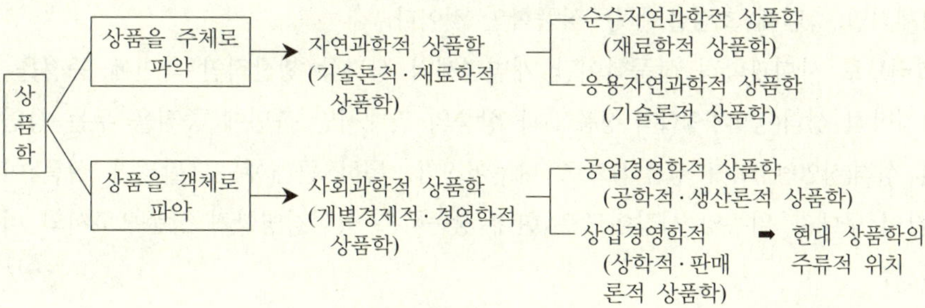

[상품학의 연구영역에 따른 분류]

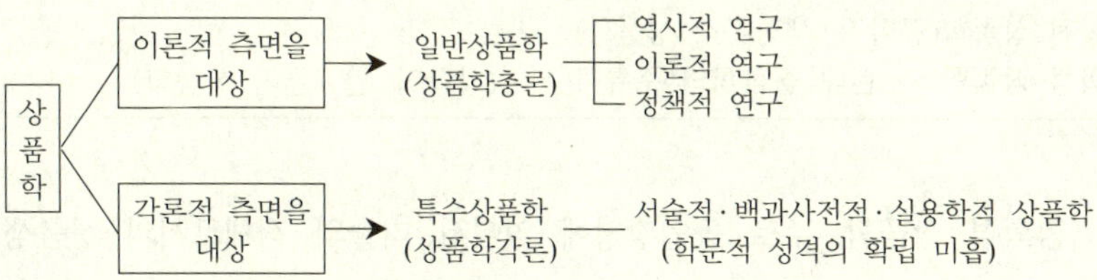

참고: 한의영「상품학 총론」(삼영사, 2002), p. 24.

(2) 상품학의 연구대상에 따른 분류

1) 자연과학적 상품학

상품을 객체로서가 아닌 주체로서 상품을 물질이라는 자연과학적인 관점에서만 파악하는 상품학이다. 그러므로 상품을 구성하는 원재료의 물리적·화학적 특성이나 품질을 중요시하여 상품의 본질적인 특성 및 성분적 요인 등을 자연과학적인 방법에 의하여 감정하고 이러한 품질을 갖는 물질의 생산적인 기술면만을 인식대상으로 추구하는 것으로 18~19세기의 상학적·서술론적 상품학 이후 자연과학적·기술론적 상품학으로 이행되어 왔다.

그러나 자연과학적인 측면만을 파악하는 상품학은 사회과학적인 관점에서의 실증없이는 완전한 상품학의 연구라고는 할 수 없는 것이다.

2) 사회과학적 상품학

상품학이 경영학의 일분과학으로 인식됨에 따라 경영학이 속하는 경제과학, 더 나아가서는 경제과학이 속하는 사회과학의 범주에 포함되므로 광의로는 사회과학적 상품학이라 할 수 있으며 학문적인 특질은 개별경제적인 기업경영에 의해 생산, 판매되는 개별경제적인 측면에 초점을 두는 상품학인 것이다.

그러므로 사회과학적 상품학이란 개별경제의 성격상 생산적인 측면에 중점을 두는 공업경영학적 성격(공업경영학적 상품학)과 상품의 판매적인 측면에 중점을 두는 상업경영학적인 성격(상업경영학적 상품학)으로 나누어진다. 특히 근래에는 『팔려야 상품』이라는 말과 같이 구매자 위주의 시장이므로 현대 상품학은 상업경영학적 상품으로서의 비중이 크다.

[사회과학적 상품학]

┌ 공업경영학적 상품학(공학적·생산론적 상품학)
└ 상업경영학적 상품학 → 현대 상품학의 주류적 위치(상학적·판매론적 상품학)

① 공업경영학적 상품학: 주로 공업경영에 있어서 기술의 객체로서의 상품생산적 측면을 다루는 생산론적·공학적인 상품학으로 자연과학적인 측면에서 상품을 주체로 파악하는 기술론적 상품학과는 다른 개념의 상품학이다.

② 상업경영학적 상품학: 주로 상업경영에 있어서 유통의 객체로서의 상품판매적 측면을 다루는 상품학을 『상업경영학적 상품학』이라고 한다. 현대는 『마케팅(Marketing) 시대』라고 일컬어지기도 하며, 특히 상품은 궁극적으로는 상업의 객체일 수밖에 없다는 사고방식에 비추어 볼 때 현대상품학의 주류는 오늘날 사회과학적 상품학, 따라서 경영학적 상품학에 놓이게 되며, 그 가운데에서도 핵심은 상업경영학적 상품학에 있다고 말

할 수 있다.

3) 현대상품학의 본질

현대상품학은 사회과학의 일분과학으로서 상업의 객체로서의 『상품을 주로 상업경영이라는 개별경제학(기업적) 측면에서 연구하는 학문이다.』 현대상품학은 어디까지나 경영학의 한 영역이므로 광의로는 공업경영과 상업경영을 포함한 개별경제적 측면, 즉 생산과 판매의 두 가지 측면에서 파악되는 학문이지만 협의로는 주로 상업경영의 측면인 판매적인 측면에서 파악함을 원칙으로 하고 있다.

오늘날의 상품학의 조류는 항상 소비자를 염두에 둔 바탕 위에서 상품을 연구상의 매체(객체)로 파악하고 있음을 의미한다.

현대의 상품학이 현대적이기 위해서는 그 학문적 본질이 상업객체로서의 상품을 매체로 하여 시장경제에 부합되는, 즉 사용가치에 앞서 무엇보다도 교환가치를 중심으로 상품의 전모가 파악되는 데서 찾아야 할 것이다.

4) 현대상품학의 양생적(兩生的) 성격

이론과학적 관점인 경영이론은 이론뿐만 아니라 이를 적용하기 위한 실천적 관점인 관리기술(방법)과 조화를 이루어야 한다. 또한 실천과학적인 관점인 관리기술(방법)은 이론과학적인 관점의 이론에 의존해야 하는 것이 현대경영학의 학문적인 특색이라 할 수 있다. 따라서 오늘날의 경영학은 이론과학의 성격을 갖는 학문임과 동시에 실천과학의 성격을 갖는 양생적인 학문이다. 결국 경영학의 일분과학으로서 현대상품학은 당연히 양생적인 성격을 가질 수밖에 없다. 그러므로 현대상품학은 이론과 실천의 학문이면서도 또한 과학과 기술로서의 양생적 성격을 지닐 수밖에 없으므로 더 나아가 이론과학과 실천과학으로서의 양생적 성격을 갖는 학문이라 할 수 있는 것이다.

(3) 상품학의 연구영역에 따른 분류

1) 일반상품학(상품학 총론)

일반상품학(一般商品學)은 이론적인 측면의 연구를 주로 다루는 영역을 말한다. 경영학 자체가 이론과 실천의 양생적인 학문인바, 현대상품학도 경영학의 일분과학으로서 이론적 측면의 일반상품학과 실천적 측면의 특수상품학으로 양분되는 것이 당연하다 할 것이다.

그러나 이 모든 것은 일반상품학이 어디까지나 순수한 이론만을 다루며, 또 특수상품학이 어디까지나 순수하게 실제만을 다루게 된다는 의미는 결코 아니다. 다만 전자에 있어서는 그 비중이 이론면에 있고, 후자에 있어서는 그 비중이 실제면, 따라서 응용과학적인 면에 있다는 뜻일 따름이다. 따라서 일반상품학이라 하더라도 응용과학적인 측면이, 그리고 특수상품학에 있어서도 이론과학적인 측면이 보다 넓게 다루어져야 할 때와 경우도 있게 된다.

결국 일반상품학 또는 상품학총론(商品學總論)은 모든 상품에 공통되는 총체적인 이론을 주로 경영학적인 관점에서 그야말로 총론적으로 추구하며, 그 추구된 이론을 특수상품학 또는 상품학각론(商品學各論)에서 응용적으로 적용하는 데에 연구영역적 체계의 의의가 있게 된다.

또한 일반상품학은 비단 이론적 연구뿐만 아니라 역사적 연구와 정책적 연구도 그 연구영역으로 포괄하고 있다.

2) 특수상품학(상품학각론)

특수상품학(特殊商品學) 또는 상품학각론(商品學各論)에 있어서는 그것이 곧잘 개별상품학이라도 불리워지는 것처럼, 무엇보다도 개별상품(그 가운데에서도 특히 중요 상품이거나 대표상품)에 관한 개별적인 기술이 중요시된다. 다시 말해서 개별상품의 실제적인 서술면에 비중이 놓여지기 때문에 특수상품학이 종종 『서술적·백과사전적·실용학적』 상품학이라고도 일컬어져 온 이유도 있게 된다. 그러나 이론과학으로서의 일반상품학(상품학총론)과는 다른, 실천과학으로서의 특수상품학(상품학각론)의 학문적 성격이 제대로 확립되지 못하고 있고, 따라서 연구방법도 뚜렷이 부각되지 못하고 있는 것이 현재의 실정이다.

※ 품질론적 상품학

상품을 객체로서가 아니라 오직 주체로서 연구되어야 한다는 상품학의 한 조류로서 학계에서는 시장에서의 교환가치를 무시한 아류적이라 할 수 있다. 이는 상품을 주로 물리적·화학적 성질 측면에서 파악하는 등의 상품을 주체로 파악하는 『자연과학적 상품학』과 일맥상통한다.

품질론적 상품학은 상품의 어느 극소부분에 관한 상품학의 조류라 할 수 있으며 현대상품학을 대표하는 포괄적인 것이라 할 수 없다. 상업의 객체인 상품을 주체로서 파악하는 것으로는 현대상품학의 본질을 찾을 수 없다.

상품가치는 사용가치와 교환가치가 있게 되어 있으나 현대상품학의 그 학문적 본질은 어디까지나 상업객체로서의 상품을 매체로 한 시장경제에 부합하는 사용가치보다도 교환가치를 중심으로 파악되어야 하는 것이다.

제 3 절 상품학사

(1) 고전상품학

1) 아라비아의 고전시대

① 상품학의 최초 · 최고 문헌

· 9～12세기 디메쉬키(아라비아 상인)의 「상업의 미」: 수기형태

2) 이탈리아의 선구적인 문헌

동서간의 중개무역의 발달로 고전상품학의 중심역할

① 1202년: 피사노의 「수기」— 오늘날의 경영학의 최초·최고의 문헌

② 1494년: 파치올리의 「산술, 기하, 비례 및 비율요론」— 최초활자본으로 복식부기에 관한 내용수록

③ 1638년: 페리의 「상인학」— 상인의 필수교본

④ 기　타: 페고로티, 만조니, 코트르글리 등의 문헌

(2) 현대상품학의 발달

1) 사회과학적(경영학적) 상품학

① 1675년: 사바리(프랑스)의 「완전한 상인」— 경영학상 최초 문헌

② 1756년: 루더비치의 「상인대학」— 상인사전 전 5권으로 상품학, 상거래학, 부기학으로 3대 영역으로 구성

③ 1804년: 로이크스의 「상업체계」— 상업학의 체계화

④ 1961년: 경제학 상품학연구소(쾰른대, 쿠젤니크 소장) 상품학 강의 시작

2) 자연과학적 상품학

① 1549년: 보나페데 — 생약학 강의(파두아대학)

② 1777년: 베크만의 「기술학 입문」 발간

③ 1780년: 베크만의 「상품학 서론」— 상품학의 학문적인 체계화(상품의 서술)
④ 1867년: 뷔스너의 「공업현미경학」 창시
⑤ 1873년: 뷔스너의 「식물계원재료」 저술 — 자연과학적 상품연구 체계화 이후 오스트리아학파 생성

(3) 현대상품학

① 1924년: 페쉴의 집합과학론(상품학의 종합과학화 주창)
② 2차 세계대전~1970년: 자연과학적인 관점의 경영학적 상품학
③ 2차 세계대전 후: 헬즐의 상품과학
④ 1970년 후반: 마케팅론적 상품학의 대두(쾰른대의 코펠만)와 발전(오스트리아)
⑤ 1980년: 상품학의 종합과학화(독일)

관세사시험 기출문제

아직 출제된 적이 없음.

예 상 문 제

1. 상품학의 연구대상에 따른 분류를 논하라.
2. 상품학의 연구영역에 따른 분류를 논하라.
3. 사회과학적 상품학이란?
4. 현대상품학의 양생적 성격이란?
5. 품질론적 상품학이란?

제 2 장 상품의 개념과 특성

제 1 절 상품의 개념

상품학이란 인류가 보다 향상된 경제생활을 영위하기 위하여 활용하는 재화를 대상으로 연구하는 자연과학과 사회과학의 종합과학이다.

현대상품학에서 그 연구대상으로서의 상품은 『자연생산물과 기술생산품을 총괄한 상업의 객체로서, 그것은 실체적·가동적·거래적·실질적인 경제재화이다』라고 할 수 있다. 이 때 자연생산물과 기술생산품을 총괄한 상업의 객체라는 표현은 상품의 어의(語意)개념을 의미하며, 실체적·가동적·거래적·실질적인 경제재화라는 표현은 상품의 범위(範圍)개념으로서 상품의 개념은 엄밀히, 이 두 가지로 대별된다. 또한, 상품이란 각종 생산물이 인간에게 욕망을 충족시켜 줄 수 있는 가치를 지닌 시장이 교환매개체로서 유상으로 이동되어 최종소비자의 손에 들어갈 때까지의 과정에 있는 모든 재화를 뜻한다. 그러므로 이러한 재화가 최종소비자의 손에 들어가게 되면 그것은 이미 상품이 아니다.

(1) 상품의 어의(語意)개념

1) 자연생산물(Produce)

자연의 힘으로 생산되는 경제재화(예 농산물, 수산물, 광산물, 축산물 등)를 말한다.

2) 기술생산품(Product)

자연생산물을 원료나 재료로 하여 기술적으로 재생산(가공)된 경제재화(예 석탄이나 석유에서 나이론사를 생산하는 등)을 말한다.

여기에서 『기술적으로』란 농산물재배 등의 초보적 생산이 아닌 화학적, 물리적, 기계적인 변화에 의한 생산기술로 얻어지는 가공생산품이 기술생산품이다.

3) 생　　산

제조라는 유사표현이 있으나 자연생산물의 생산개념이다.

4) 제품(Product)

기술생산품만을 가리키는 대용어이며, 결코 자연생산물을 가리키는 대명사가 아니다. 제품은 기술생산품에 한해서만 사용되어야 할 표현이고, 마치 제품만이 상품이라는 표현(제품＝상품)은 해석상의 문제가 있다.

5) 물품(Commodity)

자연생산물의 물(物)과 생산품의 품(品). 따라서 물품 그 자체, 즉 자연생산물이거나 기술생산품 그 자체는 어디까지나 상품이 아니며(오직 물품일 따름이며), 상업의 객체가 될 때 비로소 『물품＝상품』이 된다고 보아야 옳다. 이 때 물품에 해당되는 영어표현으로는 『Commodity』가 적당한 표현이고, 그것이 상업의 객체가 될 때의 상품은 아무래도 『Merchandise』라는 영어표현이 지극히 합리적이라는 느낌이다. 특히 판매를 주대상으로 하는(즉, 상업이 그 주대상이 되는) 마케팅론에 있어서는 『Merchandise』라는 표현이 거의 압도적으로 쓰여진다.

6) 상품(Merchandise)

물품이 상업의 객체가 된 때. 특히 판매를 주대상으로 하는 마케팅론에서는 Merchandise로 표현된다.

7) 재화(Goods)

상품의 유사개념으로 경제학적 표현이며 경영학적 표현이 아니다. 단, 상품의 보다 광의의 개념이다.

[상품의 어의 개념도]

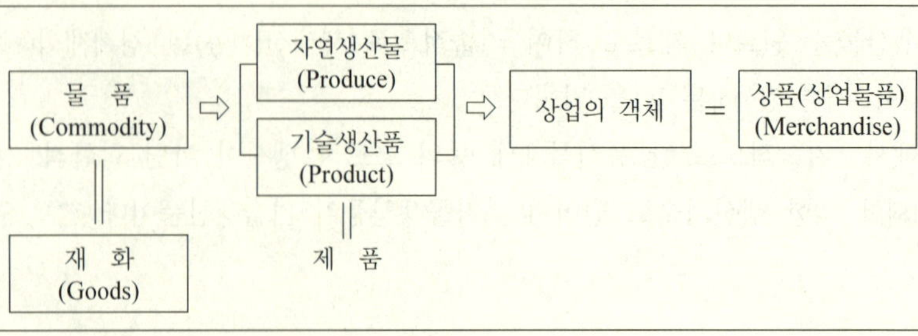

(2) 상품의 범위개념

상품의 어의상은 자연생산물과 기술생산품을 총괄한 상업의 객체로 정의되나, 상품학의 연구대상으로의 상품은 실체적·가동적·거래적·실질적인 경제재화로 그 범위가 한정되며 아래의 그림처럼 현대상품학에서 말하는 상품개념의 범위는 크게 축소된다.

- 재화
  - 경제재화
    - 물적재화 (실체적)
      - 가동적
        - 비거래적(자기수요충족 물품)
        - 일반교환수단(화폐)
        - 거래적
          - 관념적(예 유가증권, 권리, 골동품)
          - 실질적 — 상 품
      - 비가동적 (예 토지, 가옥)
    - 용역재화 (서비스)
  - 자유재화

[실질적 재화와 관념적 재화]

실질적으로 엄연히 거래되고 있음에도 상품범위에서 제외되고 있는 기술생산품이 있으니 바로 화폐가 그것이다. 화폐는 어디까지나 일반 교환수단이지 상품은 아니다.

이렇게 현대상품학의 연구대상에서 제외되는 상품범위에는 실질적이 아닌 관념적 경제재화도 포함된다(예 유가증권 등). 흔히 『형식재』라고도 칭하는 관념적인 경제재화, 즉 『관념재』에는 크게 무형재와 유형재로 나뉜다. 전자에는 이를테면 영업권, 특허권, 상표권, 공업소유권 등과 이에 준하는 권리 등이 속하게 된다. 이러한 류의 관념재는 비록 가동적·거래적이라 한들, 서비스의 경우와 같이 실체파악이 불가능하므로 애당초 연구대상에서 제외되게 마련이다.

---

(3) 광의 및 협의의 상품

- 상품(광의)
  - 유형재
    - 가동재
      - 실질재: 상품학상의 상품(협의)
      - 형식재: 유가증권, 상품권
    - 부동재
      - 부동산: 토지, 건물 등
      - 준부동산: 차량, 선박, 항공기 등
  - 무형재
    - 의법재: 특허권, 상표권, 저작권 등
    - 관습재: 영업권, 상호, Know-how 등
    - 서비스: 기술지도, 설계, 관광 등
    - 에너지: 전력, 원자력, 가스 등

---

1) 광의의 상품

이것은 상업매매의 대상이 되는 모든 것을 가리키며, 다음과 같은 것들이 포함된다.

① 실질재: 물질적 욕망을 충족시킬 수 있는 실질적 가치, 즉 유용성을 가지는 산출물이나 제품(예 상품학상의 상품)

② 형식재: 유가증권, 상품권 등

③ 의법재: 특허권, 상표권, 저작권 등

④ 관습재: 영업신용권, 통명(Brand)에 대한 평가 등

⑤ 서비스: 운송, 보관, 보험 등

2) 협의의 상품(상품학상의 상품)

상품학에서 과학적 연구의 대상이 되는 상품은 실질적 가치를 갖는 실질재로서 유체동산이며, 현실적으로는 상거래의 목적물인 생산물이어야 한다. 따라서 부동산 내지 준부동산, 의법재, 형식재, 관습재, 서비스 그리고 실질적 가치 이외의 가치가 평가되는 것들은 제외된다.

(4) 상품의 가치

상품의 가치는 사용가치와 교환가치로 구분하여 설명할 수 있다.

1) 사용가치

상품의 사용가치란 두 가지 뜻으로 해석된다. 하나는 물품 자체의 유용성이나 효율성으로 보는 것이고 또 하나는 물품 그 자체를 사용가치로 보는 경우이다. 예로 실용적인 컵과 장식목적의 컵은 컵이라는 물적 형태에서는 동일하지만 그 사용가치는 서로 다른 것이다.

그러므로 상품의 사용가치는 물품 그 자체가 아니라 물품의 효용 내지 유용성인 인간의 욕구충족력이라 할 수 있다.

2) 교환가치

오늘날과 같은 마케팅시대의 상품은 상업의 대상으로서 시장에서 교환을 전제로 생산되는 것이다. 이러한 교환가치는 상품의 생산요소에 의해 평가되는 것으로 사용가치가 품질의 형태로 표현되는 것이라면, 교환가치는 가격의 형태로 나타나는 것이다.

제 2 절 상품성의 개념과 상품의 특성

(1) 상품성의 개념

상품의 특성이란 상품으로서 지녀야 할 여러 가지 적성과 요건을 말하는 것으로서 상품이 교환의 대상으로 시장에 등장할 때 이러한 특성이 중요시되며 이 특성은 자연적인 조건이나 인위적인 조건으로 생기는 것으로서 그 차이는 상업의 객체로서 상품능력을 좌우하는 시장가치에 영향을 미치게 된다.

상품이 상업의 객체로서 갖추어야 할 여러 적성과 요건을 상품성이라고도 하는데, 종래의 상품학상으로는 상품의 시장성, 유통적성, 매매적성, 적상성 또는 상품의 경제성 등 다양하게 불리워져 왔다. 상품성을 머천터빌리티(Merchantability)라고 하는 것은 일본 상품학계에서의 표현으로 그 어감에서 느끼는 바와 같이 상품이 환경에 적응하여 새로이 변화되어 가는 동태적 상품의 상업성과 적상성을 말한다고 하겠다. 마케팅론적인 관점에서는 적상성이란 판매기점(Selling points)으로 불리워지며, 소비자의 관점에서는 구매기점(Buying points)이 되는 것이다.

(2) 상품의 특성

상품의 특성은 상품성의 중요한 요소이며, 상품에 관하여 중요시되는 특성을 살펴보면 다음과 같다.

1) 우질성(Superiority)

상품의 품질과 시장성이 다 같이 우수한 것을 의미한다. 상품은 그 상품 고유의 품질이 우수하고, 제조기술이 좋으며, 이용가치가 높아서 수요자들로부터 많은 구매욕구를 충동시켜 넓은 판매시장을 차지할 수 있는 가능성이 있을 때 우질성이 크다고 한다. 또한 우질성이 크면 수익성도 커진다. 달리 적질성이라고도 표현한다.

2) 보존성(Preservability)

보존성능 상품의 시간적 격리로 인한 수요, 공급관계를 조절하여 그 상품의 가치를 증진시키는 성질을 말한다. 보존성이 좋은 상품은 장기간 보관이 가능하며 외국무역의 목적물이 될 수 있고, 투기시장에서의 거래목적물이 될 수 있다. 보존성이 부족한 상품은 기술적인 가공으로 높일 수 있으며 건조, 훈제, 염장, 냉장, 냉동, 밀폐용기에 넣는

법 등이 있다. 즉, 보존성은 시간적 불균형을 조정하는 것이다.

3) 운반성(Transpotation)

상품을 한 곳에서 다른 곳으로 장소를 옮김으로써 그 상품의 가치를 증가시킬 수 있는 특성을 말하며 이는 상품의 장소적 배분에 깊은 관계를 가진다. 운반성은 다만 물리적으로 운반이 용이하다는 것만이 아니라, 비교적 적은 비용으로 온도나 습도, 그 밖의 외부에서 받는 모든 상해를 받지 않거나, 되도록 적게 받고 운반할 수 있는 특성을 갖추어야 한다. 즉, 운반성은 장소적 불균형을 조정하는 것이다.

4) 가격 적정성(적가성; Moderate price)

수요자의 지출능력에 알맞고, 경쟁자의 상품보다 싸면서도 공급자의 수익을 보장할 수 있는 가격을 가리킨다.

5) 대체성(Substitution)

매매계약을 하는 데 있어 동종동량의 물품을 가지고 교체할 수 있는 성질을 말한다. 이런 특성이 있으면 일정한 통명이나 표준품으로서 전체의 거래를 대표하기도 하고, 또 대량의 거래를 쉽게 할 수도 있다. 따라서 곡물, 목화, 직물, 광산물 등과 같이 대체성이 많은 상품은 상거래의 원활성을 높일 뿐만 아니라, 선물거래에도 합당하며, 상품검사를 하는 데 있어서도 대표품 검출로도 충분하고, 혼합보관도 가능하여 상품으로서 능력을 보다 많이 나타내게 된다.

6) 독점성(Monopoly)

어떤 상품이 공급의 제한 때문에 그 상품시장에서 나타내는 독점력을 말한다. 상품이 독점력을 갖는 원인은 다음 두 가지가 있다.

첫째, 자연적 독점성이다. 이것은 지질이나 풍토, 기후의 특이성 때문에 일정한 지역에서만 산출되거나, 또는 생산의 제한이 커서 공급의 제한을 받으면 희소성을 발휘하게 되므로, 그보다 질이 좋거나 값이 싼 대용품이 새로 개발되지 않는 한 그 상품은 독점력을 지속하게 된다.

둘째, 인위적 독점성이다. 이것은 공기업, 기업연합(Cartel), 기업활동(Trust) 등에 의한 생산이나 공급의 제한으로 인하여 상품이 독점력을 지니게 된다. 예로 전매공사의 담배를 들 수 있다.

7) 공지성(Publicity)

그 상품의 존재와 우수성이 알려져 일반소비자가 그것에 대한 관심이나 구매의욕을 일으키게 하는 정도를 말한다. 공지성이 높은 상품은 통명에 의한 판매가 가능하며 따라서 판매노력을 훨씬 덜 들이고도 효과 있는 판매를 할 수 있다.

8) 저공해성(Low-public nuisance, Low-pollution)

상품은 그 성분이나 기능에 있어 불량성이 없거나 적어서, 그 상품을 직접 쓰는 사람뿐만 아니라, 그 밖의 누구에게도 해를 끼치지 않거나 피해가 아주 적은 정도의 특성을 가리킨다.

9) 쾌적성(Pleasurability)

상품이 지니고 있는 특성이 소비대중에게 쾌감을 일으키는 요소를 말한다. 따라서 현대상품은 그 스타일이나 색상, 재료 및 성능 등이 인간의 심신을 흡족하게 하여 기분을 좋게 하는 쾌감을 불러일으켜 상품 그 자체가 소비자에게 매력을 풍기는 특성이 있어야 한다.

10) 내구성(Durability)

상품이 사용과정에서 오래 견디는 성질

11) 희소성(Scarcity)

상품의 수량이 적고 구하기 힘든 사정

※ 상품의 적상성(適商性)

상품이 갖추어야 할 제 특성, 상품의 특성과 유사 개념

① 대표적 특성

㉠ 적질성(우질성): 상품의 교환가치를 높이기 위한 시장적합성과 시장적응성을 말한다.

㉡ 적가성: 품질이 적절하고, 그에 따라 가격 또한 적절해야 한다.

㉢ 보존성: 상품의 수요와 공급의 시간적 불균형을 조정

㉣ 운반성: 상품의 수요와 공급의 장소적 분균형을 조정

② 추가적 특성

㉠ 대체성: 상품의 교체 원활성

ⓛ 독점성: ┌자연적인 독점성－지질이나 기후 등의 요인
　　　　　└인위적인 독점성－담배 등의 전매

ⓒ 공지성: 선전이나 광고에 의한 상품인지도

ⓔ 무공해성: 상품의 환경적 특성

ⓜ 내구성: 상품의 내구력

ⓑ 쾌적성: 소비자들의 감각을 만족시키는 특성

ⓢ 희소성: 희귀성에 따른 상품가치 증대

◈ 보충학습 ◈

산업재산권

(1) 지적재산권의 정의와 종류

인간의 지적 활동의 결과인 창작물에 관한 재산권을 총칭하여 지적재산권이라 한다.

지적재산권 중에서 산업활동과 관련되는 특허권, 실용신안권, 의장권, 상표권을 산업재산권이라 하며, 예술작품, 저술 등의 저작권과 구별한다.

산업재산권은 저작권과 함께 인간의 정신적인 창작물에 대하여 국가의 공권력에 의해 부여되는 독점적 권리로서, 동산이나 부동산과 같은 유체재산권과는 달리 형태가 없다는 뜻에서 무체재산권이라고도 한다.

[지적재산권의 종류]

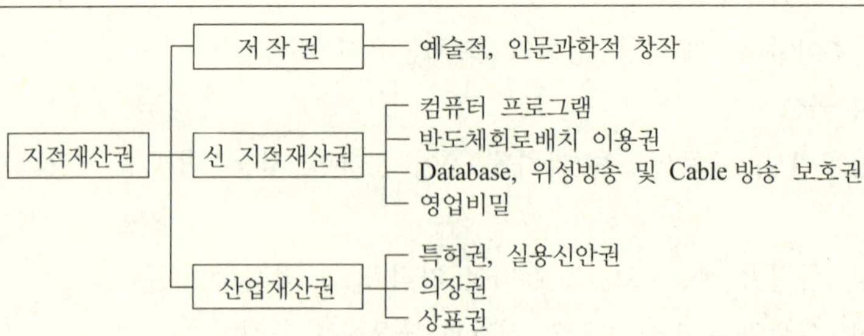

(2) 산업재산권의 의의

산업재산권은, 과거에 사용해 온 공업소유권이 공업에 국한된 용어인 점에 비해,

보다 넓은 의미로 산업 전반을 포괄한다. 또한, 산업재산권이란 어떤 기술적 창작을 한 사람이 그 기술내용을 국가사회에 공개하여 기술진보 및 산업발전에 기여하는 대신, 국가는 이들에게 일정기간 동안 독점권을 갖도록 하는 제도이다.

이러한 산업재산권은 그 기술내용을 특허 공보 등을 통하여 공개하고, 일정한 기간이 지나면 누구나 이용할 수 있도록 개방하고 있다.

[산업재산권의 종류]

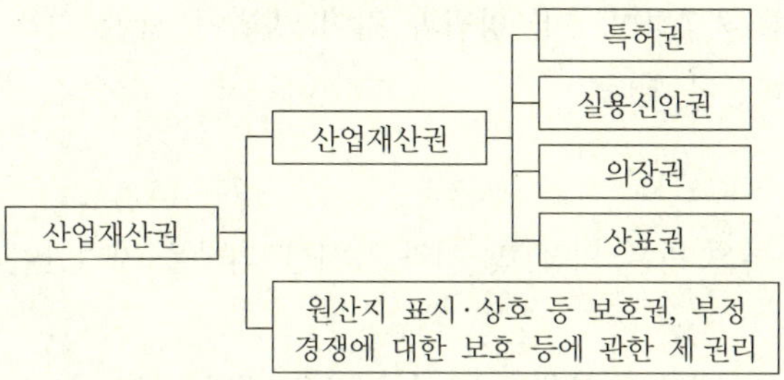

(3) 산업재산권의 종류와 구분

위의 표와 같이 우리나라는 특허, 실용신안, 의장, 상표에 관하여 구분하고 있다.

1) 특 허 권

특허권이란, 특허를 받은 발명을 업으로 삼아 자기만이 실시할 수 있는 권리를 말한다.

특허권의 대상은 발명이며, 발명이라 함은 자연법칙을 이용한 기술적 사상의 창작으로서 기술수준이 높은 것을 말한다. 예를 들면, 어떤 사람이 이 세상에 없는 물건이나 제조방법을 처음 만들어 낸 경우나 종래의 물건을 현저하게 개량하여 기술수준이 높은 물건을 창작한 경우에는 발명으로서 특허를 받을 수 있다.

2) 실용신안권

실용신안권이란, 등록을 받은 실용신안, 즉 물품의 형상·구조 또는 조합에 관한 고안을 자기만이 실시할 수 있는 권리를 말한다.

실용신안의 대상은 실용신안의 고안이며, 실용신안도 발명과 마찬가지로 자연법칙을 이용한 기술적 사상의 창작으로서 기술수준이 발명보다는 낮은 것이다. 따라서, 발명을 큰 발명, 실용신안을 작은 발명이라고도 하며, 이들을 정확하게 구분하기는 매우 어렵다.

발명과 실용신안의 예를 들어 보자. 만일, 볼펜을 이 세상에서 처음 만들어 내었으면 이것은 발명에 속하고, 이 볼펜을 좀더 개량하여 사용하기 편리하고 제조하는 데 비용이 적게 드는 볼펜이라면 실용신안의 대상이 된다. 일상생활에서 흔히 쓰는 물건을 좀더 개량한 경우에는 모두 실용신안의 대상이 되는 것으로 볼 수 있다.

의약품, 화학품 등 원료나 제조방법 등은 고도의 기술수준을 필요로 하기 때문에 이러한 것은 발명에 해당하며, 제조방법과 같이 방법에 관한 것은 실용신안의 대상이 되지 않고 발명의 대상이 된다.

3) 의 장 권

의장권이라, 등록을 받은 의장 및 이와 유사한 의장을 자기만이 실시할 수 있는 권리를 말한다.

따라서, 의장권의 대상은 의장이며, 이 의장을 의장고안이라고도 한다. 의장이라 함은 물품의 형상(형태)·모양·색채 또는 이들을 결합한 것으로서, 사람의 눈을 통하여 아름다움을 느끼게 하는 것을 말한다.

예를 들면, 벽지나 장판지, 완구, 여성용 옷감 등은 모두 의장에 속한다.

4) 상 표 권

상표권이란, 등록받은 상표를 자기만이 사용할 수 있는 권리를 말한다. 따라서, 상표권의 대상은 상표이며, 상표는 자기의 상품과 다른 사람의 상품을 구별하기 위한 징표이다.

인간에게도 이름이 있듯이, 상품에도 이름을 붙이고 있다. 사람에게 이름을 붙이는 것은 다른 사람과 구별하기 위한 것인데, 상품에도 이름을 붙여 다른 상품과 구별하게 하면 수요자가 상품을 잘못 인식하거나 혼동하는 것을 막을 수 있고, 또 상품을 구별하기도 매우 쉽다.

예를 들면, 텔레비전도 몇 개의 생산업체가 있는데, 상표를 붙이지 않으면 어느 회사에서 생산한 것인지 구별할 수 없기 때문에 각 회사에서 생산되는 텔레비전마다 상표를 붙여서 시장에 내놓고 있다.

[산업재산권의 구분]

구 분	보호의 대상	권리기간	전화기의 예
특허권	발 명	출원일로부터 20년 이내	전자기를 응용하여 처음으로 전화기를 생각해 낸 발명
실용신안권	고 안	출원일로부터 15년 이내	송화기와 수화기가 분리되어 있던 것을 일체로 하여 편리하게 한 형상이나 구조에 관한 고안
의장권	디 자 인	등록일로부터 15년	탁상 전화기를 반구형의 스마트한 형태로 한 형상이나 모양, 색채에 관한 디자인
상표권	상품의 표지	등록일로부터 10년	제품의 신용유지를 위하여 제품이나 포장 등에 표시하는 이름이나 마크

관세사시험 기출문제

1. 상품의 대상 (1991년, 제10회)
2. 상품의 특성 (1991년, 제10회)
3. 상품의 보존성 (1993년, 제11회)
4. 상품의 운반성 (1995년, 제12회)
5. 상품의 Merchantability(적상성과 상품성) 제고요인을 실용적 요인과 사회적 요인으로 구분하여 설명하라. (2000년, 제17회)

예 상 문 제

1. 관념적 상품
2. 상품의 우질성(적질성)
3. 상품의 대체성
4. 상품의 적가성
5. 상품의 독점성
6. 상품의 적상성에 대하여 설명하라.
7. 상품의 사용가치와 교환가치

8. 상품의 개념
9. 상품의 내구성
10. 상품의 쾌적성
11. 상품의 희소성

제 3 장 상품의 분류

제 1 절 상품분류의 의의와 필요성

(1) 상품분류의 의의

각 산업분야에서 생산되어 유통·소비되고 있는 상품의 종류는 천연산물의 것으로부터 첨단기술제품의 것까지 그 수는 헤아릴 수 없을 정도로 많으며 용도와 형태도 다양하다. 그러므로 상품분류란 하나의 상품군과 타 상품군과의 구별을 밝히고 그 그룹마다 일정한 명칭을 부여함으로써 모든 상품을 체계적으로 유형화하는 것을 말한다.

따라서 상품학 연구를 위해서는 어떤 기준에 의한 유형별 상품분류가 이루어져야 하며 특히 현대상품학에서의 상품분류는 이론(연구)상의 목적뿐만 아니라 실제상(실용상·행정상 등)의 목적을 위해서도 필요한 것이므로 연구상, 실무상, 행정상의 관점에서 그 의의를 찾아볼 수 있다.

(2) 상품분류의 필요성(목적)

상품분류의 필요성에 따라 아래와 같이 분류한다.

1) 연구상의 필요(본질적 분류, 개념적 분류)

학문연구상 특정한 합리적인 분류원리에 따라서 그 어떤 공통의 상품특성을 지닌 동계 또는 동종상품마다 동일범주에서 분류시키는 상품분류법을 말한다. 즉 수많은 상품군을 체계적으로 정리함으로써 상품의 실체를 객관적으로 인식할 수 있게 된다. 본질적 분류 또는 개념적 분류라고도 한다.

2) 실무상의 필요(실용적 분류)

연구상의 분류체계를 실무면에 적용되도록 분류하는 것을 말한다. 즉, 마케팅을 위한 상품전략 수립시에 다양한 상품증가에 따른 효율적인 정리, 제조업에서의 제품 차별화나 다양화의 기반이 되는 상품분류를 말한다. 이러한 실무상 필요에 의해 행하는 분류를 실용적 분류라고도 한다.

3) 행정상의 필요(제도적 분류 또는 응용적 분류)

통계적·행정적 효율이나 세율의 결정, 국제무역거래, 국제적 경제분석과 비교 등의 행정상 내지 제도상 필요에 의해 행하는 상품분류로서 제도적 분류 또는 응용적 분류라고도 한다.

현재 무역분야에서 이용되고 있는 SITC(Standard International Trade Classification; 표준국제무역분류), HS(Harmonized Commodity Description and Coding System; 국제통일상품분류제도), HSK(Harmonized System of Korea; 한국관세통계통합품목분류표)제도가 이에 해당된다.

[상품분류 필요성]

관 점	특 징	일반적 분류명칭
연구상의 목적	상품의 본질에 대한 비교, 정리, 유사성·상위성에 의한 분류	본질적 분류, 개념적 분류
실무상의 목적	판매자, 제조자 입장에서의 실무상의 분류	실용적 분류
행정상의 목적	경제분석, 무역통계, 관세행정상 목적의 분류	제도적 분류, 응용적 분류

제 2 절 상품분류체계

(1) 상품분류체계의 의의

상품분류의 체계는 상품학의 본질론에 입각한 순리적인 본질적 분류체계와 상품학 응용의 실천상의 이익을 고려한 응용적 분류체계가 있다. 본질적 분류체계는 생물학 연구에서 취급하는 식물분류학의 예로서 자연분류에 해당하며 응용분류체계는 어떤 목적의 측면에서 조사연구를 실시하는 방법으로서 취급하는 인위적 분류에 속하며 취급 상품군이 유사한 성격을 가지는 것이 한정되므로 실용면에서 널리 보급되고 있다.

* 상품학에서 상품분류는 독자적인 목적과 연구방법을 확립하기 위하여 필연적인 것으로 그 대상범위를 명시함과 동시에 그 내용을 체계화하여야 한다. 그러므로 상품의 분류는 상품을 총망라할 수 있어야 하고 상품의 특성이 분류체계를 통하

여 색인되어야 한다.

(2) 상품분류의 유형

상품분류는 관점, 필요성, 목적에 따라 많은 분류기준을 사용할 수 있어 이러한 다양한 상품분류는 수평적(水平的) 분류와 수직적(垂直的) 분류로 크게 나눌 수 있다.

1) 수평적 분류

수평적(水平的) 분류는 대다수의 상품이 공통적으로 지니고 있는 상품특성을 기준으로 하여 상품을 분류하는 모든 형태의 분류방식이다. 상품의 특성에 해당되는 분류기준은 여러 가지이나 일반적으로 상품성에 관련된 상품속성과 상품현상으로 나눌 수 있다. 수평적 분류는 어떤 가정 내지 관례적인 일반성을 바탕으로 상품특성을 사용하여 분류를 체계화하는 것이므로 학문적인 필요보다는 상품을 취급하는 판매점이나 기업경영상의 필요에 의한 응용적 분야라 할 수 있으며 관용적 또는 실용적 분류라고도 한다.

수평적 분류의 유형으로는

· 가공 정도에 따라 『원료 · 재료 · 중간품 · 부분품 · 완성품 · 고품 · 폐품』 등으로 구분되는 경우
· 사용목적에 따라 『식료상품 · 의료상품 · 주료상품』 등으로 구분되는 경우
· 구매목적에 따라 『생산재상품 · 소비재상품(편의품 · 선매품 · 전문품)』 등으로 구분되는 경우
· 상품형태에 따라 『고체상품 · 유동체상품 · 액체상품 · 기체상품 · 분말상품』 등으로 구분되는 경우
· 상품 진위에 따라 『진정품 · 대용품 · 모조품 · 위칭품 · 위교품 · 인조품(합성품)』 등으로 구분되는 경우

등으로 구분되는데 주요한 내용을 열거하면 다음과 같다.

① 제조가공의 정도에 따른 분류

원료, 재료, 중간품, 부분품, 완제품, 고품, 폐품 등에 따른 분류이다.

㉠ 원료: 원료(Raw Materials)란 모든 자연생산물 그 자체를 가리킨다. 이를테면 농산물, 수산물, 임산물, 광산물, 축산물과 같은 5대산물이 바로 그것이다. 이 때 보관이나 수송을 위해 일반적인 의미에서 가공(건조 · 염장 · 훈제 · 농축 · 탈곡 등)된 것도 원료의 범주로 간주하게 된다. 가령 농산물로서의 미곡 그 자체도 원료고

탈곡한 백미도 원료인 것과 같다.

㉡ 재료: 재료(Work Materials)는 모든 기술생산품 그 자체를 가리킨다. 이는 자연생산물을 화학적이거나 물리적 또는 기계적인 변화를 수반하도록 고도의 기술을 가했을 경우 얻어진다. 보통 기술생산품으로서의 재료는 다시 새로운 기술생산품으로서 가공되는 경우가 대부분이다. 이를테면 원료(자연생산물)로서의 쌀을 발효시켜(화학적 변화를 가하여) 청주로 만들었다면 이는 벌써 기술생산품으로서의 재료이다.

㉢ 중간품: 중간품(Fabricating Materials)이라는 표현에는 두 가지 뜻이 있게 된다. 그 하나는 중간생산단계에서의 중간생산품으로서, 그 자체로서도 훌륭한 상업의 객체가 되는 경우이다(예: 면직물의 재료로서의 면사, 보일러 제조용 재료로서의 철판, 가죽구두 제조용 재료로서의 피혁).

또 다른 하나는 완제품의 필수적인 중간품으로서, 그것 자체로서는 상업의 객체가 되기 어려운 경우이다. 이를테면 자동차의 차체, 난로의 연통, 책상의 다리 등이 이것이다. 이럴 때 이러한 중간품이 흔해 반제품이라 일컬어지기도 한다.

나아가서 부분품(Fabricating Part)은 어떤 '완제품의 부품'으로서, 그 자체가 훌륭한 상업의 객체일 수 있지만, 그 사용가치는 완성품과 결부될 때에만 비로소 발휘될 수 있는 경우이다.

㉣ 완성품: 완성품(Finished Goods)이란 소매나 사용을 위해 직접 쓰여지는 경우지만, 때와 경우에 따라 그 개념은 달라진다. 즉 모든 기술생산품으로서의 완성품뿐만 아니라 자연생산물로서의 완성품도 이에 해당한다. 이를테면 농산물(자연생산물)로서의 쌀이 80kg들이 가마니로서 상업의 객체가 되고 있다면 이것은 완성품이다. 또 면사가 면직물의 재료로서 쓰여지지 않고 직접 바느질에 쓰여질 때 이것도 완성품이다. 다만 완성품을 때로는 완제품이라고도 부를 때가 있으나, 이는 기술생산품(제품)의 경우에 한한 별칭이다.

㉤ 고품과 폐품: 고품(Old Goods)은 완성품 이후에 이어지는 개념으로서 아직도 경제적 가치나 기술적 가치가 남아있는 경우이다. 이를테면 고철 등은 경제적 가치가 있어 아직도 '상업의 객체'가 되거나, 다시 제철용의 원료로서 재사용되기도 한다. 한편 가령 중고자동차나 중고전자제품의 경우 경제적 가치는 물론 기술적 가치도 있어 계속 사용이 가능하다. 그런데 그러한 가치가 전혀 없는 고품은 폐품(Waste Goods)이라 일컬어진다.

② 사용목적(용도)에 따른 분류

식료상품·의료(衣料)상품·주료(住料)상품·연료품 등으로 구분하고, 사용목적에 따라 소모품·내구품 등으로 구분하기도 하며, 소비면에서 필수품·기호품·사치품으로 구분하기도 한다.

㉠ 식료상품: 식료품과 담배, 음료 등의 기호품, 의약품, 영양크림 등

㉡ 의료상품: 의류뿐만 아니라 섬유를 원료로 만든 침구, 커텐, 포장재료 등

㉢ 주료상품: 건축재료와 그 부속재료, 연료 기타 의·식·주 중에서 식료품과 의료품에 해당하지 아니한 것

③ 상품본질의 상태(상품형태)에 따른 분류

고체상품, 입체상품, 분말상품, 기체상품, 액체상품으로 구분한다.

④ 구매목적에 따른 분류

㉠ 생산재상품: 주요 설비품, 보조 설비품, 작업용 소모품, 부분품, 부속품, 반제품

㉡ 소비재상품: 소비재상품은 그 구매관습에 따라 편의품, 선매품, 전문품으로 되는데 각각 편의재, 쇼핑재, 전문재라 칭하기도 한다.

－편의품: 어디서나 쉽게 살 수 있는 일용잡화, 식료품, 약품, 비누, 신문, 잡지 등이 해당되며 다음과 같은 특징을 갖는다.

ⓐ 일용품이 주체로 되기 때문에 구매빈도가 높다.

ⓑ 단가는 보통 소액이다.

ⓒ 계획을 세우는 일은 거의 없고 관습적으로 구입할 때가 많다.

ⓓ 구매를 위하여 장시간을 요하지 않는다.

ⓔ 구매하기 위하여 차를 타고 상점을 찾아갈 필요가 없고 보통 이웃의 상점 등에서 구입한다.

ⓕ 상표에 대한 의식은 특정한 상표를 강력히 고집할 필요는 없지만 상표 선택적 구매가 이루어진다.

－선매품: 품질, 가격 등을 비교하여 선별 구매하는 상품으로 의류, 가구, 구두 등이 해당되며 다음과 같은 특징을 갖는다.

ⓐ 구입자는 품질, 가격, 스타일, 유행 등의 요소를 중시한다.

ⓑ 편의품과는 달리 여러 상점의 상품을 돌아본 후에 비교하고 검토한 후에 구매한다.

ⓒ 단가도 흔히 편의품보다 높다.

ⓓ 쇼핑을 위하여 많은 시간이 소요되어도 그것을 싫어하지 않는다.

ⓔ 이웃 상점에서 손쉽게 사지 않고 쇼핑센터까지 한다.

ⓕ 스타일, 디자인 등을 중요시하고 그것을 구매하는 상점의 명성이나 이미지가 구매동기에 있어서 중요하기 때문에 제조업자의 상표를 반드시 중요시하지는 않는다.

－전문품: 전문점에서 유명상표 등에 의해 구매하는 고급가구, 자동차, 피아노, 고급 레저용품 등이 해당되며 다음과 같은 특징을 갖는다.

ⓐ 구매자는 그 구매에 있어 계획적이며, 구입을 위하여 더 많은 노력을 한다.

ⓑ 구입빈도는 매우 적다.

ⓒ 단가는 선매품보다 훨씬 높다.

ⓓ 구입을 위해서는 일반적으로 신용있는 상점을 선택하기 때문에 구매의 노력은 선매품보다 훨씬 많다.

ⓔ 제조업자의 상표가 중요시되고 때로는 유명메이커의 상표를 고집하는 일이 많다. 전문품의 예를 들면 피아노, 고가의 가전제품, 고급시계, 고급카메라, 자동차 등이 이에 속한다.

⑤ 상품의 진위에 따른 분류

㉠ 위칭품: 이른바 가짜로서 진짜로서의 진정품과는 전혀 다른 성분 또는 원·재료를 사용한 조악한 제품으로, 마치 진짜인 양 일정명칭을 위칭한다고 해서 위칭품이다. 따라서 위칭품에 대한 감정대상은 그 품종과 진위의 감식에 있게 된다. 이러한 류의 결함상품은 주로 귀금속이나 귀석류, 견직물이나 모직물과 같은 값비싼 섬유제품 등에서 나타나기 쉬우며, 그 외에도 광범위하게 존재하게 된다. 특히 불황기에는 위칭품이 증가하는 경향이 나타나기도 한다.

ⓐ 복제품: 위칭품과 혼동되기 쉬운 용어에 복제품(Copy)이라는 표현이 있다. 이는 명작회화나 조각 등 진정품으로는 단 하나밖에 없는 예술품일 경우, 그대로 본을 따게 되는 가짜이다. 단순히 카피라고도 하지만, 이를 진짜인양 판매하게 될 경우 위작품이라고 호칭한다.

ⓑ 모조품: 모조품은 진정품을 본따 만든 것이지만, 그 외관이나 모양이 신통치 않으며, 재료의 질도 떨어지므로 뚜렷하게 진정품과는 다르다는 것이 판이해질 경우의 표현이다. 가령 진주에 대하여 유리로 만든 모조진주, 천역피혁

에 대해 종이 등을 가공해서 만든 모조피혁 등이 그 예라 할 수 있다.

㉡ 위교품: 일명 위화품이라고도 일컬어지는 혼합상품으로서, 상품의 양, 또는 질을 속이는 결함상품이다. 상품의 생산단계나 유통단계에서 부정이득의 목적으로 그 상품의 사용가치와는 관계가 없는, 때로는 해로운 물질이 혼합되는 경우이다. 주로 우리나라에서는 유통단계에서 이러한 위교품이 생겨나는 공산이 크다. 이 때 양을 속이는 것을 증량 위교라 하고 질을 속일 때는 질적 위교라 한다. 예로서 술에 물을, 휘발유에 벤졸을, 안료에 톱밥 등 전혀 가치가 없는 것이나 싼 것을 섞게 되는 경우 증량 위교가 된다. 또 질적 위교란 가령 식료품일 경우 인공적으로 색소를 넣거나 표백제나 방부제 등을 넣어, 마치 실질적으로 우수한 제품인 것처럼 보이게 하는 경우이다.

㉢ 대용품: 성분적인 실질은 다르지만, 상품의 성질이 비슷하기 때문에 어떤 상품의 대용으로 쓰여질 수 있는 상품을 말한다. 실질적인 가치는 떨어지지만 비교적 가격이 적당하기 때문에 일반의 수요도 있게 된다. 이를테면 견에 대한 인견, 천연수지에 대한 합성수지, 천연버터에 대한 인조버터(마가린) 등 많은 예가 있다. 시초에는 대용품으로서만 통했으나, 품질이 차차 향상됨에 따라 오늘날엔 경쟁상품으로서 그 지위를 굳혀가고 있는 것도 많다. 가령 인견이나 합성수지는 그 생산 당시에는 대용품으로서만의 이미지뿐이었으나, 요즘에는 그 품질의 향상과 더불어 독자적인 훌륭한 독립상품으로서의 시장 위치를 굳히고 있다. 그래서 오히려 독자적 중요성을 지닌 신상품으로 성장하고 있는 것이 대용품의 지위라 할 수 있다.

㉣ 인조품: 대용품과는 달리 종래 천연물로만 존재하고 있던 것을 과학기술의 진보에 따라 인공적으로 생산되는 것으로서, 성분이나 성질은 전혀 천연물품과 다를 바는 없다. 특히 그 종류에 따라서는 불순물의 함량이 적거나 거의 없기 때문에 천연물품보다도 품질이 우수한 경우조차 있다(예: 인조염 등).

그런데 인조라는 표현에는 그 사용에 있어 상당한 혼란이 있게 된다. 이를테면 일찍부터 불리워 오는 인조견사라는 명칭은 실은 인조품이 아닌 대용품으로서의 견사라고 하여야 옳다. 왜냐하면 외관과 용도만이 비슷할 뿐 천연견과는 조성이나 구성, 성질 등이 전혀 다르기 때문이다. 따라서 오늘날엔 인조견사 대신 레이온이라고 불리워지고 있다. 또 인조버터도 정확하게는 인조품이 아니라 대용품으로서 이젠 마가린이라는 이름으로 통일되고 있다.

㉤ 합성품: 합성품은 주로 고분자화학이나 합성화학의 성과로 제조된 것이 많다. 물론 올바른 의미에서는 인조품이라고 할 수 있으나, 인조란 주로 천연에 대한 반대어이기 때문에 합성의약품이나 합성염료처럼 천연으로는 존재하지 않는, 전혀 새로운 인공적 상품에는 인조품이라는 용어보다도 합성품이라는 용어가 알맞다고 할 만하다. 예를 들어 합성섬유, 합성수지, 합성고무 등은 그 대표적인 예라 할 수 있다.

2) 수직적 분류

수평적 분류가 미시적 관점에서 분류하는 것이라면 수직적 분류는 거시적 관점에서 파악하여 분류하는 것이며, 수평적 분류가 기준이 애매하다면 보다 더 고차적인 분류가 수직적 분류인 것이다.

일명 본질적 분류 또는 제도적 분류라고도 불리우는 수직적 분류(Classification)는 이제까지의 경우처럼 수평적 계층만으로 구분(Categorize)되는 수평적 분류(Categoryzation)와는 달리, 수직적인 계층으로 분류된다. 이를테면 큰 것으로부터 작은 것으로, 즉 대분류에서 중분류, 중분류에서 소분류로 분류되어 나가는 것과 같은 것이다. 수직적 분류는 엄밀하게는 본질적 분류와 제도적 분류, 이 두 가지 유형을 말하며, 본질적 분류는 상품학 연구상의 순수한 학문적인 의미에서 마련된 상품분류이며, 제도적 분류는 학술적인 의미가 없는 다만 제도상 또는 행정상의 필요에서 마련된 상품분류이다.

① 본질적 분류

상품연구에 있어 수직적 분류로서의 본질적 분류가 필수적인 이유는 특정한 합리적인 분류원리에 따라 그 어떤 공통의 상품특성을 지닌 동계 또는 동종상품마다 동일범주에 분류시키는 것과 같은 수평적 분류만으로 상품분류에 있어서의 원래의 목적을 달성할 수가 없기 때문이다.

즉, 수평적 분류만으로는 일물일처(一物一處) 분류원칙을 유지할 수 없으므로 수평적 분류와 함께 수직적 분류로서의 본질적 분류도입이 필요한 것이다.

본질적 분류는 상품의 연구상 목적에 의하여 분류하는 개념적 분류제도이며, 대·중·소·세의 체제를 유지하고 있다.

② 제도적 분류

학술적인 연구목적상의 분류의미는 없으며, 제도적, 행정상 필요에 의해서 분류되는 응용적 분류방식이다. 제도적 분류에는 국내적인 입장과 국제적인 관점에서 마련되는 두 가지 경우가 있게 되는데, 전자의 경우 이를테면 국민경제적인 관점에서 국가나 공공단체에 의해 통계작성상, 정책의 입안과 실시상 혹은 과세상 국내의 제도적 필요로 도입되는 국내유통상품분류가 있다. 그리고 후자의 경우 국제경제적인 관점에서 국제연합이나 기타의 국제기구에 의해 세계경제통계의 작성과 비교상, 무역의 촉진상, 관세징수상의 목적 등으로 국제적 제도상 필요성으로 도입된 국제무역상품분류가 있다. 이러한 수직적 분류는 어디까지나 국내나 국제제도상의 필요로 도입된 상품분류라 해서 일명 제도적 분류라 일컬어지는 것이다.

[제도적 분류의 구별]

- 제도적 분류
  - 국내유통상품분류: 한국표준상품분류(KSCC; Korean Standard Commodity Classification)
  - 국제표준상품분류
    - 표준국제무역분류(SITC; Standard International Trade Classification)
    - 관세협력이사회품목표(CCCN; Custom's Cooperation Council Nomenclature)
    - 조화제도[調和制度; Harmonized Commodity Description and Coding System(HS)]

㉠ 국내상품분류제도

일국의 국민경제의 실체를 구성하는 상품의 생산, 유통, 소비의 실태와 동태를 통계적·수량적으로 파악하기 위하여 각국은 분류기준을 마련하여 표준적인 상품분류를 마련하게 되었다.

우리나라는 1954년 『대한민국 표준산업분류』가 만들어졌으며 상품분류도 이것을 준용하였다. 이후 무역량과 상품종류가 증가함에 따라 각종 상품의 국내 및 국제거래에 관한 지역적 통계와 계열통계를 위하여 일정한 분류기준에 의해 작성하기 위해서 1964년 『한국표준상품분류』(KSCC; Korea Standard Commodity Classification)가 작성 제정되었다. 그 분류원칙은 국제표준무역분류(SITC)의 권고에 준하여 국내상품을 망라하여 분류번호를 10진 분류법으로 한국실정에 적합하게 분류작성된 것이다.

한국표준상품분류는 1차, 2차 개정(1967년, 1977년)으로 대외무역과 국내생산 거래에 함께 활용하기 위하여 상품명 및 분류체계를 보강하였다.

그 후 국제연합의 개정권고안을 감안한 제 2 차 개정 국제표준무역분류(SITC Rev 2)

의 기본항목에 일치하고 관세협력이사회 품목표(CCCN; 구 BTN)에 의한 국내 관세율표를 고려하여 1977년 1월 24일 『한국표준무역분류』(SKTC; Standard Korean Trade Classification)로 전환 개편되었다.

이후 1988년 HS 도입으로 관세·무역통합분류표(HSK)로 개편하여 관세는 물론 무역통계에 대하여도 적용할 수 있는 분류개체로 전환되었다.

[국내상품분류 제도]

① SKTC(Standard Korea Trade Classification; 한국표준무역분류표): SITC의 분류체계를 근간으로 하여 1964년에 제정되었으며 CCCNK(관세협력이사회품목분류표를 세분한 한국관세품목분류표)와 HSK를 보완하여 수출입상품에 대한 자료의 수집·분석·비교 등을 위한 통계목적의 분류표이다.

분류기준은 상품의 종류, 조립단계별 및 산업의 원천별을 기준으로 하고 있으며 대분류-중분류-소분류-세분류의 수직적 분류체계로 구성되었다.

현재 통계청에서 관리하고 있으며 수출입통관시 HSK로 작성된 자료를 SKTC와 HSK의 연계표에 의하여 재편성되어 무역동향 및 산업분석 등의 통계목적자료에 사용되고 있다.

② HSK(Harmonized System of Korea; 한국관세·통계통합품목분류표): HS 6단위를 기준으로 해서 관세와 통계목적 등에 사용하기 위하여 세목(稅目)과 통계항목을 추가하여 10단위 체계로 구성되었다. 현재 관세청 수출입통계자료는 이 표에 의하여 작성된다.

㉡ 국제상품분류제도

19세기 초에 무역의 확대와 무역거래상품의 다양화에 따라 이와 관련된 통계와 관세를 위한 국제적인 상품분류표의 필요성이 대두되어 국제기구에서 논의되었다. 1913년에는 상업통계에 관한 국제회의(브뤼셀)에서 최초로 상품분류표가 협약으로 채택되어 산업분류와 관세목적으로 사용되었다.

그 후 1927년 5월 세계경제협의회의(국제연맹 주관)에서 관세율표에 대한 기본골격 권고안으로 제시되어 이를 위한 전문위원회에서는 1931년에 제네바품목표를 제정하여 관세율표의 기초자료로 일부국가에서 채용되기도 하였으나 2차 세계대전으로 좋은 성과를 이루지 못하였다.

그러나 제네바품목표는 무역에 관련된 국제무역표준분류표와 관세에 관련된 브뤼셀 관세품목표의 기초자료로서 사용되었으며, BTN, CCCN에 이어 1988년에는 HS를 국제적으로 관세뿐만 아니라 무역통계에도 사용하여 현재에 이른 것이다.

[국제상품분류 제도]

① HS(Harmonized Commodity Description and Coding System; 통일상품명 및 부호체계): 통일상품명 및 부호체계 또는 HS 제도라는 명칭으로도 많이 알려진 이 제도는 WCO(World Customs Organization; 세계관세기구, 종전의 CCC)에서 CCCN(Customs Co-operation Council Nomenclature; 관세협력이사회품목표)을 모체로 하여 SITC, TSUSA(미국관세율표) 등 여러 종류의 품목분류표를 반영시켜 관세뿐만 아니라 통계, 운송, 보험 기타 산업분야에서도 다목적으로 조화 있게 공통적으로 사용할 수 있도록 만든 국제상품분류표(제도)이다.

HS품목분류표의 분류구조는 부, 류, 호, 소호가 대분류-중분류-소분류-세분류의 체계로 품목이 배열되어 있고, 분류지침인 통칙과 주, 그리고 호와 소호의 코드번호로 구성되었으며, 1988년 1월 1일부터 CCCN 등을 대신해서 세계의 주요 무역국가들이 사용하고 있다.

② SITC(Standard International Trade Classification; 표준국제무역분류): UN이 국제무역의 경제분석과 상품별 거래자료의 비교가 용이하도록 필요한 상품의 공통적인 기준을 마련한 분류제도로서 이 분류표의 특징은 상품집단별(식료품, 원재료, 화학제품, 기계 및 수송기기) 구분의 합계와 가공단계별(조제품, 반제품, 완제품), 산업별(농업, 축산업, 수산업, 임업, 광업, 공업) 구분의 합계가 가능하도록 대분류-중분류-소분류-세분류-세세분류의 수직적 분류체계로 편성되었다.

[상품분류 유형]

- 수평적 분류
  - 가공목적: 원료, 재료, 중간품, 부분품, 완성품, 고품, 폐품
  - 사용목적: 식료상품, 의료상품, 주료상품
  - 구매목적: 생산재, 소비재
  - 상품형태: 고체, 유동체, 액체, 기체, 분말
  - 상품진위: 진정품, 대용품, 모조품, 위칭품, 위교품, 인조품, 합성품
- 수직적 분류
  - 본질적 분류: 상품분류의 일의성(一意性)원칙 실현에 따른 상품연구의 체계화를 위한 분류
  - 제도적 분류
    - 국내적 입장: 국민경제적 입장의 통계목적, 정책입안
    - 국제적 입장: 국제경제적 관점에서의 세계경제통계, 무역의 촉진, 관세징수상 목적(㉮ SITC, CCCN, HS)

관세사시험 기출문제

아직 출제된 적이 없음.

예 상 문 제

1. 상품분류의 의의를 설명하라.
2. 상품분류의 필요성을 설명하라.
3. 수평적 분류의 개념을 설명하라.
4. 수직적 분류의 개념을 설명하라.
5. 편의품과 선매품
6. 위칭품과 위교품
7. 모조품과 진정품
8. 제도적 분류의 의의를 설명하라.
9. 본질적 분류의 의의를 설명하라.
10. 상품 진위에 따른 분류는?
11. 가공 정도에 따른 분류는?

제 4 장　상품화계획과 상품정책

제 1 절　상품화와 상품화계획

(1) 상 품 화

1) 상품화의 의의

상품화란 그 뜻이 다양한 의미로 사용되고 있는데 도매업자나 소매업자의 상업활동과 관련시켜 이들이 소비자 지향적인 마케팅활동을 수행하기 위한 상품화활동을 통해 소비자가 원하는 적절한 상품을, 적절한 장소에서, 적절한 시기에, 적절한 가격으로 제공하기 위한 계획과 통제라는 의미로도 사용되며 제조기업이 상품개발과 관련시켜 제품계획 또는 제품관리의 의미로도 사용되어 왔다.

2) 상품화의 종류

① 혼합식 상품화(Scrambled merchandising): 식품류만을 판매하던 슈퍼마켓이 가정용품과 같은 품목을 취급하면서 취급물품을 확대하는 경향이 점차 확산되고 있다. 이와 같이 소매점이 상품의 구색, 즉 구성을 확대하여 가는 유형의 상품화가 혼합식 상품화이다.

이처럼 종래 취급하지 않던 비전통적인 상품계열을 더 많이 취급하게 되는 혼합식 상품화는 업태간 경쟁 때문에 생겨났는데, 이 때문에 업태간 경쟁이 더욱 격화되고 있다. 이러한 상품화는 결과적으로 업태를 불명확하게 하기 쉬운 단점이 있다.

② 세분시장대상 상품화(Segment merchandising): 세분시장대상 상품화는 동일한 고객층을 대상으로 하되 경쟁점과는 달리 그들 고객이 가장 희구하는 품종의 중점이나 가격대 및 가격수준에 대응하는 상품이나 품질을 차별화하는 방향으로 전개하는 상품화이다. 따라서 이를 중심으로 하는 경쟁전략은 경합점 상호간에 대립성을 생기게 하여 직접적인 경쟁을 회피할 수 있게 해준다. 왜냐하면 동일한 육류점이라 하더라도 한 점포는 쇠고기 중심, 다른 점포는 돼지고기 중심, 또 다른 점포는 닭고기를 중심으로 상품

화하는 것과 같은 형태이다.

③ 선별적 상품화(Selective merchandising): 소매업, 2차제품 제조업자, 가공업자 및 소재제조업자가 수직적으로 연대하여 상품계획을 수립하는 상품화방식으로서 이는 시장세분화를 통해 파악한 한정된 세분시장(segment)을 목표고객으로 하여 이들에 알맞는 상품화전략을 전개하는 것이다. 이는 흔히 유행상품인 패션상품화 등에 주로 이용된다.

④ 계획적 상품화(Programmed merchandising): 대규모 소매업과 선정된 주요 납품회사(Key merchandise resources)가 서로 계획을 조정통합화시켜 상품화활동을 수행하는 것으로서 특히 대규모 소매점의 경우에 일반화되고 있다. 이 때에는 소매점과 납품회사의 최고경영자가 공동으로 상품계획의 입안과 문서화과정을 거친다. 이 방법은 점포가 선호하는 납품업자에게 구매가 집중되어 생산, 재고관리 계획수립이 용이해지는 이점이 있다.

⑤ 상징적 상품화(Symbol merchandising): 종합슈퍼마켓이나 지방의 백화점이 전문점이나 대도시형 백화점과 차별화하기 위해 주요 품목중심으로 특화하여 상징적인 품목을 갖추게 되면 점포의 특색이 살아나고 점포의 매력이 증대된다.

(2) 상품화계획

1) 상품화계획의 의의

기업의 기본적인 상품목적, 즉 소비자의 필요와 욕구에 적합한 제품을 제공하기 위한 계획을 말하며 『상업의 객체』로서의 상품으로 탄생하기 위하여 먼저 상품화계획과정을 거쳐야 한다. 그 이유는 현대는 구매자 시장적인 기업환경에서는 상품 자체가 『상업의 객체』로서 행세할 수 없기 때문이다. 또한 오늘날의 마케팅시대에 소비자의 필요나 욕구를 만족시키지 못하는 상품을 갖는 기업은 존재할 수 없기 때문이다. 즉 소비자의 즉시적인 만족과 장기적 소비자 복지와의 점검에서 제품기회를 발견하는 것이 바로 상품화계획의 과제이다.

[상품화계획과 제품계획의 차이점]

① 상품화계획: 소비자의 필요나 욕구를 만족시키는 상품을 제공하는 것을 말한다.
② 제품계획: 상품화계획에 의해 발견된 제품(상품)을 생산하기 위한 계획을 말한다.

2) 상품화계획의 내용

- 기본적 상품화계획 (Primary merchandising)
  - 신상품 개발: 아이디어 창출 → 아이디어 선별 → 경영분석 → 상품개발 → Test 마케팅 → 상품화
  - 기존상품의 개량
    - 1차적 품질개량: 품질, 성능개량
    - 2차적 품질개량: 포장, 상표 등 개량
  - 기존상품의 신용도 개척(㉠ 비닐의 용도개량(커튼, 비닐하우스, 필름))
- 부차적 상품화계획 (Secondary merchadising)
  - 상품의 다양화
  - 상품의 단순화
  - 상품의 진부화 및 상품폐기

(3) 상품화계획을 위한 적절한 조건

새로운 상품화계획이 성공하려면 상품화계획도 고객지향적으로 이루어져야 함은 물론 시장적 조건 등에 적응하기 위한 적절한 조건 등을 갖추도록 해야 상품화계획이 제대로 이루어질 수 있다고 보는 것이다. 이러기 위해서 상품화계획을 할 때에는 상품화계획의 체크리스트라고 하는 다음과 같은 다섯 가지 적정한 조건(5R's)이 배려되어야 하는 것이다.

1) 적정한 상품(Right goods)

상품의 안정성 등을 고려한 소비자의 필요와 욕구를 충족시킬 수 있는 적정한 상품

2) 적정한 장소(Right place)

소비자가 상품을 구입하고 싶은 장소, 사용하고 싶은 장소, 보관하고 싶은 장소에 적합한 상품

3) 적정한 시기(Right time)

소비자가 원하는 시기에 구입하고, 원하는 시기에 사용할 수 있는 상품

4) 적정한 가격(Right price)

품질에 적합한 가격으로 소비자가 자신의 능력에 따라 대금 지불할 수 있는 적정한 가격의 상품

5) 적정한 수량(Right quantity)

적정한 포장과 수량으로 소비자가 사용하기에 편리하도록 가격, 수량 등이 적정한 상품 위의 체크리스트 요소들은 상품의 포장과 유통에서도 체크포인트로 다루고 있는 가장 중요한 요소들이다.

(4) 상품화계획의 필요성

기업이 새로운 상품을 개발하여 사업을 다각화하려면 소비자의 필요와 욕구를 파악해서 이를 상품에 구현시키는 상적 배려에 입각해서 상품화계획이 이루어져야 하는데 이러한 상품화계획의 필요성은 다음과 같다.

① 기업이 사업의 범위를 넓히기 위해서

② 설비와 자원 등 생산요소의 효율적 활용을 위해서

③ 동종업계에서의 선도적 지위를 유지 또는 확보하기 위해서

④ 소비자에게 좋은 상품을 제공하여 기업의 좋은 이미지를 유지하기 위해서

⑤ 기존상품의 상품수명주기상의 진부화를 대비해서

(5) 상품의 고차원화

상품화계획의 내용은 기본적인 상품화계획으로서의 신상품개발, 기존상품의 개량, 용도개척, 부차적 상품화계획으로서의 상품의 다양화와 단순화, 상품폐기 등으로 나눌 수 있으며 이러한 낮은 차원의 상품으로부터 높은 차원의 상품으로의 변환을 『상품의 고차원화』라 한다. 상품화계획의 입장에서는 여러 가지 각도에서의 상품의 고차원화현상에 항상 유의가 있어야 한다. 다시 말해서 저차원상품에서 고차원상품으로의 변환점이 모색될 때 그것이 바로 상품화계획이 된다고도 할 수 있는 것이다.

예로 가령 『섬유』에 염료 등으로 염색사를 얻고, 다시 가공하여 차원높은 직물로 가공하고 이러한 식으로 다시 의복에 이르는 이러한(섬유 → 사 → 직물 → 의복) 과정에 의해 고차원화된 시스템 상품이 얻어지는 것을 볼 수 있다.

이와 같은 상품의 고차원화단계를 전제로 하면 상품은 크게 다음과 같은 세 가지로 나누어진다.

① 재료상품(알루미늄 원료)

② 가공상품(알루미늄 섀시)

③ 조립상품(주택 — 알루미늄 창틀, 문 등이 포함)

오늘날의 가공무역은 상품고차원화 과정에 의해 이루어진다 할 수 있다.

제 2 절 상품화계획의 전제조건

합리적인 상품형성을 위한 상품화계획은 그러한 계획을 실제로 집행하는 기업의 입장에서 볼 때에는 그에 앞서 반드시 신중한 고려가 있어야 할 몇 가지 전제조건이 있게 되어 있다. 특히 전체적인 경영관리라는 관점에 서게 될 때 상품화계획은 기업의 어느 특정한 상품담당분야에서만 단독적으로 행해져야 할 성격의 것은 결코 아니다. 왜냐하면 상품화계획에 따른 상품의 생산과 판매란 곧 기업 자체의 궁극적인 목적이 되고 있기 때문이다. 따라서 상품화계획은 항상 경영관리라는 기업전체의 관점에서 이루어져야 하는데, 그 가운데에서도 몇 가지 전제조건만은 반드시 기업전체라는 수준에서 충족되어야 하는 것이다. 무엇보다도 그 중 하나는 이른바 ① 경영정보시스템의 확립이며, 또 그 하나는 합리적인 상품형성을 위한 수단으로서의 ② 표준화체계의 구축이다. 그 외에도 상품화계획의 활성화를 위한 목표관리(Management By Objective; MBO)의 도입이라던지, 상품화계획의 능동화를 위한 과학적인 조직기구의 편성 등 여러 가지가 있게 되나, 합리적인 상품화계획을 위해서는 무엇보다도 경영정보시스템과 표준화라는 양대 전제조건의 충족이 시급하다. 그것은 오늘날과 같은 격심한 기업경쟁의 와중에서는 정확한 상품정보를 비롯한 각종 경영정보와 그러한 정보를 토대로 한 상품화계획만이 기업의 유지와 성장의 토대가 될 수 있기 때문이다.

[상품화계획의 전제조건]

① 경영정보시스템의 확립 ┐
② 표준화체계의 구축 ┘ 중요한 양대 전제조건
③ 목표관리
④ 과학적인 조직기구의 편성

(1) 경영정보시스템과 상품정보

1) 경영정보관리와 경영정보시스템

경영정보관리 또는 단순히 정보관리(Information management)란 글자 그대로 기업경영에 관한 여러 가지 정보를 관리하는 것으로서, 구체적으로는 경영관리를 위한 제반 정보의 수집·분석·평가·축적·분류·정리·이용(또는 폐기) 등에 관한 관리를 뜻하며, 넓은 의미에서는 제반 정보처리 전체의 프로세스의 효율화를 달성하는 방법이 주가 된다. 특히 제반 정보의 수집(Collecting)·분석(Analysing)·평가(Evaluating)를 정보관리의 3핵심단계라 일컫는다.

이러한 정보관리와 경영계획활동의 합리적인 수행을 위해서 뿐만 아니라 온갖 기업활동에 필요한 내외정보를 경영의 각 계층에 필요시에 언제나 신속하게 제공해 주는 시스템(System)의 마련이 절실하다. 이를 경영정보시스템(Management Information System)이라 해서 흔히 『MIS』라고 약칭하기도 한다. 즉, MIS는 경영에 있어서의 보다 신속한 정보처리제공의 효율화를 위한 시스템이라 할 수 있으며, 특히 오늘날에 있어서는 컴퓨터의 사용을 전제로 한 경영정보시스템의 확립과 정보처리의 합리화를 위해서는 절대적이다.

[경영정보관리와 경영정보시스템]

① 경영정보관리의 3핵심단계
정보의 수집(Collecting) → 분석(Analysing) → 평가(Evaluating)
② 정보축적 → 정보검색
③ 경영정보시스템 → 상품화계획분야에 도입 → 상품정보시스템
(=마케팅 정보시스템)

2) 상품정보의 평가

마케팅정보시스템의 합리적인 개발·운영을 위해서는 정보시스템의 올바른 운영과, 이와 함께 그 기반이 되는 각종 마케팅정보(Marketing information)의 선별과 평가가 무엇보다도 중요하다.

이처럼 입수된 정보들 가운데의 유효한 정보만을 색출하고, 그 실용을 판단하게 되는데 이것이 곧 『상품정보의 평가』이다. 이러한 평가기준으로는 적절성, 신속성, 정확성 등이 있다.

① 적절성: 정보에서 필요한 지식을 얻는 데 적절한지 여부에 관한 것으로 이를 평가하는 데는 다음과 같은 사항에 의거하여야 한다.

㉠ 필요한 지식에 도움이 되는지 여부와 기존의 정보와 연결되어 도움이 되는지

여부

㉡ 현재 필요한 정보인지 또는 장래에 필요한 정보인지 여부

㉢ 정보의 이용처

② 신뢰성: 이는 정보원 또는 정보제공자에 대해서 어느 정도 신뢰할 수 있느냐의 문제이다. 그 평가에 있어서는 다음과 같은 사항에 의거하여야 한다.

㉠ 정보원의 신뢰성은 어떤가

㉡ 수집기관의 능력이나 경험이 그 정보를 획득할 능력이 되는가

㉢ 수집 당시의 상황 밑에서 그 정보의 입수는 가능했었는가

③ 정확성: 이것은 정보내용의 정확성 또는 진실성의 문제이다. 이의 정보에는 다음과 같은 사항에 의거하여야 한다.

㉠ 그 정보의 내용은 과연 있게 되어 있는가

㉡ 그 정보는 다른 정보원에서 얻어진 자료에 다시 검증될 수 있는가

㉢ 그 정보는 이미 획득한 정보, 특히 정확하다고 판명된 것과 일치 또는 관련되는가

(2) 표준화와 규격

1) 표준화와 규격의 의의

오늘날과 같은 대량생산(Mass production)과 대량판매(Mass marketing), 그리고 대량소비(Mass consumption)가 직결되어야 할 3M 시대에 있어서 상품의 일관성(Quality consistency)을 유지하기 위한 지름길은 상품형성과정에서 표준화(Standardization)에 의한 것이 최상의 방법이라 할 수 있다. 그래야 단순화(Simplification), 전문화(Specialization), 그리고 표준화(Standardization)로 집약되는 이른바 3S체제하에서의 대량생산이 가능해지기 때문이다.

여기서, 표준화(Standardization)란『기본적인 한계 또는 등급의 폭을 설정하는 것으로서, 그것은 곧 일반제조품에 대한 통일규정(Uniform specification)이거나 자연생산물에 대한 통일등급(Uniform specification)을 총칭』하는 것으로 되어 있다. 제조업에 있어서는 표준화의 수단이라 할 수 있는 것이 바로 규격이다.

표준화 표준(standard)이나 규격(norm)을 제정해서 이를 상품 생산에 활용하는 것
3M시대에 3S체제하에서 대량생산 가능하게 함

* 3M:	* 3S:
Mass Production(대량생산)	Simplification(단순화)
Mass Marketing(대량판매)	Specialization(전문화)
Mass Consumption(대량소비)	Standardization(표준화)

결국 상품화계획에 있어 문제가 되는 것은 광의의 표준 가운데의 규격이며, 주로 기술생산품의 제조에 있어서 단순화의 길잡이가 되는 것이 규격이라 할 수 있다. 흔히 규격을 가리켜 『경영파트너(Partner) 사이에서 이루어진 자유의사에 의한 협정이며, 다수의 가능성 가운데서 의식적으로 선택된 합리화의 수단』이라 정의를 내리듯이 규격은 단순화를 위한 생산합리화에 애당초 그 목적이 있게 되지만, 판매와 소비의 합리화에도 나름대로 연결되기도 한다.

① 표준화의 2단계: 표준화는 일반적으로 다음과 같은 두 단계(단순화와 통일화)로 나뉘어 추진된다.

㉠ 단순화(Simplification): 시장에 있는 동종상품 중 중요성이 비교적 낮은 치수, 형상, 형태, 품질의 상품을 정리하여 상품의 품목수를 줄여 생산, 유통, 소비의 낭비를 제거하는 것으로 간소화 또는 품목의 표준화라고 하기도 한다.

표준화(기본적 한계와 등급의 폭을 규정하는 것) (Standardization)
- 자연생산물에 대한 통일등급 (Class = Grade)
- 기술생산물에 대한 통일규정-규격 (Specification = norm)

→ 광의의 표준 (Standard)

㉡ 통일화(Unification): 단순화를 한 다음에 남은 품종과 관련하여 치수, 형상, 품질 등을 통일하여 호환성이 있는 규격에 맞는 제품이 생산되도록 하는 것인데 이는 규격에 맞는 상품을 생산한다는 의미에서 규격화라고 하기도 한다. 이에 대해 등급화(Grading)란 주로 천연산품과 관련된 표준화활동으로 이미 설정된 여러 가지 등급별로 상품을 선별하는 것이다. 이는 표준품에 따라 등급화가 이루어진다.

② 표준화의 이점

㉠ 제조업자 입장에서의 이점

ⓐ 주요 치수, 구조, 재료, 제법 등의 품질(주로 1차적 품질)이 일정해지므로 계획생산을 통한 대량생산이 가능해진다.

ⓑ 계획, 설비 및 재료선택 등의 노력과 경비가 절약된다.

ⓒ 재료나 제품종류의 감소로 재고가 줄어든다.

ⓓ 불량품이 감소한다.

ⓔ 규격화에 의해 품질관리가 촉진되며, 노무자의 숙련도가 높아지며, 이에 따라 생산능률이 향상된다.

ⓕ 부품이 균일해지고 호환성이 좋고, 따라서 기계의 수명이 길어지게 된다.

㉡ 판매업자 입장에서의 이점

ⓐ 상품의 종류와 내용이 명확해지고 품종이 감소하여 거래가 단순·신속·원활해진다.

ⓑ 품질의 균일성이 유지되므로 허위나 부정거래가 감소하며, 클레임이 줄어들게 된다.

ⓒ 재고가 줄어듦으로써 창고비용이 절약되며, 따라서 자금회전율이 향상한다.

ⓓ 따라서 대량판매가 가능해진다.

㉢ 소비자 입장에서의 이점

ⓐ 품질, 종류, 사이즈 등이 명확해지며, 양질의 제품을 저렴하게 구입할 수 있다.

ⓑ 구매가 간편해진다.

ⓒ 수리나 보수가 용이해진다.

③ 표준화의 단점: 이러한 이점에도 불구하고 다음과 같은 단점도 있다.

㉠ 소량생산품이나 주문생산품 또는 유행상품, 미술품, 특수기호품 등에는 전혀 규격이 적용되지 못하는 한계가 있다.

㉡ 신상품 창조에의 의욕이 억제되고 틀에 박힌 상품의 판매에 의한 소비의 획일화가 초래되는 경향이 생긴다(제조업자의 입장).

㉢ 품종이 한정됨으로써 구매욕이 감퇴하여 상품의 소비가 억제된다(소비자의 입장).

㉣ 취미, 기호가 한정되어 소비면의 개성을 잃기가 쉽다.

그러나 이러한 단점보다도 규격화에 의한 품질향상과 능률증진, 나아가서 비용절감에 따른 가격의 저하 등의 경제적 효과가 훨씬 크다는 점이 표준화가 추진되는 이유라 할 수 있다.

④ 표준화 한계: 소량생산품, 주문생산품, 유행상품, 취미기호품, 예술품

2) 규격의 발달과 그 구분

인류의 역사를 살펴볼 때 언어, 관습, 도량형이나 화폐의 단위가 벌써 넓은 뜻에서의 표준에 해당한다. 다만 협의의 표준인 규격(Norm)은 그 본격적인 발달이 비로소 산업혁명 이후부터라 할 수 있다. 이는 특히 기계공업에 있어 부품의 호환성의 필요성이 날로 증대되었다.

또 규격부분에 있어서의 국제협력기구인 국제규격협회(International Standard Association; ISA)가 제네바에서 1926년에 창설되었으며, 그 후 1946년에 국제표준화기구(International Standard Organization; ISO)로 개칭되어 오늘에 이르고 있다.

그런데 규격에는 여러 가지 유형이 있으며, 이를 종합적으로 다음과 같이 구분해 볼 수 있다.

① 대상에 따른 분류

㉠ 기본규격(Basic standard): 용어, 단위, 기호, 양식, 분류, 정의 등 지식의 표현, 의사의 전달을 위한 것으로서 전달규격(Communication standard)이라고도 불리워진다.

㉡ 특성규격(Standard specification): 치수, 성분, 형상, 품질, 성능 등 제품의 성질에 관한 규격

㉢ 방법규격(Standard procedure): 조사, 설계, 제조, 시험, 검사, 업무절차, 측정, 계획, 포장, 사용, 관리, 서비스 등의 치수나 위생상태·안전상태 등 환경에 관한 지식의 표현에 관한 규격

② 제정자에 따른 분류

㉠ 사내규격(Company stadard): 특정의 기업 또는 백화점 등에서 사내에서의 이용을 위하여 제정되는 규격으로서, 원재료의 수입, 품질관리를 위한 검사, 구매품의 검사 등 많은 목적이 있다(㉮ 한전표준규격 등).

㉡ 관청규격(Government standard): 관공서는 거대한 소비자와 같아서 구매규격을 갖는 경우가 많다(㉮ 조달청규격, 미국정부구매규격 등).

㉢ 단체규격(Association standard): 기술자단체, 업계단체, 학회 등에 의해 제정된 규격(㉮ 모제품 검사협회 규격 등)

㉣ 국가규격(National standard): 전국적으로 통일·보급시키기 위해 국가가 제정한 규격으로서 표준화사업의 핵심이 된다(㉹ 한국공업규격(KIS), 일본공업규격(JIS) 등).

㉤ 국제규격(International standard): 국제표준화기구(ISO)에 의해 제정된 규격

③ 내용에 따른 구분

㉠ 정의규격(Standard definition): 사물의 의미를 명확하게 하기 위한 일반적으로 인정된 규격으로서 표준정의라고도 일컬어진다.

㉡ 표준규격(Standard classification): 상품이나 산업 또는 도서 등의 분류에 관한 규격

㉢ 용어규격(Term standard): 용어나 기호에 관한 규격

㉣ 치수규격(Dimentional standard): 치수나 사이즈 등을 정한 호환성의 기초를 이루는 규격

㉤ 품질규격(Quality standard): 사용목적에 적합한가 아닌가를 판정하기 위한 규격으로서, 이에는 주로 원재료, 성분, 결점 등 정태적 특성에 관한 것과, 수축, 인장, 강도 등 사용한 상태에 있어서의 동태적 특성에 관한 것이 있다.

㉥ 시험방법규격(Procedure standard): 물질을 판정하기 위한 시험방법에 관한 규격

3) 규격의 제정시기

규격이 어떠한 유형으로 구분되는가에 상관없이 일단 제정된 규격은 일정기간 동안 일관성 있게 유지되게 된다. 그러나 기술의 진보는 해마다 약진을 거듭하는 변화속도가 빠르기 때문에 이를 규격 가운데에 어떠한 템포(Tempo)로 채용해야 하는가가 항상 문제가 되게 마련이다. 다만 기술의 발달이란 통례적으로 다음의 그림에서 처럼 곡선을 그리며 상승하는 것으로 이해되기가 보통이기 때문에 되도록 기술의 미발달기인 제 1 기와, 급속한 상승기인 제 2 기를 피해서, 안정기에 들어선 제 3 기에 2~3년의 유효기간을 설정하는 테두리 속에서 규격을 제정하는 것이 바람직하다는 것이 일반적인 통설이다.

즉, 기술의 진보를 미발달기·상승기·안정기로 구분짓는다면, 상승기에는 급속한 변화가 있으므로 피하고 안정기에 들어선 후에 보통 2~3년의 유효기간을 설정하는 범위 안에서 규격을 제정하는 것이 적절한 것이다.

[규격제정 · 개정의 시기]

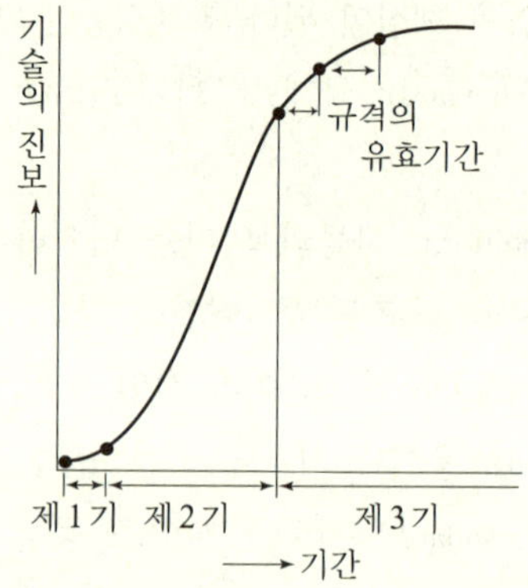

4) 우리나라 규격과 표시제도

① 한국공업규격의 개요: 우리나라의 규격은 국가규격으로서 공업규격이 그 주종을 이루고 있으며, 1961년 9월 30일자 공업표준화법(법률 제732호)의 공포로 우리나라의 실정에 알맞은 규격이 제정되면서, 그 이후 정부 주도에 의한 표준화사업이 진전되어 가고 있다. 즉, 한국공업규격(Korean Industry Standard; KIS)은 1962년에 최초의 공업규격 제 1 호가 제정·공포된 이래 국가규격이 제정되어 오늘에 이르고 있다.

② 한국공업규격의 표시제도: 우리나라에도 미국이나 독일 또는 일본과 같은 선진국에서의 경우처럼 공업규격표시제도가 있다. 규격표시제도란 공업표준화를 통한 공업규격 보급·활용과 소비자 보호를 위한 제도로서 일정의 규격을 정해 놓고 그 규격에 합치되게 제작되었다는 표시를 하는 제도이다. 이 제도는 공업표준화를 실시하고 있는 대부분의 선진국가에서 채택하여 큰 성과를 거두고 있으며, 우리나라에서도 정부가 공업표준화법 제15조 및 제15조의 2의 규정에 따라서 한국공업규격에 합당한 제품을 생산한 자에 대하여 오른쪽 그림과 같은 KS마크를 제품이나 포장에 표시할 수 있도록 허가하게 되어 있다. 이와 같은 마크가 붙어 있는 상품을 소위 『KS 표시품』이라 하며, 이러한 상품은 따라서 그 품질이 정부에 의하여 보증되고 있다고 여겨져 소비자들의 신뢰를 얻을 수 있다.

[주요국의 공업규격과 국제표준화기구]

규　격	규격기호
한국산업규격	KS(Korean Industrial Standards)
영국표준규격	BS(British Standards)
독일공업규격	DIN(Deutsches Institut für Normung)
스위스공업규격	SNV(Schweizerische Normen-Vereinigung)
미국표준규격	ANSI(American National Standards Institute)
일본공업규격	JIS(Japanese Industrial Standards)
국제표준화기구	ISO(International Standard Organization)

제 3 절 기본적 상품화계획과 부차적 상품화계획

상품화계획(Merchandising)은 결국 상품형성을 위한 필수적인 전단계과정이지만, 정작 그러한 상품화계획의 내용이 구체적으로는 어떤 것인가에 관해서는 여러 가지 견해가 제시되고 있으나, 보통 ① 신상품의 개발, ② 기존상품의 개량, ③ 기존상품의 신용도개발 등으로 일반적으로 나누어 볼 수 있다. 이 때, 이들은 흔히 기본적 상품화계획(Primary merchandising)이라 하고, 그 외에 상품의 다양화, 상품의 단순화, 상품의 폐기 등의 부차적인 부분화계획이 이루어질 때 이를 부차적 상품화계획이라 한다.

- 상품화계획
  - 기본적 상품화계획
    - 신상품의 개발
    - 기존상품의 개발
    - 기존상품의 신용도 개발
  - 부차적 상품화계획
    - 상품의 다양화
    - 상품의 단순화
    - 상품진부화 및 상품폐기

(1) 기본적 상품화계획

상품화계획의 내용은 다양하지만 일반적으로 신상품을 개발하거나 기존상품의 개량 및 신용도 개발 등으로 확대가 이루어질 때 이를 기본적 상품화계획이라 한다.

1) 신상품의 개발

① 신상품개발의 의의

신상품이란 광의로는 기업이 상품화계획에 의해서 전적으로 새로운 시장을 창출하기 위하여 개발한 원초적 신상품 외에 기업이 처음으로 진출하는 기존시장에 대한 신상품, 기존상품을 개량한 개량상품, 기존상품과 동일한 기능을 발휘하도록 제품화된 저가의 신상품, 기업이 처음으로 생산하게 되는 모든 상품이 포함된다. 그러나 협의로는 원초적인 신상품만을 의미하는 것이다.

기업이 지속적으로 성장하기 위해서는 신상품의 개발은 필수적이다. 물론 신상품의 개발은 막대한 비용과 또한 상품의 시판에 대한 성공 여부의 위험부담 등이 따르게 마련이지만 시장점유율의 확보를 위해서도 절대명제라 할 수 있다.

신상품의 개발이 성공하기 위해서는 철저한 시장분석과 상품에 대한 결함방지, 적정한 생산비, 상품출시의 시기, 타기업 상품과의 경쟁상태, 적극적인 마케팅활동에 의한 유통망의 확보 등에 대한 완전한 대비책이 마련되어야 한다.

② 신상품개발의 과정

신상품의 개발을 그 개발과정적인 측면에서 볼 때 여러 가지 개발단계가 있게 마련이다. 그러나 일반적으로 기술생산품인 공산품의 경우에는 대략 그 개발패턴은 어느 정도 유사한 형태를 갖추고 있으며 대략 다음과 같은 단계를 거치게 된다.

㉠ 신상품 아이디어의 창출: 신상품의 개발은 바로 아이디어의 창출과 그 검색으로부터 시작된다. 이 단계를 아이디어 개발단계라 하지만, 여러 가지 아이디어 원으로부터 적당한 아이디어를 수집하는 것이 그 첫시작이다.

㉡ 아이디어의 선별: 여러 가지 아이디어 원에서 검토·수집된 아이디어는 면밀히 분석·비교·검토된 다음에 우량의 것만을 채택평가함으로써 신상품개발의 시발점이 된다. 따라서 이 단계에서는 수집된 아이디어가 기업의 목적과 자원에 적합한가 아닌가가 우선 검사되기에 이른다. 이 때 상품화되었을 때의 실재적 가치가 평가기준이 되기도 한다.

㉢ 경영분석: 수집된 아이디어가 검사를 통과한 다음에는 그 신상품 아이디어는 ㉠ 상품특성의 원인, ㉡ 시장수요 및 상품의 수익능력의 예측, ㉢ 상품개발 프로그램의 작성, ㉣ 상품의 기능성 연구를 위한 책임분담 등의 구체적인 사업시안으로까지 확대되기에 이른다. 이 단계에서는 특히 최근의 두드러진 경향으로서 상품의 안정성이나 환경에의 영향, 자원의 고갈에 따른 상품의 재활용 등의

문제가 검토되기도 한다.

㉣ 상품개발: 이 단계는 선별·평가를 통과한 신상품 아이디어를 실제로 생산·판매하기 위한 상품으로 구체화하게 되는 단계이다. 이 단계에서의 주요한 과제는 신상품 아이디어의 기술적·상업적인 개발가능성에 대해서 결론을 내리며, 상품의 설계명세서를 개발해서, 상품개발 프로그램을 작성·심의하게 되는 점에 있게 된다. 따라서 상품개발에 관계하는 각 부문간의 팀워크가 가장 중요해진다. 특히 개발부서나 마케팅부서 간의 상호역할의 조화가 큰 영향을 미친다.

㉤ 테스트 마케팅: 신상품의 본격적인 시장도입 전에 선정된 소시장에서 신상품을 위한 전마케팅 프로그램을 시험하는 것을『테스트 마케팅』으로 실패의 위험을 최소한으로 막고, 그 성공률을 크게 높일 수가 있게 된다. 테스트의 결과 상품화계획이나 상품생산에 관한 여러 가지 요인의 수정이 잇따르게 되는 경우도 있게 됨은 물론이다.

㉥ 상품화: 전면적인 생산과 마케팅 프로그램이 작성되면서 신상품이 본격적으로 시장에 도입되기에 이른다. 경영자가 상품에 대해서 완전한 통제력을 발휘할 수 있는 것은 이 단계까지며, 일단 상품이 시장에 도입되면 경영 외부의 경쟁환경에 의해 상품의 성패가 결정되게 된다.

[신상품개발의 과정]

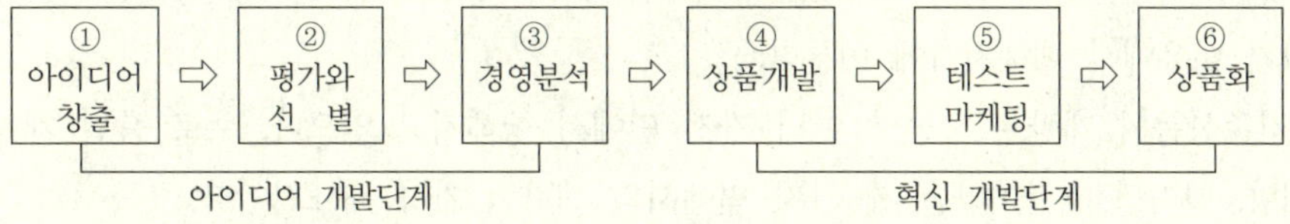

③ 신상품개발의 실패사유

다음과 같은 이유 때문에 신제품개발이 더욱 성공하기 어려우리라 생각되고 있다.

㉠ 단편화된 시장: 시장의 세분에 의하여 소규모의 세분시장을 목표로 신제품을 개발하므로 이 때문에 판매와 이익이 낮아진다.

㉡ 중요한 신제품 아이디어의 부족: 일부 품목에 있어 신제품 아이디어가 부족하다.

㉢ 사회적·행정적 제약의 증대: 신제품은 소비자안전성, 공공기준 등에 적합해야 하므로 화학품, 자동차 등의 주요 규제품목의 제품설계를 복잡화하고 있다.

㉣ 제품개발과정의 고비용(Costliness): 대다수 기업은 좋은 제품생산을 위해 많은 아이디어개발로 비용이 증대된다.

㉤ 자본부족: 신제품개발의 고가격은 대다수 기업으로 하여금 높은 자금 Cost 때문에 혁신보다는 제품수정이나 모방에 그치는 예가 많다.

㉥ 성공제품의 단명성: 경쟁기업의 모방상품 출시로 경쟁이 치열해져 단명화되기 쉽다.

2) 기존상품의 개량

기존상품의 개량이란 이미 시판중에 있는 상품을 개량하는 것으로서, 그것은 새로 개발된 신상품의 경우도 있고, 오래된 기존상품의 경우도 있게 된다. 그런데 이에는 상품의 품질이나 성능과 같은 기존상품 그 자체에 관한 기본적 개량(Primary improvement)과, 포장이나 상표와 같은 기존상품의 여러 가지 속성에 관한 부차적 개량(Secondary improvement) 등이 있게 되며, 흔히 전자의 경우를 1차적 품질개량, 그리고 후자의 경우를 2차적 품질개량이라 일컫는다. 그러나 보통의 경우 신·구상품을 가릴 것 없이 주로 후술하게 되는 상품의 라이프 사이클상 성숙기에 놓인 성숙상품이나 쇠퇴기에 들어선 쇠퇴상품이 그 대상이 된다.

이러한 기존상품의 개량은 신상품개발만큼이나 비중이 큰 상품화계획의 하나로서 ① 시장이나 소비자의 변화에 대응하여 나가기 위해, ② 신규로 개발된 기술을 이용하기 위해, ③ 매출액이 낮아지고 있는 상품을 회복시키기 위해, ④ 경쟁의 필요성 등 여러 가지 이유에서 행해지기에 이른다.

기존상품의 개량은 오늘날 여러 가지 면에서 행해지고 있으나, 주로 품질 개량, 기능 개량, 디자인 개량이라는 세 가지 면에서의 개량이 가장 대표적이다.

① 품질 개량: 상품에 구성되는 원재료를 보다 좋은 원재료를 사용하거나 생산기술을 개량하여 기존의 상품보다 품질을 향상시키는 방법을 말한다.

② 기능 개량: 기존상품의 여러 가지 기능면을 개량하여 보다 향상된 편의성, 안정성, 효율성, 융통성 등이 부가되는 방법을 말한다.

③ 디자인 개량(스타일 개량): 디자인 개량은 일명 스타일 개량이라고도 말하며, 모양이나 스타일을 개량함으로써 타사의 상품과의 차별화를 꾀하여 상품의 수명주기(라이프 사이클)를 연장시킬 수 있다.

3) 기존상품의 신용도 개발

기존상품의 신용도 개척이란 기존상품을 변경함이 없이 그 상품의 새로운 용도만을 변경함으로써 새로운 시장을 확보하게 됨을 의미한다. 따라서 이는 기존상품의 개량과 더불어 상품 라이프 사이클(Product life cycle)에 있어 상품의 수명을 연장시키는 대책의 하나라 할 수 있다.

예로써, 20세기 초에 발명한 비닐(Vinyl)은 원래 그 용도가 우의나 보자기의 원료로 사용되었으나, 그 후 필림, 커튼 및 온실커버 등에 다양화하게 이용된다. 따라서, 신용도의 개발은 신상품의 개발보다 쉽고, 가능성이 무한하며, 신시장과 고객확보의 첩경이 된다.

기존상품의 신용도 개발은 ① 특정 용도의 상품을 범용성 있게 활용하는 방법, ② 대체상품 또는 보완상품으로 용도활용, ③ 생산재상품을 소비재상품으로서 전환, ④ 다른 상품과 결합하여 사용할 수 있는 방법 등으로 하는 것이다.

(2) 부차적 상품화계획

상품화계획에서 기본적 상품화계획 이외에 상품종류의 확대(다양화)나 축소(단순화), 상품의 폐기 등이 이루어질 때 이를 부차적 상품화계획이라 한다.

1) 상품다양화

상품종류를 확대 또는 확장하게 될 경우를 상품다양화(Product diversification)라 하는데, 기업이 생산·판매하는 상품계열(Product-line)별 및 상품류별로 다양화하는 것이 일반적이다.

① 상품다양화의 이유

㉠ 수익 및 기업 전반의 안정화의 목적에서

㉡ 기업의 인적·물적 자원을 보다 효과적으로 활용하려는 목적에서

㉢ 효과적인 마케팅 목적에서

㉣ 기타 여유자금의 유용한 활용 등의 목적에서

② 상품다양화의 종류: 상품다양화는 다음과 같은 형태 중에서 단독 또는 연관시켜 하는 것이 일반적이다.

㉠ 관련상품의 다양화: 가격변동이 없이 동일계열의 상품의 치수, 형식 등을 추가하는 경우와 다른 가격선을 추가하여 기본적 품질을 변화시키는 경우

㉡ 보완상품의 다양화: 서로 보완관계에 있는 상품을 다양화하는 것으로서 예로 복사기와 복사지 및 토너 또는 카메라 제조회사가 필름을 추가하는 경우

㉢ 대체상품의 다양화: 주력상품에 문제가 있을 때에 대체적 역할을 할 수 있는 관련상품의 다양화(㉑ 버터와 마가린)

2) 상품의 단순화

수익성이 낮은 신상품이나 기존상품을 축소하는 것을 상품단순화(Product simplification)라 하며, 상품다양화의 반대개념이라 할 수 있다. 즉, 현재 출시되고 있는 상품 가운데서 수요가 적거나, 더 이상 불필요하다고 여겨지는 품목의 생산·판매를 줄이게 되는 경우로서 『품목의 표준화』라고도 일컬어진다.

① 상품단순화의 사유

㉠ 투입비용에 비해 이윤이 낮은 경우

㉡ 전체적으로 수요가 감소하고 있는 경우

㉢ 유리하게 경쟁할 수 없는, 보다 우수한 신상품 출현의 경우

㉣ 판매점이나 소비자가 당해 상품을 불신하는 경우

㉤ 안정성 차원이나 공해 등에 문제가 있다고 생각될 경우

② 상품단순화 장점(상품다양화의 단점): 상품단순화는 상품의 다양화의 반대개념이므로, 상품단순화의 장점은 상품다양화의 단점으로 간주된다. 상품단순화의 장점은 아래와 같다.

㉠ 보다 큰 경제적인 생산

㉡ 효과적인 판매력 증강

㉢ 재고품관리 용이

㉣ 경비절감

㉤ 소수품목 판매로 인한 광고노력 집중

㉥ 회전율 증대

㉦ 가격인하, 서비스향상 등

③ 상품단순화의 한계: 상품단순화의 장점에도 불구하고 기업의 상품정책상 상품단순화가 불가능하고 그 품목을 잔존시켜야 하는 이유는 아래와 같다.

㉠ 기업이미지상 제품구색을 맞추기 위해

㉡ 세일즈맨이 그 제품을 중요한 판매도구(Sales tool)로 삼고 있을 경우

ⓒ 현재로서는 바람직한 상태가 아니지만 경제환경이나 시장요인이 호전하게 될 때를 기대하고 있을 경우

ⓡ 광고나 판촉에 의해 판매량 증강이 기대되는 경우

ⓜ 그와 관련된 다른 상품의 매출에 공헌하고 있는 경우

[상품다양화와 상품단순화의 비교]

	상품다양화	상품단순화
특 징	· 신상품 추가	· 기존상품 축소
추진사유	· 수익 기업전반 안정화 · 인적·물적 자원의 효과적 활용 · 효과적인 마케팅	· 이윤 감소 · 소비자의 기존상품 불신 · 수요 감소 · 안정성·공해문제 발생 · 신상품 출현
종 류	· 관계상품 다양화 · 보완상품 다양화 · 대체상품 다양화	

※ 상품다양화나 상품단순화에는 각기 장단점이 있는데, 다만 기업의 상품전략(Product strategy)적이거나 상품정책(Product policy)적인 관점에서 오늘날 이른바 상품포트폴리오(Product portfolio)라고 불리우는 새로운 분석기법이 도입되어 정책적인 수단이 되고 있다.

상품포트폴리오란 흔히 경영포트폴리오(Business portfolio)라고도 일컬어지며, 이는 오늘날처럼 복잡한 기업환경 속에서 기업이 자사의 상품전략을 밀고 나가기 위해서는 그 상품전략 자체가 그 기업의 필요, 자원, 그리고 목적 등에 적합한지의 여부를 끊임없이 평가해야 하는데, 이 평가를 위한 방법이 바로 그것이다. 주로 이 방법은 증권과 사채의 최적 포트폴리오를 결정하는 데 사용되었는데, 이 포트폴리오 이론을 도입하여 기업이 상품전략 중 하나인 상품화계획에서 상품다양화로 추진할 것인가 또는 상품단순화로 추진할 것인가의 의사결정을 위한 하나의 분석기법이 되고 있다.

3) 상품진부화 및 상품폐기

보통의 상품단순화는 상품이 적자상품이나 한계상품이 되어 그 수명주기(Product life cycle)를 다한 때 폐기하게 되는 경우를 말하지만, 신상품이 시장에 도입되어 차츰

쇠퇴되어 가는 과정을 객관적으로 표현해서 상품진부화(商品陳腐化; Product obsolescence)라 부르게 된다. 다시 말해서 이 경우의 상품진부화는 수익성이나 수요의 감퇴 때문에 빚어지는 어쩔 수 없는 상품의 폐기를 뜻한다. 그런데 상품의 수요가 아직도 왕성한데도, 즉 상품수명상 위치가 아직도 견고한데도 일부러 그 디자인이나 스타일 등의 일부 특성변화에 의해 재래의 상품을 구식화해서 신상품과 대체시키고자 하는 의식적인 상품 폐기인 계획적 진부화(Planned obsolescence)도 있다. 즉, 계획적 진부화(상품의 진부화 정책)란 소비가 둔화되고 시장에서 상품이 포화상태에 놓여 있을 때 상품을 신속히 갱신하여 기존상품의 가치를 계획적으로 소멸시키거나 단명화시킴으로써 새로운 대체수요를 창출해 가는 정책(상품의 옵소레센스 정책; Product Obsolescence Policy)이다.

① 계획적 진부화의 형태

㉠ 기술적 내지 기능적 진부화: 기존제품보다 기능을 기술적으로 개선하여 기존제품을 열화(劣化)시키고 기능이 개선된 신제품에 대한 대체수요를 환기시켜 수요를 창출해 가는 정책

㉡ 물리적 진부화: 고의적으로 제품의 품질을 저하시켜 제품의 사용가능 기간을 단축시킴으로써 소비자가 그 상품을 다시 사게 하는 정책

㉢ 심리적 진부화: 상품의 스타일, 컬러, 디자인 및 유행성 등을 변화시켜 기존상품의 사용자는 마치 시대적으로 뒤떨어진 것과 같은 심리상태를 유발시켜 수요를 창출해 가는 정책

② 계획적인 진부화에 대한 평가

㉠ 긍정론: 계획적인 진보를 촉진한다.

㉡ 부정론: 기업의 악덕행위이고 사회적 낭비이며, 소비자에 대한 음모이다.

③ 계획적 진부화의 장점

㉠ 신상품을 구입하지 못한 경제적 여력이 없는 소비자에게 저가의 구모델상품을 구입할 수 있는 기회제공

㉡ 소비자의 생활수준 향상

㉢ 소비자의 수요유발

㉣ 제조업의 활성화

④ 계획적 진부화의 단점

㉠ 자원의 낭비

㉡ 상품폐기로 인한 공해발생

㉢ 진부화기업이 사회적 비난의 대상이 될 수 있다.

⑤ 상품폐기의 필요성: 만일 폐기대상인 불량품목을 그대로 남겨두는 경우에는 다음과 같은 눈에 보이지 않는 비용이 많이 발생하기 때문에 적절한 상품폐기가 이루어져야 한다.

㉠ 경영자의 시간을 많이 빼앗는다.

㉡ 가격과 재고를 자주 체크하고 조정해야 한다.

㉢ 성장하고 있는 상품판매에 쏟아야만 할 광고나 판매활동을 불량품목의 판매에 낭비하게 된다.

㉣ 고객이 기업에 대해 갖는 이미지를 나쁘게 한다.

- 상품진부화
  - 일반적 상품진부화: 수익성이나 수요감퇴 등의 적자상품, 한계상품의 진부화
  - 계획적 상품진부화
    - 물리적 진부화: 의도적으로 쉽게 마멸
    - 심리적 내지 유행적 진부화: 디자인이나 스타일 면에서 진부화
    - 기술적 내지 기능적 진부화: 기술진보, 혁신에 의한 기존상품의 구식화
- ↓ 폐 기

제 4 절 상품의 수명주기(라이프 사이클)

(1) 상품 라이프 사이클(Product Life Cycle: PLC)의 의의

새로운 상품으로 개발되어 시장에 투입된 이후에 어느 기간이 지나면 차츰 진부화되어 가며 마침내는 소비자의 수요감퇴로 쇠퇴될 때까지의 상품수명을 말한다. 이것은 신상품의 개발, 기존상품의 개량, 신용도 척도 등의 시기와 방향, 상품수익성의 관점에서 시장수요의 변화와 이익곡선의 추이를 보여주는 기준이 된다.

상품수명(PLC)의 구분과 호칭은 각각 도입기(Introductory period), 성장기(Market growth stage), 성숙기(Market maturity), 쇠퇴기(Sales decline)의 4단계로 나누어지는 것이 보통이다.

[4단계의 PLC곡선]

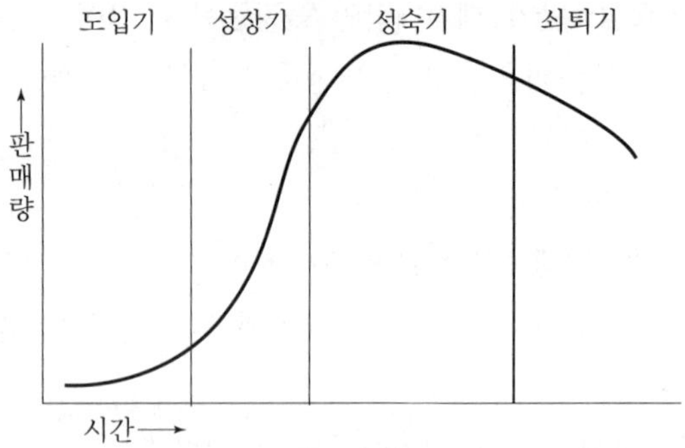

(2) 상품 라이프 사이클의 단계별 특징

상품의 수명주기(라이프 사이클)는 대체로 ① 도입기, ② 성장기, ③ 성숙기, ④ 쇠퇴기의 4단계로 구분되는 것이 일반적이라 하겠으나, 학자에 따라 3단계 또는 5단계로 구분되는 경우도 많다.

예를 들어 3단계 설로는 ① 개척기(Pioneering), ② 경쟁기(Competitive), ③ 유지기(Retentive)로 나누어지고, 5단계설로는 ① 도입기(Introduction), ② 성장기(Growth), ③ 경쟁기(Competitive), ④ 성숙기(Maturity), ⑤ 쇠퇴기(Decline)로 구분되어진다.

1) 도입기(Introduction stage)

신제품이 시장에 도입됐을 뿐 지명도가 낮은 시장개발기 생산성이 낮아 생산가격이 높고 이익률이 낮은 단계

2) 성장기(Growth stage)

상품의 지명도와 유용성이 널리 소비자에게 인식되어 매상고가 점진적으로 상승하는 단계, 이윤율은 낮으나 적자를 벗어나 이윤이 상승하는 단계, 경쟁기업이 동종상품을 시장에 참가시켜 경쟁이 발생하는 단계

3) 성숙기(Maturity stage)

수요가 포화상태에 이르고 있는 단계, 대량생산이 가능하여 생산가격이 저하되고 시장경쟁이 격화되어 이윤율도 감소되어 차츰 탈락하는 기업이 나타나 독점화 경향이 나타난다.

4) 쇠퇴기(Decline stage)

대체상품의 출현으로 기존상품의 매출액과 이익이 급속하게 감소하는 기간이며 상품을 시장으로부터 철수시키거나 판매활동의 대폭 감소 또는 경우에 따라서는 중단해야 한다.

[단계별 구체적 특징]

	특징항목	도 입 기	성 장 기		성 숙 기	쇠 퇴 기
			성장전기	성장후기		
종합면	1. 기타 호칭	시장개척기, 개발기	시장승인 단계기	경쟁적·불안정기	포화기	진부화기
	2. 이익	적자	높아진다	피크를 넘어선다	하강	최저시 적자감퇴
	3. 수요량	천천히 신장	급속신장	증가율 감소	증가율 정지	전·폐업 속출
	4. 기타	–	–	공급과다 기미	전업·도산기업 출현	–
생산면	1. 생산방법	시험적	대량생산방식 도입	대량생산 본격화	제한생산	축소·전환생산
	2. 생산설비	소규모	대규모	양산규모	저생산효율분 정리	폐업·전환
	3. 조업도	불충분	충분	풀 가동	제한조업	저하일로
	4. 코스트	대단히 높다	점점 낮아진다	저하의 한도 도래	거의 저하가 없다	–
	5. 기술개량	부단히 계속된다	부대적인 것만 개량	거의 없다	개량여지 없다	–
유통면	1. 경로	한정적	확대된다	정리된	단축된다	단축·정리
	2. 재고	항상 부족	재고고갈, 주문쇄도	증가한다	증가한도 도래	–
	3. 마진	크다	–	감소하기 시작	감소 일로	–
	4. 반품	때때로 있다	결재는 원활	–	증가	급증한다
	5. 가격	대단히 비싸다	저하한다	저가격이 형성	덤핑	일단 안정
	6. 유통코스트	높다	차츰 저하	저하의 한도 도래	–	–
경쟁면	1. 경쟁상품	거의 없다	여러 가지 출현	적어진다	–	급격히 감소
	2. 동종기업	거의 없다	경쟁기업 출현	탈락기업 증가	–	탈락기업 속출
	3. 일반경기변동	무관계	거의 영향이 없다	영향이 약간 크다	영향이 크다	악화따라 결정적 타격
	4. 광고	교육지도적	상표강조·경쟁적	판매효과 집중적	양 감소	소멸
소비면	1. 구매자형	파이어니어형	숙고형	–	소극형	보수형
	2. 구매자계층	고소득층·도시적	고소득층·도시적	중소득층·지방적	저소득층·지방적	최저소득층
	3. 지각률	낮다	급상승	100% 유행적	이미 유행은 아님	뒤떨어진 유행
	4. 소비의식	엘리트의식이 높다	엘리트의식이 높다	–	–	–
	5. 구매기점	구체적인 메리트	무드와 이미지	이미지	이미지	습관

[상품의 수명주기(PLC 4단계설)]

도 입 기		성 장 기		성 숙 기		쇠 퇴 기
· 시장개발기 · 인지도 낮음 · 기술숙련도 낮음 · 경쟁 심하지 않음	⇨	· 매상고 점차 증가 · 인지도 점차 증가 · 광고의 차별화와 서비스정책 강화 · 경쟁심화 · 대도시 → 중소도시 · 고소득층 → 중·저소득층	⇨	· 수요포화 · 구매고 안정 · 경쟁격심에 의한 탈락기업 발생	⇨	· 수요감퇴 · 제품소멸 · 새로운 대체상품 등장 · 이윤율 저하 · 사업철수

(3) 라이프 사이클의 예측과 그 연명책(延命策)

일반적으로 상품의 라이프 사이클이 발생하게 되는 기본적 요인은 주로 ① 기술혁신, ② 시장조건의 변화, ③ 유행, ④ 기업의 마케팅활동 등에서 비롯되며, 흔히 이들 각 요인은 서로 관련해서 발생하게 되는 것이 보통이다. 그러나 그 가운데에서도 가장 전형적인 발생요인은 무엇보다도 기술혁신(Technical innovation)이라 할 수 있으며, 한마디로 『물질에 관한 기술진보』가 상품의 라이프 사이클을 발생시키는 가장 큰 요인이다.

결국 이러한 라이프 사이클의 발생에 따라 기업의 입장에서는 되도록 그 단계별 특징을 올바르게 파악하는 바탕위에서 상품화계획이 진행되는 노력이 필요해진다. 즉, 일단 시장에 도입된 신상품이 적어도 성숙기에 접어들게 되면 이익이 떨어지기 시작하기 때문에 그 개량이나 신용도 개발활동이 적극적으로 앞세워질 수밖에 없어진다. 또한, 기타의 온갖 마케팅노력도 앞세워지기에 이르게 된다.

각 단계에서 필요한 마케팅노력에는 도입기에서는 품질향상 노력, 성장기에서는 광고촉진 노력, 성숙기에서는 가격인하 노력 등에 보다 역점을 두어야 하는 것과 같다.

결국 어떠한 형태로든 자사상품의 라이프 사이클상의 위치가 파악된 다음에는 그 상품에 대한 라이프 사이클의 연명책(延命策)이나 상품 자체의 폐기책이 강구되어야 할 것이다.

제 5 절 상품의 차별화와 시장세분화

(1) 상품차별화

상품다양화는 개별기업의 입장에서 자사상품의 확대를 뜻하는 주관적인 표현이라 할 수 있는 데 반해 같은 상품계열 다양화를 자사상품과 경쟁기업상품과의 객관적인 비교를 하게 될 때, 흔히 상품차별화(Product differentiation)라 일컬어진다. 즉, 상품에 소비자의 수요를 적합시키기 위해 소비자의 선호를 유도할 만한 특이성을 상품에 나타내어 경쟁상품과 식별시킴으로써 경쟁시장에 있어서의 유리한 고지를 확보하고자 하는 방책을 상품차별화라 한다. 따라서, 상품의 차별화는 경쟁자의 제품과 실질적으로 뿐만 아니라 심리적으로도 다른 제품을 내어서 판매를 유리하게 하려는 것을 가리킨다. 표준화 또는 기술의 평준화에 따라, 같은 종류의 상품에 있어서는 그것이 비슷하게 되어 가는 동질화현상이 일어나 시장에서의 판매가 어려워져 차별화가 일어나게 되었다. 그 주된 차별화방법으로는 특히 2차적 품질면에서의 차별화, 이를테면 모양, 포장, 상표, 디자인, 스타일 등 유형적인 품질면의 차별화가 대표적이다. 그러나 때로는 광고나 판촉 또는 서비스면에서의 무형적인 품질면에서의 차별화인 『심리적 차별화』도 중요시되고 있다.

1) 실질적 제품차별화 정책

실질적 제품차별화 정책이란 제품 본래의 기능을 개발하여 타사 제품보다 품질이나 성능이 우수하거나 특이하게 하여 수요를 창출해 나가는 정책이다. 그러나 연구개발투자, 시설확장 등 자금이 많이 소요되게 된다. 실질적 제품차별화는 품질차별화라 할 수 있다.

2) 형식적 제품차별화 정책

형식적 제품차별화 정책이란 경쟁상품과 비교하여 특별히 눈에 띄게 하거나 구매자에게 매력을 느낄 수 있도록 상품의 디자인, 스타일, 컬러를 개발하여 상품의 외관상 특색을 통하여 자사제품을 구별하여 그 우수성을 쉽게 인정받음으로써 수요를 창출해 나아가는 정책이다. 형식적 제품차별화는 시장성 차별화라 할 수 있다.

3) 관념적 제품차별화 정책

관념적 제품차별화 정책이란 상품의 광고, 상품명, 서비스 등을 크게 개발하여 경쟁상품과 구별이 되게 하고 자사상품에 좋은 이미지를 심어 소비자심리에 강한 인상을 동원하여 바록 상품의 품질이 다른 회사 제품과 별 차이 없더라도 판매면에서 경쟁력을 높이는 전략이다. 관념적 제품차별화는 심리적 차별화라 할 수 있다.

* ① 실질적 제품차별화(품질차별화)와 ② 형식적 차별화(시장성차별화)를 유형적인 품질면에서 차별화이고, ③ 관념적 제품차별화(심리적 차별화)는 무형적인 품질면에서 차별화라고 할 수 있다.

(2) 시장세분화

한편 상품을 소비자의 수요에 적합시키기 위해 시장을 몇 개의 소시장으로 구분해서 그 구분된 시장에 상품을 적합시켜 가는 정책을 시장세분화(Market segmentation)라 한다. 즉, 여러 가지 수준에 따라 세분된 시장마다의 소비자의 욕구를 정확하게 파악해서 그러한 소비자층의 욕구에 부응할 수 있는 상품을 제공하게 되는 것을 의미한다. 이러한 것은 기업의 새로운 시장진입기법으로 사용되기도 한다.

이를테면, 의류점을 남성의류전문점, 여성의류전문점 등으로 세분하거나 남성의류전문점을 다시 아동복전문점, 캐주얼의류전문점, 신사복전문점 등으로 나누는 것 등을 말한다. 이러한 시장세분화로 기업의 비용이 증가하지만 효율적 시장파악과 효과적인 자원배분이란 측면에서 소비자의 욕구에 더 접근할 수 있고 또한, 세분시장에 적절한 상품전략을 수립하여 마케팅의 효율성을 기할 수 있는 장점이 있다. 따라서 시장종합화가 원가절감이나 경비절감에 강점이 있는 것에 반하여 시장세분화는 소비자욕구나 비교친근성에 강점이 되는 정책이다.

1) 시장세분화의 필요성

모든 시장의 소비자는 개성도 다르고 생활수준, 구매행태도 다르므로 하나의 동질상품으로 이들의 욕구를 충족시킬 수는 없는 것이다.

그러나 여러 시장 중에서 고객의 욕구를 만족시킬 수 있는 부분을 선정하여 시장세분화하는 것이 필요한데 이는 다음과 같은 필요성 때문이다.

① 시장세분화에 의해서 세분시장의 고객만족도와 욕구를 파악할 수 있으며 기업이 새로운 시장진입을 위해 필요하다.

② 모든 시장에 한정된 상품을 대량유통시키는 것은 어려우므로 세분된 시장의 필요와 욕구를 위한 적정한 상품만의 유통이 필요하다.

③ 세분시장의 반응에 따라 필요한 자원과 인력 등을 적절히 배분함으로써 자원절약과 경비절감이 된다.

④ 세분시장에 맞는 상품전략을 수립할 수 있으며 차별적인 마케팅활동을 위하여 필요하다.

2) 시장세분화의 조건

시장세분화를 위하여는 다음과 같은 조건을 만족하여야 한다.

① 시장세분화는 시장에 관한 믿을 만한 정보자료에 근거해야 한다.

② 세분시장의 규모가 일정규모 이상이어야 한다.

③ 수익성이 보장되어야 한다.

④ 소비자들이 상품에 대한 정보를 쉽게 접할 수 있어야 한다.

3) 세분화의 기준

소비자집단을 세분시장으로 분류하기 위해서는 다음과 같은 기준에 의한 것이 합리적이라 할 수 있다.

① 인구적인 변수로서 소비자의 연령, 성별, 가족구성원의 수, 생활양식, 소득수준, 직업, 종교, 사회계층 등

② 문화적 특성과 지리적 변수에 따른 소비자의 기본적 욕구와 선호도의 차이 등

③ 행동적 변수로서 소비자들의 상품에 대한 지식, 구매행태, 상품의 충성도(고객이 특정 회사의 특정 상품만을 애용하는 것) 등

(3) 상품차별화와 시장세분화의 비교

그러나 상품차별화는 동질시장을 전제로 하고 있으며, 시장세분화는 이질적(異質的)인 시장을 전제로 하고 있다는 점에서 이 양자는 본질적으로 다르다고 할 수 있다.

예컨대 상품차별화는 동질시장에 있어서의 경쟁기업과의 경합에 중점이 놓여진 데 반해, 시장세분화는 세분된 이질시장에 있어서의 각기 이질적인 소비자의 욕구(예 개성, 취미, 생활수준, 가치관 등)를 중시해서 그에 적합한 상품화계획에 중점이 놓여지게 된다. 따라서 상품차별화는 대량생산이나 대량판매라는 생산자적 논리에 다분히 지배되는 데에 반해, 시장세분화는 보다 고객지향적이며 시장창조적이라 할 수 있다. 더구나 시장세분화는 상품차별화에 비해 가격권의 다양화, 소비의 다양화라는 현대마케팅환경에 적응하기 위한 수요의 이질성을 충분히 존중하여, 좀더 소비자의 필요나 욕구를 충족시킬 수 있는 정책이라는 점에서 상품차별화와 차이가 있다 할 것이다.

[상품차별화와 시장세분화의 비교]

	상품차별화	시장세분화
시 장	동질시장	이질시장
특 징	· 경쟁기업과의 경합 · 대량생산, 대량판매 지향의 생산자적 논리	· 소비자욕구 만족에 접근을 위한 소시장으로의 세분 · 고객지향적 시장창조적인 소비자적 논리

관세사시험 기출문제

1. 표준화의 단점 (1993년 제11회)
2. 규격의 제정시기 (1993년 제11회)
3. 표준매매 (1995년 제12회)
4. 상품의 라이프 사이클 (1996년 제13회)
5. 계획적 진부화 (1997년 제14회)
6. 상품의 표준화의 2단계 (1998년 제15회)
7. 제품의 라이프 사이클(Product life cycle)의 단계별 특징을 설명하시오. (2000년 제17회)
8. 상품화계획을 위한 다섯 가지 적정한 조건(5R's)을 설명하시오. (2003년 제20회)

예 상 문 제

1. 상품화의 의의와 종류
2. 상품화 계획의 의의
3. 상품화 계획을 위한 적절한 조건(5R's)
4. 상품의 고차원화란?
5. 상품화 계획의 중요한 양대 전제조건은?
6. 상품정보의 평가기준
7. 표준화의 의의
8. 표준화의 2단계
9. 표준화의 이점(제조업자, 판매업자, 소비자의 각 입장의 이점)
10. 표준화의 한계

11. 규격의 대상, 제정자 및 내용에 따른 구분
12. 기본적 상품화계획이란
13. 부차적 상품화계획이란
14. 상품다양화의 이유와 종류
15. 상품단순화의 사유
16. 상품단순화의 장점과 한계
17. 상품진부화의 의의
18. 계획적 상품진부화의 장점과 단점
19. PLC의 4단계설
20. 상품차별화의 의의와 정책을 설명하라.
21. 시장세분화의 필요성
22. 시장세분화의 기준과 조건
23. 상품차별화와 시장세분화의 차이점

제 5 장　품질형성과 상품의 속성

제 1 절　상품품질과 품질구성요소

(1) 품질의 의의

품질이란 물질 자체가 가지고 있는 고유한 성분, 성질, 속성, 종류, 특성 등을 의미하는 것이므로 상품형성에 근본이 되는 것이며 상품화계획에서 기본적 요건이 되는 것이다.

따라서, 상품형성에 있어 그 근본이 되는 것은 올바른 품질의 형성이라 할 수 있다. 따라서 품질의 적부가 상품화 여부의 결정적인 관건이 되며 또한 소비자의 이해에 직접 관련하게 되며 더 나아가서는 일국의 소비경제를 좌우하게 된다고 할 수 있다.

1) 품질의 개념

현대적인 품질의 개념은 협의의 개념과 광의의 개념을 함께 이루는 이원적인 개념요소를 지닌다. 협의의 개념은 전통적인 개념으로서 사회통념상으로는 일반적 품질개념으로서 상품의 사용에 있어서 직접적으로 유용한 실제적 효용이나 실용적 성능이 그 주체가 되는 개념을 말하며, 광의의 개념은 협의의 품질이 주로 자연적 속성을 기본으로 하고 있는 데에 비해 사회적, 시장적 내지 심리적 조건이 반영된 것이라 할 수 있다.

즉 오늘날의 시장에서 유통되며 소비에 유익한 상품으로서의 품질이란 비단 내구성이나 실질적 유용성뿐만 아니라 외관이나 색상, 상표 또는 포장 같은 후천적인 적상성도 포함되는 개념이라 할 수 있다.

2) 품위결정의 조건

상품의 품위결정의 필요성은 사용가치의 척도와 교환가치의 결정요인으로서 중요시된다. 상품은 그 자체가 사용가치를 갖는 동시에 교환가치를 지니고 있다. 따라서 상품의 교환가치의 척도와 교환가치의 척도를 등급으로 결정하여 상품의 매매활동을 촉진시킴으로써 소비자와 생산자는 물론 운송업자·창고업자·금융업자·무역업자·매매업자 등에게 이익을 주려는 것이 상품의 품위 결정의 목적이다. 그러므로 상거래의 신속, 정확성을 확보하고 상품의 질을 향상시키기 위하여 상품의 가치결정의 척도로서도 품위결정은 중요하다.

상품의 품위결정을 위하여는 품위결정의 표준이 정해져야 하고 품위결정의 표준조건으로는 ① 상품본질의 성능조건, ② 상품형상의 사회조건, ③ 상품제조의 기술조건이 있다.

① 상품본질의 성능조건: 상품본질의 성능조건이란 상품의 실용적 측면의 Merchantability를 기준으로 물품의 물리적·화학적 성능, 즉 재료의 강도와 주성분의 함량 및 불순물의 유무 등과 색채나 형태 등의 고유의 성능의 양과 부를 등급으로 나누어 기준화하는 것을 뜻한다.

② 상품형상의 사회조건: 상품형상의 사회조건이란 상품의 사회적 측면의 Merchantability를 기준으로 상품의 상품환경에 적합성, 즉 출하시기의 적정과 운반성(Transportation), 보존성(Preservability), 공지성(Publicity), 독점성(Monopoly) 등을 등급으로 나누어 기준화하는 것을 말한다.

③ 상품제조의 기술조건: 상품제조의 기술조건이란 상품의 제조공정의 정밀도나 생산기술의 우열 등을 기준으로 소비자의 호감을 얻을 수 있는 외형이나 조정 및 포장 등의 기술을 등급으로 나누어 기준화하는 것을 의미한다.

(2) 품질의 구성요소(품질의 이원성)

품질은 일반적으로 광의의 개념과 협의의 개념으로 나누어 볼 수 있다. 협의개념의 품질을 구성하는 요소는 자연적 속성을 기본으로 한 물성인자·결점인자·성능인자를 말하며, 광의개념의 품질을 구성하는 요소는 협의개념의 품질을 구성하는 요소뿐만 아니라 사회적, 시장적 내지 심리적 조건이 반영된 감각인자·기호인자·시장적정인자 등도 포함된다.

다음 그림에서 보듯이 상품에서의 품질은 품질을 형성하고 있는 구성요소에 따라 일차적 품질과 이차적 품질로 나누어지는데, 이들 품질의 이원성(二元性)이라고 한다. 일차적 품질은 원래의 품질을 나타내는 주요 품질·자연적 품질·기본적 품질·실용적 품질·기능적 품질이라고도 하는데, 이것은 물품 자체의 물성인자·결점인자·성능인자인

자연적 속성인 성분·성질·특성·치수·개성 등의 고유품질을 기본으로 하고 있다. 이차적 품질이란 사회적 품질·부차적 품질·심리적 품질·선택적 품질·장식적 품질이라 하여 자연적 속성이 아닌 감각인자·기호인자·시장적정인자인 사회적·심리적 요인인 외관·색상·디자인·상표 포장 등이 이에 해당된다.

[품질의 구성요소(품질의 이원성)]

- 품 질 (광의)
  - 일차적 품질 (협의) ═ 주요 품질 / 자연적 품질 / 기본적 품질 / 실용적 품질 / 기능적 품질 — 성분, 성질 등의 물리·화학적 특성과 치수 등의 기능성 요소 (물성, 결점, 성능 등의 인자)
  - 이차적 품질 ═ 사회적 품질 / 부차적 품질 / 심리적 품질 / 선택적 품질 / 장식적 품질 — 외관, 색상, 디자인, 상표, 포장, 산지, 제법 등 (감각, 기호, 시장적정 등의 인자)

결국, 협의의 품질이란 자연적 속성을 기본으로 하고 있는 일차적 품질이며, 광의의 품질은 협의의 품질을 전제로 하여 사회적·시장적 내지 심리적 조건 등의 시장수요에 적합한 모든 요소를 포함한 품질이다.

따라서, 물품이 『상업의 객체』로서 부각되기 위해서는 협의의 품질인 일차적 품질을 전제로 한 광의의 품질형성에 의하여 이루어져야 한다.

[물질의 이원성]

① 협의의 품질(1차적 품질): 물품 자체가 지니는 고유한 성질, 특성, 개성 → 자연적 품질, 기본적 품질, 실용적 품질

② 광의의 품질(2차적 품질): 협의의 품질＋후천적 적상성(외관, 색감, 상표, 포장)＝즉 『상업의 객체』로서의 품질 → 사회적 품질, 부가적 품질, 장식적 품질

(3) 품질의 복합적 및 상대적 성격

위에서 설명한 품질의 이원성은 엄격하게 구분하기가 어렵다. 상품의 품질은 상품

의 특성(우질성, 적가성, 운반성, 보존성, 대체성, 공지성 등), 사회조건, 소비자의 구매형태, 시장환경 등 여러 요인 등에 영향을 받는 복합적인 것이며 고정적인 성격의 것이 아니라 상대적인 성격의 것이다. 따라서 여러 상황에 따라 1차적 품질과 2차적 품질이 바뀔 수도 있다.

또한, 상품의 품질은 품질 그 자체만으로는 존재할 수 없고 『가격』이라는 요인에 의해 비로소 성립가능한 성격이 있다.

제 2 절 2차적 품질로서의 중요 속성

(1) 포 장

1) 포장의 의의와 기능

① 포장의 의의: 제조업자나 판매업자가 상품을 수송·보관·진열·판매를 위하여 제품의 전부 또는 일부를 시장(施裝) 내지 충전하는 기술적 행위나 그 행위의 종결상태를 말한다.

즉, 포장이란 원래 상품의 취급과정에서 오손이나 파손을 방지하고 상품의 가치를 유지하기 위하여 적절한 재료 및 용기로 물품을 포장하는 기술작업 및 상태를 말하는 것이다.

② 포장의 기능: 상품의 포장목적은 크게 나누어져서 상품의 수송과 보관을 쉽게 하기 위한 보호성의 발휘와 상품의 진열이나 판매를 쉽게 하기 위한 판매촉진성의 발휘에 있다고 할 수 있다. 때문에 포장의 기능은 흔히 ① 보호기능(Protective function), ② 판촉기능(Sales promotive function) 등 두 가지로 대별되게 마련이다. 이 두 가지 기능 가운데서 첫째, 보호기능을 1차적 기능, 둘째, 판촉기능을 2차적 기능이라 해서 원래는 후자가 전자에 의해 유발되는 부수적 기능으로 알려져 있다.

그러나 이 양 기능은 오늘날 서로 얽히고 섞여서 어느 기능이 1차적이며 2차적인지 그 구별조차 무척 힘들거나, 매우 애매해질 정도로 복잡미묘해지고 있다.

그 이유는 요사이에는 포장의 판촉기능이 더욱 중요시되기 때문에 소위 구매충동기능(Impuls buying function)이나 광고기능(Advertising function), 혹은 고지기능(Informative function) 등으로 세분까지 되도록 이러한 일련의 판촉기능이 마치 포장 원래의 대명사인양 착각되고 있기 때문이다.

포장목적: ① 보호성 발휘, ② 판매촉진성 발휘
포장기능: ① 보호기능: 1차적 기능, 상품의 수송과 보관을 쉽게 하기 위한 기능
② 판촉기능: 2차적 기능, 상품의 진열이나 판매를 쉽게 하기 위한 기능

---

2) 포장의 원칙

포장은 상품의 보호기능뿐만 아니라 판매촉진을 위한 전략적 차원에서 고려되어야 하며 다음과 같이 원칙이 있다.

① 소비자의 사용에 편리하도록 할 것

② 광고면에 나타낸 호소와 인상을 그대로 현물포장에 나타나도록 할 것

③ 소비자의 상품구매 관습, 기호, 지적 수준, 환경 등의 고려

④ 구매시점 광고(point of purchase advertising)와 관련하여 포장을 계획

⑤ 포장비용은 판매증가를 저해하지 않는 한 포장의 표준화, 단순화, 자동화 등의 수단을 써서 포장비용을 절감해야 한다.

3) 현대마케팅론에서의 포장관리

상품의 시장(施裝)이나 충전을 대상으로 하는 관리활동의 마케팅론에서는 포장관리라 하며 일반적으로 마케팅 관리론은 상품의 유통단계별 내지 유통관리대상별 관점에서는 상적인 유통관리와 물적인 유통관리로 대별할 수 있다. 물적 유통관리(Physical Distribution Management; PDM)란 공급주체와 수요주체 사이의 공간과 시간의 극복에 관한 물리적인 관리로서 유사한 마케팅용어로 로지스틱스와 로크레머스틱이 있다.

4) 포장정책

포장정책이란 포장이 제각기의 특수장면에 있어서 이룩하여야 할 역할을 분석하고 그에 따라 포장기점을 확립시키고 그 기점으로부터 개발해 나가는 포장(전략)을 말한다. 이하에서는 제조업자, 도매업자, 소매업자, 소비자 등의 입장에 따른 포장정책을 살펴보고자 한다.

① 제조업자: 비용이 적게들고 상품이 소비자에게 도달될 때까지 잘 보호되도록 하며, 아울러 판매증진의 효과를 얻도록 고려해야 한다.

② 도매업자: 도매업자의 포장은 소비자의 욕구에 알맞도록 하는 동시에 수송이 편리하게 하여야 한다.

③ 소매업자: 소매업자들이 상품보관시 커다란 공간을 갖지 않도록 고려하며 소비자의 눈을 끌 수 있도록 디자인된 포장을 하여 상품가치를 돋보이게 하여야 한다.

④ 소비자: 포장이 상품을 최후까지 사용하는 데 충분히 견딜 수 있을 것, 포장 때문에 가격이 비싸서는 안되며, 사용과 보관에 편리하고 선물용이나 그 밖의 특수품은 그 상품의 목적에 알맞는 포장일 것

5) 수출포장

① 수출포장의 정의: 주로 보호기능의 발휘에 중점이 두어진 수출상품의 수송, 하역, 보관 등에 필요한 일체의 포장(특히 외장) 및 그 기법을 말한다.

한국공업규격(KS A 1001)에서 『물품의 수송 및 보관에 있어서 물품의 가치 및 상태를 보호하기 위하여 적합한 재료나 용기 등으로 포장하는 방법 및 상태를 말하며 여기에는 단위포장(낱포장), 내부포장(속포장), 외부포장(겉포장) 등의 세 가지로 구분한다』로 규정하고 있다.

② 수출포장의 특성: 수출포장은 판매기능에 중점을 두는 국내포장과는 달리 보호기능에 중점을 둔 다음의 3가지 특성을 감안하여야 한다.

첫째, 수송성으로 이때 과잉포장시의 경제성과 분명한 표시성을 고려하여야 한다.

둘째, 하역성으로 이때 하역작업시의 안정한 작업성과 편리성을 고려하여야 하며

셋째, 보관성으로 이때 장기간의 수송·보관 등에 따른 장기성과 안전성을 고려하여야 한다.

[포장의 기능]

일반(국내)포장: ① 보호기능 ② 판촉기능
수출포장: ① 수송성: 경제성, 표시성
② 하역성: 작업성, 편리성
③ 보관성: 장기성, 안전성

③ 수출화인(Shipping mark): 화인(Marks)이란 포장화물의 외장에 표시하는 특정의 기호, 목적지, 번호 및 기타 표시의 총칭으로서 화물의 분류를 원활히 수행하고 화물의 운송시나 보관시 화물의 취급상 주의할 점, 지시 등을 포장에 표시(㉠ 파손주의 표시, 상하 표시, 비에 노출금지 표시 등)하기 위한 것으로 선하증권과 송품장에도 필수적으로 기재하는 것이다.

수출화인은 목적과 용도에 따라 주마크(Main mark: 송화인 또는 수화인을 나타내는 대표적인 주체표시), 부화인(Counter mark: 생산자나 공급자의 약호, 품질의 종별표시), 품질마크, 목적지마크, 화물번호, 주의마크, 원산지마크, 중량 및 용적마크 등이 있다.

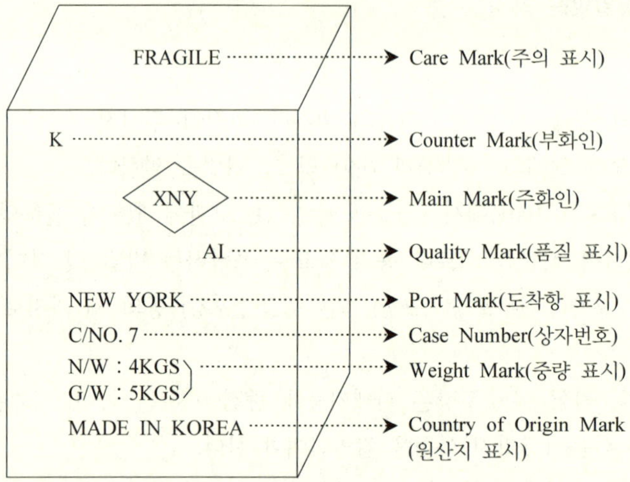

6) 포장의 종류

포장의 종류는 분류방식에 따라 다르게 구분할 수 있다. 그러나 일반적으로 다음과 같이 대별되고 있다.

① 낱포장(개장): 물품 개개의 포장을 말하며, 개장에는 내용물 보호와 외관의 아름다움으로 소비자의 눈길을 끌도록 디자인되어 있다.

② 속포장(내장): 포장된 화물내부의 포장을 말하며, 내용물의 운송·보관·판매중의 열화(劣化)를 방지하기 위하여 습기·광열·충돌 등을 고려하여 적절한 재료와 용기가 활용된 포장을 뜻한다.

③ 겉포장(외장): 포장화물의 외부포장으로 외장에는 내용물의 명칭·형태·수량·상표·상품특성 등이 표시되어 있다.

※ 포장수단에 따른 포장구분

① 유장품포장: ㉠ 상자포장: 나무상자, 종이상자, 특수나무상자
㉡ 곤포포장: 마포 등

㉢ 특수용기포장: 통들이, 관들이, 병들이, 단지들이

② 나장품포장(무용기포장): 두루마리, 다발묶음

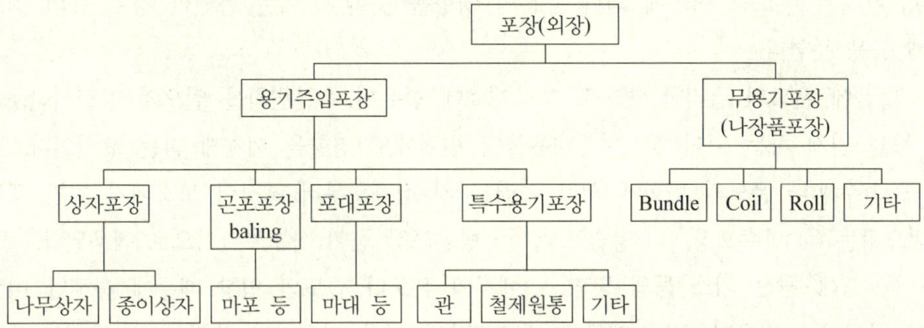

7) 포장의 장해와 그 대책

포장관리에 있어서의 핵심기능인 보호기능이 올바르게 발휘되기 위해서는 포장수단 자체가 상품의 종류, 형태, 중량, 용적 등의 차이에 따라서 외부의 여러 가지 장해로부터 내용물이 능히 보호될 수 있도록 설계되어야 하지만, 외부의 여러 가지 장해 중 주로 포장이 담당해야 할 보호기능의 발휘대상으로는 대략 ① 충격, ② 내압강도, ③ 습도·온도변화, ④ 충해·광선·가스 등의 영향, ⑤ 도난사고 등이 고려되어야 함이 원칙이다.

① 충격: 포장의 여러 가지 장해 중 가장 빈번한 것이 외부로부터의 충격장해이다. 일반적으로 충격에는 ㉠ 격동충격, ㉡ 낙하충격, ㉢ 진동충격 등이 있게 되는데, 각기 충격 또는 수송수단의 차이에 의해 달라진다. 보통 그 대책으로는 고정과 완충효과의 두 가지 수단이 강구된다. 고정방법은 내용물을 포장수단에 고정시킴으로써, 내용물의 충격을 방지하는 수단이고, 필요에 따라 앵글 볼트, 너트 등을 사용하여 고정하기도 한다.

② 내압강도: 외부로부터의 여러 장해 가운데에서도 각종 충격에 의한 장해 못지않게 포장수단의 내압강도가 열등하여 생기는 변형사고도 빈번히 일어난다. 그도 그럴 것이 모든 수송수단은 적재효율 향상을 위해 높이 쌓아올리게 마련이고, 이 때 최하단에 쌓여진 화물의 포장은 그 위에 쌓아올린 화물의 중량 때문에 파손·변형되는 수가 잦다.

이 강도를 포장의 내압강도라 하며, 적절한 내압강도를 포장설계시 고려해야 한다. 특히 골판지상자의 사용빈도가 높은데, 골판지상자의 내압강도 결정은 필수적이다.

③ 습도·온도변화: 온도나 습도변화에 의해서 야기되는 여러 가지 장해로부터 포장내용물이 충분히 보호되어야 하는 것도 포장의 중요한 기능의 하나이다. 우선 온도장해에는 수분장해와 온도변화장해의 두 가지가 있게 되는데, 전자는 물의 직접적인 장해이며, 후자는 온도의 변화에 의한 수분의 영향을 뜻한다. 이는 돌연한 강우 등의 침수상해 등을 뜻한다.

다음에 온도의 급격한 변화도 포장재료에 함유된 수분변화를 일으켜 강도저하, 파열 등을 빚게 하는 일이 잦으며, 내용물의 변질에도 영향을 끼치게 하는 요인이다. 결국 습도(수해)나 온도의 변화에 의한 여러 가지 장해로부터 포장이 보호되기 위한 포장기법으로는 ㉠ 방수포장, ㉡ 방습포장, ㉢ 방온포장 등이 상호보완적으로 적용된다.

④ 충해·광선·가스 등의 영향: 위에서의 온도나 습도의 영향 때문에 충해나 미생물이 발생하는 경우가 있기 때문에 방충포장에 대한 필요성이 생긴다. 특히 식료품의 포장이 충분히 밀폐되지 않는 경우 해충이 상품 내에 침입하는 일도 있다. 또 자외선 등 광선이 내리쬠으로써 상품품질에 변화를 일으키게 하는 경우도 있게 되어 차광포장이 필요해진다. 아울러 산소를 비롯한 갖가지 종류의 가스에 접촉함으로써 상품품질에 변질이 생길 우려에 대한 대책도 필요하다.

⑤ 도난사고: 이제까지의 여러 장해를 가령 자연적 장해라 한다면 도난사고는 인위적 장해라 할 수 있다. 보통 도난사고는 포장수단의 파손 여부에 따라 소위 ㉠ 외부적 도난사고와 ㉡ 내부적 도난사고로 구분되는데, 전자는 화물의 일부 또는 전부가 도난당하는 것이며, 외견상 용기가 파손되는 경우가 많다. 후자는 화물의 일부 또는 전부가 도난당하되, 외견상 용기에는 아무런 파손의 흔적도 없는 경우의 도난사고를 말한다. 따라서 내부도난사고가 더욱 악질적인 개념의 도난사고이며 대개의 경우 도난사고의 발견조차 힘들 때가 많다. 전자가 대략 우발적인 사고인 반면에 후자는 계획적 사고일 경우가 많다.

※ 합리적인 포장관리

포장계획 ⟶ 포장설계 ⟶ 포장집행 ⟶ 포장통제

(2) 상　　표

1) 상표의 정의

상표(Brand)란 자기기업의 상품을 타기업의 상품과 구별하기 위하여 사용하는 문자·기호·도형 또는 그 결합을 말한다. 상표 또는 상표명은 상품의 품질을 본질적으로 표시하는 것이 아니며, 수출입되는 상품 중 상표명이 특히 유명한 것은 상표명으로 직접 거래되기도 한다. 상표명이 세계적으로 장기간 유명하여져서 일반 품명화한 것은 관계법령에서도 직접 일반적인 품명과 같이 인용할 수가 있다.

2) 상표의 범위

법적 표현인 문자나 도형 등(등록상표)으로 표현한 상표(Trade mark)는 협의의 상표이며 상표명(통명; Brand name), 사명(상호; Trade name) 및 상표표식(Brand mark)의 보조상표를 포함하여 광의의 상표이다.

[상표의 범위]

- 상표(광의) (Brand)
  - 상표(협의)(Trade mark): 등록상표(문자나 도형 등으로 표시된) 법적인 보호를 받는 상표로서 판매자의 전용권이 보장됨
  - 통명(상표명)(Brand name): 말로 불리우는 상표(㉕ 부채표, 노루표)
  - 사명(상호)(Trade name): 회사이름(㉕ 남서울합동관세사무소)
  - 상표표식(Brand mark): 인식은 할 수 있으나 소리내어 말할 수 없는 상표의 일부로서 예컨대, 상징, 디자인, 특징적인 색채표시(Coloring)나 문자표시(Lettering)을 말한다

① 등록상표(Trade mark): 법적 보호에 의하여 독점적으로 사용권이 허용된 등록상표로서 협의의 상표이다.

② 상표명(Brand name): 통명이라고도 하며 상표 중 말로 표현할 수 있는 것의 예로 『부채표』『노루표』『버들표』 등을 말한다.

③ 상호(Trade name): 사명(社名)이라고도 하며 바로 회사명이다.

④ 상표마크(Brand mark): 상표표식이라고도 하며 인식은 할 수 있지만 소리내어 발음할 수 없는 상표의 일부로서 상징, 디자인, 독특한 색상이나 문자표시를 말한다. 예로 부채표의 부채그림, 노루표의 노루그림, 버들표의 버드나무그림 등이 이에 해당한다.

상품 이외의 서비스업의 표시도 상표라고 하는데 『판매업자(서비스업자 포함)가 자기의 상품 또는 서비스를 타기업의 그것과 다르다는 것을 나타내기 위한 문자·기호·도형 등의 상징이거나 그 일부 내지 전부의 결합체』라는 표현에서와 같이 아래의 것은 통관서비스업의 남서울합동관세사무소 상표이다. 상표가 있는 기업은 광고나 선전 등에 이런 상표를 등장시켜 소비자의 상표인지를 높이는 데 노력하고 있다.

국내 최초로 父子관세사들이 운영하는
南서울合同關稅事務所
Since 1974 (인천공항.인천.부산等 국내전역 수출.입 통관)

3) 상표의 기능

한 기업에서 생산된 상품을 타기업의 것과 차별화하기 위하여 상표를 붙이는데 이것을 유표상표라고 하며 상표의 기능은 한마디로 식별·출처·신용이라는 상품의 3대 속성이 결국 상표의 기능으로 직결되는 것이지만, 따지고 보면 상표의 기능이란 다음처럼 상표를 붙이는 제조업자나 판매업자, 유표품을 구입하는 소비자와의 양자라는 입장에서 검토될 수 있다고 한다.

① 제조업자 · 판매업자의 입장에서의 기능(판매촉진기능)

㉠ 식별기능: 자기의 상품과 타상품과의 구별

㉡ 출처기능: 자기의 상품 또는 취급상품인 것의 표시

㉢ 신용기능: 품질의 책임·보증을 통한 신용의 획득

㉣ 재산보호기능: 등록된 상표는 다른 기업의 모방에서 법적으로 보호됨과 아울러 상표권이라는 무형재산이 된다.

㉤ 상징기능: 기업 또는 상품의 이미지를 상징

㉥ 광고기능: 유표상품은 반복적인 광고에 의하여 상표이미지가 형성되면 상표 그 자체가 광고기능을 갖게 된다.

② 유표품을 구입하는 소비자 입장에서의 기능

㉠ 상품에 만족한 소비자의 상표에 의한 반복구입을 한다.

㉡ 상품과 품질의 식별이 용이하다.

㉢ 유명상표 부착상품의 사용은 소비자의 지위나 신분을 과시하는 상징이 되기도

하여 상표가 지니는 상징성을 구입하게 된다.

[상표기능]

---

① 상표의 3대 기능
㉠ 식별표: 타상품과의 구별
㉡ 출처표: 생산자나 판매자의 표시
㉢ 신용표: 상품의 신용을 표시
② 거시적 상표의 기능(또는 목적)
㉠ 상표사용자의 업무상 사용의 유지를 꾀하고
㉡ 따라서 산업발달에 기여하고
㉢ 나아가 수요자의 이익보호에 있다.

---

4) 상표효용의 한계

기업의 정책적인 측면에서 무표상품을 유통시키거나 타인의 명의로 된 타인상표를 도입시킬 수밖에 없는 경우가 있는데 이를 『상표효용의 한계』라 하며 대개 다음과 같은 경우이다.

① 생산설비에 한도가 있어서 대량시장생산에 대응할 능력이 없는 경우

② 생산업자가 현재의 판매량과 이익에 만족하고 있는 경우

③ 광고효과가 나타나기까지의 기간중, 자기상표로 광고판촉을 할 재원이 없는 경우

④ 생산업자가 자기시장의 상실을 두려워하지 않으며, 또 시장지배를 바라지도 않는 경우

⑤ 생산업자 자신이 상표의 효용을 믿지 않는 경우

⑥ 해당 생산업자의 제품을 대량으로 취급해 주는 중간상인·유통업자가 오랫동안 무표상품만을 취급하고 있는 경우

5) 상표명의 선정원칙

상품의 기능·용도 또는 기업이미지와 합치하는 합리적으로 선정하여야 하나, 다음 원칙을 지켜져야 한다.

① 짧고 단순할 것

② 읽고 기억하기 쉬울 것

③ 읽었을 때 불쾌한 느낌이 없을 것

④ 구식이거나 시대에 뒤떨어진 것이 아닐 것

⑤ 수출품은 해당국의 언어로 발음할 수 있는 것

6) 상표의 구분

상표는 여러 가지 각도와 관점에서 구분될 수 있지만, 대략 다음과 같은 구분이 일반적이다.

[상표의 구분]

소유에 따른 구분	사용범위에 따른 구분	중요성에 따른 구분	지역에 따른 구분
제조업자 상표	통일상표	주력상표(제 1 상표)	전국상표
판매업자 상표	개별상표	부차상표(제 2 상표)	지방상표

① 소유에 따른 구분

㉠ 제조업자상표(Manufacturer's brand): 생산업자의 상표로서 영문으로 『National brand』로 불리운다. 이는 제조업자의 상표가 전국적으로 광고되며 판매되고 있다는 의미에서이다. 따라서 『National brand』라면 전국상표라고 해석하기도 한다.

㉡ 판매업자상표(Distributor's brand): 유통업자의 상표로서 역시 미국에서는 『Private brand』라 호칭된다. 오늘날 지명도가 그다지 높지 못한 중소기업 메이커의 상표의 경우에도 사용될 경우가 많다.

② 사용범위에 따른 구분

㉠ 통일상표(Family, Blanket, House brand): 통일상표는 기업의 전 제품에 적용되는 공통적인 상표로서 단일상표 또는 종합상표라고 불리운다. 마치 인간의 성명에 있어서 성에 해당하는 명칭과도 같은 상표의 경우이다.

㉡ 개별상표(Individual brand): 성명 가운데의 이름(名)에 해당되는 상표로서, 제품계열(Product line)이나 제품류별(Product mix)마다 이종의 상표가 사용될 경우이다. 복수상표라고도 불리운다.

③ 중요성에 따른 구분

㉠ 주력상표(Primary brand): 주력상표는 기업의 주력제품에 붙여지는 대표상표로서, 그 비중이 가장 높으며 일명 제 1 상표라고도 불리운다.

㉡ 부차상표(Secondary brand): 제 2 상표라고도 불리어지며 주력상표에 대하여 2차적으로 쓰여지는 상표의 경우이다.

④ 지역에 따른 구분

㉠ 전국상표(National brand): 제조업자상표로서 전국적으로 광범위하게 광고되며 판촉되는 경우, 이 전국상표라는 표현은 제조업자상표에만 사용되며 판매업자상표나 전국적으로 광고·판촉되어도 전국상표라 호칭하지는 않는다.

㉡ 지방상표(Local, Regional brand): 제조업자상표 가운데서 하나의 지역 안에서만 광고 판촉되는 경우, 때에 따라서는 하나의 제조업자가 전국상표를 사용함과 동시에 하나 또는 수개의 지역에서 지방상표를 사용하는 경우도 있다.

⑤ 통일상표와 개별상품

㉠ 통일상표(Family, Blanket, House brand): 계열상표·단일상표 또는 종합상표라고도 부르며 기업의 전 제품에 공통적으로 사용하는 상표로서 기업의 이미지가 좋고 나쁨에 따라서 개별상품의 이미지가 영향을 받게 되는 것이다. 그렇기 때문에 좋은 이미지를 보유하고 있는 기업만이 신상품을 새로이 추가하는 경우에 사용하는 것이 바람직한 것이다.

㉡ 개별상품(Indivisual brand): 기업의 제품계열이나 제품류별마다 서로 다른 상표가 사용되는 경우인데, 개별품목별로 개별상표를 사용하면 특정 개별시장에서 실패하더라도 다른 개별품목에 나쁜 영향을 미치지 않는다. 그러나 개별품목마다 마케팅활동을 하여야 하므로 비용이 많이 든다.

7) OEM(Original Equipment Manufactuer; 주문자 상표)

① 의 의: OEM(주문자 상표) 상표는 주로 해외의 제조업자가 특정 제품의 생산에 필요한 기술지원뿐만 아니라 부착할 상표까지 제조기업인 하청업체에 공급하고 하청업체는 이에 생산된 상품을 공급할 때 부여하는 상표를 말한다.

② OEM의 장단점

㉠ 제조업자 입장

ⓐ 장 점

· 판매력 보완

· 시장탐색 수단으로 이용

· 외국인의 거부감 축소 등으로 생산시설 가동률 재고와 매출증가 및 이익

증대

ⓑ 단 점

· 주문자측이 라이벌로 전환가능

· 낮은 가격요구로 채산성 악화

· 수요변동에 따른 위험 전가

· 소비자 동향이나 수요패턴 등 마케팅 능력 저하

㉡ 브랜드측 입장

ⓐ 장 점

· 생산에 따른 위험분산

· 적기에 안정적으로 양질의 상품을 공급받을 수 있음

· 신개발품을 적기에 시장에 도입가능

· 다양한 상품확보

ⓑ 단 점: 제조기술이나 노하우의 축적이 불가능하고 상대기업에 판매시장을 빼앗길 우려가 있다.

8) 상표부착의 장단점

① 상표부착의 장점

㉠ 상표는 제품품질과 이의 신뢰성에 관한 정보를 제공한다. 소비자는 이를 통해 제품품질과 신뢰성을 추측할 수 있다.

㉡ 상표명은 소비자의 구매능률(Shopping efficiency)을 높여준다. 따라서 힘들이지 않고 손쉽게 구매할 수 있다.

㉢ 상표명은 그들에게 혜택을 줄 신제품에 대한 소비자의 주의를 환기할 수 있다.

㉣ 주문을 쉽게 처리할 수 있고 수송오류를 방지할 수 있다.

㉤ 고유의 특성을 가진 제품의 경우, 상표는 법적 보호를 받을 수 있으므로 모방품의 범람을 막을 수 있다.

㉥ 상표충실성(Brand loyalty)이 높은 고객층을 확보할 수 있어서 이들의 정기적인 구매에 의해 판매의 안정성을 높여 장기적 이익의 확보가 가능해진다.

㉦ 상표부착은 높고 일관된 제품품질을 유리하게 된다.

㉧ 상표부착은 사회에서의 혁신을 가속화시킨다.

㉨ 상표부착은 제품과 구매장소에 관한 정보를 제공하므로 구매능률을 증대시킨다.

② 상표부착의 단점

㉠ 상표관리와 차별화를 위해서 계속적인 품질향상과 마케팅활동을 해야 하기 때문에 노력과 비용이 많이 투자된다.

㉡ 상표부착상품이 소비자의 기대효용에 미치지 못할 때에는 기업에 대한 이미지가 실추되고 오히려 기업의 위험이 될 수 있다.

㉢ 상표부착은 동질적 제품범주에 속하는 제품의 경우에는 허구적이고 불필요한 차별화를 하게 한다.

㉣ 상표부착은 소비자가격을 인상시킨다. 왜냐하면, 상표는 결과적으로 소비자에게 전가되는 광고비, 포장비 및 기타 비용에 의해 유지되기 때문이다.

㉤ 상표부착은 다른 사람에게 영향을 미치고자 특정 상표품을 구매하는 사람들의 지위의식을 강화시킨다.

9) 상표충성도(Brand loyalty)

상표란 기업이 그 품질에 대해서 책임지고 보증해야 하는 것이다. 그러므로 소비자가 상품을 선택할 때에는 상표를 믿고 선택하게 되며 소비자가 특정의 상표를 일관되게 선호하는 것을 상표충성도 또는 상표충실성이라고 한다.

상표충성도에는 보통 세 가지의 유형이 있는데 이 세 가지 삼단계과정을 『상표충실성의 사다리』라고 한다.

① 상표고집: 상표집착이라고도 하며 소비자가 선호하는 특정 상품 이외에는 동종, 동질의 진열상품이 있다 하더라도 선택하지 않고 특정 상표에 대한 고집이 변함없는 것이다. 즉, 최고의 상표충성도이다.

② 상표선택: 대체선택이라고도 하는데 소비자가 원하는 특정 상표의 상품이 없을 때 상표고집을 부리지 않고 대체상품을 구매하는 소비자 태도이다. 즉, 약한 상표충성도이다.

③ 상표인식: 특정 상표를 고집하거나 선택하려는 의도가 없는 소비자 태도이다. 즉, 특정 상표의 상품을 집착하지 않는 가장 약한 상표충성도이다.

(3) 디자인(Design)

1) 디자인의 정의

디자인은 일반적으로 효용과 미를 결합하여 사물의 조형활동을 계획하거나 전개하는 총체적인 행위를 말한다. 포괄적 의미로 사용될 경우가 많으나, 현대산업사회에서의 디자인은 특별히 산업디자인이라는 새로운 개념에 따라 제품의 다양한 질적 향상을 추구하고 상품으로서의 효용가치를 높여 궁극적으로 시장판매를 증대시키는 종합적인 제품개발 행위로 보고 있다.

2) 디자인의 범주

상품디자인에 있어 광의의 상품디자인은 시각디자인, 제품디자인 및 환경디자인을 말하며 협의의 디자인은 제품디자인과 환경디자인을 말한다.

[디 자 인]

구분	종류	
광의의 디자인 또는 산업디자인	시각디자인(Visual design): 상업디자인, 선전디자인, 전시디자인 등	
	제품디자인(Product design): 복식디자인, 공예디자인, 공업제품디자인 등	협의
	환경디자인(Invironment design): 실내디자인, 건축디자인, 도시계획디자인 등	협의

※ 제품을 중심으로 한 산업디자인의 범위(경우에 따라 이들 대상과 관련된 디자인과 포장디자인 포함)

① 소비자 제품으로서 냉장고, 세탁기 등에 관한 디자인
② 산업용 또는 서비스용 제품으로서 계량기, 계산기 등의 디자인
③ 자본재 또는 내구재로서 공장기계, 인쇄기 등에 관한 디자인
④ 수송설비제품으로서 기차, 자동차비행기, 선박 등에 관한 디자인

3) 디자인의 6대 원칙

디자인 원칙에는 여러 가지가 있으나 프레이(A.W. Fray)는 근대 디자인의 6대 원칙을 아래와 같이 설정하였다.

① 단순성(Simplicity)
② 솔직성(Directness) — 디자인 3대 원칙 (①~③)
③ 담백성(Frankness)
④ 합법성(Legitimacy)

⑤ 균형성(Proportion)

⑥ 조화성(Rhythm)

기타 중요한 원칙으로는 독창성(獨創性), 과학성(科學性), 경제성(經濟性) 및 양산성(量産性)이 있다.

4) 디자인의 유용성(디자인의 기능)

① 시장경쟁이 심하더라도 유리한 가격을 유지할 수 있다.

② 우수한 디자인은 보다 높은 가격으로 판매할 수 있다.

③ 수입업자의 판매의욕을 촉진시킨다.

④ 잠재적 구매자의 구매의욕을 촉진시켜 판매량 증가에 도움이 된다.

즉, 『좋은 디자인』의 우수한 상품만이 장차 국내 및 해외 시장에서 존속할 수 있으며, 기업경영의 성패를 좌우하는 관건이 된다는 것을 의미한다.

5) 디자인의 3대 구성요소

디자인 구성요소는 ① 재료와 가공법, ② 외관의 Style, ③ 상품기능이 종합적 측면에서 조화를 이룬 디자인으로서 조형되어야 한다. 따라서 제품의 기능과 형태, 또는 형태와 편의성 등과 같은 이른바 디자인 구성의 개성요인(Personal Factor)을 오늘날에는 중시하는 경향이 짙어져 디자인 구성의 개성요인을 인간공학적 실험을 통하여 제품의

[디자인의 구성요건]

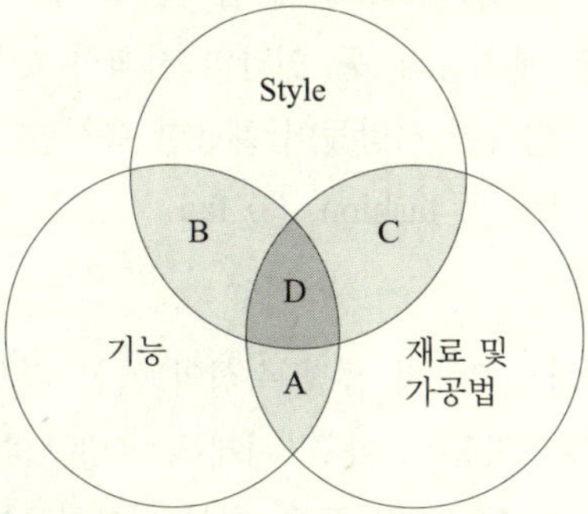

A의 부분은 style이 상대적으로 빈약하다.
B의 부분은 재료나 가공법(material and process)이 비경제적이다.
C의 부분은 기능면이 상대적으로 빈약하다.
D의 부분은 3개의 원이 겹친 부분으로서 style이나 재료 및 가공법과 기능면이 조화있게 이루어진 바로 디자인이 추구해야 할 핵심이다.

Merchantability를 높이는 문제와 연결시킬 수 있는 디자인의 전문적인 기술자를 요구하고 있는 추세를 보이고 있다.

그러므로 제품디자인은 수요자의 기호에 알맞은 제품형태와 기능에 일치하도록 Design하는 것이 Design의 진의라고 할 수 있다.

6) 디자인의 전개과정

목적의 파악→정보·자료의 수집→정보·자료의 분석→종합→전개→제시

(4) 유 행

1) 유행의 의의

상품의 유행은 제품디자인시에 고려해야 할 이차적 품질속성의 핵심에 속하는 것으로 중요시되는데, 유행(Fashion)이란 어느 시기에 어느 특정한 분야에서 널리 행해지는 스타일(Style)을 말한다.

유행은 상품디자인과 밀접한 관계가 있으며 제품디자인시 관련된 품질속성으로 고려하여야 할 문제이다. 그러므로 수많은 디자인이 널리 퍼지는 가운데서 특정 스타일의 것이 다수의 사람들에 의해 어느 기간에 걸쳐 받아들여질 때 유행이라 한다.

따라서 유행의 의의는 다음과 같이 요약 정리된다.

제품디자인과 밀접하게 고려되어야 할 품질 속성으로

① 어느 시기에 있어 널리 행하여지는 스타일이며

② 보급된 스타일이자 『현행』의 mode에 합치한 스타일이고

③ 취미기호, 사고판단, 행위동작 등 인간의 사회적 행동양식에 대해서 어느 사회집단 내에서 비교적 단기간 일정한 사람들이 채용한 유사한 집단행위

※ 유행의 범주: ① style, ② fashion, ③ fad

2) 유행의 특징

① 디자인, 스타일, 패션⇒2차적 품질 속성의 핵심

② 의상(부인복)⇒남성복, 자동차, 가구, 시계류, 문방구 확대⇒도서에도 확대되었다.

③ 의류, 화장품, 시계류, 귀금속류 등은 패션 진부화율이 가장 높다.

④ 상품화계획의 유일한 불가사의

3) 유행의 주기와 시장테스트

유행을 고려한 상품화계획에 있어서는 우선 유행으로 탈바꿈하게 되는 스타일 선정이 과제로 떠오른다. 그것은 이른바 유행주기(Fashion cycle)의 각 단계에서 어떤 정책을 밀고 나가느냐의 문제라고도 할 수 있다. 유행에는 다음과 같이 일반적으로 3단계로 나눈다.

① 제 1 단계: 특이화단계(Distinctiveness stage) 소수의 사회의 리더격의 사람들이 새로운 스타일의 상품을 사용하며 일반대중과는 다르다는 특이성을 강조하는 단계로서, 이 단계에서는 그 새로운 상품은 일반적으로 아직 고가이며 일부의 사람 내지 유행의 지도층인사만의 구매에 한정된다.

② 제 2 단계: 모방단계(Emulation stage) 제 1 단계에서 새로운 스타일의 상품에 대해서 모방하고자 하는 사람들이 추종하게 되는 단계로서 어느 스타일이 보급되기 시작하는 것과 함께 가격면에서도 약간 저렴해진다.

③ 제 3 단계: 경제적 단계(Economical stage) 제 2 단계에서 확립된 스타일이 대량생산에서 의해 염가로 공급되며 대다수가 이 스타일을 구하게 되는 단계이다.

[유행주기의 3단계]

특이화단계		모방단계		경제적 단계
· 지도층인사의 구매 · 고가(高價)	⇨	· 추종자그룹 형성 · 가격면에서 약간 저렴해짐	⇨	· 대량생산 · 염가구매 · 대다수가 유행수용

※ 유행주기 4단계설

유행도 상품에 결부된 것이므로 유행의 주기도 상품의 수명주기(PLC)처럼 초기단계를 거쳐 성상을 하고 쇠퇴단계로 유행의 주기가 끝나는데 다음과 같은 단계를 거쳐 파급된다.

① 구별단계(Distinctivencess stage)

② 경쟁단계(Emulsion stage)

③ 대중유행단계(Mass fashion stage)

④ 쇠퇴단계(Decline stage)

[유행주기 4단계]

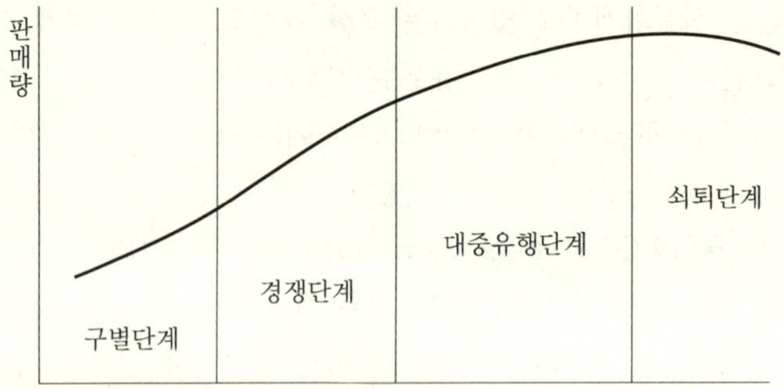

(5) 색채(Color)

1) 색채의 의의

상품화계획에 있어 색채의 적용이 중요한 것으로 인식되기는 오래지 않다. 특히 최근에는 색채응용은 미학적 활용면에서보다도 기능적 활용면(색채조절)에 색채의 중요성이 높아지고 있다.

※ 색채조절(Color condition)

색채조절이란 일명 색조라고 약칭되듯이 『채색공학의 원리에 따라서 생활환경을 구성하는 대상(물체)에 그 대상 본래의 기능, 즉 존재의의를 최고도로 발휘할 수 있게 색채를 선택·부여하는 것』을 말한다.

2) 색채의 특성

색채는 상품의 품질과 밀접한 관계가 있어 상품의 품질을 높이기 위하여는 색채의 명시도, 기억도, 상징성, 선호도를 충분히 발휘하게 고려하여야 한다.

① 색채의 명시도: 일정한 거리에서 상품을 식별하는 정도를 말한다. 즉, 가장 먼 거리에서 식별되는 색채가 명시도가 가장 크다.

② 색채의 기억도: 오래 기억되는 색채와 곧 잊는 색채가 있다. 황색은 가장 먼거리에서 주의를 끌고 기억에도 오래 남는 색채이다.

③ 색채의 상징성: 색채의 상징성으로서 일상생활에서나 전통적인 면에서 색채의 영향력을 뜻한다. 예로서 교통신호색인 청색은 안전·진행을, 적색은 위험·정지를 상징한다.

④ 색채의 선호도: 소비자의 색채선호의 정도를 말한다. 즉 어떤 상품에는 어떤 색채가 일반적으로 소비자의 선호에 적합한가의 정도를 의미한다.

[색채의 특성]

① 색채의 명시도: 원거리에서 색채식별 정도
② 색채의 기억도: 색채의 기억지속도
③ 색채의 상징성: 청색-안전, 적색-위험·정지, 흑색-죽음·애도 등
④ 색채의 선호도: 소비자의 색채선호 정도

3) 색채조절의 3요소

① 명시성(Vision): 인간이 활동함에 있어서 색채조절을 통하여 시력피로를 감소시켜 일의 능률을 향상시킨다.

② 작업의욕(Morale): 작업에 사용되는 기구나 도구의 색채, 즉 환경의 색채를 조절하여 쾌적하고 활동적인 의욕이 생기도록 하는 것이다. 색채환경은 의욕을 좌우하므로 색채의 심리적인 효과는 전체가 밝고 명랑한 색이 좋다. 그리고 명도가 높은 색은 약동적 분위기를 조성하지만 채도가 높은 색은 자극적이어서 좋지 않다. 작업의욕을 높이는 색상으로는 녹색 계통이 무난하다.

③ 안전(Security): 활동하는 데 지장이 없게 하고 안전을 기하는 색채효과이다. 즉, 색채의 명시성과 주목성으로 주의를 환기시키는 것으로 소방차의 붉은 색이나 중장비의 오렌지색 등이 그 예이다.

4) 색채연상

① 적색: 정열, 위험(겨울의 색채)

② 황색: 따뜻, 희망(여름, 가을의 계절색)

③ 녹색: 평화, 순정, 건전(봄의 계절색)

④ 청색: 냉담, 소극, 충실(여름의 계절색)

관세사시험 기출문제

1. 국내포장과 수출포장의 차이점 (1996년, 제13회)
2. 오늘날 산업디자인이 중요시되는 이유를 설명하고 디자인 원칙에 어떤 것이 있는지 열거하시오. (1997년, 제14회)
3. 상품품위 결정의 목적과 표준조건에 대하여 간단히 설명하시오. (1998년, 제15회)
4. 상표의 기능(3가지 이상의 열거) (1998년, 제15회)
5. 상품의 1차 품질을 설명하시오. (1999년, 제16회)
6. 주문자 상표 부착방식(OEM)의 개념과 장단점을 설명하시오. (2001년, 제18회)

예 상 문 제

1. 품질의 의의와 개념
2. 품위결정의 조건을 설명하라.
3. 상품의 2차적 품질
4. 품질의 복합적 및 상대적 성격이란?
5. 포장의 의의와 기능
6. 포장의 원칙(3가지 이상)
7. 포장정책이란?
8. 수출포장의 정의와 특성
9. 포장의 종류
10. 상표의 정의
11. 상표의 범위
12. 제조업자 및 판매업자 입장에서의 상표기능
13. 상표의 3대 기능
14. 상품효용의 한계
15. 상표명의 선정원칙
16. 상표의 구분
17. OEM(주문자 상품)의 제조업자와 브랜드측 입장에서의 장·단점
18. 상표부착의 장·단점

19. 상표충성도란?
20. 디자인의 정의와 범주
21. 디자인의 6대 원칙
22. 디자인의 유용성(기능)과 디자인의 전개과정
23. 유행의 의의와 유행의 주기
24. 색채의 의의와 특성
25. 색채조절의 정의와 3요소

제 6 장　상품감정과 품질평가

제 1 절　유통 측면에서의 상품감정

(1) 상품감정의 의의

상품이 지닌 올바른 상품성의 감식(Indentification)을 상품감정이라 한다. 즉, 상품의 종류를 가리고 내용품질을 식별하며 유사품에 대한 진위를 판별하는 수단을 말한다. 생산자는 품질감정을 통해서 품질을 유지·개선하며 소비자의 신뢰를 얻으며 판매자는 상품감정을 통하여 올바른 물품을 공급하며 유통질서를 원활하게 한다.

상품감정은 원래 상품의 생산, 유통(판매), 소비의 전 과정에 걸친 개념이나 오늘날에는 주로 유통 측면에서의 최종상품에 대하여 행해지는 것이 일반적이다. 상품감정과 유사용어로는 상품감식·상품감별·상품검사·상품분석·상품시험 등이 있고 소비자의 측면에서 소비자에 의해 행해질 때 품질평가, 상품테스트라는 용어를 사용하기도 한다.

(2) 상품감정의 대상

1) 결함상품의 감별

위칭품과 위교품의 진위 여부가 감식대상이다.

① 위칭품(Counterfeits): 이른바 『가짜』로서 진정품과는 전혀 다른 성분이나 원재료를 사용한 열악하고, 값싼 상품을 말한다.

② 위교품(Adulterants): 위화품이라고도 하는 혼합상품으로서 상품의 양 또는 질을 속이는 결함상품을 말한다.

2) 상품품질의 감별

대용품과 인조품의 진위 여부를 감식하는 것을 말한다.

① 대용품(Substitues): 성분적인 성질을 다르나 상품의 성질이 비슷하여 어떤 상품

의 대용으로 사용되는 경우이다.

② 인조품(Artificial goods: Man-made goods): 대용품과는 달리 천연물로 존재하던 것을 과학의 발달로 인위적으로 생산하는 것을 말하며 성분이나 성질은 천연물과 다를 바 없다. 즉 합성품을 말한다.

(3) 상품의 감정법

상품감정을 어떤 방법으로 택하느냐에 따라 경험적 감정법, 과학적 감정법, 비교감정법, 간이감정법 등으로 구분된다.

1) 경험적 감정법

오랜 기간 상품을 취급한 경험에서 체득한 숙련에 의해 감정하는 것으로 경험적 감정법, 감각적 감정법(청각·미각·촉각·시각·취각 등의 오감에 의한 감정), 관능적 감정법, 경제적 감정법이라고도 한다.

- 장 점 진위, 우열을 빠르게 판단하며 학문적인 전문지식이 반드시 필요하지 않다. 또한 실험기구·장비·시약·실험실 등이 필요치 않아 경제적이다.
- 단 점 다년간의 경험과 숙련이 있어야 하고 주관성이 들어가기 쉬우며 과학적 방법이 아니기 때문에 정밀성이 부족하기 쉽다.

  감정의 정확성에 있어서는 뒤떨어지는 비과학적 감정법이라 할 수 있는데 다음과 같은 방법이 있다.

① 육안 감정법

육안에 의해 상품의 외형적 형태·대소·색상 등을 감정하여 상품의 진위나 품질의 우열을 판별하는 것이다.

② 촉각 감정법

손이나 피부의 접촉에 의해 상품을 감정하는 방법으로서 가죽·섬유·직물·종이 등의 표면감정, 곡물의 건조도 감정, 분체상품의 입도나 분말도 등의 감정에 응용된다.

③ 음향 감정법

상품을 두드려 나는 음향을 듣고 그 상품의 성능·파손 여부·경질도 등을 감정하는 것으로 도자기, 유리제품, 금속제품, 악기제품, 통조림통 등의 감정에 이용된다.

④ 후미 감정법

상품의 향기나 독특한 맛에 의해 좋고 나쁜 것을 감정하는 방법이며 식료품, 주류,

화장품, 기호품, 화학제품 등의 감정에 많이 이용된다.

⑤ 시용 감정법

상품을 실제로 시험삼아 사용해 보고 품질의 좋고 나쁨과 적합성 여부를 감정하는 방법으로 연필, 볼펜, 전구, 완구 등의 감정에 많이 쓰인다.

2) 과학적 감정법

기계 또는 기구를 사용하거나 과학적 방법에 의하여 학리와 법칙을 응용하고, 기술을 가지고 상품의 본질과 품의를 감정하는 방법으로서, 기계적 감정법 또는 이화학적 감정법이라고도 한다. 이에는 ① 물리적 감정법(ⓐ 현미경 감정법, ⓑ 물리적 감정법)과 ② 화학적 감정법(ⓐ 정성분석법, ⓑ 정량분석법)이 있다.

- 장 점 감정결과가 정밀, 정확하고 객관적이어서 신뢰할 수 있다.
- 단 점 특별한 설비나 자재가 필요하고, 복잡한 조작과정을 거쳐야 하며 감정에 장시간을 요하고 비용이 많이 든다.

① 물리적 감정법

현미경적 감정과 물리적 물성감정의 두 가지가 있는데, 현미경을 이용하여 표면·형태·색상과 조직상태를 감정하는 것으로 주로 섬유·금속표면·목재·종이 등의 감정에 이용되며, 물리적 물성감정은 시험장비·계측기 등을 이용하여 비중·비점·인화점·융점·점도·응고점·유동점·색도·굴절률·경도·인장강도·내압력 등의 물성요소를 감정하는 것이다.

② 화학적 감정법

시약과 시험기구·시험기기들을 이용하여 감정하는 방법으로 물질의 성분만을 확인하는 정성분석방법과 물질의 구성성분 중 조성비율을 확인하는 정량분석방법이 있는데 최근에는 첨단시험기기를 이용하여 자동분석에 의한 것이 대부분이다.

3) 비교감정법

공공검사기관에서 공인된 표준품이나 견본품을 비치하여 두고 이와 다른 상품을 비교하여 감정하는 방법으로 상용감정법과 과학적 감정법의 장점을 채택한 것이다.

- 장 점 상품의 진위나 우열을 정확히 또는 신속히 결정할 수 있어 표준거래에 많이 사용되고, 품질등급 구분이 용이하다.
- 단 점 표준시료 확보가 어렵고, 표준품·견본품이 없으면 감정할 수 없다.

4) 간이감정법

간단한 시험 또는 확인으로 감정하는 방법을 말하며 주로 상용감정법에 의한 경우가 많으며 그 외에 비교감정법이나 때로는 과학적 감정법에 의할 수도 있다. 비용이 적게 들며 신속하게 감정할 수 있어 수출입상품의 통관과정에서 많이 이용된다.

	장 점	단 점	종 류
경험적 감정법 (상용감정법)	· 감정 신속, 간단, 경제적임 · 학문적 지식이 반드시 필요치는 않음 · 특수한 기기, 약품 불필요	· 특정한 경험, 숙련요구 · 개인적 주관 개입 · 측정결과 부정확 · 측정결과의 객관성 부족	· 촉각 감정법 · 후각 감정법 · 육안 감정법 · 음향 감정법 · 시용 감정법
과학적 감정법	· 품질등급구분, 규격검사, 의약품검사 등 오감으로 불가능한 미세한 검사가능 · 감정결과가 객관적이고 정확함 · 감정결과의 수리적(數理的) 표현가능	· 많은 용구의 필요로 감정과정이 복잡 · 비용, 시간이 많이 소요 · 전문인력 필요 · 실험설비, 자재, 실험실 필요	· 물리적 감정 현미경 감정 물리적 감정 · 화학적 감정 정성감정 정량감정
비교감정법	· 감정이 신속, 어느 정도의 신뢰도 확보용이 · 품질등급구분이 용이	· 표준시료확보가 어려움	· 상용감정법과 과학적 감정법의 장점 채택

(4) 수출검사

이제까지 서술되어 온 상품감정에 관한 대목은 그 모두가 주로 국내에서 생산되어 유통되는 상품에 관한 것이었다고 할 수 있다. 따라서 수출검사란 수출상품의 상품감정에 쓰여지는 별칭이다.

그러나 한마디로 수출검사라 해도 검사주체에 따라서는 여러 가지 유형이 있게 되어 있다. 즉, 수출검사는 보통 넓은 뜻에서 그 검사주체(검사를 행하는 자)에 따라 ① 자체검사, ② 의뢰검사, ③ 강제검사의 3종류로 구분되는 것이 일반적이다. 이 경우 자체검사란 수출업자 자신에 의해 수출상품의 검사가 행해지는 경우이다.

1) 자체검사

수출업자(또는 수출품 생산자) 자신이 수출상품의 검사를 행하는 경우로 자발적 검사 또는 임의검사라고도 한다.

2) 의뢰검사

수출업자가 제 3 자의 검사기관에 수출상품의 검사를 의뢰하는 경우를 말한다.

3) 강제검사

수출업자의 의사나 수출계약과는 관계없이 제 3 자의 특정 검사기관에 의해 일방적으로 검사를 강요받는 것을 말한다(즉, 협의의 수출검사를 말함).

제 2 절 소비 측면에서의 품질평가

(1) 품질평가(Quality testing)의 의의

유통시장에서 판매되고 있는 많은 상품 가운데서 동일종류, 동일품종의 상품을 되도록 많이 골라 그 품질, 성능, 사용상의 편리성 등을 상호비교하여 각 품질뿐만 아니라 종합적 품질의 우열을 비교, 평가하는 것을 말한다.

상품감정과 품질평가의 범위는 상품감정이 주로 유통업자나 제조업자 입장에서의 표현이라면 품질평가는 소비자의 입장에서의 표현으로서 합리적인 상품소비를 위한 전제가 된다. 광의로는 모두를 상품감정이라고도 한다.

그러므로 넓은 뜻에서는 소비 측면에서의 품질평가를 유통 측면에서의 상품감정으로 포괄하게 될 때도 있으나, 오늘날과 같은 소비자주의(Consumerism) 시대에 있어서는 되도록이면 소비 측면의 품질평가에 중점을 두는 경우가 많다.

상품감정	유통업자나 제조업자 입장(유통 측면)에서의 표현
품질평가	소비자 입장(소비 측면)에서의 표현

(2) 품질평가의 순서

품질평가는 소비자 개인의 경우이던, 소비자 단체이던 간에 기본적으로 다음과 같은 순서에 의해 집행된다.

1) 상품의 종류와 품종의 선택

품질평가는 동일소재와 동일용도의 동종상품을 기초로 하므로 평가대상을 동일용도의 동일소재별로 선택하여야 한다. 예를 들면 쇠고기의 경우 불고기용, 스테이크용, 장조림 등에 따라 그 평가기준이 달라진다.

2) 품질평가요소의 선정

품질을 구성하는 많은 특성 요소 가운데 전체로서의 품질, 즉, 종합품질의 결정에 주요한 관계가 있는 몇 가지 특성을 선택한다. 품질평가요소 선정시 아래와 같은 점을 고려해야 한다.

① 종합품질에 플러스 또는 마이너스의 영향이 큰 품질특성이어야 한다.

② 객관적으로 계측될 수 있는 것이어야 한다.

③ 측정된 값에 상당한 편차가 있어야 한다(편차가 없으면 평가의 의의가 없다).

④ 측정은 쉽고도 신속하게 이루어져야 한다.

⑤ 동일특성이 서로 중복되지 않아야 한다(다른 각도에서 중복 측정하지 않아야 한다).

⑥ 측정치가 표시되기 용이해야 한다.

3) 품질평가방식에 의한 품위결정

일정한 평가방식에 의해 상품 전체로서의 종합품질에 관한 품위(Grade)와 등급(Class)을 결정한다. 따라서 이로 인해 상품이 시장에서 그에 알맞은 가격으로 유통되고 있는가도 판가름하게 된다.

※ 주요 품질평가요소

품질평가시에는 품질평가요소에 의하여 하게 마련인데 품질평가요소란 상품에 따라 달라지는 것이지만 대부분의 상품에 공통적으로 적용되는 요소로서 원료상품이거나 화학물질, 식료상품, 의약품 등의 경우에는 순도를 나타내는 순분도(Purity), 불순물 중 눈으로 감별할 수 있는 정도의 이물질을 나타내는 외래잡물(Foreign material), 품질의 균질성을 나타내는 균제도(Homogeneity), 수분의 함유량을 나타내는 수분함량(Moisture content) 등이 적용되며 그 외 전기제품이나 완구류 등에도 공통으로 적용되는 안전성(Safty) 등을 들 수 있다.

(3) 품질평가방법의 종류

1) 분석식 평가법

분석식 평가법(Analytical evaluation system)이란 전체로서의 종합품질을 몇 개의 인자로 나누어, 이를 개별적으로 평가해서 그 결과를 종합해서 품위를 결정하는 방법이다. 이는 서구적 과학연구의 현재까지는 가장 좋은 평가방법으로 간주되고 있지만, 단 한 가지의 결점은 『부분의 화(和)가 반드시 전체의 질(質)을 구성하지는 않는다』는 점에 있게 된다. 왜냐하면 부분은 서로 유기적으로 종합해서 새로운 결과를 낳기도 하기 때문이다.

2) 전체식 평가법

분석식 평가법과는 달리 전체식 평가법(Overall evaluation system)은 개개의 부분을 분할해서 평가하는 것이 아니라, 전체를 있는 그대로의 모습으로 관찰해서 경험이나 직감을 살려서 종합판정하는 방법이다. 이는 이른바 동양적 발상에 따른 평가법이라 할 만하다. 즉, 『1 플러스 1은 반드시 2가 아니라 상호작용에 따라서는 3이나 5가 되기도 한다』는 관점에서의 평가법이다.

그런데 이에는 이른바 경험적 품위법과 표준품·비교품위법이 있게 되는데, 전자는 전혀 전문적인 시설이나 기계·기구를 사용하지 않고 주로 인간의 감각과 숙련, 그리고 경험에 따라서 직감적으로 판정하게 되는 일종의 관능평가방법이라 할 수 있다. 또 후자는 미리 만들어진 각 등급별 표준견본 등의 현품을 비교·대조해서 평가자가 품위를 결정하는 방식이다.

3) 절충식 평가법

절충식 평가법(Compromise evaluation system)이란 분석식 평가법과 전체식 평가법의 양자를 절충시킨 방법으로서, 주로 현미, 면화 등의 농산물류의 평가에 많이 쓰여진다. 이를테면 평가규칙으로서 성분조성규격과 표준견본의 양자를 다같이 쓰게 되는 경우와 같다.

[품질평가방법의 종류]

① 분석식 평가법: 개별적 인자의 평가, 서구적 과학연구, 부분의 종합에 대한 연구 미흡
② 전체식 평가법: 직감에 의한 종합 판정, 동양식의 감정방법
③ 절충식 평가법: 분석식 평가법+전체식 평가법(예 현미, 면화)

(4) 상품테스트(Merchandise testing)

1) 상품테스트의 의의

상품감별이나 상품감식 또는 상품검사나 상품시험과 같은 일련의 표현을 총칭해서 흔히 상품감정(Identification)이라 하게 되지만 이는 어디까지나 유통업을 주로 한 기업 측면에서의 표현이고 이와는 달리 품질평가란 어디까지나 소비 측면에서의 표현이라는 것은 전술하였다. 그런데 상품테스트는 소비 측면에서의 표현이되, 주로 소비자개인이 아닌 소비자단체이거나 기타의 임의단체 또는 공공단체가 앞장서서 행하게 될 때의 품질평가의 별칭이라 할 수 있다. 다시 말해서 품질평가가 소비자개인이거나 단체에 공통되는 표현인 데 반해 상품테스트는 오직 소비자단체나 그 외의 단체에 해당되는 표현이다. 따라서 품질평가란 광의이며, 상품테스트는 협의의 한정된 표현이라 할 수 있고, 달리 소비자테스트, 비교테스트 또는 품위테스트라고도 한다.

---

① 유통 측면(기업 측면) 표현
- 상품감정(상품감식, 상품감별, 상품검사, 상품분석, 상품시험 등)

② 소비 측면(소비자 측면) 표현
- 품질평가(광의): 소비자개인＋소비자단체와 그 외의 단체
- 상품테스트(협의): 오직 소비자단체와 그 외의 단체

---

2) 상품테스트의 목적

상품테스트의 목적은 소비자개인의 비용이나 시간, 또는 지식이나 경험의 부족 때문에 소비자의 현명한 상품선택을 위해서 주로 소비재상품을 주요 상표별로 그 품질, 성능 등을 각 특성별로 비교해서 종합평가하여 주는 데 있게 되며 널리는 상품테스트 자체와 그 집행기관을 총칭하는 데에 그 의의가 있게 된다. 따라서 상품테스트의 결과는 보통 소비자정보(Consumer information)로서 널리 일반대중에게 제공되게 마련이다.

소비자정보란 『소비자가 경제적인 소비생활을 영위하기 위해 계획·실행·평가의 각 단계에서 합리적인 의사결정을 내리기에 충분한 정보와 지식』을 가리킨다.

또한, 상품테스트·기관 상품테스트는 국내와 국외로 나눌 수 있다.

국내: 소비자 기본법 내지 소비자 보호법

국외: 미국(소비자연맹), 영국(소비자협회), 독일(상품테스트 재단), 일본(소비자협회)

3) 상품테스트의 장단점

상품테스트는 주로 소비재상품을 주요 상표별로 품질 등을 종합평가하며 소비자정보 자료로서 소비자가 상품선택을 하는 데 도움이 되도록 하고 있는데 상품테스트의 장점으로는 소비자의 상품선택에 도움을 주고 제조자로 하여금 품질개선과 양질의 상품을 제조하도록 자극하며 유통업자의 상품구매에 도움이 되고 판매원의 교육자료가 된다.

반면에 문제점으로는 시간과 비용이 들며 모든 상품을 다 파악할 수 없는 한계성과 이로 인한 소비자의 신뢰성문제와 테스트기법이 아직 표준화되어 있지 않다는 것이다.

[상품테스트의 장단점]

장 점	단 점
① 소비자의 현명한 선택을 돕는다. ② 상품을 올바르게 보는 눈을 키운다. ③ 문제가 있는 상품광고나 표시의 발견과 경고 ④ 제조업자에의 품질개선의 자극이 된다. ⑤ 도·소매업 상품구매에 도움이 된다. ⑥ 점원교육의 자료가 된다.	① 시간과 비용이 든다. ② 모든 상표를 테스트할 수는 없다. ③ 테스트용 샘플이 적어 신뢰성에 문제가 있다. ④ 테스트 표준과 방법이 아직 확립되어 있지 않다. ⑤ 모델 변경과다로 테스트정보가 진부화된다. ⑥ 중·고의 소득계층의 이용에만 치우치기 쉽다.

※ 시장테스트

대량유통을 하는 상품의 경우 대부분 기업의 제품이 시장에 출시되기 전에 제품에 대한 시장의 반응을 보고 시장규모를 파악할 목적으로 시장테스트를 하게 된다. 그러나 고가의 상품으로써 대량유통을 하지 아니하는 상품은 시장테스트를 하지 아니한다.

시장테스트를 함으로써 취급점이나 구매자의 반응을 파악할 수 있고 마케팅실행계획의 효과성이나 시장에 대한 각종의 정보를 얻을 수 있는 이점이 있다. 그러나 이러한 시장테스트도 계절상품인 경우에는 계절이 이미 진입했거나 다른 기업이 신상품을 출시하려고 할 때에는 서둘러서 상품을 시장에 내놓아야 하기 때문에 시장테스트를 못하고 출시함으로써 제품실패의 위험을 택하는 경우도 있게 된다.

관세사시험 기출문제

1. 상품의 감정법 (1991년, 제10회)
2. 경험적(관능적) 감정법의 단점 (1997년, 제14회)

예 상 문 제

1. 상품감정의 의의
2. 상품감정의 대상
3. 상품감정법의 종류
4. 경험적 감정법과 과학적 감정법의 비교
5. 비교감정법의 장·단점
6. 간이감정법
7. 수출검사의 의의
8. 품질평가의 의의
9. 품질평가의 순서
10. 품질평가방법의 종류
11. 상품테스트란?
12. 품질평가와 상품테스트의 비교
13. 상품테스트의 목적
14. 상품테스트의 장·단점
15. 시장테스트란?

제 7 장 품질표시와 품질보증

제 1 절 품질표시와 품질마크

(1) 품질표시

1) 품질표시의 의의

소비자가 유통시장에서 상품을 합리적으로 선택을 할 수 있게 해당 상품의 품질에 관한 각종 정보를 표찰(Label)에 자주적 또는 법규에 의해 쉽게 신뢰할 수 있는 형태로 기재하여 알려 주는 제도를 말하며, 한마디로 요약한다면 소비자에 대한 『품질정보의 제공』이 곧 품질표시라 할 수 있다. 따라서 품질표시의 가장 큰 특징은 유통시장에 있어 구매하고 있는 상품에 소비자의 상품선택·사용·소비에 필요한 여러 가지 올바른 정보가 표시되어 있는 데 있다.

2) 품질표시의 기능과 필요성

품질표시는 소비자가 상품을 선택할 때에 상품정보에 의하여 합리적인 선택을 할 수 있도록 상품정보에 관한 성분·성질·용도·특성·사용상의 주의점·제조자·제조년월일 등의 자료를 레이블이나 택(Tag) 등에 표시하는 것으로서 이러한 품질표시는 기능면에서 보면 특정한 규격에 합치하거나 합격한 것으로 품질마크와 같은 품질증명을 표시하는 기능, 품질에 의한 품위의 등급을 표시하는 기능, 가공식품이나 의약품 등의 내용성분 표시와 같은 명세표시기능 그리고 소비자에게 당해 상품에 대한 정보를 제공하는 정보제공 표시기능이 있다.

이렇게 기능을 표시하는 품질표시의 필요성을 소비자의 입장과 제조자 또는 판매자의 입장에서 검토해 보면 다음과 같다.

① 소비자의 입장에서 본 필요성

㉠ 포장을 뜯지 않고 내용물을 식별하기 위해서

㉡ 상품의 올바른 사용을 유도하기 위해서

㉢ 동종의 다른 상품과 비교 평가할 수 있도록 하기 위해서

㉣ 수준에 맞는 상품선택을 하기 위해서

② 제조자 또는 판매자의 입장에서 본 필요성

㉠ 신뢰감과 판매촉진을 위해서

㉡ 광고 등의 판매경쟁에 의한 비용절감을 위해서

㉢ 소비자에 대한 애프터서비스를 위해서

㉣ 품질내용을 밝히고 품질상의 책임보증을 위해서

※ 소비자, 제조기업, 판매업 또한 사회경제적 입장에서 품질표시의 필요성

① 품질상의 책임을 명확히 하고

② 상품상호간의 비교 평가가 용이하며

③ 기업은 판매촉진책으로, 소비자는 적절한 상품의 선택·사용·소비함으로써 손해방지와 이익(만족)이 확보되며

④ 상품에 대한 신뢰감을 형성하여 판매촉진에 기여한다.

---

3) 품질표시의 범위

품질표시의 대표적인 수단은 레이블(Label)에 의한 표시이다.

① 레이블정보의 요건

㉠ 소비자가 올바른 상품선택의 지표로서 알아야 할 사항의 전부 또는 중요부분을 표시

㉡ 알기쉽고 똑똑하게 표시되어야 한다.

② 레이블의 필요표시 항목

㉠ 무엇으로 만들어졌느냐(조성)

㉡ 어떻게 유용한가(성능)

㉢ 어떻게 만들어졌느냐(구조)

㉣ 어떻게 취급해야 하는가(취급방법)

㉤ 어떤 용도에 쓰이는가(추천용도)

㉥ 제조업 또는 판매업의 명칭과 장소(책임소재) 등

③ 레이블 등의 품질표시의 요건

㉠ 상품의 식별이 가능한 것

㉡ 상품의 제조자 또는 판매자를 명시할 것
㉢ 소비자의 눈에 잘 보이는 곳에 표시할 것
㉣ 규정된 용어로 소비자가 이해할 수 있는 용어를 사용할 것
㉤ 과장 또는 허위표시되지 않아야 할 것
㉥ 표시된 재질이 적합한 재질일 것
㉦ 법적 요건에 부합될 것

4) 품질표시의 방향

품질표시의 목적은 소비자의 현명한 선택을 돕는 것이므로 소비자가 원하는 요구를 충족시키기 위하여 다음 2가지 방향이 세계적 추세이다.

첫째, 법규에 의한 강제표시: 국가, 공공단체, 지정기관의 강제적 실시(공산품품질관리법, 식품위생법, 의약품, 의약부외품, 화장품, 의료용구, 전기용품안전관리법 등)에 의한 표시를 말한다.

둘째, 표시방법을 통일한 자주적인 표시: 기업체소속 관련단체의 독자적, 자주적 실시를 말한다.

현재 민주사회에서는 본래 기업의 자발적인 자주표시가 바람직하지만, 자주표시에는 다음과 같은 단점이 있다.

① 최소한으로 표시하게 되고
② 기업의 유리사항만을 표시하며
③ 과대 또는 착각되기 쉬운 표시를 하게 되며
④ 법정표시사항 등 중요 사항만을 소문자로 기재되어 읽기가 힘들다.

5) 품질결점표시

이른바 결함상품까지는 가지 않더라도 소재면이나 기술면에서 사용·보관상 주의해야 할 문제점을 지닌 상품일 경우 그러한 상품에 관한 결점(Demerit)을 미리 알리고 소비자로 하여금 상품의 선택·사용·소비를 흡족하게 할 수 있도록 한다는 취지 밑에서 실시하는 품질표시의 일종에 품질결점표시(Quality demerit indication)제도가 있다. 이는 품질표시의 의의가 상품에 관한 올바른 정보를 통해서 소비자를 교육시키는 데 있다면 당연히 상품의 장점이나 이점과 아울러, 그 단점이나 결점인 불리점·주의사항 등도 알려야 한다는 관점에서 도입된 제도인 것이다.

표시방법은 표찰·주의서, 카탈로그의 첨부, POP(Point of purchasing) 표시 등이 있다.

① 품질결점표시의 내용: 이 품질결점표시는 상품의 약점이나 단점을 소비자에게 알리고 상품의 적절한 선택·사용·소비를 가능케 하기 위한 표시이지만, 더욱 나아가서는 판매원이고 고객에게 상품의 장점과 단점, 취급상의 주의 등을 설명하게 될 때 편리하도록 이용하기도 한다.

일반적으로 품질결점의 내용으로는 아래와 같다.

㉠ 상품의 취급상의 주의(㉎ 피혁제품의 세탁법·손질법)

㉡ 상품의 특색·특징 등의 설명(㉎ 상품이 지니는 기능성인 방수가공, 방화가공 등)

㉢ 생활정보와 주의정보 등(㉎ 식품의 보존기간, 마크 해설)

② 품질결점표시의 포함사항: 결점품질의 표시방법은 주로 레이블(Label)을 붙이거나, 주의서나 카탈로그(Catalogue)를 첨부하는 표의방법이 있는데, 다만 어떠한 방법에 의하던 사용상의 주의를 중심으로 한 결점표시에 있어서 아래의 사항이 포함되어야 한다.

㉠ 용도제한적인 표시: 이를테면 법랑(琺瑯)냄비나 동냄비 등은 『튀김요리에는 쓰지 않을 것』, 컬러(색채)가 프린트된 알미늄은 『컬러면이 식품과 접촉하게 되면 색채가 옮는 일이 있다』 등

㉡ 위험경고적인 표시: 이를테면 접착제의 경우 『유기용제가 포함되어 있으므로 냄새를 맡으면 유해, 고의적으로 맡지 말 것』, 비치 파라솔의 경우 『강풍이 불면 사용하지 말 것, 바람에 날리고 사람들이 다치게 될 때가 있다』 등

㉢ 기타 상품의 약점표시: 예컨대, 비단제 한복의 경우 『습기를 맡으면 곰팡이가 생길 때도 있다』, 타올의 경우 『이 수건은 염색 때문에 물이 빠짐으로 하얀 것과 섞어서 빨래하지 말 것』 등

③ 품질결점표시의 단점: 위에서 설명한 결점표시는 소비자에게 좋은 일이지만, 아래와 같은 단점도 있다.

㉠ 판매측의 책임회피에 이용되고 있는 것 같은 느낌이다.

㉡ 옛날 같으면 생활에 있어서의 당연한 상식인데도 일부러 결점표시를 하는 경우가 많다. 이를테면 타올의 경우처럼 물에 담그면 물이 빠진다는 것은 기업측의 발뺌이다. 물이 빠지지 않도록 염색하는 것이 오히려 기업의 책임이어야 한다.

㉢ 현시점에서의 결점표시는 어디까지나 유통업에 있어서의 자주적인 행동이 되고 있지만 따지고 보면 오히려 제조업의 수준에서 적극적으로 결점표시를 하도록 하는 노력이 앞서져야 당연할 것이다.

(2) 품질마크

1) 품질마크의 의의

품질표시의 일환으로서 언제부턴가 세계적으로 보편화되고 있는 제도에 품질마크제도(Quality marking system)라는 것이 있다. 즉, 품질마크(Quality mark)라는 심볼(Symbol)을 사용해서 품질을 표시하게 되는 제도가 바로 그것이다. 이는 소비자정보(Consumer information)의 일종으로서 쉽게 보급되고 이용도 쉽다.

이 제도의 중심이 되는 품질마크란 국가나 업계 또는 학계, 단체 혹은 기타 단체가 정한 품질규격 또는 안전기준에 합치해서 만들어졌다는 것을 특정한 디자인으로 표현된 마크(Mark)로서, 이것을 상품 그 자체에나, 혹은 레이블(Label) 등에 표시하게 된다.

그러므로 품질마크가 설정되기 위해서는 먼저 품질에 대한 규격이나 안전기준이 마련되어야 이것을 기준으로 하여 상품에 대한 품질평가가 이루어질 수 있는 것이다.

품질마크에는 KS표시제도, 우량품표시제도, 열관리표시제도, 전기용품표시제도, 공산품품질제도, 귀금속품질보증제도, 환경보호표시제도, 농산물품질인증표시제도 등이 있다.

2) 품질마크의 원칙

① 보기 쉬워야 한다.

② 이해되기 쉬워야 한다.

3) 품질마크의 구분 및 종류

품질마크는 보통 ① 마크의 인증자(認證者)에 따라, ② 강제의 여부에 따라, ③ 보증의 내용에 따라 여러 가지로 구분된다.

따라서 품질마크는 인증자에 따라 법정마크와 자주마크로 크게 구분된다.

법정마크

법정마크는 강제 여부에 따라 강제마크와 임의마크로 구분되어 이들은 다시 보증 내용에 따라 품질보증마크와 안전보증마크로 나누어지는데 다음과 같은 것이 있다.

① 세계 각국에서 시행되고 있는 규격마크가 법정마크이다.

우리나라의 KS마크 　미국의 ASA마크 　일본의 JIS마크

영국의 BS마크　　　독일의 DIN마크

② 규격마크이면서도 세계적인 공신력을 지닌 품질마크로서는 미국의 UL마크가 으뜸이다.

UL마크

자주마크

자주마크는 강제의 여부에 따라 정부지도에 의한 자주마크와 일반자주마크로 구분되며, 이는 다시 보증의 내용에 따라 품질보증마크와 안전보증마크로 구분되며, 아래와 같이 표시된다. 자주마크로서는 울마크(Wool mark)가 널리 알려지고 있다.

울 마 크　　　공산품 품질보증　　　농산물품질인증표시

[품질마크의 구분]

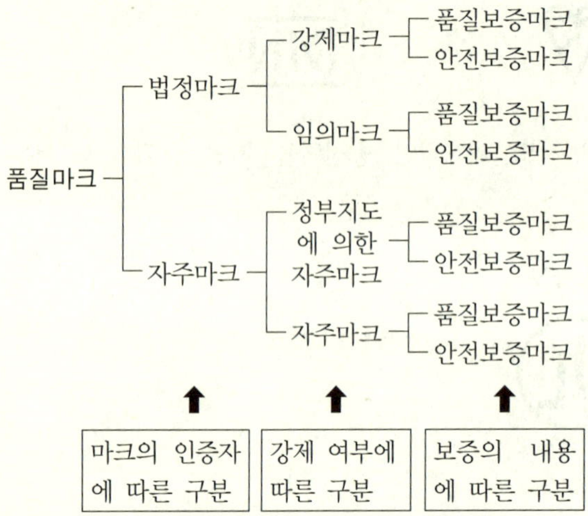

자료: 한희영, 「상품학 총론」(삼영사, 2002), p. 352.

4) 품질마크의 문제점

품질마크의 문제점은 품질수준, 운용, 마크의 과다·한계 등을 들 수 있다.

① 규격의 품질수준: 대부분의 국가가 최저품질규격으로 인한 품질의 불균일이 문제이다.

② 품질마크 제도의 운용: 제도의 사후관리에 문제점으로 이는 효율화가 직결되기 때문이다.

③ 품질마크의 과다에 따른 혼란: 법정마크, 기업자율마크 등의 품질마크의 남발로 소비자의 올바른 평가에 혼란이 초래하는 문제점이다.

④ 품질마크의 한계: 품질마크는 주로 객관적인 품질규정으로 인간의 기호성에 의한 주관적 품질특성(예 색채, 디자인, 스타일 등)이 제외된다.

※ 품질마크의 문제점

① 규격의 품질수준: 품질마크의 공신력 차이

② 품질마크 제도의 운용: 관리운용 체계의 비합리성

③ 품질마크 과다에 의한 혼란: 법정마크 또는 자주마크의 남용

④ 품질마크의 한계: 주관적 품질특성의 배제

(3) 우리나라에서의 품질마크

일본에서나 기타 선진제국의 경우와는 달리 우리나라에서는 전반적으로 품질마크 제도가 활발하게 도입되고 있지는 못하나 국내의 법정마크로는 다음과 같은 것이 있다.

한국공업규격	우량품질표시	사전검사표시	열관리표시	전기용품표시
(K)	(품)	(검)	(열)	(전)

1) KS표시 제도

우리나라의 각종 공산품(기술생산품)의 표준이 되는 KS(Korean Standards) 규격에 적합한 상품에 대해 표시허가하게 되는 제도이다. KS마크는 국가규격에 따른 법정품질마크이므로 품질을 마치 정부가 보증한다는 식으로 홍보되기가 일쑤이지만, 품질에 관한 책임은 어디까지나 1차적으로는 당해 표시허가업체에 있게 됨은 물론이다.

2) 우량품표시 제도

기업에 있어서의 품질관리제도가 우수하고 그 산하공장에서 생산되는 제품이 일정한 품질수준에 도달했다고 인정될 때, 그 공장에 대해 이른바 품질관리등급(1등급 또는 2등급)을 매기고, 이러한 등급을 받은 공장의 상품에는 (품)자 마크를 표시할 수 있도록 허용하는 제도이다.

3) 사전검사품표시 제도

일반 공산품 가운데서 소비자보호와 품질향상을 위해 정부의 품질검사가 필요하다고 인정되는 품목을 대상으로 품질기준을 정하고 이 기준에 적합한지 여부를 확인하는 제도이다. 품질검사에는 제품이 출고되기 전에 실시하는 사전검사와 출고 후 시판품을 수거해서 실시하는 사후검사가 있다.

사전검사대상품목은 전화기, 유모차, 욕조, 볼펜, 연필깎기, 압력솥, 우산 및 양산, 스케이트, 콤파스 등 100여 개로, 이들 상품은 정부가 지정한 검사기관의 품질검사에 합격한 경우에만 (검)자 마크를 붙여 판매할 수 있게 되어 있다. 다만 이미 『KS』표시 또는 『품』자표시가 있는 상품은 사전검사가 면제되도록 되어 있다.

그러나 사후검사대상품목은 넥타이, 가방, 구두, 아동복, 신사·숙녀복, 이불, 화장비누, 구두약 등 약 30여 개 품종이지만, 이들 상품에 대해서는 사후검사만 실시될 뿐 별도의 품질마크 제도는 없다. 그러나 사후검사 실시결과 불합격으로 판정될 때 해당 상품은 그 판매가 금지되게끔 되어 있다.

4) 전기용품표시 제도

전기를 사용하는 상품은 항상 화재나 인명피해의 위험이 높기 때문에 이미 전술한 대로 일정한 시설을 갖춘 업체만이 생산할 수 있도록 법적으로 규제되는데 즉, 무엇보다도 전기용품 안전관리법에 따라 대부분의 전기제품은 사전에 공신청의 형식승인을 받게 되어 있다. 형식승인된 상품에는 (전)마크를 표시할 수 있으며, 따라서 이러한 표시가 없는 전기제품은 일단 무허가의 불량상품으로 간주할 수가 있다. 현재 그 대상품목은 텔레비전수상기, 라디오, 세탁기, 선풍기, 전기, 전기밥솥, 전자레인지, 전기장판, 전기다리미 등 200여 종에 이르고 있다.

5) GD마크

좋은 디자인(GD마크)이야말로 말없는 세일즈맨이라는 인식이 점차 높아져가고 있는 가운데 우리나라에서는 처음으로 우수디자인(Good Design)마크가 지정되어 텔레비전, 냉장고 등 디자인이 뛰어난 48개 상품에 부착되게 되었다. 이와 같이 GD제도란 상품의 디자인 기능, 안전성, 품질 등을 종합적으로 심사하여 우수성이 인정된 상품에 우수상품 상표를 붙여 팔도록 하게 하는 제도이다. 이러한 제도는 한국디자인포장센터가 1985년에 이 제도를 도입하여 가전제품, 레저스포츠용품 등 일상생활과 밀접한 관계가 있는 6개 분야의 284개 응모상품 가운데 48개 상품을 선정하여 GD마크를 붙이도록 하게 한 것이다. 그리고 한번 GD상품으로 지정된 상품은 이 마크를 2년 동안 부착하여 팔 수 있는데 디자인 포장센터는 해마다 GD마크상품을 선정, 우리나라 산업디자인의 수준을 끌어올린다는 계획을 세워놓고 있다.

6) 품질보증표시 제도

이는 법정품질마크와는 달리 업계단체에 의한 우리나라에 있어서의 최초의 자주적 품질마크로서 특기될 만하다. 즉, 순수한 민간기구인 한국잡화시험검사소가 국산품의 품질향상과 소비자보호를 위해 국내에서 생산되는 잡화류를 대상으로 제조업체와 품질보증계약을 맺어 KS규격이나 일본백화점수준 이상의 검사기준에 합격한 품목에 한해 Q자 마크의 부착을 허용하고, 불량품이 생길 경우 보상·지원 등의 책임을 지는 제도이다.

다만 Q마크는 매번 생산되는 상품을 표본검사하므로 모든 물품의 품질보증이 이루어지지 않는 단점이 있다.

7) 한국의 ISO(Interantional Standard Organization; 국제표준화기구) 품질관리

세계 경제의 국제화는 오늘날 교통과 통신의 발달과 더불어 급속히 진전되었다. 따라서, 상품의 표준화(Standardization)가 한 나라의 표준규격에 합치한 것이 아니라 상품의 국제화에 따라서 규격의 이용이나 유통의 원활화 및 공정거래를 통한 경제성의 제고에 따라 국제표준규격이 불가피하게 되었다. 그러므로 우리나라도 국제표준규격을 따르지 않고서는 국제무역상에 많은 불편을 가져오지 않을 수 없는 현실에 와 있다. 또한 무역자유화율의 확대로 인하여 한국의 국내시장에서도 각종 외국제품의 거래가 활발해지면서 외국제품의 표준화와 품질보증제도의 필요성이 커짐으로써 우리나라에서도 1993년부터 ISO(국제표준화기구) 품질보증제도가 도입되게 되었다.

공업진흥청의 이같은 방침은 ISO 9000시리즈에 의한 국제품질보증제도가 최근 세계적으로 확산되어 미국, 영국 등 51개국이 국제표준화기구(ISO) 품질보증제도를 도입하여 시행하고 있는데다 국내제품의 해외수출시 9000시리즈의 인증을 요구하는 사례가 늘고 있어 이에 효과적으로 대응키 위한 것이다. 그러므로 공업진흥청은 ISO 9000시리즈를 민간인증기관이 직접 인증 심사하여 평가하는 민간주도로 운영할 계획인데 객관성과 신뢰성을 높이기 위해 심사원의 등록 및 재평가제도를 도입할 예정이다.

이는 제품을 검사해서 품질을 보증하는 제도가 아니라 불량발생을 억제하기 위해 미리 예방차원의 품질경영을 하는 효율적 품질보증제도이다. 또한 이 제도는 국가별 또는 산업별 요구사항 통일과 기업의 건전한 경영에도 기여하고 있다.

※ ISO 9000 품질보증 인증제도

국제표준화기구(International standard ogranization)에서 품질경영 및 품질보증에 대한 국제규격인 ISO 9000시리즈를 제정한 것인데, 제품을 검사해서 고객에게 품질을 보증하는 제도가 아니라 불량이 발생하지 않도록 미리 예방차원의 품질경영을 하는 효율적 품질보증제도이다.

이 제도는 각 국가별 또는 사업별로 다르게 정해져 있는 요구사항을 통일시키고 기업이 건전한 경영을 하는 데 도움이 되도록 한 제도이다.

※ 환경마크 상품

환경마크 제도 시행 첫해인 1992년 6월에 정부는 재생종이제품 등 4개 품목을 환경마크 상품으로 지정하였고, 그 해 12월에 마개 부착형 알루미늄 캔

등 8개 품목을 추가로 지정하였다.

환경마크 상품이란, 다른 상품에 비하여 환경에 미치는 영향이 적고 분해가 잘 되거나 회수가 쉬우며, 품질도 같은 종류의 제품과 비교하여 같거나 그 이상인 상품을 말한다. 1994년 현재까지 25개 품목이 환경마크 상품으로 지정되었고, 62개 업체의 162개 상품이 환경마크 승인을 받았다.

환경마크 상품에 대한 심사와 운영은 소비자단체, 환경단체, 언론인, 유통업 등의 대표자로서 구성된 사단법인 『환경마크협회』에서 하고 있으며, 심사 기준이 매우 까다롭다. 즉, 제조단계에서의 환경오염 방지대책, 폐기되는 경우 처리방법의 적정성, 제조사용시 에너지 및 자원절약 여부, 품질이나 안전성에 있어서 관련법규의 품질기준 및 규격 등에 부합되었는지의 여부, 같은 종류의 상품에 비하여 가격이 너무 비싸지 않은지의 여부 등이다.

환경마크 대상품목에 대한 선정기준의 예에는 다음과 같은 것들이 있다.

· 재생종이 화장지: 재생용지를 90% 이상 사용할 것
· 스프레이류: 오존층을 파괴하는 물질인 프레온 가스를 사용하지 말 것
· 유아용 천 기저귀류: 100%면을 사용할 것
· 재생비누: 유지의 50% 이상을 폐식용유로 사용할 것
· 타월: 무염색, 무표백이어야 할 것

이상과 같은 환경마크 상품은 비교적 환경오염이 적은 제품이지만, 마구 쓰거나 버린다면 이도 역시 환경보전에 부정적인 영향을 끼칠 것이다.

제 2 절 품질보증과 제조물책임

(1) 품질보증의 의의와 본질

1) 품질보증의 의의

상품이 결함이 있거나 불만족할 경우 판매자(제조업자)는 교환, 반품, 무료수리 등을 행함으로써 구매자(소비자 또는 사용자)를 만족시키며 또한 제조업자나 판매업자의 명성을 유지 내지 고양시키는 것이다.

2) 품질보증의 본질

일반적으로 품질보증은 보증서 발행으로 애프터서비스의 제공을 약속하여 구매자의

안심감을 얻는 형태이다. 만약 상품의 품질불량이나 결함상품으로 인한 구매자의 생명, 신체 또는 재산상의 손실도 손해배상하는 제품책임까지도 가져야 한다.

※ 품질보증의 본질: ① 안심감, ② 제품책임

(2) 품질보증의 일반적인 유형

한 마디로 품질보증이라 해도 여러 가지 유형이 있을 수 있으나, 품질보증이라면 무엇보다도 먼저 보증의 책임 여하에 따라 ① 판매업자에 의한 품질보증과, ② 제조업자에 의한 품질보증으로 대별할 수가 있다고 하겠다. 즉 이는 품질보증의 주체에 따른 구분이라 할 수 있겠으나 법률적으로는 직접계약관계가 없는 제조업자의 책임이 실질상 중심이 되며 조립물품도 보통 최종조립업체 등에서 책임을 진다.

즉, 대체적으로 보아서 품질보증이란 그 주체가 제조업자일 경우가 압도적이다. 그러한 뜻에서 품질보증이라면 보통 제조업자가 보증서를 앞세운 다음과 같은 유형이 일반적이다.

1) 반품보증(Cash, Money-back guarantee)

소비자가 구입한 상품에 불만족일 때 그 대금을 반환하여 주는 보증으로서, 주로 넥타이나 와이셔츠와 같은 비내구 소비재상품에 주로 적용된다.

2) 교환보증(Replacement guarantee)

일정한 보증기간 내에서 상품에 결함이나 크기가 맞지 않은 경우에 신품과 교환하게 되는 보증을 말한다. 상품교환에 있어서는 반드시 동일상품(또는 동일상표상품)에 한정하지 않고 소비자의 선택에 따라 타상표나 경쟁상표와의 교환도 인정하게 될 경우가 있게 된다. 이를 자유교환보증(Competitive guarantee)이라 하지만, 이러한 식의 보증은 보통 판매업자의 독자적인 재량에 의해 실시되는 게 보통이다.

3) 수리보증(Repair guarantee)

판매 후의 일정기간중의 수리를 무료로 행하는 것을 약속하게 되는 보증으로서, 보통 시계나 전자제품 등에 적용된다.

※ 기타 품질보증: 업계단체보증, 사용기간부 보증(Dated guarantee), 통신판매보증 등

(3) 품질보증의 문제점

소비자보호 관점에서 품질보증의 수단인 품질보증서에는 다음의 문제점이 있다.

1) 보증서의 표시내용의 불명확성

오늘날 발행되고 있는 보증서에는 적어도 보증책임자·보증기간·보증의 대상이 되는 부분, 보증의 구체적 방법, 보증을 받기 위한 조건, 비보증사항 등이 기재되어야 원칙이지만 이들 기재사항이 대체로 불명확하게만 표시되는 일이 일반적이다.

2) 보증의 적용제외 항목의 불합리성

이를테면 『잘못 사용함으로써 오는 고장은 유료수리』라는 식의, 사용상의 부주의가 비보증사항으로 못박혀 있는 경우가 이에 해당된다.

보증서를 분실한 경우나, 구매한 판매점 이외에서는 수리를 하지 않겠다는 등 보증조항도 매우 불합리적일 수밖에 없다.

3) 보증기간의 단기제한성

무료수리기간은 보통 상품구입 후 1년이라는 것이 많으나, 가령 일본에서의 가전제품의 경우 평균사용연수가 보수성능부품의 최저보유기간 이상이 통상적인 데 비하여 우리나라의 1년이라는 보증기간은 너무나 비현실적이라 할 만한다.

따라서 적절한 내용연한을 설정해서, 고장발생률이 기간별 비율이나 보수비용 등을 고려한 바탕 위에서 보증기간의 재검토는 필수적이라 하겠다.

[품질보증]

품질보증 대상	품질보증 유형	품질보증 문제점
· 고가·내구재 물품 · 신상품 · 외관상으로 성능·기능 판별 불가능 물품 · 시간경과시 변질, 품질저하되는 물품 · 『카탈로그』에 의한 통신판매 물품	· 반품보증 · 교환보증 · 수리보증	· 보증서의 표시내용의 불명확성 · 보증의 적용제외 사항의 불합리성 · 보증기간의 단기제한성

(4) 제조물책임(Product Liability)

1) 제조물책임의 의의

『제조물책임』은 제조물의 결함으로 인한 소비자의 생명, 신체 또는 재산상의 피해에 대한 제조자 등의 과실 여부에 상관없이 현행 민사법상의 손해배상책임요건인 『가해자의 고의과실』 즉 『과실책임』을 『제조자의 결함』 즉 『무과실책임』으로 전환하는 원칙에 따라 손해배상 책임을 지도록 하는 『제조물책임제도』를 도입함으로써 소비자의 피해구제를 원활히 하여 소비자의 권익을 강화하는 한편, 제품의 안전에 대한 의식을 제고하고 기업의 경쟁력을 향상시켜 나가고자 하는 것이다.

2) 제조물책임법

제조업자 또는 판매업자 등이 공급한 제조물의 결함으로 인해 소비자에게 신체 재산상 피해가 발생했을 경우 그 손해를 배상토록 하는 법적인 장치이다. 우리나라는 2000년 1월 이 법이 제정됐으며 1년 6개월의 유예기간을 거쳐 2002년 7월부터 시행되었다.

이 법이 시행되면서 제조 및 수입업체에 제조물 결함에 대한 과실이 없다 하더라도 소비자의 피해를 보상해야 한다. 제조물책임법이 시행되기 전에는 제조물 결함에 의한 피해가 발생했을 경우 제조사 등의 고의·과실이 입증될 때만 손해배상책임을 졌지만 이 제도가 시행되면서 제조업자 등의 고의·과실과 관계없이 손해배상책임을 져야 된다.

PL법의 대상은 모든 공산품과 가공식품, 의약품 등이며 부동산과 1차 농수산물, 설치·수리와 같은 서비스분야는 제외된다.

손해배상청구 기간은 제조업자가 결함제품을 공급한 날로부터 10년 이내이다.

[『민법』과 『제조물책임법』의 차이]

구 분	민 법	제조물책임법
책임요건	· 제조업자의 고의/과실 (불법행위/보증책임)	· 제조물의 결함(무과실/엄격책임)
입증범위 (소비자)	· 제조업자의 고의/과실 · 손해발생과의 인과관계	· 제조물의 결함 여부 · 손해발생과의 인과 관계
소멸시효	· 불법행위를 한 날부터 10년 · 손해 및 가해자를 안 날부터 3년	· 제조물 공급일부터 10년 · 손해 및 손해배상책임자를 안 날부터 3년

3) 제조물책임법 제정배경

전세계 30여개 국에서 시행되고 있는 PL법은 선진국형 기업문화를 정착시키는 좋은 방편 중에 하나이다. 『국가경쟁력 향상 및 소비자권익보호』라는 과제를 해결하기 위한 정책적인 조치라고 이해하는 것이 가장 바람직하다 할 수 있다.

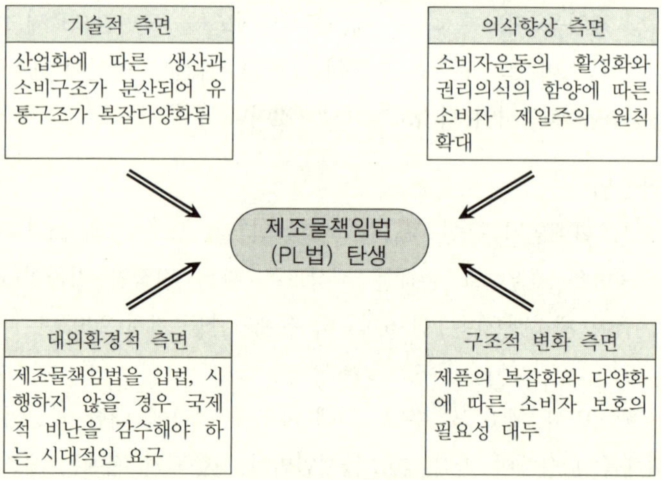

4) 제조물책임법의 성립요건

제조회사의 과실은 정성적인 측면이 있어 입증하기가 상당히 어려운 것이 사실이다. 이러한 단점으로 인해 소비자 피해에 대한 적절한 구제가 이루어지지 못한 것이 국가적, 사회적인 개선의 필요성을 대두하게 되어 그 해결책으로 제시된 것이 입증의 대상을 『결함』으로 바꾸는 것이다.

결함의 존재

· 설계결함(Design Defect)
· 제조결함(Manufacturing Defect)
· 경고결함(Fallure to Warn or Instruct)

피해의 발행

결함의 존재와 피해자의 피해 발생 간의 필연적인 관계가 증명되어야만 한다.
· 육체적인 피해(Physical Injury)
· 재산상의 손해(Property Loss)

보상의 책임의무

제조사, 판매자 등 그 제품의 제조, 유통, 판매과정에 관여한 자가 부담하며 민사법적 손해배상책임이다.

관세사시험 기출문제

1. 품질마크의 문제점 (1996년 제13회)
2. 제조물책임(PL)에 대해서 설명하시오. (2002년 제19회)

예 상 문 제

1. 품질표시의 의의
2. 품질표시의 기능과 필요성
3. 품질표시의 범위
4. 품질표시의 방향
5. 품질결점표시의 의의
6. 품질결점표시의 단점
7. 품질마크의 의의와 원칙
8. 품질마크의 구분 및 종류
9. 품질마크의 문제점
10. ISO9000 품질보증 인증제도
11. 환경마크 상품이란?

12. 품질보증의 의의와 본질
13. 품질보증의 일반적인 유형이란?
14. 품질보증의 문제점

제 8 장　상품광고와 RFID·POS System

제 1 절　상품광고

(1) 상품광고의 개념

1) 광고의 특징

광고란 한자의 뉘앙스로 널리 알린다는 뜻이다. 영어로 Advertisement라는 용어는 그 어원이 라틴어의 Adverter에서 유래된 것으로 돌아다보게 한다는 뜻이 된다. 따라서 한마디로 광고라 해도 그 정의가 일정치 않으며 보는 각도에 따라 그 해석도 여러 가지이다.

따라서 여러 가지 주장들을 종합하면 광고개념의 특징은 아래와 같다.

① 광고의 유료성(Paid form)

② 비인적 제시성

③ 아이디어, 상품, 서비스 등의 대상성

④ 광고주의 명시성 등의 특징을 들 수 있다.

2) 홍보의 특징

광고는 유료형태이자 스폰서를 명시하는 데 반해 홍보는 무료형태가 원칙이자 스폰서를 명시하지 않는 것이 다르다. 즉, 홍보는 상품 내지 서비스 또는 기업단위에 대한 수요를 비인적(非人的)으로 자극하는 활동이다.

또한 홍보는 광고와 목적은 같으나 기업이 정보와 자료를 보도기관에 제공하나 편집권은 기업에 있지 않고 보도기관에 있으며 무료이다.

3) PR(Public Relations)과 선전(Propaganda)

홍보는 흔히 PR(Public Relations)과도 혼동되기 쉽지만, 그 목적면에서는 비슷하다. 왜냐하면 홍보가 광고의 경우처럼 대량매체를 이용함에 반해 PR은 되도록 그러한 대량

매체를 이용하지 않는 점이 다르기 때문이다.

PR은 기업이 자기에 대한 대중의 이해와 지지를 얻기 위한 홍보활동이다. 유료이며 광고를 보강한다. 기업내외의 것에서 건설적인 친애와 지지를 얻기 위한 것이다.

선전(Propaganda)은 광고와 거의 같으나 본래의 의의는 이상, 주장을 전달하여 세론효과(世論效果)를 형성하는 유료활동이다.

[상품광고의 개념]

	개 념	대상(특징)
광 고 (Adverising)	매체를 통해 상품이나 서비스의 정보를 제공해서 상품수요를 진작시키는 것(유료, 스폰서 명시)	광고-매체-소비자수요 진작-판매촉진
홍 보 (Publicity)	상품이나 서비스의 정보가 보도기관의 보도내용으로 사용되어지는 것(무료, 스폰서 비명시)	홍보자료-보도기관-대중사회에 전달-소비자 수요 확대
PR (Public Relation)	자사에 대한 소비자 대중의 지지를 얻기위해 하는 활동(유료, 대량매체 비이용) 광고를 보강한다.	· PR-사내보(社內報) · 기타-종업원 주주 · 매체-대중
선 전 (Propaganda)	이상, 주장을 전달해서 세론(世論)효과를 형성하는 광고유사 활동(유료, 스폰서 명시)	· 선전-매채-소비자 수요진작 · 사내(社內)적·공공적 관점에서 사상·문화를 설명하여 대중의 지지를 얻음

(2) 상품광고의 기능

상품광고의 기능은 상품에 대한 신용과 명성을 높이고 또 이를 유지하게 하여 일반고객에게 인지시키는 기능을 뜻한다. 따라서 무관심한 일반대중에 심리적 효과를 강하게 호소하여 구매동기를 환기시켜 구매행동에 이행시키는 것이 상품광고의 기능이다. 상품광고는 아이다(AIDA)의 4단계나 아이다스(AIDAS)의 5단계설이라고 불리워지는 심리적 과정을 거쳐서 구매행동으로 이행시키는 역할을 수행한다.

AIDAS의 5단계를 설명하면 다음과 같다.

① A(Attention): 주의력을 일으키는 기능

② I(Interest): 흥미를 갖게 하는 기능

③ D(Desire): 욕망을 일으키는 기능

④ A(Action): 행동을 일으키는 기능

⑤ S(Satisfaction): 만족감을 일으키는 기능

AIDA의 4단계설을 보면 우선 제품을 주목(Attention)을 일으켜 흥미나 관심(Interest)을 갖고 소유하고 싶은 욕망(Desire)을 일으키는 단계는 같다. 그러나 AIDA법칙의 경우는 욕망의 단계에서 구매하는 행동(Action)을 발생하게 한다. 그런데 AIDAS의 5단계설은 그것에 행동함으로써 만족(Satisfaction)이 추가되어 있다.

[광고기능의 5단계(AIDAS의 5단계)]

A(Attention) 주의력 환기	⇨	I(Interest) 흥미유발	⇨	D(Desire) 욕망유발	⇨	A(Action) 행 동	⇨	S(Satisfaction) 만 족 감

(3) 상품광고의 효과 및 상품광고 매체

1) 상품광고의 긍정적 효과

① 정보제공의 효과: 수요를 설득하는 효과

② 수요창출의 효과

③ 기업이미지 개선의 효과: 광고캠페인 등을 수단으로 함

④ 판매촉진의 효과

2) 부정적인 효과

① 광고비용의 증가: 이윤감소를 유발

② 광고비지출의 과다: 상품가격의 인상요인으로 적용

③ 허위·부정·과대광고: 고객의 오해나 불신을 유발

④ 광고의 한계: 기본적 수요를 확대할 수도 없고, 탄력성을 변경할 수도 없는 경우가 있다.

3) 상품광고의 매체

① 지역적 구분에 따라: 전국적 광고매채, 지역적 광고매채

② 규모별 구분에 따라: 매스컴 광고매체, 미니컴 광고매채

제 2 절 무선식별 시스템(RFID)와 판매시점 정보관리제도(POS)

(1) 무선식별 시스템(RFID)의 의의

RFID(Radio Frequency Identification)는 제품에 붙이는 태그(Tag)에 생산, 유통, 보관, 소비의 전 과정에 대한 정보를 담고 자체 안테나를 갖추고 있으며, 리더(Reader)로 하여금 이 정보를 읽고, 인공위성이나 이동통신망과 연계하여 정보시스템과 통합하여 사용되는 활동, 또는 칩을 말한다.

RFID Tag는 기존 바코드를 대체하고 유비쿼터스를 실현하는 핵심 소재이며, 상품의 저장, 전송, 추적 등 유통, 물류분야, 전자도서관, 전자지불, 보안 등 다방면에 광범위하게 적용될 것이다.

(2) 무선식별 시스템의 특징

① 동시에 여러 Card를 인식할 수 있으며 고속 인식이 가능하여 시간이 절약될 수 있다. 이러한 이점 때문에 물류분야에서 RFID 태그가 바코드나 Magnetic 태그를 대체해 나가고 있다.

② 감지거리가 길기 때문에 시스템 특성이나 환경 여건에 따라 적용이 손쉬우며 응용영역이 넓다. 기존의 주차관리(Parking Control System)에서 사용되던 접촉식 스마트카드의 영역을 RFID 카드가 역할을 대신하고 있다.

③ 내환경성이 우수하여 수명이 길다. 이용자가 Reader에 카드를 삽입할 필요가 없고 기계적인 접촉이 없기 때문에 마찰에 의한 카드(Tag) 손상이나 먼지, 습기, 온도, 눈, 비 등의 악조건하에서도 에러율이 극히 낮다. 따라서 개방된 공간에서의 시스템에 많이 적용되고 있다.

④ 비금속 재료를 통과할 수 있다. 유리, 섬유, 목재를 통과하여 정보를 전달할 수 있기 때문에 카드를 주머니나 가방에 넣은 채로도 인식이 가능하다. 출입문 통과시, 버스나 철도이용시에 본 카드의 편리성을 맛볼 수 있다.

⑤ 전파가 안테나 또는 Reader에서 발산되고 있기 때문에 정보전달에 있어서 방향성의 영향을 적게 받는 데 이점이 있다. 자재관리시 물건이 일직선에 놓여있지 않아도 ID를 인식할 수 있기 때문에 자재관리, 위치추적시스템에 응용되고 있다. 또한 인식방식상 특성으로 고속의 이동체 인식이 가능하다는 데 그 특징을 찾을 수 있다.

[바코드와 비교]

구 분	전파 식별(RFID)	바 코 드
인식 방법	무선(Read/Write)	광학식(Read Only)
정 보 량	수천 단어	수십 단어
인식거리	최대 수m (전파 규제에 의해 좌우)	최대 수십cm
인식속도	최대 수백 개 (이론적으로 수천 개도 가능)	개별 스캐닝
관리 레벨	개개 상품(일련번호)	상품 그룹
가 격	태그 최하 수백원 (EPC 5센트 목표)	레이블 인쇄 10원 미만

(3) 판매시점 정보관리제도(POS시스템)의 의의

구매·배송·판매 등의 단계에서 발생하는 각종의 정보를 전산으로 처리·가공·축적하고, 이 축적된 정보를 다양한 목적에 유용하게 이용되는 시스템을 말한다.

즉, 판매시점 정보관리제도(POS시스템; Point of Sale System)란 상품의 유통관리를 위한 제도인데 광학식 자동해석방식에 의하여 컴퓨터와 연결해서 상품의 판매관리(판매대금계산 관리·판매원의 과실 및 부정관리 등)와 재고관리 및 고객관리까지도 할 수 있는 제도로서 모든 경영관리가 즉시 지시되는 제도이다. 여기에는 바코드(Bar code)와 범용판매자표시(OCR코드)가 있다.

(4) POS시스템의 이점

POS시스템은 유통업을 위한 상품유통의 합리화뿐만 아니라 제조업체나 소비자에게도 다양한 이점이 있다.

1) POS시스템의 이점

체크아웃(Check out)의 편리와 시간의 단축, 종업원의 과실·부정의 방지, 체커(Checker)의 자동화와 시간단축, 보충발주·매가변경의 신속화, 재고파악의 정확성 등 작업관리의 기계화가 이루어진다.

2) 경영관리상의 이점

상품판매동향의 즉시 점검, 품절상품의 사전방지, 인기·비인기품목의 조기발견, 상품회전율의 향상, 상품별 이익관리의 용이, 현금보유액의 수시파악, 현금의 도난·분실감소, 단품별 매출정보의 정확성 등 경영관리의 기계화가 이루어진다.

3) 고객관리상의 이점

고객대기시간의 단축, 점포의 이미지 향상, 풍부한 상품선택의 가능성, 영수증의 상세한 명시성 등 고객관리가 기계화로 현대화가 이루어진다.

이러한 여러 가지 이점을 지닌 바코드 POS시스템의 특징을 종합하여 정리해 보면 다음과 같은 4가지로 요약할 수 있다.

① 판매동향 파악의 이점: 바코드(Bar code)는 판매동향을 즉시 파악할 수 있다는 것이 특징이며 매우 큰 이점이 된다.

② 자동판독기능의 이점: 자동판독기능이란 전자감응기로 바코드의 움직임을 판독하는 기능으로서 고객의 체크 아웃(Check out)을 위해서는 신속성과 정확성이 그 양대 요소가 되고 있다.

③ 판매정보입력의 이점: 판매정보입력이란 유통업체에서 판매동향을 즉시 파악할 수 있도록 판매정보가 자동으로 입력되어지는 것을 말한다.

④ 정보집중관리의 이점: 정보집중관리란 한 점포에서 일어나고 있는 모든 판매동향과 여러 가지 정보가 즉시 집계되어 회사나 관리본부에 보고됨으로써 집중관리가 되어지는 시스템을 말한다.

※ POS시스템은 바코드의 운영체계로서 흔히 이들은 같은 의미로 취급되기도 한다. 일반적으로 POS시스템은 『종래의 키인(Key-in) 방식의 레지스터(금전등록기)가 아닌 광학식 자동해독방식의 레지스터(Register)에 의해 단품별로 수집된 판매정보나, 구매·배송 등의 단계에서 발생하는 여러 가지 정보를 컴퓨터(Computer)에 보내어 각 부문이 제각기의 목적에 따라서 유효하게 이용될 수 있는 정보로 처리·가공·전달하는 시스템』으로 정의된다.

(5) 바코드(Bar code)

1) 바코드의 의의

흑백의 작대기 모양으로 표시되는데 동일규격으로 대량생산되어 판매되는 식품류·

잡화류·문방구류 등에 많이 사용되며 제조기업 또는 판매업자(유통업자)가 상품의 생산·포장단계에서 표시하는 원천표시(Source marking)와 판매업자가 포장이나 계량하면서 표시하는 사전표시(In store marking)의 두 가지가 있다.

백화점이나 슈퍼마켓, 편의점에서 현재 사용된다. 바코드의 내용은 국가구분 표시번호, 상품의 제조업자표시번호, 기계의 오독방지번호 등으로 구성되었다.

2) 바코드 관리시스템의 이점

바코드의 기능이 놀라운 혁명적 발전을 이룩하여 물류산업을 가속화시키고 있기 때문에 바코드를 도입하면 제조업자·유통업자 모두 각종 관리시스템을 크게 개선할 수 있다. 따라서 POS시스템에 의해 중간판매실적, 경쟁사원의 시장점유율 현황, 지역별 상품선호도 등을 쉽게 파악할 수 있을 뿐만 아니라 별도의 시장조사 없이도 판매전략을 세울 수 있다.

제조업자는 판매업자와의 수주·발주업무를 전산온라인으로 체계화할 수 있고 최종 유통단계의 소매업자는 매일매일의 상품별 판매량을 즉시 집계할 수 있다. 그러므로 백화점이나 슈퍼마켓 등 고객이 많은 곳에는 스캐너(판독기), POS단말기 등을 설치하여 쉽게 제품을 스캐너에 스치기만 하면 영수증이 바로 떨어져 계산대에 길게 줄을 서게 하는 불편을 없애며 점원에 대한 판매교육도 간소화할 수 있는 혁신적 관리성이 있다.

[바코드의 관리시스템]

- 판매실적 파악 용이
- 시장점유율 파악 용이
- 지역별 상품선호도 파악 용이
- 영수증 발급 편의

[바코드 심볼표시]

9 788946 780545

① ② ③ ④

① 국별코드-3자리
② 제조업체코드-4자리
③ 상품품목코드-5자리
④ 오류방지코드-1자리

우리나라는 국별코드인 KAN(Korean Article Number)를 부여받아 사용하고 있다. 우리나라에서 사용하고 있는 KAN코드는 표준형의 총자리수가 13개로 왼쪽부터 차례로 국별코드 세 자리(880), 제조업체코드 네 자리, 상품품목코드 다섯 자리 그리고 자동판독장치에 의한 오류를 막기 위한 코드 1자리씩으로 구성된다.

(6) 범용판매자표시(Universal Vendor Marking; UVM)

문자를 이용해서 코드화한 것인데 판매업자인 납품업자가 각 소매점을 위해서 의류와 같은 상품의 색상, 무늬, 가격 등의 정보를 업계가 공동으로 운영하는 기계로 읽을 수 있도록 표시한 것이다.

OCR코드(Optical Charactor Recognition; 광학문자독취)가 이에 속하는 데 사람도 읽을 수 있다.

※ OCR코드 문자를 이용해서 코드화한 판매시점 정보관리시스템에 속하는 것인데 판매업자인 납품업자가 각 소매점을 위해서 의류와 같은 상품의 색상, 무늬, 가격 등의 정보를 업계가 공동으로 운영하는 기계로 읽을 수 있도록 표시한 광학문자독취(Optical Charactor Recognition)이다.

(7) 범용제품부호(Universal Product Code; UPC)

식품소매업계에서 쓰이는 것으로서 바코드 형식으로 된 표시이다. 그런데 이는 제조업자와 상품의 종류만을 나타내기 때문에 가격이나 구매일자 등의 다른 자료는 컴퓨터에 의해 추가되어야 한다. 미국·캐나다에서 많이 사용한다.

관세사시험 기출문제

1. 바코드 (1995년, 제12회)
2. 상품의 판매시점 정보관리제도(POS: Point of Sales System)의 의의 및 이점을 설명하시오. (2000년, 제17회)

예 상 문 제

1. 상품광고의 특징
2. 광고와 홍보의 차이점
3. PR과 선전의 비교
4. 상품광고의 기능
5. 상품광고의 효과
6. 판매시점 정보관리(POS시스템)의 의의
7. POS시스템의 이점
8. 범용판매자표시(UVM)
9. OCR코드란?
10. 범용제품부호(UPC)
11. 무선식별 시스템(RFID)의 의의와 특징
12. RFID와 Bar Code의 차이점

제 9 장 소비자주권과 상품

제 1 절 결함상품과 소비자보호

오늘날 3M(대량생산 · 대량유통 · 대량소비)시대의 경제체제하에서 상품의 대량생산자로서의 기업은 과점화 · 독점화의 진행과 더불어 영리본위의 상품전략만을 구사하게 됨으로써 결함상품의 출현이 더욱 잦아져 가게 마련이다. 이런 이유로 소비자문제(Consumer affairs)가 크게 대두되고 있는 것이다.

그런데 세계의 소비자운동은 그 시대와 국가에 따라 여러 가지 특색이 있게 되어 있으며, 또 여러 가지 형태로 전개되어 왔다고 할 만하다. 이를 대충 유형화시킨다면 ① 상품테스트형 소비자운동, ② 고발형 소비자운동, ③ 불매형 소비자운동, ④ 학습형 소비자운동 등으로 나눌 수 있는데, 이 중 결함상품과 직접적으로 관련을 맺는 소비자운동은 대략 ②에서 ④까지의 3개 유형이라 할 수 있다.

결국 결함상품의 문제는 오늘날의 소비자문제의 핵심임과 동시에 소비자보호라는 입장에서는 그 해결점으로서 무엇보다도 소비자운동 · 소비자교육 · 소비자행정이라는 3국면에서 다루어지고 있다.

(1) 결함상품과 소비자운동

결함상품(Defect goods)에 대한 뚜렷한 정의는 없으나 일반적으로 『당연히 구비되어 있어야 한다고 누구나 기대하는 성질, 특히 안전성과 관련된 품질과 이에 따른 서비스가 결여됨으로써 소비자(또는 사용자)에게 신체적이거나 경제적인 손실을 주게 되며 이를 보상하는 책임을 추구하는 단계에서 문제가 되는 상품』이라고 규정한다. 또한 결함상품은 그 별칭으로서 유해상품, 위험상품, 불량상품 등으로 불리워지기도 한다.

1) 결함상품의 발생원인

결함상품은 기업측 요인, 정부측 요인, 소비자측 요인 등에 의하여 발생하게 된다.

① 기업측 요인

㉠ 안전성보다 디자인이나 저가격을 우선시한다.

㉡ 신물질이나 신기술을 사용한 신제품의 경우 시간과 비용이 드는 테스트를 게을리하거나 출시에 급급한 나머지 이를 소홀히 다룬다.

㉢ 분업이 고도화되어 생산유통에 관여하는 기업이 많아져서 제품책임(Product liabilities; PL)의 소재가 불명확해졌다.

㉣ 대량생산으로 피해가 확산된다.

② 정부측 요인

㉠ 안전감시체제가 과학기술의 진보, 신제품의 속출을 뒤따르지 못해 기업측의 테스트자료를 과신하여 인허가한다.

㉡ 어린이나 노약자를 배려한 안전교육과 위험경고표시제가 미비되어 있다.

㉢ 피해구제제도와 기업의 제품책임체제가 확립되지 못하고 있다.

㉣ 위해정보수집시스템의 미비에 의해 피드백(Feedback)이 지연되고 있다.

③ 소비자측 요인

㉠ 소비자의 권리의식 수준이 낮아 불만신청이나 신고행동을 하는 소비자가 적다.

㉡ 기술진보에 따른 소비자의 상품지식의 상대적 부족으로 인한 감시나 억지력(Countervailing power)이 약화된다.

※ 결함상품이 생기는 원인

· 기업측 요인: 저가격 우선, 테스트 소홀, 책임소재 모호, 대량생산

· 정부측 요인
- 안전감시체제 미흡
- 위험경고표시 미흡
- 피해구제제도 미흡
- 피드백 지연

· 소비자측 요인: 소비자 권리의식 수준 미달, 상품지식의 절대적 부족

2) 결함상품에 관한 소비자운동 측면에서의 대책

① 상품테스트형 소비자운동: 일명 소비자테스트(Consumer testing) 또는 비교테스트(Comperative testing)라고도 일컬어지는 상품테스트(Merchandise testing)는 품질평가의 핵심으로 소비자단체 등을 중심으로 한 상품의 품위를 가리는 것이다. 따라서 결합상품에 대한 소비자 방어적 행동의 첫걸음도 무엇보다도 상품테스트형 소비자운동에서 비롯된

다고 할 수 있다.

② 고발형 소비자운동: 이 고발형은 상품의 사용에 있어 피해가 발생하거나, 기대와는 다른 사실이 빚어질 경우 구입점이나 제조자 또는 소비자센터 등에 그러한 사실을 알리고 어떠한 형태로든 보상이나 시정을 약속하게 하는 소비자운동을 뜻한다. 그러나 대부분의 소비자는 아직도 그러한 고발을 귀찮은 행동으로 여겨, 울며 겨자먹기 식으로 체념해 버리기가 예사이기도 하지만 소극성에서 빠져나와 좀더 적극적 고발로서 제조자 등으로 하여금 상품개선에 자극을 주어야 하는 것이 바람직한 소비자행동일 것이다.

③ 불매형 소비자운동: 결함상품으로부터 소비자 자신을 집단보호하기 위한 수단의 마지막 유형으로는 일명 보이콧(Boycott)형이라도 불리우는 불매운동형 소비자운동이 있다. 이는 소비자가 단결해서 특정의 상품을 일정기간에 걸쳐 사지 않게 됨으로써 특정의 기업, 또는 업계에 항의하게 되는 소비자운동의 하나다. 이러한 불매운동에 의해 해당기업이나 업계는 커다란 타격을 입게 됨은 물론이다.

(2) 결함상품과 소비자교육

이처럼 소비자교육(Consumer education)이란 소비자의 생활향상을 목적으로 해서 소비자를 대상으로 행해지는 교육계몽활동을 말하며 구체적으로는 소비자의 합리적인 상품선정·구입을 가능하게 하며, 그 적절한 사용에 의하여 풍요한 소비생활을 영위할 수 있도록 소비자를 교육하는 것이라 할 수 있다. 이는 결코 기업에 의해 일방적으로 행해지는 소비자교육에 있는 것보다도 소비자 자신이 자각해서 현명하게 행동하는 태도의 능력을 갖추기 위해 스스로가 학습하는 데에 그 참뜻이 있는 것이다.

또한, 소비자교육은 소비자 입장뿐만 아니라 기업의 입장에서도 필요하고 기업의 소비자교육의 유형은 ① 회사·공장 견학, ② 쇼, 전시회 개최, ③ 실연, ④ 훈련코스, ⑤ 소비자서비스 등이 있다. 소비자교육은 사회·학교·가정교육의 조화에 의해 실효를 거둘 수 있다.

(3) 결함상품과 소비자행정

결함상품에서 소비자를 보호하기 위해서는 소비자 자신에 의한 소비자운동과 소비자교육 이외에도 이른바 소비자행정이라는 이름의 수단이 있게 된다. 이때 소비자행정이란 소비자보호행정이라고도 불리우는 소비자를 보호하기 위해서 국가나 지방공공단체가 제 3 자적이며 공평적·중립적인 입장에서 기업과 대항할 수 있는 조직화를 지원하며, 소비자보호를 목적으로 한 법체계를 확립함과 동시에 소비자와 기업과의 이해조정도 담당하게 되는 일련의 행정적 측면이 바로 소비자행정이다.

1) 소비자보호관련법규에 체계적 정비

소비자행정은 무엇보다도 소비자보호기본법을 골격으로 한 소비자보호관련법규의 체계적인 제정과 그 효율적인 실시에 있게 된다. 그래야 소비자보호기본법의 제정과 실시에 의해 비로소 행정이념이 명문화·체계화될 수 있기 때문이며 법체계의 뒷받침 없는 소비자행정이 결코 그 실효를 거둘 수 있게 되어 있지도 않다. 말하자면 법규의 정비없는 소비자행정이 결코 효과적일 수는 없는 법이다.

2) 소비자보호관련기구의 정비와 확충

소비자행정의 효율화는 소비자보호관련법규의 정비와 함께 소비자보호관련기구의 정비와 그 확충에 있게 된다. 어떠한 경우든 그 나라의 실정에 맞는 관련기구가 확충적인 바탕 위에서 효과적으로 정비되어야 할 것은 물론이다.

※ ① 결함상품 문제의 해결책

㉠ 소비자운동, ㉡ 소비자교육, ㉢ 소비자행정 3측면에서 고찰

② 소비자운동의 유형

㉠ 상품테스트형 소비자운동

㉡ 고발형 소비자운동

㉢ 불매형 소비자운동

③ 소비자행정의 일반적 유형

㉠ 소비자보호관련법규의 체계적 정비

㉡ 소비자보호관련기관의 정비와 완충

④ 히트상품(Hit product)

히트상품이 생기는 이유는 그 상품의 존재가 소비자의 잠재 내지 수면욕구(Dormant want)를 환기시키고 그것이 공통의 사회가치화되어 가는 과정에서 형성되는 것이다. 어떠한 경우이던 히트상품의 기본은 근원적인 상품력에 있다. 그러나 동시에 거기에는 그때 그때 시대성이 반영되어 있어야 한다. 다시 말하면 눈에 보이지 않는 시대적 가치(Contemporary value)를 끌어내어 가치화할 수 있는 능력을 갖추고 있어야만 한다.

다시 말하면 히트상품이 생기는 이유는 특정의 상품의 구매자가 일정 수에 이르고 자립화된 개개의 소비자가 혁신수용, 즉 신제품의 구매가 스스로의 생활을 진보시켜 결과적으로 사회를 진전시키는 힘이 된다고 인식하여 선택하였기 때문에 생기는 것이라 할 수 있으며 그 바탕은 바로 혁신수용능력을 반영하는 그들 소비자능력의 향상에 있는 것이다. 왜냐하면 혁신의 이점을 주체적·자주적으로 정확히 파악하고 그것을 실행함과 아울러 그것을 타인에게 전달할 수 있게끔 성장하였기 때문이다.

제 2 절 소비자주권하에서의 상품

(1) 소비자주권과 사회적 마케팅

1) 컨슈머리즘(Consumerism)의 대두

결함상품의 출현과 직결되는 소비자문제(Consumer affairs)가 차츰 심각해진 것이 20세기 중엽부터의 일이라면, 이에 따라 다투어 소비자의 기본적 권리를 주장하게 되는 세계적인 추세가 차차 무르익어 가는 것이 20세기 후반부터의 일이라 할 수 있다. 즉, 소비자문제를 해결하기 위해 소비자운동이나 소비자교육, 또는 소비자행정을 앞세우는 일과 함께, 그 이전의 시점에서 소비자 자신이 애당초 자기의 기본적 권리를 지켜야 한다고 주장하는 이념이나 철학이 차츰 구체화되어 가는 풍조가 20세기 후반부터의 특징으로 부각되기 시작하는 것이다. 이러한 소비자의 이념이나 철학을 흔히 소비자주권(Consumer's sovereignity)이라 일컫는다. 혹은 소비자주의 또는 생활자주의라고도 하며, 때로는 컨슈머리즘(Consumerism)이라 원어 그대로 부르게 될 때도 많다.

소비자주권은 애당초 소비자 자신이 기본권리를 지키기를 주장하는 단순이념, 철학에 지나지 않았으나 현재는 결함상품이나 유해상품의 제조(판매)기업, 공해기업을 고발해서 사회적 책임을 추구하는 것을 말한다.

2) 사회적 마케팅의 도래

현재는 소비자주권하에서 소비자를 위한 소비지향 마케팅뿐만 아니라 인간복지나 사회복지를 포함한 사회 전체의 마케팅인 『사회적 마케팅』이 도래하였다.

(2) 사회생태학적 상품

사회생태학적 상품(Socio-echological product)이란 상품의 『안정성』, 『저공해성』 및 『확대개념성』의 3가지를 통틀어 말한다.

따라서 소비자주권하에서의 상품은 앞으로 되도록 이러한 사회생태학적인 성격을 지니지 못할 때 소비자대중으로부터 외면당할 것은 물론이다. 또 사실 기업의 사회적 마케팅의 입장에서도 이러한 현대상품의 장래적 특징을 도외시해서까지 애써 상품화하게 될 이유도 없을 것이다.

1) 안정성

상품의 생산과 판매를 담당하는 기업의 입장에서는 앞으로는 소비자를 위한 상품의 '안정성'을 최대한 고려하지 않고서는 기업의 성장은커녕 그 존립조차 위태로워질 것은 물론이다. 따라서 이 안정성이야말로 현대상품의 특징이자 그것이 곧 전부나 다름이 없다. 특히 이제까지의 소비자주권은 상품의 안정성에 최대의 관심을 쏟아왔었기에 더욱 그러하다.

2) 저공해성

20세기 말엽의 심각한 난문제의 하나가 되고 있는 공해발생은 최소한으로 억제할 수 있는 '저공해성'이 바로 그러한 사회생태적 특징의 하나가 된다. 이때 공해(pollution)란 일반적으로 상품에 의해서 직접 빚어지는 경우뿐만 아니라, 그러한 공해상품을 생산함에 있어 필연적으로 파생하게 되는 각종 오염물질의 배출까지도 포함하게 마련이지만, 되도록 그러한 공해가 최소한으로 그쳐져야 하는 것이 곧 상품의 저공해성이다.

3) 확대개념성

상품개념을 정적으로 파악하지 않고 동적으로 이해하는 것이다. 즉 상품을 생산하게 될 경우 이를 시간적·공간적인 연장으로 이해함과 동시에 생태학적인 연속으로 간주하는 것이다.

이를테면 자동차라는 이름의 상품의 경우 이를 시간적인 연장과 생태학적 연속으로 볼 때 『철강석 → 철강 → 자동차 → 폐차 → 산화제 2 철 → 자연에의 환원』이라는 시간적 연장선상에서의 모든 상품군을 생태학적으로 연상할 수가 있을 것이다. 그럴 경우 폐차된 자동차가 만일 산화제 2 철이 되어 자연에 환원되지 못할 때(가령 자동차의 대부분 형성부분이 결코 산화되지 않는 합성수지로 만들어졌다고 가정할 때) 이는 폐기물질에 의한 커다란 공해이며, 바로 자연환경의 원흉이기도 하다. 따라서 이는 중대한 소비자주권에의 침해나 다름이 없다.

또 공간적인 연장에 있어서도 자동차라는 상품이 결코 단독적으로는 그 기능이 발휘될 수 없으므로 도로, 주유소, 서비스공장, 보험회사 등과 같은 사회의 토털 시스템(Total system) 가운데서 파악되어야 할 것이다. 이럴 때 자동차의 생산·판매는 그러한 사회의 토털 시스템이 충분히 완비되어 있을 때에만 이루어져야 할 것이다. 이를테면 도로사정이 상식 이하일 경우의 자동차란 무용지물임을 지나서 도로의 혼란, 소음과 교통사고 등의 연속으로 소비자주권에 대한 중대한 위협일 수밖에 없는 것이다.

4) 마케팅 우선순위의 변화

크라코(E. Cracco)와 로스텐느(J. Rostenne)에 의할 때 종래의 상품컨셉트(Product concept)는 상품아이템(Product item), 상품라인(Product line), 상품믹스(Product mix) 등의 범위에서만 맴돌 뿐이었으나 이제부터의 새로운 상품컨셉트는 상품의 시간적·공간적 연장에까지 확대해서 전체를 사회생태학적 관점에서 토털 시스템(Total system)적으로 파악해야 한다고 강조하고 있다. 따라서 기업의 마케팅활동도 아래와 같이 『전통적인 우선순위』로부터 『사회생태학적인 우선순위』로 전환해야 한다고 주장하기도 한다.

※ 마케팅 우선순위의 변화(크라코와 로스텐느의 주장)

① 전통적인 우선순위: 개인 → 기업 → 사회 → 환경

② 사회생태학적 우선순위: 환경 → 사회 → 개인 → 기업

※ 변화하는 소비자들

소비주의 (Consumerism)	필요에 의해서가 아니라 탐욕과 과시욕에 의해 이루어지는 부정적인 소비행태
신 검소족 (Nu Austerity)	가장 현명한 소비는 절제라는 생각으로 최대한 소비를 줄이자는 사람들
프리건 (Freegan)	자본주의와 소비주의를 배격하고자 쓰레기통을 뒤져 생필품을 얻는 사람들
프라브족 (PRAVS)	합리적인 소비를 통해 자신만의 개성과 가치를 찾아 나가는 사람들
욘족 (YAWNS)	젊은 나이에 엄청난 부를 이뤘으면서도 자신을 위한 사치가 아니라 자선활동에 관심을 갖는 검소한 부자들
1000유로세대	100만원 정도의 부족한 소득 안에서도 자신의 문화적, 예술적 취향을 추구해나가는 요즘 젊은이들

※ 블루슈머(Blue Ocean+Consumer)

우리나라 통계청은 2007년 하반기에 국내 각종 통계를 분석해 기업들이 올해 주목해야 할 6개 블루슈머를 선정했다.

블루슈머란 경쟁자가 없는 시장을 의미하는 블루오션(Blue Ocean)과 소비자(Consumer)의 합성어로 『돈이 되는 새로운 소비자』를 뜻한다.

올해 6개 블루슈머는 이동족(Moving Life), 무서워하는 여성(Scared Women), 20대 아침 사양족(Hungry Morning), 피곤한 직장인(Weary Worker), 3050 일하는 엄마(Working Mom), 살찐 한국인(Heavy Korean)이다.

통계청이 꼽은 첫번째 블루슈머는 바로 『이동족』, 생활권의 광역화로 국민들의 하루 이동시간이 크게 늘어 10세 이상 하루 평균 이동시간은 5년 전 1시간 35분보다 평균 5분이 증가했다. 국민 전체 이동시간을 따지면 350만 시간(2억 1,000만분)이 늘어난 셈이다. 이런 이동시간의 증가는 소비자들의 『이동형 엔터테인먼트』의 수요욕구를 자극하고 지하철 무료신문, DMB(이동멀티미디어방송) TV, 휴대용 게임기 등의 수요를 더 증가시킬 것이라고 예측하고 있다.

또 강력범죄로 불안해하는 여성들도 주목해야 할 블루슈머다. 한국의 사회지표에 따르면 2005년 살인과 강간의 발생률은 2003년보다 8%(1,091건)와 13%(1만 1,727건) 늘었다. 2000년과 비교하면 각각 13%와 68%가 증가했다. 강력범죄의 증가로 여성들의 불안심리도 확산됐으며 범죄를 두려워하는 여성들이 늘어나면서 안전과 호신, 방범상품에 대한 수요도 증가하고 있다. 무인경비서비스, 디지털도어록, 호신용 전기충격기, 휴대전화 호신서비스 등이 대표적이다. 옥션에 따르면 이 같은 방범, 보안용품 판매건수가 2003년 1만 5,000건에서 2006년 9만 2,000건으로 6배가 늘었다.

아침을 건너뛰는 『아침 사양족』도 기업들의 공략 대상이다. 2006년 사회통계조사에 따르면 20대 746만 1,000명 중 370만 8,000명, 즉 49.7%가 아침을 먹지 않는 것으로 나타났다. 그러나 건강을 중시하는 웰빙트렌드에 따라 아침식사의 중요성은 날로 커지고 있어 간편한 아침식사대용 먹을거리 수요가 증가할 것으로 예상하고 있다. 아침배달 서비스나 아침용 건강음료, 즉석죽, 컵수프 등이 젊은층을 파고들고 있다.

이 밖에 경기침체와 고용불안 등으로 최근 6년 사이 16% 이상 늘어난 30~50대의 일하는 엄마들도 블루슈머로 부상했고, 만성피로와 스트레스와 시달리는 직장인, 저지방 저칼로리의 웰빙 음식을 원하는『살찐 한국인』등도 블루슈머다.

통계청 정책홍보담당관실의 한 간부는『블루슈머를 찾기 위해서는 소비자 생활형태의 미세한 변화까지 읽어야 하고 국가통계를 활용하면 새로운 소비자와 시장을 찾는 데 매우 유용하다』고 밝혔다.

관세사시험 기출문제

아직 출제된 적이 없음.

예 상 문 제

1. 결함상품 발생원인(기업, 정부, 소비자 측면에서)
2. 결함상품 문제의 해결책
3. 소비자운동의 유형
4. 소비자행정의 일반적 유형?
5. 히트상품이 생기는 원인
6. 컨슈머리즘(Consumerism)이란?
7. 사회생태학적 상품이란?

부 록

Ⅰ. 관세율표와 일반상품학의 기출제 분석

· 관세율표와 일반상품학의 출제비

* 1990년 이전: 관세율표에서 100% 출제

* 1991년 이후: 일반상품학 출제

- 1991년(제10회)~제1998년(제15회): 관세율표 70%, 일반상품학 30%
- 1999년(제16회): 관세율표 90%, 일반상품학 10%
- 2000년(17회): 관세율표 70%, 일반상품학 30%
- 2001년(18회)~2003년(20회): 관세율표 90%, 일반상품학 10%
- 2004년(21회)~2008년(25회): 관세율표 100%

[관세율표와 상품학 기출제 분석(채점별)]

구분	주요 범위	91	93	95	96	97	98	99	00	01	02	03	04	05	06	07	08
관세율표	총론	50	50	20		10	10		10	10				10			
	통칙							10			10						
	제 1 부~제 4 부		10			50					60				10	20	10
	제 5 부										10				10		
	제 6 부							10		10		10	10				10
	제 7 부				10		50										
	제 8 부~제10부																
	제11부				10							10	60		10		10
	제12부~제14부																
	제15부				50			50				10		10	10	10	10
	제16부	10	10	50		10		10		50		50	20	50	50	70	50
	제17부~제21부	10					10	10				10	10	10	10		
	기타(혼합문제)									20	10			20			10
	계	70	70	70	70	70	70	90	70	90	90	90	100	100	100	100	100
일반상품학	제 1장 상품학 개요																
	제 2 장 상품의 개념과 속성	20	10	10					10								
	제 3 장 상품의 분류																
	제 4 장 상품화계획과 상품정책		20	10	10	10	10		10			10					
	제 5 장 품질형성과 상품의 속성				10	10	20	10		10							
	제 6 장 상품감정과 품질평가	10				10											
	제 7 장 품질표시와 품질보증				10						10						
	제 8 장 상품광고와 판매시점 정보관리			10					10								
	제 9 장 소비자 주권과 상품																
	계	30	30	30	30	30	30	10	30	10	10	10	0	0	0	0	0
대비	관세율표 : 일반상품학	7:3	7:3	7:3	7:3	7:3	7:3	9:1	7:3	9:1	9:1	9:1	10:0	10:0	10:0	10:0	10:0

Ⅱ. 관세사 시험 기출문제

제3회 관세율표 및 상품학 문제 1981

1. CCCN의 일반구조를 논술하라.

2. 다음을 간단히 설명하여라.
   (1) 섬유의 종류
   (2) 비금속의 뜻과 예시
   (3) 염료색소의 용도상의 종류
   (4) 동시에 수입된 미조립기계의 품목분류관계
   (5) 이종재료 혼합물의 분류
   (6) 관세율표 제29류에서 규정하고 있는 유기화합물

제4회 관세율표 및 상품학 문제 1982

1. 관세율표 해석에 관한 분류통칙을 논하라.

2. 다음을 간단히 설명하여라.
   (1) 범용성 부분품
   (2) 광석과 귀석의 분류기준
   (3) 제2107, 2817, 2903, 8459, 8528호의 공통점
   (4) 고탄소강의 정의
   (5) 품목분류위원회의 기능

제5회 관세율표 및 상품학 문제 1983

1. CCCN과 관세율표에 관해서 아는 바를 써라.

2. 다음을 간단히 설명하여라.
  (1) 섬유류의 CCCN 분류
  (2) HS
  (3) 원유의 제조공정상 생산품
  (4) 계면활성제
  (5) 제86, 87, 88, 89류의 공통점?

제6회 관세율표 및 상품학 문제 1984

1. 관세율표상의 품목분류체계와 그 해석에 관한 통칙을 설명하시오.

2. 다음을 간단히 설명하여라.
  (1) 관세율의 종류와 적용 우선순위
  (2) CCCN 해설서
  (3) CCCN의 다음 류(Chapter)에 해당하는 물품
     제1류, 30류, 41류, 69류, 85류
  (4) 관세율표상의 귀금속의 범위
  (5) 플라스틱(Plastic)의 종류

제7회 관세율표 및 상품학 문제 1985

1. 관세율표 해석에 관한 통칙을 차례로 기술하고 간략하게 설명하라.

2. 다음을 간단히 설명하여라.
  (1) 관세율표 제15부 범용성 부분품의 물품
  (2) CCCN 7315 고탄소강
  (3) 서메트(Cermets)
  (4) 가정용 전기기기로서 중량에 관계없이 CCCN 제8506호의 해당품목은?
  (5) 제10류, 제30류, 제40류, 제70류, 제90류에 해당하는 물품을 하나씩 열거하라.

제8회 관세율표 및 상품학 문제 1987

1. 관세율표상 기계류의 부분품의 품목분류방법에 관하여 특히 다음 사항에 유의하여 논술하시오.
   (1) 기계의 개념
   (2) 부분품이 제16부 주(註)의 규정에 의한 『범용성부분품』에 해당하는 경우
   (3) 부분품이 관세율표 제84류의 어느 특정 호에 게기된 경우
   (4) 부분품이 제84류의 어느 특정 호에 분류되는 특정한 기계에 전용되는 경우와 그렇지 않은 경우
   (5) 수입신고된 부분품이 완제품의 주요한 특성을 갖추고 있는 경우

2. 다음을 간단히 설명하여라.
   (1) 우리나라를 비롯한 세계 주요교역국들은 1988년부터 Harmonized System(HS)을 도입할 예정인데 이 제도의 도입 필요성은 무엇이며, 이 제도와 CCCN제도의 차이점은?
   (2) 관세율표상 동일한 물품이 2 이상의 호에 분류될 수 있는 경우에 적용할 분류원칙에 대하여 간단히 설명하시오.
   (3) 관세율표상 시약용으로 소포장되어 있는 물품은 그 성상에 관계없이 관세율 20%가 적용되는 데 적용할 수 있는 부 및 류는?
   (4) 관세율표에서 지방산의 분류방법은?
   (5) 발화성합금이란 무엇인가?

제9회 관세율표 및 상품학 문제 1989

1. HS분류의 기본구조와 내용을 요약 설명하시오.

2. 다음을 간단히 설명하시오.
   (1) HS에서 무기 및 유기 단일화합물에 타물질이 혼합되었어도 단일화합물로 분류할 수 있는 공통적인 물품은?
   (2) HS에서 귀금속과 귀금속합금이라 함은?
   (3) 세무가죽

(4) HS에서 플라스틱과 구분하여 합성고무라 함은 어떤 조건의 물품을 말하며, 물품명 5개를 쓰시오.

(5) HS에서 플라스틱(Plastics)의 정의와 물품명 5개를 쓰시오.

제10회 관세율표 및 상품학 문제 1991

1. HS의 구조와 해석에 관한 통칙을 설명하시오.

2. 다음을 간단히 설명하시오.

(1) 광섬유에 대하여 아는 바를 쓰시오.

(2) 상품의 대상이 되는 것은?

(3) 상품의 감정방법

(4) 상품의 특성

(5) 기계의 부속품과 부분품에 대하여 구분규정을 설명하시오.

제11회 관세율표 및 상품학 문제 1993

1. 관세율표상 품목분류구조(품목번호 6단위까지)와 기본분류원칙을 요약 설명하시오.

2. 다음을 간단히 설명하시오.

(1) 관세율표 제21류에서 정한『균질화한 혼합조제식료품』

(2) 상품의 보존성

(3) 표준화의 단점

(4) 관세율표 제84류에서 정한『디지털 자동자료처리기계』

(5) 규격의 제정시기

제12회 관세율표 및 상품학 문제 1995

1. 관세율표 제16부에 분류되는 기계류의 일반적 분류구조를 요약 설명하시오(품목번호 4단위를 중심으로).

2. 다음을 간단히 설명하시오.
   (1) 『소매를 위하여 세트(Sets)로 한 물품』이라 함은 어떠한 요건을 갖춘 물품을 의미하는가?
   (2) 관세율표와 관련된 HS에 관한 협약내용 중 의무조항은?
   (3) 표준매매
   (4) 상품의 운반성
   (5) 바코드(Bar Cord)

제13회 관세율표 및 상품학 문제 1996

1. 관세율표 제15부 주에서 정한 『범용성 부분품』을 설명하고 다른 부 또는 류의 주에서 이를 어떻게 수용하고 있는지 그 내용을 간략하게 언급하시오.

2. 다음 내용을 간략하게 설명하시오.
   (1) 관세율표 제11부에서 정한 2종 이상의 상이한 방직용 섬유재료로서 혼합된 섬유제품의 분류기준
   (2) 상품 라이프사이클의 4단계
   (3) 국내포장과 수출포장의 차이점
   (4) 품질마크의 문제점
   (5) 열가소성수지와 열경화성수지

제14회 관세율표 및 상품학 문제 1997

1. 관세율표상 농산물(축산물, 수산물 포함)과 그들의 가공품에 대한 HS분류체계를 설명하시오.

2. 다음 내용을 간략하게 설명하시오.
   (1) 동일한 물품이 둘 이상의 호에 분류되는 것으로 볼 수 있는 경우 관세율표상의 품목분류는 어떻게 하는가?
   (2) 경험적(관능적) 감정법의 장점
   (3) 계획적 상품진부화

(4) 머시닝 센터(M/C)

(5) 오늘날 산업디자인이 중요시 되는 이유를 설명하고, 디자인 원칙에는 어떤 것이 있는지 열거하시오.

제15회 관세율표 및 상품학 문제 1998

1. 관세율표상 『고무와 고무제품』의 HS품목분류에 대하여 기술하시오(특히 관세율표 해석에 관한 통칙 1에 의한 분류기준을 중심으로).

2. 다음 내용을 간략하게 설명하시오.

(1) HS의 Full Name

(2) 상표의 기능(3가지 이상 열거)

(3) 관세율표상 『Station Wagon(스테이션 웨곤)』의 정의와 중분류 구조

(4) 상품품위 결정의 목적과 표준조건에 대하여 간단히 설명

(5) 상품표준화의 2단계

제16회 관세율표 및 상품학 문제 1999

1. 관세율표상 비금속 중 비철금속의 분류체계를 간략히 설명하고 특히 정제한 동(구리)과 동합금 및 합금하지 않은 알루미늄과 알루미늄 합금의 차이점과 그 의의를 논술하시오.

2. 다음을 간략하게 설명하시오.

(1) HS상 소호(Sub-heading)의 분류방법을 설명하시오.

(2) 관세율표 제8609호의 콘테이너에 관하여 설명하시오.

(3) 동위원소를 설명하시오.

(4) 상품의 1차 품질을 설명하시오.

(5) 하이브리드 집적회로에 대하여 설명하시오.

제17회 관세율표 및 상품학 문제 2000

1. 플라스틱과 그 제품에 대하여 다음에 유의하여 논하시오.
   (1) 플라스틱의 정의와 종류
   (2) 품목분류(류의 구성)
   (3) 품목분류기준(주 NOTE)

2. 다음을 간략하게 설명하시오.
   (1) 관세율표 전체에 동일하게 통용되는 주 규정의 용어의 종류(예: 범용성 부분품)
   (2) 제 4 부내 분류되는 『균질화된 조제품』의 공통점과 해당 류
   (3) 상품의 Merchantability(적상성과 상품성) 제고요인을 사회적 요인과 실용적 요인으로 나누어 설명하라.
   (4) POS의 의의와 이점
   (5) 제품수명주기의 의의와 특성

제18회 관세율표 및 상품학 문제 2001

1. 관세율표 제16부 분류되는 물품에 대해 다음 사항을 중심으로 논하시오.
   (1) 제85류의 분류구조
   (2) 전기식의 기계류로서 제84류에 분류되는 것
   (3) 제8509호의 가정용 전기기기

2. 다음 물품들이 분류되는 해당 류 번호를 쓰시오.
   (1) 인조꿀
   (2) 인조섬유제의 가발
   (3) 페로 얼로이
   (4) 건조한 고추류
   (5) 목재와 흑연으로 만든 연필

3. 관세율표 제28류 및 제29류에 분류되는 『불순물』에 대하여 구체적으로 설명하시오.

4. 관세율표상에 우리나라가 자체적으로 추가한 국내 주(notes) 규정의 주요 내용을 설

명하시오.

5. 관세율표 제4012호, 제6309호 및 제9704호의 공통점을 설명하시오.

6. 주문자상표 부착방식(OEM)의 개념과 장단점을 설명하시오.

제19회 관세율표 및 상품학 문제 2002

1. 관세율표상 채소류 및 그 조제품의 분류와 관련하여, 제 7 류와 제20류의 일반적인 분류범위를 비교하여 논하시오.

2. 제조물책임(PL)에 대하여 설명하시오.

3. 다음 물품이 해당하는 관세율표상의 류(Chapter)를 쓰시오.
   (1) 건조한 인삼
   (2) 천연다이아몬드
   (3) 가정형 세탁기
   (4) 보청기
   (5) 플라스틱제 마네킹

4. LPG와 LNG를 비교 설명하시오.

5. 소매를 위하여 세트로 포장한 물품(예: 제도용 키트)이 수입되었을 때 HS품목분류는 관세율표의 해석에 관한 통칙 제 3 호 (나)의 규정에 의거 결정한다. 여기서 『소매를 위하여 세트로 한 물품』의 요건에 대하여 설명하시오.

6. 고추류(캐프시컴속 또는 피멘타속의 열매)의 성상에 따라 달라지는 품목분류에 대하여 설명하시오.

제20회 관세율표 및 상품학 문제 2003

1. 제16부에서 규정하는 기계의 부분품에 대해 아래 사항을 중심으로 품목분류를 논하시오.
   (1) 기계와 부분품에 대한 규정과 제16부와 제84류·제85류에서 제외되는 각각의 부

분품

(2) 기계류 부분품의 분류 순서에 따른 품목분류와 제84류 및 제85류 각각 부분품의 예

(3) 범용성 부분품이 해당기계와 함께 분류되는 경우와 범용성 부분품의 분류규정에 따라 분류하는 경우

2. 특수용도 차량의 해당류와 어떠한 차량을 말하는지 예를 들어 설명하시오.

3. 관세율표상 11부의 토우(Tow)와 톱(Top)을 설명하시오.

4. 비금속과 그 제품이 분류되는 제15부 제72류의 스테인레스강과 제74류의 마스터얼로이를 설명하시오.

5. 조상의 글리세롤 제법(만드는 방법)을 서술하고 정제한 것과 정제하지 않은 것의 품목분류 번호를 쓰시오.(4단위)

6. 상품화계획을 위한 다섯 가지 적정한 조건(5R's)을 설명하시오.

제21회 관세율표 및 상품학 문제 2004

1. 의류와 그 부속품(관세율표 제61류~제62류)의 분류에 관하여 다음 내용을 중심으로 논하시오.

(1) 각류의 개략적인 분류범위

(2) 각류의 공통적으로 적용되는 다음 것에 대한 분류기준

- 모피·우모·가죽·플라스틱 또는 금속제의 의류부속품과 부분품
- 남녀의류의 구분
- 셔츠와 셔츠블라우스
- 소매용 세트로 포장된 의류의 분류
- 의류의 일종임에도 각류에서 제외되는 물품과 그것들이 해당하는 류

2. 관세율표 제90류의 일반적인 분류내용과 그 배열을 설명하시오.

3. 다음 방직용 섬유제품을 비교 설명하시오.

(1) 워딩(Wadding)

(2) 펠트(Felt)

(3) 부직포(Nonwovens)

4. 관세율표 제8502호의 발전세트에 대하여 설명하시오.

5. 관세율표 제29류 유기화학품 주2에서 제외되는 물품 10개항 중 5개항을 관세율표 4단위 번호와 함께 설명하시오.

6. 관세율표 제85류 소호주 2의 소호 제8542.10호에서 『스마트 카드』란 무엇을 말하는지 설명하시오.

제22회 관세율표 및 상품학 문제 2005

1. HS 관세율표 해설서상 제16부 제84류 물품의 품목분류와 관련하여 아래 사항에 대하여 설명하시오.

(1) 제84류의 일반적인 구성과 제84류의 2 이상의 호에 해당하는 기기의 분류기준

(2) 도자제 또는 유리제의 기계류·기계부분품에 대한 분류기준

(3) 제8485호 분류기준과 주요 분류품목

2. 왁스의 종류와 품목분류에 관하여 설명하시오.

3. 『통일상품명 및 부호체계에 관한 국제협약』의 제 1 조는 각종 용어에 관한 정의를 하고 있다. 협약에서 정의한 아래 각 항의 용어에 대하여 설명하시오.

(1) 가항: 『the harmonized Commodity Description and coding system』

(2) 나항: 『customs tariff nomenclature』

(3) 다항: 『statistical nomenclature』

(4) 라항: 『combined tariff/statistical nomenclature』

4. 조립식 건축물의 HS 품목분류에 대하여 설명하시오.

5. 관세율표에서 일정중량 또는 용량의 포장단위를 기준으로 품목을 분류하는 경우가 있다. 이 중 5개의 품명을 예시하고, 그 규정 중량 또는 용량과 HS 품목번호를 설

명하시오.

6. 수출입신고시 웨이스트와 스크랩의 품목분류착오가 가끔 발생하고 있다. 철강제의 웨이스트와 스크랩(7204호)에서 제외되는 품목에 대하여 설명하시오.

제23회 관세율표 및 상품학 문제 2006

1. 관세율표상 인쇄회로(제8534호), 전자집적회로 및 초소형 조립회로(제8542호)의 분류와 관련하여 아래 물음을 중심으로 논하시오.
   (1) 인쇄회로의 개념과 분류기호
   (2) 전자집적회로의 개념과 종류
   (3) 초소형 조립회로의 개념과 종류
   (4) 초소형 조립회로의 분류기준

2. 다음과 같은 대두 및 그 관련 제품 각각에 해당하는 관세율표상의 류를 쓰시오.
   (1) 대두
   (2) 대두유 추출시에 얻어지는 오일케이크 및 기타 고형의 유박
   (3) 대두유
   (4) 탈지 대두분의 특정 성분을 제거하여 얻은 단백질 농축물로서 단백질 함량이 일반적으로 90% 이상의 것
   (5) 두부

3. 관세율표상 정형외과용 기기를 설명하시오.

4. 관세율표상 합성섬유와 재생(또는 반합성)섬유를 설명하고, 각각에 해당하는 섬유 종류를 2개 이상 쓰시오.

5. 각종 공구와 도구가 관세율표 82류에 분류되기 위해서는 작용 부분이 일정한 재료로 구성되어야 한다. 해당 재료를 모두 쓰시오.

6. 휘발류에 식물류와 메틸알콜을 혼합해서 만든 하이브리드 연료를 수입하고자 한다. 이 물품의 품목분류를 위해 고려해야 할 내용을 설명하시오.

제24회 관세율표 및 상품학 문제 2007

1. 다음 사항에 대하여 관세율표의 해석에 관한 통칙 및 관세율표 제16부 및 제84류와 제85류의 주의 내용을 중심으로 논하시오.

   (1) 기계의 정의 및 주요 분류 내용

   (2) 미완성 기계의 개념 및 품목분류 원칙

   (3) 다기능기계와 복합기계의 개념 및 품목분류 원칙

   (4) 기능단위기계(functional units)의 개념, 품목분류 사례(5개 이상)

   (5) 발전세트 및 다중칩 집적회로의 개념 및 품목분류 원칙

2. 관세율표에서 설육의 종류 및 해당 설육의 품목분류 원칙에 관하여 설명하시오.

3. 고춧가루 39%와 마늘분말 11%, 참깨 분말 10%, 소금 등으로 균질하게 혼합된 물품의 제0904호에 분류할 것인지 또는 제2103호에 분류할 것인지 여부에 관하여 제 9 류의 주의 내용에 근거하여 다음 사항을 설명하시오.

   (1) 분류 근거

   (2) 쟁점 사항

   (3) 분류 견해

4. 관세율표 제76류 소호주의 내용에 근거하여 『합금하지 않은 알루미늄』과 『알루미늄 합금』에 관하여 설명하시오.

5. 관세율표 제8479호 및 제8543호에는 고유의 기능을 가진 기계류가 분류된다. 동호에 분류되기 위하여 충족되어야 하는 조건을 쓰시오.

6. 제 4 차 HS협약 개정에 따라 반도체 제조용 기계를 특정호에 분류하도록 2007년도 시행 관세율표를 개정하였는바, 해당호와 동호에 분류되는 제조 기계(4개 이상)를 쓰시오.

제25회 관세율표 및 상품학 문제 2008

1. 다음 물품에 대하여 품목번호를 결정하고자 한다.

   품명: Mobile cullular phone with TV receiver, MP3 player and camera

기능: 무선통신 이외에도 디지털 지상파 TV 수신, 정지영상 촬영, MP3 파일재생 기능을 추가로 수행할 수 있음

물품상태: 본체와 배터리 충전기, 이어폰, 반도체식의 저장용 매체, 사용자 매뉴얼 및 휴대용 가죽케이스가 종이박스에 함께 포장되어 소비자에게 판매됨

동 물품 품목분류를 결정시에 검토해야 할 것을 다음 사항을 중심으로 논하시오.

(1) 소매용으로 하기 위하여 세트로 된 물품의 인정요건과 품목분류기준

(2) 다기능기계와 복합기계의 차이점 및 품목분류기준

(3) 케이스 및 포장재료가 내용물과 함께 분류되기 위한 요건

(4) 고체상태의 비휘발성 기억장치와 스마트카드의 정의 및 요건

(5) 적정한 품목번호(HS 4단위) 및 그 분류 이유

2. 관세율표 제38류 주4에서 규정하고 있는 생활폐기물과 이러한 생활폐기물에 포함되지 아니하는 것에 대하여 설명하시오.

3. 관세율표 제 7 류 및 제 8 류에 분류되는 물품은 저장처리방법에 따라 제20류의 채소 또는 과일의 조제품으로 분류된다. (1) 제 7 류 및 제 8 류와 (2) 제20류에서 허용되는 저장처리방법에 대하여 관세율표 호의 용어를 중심으로 비교설명하시오.

4. 다음은 물(水)과 관련된 물품을 나열한 것이다. 관세율표상 해당 류를 쓰시오.

(1) 천연수, 광수, 탄산수

(2) 해수

(3) 증류수

(4) 화장수(toilet water)

(5) 얼음

5. 관세율표 제74류 주의 규정을 기초로 봉과 선을 정의하고 두 물품의 차이점을 비교설명하시오.

6. 제11부(방직용 섬유와 그 제품)에서 『제품으로 된 것』이라 함은 어떤 것을 말하는가?

Ⅲ. 일반상품학 기출문제

(관세사 시험 기출문제에서 일반상품학 문제만 따로 분류함)

1. 제10회(1991년)
   (1) 상품의 대상
   (2) 상품의 특성
   (3) 상품의 감정법

2. 제11회(1993년)
   (1) 상품의 보존성
   (2) 표준화의 단점
   (3) 규격의 제정시기

3. 제12회(1995년)
   (1) 표준매매
   (2) 상품의 운반성
   (3) 바코드

4. 제13회(1996년)
   (1) 상품의 라이프 사이클
   (2) 국내포장과 수출포장의 차이점
   (3) 품질마크의 문제점

5. 제14회(1997년)
   (1) 계획적 진부화
   (2) 경험적(관능적) 감정법의 장점
   (3) 오늘날 산업디자인이 중요시되는 이유를 설명하고 디자인 원칙에 어떤 것이 있는지 열거하시오.

6. 제15회(1998년)
   (1) 상표의 기능(3가지 이상 열거)

(2) 상품품위 결정의 목적과 표준조건에 대하여 간단히 설명

(3) 상품의 표준화의 2단계

7. 제16회(1999년)

(1) 상품의 1차 품질을 설명하시오.

8. 제17회(2000년)

(1) 상품의 Merchantability(적상성과 상품성) 제고요인을 사회적 요인과 실용적 요인으로 나누어 설명하라.

(2) POS의 의의와 이점

(3) 제품수명주기의 의의와 특성

9. 제18회(2001년)

(1) 주문자 상표 부착방식(OEM)의 개념과 장단점을 설명하시오.

10. 제19회(2002년)

(1) 제조물책임(PL)에 대하여 설명하시오.

11. 제20회(2003년)

(1) 상품화계획을 위한 다섯 가지 적정한 조건(5R's)을 설명하시오.

12. 제21회(2004년)

출제 안됨

13. 제22회(2005년)

출제 안됨

14. 제23회(2006년)

출제 안됨

15. 제24회(2007년)

출제 안됨

16. 제25회(2008년)

출제 안됨

참고문헌

· 한국관세무역개발원, 『HS 관세율표해설서』, 1987, 2007.
· 한국관세무역개발원, 『관세율표』, 2008.
· 조보국, 『무역상품분류의 이론과 실제』, 1988.
· 김시종, 『현대상품학』, 형설출판사, 2000.
· 한희영 · 한동철, 『상품학 총론』, 삼영사, 2002.
· 정용화 · 홍영선, 『관세율표 · 상품학』, 2001
· 정용화, 한국무역협회 『HS 상품분류해설』, 1988.
· 관세청, 관세협력이사회 『HS 강의』, 1987.
· 관세국경관리연수원, 『품목분류기법과정』, 2006.
· 관세청 평가분류원, 『품목분류 Guide Book』.
· 관세청, 『'07 개정관세율표 및 가산세제도』, 2006.
· 일본 재무성관세국, 『WCO의 최근 경향에 대하여』, 2003.
· 매일경제신문사, 『상품대사전』, 1989.
· 동양경제신문사(일본), 『현대상품대사전』, 1986
· 청담사(일본), 『과학대사전』, 1985.
· 관세청, 『미국신관세율표(HS) 해설(교육교재)』, 1985.
· 관세청, 『CCCN 총론』, 1985.
· 원종훈, 『HS 상품분류』, (주)소망교육출판부, 1999.
· 이강화, 『상품학과 관세율표』, 법경사, 1999.
· 박현수, 한국관세무역개발원 『상식밖의 상품학(주간 관세무역정보)』.
· 교육인적자원부, 『고등학교 기계일반』, 『전기기기』, 2003.

共編著者略歷

정 용 화
영남대학교 공과대 졸업
관세청, 중앙관세분석소, 관세공무원교육원(현, 관세국경관리연수원) 근무
서울·부산·인천·대구세관 분석실장
중앙관세분석소 소장
현 관세법인 대유 관세사
관세청 과세전적부심사위원회 위원
1995-1997, 2001 관세사시험 출제위원(관세율표·상품학)

홍 영 선
중앙대학교 문리대 영어영문학과 졸업(영문학 학사)
중앙대학교 일반대학원 무역학과 수료(경영학 석사)
중앙대학교 일반대학원 무역학과 수료(경영학 박사)
전 한백금속(주) 대표이사
제15회 관세사시험 수석합격
현 남서울합동관세사무소 대표관세사
중앙대학교 강의, 중앙관세분석소 품목분류협의회 위원
2003, 2006 관세사시험 출제위원(관세율표·상품학)

제 2 판
관세율표·상품학

2000년 4월 25일 초판 발행
2009년 1월 10일 제 2 판 인쇄
2009년 1월 20일 제 2 판 발행

共編著者 정용화·홍영선
發行人 安 鍾 萬
發行處 博 英 社
서울特別市 鍾路區 平洞 13-31番地
電話 (733) 6771 FAX (736) 4818
登錄 1952. 11. 18. 제1-171호(倫)

www.pakyoungsa.co.kr e-mail: pys@pakyoungsa.co.kr

定 價 45,000원 ISBN 978-89-10-20516-6